SAINT LOUIS

Jacques Le Goff

圣路易

上卷

〔法〕雅克·勒高夫 著

许明龙 译

商务印书馆

创于1897 The Commercial Press

Jacques Le Goff
SAINT LOUIS

根据法国伽利马出版社 1996 年版翻译

1. 圣堂。圣堂是国王及其家人的私人教堂，它使王宫具有神圣性。这是国王进行祷告的地方，也是他礼拜最崇敬的圣物——基督受难圣物——的地方。

2. 艾格莫尔特的围墙。艾格莫尔特是国王离开自己的领地，前往地中海进行十字军远征的登船港口。国王可以从围墙高处遥望耶路撒冷。

3. 阿卡的围墙。由于没能收复圣地，国王决定在巴勒斯坦保卫基督教世界的桥头堡；13世纪末，这些地方全都落入穆斯林手中，其中包括 1291 年失陷的阿卡，它是最后陷落的城市。

4. 万森的橡树。这是国王亲自主持司法审判的地方。国王在这里行使他的首要职能，露天当众审案，臣民可以参与旁听。后来，一种非个人性质的行政机构加强了国王的司法职能，它以国王的名义审理案件，但不由国王亲自审理。万森是勾起法国人对于王政时代"全国性"回忆的重要地点之一。在法国人的想象中，这株具有传奇色彩的橡树是圣路易手植的，其实它是 20 世纪种植的。

5. 圣路易和卡斯蒂利亚的布朗什母子共掌朝政。这幅微型彩绘作于 1235 年前后，画面上的国王年届 20，已经亲政，可是，他的母亲依然与国王并排坐在御座上。

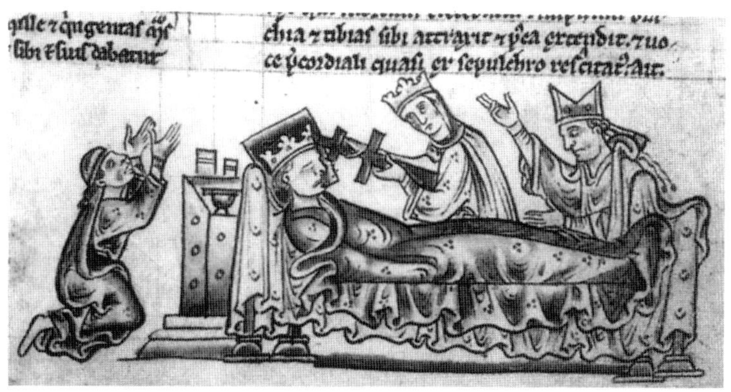

6. 国王患病。这幅画出自对圣路易十分关注的编年史家马修・帕里斯之手。国王正在经历他掌政时期的决定性时刻：他在病中许愿，要进行十字军远征。画面上的国王已经奄奄一息，他的母亲和巴黎主教站在他身边。母亲向他展示圣物十字架，巴黎主教则向国王的灵魂指示去往天上的路径，跪在地上的那个人将在国王升天时陪同前往。

7. 十字军归来后的圣路易：蓄胡的国王。这是保存在维也纳的帝国《圣经》中的一幅微型彩绘，作于圣路易封圣之前（他头上没有灵光）。国王坐在御座上，头戴王冠，左手握着饰有百合花的权杖，他正在阅读彩绘《圣经》，这种《圣经》是唯有国王可以使用的珍贵而豪华的版本。国王身后的宫殿和教堂围成一个神圣的圆圈；他那具有震慑力的形象堪称典范，然而，他那张蓄胡的面容却表明，这是一幅具有写实风格的作品。苦行自赎的国王同时也是智慧的国王和阅读圣经的国王。

8. 国王–基督。这幅画是 17 世纪初著名的普罗旺斯学者佩雷斯克藏品中的一件。国王的女儿布朗什当年隐居在鲁西纳的科德里埃教堂时曾令人制作一批壁画，这幅画可能是对这些壁画的模仿和发挥，这些壁画今已不存。据另一种说法，国王的头像是从圣堂中的一幅壁画复制而来，那幅壁画上的国王正在为穷人洗脚。国王仿效基督，从十字军回来后蓄起胡子，苦行自赎，他以自己的虔敬活动和这副尊容，缓慢地变成了受苦人的形像。

9. 圣路易及其母亲在前往兰斯参加加冕典礼的途中。这是纳瓦尔王后让娜的日课经中的一幅微型彩绘（1334）。让娜是顽夫路易十世的女儿、圣路易的曾孙女（1311—1349）。画面上的国王一行没有任何仪仗，由此可见，年幼的国王即位后，他和他的母亲处境相当艰难；画面表明，王室成员出行时若不骑马或乘船，交通工具就相当简陋。

10. 圣路易在马上阅读日课经。这幅微型彩绘也作于 14 世纪初，它描绘了圣帕丢斯为圣路易所作传记中的一段记述，国王在行进途中也不放弃虔敬活动。

67

Li renoiz .s. loys auoit la couróne despines : nostre seigneur ihesu crist et grant partie de la sainte croiz ou dieu fu mis. et la lance de la quele le coste nostre seigneur fu percie. Et mout dautres reliqs glorieuses que il acqst pour les queles reliqs il fist faire la chapelle a paris. En la quele len dist que il despendi bien .xl. mile liure de tournois et plus. Et aourna li sains loys dor et dargent et de pierres precieuses et dautres ioiaus les

11. 圣路易在基督受难圣物前祷告。在神职人员陪同下，圣路易像惯常那样跪在地上，双手合拢，向圣堂里的圣物、真正的十字架以及荆冠礼拜，这是显示最高崇敬的动作，他以此向最珍贵的圣物礼拜，圣物能使他在人间以最近的距离接触受难的基督。

12. 圣路易的御玺。御玺既可用来证明文书出自国王之手，又能显示手持国王标志物的国王盛装形象。画面上的国王坐在被称作“达戈贝尔王座”的传统御座上，头戴王冠，身著饰有百合花的长袍，左手持权杖，右手拿百合花；百合花是王朝和“民族”的标志，后来成为早期王杖的外形。一件文书表明，当时已经有了权节，但是，迟至 14 世纪初，权节才出现在御玺上。这枚御玺是圣路易的第二枚御玺，与第一枚非常相似，但细部不同；国王搁脚的踏板前部有装饰、长袍边沿、王冠上面，权杖端部等处的百合花，与国王左手所持百合花不一样。

13. 和 14. 加冕典礼上的两个重要时刻：在额前涂敷圣油和戴指环。这两幅微型彩绘采自 1250 年《教会礼仪规程》，成书于圣路易在位期间，表现了加冕典礼中的两个重要时刻。在上面这幅画中，兰斯大主教仿照主教祝圣仪规，用一根在圣瓶中沾了圣油的针，为国王前额涂敷圣油。国王裸露肩和臂，让大主教接着为他的肩膀、前胸上部和肘部涂敷圣油。祭台上放着将要交给国王的王冠和剑。一边站着高级神职人员，另一边站着高官和在俗贵族，他们挥舞着象征王权的利剑。下面这幅画中，大主教把象征天主教信仰的指环给国王戴上。这标志着国王已被祝圣为一国之首和百姓的君主，同时也意味着他承诺保卫基督教信仰。

Epistola actoris
ad regē ludouici
dilecto deo et hom
inib: tuo xpianis
simo francorum
regi gl'e clarissimo
principi ludouico
fr' v. xpi seruus
inutilis/ in frutu
ro regno cum sa
lute et pacē pe
rua. super. x. ciuitates habere potestatem.
In presenti quoq: seclo/non modo inter uni
uersi principatum/ac regale fastigium. ma
gis autem ob decus ecclie militantis/ac fidi
xpiane quoddam singulare p'sidium/debitam in
christianis cunctis mortalib: reuerenciam
et honorem/ In anno precedenti sicut et uene

15. 智慧的国王和推动知识的国王。以大写 D 字开篇的是《历史瞭望》一书，此书是博韦的樊尚应圣路易之命撰写的。D 字当中的画面显示，国王端坐在御座上，头戴王冠，右手拿着端部饰有百合花的权杖。他在左手做出一个接受的动作。这份文书成文于 13 世纪第三个 25 年间，画面上的国王蓄有胡子，头顶没有灵光。

他那种隐修道士式的虔诚并没有妨碍他具有当国王的品德。他很俭朴，这也不妨碍他慷慨大方。他能把深远的谋略和公正的判断协调起来。而且可能他是唯一值得这样称颂的君主，议事审慎而坚定，作战勇敢而不急躁。他有同情心，就像他从来是不幸者似的。世人没有比他德行更完备的了。

伏尔泰

《风俗论》第58章

献 给 汉 迦

目　录

下卷

第三部分 圣路易，独一无二的理想国王

图　表

中文版序

《圣路易》被介绍给关注世界历史尤其关注法国历史的中国公众，我深感荣幸。

尽管在相互认识和了解方面存在着些困难，我们今天毕竟能够较好地认识对方国家及其历史了。生活在13世纪的本书传主圣路易，就是被罗马基督教会追封为圣徒的法国国王路易九世。圣徒是受到人们崇敬的基督教英雄，不过，这种崇敬有别于人们对上帝的敬仰；圣徒能够创造奇迹，也就是说，在圣路易时代，他们能完成一些超自然的行为，特别是能够应信徒的祈求，治愈他们的某些疾病。那时的欧洲基督教徒（其中包括法国人）与中国人彼此几乎完全不了解。当统治中国的蒙古人在汗八里（今北京）建都时，圣路易（1226—1270年在位）对法国的统治即将结束。在欧洲基督教徒眼里，蒙古人与中国人一样，都是异教徒，他们或是不信教，或是崇拜偶像。来自远东的传言说，蒙古大汗和其他蒙古首领有心皈依基督教，此事引起了欧洲基督徒的关注。于是，基督教会的首领教皇和圣路易派遣使者，前去朝见大汗，试图劝说他们皈依基督教。据一些信件记述，基督教徒曾与蒙古人结盟，携手对付西亚的穆斯林－萨拉森人。蒙古大汗承认圣路易高于其他基督教君主，但是，他依然要求圣路易臣服于蒙古人，因为，他们自认为得到了来自天上帝国的授权。谋求与蒙古人结盟的努力空泛而不扎实，没有取得任何结果。

中国人与欧洲基督教徒在经济方面的联系也没有取得更多的成果。早在古代西罗马帝国时期就跋涉在丝绸之路上的商队，在圣路易时代再度活跃起来。在古代，罗马人取得一系列征战胜利之后，曾出现过“罗马和平”局面；同样，在蒙古人横扫广大地区之后，亚洲也出现了“蒙古和平”，这种局面促成了东西方商贸的振兴。但是，交流依然极为有限，远东人与欧洲人并未因此而有更多的相互了解，介乎东西方之间的印度人、伊朗人以及另外一些穆斯林，渐渐控制了东西方的商贸交流，从而在蒙古人统治下的中国和基督教的欧洲之间筑起了一道隔墙，致使中国人越来越难以从国际贸易中得到实惠。

圣路易在位末年，两个意大利的威尼斯商人波罗兄弟，前往中国经商，踏进了大汗的宫殿并游历了中国的一些地方。他们的侄子陪同他们前去中国，此人回到意大利后，口述了一部游记。可是，这部游记不实之处甚多，令人对他是否确实去过中国疑窦丛生。圣路易之后的欧洲对于中国的认识，始终只是一种似是而非的想象。

今天我们知道，中国在 13 世纪远比圣路易时代的法国和欧洲基督教世界更为发达、先进和富足。无论科技或经济、行政管理、城市建设、精神和艺术生活，基督教世界都无法与中国相比。不过，那时的基督教世界在各个方面都处于发展和进步之中，而中国的各种重大发明，诸如造纸术、船舵、罗盘、制图术、纸币、火药、堡垒和运河等等，都已属于过去。

宗教在本书中比比皆是，中国读者对此一定会感到惊奇。基督教是中国读者所不熟悉的宗教，粗浅地了解一些这种宗教的信仰和仪规，对他们也许不无裨益。圣路易是位极端虔诚的基督教徒，他的同时代人（和教会）都把他视为基督教徒国王的典范，因此，宗教无处不在这个特点在本书中就格外突出。

基督教受一个机构的管理和控制，这是它有别于其他宗教的一大特征。这个机构便是教会，它由一位君主即教皇领导，教皇通常居住在位于意大利的教皇国中，而教皇国的首都就是古罗马帝国的首都。教会的分支遍布欧洲基督教世界的各个地方，这是一个由两大部分组成的严密机构，其一是由生活在隐修院里的僧人组成的隐修院教会（他们因遵守特殊的戒律而被称作“出家人”）；其二是包括广大教徒在内的在俗教会，这是一个等级森严的组织，处于最高层的是大主教和主教，处于最下层的则是教区里的本堂神甫和普通教士。介于这两大部分之间的是有别于两者的另一些教士，他们过集体生活，受戒律约束，但不住隐修院；尤其是在圣路易时代，有一批修士（其中主要是多明我会修士和方济各会修士）被叫作托钵僧，他们生活在修道院里，不但不远离在俗教徒，而且往往居住在城镇中，参与在俗教徒的各种活动。后面我们将会看到，这些托钵僧对圣路易的影响极大，他们为他充当耳目，帮他了解和处理他所统治的那个社会的种种问题。

托钵修会的创建和托钵僧的活动，显示了基督教的一个重要特征，那就是它对世界和社会的演变具有适应能力。《圣经》具有无可比拟的威望，传统的力量不容忽视，教会（教会基本上是一股保守势力，它是封建制度的基础和保障）拥有巨大的权力，尽管如此，社会依然在向前发展。教会在内部（13世纪是异端盛行的世纪）和外部（皇帝和城市的世俗权力以及我们在圣路易的法国所看到的，一些君主制小国超越封建制结构，越来越强调的主权）遭遇强烈的反抗。在新的思想和感情潮流推动下，基督教徒的心态和行为发生了变化，逐渐接受基督教新的宗教形式。

尽管宗教和教会在圣路易时代的法国处于举足轻重的地位，但是还谈不上一手遮天或集权主义（如今我们知道，不仅有宗教集权主义，还有世俗集权主义，而且应该如同反对宗教集权主义那样反对世俗集权主义）。

笃信基督教的圣路易也懂得，应该在适当时机与教会和教皇拉开距离，参照托钵僧们的建言，支持基督教世界和本国的某些“进步”倾向。有两种“进步”倾向尤为重要，其一是世俗势力在社会、政治和精神领域中越来越重要的作用（圣路易确认自己是一个在俗信徒）；其二是在精神生活中，人们在求助于宗教的同时，越来越多地求助于理性（圣路易促成了巴黎大学的发展，而该校在教学中使用的正是理性的方法）。

不幸的是，圣路易继承了两个与非基督徒为敌的传统：一方面是组织十字军，继续对穆斯林实行军事攻击（萨拉森人曾在8世纪攻击西班牙的基督徒，从而开启了此类军事行动的先河）；可是，和平传教比军事行动更有利于促使穆斯林皈依基督教，这种想法在圣路易时代已经开始在西方得到肯定。另一方面，从11世纪起，基督教世界对犹太人的不宽容愈演愈烈，乃至实行大屠杀（集体屠杀），从而为19世纪反犹太的所谓科学的种族主义理论准备了温床。圣路易厌恶犹太人，不过，在他统治期间，法兰西王国境内未曾发生任何集体屠杀。读者将在本书中读到，圣路易在犹太人问题上的举措并不十分激烈，而且有些左右为难。

在继承基督教的两个理想——和平与公义——并付诸实践方面，圣路易比他的先辈们做得更多更好。这里所说的和平，是指被封建主之间的争斗搞得四分五裂的法兰西王国境内和基督教世界里的和平；这里所说的公义，是一种优于领主法庭的不偏不倚的公义，是更加坚定地反对暴力的公义。

我谨请阅读本书的中国读者不要忽视正文之前的引言。读者们将能在引言中了解撰写本书的初衷。本书不是以记述生平为主旨的传统传记，它所考虑的问题基于两个紧密相关的目标。一是审视被视为记忆产品的资料。传记要依据某些思想观念将一个人物推荐乃至强加给未来，为此，它有赖于文字资料。这些思想观念集中在对于个人的认识上，所以，它们取决于传主所属的那个历史社会中个人概念的存在与否。在个人完全被集体淹没的社会中，个人概念根本就不存在，所以，传记从何而来？怎么可能撰写传记？这些就都是问题。在个人概念尚不存在的社会中，没有任何文献能让我们从重要人物们的身上了解到作为个人的资料，他们似乎不曾活在世上。正是在这个意义上，我提出了这个问题："圣路易存在过吗？"我相信自己能对这个问题作出肯定的答复并写成本书，读者将会看到，为什么我有这种自信以及如何作出回答。

中国读者能够也应该将西方的传记传统与中国的传记传统加以比较（当代史学离不开比较）。传记成为中国史学的一个组成部分，至少始于司马迁（前135—前93年）的《史记》。我要求于中国读者的，就是进行这种对比和互动的阅读。

这就是说，本书的中文译本将被载入西方史学和中国史学的信息交流和对话规划之中，因为，对于13世纪的基督教社会和中国社会这种自我封闭的社会的了解和认识，将使我们意识到，对于远隔万里的两个社会来说，今天确有必要相互了解，因为相互了解能导致宽容、多元化和对历史记忆的和平比照，从而增进人类财富。本书中译本促使我关注声誉卓著和真挚友好的中国公众，因而，这是我十分珍惜的一个机遇。

雅克·勒高夫

前　言 9

这部书的酝酿和撰写经历了15年左右。在这段漫长的时间里，我得到了许多宝贵的帮助。首先我要感谢高等社会科学学院（其前身是1975年以前的高等研究实验学院第四部），这个研究机构在以往的35年中为我提供了可能，将研究与教学紧密地结合为跨学科的对话。我尤其要感谢年轻的研究人员以及法国和外国同事，他们积极地参加了我所主持的讲习会。

我要向以其信息和研究丰富了我这部著作的学者们致谢，他们是考莱特·里博古、菲里普·比克、雅克·达拉伦，尤其是玛丽－克莱尔·迦诺和皮埃尔·迦诺。我的同事和朋友让－克洛德·施密特和雅克·勒维尔审读了我的书稿，提出了意见、补正与建议，我在这里向他们表示诚挚的感谢。

雅克·勒维尔仔细审读了初稿，他在这项名副其实的合作中花费了大量时间，显示了卓越的才干，我对他的感激难以言表。

我还要感谢皮埃尔·B.贝甘兄弟、伊夫－玛丽·戴赛和保尔·居尼。

我的秘书克里斯蒂娜·博讷弗瓦的能力、敬业精神和勤奋，此番经受了严峻的考验，我衷心地向她致谢。我还要感谢我的老朋友皮埃尔·诺拉，他把拙著收入了他主编的声名显赫的“历史丛书”。伽里玛出版社出色的校对员伊萨贝尔·夏特莱和我的朋友路易·埃弗拉对书稿作了细致认真的最后整理工作，我谨向他们表示谢意。正当我阅读路易·埃弗拉审校的最后一次清样时，惊悉他猝然去世，此书的出版工作竟然以这个令人悲痛的消息终结，实在是始料未及，我谨向他表示钦佩和诚挚的敬意；他是一位为人正直、一丝不苟、德才兼备和无与伦比的好人，他是一位博闻强记、造诣极深的人文学者，他认真负责，乐于助人，为许多著作和作者作出了巨大的贡献。我还要感谢尼古拉·埃弗拉和本书的索引编写者——我的女儿芭芭拉。

10 我不能不提及我的夫人和孩子们，这些年来我经常向他们谈论圣路易，也许谈得太多了。我不知道是否由于我的谈话，他们已把圣路易当成自己最喜爱的历史人物。我要感谢他们的耐心、支持和亲情。

引　言 13

13 世纪中叶有时被人称作“圣路易时代”，与充溢着创造精神和如火如荼般激情的 12 世纪以及深陷于中世纪晚秋深刻危机中的 14 世纪相比，它较少引起历史学家的关注。路易九世的祖父菲力普·奥古斯特和孙子美男子菲力普都颇令历史学家瞩目，而处于祖孙之间的他却是“最鲜为人知的中世纪法国国王”，此事令人惊异。在美国人威廉·切斯特·乔丹和法国人让·里夏尔的新作中，路易九世只有一个念头，那就是对于十字军和东方圣地的迷恋。在我看来，圣路易是一个复杂得多的人物，他在位的 44 年中斗争激烈，他所处的时代动荡不安；有人把他在位时期称作中世纪的“黄金时代”，其实远非如此。

不过，13 世纪并非本书的研究对象。书中当然会谈到 13 世纪，因为路易生活在这个世纪，这是他生活和活动的物质依托。然而，本书的研究对象是一个人，因而只有在有助于展示此人时才谈及他的时代。我在书中虽然不得不提及“圣路易朝”、“圣路易及其王国”、“圣路易与基督教”、“圣路易及其时代”之类，但这些都不是我的主要话题。如果说，由于议论这位圣徒国王而深刻详尽地涉及某一个广泛的领域，那是因为路易九世与腓特烈二

14 世一样，同是13世纪中叶西方基督教世界里最重要的人物。但是，如今被视为近代国家先驱之一的腓特烈二世，其实始终是一个迷恋于地中海文化边界的边际人物，而无论从地理、编年史或意识形态角度看，路易九世则在13世纪基督教世界里众多重要人物中占有中心地位。我要为他作传的念头便是由此而来，当然，这个念头事出有因。

*　　　*　　　*

10年之前当我慢吞吞地拿定主意，对一个西方中世纪的重要人物进行一番调查，并以传记形式发表调查结果时，我以为，这对于一个历史学家来说并非易事，而且鉴于过去我研究历史的方法，我可能会有身处异乡的陌生感。现在看来，并非易事的预感完全正确，而身处异乡的陌生感则全然没有。

并非易事的预感乍一看似乎说不通。近年来传记类著作大行其道，充斥书肆，致使有人以为撰写传记并非难事，只要掌握资料和具有一定的写作能力便可，而资料通常是能够找到的。我觉得，大多数传记著作的毛病是时代错位，这既表现在过于轻率地应用心态概念上，例如在既无真正的诠释又缺乏考证精神的情况下戏弄人们对于往昔的好奇心，也存在于用词方面；此外，这些著作缺乏深度，往往以逸闻趣事取胜。这些毛病迫使我对历史传记的含义和要求进行思考，最终认识到一个令人生畏的事实：历史传记是历史研究最困难的方式之一。

反之，当我以为进入了一个陌生的领域时，遇到的却是以前我在史学调查和写作中所面对的几乎所有重大问题。当然，传记是史学研究的一种特殊方式的想法得到了证实。但是，传记所要求的不只是史学实践所固有的方法，诸如：为问题定位，收集和考证资料，在足够长的时段内进行处理，以便从中辨识延续和变化的内在原因；使用恰当的写作方法，借以充分体现在诠释方面所作的努力；明确认识研究题材的现代意义，即首先应该意识 15
到研究者与其所研究的问题之间的距离。今天，在历史学的基本——其实也是由来已久的一些问题上，传记以特别尖锐和复杂的方式向历史学家们提出了挑战。然而，传记处理这些问题的方式，却往往让我们感到很不习惯。

20 世纪中期，在年鉴派发起的运动中，除了一些引人注目的例外，传记史学出现了一段空白。历史学家们或多或少地把此类史学著作让他们同一领域里的老对手——小说家们去写了。马克 · 布洛赫不但并非如人们所说的那样鄙视这种史学著作形式，恰恰相反，当他看到上述情况时颇感遗憾，大概因为他觉得，传记如同政治史一样还没有做好接受思想和实践更新的准备。新史学创建人之一弗斯泰尔 · 德 · 古朗治曾为 20 世纪的史学下了这样的定义：“史学是研究人类社会的科学”，马克 · 布洛赫就此指出：“这也许是个人在历史中所占的比重缩小得过头了。”

今天，西方社会普遍经历着变动的危机，史学与社会科学在这个危机中，正在经历一个对其固有信念进行频繁的批判和修正的时期，我觉得，传记从一些虚假问题的羁绊中获得了解放。传记甚至可以变成为一种十分合适的观察台，用以对历史学家职业中的常规和雄心、对历史学家研究成果的局限性和这个职业所需的再定义进行有效的思考。

正因为如此，当我把这本书献给读者时，当我明确地告诉读者我究竟想做什么时，我应该就什么样的东西今天算不得传记这一点表明自己的观点。因为，正是我碰到的那些钉子让我在一个极端困难的领域里找到了变动中的历史的研究方法，而历史的变动在传记中也许比在别的地方更加清晰。

*　　*　　*

我所受的史学专业训练使我习惯于着意整体史，因此，当我发现传记要求将传主写成被皮埃尔·图贝尔和我视为“整体化”
16 的主体，整个研究范围绕着这个主体展开时，立即大为吃惊。历史学家在史学知识领域内截取的所有环境和所有领域，如果都集中在一个人物的周围，还有什么研究对象能比这个人物更值得研究呢？纵然企图全面认识一个有争议的个人是一种“乌托邦”式的努力，但是，圣路易既与经济、社会相关，也与政治、宗教和文化相关，他曾在这些领域里行动，他对这些领域的想法值得历史学家分析和诠释。事实上，与其他研究题材相比，这里更需要懂得尊重因资料匮乏而留下的缺损和空白，不要设法重建因圣路易本人或他人的沉默而被掩盖的东西，不要设法填补打碎了一个人一生之中表面的统一性和完整性的那些中断和不连贯之处。然而，一部传记并不仅仅是作者应该知道和能够知道的所有有关传主材料的汇总。

一个人物如果能将性质不同的许多现象“总体化”，其原因并非此人比历史学家的其他研究对象更为“具象”。有人已经正确地指出，把“传记的虚假具象”与政治史的“虚假抽象”对立起来是错误的。可是与其他史学手段相比，传记这种史学手段的目的更在于产生“真实效果”，因而它与小说家所采用的手段比较接近。这些“真实效果”不完全来自历史学家的风格和写作方法。历史学家应能凭借其对于资料和传主所生活的时代的熟悉，通过适当的“剪接”，把真实性可以得到证实的“真实效果”体现在文献之中。说得简单一些，就是剥掉这些文献的外壳，让带动历史现实的理念显露出来。我们将会看到，圣路易幸运地有一个不同凡响的见证人儒安维尔，此人常令历史学家喟叹：“啊，对，对！这就是‘真实的圣路易’！”然而，历史学家不能因此而轻信。

历史学家作出的选择实际上是强迫自己首先去做一件重要的工作，那就是文献资料的收集，他对传主的了解希望达到什么程度和能够达到什么程度，都取决于文献资料。在这方面，历史学家有别于小说家，即使小说家对收集他想要如实描写的真实情况十分热心，这种区别依然存在。由于圣路易既是国王又是圣徒，所以他与圣方济各一样，是我们掌握第一手资料最多的 13 世纪人
物之一。历史学向来特别关注大人物，但长期以来只是把他们作 17
为个人而给予关注，中世纪尤其如此。可是对于历史学家来说，圣路易因资料丰富而具有的表面优越性，却因人们怀疑这些资料的可信性而被抵消了。这些资料虽然不比其他资料更具撒谎之嫌，却至少向我们提供了一个虚构的、凭空想象的圣路易。

第一个原因在于以往圣路易传记作者们的素质和所追求的目标，他们几乎都是圣徒列传的作者，而且都像撰写圣徒列传那样撰写圣路易的传记，至少其中最重要的几位是此类作者。他们不满足于把他写成一位圣徒，而是要依据他们各自所属集团的理想，把他写成既是国王又是圣徒。于是，我们便有了方济各会和多明我会这两个新的托钵僧修会笔下的圣路易，此外还有圣德尼王家修道院本笃修会笔下的圣路易；前一个圣路易更像是一位托钵僧，而后一个圣路易则更像是一位“民族的”模范国王。我们所掌握的关于圣路易国王的资料大多是文字资料，这就为随意加工提供了方便。这些文字资料都是用拉丁文撰写的圣徒“生平”或“传

记”。中世纪文学分成不同类型，各有各的规矩。所以，尽管由于13世纪圣徒观念的变化，圣徒列传获得了些许自由，但这类作品依然通篇充斥格式化的记述。我们所掌握的圣路易资料不就是这类格式化的记述的总汇吗？我不得不把主要精力用来评估这些资料的可信度，研究13世纪和14世纪初关于圣路易的记忆是在什么条件下产生的，为此不但采用了传统的资料考证方法，还进一步把这些资料作为记忆的系统产品进行研究。我不得不考虑，是否有可能借助资料走近那个不仅将被人们认可，而且从历史角度看也是真实的圣路易。

这些“生平”既说明我想做的事是值得的，同时也构成了一种新的危险。即使“圣徒列传”的故事始终离不开美德和虔诚的种种实际体现，而且通常总还附有一连串圣迹的清单，“圣徒列传”毕竟也是一种历史记载。对于从13世纪的圣徒列传式的传记
18 到20世纪末的历史传记的研究，使我得以审视新近再度搞得沸沸扬扬的叙述史与“结构主义”史之间虚假的对立，所谓结构史不久前也被人称作社会学史或者制度史。可是任何历史都离不开叙述，因为，既然是历史，就必然处在时间和延续之中，因而肯定与叙事紧密相联，而且不仅仅如此。首先，与包括历史学家在内的许多人的设想相反，叙事不包含任何即时性的东西。叙事是人们力图显示乃至证实的一系列智力和科学活动的结果。因而，叙事会引导出一种诠释，同时也包含有一种危险。让－克洛德·帕斯隆曾指出“任何传记手法所固有的过度追求意义和连贯”的危险。他所说的“传记乌托邦”指的不仅是如下这种危险：以为在不经选择和不附评论的传记性叙事中“没有任何没有意义的东西”；其实，更大的危险是误以为叙事能真实地重现一个人的命运。于

是，一个人的一生，尤其是在政治现实和象征性现实中握有强权的国王兼圣徒这样一个人物的一生，便会被虚幻地想象成是由他的职务和他最终的完美无缺预先注定的。除了为圣徒列传的作者们提供了启示的那些典范，我们难道不能提供一个由史学观念所推荐的典范吗？乔瓦尼·列维曾把这种典范说成是“集井井有条的编年史、前后一致和稳定的个性、生气勃勃的行动和毫不犹豫的决断”于一身的人。

为了不落入皮埃尔·布尔迪厄所揭示的“传记幻想”的强制性逻辑之中，我尝试了多种办法。圣路易并不是在13世纪的条件下依据当时占支配地位的模式，不受干扰地走向他的圣徒归宿的。他造就了自己，也造就了他的时代，正如他的时代造就了他一样。在彼此造就对方的过程中，偶然、犹豫和抉择比比皆是。传记与其他所有历史现象一样，只能按照我们所知如实地记述，任何想象都是徒劳的。使用一大堆“如果”是写不成历史的。然而我们发现，虽然圣路易本人也相信成事在天，可是在许多场合中，他
原本可以采取另一种方式行动。对于基督教徒来说，在服从上帝 19
旨意的前提下，依然可以多种方式对付上帝的挑衅。我试图让读者看到，圣路易的性格是在一连串意外的抉择中渐渐变得清晰的。我经常中断对他生平的叙述，为的是把他在不同时期中所遇到的那些问题交代清楚；这些不同时期各有其标志，它们令历史学家感到困难，我也试图把这些困难的性质交代清楚。他长期与母亲卡斯蒂利亚的布朗什共同执政，这种双头政权在法国历史上绝无仅有，这就使得历史学家无法像确定路易十四的登极日期一样确定“路易九世取得政权”的日期。当路易获悉蒙古人长驱直入地挺进中欧，当他因病而濒临死亡，当他从埃及的穆斯林手中获释，

当他时隔 6 年后从圣地返国：他在这些关头都必须作出抉择。他应该作出抉择，而这些抉择在不可预测中合成了一个人物，这个人物最终就是圣路易。我只选取了某几个重要事件，这些重要事件要求他作出的抉择，对此后事态的发展产生了重大的影响。在行使国王职责的日常事务中，在悄悄地、不自觉地和没有把握地为自己最终成为圣徒铺平道路的行动中，圣路易的一生成了作家能够诉诸笔端的一部传记。

乔瓦尼 · 列维说得对："传记是……一个理想的场所，可以在这里检验行为者们所拥有的间歇的——却是重要的——自由，也可以在这里观察向来矛盾重重的那些规范化体系的具体运转方式。" 13 世纪中叶的君主制度的性质及其弹性，王权与日俱增的威望（王权虽然变成神授，但远非绝对专制），有效范围极为有限的国王治病魔力，他与时间和空间以及经济（他甚至不知道用什么词指称经济现象）的斗争，所有这些都为圣路易的权力提供了扩张的余地，我曾努力对此作出评估。我丝毫无意掩盖路易这个人物和他生活中的许多矛盾，例如，他贪图肉欲和美食，却把控制食色作为自己的理想；托钵僧们的虔敬活动是"惬意的"，而修道
20 院遵行的却是严格的苦修传统；国王的职责要求他有奢华的排场，可他却是一个谦卑的君主，要求自己的举止纵然不是最谦恭的平信徒[①]，至少也应是尽可能谦恭的基督教徒；他曾宣称"我比任何人更珍惜生命"，可是他却经常出生入死，时时想到自己的死和已经死去的人；他越来越是法国的国王，却念念不忘地要当基督教

① 平信徒是基督教中没有授"神职"或"圣品"也不在修道院修炼的一般信徒。——译者

世界的首领。

一个人一生中的这种不确定性和矛盾性，任何试图撰写历史传记的作者都会遇到，说实话，这些问题在圣路易身上却由于一些特殊因素而有了变化。以往所有为圣路易撰写传记的人都认为，他一生中有一个转折点，甚至可以说是一个断裂点，那便是参加十字军。他们认为，1254 年之前的圣路易如同所有信奉基督教的国王，是一个普普通通的虔诚的国王；1254 年之后，人们面对的却是一个笃信末世论和严格实行苦行主义的君主，他为自己和臣民获得永恒拯救而不余遗力，力图以宗教和道德秩序治国，并准备当一个基督国王。对路易九世的一生及其治国之道作这样的描述，显然是听命于圣徒列传范本的要求，这种范本总是试图在圣徒的一生中寻找一个“转变”的时刻，同时也是听命于《圣经》国王范本的要求；圣路易于是被描绘成一个新的约西亚[①]；在《圣经 · 旧约》中，以重新发现摩西五经并赋予新的意义为转折点，国王约西亚的统治被分成前后两段。我提出了一个假设，可以用来支持 1254 年是转折点的说法，因为我认为，那一年路易与迪涅的于格会见非常重要。当时路易从圣地返国，在普罗旺斯登岸，遇到了于格这位传布千禧年思想的方济各会士，他号召在今世实现长期公义[②]与和平，以此向人们展示天堂的模样。可是，作为国王，他对 1239 年获得的耶稣受难时的圣物万分崇敬，作为君主，他在 1247 年派遣稽查员查处贪赃枉法的官员，作为立法者，他在

① 约西亚，犹大国的一代明君，公元前 640—前 609 年在位。——译者

② 原文为 justice，公义是基督教界对此词的通译。在本书中的其他场合，此词又译为司法、公正等。——译者

1254年年末颁布“大赦令”，从而确立了道德秩序；这三个时期的圣路易真的大不相同吗？以往为路易作传的人依据13世纪知识界和读书人的习惯，使用了三类彼此交错的论据，避免仅用同一类型的推理，这就使得历史学家在叙述圣路易一生的经历时，能
21 够部分地避免滥用孤证。三种论据中的第一类是权威，即《圣经》和教会的教父，这种权威使传记作者们得以将圣经范本套用在传主身上；第二类论据是属于新经院哲学方法的道理；第三类论据是先例，即给人以启示的轶事，这类论据所传递的是大量格式化的老一套，因而由于在叙述中掺杂了凭空想象的成分而损害了前两类论据的严密性。

这里的主要问题在于，虽然资料并未明说，人们得到的印象却是这样的：路易九世本人虽然没有成为圣徒的雄心，他的母亲和他年轻时的谋士们却似乎为此精心作过“规划”，致使他早就打算成为一个理想的基督教徒国王的化身。于是，坚定不移并满怀激情地实现这个计划，就成了他一生的全部内容。不乏才具和机敏的威廉·切斯特·乔丹在圣路易身上看到的是一个处于两难之中的国王，他既要忠于国王的职责，又想做一个托钵僧式的虔诚信徒。我与乔丹的看法相反，在我看来，圣路易把自己过人的机智锤炼得出神入化，变成了下意识的行为，因而更加异乎寻常；他充分运用自己的机智，在心态上和实际上调和了政治和宗教、注重实际和讲究道德，而这样做时，他丝毫没有内心痛苦。本书还将多次审视这个问题。

尽管圣路易兢兢业业地为实现既定计划而奋斗，他那些平铺直叙的传记却依然无法摆脱犹豫、意外困难、懊恼以及与一位国王应有的正直发生的矛盾。伊西多尔·德·塞维尔曾对国王的正

直作出明确阐述，他认为，“国王”一词是由“正直地治理”演变而来的。如果说圣路易逃过了悲惨的遭遇，那么，始终萦绕在他脑际的成为理想国王化身的愿望，却为他的传记增添了一种从头到尾令人激奋的不确定性。此外，某些见证不是向我们提供了一面令这位圣徒国王面目全非的镜子吗？

*　　*　　*

我在撰写圣路易传时并无陌生感的另一个原因，是我很快就排除了另一个虚假的问题，那就是皮埃尔·布尔迪厄曾指出其虚幻性的所谓个人与社会的对立。个人仅仅存在于纷繁复杂的社会关系网中，而这种纷繁复杂同时也为个人的发展提供了天地。只有了解社会，才能观察一个个人如何确立他的社会地位并生活在社会之中。我在以往的著作中研究过出现于 13 世纪的两个社会 22
集团，其一是商人集团，为研究这个集团，我考察了经济与道德的关系，这也正是圣路易遇到过的问题；其二是在前面被我称作“知识分子”的大学教师集团，这个集团除了将他们的上层骨干提供给教会的各个机构，很可能也为世俗政府输送了官员；他们还发展了与教会权力和君主权力鼎立的机构化的知识权力，从而成为第三种权力。路易与这些知识分子和第三种权力的关系比较疏远。我还研究了另一个更为广阔的社会中的成员，那就是新近发现存在于 13 世纪的彼岸世界，也就是炼狱里的亡人和他们与生者的关系。圣路易一直与死亡和彼岸世界的亡人保持着联系。所以，我相当熟悉圣徒国王曾经生活在其中的那个社会的风貌。我甚至能够一一作出标记，指明他在何处留下了正常轨迹，在何处留下了异常轨迹。因为，我与他一起到达了政治权力的顶峰和天堂。

我向一个个人靠近，更确切地说，我应该问问自己是否能够靠近这个个人。因为，个人问题一旦引向普遍性的疑问，它就变得复杂了。某些历史学家认为，圣路易生活在一个出现个人和发明个人的时代。我在本书中以相当多的篇幅讨论了这个问题。但是，非常重要的一点是应该毫不迟疑地提醒大家，在路易生活的那个世纪之初，人们开始检验自己的良心（1215 年的第四次拉特兰公会议作出强制性规定，每个信徒必须一年一度作口头忏悔），不过，就在那个世纪之末，在绘画中出现了个人肖像。路易是不是一个个人？从何种意义上来理解？借用马塞尔·莫斯对于“自我感觉”和“个人观念”所作的正确区分，我认为圣路易具有“自我感觉”，却没有“个人观念”。总之，他肯定是将良心即个人态度变成国王美德的第一位法国国王。

*　　　*　　　*

23 最后，我在有关传记的调查中再度遇到了历史学家最关注的问题之一，即时间问题。曾经有过一个时期，西方处在由机械钟表所统一的时间支配之下。我以为，我们今天重新发现的时间，最初是以表明多样性的复数形式出现的时间，而今天它已被社会危机和社会科学切成了碎片。圣路易曾经生活在尚未开始其统一进程的时间中，后来他试图在那个处于统一进程中的时间里确立自己的权力。13 世纪并没有一个统一的时间，只有属于国王的众多时间。与普通人相比，与君主相联系的时间数量更多，他与这些时间的关系虽然受制于时代条件，有时却与众不同；掌权者的时间有其特殊节奏，在使用时间和出游以及行使权力时，莫不如此。掌权者可以在一定范围内决定时间（国王借助蜡烛的消耗、观察日晷、教堂的钟声和宗教礼拜日期掌握时间）。可是，在撰写传记过程中，我学会了对一种过去不熟悉的时间进行观察，那就是，对于国王和为他作传的历史学家来说，一个人的在世时间与他执政的时间并不相混。重新计算一个人特别是一个国王——即使是路易这样一个 12 岁当上国王，一生几乎全部都在王位上度过的国王——的生物和社会时间（即人类学家所说的“从摇篮到坟墓”的时间），为编年和断代展示了新的前景。这是政治性较强的那种时间的计量单位，而如果这段时间是首尾均出乎意料的一个王朝的时间——例如圣路易那样的时间，也就是说，这种时间单独属于国王，作为个人的国王随时随地把它带在身上，那么，那段时间就不但政治性较强，而且更加炽烈。社会学家让－克洛德·尚博尔东贴切地谈到过传记时间与历史时间的楔合问题。我曾十分关注的是，在圣路易一生的某一时间中，与 13 世纪的经济、社会、政治、制度和宗教等时间方面的条件对应，演变的各个阶段及其一般风格是以何种方式进行的。在圣路易所处的时代，经济的长足进步、农奴制度的终结、城市市民地位的确立、近代封建国家建设、经院哲学的胜利、托钵僧的虔敬方式的建立等等，所有这些都已接近尾声。这些重大事件的节奏以不同方式分割了圣路易的未成年、成年和老年时期，也分割了他 1244 年患病前后和 1254 年率领十字军东征前后的各个阶段。这些重大事件与他的 24
行为通常和谐融洽，但有时形成尖锐矛盾，有时则互不相扰。这些事件的节奏有时似乎加快了历史的发展，有时似乎阻滞了历史的发展。

*　　*　　*

我想用以下三点来结束这篇引言。首先，我们不应忘记，无论作为个人或人群，人本身就是他们在幼年和青年时期的知识和习俗的一个重要组成部分。人都受父母、师长、老人等年长者的影响，然而，在记忆特别重要和长者威望特别高的世界里，较之于书面记载，年长者的影响更为重要。用于计量时代的圆规早在人出生之前就已经打开了。马克·布洛赫说得很对："人是父亲的儿子，但更是时代的儿子。"不妨说得更确切一点：人既是自己这个时代的儿子，也是父亲那个时代的儿子。生于1214年的路易是第一位见到过祖父（菲力普·奥古斯特）的法国国王，他在许多方面既是12世纪的人，又是13世纪的人。

圣路易传记的第二个特点是这位国王身后被追封为圣徒。我们将会看到，他的封圣过程充满艰难，致使他迟迟得不到追封。从他去世的1270年到他最终被封为圣徒的1297年，其间长达27年。在这段时间中，力主追封他为圣徒的那些人竭力让他活在人们心中，不让他从见证人和教廷的记忆中消失。这段时间构成了他一生的一个后续时期，我必须在他的传记中对此有所反映。这段时期也是对他的一生重新评价的重要时期。

由此可见，我想要撰写的是一部圣路易的"整体"史，而我的依据则是他本人的一生、有关他的资料以及这位国王本人及其时代的重要主题。

最后，如果真如博尔日所说，一个人直到认识他的最后一个人去世时才算真正死亡，那么，认识儒安维尔便是我的一大幸事。此公虽然不是认识圣路易的最后一个人，却是那些非常熟悉圣路易的人中最后辞世的一位。儒安维尔在路易去世30余年后口述了他那部妙不可言的见证录，而他本人则在他的国王好友去世47年后才撒手人寰，享年93岁。我要写的这部传记自然就得一直写到路易的最终死亡。不过，我到此为止，不再往下写了。因为，撰写一部圣路易死后的圣路易传，或者说撰写一部圣徒国王历史形象的历史，这个题材虽然引人入胜，但也许属于另一类问题了。

*　　*　　*

因此，酝酿本书时，我始终牢牢记住两个先决性问题，它们其实是同一个问题的两面：有可能为圣路易撰写一部传记吗？确实有过一位圣徒路易吗？

在第一部分中，我写出了为撰写传记所作努力的结果，这部分主要是叙事，顺便谈及路易在他一生的主要阶段中遇到的问题。

在第二部分中，我对路易同时代人的记忆的产生作了评述，对于我对“确实有过一位圣徒路易吗？”这个问题给予肯定性回答的理由作了阐述。在第三部分中，我试图进入圣路易这个人物的内心世界，为此我对当时的主要看法进行了深入的探讨，这些看法使路易成为13世纪理想的和举世无双的国王，一个依据其言行堪称基督国王而最终却仅仅获得圣徒桂冠的国王，尽管被追封为圣徒已经是极高的褒奖。

基于我对传记的结构和观念所持的看法，我在书中大量引用文献。我想让读者看到和听到圣路易本人，就像我自己看到他和听到他一样，因为，圣路易是能在文献中查到其言论的第一位法国国王，当然，在那个时代，国王的言论并非任何人都能听到，更多人只能从文书上读到他的言论。在撰写过程中的不同时刻，我还根据为了理解传主而先后采取的一些措施之所需，重新研读了某些文献并重新考虑了某些问题。收集反响是我接近传主的方
法之一，而之所以采用这种写作方法，当然是力求写出一个尽可 26
能接近真实的圣路易，让读者能认识这个圣路易。我衷心希望，读者在陪伴我进行这项调查时能感到某种兴趣和惊喜。

引言附注

随着历史传记新近再度形成热潮，有关的学术讨论会和各类文章数量大增。对我的思考和本书所探讨的问题最有启迪的文章如下所列：

乔瓦尼·列维：《传记的用途》，《经济、社会与文化年鉴》（Giovanni Levi: *Les usages de la biographie; Annales. E. S. C.*），1989 年，第 1325—1366 页；

社会学家让－克洛德·尚博尔东：《传记的时间与历史的时间》，"日常生活与历史"，载《高等师范学院学术讨论会论文集》（Jean-Claude Chamboredon: *Le temsps de la biographie et les temps de l'histoire;* Quotidienneté et histoire, *Colloque de l'Ecole normale supérieure*），里昂，1982 年 5 月，第 17—29 页；

社会学家让－克洛德·帕斯隆：《剧情与全集。传记，流量，路径，轨迹》，载《社会学推论》，巴黎（Jean-Claude Passeron: *Le scénario et le corpus. Biographie, flux, itinéaires, trajectoires; Le raisonnement sociologique*），1991 年，第 185—206 页；

此外当然还有皮埃尔·布尔迪厄的经典之作：《传记的虚幻》，载《社会科学研究学术讨论会文集》（Pierre Bourdieu: *L'illusion biographique; Actes de la recherche en sciences sociales*），62—63，1986 年 1 月，第 69—72 页。

还请参阅贝尔纳·格奈《教会与国家之间：中世纪末法国四位高级神职人员传》（Bernard Guenée:*Introdction de "Entre l'Eglise et l'Etat"; Quatre vies de prélats français à la fin du moyen âge*），巴黎，1987 年，第 7—16 页。

此外还可参阅以下这些著作：

G. 克林根施泰因：《传记与历史科学》（G. Klingenstein: *Biographie und Geschichtswissenschaft*），维也纳，1979 年；

E. 恩格尔贝格、施莱塞：《关于历史和历史传记理论一理解传记整体描述与文体的理论》（E.Engelberg et Schileser: *Zu Geschichte und Theorie der historischen Biographie. Theorie verständnisbiographische Totalität-Darstellungstypen und Formen; Zeitschrift für Geschichtswissenschaft*），30，1990 年；

《传记的问题与方法；巴黎大学学术讨论会文集》(*Problèmes et méthodes de la biographie; Actes du colloques de la Sorbonne*)，1989 年 5 月；

《资料，历史研究工作》(*Sources, travaux historiques*)，巴黎大学出版社，1985 年；

《传记与生命周期学术讨论会》(Colloque, *Biographie et cycle de vie*)，马赛，1988 年；

《调查，塞尔贡丛刊》(*Enquête. Cahiers de Cercom*)，51 期，1989 年 3 月，国际社会学协会。

在准备和撰写本书期间，我在以下文章中阐述了我遇到的问题：

《今天如何撰写传记？》(*Comment écrire une biographie historique aujourd'hui?*),《辩论》(*Le Débat*)，54 期，1989 年 3—4 月，第 48—53 页；

《撰写传记的原因与方法：以圣路易为例》(*Whys and ways of Writing a Biography: The case of Saint Louis*),《范例》(*Examplia*)，1 卷，1 期，1989 年 3 月，第 207—225 页；

我试图与皮埃尔·图贝尔一同回答的问题，被用作标题写成一篇合著的文章:《能有一部中世纪整体史吗？》(*Une histoire totale du Moeyen Age estelle possible?*),《学者协会第 100 届全国会议文集》(*Actes du 100e congrès national des sociétés savantes*)，巴黎，1977 年，第 31—44 页。

马克·布洛赫的看法采自他的《颂扬历史学或历史学家的职业》(*Apologie pour l'histoire ou métier d'historien*)，1 版（身后出版），1949 年；艾蒂安·布洛赫编注的新版（雅克·勒高夫序），巴黎，1993 年。

不是用于一个人，而是用于一个“社会结构”的“拆卸”一词，见于马克·布洛赫的一份未刊手稿中，这份手稿连同他的另外一些手稿曾被德国人盗走，新近在莫斯科被发现。艾蒂安·布洛赫主编的《马克·布洛赫笔记》(*Les Caheirs Marc Bloch*) 将发表这份手稿；由于他的好意，我得以先睹为快。

皮埃尔·布尔迪厄关于“从科学上来看完全荒谬的个人与社会的对立”论述，见于《哲学中的野外作业》(*Fieldwork in Philisophy*);《讲过的事》(*Choses dites*)，巴黎，1987 年，第 43 页。马塞尔·莫斯在《人类精神之一类：个人观念，“我的观念”》(Marcel Mauss: *Une catégorie de l'esprit humain: la notion de personne, celle de "moi"*) 中谈到过“自我感觉”和“个人观念”的区别，后来在《社会学与人类学》(*Sociologie et anthropologie*)(巴黎，第 8 版，1983 年，第 335 页) 中再次提及。关于“人里面的社会”，请参阅诺贝尔特·艾里亚斯:《个人的社会》(Norbert Elias: *La Société des individus*)，法译本，巴黎，1991 年。

第一部分

圣路易的一生

第一章

/

从出生到结婚（1214—1234）

法国最显赫的国王之一出生时，周围存在着种种变幻莫测的 31
因素，恰如他一生的命运那样。

路易的祖父是法国国王菲力普二世 · 奥古斯特[①]，祖母名叫卡斯蒂利亚的康斯坦丝，父亲也叫路易，是祖父的长子和王位继承人。路易是其父为人所知的次子，生于 4 月 25 日，很可能是 1214 年。他的出生地普瓦西离巴黎 30 公里左右，这是祖父于 1209 年赐给父亲的一块领地，父亲迟至那一年才受甲成为骑士，此时已年届 22 岁。1226 年父亲死后，年幼的路易成为国王路易九世，他

---

① 从 13 世纪即圣路易世纪开始，同名大人物才有序号。第一位为法国国王编排序号的人是圣路易的近臣博韦的樊尚。普里马应圣路易之请，在圣德尼编写了法国国王的年表。这个艰难的使命不但要求拥有丰富的资料，并且需要在政治上进行选择（某人是否有资格在皇帝、教皇、国王的名单中占有一席之地？），所以几乎拖到 15 世纪末才有了结果〔参阅贝尔纳 · 格奈:《历史与历史文化在中世纪的西方》（Bernard Guenée, *Histoire et culture historique dans l'Occident médiéval*）巴黎，1980 年，第 162—163 页〕。

死于 1270 年。他于 1297 年被追封为圣徒，自那时以来直至今日，人们始终习惯地称他为圣路易。当上国王之后，路易喜欢自称普瓦西的路易，原因不但是当时大人物有在自己的名字前面添加出生地的习惯，还因为路易是个虔诚的基督教徒，他认为自己真正出生之日应该是在普瓦西受洗的那一天。

32　所以，单从圣路易的生日这一件事上，就可以看出法兰西王国的历史在 13 世纪初所处结构中的若干基本特点。第一个特点是性别对于家族尤其是王族的命运相当重要。当时法国对于王位继承并无明文规定[1]，但传统的做法是国王的女儿和外孙都不准继承王位。在这种情况下，夫妇的生育能力、子女的数量和性别，以及低幼年龄子女的死亡率，构成了影响王权传递的首要因素。

在一个没有民事登记制度的社会里，低龄死亡者不可能留下踪迹（最早的教区居民名册出现在 14 世纪初，但为数甚少）。菲力普 · 阿里耶斯观察到，孩子虽然受到父母的疼爱，但不足以引起公众的关注，因而，我们无法知道夭折的王族成员的数量和身份。那时的儿童死亡率很高，名门望族也不能幸免。路易和布朗什亦即圣路易的父母早年肯定有过两三个孩子，但因低龄夭折，我们既不知道确切的人数和性别，也不知道他们生卒于何年何月。13 岁的路易与 12 岁的布朗什于 1200 年结婚，生于 1209 年的菲力普是已知的他们的长子，这个本应继承王位的孩子死于 1218 年，那年他只有 9 岁。圣路易长到 4 岁时才成为幸存孩子中的长子，

① 1374 年 8 月，查理五世颁布敕令，正式将女性及其后裔排除在王位继承者行列以外。萨里克法在他在位期间才被援引。确立制度的历史非常缓慢，法律所认定的往往是早已存在的既成事实，而受命正式确立这种传统做法的权威机构，往往也是事后才找到的。参阅本书附录“族谱”〔本书原文第 955—959 页〕。

同时也就成了王位继承人。在卡佩王朝诸王中，头几个孩子夭折
并不罕见，1031 年至 1060 年间在位的亨利一世的哥哥于格，死在
父王虔诚者罗伯尔去世之前；1137 年至 1180 年间在位的路易七世
有一个哥哥菲力普，也死在父王路易六世去世之前；继圣路易之
后成为法国国王的菲力普三世也不是长子，王位继承者本是他的
哥哥路易，路易 12 岁上死去，于是他从 1260 年开始成为王位继
承人。圣路易既然 4 岁就成为王位继承人，对于此前与王位无缘
的那段短暂的日子自然没有什么记忆，所以哥哥之死在他心理上 33
并未留下痕迹。不过，王族长子的夭折为后代编写世系表带来了
困难，因为，正如安德鲁 · 刘易斯所指出，各个王朝尤其是卡佩
王朝的王子，名字（其实是姓）并不是随意乱起的。后世诸王的
名字大多来自卡佩王朝头几位国王的名字，首先是罗贝尔和于格，
其次是欧德和亨利。此后大概受到亨利一世的王后即来自俄国基
辅的安娜的影响，出现了菲力普这个希腊名字，再往后，随着卡
佩王族的加洛林血统得到承认，加洛林王朝对于取名的一些禁忌
被取消，路易（路易与克洛维是同一个名字）这个连接卡佩王朝
和墨洛温王朝（生于 1081 年的路易十一）的名字也常被使用，最
后出现的名字是查理（菲力普 · 奥古斯特的私生子皮埃尔 · 查尔
洛）。在圣路易的弟弟中，有一个让和一个阿尔封斯，这两个名字
是他们的母后从卡斯蒂利亚王室带来的。

12 世纪末，卡佩王朝的王室成员喜欢让长子与祖父同名，让次子与父亲同名。所以，圣路易的哥哥与祖父菲力普（奥古斯特）同名，而路易则与父亲即后来的路易八世同名。只有在考虑到长子夭亡的前提下，我们才有可能理清法国国王取名的规则。圣路易出生时，这个王朝的标志——即王室成员的取名制度——正在

形成和确定。

此外，那时的人不认为有必要准确和完整地记住孩子的生日，即使王室成员也是如此，仅有极个别例外。我们之所以知道圣路易的祖父菲力普（奥古斯特）出生于1165年8月21日至22日夜间，那是因为人们对于这个孩子期待已久，他的诞生被视为奇迹，并被史家作为重要事件登录在册。在他之前，他的父亲路易七世虽三次结婚，却只有女儿而无男嗣，到了45岁上已被视为不能再生育的老人，尽管第三位妻子依然十分年轻。然而，那时的人并不记得路易八世的生日，也不记得他的两个孩子——只活了9岁
34 的长子和幼子圣路易——的生日。所以我们并不确切地知道圣路易究竟生于何年。一些比较可靠的资料记载说，他死于1270年，那年他56岁，或者说那年是他在世的第56个年头。据此推算，他可能出生于1214年，也可能出生于1215年。有人认为他出生于1213年或1215年，但这似乎不大可能。我与今天的大多数历史学家一样，认定他出生于1214年。读者马上就会想到，圣路易出生的日子相当靠近他的祖父菲力普·奥古斯特在布汶[①]大获全胜那年的7月27日。布汶大捷是法国人历史记忆中的一个重大日子，圣路易很可能出生在这个重大事件的三个月之前。布汶大捷虽然引起巨大轰动，但是，当时却并无一人把这两件事联系起来。从12世纪到20世纪，值得纪念的事件显然发生了性质上的变化。

然而，圣路易的大多数传记作者把4月25日定为圣路易的生日，他们这样做肯定是有依据的。我们把有关生孩子的占星术或

---

① 关于布汶，参阅乔治·杜比的名著《布汶的星期天》(Georges Duby, *Le Dimanche des Bouvines*)，巴黎，1973年。

《星象图集》排除在考虑之外，因为《星象图集》之类的书籍迟至14世纪才开始流传。首先，基督教对于生日相当重视，因为，生日如果是个吉日或与某个圣徒有关，那就预示着孩子将来会有福气，至少肯定会有一个在上帝面前替他说好话的人。

4月25日是圣马克日，为圣路易作传的作者们对这个日子的意义作了各种各样的解释。圣路易的挚友儒安维尔的解释是最佳之一：

> 我听他自己说过，他出生在复活节之后的圣马克日，圣马克是一位福音布道师。那天，人们举着十字架在许多地方列队行进，法国人管这叫作黑十字架。这就像是一种预言在告诉人们，许多人将要在两次十字军征战中死去，一次是征战埃及，另一次是征战迦太基；因为，对于战死在这两次朝圣中的真正的十字军官兵来说，许多极大的哀恸已在今世终 35
> 结，许多巨大的欢乐正在天堂等候他们[①]。

借助这份并非孤立的文献，从圣路易诞生之日起，我们就不仅获知，存在着一种有关亡人的世俗的、民间的、受基督教影响较少的列队行进传统，而且也看到了一个圣路易的形象，这个形象在我们看来异乎寻常，它是在中世纪有关当时情况的传说中无法找到的历史记载。圣路易是天堂的客人，这大概不错，但是这个出现在行将就木之时的圣路易，倒像是亡人和死亡之王、丧礼之王。

---

① 儒安维尔：《圣路易史》（Joinville, *Histoire de Saint Louis*），第40—41页。

年幼的嗣子

到了1218年，只要上帝让路易和他的父亲继续留在人间，路易多半将在父亲谢世后成为王位继承人。史家们对于路易的哥哥菲力普之死漠不关心，原因大概是他太年轻，死时只有9岁，而且他离国王宝座实在太远，因为他的祖父菲力普·奥古斯特不仅健在，而且稳稳地坐在王位上。将近一个世纪之前的1131年，另一个菲力普死在14岁上，他是路易六世的长子，在两年前作为其父的助手行了教会加冕礼。这个菲力普安葬在王家墓地圣德尼，而圣路易的哥哥却安葬在巴黎圣母院，据说，他的父王路易八世和王太后卡斯蒂利亚的布朗什于1225年特地为他在巴黎圣母院修建了一个经堂[①]。

路易正式成为“第一胎”即长子和王位继承人时，没有发生任何值得记忆的事件，我们不掌握他在1226年以前的任何准确信息。由于他将来要当国王，他的双亲尤其是母亲让他接受了很好的教育，之所以这样做，不仅因为自加洛林王朝创立以来，每一位君主都应在宗教上和道德上接受行使国王使命的培训，做好
36 保护教会、听取教会劝诫的准备，还因为夏特勒主教英国人约翰·德·索尔兹伯里在他作于1159年的《论政治家》中“一位无知的王只不过是一条头戴王冠的驴”这句名言，日益被世俗朝廷和教廷奉为圭臬，促使它们对未来的国王进行良好的拉丁经典

① 勒南·德·蒂伊蒙:《圣路易传》(Le Nain de Tillemont, *Vie de Saint Louis*)，卷1，第419—420页。

七艺教育。我们不难想象，如同那时的青年贵族一样，路易与母亲的接触远远多于与父亲的接触，只是当他长到了应该接受军事训练的年龄时，父亲才接过母亲的班。路易后来喜欢提起他少年时与祖父的接触，菲力普·奥古斯特取得布汶大捷之时，即路易出生 4 个月以后，就把领兵打仗的使命交给了路易的父亲，路易的父亲在英格兰打过胜仗，在朗格多克干得更漂亮些，不过总起来说，战功并不显赫。到了 1215 年，年届 50 的国王想要吃老本、享清福了，这位诺曼底的（重新）征服者、布汶之战的胜利者被称作征服者菲力普。几位富有经验和忠心耿耿的谋士机灵而又坚定地替国王治理国家，为人民带来了国王所能给予人民的最佳礼物——和平。这些谋士的为首者、最不殷勤待人的盖兰教士当上了桑里斯主教，但因他是个神职人员，所以虽然权力几乎相当于总督，却没有丝毫个人野心，也没有朝廷血统。菲力普·奥古斯特大概挺喜欢他的孙子，而路易则是第一个见到过祖父的法国国王，此事当然只会加强王朝意识，特别因为这位祖父是个强人。

少年路易的周围全都是本朝的强人。父亲虽然不太为人所知，后来却被尊为雄狮；双亲都健在，而且事事过问；祖父始终大权在握，威武而强大；母亲以自己的行动表明，她就像是圣经中的女强人。幼年路易的身边没有软弱无能的人。

1223 年 7 月 14 日，57 岁的菲力普·奥古斯特患疟疾在芒特英年谢世。他的去世在卡佩王朝众多国王的历史上引出了两件新事。

第一件事与排场特别阔绰的葬礼有关。菲力普·奥古斯特被按照“国王习俗”安葬，这在法国历史上尚属首次，这种葬礼远可追溯到拜占庭帝国，近则与英国金雀花王朝的国王葬礼相似。37

国王的遗体与王室的族徽陈放在一起，身着王族内衣和华丽的长袍，盖着一幅金色披单，头戴王冠，手执权杖。一队贵族和主教把他抬到圣德尼下葬，死后第二天依然露着面孔[①]。庄严地下葬的既是一具集体的遗体，也是一具个人的遗体，说他是集体的遗体，因为有王家的族徽陪葬，说他是个人的遗体，因为死者的脸毕竟只属于他个人。年幼的路易无需加入送葬行列，也不必参加葬礼，但是，隆重的仪礼必定在他内心引起反响。他从中看到，一个国王是不能随便地安葬在随便什么地方的，驾崩的国王比任何时候更是国王。

另一件新事发生在法国的王宫和教会里。据某些史家记述，有人企图为菲力普·奥古斯特争取追封为圣徒。此前这样的事仅有一次，那是将近二百年前，卢瓦河畔弗勒里的本笃会修道士埃尔戈撰写了《虔诚者罗贝尔传》，此书企图让大家相信，于格·卡佩的儿子是个圣徒，但未获成功。为菲力普·奥古斯特捧场的人虽然也没有取得多大成功，但他们列举了这位国王实现的种种奇迹，而且他的诞生本身就是一个奇迹（他被称为“上帝赐予的菲力普”），他死时出现了圣徒去世时才有的某些迹象：一颗彗星向人们预报菲力普即将去世，一位意大利骑士临终之时在虚幻之中看到了这颗彗星，并向一位枢机主教和教皇禀报，于是他死而复生，很快康复；教皇验证了骑士的陈述后，在枢机主教会议上公开宣布了这一消息。可是，时间到了1223年，单有关于圣迹、彗

① 阿兰·埃尔兰德-勃兰登堡：《国王驾崩，13世纪末法国国王葬礼、棺材和坟墓研究》（Alain Erlande-Brandenburg, *Le Roi est mort. Etude sur les funérailles, les sépultures et les tombeaux des rois de France à la fin du XIIe siècle*），日内瓦，1975年，第18—19页。

星和幻觉的传说就显得不够了。某人是否圣徒取决于罗马教廷的审批程序。一位其父因婚姻丑闻[①]而被罗马教廷逐出教门的国王，怎么可能被教皇追封为圣徒呢？我们不知道少年路易对于将其祖 38
父追封为圣徒的努力终成泡影一事是否有所耳闻，假设他听说过此事，那么，不管他是否有意或无意地想到过，他后来毕竟办成了菲力普·奥古斯特没有办成的事。在两个基本点上，我们可以提出一份有利于他的相当不同的文件。他实现了一些圣迹，但不是在生前，而是在死后。因为，依据教皇英诺森三世在13世纪初作出的决定，只有死后的圣迹才能得到承认，之所以如此，为的是揭露假魔师，阻止基督教徒们追随伪造圣迹的巫师和假先知[②]。圣路易后来因其美德和基督教徒的一生、特别因其夫妻关系而被宣布为圣徒。圣徒的内涵在13世纪有了变化。当年人们试图将菲力普·奥古斯特追封为圣徒时所依据的是旧的圣徒典范。后来成为圣徒的圣路易则是一个不乏传统意义的近代圣徒[③]。

---

① 菲力普·奥古斯特丧偶后娶丹麦公主茵吉博尔格为妻，新婚之夜他就讨厌这个妻子，而且无法与她尽夫妇之道，遂将她赶走并先后软禁在好几个修道院里。菲力普又娶了阿涅斯·德·梅朗。教皇不承认这桩婚姻，并认为菲力普犯了重婚罪。

② 英诺森三世在基督教教义中重新找到了圣徒的初始定义：圣徒是异乎寻常的死者。

③ 参阅安德烈·沃谢：《西方中世纪最后数百年中的圣德》（André Vauchez, *La Sainteté en Occident aux derniers siècles du Moyen Age*），罗马，1981年。关于为菲力普·奥古斯特封圣的努力，参阅雅克·勒高夫：《关于菲力普·奥古斯特申请封圣的文献》（Jacqus Le Goff, *Le dossier de sainteté de Philippe Auguste*），见《历史》（*l'Histoire*），100期，1987年5月，第22—29页。在一则供传道者作为“范本”使用的传说中，有人看到圣德尼把菲力普·奥古斯特从炼狱（炼狱是13世纪初才出现的彼岸世界中的一个新地方）拽出来，因为他尊敬圣徒，严守节日，保护教堂、圣地和教徒。参阅雅克·勒高夫：《〈喻世录〉中的菲力普·奥古斯特》（转下页）

总之，圣路易喜欢讲述祖父的故事。倘若他对某个臣仆大发雷霆，他会说当年菲力普·奥古斯特也曾大发雷霆，由此可见这是无可指摘的正当之举。圣帕丢斯的纪尧姆讲述了这样一件事：有一次圣路易腿痛，晚上临睡之前想看看腿上的红斑，端着烛台为他照明的老仆不小心，把一滴灼热的烛油掉在他的腿上，“圣徒感到一阵疼痛，躺在床上擦拭，他叫了一声：‘喂，约翰！’约翰忙答道：‘唉呀，我把您烫了。’圣徒国王说：‘约翰，我祖父曾为
39 了比这还小的一件事，就把你赶走了。’约翰确实对圣徒国王和别人讲过，有一次，他往壁炉里添了一些着起来就噼啪作响的木柴，国王菲力普因此就把他打发走了。”圣路易没有把烫痛当作一回事，继续把约翰留在身边当差。他身边的人和那些奉承他的作者就说，此事证明他比祖父善良和高尚[①]。

儒安维尔也讲过一个大体相同的故事，但在这个故事中，圣路易却比他的祖父略嫌逊色。那是1254年国王从第一次十字军东征归来时，起初他徒步行进，可是路越来越难走，于是他想骑自己的马。扈从没有把他的马牵过来，他只得跨上儒安维尔的马。当他的马倌彭斯终于把他自己的坐骑牵过来时，国王非常生气地跑过去，狠狠训斥了他一顿。儒安维尔对国王说：“陛下，您完全

（接上页）（Jacqus Le Goff, *Philippe Auguste dans les exempla*），见罗伯尔－亨利·博蒂埃（编）：《菲力普·奥古斯特时期的法国——变迁的时代》（Robert-Henri Bautier, *La France de Philippe Auguste. Le temps des mutations*），巴黎，1982年，第150—152页；雅克·勒高夫：《炼狱的诞生》（Jacqus Le Goff, *La Naissansse du Purgatoire*），巴黎，1981年。参阅本书第三部分第九章。

① 圣帕丢斯的纪尧姆：《圣路易传》（Guillaume de Saint-Pathus, *Vie de Saint Louis*），第117页。

不该责备马倌彭斯，因为他伺候过您的祖父和您的父亲，现在又来伺候您！”可是国王一点也听不进去，他说：“邑督，他没有伺候过我们，倒是我们伺候过他，我说的是他的恶劣品质让我们吃了苦头。因为先祖菲力普国王对我说过，赏赐手下人要轻重有别，看他们伺候好坏而定。他还说，一个人倘若不能同样大胆和冷酷地赏赐下属或谢绝他人的赠与，就不可能管理好他的土地[①]。”

少年路易就这样开始向祖父学习当国王的本领。后来他在《示子》中要求后人奉为楷模的也正是他的祖父，堪称《王侯明鉴》的《示子》是他去世前不久专为其子菲力普三世写下的道德遗嘱。

> 我要你记住先祖菲力普国王的一句话，这是他的幕僚会议的一个成员转告我的。一天，先祖与他的一些私人幕僚在一起，幕僚们对他说，一些神职人员对他有许多非议，而他竟然如此宽容，着实让人吃惊。先祖回答道：“我知道他们说了我许多坏话，可是，一想到上帝赐予我的这许多荣誉，我
> 便觉得，与其在教会与我之间掀起一场轩然大波，不如吃点 40
> 亏为好。”[②]

在圣德尼王家墓地里，菲力普·奥古斯特长眠在祖先身边，路易从此成了法国王位继承人。3 年以后的 1226 年，他的父亲路易八世与先王们相聚在王家墓地，少年路易冲龄即位，在 12 岁上

① 儒安维尔：《圣路易史》，第 363—365 页。

② 大卫·奥克奈尔（编）：《圣路易训示》（Davis O'Connel, *The Teaching of Saint Louis*），查佩尔希尔，1972 年，第 57 页。

成为法国国王。

少年国王周围的世界

少年国王周围的世界相当宽阔，甚至包括他一生从未到过的地方。他生活在许许多多与他同时代的成年人中间，其中有他所不知道和永远不曾认识的人，还有他的对话者、对手和敌人。想要知道圣路易在他扮演了主角之一的那段历史中占有什么地位，必须从更为广阔的角度去观察他。如果把历史封闭在主角所生活的那个狭窄的空间里，纵然是法兰西王国也罢，肯定会由于没有参照物和比例尺而对这段历史作出错误的判断。对于路易的一生来说尤其如此，因为，他走出法国，作用于整个基督教世界，包括那些他并未亲身到过的地方；他甚至走出基督教世界，亲自去往敌对的伊斯兰世界中的北非、近东等地，并且借助他的图谋和梦想以及他的使节，直抵蕴藏着神奇与噩梦的东方心脏地区。

广袤的东方：拜占庭，伊斯兰，蒙古帝国

圣路易登上法国王位时，三大主体构成了世界的主要部分。
从表面看，这三大主体都比法兰西所属的那个拉丁基督教集团辉
煌得多。可是，三大主体之一的拜占庭已经开始了它那漫长的垂
41 死阶段，伊斯兰进入了停滞和分解时期，唯有蒙古人的征战狂潮
既有利于统一，又具有极大的破坏性。

最近的是拜占庭，它之所以近，是因为地理、宗教和新近的军事政治历史。拜占庭帝国就像是一块驴皮，它的小亚细亚部分正遭受塞尔柱突厥人的啃噬，欧洲巴尔干部分的塞尔维亚人特别是保加利亚人正在分裂出去。保加利亚人已经建立了阿森王朝的第二王国，并在卡洛扬（1196—1207）和约翰三世阿森（1218—1241）两位国王在位期间达到鼎盛。1054 年希腊人与拉丁人分手之后，自称是唯一正统基督教的希腊基督教，与其说是两种基督教之间的纽带，不如说是对立冲突的根源。面对突厥的威胁，两个基督教的统一问题被提上了议事日程，在圣路易时代，教皇国与拜占庭人为此进行了多次冗长的谈判，圣路易死后四年，终于在 1274 年里昂第二次公会议上达成了正式和解。不过，双方的接近主要在政治方面而不是宗教方面，由于仅仅解决了表层问题，所以和解不可能持久。

13 世纪上半叶，拉丁基督教方面抱有一个幻想：从分裂主义的拜占庭希腊人手中重新夺回君士坦丁堡，在那里建立一个拉丁基督教帝国。圣路易来到人间时，这个梦似乎实现了。1204 年，在对拜占庭皇帝拥有债权的威尼斯人推动下，第四次十字军攻下了君士坦丁堡，翌年在那里建立了一个拉丁帝国，弗兰德尔伯爵成为第一任皇帝，称博杜安一世。但是好景不长，这位皇帝当年就在安德里诺堡被保加利亚人俘获，死于羁押之中。不过，拜占庭依然保持着一个拉丁帝国，库特奈的博杜安二世 1228 年登上帝位。为了偿还债务，他于 1239 年卖掉了受难耶稣的圣物，1261 年，他被米海尔·巴列奥略八世赶出君士坦丁堡。圣路易迷恋于圣地的十字军，对于援助博杜安二世收复君士坦丁堡缺乏热情。在博斯普鲁斯海峡两侧建立一个拉丁帝国的梦想从此灰飞烟灭。关于

建立一个能对原拜占庭帝国的希腊正教徒臣民实行统治、听命于
罗马的拉丁基督教政权的希望，关于西方日耳曼神圣罗马帝国皇
42 帝与君士坦丁堡的拉丁皇帝重新统一的希望，关于重建一个在教
皇的精神指导下听命于罗马帝国的希望，全都落空了。伯罗奔尼
撒依然在莫雷的拉丁诸王手中，拜占庭帝国仍然保留着的商业则
被威尼斯人和热那亚人霸占。在政治上和在圣路易的思想上，拜
占庭最终仅仅扮演了一个无足轻重的角色。

穆斯林世界经历着两个截然相反的变动时期，一些强大的势力咄咄逼人，而一个缓慢的衰落过程也正在发生，尽管这个衰落过程不如西方史学家所描绘的那么明显。在西面，西方的大穆斯林帝国正在溃散，这个帝国是在 12 世纪由摩洛哥的柏柏尔人阿尔莫哈德教派建立的，统治范围一度曾扩展到整个马格里布和西班牙的南半部。联合起来的诸王在托洛萨的拉斯纳瓦斯大获全胜后，基督教的“复地运动”节节推进，葡萄牙人收复了贝雅（1235），阿拉贡人收复了巴利阿里（1235）和瓦朗斯（1238），卡斯蒂利亚人收复了克尔杜（1236）、穆尔奇（1243）、卡塔赫纳（1244）、塞维利亚（1248）、加的斯（1265）。穆斯林手中只剩下格勒纳德和马拉加。马格里布分成了三块，一块归属突尼斯的哈夫斯王朝，一块归属阿特拉斯山脉中段的齐亚尼德王朝，另一块归属摩洛哥南部的梅里尼德王朝。在圣路易看来，十字军无需考虑向西班牙推进，因为西班牙人已经挑起了这副担子，他这位法国国王可能一厢情愿地以为，劝说突尼斯苏丹改宗不会有多大困难，纵然不成，也能轻而易举地把他打败。

在近东，从基督教徒手中夺回耶路撒冷的萨拉丁于 1193 年去世后，他的后继者阿尤布人瓜分了这个苏丹国，在叙利亚和埃

及展开厮杀。尽管如此，他们依然在埃及战胜了耶路撒冷国王
让·德·布里安率领下大意轻敌的十字军（1217—1221），并于
1244 年夺回了 1229 年以一笔巨款为代价出让给腓特烈二世的耶路
撒冷城。此时，雇佣奴隶（斯拉夫人、希腊人、切尔卡斯人，尤
其是突厥人）的势力已经逐渐兴起，1250 年取代了阿尤布人的马
穆鲁克人和他们的巴伊巴尔斯（死于 1277 年），在驱逐了叙利亚
的蒙古人之后，于 1260 年夺取了苏丹国，把正在不断缩小但依然
称作耶路撒冷王国的拉丁王国挤到了圣让-阿卡，1292 年圣让-
阿卡失陷后，拉丁人立足圣地的历史便告终结。一场宫廷政变并
未妨碍马穆鲁克人战胜法国国王，1250 年圣路易被埃及的穆斯林
俘获，被迫接受对方的媾和条件。逊尼派在伊斯兰教内部取得胜
利，蒙古人于 1258 年从逊尼派手中夺走了巴格达，伊斯兰教于是 43
失去了政治团结和经济强势。尽管如此，穆斯林始终是基督教的
劲敌，圣路易对此感受甚深。

可是，13 世纪的世界性大事是蒙古帝国的兴起。一个天才的巨人出现在新世纪即将降临之时，他便是自封最高首领成吉思汗的铁木真。成吉思汗死后立即成为不信教的蒙古人的崇拜对象，如同所有古代中亚的突厥和蒙古家族一样，他为后裔留下了关于他的出身的神话：“成吉思汗的根源是只蓝色的狼，出生时上苍已为他确定了一生的命运，他的妻子是一只野牡鹿[①]。”成吉思汗把一个草原帝国的蒙古游牧世界改造成了一个世界性的帝国。他生于 1160 年，完成了在他掌权之前数十年就已开始的政治和社会发

① F. 欧班撰写的条目《蒙古（史）》（F. Aubin, *article "Mongolie (Histoire)"*），见《世界百科全书》（*Encyclopaedia Universalis*），卷 11，巴黎，第 241 页。

展，在 1206 年举行的一次蒙古各部首领会议上，他甩开上司和对手，“创建了蒙古国”，从此号称成吉思汗。他完善了蒙古人的军事组织，并为他们设立了一种“肩负管理世界使命”的民事组织。他自认为是突厥－蒙古宗教的至高无上的超自然力量，即“永恒的蓝天”挑选出来征服世界的人。1207 年即圣路易诞生 7 年之前，他开始了征服世界的伟大事业。当年就征服了西伯利亚丛林中的各部落，1207 年至 1212 年间，他征服了中国北部和满洲的一些定居部落。伊犁河和巴尔喀什湖沿岸的西部诸突厥帝国的残存部落，也都置于他的统治之下。从 1209 年起，他征服了汉化的西藏和包括北京（大兴，1215 年）在内的中国北方和朝鲜。从 1211 年起，他开始攻击穆斯林国家，1219 年至 1223 年间大举西侵，摧毁了哈拉契丹诸国和突厥人的花剌子模国，并吞了东突厥斯坦、阿富汗
44 和波斯。他麾下的大将们大肆劫掠，穿过波洛伏齐人盘踞的草原和伏尔加河上的保加尔王国，进至里海和黑海之间的广大地区进行侦察。1226 年，成吉思汗再度出征，终于占领了中国境内的西夏及其黄河边上的首都中兴（今宁夏）。1227 年，成吉思汗逝世。他事先确定了将他广袤的帝国分给四个儿子的方案，但同时规定要在三子窝阔台的节制下维持统一。我不想详述成吉思汗死后复杂的蒙古政治史，否则就离圣路易太远了。蒙古人把亚洲大陆的大部分地区搅得天翻地覆，基督教的欧洲只不过是蒙古帝国的一个附属部分，圣路易对于成吉思汗的远征只有一些朦胧和局部的了解。他比较清楚的是蒙古人汹涌的西征浪潮席卷欧洲，1237 年至 1240 年间在俄国肆虐，毁灭了里亚赞、弗拉基米尔、莫斯科、特维尔、诺夫哥罗德、基辅、乌克兰，1241 年进至波兰南部（克拉科夫至今仍有痕迹可觅）和匈牙利，直逼维也纳近郊。5 世纪阿

提拉率领的匈奴人和6—8世纪的阿瓦尔人曾入侵欧洲，后来被查理曼击败。自那时以来，蒙古人远征欧洲是西方基督教世界所经历的最大一次黄祸，欧洲人吓得胆战心惊[1]。

基督教的神职人员把蒙古人叫作鞑靼人，他们在鞑靼人身上似乎重新发现了古代的地狱，西方人则以为蒙古人就是《新约·启示录》第20章第7—8节所说的歌革和玛各所属的部落，这些部落是在一千年结束后的假基督时期，被撒旦从地上四方列国释放出来残害人类的。在中世纪前期，这些部落中的一些人成了凶残无比的食人者，亚历山大便把他们禁闭在亚洲东端的高墙之内，在地上最最可怕的日子里，他把他们释放出来了[2]。在悲观主义者眼中，这些"新魔鬼"将会与萨拉森恶魔联手作恶，萨拉森恶魔也是一种神圣传统的继承者，这种神圣的传统向人们宣布， 45
恶势力将要前来制伏基督教徒。"蒙古人的入侵延伸了十字军在地中海的势力范围，也扩大了与穆斯林文明的交往，从而令人觉得，《圣经》和《古兰经》所说的专事烧杀掳掠的恶鬼对于西方世界所构成的威胁更加迫在眉睫。"[3]对于这种威胁的恐惧心理反映在罗吉尔·培根写于1265年至1268年间的《大著作》中。培根是英国

---

① 大卫·比加利：《鞑靼人与世界末日》（Davis Bigalli, *Tartari e l'Apocalise*），见《阿达莫·马尔什与罗吉尔·培根的末世论研究》（*Ricerche sull'escatologia in Adamo Marsh e Ruggero Bacone*），佛罗伦萨，1971年。

② 拉乌尔·芒塞里：《想象出来人——歌革与玛各》（Raoul Manselli, *I popoli immaginari: Gog e Magob*），见《中世纪早期文化中的人民与国家》（*Popoli e Paesi nella cultura alto medievale*），（意大利中世纪中心研究周）（*Settimane di studio del Centro italiano di studi sull'alto Medievo*），斯波莱托，1983年，卷II，第487页及以下。

③ 大卫·比加利：《鞑靼人与世界末日》，前引书，第163页。

方济各会士，虽然长期居住在巴黎，却具有明显的牛津精神，这部著作是应他的保护人吉·富尔克（又名富尔古瓦）之请而撰写的，此人曾是圣路易的谋士，于1265年被选为教皇，称克莱门特四世。培根写道：“全世界几乎都处在应该罚入地狱的状态中，不管鞑靼人和萨拉森人将会如何，假基督及其追随者肯定能达到他们的目的。教会如果不立即采取圣洁的措施，阻挠并挫败这些阴谋活动，它就必然会被基督教徒的灾祸以不可容忍的方式摧垮。所有学问家都认为，我们离假基督时代已经为期不远了[①]。”英国僧人马修·帕利斯把假基督的追随者描绘成“毫无人性的畜牲，与其把他们叫作人，不如把他们叫作鬼，这是些喝人血、吃狗肉和人肉的家伙……”[②]想象中的动物与现实混为一谈。正如中世纪的人们所习惯的那样，梦幻与生活的界线再一次被抹掉了。噩梦并非虚构，而是实实在在的。

面对歌革和玛各即蒙古人、萨拉森人和假基督的威胁，罗吉尔·培根认为只可能有一种防卫手段，那就是改造，也就是说，要让基督教徒、教会和信徒们重新找到“真正的法则”。此时的圣路易也持同样态度。基督教徒的不幸、自己人的不幸、法国的不幸，所有不幸的深层原因都是罪孽，想要不在上帝的罪人面前沦
46 落，就得苦行苦修，纯化自己的心灵，革心洗面，改造自己。

在蒙古人的威胁面前，圣路易起初也惊慌失措。1214年，当蒙古人向欧洲中部高速挺进时，基督教徒们不断地戒斋祷告，祈

① 转引自F. 阿莱西奥：《罗吉尔·培根导论》（F. Alessio, *Introduzione a Ruggero Bacone*），罗马，巴里，1985年，第112页。

② 马修·帕利斯：《大纪年》（Matthieu Paris, *Chronica majora*），卷IV，第76页。

求息怒后的上帝"压垮桀骜不驯的鞑靼人"。据本笃会士马修·帕利斯记述，圣路易此时曾与其母进行过一次谈话：

"有人说，当令人恐怖的坏人在愤怒的神明驱使下威胁各族人民时，深受上帝钟爱的那位可敬的女性、法国国王的母后布朗什说道：'我的儿子路易国王，你在哪里？'路易闻声立即跑过来：'有事吗，母亲？'布朗什流着眼泪长叹，她虽是个女人，掂量迫在眉睫的危险时却不像女流之辈，她说：'亲爱的儿子，可怕的消息已经传进我国，对于这件令人忧虑的大事，你打算怎么办？'听了母亲的话，国王热泪盈眶，声音哽咽，在神的启示下他说道：'母亲，勇敢些，让我们在上天的慰藉下挺起腰杆来。此事只能有两种结局，倘若他们果真打到我们这里来，要么我们把他们扔进鞑靼老窝[①]，让他们从哪里来回到哪里去，要么让他们把我们送到天上去。'"他想要说的是："如果我们不能将他们击退，万一我们打败了，我们就以基督的忏悔师或殉教者的身份去见上帝。"[②]这些话若是传到法国人和他们的近邻耳朵里，肯定能鼓起他们的勇气。为了不欠人情债，腓特烈二世皇帝就鞑靼人的威胁一事致函信奉基督教的各国君主，信中写道："这伙来自大地远端的野蛮痞子，不知是何出身，上帝派遣他们来是为了端正我们的人民，而不是毁灭整个基督教世界，但愿事情就是这样，上帝将维护基督教世界，直到世界末日。"[③]

---

① 此处指地狱。

② 马修·帕利斯：《大纪年》，卷IV，第111—112页。

③ 同上书，第112页。蒙古人所到之处，人人为其残暴所震惊，他们所经之地，城镇夷为平地，敢于抵抗的人遗尸遍野。可是，这种残暴有一个目的，那就是征服人民和国家。一旦达到这个目的，他们就建设城市，也不忘自己（转下页）

47　面对着蒙古人，欧洲人当中也不乏乐观主义者，尤其当蒙古人 1239 年至 1241 年对欧洲的入侵看来不会有什么结果时。乐观来自对宗教和外交的期望。

蒙古人是异教徒，在宗教方面较宽容。成吉思汗的几个孙子娶信奉基督教聂斯脱利派的公主为妻①，有一个孙子信奉佛教。圣路易比别人更敏锐地感到，在 13 世纪掀起基督教狂热的最佳途径，莫过于设法让蒙古王公皈依基督教。蒙古王公们采用 13 世纪从大西洋到中国海普遍盛行的一种做法，让基督教徒、穆斯林、佛教徒和道教徒当着他们的面进行辩论，希望借此从中发现最令人心服的宗教，然后就信奉此教。据说圣路易也曾让基督教教士和犹太教教士当着他的面进行辩论。

某些西方基督教人士希望，蒙古人不管是否皈依基督教，都能成为基督教徒的盟友，携手反对他们正准备从背面对之发起攻击的叙利亚和埃及的穆斯林。事实上，他们曾于 1260 年攻取大马士革，可是埃及的马穆鲁克立即把他们赶了出来。那一年，蒙古

（接上页）的帐篷，创建行政机构，发展经济和交换，鼓励文艺和科学。在他们的努力下，以往一段一段的商路连接成为一条从中国直抵黑海的大道，这就是著名的丝绸之路。多亏亚洲有了“蒙古和平”，丝绸之路才得以畅通无阻，就像千余年前支配西方的“罗马和平”一样。

① 聂斯脱利派是追随君士坦丁堡大主教聂斯脱利的基督教信徒，聂斯脱利本人于 431 年受到以弗所公会议的绝罚。聂斯脱利派认为，基督不仅有二性，而且是二位。聂斯脱利派的首领自阿拉伯人征服后一直居住在巴格达，信徒们则散布在包括中国在内的整个亚洲。波斯的蒙古大汗于 13 世纪末皈依伊斯兰教后，聂斯脱利派从此走向衰落，终于在蒙古帝国覆亡时（1368）销声匿迹。参阅让·里夏尔：《教廷与中世纪的东方传教团（13—14 世纪）》（Jean Richard, *La papauté et les missions d'Orient au Moyen Age (XIIIe-XIVe siècles)*），罗马，1977 年。

人除在中国南方继续征战外，已经停止征服活动。对于基督教徒来说，所谓的亚洲灾祸不久就改指突厥人了。

此时，圣路易已成为乐观派，他与其他乐观派一样，都想到了向蒙古王公派遣使者，希望能说服他们皈依基督教，携手共同打击穆斯林。蒙古诸汗也抱有同样的想法，不过他们寻找的不是盟友，而是臣属，因为他们惯于软硬兼施，劝降不成才动武。 48

蒙古人长年累月驰骋在广袤的原野上，经常面对强大的对手，在他们看来，基督教的西方世界只不过是一些小王统治下的一些小国而已。蒙古人不是称职的对话者。教皇英诺森四世于1245年向“鞑靼人”发出了派遣基督教使团的信号。1248年12月，圣路易在塞浦路斯过冬，等待来年到埃及去；此时，奉大汗之命，由大汗在伊朗的代表、成吉思汗的孙子贵由派遣的一个蒙古使团，在塞浦路斯受到圣路易的接见。大汗在信中表示，基督教徒可以在蒙古帝国获得充分的自由与平等。作为回应，圣路易派遣多明我会士安德鲁·隆如默为使节，带着礼物前去觐见贵由，礼物中有一顶可用作小教堂的猩红色帐篷。隆如默抵达贵由大汗的驻地后，受到摄政王贵由之母的接见，她再次强调，法国国王应明确表示臣服并年年纳贡。据儒安维尔记述，圣路易于1253年在圣地获悉蒙古人的回答后，为曾经派遣使节而后悔不已。可是，他在圣地逗留期间，听到了关于成吉思汗的一位后裔撒里答已皈依基督教的传闻。圣路易于是派遣方济各会士纪尧姆·卢布鲁克给撒里答送去一封信，笼统地提到了基督教徒与蒙古人制定一项共同政策的可能性。这位前去送信的使节后来要觐见的是蒙哥大汗，他终于抵达蒙古帝国的首都哈剌和林，带去的信却丢失了。他于是向蒙哥大汗陈述了基督教教义，但毫无结果，蒙哥在写给圣路易的回信中再次要求法国向他表示臣服。卢布鲁克回到塞浦路斯时，圣路易已经返回法国，圣路易与蒙古人之间的外交文书往来至此告终[①]。蒙哥于 1259 年去世，他的兄弟旭烈兀于 1262 年派遣一个庞大的使团来到巴黎（鞑靼魔鬼变成了“两位充当译员的布
49 道会修道士陪同下的 24 位高贵的鞑靼人”）。旭烈兀对于获赠极受欢迎的猩红色帐篷一事表示感谢，并向法国国王（蒙古人如今分清了教皇与法国国王的区别，认为他们是基督教世界最强大的两位君主，一位是教权君主，一位是俗权君主）建议，双方在叙利亚正式结盟，共同对付穆斯林；蒙古人提供陆军，法国人提供蒙古人不拥有的水师。这将是一个亚洲大陆与基督教地中海的联盟，如能缔结，耶路撒冷和圣地将落入基督教徒手中[②]。这本应是一次对话和彼此交流的开始，擅长多种语言的托钵僧本应在其中发挥重要作用，但是对话流产了，这说明包括圣路易在内的中世纪基督教，由于自感势单力薄而不可能向世界开放。看来，当对方也许仅仅象征性地重提希望法国国王臣服于蒙古大汗这个要求时，圣路易及其谋士们便止步了，他对蒙古大汗的来信未作任何回答，

---

① 圣路易的使节纪尧姆·卢布鲁克：《蒙古帝国旅行记》（Guillaume de Rubrouck, *Voyage dans l'Empire mongol*），克洛德·凯普勒、勒奈·凯普勒翻译并注释，第一版，巴黎，1985 年；1993 年再版，插图本，巴黎。让·里夏尔：《沿着柏朗嘉宾和卢布鲁克的足迹——圣路易致撒里答的信》（Jean Richard, *Sur les pas de Plancarpin et de Rubrouck, La lettre de Saint Louis à Sartaq*），见《学者杂志》（*Journal des Savants*），1977 年。

② P. 梅维特：《波斯伊尔汗国的旭烈兀致法国国王路易九世的一封不为人知的信件》（P. Meyvaer, *An umknown letter of Hülegü il Khan of Persia, to King Louis IX of France*），见《旅行者》（*Viator*），11，1980 年，第 245—249 页；让·里夏尔：《1262 年在巴黎的蒙古使团》（Jean Richard, *Une ambassade mongole à Paris en 1262*），见《学者杂志》，1979 年。

因为在中世纪的政治中，象征性也具有相当大的分量。教皇与蒙古人的谈判延续了好几年，没有任何结果。

整个东方对于圣路易来说都只是梦幻。君士坦丁堡的拉丁帝国是梦幻，拉丁和希腊两个基督教教会联合也是梦幻，有一个人应罗马教皇的要求正在倾全力推动这两个教会的联合，此人便是曾任巴黎教会总管的方济各会士欧德·德·夏多鲁大主教。穆斯林诸王势力的削弱也是梦幻，这些君主虽然因内讧而四分五裂，却依然战胜了圣路易，夺回了他力图保卫的圣地。蒙古人皈依基督教以及法国人与蒙古人联手抗击穆斯林也是梦幻。在某一段时间中，基督教世界重新以自我为中心实行收缩，逐渐解除对十字军的承诺，托钵僧们无法兼顾在基督教世界的布道和在非洲、亚洲的传教，此时，在关注自己的国家和追求他的奇特梦想之间进退维谷的圣路易，只能是十字军的解围者，当一个面对着基督教 50
世界遥远前景的缺乏现实感的君主。圣路易从东方获得的只是一些微不足道的圣物和一顶殉教者桂冠，然而，罗马教廷却始终没有承认他是一个殉教者。

基督教世界

对于圣路易来说，如同对于法国来说一样，所谓世界就是基督教世界[①]。圣路易以其至高无上的权威统治着法国，他同时也是

---

① 为全面了解这个问题，请参阅雅克·勒高夫：《基督教世界的黄金时代（1180—1330）》（Jacqus Le Goff, *L'Apogée de la Chrétienté* (*v.*1180–*v.*1330)），巴黎，（转下页）

包括法国在内的基督教世界的首领之一。这两种身份之间没有任何矛盾，他也不曾感到任何矛盾。以基督教为中心的远西整体概念在 13 世纪已经存在，通常它表述为“基督教人民”或“基督教群众”或“基督教天下”。但是，“基督教世界”这个词也使用，而且 1040 年左右就已出现在用古法文写成的《阿莱克希之歌》中。一天，吉·德·奥塞尔主教以法国全体高级神职人员的名义对面露窘迫的圣路易说：“陛下，今天在场的大主教和主教们让我告诉您，基督教世界正在您手中逐渐衰败……”[①]1245 年第一次里昂公会议初期，教皇英诺森四世以敌对势力来确定基督教世界这个词的含义，这些敌对势力包括狂妄的萨拉森人、搞分裂的希腊人、
51 残暴的鞑靼人[②]。基督教世界指的是一个宗教人群，但同时也指这个人群所占有的空间。英诺森四世想把蒙古人关在“基督教世界的大门”之外，并动用波兰、立陶宛和沃伦这三个国家来对付他们[③]。在圣路易时代有一个问题经常暗中引起争论，而基督教徒们

（**接上页**）1982 年（此文系从 1965 年的一篇用德文撰写的文章中摘出）。还可参阅下文将要引用的莱奥波尔德·热尼戈、约翰·H. 蒙迪：《中世纪早期的欧洲（1150—1309）》（Léopold Génicot et John Mundy, *Europe in the High Middle Ages* (1150-1309)），伦敦，1973 年。

① 儒安维尔：《圣路易史》，第 369 页。基督教世界一词在这里大概仅含有“宗教管辖”的意义。B. 朗德里：《13 世纪经院哲学学者对于基督教世界的理解》（B. Landrry, *L'Idée de chrétienté chez les scolastiques du XIIe siècle*），巴黎，1929 年。此文没有提出任何词汇问题。莱奥波尔德·热尼戈在其极为出色的论文《13 世纪的欧洲》（Léopold Génicot, *Le XIIIe siècle européen*）（巴黎，1968 年，第 386—387 页）中，指出了这个词在 13 世纪的含混之处。

② 转引自热尼戈的《13 世纪的欧洲》，第 288 页。

③ 奥斯卡·哈莱茨基：《13—14 世纪教廷的外交活动与亚洲传教活动》（**转下页**）

必须就此作出抉择：要么组织十字军，把保卫圣地置于首位，要么把保卫欧洲置于首位，这样就得设法让东欧的异教徒，诸如立陶宛人、普鲁士人，以及南方威胁着匈牙利的波洛伏齐人皈依基督教。基督教世界难道永远以约旦河和第涅伯河为边界吗？圣路易似乎毫不犹豫地作出的回答是组织十字军，从 1095 年乌尔班二世在克莱蒙鼓吹组织十字军以来，这种回答已成为传统。

发展的结局

但是，基督教世界的趋势是向欧洲收缩，组织十字军的主张摇摆不定。促成这种态度变化的关键应该从西方的繁荣中去寻找。发展虽引发了东方基督教的新高潮，却为欧洲带来了低潮。11 世纪末，基督教世界过快增长的人口未能在欧洲内部得到消化，年轻人常常没有土地、没有配偶，也没有权力；年轻的基督教世界内部于是就时时爆发暴力事件。和平运动未能阻挡第一次野蛮的封建浪潮，教会于是就转移方向，引导这股浪潮去攻击穆斯林；由于西班牙的“复地运动”不足以全部吸收富余的拉丁人以及他们的贪欲和精力，教会便将这股浪潮引向东方。可是，西方的内部繁荣在 13 世纪达到顶点，垦殖荒地和“农业革命”击退了饥馑，普遍性的饥荒不再发生。

（接上页）（Oscar Halecki, *Diplomatie pontificale et activité missionnaire en Asie aux XIIIe-XIVe siècles*），见《第 12 届国际史学大会》（*XIIe Congrès international des sciences historiques*），维也纳，1965 年，第二份报告：《诸大陆史》（*Rapport II: Histoire des continents*），第 5—32 页。

农村经济的进步促进了社会进步。尽管领主制将人禁锢在一
52 个狭小的网络里面，但是摆脱禁锢的过程日益加速；如果说城市的氛围并不像德国谚语所说的那样自由①，大量出现的城市毕竟吸纳了大量人口，活跃了手工业和包括长途贩运在内的商业，纺织生产发展神速，新建筑如雨后春笋，木材越来越多地被石材所取代。钱币在交换中的份额飞速增大，造币师傅开始铸造被称为“大钱”的大面值钱币。西方的金币铸造中断于查理曼时期，13世纪开始得到恢复。圣路易是第一位铸造金币的法国国王，他在1266年铸造的金币名叫“埃居”。经济繁荣迫使领主们给予一定程度的自由，将暴力限制在一定范围以内。此时出现了一种关于战争的理论，主张只能进行正义战争，而且只能在限定时期内进行，这种理论使和平由理想变为现实。除了寡妇和孤儿受到保护之外，商人也受到保护。由于新社会产生出大量穷人，所以必须增设济贫院和麻风病院收容他们，这类设施的性质模棱两可，介于慈善机关和羁押所之间。除了教会、兄弟会和行会，正在形成的国家②也采取某些与当今福利政策相仿的措施，在这方面圣路易堪称独树一帜。

城市也带来了新的文化需求和满足这种需求的手段。学校日益增多，使越来越多的青年在13世纪摆脱了文盲状态；学校不仅培养未来的神职人员，也接纳日益增多的世俗学生，这些世俗学生大部分是男孩，他们学会了读书、写字和计数，女生也有一些。

① “城市的空气令人感到自由”。

② 国家的法文原文为Etat，指政治实体，而非地理概念。——译者

这些笼统地称为“大学”[①]的教育机构由此逐渐形成，在圣路易时代的基督教世界中，成为君权和神权以外的一种新权力，即以大学为其具体体现的知识。拉丁文往往矫揉造作，是一种学究气浓重的语言，大学的出现赋予拉丁文以第二次生命，使之成为一种国际学术语言；但是，种种有关规定却未能阻挡通俗语言的使用范围迅速扩大，即使在各个大学的学院里也是如此。各种地方性语言变成了文学语言。圣路易治下的法国政府机构开始用法文书 53
写文件，而圣路易本人则是第一位讲法语的法国国王。戏剧走出教堂，重新把城市作为舞台。街头出现了各种各样的节日活动，高雅的宗教礼仪中掺进了乡巴佬的习俗，这些或多或少带有非宗教色彩的习俗从乡村渗入城市，狂欢节于是与封斋期一争高下，并且战而胜之。1250 年的一则韵文故事讲述了一个想象中的新地方，一个将基督教的苦行远远抛开的乐土。绘画向来服务于上帝和有权有势的大人物，这时也试图超越对于权势的体现，逐渐满足广大群众的审美需求，尽力做到如同把地上的芸芸众生送往天堂那样，吸引上苍关注地上的芸芸众生。彩绘玻璃窗把教堂装饰得五彩缤纷，亚眠的一座雕像向人们展示了一位“漂亮的上帝”，兰斯的一座雕像上，天使们嘴上挂着微笑。哥特式建筑遍地开花。基督教的价值观依然牢牢地主宰着人间与天上。人间的花园都是伊甸园的新翻版，不同之处在于人们可以在地上的花园里借助爱神采摘玫瑰，而伊甸园里的夏娃却摘下了那个该死的苹果。人间

① 雅克·维尔热：《中世纪的大学》(Jacqus Verger, *Les Universités du Moyen Age*)，巴黎，1973 年；《从学校到大学——机构转变》(*Des Ecoles à l'Uiversité, La Mutation institutionnelle*)，见《菲力普·奥古斯特时期的法国》(*La France de Philippe Auguste*)，巴黎，1982 年。

不再仅仅反映那个受着原罪折磨的失乐园，按照上帝形象创造出来并在人间与创造世界的神圣事业进行合作的人，可以在人间享受那些只有到了世界末日才会绽放在天堂的欢乐；科学、美丽、取之有道的财富、合法的算计、复活的躯体乃至笑容，这些长期被教会视为可疑的事物，现在经过人的劳动开始在人间拥有永恒的存在了[①]。基督教世界在13世纪似乎丢掉了它那野蛮的色彩。关于上帝审判的观念淡化了，神意裁判在1215年的第四次拉特兰公会议上遭禁，经过相当长的一段时间终于在实践中消失[②]。虽然以
54 火、水和烧红的铁块取证的做法很快就消失了，但通过决斗作出判决即“搏斗取证”这种武夫喜欢采用的神意裁决方法，却沿用了很久之后才最终消失。圣路易为此作出了不懈努力。对于在欧洲老窝里享福的这些基督教徒来说，要他们离乡背井去从事十字军这种可疑的职业，难度越来越大。儒安维尔自称是圣路易最亲近的好友，对圣路易充满敬意和忠诚，圣路易有时不得不规劝这个狂躁的基督教徒骑士保持平静，然而他居然也拒绝参加第二次

---

① 雅克·勒高夫:《中世纪的知识分子》(Jacqus Le Goff, *Les Intellectuels au Moyen Age*)，巴黎，1957年；第二版（附有书目），1984年;《中世纪大学有哪些自我意识?》(*Quelle conscience l'Université médiéval a-t-elle eue d'elle-même?*)，见《试谈另一个中世纪》(*Pour un autre Moyen Age*)，巴黎，1977年；新版，1994年，第181—197页。

② 让·戈德迈:《中世纪的神意裁决：理论、立法与教会法实践》(Jean Gaudemet, *Les ordalies au Moyen Age: doctrine, législation et pratique canonique*)，见《让·博丹学会文集》(*Recueil de la Société Jean Bodin*)，卷17/2,《证据》(*La Preuve*)，1965年；多米尼克·巴泰勒米:《中世纪：上帝审判》(Dominique Barthélemy, *Moyen Age: Le jugement de Dieu*)；见《历史》(*l'Histoire*)，第99期，1987年4月，第30—36页；约翰·鲍德温:《1215年禁止神意审判的知识准备》(John W. Baldwin, *The intellectual preparation for the canon of 1215 against ordeals*)，见《瞭望》(*Speculum*)，36，1961年，第613—636页。

十字军。他说：

> “法国国王和纳瓦尔国王一再催促我随十字军东征。我对此的答复是，我曾侍奉上帝和海外国王，我回来以后，法国国王和纳瓦尔国王的将领们毁了我，并且把我的部下搞得一贫如洗，日子难过得无以复加。我对他们说，如果我想让上帝高兴，我就留在这里帮助和保护我的百姓，因为我十分清楚，参加十字军将会给他们带来痛苦和损失，所以我若投身于这种冒险的十字朝圣活动，我就会触怒以自己的身躯拯救百姓的上帝。我觉得，所有企图劝说百姓们远征的那些人都犯了不可宽恕的罪，因为，他们在法国时，全国上下一片太平景象，与邻国和睦相处，而自从他们出发远征以来，国家却每况愈下。”[①]

这就是说，这位邑督大人拒绝参加十字军，从某种意义上说，他把自己应尽的义务重新局限于他的香槟领地了，他从此相信，追随和效仿上帝并不意味着非参与“冒险的十字朝圣活动”不可，在儒安维尔的土地上“帮助和保护我的百姓”也可以。他想把依附于他的百姓们从谁的手中和从什么地方拯救出来？撒旦？萨拉森人？鞑靼人？都不是，他要把他们从“法国国王和纳瓦尔国王的将领手中”拯救出来，不让基督教世界的发展给他们带来的实
惠受到损害。邑督大人装出一副保护臣属和农民的样子，实际上 55
却像那些新兴的市民一样，不再热衷于冒险和尚武。谈到 20 年之

① 儒安维尔：《圣路易史》，第 399—401 页。

前他跟随国王远征圣地时，他写道："我从不回头再看儒安维尔[①]一眼，我怕自己会因为想到留在那里的庄园和孩子而心软。"[②]20年后他43岁，孩子已长大成人，可是，庄园把儒安维尔大人留住了，当然，他也不愿意离开基督教世界。

热爱今世生活的圣路易着迷于耶路撒冷这个想象中的人间天堂，而与他同时代的基督教徒却觉得基督教世界已经足以容纳他们，因而把耶路撒冷排除在基督教世界之外；圣路易不理睬同时代人的想法，背着十字架，再次踏上通向耶路撒冷的征途，他犯得着这样做吗？据说，圣路易在临终祈祷时说："上帝，让我们淡薄今世的荣华富贵吧！"[③]可见，他那个时代的宗教忧虑深深地埋在他的心中[④]。

宗教忧虑

宗教忧虑折磨着基督教世界，其原因之一也许正是13世纪基督教世界的繁荣发达。

公元1000年前后以来，世俗和教会的显贵们一天比一天富有，西方基督教社会中越来越多的阶层日益钟情于今世，这种现

① 此处的儒安维尔是地名，即儒安维尔的家乡。法国人常以地名为姓。——译者
② 儒安维尔：《圣路易史》，第69页。
③ 同上书，第407页。
④ 关于11—13世纪的宗教运动，参阅雅克·勒高夫、勒内·雷蒙（编）：《法国宗教史》（Jacques Le Goff et René *Rémond, Histoire de la France religieuse*），卷1，巴黎，1988年。

象引起的反应是有人忧虑、有人唾弃。于是，强烈的宗教非议活动出现在教会内外，表示非议的既有修道士、神职人员，也有平
信徒。教会及其贪婪成为众矢之的，教会公然出售主教以上的神 56
职，这种做法因巫师西蒙试图花钱购买圣徒头衔而被称作“西蒙尼亚”。坚持严格要求的教徒们，把这种盛行于当时的做法视为骇人听闻的丑事。作为教会的首脑，教皇是构成一个君主制国家的首要力量，收取的捐税越来越重，搜刮和倒腾的数额越来越多，于是，教皇也成为首当其冲的攻击目标。一些具有批判精神的教士撰文对罗马教廷冷嘲热讽，此类文章在神职人员和上层平信徒中广为传播，大受欢迎，《银马克福音书》[①]就是其中之一。一些云游四方的布道者把此类文章所表述的思想传播到各地，在一个人人都应定居于某地的社会中，他们被视为形迹可疑的人。不但金钱、教会和罗马教皇受到批评，某些基督教教义和教会强制推行的某些崇拜活动，也在一些地方引起争议。等级制度、包括婚姻和与此直接关联的性道德在内的圣事、形象膜拜特别是对受难的耶稣的膜拜、神职人员对于直接阅读圣经和传播圣经的垄断、教会的奢华等等，所有这些统统遭到否定。人们要求回归福音书所规定的严格的崇拜活动和早期教会的习俗，号召男女信徒们“赤裸裸地追随赤裸裸的基督”。人们拒绝一切发愿和宣誓，这不啻是破坏封建社会的根基之一。圣路易本人也拒绝宣誓，即使依照教会允许的方式也不行。攻击弄权和弄钱以及过度利用人间财富等现象，号召进行改革，这场非议运动一般地说也不过如此而已；

① 参阅奥尔加·多布里亚什－罗日德斯文茨基：《游荡文人诗篇》（Olga Dobriache-Rojdesventsky, *La poésie des Goliards*），巴黎，1981 年。

但是，它有时显得更为激进，或者把教会撇在一边，或者攻击基督教教义中的某些基本成分。教会于是把它称作异端教派，严加斥责，这场被称作异端的非议运动若不放弃谬误，就将被排斥在基督教社会之外①。这不是一场不信教危机，恰恰相反，这是一种宗教狂热，是一种希望亲身体验“蔑视今世”的强烈愿望，而“蔑
57 视今世”正是早期中世纪教会所竭力——也许不够谨慎——宣扬的。这场运动把全社会各个阶层的教会和非教会人士都卷进去了。法国也没能躲过这场动乱，公元 1000 年前后已知的第一个“知名度很高”的异端分子就是维尔丢昂香槟的一个农民，他在葡萄园里干活时突发奇想，对宗教信仰有了与众不同的看法。1022 年，一些持异端观点的教士在奥尔良被活活烧死，1025 年在阿腊斯出现了一个异端集团。某些异端集团似乎与卡佩王朝的王族有联系，1020 年在奥尔良，1210 年在巴黎便是如此。圣路易憎恶异端，可是异端与正统之间的界线并不十分清晰。下面我们将会谈到圣路易从十字军东征返回途中在耶尔岛与一位方济各会士的会见②，此人传播若阿香·德·弗洛尔的怀疑主义思想，我认为这次会见具有重大意义。

圣路易的宗教虔诚介于对基督的向往与仿效之间，尽管不能

---

① 关于异端，参阅雅克·勒高夫（编）:《工业化前欧洲（11—13 世纪）的宗教异端和社会》(Jacqus Le Goff, *Hérésie et sociétés dans l'Europe pré-industrielle, XIe-XIIIe siècles*)，巴黎、海牙，1968 年；马尔科姆·朗贝尔:《中世纪的异端》(Malcolm Lambert, *Medieval Heresy*)，牛津，第 2 版，1992 年；罗伯特·摩尔:《(11—13 世纪）宗教迫害社会的形成》(Robert I. Moore, *The Formation of a Persecuting Society* (11th–13th *century*))，牛津，1987 年，法文译本《宗教迫害在欧洲的形成（10—13 世纪）》(*La Persécution. Sa formation en Europe (Xe-XIIe siècles)*)，巴黎，1991 年。

② 请看本书原文第 210—213 页（即本书边码。下同。——编注）。

说他崇尚贫困，因为这对一个国王来说确实非常困难，可是他却崇尚谦卑。苦修运动当时声势浩大，大多数参与者受到苦行主义的激励，向往和追求福音的完善。圣路易也是这个运动的信徒，他与许多同时代人一样，对于越来越多的隐修道士十分着迷，这些人隐居独处在基督教世界的深山孤岛，逃避受西方经济发展的腐蚀而变坏的世界。11 世纪和 12 世纪出现了一些新的修会，它们竭力主张对修道制度进行改造，革除以往那种敛财奢华、以势压人和不从事体力劳动的恶习，西都会就是其中最引人瞩目的一个，圣贝尔纳（卒于 1153 年）以其巨大的声望为它罩上了耀眼的光环。从 12 世纪末起，西都会修道士也被指责为经不起今世的诱惑，但是，他们知道 13 世纪依然是经过改革和纯化的隐修制度的象征。西都会修道士与 13 世纪新出现的改革派托钵僧，都得到圣路易的青睐。在圣路易支持下建成的鲁瓦尧蒙西都会修道院，不但与他的名字分不开，也是他喜欢临幸的一个好去处。

异端运动在 13 世纪初更加波澜壮阔。异端派别繁多，很难区别，教会由于不了解它们真正的性质，或是因为蓄意把它们说成早就被斥的谬种死灰复燃，往往以老名字或稀奇古怪的名字来称呼它们，其中最具规模的是今天被我们称作“纯洁派”的那个异 58
端教派，在教会和维护教会的君主眼里，这个异端教派的危险性最大。在 13 世纪的法国，这个教派最流行的名字是阿尔比派，原因是信奉这个异端的人在法国南部最多，这情形有点像被人视为放贷者的基督教徒放债人，由于这种人在卡奥尔地方比较多，因而人们干脆管他们叫卡奥尔人。纯洁派宗奉二神论而非一神论。纯洁派信奉善恶两神，善神是拯救灵魂的无形神和精神世界之王，恶神是有形的物质世界的头领，败坏躯体和灵魂。纯洁派认为这个恶神就是撒旦，就是《旧约》中的怒神，今世的教会就是他的工具，而教会则是《新约·启示录》中的野兽。纯洁派拥有自己的仪礼、教士和等级（各级教长），对于基督教教会来说，它是一个绝对危险的派别。许多阿尔比派信徒四处躲藏，被迫处于地下状态，表面上却装作正统基督教的信徒，尽管如此，纯洁派与官方基督教之间也不可能有任何妥协。持二神论的异端是整个基督教世界的共同现象，西部如此，东部也如此。12 世纪和 13 世纪中，这种异端出现在阿奎坦、香槟、弗兰德尔、莱茵兰、皮埃蒙特等地，在西部和东部各有两个中心，东部的中心是保加利亚和波斯尼亚，西部中心是伦巴第和朗格多克[①]。圣路易在自己的国家里也遇到了这种异端。其实，圣路易的祖父菲力普·奥古斯特虽然拒不参与扫荡阿尔比派的十字军，他的父亲路易八世却在法国南部完成了围剿异端的大部分任务。1222 年，圣路易在那里率领十字军给阿尔比派以最后一击[②]。

59　图鲁兹伯爵雷蒙六世支持纯洁派，反对他的宗主卡佩王朝，

① 关于纯洁派，参阅阿尔诺·博斯特:《纯洁派》（Arno Borst, *Les Cathares*），1953 年，法文译本，巴黎，1953 年；拉乌尔·芒塞里:《邪恶的异端》（Raoul Manselli, *L'Eresia del male*），那不勒斯，1963 年；勒内·奈里:《纯洁派现象》（René Nelli, *Le Phénomène cathare*），图鲁兹，1976 年，卷 II，《纯洁派史》（*l'Histoire des Cathares*），1980 年。让·比热在《纯洁派：一种传说被证伪》（Jean Biget, *Les Cathares: Mise à mort d'une légende*）中表露了与众不同的观点，见《历史》（*l'Histoire*），94 期，1986 年 11 月，第 10—21 页。埃马纽埃尔·勒华拉杜里在《蒙塔尤——1294—1324 年奥克西坦尼的一个山村》（Emmanuel Le Roy Ladurie, *Montaillou, village occitan de 1294 à 1324*）（巴黎，1975 年）中对一群纯洁派信徒作了最生动的介绍，不过这群纯洁派稍晚于圣路易时代。

② 莫尼克·宰尔奈-夏尔达弗瓦纳:《进剿阿尔比派的十字军》（Monique Zerner Chardavoine *La Croisade albigeoises*），巴黎，1979 年。

他这种态度肯定发生过作用，但是，北方的领主和骑士为了私利曾在十字军的旗号下攻击南方领主，而路易八世显然想为王朝夺回对这些领主和骑士的主动权，并且希望法国与教皇的关系能比其父在位时更好一些。

为了彻底消灭依然相当活跃的异端，教会发明了宗教裁判所这种特殊的法庭，并使用一种极其恶劣的新审判程序，致使宗教裁判所一词日后变成了残暴酷烈的同义词。只要有人告密，公众中流传或者发现了某种罪证，宗教裁判所就可以在法官主持下开始审判程序。过去实行的诉讼程序是民不告则官不究，因而提供证据的应该是原告、受害者本人或其亲属，这种审判制度渐渐被新的审判制度取代。宗教裁判所的审判程序在理论上有两大优点，其一，只有不为人所知的罪行才不会受到惩罚；其二，旨在取得犯罪者的口供①，而口供被认为是最客观和最难驳倒的证据。可是，宗教裁判所的审讯是在秘密状态下进行的，既没有证人，也没有律师，只有被告，而如果是一桩密告案，被告甚至连告密者是谁都不可能知道。被告往往是被怀疑犯有藏匿罪或隐瞒罪的异端嫌疑分子，由于宗教裁判所的许多法官总想逼迫被告招供，因而就滥施酷刑，滥施酷刑的现象在整个 13 世纪越来越普遍。宗教裁判所经常作出重刑判决，诸如残酷的长期监禁、终身监禁、火刑等。每当此时，教会总是装出一副不想弄脏手的样子，让世俗政权去执行判决，这便是人们所说的假手于世俗。教皇格里高利九世于 1233 年开始设立宗教裁判所，圣路易则是第一位执行宗教裁判所

---

① 参阅《口供：古代与中世纪》（*L'Aveu. Antiquité et le Moyen Age*），见《1984 年罗马研讨会文集》（*Actes du colloque de Rome*），罗马，1986 年。

对异端分子死刑判决的法国国王[①]。

60 13 世纪基督教世界中的异端狂潮只是宗教狂热中的一个侧面，宗教狂热至少还体现在另外两个重要现象上，这两个现象基本上出现在正统的基督教内部。

首先是出现了一些新的宗教修会。新修会的出现适应了新的精神需求，也满足了某些具有较高灵性的男女信徒们的愿望，他们希望在经济和社会获得长足发展的那个社会里成为圣徒。这些修会大多是托钵僧修会。离群索居式的隐修制度主要满足了贵族和骑士社会的愿望，托钵僧们反对这种正在衰落的隐修制度，他们不是修道士，并不离群索居在西方的“荒漠”丛林中，而是生活在城市里的人群中间。他们的主要传道对象是受到异端腐蚀的新型城市社会，他们的首要武器是谦卑和贫穷的生活模式，而要实行这种生活模式，就得四出募捐。在这个利欲、诱惑和贪婪都以新的形式出现的世界上，面对着金钱的侵袭，他们把自己变成了托钵乞讨的僧人。他们把体现在自己行为中的改革视为有效地

---

① 其实，在他之前已有假手于世俗之事。1210 年，主教会议在桑斯大主教皮埃尔·德·高贝伊主持下在巴黎举行，令人不知其详的一个派别的成员被会议判刑，并被交给世俗政权去执行；这个派别的领头人物是大学教员阿莫里·德·拜纳（卒于 1205）和大卫·迪南。中世纪末期有一种官方的史书《法兰西大编年史》（*Grandes Chroniques de France*），书中总有一幅依据传说表现火刑现场的小插图，此图表明，菲力普·奥古斯特本人也在火刑现场。参阅玛里－泰莱丝·达尔维尼：《阿摩利信徒审讯片断》（Marie-Thérèse d’Alveny, *Un fragment du procès des Amauriciens*），见《中世纪学说与文学史档案》（*Archives d’histoire doctrinale et littéraire du Moyen Age*），卷 25—26，1950—1951 年；G.C. 卡拜尔：《1210 年圣谕及其他，III. 阿莫里·德·拜纳及其形式上的泛神思想研究》（G. C. Capelle, *Autour du décret de 1210. III. Amaury de Bène: étude sur son panthéisme formel*），巴黎，1932 年。

为社会改革服务的最重要手段。

在12世纪中，罪恶和赎罪观念发生了变化，宗教生活围绕着实际行动而不是围绕着主观意愿进行了重组，在这个漫长的演变过程将要结束时，第四次拉特兰公会议（1215）作出决定，每个基督教徒每年至少应单独作一次口头忏悔（后来变成了复活节忏悔），这项审视良心的具体措施，这种以追悔作为新的认罪形式的探索，为心理和精神生活的激烈动荡打开了大门，使追悔成了赎罪的新重心。托钵僧们教给神甫们如何听取忏悔，教给信徒们如何作忏悔[①]。为了说服教徒，他们依仗自己的三寸不烂之舌，重新 61
捡起口头布道方法，并加以改进，把滔滔不绝的说教变成了吸引大量听众的媒介[②]。他们当中的一些人是有名的布道能手。圣路易

① 皮埃尔·玛利·吉：《第四次拉特兰公会议后对于忏悔的定义》（Pierre Marie Gy, *Les définitions de la confession après la quatrième concile de Latran*），见《口供：古代与中世纪》，前引书，第283—296页；R. 鲁斯科尼：《忏悔规则："决疑论"和忏悔手册中的罪恶忏悔（12世纪中叶—14世纪初）》（R. Rusconi, *Ordinate confiteri. La confessione dei peccati nelle "summae de casibus" e nei manuale per I confessori (metà XII-inizio XIV se colo)*），同上，第297—313页；皮埃尔·米肖-康坦：《中世纪的决疑论和忏悔手册（12—14世纪）》（Pierre Michaud-Quantin, *Sommes de casuistique et manuels de confession au Moyen Age (XIe-XIVe siècles)*），见《那慕尔中世纪文集》（*Analecta mediaevalia namurcensia*），13，卢万、里尔、蒙特利尔，1962年；妮科尔·贝里乌：《第四次拉特兰公会议（1215）前后：近代忏悔的产生及其传播》（Nicole Bériou, *Autour de Latran IV (1215). La Naissance de la confession moderne et sa diffusion*），见《忏悔实践：从荒漠神甫到梵蒂冈II，15篇史学研究论文》（*Pratiques de la confession: des Pères du désert à Vatican II. Quinze études d'histoire*），巴黎，1983年。

② 雅克·勒高夫、让-克劳德·施密特：《13世纪的新言语》（Jacques Le Goff et Jean-Claude Schmitt, *Au XIIIe siècle: une parole nouvelle*），见《基督教信徒眼里的历史》（*Histoire vécue du peuple chrétien*），让·德吕默（Jean Delumeau）出版，（转下页）

是一个业余布道爱好者，他曾把方济各会士圣－波拿文都拉请来，为他和他的家人布道。

基督教徒十分关心自己的灵魂能否得到拯救，很想知道彼岸世界是什么样子。12 世纪末和 13 世纪初，彼岸世界的地理状况发生了变化。天堂与地狱之间塞进了一个具有双重中间性的彼岸，那便是仅存在于历史时间中而最终将被永远吸收的炼狱。凡是犯有罪过但不是怙恶不悛的人，死后都可以在炼狱中通过受苦和活人投票补赎剩余的孽债，然后进入天堂[①]。托钵僧们怂恿信徒们相信炼狱的存在，教导他们以另一种方式对待死亡，因为从今以后，死后立即面对的是单独审判，然后才是集体的最后审判。纵然不是所有的基督教徒，至少是豪门望族的基督教徒，只要得到托钵僧的允许，死后就可安葬在教堂的墓地里，此举大大损害了教区本堂神甫的利益。

托钵僧修会的创始者中有两位迥然不同的大人物。一位是西班牙人卡拉鲁埃加的多明我，他创立了布道兄弟会（后因其名而
62 称作多明我会）；另一位是意大利人阿西斯的方济各，他创立了小

（接上页）图鲁兹，1979 年，卷 I；大卫 · 达弗莱：《修道士们的说教——1300 年以前来自巴黎的布道说教》（David L. d'Avray, *The preaching of the Friars. Sermons diffused from Paris before* 1300），牛津，1985 年；妮科尔 · 贝里乌：《1272—1273 年巴黎不发愿妇女住院中的布道说教》（Nicole Bériou, *La Prédication au bèguinage de Paris pendant l'année liturgique* 1272–1273），见《奥斯定会研究》（*Recherches austiniennes*），13，1978 年，第 105—229 页；妮科尔 · 贝里乌：《拉努尔夫 · 德 · 拉乌博洛尼耶尔的布道：13 世纪向教士和普通公众进行的说教》（Nicole Bériou, *La prédication de Ranulphe de la Houblonnière.Sermons aux clercs et aux simples gens à Paris*），两卷本，巴黎，1987 年；让 · 隆热尔：《中世纪的布道》（Jean Longère, *La prédication médiévale*），巴黎，1975 年。

① 雅克 · 勒高夫：《炼狱的诞生》，前引书。

兄弟会（又称方济各会）[①]。除了这两个主要托钵僧修会，13世纪还出现了另外两个托钵僧修会，一个是创立于1250年的加尔默会，一个是创建于1256年的奥斯定会。多明我卒于1221年，那年圣路易7岁，1234年多明我被追封为圣徒；圣方济各卒于1226年（1228年被追封为圣徒），同年登上王位的圣路易12岁。后来圣路易成为诸托钵僧修会之王。有人甚至怀疑他本人也曾想成为一个托钵僧[②]。

13世纪宗教狂热的另一个重要现象是教会中的平信徒大量增加[③]。平信徒的虔诚程度几乎与修会的数量同步增长[④]。平信徒因卷入苦行运动而提高了他们在教会中的地位。对于平信徒而言完全属于正常的夫妇关系，也引出了一些新的宗教理想，例如夫妇间的贞洁便是其中之一。妇女从平信徒的这种思想升华中获益尤多。圣克莱尔不但是圣弗朗索瓦的替身，而且是为女性修会制定会规的第一个女人。然而，更为新奇的是，托钵僧修会不仅创立了女

---

① 13世纪的法国人也把多明我会叫作雅各宾会（由于他们住在雅各宾修道院里），把方济各会叫作高德利埃会，原因是他们用作裤腰带的是一根粗绳子。

② 参阅莱斯特·里特尔：《圣路易与会士的交往》（Lester K. Little, *Saint Louis' Involment with the Friars*），见《教会史》（*Church History*），XXXIII，第2期，1964，第1—24页（抽印本）。

③ 参阅安德烈·沃谢：《中世纪的平信徒——宗教活动与经历》（André Vauchez, *Les Laïcs au Moyen Age. Pratique et expériences religieuses*），巴黎，第2版，1987年；吉·罗布里雄：《11—15世纪西方平信徒的宗教信仰》（Guy Lobrichon, *La Religion des laïcs en Occident, XIe–XVe siècles*），巴黎，1994年。

④ G. G. 米尔斯曼：《兄弟互助会——中世纪平信徒的兄弟会与虔诚》（G. G. Meersseman, *Ordo fraterenitatis. Confraternite e pietà dei laici nel Medioevo*）〔神圣意大利（*Italia sacra*），卷24—26,1977年〕；见《中世纪兄弟会运动：法国、意大利、瑞士》（*Le Mouvement confraternel au Moyen Age: France, Italie, Suisse*），罗马，1987年。

性修会，而且创立了平信徒修会。教会一贯企图对平信徒和妇女的宗教虔诚进行控制，一些平信徒在它不信任的眼光下，过着一种介乎教士和平信徒之间的生活，城市妇女往往在同一个简陋的住所里过着虔诚信教但不当修女的生活。她们就是出现于 13 世纪的不发愿而住修院的妇女①。

63　这些平信徒易受基督教内部的神秘主义思潮的感染。如果说，西都会教士若阿香·德·弗洛尔（卒于 1202 年）的千禧年思想②仅仅对某些职业宗教人员产生了较大影响，特别是方济各会士，那么，对于世界末日的关注，对于最后时刻的恐惧以及对于最后审判即将到来的确信，则促使某些平信徒表现出 1260 年鞭笞派结队游行③那种强烈的宗教狂热。原来对神职人员和修道士几乎拥有垄断权的教廷，现在也接纳男女平信徒。克雷莫纳一位名叫霍姆邦的商人死于 1197 年，两年后的 1199 年被教皇英诺森三世追封

---

① 关于圣路易在位末期的不发愿的住院妇女，参阅妮科尔·贝里乌:《1272—1273 年巴黎不发愿妇女住院中的布道说教》，前引文，第 61 页，注 2。

② 关于中世纪的千禧年思想，雅克·勒高夫在他为《世界百科全书》(*Encyclopaedia Universalis*）所写的条目“千禧年主义”(*Millénarisme*)（请看本书原文第 63 页注 1）中作了粗略的介绍，并列出了主要参考书目。关于若阿香·德·弗洛尔及其思想的详尽书目，见于亨利·莫蒂的《若阿香·德·弗洛尔对精神表现的诠释》(Henri Mottu, *La manifestation de l'Esprit selon Joachim de Fiore*)，纽沙泰尔、巴黎，1977 年；马焦里·里弗斯:《预言在中世纪晚期的影响——若阿香思想研究》(Majorie Reeves, *The Influence of Prophecy in the Later Middle Ages*)，牛津，1969 年；马焦里·里弗斯:《若阿香·德·弗洛尔的特点和影响》(Majorie Reeves, *The originality and influence of Joachim of Fiore*)，见《传统》(*Traditio*)，1980 年。

③ 《鞭笞派运动七百周年》(*Il movimento dei Disciplinati nel settimo centenario del suo inizio*)（佩鲁贾，1960 年），佩鲁贾，1962 年。

为圣徒[①]。不过，13 世纪最著名的在俗圣徒还是圣路易，他是巴黎不发愿的修女的保护者，他是基督教徒中的模范丈夫，他或多或少受到了若阿香思想的影响。圣路易是笃信末世论的国王，也是为末世论所困扰的国王。如同当时的大多数基督教徒，圣路易也生活在恐惧[②]与希望的夹缝中；教会担心信徒们越来越依恋今生世界，因而设法让他们怀有一种恐惧心理，而希望则来自对于“未来幸福的期待”，因为信徒们认为，今生既是通向来世的障碍，也是通向来世的跳板[③]。笃信基督教的圣路易也是活跃在13 世纪基督教世界舞台上的重要角色之一。

政治组织：君主政体初露端倪 64

在圣路易所生活的时代，基督教社会两大巨头之间的冲突依然在政治上困扰着基督教世界，教皇与神圣罗马帝国皇帝的关系不但再度有隙，而且在英诺森四世在位期间（1243—1254）频繁地爆发冲突，教皇面对的不仅是圣路易，还有皇帝腓特烈二世；

---

① 参阅前引安德烈·沃谢的巨著《西方中世纪最后数百年中的圣德》，本书原文第 38 页注 2。

② 让·德吕默：《恐惧在西方（14—18 世纪）》（Jean Delumeau, *La Peur en Occident (XIVe-XVIIIe siècles)*），巴黎，1978 年；让·德吕默：《罪孽与恐惧——西方犯罪感的产生（12—13 世纪）》〔Jean Delumeau, *Le Péché et la Peur. La culpabilisation en Occident (XIIe-XIIIe siècles)*〕，巴黎，1983 年。

③ 雅克－吉·布热洛尔：《12—13 世纪神学中的希望》（Jacques-Guy Bougerol, *La Théologie de l'espérance aux XIIe et XIIIe siècles*），两卷本，巴黎，1985 年。

这位皇帝与众不同，几乎样样都与圣路易恰恰相反①。在这场冲突中，路易对两个传统权力的拥有者都表示敬重，国际象棋在当时的王公贵族中间正成为时髦②，圣路易在表面保持中立的掩盖下，乘机将法兰西王国的卒子推向前进。

13 世纪巨大的基督教政治运动，事实上就是君主制的兴起以及依照君主制组建国家的不可抗拒的潮流。君主制的兴起肇始于 12 世纪，主要是在英国，它在 13 世纪的继续发展首先体现在教皇国身上，教皇国具备了日益明显的近代国家中央集权和官僚治国的特点，但是它没有近代国家所必需的领土基地（尽管教皇国位于意大利中部），更没有民族国家的基础，而在卡斯蒂利亚、阿拉贡和法兰西，民族国家的基础已经充分显示。为圣路易所敬重的
65 祖父菲力普·奥古斯特迈出了决定性的一步③。圣路易本人在这方

---

① 厄奈斯特·坎托洛维茨关于腓特烈二世的那部杰作，在魏玛共和国的动乱氛围之中出版于 1927 年，后来被译成法文，书名为《腓特烈二世皇帝》（Ernest H.Kantorowicz, *L'Empereur Frédéric II*），巴黎，1978 年。作者在此书第 514—515 页中，对圣路易作了出色的描绘。

② 圣路易在位末期，大约在 1270 年之前，多明我会士雅克·德·塞索尔著书论述了国际象棋，他发现，国际象棋与基督教社会的运作颇有相似之处。国际象棋象征着一个由国王和王后统治的君主国，王后是西方的独创。关于《从国际象棋看人的习俗和贵族的职能》（*Liber de moribus hominum ac officiis nobilum super ludum scaccorum*）这部书，参阅让-米歇尔·麦尔：《雅克·塞索尔的〈喻世录〉》（Jean-Michel Mehl, *L'exemplum chez Jacques de Cessoles*），见《中世纪》（*Le Moyen Age*），1978 年，第 227—246 页。

③ 约翰·鲍德温：《菲力普·奥古斯特的政府——中世纪的法国王权的形成》（John W. Baldwin, *The Government of Philippe Auguste. Formation of French Royal Power in the Middle Ages*），加州大学出版社，1986 年；法译本《菲力普·奥古斯特及其政府——中世纪法国王权的基础》（*Philippe Auguste et son gouvernement. Les fondations du pouvoir en France au Moyen Age*），巴黎，1991 年。

面的建树比不上他的祖父，史学家们对此也研究得不够充分，尽管如此，他还是假他人之手在法兰西王国的形成过程中取得了另一些重要进展。下面谈及路易九世时将再次研究这个问题；封建制度非但不见容于君主制国家，而且在与封建制度的结构和心态的相互配合中汲取力量①。

法国人、西班牙人和英国人在这方面似乎只成功了一半。亨利二世（1154—1189 在位）治下的英国君主制强大而领先，到了他的儿子狮心王理查一世（1189—1199 在位），尤其是无地王约翰（1199—1216 在位）和他的孙子亨利三世（1216—1272 在位）——圣路易的同时代人、朋友和敌人，英国的君主制节节后退。圣路易出生一年之后的 1215 年 6 月，无地王约翰在英国贵族们的压力下签署了“大宪章”。英国政治史上的这个基本文献，并非以贵族权取代王权，而是从两个方面对王权进行限制，不仅承认大贵族的特权，而且也承认中小贵族、教会、城市和市民的特权；它确认国王受制于法律，无论是现存法律或是强制君主执行的某些“合理”的措施，法律都高于国王，此外，严禁国王专横独断②。

---

① 除鲍德温的著作外，请参阅托马斯 · N. 比松：《阿拉贡、加泰罗尼亚和法兰西的封建君主制问题》（Thomas N. Bisson, *The Problem of Feudal Monarchy Aragon, Catalonia and France*），《瞭望》（*Speculum*），1978 年，第 460—478 页。夏尔 · 佩蒂 – 迪塔伊的《法国与英国的封建君主制》（Charles Petit-Dutaillis, *La Monarchie féodale en France et en Angleterre*）（巴黎，1933 年，新版，1971 年）依然引人入胜。约瑟弗 · R. 斯特雷耶的《近代国家的中世纪渊源》（Joseph R. Strayer, *Les Origines médiévales de l'Etat moderne*）（1970 年，法译本，巴黎，1979 年）是一部综合性佳作，他为我们带来了对于国家建设与家族、地方和宗教结构之间的对立的思考。

② J.C. 霍尔特：《大宪章》（J. C. Holt, *Magna Carta*），剑桥，1965 年；《大宪章与中世纪政府》（*Magna Carta and Medieval Government*），伦敦，1985 年。

德国则相反，腓特烈二世的努力和谋划都徒劳无功，王权日趋衰微。不错，腓特烈二世在意大利南部和西西里建立了一个中央集权政体，如果不是因为这个政权具有外来性质，它本来是可以长期保持强大的[①]。尽管教皇洪诺留三世于1220年在罗马为腓特烈二世加冕，可是面对教皇国，腓特烈却不但未能重建神圣罗马
66 帝国，反而不得不在1231年的“诸侯特权规章”中将实权交给德意志诸侯。

一种非君主制和非中央集权制的政权形式于是在意大利逐渐扩展。为了在城市中建立秩序，市镇政权往往到外面去寻找一个非本邦人来担任治理邦国的最高行政官。那时，教权与政权之间没有明确的区别，道德秩序与一般秩序也很难截然分清（圣路易在他统治的晚期曾试图抹掉这种区别），城市的最高行政官有时就由神职人员担任。1233年在帕尔马掀起了一个争取和平与公义（例如，如同圣路易后来所做的那样反对放贷）的运动，方济各会士盖拉多·达·莫戴纳被授予绝对权力。这便是虽然昙花一现却具有深远意义的哈里路亚运动[②]。除了那不勒斯和西西里王国、教皇国、阿尔卑斯和阿尔卑斯山下诸封建小国，从经济、社会和文化

---

① 事实上，对于同时代的人来说，西西里的腓特烈政权与其说是一个名副其实的正统君主政体，毋宁说是一个暴君政体；而在13世纪基督教政治理论家眼中，这个政权的形象更差，这些人宗奉的是12世纪的被约翰·德·索尔兹伯里基督教化了的古代理论。

② 安德烈·沃谢：《1233年前后伦巴第的和平运动——托钵僧依据市政规章与和平协定掀起的政治行动》（André Vauchez, *Une campagne de pacification en Lombardie autour de 1233. L'action politique des ordres Mendiants d'après la réforme des statuts communaux et les accords de paix*），见《罗马法兰西学院出版的历史与考古文集》（*Mélanges d'histoire et d'archéologie publiés par l'Ecole française de Rome*），78，1966年，第503—549页。

来看，意大利中北部是最具活力的地区，一个更加广泛的市民运动在那里展开，人们分成教皇派和皇帝派，以分别支持教皇和皇帝为掩护，持续不断地彼此夺权，相互排挤。政治上的无政府状态与经济上的繁荣兴旺形成鲜明对比。如果说，比萨已经显出某些衰落的迹象，那么，13 世纪的热那亚、佛罗伦萨和威尼斯却进一步显示了经济实力。这些小国后来是圣路易的重要伙伴，其中热那亚尤为重要，如同过去曾经帮助菲力普·奥古斯特那样，它向圣路易提供了十字军船队的大部分船只和一部分经费。

在西班牙和葡萄牙，最重要的政治形势是从穆斯林手中收复失地。在尚武和好战的国王们的统治下，卡斯蒂利亚和阿拉贡缓慢地走在建立君主制国家的路上。圣路易的表兄弟费迪南三世[1]最 67
终于 1230 年将莱昂并入卡斯蒂利亚。在阿拉贡属下的诸侯国中，巴塞罗那和繁荣的加泰罗尼亚所占的分量越来越大。

在城市少而弱的斯堪的纳维亚诸国，国王们与豪族进行斗争。13 世纪是冰岛产生中世纪传说的伟大世纪，被称作“王家”传说[2]的“真实”传说从 13 世纪初就开始出现，可是，被 13 世纪人们奉为政治偶像的国王，那时的冰岛尚不拥有。在波兰和匈牙利，大权掌握在豪族手中，波兰尤其如此，那里的诸侯还得与德意志的殖民政策抗争。德意志的殖民政策采取两种形式，其一是德意志殖民者在未开垦的土地上和城市里定居；其二是组建一个由僧人—骑士控制的令人不安的国家，这些人不但积极地向异教徒（立

---

① 费迪南后来也被追封为圣徒，不过那是在 1671 年，所以不算是中世纪圣徒。

② 见雷吉·布瓦耶（Régis Boyer）为《冰岛传说》（*Sagas islandaises*）法译本所写的引言，巴黎，1987 年。

陶宛人和普鲁士人）传教，而且还因自觉属于日耳曼文化而具有强烈的征服他人的意志，他们便是条顿骑士团[1]。条顿骑士团的向东扩张遇到了俄罗斯的诺夫哥罗德亲王亚历山大·涅夫斯基的阻遏，1242年在楚德湖打了一仗[2]。在教会和实力大增的教皇领导下，基督教世界继续认同相同的价值观，由一些托钵僧修会牵头进行了深刻的改革，在知识方面则借助大学和经院哲学获得了新的动力，于是，它与异端教派展开斗争，在经济、学术和宗教活动等方面建立秩序，甚至创建了一种世界经济的雏形，并在更高的层面上创建了一个共同市场，而香槟集贸市场便是这个共同市场相当活跃的常年性中心。在历次公会议上（1215年的第四次拉特兰公会议、1245年的第一次里昂公会议和1274年的第二次里昂公会议，圣路易的一生及其国王生涯都是在这几次公会议之间度过的），基督教世界重新确立了自己的地位，这些公会议号称代表全体基督教徒，实际上却只代表西部的罗马基督教教会。尽管基督教世界取得了这许多进展，13世纪的西部基督教在政治上却依然
68 继续分化瓦解。皇帝的统一而集中的权力日趋衰微（从1250年到1273年皇位空缺），在德国尤其在意大利，政权首先归属于城市，而城市则听命于周围或大或小的国家，并在许多地方组成为邦国。可是，以国王为中心组建近代国家的那些君主国似乎最有前途。法兰西在其中名列前茅。

---

① 卡罗尔·戈尔斯基:《条顿法规——普鲁士国家的起源》(Karol Gorski, *L'Ordine teutonico. Alle origini dello stato prussiano*)(译自波兰文)，都灵，1987年。

② 爱因斯坦的著名影片“亚历山大·涅夫斯基”(1938年)即以此为主题。

法　　国

现在让我们把注视点集中在年轻的路易于 1226 年刚刚继承下来的法兰西王国上面，这是一块位于欧洲西端的信奉基督教的土地[①]。

在整个基督教世界中，法兰西是一个繁荣昌盛的地区，尤其是它的弗兰德尔、阿图瓦、皮卡第、香槟、法兰西岛和诺曼底等地区。那些地方的乡村与城市都很富庶，是基督教世界中人口最密集的地区，当时的人口大约为 1000 万，而当时整个欧洲的人口大约为 6000 万[②]。罗伯尔 · 佛希耶说，13 世纪初法国的 1000 万人口也就是 1000 万农民，此话虽略有夸大，却基本符合事实；因

① 关于 13 世纪的法兰西，玛里－泰莱丝所著《13 世纪的法兰西》（Marie-Thérèse: *la France au XIIIe siècle*）作了全面描述，巴黎，1975 年。关于法国君主制国家的形成，请参阅让 · 法维埃的《法国史》卷 II《诸公国时期》（Jean Favier, *Histoire de France, t. II, Le temps des principautés*），巴黎，1984 年；乔治 · 杜比：《法国史》卷 I《中世纪：从于格 · 卡佩到圣女贞德（987—1469）(Georges Duby, *Histoire de France, t. I, Le Moyen Age de Hugues Capet à Jeanne d'Arc* (987–1460)），巴黎，1987 年；雅克 · 勒高夫：《中世纪法国国家的创建》（Jacqus Le Goff, *La genèse de l'Etat français au Moyen Age*），见安德烈 · 布尔吉耶、雅克 · 勒维尔编《法国史》（*Histoire de la France*, dirigée par André Burguière et Jaques Revel）卷 II《国家与政权》（*L'Etat et les pouvoirs*），巴黎，1989 年，第 19—180 页。

② 此数字引自 R. 佛希耶的《菲力普 · 奥古斯特时代的乡村——农村的人口发展和社会变动》（R. Fossier, *Les campagnes au temps de Philippe Auguste: développement démographique et transformations sociales dans le monde rural*），见《菲力普 · 奥古斯特时期的法国：变迁时代》（*Auguste: Le temps des mutations*），巴黎，1982 年，第 628 页；又见 L. 热尼戈：《13 世纪的欧洲》，前引书，第 52 页。

为，虽然城市和城市居民发挥了重大作用，而且这种作用在圣路易在位期间越来越大，但是，城市和城市居民的数量却依然不多。巴黎居民在菲力普·奥古斯特在位期间达到了 10 万，巴黎因而成为当时基督教世界中最大的城市。到了 14 世纪初，巴黎以其大约 20 万居民成为人口巨城。根特和蒙彼利埃排在巴黎之后，各有居民约 4 万人；图鲁兹的居民大概有 2.5 万人[①]。王国的其他“大”城
69 市，诸如布鲁日、鲁昂、奥尔良、亚眠、兰斯[②]的人口大概在 2 万上下，波尔多也许也能挤进这个行列。当然，应该因其微乎其微的地位和功能（主要是市场功能）而将一些市镇列为城市，但是它们的人口既少，又被淹没在周围的乡村之中，所以难以符合近代城市的标准。在这个土地几乎就是一切的社会里，少量领主和大量农民构成了人口中的绝大部分。圣路易从根本上来说是一个农民的国王。可是，本书基本上不涉及那些乡巴佬（尽管在圣路易在位期间，农奴解放的速度加快，农奴数量不断减少，乡巴佬这个词依然包括了乡村中的几乎所有社会阶层）。我们的研究对象是国王，可是，有助于了解这位国王的资料却从不提及农民世界。国王的文告以及某些规章虽然涉及农民，国王的谕令虽然最终也触及处于社会等级最下层的农民，可是在这里，国王仅仅是一个抽象概念。法国农民对于圣路易知道多少，对他作何想法，我们

---

① 以上这些数字是菲力普·乌尔弗（Philippe Wolff）的估计，转引自约翰·H. 蒙迪的《图鲁兹的自由与政权（1050—1230）》(John H. Mundy, *Liberty and Political Power in Toulouse* (1050–1230))，纽约，1954 年，第 225 页。

② “在 1200 年……兰斯的人口肯定已超过 1 万，1 万人是中世纪用来界定大城市的最低数字。”（见 P. 戴博特的《13 与 14 世纪的兰斯和兰斯人》（P. Desportes, *Reims et Rémois au XIIIe et XIVe siècles*），巴黎，1979 年，第 93 页。

几乎都不可能了解。我在这里恳请阅读本书的诸君，记住这些默不作声的农民群众，他们几乎没有在本书中出现，但是，圣路易光荣的统治却是建立在他们的勤奋劳作之上的。

在这个社会中还流动着另一些物质和精神财富，它们也显示和解释了法国的繁荣。对于13世纪的西方金融交换而言，有人认为香槟的集市曾发挥过“萌芽状态的票据交换所”的作用；在菲力普·奥古斯特在位期间，香槟集市已经具有它的大部分特点：定期举行6次集市、信贷开始显示其巨大作用、对商人实行保护[①]。为了从集市中牟取实利，菲力普·奥古斯特对于往来于弗兰德尔、巴黎和香槟之间的商人作出强制性规定：必须走“王家大 70
路”，并缴纳过路费，最主要的收费站设在巴波姆。

法国在文化艺术中发挥的作用也不小。如果说波伦亚是法学教育中心，那么，巴黎大学就是正在形成的基督教世界的高级科学—神学教育中心，罗伯尔·库尔松枢机主教在1215年为这所大学奠定了最初的基础。被人们称作“法国艺术”的哥特式建筑方兴未艾。圣路易对一些大教堂采取了特别重大的举措，例如，巴黎圣母院的正面从1205年左右开始修建，圣母大门在1210—1220年间建成，西侧的玫瑰雕饰完成于1210年前后，兰斯大教堂的重建工程始于1210—1211年间，新的夏特勒大教堂建成于1220年，彩绘玻璃窗的创作和安装在1210—1236年间进行；亚眠大教堂的建造始于1220年。圣路易是当之无愧的兴建大教堂之王，他还是

① 亨利·迪波瓦：《菲力普·奥古斯特时代的商业与集市》（Henri Dubois, *Le commerce et les foires au temps de Philippe Auguste*），见《菲力普·奥古斯特时期的法国》，前引书，第701页。

出自各个巴黎工场的极其珍贵的彩绘手抄本之王[1]。

菲力普·奥古斯特执政期间，巴黎虽然尚非首都，却已是国王的主要驻地。作为王权的记忆和延续中心，王国的档案长期保
71 存在王宫小教堂旁边的一个房间里；当年这些档案曾跟随国王征战，在 1194 年的弗莱特瓦尔之役中落入狮心王理查一世之手。罗伯尔－亨利·博蒂埃认为，“菲力普·奥古斯特治国的一大新奇之处，正是持续不断地使用文书”[2]，圣路易继续保持这个习惯，同时注意协调文书的扩大使用与口头谕令的更新之间的关系，使两者处于平衡状态。

菲力普·奥古斯特时期出现了一些以巴黎为中心的对于君主制具有象征意义的地方：兰斯是国王加冕并保存加冕时使用的圣油瓶的地方，圣德尼修道院的大教堂里安葬着国王们的遗体，菲

---

① 彩绘手抄本在菲力普·奥古斯特在位期间也有长足发展。有趣的是，这类艺术品的第一部杰作竟是为来自丹麦的王后茵吉博尔格制作的，这位王后被国王厌弃后惨遭囚禁；这件彩绘手抄本是一部圣诗集，它的成就表明平信徒的宗教虔诚大有提高。茵吉博尔格圣诗集大约完成于 13 世纪初年，它为其他王家圣诗集打开了道路，其中包括卡斯蒂利亚的布朗什的圣诗集和圣路易本人的圣诗集，前者在布朗什死后也归于圣路易。其间发生了一个重大变化。12 世纪末和 13 世纪初，圣诗集是在英格兰和法国东北部的彩绘工场中制作的，从 1220—1230 年间开始，巴黎变成了彩绘圣诗集的主要产地。参阅路易·格罗德茨基:《茵吉博尔格王后的圣诗集及其问题》(Louis Grodecki, *Le psautier de la reine Ingeburg et ses problèmes*)，见同一作者所著《重新找到的中世纪》(*Le Moyen Age retrouvé*)，巴黎，1986 年；罗伯特·勃瑞纳:《圣路易在位期间的巴黎彩绘手抄本——风格研究》(Robert Branner, *Manuscript Painting in Paris during the Reign of Saint Louis. A study of styles*)，加州大学出版社，1977 年。

② 罗伯尔－亨利·博蒂埃:《法国历史上的菲力普·奥古斯特之治》(Robert Henri Bautier, *Le règne de Philippe Auguste dans l'histoire de France*)，见《菲力普·奥古斯特时期的法国》，前引书，第 17 页。

力普·奥古斯特将王权的徽号托付给了这个教堂，并在兰斯加冕礼上使用；巴黎的西岱宫则是国王的常驻地。

巴黎是当时被称作法兰西的那块土地的心脏，从15世纪末开始，这个心脏地区被叫作“法兰西岛”。

以法兰西岛为核心的王室领地是国王作为领主直接占有的土地，那些土地正是繁荣的法兰西最富庶的部分之一。路易七世为菲力普·奥古斯特留下的王室领地，是一个南北走向的条形地块，起自贡比涅和桑里斯，经由巴黎、奥尔良，直至布尔日以南。菲力普苦心经营，到他死时又增加了以下几个王室领地：法鲁瓦、韦尔芒杜瓦、阿米耶努瓦、阿图瓦、日安、巴贝里和奥弗涅；他还从英格兰国王手中夺取了诺曼底、曼恩、图赖讷、安茹、圣东日，王室领地因而扩大了三倍。

从总体上看，菲力普·奥古斯特在位时期是法兰西王国的一个转折点。

祖父的遗产

除了领土颇有扩大之外，菲力普·奥古斯特在以下三个方面
为儿子和孙子留下了遗产：行政、财政和精神，而这三项遗产都 72
有助于建成一个君主制国家。

行政方面的建树为君主中央集权打下了基础，其中最主要的措施是设立邑督这个官职，派驻王室领地。邑督是在其辖区内直接代表国王的官员，负责执行国王的决定，处理其职权范围内的事务，监督特殊收入的入库，进行明文规定的调查。邑督其实就

是后来的省长。其他特派官员也负责在王室领地进行调查，有时还可在领地之外进行调查；他们自称是“真理、权利与和平的捍卫者”（夏尔·佩蒂－迪塔伊语）。圣路易只是将这种做法推而广之，并为之罩上了一层“神秘”色彩，这些“捍卫者”应该保证国王及其臣民的灵魂获得拯救。菲力普·奥古斯特保留了原金雀花王朝领地里的邑督，但将他们作为司法总管使用。这种做法的好处首先表现在政治层面上，“王国与王室领地趋于融为一体”（罗伯尔－亨利·博蒂埃语）。

财政方面的进步主要是收入大大增加，其原因除了领土的扩展，还包括理财得当和入库监督的加强。菲力普·奥古斯特于1190年随十字军东征时，命令各位邑督每年三次前往巴黎的坦普尔，向掌管王室财政事务的圣殿骑士团汇报。一部分收入必须留作储备，以敷不时之需。1204年征服金雀花王朝的属地特别是诺曼底以后，每年增加的正常收入可能多达8万巴黎锂[①]。在他执政期间，王室收入似乎翻了一番，从他在位初期的22.8万锂增加为他在位末期的43.8万锂。菲力普·奥古斯特的遗嘱表明，他不仅为继承人留下了大量遗产，而且还有一笔数目惊人的财政储备[②]；圣路易不久就接受了这份遗产。国家的经济既然繁荣兴旺，国王

---

① J. W. 鲍德温：《菲力普·奥古斯特的政府》，前引书，第42页，注59。

锂（livre），又译里弗尔，法国古代货币，1锂等于20苏（sou），1苏等于12锝（denier）；锂有两种，分别在巴黎和图尔铸造，后者后来成为王国通用钱币。参阅本书原文第246页及以下多页。——译者

② 博蒂埃：《法国历史上的菲力普·奥古斯特之治》，前引文，第22—23页。

自然也就拥有充裕的财政可供支配。他在政治上的建树和他的个
人威望，很大程度上得益于国家在他登基之前所生产的物品，得 73
益于祖父留给他的财富。一件近代资料把他称作“富有的国王”，
这确有道理；应该说他是一个幸运的继承人。

圣路易出生并生活在其中的社会，既是一个尚武的社会，又是一个农民的社会。菲力普·奥古斯特虽然对行政机构动了大手术，却并未触动王国的军事力量。不过，他强化了军事力量，使之与经济、军事技术和社会发展相适应。他首先向封臣们和各个城市仔细说明各自应负的军事义务，并让他们切实履行，鉴于兵员数量在他在位期间增加较多，这项措施尤其显得十分必要。建立于 1194 年、修改于 1204 年的“兵员花名册”罗列了旧领地上的各个分区应该提供的兵员数量。

菲力普·奥古斯特渐渐使用领饷的士兵和雇佣军，这样做既为了适应货币经济的扩展，也因为封建主们对于国王的军事需求越来越不予理睬，更因为作为人口增长的后果，脱离城乡劳动的男子日益增多。然而，这是一种危险的做法，一则会使财政负担日趋沉重，再则会在非军事活动期间养成一批难以控制的缺乏教养、粗鲁而靠不住的大兵。

与此同时，菲力普·奥古斯特在弗兰德尔和西部英国属地的对面，修建或加固了一批强大的堡垒，其中位于诺曼底大门口的弗农堡后来是圣路易最喜爱的行宫[①]。菲力普·奥古斯特在领地上

① A. G. 布兰：《圣路易国王在诺曼底特别是在塞纳河上韦尔农的行宫》（A. G. Poulain, *Les séjours du roi Siant Louis en Normandie et particulièrement à Vernon-sur-Seine*），鲁昂，1957 年。

的各个城市周围建造强大的围墙，使之能够容留因 11 世纪和 12 世纪人口激增而出现的富余人口。巴黎是其中最著名的一例；圣路易是在巴黎稳坐王位统治全国的，那时的巴黎刚刚加固，城墙以卢浮堡和两个小城堡上的堡垒为支撑，这两个小城堡在右岸与西岱岛之间塞纳河主流两端遥相呼应。

菲力普·奥古斯特给圣路易留下的最后一宗遗产是道德，“王
74 家宗教”[1]是精神遗产的基础之一，尽管当时尚无“基本法”，但王国的法律地位已逐渐得到确认，这种进展以及因军事胜利而获得的爱国主义荣耀也是精神遗产的基础。我们看到，除传统的加冕仪礼之外，王权的徽号在圣德尼的安放以及 1223 年的王家葬礼，都是国王象征体系以及君主制和君主本人的神圣性充分展现的标志。圣路易后来“触摸”并治愈了瘰疬病患者，因此威望大增；可是，任何文献都没有关于菲力普·奥古斯特曾这样作的记载。卡佩王朝诸王的最大心愿是摆脱神圣罗马帝国皇帝的霸权，哪怕这种霸权仅仅存在于理论上。1202 年教皇英诺森三世颁发“满怀虔诚”圣谕[2]，宣布法国国王“不承认任何（世俗）上级”。圣路易执政期间，再次重申“国王（的权力）来自上帝及其本人，不来自任何别人”[3]。

最后，菲力普·奥古斯特还是布汶之役的胜利者，国王凯旋巴黎令法国社会各阶层人民欣喜若狂，这种喜悦虽然还不能说是一种民族感情的流露（中世纪没有民族感情，因为法兰西“民族”

① 这个称呼可能有些夸张，纵然国王、王室和整个王族都享有宗教声望，毕竟还不能说是“王家宗教”。参阅本书第三部分第一章。

② 圣谕无标题，通常以开篇句首为名。——译者

③ 《圣路易条例》（*Etablissements de Saint Louis*），卷 II，第 135 页。

并不存在），但是，这毕竟是第一个“爱国主义”的盛大节日，其最大的受益者无疑便是国王本人，国王的荣耀泽及王国；布列塔尼人纪尧姆在《菲力庇德》中写道：“所有村子里的民众都兴高采烈地表达他们对于国王的爱戴之情。”[①]不久之后，年轻的路易九世就感受到了巴黎人对于王国的忠诚。

菲力普·奥古斯特虽然功勋卓著，却也为他的继承者留下了一个棘手的难题。亨利二世刚刚娶了被法国国王路易七世遗弃的阿奎坦的阿里耶诺尔，便于1154年当上了英格兰国王。由于他在法国拥有大片土地（从诺曼底到阿奎坦，几乎是法国的整个西部），因而其实力远在法国国王之上。除了这个导致敌对的因素之外，还有弗兰德尔问题，弗兰德尔不但不愿承认法国对其拥有主权，而且它的经济利益（需要用英国的羊毛织成毛毯返销英国） 75
也使它愿意与英国修好。被称作“百年战争”的那场战争不久就拉开序幕。菲力普·奥古斯特在法国西部对英王作战中大获全胜，在布汶之役中俘获弗兰德尔伯爵，法国人虽然取得了辉煌的胜利，却未能彻底清除英国势力。圣路易的父亲——当时的王位继承人路易——成功地登陆英格兰，并在伦敦加冕为王，可是不久便不得不退回欧陆。虽然签订了停战协议，但并未签署和平协定，圣路易因而必须继续与英国作战，并全力以赴尽快结束第一次百年战争。

① 《圣路易条例》，卷II，第262页。

父亲短暂的统治

路易八世在位时间虽然短促（1223—1226[1]），却为年轻的儿子留下了三宗重要的遗产。

第一宗遗产是涉足法国南部。菲力普·奥古斯特既不想插手图鲁兹地区的事务，也拒绝让出他所拥有的对图鲁兹伯爵国的权利。路易八世无所顾忌，接受了蒙福尔的阿摩利的权力，带领十字军进剿阿尔比异端分子。为此，他把法兰西王国和他的儿子坚定地推向南方。

卡佩王朝用以治国的实际经验和理论中，包含着防患于未然这一条。因而，尽管国王晏驾之日尚遥遥无期，却早早口述遗嘱，以防不测。对于中世纪的基督教徒来说，特别是对于一位应对上帝负责的国王来说，无论就加冕时的誓言而言，或是对于国家和人民而言，猝死是最糟糕的事；因为，猝死的国王尚未以苦役赎清自己的罪孽，当他突然被送到天堂法官面前时，就面临着被投入地狱永远受罚的危险。路易七世参加第二次十字军于 1147 年出发东征，从此时开始，每个参加十字军的国王都在出发前往海外
76 朝圣之前拟就一篇文书，用作他们在外期间治理国家的依据，历史学家们把这种文书称为遗嘱，其实并不确切。菲力普·奥古斯特于 1190 年随第三次十字军出征，当时留下的遗嘱便是此类文书中最著名的一篇。他在这篇文书中提出了有关各地邑督的一些规

① 夏尔·佩蒂-迪塔伊:《路易八世（1187—1226）的一生和统治研究》(Charels Petit-Dutaillis, *Etude sur la vie et le règne de Louis VIII* (1187–1226))，巴黎，1894 年。

定，这些规定确立了王国的行政体制，其有效性不限于国王在外征战期间，这篇文书因而也被视为敕令。除了这类出征十字军的准遗嘱，另一类所谓的遗嘱实际上是关于儿子们分家的文书，然而对于国王来说，家庭就是王朝，因而，这些文书既具有"封建"家庭性质，同时也具有普遍的政治性质。当国王们感到来日不多时，要么为儿子们留下一些书面叮咛（例如圣路易在生命的最后时刻为其子女口述的"教诫"），要么在咽气前留下"临终愿望"，这类"临终愿望"通常是在有资格的证人面前以口头方式表述的（路易八世口述或据说是他本人口述的"临终愿望"特别重要）。这类被历史学家称作"遗嘱"的文书，其实是为未来作出的一些决策，不过，其中确有一些名副其实的遗嘱，这些遗嘱主要以遗产获得者必须为死者祈祷作为交换条件，明确地列出留给某些机构或个人的遗产。国王的这些决定都在不同程度上具有强制性质。"十字军遗嘱"的强制性尤为突出，它们被当作十字军的特殊立法文书，并享有教会的绝对保障。路易八世的1225年"遗嘱"是在他出发进剿阿尔比异端分子前夕口述的，因而与"十字军遗嘱"比较相似，但是，那时尚未宣布要对图鲁兹的雷蒙七世这位异端保护者实施十字军征战。此外，这份文书还将家族继承方案[①]与真正意义上的遗嘱合二为一，文书中写明向圣维克托修会捐赠他的王冠上的黄金、宝石和其他珍宝（若干具有特殊象征性和神圣性 77

① 此处我采用安德烈·刘易斯的一本好书《王族血缘——卡佩家族与国家，10—14世纪》（André Lewis, *Le Sang royal. La famille capétienne et l'Etat, Xe–XIVe siècles*），法译本，巴黎，1986年，第209页以下。遗嘱文本见于《王家档案宝鉴》（*Layettes du Trésor des chartes*），卷II，1710号。此件显然属于王家档案，既具"私人"（家族）性质，亦具公共（真正的王家，甚至是"国家"）性质。

的物件不在捐赠之列[①]），用以创建一所新隐修院；文中还嘱咐替他施舍和归还（清偿债务和支付勒索），并指定4位忠于其父菲力普·奥古斯特的人为遗嘱执行人。当然，他遵循王国不可分割和长子继承的规矩（传统的长子继承权），把“除了本文书上写明的那些土地、采地和领地以外，至亲至爱的先父菲力普所拥有的全部土地，以我们拥有这些土地的形式，即采地和领地”留给他的王位继承人；这位继承人便是路易，因为他在哥哥死后变成了长子。

路易八世留给儿子的第二宗遗产，是存放在圣托马斯教堂近旁的卢浮堡塔楼上的王家宝库以及黄金与白银[②]。不过，刚才我们已经看到，他把某些“采地和领地”排除在留给长子的遗产之外，并将这些土地分给长子的弟弟们，其依据是卡佩王朝起源于法兰克人的一种传统：作为遗产的土地应该分给所有的儿子。可是，卡佩王朝的这个传统同时又对分给长子以外的儿子们的土地数量作了限制，以便为长子保留王国领土的延续性，直到14世纪，王国领土才被宣布为“不可转让”。然而，路易八世可以借助一种惯常的做法，慢慢地以“国家”遗产名义取代家族遗产名义，从而改变王国土地的归属。不过，我们将会看到，路易八世及其先王们的想法不同之处，在于先王们拥有的领地窄小，为了不至于削弱王位继承人，他们只愿意将面积不大的土地分给长子以外的儿子（一般情况下人数不多，有时根本没有），而且这些土地通常是

① 国王的饰物与国王生死与共，与国王一同离开王家宝库，尤其是他曾经使用过的大量王冠。

② 请注意，非家族所有的真正国王宝库原在坦普尔塔楼上面，美男子菲力普在圣殿骑士团解散之前，于1295年将此宝库迁到卢浮堡内。1214年布汶之役后，弗兰德尔伯爵费尔南被囚禁在卢浮堡的塔楼中，圣路易即位不久就释放了费尔南。

他们自己直接管辖的王室领地的附属部分。路易八世的父王将王室领地扩大了三倍，所以路易八世在 1225 年拥有的领地大得惊人；他打算除了嗣子外，也让另外几个儿子（此时他有三个儿子，死 78
后又有一个遗腹子）分得一些土地，而且确实分给每个儿子一份土地。面对历史偶然性（生物偶然性和征服偶然性）造成的这种非常特殊的局面，历史学家们指责路易八世在中世纪法国历史上为一种危险现象开了先河，因为他们认为，路易八世的这种做法造成了许多“赏赐地”（“赏赐地”一词迟至 13 世纪末才出现[①]），从而酿成了一种危险，其恶果可能削弱乃至肢解王国。

路易八世的做法其实符合大贵族家族的习惯（然而王族毕竟不同于一般的家族），他在遗嘱中申明了他的目标：“为了让未来的王位继承者拥有必需的一切，从而使王国的安宁不受丝毫破坏，我以如下方式支配我的全部土地和全部不动产……。”这种担心并非空穴来风。在英格兰和卡斯蒂利亚，甚至在法国，新近的往事表明，王族父子和兄弟之间的争吵会给国家造成损害。但是，路易八世却给小路易留下了一道难题：儿子们所继承的遗产将会带来的究竟是安宁还是骚乱？无论如何，这是促使我们关注圣路易与他的弟弟们的关系如何的又一个原因。开始被人们称作“法国国王儿子们”的那些人，其中有人加冕为王，有人无缘问鼎，这些人所形成的体系将会如何运转呢？

---

① 查理·T. 伍德：《法国的赏赐地与卡佩王朝（1224—1328）》(Charles T. Wood, *The French Apanages and the Capetian Monarchy, 1224–1328*)，坎布里奇，马萨诸塞州，1966 年；刘易斯：《王族血缘》(A. W. Lewis, *Le sang royal*)，前引书，参阅索引中的“赏赐地”条；勒高夫撰写的条目“赏赐地”，见《世界百科全书》(*Encyclopaedia Universalis*)，前引书，卷 II，巴黎，1970 年，第 1322—1324 页。

路易留给儿子的第三宗遗产是以法兰西王国的延续性作为根基的王朝传统。于格·卡佩在世之时曾被说成是一个篡位者，某些历史传说也作如是说。有人对于格的篡位作了一种满怀敌意的解释，说他是屠夫的儿子，但丁在《神曲·炼狱》20 节 52 行中附和这个说法。即使是那些承认 987 年贵族会议的推选具有合法性
79 的人，也认为于格·卡佩登上王位标志着加洛林王朝已被一个新王朝所取代。因此，对于卡佩王朝的国王们来说，把自己说成与加洛林王朝一脉相承，便是头等重要的政治目标和观念目标。这样一来就可以让篡位的指控站不住脚，进而把卡佩王朝的渊源追溯到久远；尤为重要的是可以直接与那位神奇的历史人物查理曼挂上钩，挫败德国人力图把查理曼说成是自己先祖的意愿。在红胡子腓特烈的怂恿下，1165 年在亚琛[①]进行了把这位将皇帝追封为圣徒的尝试，但因主持此事的是一位伪教皇，所以成败参半；尽管如此，红胡子腓特烈依然自诩是查理曼的继承人[②]。可是，卡佩王朝的国王们被承认为查理曼后裔的愿望，据贝尔纳·格奈称[③]，

---

① 法国人称亚琛为埃克斯拉沙佩尔。——译者

② 我们希望对于查理曼在中世纪法国的传说研究能以下列这部著作为榜样：罗伯尔·福尔茨的《中世纪日耳曼帝国中关于查理曼的记忆与传说》(Robert Folz, *Le souvenir et la légende de Charlemagne dans l'Empire germanique médiéval*)，巴黎，1950 年。

③ 贝尔纳·格奈:《历史与政治之间的族谱：卡佩王朝后裔在中世纪法国的自豪》(Bernard Guenée, *Les généalogies entre l'histoire et la politique: la fierté d'être Capétien,en France,au Moyen Age*)，见《经济、社会与文化年鉴》(*Annales E. S. C.*)，1981 年，第 450—477 页，转载于《中世纪的政治与历史》(*Politique et Histoire au Moyen Age*)，巴黎，1981 年，第 341—368 页。参阅卡尔·费迪南·维纳尔:《卡佩王朝的正统性与"回归查理曼族系"的产生》(Karl Ferdinand Werner, *Die Legitimät der Kapetinger und die Entstehung des "Reditus regni Francorum ad Stirpem Karoli"*)，见《世界历史》(*Die Welt als Geschichte*)，1952 年，第 203—225 页；加布里（转下页）

到了菲力普·奥古斯特在位时才变成真正的“加洛林狂热”。格奈认为，“英雄史诗为查理曼的胜利做了准备”。事实确实如此，首次出现在菲力普·奥古斯特在位时期的十二重臣制度，很可能就是在《罗兰之歌》歌颂查理曼的有关章节启发之下建立起来的[①]。想象创造了历史现实，创造了实实在在的制度。这一点也可从当时人们对于预卜未来的热衷中找到证据，伊丽莎白·布劳恩指出，菲力普·奥古斯特在位期间弥漫着对于预言的热衷[②]。预言在基督教世界的政治史中长期占有重要地位，这些预言向国王或皇帝许诺，他们可以成为主宰世界末日的至尊。这些关于千禧年的预言，80
曾将古代女预言家特别是那位提布尔女预言家纳入基督教的君主制度思想之中；另外一些预言则向某些王朝的开创者宣称，他们的后代将国祚永续，只有到了世界末日才会与世界一同消失。这两种预言彼此相融，相互交织在一起，克洛维斯的情况就是如此。据说圣雷米受到一种神奇的启示，在克洛维斯受洗之时向他宣布：他的子孙将永远统治他的臣民，此事记载在10世纪弗罗道阿尔的《兰斯教会史》等著作中。圣路易不但自称是加洛林的后裔，而且声称与墨洛温王朝也有承续关系，因而卡佩王朝是第三朝；这样

（接上页）埃尔·M.斯皮格尔：《回归查理曼族系：一种新看法》（Gabrielle M. Spiegel, *The Reditus Regni ad Stirpem Karoli Magni: a New Look*），见《法国史研究》（*French Histrical Studies*），1972年，第145—174页。

① 费迪南·洛特：《略述法国重臣的起源》（Ferdinand Lot, *Quelques mots sur l'origine des pairs de France*），卷54，1894年，第34—37页。

② 伊丽莎白·A.R.布劳恩：《正统观念与菲力普·奥古斯特宫廷的正统与先知观念》（Elizabeth A.R. Brown, *La notion de légitimité et la prophétie à la cour de Philippe Auguste*），见《菲力普·奥古斯特时期的法国》，前引书，第77—111页。

一来，三个朝代就连接起来了。路易这个名字不但使卡佩王朝与加洛林王朝的路易五世即虔诚者路易（他是于格 · 卡佩的继承人，卒于 987 年）有了承续关系，而且与克洛维斯也关系密切，因为克洛维斯的拉丁名字 Hludovicus 或 Chlodovicus 与 Ludovicus（Louis 路易）是同一个名字。可是，在菲力普 · 奥古斯特时代，另一种预言使得“回归查理曼族系”成为一种必需。圣瓦莱里在预言中说，这位圣徒向于格大王许诺，他的儿子于格 · 卡佩和他的族系将拥有法兰西“直至第七代”。菲力普 · 奥古斯特正是卡佩王朝的第七代国王，这是否意味着王朝即将覆亡？回归查理曼族系将使他得以躲过第七代这个险关。有人说，菲力普 · 奥古斯特因其母亲香槟的阿戴尔而具有加洛林王朝的血统[①]，《1214 年以来的法兰克人史》一书对此予以肯定。1208 年，菲力普 · 奥古斯特为他的一个私生子（后来的努瓦永主教）起名查尔罗，这是一个缩短了的名字，显然既无贬义，也不是不尊敬。1214 年后，布列塔尼的纪尧姆为布汶之役的胜利者起名卡罗里德。但是，普遍为人接受的族谱却是安德烈 · 德 · 马希耶纳（他属于用埃诺伯爵的捐赠修建的隐修院）1196 年在《法国国王继位以及其他事件简史》中提出的族谱，他在这部族谱中指出，菲力普 · 奥古斯特的第一任妻
81 子，也就是他长子的母亲埃诺的伊萨贝尔（或伊丽莎白），是加洛林王族的后裔。伊萨贝尔是加洛林王朝倒数第二位国王路易四世及其儿子洛林公爵查理的后代，洛林公爵查理后来遭到于格 · 卡佩的驱赶。如果路易（即后来成为路易八世的那位路易）当上国

① 事实上，除了亨利一世的妻子俄罗斯公主基辅的安娜，所有卡佩王朝国王的配偶都是加洛林王朝的后裔。

王，王国就回到了查理曼族系[①]。1223 年，路易果真登极成为卡佩王朝的第八位国王，称路易八世。圣瓦莱里的预言成真。三年以后，轮到小路易接班，于是他作为国王也成了一位查理曼的后裔。回归查理曼族系一事得到正式承认是在圣路易执政期间，首先正式承认此事的是博韦的樊尚所著的 1244 年的拉丁文《史鉴》，此人是受国王保护的多明我会士；此后圣德尼王家墓地的重整，也是表明此事得到正式承认的一个举动[②]，重整墓地是应圣路易的要求在 1263—1267 年间进行的；最后，应晚年圣路易的要求，修道士圣－但尼 · 普里马撰写于 1274 年的法文版《法国大编年史》也正式承认此事[③]。

父亲之死

回过头来再说路易这位少年，1226 年他在 12 岁上当上了法国国王。

他的父亲路易八世于 1226 年 1 月 26 日拿起十字架，与异端

① 卡尔 · 费迪南 · 维纳尔:《安德烈 · 冯 · 马尔什恩与从奥杜因到 12 世纪末的马尔什恩的历史编撰学》（Karl Ferdinand Werner, *Andrew von Marchienn und die Geschichtsschreibung von Audouin und Marchiennes am Ende des 12. Jahrhunderts*），见《德意志档案》（*Deutsches Archiv*），1952 年，第 402—463 页。

② 请看本书原文第 273 页。

③ 我们注意到，加洛林王朝的血缘是由母系传下来的。14 世纪之前，人们并不援引萨利克法，并将妇女及其后裔排除在法国的王位继承人行列以外，因而，这种与卡佩王朝王位继承实践不符的族谱并未遇到问题。此后，人们对于这个违反惯例的做法，始终谨慎地保持沉默。

教派的保护者图鲁兹伯爵开战。路易八世决定从普罗旺斯对图鲁兹伯爵进行攻击，于是沿着里昂到普罗旺斯的道路挺进，在阿维尼翁遇到抵抗后，便将该城团团围住，并于 8 月攻陷阿维尼翁。接着，他不费吹灰之力就征服了朗格多克（贝济耶、卡尔卡松、
82 帕米耶），于是决定 10 月经由奥弗涅班师巴黎。月末他染上痢疾，不得不暂时驻足蒙庞谢尔堡[①]。路易八世的病情急遽恶化，不久就危在旦夕。那年他只有 38 岁（他于 1226 年自称 39 岁），在他写于 1225 年的遗嘱中，不曾对他因故不能视事或死亡后的国事作任何预先安排[②]。法国国王率十字军出征海外时，通常都会对后事作出安排，但是路易八世率领的十字军是在国内征战，所以此种后事安排似乎没有必要。

事实上他本应作出安排。已经变成长子的小路易并无自动继位的保证。在卡佩王朝的以往二百余年的历史上，菲力普 · 奥古斯特是生前没有看到长子加冕的第一位国王。王朝的延续看来得到了保障，但加洛林王朝的继承模式（加洛林王朝诸王通常在父王生前就已加冕）从此不再。然而，危机毕竟还是出现了，因为继位者是个孩子。即将晏驾的路易八世国王有一个同父异母的弟弟布洛涅伯爵菲力普，人们称他为于佩尔（暴躁汉），他是菲力普 · 奥古斯特与阿涅斯 · 德 · 梅朗所生的儿子，当时正值英年（25 岁）。此前不久的事实表明，作为国王封臣的那些强大的贵族们对于为国王服务明显地缺乏热情。香槟伯爵蒂博、布列塔尼伯爵皮

① 蒙庞谢尔堡位于今日的多姆省，黎胥留于 17 世纪下令将此堡夷为平地。

② 中世纪末的编年史说“路易让他妻子接替他”（勒南 · 德 · 蒂伊蒙（Le Nain de Tillemont, *Vie de Saint Louis*），卷 I，第 395 页）。编年史对此没有提供任何严肃的证据，后来的事实表明这种说法纯属无稽之谈。

埃尔·摩克来尔、拉马什伯爵于格·德·吕希尼昂等人，都在 40 天的跟随封主出征期满后，不等阿维尼翁围城之役结束，便于 7 月底离王家军而去。此外，一些领主对于布汶之役的败将弗兰德尔伯爵葡萄牙的费迪南长期被拘押在卢浮堡一事深感不满，此人是王国的主要贵族之一，囚禁已达 12 年。

路易八世临终时于 11 月 3 日把王国的主要贵族、高级神职人员和军中重要将领召到病床跟前，其中有桑斯和布尔日的大主教，
博韦、努瓦永和夏特勒的主教，他的同父异母弟弟布洛涅伯爵菲力 83
普·于佩尔以及布鲁瓦、蒙福尔、苏瓦松和桑塞尔的伯爵，波旁和古希的封建领主以及王府中的若干显赫人物。路易八世要求这些人答应，在他死后立即向他的儿子路易（路易若不幸亡故，则改而向另一个儿子罗伯尔）表示臣服和效忠，并尽快让他加冕为王[①]。

路易八世所作的各种决定中唯有这一项有无可辩驳的文献为证。这位即将咽气的国王还采取了另外一些行动，但留存下来的文献并不十分可信。据编年史家图尔奈主教穆斯凯（卒于 1241 年）称，路易八世曾将其父菲力普·奥古斯特的三位忠诚的老臣召来，他们是巴特罗缪·德·鲁瓦和让·德·奈尔，菲力普·奥古斯特曾将监管布洛涅伯爵和弗兰德尔伯爵这两名布汶之役主要战俘的任务托付给他们，第三位忠诚的老臣便是桑里斯主教盖兰，他不仅是父王的心腹谋士，在父王晚年俨然还是一个非正式的副王。据说，路易八世要求这几位老臣“保护他的儿子们”[②]。菲力普·奥

① 窦莱：《王家档案宝鉴》（A. Teulet, *Layettes du Trésor des chartes*），卷 II，1811 号。

② 菲力普·穆斯凯：《韵文编年史》（Philippe Mousket, *Chronoque rimé*），雷芬贝格（Reiffenberg）主编，布鲁塞尔，卷 II，1838 年，第 27251—27258 行。

古斯特的嘱托并非官方使命，而是如同弗朗索瓦·奥利维耶－马丁所说：“国王只想把自己的儿子托付给信得过的挚友和同伴”[①]。我们在圣路易身边依然能看到分属于这两个圈子的人，一个圈子是组成“御前会议”的那些大臣，或者说是出身好、为国王在重大事件中出谋划策的贵族、谋士以及受宠于国王的上层人物；另一个圈子是得到国王特殊信任的心腹，他们受托的往往是国王的私事，他们被征询意见的原因有时与利害无关，主要基于国王的私人感情。

可是，路易八世虽然向他的近臣们作了这些嘱托，却只字未涉及那个主要问题。谁将以幼王的名义治理国家？任何文书和任何口谕都不曾预先对此做过安排。以往国王率十字军出征时，都要指定一个人代行国王的职责，这种情况出现过两次，第一次是
84 路易七世 1147 年随第二次十字军出征，那时他指定了三位巨头：他的亲信谋士圣德尼修道院院长絮热、兰斯大主教（圣德尼与兰斯那时已经是“一对”了！）和一位平信徒内维尔伯爵，这位伯爵几乎立即就退居在一所隐修院中，取代他的是国王的一位亲戚韦尔芒杜瓦伯爵。兰斯大主教因路途遥远而鞭长莫及，变得有名无实，韦尔芒杜瓦伯爵企图独揽大权，反被絮热架空，于是这位圣德尼修道院院长就在国王远征时期单独挑起了治国重任。但是与以往不同，现在的问题不是指定临时负责人。

---

① 弗朗索瓦·奥利维耶－马丁：《摄政研究 I. 卡佩王朝直系和瓦鲁瓦王朝初期的摄政和国王的成年（1060—1375）》(François Olivier-Martin, *Etudes sur Les régences. I. Le régenes et la majorité des rois sur les Capégtiens directs et les premiers Valois* (1060–1375))，巴黎，1831 年。尽管此书把摄政问题看得过重，因为实际上摄政只涉及大人，并不涉及幼王，因而摄政的象征性反响实际上更大；但是此书依然不失为一部佳作。

1190 年随第三次十字军出征前夕，菲力普·奥古斯特把国事托付给母亲和舅舅；母亲是路易七世的遗孀香槟的阿戴尔，舅舅是母亲的兄弟兰斯大主教“白手”纪尧姆。先王的遗孀也就是国王的母亲于是就行使受托的职责，历史学家们将这种职责称为“摄政”，其实这是不正确的，因为摄政一词迟至 14 世纪才出现，它所指的是一种在法律上有相当明确定义的正式职务。在 12 和 13 世纪，受国王之托的人即使真的担负起管理国务的重任，他们也只不过是“监护”而已。

法国历史上确有一位代替幼王治国的人，他就是弗兰德尔伯爵博杜安五世。1060 年亨利一世驾崩，此前一年菲力普一世已经在兰斯加冕为王，那时他才 8 岁[1]。亨利一世将儿子和国事都托付给妻子的兄弟博杜安。那时不存在继承问题，因为，在那个“后加洛林”遗风十分明显的时代，国王的选择无疑早已由他的意愿表明，他热切希望保证他年轻的继承人和王国政府能像强大的君主那样拥有权力和权威，在 1067 年的一份文书中，这些强大的君主被称为“王宫里的君主”[2]。

路易八世于 11 月 8 日死于蒙庞谢尔，11 月 15 日在圣德尼举 85
行葬礼；人们在此后的日子里发现，幼王和国家的监护权落在路易八世遗孀——38 岁的王太后卡斯蒂利亚的布朗什手中了。

一件文书表明了这种局面的合法性，这件文书的真实性无

---

① 我们只知道菲力普一世生于 1052 年，但不清楚生于何月何日。亨利一世卒于 1060 年 8 月 4 日。

② 让-弗朗索瓦·勒马里涅：《卡佩王朝初期的王国政府（987—1108）》(Jean-François Lemarignier, *Le Gouvernement royal aux premiers temps capétiens* (987–1108))，巴黎，1965 年，第 152 页。

可挑剔，但却有些非同寻常。文书交由掌玺官即王家档案官桑斯大主教保管，夏特勒主教和博韦主教向一些人发出了通告，但被告知的是哪些人我们不清楚；情况可能是这样的：路易八世临终让人通知王国的所有重臣，他已决定由王后即王子们的母亲布朗什“监护”嗣王、王国以及他的其余儿子，直到他长到“法定年龄”[①]。这件文书标明写于 1226 年，但没有标明月日；它肯定写于 1226 年 11 月 8 日与 1227 年复活节之间，因为文书中提及路易八世时称他为先王，这说明路易八世此时已死，而依据当时的习惯，复活节是新的一年的开始。

此事令人疑惑之处首先在于路易八世生前未曾提及，无论在他的遗嘱中，抑或在 1226 年 11 月 3 日向奉召来到病床前的全体高官宣读的庄严声明中，都没有指定甚至没有表示希望由谁来担任我们后来所说的“摄政”。他也许因胆怯而无法表明自己的意愿，从历史上看，每逢面临事关王国政府和王族内部事务的重要时刻，卡佩王朝的国王们总是因胆怯而不能明确表明自己的意愿。第二个令人疑惑之处在于他作出这个重要决定或被人们视为重要的决定时，只让 11 月 3 日在场的 5 位主教中的 3 位作为见证人，而据我们所知，这 5 位主教当日均未离开蒙庞谢尔。能够争当王国监护人的唯一最佳人选是桑斯大主教，他是巴黎主教的上司和兰斯大主教的对手（可是，兰斯大主教刚刚去世，新任者尚未选出）。

86 由于母亲担任监护一事对于圣路易后来的处世为人影响至大，所以历史学家们就这件与圣路易的一生关系重大的文书作了种种

① 原文为“... ad etatem legitimam”，转引自窦莱的《掌玺官档案》，前引书，卷 II，1828 号。

揣测。有人认为，文书完全反映了真实情况，桑斯大主教和两位主教只是把路易八世所表达的真实意愿见诸文字而已。有人认为，这件文书是伪造的谎言，其目的在于事后借助国王的临终决定为国王死后的既成事实增添分量，他们认为，卡斯蒂利亚的布朗什为了攫取政权，以实力为后盾造成了由她“监护”的局面。在我看来，与第二种揣测相似的另一种意见比较接近事实，但无法予以证实。三位见证人在他们的声明中使用的某些言辞，可以反过来用以反驳他们企图令人相信的事实，即路易八世的决定是真实可信的。他们指出，国王虽然即将咽气，但他依然完成了使他的最后意愿成为合法和可执行的必要手续。据他们说，国王告诉三位见证人的只是一种意向或嘱咐，而三位见证人却把它说成是具有绝对权威的决定（“他想要并决定”[①]），并且一再坚持说，国王是在“神志清醒”[②]时经过“深入讨论”[③]才作出这一决定的；他们企图用这种解释来说服对此存疑的人。据我们推测，出于对王朝和王国政府的延续和巩固的关心，忠于国王的那些人在国王因病笃而不能表达意愿时进行了商讨。此时，巴特罗缪·德·鲁瓦、让·德·奈尔和宫廷总管桑里斯主教盖兰等忠于国王的大臣都在蒙庞谢尔，其余大臣则留在巴黎，因此这次商讨更加显得必要。他们在菲力普·奥古斯特国王和路易八世短暂的在位期间都

① 原文为“…voluit et disposuit”。

② 原文为“Et sana mente”。三位见证人的这一“证明”使得国王临终时向他们表达的意愿近乎遗嘱。由于肯定了经过讨论、神志清醒、三位见证人在场这三点，教皇亚历山大三世（1159—1181）的一通圣谕遂决定：依据圣事规则，有两位或三位见证人在场的情况下留下的遗嘱，属于有效。

③ 原文为“…in bona deliberatione”。

是显赫的重臣，如今肩负着保证王朝政府延续的重任，可是，他们之中的任何一位都不可能单独或与他人一同担当幼王和国家的
87 监护，因为没有一人拥有为此所必需的“社会地位”。他们肯定想要摒弃两种可能提出的方案。第一个方案是由离幼王最近的男性血亲“摄政”，这种可能性显然最大，路易八世对此也不会提出异议，果真如此，那么摄政王就将是少壮派（年仅 25 岁）实权人物菲力普·于佩尔，他是菲力普·奥古斯特的儿子，路易八世的同父异母弟弟，也就是幼王的叔父。父王的赏赐和配偶带来的嫁资，使这位布洛涅伯爵拥有 5 个伯爵领地。他如果当上摄政王，好不容易建立起来的长子继位制就将废于一旦。

第二个方案是组织一个权贵会议，以幼王的名义执政。据一位与圣路易同时代的编年史家兰斯说书人和另一位骑士说书人于格·德·拉菲尔戴-贝尔纳[①]的记述，有关人士果真提出了这个要求。被称作“执政班子”[②]的那些人于是主张委托卡斯蒂利亚的布朗什王太后监护国王和王国，因为他们觉得，王太后作为一个女人和外邦人，将会被迫听命于他们。桑斯大主教和夏特勒及博韦主教如同大多数自于格·卡佩以来始终支持卡佩王朝的大臣一样，打算依据惯例坚持长子继位制，“执政班子”对他们进行游说，让

① 《兰斯说书人》（*Le Ménestrel de Reims*），第 176 页；关于于格·德·拉菲尔戴，参阅奥利维耶-马丁：《摄政研究》（François Olivier-Martin, *Etudes sur Les régences*），前引书，第 60 页。

② “执政班子”一词出自热拉尔·希弗里的《执政班子：卡斯蒂利亚的布朗什与 1226 年路易八世的嗣位》（Gérard Sivery, *L'équipe gouvernementale, Blanche de Castille et la succession de Louis VIII en 1226*），见《史学信息》（*L'Information historique*）,1979 年，第 203—211 页。是希弗里提出了这种推测，我基本上同意他的看法。

他们发表一封信，声称路易八世指定卡斯蒂利亚的布朗什为监护
人时，他们是在场的目击者。这位编年史家讲述的故事纵然确有
其事，“执政班子”看中卡斯蒂利亚的布朗什的原因也不会是她在
他们眼里的弱点，而应该是基于她的坚强而认为她担当得起这个
重任。据编年史称，布朗什获悉路易八世染病后立即赶往蒙庞谢
尔，结果在途中遇到前去圣德尼的国王灵柩，王后悲痛欲绝，在
葬礼上依然不能自已。路易八世下葬后，她全力以赴维护儿子的
权益，让他继承王位，维持和加强法国的实力。国王或“执政班 88
子”在幼王未成年期间赋予她的权力，她牢牢地握在手中，充分
行使，绝不松手。

邦国啊，你的王若是孩童，你就有祸了

一个 12 岁的孩童于是成了国王。这种情况是一个半世纪以来的头一次，包括以为有机可乘的那些人在内，臣民们忐忑不安，甚至可以说是忧心忡忡[①]。

作为社会的首领，国王的职责之一就是在社会与神祇之间建立联系。中世纪的国王之所以是国王，虽然是王朝的传统和他们的出身使然，但他们同时也是上帝的选民，而且由于举行了宗教加冕典礼而成了一位敷过圣油的人；法国的国王尤其如此。纵然

① 伊夫·萨希耶（Yves Sassier）把《圣经·传道书》中的词句“国王是孩童，国家必有祸”写进他的《路易七世》（*Louios VII*），巴黎，1991 年，第 85 页。可是，路易七世于 1137 年继承王位时已经 17 岁，在絮热的支持下摆脱母亲的控制，他立即亲政。

上帝对一个基督教国家的民众发怒，国王也是保护民众免遭灾祸的一面盾牌，尤为重要的一点是，上帝与民众和王国之间是经由他相互沟通的。可是，一个孩童即使是合法的国王，乃至敷过圣油，他毕竟是一个脆弱的中间人。所以，国王的未成年期是一种考验。

这里有必要对中世纪的儿童状况作一些介绍，以便更好地了解路易登极为王的过程。

对于中世纪儿童的社会地位和他们在当时价值体系中的形象，历史学家们颇有争论。这种地位和形象不是一成不变的，我与菲力普·阿里耶斯都认为，在中世纪，童年基本上不具备价值。这倒不是说那时的人不喜欢孩子，而是说，除了人的本性驱使父母爱自己的孩子以外[①]，那时的人仅仅把孩子当作未来的男子汉和女
89 人来爱[②]，圣徒是中世纪人的楷模，他们就被认为不曾有过童年时

---

① 约翰·德·索尔兹伯里在他的《论政治家》中写道：“无需叮咛（父母）好好照看孩子，因为谁也不会厌恶自己的肉体。”1159年韦伯版，第289—290页。

② 菲利普·阿里耶斯：《旧制度下的儿童和家庭生活》（Philippe Ariès, *L'Enfant et la vie familiale sous l'Ancien Régime*），巴黎，1960年，1973年新版增添了一篇分量很重的序言；雅克·勒高夫：《中世纪留给我们的儿童形象》（Jacqus Le Goff, *Images de l'enfant légués par le Moyen Age*），见《法国一波兰丛书》（*Les Cahiers franco-polonais*），1979年，第139—155页；勒高夫：《中世纪西方君主制思想中的孩童国王》（*Le roi enfant dans l'idéologie monarchique de l'Occident médiéval*），见《儿童与青年的历史性》（*Historicité de l'enfance et de la jeunesse*），雅典，1986年，第231—250页。参见《中世纪的儿童》（*L'Enfant au Moyen Age*），高等学校中世纪学习与研究中心研讨会（C.U.E.R.M.A.），见《塞内费昂斯》（*Senefiance*），9期，埃克斯昂普罗旺斯，1980年；《儿童与社会》（*Enfants et Sociétés*），《人口史年鉴》（*Annales de démographie historique*）专号，1973年；B.瓦丁：《中世纪文学中儿童和（或）童年情感体现的空白》（B.Wadin, *L'absence de représentation de l'enfant et/ou du sentiment de l'enfance dans la littérature médiévale*），见《文学与中世纪文明中的（转下页）

代。未来的圣徒通过显现其早熟来展示其圣德。

晚古时期留下来的关于儿童－老人的普遍看法在中世纪的圣徒身上得到了突出的体现。库蒂乌斯认为："这种看法反映了晚古时期的一种普遍心态。所有各种文明在其初期和极盛期都赞颂青年和敬重老年。唯有日趋衰落的文明才会培植一种人道理想，试

（接上页）被排除者和排除系统》（*Exclus et systèmes d'exclusion dans le littérature et la civilisation médiévale*），高等学校中世纪学习与研究中心研讨会（C.U.E.R.M.A.），见《塞内费昂斯》，2 期，1978 年，第 363—384 页；罗杰·克里奥：《中世纪文学中对于儿童的家庭状况的看法》（*Perspectives sur la condition familiale de l'enfant dans la littérature médiévale*），见《中世纪法国文学中的伦理、实践和日常生活》（*Morale, pratique et vie quotidienne dans la litérature française du Moyen Age*），《塞内费昂斯》，1 期，1976 年；希尔瓦纳·韦齐奥的《中世纪注释文献中的儿童形象》（Silvana Vechio, *L'imagine del puer nella letteratura esegetica del Medioevo*）一书因缺乏批判精神而不成功，见阿尔诺特编：《中世纪文艺复兴时期的儿童与社会——儿童史论文集》（K. Arnold, *Kind und Gesellschaft in Mittelater Renaissance. Beitrage und Texte zur Geschichte der Kindheit*），帕德博恩，慕尼黑，1980 年；L. 德·毛斯使用了令人颇感兴趣的心理分析方法，见他主编的《倾听儿童的哭声——童年心理史》（L. De Mauss, *Hört ihr die Kinder weinen. Eine psychogenetische Geschichte der Kindheit*），美因河上的法兰克福，1977 年。在阐述中世纪文学方面，参阅 S. 纳格尔：《13 世纪医学文献中的儿童与稚气——教育习俗史经验（古代与中世纪）》（S. Nagel, *Puer e pueritia nella letteratura medica del XIII secolo.Per una storia del costume educativo (Etàclassica e Medio Evo)*），见《费尔特里奈里基金会手册》（*Quaderni della Fondazione G. G. Feltrinelli*），23，1993 年，第 87—108 页。达尼埃尔·亚历山大－比东、克拉松依据图片进行研究的著作：《大教堂阴影下的儿童》（Danièle Alexandre-Bidaon et M. Classon, *L'Enfant à l'ombre des cathédrales*），里昂，1985 年。皮埃尔·里歇持不同看法：《中世纪的儿童》（Pierre Riché, *L'enfant au Moyen Age*），见《历史》（*L'Histoire*）,1994 年。皮埃尔·里歇和达尼埃尔·亚历山大－比东进一步发挥了中世纪儿童和童年具有价值的观点，参阅他们的佳作《童年在中世纪》（Pierre Riché et Danièle Alexandre-Bidon, *L'enfance au Moyen Age*），巴黎，1994 年，在国立图书馆的一次展览会（1994 年 10 月—1995 年 1 月）展出。有关历史上的儿童的书目极多，上面列举的著作中均有书目可资参考。

90 图摧毁青年与老年的对立，使之融合在一种调和之中”[1]。这个老生常谈的命题在中世纪有所发展，并逐渐基督教化。6 世纪末，中世纪的最高权威之一教皇格里高利一世接过这个老生常谈的命题，将它应用于主宰中世纪虚构世界的主要人物之一圣本笃身上，此人在开创拉丁修会制度方面是仅次于圣马丁的第二位开山鼻祖。格里高利在圣本笃传记中写道：“这是一位一生值得尊敬的人……早在孩提时代，他就怀有一颗老人之心。”后来人们也这样描述圣路易。博利厄的若弗鲁瓦说，当圣路易还是一个孩子时，就“日臻完美[2]”。亨利－伊莱奈 · 马鲁曾谈及古代“成人与儿童的对立”问题，我倒情愿这样说：中世纪只有小大人，没有孩童[3]。童年是一个人人要过的难关；当让－查理 · 佩晏说“这是童年”时，其含义是“这是不理智的行为”。成年人对待儿童的态度令人觉得，儿童的行为在他们眼中与原罪相去不远。在基督教史上，教徒们原本在成年后才受洗，后来改为出生后越早受洗越好，这样做似乎可以让婴儿获得力量去抵御撒旦和丑陋的本能，而这种丑陋的本能是低龄人的“天然”倾向。一个国王若不是一个教士国王，就是一个武士国王，或是一个乐善好施的国王，或者三者兼而有之；孩童既不会主持圣事，也不会打胜仗或创造财富，他怎么能

---

① 欧内斯特 · 罗伯特 · 库蒂乌斯：《欧洲文学与拉丁中世纪》（Ernest Robert Curtius, *La littérature européenne et le Moyen Age latin*），法译本，1956 年，《儿童与老人》（*L'enfant et le vieillard*），第 122—125 页。

② 格里高利一世：《对话集》（Grégoire le Grand, *Dialogi*），卷 II；博利厄的若弗鲁瓦：《生平》（Geoffroy de Beaulieu,*Vita*），第 4 章（《高卢与法兰西历史学家文集》（*Recueil des historiens des Gaules et de la France*），卷 XX，第 4 页）。

③ 亨利－伊莱奈 · 马鲁：《古代教育史》（Henri-Irénée Marrou, *Histoire de l'éducation dans l'Antiquité*），1984 年，1965 年新版，第 325 页。

够体现出一个国王应有的这三种品质呢？

总而言之，中世纪的人及其精神导师——教会，为了提高对人的理解深度，始终在《圣经》中寻找人的典范。那么，他们在《圣经》中能够找到哪些有助于阐明儿童身份的东西呢？

约翰·德·索尔兹伯里的《论政治家》（1159）是13世纪初在神职人员中间享有权威的政治理论著作，此书也谈到了孩童国王问题。这个英国人曾与托马斯·贝克特共事，并在法国度过了 91
他的大部分岁月，他曾在巴黎的多所学校里逗留，也曾在兰斯他的好友圣雷米修道院院长皮埃尔·德·塞勒身边工作，最终来到12世纪与巴黎齐名的教育中心夏特勒，当上了这个地方的主教，直到1180年去世[①]。约翰·德·索尔兹伯里是12世纪基督教人道主义的伟大代表人物之一，他也是伟大的知识分子代表之一，这些伟大的知识分子研究了重现于夏特勒的关于自然的意识[②]、重新

① 关于约翰·德·索尔兹伯里，参阅维尔克斯编的《约翰·德·索尔兹伯里的世界》（Wilks, *The World of John de Salisbury*），牛津，1984年；蒙克－奥尔森：《12世纪的西塞罗主义者约翰·德·索尔兹伯里的人道主义》（Munk-Olsen, *L'humanisme de Jean de Salisbury, un cicéronien au XIIe siècle*），见冈迪拉克、若诺编：《关于12世纪文艺复兴的对话》（M. de Gandillac et E. Jeauneau, *Entretiens sur la Renaissance du XIIe siècle*），巴黎，海牙，1968年，第53—83页。利勃舒茨：《约翰·德·索尔兹伯里的一生及其著作中的中世纪人道主义》（H. Liebeschütz, *Medieval Humanism in the Life and Writings of John de Salisbury*），伦敦，1950年。罗伯特·W. 绍申：《人道主义与夏特勒学派》（Robert W. Southern, *Humanism and the School of Chartres*），见《中世纪人道主义及其他研究》（*Medieval Humanism and Other Studies*），牛津，1970年。

② 论述12世纪文艺复兴的著作很多，我在这里仅举前注提到的《对话》。马歇尔·克拉杰特、盖恩斯·波斯特、雷诺兹（编）：《12世纪的欧洲与近代社会的建立》（Marshall Clagett, Gaines Post et R,Reynolds (éd), *Twelfth Century Europe and the Foundation of Modern Society*），威斯康星大学出版社，1961年；班森、吉尔斯·康斯泰布尔（编）：《12世纪的文艺复兴和革新》（R. L. Benson and Giles Constable (éd), *Renaissance and Renewal in the Twelfth Century*），坎布里奇，马萨诸塞州，1992年。

纳入基督教哲学的古代经典思想以及当时正在全面复兴的基督教神学大思潮，对他们进行了系统的综合。

约翰·德·索尔兹伯里在谈论作为一邦之首的国王那一章里，对孩童国王作了论述，因为他视社会为人群，并把它作为一个主题引入到中世纪的基督教政治思想中。他在这里遇到的事实和原则是世袭继承。世袭继承的依据是神的许诺和家族权利，但其渊源却是自然。国王的自然继承人应该如同国王一样符合公正诉求。每当父或子违背此项诉求时，王朝的合法性就此中断。对于不公正的父王所犯的错误，上帝将给予绝嗣的惩罚。《圣经》和古代史表明，品行不端的国王无缘让王位代代相传。正因为如此，扫罗与他的三个儿子在基利波之役中全都战死在与非利士人的对抗中（《圣经·撒母耳记上》，第31章），亚历山大与恺撒都没有子嗣继承王位[①]。

92 现在谈谈《圣经》中有关孩童国王的记载，或者说是有关介于少年与老年之间的国王的记载。由于少年与老年之间的界线在哲理上和意识上都很模糊，因而少年时期难以确指。《圣经》的有关记载包括三部分。第一部分是罗波安的故事。所罗门的儿子罗波安背弃老年人的谋略，偏听少年人的计策，结果受到上帝惩罚，丢失了一大片国土，只余下犹大国依然归他统治，而耶罗波安则成为以色列其他部族的王（《圣经·列王记上》，第12章）。这则故事的寓意可以说是从第二部分抽取的，这便是《圣经·传道书》

---

① 约翰·德·索尔兹伯里：《论政治家》（*Policraticus*），卷IV，第11页和第12页（韦伯版，533b，第269页，537 a，b，c，第276页）。马利－多米尼克·舍尼的杰作《12世纪的神学》（Marie-Dominique Chenu, *La Théologie du XIIe siècle*），巴黎，1957年。

第 10 章第 16—17 节中的诅咒："邦国啊，你的王若是孩童，你就有祸了。"[①] 从罗波安不知不觉地过渡到第三部分和约伯的榜样（《圣经·约伯记》第 28—29 章），他想起了幸福的过去[②]："我出到城门，他们为我在街上设立座位，少年人见我而回避，老年人则起身站立。"

威尔士的杰拉尔德（或称坎布里人）在他写于 1209 年的《爱尔兰征战记》（卷Ⅱ，XXXV 章）中，把爱尔兰衰落和亨利二世的儿子约翰治国失败的原因归之于君主的年轻，他写道："一个国家倘若由一个孩童国王治理，即使过去繁荣发达，也会受到诅咒（隐喻《圣经·传道书》第 10 章，第 16—17 节），当这个没有受过教育的无知孩童被托付给一个需要接受教育的无知者时，情况尤为严重。"

路易 12 岁冲龄践祚时，神职人员想到的是《圣经》中令人担忧的恶劣先例，这便是当时的意识环境。这些人无法想象这位国王将来能成为圣徒，也无法将关于孩童—老人的普遍看法应用在他身上；他们把唯一的希望寄托在他的母亲身上，希望她与她周围的人对他继续加强教育，因为，只有教育才能战胜童年的弱点与危险，对于一个孩童国王来说尤其如此。约翰·德·索尔兹伯里早就指出了老人国王对继承王位的儿子进行教育的必要性[③]。但 93
是，对王族儿童的教育作出明确阐述并指出 13 世纪中期的儿童形

① 《圣经》的耶路撒冷希伯来文本写道："邦国啊，你的王若是顽童，你就有祸了。"强调这个孩童是个顽童，似乎并无多少实际意义。这令人想到蒙泰朗的剧本《孩童为王的城市》（Montherlant, *La ville dont le prince est un enfant*）(1952)。

② 《论政治家》，前引书（韦伯版（éd. Weber）），第 550 页 a，第 300 页。

③ 同上书，第 4 章，第 7 节。

象已经开始具有自身价值的人，则是圣路易时期的博韦的樊尚[①]。

少年国王路易地位脆弱，他的登基使他的国家和臣民进入到了一个危险的时期，国王具有的沟通臣民与上帝的职能可能受到削弱。谁知道他的童年——用法律术语来说也就是他的未成年期——何时才能结束呢？

据三位临终受命的重臣称，路易八世在这一点上没有明确的决断，仅仅把孩子委托给他的母亲监护，直到他长大到“法定年龄”。然而，据我们所知，对于法国国王的成年与否，此时并无法定年龄，迟至1374年才由查理五世规定为14岁[②]。教会法对此只字未提[③]，罗马法的任何条文都对此不具约束力，习惯法则各不相同，历史上的先例也不清楚[④]。古代日耳曼人视14岁为成年，可是，加洛林王朝的诸王加冕时均为13岁。到了11世纪，大多数邦国的贵族将21岁定为成年，但平民的成年年龄仍维持在14岁。孟德斯鸠认为，随着武器的重量增大，服兵役的年龄被推迟，因

---

① 请看本书原文第396页。

② 这是1375年第一通敕令的内容。参见雷蒙·加泽尔：《好人约翰和查理五世在位期间的政治社会、贵族和王冠》（Raymond Cazelles, *Société politique, noblesse et couronne sous Jean le Bon et Charles V*），日内瓦，1982年，第579—580页。

③ 勒内·麦茨：《中世纪教会法中的儿童》（René Metz, *L'enfant dans le droit canonique médiéval*），见《让·博丹学会文集》，卷XXXVI，2，《儿童》（*L'Enfant*），布鲁塞尔，1976年，第9—96页。

④ 笔者参考的是奥利维耶－马丁的《摄政研究》，前引书，第77页，注30。参阅沃尔夫：《短命的君主制和摄政机构》（A. Wolf, *Königtum Minderjahrigkeit und die Institution der Regentschaft*），见《让·博丹学会文集》，前引书，第97—106页。英国的亨利三世7岁继承王位，比路易早10年，参阅卡本蒂埃：《亨利三世的未成年期》（D. A. Carpentier, *The Minority of Henry III*），伦敦，1990年。

而成年的年龄也随之提高。但是，尽管圣路易的父亲即后来的路易八世迟至 21 岁（一说 22 岁）才举行授甲礼成为骑士（1209），贵族青年的授甲礼却往往早于这个年龄举行。

路易八世尚未登基时写于 1215 年的一封信告诉我们，法国 94
规定成年年龄为 21 岁。勃艮第公爵于格四世、香槟伯爵蒂博四世和布列塔尼伯爵让 · 勒鲁都是在 21 岁上才被视为成年人。圣路易写于 1270 年的《王位的确立》和菲力普 · 博马努瓦写于 1280 年前后的《博韦希斯的习俗》都指出，贵族到了 21 岁才算成年。可是一件 1235 年的文书却说，在弗兰德尔，伯爵夫人 13 岁的儿子让 · 德 · 阿弗纳和她 15 岁的弟弟博杜安都应被视为成年（“他们的年龄已经足够”），其依据是弗兰德尔的习俗。圣路易的三个弟弟被授予骑士身份和“赏赐地”时都是 21 岁，罗伯尔在 1237 年，阿尔封斯在 1241 年，查理在 1247 年。圣路易的儿子，即后来的勇夫菲力普在 1267 年接受骑士身份时也是 21 岁。

但是，卡佩王朝的国王被承认为成年的年龄似乎不到 21 岁，大概是 14 岁或稍大一些。因为，人们希望，作为国家和上帝佑护的保证人，国王不能完全掌握权力的时期应该尽量缩短。正因为如此，在将近二百年中，起初先王晏驾之前新王就早早加冕，后来则在先王死后尽快为新王加冕；与此同时，成年的年龄也往前挪动。菲力普一世 14 岁独立执政，菲力普 · 奥古斯特则是唯一 14 岁登基的国王，他在登基时已被视为成年。

就圣路易而言，局势既不明朗也有些特别。我们不知道他何时被视为成年并作为成年的国王执政，但肯定不在 14 岁上。因为，自从他登基之后，实际执政的是一位妇女，也就是他的母亲卡斯蒂利亚的布朗什，她显然无意放弃权力，而圣路易对这种局面似乎慢慢也习以为常了。或许是母亲不让他独立执政，但我比较倾向于认为，母子之间有一种默契，监护时期结束之后不知不觉地开始了一个母子共同执政的新时期，很难说圣路易统而不治，因为他的权威早就显而易见。他至少在三个场合中显示了自己的权威，一在 1231 年的香槟之役中；二在同年处理巴黎大学与王家法官的冲突时（圣路易时年 17 岁）；三在 1233 年处理巴黎大学与博韦主教的冲突时。看来他独自处理了这三个事件，不但如此，在处理巴黎大学事件时，他甚至采取了与母亲相反的态度。下文还将提到这几件事。

95 1234 年他结婚时 20 岁，翌年 21 岁，大体上可以肯定，此后他就掌握了实权，尽管依然有他的母亲在一旁指点。文书表明，在相当长的时间里，母子地位相同，1235 年以后，虽然某些文书仅仅呈递给他一人，但是在另一些呈递给国王的文书中，母后同时也被请求参与处理，通常是希望通过她影响国王。这种做法不像是仅仅出于礼貌，而是对一种特殊局面的承认，当然也是对她继续拥有权威的承认。卡斯蒂利亚的布朗什是王后，然而在一段时间里法国同时有三个王后[①]，一是菲力普·奥古斯特的遗孀丹麦公主茵吉博尔格，她长期被弃置一边，常年蛰居在奥尔良庄园里，1236 年死在该地；二是卡斯蒂利亚的布朗什；三是 1234 年与圣路易结婚的普罗旺斯的玛格丽特。茵吉博尔格被称作“奥尔良王后”，玛格丽特被称作“小王后”，唯有布朗什的“王后”称号不带任何修饰词。

但是，1227 年以后，圣路易虽然还是个孩童，他却单独接受

① 作者在这里对王后和王太后不作区分。——译者

封臣们的朝贺，大臣们也向他一人表示效忠。我们尤其不应忘记，他在1226年年底就加冕了。

孩童国王的加冕礼

除了要求贵族和大臣向儿子行封臣礼之外，路易八世为儿子做的第一件事便是加冕，并且要求越早越好。此事的重要性在于让身为王储的孩子尽早成为完全意义上的国王，这样做，一来为了对继位的合法性愈加难以提出异议，二来为了尽早结束国王去世而嗣王仍非完全意义上的继承人这样一个令人担忧的时期，这一点尤为重要。

在完成于14世纪中叶的一幅题为“纳瓦尔的让娜的日课经”
的彩色肖像画中，年轻的路易与他的母亲[①]坐着轿子前往兰斯加 96
冕。画面上的布朗什头上戴着王冠，像是已经担负起了监护孩童国王之责，并且握有实权；可是，前去加冕的却是他的儿子路易。画面上的路易头上绕有光环，这是因为此画作于路易被追封为圣徒之后，画家不像今天这样以尊重史实为要旨，而是要向世人表明，圣徒国王自幼就是圣徒。出现在画面上的已经是前去涂敷圣油和加冕的圣路易，后来完成的历史压倒了正在上演的历史。国王的童年被一笔抹杀了[②]。

---

① 此时卡斯蒂利亚的布朗什怀着路易八世的遗腹子，这个孩子于1227年年初出生，名叫安茹的查理，后来是那不勒斯和西西里的国王。

② 这幅彩色肖像画见于国立图书馆拉丁文新藏品3145号手抄本的第97页上，马塞尔·托马在他的文章《圣路易在“纳瓦尔的让娜的日课经”中的画像》（转下页）

我将在后面谈到13世纪法国国王的加冕典礼，因为，有关圣路易加冕的文献都产生于他被追封为圣徒之后。我没有找到记述他的加冕礼的文献，而那份加冕礼仪程序表又让人不敢予以置信。

据编年史家记载，路易九世的加冕有三大特点，一是快，原因不言而喻：老王已死而新王未在老王生前涂敷圣油，这种情况在法国历史上仅有一次先例，因而，王位空缺时期的忧虑因嗣王年幼而陡增；何况卡佩王朝尚未十分强大。王位交接时期是个良机，尽管由于长子继承权早已确立而不可能对此质疑，但仍可乘机对王位尚未完全确立的国王及其周围的人施加压力。大逆罪观念在那个时代尚未完全形成，所以，在王位交接时期骚乱或谋反不至于构成严重罪行。路易八世卒于11月8日，15日下葬。路易九世同月29日加冕。在控制局面的实力甚弱、加冕典礼的组织工作十分复杂的条件下，老王死后仅隔三个星期就为新王加冕，不能不说是一桩了不起的壮举。

对于这位少年国王来说，王国所面临的第二个问题或危险，
97 是路易九世尚未举行授甲礼，因而不拥有骑士身份，而法国国王首先应该是一个骑士国王。为路易九世加冕而举行的宗教仪式必定要添加一项内容，那就是以授予骑士身份的礼仪作为开端。可是，即使在1226年确有这个礼仪，它也不能顶替专门的授甲礼。于是，在前往兰斯的途中，特地在苏瓦松作短暂停留，为少年国王举行授甲礼，授予骑士身份①。

（接上页）（*L'Iconographie de Saint Louis dans les 'Heurs de Jeanne de Navarre'*）第216页上复制了这幅画，见《圣路易去世七百周年……（1970）》（*Septième centenaire de la mort de Saint Louis*），见本书插图9。

① 让·里夏尔：《圣路易的骑士授甲礼》（Jean Richard, *L'adoubement de Saint Louis*），见《学者杂志》，1988年，第208—217页。

编年史家指出的第三个特点是一些上层人物没有出席加冕典礼，教会方面的大主教、世俗方面的大封建领主等本应为加冕典礼增添光彩的大人物大多缺席。可是，卡斯蒂利亚的布朗什和在蒙庞谢尔的路易八世身边作临终守候的那些大臣们，向许多人发出了参加加冕典礼的邀请，为了被邀者能欣然前去参加，他们还借助路易八世的临终遗言进行劝说。几位编年史家整理的出席者和缺席者名单各不相同。例如，在菲力普·穆斯凯的名单上，勃艮第公爵和巴尔伯爵出席了典礼，马修·帕利斯（他在这里是其前任罗杰·德·温多弗的臣属）提供的名单上却没有这两人。这倒无伤大雅，只是很明显，到场的大人物既少，身份又低。此外，恰如法国国王加冕时常常遇到的那样，此时恰逢兰斯大主教缺位，前任去世后，继任者尚未任命，至少尚未正式就任。幸好事先预料到了这种情况，于是，兰斯大主教的首席候选人苏瓦松主教，就成了把王冠戴在路易九世头上的人。这虽然丝毫无损于加冕的合法性，却使加冕典礼减色不少。

英国编年史家为我们提供了加冕典礼上的一个奇怪而有趣的情节。据他们记载，应召前来参加加冕典礼的一些权贵，当场要求释放所有囚犯，尤其是弗兰德尔伯爵和布洛涅伯爵，这两位伯爵从 12 岁起就成为囚犯，布汶之役以后一直羁押在王家的卢浮堡中，而如今加冕为王的路易也才 12 岁[①]。这不只是一项政治要求，也涉及制度和机构问题，正是这一点令我格外关注。这是首次涉及加冕与大赦的关系以及法国国王在加冕时拥有赦免权这样一个问题。事实上，国王加冕时的赦免权在 17 世纪才好不容易地最终 98

① 马修·帕利斯:《大纪年》，卷 III，第 118 页。

得到正式确认。法国的国王们虽然被视为神圣、能创造神迹乃至无所不能，但他们终究要听命于上帝和法律。共和国总统毫无困难地获得的赦免权，国王们却得来并不容易，一些人对此仍持保留态度。这就表明，国王们是在一个相当漫长的过程中慢慢地获得最高权力的。我们在 1226 年发生的这件事中看到，权贵们对国王的态度令人费解，他们竭力把自己的意志强加给国王，但同时赋予他非同寻常的权力。

在审视加冕的政治层面之前，我们先在文献和史实所提供的范围内，设想一下少年国王如何迈出他的第一步。

少年国王当时只有 12 岁，父亲的猝死骤然把他推到了前台。当他快马加鞭赶往奥弗涅前去看望病笃的父亲时，途中遇到盖兰教士，从他口中听到噩耗，于是，他乖乖地返回巴黎，在圣德尼大教堂的哥特式穹顶下参加父王庄严肃穆的葬礼，然后坐着类似游商小车那样的马车踏上了经由苏瓦松去往兰斯的大路（中世纪的道路没有石块铺面，而且曲曲弯弯，这段路程如今长 157 公里，这位孩童国王那时走的这条路肯定不止 157 公里）。在苏瓦松，这个孩子不得不接受正常情况下为优秀的成年人举行的授甲礼，使自己成为基督教的武士。在《圣瓶故事集》中，年轻的白瑟瓦遇到这类武士时总是怕得要命。加冕典礼是在兰斯的一个尚未建成的大教堂中举行的，时间拖得很长，烦琐的礼仪对于一个孩子来说实在有些难以承受，他身穿厚重的大袍，身上挂满了各种各样的饰物，头上戴着沉重的王冠，耳边轰响着祈祷声和唱诗班的歌
99 声，眼前香烟缭绕，令人头昏目眩；尽管这是一个天资聪慧的孩子，而且事先被告知礼仪将如何进行，可是，在他这个年龄上无法全然理解的这许多礼仪程式，依然令他喘不过气来。加冕典礼

冷冷清清，本应簇拥在孩童国王周围的那些贵族和大臣，因他们令人不安的缺席而身价倍增。接着无声无息地返回巴黎，编年史家们没让我们见到任何民众蜂拥而至夹道欢呼的情景。但是，那位慈爱的母亲和强大的保护者却时时处处都在，她已经是《圣经·旧约全书》中的那位女强人了，教皇卜尼法斯八世后来在为圣路易封圣时谈到了她。

编年史家们没有谈到那几天天气如何，但时值深秋，白昼很短，暗淡无光。尽管已是国王，毕竟还是孩子，出现在那个沉重而揪心的时刻的形形色色的事情、景象、背景、面孔和举止，他肯定历历在目。这样一种考验既能使人变得坚强，也能使人变得脆弱，关键在于经受考验者的品质如何。路易的父亲是一位举世无双的勇士；路易的祖父不愧是他西班牙母亲的儿子，在 50 岁上打赢了布汶之役；路易则不愧是祖父和父亲的子孙。他像他们一样坚强，他以自己的方式开始熟悉国王的职责，从那时开始，国王已经被视为一种艰难的职业。他始终敬重他那位无处不在的母亲，在她生前如此，在她身后依然如此。

艰难的未成年期

对于大人物们在路易九世的加冕典礼上缺席一事，编年史家们都以政治理由作为解释，但是，他们也许说过头了。典礼过于仓促。听到消息之后准备旅行，然后整理行装，及时出发，在 13 世纪做这些事情需要不少时间。此外，这些教会和世俗的大人物平常习惯于在成年人的社会中生活，一个孩子的加冕典礼肯定不会对他们有多大吸引力。编年史家们大多依据加冕以后发生的事件，回过头来解释当时的种种现象。但是，有一点可以肯定，那就是大人物们对加冕不满，其中有些人的缺席确实出于政治原因。

我在这里只讲有助于更好地了解路易九世一生的那些事，而他的一生能让人们对于国王的职能和面貌看得更加清晰。监护人及其助手们急急忙忙地处理了几个棘手的难题，据说，这些难题的解决方案在路易八世去世前几个月就已经有所考虑了。

100 卡佩王族的嗣位规则并未严格确立，路易八世虽然确保了年轻的路易九世顺利登基，但他的“意愿”也并非十分坚定；因此，针对王族某些成员所采取的预防性措施也就显得不必要了。少年国王有两位叔父，1226 年，其中一位 25 岁，另一位 17 岁。这位 17 岁的叔父没有惹什么麻烦，他虽是私生子，却起了查理这个分量很重的名字，也就是说，他叫皮埃尔 · 夏尔罗[①]，经其父菲力普 · 奥古斯特努力，教皇洪诺留三世不计较他的私生子身份，承认他有资格接受教会特惠，而他也就以献身教会作为自己未来的安排。另一位叔父菲力普 · 于佩尔却有些咄咄逼人。他在教会眼里也是一个私生子，因为，其父菲力普 · 奥古斯特的第三次婚姻，即与其生母阿涅斯 · 德 · 梅朗的结合被教皇视为无效，教会认为法国国王的配偶是丹麦公主茵吉博尔格。这位王后在倒霉的洞房之夜次日就被遗弃，后来死于 1236 年。由于菲力普 · 于佩尔的合法身份曾经得到教皇英诺森三世的承认，母亲的合法王后身份也曾得到法国贵族的承认和法国高级神职人员的默认，所以菲

① 查理（Charles）和查尔罗（Charlot)，在法文中可以视为同一个名字的两种异体。——译者

力普·于佩尔的地位远比他同父异母弟弟显赫。即使单从表面看，菲力普·于佩尔的合法身份也是完全正常的。不过我依然觉得，菲力普·于佩尔之所以没有认真地想过要与侄子争夺王位，与他被人指斥为私生子的那段淡淡的记忆恐怕不无关系[①]。

菲力普·于佩尔拥有大量土地和庄园，这是其父菲力普·奥古斯特和其兄路易八世的赏赐。可是，这些土地和庄园由于以前是布洛涅的雷诺伯爵的产业，而这位伯爵是囚禁在卢浮堡的布汶之役的两个叛卖者之一，因而被两位先王视为被没收的产业，倘若菲力普死后没有子嗣，这份产业就应归还给雷诺伯爵（这种情况后来果然在1236年出现了）。为了取得菲力普·于佩尔的支持， 101
少年国王（实际上是以他的名义行事的母亲及其谋士们）立即将路易八世在这些土地上保留的三座城堡中的两座，即莫尔坦城堡和利勒博纳城堡给了他，同时还将圣波尔伯爵领地赠给他，但以他接受有关收回的法律规定为条件。翌年年初，菲力普又接受了国王赠与的6000图尔锂终身年金，条件则是答应不再为他自己和继承人（如果有的话）提出任何土地遗产的要求。

大贵族中急需处理的是弗兰德尔的费朗（依其原籍应称作葡萄牙的费迪南），他是布汶之役的叛卖者，一直囚禁在卢浮堡，据说路易八世曾答应释放他。国王加冕时权贵们递交的那份要求实行大赦的奏折中，费朗赫然被列为应予释放者之一。1227年的三王来朝节（1月6日），费朗果然获释。他支付了一大笔赎金，并

① 路易十世的幼女、年仅2岁的让娜由于双重厄运而于1316年被剥夺了王位继承权，首先她是女性，其次她被怀疑为私生女（起因于奈尔塔楼事件）。卡佩家族将女性和私生子女排除在王位继承者行列之外，用以显示与其他大家族的区别。15世纪初，查理五世在登上王位前就因此而遇到了麻烦。

向国王作出保证，条件似乎比路易八世在世时拟定的稍微宽松些。从此之后，费朗始终忠于国王。布汶之役的另一个叛卖者布洛涅的雷诺，则于1227年复活节前死在囚禁地卢浮堡中。

紧接着，新的掌权者们转而对付大采地拥有者中最不安分的那几个人，布列塔尼伯爵于格·德·吕希尼昂和拉马什伯爵于格·勒勃伦一直打算在法国国王与英国国王之间搞小动作，为自己谋利，他们于1226年夏季阿维尼翁被围期间不辞而别，不再为国王打仗。在那个时候，亲属关系和土地与是否忠于某人干系极大；1227年3月，有人谋划了一桩婚事，男方是路易九世的弟弟让，他生于1219年（卒于1232年），路易八世在世时打算把曼恩和安茹赐给他作"赏赐地"，女方是布列塔尼伯爵皮埃尔·摩克莱尔的女儿瑶兰德。皮埃尔在签订婚约时可获得昂热、勒芒、博盖和博福尔昂瓦莱等地作为抵押。1227年春天在旺多姆就此进行谈判时，于格·勒勃伦主动提出，要把他的三女儿嫁给路易九世的三弟阿尔封斯，这位王子生于1220年，后来是普瓦图和奥弗涅"赏赐地"的领有者；与此同时，于格·勒勃伦还想让国王的妹妹——出生于1225年的伊萨贝尔公主——做他的儿媳妇。他把路易八世赐给他的一部分土地交给国王，用以交换一笔为期10年的年金，每年1万图尔锂，以圣让－当热莱和奥尼斯的一部分作抵押。

102 年方20的英国国王亨利三世是最需要认真对付的人物，因为他对法国的威胁最大。尽管路易九世的祖父夺取了英国在法国的许多属地，亨利三世依然在法国西南部拥有属地，而且虎视眈眈地要夺回在法国失去的土地，哪怕只是一部分。曼恩已被菲力普·奥古斯特收复，可是，金雀花王朝的先祖们依然安眠在曼恩的封特弗罗修道院中的墓地里。其中有亨利三世的祖父亨利二世、祖母和伯父，他的祖母就是法国国王路易七世的前妻、名声显赫的阿奎坦的阿里耶诺尔，他的伯父便是狮心王理查一世。他派驻欧陆的代表是他的兄弟康沃尔的理查。1227 年 4 月，理查与法国国王首次签订停战协定，同年 5 月，亨利三世向路易九世建议正式签订和约，6 月签约。其间，卡斯蒂利亚的布朗什经过努力与香槟伯爵蒂博四世实现和解，此人是怨气最大和势力最大的贵族之一。

登基半年之后，到 1227 年春末夏初时节，少年国王看来已经在王位上坐稳了。

可是，王位不久就摇晃了。儒安维尔生动地描述了少年国王的忧虑。国王是个少年，他的母亲是个在法国举目无亲的“外邦人”[①]。许多贵族聚集在科贝尔商讨，决定把少年国王控制起来，这倒不是说要把他囚禁起来或者虐待他，更不是要把他废掉，只不过想让他离开他的母亲和谋士，把他当作人质控制起来，这样一来，他们就可以以他的名义治理国家，把权力、土地和财富统统拿过来。为了给此举披上一件符合王朝正统的外衣，他们中的两位德高望重的领袖不反对接纳布洛涅伯爵菲力普·于佩尔和布列塔尼公爵皮埃尔·摩克莱尔参与其事。前者是个没有头脑因而不会要奸的“暴躁汉”，摆弄他无需花多大力气，后者是法国国王最有实力的封臣，可他偏偏对国王最不忠，他属于德雷族系，拉拢他是为了便于打仗。后来在针对路易及其母亲的反叛中，德雷族系借助族中人的相互支援，果然发挥了排头兵的作用。少年

① 儒安维尔：《圣路易史》，前引书，第 42—43 页。

103 国王和他的母亲前往旺多姆与西部不安分的贵族进行谈判，返回巴黎时取道奥尔良，然后沿着自于格·卡佩以来一直属于王家领地的那条大路从奥尔良抵达巴黎。少年国王在蒙莱里附近被聚集在科贝尔的贵族们堵截。儒安维尔说，在这“紧要”时刻，“上帝救了国王”。通过儒安维尔的记述，我们第一次听到了13岁少年国王的声音。流传至今的关于圣路易的直接记述是从下面这条记述开始的。

> 圣徒国王告诉我，他和他母亲当时在蒙莱里，若不是巴黎居民手持刀枪前来迎接他们，他们就不敢回巴黎。他还对我说，从蒙莱里到巴黎的大路上挤满了人，有人拿着武器，有人空着手，大家高声祈求上帝保佑国王健康长寿，并且竭力保护他，不让敌人加害于他[①]。

民众对国王的效忠高潮刚刚开始。

新的记忆于是铭刻在少年国王脑际。冷冷清清的兰斯之行甫告结束，便在从蒙莱里到巴黎的路上受到热烈的夹道欢迎，此情此景令路易九世从民众的爱戴和信任中感受到自己作为国王的责任。少年国王发现，在这个讲究礼尚往来的世界上，不仅上层封臣（这些人的忠心并非总是召之即来）作兴有来有往，小老百姓也是如此。国王得到了上帝的帮助，不过，上帝的帮助是王后布朗什及其谋士们通过尽力自助争取到的。他们以少年国王的名义发出文告，要求巴黎以及王室领地上其他城市的居民向国王表明

① 儒安维尔:《圣路易史》，前引书，第44页。

忠心。对于布汶之役的记忆是否起了某种作用？菲力普·奥古斯特在那次战役中从各个公社征召了一些步兵，这些步兵在战斗中十分英勇；圣路易的祖父返回巴黎时，一路上民众的叫好声不绝于耳。这说明，在法国历史上，民众与国王之间也有某些灵犀相通的时刻。

不过，少年国王在很大程度上得益于他的母亲及其谋士们赢得的两分：获释后的弗兰德尔伯爵费朗对国王忠心耿耿，重新和 104
解后的香槟伯爵蒂博四世热情支援，至死不渝。

但是，路易九世登上王位的第二年，也就是1228年，贵族们再度结盟，而且决心更大。这个似乎以恩盖朗·德·古希为灵魂的联盟，获得了菲力普·于佩尔的支持，他们并不直接攻击国王和王后，而是把矛头指向国王和王后的坚强后援香槟伯爵蒂博。首先发起的是一场宣传攻势，各种书面和口头声讨纷纷出笼，内容大多是贬斥卡斯蒂利亚的布朗什的逸闻传说，有些甚至是毫不掩饰的辱骂。我觉得，针对国事和掌权者的行为，自发或非自发地以公众舆论的形式公开表明民众的集体判断，这在历史上恐怕是第一次；当然，作为这次攻击对象的国事和掌权者的行为，仅仅是宣传攻势发起者的揣测。我们知道，后来在圣路易的孙子美男子菲力普在位期间，也就是13世纪末和14世纪初，法国民众的这种公众舆论也以歌谣形式登上了历史舞台。但是，法国的公众舆论开始于圣路易治下这件事，对于理解他的行为并非无足轻重。

摄政王后受到了什么指责？她被指责为掏空国库去养肥她的卡斯蒂利亚亲属，为了更好地控制国王和独揽大权，迟迟不为国王娶亲，此外当然还有惯用的对于行为不端的攻击，她先是被说成教皇特使罗曼·弗朗吉帕尼的情妇，后来又被说成是香槟伯爵蒂博的相好。教皇特使又名罗曼·德·圣－安吉，据说此人之所以被布朗什选作情夫，是因为她要靠他拉近法国与教皇及教会的关系，同时也是为了继续进行她丈夫路易八世曾积极参与过的剿灭阿尔比异端分子的十字军；香槟伯爵蒂博四世是个频献殷勤的归顺者，也是一位有名的风骚诗人，据说在他的一首诗中，受到赞颂的那位夫人其实就是王后布朗什。没有任何一份文献能让历史学家相信卡斯蒂利亚的布朗什确是一个淫乱的妇人，但是，历史学家倘若有时不得不相信自己的直觉，而这种直觉如果是以对于时代和人物的科学认识为依据的，那么，他就必定会如我所认定的那样，把这些传闻视为不折不扣的恶言诽谤。何况造谣者并不傻，因为在中世纪，妇女始终被视为危险人物，一个女人只要尚能勾引男人，还有作为夏娃的后裔行事的能力，这个女人就始
105 终是监视和抨击的对象。可是，这位再也没有性生活当然也就不会再生孩子的寡妇，从她的性格来看是可以变成男人的。为圣路易撰写圣徒传的人就是这样说的。诽谤者们极力把她描绘成荡妇，不配受到尊敬，更不配掌权，总之，她是一个徒有其名的寡妇，是一个不称职的监护人。我要再说一遍，有意思的是专门有人从事流言蜚语的收集，这些人在宫廷的私下谈话或聚会上、贵族或高级教士聊天时猎取诋毁布朗什的材料，并非出于个人目的，而是作为一个知情者网络的成员从事一项集体行动，他们从一些书面材料中获取信息，而这些信息当然不是用来写入传给后代的编年史，而是用于编写立即就可以在一个狭小范围中传开的小册子。这些人算得上是中世纪的传播媒体，其中除布道者外，还有说书人和以巴黎大学生为主的好事者。他们对王后极尽尖刻之能事，兰斯说书人甚至说，布朗什为了表明自己并无身孕，竟然当众脱

衣[①]。

贵族们对国王三心二意（这是封建领主们借助封臣的权利和义务玩弄的手腕），同时又很受国王王位的影响，不管坐在国王宝座上的是一个未成年的孩子还是一个女人，在这一点上，现在的贵族与他们的祖先相似，尽管卡佩王朝的最初几位国王势单力薄，那时的贵族却也很受国王的影响。利欲熏心的贵族们惯于朝秦暮楚，常常出于利害的考虑或因一时心血来潮而突然易帜，由忠臣变为叛逆；相反的情况也不难见到，在封建心态的掩盖下，他们从对于国王的臣服中重新发现，国王和王位拥有根深蒂固的威望，于是突然由叛逆变成忠臣。

儒安维尔写道："许多人说，国王若是在紧要关头没有上帝的帮助，布列塔尼伯爵早就把王后和国王制伏了。"在不亵渎神明的前提下，我们不妨对儒安维尔的话作这样的理解：皮埃尔·摩克莱尔害怕国王，也就是说害怕王位，换句话说，他像13世纪的法 106
国人一样对王位所体现的神的意志和神圣性怀有敬畏心理。

可是，还得采取军事行动才行。1230年，不满16岁的少年国王率领王家军队出征，打了三仗，其中两仗是在西部与布列塔尼伯爵及其帮凶对垒，另一仗是在东部支援香槟伯爵，免遭敌人侵袭。封臣们有义务在某些时期（通常在春季）为国王出兵打仗，期限依据习惯而定；这次国王向他们征召兵员时，他们感到十分为难。拒不应召、逃避封臣的军事义务是一种严重的不臣服行为，

① 这是女圣徒列传惯常使用的一种俗套子。曾有一些被诬蔑为行为不端的女修道院长和修女们，为表明自己并未怀孕而当众脱衣。诡计多端的兰斯说书人把这个人所共知的情节移花接木到王后身上。倘若有必要为王后的清白提供证据，说书人的做法恰好从反面证明了她的清白。

其结果不但是失去国王的保护，而且会面临国王镇压反叛的报复。

皮埃尔·摩克莱尔再度玩弄左右逢源的把戏，于1229年10月向英国国王行臣服礼，置法国国王的召唤于不顾，拒绝于12月底赶往默伦。路易于是举兵对他进行讨伐。贵族们虽然履行了封臣的义务，但只派出了微不足道的少量兵员为国王作战，唯有香槟伯爵真心实意，从而保证了国王军队取得胜利。在1月进行的一次战役中，国王夺回了1227年让给布列塔尼伯爵的位于安茹的一些要地，其中包括昂热、博盖和博福尔，同时也收复了贝莱姆。布列塔尼伯爵向英王求援，亨利三世随即在圣马洛登陆，但却蜷缩在南特城里，不敢贸然挑起战衅。路易九世率领一支新军在拉马什伯爵于格·德·吕希尼昂的支援下，一度攻陷克利松，进逼昂尼斯。阿夫朗什附近属于反叛贵族首领的富克·佩奈尔的埃耶－佩奈尔城堡被攻下后夷为平地，采地被没收后交给了反叛者的兄弟。可是，布列塔尼伯爵和英国人依然坚守阵地，封臣们按照事先的宣告，停止为国王作战，转而调过头来向香槟伯爵挑战。路易九世不得不于1231年春季在西部展开新攻势，并迫使皮埃尔·摩克莱尔于1231年6月在圣欧班－迪科尔米耶签署了为期三年的停战协定。

107 在此期间，对菲力普·于佩尔怀有敬意的弗兰德尔的费朗，作为忠实盟友在这场冲突中向路易九世提供了帮助，路易九世驻兵香槟，与蒂博四世为敌的贵族们不敢与国王打仗，遂放弃对垒。

可是，法兰西王国却在南方的奥克西塔尼亚地区大获全胜，法兰西王国只是在路易八世的短暂统治期间（1223—1226）才开始对这个地区进行强有力的干预。1229年，王国政府成功地结束了围剿阿尔比异端分子的十字军行动，与桀骜不驯的图鲁兹伯爵雷蒙七世（1197—1249）达成和议，雷蒙七世是其父雷蒙六世（1156—1222）的忠实继承人，在反对来自北方的十字军和法兰西王国势力南侵的斗争中毫不含糊。路易八世死后，十字军被置于教皇特使罗曼·德·圣－安吉的指挥之下，此人不仅忠于卡斯蒂利亚的布朗什，更忠于法兰西王国；在他的领导下，十字军采用焦土政策，虽然很不光彩，却很有效。在雷蒙七世的领地尤其是图鲁兹地区，耕地和庄稼被毁，经济生活受到严重破坏。雷蒙七世只得忍气吞声与王国政府议和，王国政府同意通过谈判达成妥协。双方的谈判开始在桑斯举行，接着移至桑里斯，最后转到香槟伯爵的领地莫城，香槟伯爵充当双方的仲裁人。少年国王没有参加此次军事行动，我们不知道他在这次十字军征讨中起到了什么作用。

和约于 1229 年 4 月 11 日在莫城签订，并立即得到巴黎的首肯。雷蒙重新获得他的大部分属地，其中包括图鲁兹、卡奥尔和阿让教区以及塔恩以南的阿尔比地区的土地和其他一切财产，只有米尔普瓦一处给了居伊·德·莱维。国王得到了阿尔比地区的北部和阿尔比城。教皇获得圣吉勒的图鲁兹伯爵家族的在罗纳河东岸阿尔勒王国中所拥有的土地。雷蒙七世的独生女让娜将要嫁给法国国王的一位兄弟，并把图鲁兹和图鲁赞作为嫁妆带过去[①]。让娜
的父亲身后若无其他子嗣，让娜有权继承他的其余土地。国王获得 108
了作为保证金的 7 座城堡，其中有图鲁兹城堡和纳博奈城堡。

雷蒙七世保证在图鲁兹建立一所大学，借以根除异端，此外

① 新教皇格里高利九世事先作出了不可或缺的特许，因为未来的夫妻是第三代和第四代血亲。

他还答应参加十字军。作为人质被安置在卢浮堡里的雷蒙于 4 月 13 日与教会和国王实现和解。他身着赎罪者的衬衣，脖子上吊着绳子，在圣母院大主教兼教皇特使的手中，当众认罪，接着又于同一天宣誓效忠于路易九世（这份誓言是绝无仅有的，至少比任何其他誓言更重要）。15 岁的少年国王成为骑士已经三年，现在他已经在给 33 岁的封臣雷蒙授予骑士身份了。作为回礼，他把鲁埃格领地赠与雷蒙。

让少年国王难以忘怀的是另外一些事情：异端的卑劣或支持异端的卑劣，都在一场侮辱性的盛大仪式中一洗而净；国王在他"首都"的大教堂里，以具有象征性和令人震惊的动作举行的效忠礼和授甲礼中，庄严地行使他的封君权力；一个封建国王享受着他的全部荣耀；伯爵关于十字军的诺言勾起的梦幻，到耶路撒冷去作一次海外远行，一切罪过都可最终在那里得到洗刷。

总之，1229 年的先导者们纵然当时无法预见到，图鲁兹的让娜与普瓦提埃的阿尔封斯的婚姻，会在不到 50 年之后使奥克西塔尼亚纳入了法兰西王室领地的范围，这桩婚事至少也是卡佩王朝的权力一次跳跃性的南进，南方既有吸引力，又令人畏惧，它那令人心动的诱惑迄今都以失望告终。对法兰西王国特色迥异的南北两半部实行有效的统治，路易九世是第一位做到了这一点的国王。他的祖父把法兰西王国的属地向西大大推进了一截，他则向南进行了扩张。1229 年签订了莫城－巴黎条约，并带来了相应的后果。此外，当年还与另一个南方反叛者贝济耶和纳尔榜子爵雷蒙 · 特朗卡维尔签订了默伦和约，这也是一个妥协的产物。依据和约，特朗卡维尔放弃卡尔卡松，保留贝济埃。路易八世在 1226
109 年得到了原属阿维尼翁公社的博凯尔，以及尼姆和阿格德子爵领地，这两个子爵领地是特朗卡维尔的一位表兄弟贝尔纳·阿东出让给西蒙·德·蒙福尔的（但是，西蒙的嗣子阿摩利在1229年早些时候确认，他已将在南方拥有的所有权力都转让给了法兰西国王），卡尔卡松子爵领地、博凯尔以及尼姆和阿格德子爵领地，遂组成了卡尔卡松和博凯尔两个新的邑督区（邑督区在北方叫作baillage，在南方叫作sénéchaussée)。法国国王的领地于是首次抵达地中海（濒海面积虽然极小，意义却相当重大）。圣吉勒在12世纪是个活跃的港口，但此时由于已经不再处于自由水域而全面萧条。不久，路易九世决定在地中海创建一个王家港口，这便是艾格莫尔特。梦想中的十字军于是获得了一块跳板。圣路易是第一位从本土而不是从外国率领十字军出征的国王。所以，法国的国王们无论出于真心或是出于无奈，都对法国南部的独特性表现出不同程度的尊重，而这种特殊性因而也就长期存在；然而纵然如此，法国南北两部分毕竟是通过北方动武实现统一的。不过，圣路易在这件事上插手甚少，他似乎对于王国的那一半新土地没有多大兴趣，那里离他的巴黎王宫或法兰西岛离宫远得很。那半个法国的直接领主后来一直是路易九世的弟弟普瓦提埃伯爵阿尔封斯，他对这位弟弟给予充分信任，而这位弟弟在大多数时间里都在他身边。东朗格多克直属王家领地，路易九世率领十字军远征回来后，在他南方谋士们的劝说下，出于对全国行政改革的考虑，对这块土地给予了更多的关注，因为对于他来说，这块从此为卡佩王朝所拥有的土地，是十字军往返的必经之路。

圣路易登基初期通常被认为是艰难而充满风险的年头，事实确实如此，但是，这也是少年国王的权力和威望取得决定性进展的年头。他积极参与军事行动，经常在大人物的集会上露面，他的母亲及其助手们机灵而坚定的政策，这些都有助于塑造路易既是武士又是至高无上的君主的形象。当年在苏瓦松被授予骑士身份的少年，几年以后已变成了骑士国王和军事首领。路易九世下令召集他属下除布列塔尼伯爵以外的所有贵族，这些贵族乖乖地
110 来到巴黎，对国王唯命是从；只有布列塔尼例外，在此后相当长的一段时间里，它始终是扎在王国身上的一根刺。

我们已经在前面充分介绍了表明王权大有进展的两件大事。香槟伯爵与贵族之间的战争是一场私人性质的战争。路易无所畏惧地插手其中，结果这场冲突的性质变了。贵族们不得不放弃他们的猎物。国王涉足私人领域，却不像其他人那样以某一方的盟友或对手的身份出现。在战争这个基本领域里，私人在王权面前退让了，历史学家们可以开始把这种王权称作公共权力。

另一方面，在 1230 年路易召集的默伦贵族集会上，全体贵族都到会了（至少是绝大多数贵族到会了，因为并未发现有什么人缺席）。此次会议旨在肯定和进一步扩大路易的祖父和父亲对付犹太人的措施，少年国王在这次会议上发布的诏书，约束力首次及于整个王国（也就是说，这是第一个以最高权威即至高无上的王权名义发布的文书），国王的诏书从此不再是仅对王室领地具有约束力的文书。

我们在记述圣路易的一生时，把 1230—1231 年视为一个短暂的停顿，但是绝不能说此时“困难已经克服”。在一般情况下，历史进程中的疲软时期如果不以衰败告终，那就表明一股顽强的力量在结构的深层和长时段中取得了进展，它在低谷中酝酿着更大的喷发和崛起，一股来自深处的巨浪将要在由各种事态组成的浊水中喷薄而出。

少年国王在他拖得很长的未成年期中，像是逐渐担起了国王的权和责；不过在此期间，卡斯蒂利亚的布朗什与她的谋士们依然处在第一线，这些谋士躲在背后出谋划策，留在文献中的踪迹极少。路易九世周围的几位关键人物相继消失，他本人的性格和政治举措的某些特点渐渐显露出来了。

菲力普·奥古斯特和路易八世时期的三位重臣，在路易八世晏驾和少年国王登基这两个重要时刻发挥了巨大的作用，可是他们很快就先后去世了。桑里斯主教盖兰教士于1227年辞职，当年 111
年底前去世。内廷总管巴特罗缪·德·鲁瓦虽然死于1237年，但此前似乎已经越来越不起作用了。让·德·奈尔只是偶尔露露面。依然如故的主要辅弼之一是桑斯大主教戈蒂埃·柯尔努，他名列高级神职人员首位。

消失的不仅是这些老臣，一些年轻的王族也先后故去。国王的二弟于1227年9岁上与布列塔尼伯爵的一个女儿订立婚约，但不久就夭亡了。国王的四弟菲力普·达戈贝尔死于1235年，卒年大约12岁。活在世上的弟弟除了罗伯尔和阿尔封斯外，还有查理。依据路易八世生前的意愿，查理获得曼恩和安茹两处“赏赐地”。“法国王子”只剩下寥寥数人了。

大采地的拥有者们也发生了变化。最具政治意义的变化是1233年弗兰德尔伯爵费朗之死，自1227年以来他始终是国王母子的强大支柱。仅隔数月，王叔菲力普·于佩尔这位既无建树又变化无常的暴躁汉也寿终正寝。不管怎么说，他的死消除了王族内部的唯一障碍。路易即位之初与王族作对的另一个领袖人物罗伯尔·德·德雷死于王叔去世两个月之后。香槟的继承之争也以有利于国王的方式得到解决。蒂博的敌手们虽在战场上惨败，却在朝廷内部的争斗中获益。蒂博四世面对着一位拥有继承权的堂姊妹阿里克斯，她是塞浦路斯王后，对香槟伯爵领地拥有继承权，因为，只有卡佩王族才把女性排除在继承人之外。阿里克斯 1233 年回到法国后，与蒂博的冲突立即趋于紧张。1234 年终于达成协议，塞浦路斯王后放弃她个人对于香槟伯爵领地所拥有的继承权，作为代价，她将获得一笔四万图尔锂的现款和每年二千锂的年金。香槟是基督教世界的重要商品集散地，蒂博在他的舅舅桑什死后成了纳瓦尔国王，所以他拥有大量财富。尽管如此，他依然无力
112 支付阿里克斯索取的这笔巨款。他只得求助于如今已经成了朋友的国王，王国政府替他向阿里克斯支付了应付的款项，但作为交换条件，蒂博放弃了对于布鲁瓦、桑塞尔伯爵领地以及沙托丹子爵领地的要求，把这些地方的领有权交给国王。布鲁瓦－香槟公国挤在法兰西岛和奥尔良的近旁，而这里正是王国的心脏地区，因而对王国构成威胁，一旦交到国王手中，这个威胁自然也就随之解除了。

巴黎大学事件

更新朝臣标志着来自封建小邦的威胁终于结束。少年国王渡过了危机，地位得到了加强，这令英国人大感意外。也正是在 1227—1234 年间，尤其是在 1231—1234 年间，少年国王显露了他的性格和政治举措中的某些特点，这些特点后来与圣路易的形象以及人们对他的记忆牢牢地连接在一起；作为未来的圣路易，他的形象是在他与巴黎大学和主教们以及皇帝的交往中，特别是

在崇拜上帝这个领域里开始显现的。

1229 年，巴黎大学刚刚建立不久。在整个热气腾腾的 12 世纪，有几位教师在圣热纳维埃夫小丘上开办了一些临时性的学校，这些学校到了世纪之交组成为行会，巴黎大学就是在这些学校的基础上扩展而成的。13 世纪初，菲力普·奥古斯特赋予巴黎大学某些特权，教皇为它制定了一些规章，规定这所学校是神职人员的团体和基督教会的机构。圣路易的祖父大概很早就感到，在巴黎这个法兰西王国的准首都，拥有一所高等学府是一件大事，它可以为王国带来荣耀和知识，为王国培养出一批教会和世俗的“高级官员”[①]。但是，菲力普·奥古斯特大概并未制定过“大学政策”，圣路易通常也采取这种态度。虽然他们意识到巴黎大学的用处和威望，但是每当教会的裁决要求世俗权力机构协助时，他 113
们的干预也仅限于在出现骚乱时维持公共秩序，发挥“世俗”作用而已。1219 年，教皇洪诺留三世颁布“最高明鉴”圣谕，禁止在巴黎大学教授罗马法。虽然法国国王此时正试图获得不受神圣罗马帝国皇帝节制的承诺，但我们不应因此而把圣谕的颁布单纯看作法国国王惹起的麻烦，其实，更重要的原因是教皇不愿让法律的引诱力超过神学，因为洪诺留三世当时正在努力把巴黎变成基督教神学中心，何况他同时还禁止教授医学，因为医学也是能与神学一争高下的学科。这样一来，法国政府被迫只能越来越多地在图鲁兹和奥尔良招募司法人才，尤其是在奥尔良。我们不难

① 雅克·维尔热指出，在菲力普·奥古斯特时期的 1200—1220 年间，巴黎大学培养出来的人才，到了圣路易时期才大量进入高级神职人员和高级官员行列。参阅《从学校到大学》（*Des écoles à l'Université*），前引文（本书原文第 52 页注 2），第 842 页。

透过13世纪神职人员的一个十分重要的课题，估量巴黎大学对于卡佩王朝的重要性，这个课题便是知识转移。古代的皇权转移到了中世纪，而东方诸帝国的皇权则转交给了罗马帝国，接着又转交给了日耳曼神圣罗马帝国；与此同理，知识也经历了从雅典到罗马再到巴黎这样一个转移过程，罗马是基督教世界的政治首府，巴黎则是这个世界的知识首府。对于法国的少年国王来说，这就是他在制度现实中所继承的权力神话。如果失去对巴黎大学的控制，那就意味着把国王的权力与威望的主要基础之一拱手让人。俗话说，意大利有教皇，德国有皇帝，法国有大学。巴黎大学的两大强项是工艺学院和神学院。工艺学院的预科班教授7种课程，这是培养通用人才的地方，对新鲜事物最开放，各种思想在这里可以热烈地展开争论。神学院是知识的顶峰，也是新经院哲学的基地。聚集在巴黎大学里的年轻神职人员们享受着教会特权的保护（不纳税，在教义和信仰问题上拥有行会仲裁和宗教裁判权），无需承担教士的职责，构成了一个躁动不安的群体，酗酒、唱歌、起哄，整日喧闹不休，偷窃、奸淫、斗殴等有伤风化的事例也屡见不鲜。

114　这些学生竟然就在政府和大主教校长以及市民的眼皮底下胡闹，闹得他们心神不宁。在圣马塞尔郊区的圣马塞尔教堂近旁，有一个附属于这所教堂的小酒店，在这个小酒店里打架的一群学生把事态闹大了。王国纠察队和当时的治安弓箭手前来维持秩序，措施稍微粗暴了些，造成数人伤亡。巴黎大学、市民和卡斯蒂利亚的布朗什执掌的王权之间，由此发生了尖锐的冲突，王后对学生毫不手软，而教皇特使这次依旧给予她支持。课不上了，学生们举行罢课；这是已知的西方历史上的第一次大罢课。继罢课之后，师生们纷纷出走，去往其他城市，不过，师生出走之前并未全面停课。对于一些邦国和城市来说，这是一个吸引巴黎知识界精英的绝好机会。英国国王力图把巴黎大学的师生招进新近创建的牛津大学，布列塔尼伯爵则想延聘这些巴黎师生，在南特创建一所大学。图鲁兹有关当局力图雇佣这些巴黎人，帮助雷蒙七世动手创建他不久前发誓要创办的大学，有关当局不仅以图鲁兹妇女的姿色为诱饵，而且承诺可以讲解在巴黎被禁的亚里士多德的著作。但是，出走的师生大多并未远去，巴黎的生活和学习条件相当优越，他们希望能回到巴黎去。出世不久的大学权力需要吸纳汇集在巴黎的所有权力。大部分师生撤到了昂热和奥尔良。

两年以后这场冲突方才平息。双方谁也不肯让步，要价都很高。就大学方面而言，它想得到的是独立自主和司法特权；就政府方面而言，它想维护的则是维持巴黎秩序的权威和权力。首先出来斡旋的是教皇格里高利九世，因为教会很想在神圣罗马帝国皇帝直接控制的领土之外拥有一个神学中心，教皇于是推动双方进行谈判，并提醒巴黎主教、教皇特使和卡斯蒂利亚的布朗什要维护秩序。

可是，卡斯蒂利亚的布朗什好像依然固执己见，致使路易九世不得不亲自出马，推动王国政府答应教皇的要求，并作出一些必要的让步。作为祖父的好孙子，他是否更明白巴黎大学对于法 115
国意味着什么。南吉的纪尧姆坚持认为，此举出于少年国王的明智，他也许把 13 世纪末法国政府的态度前移到 1230 年去了。他在一篇文章中作了十分清晰的陈述，指出是什么思想支配着巴黎大学与法国政府的关系。这篇文章所表达的恐怕仅仅是一位圣德尼僧人的看法，但是我估计，它不单道出了实情，并且解释了年轻的圣路易的真实动机。

> 那一年（1229），巴黎的神职人员与市民发生冲突，市民杀死了几个神职人员，巴黎大学的师生们离开巴黎，奔往各省，文学与哲学的研究陷于停顿。研究文学与哲学造就了既有知识又有智慧的宝贵人才，这些人才比任何其他东西更宝贵。文学与哲学研究带着骑士的头衔从希腊和罗马来到法国，如今离巴黎而去了。和善宽厚的国王见此情景十分焦虑，担心这些极其宝贵的人才会离国出走，在他看来，拯救灵魂的财富中充满知识与智慧，他不愿意受到上帝如下责备："你抛弃才智，把才智赶出国门；听着，这样你自己就远离我了。"国王急忙召见神职人员和市民，由于他的措施得当，在对神职人员造成伤害这个问题上，市民满足了神职人员的要求。国王之所以采取这种特殊措施，原因在于科学非常珍贵，文学与哲学研究从希腊传到罗马，再戴着骑士的头衔由布道的圣德尼从罗马传到法国……[①]。

圣德尼的史官把才智、信仰和骑士视为百合花王国的三个象
116 征，巴黎大学因而也就包括在王国的象征之中了。当然，圣德尼的这位僧人史官的知识观念依然是积累和保存，与巴黎大学的世俗教师和托钵僧的传播知识的观念相比，他显然大大落伍了。但

① 引自南吉的纪尧姆的《圣路易传》（Guillaume de Nangis, *Vie de Saint Louis*），原文为古法文，经作者改写，见《高卢与法兰西历史学家文集》，卷 XX，第 519—521 页。

是，他终究成功地把圣德尼和圣德尼修道院与带有神秘色彩的知识转移的启动过程挂上钩了。我们在这里看到的是，由圣德尼与王室、圣德尼与巴黎这两对关系所引发的法兰西“民族”神话的发轫过程。

国王向受到王国纠察队伤害的大学生支付赔偿金，恢复巴黎大学的特权，许诺采取措施，让巴黎的房主们遵守有关房租的规定，并设立一个由两位教师和两位市民组成的委员会进行监督。国王下令，曾杀害或殴打学生的市民必须向受害者支付赔偿金，他强令这些市民和巴黎主教、圣热纳维埃夫和圣日耳曼岱普莱修道院院长以及圣马塞尔教堂的议事司铎们发誓，从今以后绝不再做任何有损巴黎大学师生的事。

教皇宣布，骚乱期间逃往昂热和奥尔良的学生如能返回巴黎，他们的文凭将得到承认，他还宣布，今后师生中若有人被害，事发两周内凶手尚未得到惩处，师生们就有权罢课。1231 年 4 月，教皇格里高利发布被后人称作巴黎大学“宪章”的圣谕“臣民知识”，该校的自主权和特权至此最终确立。这是一个与英国的大学“宪章”截然不同的文件，它不但不与王权作对，而且为王权服务。年轻的路易九世国王当然承认这个“宪章”。

路易与腓特烈二世皇帝

在另一个领域即法国国王与皇帝的关系这个领域里，我们同样感到，年轻的国王早就参与其事。

虽然于格·卡佩曾利用他与神圣罗马帝国皇帝鄂图的关系，

117 但是长久以来，卡佩王朝的国王们从未中断他们的努力，为自己的王国寻求摆脱皇帝节制的途径，有时明目张胆地这样干，不过通常还是悄悄地在暗中努力。他们还多次设法在 11 世纪到 14 世纪教皇与皇帝激烈的冲突中捞取渔翁之利。

圣路易继续这么干，而且颇有成效。与此同时，他觉得自己是基督教世界这个团体的一个成员，而这个团体有两位首领：教皇和皇帝。教皇主管教会事务，皇帝在神圣日耳曼帝国以外有权接受特殊的敬意。不过，无论教会（教皇和主教们）或皇帝，在所有非宗教性事务中都无权干预法国的司法权。圣路易的这一想法是与他的另一个愿望相联系的，他希望尽可能维持教皇与皇帝在道德领域中的平衡，从而维护双头的基督教世界的象征性团结。圣路易一天比一天成熟，后来则一天比一天老成，在教皇与皇帝的冲突中，他越来越追求公义与和平，促使他采取行动的动力则越来越是寻求客观与和解的愿望。

法国国王和腓特烈二世皇帝虽然截然不同，甚至相互对立，但是这两位 13 世纪最重要的政治人物，彼此之间似乎多少有些遥相关爱；腓特烈二世一心做着他的帝国梦，路易九世的头脑里装的却是末世论的最后审判之类的神学梦。然而，两人却不约而同地把从欧洲东端到耶路撒冷的基督教世界看作一个整体，腓特烈以世俗英雄的所有手段去对待这个世界，圣路易则通过基督教徒英雄的所有道路去面对这个世界。

1232 年法国对腓特烈二世采取主动行动，此举似乎带有法国少年国王明显的个人色彩，因为在这件事上，他开始与母亲及其助手们保持一定距离。在 5 月和 6 月间，圣路易与腓特烈及其儿子罗马人的国王亨利续约。霍亨斯陶芬王朝向圣路易承诺对英国国王的反法意图进行监视，不允许皇帝的封臣与法国国王的封臣因私事而兵戎相见。腓特烈二世在弗利乌里主持一次德意志小邦君主会议时，批准了这项谅解。腓特烈二世视路易为兄弟，两位
君主互表忠诚，彼此承诺，一方有事，另一方立即驰援，就像封 118
臣通常对封君承担义务那样。

与主教们的冲突：博韦事件

在另外一系列问题上，少年国王更加清楚地出现在前台，他既不是摆设，也不仅仅是执行者。这里说的是与主教们之间有关司法权的冲突。主教们拥有教会和宗教权力，与此同时，他们也拥有某些世俗权力，而且常常把世俗权力与教会权力搅在一起，其中最主要的是司法权，因为主教往往同时也是领主，或者因为他们声称，司法权来自他们的主教权。在 13 世纪 30 年代，国王与鲁昂和兰斯大主教的关系不甚融洽。不过，最严重的问题还是与博韦主教的关系，久久未能解决[①]。

博韦主教不是一般人物，国王本应经常征询他的意见。此人名叫米隆·德·南特伊，1217 年当选博韦主教，1222 年教皇洪诺留三世在罗马为他祝圣；他在扈从菲力普·奥古斯特为十字军而战时曾经被俘，他也是路易八世的宠臣，跟随这位国王参加了征

① 奥戴特·蓬塔尔就此问题撰写了一篇好文章：《路易九世与博韦主教之间的分歧及其对公会议（1232—1248）的影响》（Odette Pontal, *Le différend entre Louis IX et les évêques de Beauvais et ses incidences sur les conciles* (1232-1248)），见《巴黎文献学院丛书》（*Bibliothèque de l'Ecole des Chartes*）,123,1965 年，第 7—34 页。

讨阿尔比异端分子的十字军，路易八世在蒙庞谢尔临终时他也守候在侧。

这是一场三角冲突，当事者是市民社团、身为伯爵的主教以及国王。市民分为两派，民众派代表 21 个行业，主流派全部由钱币兑换商组成，由于主教拥有铸造钱币权，他们人多势众。菲力普 · 奥古斯特与市民社团曾达成谅解，由 12 位贤达参与市长选举，民众派和主流派各任命 6 位，每组指定一位候选人，市长人选最终由主教从两位候选人中确定。1232 年，这个协议未能付诸实施。国王看到（后来他在别处也看到），主流派通过财政方面的许多不
119 正当手段控制了城市，于是采用意大利某些地方的做法，选用被认为在各派之间保持中立的局外人，于是指定一位桑里斯的市民为市长。博韦居民群情激忿，起而反对这位新市长，骚乱中多人死亡。

国王和母后在布雷勒会见米隆主教，主教请国王休要插手此事，因为在他看来，此事属于教会管辖范围，与国王无涉。国王说他将亲自前往博韦解决此事，并对主教厉声说道："看我怎么办，你等着瞧吧。"在路易九世亲自主持下采取的措施着实让人开了眼界，他下令逮捕了一大批居民，起先关押在临时改作羁押所的菜市场中，接着专为这些人建造了监狱。那些涉案最深的市民所拥有的 15 所房舍被郑重其事地拆毁，据一件文书透露，国王在巴黎对 1500 余人实行软禁。路易九世及其随从在博韦逗留了 4 天。菲力普 · 奥古斯特曾与博韦主教达成协议，后者每年向国王交付 100 巴黎锂，用以赎买应向国王交纳的住宿税，也就是说，往后主教不必再支付国王及其随从在博韦逗留期间的花费了。国王以他仅仅偶尔前往博韦小住为由，要求主教为此支付 800 锂。主教颇感

意外，要求延期付款。国王立即下令吊销主教的世俗权，换句话说，也就是断绝与他的神职无关的全部收入。主教窖藏的所有葡萄酒都被抬到公共场所出售，国王无疑想以此坚定地表明他捍卫自己权利的决心。

主教立即组织反击，他向自己的上司兰斯大主教、本省的其他主教以及教皇求援。这些教会大人物一致支持博韦主教对抗国王。主教于是宣布禁令，在他的教区内停止一切圣事。各省教区主教会议异口同声地谴责国王的态度，教皇格里高利九世一封接一封地写信给国王，企图逼他就范，教皇还致函布朗什王后，要她对儿子施加影响。米隆·德·南特伊死于1234年9月，此后冲
突扩大到兰斯省。兰斯市民们自以为得到国王的支持，联手反对 120
大主教。教皇于1235年任命圣都梅行政长官皮埃尔·德·高尔米欧为调解人，此人第二年就当上了鲁昂大主教。国王毫不动摇，作为对教会大人物们的回答，他在1235年9月召开全国贵族会议，让全体与会人员签署一封致教皇的信，抗议主教们尤其是兰斯大主教和博韦主教的图谋，他还宣布，教区中的非宗教事务纯系世俗事务，只应由国王和领主们管辖。教皇勃然大怒，提醒国王勿忘洪诺留三世时期的先例，以绝罚[①]对他进行威胁。国王拒不让步，并多次强调指出，胡乱宣布的绝罚和禁令均属无效。

事态最终缓慢地平息下来，一位具有和解精神的新主教于1238年当选。先后两位教皇格里高利九世（卒于1241年）和英诺森四世（1243年当选）都苦于应付与腓特烈二世皇帝的冲突，渐渐放松了对法国国王的逼迫，尤其在国王的教区非宗教事务权力

① 天主教用语，即逐出教门。——译者

上作出了让步。到了13世纪40年代，已不再有人对王国法庭高于教会仲裁一事提出异议。[①]

这一事件有力地表明了法国政治体制的演进，充分展现了圣路易的魄力。国王对教皇和教会的尊重以不放弃国王的世俗事务管辖权为限。不但如此，王权不但向传统回归，而且实际上向前跨出了一步。博韦事件以及与此事件有关的文件和声明，都预示着70年后圣路易的孙子美男子菲力普与教皇卜尼法斯八世的冲突。教皇在1236年3月22日的信中写道："对博韦教会的伤害，也是对法国教会乃至全世界教会的伤害。"当王权和国家的权力受到威胁时，圣路易毫不屈服，甚至有些粗暴；面对教皇和主教们对于成长之中的王权的践踏，他坚毅不拔，面对他们对于绝罚和禁令的滥用，他丝毫没有媚骨。要知道，此时这位笃信基督教的国王
121 年方18[②]。有一点特别明显，那就是透过他的性格和政策，一股不可抗拒的力量带着他走向王权的巩固，走向国家机器的日益壮大。

虔诚的国王：创建鲁瓦尧蒙修道院

后来被称作圣路易的那个人是一位虔诚的国王，他的这一性格和行为特征在1229—1234年间，即他15—20岁时得到展示。

---

① 可是，迟至1248年6月法国国王率领十字军出征前夕，国王与博韦主教才终于就国王住宿税一事达成协议。

② 据儒安维尔记述，在不久后的一次全国主教会议上，国王显示了他的坚定意志。与20世纪人们的想法截然不同，对于圣路易来说，他在宗教事务中尊重教会的决心和他在世俗事务中的寸步不让，这两者之间并无任何矛盾。

圣路易的父亲路易八世在遗嘱中留下了一大笔款项，用以在巴黎近郊修建一座与王族有特殊联系的修道院，让这里的僧人更多地为王族祈祷。于格·卡佩继承先王大力士罗贝尔及其子孙们的传统，尽力促使卡佩王朝与若干大修道院达成协议，其中有图尔修道院、卢瓦河畔弗勒里修道院（菲力普一世的墓地）、巴尔博修道院（被路易七世选作墓地），此外当然还有圣德尼，此举是于格·卡佩取得成功的主要原因之一；我们从路易八世在遗嘱中表达的这个意图中，再次看到了王权与修道院古老的联盟。路易八世把计划中的这座修道院的修建，委托给巴黎圣维克托修道院的修会司铎们去办，圣维克托修道院坐落在近郊的圣热纳维埃夫小山坡上，在 12 世纪兴办学校和研究神学运动中发挥过重大作用。虽然当今历史学家们认为，随着巴黎大学和托钵僧的兴起，圣维克托修道院已经开始了缓慢的衰落进程，其实这座修道院仍然保有巨大声望。路易九世和卡斯蒂利亚的布朗什于 1229 年依照先王的遗愿建成鲁瓦尧蒙修道院后，就把它交给西都会管理。这个决定十分出人意料，因为，路易八世在遗嘱中指定圣维克托修道院的院长让担任修建新修道院的保证人，这位院长似乎还是少年国王及其母后的老熟人。可是，西都会改革修道院的主张对路易国 122
王的吸引力更大，所以他把本应交给圣维克托修道院的这所新建的修道院交给西都会了。对于当时包括路易国王在内的许多基督教徒来说，西都会是转向托钵僧修会的一个过渡，而后来托钵僧成了路易国王周围的主要谋士。

鲁瓦尧蒙的建成不仅表明了路易九世对于宗教建筑的浓厚兴趣，同时也显示了他带有某种谦卑色彩的宗教虔诚和他在宗教崇拜方面的独断专行。

儒安维尔的记述也证实路易九世从小就喜欢宗教建筑："从他登上王位并懂事之时起，他就开始修建教堂和另外一些宗教建筑，其中的鲁瓦尧蒙隐修院以其壮观、美丽和伟大而独占鳌头"。[①] 鲁瓦尧蒙的修建也是少年国王显现其谦卑和苦行的一个机会。西都会在12世纪恢复了本笃会最初的修道院传统，依据这个传统，路
123 易象征性地做了一点苦工。传记作家圣帕丢斯的纪尧姆在他依据13世纪末路易国王封圣文献撰写的《圣路易传》中写道："修道士们依据西都会的习惯在日课经第三时后外出做工，把石块和砂浆运到筑墙工地，和蔼的国王拿起工具与修道士们一起抬石块，国王和一位修道士共用一个抬框，国王在前，修道士在后；国王每天要抬好几筐"。[②] 圣帕丢斯的纪尧姆在讲述圣路易关爱身边人那一章中谈到了参加劳动这个宗教崇拜行为，他接着写道："那时，和蔼的国王还让他的三个弟弟阿尔封斯、罗贝尔和查理也用抬框运送石块，每人都与一个修道士搭档，一人在前，一人在后。国王也让其他骑士参加劳动。他的弟弟们有时想要说话、叫嚷或玩

---

① 这是出版于1874年的纳塔利·德·威利的现代法语译文。原文手稿中是这样说的："从他知道观察事物（以便认识）之时起"，也就是说，"从他知道该干什么之时起（观察事物一词有"聪明、谨慎、懂事等意思"），从他对自己有所了解之时起"。这段文字对于研究圣路易其人的历史学家颇有价值。手稿没有提到教堂和宗教场所，但却提到了"修道院、隐修院和宗教场所"。圣路易对于神职人员中宗教教士的关注甚于世俗教士，后者纵然也是神职人员，但十分关心世俗事务。儒安维尔后来还谈到了鲁瓦尧蒙隐修院的"荣宠和高贵"。那时，美学词汇尚未从用作其他价值判断的词汇中剥离出来，依然是艺术概念和伦理概念混同和共用的词汇。

② 圣帕丢斯的纪尧姆：《圣路易传》，前引书，第71页。那时抬重物使用的是担架式的抬框，小车是13世纪发明的，稍晚才出现在建筑工地上。

耍[①]，和蔼的国王就对他们说：‘修道士们都默不作声地做工，我们也不要高声说话。’和蔼的国王的弟弟们把抬框装得满满的[②]，半路上放下喘口气，他就对他们说：‘修道士们不歇，你们也不应歇。’圣徒国王就是这样告诫亲属和周围的人好好劳动。”路易身边的人开始体会到，生活在他身边并接受他的关爱意味着什么。

为了修建这所筹划中的隐修院，路易九世及其母后在博韦教区瓦兹河畔阿尼埃尔的近旁选中了一块地皮，国王为了不时到博韦去小住，买下了这块地皮。那地方原来叫作屈蒙，后来改称鲁瓦尧蒙（意为“国王山”），这个地名表明了建成后交给西都会管理的这所隐修院与王室的紧密联系。西都会总会长应圣德尼修道士们的要求，决定从 1223 年起，全体会士以两次弥撒和节日放假来庆祝圣德尼节，只有勤杂人员不放假。通过此类信息，我们得以更清楚地看到圣路易对西都会士们的恩宠，他们刚刚通过一种祷告联盟与国王建立了亲近的关系，这种祷告联盟在修道士和王朝以及国王之间创造了一种精神上的亲密关系。由于鲁瓦尧蒙和这个联盟的存在，西都会进入了王家网络，而圣德尼则是这个网络的中心。

① 此事大概发生在 1232—1233 年间，那时国王的另两个弟弟让和菲力普 · 达戈贝尔可能已经死了。1223 年路易 19 岁，罗贝尔 17 岁，阿尔封斯 13 岁，查理 6 岁。

② 大概是为了尽快把讨厌的活计干完。

虔诚的国王：丢失圣钉

124　国王在位初期还发生了另一桩显示其虔诚的事件，那就是一件圣物在圣德尼的失而复得，这件圣物是一颗神圣的钉子。这本是小事一桩，但据圣德尼的修道士南吉的纪尧姆的记述，它却震动了全国。且听他是如何说的：

> 还是在这个教堂（圣德尼教堂）里，第二年（1232）发生了一件大事：法国国王和罗马皇帝秃头查理在位时，耶稣受难时使用的在十字架上的一颗钉子被送到这个教堂，保存在一个圣瓶中；有一次，这枚圣钉在接受朝圣者的亲吻时，从圣瓶中掉了出来；罗马古历三月初一的第三天（2月28日），这枚钉子在接受众多朝圣者亲吻时丢失了，后来却又奇迹般地找回来了。4月1日，人们欣喜若狂地把它送回圣德尼教堂[①]。圣徒国王及其母后布朗什在这一重大丢失事件中表现出来的痛苦和悲伤值得一说。得知这件极其神圣的宝物丢失的消息，并获悉这枚圣钉在他们执政期间所遭遇的命运后，圣徒国王和他高贵的母后布朗什非常悲伤，声称没有任何消息令他们更加痛心，没有任何事情让他们更加难以承受。十分善良和十分高贵的国王路易因巨大的悲痛而不能自持，他高声叫喊道，宁可让本国最好的城市被毁，也不愿让圣物丢失。当他得知圣德尼修道院长和修道士们为圣物丢失而痛心疾首，

① 这一天是当年的耶稣受难日。

> 日夜哭泣时，他不但立即派出一些善于言辞的人前去劝慰，还想亲自前去，但被身边的人劝阻。他派人在巴黎全城的大街小巷高声宣布，谁若知道圣钉的下落，谁若找到或收藏着圣钉，应该马上交给国王，国王将从私人财产中拨款 100 锂
> 作为奖励。还能再说什么呢？圣钉的丢失在各地造成的巨大 125
> 痛苦和悲伤，难以一一尽述。巴黎的居民听到国王的呼吁和圣钉丢失的消息后，男女老少、教士和学生一个个愁容满面，许多人从心底发出悲呼，涕泪横流，纷纷跑到教堂去祈求上帝在如此巨大的灾难中伸出援助之手。失声痛哭的不只是巴黎的居民，全国各地凡是知道这枚神圣的钉子已经丢失的人，无不泪流满面。许多贤人还担心，发生在新王登基不久的这个严重的丢失事件，可能预示着整个国家将要毁于灾难或传染病的袭击，但愿上帝保佑能消灾祛祸[①]。

这件小事充分说明了 13 世纪基督教徒虔诚到何等地步，几件圣物或几个神迹就可以让所有的人焦躁不安，圣路易并不比别的教徒更加虔诚，只不过人民心底的宗教感情在他身上得到了最高体现而已。在这个事件中，圣物对所有的人都产生了巨大影响，它对年轻的国王的强烈吸引在众目睽睽下得到了充分的显现，过于强烈的宗教感情令人觉得与相信巫术相去不远，一个物件被教会赋予神圣的性质后就可以用来号召和组织群众；我们从中不难

① 南吉的纪尧姆：《圣路易传》，前引书，第 320—326 页。关于圣德尼圣钉事件，参阅即将出版的安娜·隆巴尔－茹尔丹（Anna Lombard-Jourdan）的有关研究著作。

看出圣德尼修道院的长期政策，那就是通过所谓的圣徒德尼把圣德尼修道院的法国与耶稣联系起来，也与加洛林王朝联系起来。无论是普通老百姓或是学问家和达官显宦，所有的人都毫不动摇地确信，圣物能保佑国家兴旺发达，圣物一旦丢失，就预示着灾难和毁灭。当年罗马人遇到意外事件时，忧心忡忡地从殉难者的肝脏、鸟儿的飞行和食欲中去探询因果，13 世纪的法国人发现圣钉丢失时，也是惊惶失措地想要知道个究竟。年轻的路易不但与他的人民一样怀有极其深厚的宗教感情，而且在人民中间起到了
126 增强这种在我们今天看来属于“原始”的感情的作用。与此同时，他通过在人民面前不加掩饰地显露自己的感情，开始了自己的形象塑造和政策制定的进程。然而，他周围的政要中有人认为，一个国王应该懂得把握分寸，为人们提供理智的榜样，而他宗教感情外露得过于强烈，与国王的身份不相称。这说明，路易已经冒犯了那些在国王的举止问题上持传统观点的人了。国王的至尊身份与笃信圣物或圣地（崇拜圣物、敬仰教堂或修道院等圣地）等古老的宗教行为相称吗？与公开宣扬谦恭卑贱、惧怕罪孽、苦行赎罪等新的个人虔敬行为相称吗？对于路易来说，他的内心不会发生问题，他愿意自己既是法国国王又是基督教徒，两种身份之间毫无矛盾，况且他觉得自己已经拥有这两种身份，作为国王，他应该时时牢记自己的职责，其中包括在外表上和象征意义中的职责；作为基督教徒，他应该作出表率，保证自己和他的人民获得拯救。为此，他不但必须依照新旧习俗表明自己的信仰，而且必须如同他珍爱的一句话所说的那样，既要“用心灵”，也就是在自己的内心世界里，还要“用躯体”，也就是用自己的行为举止来表明自己的信仰。可是，他周围的大臣们，那些希望他与他所属

的社会阶层（贵族、达官）持有相同的价值观和态度的人，以及把他看作世俗领袖的老百姓，也就是正在形成的公众舆论，这两种势力会不会觉得他既值得钦佩又令人厌恶，甚至因将其态度视为丢脸和危险、与其国王的身份不符、将会给国家和臣民带来祸害而加以谴责呢？路易在此后的国王生涯中，始终面对着国王行为与法国公众舆论这两者之间的差异。作为国王，他努力谋求国家和人民的幸福，作为个人，他热切希望自己得到拯救，况且，既然是国王，他本人的拯救当然是与他的国家和臣民的拯救融为一体的，他确信自己的两大心愿不但并行不悖，而且是相辅相成的。至于法国的公众舆论，则是对国王既爱又怕，爱的是他的虔诚，怕的是他的行为与国王的身份不配。路易在后来的某些时刻甚至某些时期中曾产生过怀疑，尤其是在他率领的十字军失败之后，但是他很快就恢复自信，确信自己走在完成国王使命的“康
庄大道”上[1]。然而，在那时的社会中，不老老实实地持守自己的 127
位置，抗拒上帝为自己安排的社会地位，在上帝设置的泾渭分明的各种社会类别之间脚踩两只船，特别是在神职人员和平信徒之间骑墙而立，这都是严重的犯罪。在这个绝不允许麦基洗德[2]成为首领、国王兼任神甫的社会里，法国国王的所作所为着实令人担忧。其实，路易无需他人开导就明白，神职人员和平信徒这条界线必须严守，他将作出不懈的努力留在平信徒的界线以内，即使走到界线的边缘，再往前一步就进入神职人员世界时，也不跨越这条界线。说到底，他这位让人议论纷纷的两栖人，难道不先是

① 请看本书原文第 342 页及其后多页。

② 麦基洗德系圣经人物，参阅《圣经 · 创世记》第 14 章第 18 节。——译者

国王兼修道士，后来当新建的托钵僧修会的会士们[①]麇集在他身边时，又变成了国王兼会士吗？公众舆论最后终于找到了良方，而且得到了教廷的批准，于是他成了国王兼圣徒，既是平信徒，又是神圣的国王。可是，这个结果是经历了许多极不平常的巨变之后才得到的，这些巨变贯穿在他的整个执政期间和他的一生之中，而他的一生对于 13 世纪来说是漫长的一生。

① 修道士指在修道院里生活和修道的教徒，会士指加入某个修会的职业宗教人员。——译者

第二章

/ 128

从结婚到十字军出征（1234—1248）

路易何时被承认为成年已无从考证，大概是在他 20 岁的 1234 年或他 21 岁的 1235 年。法国国王的成年期在 1375 年才由查理五世确定下来。此前 14 岁被认为已经成年。路易是个例外，卡斯蒂利亚的布朗什在儿子未成年时期把国家治理得妥妥帖帖，而且似乎对权力颇有些迷恋，事实上，她不仅得到重臣的支持，也得到大人物们的认可，于是她就把监国和监护儿子的时间往后顺延。不错，少年国王已经插手某些事务，虽然尚无处置的权力，却已表明了此种意愿。他对一些事件的干预确有实效，例如处理巴黎大学的罢课、与主教们的关系等。路易何时进入成年并开始亲政，无论在资料中或是在事实上，均无迹象可寻，这是因为路易与其母后事实上“共同执政”这一罕见现象持续了相当长的时间。下文将会谈到，两人在“共同执政”中的地位并非完全平等，不过两人对于如何分享权力似乎不乏默契[1]。

---

① 请看本书原文第 517—518 页，第 713—714 页。

路易九世结婚（1234）

1233年路易九世19岁，不但尚未结婚，而且始终不曾订婚，对于像他这样级别的大人物来说，这在当时是非常令人吃惊的。据说，年轻国王周围的人私下里嘀嘀咕咕，指责母后有意拖延国
129 王的婚姻，因为国王一旦结婚，母后对他的影响就会削弱，她处置国家事务的权力就会受到限制。后来她对儿媳妇的态度证明，这种猜测似乎不无道理。我们同样不应忘记，法国国王的婚姻绝非易事一桩，国王的配偶不但应该出身高贵，能为他带来政治上的好处，而且要为国王生养后嗣，即使不能子女成群，至少要生一个儿子；尽管妇女的生育能力很难预计，可是当时的人却认为对此事能够作出有依据的推测。在中世纪，名门望族的婚姻都由父母依据门当户对的原则（对于一位君主而言，主要考虑王朝和政治方面的因素）作主包办，未来的夫妇无权作任何选择，甚至在婚前没有机会见上一面[①]。爱情仅存在于诱拐、姘居、通奸和文学中，以爱情为基础的婚姻在中世纪没有任何意义，近代的西方式爱情诞生并长期存在于憧憬或非法状态中，很久以后才在实际夫妇关系中得到体现，这种爱情是在爱恋的感情冲突中产生的。

南吉的纪尧姆认为国王是依照自己的意愿择偶结婚的，但实际上路易大概只是照老规矩办事而已，何时婚配都取决于国王及

① 不过，依据热拉尔·希弗里的推断，圣路易婚前对未婚妻进行过一些了解，因为编年史作者纪尧姆·德·皮伊洛姆指出，路易九世在结婚前一年曾让他派驻朗格多克的专员吉勒·德·弗拉吉绕道普罗旺斯，会见普罗旺斯伯爵及其女儿。

其母后和他们的主要臣属商议的结果，当然也取决于能否找到一位合适的姑娘。“我主 1234 年，圣路易在位第 8 年，年届 19 岁，他希望身后有子嗣继承国祚，因而愿意结婚，旨在传宗接代，而非贪图女色”。①

选中的对象是普罗旺斯伯爵雷蒙·贝朗热五世的长女。贝朗热自 1209 年起就是阿拉贡王朝的第一位普罗旺斯伯爵，他基本上
定居在普罗旺斯自己的土地上，通常居住在艾克斯或布里尼奥尔。 130
这桩婚事把国王带进了一个对于法国王室来说具有三重意义的地区。首先，卡佩王朝因这桩婚事而完成了对于图鲁兹伯爵原有领地的渗透，位于南方的这个地区以往长期处在异端势力的控制之下。其次，法国在地中海地区的存在因此而得到了加强，路易九世不久前 1234 年 2 月为他未来的岳父和图鲁兹伯爵雷蒙七世调解了因监管马赛而发生的冲突，他的影响随之扩展到神圣罗马帝国的土地上，扩展到亨利四世皇帝于 12 世纪末委托狮心王理查代管的位于罗纳河左岸的阿尔勒王国。再次，由于与普罗旺斯伯爵联姻，这桩婚事因而也成了法国国王反英战略的一个组成部分。

雷蒙·贝朗热五世也没有子嗣，两个儿子都在年幼时夭亡，玛格丽特嫁给法国国王之后，贝朗热五世还有三个女儿②。二女儿阿里耶诺尔于 1236 年嫁给了英国国王亨利三世，这是英国人对于路易与玛格丽特联姻的反击；三女儿桑希于 1241 年嫁给了亨利三世的弟弟康沃尔的理查，1257 年在艾克斯拉沙佩尔加冕成为罗曼

① 南吉的纪尧姆：《圣路易传》，第 323 页。

② 关于普罗旺斯伯爵的家族，可参阅热拉尔·希弗里的著作《普罗的玛格丽特：大教堂时期的一位王后》（Gérard Sivery, *Marguerite de Provence: Une Reine au temps des catédrales*），巴黎，1987 年。

人的王后，由于丈夫没能当上皇帝，她也就未能当上皇后，她卒于 1261 年。为了不让普罗旺斯伯爵领地被英法这两个西方大国并吞，雷蒙·贝朗热五世于 1245 年临终时口述遗嘱，立他的四女儿贝阿特丽丝为伯爵领地的继承人，如果贝阿特丽丝没有孩子，桑希没有儿子，普罗旺斯就归阿拉贡的雅克所有。但是，贝阿特丽丝于1246年嫁给了法国国王的小儿子安茹的查理[①]，当查理仗着教皇的恩宠成为那不勒斯和西西里国王时，贝阿特丽丝也于 1265 年加冕成为王后，不到一年后她就死了。普罗旺斯于是归属那不勒斯和西西里王国[②]。

131 讲一讲这位伯爵和他的四个女儿肯定很有意思，四个女儿都成了王后，而伯爵本人则成了基督教世界的岳父，尽管其中一部分是在他死了以后。有必要介绍一下最终形成于 1236 年至 1246 年间的联姻网，路易九世于 1234 年就进入了这张网。当然，玛格丽特王后和她的三位妹妹与路易和他的弟弟们不同，姊妹四人并不是一个紧密的小集团。法国王后和英国王后这两个年龄几乎相同的姐姐关系比较密切，可是，这两个姐姐和两个妹妹之间的关系就并非如此了。两个姐姐和两个妹妹年龄相差较多，没有共同的幼年和少年时期，况且两个姐姐对于小妹妹成了父亲的继承人还心怀不满。法国与英国的关系充分表明了中世纪王族间亲属联盟的有效性和局限性。姻亲关系虽然未能阻止军事冲突于 1240 年年初在路易九世和亨利三世之间爆发，但接下来却发挥了积极作用；当路易九世终于发挥他的和事佬作用时，他的主要依靠就是

① 希弗里认为，这是中世纪联姻战略中的一大杰作。

② 我们都知道，安茹家族和西西里王国灭绝后，普罗旺斯改属法兰西王国。

这种王族间的姻亲关系。

路易与玛格丽特是第四代姻亲，但是，教皇格里高利九世于1234年1月2日解除了他们因血缘关系而不得结婚的限制，原因是通过联姻而结成的联盟不但“迫切需要”，而且“效用明显”，它应该有助于在这个受到异端和剿灭异端的战事骚扰的地区恢复和平。玛格丽特才13岁，勉强达到了生育年龄，这也许是路易不急于结婚的原因之一，他也许想等意中人生理上适宜结婚时才娶她。婚礼决定在桑斯举行，桑斯是一个声名显赫的大主教府所在地，巴黎主教区是桑斯大主教区的辖区之一，从巴黎和普罗旺斯到桑斯都比较方便。桑斯当时处在国王的重臣之一戈蒂埃·柯尔努的占领下，市民们为城里的大教堂感到十分自豪，它是最早和最漂亮的哥特式教堂之一。

到了5月，准备工作加紧进行。年轻的国王派出两位特使，前去普罗旺斯迎接新娘，并把她护送到举行婚礼的地方。一位是大主教戈蒂埃·柯尔努，另一位是菲力普·奥古斯特和路易八世忠心耿耿的老臣让·德·奈尔，他们让人在里昂为国王起草了一份婚约，约定当年的耶稣升天节（6月1日）前迎娶玛格丽特。国 132
王的这份婚约是对4月30日从锡斯特龙发出的一份文书的答复，普罗旺斯伯爵夫妇在这份文书中答应在5年之内向国王支付8000银马克，作为玛格丽特的嫁资，此外还把塔拉斯贡城堡交给国王作为抵押。5月17日，普罗旺斯伯爵又主动提出再付给国王2000银马克[①]。玛格丽特在舅舅瓦朗斯主教萨瓦的纪尧姆陪送下，5月19日途经图尔尼，28日前不久抵达桑斯。路易5月24日尚在枫

① 玛格丽特的大部分嫁资后来并未兑现。

丹白露，25 日到达约讷河桥村，下榻于桑斯附近的圣科隆伯，5 月 26—28 日在那里小住三天。婚礼于 5 月 27 日星期六举行，这一天是耶稣升天节前的星期日的前一天[①]。

参加婚礼的来宾个个地位不同凡响。陪同路易的有他的母亲卡斯蒂利亚的布朗什、弟弟罗贝尔和阿尔封斯、表兄弟（卡斯蒂利亚的布朗什的侄子）葡萄牙的阿尔封斯（后来的国王阿尔封斯三世），此外还有包括菲力普·奥古斯特忠心耿耿的老臣巴特罗缪·德·鲁瓦在内的几位达官显宦，若干贵夫人充当玛格丽特的随从。应邀前来参加婚礼的贵宾有：图尔大主教、欧赛尔、夏特勒、莫城、奥尔良、巴黎和特鲁瓦的主教、圣德尼修道院和桑斯、圣约翰、圣雷米、圣皮埃尔勒维弗隐修院院长，还有桑斯教务会议的主教代理和修道士、弗兰德尔和埃诺伯爵夫人让娜、拉马什伯爵于格十世吕希尼昂大人、阿尚博九世波旁大人、勃艮第公爵于格四世伉俪、库特奈和纳韦尔女伯爵阿图瓦的玛蒂尔德及其丈夫福雷伯爵吉格五世，此外还有同样不容小视的图鲁兹伯爵雷蒙七世。来宾中当然也有许多与王家关系或亲或疏的高级神职人员，其中有巴黎大主教、圣德尼修道院院长（兰斯大主教置身事外），以及当地的大领主和弗兰德尔、拉马什和图鲁兹这三大采地的拥有者，其中的于格·德·吕希尼昂和雷蒙七世两位大封臣通常并不打算向国王表示效忠。

133 婚礼分成两段进行[②]。第一段在教堂外的广场上进行。中世纪

---

① 有关这次婚礼的文献见于 1984 年在桑斯举行的展览会的一份题为《1234 年圣路易在桑斯的婚礼》（*Le Mariage de Saint Louis à Sens en 1234*）的目录。

② 参阅让-巴蒂斯塔·莫兰和皮埃尔·缪唐勃：《12—13 世纪法国的婚礼》（Jean-Baptiste Molin et Pierre Mutembe, *Le Rituel du mariage en France, du XIIe au*（转下页）

的婚姻在很长时间里只签一个私人婚约就了事。到了13世纪，结婚渐渐变成了一桩圣事，由教会掌管。在户外举行婚礼等于发布最后一次结婚通告（20年前的1215年第四次拉特兰公会议规定，结婚必须发布公告），并询问来宾们是否知道由于血缘关系而不得结婚的规定，但是教皇的宽免已经解决了这问题。大主教对新人进行祝福和慰勉后，开始进行婚礼的主要部分，那时的社会十分注重动作，所以，婚礼的主要部分也是一种象征性的动作：两位新人相互按右手，这个动作令人想起封臣将双手放在封君手中，用以表示臣服的情景。这个动作意味着两位新人彼此表示认可，因为在婚礼中，除了一些细节外，男方与女方是平等的。按手这个动作通常由女方的父亲主持完成。由于普罗旺斯伯爵没有出席婚礼，这个动作可能是由玛格丽特的舅舅、瓦朗斯主教萨瓦的纪尧姆主持完成的。

大主教一边祈求上帝保佑，一边焚香为戒指祝圣，然后把戒指交给国王，国王接着为新娘戴戒指，首先戴在拇指上（口中念着“以圣父的名义”），接着戴在她的无名指上（口中念着“以圣子的名义”），最后戴在她的中指上（口中念着“以圣灵的名义，阿门”）。接着，路易把13枚硬币交给玛格丽特（这个动作的含义不明），玛格丽特则把这13枚硬币以及为缔结婚姻提供证明的婚

（接上页）*XIIIe siècle*）巴黎，1974年；让－巴蒂斯塔·莫兰：《原桑斯教区中的婚礼》（Jean-Baptiste Molin, *La Lithurgie du mariage dans l'ancien diocèse de Sens*），见《莫城教区历史与艺术学会通报》（*Bulletin de la Société d'histoire et d'art du diocèse de Meaux*），1968年，第9—32页；让－巴蒂斯塔·莫兰：《婚礼图集》（Jean-Baptiste Molin, *L'Iconographie des rites nuptiaux*），见《学者协会第102届全国代表大会》（*102e Congrès national des sociétés savantes*），里摩日，1977年，第353—366页。

约一并交给大主教。在中世纪，文书往往用来作为动作的补充。大主教念毕祷词后，两位新人相互祝福并上香，婚礼的第一段到此结束，新人进入教堂。

134 婚礼的第二段主要是一场弥撒。为婚礼而摘选的经文当场朗读或演唱，其中有《新约·保罗答哥林多人前书》中的一段（第6章第15—20节）（“岂不知你们的身子是基督的肢体吗？……你们要逃避淫乱！……岂不知你们的身子就是圣灵的殿吗？……”）；还有《新约·马可福音》中的一段（第10章第1—9节）：（“神造人是造男造女……夫妻不再是两个人，乃是一体的了……凡休妻另娶的，就是犯奸淫，辜负他的妻子；妻子若是弃丈夫另嫁，也是犯奸淫了”）。在朗读或演唱这些摘自圣经的段落之前，先念一段感谢上帝的颂词：“你用温柔的爱情链子和永不折断的和睦纽带系紧婚姻之结，神圣的婚姻将会带来人丁兴旺的福祉。”

在整场弥撒过程中有两项意味深长的礼仪。念完颂词后，两位新人跪在大主教脚下，当大主教吁请上帝赐福给新婚夫妇时，有人把一块婚纱披在“颓丧”的路易和玛格丽特身上。这是一项表示接纳或过渡的礼仪（这里是从单身过渡到婚配），通常在神品授予（从平信徒变为神职人员，从神甫升任主教）和国王的祝圣（从事实上的国王过渡到祝过圣的国王，即神授国王）仪式上举行。宾主一起诵读一段长长的祷词，预祝新娘对她的丈夫如拉结一样恩爱、如利百加一样贤慧、如撒拉一样忠诚[①]。

宾主齐声祈祷“愿上帝的平安与我们永远同在”时，国王登上祭台接受大主教的平安亲吻，然后国王将亲吻传递给新娘。同

① 拉结、利百加和撒拉均为圣经人物，参阅《旧约·创世记》。——译者

时代的一位多明我会士纪尧姆·佩罗指出，这个亲吻（又一个封臣礼仪）非常重要，新郎以此向新娘承诺对她的爱恋和保护，他写道："丈夫在弥撒上当着圣体的面亲吻新娘，这意味着他承诺对妻子的爱恋与保护，这一吻永远是爱情与和睦的标志。"接着，路易和玛格丽特领圣体。

路易和玛格丽特的婚礼在弥撒结束后还应该完成另外两项礼仪，从单身到夫妇的过渡才算结束，可是，尽管这两项礼仪大概不会省略，却没有留下任何记载。主持人为一个面包和一杯葡萄酒（所有平信徒中只有国王在加冕弥撒中可以仿照神甫，用这两 135
样食品作为圣餐）祝福，并象征性地让两位新人分而食之。最后一项是主持人为新房祝福，然后两位新人在床上就坐或就寝。这显然是一种祈求生育的礼仪，它所表明的是婚姻的目的，就是说为什么要结婚。

据玛格丽特王后很久以后透露，新郎像所有虔诚和讲究礼仪的基督教徒一样，恪守教会关于"多比三夜"的规定，以《圣经·旧约》中的多比为榜样，洞房之夜连碰都没有碰新娘一下。

婚礼的次日，即1234年5月28日，年轻的新王后加冕。法国王后的"就职典礼[①]"（笔者在这里只能借用这个英语词，因为法文中没有相应的词）在中世纪日趋衰落。13世纪还为新王涂敷圣油（但已经不使用专为国王保存在圣钵中的圣油），国王加冕时如果已婚，王后就与国王同时加冕，国王加冕时如果未婚，王后则在结婚后立即加冕；到了15世纪，王后不再与国王同时加冕，而

① 原文为inauguration。——译者

到了 16 世纪，王后的加冕礼已经变成一件无足轻重的小事了[①]。王后单独加冕的地点通常是圣德尼，虽然有时也在别的地方，但从未在兰斯。桑斯大教堂以其雄伟壮观，足以充当举行王后加冕礼的场所。路易九世之所以选定在桑斯大教堂为其妻举行加冕礼，大概是出于对年轻妻子的关心，因为婚礼与加冕典礼仅隔一天。

加冕典礼大概是依照一份 1250 年的文书手抄本中规定的程序进行的。我将在本书第三部分中评述国王加冕典礼和王后加冕典礼。需要说明的是，王后加冕典礼结束后，路易九世举行盛宴，
136 为若干骑士举行正式的授甲礼，可能还触摸了几位瘰疬病人，因为国王被认为具有治病的魔力[②]。王后加冕时，国王可能把他本人加冕时的礼仪重复一遍。有人说，路易九世在桑斯创立了一个名为“斑獛之肋”[③]的“新骑士团体”，对此我不予置信。这个新骑士团体在一个半世纪以后的查理六世执政期间才得到证实，查理六世试图把它发展起来，但未获成功，这个骑士团体很可能就是他本人创建的。也许是为了给它增添些光彩，遂把它说成源远流长，是本朝的伟人（也是圣徒）圣路易始创的。其实，这仅仅是一种传说而已，创建这样一个骑士团体既有悖于 13 世纪的精神，也不符合圣路易的行为准则，尽管他非常愿意而且确实是一个骑士国王[④]。

---

① 玛丽 · 德 · 美迪直到 1610 年才艰难地在最后时刻争取到加冕，其夫亨利四世翌日就被拉伐雅克刺杀。

② 宴会和骑士授甲礼在王家账册中确有记载，触摸瘰疬病人一事也许是勒南 · 德 · 蒂伊蒙的杜撰，因为他并未说明资料来源。

③ 斑獛是属于灵猫科的一种食肉哺乳类小动物（麝猫、獴等）。

④ 这一谬说可能源于对于王家账册中一段文字的误读，这段文字涉及在（转下页）

我们很幸运，桑斯婚礼的开支账册保存至今，这就使我们可以从中了解一些有关这件大事的物质、经济和象征等方面的情况[1]。

有迹象表明，王室国库为桑斯婚礼支出了 2526 锂，主要用于运送王室人员和行李的车船、马匹的装备、地毯、挂毯、搭建木平台和御座（举行室外仪式时路易就坐在铺着丝毯的御座上）、首饰、礼物（其中有一只供司酒官使用的金杯）、宴会上使用的桌布和餐巾，大量支出用于服装，服装多且奢华，用了许多呢绒、丝绸和裘皮[2]，在中世纪穿着这种服装是一种巨大的奢侈。为国王及 137
其随从专门制作了“用孔雀色织物和棉花充填或用孔雀羽毛装饰的毡帽”，为年轻的王后选用的是“白鼬皮和黑貂皮”。玛格丽特身穿一袭玫瑰色长袍，她的金王冠价值 58 锂。“王侄葡萄牙的阿尔封斯老爷”一身紫红色。面包花费了 98 锂，葡萄酒花费了 307

（接上页）桑斯举行大典时的戈蒂埃·德·利涅，文中有 in novo militia sua 和 pro factione robarum regis et fratum et novarum militum（为国王及其弟弟们和骑士们制作新袍）等语，其中的 novarum militum 大概被误解了。实际上这里说的是刚刚被授予身份的骑士此时接受了国王授予的赏赐。nova militia 在 13 世纪只有两种含义，一是骑士授甲礼，二是上世纪圣贝尔纳在一篇著名的论文中当作暗喻使用的含义，指那些新创建的军事团体，诸如圣殿骑士团、医院骑士团等，用作这个含义时，应写作 militialum。

① 这些账册已在《高卢与法兰西历史学家文集》中刊出，卷 XXI，1855 年，第 226—251 页。雷吉纳·佩尔努（Régine Pernoud）在其《布朗什王后》（*La Reine Blanche*）一书中对这些账册作了评析。

② 关于中世纪的裘皮，参阅罗贝尔·德洛尔:《中世纪末（1300—1450 年前后）西方的裘皮贸易》（Robert Delort, *Le Commerce des fourrures en Occident à la fin du Moyen Age (vers 1300–vers1450)*），两卷本，罗马，1978 年。这部巨著也谈及此前的情况。

锂，菜肴花费了 667 锂，蜡烛花费了 50 锂。玛格丽特随身带来了 6 个号手和普罗旺斯伯爵的说书人。另外还有几位说书人应召前来为游戏和舞会助兴。

由此可见，圣路易的婚礼是依照当时国王婚礼的排场举行的。一贯注意不失身份的年轻国王，后来虽然越来越不愿露财和摆谱，但结婚时却仍然沉浸在王家的奢华传统中。

6 月 8 日，路易和玛格丽特在一派节日气氛中返回巴黎[①]。

弟弟们的“骑士授甲礼”，儒安维尔登场

这种奢华的场景后来三度重现，在这之后，路易九世及其三位弟弟的“王子”四人帮才最终形成气候。这里说的是“骑士授甲礼”这个大事铺张的重大庆典。对于这三个年轻人来说，20 岁上正式获得骑士身份，意味着同时得到了成年人的三项权利，一是进入上层世俗社会；二是进入骑士阶层；三是管理自己名下的遗产。为他们分别举行庆典一事虽然写在路易八世的遗嘱上，但是，人们却把它视为路易九世的个人决定。

138 1237 年授予罗伯尔骑士身份，他从此拥有阿图瓦；1241 年授予阿尔封斯骑士身份，他从此拥有普瓦图；1246 年授予查理骑士身份，他从此拥有安茹。一份极为出色的实录为我们记下了普瓦提埃的阿尔封斯的骑士授甲礼。仪式于 1241 年 6 月 24 日在索谬尔举行，这一天正是基督教徒骑士们庆祝他们成为成年骑士的圣

---

① 王家“荣归”礼仪要到 14 世纪纪才付诸实施。

约翰节，在这一天，人们要依照古老的世俗惯例施放圣约翰焰火，庆祝夏至和进入一年中白昼最长的时期。

这位身份优越的见证人就是年轻的儒安维尔。那年他已经 17 岁，依然是个骑士的侍从，在这个节日里只是一个不显眼的小角色，但他以出色的表现博得了国王的青睐。他大概是第一次见到长他 10 岁的国王，数年以后，他却成了国王的亲信和亲密伙伴，对国王无限敬仰、无限爱戴。他在一部极为出色和难以估价的传记中为后人留下了他的回忆。

> 国王在安茹的索谬尔大宴群臣，我那天在场，我要告诉你们，这是我所见过的安排得最好的一次宴会。在国王近旁与国王同桌进食的是普瓦提埃伯爵，不久前国王在圣约翰授予他骑士身份；紧挨普瓦提埃伯爵的是让·德·德娄，不久前国王也授予他骑士身份；让·德·德娄以下是拉马什伯爵，拉马什伯爵以下是布列塔尼皮埃尔伯爵。在国王的桌子前面与德·德娄伯爵相对而坐的是纳瓦尔国王，他身着短上衣和缎子大氅，缀着锻带和卡子，戴着金色的帽子；我坐在纳瓦尔国王面前。
>
> 国王的弟弟阿图瓦伯爵在国王前面布菜，苏瓦松的让伯爵在国王前面用刀子切肉。守卫国王餐桌的有因贝尔·德·博若大人、恩盖朗·德·古希大人和阿尚博·德·波旁大人，博若大人从此当上了王室总管。在这三位大臣后面站着他们的30 位骑士；骑士后面有许多穿着缀有普瓦提埃伯爵纹徽的塔
> 夫绸制服的武弁。国王身着一件蓝色缎子短上衣，外面罩一 139
> 件上衣和一件白鼬皮里的朱红色缎子大氅，头上戴一顶棉帽，

可能因为他年纪还小，帽子看过去大了一些，不大合适。

国王在索谬尔菜市场举行这场盛宴，有人说，英国亨利国王正是为了举行大型庆祝活动才建造了这个菜市场的。菜市场是依照白袍修道士的居室式样修建的，不过，我觉得此话说得很离谱，没有一个修道士的居室会有这样大；就拿国王进餐的那个内院来说吧，他周围站着许多间距很大的骑士和武弁，二十几位大主教和主教围着另一张桌子进餐，而国王的母亲布朗什王后则在内院的尽头，坐在另一张桌子边上，国王不在那里进餐①。

这是令年轻的“乡巴佬”大开眼界的场景，他来自香槟的一个清贫的家庭小城堡；对于我们来说，这段记述也是对圣路易的外表第一次“真实”的描写。它告诉我们，从他本人和周围的布置来看，国王此时依然迷恋排场，不过，有一个细节令我们觉得，这位 27 岁的国王已经开始注意平实，远离考究的外表，这就是他戴的帽子尺寸不合适，而且是一顶棉帽，与他身上的其他服饰不匹配，使他显得又丑又老。路易开始对儒安维尔具有诱惑力，这种诱惑力升华为对于国王的和善和骑士风度的尊敬，并且使得儒女维尔的眼光更加敏锐，对于能够说明问题的细节更加敏感，于是他这位对于精彩的细节往往视而不见的非专业历史学家，就像一头食肉巨兽那样，扑向那些细节，把它记录下来。

① 儒安维尔:《圣路易史》，前引书，第 55—57 页。

生儿育女的国王

路易就这样于 1234 年 5 月 27 日完婚，人们交口称赞新娘和她的妹妹们姿色出众。为生育而结婚，这是教会的教导，是王朝的需要，也是满足情欲的需要，尽管情欲必须屈从于基督教的夫妻道德和守则，但这并不妨碍享受“出让”给肉体的一切。这就 140
是圣保罗所主张的要当丈夫：“与其欲火中烧，莫如娶妻结婚。”

可是，在 1240 年之前玛格丽特始终没有生育，此时已是婚后第 6 个年头了。是年轻的王后成熟晚，还是小产或婴儿夭折（卡斯蒂利亚的布朗什婚后初期生的几个孩子都夭折了）？当时的文书和编年史都不曾谈及（被记述的仅仅是这样一些人：他们的年龄让人觉得可以指望他们发挥某些作用了，因为他们或是已到了成年期，或是出于王朝的婚姻战略考虑而已经订了婚），我们也就无从知晓。

头两胎都是女孩，王朝的前程并不能因此而确保。第一个女儿 1240 年 7 月 12 日出生，取名布朗什，3 年后死亡；第二个女儿生于 1242 年 3 月 18 日，取名伊萨贝尔。接下来三胎都是男孩，路易生于 1244 年 2 月 25 日，菲力普生于 1245 年 5 月 1 日，刚出娘胎就死了的让生于 1248 年。王朝的永祚看来就系在余下的两个男孩身上了。国王夫妇后来又生了 6 个孩子，3 个生在东方，3 个生于回到法国以后。他们一生总共生育了 11 个子女，存活下来的有 7 个，其中 4 个是男孩。中世纪的王族大多人丁兴旺，路易夫妇也是如此。

崇敬圣物的国王：荆冠

在 13 世纪的基督教世界里，拥有圣物是虔诚的重要标志，也是威望的源泉。一座城市、一个采地、一个国家的盛衰往往取决于是否拥有圣物。一件圣物就是一件活的宝贝，能为拥有者带来保护和运气。圣路易在圣德尼的圣钉丢失事件中对此有了深切体会。

1204 年十字军攻占君士坦丁堡之后，弗兰德尔的博杜安九世成为君士坦丁堡拉丁帝国的第一位皇帝，库特奈的皮埃尔是1216—1219 年间的君士坦丁堡拉丁帝国的皇帝，小博杜安是博杜安九世的侄子，也是库特奈的皮埃尔的儿子。小博杜安于 1237 年来到法国，请求国王和教会提供支援抗击希腊人。他此时已经 19
141 岁，即将达到成年期，不久就应该继承因血缘关系而属于他的帝位；在等待他成年期间，帝位由他的岳父让·德·布里安代领。然而，君士坦丁堡拉丁帝国此时正在继续遭受希腊人的蚕食，只剩下了首都及其郊区，形势岌岌可危。

小博杜安在法国期间受到他的表侄国王路易[①]的盛情接待，路易从表叔那里得到了两个坏消息，一是让·德·布里安的死讯；二是君士坦丁堡的拉丁贵族们急需用钱，打算把君士坦丁堡最珍贵的圣物出售给外国人，这就是耶稣受难时作为卑微的标志戴在头上的用荆棘编成的冠冕。新皇帝博杜安二世恳请路易和卡斯蒂利亚的布朗什助他一臂之力，不让圣物落入外国人手中。

国王及其母后听后激动不已，这是多么好的一个机会啊，若

① 博杜安的母亲瑶兰德是菲力普·奥古斯特的第一任妻子、路易九世的祖母的姐妹。

能得到荆冠，不但能满足他们的虔诚之心，而且会带来巨大的荣耀。虽然是一个标志卑微的荆冠，但它毕竟是冠冕，因而是王家的圣物。它所体现的是王家的苦难和卑微，在13世纪带有悲痛色彩的宗教虔诚中，它已经变成了耶稣基督的形象，在人们的想象中，国王既然是耶稣在人世间的形象，他头上的王冠也就是荆冠的形象，荆冠体现着苦难中的自持和经由受难的途径去战胜死亡。且不管路易在此事中显现的情感有多真和多深，我们却不能不说："相当真，相当深。"年轻的国王迫使基督教世界不能不接受他。当然，国王及其母后肯定有政治和意识方面的考虑。在由东方向西方的皇权转移和知识转移之后，如今是"耶稣受难时使用的物件转移"。这件标志性圣物理想的去处就是法国，法国越来越像是上帝和耶稣喜爱的土地。国王的臣仆和朋友、法国高卢派教会的头领桑斯大主教戈蒂埃·柯尔努就是这样说的：

> 正如我们的耶稣基督选定应许之地（圣地）作为显示他
> 复活圣迹的地点，同样有迹象表明，而且我们也相信，为了 142
> 更加虔诚地崇敬他在受难期间取得的胜利，耶稣基督特地选
> 定我们法国，以便通过转移他在受难期间使用过的物件，即
> 把它从离东方最近的希腊地区转移到西方边界上的法国，使
> 他的名字从东方到西方处处得到颂扬[①]。

① 戈蒂埃·柯尔努：《耶稣荆冠史》（Gautier Cornut, *Historia susceptionis coronae spineae Iesu Christi*），见《法国著作家史》（*Historiae Francorum Scriptores*），卷V，第407—414页。

法国变成了新的圣地。戈蒂埃谈到路易时写道："路易非常高兴，耶稣基督选中了'他的'法国作为显示如此重大荣耀的地方，法国人坚信耶稣基督的宽容，以极大的虔诚赞颂拯救我们的圣迹。"①

从此开始了荆冠的种种奇遇和磨难，开始了神奇的从君士坦丁堡到巴黎的旅行。

博杜安二世从巴黎派出两个信使，信中下令将荆冠交付给路易派出的两个特使雅克和安德烈，两个特使都是多明我会士，安德烈曾任君士坦丁堡多明我会隐修院院长，有能力辨识荆冠的真伪。我们应该了解西方基督教徒对于一般圣物的态度，特别是对于荆冠这件特殊圣物的态度。他们对于荆冠保存在君士坦丁堡不表怀疑。君士坦丁大帝的母亲海伦于4世纪曾前去圣地游历，她首创了基督教传统中的真正十字架。拜占庭皇帝希拉克略于630年曾前去圣地游历，把这个真正十字架从耶路撒冷带回君士坦丁堡的人很可能就是他。这两人的圣地之旅为人们相信荆冠保存在君士坦丁堡提供了历史依据。圣物"考证"在11世纪和12世纪的西方非常兴盛，本笃会修道士吉贝尔·德·诺让在这种氛围中于1119—1129年间②发表了著名论著《圣物论》，此书起到了提醒

① 戈蒂埃·柯尔努：《耶稣荆冠史》，第409页。

② 现代历史学家错误地把吉贝尔·德·诺让奉为现代考证精神的先驱，然而，他的这部著作表明，在一些完全不同的基础之上（承认许多圣物的真实可靠性），中世纪的知识分子绝不缺乏考证精神，他们创造了一些辨伪技术，从而迫使现代派在批评中世纪人的"轻信"时有所收敛，更重要的是，历史学家们应该据此修正对于中世纪心态通常所持的偏见。中世纪的考证与他们的信仰结构互不相扰地共存，这种信仰结构与我们今天的标准相去甚远。对于道成（转下页）

作用，促使人们在荆冠的整个运送过程中采取了许多审慎的措施。圣物装在一个特制的盒子里（如同兰斯的圣油保存在一个特制的圣钵中一样），每走一段路就进行一次认真的检查，以防调包。 143

博杜安二世皇帝和路易国王分别派遣的特使抵达君士坦丁堡后获悉，由于急需用钱，拉丁贵族们在此期间已经以荆冠作为抵押品，向威尼斯的钱庄借债。倘若在圣徒杰尔威和普罗泰的殉难日（6 月 18 日）之前不能赎回，荆冠就归威尼斯人所有，并将送往威尼斯。这些威尼斯商人以前也曾为威尼斯共和国令人难以置信的圣物政策服务；早在 9 世纪初，威尼斯共和国就一鸣惊人，在亚历山大城买到了圣马可的圣物，大大提高了共和国的威望。可是，正是无巧不成书，博杜安和路易的特使偏偏在限期之前抵达君士坦丁堡，由于法国国王买下了荆冠，所以他拥有优先权。双方进行了谈判，威尼斯人最后同意把圣物让给法国国王，但提出了一个条件：威尼斯城应该享受存放这件珍贵圣物所带来的好处，哪怕只是短暂存放，所以荆冠在送往法国以前应该先送到威尼斯，让它给威尼斯共和国带来保佑、福祉和声望。

双方的讨价还价终于结束时，1238 年的圣诞节到了。严冬季 144
节不利于航海，如此珍贵的宝物从海上运送是否不够慎重？不但

（接上页）肉身的真实性、超自然和人世间神迹的真实性的确信，产生了一些非常特别的辨伪技术，但是并没有因此而使赝品绝迹。此事非同小可，个人和集体的拯救都系于此，因此，人们对于坏人的弄虚作假和乡巴佬和平民百姓的“迷信”都保持着高度警惕。参阅克劳斯·施赖纳：《“区分真伪”——对中世纪圣徒圣物崇拜批判的开端与形式》（Klaus Schreiner, *'Discrimen vei ac falsi' Anästze und Formen der Kritik in der Heiligen-und Reliquienverehrung des Mittelalterst*），见《文化史档案》（*Archiv für Kulturgeschichte*），特刊，48,1966 年，第 1—53 页。

如此，希腊人通过他们的间谍已经获悉这笔圣物交易和即将由海路运送的消息。他们在运送圣物的船只可能经过的航道上布置了一些双桅战船，准备劫夺圣物。可是，荆冠依然在君士坦丁堡居民的哭泣和叹息声中驶向大海。亏得上帝保佑，圣物平安运抵威尼斯，在圣马可大教堂展出。安德烈修道士留在威尼斯监护圣物，雅克修道士前往巴黎向路易及其母后报告好消息。他急匆匆地返回威尼斯时带来了一大笔货款（具体数目不明）和博杜安二世的特使，特使是君士坦丁堡皇帝许下的承诺和运作的保证人。在重新开启的谈判中，威尼斯的法国商人发挥了积极作用。最终，威尼斯人没敢抗拒博杜安的意愿和法国国王的坚决要求。这回轮到威尼斯人痛哭流涕了，他们极不情愿地看着荆冠踏上了去往最终目的地的路程。

此次不走海路而走陆路了，但担惊受怕并不因此而稍减。不过，圣物显然继续受到上帝的佑护，法国国王也显然得到神祇的帮助。为了增加安全系数，运送圣物的队伍得到了腓特烈二世的帝国护卫队的护送，这是基督教世界非教会安全事务中的最高司法保障。一路上的天气状况表明奇迹再次出现，白天晴空万里，夜间甫在旅店安顿好，倾盆大雨立即从天而降。神助的迹象至为显著。

如同 5 年前迎接新娘一般，路易亲自赶来迎接好不容易得到的圣物。他领来了母亲、弟弟、桑斯大主教、在这段过程中非常积极的戈蒂埃 · 柯尔努、奥塞尔主教贝尔纳以及许多贵族和骑士。他在一个名叫维勒讷夫－拉什维克的地方迎到了圣物。

145 当装有圣物的金盒子递到国王手中时，他的激动无法言表。经检查，盒子上各种封印完好无损，其中有首发人君士坦丁堡拉丁贵族的封印、有再发人威尼斯议会的封印。盖子打开，无价之宝顿现眼前。国王和太后激动得喘不过气来，泪如雨下，叹息不已。“一见到热切期待的圣物，他们都惊呆了，虔诚骤然达到极致，以至于仿佛觉得头戴荆冠的耶稣基督就在他们面前”。[①] 保尔·鲁塞在一篇颇有见地的文章中研究了十字军官兵的心态，他认为，他们在 1099 年攻占耶路撒冷时，确信自己是在惩罚那些把耶稣钉在十字架上的人。他对十字军的行为进行了细致的分析，认为对于这些官兵来说，他们的行为意味着一段历史时间的消失[②]。圣路易及其随从们一见到荆冠，不由自主地也处于这种精神状态下。这就是时间在基督教中世纪中的伸缩性。耶稣基督在他们的心灵中复活令他们无比激动，致使时间突然停滞，凝固在一瞬间。圣奥古斯丁曾对此作过深刻的分析，认为它是人们觉得永恒时刻即将到来的反映。在率领十字军出征前 9 年，圣路易就体验了十字军战士的激情，这一天是 1239 年 8 月 9 日，圣洛朗节前一天。

随后走过来的是补赎仪仗行列，同行的有基督遭受羞辱的标志物，国王及其伙伴与受难的耶稣联为一体，附于重归的道成肉身之中。路易和他的大弟罗贝尔身着衬衣（只披一件袍子），光着双脚，走在脱掉鞋子的骑士中间，把盒子从维勒讷夫－拉什维克一直抬到桑斯。护送队伍抵达桑斯时受到热烈欢迎，人们热烈鼓掌，黑压压的人群两旁是缀着各种饰物的教士、修道士和神职人

---

① 戈蒂埃·柯尔努：《耶稣荆冠史》，前引书，第 410 页。这位大主教是这一场景的目击者。

② 保尔·鲁塞：《封建时代的历史观念》（Paul Rousset, *La conception de l'histoire à l'époque féodale*），见《纪念路易·阿尔芬中世纪史文集》（*Mélanges d'histoire du Moyen Age dédiés à la mémoire de Louis Halphen*），巴黎，1951 年，第 623—633 页。

员，他们捧着全城和全区的所有圣物，前来迎接活在圣物中的基
146 督，护送队伍在挂满挂毯和帐幔的街道和广场上缓慢行进，钟声和管风琴声响彻全城。夜幕降临时，护送队伍高举用螺旋状蜡烛做成的火把继续行进。圣物安放在圣太田大教堂里过夜。从戈蒂埃·柯尔努的记述来看，大主教倍感喜悦，荆冠安放在他的城市里、他的教堂中，这是对他服务于上帝和国王的一生不寻常的褒奖。

最后一段路程从次日开始，8 天之内经由约讷河和塞纳河把圣物运送到国王在巴黎郊外的住所万森堡。圣物供奉在圣安东教堂近旁临时搭建的一个高台上，供来自四面八方的巴黎民众瞻仰。与桑斯的情况一样，神职人员也把巴黎的所有圣物都拿来展示。传教士向民众布道，强调这是降临在法国的荣耀。然后如同在桑斯那样，举行隆重的入城式，赤着脚、只穿内衣的路易和他的弟弟罗贝尔抬着盒子，后面跟着同样光着脚的高级神职人员、教会人士以及平信徒和骑士。

圣物在圣马利大教堂（圣母院）中稍事停留，在那里向基督母子表示了虔诚的敬意。圣物终于走完了从博斯普鲁斯海峡到塞纳河畔的全程，抵达目的地——王宫。圣物被安放在王宫内的圣尼古拉小经堂中。作为王国的吉祥物，荆冠首先是国王的重要私产，尽管它通过国王泽被全国和全体臣民，但它依然归国王私人所有。

由于君士坦丁堡皇帝依然十分拮据，而且日甚一日，路易乘机以巨款收集了耶稣受难时的其他一些圣物。1241 年，他获得了真十字架的一大部分、刽子手残忍地强迫耶稣喝醋时使用的海绒以及士兵朗京用来扎耶稣的那支枪。

圣　堂

宫内的圣尼古拉小经堂实在太小了，不配用来安放耶稣的荆冠；应该另造一座教堂，它应该是一个荣耀的大厅，一个配得上耶稣的宫殿。路易遂下令建造一座新教堂，并命名为圣堂，其实 147
圣堂是宫内教堂的通用称呼。依据路易的意愿，新建的圣堂应该既是“圣物纪念馆”，又是“王家教堂”（路易·格罗德茨基语）。路易从不放过任何机会把国王的荣耀与上帝的荣耀联系起来。

1243 年 5 月，教皇英诺森四世赋予尚未建成的圣堂以特殊地位。1246 年 1 月，路易组建了一个教士团，负责保管圣物和主持崇拜仪式。国王于 1246 年和 1248 年相继发布文告，为圣堂尤其是彩绘玻璃窗的保养维修费用来源作出规定。庄严的圣堂落成典礼于 1248 年 4 月 26 日举行，圣路易御驾亲临，此时离他亲率十字军出征仅两个月。圣堂的建造工程，包括彩绘玻璃窗在内，也许还包括雕塑在内，是在创纪录短的时间内完成的，圣路易封圣审批过程中的调查表明，建造圣堂的支出为 4 万图尔锂，制作收藏耶稣受难圣物的宝龛花费了 10 万图尔锂。建筑师及其助手均未留下姓名。

圣堂在路易九世时代已被赞誉为杰作，英国编年史家马修·帕利斯称它为“无愧于这件王家珍宝的美轮美奂的教堂”。[①] 对于这座教堂的美，亨利·佛希雍说得最精辟：“圣堂的体量远远

---

① 让-米歇尔·勒尼奥、弗朗索瓦兹·佩罗：《圣堂》（Jean-Michel Leniaud et Françoise Perrot, *La Sainte-Chapelle*），巴黎，参阅本书插图 1。

大于同时代的亚眠那几座半圆形教堂，它的建筑手法更为奇特，更不落俗套，以致令人觉得违反了重力规律，至少在教堂内部观察时有这种感觉。为了给彩绘玻璃窗留出足够的空间，大片墙体被取消了，代之以巨大的墙垛，这样一来，侧墙似乎变成了与墙体垂直相交的支撑。此外，窗户上端的拱形部分获得了新的负荷，从而增强了抗推力。石砌三角形门楣的重量没有落在拱圈上，而
148 是将其一层层琢石砌块的重量全部转移到拱顶，从而起到了类似支承柱上端方尖锥的作用。整个建筑显示了结构方案的精巧，其中包括刚才作了简要分析的平衡体系，为了在内部发生作用，平衡体系还借助教堂底层的拱圈，使之成为平衡体系的基座。整个教堂既具有超凡脱俗之美，又不乏庄重。这种思路令整个 13 世纪喜出望外，人们不约而同地把这座教堂视为杰作。”[1]

有人指出，圣堂及其彩绘玻璃窗虽然大胆、漂亮，但只是把传统的哥特式半圆形教堂建筑，包括又长又高的窗户、古典哥特式的彩绘玻璃窗发展到极致而已，并无真正的创新。圣堂还因其功能而明显受到限制，由于是一个宫中教堂，所以体量不大，又因安放圣物需要，一些线条和空间不得不中断。借用让·理查的话说，圣物是法兰西王国的“圣盾”[2]，为安放圣物，特地为圣堂设计了一个上层。被称为“圣物”玻璃窗的彩绘玻璃窗应该被视为

---

① 亨利·佛希雍：《西方艺术》（Henri Focillon, *Art d'Occident*），新版，巴黎，卷 II，《风靡中世纪的哥特式》（*Le Moyem Age gothique*），第 104 页。

② 当 1940 年德军神速向前推进之时，巴黎圣母院举行宗教仪式，人们列队护送神圣的荆冠，法国政府的代表和驻法外交人员也到场。参阅让 - 皮埃尔·阿泽玛：《1939—1940：恐怖的年头》（Jean-Pierre Azéma, 1939-1940: *L'Année terrible*），《世界报》（*Le Monde*），1989 年，7 月 25 日，第 2 版。

“全部圣像画的关键”。[①] 圣堂并不奢华，但却大胆，而且独树一帜；不拘泥于传统，但却止步于创新的边缘。这些与圣路易的为人、他的崇拜对象和权力目标同样不无关系的东西，归根结底不是与他本人很相似吗?

信奉末世论的国王：蒙古人带来的劫难

前面说到，13 世纪的大事是蒙古帝国的形成[②]。路易九世与蒙古人的交往极为有限，只有几个信使带着泛泛的建议前去面见蒙
古大汗，由于互不了解，而且存有不切实际的想法，这些建议更 149
加难以获得对方的共识。蒙古人蹂躏了俄罗斯和乌克兰之后，继续向匈牙利和波兰南部挺进，1241 年抵达克拉科夫，逼近维也纳。法国国王与整个基督教世界一样忧心忡忡。毫不夸张地说，事态着实十分悲惨，路易似乎从中看到，他本人和基督教世界以及全人类命运的末日已经临近。这是圣路易所经受的一种极其强烈的宗教体验。蒙古游牧部落也许就是歌革和玛各的队伍，他们冲破远东的羁绊，带来了《新约 · 启示录》中预告的屠戮和劫掠，预示着世界末日的到来。如果马修 · 帕利斯的记述是真实的，那么，常因激动、喜悦和恐惧而流泪的圣路易，在这个非常时刻里虽然忧虑，却很镇定，他在给母亲的信中写道：“勇敢些，他们如果打

① 勒尼奥、佩罗：《圣堂》，巴黎，前引书。

② 请看本书原文第 43— 50 页。

到我们这里，不是我们把这些鞑靼人扔进地狱，就是他们把我们送上天去。”

这位 27 岁的年轻国王似乎隐隐约约地看到了两种命运（也许是两种愿望），一种是世界末日即将来临，一种是成为一个殉难者。

胜利者国王：与英国人作战

可是，比蒙古人平常得多的危险也正在威胁法国。

在路易的童年和少年时代，英国始终是法国的头号敌国，是法兰西君主制建设的主要威胁。

亨利三世于 1216 年继承他的父亲无地王约翰的王位，那年他 9 岁。菲力普 · 奥古斯特夺回了英国曾经占有的法国领土，法国元老们判定，法国国王收回无地王约翰在法国西部的领地是正当合法的。亨利三世成年以后，对这些被法国人夺走的领土一直念念不忘。但是，亨利三世实在是左右为难。由于英国贵族逼迫他的
150 父亲颁布了大宪章，他的权力受到限制；布列塔尼伯爵和拉马什伯爵等法国贵族，则把自己从法国国王的控制下解脱出来的希望寄托在他的身上。他的主要谋臣胡贝特 · 德 · 布格事事小心谨慎，他的弟弟康沃尔的理查急躁莽撞，亨利三世在很长时间里收复失地的愿望一直不甚强烈。两位教皇洪诺留三世和格里高利九世相继表示支持亨利三世的要求，卡斯蒂利亚的布朗什和路易国王及其谋士们对于此事似乎不太在意。我们清楚地记得，1231—1232 年间英国人发动的攻势收效甚微，最后以停战告终。1234 年 12 月，亨利三世在法国的主要盟友布列塔尼伯爵和拉马什伯爵改换门庭，

与法国国王言归于好。教皇格里高利九世试图在英法两国之间保持平衡，在端倪已露的法国国王与德国皇帝的激烈冲突中，他更是日甚一日地对法国国王施加影响，在他的撮合下，英法双方于1238年将停战协定延长5年。

打破相安无事局面的人是吕希尼昂的于格十世，即人称棕发鬼于格的拉马什伯爵，此人在法国西部政治舞台上向来是个主要人物，他从1238年起在本地区找到了一个新的靠山，那就是法国国王的亲弟弟阿尔封斯。卡斯蒂利亚的布朗什及其谋臣们在1227年成功地把于格·德·拉马什稳住，双方订立的婚约规定，于格十世的一个女儿将要嫁给路易九世的一个弟弟，也就是阿尔封斯。可是，阿尔封斯却于1229年与图鲁兹伯爵的女儿让娜订了婚，这桩婚约是结束剿灭阿尔比派的莫城－巴黎协议的一部分。在1230年国王与拉马什伯爵续约时，议定将国王的妹妹伊萨贝尔下嫁于格十世的长子和继承人于格。但是，小于格却于1241年娶了布列塔尼伯爵皮埃尔·摩克莱尔的女儿瑶兰德，而阿尔封斯则如约在1238—1241年间的某个不曾留下记载的日子里，与图鲁兹的让娜结了婚。1241年阿尔封斯成年并被授予骑士身份，他的王兄依据先王路易八世的遗嘱，将普瓦提埃和奥弗涅赐给了他。

阿尔封斯的新赐地把拉马什的伯爵领地夹在当中，更加令这位于格十世恼火的是，他本来是大封君法国国王的封臣，如今却成了低一个档次的小封君普瓦提埃的阿尔封斯的封臣。尽管如此，过了索谬尔节以后，于格十世就向普瓦提埃的阿尔封斯表示效忠
称臣。于格十世的妻子昂古列姆的伊萨贝尔大为不快，她本是无 151
地王约翰的遗孀，虽然下嫁拉马什伯爵，却放不下王后的架子。关系恶化的祸根便在于此。1230年路易九世将他的妹妹伊萨贝尔

许给拉马什伯爵的儿子时，把圣让－当热莱的奥尼斯交给于格十世作为抵押，这块土地位于阿尔封斯新近获得的领地之内，国王以婚约已毁（我们不知道谁毁约在先）为由，要求拉马什将圣让－当热莱的奥尼斯交给普瓦提埃的阿尔封斯。

于格十世决心与国王决裂，并随即采取象征性的措施，把他在普瓦提埃朝见封君时暂住的邸宅拆毁，并在1241年圣诞节普瓦提埃的普瓦图伯爵会见封臣的庄严集会上，公开宣布不再臣服于这位伯爵。路易试图劝说于格十世回心转意，但徒劳无功，遂提请御前会议处理，御前会议宣布没收反叛者的采地。

拉马什伯爵不失时机地组织了一个反对法国国王的联盟，加入这个联盟的有普瓦提埃的大多数贵族、吉耶纳的邑督、波尔多、巴容讷、拉雷奥尔、圣埃米利永等城市、图鲁兹伯爵雷蒙七世以及朗格多克的大部分贵族。这个联盟聚集了卢瓦河南部的许多封建领地和城市，气势吓人。英国国王一开始就对这个联盟兴趣十足，但是1238年的停战协定捆住了他的手脚，况且英国贵族此时尚持观望态度。当时有些人怀疑德意志皇帝腓特烈二世不但怂恿这个联盟，而且向他的小舅子英国的亨利三世[①]靠拢。路易九世继续拉拢腓特烈皇帝，这位皇帝看来也比较谨慎。1239年再次将腓
152 特烈逐出教门的教皇格里高利，于1241年让路易九世把王冠交给他的弟弟阿图瓦的罗伯尔，即位当罗马人的国王。鉴于法国国王在德意志的声望，这一举动隐含着准许他问鼎帝位之意。法国国王不想招惹风险，希望在不放弃法国对阿尔勒王国进行某些干预的条件下，与皇帝保持良好关系，于是谢绝了教皇对他弟弟的好

① 亨利三世的妹妹伊萨贝尔是腓特烈二世的妻子，她卒于1241年12月。

意，准许他的一些封臣为腓特烈二世效劳，拒绝参加教皇试图组织的反腓特烈联盟。

路易在宽慰腓特烈二世的同时羞辱了他。路易的使臣对腓特烈说："我们的国王绝不想无端攻击一个基督教徒。我们不会受野心的驱使。我们确信，因王族血缘而统治法兰西王国的法国国王，胜过任何一位通过选举产生的皇帝。对于罗伯尔伯爵来说，有幸身为这位伟大国王的弟弟便已足够。"[①]

格里高利九世卒于1241年8月22日，教皇缺位将近两年，直到1243年6月25日才选出英诺森四世[②]。

于格·德·拉马什失势后，英国国王决定加入联盟，以便行使他在法国的权力。相反，布列塔尼伯爵皮埃尔·摩克莱尔不为所动，他仗着法国国王的贷款参加了"贵族十字军"（1239—1241），此时刚从圣地回来。

战事持续了整整一年，从1242年4月28日一直打到1243年4月7日[③]。战事分为三个阶段，1242年4月28日至7月20日为第一阶段，法国国王面对的仅仅是拉马什伯爵及其盟友，这是一场包围战；从1242年7月21日到8月4日为第二阶段，路易九世向英国人发起进攻，在桑特把他们击溃，并把他们赶到布莱；从1242年8月4日到1243年4月7日为第三阶段，路易转而攻击图鲁兹伯爵雷蒙七世，10月20日，雷蒙七世认输，英国人妄图围困

① 马修·帕利斯:《大纪年》，卷III，第626—627页。

② 西莱斯廷四世只当了半个月教皇，在位日子为10月25日到11月10日。

③ 我的依据是夏尔·贝蒙（Charles Bemont）的《1242—1243年普瓦图之役——塔耶堡和桑特》（*La Campagne de Poitou 1242-1243, Taillebourg et Saintes*），见《南方年鉴》（*Annales du Midi*），1893年，第289—314页。

153 拉罗谢尔，亨利三世重组军队，重组联盟，均告失败。

我只讲述第一阶段和第二阶段中的一些细节，因为在这两个阶段的战事中，路易显示了他的军事才能，形象更加丰满。

1242 年的复活节是 4 月 20 日，节后第 8 天，路易于 4 月 28 日在希农召集国王的封臣军事会议。5 月 4 日，路易从与他的弟弟们聚会的普瓦提埃发出进攻信号。他率领的军队包括 4 千骑士、2 万未获骑士身份的骑兵、士官和弓箭手，另有 1 千辆战车。各个城市负责供应必要的给养。这支投入战斗的军队秩序井然，借用英国本笃会士马修 · 帕利斯的话说“似乎法国人从来都是这样”。相继包围并攻下了蒙特勒伊－博南、贝里日、丰特奈、普雷、圣日莱、托奈布托讷、马丢斯、托雷、圣塔菲尔[①]。法国军队拥有攻城专用装备，诸如木塔车、抛石器、云车等。法国人屡屡获胜，这些装备和士兵在国王鼓励下奋勇作战是主要原因。战俘很多，国王把他们解往巴黎等地。在塔耶堡附近，法军与英军相遇。

亨利三世于 5 月 9 日离开朴次茅斯，13 日在鲁瓦扬登陆[②]。由于双方均无诚意，谈判毫无结果。6 月 16 日，亨利三世向法国国王宣战后，因带来的军队人数不多，只得匆匆忙忙地加紧备战。法军则拿下了普瓦图。

---

① 让 · 里夏尔在《圣路易》(Jean Richard, *Saint Louis*)（巴黎，1983 年，第 116 页）一书中列出的是蒙特勒伊昂加蒂纳、丰特奈－勒孔特、蒙孔图尔、武旺和丰特奈。我所补充的地名来自南吉的纪尧姆的《圣路易传》，第 335—338 页，并保留了 18 世纪此书法文版中的地名拼写，见《高卢与法兰西历史学家文集》，卷 XX，1940 年。

② 据让 · 里夏尔:《圣路易》记载，亨利三世出发和登陆的时间分别为 5 月 10 日和 15 日。

7月20日，找寻英军作战的法军抵达已归顺英军的塔耶堡。塔耶堡附近的夏朗德河上有两座桥，一条是石桥，过桥后有大路继续往前，另一条是木桥，架在塔耶堡和桑特之间的河面上。7月21日，两军在夏朗德河两岸对峙，此时的夏朗德河不能涉水而过。法军在石桥上把英军击退，英军匆忙撤向桑特。次日即7月22日， 154
路易九世渡过夏朗德河，战斗在桑特打响。南吉的纪尧姆写道："此役规模很大，延续多日，打得异常激烈而艰苦，英军终于未能顶住法军的攻势，落荒而逃。英王发觉自己的队伍败退时惊得目瞪口呆，立即飞速调头，奔向桑特。法军见英军溃败，紧追不舍，杀死和俘获大批敌军……当天夜里，英王和拉马什伯爵带领残部逃离桑特城和桑特堡。次日7月24日晨，桑特公民将桑特城和桑特堡的钥匙交给法王，路易国王派军队驻守桑特。"①

亨利三世退至蓬斯，但是，蓬斯领主雷诺于7月25日投向已经到达科隆比耶尔的路易九世。7月26日，于格·德·吕希尼昂也投向路易九世。亨利三世逃到巴伯济约，险些被俘，26日夜里撇下行囊和宗教崇拜用具逃离巴伯济约。他逃到布莱，但是在法军进逼下不得不退出布莱，法国国王于8月4日进入该城，亨利三世返回波尔多。

于格十世归顺的场面令人难忘。他偕同妻子和三个儿子（其中两个刚由英王授予骑士身份）涕泪交零地跪在法国国王面前，高声请求宽恕。国王让他起来，表示愿意宽恕他，但他必须归还从普瓦提埃的阿尔封斯手中夺去所有城堡，并交给国王三座城堡作为抵押。塔耶堡领主若弗鲁瓦·德·兰孔曾受拉马什伯爵的侮

① 南吉的纪尧姆：《圣路易传》，第339页。

辱，为了报仇，他将塔耶堡交给路易九世，并蓄发明志，在报仇雪恨之前绝不剪发；这时，他当众让人剪掉他的长发。若弗鲁瓦·德·兰孔比于格·德·拉马什年轻，是一个以军事实力著称的法国骑士，他当众剪发是对拉马什的威望一大打击，无异于向
155 他进行决斗的挑战。于格的亲信们担心于格在决斗中丧命，遂请国王出面调解，国王出于对于格的怜悯，让兰孔放弃决斗。

路易九世的兵员在战斗中损失不大，但战斗结束后发生了流行性痢疾，造成大量死亡。路易本人也感染了痢疾，他的一些陪臣为此惊慌失措，因为他们想到了在蒙庞谢尔夺走先王路易八世性命的那场流行病，那时路易八世结束了剿灭阿尔比派的十字军征战后，正在班师途中。中世纪的武夫在战场上捡了一条性命后，往往死于流行病。路易九世病得浑身无力，但总算活了过来，8月经图尔返回巴黎。前线的战事似乎已经平息。留在加斯科尼的亨利三世下令围困拉罗谢尔，但未获成功。他的弟弟康沃尔的理查于1242年9月渡海返回英国。英王曾于1242年6月从桑特派人送交腓特烈二世皇帝一份结盟对抗法国国王的计划，1243年1月8日再次致函腓特烈二世，向他表示失望。3月，英王建议议和，路易九世爽快地表示同意，双方议定停战5年。

少年路易在即位之初就立下战功，令人难忘，如今他在战斗中不仅运筹帷幄，而且身先士卒，因而，作为一位英勇善战的国王、一位骑士国王、一位常胜国王（圣徒国王应该是胜利者），路易的形象比以往更加鲜明和高大。这是国王的第二职能，路易的先祖们都出色地履行了这个职能，尽管出色的程度有所不同。崇敬圣物的路易懂得如何在战斗中为自己增光添彩，这些战斗令中世纪的贵族们激动不已，即便是南吉的纪尧姆这样的修道士也以

“出类拔萃”加以称颂。

此外，法国国王在南方的朗格多克还取得了另一个决定性的胜利，他在那里击败了图鲁兹伯爵雷蒙七世。

长久以来，卡斯蒂利亚的布朗什对南方的领主们似乎一直很宽容。教会于 1233 年开始建立宗教裁判所，国王未加干涉，但也没有直接参与对异端的迫害。但是到了 1240 年，贝齐埃子爵特朗卡维尔想要夺回 1209 年其父在北方十字军远征南方异端时丢失的土地。依据莫城－巴黎条约，这些土地已经永远归法国国王所有，国王已在这些土地上建立了贝齐埃－卡尔卡松邑督区。特朗卡维 156
尔试图强占卡尔卡松，国王的邑督、纳尔榜大主教、图鲁兹主教以及当地的贵族，都被困在城里，他们坚持抵抗，直至国王的援军到来，迫使特朗卡维尔解除对该城的围困。

图鲁兹的雷蒙七世虽然于 1241 年再度归属法国国王，此时却与普瓦提埃的贵族和英国国王结盟。福瓦、科曼日、阿马尼亚克、罗德兹等地的伯爵、纳尔榜和贝齐埃子爵都倒向图鲁兹伯爵，而另一些贵族，如卡尔卡塞斯的骑士们和昂迪兹的领主们则都继续忠于国王。蒙塞居尔人点燃了导火索；1242 年 5 月 29 日，他们在位于阿维尼奥内的图鲁兹伯爵府邸中刺杀了两个宗教裁判所法官和图鲁兹代理主教。英王在桑特溃败后，雷蒙七世于 7 月底与亨利三世在布莱会合，8 月 17 日从埃莫里子爵手中拿回了纳尔榜，夺取了阿尔比，宣布这两座城市重新并入他的属地。

路易教训了西部和英国国王之后，把两支军队派往朗格多克。福瓦伯爵立即背弃图鲁兹伯爵雷蒙七世，国王于是解除了他对雷蒙七世的臣属关系，此前国王已于 10 月 16 日向雷蒙七世挑战。雷蒙七世迫于无奈，立即恳请卡斯蒂利亚的布朗什在儿子面前为他说情，请求国王给以宽恕。国王答应雷蒙七世的请求，双方于1243年1月在洛里斯签订新约。雷蒙七世放弃纳尔榜和阿尔比，答应拆毁一些城堡，承诺尽速消灭自己领地上的异端分子，并最终实现了自己的十字军夙愿。

为清除若干孤立无援的抵抗势力，又花费了数年时间，最终终于平定了南方。其中1243—1244年的蒙塞居尔之围后来成为佳话。城堡主拒不承认洛里斯条约，继续反叛国王，邑督阿尔西的于格遂下令包围城堡。城堡内的居民投降时似乎得到了免遭杀害的许诺，但是城破之后，所有异端信徒都被送上火刑台，只有其他反叛者获得赦免。南方反对国王的战事至此结束，圣路易起先把帮助教会打击异端的任务交给他的臣属，1249年后转而交给他的弟弟普瓦提埃的阿尔封斯，此时的阿尔封斯已经接替了他的岳
157 父雷蒙七世。与他的父王不同，圣路易无意以个人身份插手这个地区的事务，除了新建的海滨城市艾格莫尔特之外，他再也没去过南方其他地方。

国王患病和他的十字军心愿

国王在普瓦图战事结束阶段曾患重病，两年以后的1244年他再次病倒，这次患的可能依旧是痢疾；中世纪许多人死于这种疾病，路易九世一生中多次染上痢疾①。12月10日那天他病倒在蓬图瓦兹，病情急遽恶化，人们担心他将不治。平时他就十分重视不

① 请看本书原文第864—867页。

违背上帝、教会和自己的良心，病入膏肓时更是如此。14 日他召来了两位仲裁人，解决他与圣母院神职人员的纠纷。全国奉命举行各种募捐、祈祷和列队游行等庄严的活动，他的母亲令人从蓬图瓦兹的王室小教堂请来珍贵的圣物让路易触摸，从此之后，临终时触摸圣物成为法国国王的惯例。一天，人们以为路易已经断气。据儒安维尔记载，此时国王已在巴黎，他写道：

> 如人们所说，他已经走到尽头，守护他的一个宫女说他已经死亡，想把布单拉上来遮盖他的面部。站在床的另一侧的那个宫女说他的灵魂还在体内，不愿意用布单遮他的脸。上帝听到了这两位宫女的争论，前来拯救路易，把健康送还给他；此前路易已经不能说话，当他恢复说话功能时，立即叫人把十字架拿来给他……[1]

国王的这个愿望引起了不同的反应，正如 13 世纪中叶的基督
教世界对于十字军的看法并不一致一样[2]。在 12 世纪，基督教的 158

---

① 儒安维尔：《圣路易史》，第 61—63 页。参阅马修 · 帕利斯所绘病中国王的画，见本书插图 6。

② 关于十字军的著作多如牛毛。主要书目有两种：阿梯亚的《十字军的历史和书目》（A. S. Atiya, *The Crusades. Historiography and Bibliography*），布卢明顿，1962 年；迈尔的《关于十字军历史的文学报道》（W. Meyer, *Literaturbericht über die Geschichte der Kreuzzzuge*），见《历史杂志》（*Historische Zeitschrift*），特刊，3，慕尼黑，1969 年，第 642—736 页。十字军和东拉丁研究会的《通报》（*Le Bulletin*）载有每年新发表的有关著作的题录。勒内 · 格鲁塞的《十字军和耶路撒冷的法兰克王国史》（René Grousset, *Histoire des croisades et du royaume franc de Jérusalem*）（巴黎，3 卷本，1934—1936 年；1975 年再版）和斯蒂芬 · 伦西门（Stephen Runciman）出版于 1951—1954 年的同类著作均已老化。塞顿主编的 5 卷本（转下页）

首领们并非全都支持十字军东征，普通人对于十字军的热情此时也已经远不如从前[①]。红胡子腓特烈的第三次十字军、狮心王理查和菲力普·奥古斯特率领的1189—1192年的十字军、法国贵族的第四次十字军（1217—1221）相继失败，接连不断的挫折令人沮

（接上页）《十字军史》（K. M. Setton, *A History of Crusades*）（宾夕法尼亚大学出版社，1955—1958年）是一部集体著作，可资参考。米歇尔·巴拉尔的《十字军》（Michel Balard, *Les Croisades*）（巴黎，1988年）叙述较快，但不错；塞希尔·摩里松:《十字军》（Cécile Morrisson, *Les Croisades*）（巴黎，1969年）；詹姆斯·布伦达齐（编）:《十字军的动因及成就》（James A. Brundage (éd), *The Crusades, Motives and Achievements*），波士顿，1964年；汉斯·艾伯哈特·梅耶:《十字军》（Hans Eberhad Mayer, *The Crusades*）（牛津，第2版，1988年）。《十字军》（*Les Croisades*）这部篇幅较短、质量参差不一的研究文集，刊出在《历史》（*L'Histoire*）专号上，由罗伯尔·德洛尔（Robert Delort）撰写引言，巴黎1988年；加尔蒂尼:《介于神话与史实之间的十字军》（Fr. Cardini, *Le crociate tra I mito e la storia*），罗马，1971年。关于十字军的法律与思想意识问题，拉莱－史密斯:《1095—1274年的十字军：思想与现实》（L. et J. Riley-Smith, *The Crusades: Idea and Reality, 1095–1274*），伦敦，1981年；保尔·阿尔芳德里、阿尔封斯·迪普隆:《基督教与十字军思想》（Paul Alphandéry et Alphonse Dupront, *La Chrétienté et l'idée de croisade*）,2卷，巴黎1954—1959年；新版由巴拉尔作跋，巴黎1995年；詹姆斯·布伦达齐:《中世纪经文与十字军》（James A. Brundage, *Medieval Canon and the Crusades*），麦迪逊、密尔沃基，1969年；让·里夏尔:《十字军精神》（Jean Richard, *L'Esprit de la croisade*），巴黎，1969年；保尔·鲁塞:《十字军思想史》（Paul Rousset, *Histoire d'une idéologie de la croisade*），洛桑，1983年；本杰明·凯达尔:《十字军与传教团：欧洲与穆斯林的接近》（Benjamin Z. Kedar, *Crusade and Mission, European Approches toward the Muslims*），普林斯顿，1984年。关于十字军的历史环境：克洛德·卡晏:《十字军时期的东方与西方》（Claude Cahen, *Orient et Occident au temps des croisades*），巴黎，1983年；霍尔特:《十字军时代》（P. M. Holt, *The Age of the Crusades*），伦敦，1986年。

① 对中世纪十字军的评论，斯鲁普:《十字军评述》（P. A. Throop, *Criticism of the Crusade*），阿姆斯特丹，1940年；塞勃利:《1095—1274年十字军评述》（E. Siberry, *Criticism of Crusading, 1095–1274*），牛津，1985年。

丧。1212 年的儿童十字军是一场令人感动和富有戏剧性的灾难。1228—1229 年腓特烈二世发动第六次十字军东征时，这位皇帝已被革出教门，结果却是成功地收复了耶路撒冷，基督教徒们与穆斯林签订了一个屈辱的条约，才换来了这一不光彩的胜利。

一位行吟诗人为圣路易率领的十字军辩解。一个“光明磊落、至善至美和心地正直”的人，一个过着一种“圣洁、纯净、无邪、无罪生活”的人，当人们以为此人只会以苦行赎罪时，他却毅然走上了十字军的征途；这位行吟诗人因此而由衷地惊叹国王的壮举。他固执地相信，国王在病中肯定有过幻觉，他在诗中说，国
王曾讲过这样的话：“我的灵魂在海外游荡了很久，如果上帝愿意， 159
我的躯体将前去圣地征服萨拉森人……”诗人的记述与我们所知的其他记载迥异，他写道：“大家听了国王的话，兴高采烈，欣喜若狂……”[①] 这位行吟诗人所表达的也许是大多数把前景设想得非常理想的那些民众的感情。可是在政界和某些人群中，却有完全相反的意见。“理智”在领导层和有知识的阶层中日益占据上风，民众受到打击，人们虔信十字军的传统和率真的热情也受到打击。某些间接的论据归根结底不占多少分量。

对于教廷税务政策的批评和教皇对于基督教世界日益增强的控制，有时对十字军造成了损害，尤其因为先后几任教皇都企图扩大十字军的概念，他们不但把对付西部阿尔比派的战事称作十字军（这就是所谓的打击阿尔比派的十字军），把 1204 年对希腊

① 转引自让·里夏尔的《圣路易》，前引书，173 页。这部诗篇的全文已由迈尔在《圣徒国王路易九世如何参加十字军》（W. Meyer, *Wie Ludwig IX der Heilige das Kreuz nahm*）刊出，见《哥廷根的君主社会研究动态》（*Nachrichten der königlichen Gesellschaft der Wissenschaften zu Göttingen*），1907 年，第 246—257 页。

正教徒的战事也称作十字军，而且在格里高利九世（1227—1241年在位）和英诺森四世在位期间，他们还企图借助十字军来解决教廷与施陶芬特别是与腓特烈二世（卒于1250年）的政治冲突。法国、英国和西班牙的神职人员（西班牙的神职人员尚可以另一种十字军即“复地运动”作为不提供财政支援的借口）难以承受教皇英诺森四世授权路易九世向教士们征收的用以支持十字军的所得税。但是，真正的靶子不是十字军，批评的矛头实际上指向教廷的税务政策。有些批评者指控教廷的贪婪削弱乃至扼杀了十字军精神。

异端在十字军问题上所持反对态度确有作用，但我们不应过分强调其重要性，因为从历史上看，异端教派不过是一种异议思潮存在的标志，这种思潮既十分尚古，有时却又因具有强烈的近代色彩而引起巨大反响。尽管如此，异端思潮毕竟很少越出它有限的影响范围。伏多瓦派谴责十字军有悖基督教的精神和教义，
160 因为基督教的精神和教义禁止大肆杀戮。纯洁派也反对战争，他们把十字军的鼓吹者视为杀人犯。卒于1202年的若阿香·德·弗洛尔虽然远离权势，影响却也许更大，13世纪的千禧年思潮曾受他的启示[①]，他认为十字军与上帝的意愿背道而驰，上帝希望劝说穆斯林皈依基督教，而不是把他们斩尽杀绝[②]。

然而在我看来，十字军精神的消退有着更为深刻的原因。基

① 关于千禧年主义和圣路易，请看本书原文第210—213页，此段谈及从埃及返回的圣路易与追随若阿香的方济各会士于格·德·迪涅在兄弟会的耶尔修道院中的会见。

② 参阅米歇尔·巴拉尔的《十字军》，前引书，第84—85页。

督教的战斗阵线很大程度上局限于欧洲，其地理边界受到普鲁士人、鞑靼人和波洛伏齐人的威胁，伊比利亚半岛上的“复地运动”则在其边界上赢得了决定性的胜利。在基督教世界的边界里面，异端尚未完全消除。更为重要的恐怕是巨大的思想变化；将近一个世纪以来，西方基督教徒的精神和心灵都发生了重大变化，从而深刻地改变了十字军的各种条件。转变信仰已不再是外部强加的突变，而是长期教育和内心愿望的结晶。“改宗皈依”的基督教徒可以在自己的内心发现耶路撒冷，夺取耶路撒冷的土地就显得不那么必要了，设法改变异教徒的信仰日益显得重要，驱逐他们、奴役他们或杀死他们的愿望渐渐淡化。传教意识悄悄渗透到十字军精神中来了[①]。方济各会士和圣方济各在圣地和异教徒的土地上都表明了这一新的要求。周围全是托钵僧的路易九世纵然不放弃武力征战，却也不得不倾听这种新的呼声。在1245年的里昂公会议上，教皇英诺森四世把反对腓特烈二世的斗争说成是内部十字军，与此同时，他也强调了向异教徒布道的重要性。尤为重要的是，13世纪中叶的西方男女越来越注重在西方日益增长的物质和

① 斯蒂芬·伦西门：《十字军思想的衰落》（Stephen Runciman, *The decline of he crusading idea*），见《第10届国际历史科学大会文集》（*Relazioni del X congresso internazionale di scienze storiche*），佛罗伦萨，1955年，卷3，第637—652页；塞勃利：《1095—1274年的传教士与十字军——对手还是盟友？》（E. Siberry, *Missionaries and Crusaders, 1095–1274, opponents or allies?*），见《教会史研究》（*Study of Church History*），20，1978年，第103—110页；弗兰科·加尔蒂尼：《卡斯蒂利亚的布朗什：贝尔纳多、弗朗切斯科、波拿文都拉与十字军思想的超越》（Franco Cardini, *Nella Presenza del Soldan superbo: Bernado, Francesco, Bonaventura e il supermento dell'idea di Crotiata*），见《方济各会研究》（*Studi Francescani*），71，1974年，第199—250页；凯达尔：《十字军与传教团》（B. Z. Kedar, *Crusade and Misson*），前引书。

精神财富，诸如经济繁荣、文化艺术发展、管理得到改善的领主
161 庄园在安全方面的进步，以及正在诞生的国家。欧洲的基督教世界越来越要求和爱惜基督教徒的宗教热情。从此时起，一个基督教徒国王的首要任务是治理好国家，爱惜自己的身体，爱惜自己的政治地位，不要脱离自己的臣民。卡斯蒂利亚的布朗什和路易国王周围在教和在俗的臣属们都实现了这一转变。唯独路易国王依然如故。

基督教的新政策在卡斯蒂利亚的布朗什身上得到了体现，因此，这位狂热的基督教徒听到有人要组织十字军的消息时，反应十分冷淡。儒安维尔的记述证实了这一点："太后听说国王收回成命时，欣喜之情无以复加。当她听说国王果真如他自己所说已经参加十字军时，她的痛苦犹如获悉他的死讯一样。"她的这种态度也许因为她爱子心切，一想到长期离别和海外的巨大危险就倍感痛苦。据马修·帕利斯记述，国王病愈后表示要组织十字军远征，卡斯蒂利亚的布朗什和获悉此消息的巴黎主教奥弗涅的纪尧姆作了最后的努力，试图劝说国王放弃组织十字军的打算。布朗什和纪尧姆告诉国王，他许的愿是无效的，因当时他正在病中，精神不那么健全。路易向来喜欢心血来潮，做出些任性的事情来，这次又是这样，他猛地扯下缝在衣服上的十字架，并命令巴黎主教把它还给他，"免得人家再说他拿了十字架，却不知道自己在干什么"，因为他现在已经身体健康、精神正常。

路易把别人灌输给他的信仰推向极致，对于他来说，十字军是一个基督教徒君主的行为臻于完善的标志。他能把去往圣地并为圣地而战的光荣留给先祖和他的某些同时代人吗？在他看来，十字军传统并未过时。耶路撒冷永远是必欲得到的土地。基督教

世界不仅仅是西方的欧洲，而是包括基督生于斯死于斯的那块土地。对于如他一样的基督教徒来说，耶稣受难永远是一个当代事件，他们不应仅仅寻找神圣的以往，还必须在现实中付诸行动。
他希望自己的名字出现在最后审判书中，列在先他而死的家族和 162
国家成员的名字后面。宗教的现在和王朝的过去结合在一起，促使他拿起了十字架①。

路易许愿组织十字军首先是一种传统行为。他的曾祖父路易七世曾去耶路撒冷朝圣（1147—1149），此行是典型的赎罪十字军行动，因为，国王前去圣地是为了最终消除两大罪行，其一是1142年国王的军队征讨香槟伯爵时焚毁了维特里教堂，致使将近1300人死于非命；其二是拒不承认按正当程序选出的布尔日大主教皮埃尔·德·拉沙特尔，致使教皇英诺森二世决定对法国下达禁令。接着，圣贝尔纳和新教皇尤金三世都对法国国王施加压力，这位新教皇原是西都会士，与克莱伏教士关系密切。路易九世身边并没有圣贝尔纳那样的谋士，组织十字军的热忱完全是他本人的主意。他的祖父菲力普·奥古斯特与他很不一样，但受到他深深的敬爱。1187年萨拉丁收复耶路撒冷后，菲力普·奥古斯特也曾于1188年率领十字军东征；但由于他对此事并不十分热心，1191年4月在阿卡登陆，同年8月初就返回西方。因此在人们的记忆中他是一个开小差和“失职”的国王。路易九世是否想要抹去人们对于他的祖父不光彩的记忆？他的父亲路易八世进剿过阿

① 雅克·勒高夫：《圣路易是理想的十字军战士吗？》（Jacqus Le Goff, *Saint Louis,croisé idéal?*），见《我们的历史》（*Notre histoire*），20期，1986年2月，第42页及以下多页。

尔比派，算是完成了一次“顶替十字军”的行动，卡斯蒂利亚的布朗什肯定向儿子说起过被称作“西班牙十字军”的“复地运动”。被卡佩王朝奉为先祖的查理曼不也传说曾去圣地朝圣吗[①]？一伙与国王关系不错的贵族于 1239 年参加了十字军，其中有香槟的蒂博
163 四世和英国国王的弟弟康沃尔的理查[②]。但是，路易九世对十字军无疑有一种特殊的个人感情，这种感情如果说不是他的全部意图，是否至少是这个意图的一个主要组成部分呢[③]？

总之，路易九世也许知道，应埃及苏丹阿尤布共同对付基督教徒之邀，被蒙古人赶出美索不达米亚的花剌子模突厥人已经对圣地构成了威胁，但是，突厥人于 1244 年 8 月 23 日对耶路撒冷大肆劫掠，得到花剌子模人增援的埃及军队于 10 月 17 日在加沙附近的拉夫比，把法兰克人及其叙利亚的穆斯林盟友打得溃不成军，圣路易却很晚才获悉这两件事。他决定组织十字军远征，是在听到这些坏消息之前，他的选择与这两件事无关，他的个人意愿是作出这个决定的唯一原因。

---

① 1150 年前后写成的尚武诗篇《查理曼朝圣记》（*Le Pèlerinage de Charlemagne*）记述了这一传说（《罗兰之歌》（*Chanson de Roland*）的结尾让人预感到查理曼将会前往圣地）。参阅茹勒·奥朗的《查理曼朝圣之歌与当时的历史真相》（Jules Horrent, *La chanson du Pèlerinage de Charlemagne et la réalité historique contemporaine*），见《弗拉皮埃文集》（*Mélanges Frappier*），I，1970，第 411—417 页。

② 西德尼·佩因特：《香槟的蒂博和康沃尔的理查，1239—1241》(Sidney Painter, *The Crusede of Theobald of Champagne and Richard of Cornwall*, 1239–1241），见塞顿：《十字军史》，前引书，卷 II，第 463—486 页。

③ 关于十字军在圣路易的思想和统治中的重要性，我将在下文中谈及乔丹（William C. Jordan）和里夏尔（Jean Richard）的看法。

国王、教皇和皇帝

可是，从 11 世纪至 14 世纪，基督教世界的两大巨头教皇和
皇帝之间的激烈冲突再度爆发，法国国王也被殃及。路易九世对
这两位巨头一贯保持不偏不倚的态度。此时的法国国王已是基督
教世界的强国之君，他拥有足够的力量支撑这一政策。问题在于
要让他们各得其所应得，具体地说，在宗教领域里要对教皇表示
儿子般的驯服和尊敬，对皇帝象征性的优先地位则要给予正式和
谦恭的承认。但是，法国国王既不让教皇也不让皇帝干预他对世
俗事务的管辖，并要求他们尊重他在世俗事务中的独立地位。13
世纪初，鉴于法国国王“不承认在自己的国内有上级”，教皇英诺
森三世承认了皇帝腓特烈二世的权威；面对这位喜欢惹是生非的
皇帝，路易保持一种敬而远之的态度，但如同对待教皇一样，他
对皇帝也是刚柔并济，时而强硬，时而礼让。他认为，这是基督 164
教徒君主们彼此应取的良好态度[①]。

前面已经说到，路易九世如何允许法国骑士在伦巴第为皇帝的军队作战，他如何替弟弟阿图瓦的罗伯尔婉谢了教皇赐予的德意志皇位。可是，运送若干高级神职人员前去参加教皇格里高利九世召集的公会议的一支热那亚船队，1241 年 5 月 3 日被效忠于皇帝的一支比萨船队击败，高级神职人员成了腓特烈二世的俘虏，

① 厄奈斯特 · 坎托洛维茨在记述腓特烈二世、教皇和圣路易在三角冲突中的表现时，为圣路易勾勒了一幅光彩夺目的形象，在众多的欧洲君主中独领风骚。他说：“与路易九世相比，其余的国王都平庸无能。”坎托洛维茨：《腓特烈二世皇帝》，前引书，第 514—515 页。

其中有几个地位显赫的法国人，他们是奥希大主教、波尔多大主教、卢昂大主教、阿格德主教、卡尔卡松主教、尼姆主教、西都、克莱伏、克吕尼、费康和拉麦希迪欧等地的修道院院长。两个月前路易曾在沃库勒尔会见腓特烈二世，对后者的善意深信不疑，此番得到消息后，他立即派遣柯比教士和王室骑士杰尔威·戴斯克莱纳，向皇帝讨还被俘人员。但是，据南吉的纪尧姆记述，由于腓特烈二世事先曾请求法国国王不让这些高级神职人员出境去参加教皇的会议，于是他将被俘人员关进那不勒斯的监狱，并蛮横无理地回答法国国王：“如果恺撒把前来搅得他惊恐不安的人扣留不放，并让他们惊恐不安，陛下不应为此而感惊奇。”惊得目瞪口呆的路易派遣克吕尼教士往见腓特烈二世，皇帝下令拘押来使，但立即予以释放。路易致腓特烈的信中写道：

> 我们的共同信仰和期望，长期以来确保我的王国和您的帝国（请注意路易的用词，既表明了他们的尊号不同，又表明了事实上的平等地位）之间迄今不曾发生任何争执、争论或怨恨，这是因为，先后统治我国的列宗列祖一贯爱戴和尊
> 165 敬神圣罗马帝国的崇高地位；作为他们的后人，我坚定不移地遵循先祖的教导；然而，您似乎破坏了友谊以及和平与和谐的联系。您扣留了出于信仰和服从而前往罗马圣座的我国教士，他们不可能拒不服从教皇的谕令；您下令在海上截留他们，这令我深感痛苦，难以接受。请您相信，我从他们的信函中得知，他们绝无任何意图做任何有害于您的事。鉴于他们确未做任何损害您的事，敬请陛下释放他们，还他们以自由。请考虑并请公正地权衡我的意见，请不再单凭一己之

意愿强行扣押我国教士；因为法兰西王国尚未孱弱到任由您摆布的程度[①]。

这篇绝妙的声明迫使腓特烈作出退让，编年史记述道：“皇帝听完国王路易在信中所说的话后，极不情愿地释放了法国高级神职人员，他不想惹恼国王。”[②]

与此同时，路易继续整顿自己的国家。他感到，要想在基督教国君们之间维持和平，一个领主绝不能同时充当两个国王的封臣。于是，他在1244年命令领主们在两个国王中选定一个，尤其是诺曼底的众多领主，他们既是他的封臣，又因在英吉利海峡对面拥有土地而是英国国王的封臣。亨利三世以剥夺所有法国领主在英国的土地所有权进行反击。圣路易以此举表明了他心目中的封建君主国，在他看来，它应该是这样一个国家，在这个国家中，封臣的身份和对于国家的隶属应该统一，领主应该既是封臣，又是国王的臣民。

接着，他着手在国家和西都会之间建立紧密的联系，对于西
都会和新建的托钵僧修会，他都充满敬意。他决定于圣米歇尔节 166
前夕大张旗鼓地前去参加1244年秋季西都会的教士大会。他如同

① 这封信收录在南吉的纪尧姆的《圣路易传》中，以古法文写就，我在尽可能忠于原文的前提下用现代法文加以改写。

② 编年史的记述与原始文献相符（腓特烈和路易的信件均已公布在《布拉邦诸公爵编年史》（比利时编年史集）（*Chronique des ducs de Brabant, Collection de Chroniques belges*）卷II第171—172页中，但次序有些颠倒。参阅卡尔理查德·勃吕尔在《两个民族的诞生：法兰西和德意志（9—11世纪）》[Carlrichard Brühl, *Naissance des deux peuples: Français et Allemands (IXe–XIe siècle)*]中的评论，巴黎，1995年，第305页。

往常那样，在旅行途中参观了一些朝圣地、圣物和修道院，在韦兹莱的玛德琳教堂和维托昂欧克索瓦修道院作了停留。与他同行的有他的母亲布朗什和弟弟阿图瓦的罗伯尔、普瓦提埃的阿尔封斯以及勃艮第公爵和另外6位伯爵。布朗什获得教皇特许，与12个宫女一起进入西都会的修道院参观。离修道院一箭之遥时，国王一行下车列队，口诵祷词走向教堂，以表敬意。出于对国王及太后的尊敬，同时考虑到旅途的劳累，修道士们允许国王一行进餐时吃肉，但只能在围墙外的勃艮第公爵府邸中。修道士们还允许得到教皇特许的女士们进入修道院，但不得在里面过夜。值得一提的是，教士大会决定将路易及其母后的名字列入在世名人录中，供奉在西都会所属的全国各地宗教场所，以示特殊关怀。国王与多明我会、方济各会、普莱蒙特雷会和大山会也建立了类似的宗教联系，建立这些联系旨在确保国王及其母后的拯救。可是，中世纪国王的每一个虔敬之举同时也是政治行动，因此，国王的宗教活动密切了王朝与宗教团体的关系，他与这些宗教势力和世俗势力编织成“人工”亲属网，而在中世纪，这种网与血缘亲属网几乎同样坚固。

格里高利九世于1241年8月去世，西莱斯廷四世只当了两星期教皇便撒手人寰，英诺森于1243年6月接任[①]。教廷与腓特烈二

---

① 据马修·帕利斯记述，法国人曾对枢机主教们进行威胁，如果他们不为整个基督教世界选出一个教皇来，那就应该依据圣克莱门特从前赋予圣德尼的特权，为阿尔卑斯山北部的基督教徒选出一位教皇来。由此可见，后来被人称作法国教会自主论的这种主张，渊源有多深远，不过大多数专家对于帕利斯的这一记述不予置信。由于有关文献是在腓特烈二世的档案中发现的（此件已由让·于亚尔－勃莱多勒（Jean Huillard-Bretolles）发表在《腓特烈二世外交史》（转下页）

世的冲突立即趋于尖锐。 167

路易正在参加西都会的教士大会时，教皇派人送来一封信，要求法国国王为他在法国提供一处躲避腓特烈二世攻击的庇护所。路易七世当年曾接纳了遭受当今皇帝的祖父红胡子腓特烈一世迫害的教皇亚历山大三世，如今轮到路易九世遵循曾祖父的先例，接纳遭受迫害的教皇了。他礼仪周详但不容讨论地回答信使说，他征询了贵族们的意见，他们毫不含糊地建议国王不要接待教皇到法国来避难。路易显然不想在教皇与皇帝之间作出断然的抉择。英诺森二世依然期待着法国国王的支持，他逃离安全难以保障的意大利，落脚在里昂，这个城市从理论上讲属于神圣罗马帝国，但在大主教管辖治下实际上几乎是独立的，它紧挨法国，深受法国的影响[①]。

12 月 2 日，英诺森四世抵达里昂后获悉路易九世病重，但他不久就放心了。1244 年 12 月 27 日，他宣布将于下一个圣约翰节在里昂召开所有基督教的公会议，要求皇帝在公会议上接受审讯，为自己进行辩护，并听取判决。

根据惯例，世俗国王也被邀参加公会议，但是，路易出于避免卷入纠纷过深的考虑，没有到里昂来。1245 年 7 月，公会议废黜腓特烈二世，宣布他不再是神圣罗马帝国的皇帝，也不再是他

（接上页）（*Historia Diplomatica Frederici secundi*）上，巴黎，1852—1861 年，卷 VI/1，第 68 页），因此有可能是帝国的宰相府为陷害路易九世而有意作伪，把皇帝的心思说成是他的心思。这个问题应继续探讨。

① 我在这个事件上采用埃利 · 贝尔热在《圣路易与英诺森四世——法国与教廷关系研究》中表明的观点（Elie Berger, *Saint Louis et Innocent IV. Etude sur les rapports de la France et du Saint Siège*），巴黎，1893 年，他的说法至今依然可信。

所管辖的那些王国的国王。路易的心思始终放在十字军上面，他建议在克吕尼会见英诺森四世，希望借此机会促进皇帝与教皇的和解，并增强教皇在公会议上宣布的对十字军的支持。据马修·帕利斯记述，法国国王只许教皇在克吕尼逗留，不准他深入法国其他地方；但是，这种关于路易不礼貌举动的说法不大可信。
168 路易九世和英诺森四世带着大批随从来到克吕尼[①]，跟随国王前来的有王室成员和许多贵族，跟随教皇前来的则有许多枢机主教和其他高级神职人员。会谈秘密举行，参加会议的只有教皇和像是始终共同掌权的国王及其母后三人。至少可以看出，尽管有时发生激烈的对抗[②]，教皇与法国国王依然保持着友好关系，英诺森加强了对于路易十字军的支持，但拒不向腓特烈二世作出任何和解的表示。

路易九世固执地坚持中立，在写给腓特烈的信中称其为“非常尊贵和非常亲爱的朋友，高贵的皇帝，西西里和耶路撒冷国王”。1246 年他再次为腓特烈向教皇说项，但是，当他于 1247 年获悉腓特烈调集大军向教皇驻地里昂进发后，立即派遣重兵前去保卫教皇。已经进抵阿尔卑斯山的腓特烈随即撤回帕尔马。尽管如此，皇帝与国王的关系依然热忱真挚。

路易坚持奉行平衡政策，虽然救助了教皇，但并不因此而放弃对法国平信徒领主们反叛教会的有力支持，他还致函教皇，强

---

① 路易九世在前往里昂途中，在马孔签署了向阿里克斯伯爵夫人购买马孔奈的合同，阿里克斯夫人退居蓬图瓦兹附近的摩比松修道院，这所修道院是卡斯蒂利亚的布朗什创建的。

② 教皇曾以傲慢的态度对待路易。请看本书原文第 760—761 页。

烈抗议教廷践踏法国教会和政府的管辖权，对它们进行敲诈[①]。

圣路易与地中海 169

这场复杂的政治游戏并未分散路易对自己宏伟计划的关注。他作出的率领十字军出征的决定，在法国与地中海关系史上写下了新的一页[②]。法兰西的前身高卢和东法兰西亚王国，从未把地中海置于自己的政治视野之内。普罗旺斯自从 6 世纪被墨洛温王朝从东哥特人手中夺来之后，从未停止反叛，直到 730—740 年间方被铁锤查理粗暴地征服。但是，加洛林王朝随后把帝国的重心从地中海迁往北方，根据三分王国的凡尔登条约，普罗旺斯划归罗

① 路易向教皇相继派出两个使团。第二个使团在一份详尽的备忘录中写道："我主国王长久以来艰难地承受着对于法国教会，因而也是对他本人和法国的指责。"（此件已作为附件收入马修 · 帕利斯编的《大纪年》，卷 VI，第 99—112 页。）参阅杰拉尔德 · 肯佩尔：《圣路易的抗议》（Gerard Campell, *The Protest of Saint Louis*），见《传统》（*Traditio*），15，1959 年，第 405—418 页。肯佩尔认为，这份备忘录充分反映了圣路易的想法，但是，这份备忘录的拟稿人是他派出的使臣，文中用生硬和咄咄逼人的口吻表述的思想，与圣路易的意图不符。请看本书原文第 783—784 页。

② 让 · 里夏尔：《圣路易的东方政策：1248 年的十字军》（Jean Richard, *La politique orientale de Saint Louis: la croisade de 1248*），见《圣路易逝世七百周年》（*Septième centenaire de la mort de Saint Louis* (1970)），巴黎，1976 年，第 197—207 页；勒高夫：《圣路易与地中海人》（Jacques Le Goff, *Saint Louis and the Mediterranean*），见《地中海历史评论》（*Mediterranean Historical Review*），5，1990 年，第 21—43 页。皮埃尔 · 肖努（Pierre Chaunu）的基本看法见于《13 世纪至 15 世纪欧洲的扩张》（*L'Expansion europééennne du XIIIe–XVe siècle*），巴黎，1969 年，第 2 部分，第 1—2 章，《地中海》（*Méditerranée*），第 61—64 页。

泰尔王国；直到 15 世纪，位于罗纳河和阿尔卑斯山脉之间的地中海依然是帝国的沿海地区。反之，位于罗纳河和比利牛斯山脉之间的地中海沿岸，在理论上却是东法兰西亚王国的一部分，因而从 987 年起就是卡佩王国的一部分；但是，在 13 世纪之前，朗格多克贵族老爷们对于卡佩王朝宗主权的承认仅限于口头，直至 13 世纪，阿拉贡的影响在从鲁西永到蒙彼利埃的广大地区里始终很大。地中海归入法国领土并进入法兰西王国的政治视野，那是在剿灭阿尔比派的十字军行动之后和路易九世在位末期。1229 年，蒙福尔的阿摩利把他在南方的一切权利转让给法国国王，王室领地因卡尔卡松和博凯尔（路易已于 1226 年从阿维尼翁公社手中买下了博凯尔城）两个邑督区的归入而扩大。法国王室领地首次及于地中海，鉴于圣吉勒这个在 12 世纪十分繁忙的港口从此不再处于自由水域中，路易九世着手建造新港艾格莫尔特。

170 路易七世和菲力普·奥古斯特的十字军远征，并未伴以任何地中海政策。这两位国王依仗马赛特别是热那亚运送军队。两位国王虽然在地中海无所作为，但法国在东地中海的存在却随处可见，后来它成为圣路易的十字军行动背景中的重要成分之一。

法国贵族和骑士在头几次十字军中发挥了决定性的作用，其中尤以第一次十字军为最，对于耶路撒冷拉丁王国和圣地诸公国的建立，他们同样起到了决定性的作用。编年史中有关攻陷耶路撒冷章节的标题便是明证，例如，一位无名教士记述了“耶路撒冷的法国征服者的赫赫战功”，其实真正的英雄是诺曼人博埃蒙；教士吉贝尔·德·诺让的名著《上帝经由法兰克人完成的赫赫战功》也是如此。人们一开始就确信，“法兰克人是依据末世论被选中的"十字军[①]；圣路易接受了这一信念，并使之成为活生生的现实。

事实上，法兰克人（法国人中的大多数）曾是近东地中海沿岸的主要占领者和殖民者。有人曾将12世纪的叙利亚比作"新法国"，叙利亚的城乡均有大批殖民者涌入，相当于法国小镇的"新城市"遍布各地；"新法国"则与17、18世纪的加拿大或19世纪的阿尔及利亚相似[②]。

法国人在地中海地区握有的诸多王牌中，语言是不应忽视的一张。时当13世纪，各种地方语言不仅汹涌地侵入文学，而且被广泛地用来书写法律和行政文件，法语在这些领域中的位置仅次于拉丁语，它以其生动而被视为基督教世界新的国际语言，地中海四周的居民越来越多地使用法语。在意大利南部和西西里岛上，诺曼人使用法语也许日益减少，但塞浦路斯的情况却大不相同，
狮心王理查于1191年征服塞浦路斯，1192年建立了吕希尼昂王朝， 171
统治阶级使用法语，大多数民众则使用一种由法语、意大利语和希腊语混合而成的"法兰克语"[③]。尤其在海外的拉丁邦国中，法语与法国人的习俗已深深扎下了根，出生在地中海东岸地区的第二代"法兰克人"，生活在一个名副其实的"海外法国"中[④]。法语不

① 保尔·阿尔芳德里、阿尔封斯·迪普隆：《基督教与十字军思想》，前引书，卷I，第133页。

② 让·里夏尔：《耶路撒冷的拉丁王国》（Jean Richard, *Le Royaume latin de Jérusalem*），巴黎，1953年，第120—121页。

③ 福伯：《1191—1192年的塞浦路斯王国》（E. C. Furber, *The Kingdom of Cyprus*, 1191–1192），见塞顿《十字军史》，前引书，卷II，第599—629页。

④ 乔舒亚·普雷维：《十字军世界》（Joshua Prawer, *The World of the Crusaders*），伦敦、耶路撒冷，1972年，第82页。

仅是日常使用的语言，而且如同在欧洲基督教世界中一样，也是13世纪编纂习惯法的语言，这些习惯法包括《国王书》《市民刑事审判法》《约翰和伊伯林书》等[①]。

路易九世即将面对的地中海，在13世纪是三大文化和政治势力的会合、交换和交锋点，其一是拉丁基督教势力，其二是拜占庭希腊基督教势力，其三是穆斯林世界；地中海南岸从埃及到摩洛哥全是穆斯林国家，西班牙南部也是穆斯林的势力范围。路易九世在位的大部分时间中，拜占庭帝国的欧洲部分君士坦丁堡和安纳托利亚的西北部都处于拉丁人的统治之下，这些拉丁人在1204年的第四次十字军东征时组建的君士坦丁堡拉丁王国，1261年被希腊人再度征服。与此同时，基督教徒从穆斯林手中夺回土地的“复地运动”在西班牙进展神速[②]。

地中海首先是一个技术上和心理上都很难控制的“物质”空间。13世纪的西方在航海领域中取得了长足的进步，但我们不知道这种进步在地中海达到了何种程度。装置在北海船只中轴线上的艉柱活动舵，似乎迟至14世纪初才出现在地中海，圣路易租用的威尼斯和热那亚船只照旧使用侧置双舵。罗盘于1190年前后传
172 到西欧，但推广缓慢[③]。不过，热那亚和威尼斯建造的大型商船可

① 乔舒亚·普雷维：《耶路撒冷拉丁王国史》(Josuah Prawer, *Histoire du royaume latin de Jérusalem*)，卷2，巴黎，1969—1970年；让·里夏尔：《耶路撒冷的拉丁王国》，前引书。

② 请看本书原文第42页。

③ 弗里德里克·雷恩：《罗盘发明的经济意义》(Frederick C. Lane, *The Economic Meaning of the Invention of Compass*)，见《美国历史评论》(*American Historical Review*)，LXVIII，1963年，第605—617页。

以方便地改作军用，前甲板和后甲板能装运大量人员，船舱可以装载大量马匹、食品和饮用水。儒安维尔在马赛目睹这些名副其实的登陆艇装载马匹时，既惊异又感慨："我们上船那天，有人打开舱门，把我们要带到海外去的所有马匹都装进船舱，然后关上舱门，把缝隙堵得严严实实，就像给酒桶加塞一样，因为船一旦驶入远洋，整个舱门都在水中。"[①]

圣路易租用的威尼斯船"要塞"号全长38.19米，最大宽度14.22米，船身中部高9.35米，舱面建筑檐下的高度为13.70米；载重量约为600吨，排水量约为1200吨[②]。此类船只的最大缺陷是偏航严重[③]。当时的海图进步缓慢，据圣路易的编年史作者南吉的纪尧姆记述，圣路易于1270年前往突尼斯城时搭乘的船所使用的

---

① 儒安维尔：《圣路易史》，前引书，第70—71页。

② 让-克洛德·奥凯：《食盐与威尼斯的财富》（Jean-Claude Hoquet, *Le Sel et la Fortune de Venise*），卷2，"1200年至1650年间的帆船与地中海贸易"（*Voiliers et commerce en Méditerranée, 1200–1650*），里尔，1959年，第102页。

③ 关于地中海船只，除前引克洛德的著作外，尚可参阅巴斯蒂·德·佩尔：《圣路易时代的地中海船只》（R. Bastid de Père, *Navires méditerranéens au temps de Saint Louis*），见《经济和社会史杂志》（*Revue d'histoire économique et sociale*），卷50，1972年，第327—356页；米歇尔·默拉（编）：《13世纪的船只与13世纪的中世纪海洋尤其是地中海经济》（Michel Mollart (éd), *Le Navire et l'économie maritime du Moyen Age au XIIIe siècle, principalement en Méditerranée*），见《1957年第2届国际海洋史研讨会文集》（*Actes du 2e colloque international d'histoire maritime, 1957*），巴黎，1958年；尤金·伯恩：《12世纪和13世纪的热那亚海运》（Eugene H. Byrne, *Genoese Shipping in the XIIth and XIIIth Centuries*），坎布里奇，马萨诸塞州，1930年；于戈·图齐：《13世纪与14世纪初威尼斯航海事业及其技术发展》（Ugo Tucci, *La navigazione veneziana nel Duecento e nel primo Trecento e la sua evoluzione tecnica*），见1968年奇尼基金会代表大会文集中的《威尼斯与地中海东岸》（*Venezia e il Levanti, Actes du congrès tenu à la Fondazione Cini, 1968*），2卷，佛罗伦萨，1973年。

海图，是我们迄今所知的最古老的中世纪海图[①]。

173 风暴和海险并没有放过圣路易。只有在适宜的季节里才能航行。圣路易于1248年8月25日在艾格莫尔特上船，9月17—18日夜间抵达塞浦路斯岛上的利马索尔港。但因担心气象条件不好，登陆埃及的时间推迟到翌年春季。可是，法国船队于1249年5月驶抵埃及近海时还是遇上了风暴，部分船只迷失航向，国王率领的2800名骑士大多被风暴吹散，国王身边仅剩700人，失散的人员很久以后才归队。

1254年春季返航时，国王搭乘的船因浓雾而迷航，在离塞浦路斯不远处搁浅在沙滩上；接着，强风暴猛烈袭击整个船队，王后出于无奈只得答应儒安维尔，向圣尼古拉德瓦朗热维尔（即洛林的圣尼古拉迪波尔）许愿，奉献一条价值5马克的银质小舟[②]。

地中海显然是充满风险的大海，对于大部分是旱鸭子的法国人来说尤其如此。红胡子腓特烈也害怕大海，因而在第三次十字军东征时改走陆路，结果惨遭灭顶之灾。在第三次十字军东征中，菲力普·奥古斯特在海上晕船，而且似乎以后一直因此而惧怕大海。儒安维尔为圣路易的英勇无畏提供了不少重要的证据，这位国王经受住大海的考验便是其中之一，无论在搁浅时或是在随后的风暴中，他都镇定自若[③]。儒安维尔写下他的回忆时，深为国王

---

① 中世纪史专家帕特里克·戈蒂埃－达尔歇（Patrick Gauti-Dalché）认为，这份海图提供的有用信息极少。

② 圣路易死于突尼斯城下后，法国舰队于1270年11月15—16日夜间返回西西里时遭遇强风暴，大多数舰只被毁。这次毁灭性的打击使得迅速重组十字军成为不可能，即使有人确实曾经有过这个念头。

③ 儒安维尔:《圣路易史》，第72—73页。

勇闯大海的果敢精神所感动，他写道："他的胆子大得吓人，竟敢不顾别人和自己的生死存亡勇闯大海，晚上上床时不知道次日清晨是否已经葬身海底。"[1]

在 13 世纪的十字军赎罪朝圣中，惧怕大海是个普遍现象，圣路易战胜大海恐惧症一事，在他后来被追封为圣徒时，被列举为他经得起考验的证据之一[2]。

13 世纪的地中海也是一个经济空间。在基督教方面，控制这 174
个空间的是意大利的一些城市。阿马尔菲时代已经结束，比萨、热那亚和威尼斯时代已经到来。路易九世之所以在新近归入王室领地的沿海地区建设艾格莫尔特港口，首先是因为他看到，那里在经济上有利可图。他想在那里发展经济，吸引意大利（那时是热那亚）商人；为此，他把艾格莫尔特的一片土地拿了过来，这片土地位于环礁湖南面的沿海条状地段，原为普萨摩蒂修道院所有[3]。到了 1239 年，香槟伯爵蒂博四世、纳瓦尔国王和勃艮第的于格公爵所率领的"贵族十字军"，有一部分就是在十分简陋的艾格莫尔特港登船出发的，其余大部分则从马赛出发。有了艾格莫尔特，路易九世就把地中海变成了法国的新国界和新天地。

对于路易来说，地中海归根结底是一个宗教空间。各种宗教随着人群来到这里。从 11 世纪末开始，十字军征战已经把地中海

---

① 雅克·蒙弗兰:《儒安维尔与大海》（Jacques Monfrin, *Jouinville et la mer*），见《献给费里克斯·勒古瓦的文集》（*Etudes offertes à Félix Lecoy*），1973 年，第 445—468 页。

② 让·德吕默:《恐惧在西方（14—18 世纪）》中的"惧怕大海"（*la peur de la mer*），前引书，第 31 页及以下多页；请看本书原文第 541—545 页。

③ 让·里夏尔:《圣路易》，前引书，第 100 页和第 200 页。

变成了拉丁基督教徒征服异教徒的前线，征服的手段有两种：依仗武力的十字军和凭借说教的传教团。从此以后，这些基督教徒的活动空间包括拉丁欧洲和尚未全部收复的伊比利亚半岛，此外还有圣地巴勒斯坦和耶路撒冷。地中海既在很大程度上关系到经济发展，也再度在很大程度上关系到宗教扩张。作为传统的虔敬活动，前往耶路撒冷朝圣从 13 世纪起采取了暴烈的军事形式，即十字军①。然而，正如我们所见到的，在一系列原因的推动下，西方基督教徒的想法有所改变，虽然没有以和平传教全部取代十字
175 军，却至少在借助十字军的同时，辅以布道和作出表率来传播福音②。在地中海东岸和圣地带头传教的是方济各会士，圣方济各本人和他的“副手”都曾赴圣地传教。在叙利亚和巴勒斯坦的拉丁邦国中，在昂蒂奥什、的黎波里、贝鲁特、蒂尔、西顿、阿卡、雅法和塞浦路斯等地，建立了许多方济各会的修道院。方济各会的传教士在非洲也作出了类似的尝试，例如，吉勒教士曾于 1219 年走访突尼斯城；可是，他们的努力全都以失败告终，有时甚至酿成流血事件，例如，分别于 1220 年和 1227 年发生在马拉喀什和休达的屠杀教徒事件③便是如此。圣路易死后（1270），托钵僧

① 保尔·阿尔芳德里、阿尔封斯·迪普隆：《基督教与十字军思想》，前引书。

② 凯达尔：《十字军与传教团》，前引书；塞勃利：《传教士与十字军》，前引文，请看本书原文第 160 页注 3。

③ 约翰·摩尔曼：《方济各会史》（John Moorman, *A History of the Franciscan Order*），牛津，1968 年，第 46 页、第 226 页及以下多页；隆卡里亚：《圣方济各与中东》（M. Roncaglia, *Saint Francis of Assise and the Middle East*），开罗，1957 年；凡·奥特罗伊：《圣方济各及其东方之旅》（F. Van Ortroy, *Saint François d'Assise et son voyage en Oreint*），见《博朗文集》（*Analecta Bollandiana*），31，1912 年，第 451—462 页。

修会作出新的努力，为传教进行了更为系统的准备[①]，他们如同赖蒙 · 鲁尔一样，怀抱着劝说阿拉伯人皈依基督教的热望。到了14世纪，十字军的征战终于偃旗息鼓，但是，海外朝圣活动依然照旧进行。

由此可见，对于拉丁基督教徒，尤其对于圣路易来说，地中海是一个带来梦幻的空间；劝说穆斯林和蒙古人皈依基督教，希腊正教徒回归罗马天主教，从而实现东正教与天主教的统一，这些都是圣路易等人梦寐以求的目标[②]。

为十字军做准备

首先需要解决的问题是如何控制地中海空间。第一个难题是出发的港口，于是选定了艾格莫尔特。这个新港优于政治上不大
可靠的纳尔榜和蒙彼利埃（纳尔榜与图鲁兹伯爵关系密切，蒙彼 176
利埃受阿拉贡的影响），也优于那些不在法国领土以内的港口，例

① 应教皇约翰二十世的要求，1276年特地在马略尔卡岛上建立了一个教授阿拉伯语的讲习所。参阅摩尔曼的《方济各会史》，前引书。

② 路易九世在位末期特别关注拜占庭人。在1269年和1270年（直到他的突尼斯城下的营地），他与米海尔八世巴列奥略交换使节，米海尔皇帝曾假手希腊人于1261年夺取了君士坦丁堡拉丁王国的残存土地。此时，圣路易又一次表现出他与其弟弟安茹的查理不同之处，在他眼里，基督教徒的统一（希腊人被认为已经改宗）重于拉丁人的私利。参阅达勃罗夫斯卡:《圣路易的亲拜占庭姿态》（M. Dabrowska, *L'attitude probyzantine de Saint Louis*），见《拜占庭斯拉夫》（*Byzantinoslavia*），L，1989年，第11—23页。

如马赛，可是实际上后来许多法国十字军人正是从马赛登船出发的，其中包括儒安维尔；又如热那亚，这是菲力普·奥古斯特率领十字军出发的港口。经过一阵犹豫，圣路易决定从圣地返回时在耶尔岛的盐滩上岸，因为普罗旺斯牢牢控制在他的弟弟安茹的查理手中，这块土地是1246年查理与普罗旺斯的贝阿特丽丝结婚时获得的。出发之前，路易于1246年圣灵降临节在默伦为弟弟举行了隆重的骑士身份授予礼，将他们的父亲路易八世指定的安茹和曼恩伯爵领地交给了他。最重要的准备工作当然就是匆匆建设路易将要在此上船的艾格莫尔特港口，这是法国中世纪城市建设中最辉煌的成就之一[①]，艾格莫尔特从此成为“耶路撒冷之路”的起点和终点。

下一项物质准备是购买或租用运送十字军兵员的船只。提供大量船只的首先是热那亚和威尼斯，然后是马赛[②]。此项准备还包括筹集足够的粮草。1249年儒安维尔在塞浦路斯描述了“国王的大量军需品”，他提到了设置在田野上的葡萄酒“储存库”，堆

---

① 莫里兹：《13世纪的艾格莫尔特》(J. Morize, *Aigues-Mortes au XIIIe siècle*)，见《南方年鉴》(*Annales du Midi*)，XXVI，1914年，第313—348页；让·孔布：《艾格莫尔特的起源与过去——圣路易与艾格莫尔特的创建问题》(Jean Combes, *Origine et Passé d'Aigues-Mortes, Saint Louis et le problème de la fondation d'Aigues-Mortes*)，见《纪念安德烈·杜邦》(*Hommages à André Dupont*)，蒙彼利埃，1974年，第255—265页；乔丹：《为1248年的十字军供应艾格莫尔特：贸易重组问题》(William C. Jordan, *Supplying Aigues-Mortes for the crusade of 1248: the problem of restructurng trade*)，见《斯特雷耶文集》中的《秩序与创新》(*Melanges J. Strayer; Order and Innovation*)，普林斯顿，1976年，参阅本书插图2。

② 关于租船合同，参阅贝尔格拉诺：《有关圣路易两次十字军的未版文献》(L. T. Belgrano, *Documenti inediti riguardanti le due crociate di San Ludovico*)，热那亚，1959年。

积在海边的葡萄酒桶，“小山”一样堆在利马索尔近郊乡间的小麦和大麦①。如此规模的粮草筹集工作带来了巨大的后勤问题。威廉·乔丹在谈论艾格莫尔特时指出，圣路易在十字军准备工作中胆大心细。为了把大量装备和供应十字军的物资，特别是食盐和 177
木柴运到艾格莫尔特，路易给予蒙彼利埃人许多优惠，换取他们接受新港的竞争；他采用“好话、让步和胁迫”兼施的手段，整顿通往塞文山山区的大路，撤销所有收费站，砍光树林。直到1253年，阿莱斯地区的新婚夫妇依然无法弄到木柴做火把，供婚礼之夜狂欢之用，因为路易当年征召了有经验的木匠师傅，把附近的树林全都砍光了②。

财务准备同样细致周到，法国的城市和教会都被要求掏腰包，前者以捐赠和强制借款的方式出钱，后者则将税率从二十分之一提高到十分之一，以由此增加的收入资助十字军③。国王还与圣殿骑士团和意大利银行家签订合同，后者答应提供贷款，并把从王国国库中预提的款项转到圣地④。这套财务体系总体上运转良好。后来国王支付赎金时没有遇到很大困难，当然，这笔二十万

① 儒安维尔：《圣路易史》，第72—75页，第80—81页。

② 参阅乔丹：《路易九世与十字军的挑战——统治术研究》（William C. Jordan, *Louis IX and the Challenge of the Crusade, A Study in Rulership*），普林斯顿，1979年，第4章“战时财政：人员、物资和货币”（*War finance: men, material and money*）。

③ 乔丹：《为1248年的十字军供应艾格莫尔特》，前引文，请看本书原文第176页注1。

④ 安德烈·萨尤：《第七次十字军时期圣路易的国库文书集》（Andre Sayous, *Les mandats de Saiont Louis sur son Trésor pendant la septième croisade*），见《历史评论》（*Revue historique*），167,1931年。

锂的款项不算很大，低于国王的一年收入，而如以同一钱币计算，狮心王理查的赎金则至少为五十万锂，相当于英国国王四年的收入[①]。路易在圣地修建城市和城堡的防御工程的支出，也不存在难以还清的问题。国王长期不在国内对于法国究竟是不是坏事，这个问题还可以讨论。远征看起来并未在财政上造成沉重负担[②]。

然而，为十字军而进行的外交准备却并不成功。皇帝腓特烈二世和教皇英诺森四世表面上装出一副对路易的计划给予支持的
178 模样，可是，腓特烈二世却把法国国王的计划通报给东方的穆斯林，而教皇则置1245年里昂公会议的决定于不顾，把十字军的财政负担统统转嫁在腓特烈二世一人肩上。卡斯蒂利亚国王和阿拉贡国王忙于伊比利亚半岛的“复地运动”，没有作出任何表示。前来与路易的军队并肩战斗的只有英国的几支队伍。很明显，十字军的矛头已经从东方转向欧洲，不久前它曾经剿灭阿尔比异端分子，现在它正在西班牙和葡萄牙作战。阿拉贡人尚未真正开始他们向地中海的扩张活动。唯有意大利的一些城市继续在东方进行经济和领土殖民活动，但它们不以宗教为目标。因此，圣路易的地中海政策无法与他的另外两个政策协调配合，一是离地中海越来越远的十字军政策，一是与所有宗教计划越来越脱节的基督教世界（先是意大利，后来是西班牙）的经济和领土扩张政策。路易把十字军地中海延长了，而对于他死后的西方来说，这个十字军地中海却变成了香料地中海。

① 乔丹:《路易九世与十字军的挑战》，前引书，第103页。

② 请看本书原文第201—202页及以下多页。

如果说，他为十字军所做的在他看来完全必要的准备，也是为宗教所做的准备，那是一点也不令人惊奇的。准备工作包括三个主要方面，其一是开展一场祈祷和起誓运动，西都会士和多明我会士在这场运动中表现突出；其二是实施一种为王国政府赎罪的政策，其标志是 1247 年委托多明我会士和方济各会士进行稽查，以便归还勒索所得的钱财和改正不公的判决，以此为政府赎罪；其三是采取措施对付犹太人，特别是放贷者。

为了确保十字军中的布道，路易依据惯例要求教皇英诺森四世指定一名特使领导宣教布道工作。在 1245 年的里昂公会议上，教皇选定一位杰出人物——夏多鲁的欧德——完成这一使命，国王熟悉此人，他是巴黎圣母院前任院长，1238—1244 年间曾任巴黎大学学监，在此期间教皇封他为枢机主教[1]。与此同时，教皇下 179
令给公会议，恢复 1214 年拉特兰公会议所采取的声援十字军和十字军官兵的措施。这些措施十分繁杂，但目标只有一个，那就是为十字军官兵和居住在西方的基督教徒解脱罪过，并让出征的人在物质上和精神上都获得巨大好处，从而保证十字军取得胜利。

以奢华显示的尊贵应该以“等级”——即社会阶层——加以节制，在这方面尤以贵族和富人的罪孽为甚。他们的衣食都应俭朴。骑士竞赛历来是产生各种罪恶的狂欢式聚会，1215 年第四次

① 巴特勒米·奥莱奥（Barthélemy Hauréau）对夏多鲁的欧德颇为不屑（国立图书馆手稿摘录（*Notices et extraits des manuscrits de la Bibliothèque nationale*），卷 XXIV/2/2，第 204—235 页，巴黎，1876 年），其实这位布道者国务活动家并不坏。参阅夏朗索奈（A.Charansonnet）的未版硕士论文《夏多鲁的欧德（1190？—1274）为十字军和十字架所发若干誓言研究》（*Etudes de quelques sermons d'Eudes de Châteauroux (1190?–1274) sur la croisade et la croix*），巴黎第一大学，1987—1988 年度，指导老师贝尔纳·格奈（Bernard Guenée）。

拉特兰公会议上教会明令禁止骑士竞赛，但却禁而不止，教会此次重申禁令，三年内不得举行。战争也同时被禁，四年之内必须维持和平，不得打仗。十字军官兵将享受免除一切税务和债务利息的优待；向十字军提供自己的附庸作为兵员的领主和为十字军进行宣传的人，他们的罪将被赦免；参加十字军者将在三年之内领取教会特权带来的收入；教皇和枢机主教们收取的什一税将用作圣地津贴。攻击十字军船只的海盗，与萨拉森人通商的基督教徒，尤其是向萨拉森人出售武器的人，背弃十字军誓言的十字军官兵，所有这些人都将被处以绝罚①。反之，十字军官兵和协助十字军的人都得到永远获救的许诺②。

依据路易的设想，1247 年开展了王家稽查活动，这是一项政治和宗教措施，旨在促成法国为十字军的成功作出贡献。这次稽查的目的是开列清单，把以国王名义执法的官员们的不公正举措记录在案，以便将他们押上法庭，并让受到损害的臣民得到补偿；
180 这实际上是一项先悔罪再赔偿的活动。通过这项举措，整个王国将获得平静，冤案得到妥善处理后，就可防止某些臣民在国王出征的日子里破坏安定；再则，由于补赎了自己因放任臣下破坏法制而有负于国王职责的罪过，路易可以指望得到上帝保佑，远征获胜。

除去借助稽查员们的报告进行平冤补赎以外，国王还向一些宗教团体许诺布施和特权，借以换取它们为十字军的胜利而祈祷。我们有理由认为，所有这些措施都是为了在国内确立公义和安定，

① 天主教用语，即逐出教门。——译者

② 关于十字军的详细优待项目，参阅贝尔热：《圣路易与英诺森四世》，前引书，第 134—137 页。

基于同样理由，当弗兰德尔伯爵夫人因两次婚姻各得一子，致使两个儿子各自与阿弗纳家族和当皮埃家族于1246年发生继位之争时，国王亲自出面进行仲裁，解决他们之间的纠纷。

犹太人不但因习俗而迭遭迫害，他们还因塔木德[①]而遭到教皇特使组织的打击，不过，这次似乎与1240—1244年那次有所不同，塔木德的手抄本并未被没收和销毁[②]。

最后，对于将要与之兵戎相见的穆斯林，圣路易似乎没有认真了解，甚至没有想到要对他们进行认真的了解。他并不认为他们是不信教的人，他认为，他们是一种邪恶和荒谬的教派的成员。他可能受到奥弗涅的纪尧姆在他的《论信仰和法律》中传播的关于穆斯林的思想影响，此人曾于1228—1249年间任巴黎主教，是圣路易青年时代的主要谋士之一。纪尧姆认为，萨拉森人的法律善恶相混，对于这个教派不应手软。圣路易到了埃及之后，因其亲身经历而对此有了自己的看法[③]。

---

① 塔木德是犹太教的一部口传律法集，为该教仅次于《圣经》的主要经典。——译者

② 请看本书原文第804—807页。拉巴日：《圣路易与犹太人》（W.Labarge, *Saint Louis et les Juifs*），见《圣路易时代》（*Le Siècle de Saint Louis*），佩尔努编（R. Pernoud, éd），1970年，第267—273页。我将在本书第三部分第八章中谈论圣路易对犹太人的态度问题。

③ 克洛德·卡晏：《圣路易与伊斯兰教》（Claude Cahen, *Saint Louis et Islam*），见《亚洲评论》（*Journal asiatique*），卷258,1970年，第3—12页。玛里-泰莱兹·达维尼：《圣路易时代对伊斯兰教的认识》（Marei-Thérèse d'Alverny, *La connaissance de l'Islam au temps de Saint Louis*），见《圣路易逝世七百周年纪念》，前引书，第235—246页；阿里耶·格拉博伊斯：《13世纪前往巴勒斯坦朝圣的基督教徒所见的伊斯兰教与穆斯林》（Aryeh Grabois, *Islam and Muslims as seen by Christian pilgrams in Palestine in the XIIIth century*），见《亚非研究——以色列东方学会会刊》（*Aisan and African Studies, Journal of the Israel Oriental Society*），20，1986年，第309—327页。

第三章

/

181 十字军和在圣地逗留的日子（1248—1254）

十字军是统治思想吗?

威廉·乔丹在一部辉煌而坚实的著作中认为，圣路易迷恋十字军，而这种迷恋主宰了他的全部在位时期和他的政策。新近另一部出色的圣路易传记作者让·里夏尔基本上同意这种看法。我觉得这种看法有些夸大。在我看来，圣路易的主要愿望是成功地体现一个理想的基督教徒国王的典范，为国家和基督教世界服务，从而使自己获得拯救；十字军是这个目标和计划的组成部分。就此而言，圣路易是一个传统的十字军战士，与他的曾祖父路易七世和祖父菲力普·奥古斯特没有什么两样。不错，他的十字军热情中有着更多的近代虔诚和对耶稣基督的崇敬，带有更炽烈的个人因素，他是“古代模式的十字军战士，拒绝一切旨在签订和约或停战协定的外交努力，腓特烈二世曾在此类条约和协议中指明了教廷进行和平渗透和采用非暴力传教政策的道路和方向”。[①] 然

① 乔丹:《圣路易与十字军的挑战》，前引书，1979 年。

而，他毕竟还是尝试过将武力和说教兼而用之，十字军虽然不是他的最终目标，却是他整个在位时期中的主要思想之一。

圣路易与东方 182

不过，1248 年的十字军反映了某些独特的观念[①]。圣路易之所以选择埃及作为登陆地点，大概是依照博杜安一世（1118）、阿摩利一世（1163—1169）和让·德·布里安（1218—1221）的老办法行事，因为在基督教徒眼里，埃及和达米埃塔是巴勒斯坦的军事与政治的关键之所在[②]。但是，马修·帕利斯认为，路易国王目光更远，他想到了要在埃及安置基督教徒；帕利斯就此写道："打下达米埃塔之后，最让法国国王揪心的事，莫过于没有足够的人员守卫和居留在已经和将要征服的土地上。"拿下耶路撒冷后，在此之前则更好，显然应在达米埃塔和埃及的若干战略要地实行殖民，以便今后更好地保护圣地[③]。攻陷达米埃塔后，城里建造了一座基督教教堂，此事足以证明在埃及安置基督教徒的意图[④]。

---

① 借用肖努的话说，"埃及是结合点"。

② 关于圣路易与十字军，参阅本书第三部分第 8 章和勒高夫的《圣路易是理想的十字军战士吗？》，前引文。

③ 参阅乔舒亚·普雷维：《耶路撒冷拉丁王国史》，前引书，卷 II，第 326 页；让·里夏尔：《圣路易的东方政策：1248 年的十字军》，前引文，第 203—205 页。

④ 让·里夏尔：《圣路易在远东建造的一座拉丁教堂：达米埃塔》（Jean Richard, *La fondation d'une église latine en Orient par Saint Louis: Damiette*），见《巴黎文献学院丛书》，120，1962 年，第 44—73 页。

除了计划在埃及北部安置基督教徒之外，圣路易很可能打算在圣地做长期逗留；而在他之前率领十字军的众多基督教国王，其中包括法国国王，都打算尽快返回欧洲。很难说圣路易事先就有这个打算，这个决定是在后来未曾预料到的情况下作出的，也就是在他战败被俘并于1250年获释之后。某些历史学家认为这是一种随机应变的举措，甚至是“卡佩王朝国王们东方政策的转折点”，是从偶尔组织十字军转变为长期保护圣地[①]。我却认为，圣路
183 易事先就打算在埃及取得预期的胜利后留在东方，以便领导落实保卫基督教徒土地的措施。在埃及打了败仗后，他觉得，无论从军事或道德和宗教角度看，他更有必要留在圣地。事实是直到卡斯蒂利亚的布朗什的死讯传来后，他才于1254年返回法国。由此可见，圣路易的地中海和东方政策的转折，从1239年前后到1248年经历了一个缓慢的过程。

圣路易促使十字军意识出现了一个重要的转折，他到东方来寻找的，不仅是埋葬基督的圣墓，不仅是令人想起耶稣受难的耶路撒冷，他还要寻找基督本人。他要从十字架这个标志物找到耶稣受难的那个十字架。他从一位痛苦的国王渐渐变得像是一个为宗教而献身的国王，一个基督那样的国王，他的这种形象通过他的传记和圣徒列传得到广泛的传播，从1239年圣钉丢失事件起，他就把自己的虔信定位在那个受难的耶稣基督，那个钉在耶路撒冷十字架上的耶稣基督。这是他通往东方之路的第一站，他沿着这条路去到非洲，在那里被俘，在那里死亡。

---

① 里夏尔:《圣路易的东方政策》，前引文，第205—207页。

1239年，法国贵族中的精英在蒂博四世率领下前往圣地。年轻的国王支持十字军，允准他们出发，并为他们的远征提供财政优惠。他甚至允许统帅蒙福尔的阿摩利在军中佩戴百合花，从而使这支队伍具有王家军队的性质。英国国王的弟弟康沃尔的理查加入了这支贵族十字军，他们于1241年签订了把耶路撒冷交给基督教徒的协议。这次胜利大概鼓舞了圣路易，令他进一步觉得应该远征。

我们还记得，行吟诗人在讲述和赞颂路易病愈之后手捧十字架的样子时，转述了路易的话“我的灵魂在海外游荡了很久”。[①]此话表明，海外也是国王梦幻中的一个天地，他的梦幻中有许多十字军的“集体形象和画面”[②]，首先是想象中的天上与人间的双重 184
耶路撒冷和耶稣基督的坟墓，此外也许还有在这次或那次十字军远征中发生的许多幻象和预言[③]。在路易的情感生活中，在他的宗教感情生活中，耶路撒冷犹如他心中一位远方的公主，这位公主也许是卡斯蒂利亚的布朗什的一个厉害的对手。

从巴黎到艾格莫尔特

如同上次迎接耶稣受难的圣物一样，举行了隆重的赎罪仪式，

① 请看本书原文第159页。

② 阿尔芳德里、迪普隆：《基督教与十字军思想》，前引书，卷I，第18页。

③ 例如，在1217年让·德·布里安攻陷达米埃塔时，年轻的路易在法国王宫中获悉这次胜利。

不同之处在于这次是出发进行圣战，而且要走出国门。1248 年圣灵降临节过后的 6 月 12 日星期五，路易来到圣德尼，从教皇特使枢机主教欧德手中拿过王家军旗、披巾和权杖，这样他就把法国国王出发远征的王家标志，与十字军走上朝圣之旅的朝圣标志结合起来了。接着，他返回巴黎，在大队人群陪同下赤脚走到圣安托万戴尚王家修道院，这所修道院建于 1198 年，创建者是第一次十字军的著名鼓吹者讷伊本堂神甫富尔克。国王请修道院的修女们为他祷告，然后离开那里，骑马来到科尔贝离宫驻跸。他在那里逗留了好几天，在此期间，他正式任命母亲为摄政王，授予她广泛却严格限定的权力[①]。在这里，我们看到了卡斯蒂利亚的布朗什此前在王国政府中所起作用，她虽然是儿子的属下（在不准女
185 性继承王位的卡佩王朝中，路易舍此还能有什么办法呢？），实际上在路易成年之后继续占有国王副手的地位。这对于国王来说是一种安全，她不但在性格上有许多优点，而且十分熟悉国务，无需臣下奏报便心中有数。国王还把他信得过的谋士交给母亲，因为他知道她不会对他们轻信[②]。

在路易一生中，1248 年 6 月 12 日是一个转折，这一天他从巴黎出发；此举不但令周围的人，也令其他人大为吃惊。这是一次形象的变化，但正如经常发生的那样，外形的变化表明了一种更为深刻的决裂。1245 年里昂公会议多次重申十字军的章

① 勒南 · 德 · 蒂伊蒙:《圣路易传》，卷 Ⅲ，第 180—181 页。13 世纪没有摄政和摄政王这两个词。布朗什被授予的头衔是“护国”，同时继续保持“王后”尊号。马修 · 帕利斯在他的《大纪年》卷 V 第 248 页中称她为“统治者和王后”。

② 请看本书原文第 684—687 页。

程，要求十字军的服饰俭朴。我们不难想象，向来做事一板一眼的路易不但本人遵守，也让别人遵守这些规定。儒安维尔说，他在东方随扈国王时，在全军中没有见到任何一件军衣上绣有花饰。国王本人则如同往常一样，不以遵守教会的规定为满足，而是更加严格要求自己。勒南·德·蒂伊蒙依据史料描述了国王衣着的变化：

> 自离开巴黎以后，他不再穿着猩红色、绿色或其他色彩鲜艳的衣服和用灰鼠皮和西伯利亚灰松鼠皮制作的裘皮服装，也不使用当时西方制作军衣的其他珍贵材料。他的穿着总是特别俭朴，往往是绿色和湖蓝色[1]或褐黑色的衣服，面料则是
> 羽纱[2]或丝绸，他的皮袍和被褥都用兔皮、羊皮、野兔皮或 186
> 松鼠皮制成。他的坐骑也没有特殊的装束，鞍具和笼头上没有任何金银和其他贵金属饰品，缰绳和马的胸衣也不用绸料，马镫、马嚼和马刺都是普通的铁器，不镀金[3]。

---

① 不过我们知道，蓝色是法兰西王国的标志色。圣路易常常喜欢把他的宗教态度揉进他的政治行为之中，在衣着方面也是如此。

② 从13世纪起，羽纱指的是一种地方性珍贵织物的仿制品，从织纹来看，羽纱可能是从哔叽和斜纹布发展而来。羽纱的原材料最初是“羊毛”，但究竟是安哥拉山羊毛还是开司米或者骆驼毛，那就不清楚了。从词源来看，羽纱（camelot）一词来自阿拉伯文 Khamlat（绒状表面），而不是来自 chameau（骆驼）（弗朗索瓦斯·皮博尼埃：《关于古代（主要是中世纪）织物》（Françoise Piponnier, *A propos de textiles anciens principalement médiévaux*），见《年鉴》，1967年，第864—880页。

③ 勒南·德·蒂伊蒙：《圣路易传》，前引书，卷III，第177—178页。

圣路易从十字军东征回来以后直到生命的最后时刻，除了极其特殊的场合外，始终保持这种俭朴的衣着打扮，这就更加难能可贵了。大多数历史学家都认为，国王摒弃华丽服饰标志着他一生中的一个转折，从此之后，他由过去机械地遵循教会关于个人生活和治理国家的规定，过渡到真正的具有宗教性质的个人和政治行为，从简单地遵守教规过渡到名副其实的“道德秩序”。人们大多认为这个转折发生在圣路易从十字军回来以后的1254年。其实，这个变化的一些外部迹象早在1248年就出现了。我觉得，这个转折在1247—1248年间就初露端倪，他派遣稽查员深入民间调查，对政府滥用职权造成的损害实行补偿政策，他开始摒弃华丽服饰，这三个举动足以说明转折已经显现。他的这一变化与十字军和十字军立法有着密切相关。1254年出现的当然是更具决定性的转折。1247—1248年间停留在外表的发展趋势，此时在国王的所有治国活动中实现了内化和普遍化。这是路易九世走向涤罪乃至末世论的生活和统治的途程中的两个时期。

路易终于在科尔贝与母亲挥手告别，朝南方进发，途经桑斯时稍事停留，方济各会正在那里举行教士大会。路易这次来到桑斯，恰好又在他赎罪之旅结束之后，他依然身着朝圣服，光着双脚。方济各会的编年史家帕尔马的萨林本教士当时在场，作为目击者，他所记述的国王当时的外貌和衣着，着实给人留下了难以忘怀的印象[①]。下一段重要的路程在里昂，国王与一直住在那里的
187 教皇进行了长时间的会见。教皇给国王以完全和彻底的宽恕，并许诺保护法兰西王国免受英国可能发动的攻击，法国虽与英国订

① 请看本书原文第二部分第七章。

有停战协定，但尚未续签。国王为调解英诺森四世和腓特烈二世皇帝的冲突作了最后的努力，但未获成功。

路易在里昂顺罗纳河而下，见到了坚固的罗什德格隆城堡。“大恶棍”罗杰·德·克莱里欧向每一个过路人收取过路费，朝圣者也不例外，如果朝圣者拒不付费，他就劫持他们，甚至杀害他们。中世纪的历史和传说中常谈及一些既讹诈又抢劫的城堡主，罗杰便是此种人。国王拒绝支付过路费，罗杰毫不客气地扣留人质，路易把城堡团团围住，不几天攻下城堡后立即把它拆毁。

8月中旬，路易终于抵达艾格莫尔特。8月25日，他与随从们一起登船起航。他下令给家人，除了母亲和几个年幼的孩子以及即将临产的弟妹阿图瓦伯爵夫人，所有近亲都应随他出征。他认为，十字军也应该是一次家族行动，可以借此显示亲属之间的亲密无间，在他看来，他的弟弟们和他们的配偶都因是他的亲属而与他同属一个实体。陪同路易出征的有王后普罗旺斯的玛格丽特、他的弟弟阿图瓦的罗伯尔、安茹的查理及其妻子贝阿特丽丝[①]，他的另一个弟弟普瓦提埃的阿尔封斯将径直前往马赛，准备在那里上船[②]；他的妹夫图鲁兹伯爵雷蒙七世来到艾格莫尔特迎接国王，但他要到马赛去登船，因为他乘坐的那艘大帆船是从英国经由直布罗陀海峡驶入地中海的。

此次出征的十字军人数很难说清，历史学家们在这一点上难以取得一致意见，尽管如此，估计这支十字军包括两千五百名骑士、两千五百名骑兵和小弁、一万名步兵、五千名弓弩手，兵

① 请看本书原文第三部分第六章中的“圣路易在家中”。

② 他姗姗来迟，到达马赛时已是冬季，远航的船只此时已不宜开行。

员总数约为两万五千，此外还有马匹七八千，在当时这是一支庞
188 大的队伍。包括骑士在内的大部分兵员的饷银由国王支付。据勒南·德·蒂伊蒙记述，王家船队包括 38 艘大船和数百只小舟。据马修·帕利斯说，由于船只不敷所需，无法把所有应征的士兵运送到前线，国王只得把一千名左右的雇佣军留在艾格莫尔特，其中意大利人居多，尤其是没少惹事的热那亚人和比萨人，但详情不甚清楚。路易之所以没让这些雇佣军上船，也许因为对他们缺乏信任，他们不是他愿意见到的那种充满宗教热情的十字军战士。也许是马修·帕利斯夸大了这些人惹的麻烦。

1248 年 8 月 25 日，国王和他的亲属以及大部分官兵在艾格莫尔特登船，22 年后的同一天，国王在他的第二次十字军征战中身亡。船队因无风而延迟起航，8 月 28 日，国王的船队终于扬帆远航。

我不打算叙述路易九世这次东征以及他在圣地逗留期间所发生的各种事件的细节，读者如果阅读儒安维尔的记述，也许收获更大。我在这里只想谈谈那些能够直接或间接揭示圣路易其人、有助于说明他在历史上的作用与分量、让我们体验他一生的咸甜苦辣的那些事。

前面我已经说过[①]，拙劣的航海技术使这次前往埃及的航行耽误了许多时间，由于不敢在冬季航行，路易及其船队和军队在塞浦路斯停留了八个月，一直等到 1249 年 6 月才继续航行，海风把许多船只连同船上的骑士吹到远离国王船只的地方去了。

---

① 请看本书原文第 171—173 页。

征程和埃及之役

1248—1249 年的十字军征程主要是以传统形式完成的。尽管
圣路易从艾格莫尔特出发一事，在法国国王的地中海政策和十字
军东征路线上是一个重要的创举，可是其余部队依然是从往常的
那些港口出发的，例如儒安维尔的登船地是马赛。狮心王理查征
服塞浦路斯后，吕希尼昂的“拉丁”王朝就在这个岛屿上建立起
来，从此之后，这个岛被用作十字军东征的基地。勒内·格鲁塞 189
说得很对，圣地的那些拉丁小国多亏了塞浦路斯拉丁王国，才得
以把它们的寿命延长了一个世纪。腓特烈二世皇帝为了他那次奇
怪的十字军征战于 1228 年登上塞浦路斯岛，把它置于自己的控制
之下，可是，从 1233 年起，他对于塞浦路斯的宗主权实际上已经
不复存在。吕希尼昂王朝年轻的亨利一世自 1246 年登上王位后
（卒于 1253 年），先由其母摄政，然后亲政，他名为国王，实际上
却似乎放手让贵族和高级神职人员统治塞浦路斯岛。儒安维尔甚
至没有提到他，可见这位国王平庸到何等地步。可是，教皇英诺
森四世于 1247 年解除了他与皇帝的誓约，把他的王国置于教廷的
保护之下。塞浦路斯岛为路易九世充分发挥了十字军基地的作用。
他从 1246 年起就在岛上囤积军需，1248 年 9 月 17 日登上此岛过
冬，直到 1249 年 5 月 30 日。

圣路易在达米埃塔附近登陆，接着于 1249 年 6 月 5 日攻陷达米埃塔城，重演了 1218 年让·德·布里安攻占此城的那一幕[①]。

---

① 关于儒安维尔记述十字军的方式，参阅雅克·蒙弗兰：《儒安维尔与（转下页）

然而在接下来的数月中，十字军处境不佳。圣路易及其部队先是遭到传染病的袭击。地中海特别是地中海东部流行各种传染病，如痢疾、斑疹伤寒、坏血病等，在13世纪中，黑死病已在地中海四周消失，14世纪中叶才卷土重来[①]。

此外，穆斯林在某些方面占有军事优势。比如，基督教徒因拥有某些机械装备而具备的军事实力，几乎全被穆斯林的希腊火硝所抵消[②]。儒安维尔也尝到了希腊火硝的厉害，他以惯用的有力笔触，描述了路易及其军队在希腊火硝面前一筹莫展的窘态：

（接上页）1249年达米埃塔的陷落》（Jacques Monfrin, *Joinville et la prise de Damiette, 1249*），见《碑铭与美文学院院报》（*Comptes rendus de l'Académie des inscriptions et belles-lettres*），1976年，第268—285页。

① 让-诺埃尔·比拉邦、雅克·勒高夫：《中世纪早期的黑死病》（Jean-Biraben et Jacques Le Goff, *La peste du haut Moyen Age*），见《年鉴》，1969年，第1484—1510页。

② 希腊火硝是拜占庭人在7世纪下半叶发明的，在此后直至11世纪的战争中屡试不爽，特别是在对付穆斯林和俄罗斯人的海战中。穆斯林从拜占庭人那里得到了制造希腊火硝的奥秘。康斯坦丁七世皇帝（卒于959年）为此特地在君士坦丁堡建立女神像，作为帝国神圣的驱邪物。关于希腊火硝的性质和使用方法争论甚多。起初有人认为是硝石，但这种意见由于中世纪尚未发现硝石而被否定，如今人们认为这是一种石油原油和白垩的混合物，这种混合物与水接触后引燃白垩，进而使原油产生大量气体，气体与空气混合后达到一定温度时就发生爆炸。火硝做成自燃的火球，用抛射器或原始的大炮（即抛石器或移动式弓弩塔）发射。希腊火硝这种秘密武器事实上是火箭的先驱。参阅A.帕廷顿：《希腊火硝问题史》（A. Partington, *A history of problem of greek fire*），见《拜占庭杂志》（*Byzantinische Zeitschrift*），1970年，第91—99页；J.R.艾利斯·戴维逊：《拜占庭的秘密武器》（J.R. Ellis, *The secret weapon of Byzanticum*），见《拜占庭杂志》，1973年，第71—74页；E.加布里埃尔的词条："希腊火硝"（E. Gabriel, *Griechisches Feuer*），见《中世纪词汇》（*Lexikon des Mittelaters*），IV/8，1989年，第1711—1712栏。

> 一天晚上，我们值夜守护猫堡[①]，他们把一种叫作投石器 190
> 的东西推过来，尚未推到我们跟前时，他们就把希腊火硝放进投射器里。与我在一起的优秀骑士戈蒂埃·戴居莱老爷看到后对我们说："弟兄们，现在我们比以前任何时候都更加危险，他们要是烧我们的猫堡，我们就要完蛋，活活烧死；我们要是放弃奉命守卫的岗位，那就会把脸丢尽。所以说，除了上帝，谁也救不了我们。我向大家建议，每当他们发射火球时，我们立即双膝跪地，双肘抵地，祈求上帝保护我们消祸免灾。这就是我的想法。"他们一开始发射，我们就照他所说，双膝跪地，双肘抵地。第一炮打在我们的两架猫堡之间。

穆斯林就这样摧毁了十字军的两架猫堡。国王下令，拆毁行李船，用拆下的木料立即建造第三架猫堡，结果又被穆斯林摧毁了[②]。

传染病使形势更加严重，国王及其军队的痛苦也随之增大：

> 灾祸来临，加之这个鬼地方从来不下一滴雨，全军遭到 191
> 疾病的袭击。病势沉重，我们大腿上的肌肉都干瘪了，大腿上的皮肤变成土黄色，布满黑点，就跟破旧的皮靴似的。得

---

① 猫是一种"可以滚动的战争机器，其形状如同一条有顶长廊，推进到城墙近处，保护攻城士兵"。猫堡则是一种带高台的猫，用来保护在长廊中作业的士兵。见阿尔吉达-朱利安·格雷马：《15 世纪前的古法语辞典》（Algridas-Julien Creimas, *Dictionnaire de l'ancien français jusqu'au milieu du XVe siècle*），巴黎，1986 年，第 108 页。

② 木材价格因此急剧上涨。

> 病的人牙龈溃烂，没有一个人能够幸免，而且只要得了病就死路一条了。鼻子一旦出血，死期就到了。
>
> 我在封斋前三天受伤，因此而染上了流行于全军的那种病。从嘴到腿都不舒服，隔两天发一次高烧，伤风和鼻炎同时逞凶，头痛鼻子堵；到了封斋期中期，我就躺倒在病床上，神甫到我营帐里的床前来唱弥撒，而他也得了与我同样的病。
>
> 营盘里的病情日益加重，士兵们的牙龈大量坏死，以至于不得不让剃头匠把坏死的牙龈剔掉，否则就没法咀嚼和吞咽食物。剔除牙龈时，士兵们痛得嗷嗷大叫，就像产妇临盆那样，听到这种叫声真让人受不了。

于是决定从陆路和海路撤退：

> 国王也病倒了，他得的病与全军官兵所患的一样，此外他还患严重的痢疾。他若是愿意上船治疗，多半能治好，但是他说，如果上帝不嫌弃他，他不会撇下他的人民撒手而去。晚上他多次昏倒，肚子泻得实在太厉害，一次又一次如厕，无奈只得把他的内裤下端剪开一个口子[①]。

骑士国王和法兰西骑士的“狂怒”都被击败。溃败之前有过一系列胜利。1250 年 2 月 9 日在曼苏拉打赢的那一仗是圣路易作为骑士国王的顶峰时刻，儒安维尔是这样记述的：“号声和鼓声震
192 天动地，国王率领他的部队大声喊叫着冲向敌阵。他在一条土路

① 儒安维尔：《圣路易史》，第 113—115 页。

上停了下来，我从来没有见到过如此标致的骑士，他比所有官兵都高出一头，别人只及他的肩头，他戴着金色尖顶头盔，手持一把德国剑。”[①]这一仗打得“很漂亮，没有一人使用弓弩，这是一场人如潮涌的白刃格斗”。[②]这就是当时法兰西骑士的精神状态，由此可以预见到百年战争中的大溃败。国王的大弟弟阿图瓦的罗伯尔置预先制订的作战计划于不顾，不计后果地带领一批圣殿骑士团的骑士冲向一群突厥人，追赶穆斯林，结果由于轻敌而落入陷阱，被对手杀害[③]。

圣路易及其将领们忘掉了牢牢控制尼罗河以便运送给养，伴随着胜利的是消耗，传染病的结果是军中无兵可用，于是乎不得不且战且退。穆斯林切断了十字军通往尼罗河的道路，1250 年 4 月 6 日，十字军在法里斯库尔惨遭溃败。国王虽然是一个杰出的骑士，但却是一位蹩脚的战略家，他与全军的大部分官兵都当了俘虏，许多伤员和病号被萨拉森人杀死，这与 1191 年狮心王理查在阿卡附近屠戮两千七百名穆斯林俘虏如出一辙。

① 儒安维尔：《圣路易史》，第 25—127 页。参阅本书第三部分第四章中的“国王的三大职能”。

② 儒安维尔：《圣路易史》，第 124—127 页。

③ 同上书，第 118—121 页。据儒安维尔记述，圣路易除了登陆时有一些得意忘形，其余时间里他都一再叮嘱要谨慎行事。比如：“圣尼古拉节那天，国王下令人人做好上马准备，并禁止任何人大胆妄为，不许向乘机前来的萨拉森人进攻。”（《圣路易史》，第 103 页）

国王被俘

对于一个国王来说，被俘是最大的厄运，狮心王理查尝过当
俘虏的滋味。可是对于一个基督教徒国王来说，还有什么比成了
193 异教徒的阶下囚更可悲的呢。

然而，圣路易竟然能把这种灾难性的局势扭转，使之变得对他有利。玛格丽特王后此时成了滞留在海上船队里的那部分十字军的首领，她在极短的时间里筹集了40万拜占庭金币（约合20万锂），作为第一批赎金交付给对方，圣路易遂于5月6日获释，他被囚禁的时间只有一个月。随行神甫夏特勒的纪尧姆始终没有离开国王一步，据这位神甫记述，国王在整个囚禁期间显示了尊严和勇气，他首先想到的是被俘的十字军官兵，他拒不发表任何有悖基督教信仰的言论，纵然为此而受刑乃至被处死也在所不惜。他的委托人居然在交付赎金时成功地从穆斯林那里偷得两万锂时，当他获悉此事时勃然大怒，他认为绝不能食言，即使是向异教徒说的话也不能言而无信。儒安维尔后来在路易的封圣审批过程中为此事作证，此事遂被列为表明路易九世具有圣徒品格的崇高德行之一；授圣仪式结束后迁移原葬于圣德尼墓中圣路易的遗体时，布道师让·德·塞穆瓦再次提及此事①。圣路易在与穆斯林谈判时，虽然对他们的伪教依然嗤之以鼻，却发现与他们进行对话不是不可能的。一位埃米尔对他说，只有疯子才会像他那样冒航海之险

① 儒安维尔:《圣路易史》，第408—409页。请看本书原文第304—305页。

（如同基督教徒害怕地中海一样，穆斯林那时也不是航海能手），他以微笑表示赞同。尽管苏丹的宗教图书馆所藏书籍尽是谎言和邪说，他却对图书馆表示欣赏；回到法国后，他在自己的圣堂中设立了一座宗教手稿图书馆[①]，他是做这件事的第一位法国国王。

远在他乡的国王

基督教徒君主无论得胜或战败，在圣地的逗留通常不超过两年；圣路易与他们不同，他决定在圣地做无定期逗留。国王发表 194
文告向人民宣布了不幸的战败消息，这份以法国公众舆论为对象的文告具有崭新的性质[②]，既然国王发表文告的目的是将战况通报给公众舆论，那就说明公众舆论此时肯定已经存在。这份文告其实是国王 1250 年 8 月写于阿卡的一封信，由他的两位弟弟普瓦提埃的阿尔封斯和安茹的查理带回法国。他在信中如实通报了在埃及战役中取得的胜利和遭受的失败，谈到了王弟的死、国王本人被俘、与苏丹签订的为期十年的停战协定的各项条件等。他在信中说，他原本决定获释后返国，但由于墨迹未干穆斯林就破坏协定，因而他放弃了立即返国的念头。他在征询了法国和耶路撒冷

---

① 参阅本书第三部分第七章中的“圣路易的宗教信仰”。

② 事实上，狮心王理查 1198 年在日索尔战胜菲力普·奥古斯特后也给他的臣民们写过一封信（乔治·杜比在他的《法国史》第 I 卷“中世纪——从于格·卡佩到贞德，987—1460 年”（Georges Duby, *Histoire de France, t. I, Le Moyen Age de Hugues Capet à Jeanne d'Arc* (987-1460)）中引用过此信，前引书，第 260 页）。参阅附录 II，第 901 页及以下多页。

王国大臣们以及一些军事团体的骑士们的意见后，决定留在圣地。他期待着发生“某种好事，诸如释放战俘、保存耶路撒冷王国的城堡和堡垒，以及其他有利于基督教世界的好事；自从阿莱普的苏丹与统治开罗的苏丹之间出现不和以来，他的这种期待愈加强烈”。他号召臣民们踊跃参加十字军，到圣地来与他会合[①]。对于法兰西王国来说，国王率领十字军远征当然并非第一次，但在异乡逗留的时间从未如圣路易那样长达六年之久（从 1248 年 8 月到 1254 年 7 月）。

布朗什确实既有品德和能力，又有办法把国家治理好；儿子给她留下了交代得十分清楚的广泛权力、与商业割断了联系的优秀神职谋士和世俗谋士以及足够的财政手段。路易在 1250 年决定滞留在圣地时，说过这样一番话：“我心里明白，我若留在这里，
195 我的王国绝无丢失之虞，王太后有足够的人手来保卫它。”[②]况且，他让幸存的两个弟弟回国助母亲一臂之力，一个是普瓦提埃的阿尔封斯，他刚刚继承了 1249 年死去的岳父图鲁兹伯爵雷蒙七世的遗产，另一个是普罗旺斯伯爵安茹的查理，他后来实际上只关心自己的私利，有时惹得阿尔封斯十分恼怒。阿尔封斯恪尽职守，有时还主持依然设在巴黎的国王御前会议。

① 此信的拉丁文原件已由迪歇纳发表在《法兰西著作家史》（André Duchesne, *Historiae Francorum sciptores*），巴黎，1649 年，卷 V，第 428 页及以下多页；法文译本见于大卫 · 奥克奈尔（编）的《圣路易言论集》（Davis O'Connell, *Les Propos de Saint Louis*），巴黎，1974 年，第 163—172 页。对于法国国王而言，向臣民发表公开信是一个创举。

② 儒安维尔：《圣路易史》，第 239 页。

牧羊人事件

1251 年，一件突如其来的严重事件把卡斯蒂利亚的布朗什难住了，这便是牧羊人运动。有必要花费些笔墨细说此事，因为这是想象出来的事情在历史上所起作用的最佳实例之一，而且此事与圣路易的某种形象密切相关，他的这种形象深入人心，起着调动民众的作用。教会人士和知识界惊得目瞪口呆，南吉的纪尧姆把它称为"闻所未闻的惊人奇迹"，马修 · 帕利斯则称之为"令人惊愕的事件"[①]。

且听南吉的纪尧姆是怎么说的：

> 1251 年。一个闻所未闻的惊人奇迹发生在法兰西王国。一些土匪头子为了诱惑朴实的人们，并以虚假的想象勾起民众的愿望，诡称在幻梦中见到了天使和圣母玛利亚，圣母要他们拿起十字架，与上帝选定的牧羊人和民众当中最朴实的

---

① 我从诺尔曼 · 科恩（Norman Cohn）所列参考书（见他的著作第 322 页注 14）中选取了记述比较详尽的两种，一是南吉的纪尧姆的《编年史》（Guillaume de Nangis, *Chronicon*），第 553—554 页，另一种是马修 · 帕利斯的《大纪年》，前引书，卷 V，第 246 页及以下数页。对于这一惊人而很能说明问题的情节，至今尚无历史学家仔细研究。诺尔曼 · 科恩在《追寻千禧年》（Norman Cohn, *The Pursuit of Millenium*）进行了初步探索，此书的法文译本为《世界末日说的狂热信徒》（*Les Fanatiques de l'Apocalypse*），1983 年新版，第 97 页及以下多页（《在十字军风浪中：假博杜安和匈牙利大师》（*Dans le ressac des croisades: le pseudo-Baudouin et le Maître de Hongrie*））；富尔坎：《中世纪的民众起义》（G. Fourquin, *Les soulèvements au Moyen Age*），巴黎，1972 年。

196 人一起，组成一支队伍驰援在圣地作战的法国国王；这些人把他们所说的幻梦中见到的情景绣在军旗上，让人扛着军旗走在队伍前面。他们首先横穿弗兰德尔和皮卡第，如同磁石吸铁那般，在村庄和田野上用谎言吸引了许多牧羊人和最朴实的人。当他们到达法兰西（法兰西岛地区）时，人数已经多得以千百为群，宛如一支军队。当他们从牧羊人和他们的羊群旁边经过时，牧羊人莫名其妙地就像疯了一样，扔下羊群，加入到他们罪恶的队伍中去，连家人都不告诉一声。如果说牧羊人和朴实的人们虽然用心良好，却并不知道自己在做什么，那么，混入他们当中的大量匪徒和杀人犯却不是这样，他们很清楚自己追寻的不可告人的罪恶目标；指导队伍行动的是首领们的指示。他们挥舞着匕首、斧子和其他凶器走过一座又一座村庄和城市，对民众进行威吓，吓得没有一个司法官员敢出面表示反对。他们在错误的道路上越走越远，竟然为人们主持订婚仪式，散发十字架，随意宣布赦免罪行，更为糟糕的是善良的人们被引入歧途，他们中的大多数人甚至说，人家给他们送来的食品和葡萄酒不但不缺，而且越来越多，余下的那些人对此也深信不疑。神职人员们得知老百姓犯下如此大错，一个个痛心疾首，试图扭转局势，因而遭致牧羊人和民众痛恨，结果不少人陈尸荒野，成了殉教者。布朗什王太后此时以其机智和灵活独自治理着法兰西王国，她并非认同牧羊人的胡作非为，而是希望他们能为她远在圣地的儿子路易提供援助。这伙人经过巴黎后就以为从此可以
197 无所顾忌了，他们振振有词地自吹是好人，因为巴黎是一切

> 智慧的源泉，而当他们在巴黎时，并未遭到任何人的驳斥[①]。从此他们益发胆大妄为，到处大肆劫掠。他们在奥尔良袭击大学里的神职人员，杀死了其中的许多人，不过他们自己也死了不少。被他们称作匈牙利大师[②]的那个首领[③]，带领队伍从奥尔良进抵布尔日，侵入那里的犹太人教堂，毁坏他们的书籍，抢走他们的财产。当这位大师带领跟随他的那些人马离开布尔日时，该城居民手持武器紧紧追赶，杀死了大师及其大部分同伙。队伍溃散之后，躲藏在各地的漏网之鱼，因劣迹斑斑而被杀或被绞死。其余的统统作鸟兽散。

英国的本笃会士马修·帕利斯提供了另外一些细节。据他说，匈牙利大师是个老头子，曾在1212年煽动组织儿童十字军，他在托莱多地方改宗伊斯兰教后，受巴比伦苏丹（埃及苏丹）之命，设法将失去了国王和十字军的法国交到穆斯林手中。据马修·帕里斯说，牧羊人队伍并非如南吉的纪尧姆所说的那样瞬即溃散，他们的一个首领被俘后溺死在加龙河中，另一个首领逃亡英国，在斯图尔汉姆被碎尸万段。一个漏网分子倒真的悔了罪，为赎罪而去往圣地投奔圣路易，后来就在他的麾下效力。

我不准备深入分析这场运动，这是一场掺杂着多种成分的运 198

① 头戴主教帽的匈牙利大师在圣厄斯塔什激烈攻击神职人员。

② 此人自称匈牙利人，是一个背教的修道士。

③ 拉丁文原著中首领一词写作 dux（意为长官、领路人、统帅等等——译者），这个词在20世纪派生出 duce（元首）、Führer（元首）、caudillo（领袖）、conducator（领导人）等词；看到这些词汇的变化，再联系到法国历史上这段不甚清晰的插曲想一想，也许不无裨益。当然，该变的还得变。

动，其中有阶级斗争、反教会斗争、反犹太斗争，还有千禧年主义、以上帝代言人名义行事的煽动者的作用、民众误入歧途以及在理想与信仰的外表下令人忧虑的向罪恶与疯狂的兽性回归。这段插曲远远超出了圣路易传记的范围，值得另作专门研究，但是在这里还是应该提及，因为，国王从圣地写给他的子民的那封信，对这场运动大概部分地起到了催发作用。它揭示了圣路易王国的某些深层次的不安情绪，它同时也表明，圣路易的敬神心态和十字军政策能引起什么样的严重后果。

卡斯蒂利亚的布朗什在这个事件中没能迅速作出反应。她似乎因不知所措而在摩比松隐修院接见过匈牙利大师，尽管她年事不高（1251 年她 63 岁，这在中世纪已然是高龄了），但她显然已经每况愈下，而且大概病得不轻了。

由于没有重大和紧急问题，女摄政王和她指导下的政府行动缓慢。国王确实继续从圣地遥控他的国家。有人指出，保存在元老院的档案中，来自圣地的文件远远多于在巴黎起草的文件[①]。

正如有人指出的那样，从某些档案文献来判断，王子路易好像从 1253 年开始掌权，不过由于加盖在这些文书上的印玺已经消退，因而无法知道当时使用的是国王的玉玺还是另一个人的印章。文书上对王子的称呼确切地表明了王室长幼有序，王子被称为“国王的长子”，文书都出自这位“国王的长子”，在 1253 年 6 月克吕尼隐修院院长的信上，抬头是这样写的：“呈路易，上帝佑

① 热拉尔·希弗里：《圣路易及其世纪》（Gérard Sivery, *Saint Louis et son siècle*），巴黎，1983 年，第 438 页。

护下的威名显赫的国王的长子，并呈御前会议。”[①]看来这个8岁的孩子并未真正治理国家。这里与其他地方一样，由于国王远在他乡，各种与事实不符的说法都不足为怪。辅佐王子的御前会议不再是原来的御前会议，而是一个政府机构。以往的御前会议总是与国王本人的名字相联系，如今国王远在圣地，他以王子的名义， 199
向设在巴黎的御前会议或是发出指示，或是放手让御前会议自己做主，御前会议因而实际上已经代行政府的职能；通过这些做法，路易九世更加自觉地意识到：存在着一个可以与国王人身分离的国家。国王远在他乡，国家却近在眼前。

路易九世在圣地

从1250年5月到1254年4月，路易一直留在圣地，他在这段长住中作出的三项重要决定，表明这位国王的地中海十字军政策发生了一些微小的变化。征服或再次征服政策变成了抵抗政策，为此，他滞留在圣地组织防卫，把主要兵力和经费用于为城堡和城市修筑防御设施。

然而，路易在宣布放弃前往耶路撒冷朝圣时发表的声明，让人觉得大门依然为重新征服圣地的念头敞开着。事实确实如此。

① 路易·卡罗吕斯-巴雷：《王储路易（1244—1260）及其自布朗什死后（1252年11月）至国王回銮（1254年7月）期间的代理国事》（LouisCarolus-Barré, *Le prince héritier Louis* (1244–1260) *et l'intérim de la mort de Blanche* (*nov.*1252) *au retour du roi* (*juillet* 1254)），见《碑铭与美文学院院报》，1970年，第588—596页。

路易在雅法得到消息，大马士格苏丹打算为他提供安全通行证，让他前往耶路撒冷朝圣；此时有人提醒他说，狮心王理查曾在1192年拒绝前往一个可以远远望见圣城的地方，因为他不愿意看到圣城却无法把它从敌人手中解救出来。经侍臣们劝说，圣路易认识到“作为基督教世界最伟大的国王，他若前往圣城朝圣却无法把它从上帝的敌人手中解救出来，在他之后前来朝圣的国王们和其他朝圣者，就会如同法国国王那样，只要能够到圣城朝圣便心满意足，再也不会为解救耶路撒冷而操心了”。法国国王以此显示了他在十字军行动中特别坚定的性格，而且他始终没有放弃再次组织十字军的可能性。对于他来说，必须摒弃遥望耶路撒冷的念头，借以保存有朝一日触摸它、拥有它的意志和希望。

也正是在圣地逗留的那些日子里，圣路易亲眼看见，对蒙古人的幻想彻底破灭了，此前人们曾经希望这些来自亚洲的入侵者会改宗基督教，至少能与他们携手共同遏制穆斯林。受国王派遣
200 前去晋见蒙古大汗的多明我会士安德烈·隆如莫，大概于1251年春返回，在巴勒斯坦的恺撒城觐见国王，陪同他前来的蒙古使臣要求路易向蒙古大汗交纳大量贡品，以示臣服。据儒安维尔记述，国王为派遣隆如莫出使而“深感后悔”。然而，他试图再次劝说蒙古大汗皈依基督教，为此又于1253年派遣方济各会士纪尧姆·德·卢布鲁克前去会见大汗，此人于1255年6月回到尼科西亚。此时路易已经回到法国，卢布鲁克致函向国王述职，国王不得不承认又一次失败，蒙古大汗的改宗只是一厢情愿的幻想[①]。

---

① 参阅本书第一部分第一章，原文第47—49页。

十字军、路易九世和西方

圣路易发起的十字军东征是第七次，也是西方人向圣地的最后一次进军，能否依据后果对这次十字军东征作一个总结呢？这次征战以失败告终，然而路易九世的形象却不可思议地得益于这次失败，需要总结的不是这次征战的近期后果，而是长时段视角下的西方十字军行动。十字军后来对突尼斯城的攻击实际上只是一个尾声而已，其后果仅仅涉及路易及其家族。基督教十字军这一持续了一个半世纪的重大事件，1254 年以后已经落下帷幕，历史学家应该从总体上审视这出长剧，以便更好地掂量圣路易在其中所占的地位，考察十字军对于这个人物究竟意味着什么[①]。

没有任何物质上的结果。没有任何一块土地被长久地征服，只有塞浦路斯是例外，可是，塞浦路斯是从拜占庭人手中夺取的，而拜占庭人则是在 10 世纪从穆斯林手中夺取塞浦路斯的。大量基督教徒移民定居东方的现象也没有出现。有人原来认为，西方人口已经过剩，那些没有土地的贵族子弟（乔治·杜比笔下的“少壮派”）可供冒险事业驱使，这些贵族子弟对于第一次十字军的发动也许起到了某种作用（尽管教皇的主要动机是把基督教徒之间的战争转移到东方，并把战争的矛头转向不信教者），但与此后的 201
各次十字军却毫不相干。从经济活动方面来总结，十字军起到的

---

① 有人可能会以此后特别是在 14 世纪和 15 世纪尚有多个十字军计划为据，对我进行反驳。我不想否定这些计划的策划者们的诚意，但我只能视这些计划为异想天开。参阅即将出版的阿尔封斯·杜邦（Alphonse Dupont）关于从长时段审视十字军的巨著。

是负面作用，其实这也很正常，对于商贸而言，战争所能起到的作用总是阻碍而不是促进，意大利人的作用（西西里的诺曼人除外）微不足道便是明证，尽管他们积极倡导经济扩张，而西方则从经济扩张中获益匪浅。付出的是巨大的努力，留下的却只是一片废墟，在耶路撒冷，尤其在阿卡，大量雄伟的建筑物被夷为平地；圣地东部的那些巨大堡垒犹如战争纪念碑，可是它们无力阻挡历史进程，而只能以其壮观的残迹向人们诉说尚武精神的虚浮[①]。

那么是否应该因此而认为，十字军造成了西方重大的人力和物力损失呢？我不这样认为。我们可以为在十字军中死去的基督教徒作一个统计，这些在同时代人眼中为公义而光荣捐躯的人，以历史的眼光来看，至少是无谓牺牲，可是，他们的死显然并未削弱基督教世界。十字军人员损失所造成的唯一后果，是对某些贵族的传宗接代造成了严重的损害，并加快了他们当中某些家族的灭绝，当然，从社会角度看，这是严重的后果。至于十字军付出的经济代价，需要指出的有两点。一是王国政府把费用限制在一定程度上。1248—1254 年的十字军总费用估计为 1 537 540 图尔锂，这个数字表面似乎很精细，其实不能对其准确性存有任何不切实际的幻想[②]。它仅仅是一个大约的近似值，能够对历史事

① 保罗 · 德尚：《圣地的十字军城堡》（Paul Deschamps, *Les Châteaux des croisés en Terre sainte*），2 卷本，巴黎，1934—1939 年。

② 这个数字见于《高卢与法兰西历史学家文集》，卷 XXI，第 453 页及以下多页，热拉尔 · 希弗里在《圣路易及其世纪》一书中对这个数字提出了质疑。这个数字早已出现在勒南 · 德 · 蒂伊蒙的《圣路易传》中，卷 IV，第 45 页。

实作量化记述的文献在13世纪尚处于起步阶段。如果将这个有一定程度真实性的数字与比较可靠的国王年收入250 000图尔锂相比，我们就会得出这样一个印象，那就是路易九世用完了祖父 202
菲力普·奥古斯特的全部积蓄；他的父亲路易八世在位时间甚短（1223—1226），少有积攒。对于这个假设可以提出两点反证。其一，十字军的巨大费用中最大部分来自各个城市，尤其来自神职人员，由国库支付的仅仅是一部分。据儒安维尔记述，路易获释后的1250年夏季，他参加了一次有教皇特使和另外一些高级官员出席的会议，讨论国王应该留在圣地还是返回法国，许多人以经济原因为由希望国王立即回国，他却持相反意见，因为他知道，十字军的经费主要是由神职人员提供的，他相信国王还有很多钱。他对国王说道："陛下，我听人家说（不知道是否属实），您的钱没花掉多少，花的主要是教会人士的钱。"[①]国王默不作声。这个说法肯定不全对，国王不但为十字军花了钱，而且以后还得花，他首先要确保某些十字军的给养。儒安维尔自己也向国王领取薪俸，他不会不知道国王为十字军掏了腰包。他也当过俘虏，那是在尼罗河上；举手投降之前，他把私人财产（一只藏有金钱的珠宝匣和可以兑换成钱币的首饰）和带在身边十分宝贵的圣物都扔进了尼罗河。幸亏一个萨拉森人为他提供了保护，把他说成是国王的表兄弟，这才捡了一条命。国王与穆斯林签署协议后，他与未被杀害的战俘一起获释，于是他回到了主子和朋友身边。可是他一无所有了。"国王说：'请邑督来一下。'我向他走去，跪在他面前；他让我坐下，对我说：'邑督，你知道我一贯对你不错，可是宫里

① 儒安维尔：《圣路易史》，第233页。

的人都说你很小气，这是怎么回事？’‘陛下，我哪里敢呢，您知道我在河上被俘，把所有东西都丢光了，如今已是一无所有。’国王于是问我想要什么，我说在复活节之前想要两千锂，用作余下8个月的花销。”①

203 路易九世不是挥霍无度的人，他不喜欢人家向他讨钱。他亲自为儒安维尔的开销算账。儒安维尔需要雇用三个骑士，每人需付400锂。国王“掰着指头”说：“这是付给你那三个新来的骑士的1200锂。”还有800锂用于“配备马匹、购置武器和骑士的一日三餐”。账目清清楚楚，路易觉得这些钱都该花，于是说道：“我真的觉得你没有乱花一文钱，我把你留下了。”儒安维尔本来是香槟伯爵的邑督，而不是国王的邑督，他本是国王的封臣的封臣；作为交换，他成了国王的直接封臣，所以应该向国王行封臣效忠礼。1251年复活节，两人的合同到期，路易问儒安维尔，如果再留任一年，他有什么要求，儒安维尔建议再“做一次交易”。他与国王向来直来直去，于是对国王说：“‘有人跟您要什么东西时，您总爱发火，我要求您答应，如果一年之中我跟您要点儿什么，您不许发火，您要是不给，我也不生气。’国王听了我的话，放声大笑，并对我说，他接受这个条件，继续雇用我；随后他拉着我的手朝教皇特使和他的侍臣们走去，把我与他刚才达成的协议告诉他们，他们都很高兴，因为我成了军营中的首富。”②

国王的另外两项重大支出是购买船只和重建圣地的堡垒。但是在这一点上，我们应该用另一种方式来思考。我们今天所说的

---

① 儒安维尔：《圣路易史》，第241页。

② 同上书，第275页。

经济，在13世纪既没有相应的物质结构，也没有相应的心态[①]。正如有些人认为国王的收入大部分都浪费在十字军上一样，一些当代历史学家也凭借想象，认为修建大教堂吞噬了本来可以用于生产性投资的大笔资金，从而减缓乃至扼杀了经济繁荣。可是，当时任何经济实际或心态实际都与“生产性投资”这一概念不相吻合。国王从他的领地获得不交付任何正常赋税的收入，此外在少 204
量特殊情况下，例如为了十字军东征，他还向各个城市和教会人士征集经费；除了维持他本人和雇佣人员的日常生活以外，国王还要支付军事行动的费用。路易不是穷奢极欲、挥霍无度的人，如果没有十字军，他用于十字军的钱可能依然躺在由圣殿骑士团看管的国库里，他们可能把这些钱存放在巴黎坦普尔的主堡上，也许已经用于其他军事行动了。路易九世进行过十字军战争、对英战争和1242年讨伐图鲁兹伯爵的战争，继位之初扫荡了贵族反叛，1240年在朗格多克进行了清剿，除了这些战事之外，他一直难能可贵地保持着国内和平，直到短暂而致命的1270年十字军。当然，他没有像祖父那样装满国库，但是在十字军征战与和平时期之间，他的财政状况似乎是收支平衡，而不是入不敷出。

从文化角度看，十字军拒绝对话而不是为对话创造机会。战争阻止了交战双方彼此吸收对方的文化。一方面，基督教徒既没有带去任何东西，也没有把任何东西留在东方。著名的美国近东史学家伯尔纳·刘易斯列此颇感吃惊：“十字军挥师东进几近两个世纪，他们对于这些国家的影响，却在许多方面微弱得令人吃

① 参阅本书第三部分第四章中“国王的三大职能”。

惊。”[①] 另一方面，从总体上看，西方基督教徒向东方世界的借鉴也不是经由十字军东征这个渠道。有人声称，12—13世纪的这种或那种新事物是十字军从东方带到西方的，这种说法不啻是神话。无论是基督教徒自己在东方发现的发明创造，或是名副其实的向东方的借鉴，通常都来自商贸交换或经由地中海地区的相互接触，比如在西西里尤其在西班牙，同时存在着军事对峙和文化交流。如果说，相互敬重在那时确有其事，那也仅仅局限于某个怀抱骑士理想的团体，这种理想激励着东方法兰克领主和他们叙利亚-
205 巴勒斯坦的穆斯林同行，在12世纪尤其如此[②]。从历史角度看，两个眷恋往昔的阶级之间的这种相互敬重实在很可怜，一个阶级对于近东穆斯林世界的僵化和停止进步负有重大责任，而另一个在西方则未能阻止在很大程度上不利于它的发展。

一些历史学家重新捡起了不久前我说的那句俏皮话：“依我看，杏子可能是基督教徒从十字军带回来的唯一果实。”[③] 如今我可能更加悲观，因为基督教十字军重新激活了伊斯兰教的圣战——吉哈德——精神[④]。与中世纪相比，对中世纪十字军的反感在19世

---

① 伯尔纳·刘易斯：《伊斯兰教如何发现了欧洲》（Berbard Lewis, *Comment l'Islsm a découvert l'Europe*），1982年，法文译本，1984年，第17页。

② 安德烈·米盖尔的《面对十字军的叙利亚王子乌萨玛》（André Miquel, *Ousama, Prince syrien face aux croisés*），巴黎，1986年，这是12世纪叙利亚一位穆斯林贵族的自传，它令我们想到了让·勒努瓦的电影《大幻想》（Jean Renoir, *La Grande Illusion*）。

③ 雅克·勒高夫：《西方中世纪文明》（Jacqus Le Goff, *La Civilisation de l'Occident médiéval*），1964年，1984年新版，第85页。

④ 刘易斯在《伊斯兰教如何发现了欧洲》第17页中写道：“基督教徒已经忘却了十字军，‘吉哈德’精神却在穆斯林中间重新抬头，他们以宗教信仰之名掀起一场新的战争，起初只是为了从基督教入侵者手中夺回失去的一切，（转下页）

纪有了进一步发展，而在这种反感所激起的反响中，不乏当代伊斯兰“统一”觉醒咄咄逼人的势头。十字军（在西方仍有人念念不忘）和吉哈德都是信仰败坏的一种形态。我同意斯蒂芬·隆西曼的看法：“十字军的崇高理念因残忍、贪婪、放肆、固执以及盲目和狭隘的虔诚而变质，圣战不是别的，只是以上帝的名义上演的一出消灭异己的长剧，是违背圣灵的罪孽。”①

有人还在中世纪十字军征战中看到了西方的早期殖民活动②，这种诠释不无道理。当时的“马驹”和现今北非的“黑脚”③之间有着某些相似之处。“马驹”指出生在圣地的法兰克人，与那些“路过”的十字军不同，他们是圣地上的永久居民，是征服圣地后

（接上页）取得胜利之后便将伊斯兰教的启示和权力扩大到从未到达过的地区和民族中去。”参阅埃马纽埃尔·西旺：《伊斯兰教与十字军——穆斯林对于十字军的反应中的思想和宣传》（Emmanuel Sivan, *l'Islam et la Croisade, Idéologie et propagande dans les réactions musulmanes aux croisades*），巴黎，1986年；达尼埃尔：《伊斯兰教与西方——一种形象的形成》（N. Daniel, *Islam and the West, The Making of an Image*），爱丁堡，1960年；达尼埃尔：《阿拉伯人与中世纪欧洲》（Id, *Arabs and Medieval Europe*），伦敦，1975年；阿明·马鲁夫：《阿拉伯人眼中的十字军》（Amin Maalouf, *Les croisades vues par les Arabes*），巴黎，1983年；韦伯、雷诺：《昨天的十字军与今天的吉哈德》（E. Weber et G. Reynaud, *Croisade d'hier et djihade d'aujourdhui*），巴黎，1990年；弗兰科·加尔蒂尼：《我们与伊斯兰教可能会合吗？》（Franco Cardini, *Noi e l'Islam.un incontro possibile?*）（附书目），罗马，1994年。

① 伦西门：《十字军史》，前引书，第480页，此段引语见于詹姆斯·布伦达齐（编）：《十字军的动因及成就》，前引书，第81页。请看本书原文第158页注1。

② 乔舒亚·普雷维：《耶路撒冷的拉丁国王——中世纪欧洲的殖民主义》（Joshua Prawer, *The Latin King of Jerusalm.European Colonialism in the Middle Ages*），伦敦，1972年。

③ 指居住在阿尔及利亚等北非国家中的法国人。——译者

206 定居在那里的第一代马（骑士）的小驹子。从 12 世纪末开始，随着基督教西方和叙利亚－巴勒斯坦的拉丁诸国的关系渐趋松散，“马驹”一词渐渐有了一些贬义。西方人责怪“马驹”接受了与穆斯林相似的习俗，并且趋向于与穆斯林和睦相处，总之，他们不但不再捍卫自己的信仰，而且实行今天我们所说的那种宽容；除了极少数例外，宽容的词义和事实，12 世纪和 13 世纪的基督教徒是全然无知的。到了 13 世纪，“马驹”渐渐成了西方人用来骂人的词语，十字军与“马驹”之间出现了鸿沟。儒安维尔为我们提供了一个颇能说明问题的形象化实例。在路易九世与大臣们讨论去留问题的那一个星期中，儒安维尔因与大多数人的意见不同，竭力主张留在东方而受到猛烈攻击。讨论变得越发激烈，急于回国的著名老骑士让·德·博蒙竟然当着国王和各位大臣的面，用“臭垃圾”辱骂他的侄子、持相反意见的法国元帅纪尧姆·德·博蒙。儒安维尔也谈到了他自己：“当地的农民被称作‘马驹’，住在苏尔（蒂尔）的皮埃尔·达瓦隆先生听说，有人把我也叫作‘马驹’，因为我曾建议国王和‘马驹’一起留在圣地。因此，达瓦隆先生要我在叫我‘马驹’的那些人面前硬一些，对他们说，我情愿做‘马驹’，也不做你们那种‘病马’。”①

207 有人认为，十字军有助于西方基督教认识自己，并表明了一种新的宗教感情。如果确实如此，十字军就是西方对于 11—12 世纪巨大发展的一种弄错了对象的回应。这是迟到的回应，它与 13 世纪基督教的内部发展背道而驰；尽管当时还存在着宗教裁判这个反常的怪物（除涉及犹太人的案件外，路易远离宗教裁判），基

① 儒安维尔:《圣路易史》，第 237 页。

督教此时在个人的良知内心化中听到的是比较和平与多样的声音。在圣路易本人身上也可看到这种趋势。

这就是说，国王是一位眷恋往昔的人，他以自己的一半证明西方人无力将他们的进步用于改变西方，以自己的另一半参与了西方的变革。

圣路易的十字军如同“亚瑟王之死”[①]，标志着骑士制度阴郁的鼎盛时期，它是十字军东征的垂死挣扎，它是赎罪和自我牺牲的基督教好斗阶段终结之前的苟延残喘。它在达到极致时变成了宗教信仰利己主义的化身，它以信徒为代价，为拯救自己而损害“他人”的存在，它所带去的是消灭异己和死亡。

然而，十字军理念继续受到深深的钦佩，即使那些对此已不再置信的人（吕特伯夫和儒安维尔便是如此）也概莫能外，在这样一个中世纪世界里，圣路易的十字军虽然全军覆没，他却依然因此而光彩夺目。他的形象被“死者的美丽”所照亮，启动了“死亡与变容”的过程。就此而言，进击突尼斯城的十字军以其闪电般和致命的短暂，为整个十字军东征画上了句号。

母亲之死

路易在圣地的逗留因一件可怕的事件而骤然中止。1253 年春路易在西顿时，噩耗传来：他的母亲于 1252 年 11 月 27 日去世。

① 亚瑟王是传说中的布列塔尼国王，据说他曾联合若干凯尔特人部落抗击盎格鲁－萨克逊人的侵犯，既是抗战的领导人，也是基督教领袖。——译者

消息因冬季停航而未能及时传到，致使路易更加悲伤。悲伤之中兼有忧虑，也许是信使的某些言论使然。国家是否处在无人治理
208 状态之下？监护人和女摄政王死了，10 岁的小王子和他那些关心自己的土地胜于国家的叔叔们以及那些不知所措的谋士们，肯定缺乏处理国事的能力，尽管此时国家平安无事，而且拥有良好的行政管理机制。结论不言自明。国王在万箭穿心般的痛苦中度过了数日[①]，接着便决定立即回国。他下达了若干紧急指示，命令加强基督教徒在圣地的防务，主要是尽可能延长在圣地逗留的时间。路易登船起航，他从地上的耶路撒冷离去，从此没有再见这座城市。

① 请看本书原文第 716 页。

第四章

/

从一次十字军到另一次十字军直至去世（1254—1270） 209

海上风险

1254 年 4 月 24 日或 25 日，路易在阿卡登船。数日后，国王乘坐的大船在塞浦路斯海岸的沙滩上搁浅，龙骨受损。众人担心翻船，国王的镇定和责任心令人钦佩不已，他拒不离船，因为并非所有的人都可以像他一样转移到别的船上去。

儒安维尔撰写的圣路易传记与当时的所有传记无异，也是按照年代的顺序，用大量堪称典范的小故事勾勒国王的一系列形象；在他笔下，回国途中的圣路易有两副面孔。

散步时以及与那位过隐修生活的代表进行田园诗般的会见时，圣路易是一个样子。一则小故事揭示了圣路易的另一副面孔，那就是他的强硬。面对一位少年满不在乎的轻率行为，国王十分严厉，他认为这个少年犯了两个错误，其中一个别人认为是小错，圣路易则认为是大错，另一个错误则险些酿成法国船队的灭顶之灾。国王在这里是道德和普遍利益的捍卫者，他在有人因错误行为和不守纪律而冒犯上帝时，领教过上帝的盛怒。

> 我们驶抵一个被人叫作兰佩杜萨的小岛，在那里捉了许
> 210 多兔子，在岩石之间发现了一个古老的隐修道士住所和一座隐修道士在这里居住时建造的花园，园中有橄榄树、无花果树、葡萄藤以及另外一些植物。一条小溪从园中流过。国王和我们一起走到花园尽头，在第一个拱门下发现了一座用石灰刷白的小教堂和一个泥土做成的朱红色十字架。
>
> 走进第二个拱门，我们发现了两具腐烂的尸体，肋骨挤拢在一起，双手放在胸前；他们如同惯常下葬那样头朝东方。我们上船时发现少了一位水手，船长认为此人大概留在那里做隐修道士了，国王的副官长尼古拉·德·苏瓦西于是把三袋饼干留在岸边，给他充饥[①]。

海上航行是一次艰难的历程，时而狂风暴雨，时而风平浪静，时而是令人心惊胆战的巨浪和危岩，时而是令我们不寒而栗的人。所以，当船队驶抵普罗旺斯外海时，王后和大臣们纷纷要求立即下船，普罗旺斯是神圣罗马帝国的土地，却属于国王的弟弟、普罗旺斯伯爵安茹的查理。可是，路易九世却要驶往“他”的港口艾格莫尔特，那里才是“他的土地”。最后他被说服，于7月10日在耶尔岛的盐滩上岸。有一个因素大概对这个决定起了作用，那就是他也许能见到当时住在耶尔岛修道院的一位著名的方济各会士。

---

① 儒安维尔：《圣路易史》，第351—353页。请看本书原文第491—492页讲述的另一则奇遇。

会见迪涅的于格

迪涅的于格（巴约尔的于格）属于方济各会严守清规的心灵派，他宗奉若阿香·德·弗洛尔的千禧年思想，后者卒于1202年，211
生前号召在人间建立永恒的福音。这种思想在方济各会和教会的正统派中间被视为可疑。若阿香的思想当时正在方济各会中盛行，该会总会长让·德·帕尔马就是一个狂热的若阿香分子。就在路易国王1254年会见迪涅的于格时[①]，另一个持若阿香观点的方济各会士杰拉尔多·达·波尔格·圣多尼奥为介绍和传播若阿香的思想，正在撰写《永恒的福音导论》。此书立即引起强烈反响，特别是在巴黎大学，大学生之间发生的冲突使得托钵僧教师（多明我会士和方济各会士）与某些平信徒教师形成对立。1256年，教皇亚历山大四世谴责若阿香的言论和杰拉尔多·达·波尔格·圣多尼奥的著作。迪涅的于格可能卒于这一年，反正，他在1257年2月2日之前已经去世。他逃过了教皇的谴责，他的追随者们对出现在马赛的于格墓上的种种圣迹大肆鼓吹，但他后来未被封为圣徒。他的妹妹杜斯琳比他幸运，她也是一个若阿香派，曾接受哥哥的精神指导，在耶尔岛附近建立了一所不发愿的修女之家（1240），接着在马赛建立了另一所（1255），1274年她在马赛去世，临终受到恩宠，出现了幻觉和精神恍惚[②]。让·德·帕尔马于1257

① 希斯托：《迪涅的于格和杜斯琳》（A. Sisto, *Ugo e Douceline di Digne*），佛罗伦萨，1971年；佩阿诺发表在《方济各会历史档案》（*Archivum Franciscanum Historicum*）上的文章，1986年，第14—19页。

② 古特：《圣杜斯琳传》（R. Gout, *La Vie de Sainte Douceline*），巴黎，1927年，（转下页）

年辞职，把总会长之职让给一位年轻人，此人便是后来的圣波拿文都拉。帕尔马因异端罪受审，幸亏枢机主教奥托博诺·费耶斯基坚决支持，他才免受严厉的制裁；这位枢机主教后来于 1276 年当上了教皇，但在位时间极短。迪涅的于格虽然不大谨慎，但在方济各会中享有很高威望。圣波拿文都拉后来经常逐字引用于格
212 对于圣方济各教规的注释；另一个教士帕尔马的萨林本在 1248 年桑斯的方济各会教士大会上见到过开拔东征时的圣路易，他后来在编年史上用数页篇幅赞扬迪涅的于格。于格的布道才能让他为之着迷，他的嗓音犹如同号角，雨点般敲击着听众的心灵[①]。

在 1254 年夏季让法国国王着迷的就是这群方济各会士。儒安维尔也在其中：

> 国王听人说起一位名叫于格的科德里埃会士，鉴于他的名气很大，国王派人去找他，想要见他一面。他到耶尔岛来的那天，我们盯着小路，看着他一步步走来，一大群男女紧跟在他后面。国王请他布道。他的布道以在会修道士问题作

（接上页）这是以普罗旺斯语写于 1300 年的原作的法译本；克洛德·卡洛齐：《一位信奉若阿香主义的不发愿女修道士——迪涅的于格的妹妹杜斯琳》（Claude Carozzi, *Une béguine joachimiste,Douceline soeur d'Hugues de Digne*），见《芳若手册》（*Cahiers de Fanjeaux*），10，1975 年，第 169—201 页，《杜斯琳等人》（*Douceline et les autres*），同上，11，1976 年，第 251—267 页。

① 萨林本·德·亚当：《编年史》（Salimbene de Adam, *Chronica*），见霍尔德－埃格尔编：《日耳曼历史回忆——作者》（Holder-Egger (éd), *Monumenta Germaniae Historica, Scriptores*），卷 XXXII，第 226—254 页；朱塞佩·斯加利亚（Giuseppe Scalia）的新版，巴里，1966 年；玛里－泰莱兹·洛雷耶的法文摘译本：《在 13 世纪的欧洲道路上》（Marie-Thérèse Laureilhe, *Sur les routes d'Europe au XIIIe siècle*），巴黎，1954 年。

为开篇，他说：“各位长官，我觉得国王身边的在会修道士太多。”接着又说：“我就是第一个。”[①]

不过，他的主要宣道对象是国王：

> 他在宣道中告诉国王，应该依据老百姓的心愿治理国家；末了他说，他读过圣经和与圣经有关的书籍，无论在信徒的书中还是在异教徒的书中，他从未见到一个王国或一个领地丢失，或从一个领主手中转到另一个领主手中，或从一个国王手中转到另一个国王手中，除非是司法出了差错。所以，国王既然要返回法国去，那就应该小心谨慎，为人民主持公义，让人民永远热爱上帝，这样，上帝就不会剥夺他的王国和生命。[②]

国王对这位方济各会士着了迷，于是不顾他在布道中所说的
话，想要和他在一起，于格谢绝了。儒安维尔怂恿路易，路易于 213
是再次向于格表示，希望他能陪国王一阵，时间越长越好，迪涅的于格很不高兴，再次表示婉拒，至多只能陪国王一天。

我觉得，这次会见无论是预先策划的还是临时决定的，对于圣徒国王的一生都具有重大意义。他因十字军的失败而心情沉重，正在寻找失败的原因，考虑怎么做才能博得上帝的欢心，才能让自己以及他的人民得到拯救，怎样才能为基督教世界服务。于格

① 儒安维尔：《圣路易史》，第361页。

② 同上书，第363页。

为他指明了道路：最后时刻即将到来，地上的城市将变成福音之地，在这种情况下，必须让今世世界拥有公义，总之，他应该成为一个以末世论为指导思想的国王。我认为，这是一个与他的思想和心底的愿望相符的宗教纲领，它后来变成了他在位晚期的政治纲领。国王身边那些神秘主义稍轻的托钵僧（波拿文都拉在国王们面前多次布道），接过迪涅的于格的思想，在国王与于格的令人吃惊的会见乃至于格去世后，他们的影响继续存在，并成为路易最后的政治与宗教思想的启示者，而在十字军东征之前，雷蒙的西都会士奥弗涅的纪尧姆和圣雅克的多明我会士们，也曾是路易的启示者。这两批人对路易国王的影响都不容忽视。

迪涅的于格死后不久发生的一件事，是否也可以与这位方济各会士的影响联系起来呢？1255 年，在俗教士圣阿穆尔的纪尧姆撰写了一本猛烈攻击托钵僧的小册子《略论最后时刻的危险》，在俗教士与托钵僧的争吵由此更趋激烈。1257 年，教皇亚历山大四世谴责圣阿穆尔的纪尧姆，并要求路易九世把他逐出法国。起初，国王为寻求妥协而接见了纪尧姆，可是此人不以固执己见为满足，不仅变本加厉地攻击对方，而且进而把矛头指向国王。路易九世遂以教会在俗台柱的身份，执行教皇的要求。纪尧姆虽然多次表示歉意，路易直到去世始终听而不闻，纪尧姆被赶到故乡圣阿穆尔后，再也不曾外出，1272 年他也与世长辞[①]。

---

① 米歇尔－玛里 · 迪费伊：《圣阿穆尔的纪尧姆与巴黎大学的笔战，1250—1259》(Michel-Marie Dufeil, *Guillaume de Saint-Amour et la polémique universitaire parisienne, 1250–1259*)，巴黎，1972 年。

垂头丧气的十字军战士回来了

从耶尔岛出发后，儒安维尔陪同国王抵达普罗旺斯地区的艾克斯，然后到圣博姆去朝拜圣玛里－玛德琳（“我们在一个很高的拱形岩石下面，有人说，玛德琳17岁就在这里隐修”），接着来到博凯尔，路易终于回到法兰西的国土上了。儒安维尔在这里与路易国王告别，返回香槟。路易此后先后经过艾格莫尔特、圣吉勒、尼姆、阿莱斯、勒皮、布里尤德、伊苏瓦尔、克莱蒙、圣普尔坎、卢瓦河上圣伯努瓦、国王的万森古堡和圣德尼，他把回程中一直带在身边的王家军旗和十字架放在圣德尼，然后终于回到巴黎。1254年9月7日举行了入城式。 214

据马修·帕利斯记述，人民群众热烈欢迎远征归来的国王，但是国王却被悲痛压得抬不起头来：

> 精神颓丧、一脸晦气的法国国王，听不进任何劝慰。无论音乐或笑话都无法把他逗乐，无法让他开心。他回到了自己的故乡和他自己的王国，人们欢迎他，向他致敬，把礼物送到他的领地来，可是，所有这一切都不能使他稍感宽慰。他目光低垂，唉声叹气，依然想着自己的被俘和由此引起的基督教世界的混乱。一位虔诚而且善于把握分寸的主教劝慰他说：“亲爱的国王陛下，小心坠入厌恶生活的深渊，切莫悲痛得不能自拔，否则就会失去心灵的欢乐，让痛苦主宰灵魂，若是这样，那就是最大的犯罪，因为，那样就伤害了圣灵。

> 请你再想想约伯的忍耐和厄斯塔什的痛苦。”[①]他把这两人的故事从头讲了一遍，一直说到上帝最终给予他们的敬重。我们这位世界上最虔诚的国王于是说道：“若是耻辱和敌意由我一
> 215 人承担，如果我的罪过不会落到教会头上，我将会平静地承受。可是，因为我的缘故而使整个基督教世界蒙受羞耻，对于我来说这是最大的不幸。”大家高唱颂扬圣灵的弥撒，让国王得到最大的慰藉。亏得上帝佑护，国王从此接受了大家的规劝[②]。

马修·帕利斯显然有些言过其实，大概是为了渲染举丧期间的气氛。不过，所有目击者的记述在路易发生了深刻变化这一点上都是一致的，十字军之后，他变得更加俭朴。他在十字军中穿着的那套素净的衣服，只有在极为罕见的场合才脱下来；他把十字架放在圣德尼，却没有同时留下这身衣服。

儒安维尔就此写道：

> 国王从海外回来后，生活极为俭朴，从不穿用灰鼠皮和西伯利亚灰松鼠皮制作的裘皮，甚至不穿猩红色的衣服，也不使用镀金的马镫和马刺。他的衣服面料是亚麻布和深蓝色的呢子，他的被褥和衣服使用的裘皮是鹿皮、野兔皮或小羊

---

① 约伯是一个圣经人物，见于《旧约全书·约伯记》，曾长期被其好友误解。厄斯塔什是传说中2世纪的一位殉教者，他与全家被装入一个铜制的大桶中，放在火上烧烤。——译者

② 马修·帕利斯《大纪年》，卷V，第456—466页，由我译成法文。

> 皮。他的饮食非常简单，除了厨子为他准备的菜肴，他不再另点任何菜；端上来什么，他就吃什么。他用平底杯喝酒，往葡萄酒里掺水，掺水多少视葡萄酒品质而定；他端着平底杯，仆役在桌子后面替他往酒里掺水。他忘不了给穷人施舍食物，让他们吃饱后还要给钱[①]。

他的忏悔师博利厄的若弗鲁瓦说得更令人难以置信：

> 平安地回到法国之后，他身边的人和洞悉他内心的人都
> 看到，他尽力要求自己对上帝虔诚，对臣民公道，对穷人慈 216
> 善，对自己谦卑，竭尽全力完善自己的品德。正如黄金远比白银珍贵，国王从圣地带回来的生活方式远比他过去的生活更加圣洁，而他年轻时本来就相当善良、淳朴，堪称典范[②]。

路易已经从他一贯主张的朴素变成为清苦，而且把清苦作为制定政策的原则。此后他制定了一套纲领，在全国范围内向所有臣民提倡苦行、净化心灵、建立道德和宗教秩序。宗教目的和为加强王权的努力错综复杂地纠缠在一起，难以理清。

---

① 儒安维尔：《圣路易史》，第367—369页。

② 博利厄的若弗鲁瓦：《生平》，见《高卢与法兰西历史学家文集》，卷XX，第18—19页。

王国改革者

国王推行政策的首要手段此后便是一系列的敕令，也就是借助王权发布的具有法律效力的文书。此类文书的增多说明王权取得进展，尤其因为某些敕令的有效性虽然限定在享有特殊地位的地区（诺曼底[1]、奥克语地区），其实施却逐渐扩大到全国。

1254年路易颁布了一份文书，历史学家鉴于其措施的广泛性和重要性，常常称之为“大敕令”。这个敕令旨在对王国政府中最重要的东西进行深刻的改革。这也正是两个世纪以来教皇和教士们的口号，教会的改革似乎作为一个总体纲领转移到了法国。

217 然而，正如有人指出[2],1254年大敕令实际上是1254年7月至12月间路易九世发布的若干文书的汇编，由于涉及面广和分量重，因而成为一件新文书，被人视为“国王第一敕令[3]”和“法国自由

① 自从菲力普·奥古斯特从英国人手中夺回后，诺曼底一直享有特权。参阅约瑟弗·R.斯特雷耶:《圣路易统治时期诺曼底的行政管理》（Joseph R. Strayer, *The Administration of Normandy under Saint Louis*），坎布里奇，马萨诸塞州，1932年；吕西安·缪塞:《圣路易与诺曼底》（Lucien Musset, *Saint Louis et la Normandie*），见《下诺曼底年鉴》（*Annales de Basse-Normandie*），1972年，第8—18页。

② 路易·卡罗吕斯-巴雷:《关于行政和治安改革的1254年大敕令》（Louis Carolus-Barré, *La grande ordonnance de 1254 sur la réforme de l'administratiom et la police du royaume*），见《圣路易逝世七百周年》，前引书，第85—96页。

③ 查理·珀蒂-迪塔伊:《西方国家的成长》（Charles Petit-Dutaills, *L'essor des Etats d'Occident*），见古斯塔夫·格罗茨:《世界通史·中世纪史》（Gustave Glotz, *Histoire générale, Histoire du Moyen Age*），卷IV，巴黎，1937年，第273页。

宪章[①]”。这份文书在中世纪被称作“总则”或“圣路易规章”，而在法文中，这份文书则被称作“国王规章[②]”。

路易进入王室领地后，立即采取了一些涉及南部的改革措施，分别在圣吉勒和尼姆颁布了两份地方性和地区性的指令，涉及的有博凯尔、尼姆等城市以及博凯尔邑督区。采取这些直接措施很可能是为了满足有关地区人民的要求，路易下令在各个公共场所宣读和张贴这些决定，务必让民众周知。国王在制定这些措施时考虑了 1247 年的第一批稽查结果。这些文书取消了国王的邑督所制定的侵犯旧“地方习俗”的措施。国王严格遵循对于巩固王权发挥了很大作用的习惯法。这是传统与进步的奇异结合，民众把习俗视为特权，习俗越古老越有权威，因此民众通常都愿意保持传统习俗，对革新不以为然。实际上也是如此，在中世纪，复旧往往是肯定和加强行政与政治发展的手段。在南方尤其如此，那里前不久才由国王直接治理，国王不仅希望在尊重地方和地区的传统方面保持连续性，而且希望在这方面有所进步。王国的官员 218
今后必须“主持公道，不因人而异”，不接受任何价值超过 10 苏的礼物（面包、葡萄酒、水果等），谢绝送给他们的妻子和子女的礼物，不得向被指定前来审查账目的官员和上级以及这些官员的妻子和子女赠送礼物。这是对于王国行政机构的一种整饬。

① 埃德加·布塔里克：《圣路易与普瓦提埃的阿尔封斯，南部西部诸省归属国王以及中央集权的起源研究》（Edgar Boutaric, *Saint Louis et Alphonse de Poitiers, Etude sur la réunion des provinces du Midi et de l'Ouest et sur les origines de la centralisation administrative*），巴黎，1870 年，第 150 页。

② 卡罗吕斯－巴雷：《1254 年大敕令》（Louis Carolus-Barré, *La grande ordonnance de 1254 sur la réforme de l'administratiom et la police du royaume*），前引文，第 96 页。

12 月大敕令增添了一系列廉政措施，对于所有王国官员来说，任何亵渎神明和“有辱上帝、圣母和圣徒”的脏话、掷骰子赌博、逛妓院[①]、进小酒店都在严禁之列。官员放贷被视同偷窃。大敕令对王国官员还规定了另一些改革措施。例如，官员不得在自己任职的地方购置不动产，不得在那里为儿女婚嫁，也不得把他们送入那里的隐修院或修道院。除了国王的债务人，不得将任何欠债未还的人投入监狱。任何人未经审讯不得被处以罚款，任何未被判刑的嫌犯都应被推定为无罪；官职不得出售，不得妨碍小麦运输，这项措施旨在预防饥荒，制止囤积粮食。官员离任前应在原地滞留 40 天，或由监察官留守 40 天，以便听取百姓对离任官员的意见。一项附加条文禁止随意没收马匹。

受到大敕令限制的不只是官员，在全国范围内禁止用骰子赌博和制造骰子，用棋子赌博更在禁止之列。妓女被撵出“市区”，
219 尤其是中心街道（市区中心的街道），到远离教堂和公墓的城外落脚[②]。胆敢向妓女出租房屋者将受到没收一年房租的处罚。定居在城里的居民不准进小酒店，只有过路人可以进小酒店。

这个立法文件无疑表达了圣路易的思想和意愿，它融合了道德规范、行政规章和近代司法原则，令人惊奇。禁止骂人、赌博、嫖妓、泡酒店等显得不合时宜，这些规定与路易九世从基督教角度理解国王的职能有关，也与他特别严格的作风有关，从倒霉的

① 13 世纪的原文写的是“妓院”，而在 1723 年洛里埃（E. Laurière）的敕令摘要上，此字被羞答答地改为“不干净的去处”。看来，包括行政机构在内，中世纪人在用字上没有顾虑。

② 法兰西第三共和国禁止在学校附近出售饮料。公害的性质和不容侵犯地区的性质随着历史演进而演进。

十字军回来后，他对这种严格的作风有了具体的规定。针对犹太人的规定表明，中世纪基督教已经从反犹太教发展到反犹太人；中世纪基督教的一股支流渐渐趋向对犹太人进行迫害，而此类罪行在 20 世纪发展到了顶点，当今反种族主义社会从当年路易的反犹太人的规定中，看到了所有那些我们应当拒绝并揭露其历史根源的东西。无论轻罪或重罪，嫌犯必须经过合法和公开的审讯以及实行无罪推定等当代司法原则，相对于“封建”司法制度而言，这是司法观念和司法实践的一个重要转折。我们知道，无罪推定始终是一个较难得到尊重的原则。总之，反对政权代表人物们的腐败行为的斗争，如果不能重新被确定为当代社会的首要需求和职责之一，上述法制原则的核心即“官员”操守法典看来只能是另一个时代和另一个社会关心的问题了；“官员”操守法典旨在保证公共（王家）行政机制运转良好，并赋予它一个良好的形象。中世纪虽然属于过去，但它依然存在。如果 21 世纪是一个有严格伦理要求的社会，那么它就应该从长时段中汲取一些启示。历史 220
上的伟大时代都是道德高尚的时代。

这就是说，从十字军归来的圣路易顺应了他那个时代的趋势，包含在“大敕令”中的各种文书并非出自一人之手，但有一点可以肯定，那就是这部重要文献无疑带有国王的印记。理想的基督教政策是他制定的，他把实施此项政策视为他必须完成的使命。这也是对于十字军溃败的一种补偿。他的国家应该得到拯救，他本人的肉体和灵魂也应得到拯救，如果说，他个人的拯救并不取决于这个政策的成功与否，那么至少也取决于他是否为这项政策的实施竭尽全力。

“大敕令”起初把仅用于南方某些地区的措施扩大到全国，后来又以重申或重新实施旧敕令的方式加以补充，特别是圣路易继位之初颁布的一个法令（1230 年 12 月），国王在这项法令中批准了贵族会议所采取的反对犹太人和犹太人放贷的措施，此外还有失效于 1240 年的另一项敕令，这项敕令重申不准犹太人放贷，并以含有对上帝和圣母不敬的言辞为由禁止阅读塔木德[①]。

国王的新人

路易善于决断，但他也听取能力高强的谋士们的意见，发挥他们的长处，分别任命他们为宰相府的文官即“宫廷大臣”、高等法院成员和御前会议成员。

其中有些人形成了一个与国王关系密切的集团，有时应召出席御前会议，但在更多时间里，他们只是普通的客人，国王常与他们一起在饭后或白天的其他时间里亲切地聊天。在这些人当中，
221 香槟邑督儒安维尔[②]和巴黎圣母院院长罗伯尔·德·索尔邦名气最大，路易喜欢挑逗他们在他面前争宠。另一位与国王亲近的人是香槟伯爵、纳瓦尔国王蒂博五世，此人于 1255 年娶公主伊萨贝尔为妻，成了国王的女婿。如同卡佩王朝的传统那样，国王的谋士当中既有教会人士，也有平信徒，这些平信徒通常是些小贵族，我们对他们所知不多，但儒安维尔除外，他在讲述国王的同时，讲了许多关于他自己的事，而且肯定夸大了他自己的作用。

---

① 关于圣路易与犹太人，请看本书原文第 739 页及以下多页。

② 关于儒安维尔，参阅本书第二部分第九章。

教会人士首推吉·富尔古瓦（或富尔克），此人在丧妻之后加入修会，成为普瓦提埃的阿尔封斯身边的文官，在圣吉勒首次见到回国途中的国王，随后就转而为国王服务。他肯定对于收在1254年大敕令中的头两份文书产生过某些影响。1257年他当上了勒皮主教，接着任为纳尔邦大主教，然后是萨比纳枢机主教，最后当选为教皇，称克莱门特四世（1265—1268），他对法国国王显然处处提供方便。路易九世的另外两个谋士在1260年的擢升中都当上了大主教，他们是拉乌尔·格罗斯帕米和西蒙·蒙普里·德·布里，前者是国王十字军东征时的掌玺大臣，后者是接替拉乌尔任掌玺大臣的方济各会士，后来也当选为教皇，称马丁四世（1281—1285）。路易的封圣审批程序在这位教皇任内取得了决定性的进展。与国王更为亲近的是另一位方济各会士欧德·里戈，此人是起草1242年方济各会章程的正式注释的“四位大师”之一，后来成为巴黎科德里埃修道院的代理院长、巴黎大学的神学教师和鲁昂大主教[①]。

最后，谋士中还有一些托钵僧，他们是国王的精神指导者。其中最重要的是多明我会士、国王的忏悔师博利厄的若弗鲁瓦，国王去世后，此人是以圣徒列传笔法撰写圣路易传记的第一人。

此外还有一点也很重要，那就是国王回国后，御前会议和高 222
等法院的人数增加了，也许如同人们所见到的那样，从1252—1254年太子“理政”之后就开始扩大这两个机构了。高等法院的

① 他在教区里的巡视记录保存至今，为我们提供了一个13世纪教区生活最翔实的描述。安德里厄·居特兰库尔：《欧德·里戈大主教与13世纪教会生活》（Andrieu-Guttrancourt, *L'Archevêque Eudes Rigaud et la vie de l'église au XIIIe siècle*），巴黎，1938年。关于圣路易与欧德·里戈，请看本书原文第749页。

一些成员被视为“讲师”，这似乎是大学老师的头衔，主要是法学讲师、民法讲师等等。他们把罗马法注入习惯法，从而创造了一种君主制度下的法律，这种法律日益成为一种书面法，渐渐实现了帝国垄断下的罗马法与封建法的综合，使之为君主制服务①。这些“讲师”当时被称作“法学家”，他们在圣路易的孙子美男子菲力普四世在位期间最走红。他们并不是巴黎大学培养出来的，因为教皇大概受到路易的怂恿，拒不同意在新大学里设立民法（罗马法）系，因为国王不喜欢有人在他的首都教授以皇帝的权力为最高体现的法律。他们大多出身于奥尔良大学，因为在图鲁兹培养的南方法学家此时尚未开始大批进入巴黎，尽管吉·富尔古瓦所掌握的法律文化大概来自南方，而且他已经把他在那里学到的法律知识先后用来为普瓦提埃的阿尔封斯和路易九世以及教会和教皇服务。这些人与其说是如同1260—1280年在奥尔良担任教授的雅克·雷维尼②那样的名副其实的法学家，不如说是皮埃

① 格里费斯：《圣路易时期高等法院中的新人》（Q. Griffiths, *New man among the lay counselors of Saint Louis Parliament*），见《中世纪研究》（*Medieval Studies*），卷32—33,1970年，第234—272页；弗雷德·切耶特：《习惯法：法律个案与中世纪的立宪主义重新审视》（Fred Cheyette, *Custom,Case Law and medieval constitutionalism: a reexamination*），见《政治科学季刊》（*Political Science Quarterly*），78，1963年，第362—390页。

② 玛格丽特·布莱－索泰尔：《雅克·雷维尼的至尊权观念》（Marguerite Boulet-Sautel, *Le concept de souveraineté chez Jacques de Révigny*），见《旧奥尔良大学研讨会文集》（*Actes du Congrès sur l'ancienne université d'Orléans*），奥尔良，1962年，第22页及以下多页。雅克·雷维尼是个专攻书文献的大学教师，与司法实际保持一定距离，更不必说与政治实际了。关于法国国王与皇帝的关系，他写道：“有人说，法国独立于帝国，从法律上来看这是不可能的。请你们牢牢记住，法国从属于帝国。”他还说：“法国国王若是不承认，那就不是我的问题。”

尔·德·方丹那样的实际法律工作者，方丹借助他在韦尔芒杜瓦
邑督区的实践经验，将罗马法和习惯法调和起来。在国王的要求
下，他在1254—1258年间为太子撰写了《致友人》一书，用邑督 223
区内一些精细的行政实例说明，既不能完全以书面法为准，也不
能完全以习惯法为准[①]。

最后，确切地说，国王的新人是那些邑督，他们代表国王在国王的领地和其他地区中执行国王赋予的任务，既是国王的司法工具，也是国王司法的化身。官员经常易地就任或者调换职务，这样做为的是防止腐败现象和因长期在同一地方任职而产生的私情和无意识的熟稔关系等弊端。在这方面路易九世在位期间有两个“高潮时期”。一是1254—1256年间，另一是1264—1266年间。官员既有被撤换的，也有被调离的，前者多而后者少，这些调动的具体原因很难一一弄清，就第一种情况而言，稽查结果和国王回国显然是主要原因[②]。

---

① 马尼耶:《皮埃尔·方丹的忠告》(Ed. A. Marnier, *Le Conseil de Pierre Fontaine*)，巴黎，1846年；格里费斯:《皮埃尔·方丹的根底和职业生涯》(Q. Griffiths, *Les origines et la carrière de Pierre Fontaine*)，见《法国与外国法律史杂志》(*Revue historique de droit français et étranger*)，1970年；皮埃尔·珀托:《皮埃尔·方丹与罗马法》(Pierre Petot, *Pierre Fontaine et le droit romain*)，见《法学史研究－加布里埃尔·勒布拉文集》(*Etudes d'histoire du droit. Mélanges Gabriel Le Bras*)，卷II，第955—964页。

② 罗兰·费耶蒂埃:《13世纪和14世纪（1250—1350）邑督的选任》(Roland Fietier, *Le Choix des baillis et sénéchaux aux XIIIe et XIVe siècles*)，见《勃艮第、孔泰和罗曼地区法律和机构研究会会刊》(*Mémoires de la Société pour l'histoire du droit et des institutions des anciens pays bourguignons, comtois et romands*)，第29页，1968—1969年，第255—274页。

城市司法状况

1256 年再次颁布大敕令。重新颁布的大敕令与 1254 年的大敕令文本有着明显的区别，国王明令采取的措施用四种语言（1255 年甚至使用了五种语言）颁布：法语、拉丁语、奥依语和奥克语，分别用于相应的方言地区和全国。

1254 年的大敕令主要是对邑督的指示，修改后的 1256 年大敕令成了真正以全国民众为对象的国王敕令。全文由原来的 39 条缩
224 减为 26 条。关于犹太人和商业的条文没有再次出现在大敕令的新文本上。关于犹太人的规定收在一个单独的反犹法令中，从此成为国家行动的一个单独部分。关于小麦流通的规定成了应时的措施，而不再是一般性的规定。禁止赌博、不准亵渎神明和禁止卖淫等确立宗教秩序和道德秩序的规定，合并成一个有机整体，这也许更清晰地反映出了路易的政策，不过，他却也不得不同意在一些问题上有所放松，特别是禁止卖淫这一点。妓女被赶出城市中心区和宗教圣地的周围，但在其他地方则不予干涉。贫民窟由此渐渐产生。路易也许屈从于某些谋士的意见，对卖淫采取的政策是严加控制而不是禁止，这是考虑到亚当的子孙们有泄欲的需求。1254 年大敕令中以南方邑督为对象的文书中提到了酷刑，这在法国国王的敕令上是第一次，然而，在新的大敕令中这一条已被删掉[①]。这个细节非常重要，它告诉我们，不久后日益严重的滥

① 这件文书是用拉丁语书写的，因为，鉴于国王宫廷中的官员和几乎所有外派官员都出身于奥伊语地区，王国政府命令不得使用奥克语，既然如此，王国政府也就无意在南方地区强行推广奥伊语。

用酷刑现象，罪魁祸首是宗教裁判所、教会以及使用一切手段镇压异端并且重新应用罗马法的南方。然而，罗马法启发了国王，他决定推行无罪推定，这个原则被认为是一条基本司法原则：“凡未证明有罪和未经审判者，其权利不得被剥夺。”

从路易坚定的言语和深刻的保证中，我们在这里预感到了他推行司法公正并使王国纯洁化的决心（1256 年大敕令把 1254 年大敕令所采取的一些措施推行到所有国王外派的各级官员中去，诸如行政官、子爵、法官、市长、护林官、传令官及其他官员），与此同时，我们也预感到有些东西不为他所注意，或是为他的能力所不及，诸如司法技术、将整个纲领与实际社会生活相结合等等。

国王进行稽查 225

国王本人几乎也变成了稽查员。他让臣民们看到了国王的两项职能，其一是司法官员，为此国王变成了一位巡回法官，沿途倾听民间呼声并作出裁决，他以神的威严为榜样，运用国王的威严把一切形式的权利和主权、活动和意见处理得妥妥帖帖，他努力只作考察，不直接进行干预。从圣地回国途中，他巡视了朗格多克的部分地区，1255 年又巡视了夏特勒、图尔等著名的朝圣地（圣母和圣马丁都是本朝的保护神），皮卡第、阿图瓦、弗兰德尔、香槟等地，以及与神圣罗马帝国毗邻地区的那些富庶的城市和乡村；1256 年，他又巡视了诺曼底这块由其祖父菲力普 · 奥古斯特从英国人手中夺来的宝地。

国王及其在朗格多克的巡视

朗格多克是特别值得巡视的地方，卡佩王朝可以设法抹掉或者让大家忘掉该地官员的劣迹。1229 年之后和 1240—1242 年间之后，由于山高皇帝远，再加上镇压异端这样一个特殊情况，王国政府的官员在那里肆无忌惮地犯下了许多敲诈勒索的罪行，被敲诈的是被征服土地上的那些被视为被征服者的民众。

1258—1262 年间，在卡尔卡松 - 贝济耶邑督区进行了详细的稽查，约瑟夫 · 斯特雷耶认为这次稽查是在“国王的良知”指导下进行的，此话很有道理。此前在 1254—1257 年间，在博凯尔邑督区也进行过稽查，那里的问题没有那么严重，也没有那么困难，因为那个地区只有少量异端分子，市民没有参加 1242 年的反叛[①]。
226 通过这次稽查，我们可以相当精确地了解国王的思想和行动，所以，很有必要比较仔细地对此次稽查进行一番考察。

一开始行动，稽查员们就遇到了难题，他们于是向国王请示。国王于1259年4月写了一封长信作为回答[②]，信中提醒稽查员们说，法律的严厉性应当因慈爱心而有所减弱，他要求稽查员们适当地从轻发落，不过这并非司法原则，而只是道德观念。他承认自己

① 约瑟夫 · 斯特雷耶:《国王的良心：1258—1262 年卡尔卡松 - 贝济耶邑督区的稽查》（Joseph Strayer, *La conscience du roi: les enquêtes de 1258–1262 dans la sénéchaussée de Carcassonne-Béziers*），见《罗杰 · 奥伯纳文集》（*Mélanges Roger Aubenas*），蒙彼利埃，1974 年，第 725—736 页。

② 《高卢与法兰西历史学家文集》，卷 XXIV，第 619—621 页。

年轻时相当严厉，现在渐渐趋向宽容。国王的这一说法有些怪异，因为事实上，他从圣地回国后比以前更加关注道德秩序问题。不过，这两者之间并无矛盾，他的目标就是以法治国和实现社会安定。倘若这两个目标需要作出更大努力才能达到，那么它们将来肯定能更好地发挥作用，因为，法律因变得比较宽松而更能被普遍接受，调和与惩罚并举将会使社会实现安定。信奉末世论的国王想要在允诺中净化人们的行为。

受到指控的人如果没有逃匿或者没有审讯和判刑，就应视为无罪；此项原则再次得到肯定。尤其是那些被怀疑为信奉异端的人，必须确实是异端分子才能予以处理。妇女的继承权和对她们的嫁妆所拥有的权利应该切实得到尊重。妇女是弱者，王国的法律应当对妇女、寡妇和穷人等弱势群体予以特殊的保护。国王不允许因丈夫的过失而处罚妻子，不允许在并非同谋的情况下当作团伙处理[①]。路易对待神职人员的态度比较暧昧，他只是表示：应该“公正对待”，这句话怎么理解都可以。路易面对教会人士时有两个信念，彼此虽不矛盾，却往往导致迥异的结果。他本人对教会及其成员怀着深深的敬意，而且希望大家也像他一样。但是，对于教会权力的物化形式，他却持反对态度，在这一点上，迪涅 227
的于格也许对他起到了促进作用。1247 年，他曾支持法国平信徒贵族反对教会。总之，他认为教会不应发财[②]。

稽查员们作出的判决与国王的指示精神相符，他们对申诉人

① 放贷者的妻子在丈夫生前或死后，是否应该连带承担强制归还义务，13 世纪就此问题曾有过一次大辩论，国王在这次辩论中也采取了“自由主义”态度。

② 请看本书原文第 782—783 页。

相当理解，在 130 宗判决中提到的 145 名申诉人，75 名完全或几乎完全胜诉，33 名部分胜诉，只有 33 名败诉。这些申诉人大多是异端分子或公开的异端分子的同谋。稽查员们宣称不在自己权限之内的案例有 4 宗；由男人提起的 61 宗诉讼中，37 宗胜诉；由妇女提出的 55 宗诉讼中，45 宗胜诉。

判决对乡村的有利程度胜过城市，可是，在围剿异端的行动中，作为抵抗中心的城市却曾受到巨大损失。许多南方城市修筑在山丘或山坡上，为了进行抵抗，大量房屋被拆毁，居民被撵到平原地带。地势较高的城市被迫放弃，地势较低的城市因此而占了便宜。遭受损失的居民若非异端，通常能得到赔偿。国王亲自过问此事，他于 1259 年 4 月发出一封信，要求对因修建卡尔卡松新镇而被征地的地产所有者进行赔偿，可是，大多数市镇居民的诉状却被驳回。主教们受到了毫不留情的处理，国王对于南方主教们近乎独立的地位和权力大为震怒。尽管圣路易发出了一封为贝济耶主教说情的信，稽查员们也没有把这位主教要求归还的财产还给他，圣路易似乎并未干涉稽查员的这个决定。洛代沃主教和洛代沃教士会议也受到了同样处理，尽管洛代沃主教曾为菲力普·奥古斯特起草过 4 份法案，从而确立了这位国王的最高司法权。稽查员们理由是，只有国王的总体决定才能处理如此重要的问题，可是国王的决定迟迟不来，主教于是失去了原有的权力。

228 约瑟夫·斯特雷耶对稽查员们的裁决总体上给予好评：“他们细致而机敏，设法寻找一切可能获得的证据，仔细审讯后才作出判决。”不过，这位美国历史学家又说：“他们不很宽容，也许除了妇女以外，而且他们不做任何可能削弱王权的事。”国王在朗格多克的司法行为符合圣路易的总体态度，那就是服从道德和宗教要与国王的利益并行不悖，也就是说不能违背正在形成中的国家利益。

国王与城市

在法国城市史上，路易九世在位时期是一个重要的发展阶段，他所起的作用似乎相当大。在西方，尤其在法国，13 世纪是城市化运动的高潮时期。此前西方的城市化或多或少处于无政府状态，尽管到处出现了经济和社会政治的双重发展，在经济上，城市的市场和手工业生产中心的地位越来越得到确立，在社会政治上，被称作“市民”或“公民”的城市上层和中层居民，渐渐把处理城市事务的权力从平信徒或领有神品的领主（主教）手中夺过来，在王室领地中，居民则从国王手中夺权，当然，夺权的难易有别，彻底程度也不同[①]。

12 世纪卡佩王朝的城市政策出于三个有时彼此矛盾的考虑，

---

① 关于城市化总体状况，参阅雅克 · 勒高夫:《君主制与城市》(Jacqus Le Goff, *La monarchie et les villes*)，见乔治 · 杜比主编的《法国城市史》，卷 II，“中世纪城市”(Sous la direction de Georges Duby, *Histoire de la France urbaine, t. II, La Ville médiévale*)，巴黎，1980 年，第 303—310 页；关于路易九世时期城市发展状况，参阅让 · 施奈德:《圣路易时期法兰西王国的城市》(Jean Schneider, *Les villes du royaume de France au temps de Saint Louis*)，见《碑铭与美文学院院报》，1981 年；威廉 · 乔丹:《1257—1270 年间法国的城镇行政管理——问题的发现与解决》(William C.Jordan,*Communal administration in France, 1257–1270, problems discovered and solutions imposed*)，见《比利时文献与历史杂志》(*Revue belge de philologie et d'histoire*)，59，1971 年，第 292—313 页。

第一是支持日益依赖城市的经济活动，第二是争取城市居民共同反对领地中的大小领主，第三是不失去教会。在这方面，菲力普·奥古斯特在位期间是一个重要转折。市镇运动此时已经或将近结束，城市争取行政自主的努力也已取得胜利。最后一大批城镇的开创是在布汶战役（1214）前的10年间，来自城市的战斗部
229 队在此役中发挥了重要作用。菲力普·奥古斯特要求城市出力，首先是提供兵马，他还要求城市对他效忠。在“效忠”这个封建时代的词语中，隐含着一个新的事实，那就是君主的权力，君主是以法国国王的身份行事，而不是以领地内的封建领主或王国境内的封建宗主身份行事。菲力普·奥古斯特试图利用在俗人群应当发挥的两种职能，把城市纳入“国家”君主体系，即军事职能与经济职能。

路易九世在位时期是决定性阶段。王国境内最重要的城市在此期间，自发地或是在王权的压力下，组成为一种客观存在的实体。这便是所谓的“优良城市”网，“优良城市”这个词出现于12世纪与13世纪交替之际，以后在路易九世在世时，掌玺大臣和国王本人在文书中屡屡使用。正如舍瓦利耶所说，所谓“优良城市”，就是“国王有利可图的城市”①。路易是第一位“优良城

① 贝尔纳·舍瓦利耶：《14—16世纪法国的优良城市》（Bernard Chevalier, *Les Bonnes Villes de France du XIVe au XVIe siècle*），巴黎，1982年；摩迪埃什：《优良城市的起源及其含义》（G. Mauduech, *La Bonne Ville: origine et sens de l'expression*），见《年鉴》，1972年，第1441—1448页；弗朗索瓦：《优良城市》（M. François, *Les Bonnes Villes*），见《碑铭与美文学院院报》，1975年；阿尔贝·里戈迪埃：《中世纪法国的优良城市是什么？》（Albert Rigaudière, *Qu'est qu'une bonne ville dans la France du Moyen Age?*），见《博蒙宪章和鲁瓦河和莱茵河之间的城市特权（研讨会）》（*La Charte de Beaumont et les franchises municipales entre le Loire et le Rhin*（转下页）

市”的国王。舍瓦利耶下面这段话也说得很好：“在他的优良城市
中所能看到的，一是名副其实的行政官员，二是应该始终加以控
制的人群，三是任何时候都应加以操纵的一支无可比拟的政治力
量……圣路易把它们视为征询民意的主要成分之一，并试图将其
与全国一起加以引导。在他看来，它们是应该优先给予发言权的
人群，但同时也必须将它们置于自己的控制之下。”圣路易是城市
这个近代化因素的国王。他对城市采取的是一种坚定而友好的爱 230
抚态度。在他给儿子的《训示》中有这样一句话：“我加冕不久，
巴黎和我的王国中的各个城市曾帮助我对付贵族，此事我牢记在
心。”[①]这句话并非路易亲口所说或亲笔所写，而是由博利厄的若弗
鲁瓦和南吉的纪尧姆等传记作家根据其原话整理而成的，但我觉
得非但没有违背国王的原意，而且肯定符合他的想法[②]。路易接着
告诉儿子：“千万要把王国的优良城市和市镇维持在你的先祖在世
时的自由状态中；如果需要更改些什么，那就更改，就纠正，好
好爱惜它们，有了这些大城市的实力和财富，你的臣民和外邦人
特别是那些贵族，就会有所顾忌，不敢对你轻举妄动。”在最终导

（接上页）(*colloque*)），南锡，1988 年，第 59—105 页。

① 请看本书原文第 102—103 页。

② 奥克奈尔（O'Connell）找到并复原了圣路易的原话。参阅《圣路易训示》（*The Teachings of Saint Louis*），法文译本为《圣路易言论集》，前引书，第 183—191 页。本页及里戈迪埃所引两段均引自经博利厄的若弗鲁瓦润色的文本，儒安维尔将其纳入自己的著作《圣路易史：儒安维尔及圣路易对儿子的训示》（*Histoire de Saint Louis: Joinville et les Enseignements de Saint Louis àson fils*）〔纳塔利·德·维利编（Natalis de Wailly éd.）〕，巴黎，1872 年，第 52 页。

致 1258 年巴黎协定[①]的谈判中，法国于 1257 年答应向英国国王亨利三世支付一大笔款项，用以补偿穷酸的英国人所放弃的领土，总数约为 13.4 万图尔锂；据威廉 · 切斯特 · 乔丹计算，这笔款项相当于国王全年收入的一半，国王为此向北部城市征税，此举成了改革城市行政管理以及城市与王国政府关系的契机。许多城市以贫穷和无力交纳为由拒不纳税。国王于是对这些城市的财政状况进行稽查，稽查员们发现，大多数城市无法提供可信的账目。稽查结果记在1259—1260年的城市账本上[②]。正如乔丹所推测的那样，国王对于此次稽查发现的财政混乱状况深感震惊，遂决定彻底整饬城市财政，为此于 1262 年颁布了两通敕令，其一针对诺曼
231 底，其二针对法兰西亚，即广阔的法兰西岛[③]。

我们还可以想到，此时路易头脑中已经有了对于社会秩序和道德秩序的考虑。国王始终关心对于穷人的保护，他在对儿子的训示中写道："倘若穷人与富人发生争吵，在弄清真相之前应该优先考虑支持穷人，一旦弄清真相，则应公正地处理。"掌权的富人对待穷人的态度也令他十分恼火。路易九世去世后不久，王国邑督菲力普 · 德 · 博马努瓦在他完成于 1283 年的《博韦希斯习惯

---

① 请看本书原文第 259 页。

② 这些文件已公布在《王家档案宝鉴》，卷 II，III，IV 中。

③ 这两通敕令已由厄塞布 · 洛里埃公布在《法国国王敕令集》(Eusèbe de Laurière, *Ordonnances des rois de Farnce*) 中，卷 I，1723 年，第 82—83 页；奥古斯丁 · 蒂埃里：《第三等级史未版文集》(Augustin Thierry, *Recueil des monuments inédits de l'histoire du tiers état*)，卷 I，1850 年，第 179 页；阿蒂尔 · 吉里（编）：《法国国王与城市关系文献集》(Arthur Giry (éd), *Documents sur les relations de la Royauté avec les villes en France*)，巴黎，1885 年，第 85 页，第 87 页；乔丹所引用的吉里所著文章的附录第 179 页注 1，英译本第 312—313 页。

法》一书第 50 章中提出的著名论断，似乎直接来自于国王的启发："应当防止损害城市和小老百姓，应该尊重并且让大家都尊重他们的各种契约和权利。城市领主每年都应检查'城市状况'，监督市长和掌管城市的那些人，警告富人们不得为非作歹，让穷人们太太平平地挣钱养家，否则将会受到严厉惩处。城市中一旦发生冲突，或是穷人反对富人，或是富人内部纷争，市长因此而无法选出，在这种情况下，检察官和律师以及城市领主应该指定一位有能力治理城市的人临时任职，为期一年。如果冲突的焦点是账目，领主应召集所有与收入和支出有关的人员，听取他们的解释。在一些城市中，行政权被富人夺走，中小阶层民众被排除在城市的行政管理之外。领主应该要求富人们在普通居民的代表面前当众公布账目。"①

调查结果表明，造成城市财政状况恶化的原因很多，市镇官 232
员借出差之际游山玩水、雇员素质低下却照样支薪，招待贵宾开销巨大，因债台高筑而不得不求助于国王最痛恨的放贷。1262 年敕令规定的主要措施是，任何一个优良城市的市长必须在 3 人或 4 人陪同下，于每年的圣马丁节（11 月 18 日）前来巴黎，向国王的行政管理机构汇报当年财政管理情况。严格限制捐赠、开支和薪饷，不准进行放贷活动，城市所拥有的资金应存放在市镇金库中。

这些敕令似乎并未得到切实执行，不过，国王对于城市的干预此时却已大大增加，国王城市的行政管理机构尽管功能不全，

---

① 勒高夫：《君主制与城市》，见《法国城市史》，前引书，卷 II，第 208 页；菲力普·德·波马努瓦的著作见于 1516—1520 年萨尔蒙主编的《博韦希斯习惯法》（A. Salmon, *Coutumes du Beauvaisis*），1970 年重版。

此时却已作为值得仿效的榜样出现。

国王的干预事无巨细，威廉·乔丹以国王对布尔日下达的一项命令为例予以说明，在这项命令中，国王取代了市镇委员会，明令“把所有无主的猪统统赶出城外，以免污染全市”。1264年，博讷市政府就它与勃艮第公爵产生异议的市镇契约中的一个问题向苏瓦松的国王市镇咨询，苏瓦松市政府在回答中指出，国王的行政管理机构高于公爵的行政管理机构；此事是国王的干预成功的明证。这至少是国王一个优良城市因得到他的监护而感到幸运和自豪的实例[①]。

“国王的法律”，即“国家的法律”高于其他法律，至少在理论上是如此，这一点是圣路易在位时期得到承认的。但是，国王要求所有城市附和“国家的法律”中的这种表述，在经济上则应参与“国家的法律”的起草。城市变成了国王的法律传播与实施
233 中一个不可或缺的环节，并在很大程度上决定着这些法律的效力。这一点在新近归入法国的南方尤为突出。

路易与巴黎

从12世纪起，卡佩王朝就以巴黎作为国王的主要驻地，中央机构也安置在这个城市里，当然，那时还谈不上把巴黎称作首

① 让·里夏尔：《1264年苏瓦松市镇向博讷市镇的一次咨询》(Jean Richard, *Une consultation donnée par la commune de Soissons à celle de Beaune* (1264))，见《勃艮第年鉴》(*Annales de Bourgogne*)，XXI，1949年。

都①；自从菲力普·奥古斯特修筑巴黎城墙和卢浮堡以后，国王与巴黎之间就有了特殊关系。在路易九世艰难的执政初期，巴黎居民支持了他和他的母亲，因此他对巴黎居民心怀感激。与这种特殊情况相适应，国王不向巴黎派遣邑督，因为国王本人和他的宫廷成员经常住在巴黎，无需他人代表。代表国王行使权力的主要官员是市政长官，他的管辖权及于巴黎市政辖区和巴黎子爵区，其中包括巴黎周围的若干城堡主领地。巴黎开始设置市政机构的时间至今不甚清楚，但利用塞纳河经销商品的“水上商人”，大概从菲力普·奥古斯特时期起就在商业方面行使某种司法权，代表他们利益的是一位行帮总会长。第一位行帮总会长的名字出现在1263年4月的一份文书上②，他便是埃弗鲁安·德·瓦朗西安纳。

巴黎的市政管理在13世纪向国王提出了许多棘手的问题。巴 234

① 关于巴黎这个在法国大革命前“尚未建成”的首都，参阅雅克·勒高夫：《中世纪法国国家的创建》，前引文，第26—28页；雷蒙·卡泽勒：《从菲力普·奥古斯特时期到查理五世去世期间的巴黎》（Raymond Cazelles, *Paris,de la fin du règne de Philippe Auguste à la mort de Charles V*），见《巴黎新史》（*Nouvelle Histoire de Paris*），巴黎，卷III,1972年；罗伯尔-亨利·博捷：《巴黎何时和如何成为首都》（Robert-Henri Bautier, *Quand et comment Paris devient capitale*），见《巴黎与法兰西岛历史学会会刊》（*Bulletin historique de Paris et de l'Ile de France*），105，1978年，第17—46页；安娜·隆巴尔-茹尔丹：《巴黎城市的创建——1223年以前的塞纳河右岸》（Anne Lombard-Jourdan, *Paris,genèse de la ville. La vie droite de la Seine des origines à1223*），巴黎，1976年；《坟岗和圣德尼！》（Montjoie et Saint-Denis!），见《起源于巴黎和圣德尼的高卢中心地区》（*Le centre de la Gaule aux origines de Paris et de Saint-Denis*），巴黎，1989年。

② 阿里耶·塞尔佩：《路易九世时期巴黎的国王行政管理》（Arié Serper, *L'administration royale de Paris au temps de Louis IX*），见《法兰西亚》（*Francia*），7，1979年，第124页。

黎的人口不断增长，1250 年前后大约已达 16 万[①]，犯罪率随之达到令人担忧的程度，没有一个成形的市政管理机构和市民代表机构，行帮总会长的职责不明，尤为严重的是，他的辖区可以出租给出价最高的人，由承租人进行管理。所有这些因素使得巴黎这个国王主要驻地成了全国最不安全和管理最差的城市。路易从十字军东征回国后，亲自动手整顿市政，于 1261 年把这项工作推向高潮，其标志便是任命一位强有力的人物担任市政长官，此人就是国王出资雇佣的艾蒂安 · 布瓦洛。

同时代人对于路易九世的巴黎改造计划和艾蒂安 · 布瓦洛都有较深印象。南吉的纪尧姆在他的编年史中写道："那时的巴黎管区是可以花钱购买的，所以贫民受压迫，富人干什么都没人管，外来者可以为所欲为而不必担心受到惩罚。国王下令禁止出售巴黎管区，为担任市政长官的人确定年薪，并选用艾蒂安 · 布瓦洛为市政长官。布瓦洛上任不久，巴黎就安定多了。"[②]这就是关于圣路易和艾蒂安 · 德 · 布瓦改造巴黎的美好传说。

儒安维尔的记述有异曲同工之妙，而且更加详细；他不但为南吉的纪尧姆提供了材料，而且在圣路易死后 30 年，还为《法国大编年史》提供了素材。

> 那时的巴黎管区被出售给巴黎的有产者或某些人，买到手的人纵容子弟胡作非为，这些子弟有恃无恐，因为管区掌

---

① 对于基督教世界来说，这是一个极大的数字，排在巴黎之后的大城市米兰和佛罗伦萨，人口都不超过 10 万。那时的城市若有两万人口，就是一个大城市了。

② 《高卢与法兰西历史学家文集》，前引书，卷 XXI，1855 年，第 117—118 页。

> 握在他们的父母或朋友手中，小老百姓备受欺凌，无法在向行帮总会长送厚礼的富人那里讨到公道。那时，谁要是在行帮总会长面前说实话，或是在债务或其他事情上信守诺言，不作食言而肥之徒，谁就会被行帮总会长罚款。由于巴黎管区内腐败成风，暗无天日，小老百姓不敢居住在这片国王的土地上，纷纷逃往其他管区和领地。国王的土地上一片寂寥，行帮总会长召集居民开会时，到会的往往只有十来个人。 235
>
> 此外，巴黎市内和郊外歹徒和盗贼极多，随处可见。国王为留住普通老百姓费尽心机；他详知一切，于是他不准再出售巴黎管区，但付给管区的管理者大笔酬金。他下令废除百姓难以承受的苛捐杂税，并在全国访贤，寻找一位执法公正、贫富一视同仁的人。
>
> 艾蒂安·布瓦洛遂被推荐给国王。布瓦洛干得极好，歹徒和盗贼或被送上绞架，或以其他方法处死，亲属、门第、金钱都救不了他们的性命，余下的歹徒和盗贼再也不敢留在巴黎管区内。国王的土地上开始改变面貌，民众因权利有望得到保障而前来居住。巴黎管区的人口于是渐渐多起来，市容焕然一新，销售和遗产的法定占有、购买和其他经济活动的总价值，比国王以前从中获得的收入翻了一番①。

有一点需要指出，上述引文的最后一句可以作两种不同的理解。一种意思是巴黎经济活动的总量比以前增加了一倍，这正是我的理解，也就是说，国王和新市政长官艾蒂安·布瓦洛为巴黎

---

①　儒安维尔：《圣路易史》，第390—393页。

236 带来了安宁，因而经济上出现了繁荣景象。纳塔利 · 德 · 维利的译文提供了另一种意思，他认为，儒安维尔把两件互不相干的事情联在一起，因而错把巴黎物价上涨当成了经济生活进步的迹象，而事实恰恰相反，这是危机的标志。我们不能完全排斥这种解释，因为 14 世纪大危机的前兆在路易九世当政末年已经出现了。

无论如何，在 13 世纪 60 年代里，国王解决了巴黎行政管理中的主要问题。

国王让市民组织起来，确切地说是诱导他们组织起来。为数不多的选举人两年一度在“水上商人”和“参加商业公会的巴黎商人”中选出一位市政长官和四位市政长官助理，用阿里耶 · 塞尔佩的话说，市政长官“领导市政事务”。市政长官和市政长官助理应是出生在巴黎的人，他们在被称作“市民接待室”的市政厅办公。在市政长官的主持下，一个由若干有产者组成的委员会就市政管理的必要措施作出决定，这些措施所涉及的层面既不直接取决于国王，也不直接取决于对巴黎的某些地段拥有权力的领主。这个委员会对某些产权属于商业公会（行会）的街区行使领主司法权。不过，市政委员会的主要功能是在经济方面，诸如对有关商业和航运的案件作出裁决，保护商业公会的权益，裁决水上商人的讼案等。它有权逮捕违章商人并没收他们的商品，因为唯有水上商人被允准从事水上运输业务，沿塞纳河从芒特桥上溯到巴黎诸桥。固定的市民岗哨被称作“坐岗”或“睡岗”，负有监督执行市政当局有关码头、水泉、下水道、河流以及港口的各种规章的责任。市政长官还负责监管计量、葡萄酒拍卖师和计量人员。市民的雇员各有其名，从他们的名称可以看出他们归哪个市政部门管辖：收税员、掮客、丈量员、计量员、拍卖师、小酒店主、盐贩。

正如我们所见，国王也出现在我们所说的经济领域里，不过 237
这并不是他最关心的领域。尽管国王越来越多地关注物质繁荣，但与前两种功能，即军事和司法相比，经济领域依然是他最少涉足的第三种功能[①]。

巴黎市政长官从“领地和司法意义上的地方官员”变成了“拥有邑督权限的官员”。在13世纪下半叶，巴黎市政长官实施法律，征收赋税，监督职业团体，掌管巴黎大学；除了行帮总会长和地域窄小的小领主的权限外，他还掌管军事、财政和治安。“岗哨”是治安措施中的重要一环。路易九世于1254年设立的“国王岗哨”比市民岗哨大，它不固定于某处，而是根据需要随处移动。1254年的“国王岗哨”由20名骑兵和40名步兵组成，由国王出资供养，受一名岗哨骑士指挥，这位骑士作为国王的雇员受市政长官领导。市政长官的治所设在威严的夏特莱堡中，此堡位于塞纳河右岸，离王宫很近。

1261年被任命为市政长官的艾蒂安·布瓦洛上任不久就表现不俗，称得上是一位优秀的行政官员和强人。重新控制局势虽然不像南吉的纪尧姆所说的那样轻而易举，只需魔杖一点即可，但布瓦洛还是有效地改善了治安状况，他本着国王为所有城市确定的原则重组职业行会，熔保护与监督于一炉。推行此项政策的手段是制定习惯法和巴黎近百个行会的章程。1268年前后编写的“行

① 著名学者博雷里·德·塞尔在19世纪末的一部名著中严厉批评了南吉的纪尧姆和儒安维尔所记述的圣路易的“巴黎改造”金色神话。这场笔仗的细节乏善可陈，而且与圣路易其人关系甚远，故而不予赘述。参阅博雷里·德·塞尔：《13—17世纪公共设施研究》（Borelli de Serres, *Recherches sur divers services publics du XIIIe au XVIIe siècle*），卷I，巴黎，1895年。参阅本书第三部分第四章。

238 业书”被冠以艾蒂安的名字，此书编成之时正值习惯法成文高潮。国王关注普通工匠的命运，但他批准的却是一个师傅掌握决定权的等级制结构。“行业书”的第一部分实际上是一份治安规章，其后则是赋税清单，其中不但列出了向行会征收的税种，也列出了向全体巴黎居民征收的税种。

路易九世借协助组织巴黎市政机构之际，把它置于自己的控制之下。市政长官可以修正行帮总会长的决定；在路易执政后期，巴黎的商人们曾多次请求国王进行干预。1260年年末，他们请求国王支持他们对付外来商人；国王应他们的请求，于1269年明确规定了他们的特权，从而加强了“王权对于市政机构的控制”。①

巴黎的权力机构虽然不是路易九世创建的，但使之成形的却是他，这个权力机构非常适合巴黎这个准首都的特殊性质，它经历了法国大革命这个特殊时期之后，至今依然大体上保持原状②。巴黎没有邑督，也就是说没有总督，但有一位拥有邑督权力的市政长官，也就是说有一位警察总长。巴黎没有市长，但有一位准市长，他就是行帮总会长。两位市政长官共管巴黎，其实就是把权力归于国王这位唯一的主子。

铁面无私的执法者：轰动一时的两个案例

路易九世不满足于用敕令确定司法原则，由各个邑督和稽查

① 外来的商人必须与一个巴黎商人结伙，方能在巴黎经商。

② 巴黎从1977年开始方有市长。

员以及巴黎市政长官去贯彻执行，他还喜欢亲自处理一些典型案
件。他在1259年致朗格多克稽查员的一封信中讲到了宽容，政论
著作则要求君主怀有恻隐之心，以最高法官——司法和慈悲之神 239
为榜样，减轻刑罚。但是，在1254—1260年间，他并未始终体现
出宽容和恻隐之心。

两宗当时令人震惊的案件对此提供了证明。南吉的纪尧姆在《圣路易传》有关1255年的章节中记述了这两宗案件：

> 路易国王拟定上述文书（大赦令）并向全国颁布后，有个家境中等的巴黎人放肆咒骂上帝，说了一些亵渎神明的脏话[①]。一向公正贤明的国王路易下令逮捕此人，用烧红的铁块烙他的嘴唇，让他永远记住自己的罪过，同时儆戒其他人不要诅咒上帝。许多人（据拉丁文本记载，是许多智者）听说或见到此事后，对国王此举大为不满，颇有微辞。但是，贤明的国王想到了《圣经》中的话："人若因我辱骂你们，你们就有福了。"[②]"上帝，他们辱骂我，而你为他们祝福"，于是讲了一句充满基督教徒精神的话，意思是说，如果在他王国里从此再也没有人诅咒上帝，他情愿接受红铁烙印。在这之后，国王为巴黎民众又做了一件好事，许多人因此而为他祝福，当他得知此事时，他对众人说，他曾让人用烧红的铁块烙了那个蔑视上帝的人，许多人为此辱骂他，他希望因此而得到上帝的赞许，却并不希望有人因他为巴黎人做了好事而为他

① 关于圣路易和亵渎神明，请看本书原文第646页以及索引中的"亵渎神明"条。

② 《圣经·马太福音》，第11章。

祝福[1]。

亵渎神明是路易国王恨之入骨的罪行，凡涉及此类案件，他
240 就把公正与严惩混为一谈，当时有些人甚至指责他“残忍”。

我们的编年史和传记作家、圣德尼修道士南吉的纪尧姆接着讲述了第二宗案件。

> 智者曾说过，国王们的宝座是由公正装饰和加固的，为了颂扬公正对于王座的青睐，下面讲一个关于古希老爷的故事。那一年[2]，在离拉昂城不远的圣尼古拉树林隐修院里，住着三个前来学习法语[3]的年轻弗兰德尔贵族。有一天，三个年轻人带着弓箭到隐修院旁边的树林里面去打他们自己养的兔子。在树林里追赶兔子时，三人走进了古希领主昂盖朗的林子。看管林子的差役把他们抓住并关押起来。穷凶极恶、毫无人性的昂盖朗听说这几个年轻人闯进他的林子后，立即让人把他们吊死了。但是，这三个青年的监护人、圣尼古拉修道院院长和王室总管以及与这三个青年同族的吉勒·勒布伦[4]得到消息后，马上向国王报告，要求依法处置古希。善良正

① 南吉的纪尧姆:《圣路易传》，第 399 页。

② 此事发生在 1259 年。

③ 圣路易时代是法语与拉丁语一道作为国际文化通用语的鼎盛时期，法语曾被但丁的老师弗洛朗丁·布鲁奈托·拉蒂尼誉为“世界上最令人愉快的语言”。

④ 吉勒·勒布伦是埃诺的特拉兹尼的领主，他不是法国人。路易九世见他为人虔诚和英勇，遂任命他为王国大臣，此时大约是在十字军回国以后，那时作为国家的法兰西尚不存在。外邦人可以因忠于国王而担任要职。吉勒·勒布伦在路易九世的弟弟安茹的查理征服那不勒斯时发挥了重要作用。

直的国王得知古希的残忍行径后，立即召他进宫，亲自处理
这桩恶性案件。古希接到王命后来到宫中，他说他不应在没
有审问团的情况下被迫回答问题，他要求依据男爵[①]领地的习
惯法接受法国元老们的审讯。但是，法国宫廷的登记册表明，
古希的土地并非男爵领地，因为，据以构成男爵领主权和尊
号的博夫、古尔奈两地的土地，由于兄弟分家而与古希的土 241
地隔开了，所以，古希被告知，他在男爵领地上不拥有土地。
这些事实在路易国王面前得到澄清后，国王下令逮捕古希，
实施逮捕令的不是男爵，也不是骑士，而是国王的武弁（宪
兵）。古希被投入大牢，监禁在卢浮堡中，国王定下日子，古
希届时必须当着众多男爵的面回答问题。到了指定的日子，
法国的男爵们来到王宫，人到齐后，国王下令把古希带上来，
要他就那件案子作出交代。古希遵照国王的旨意，把同族的
男爵都请来旁听，这些男爵应命前来，进入另室，于是只剩
下国王和他的几个谋士。国王原想刚正不阿，秉公断狱，也
就是说，要依据以命抵命的法律条文，判处古希以死刑（与
三位青年一样被吊死）。男爵们得知国王的意图后，恳请国王
宽恕古希，对他处以罚款。路易一心想要维持公正，对在场
的所有男爵说，他若相信上帝的意思也是绞死而不是释放古
希，他就不理会与古希同族的男爵们的请求，一定要绞死古
希。可是，在男爵们的一再恳请下，国王最终还是心软了，
他命令古希以一万锂赎买自己的性命，并且修建两座小教堂，

① 当时，法国尚无公、侯、伯、子、男等成套的贵族头衔，这里的男爵泛指地位较高的贵族。——译者

> 每天让人在里面为三位屈死的青年祈祷，古希还应把三位青
> 年被吊死的那座树林交给隐修院，并且到圣地去逗留三年[①]。
> 贤明而正直的国王拿到罚款后，并没有放进自己的金库，而
> 242 是用于善举……。这个案件对于所有希望维护公正的人来说，
> 应该是一个范例，后来确实也成为范例，因为在这个案件中，
> 被告是一个血统高贵的贵族，而原告则是些可怜巴巴的人，
> 在执掌和维护公正的国王面前，被告最终极为艰难地才用金
> 钱赎买了自己的性命[②]。

这是一件典型的社会新闻，讲述此事的那位圣德尼修道士的评述很有意思，他让人们通过这个实例了解国王的政策，他还故意夸大事实，把受害者说成“可怜巴巴的人”，从而与昂盖朗·德·古希和支持他的那些男爵形成鲜明的对比，其实那三位青年都是与国王身边的王室总管有亲戚关系的贵族。不过，在编年史家和彩绘作者们的记忆中颇具影响的这个事件，确实显示了圣路易处理司法事务的原则和态度的特点，那就是尽量削弱封建诉讼程序而扩大国王的司法权限（不派骑士而派国王武弁去逮捕古希很能说明问题），以国王的最高裁决平衡人们对习惯法的尊

---

① 在法文文本中，这段文字已经损毁，我依据拉丁文文本（第398—400页）和掌握着其他资料的勒南·德·蒂伊蒙的记述（Le Nain de Tillemont, *Vie de Saint Louis*）卷Ⅳ，第188—192页予以复原。昂盖朗·德·古希未兑现参加1261年十字军的许愿，但为此支付了12000锂。参阅巴特勒缪:《公共领地的两个时代——古希（11—12世纪）》（D.Barthélemy, *Les Deux Ages de la seigneurie banale.Coucy (XIe–XIIe siècle)*），巴黎，1984年。

② 南吉的纪尧姆:《圣路易传》，第399—401页。

重，首先造成公正即从严的印象，然后再给予宽容，从而既表明了国王的仁慈之心，也显示出国王对男爵们的善意。此事给人的感觉是，圣路易以执法必严为手段玩弄了一出把戏，旨在既让男爵们更加服帖，又能显现自己的仁慈。

但是，这里显现的是两种价值体系，即社会价值体系和司法价值体系，而这两种价值体系是相互对立的。领主握有或自以为握有自己领地上的最高司法权，所以一旦有人犯下了冒犯领主权力的罪，哪怕是微不足道的小过失，封建司法权也要对之作出专横的处置；而国王的司法权尽管归根结底也是专横的权力，但因它是君主所拥有的最高司法权，因而人人必须接受，在昂盖朗的案例中尤其如此，因为国王本人在此事件中严格地忠于这一司法理想。路易是一位正直的国王，他竭力主张人不分强弱，在法律面前一律平等，尽管官方的宣传与事实多少有些不符。这是司法制度的一大进步，但却带来了巨大的威胁。倘若有人以似是而非的大逆罪（大逆罪在路易执政期间才有了明确的含义①）进行诬告，243
国王的司法权也许会更加专横、更加可怕。后来美男子菲力普常常以国家利益的名义罗织大逆罪，这种做法实际上在他的祖父圣路易执政时期已经初露端倪，只是尚未达到后来的程度而已。很显然，令圣路易感到吃惊并为之恼怒的，并不只是罪与罚不相当以及刑罚的酷烈，而是那三个青年人未经审判就被吊死。国王确实想要在他的国家里切实保障司法公正。此外，有些历史学家认为，昂盖朗·德·古希讼案是施行新诉讼程序的结果，在宗教裁

① 雅克·希福洛、亚纳·托马（Jacques Chiffoleau, Yann Thomas）在他们一部研究大逆罪的重要著作中指出了这一点。

判之后，国王也采用了这种从罗马法—教会法[①]中借用来的诉讼程序，无需受害人本人或其亲属起诉，即可传讯被告。其实并非如此，而是恰恰相反，导致国王亲自干预案件的是传统的诉讼程序，因为，国王是应圣尼古拉树林修道院院长和大臣吉勒·勒布伦的要求，才亲自出面过问此案的。

新的净化措施：打击神意裁判和放贷，迫害犹太人和伦巴第人

从罗马法—教会法引进的检察程序与其他传统司法手段也根本对立，例如神意裁判或上帝裁判。神意裁判的取证办法有多种：被告将手伸进火中或滚烫的水或油中，如安然无恙，即证明其清白；被告可由本人或聘用斗士与原告进行决斗，如获胜，即证明其清白。神意裁判虽然被 1215 年拉特兰第四次公会议明令禁止，
244 但是在贵族圈子里，这种做法实际上并未绝迹，而是继续被采用[②]。教会以“理性”证据尤其是证人举证取代上述这些取证手段。

---

① 里夏尔在《圣路易》（前引书）第 310 页中使用了这个术语。这个术语着重说明，13 世纪的许多新的司法原则和司法实践，受到了再度复兴的罗马法和教会法的影响，教会法典的第一个组成部分《格拉蒂安教令集》（*Le décret de Gratien*）于 1140 年在波洛尼亚颁布，自此以后，教会法发展极为迅速，教会法典一直到 14 世纪还在不断充实。

② 关于神意裁决，鲍德温：《反对神意裁决的 1215 年教会法的知识准备》（John W.Baldwin, *The intellectual preparation for the canon of 1215 against ordeals*），前引文；多米尼克·巴特罗缪：《9—13 世纪神意裁决过程中的口供》（Domonique Barthélemy, *Présence de l'aveu dans le déroulement des ordalies (IXe–XIIIe siècles)*），见《口供》（转下页）

从路易九世开始，国家也随之照此办理。1261 年的一通国王敕令禁止决斗取证，代之以调查和证人举证。13 世纪末的一位编年史作者谈到路易国王时写道："只要他活着，他就不能容忍在法国有人为了查证谋杀、背叛、遗产或债务纠纷而进行骑士决斗或代理人决斗；他竭尽全力让正直的君子或光明磊落的人提供证言。"①

路易一边消除司法实践中的非理性因素，一边继续整饬放贷。

1257 年或 1258 年的一通敕令指定一个小组，负责纠正以往针对犹太人的过激措施②。

放贷者等词不再添加其他限定词，这一情况表明，国王的有关政策出现了重大变化，受到谴责的不再只是被视为专门从事此项活动的主要人群犹太放贷者，还包括越来越多的基督教徒放贷者，这些放贷者的放债额通常远远超出犹太放贷者的放债额，因此，他们收取的利息更多，他们索取的利率有时也比犹太人更高。

（接上页）（*L'Aveu*），前引书，第 191—214 页；罗伯特 · 巴莱特：《火与水的考验——中世纪的神意裁决》（Robert Bartlett, *Trial by Fire and Water. The Medieval Judicial Ordeal*），牛津，1986 年；让 · 戈德迈：《中世纪的神意裁决：学说、立法与教会法实践》（Jean Gaudemet, *Les Ordalies au Moyen Age: doctrine, législation et pratique canonique*），见《证据（让 · 博丹学会文集）》，XVII/2，布鲁塞尔，1965 年，第 99—135 页；查理 · 瑞丁：《从迷信到科学：自然、财富与中世纪神意裁决的消逝》（Charles Radding, *Superstition to science:nature, fortune and the passing of the medieval ordeal*），见《美国历史评论》（*American Historical Review*），84，1979 年，第 945—969 页。

① 吉里耶摩兹：《圣路易，司法决斗与民事诉讼》（P. Guilhiermoz, *Saint Louis, les gages de bataille et la procédure civile*），见《巴黎文献学院丛书》，48，1887 年，第 11—120 页；这位匿名编年史作者的文章登载在《高卢与法兰西历史学家文集》，前引书，卷 XXI，1885 年，第 84 页。

② 《法国国王敕令集》，卷 I，第 85 页。

犹太人的贷款通常仅仅用于低值消费，但其附加条件却往往十分刻薄，诸如以衣服、家具或家畜作抵押等等。

制止放贷的措施虽然扩大到非犹太人，但实际上似乎仅限于外来的基督教徒。颁布于1268年的一通敕令要求把来自伦巴第（即意大利）、卡奥尔[①]以及其他外邦的放贷者赶出法国。这些
245 放贷者必须在三个月内离开法国，他们的债务人在此期间可以讨还抵押品，以减低后的利率还清所借本金和利息。然而，这些商人只要不再从事放贷或其他被禁活动，依然许可在法国经商。从敕令的用词来看，颁布这通敕令的动因不是出于道德方面的考虑，而是出于经济和政治方面的考虑。国王认为放贷“大大搞穷了我国”，必须制止这些外邦人在他们的家中或黑店里所干的坏事[②]。“大大搞穷了”这几个字似乎显示出，一种“民族”经济遗产意识和国家经济边界意识已经开始觉醒，后来促使圣路易的孙子设立海关，禁止贵金属等某些集体财富出口的正是这种意识。“我国”一词令人忧虑，因为，国王以国家利益的名义把民众的不满转变成了（对外邦的）指控。总之，“以国家利益为名的理由”此时已经露头[③]。总而言之，我们似乎应该这样来理解这两通敕令：

---

① 卡奥尔被认为是商人聚集的一个中心城市，它原是一个主教领地，请看本书原文第58页。1268年敕令明白无误地把卡奥尔人等同于外邦人，我对此想不通。参阅菲力普·乌尔弗：《卡奥尔人问题》（Philippe Wolff, *Le problème des Cahorsins*），见《南方年鉴》，1950年，第229—238页；伊夫·勒努阿尔：《13世纪的法国商人——卡奥尔人》（Yves Renouard, *Les Cahorsins,hommes d'affaires français du XIIIe siècle*），见《王家历史学会学报》（*Transactions of the Royal Historical Society*），XI，1961年，第43—67页。

② 《法国国王敕令集》，卷I，第96页。

③ 不过，这种态度可以用当时人们赋予“声誉”的法律价值作解释。

受到谴责的是放贷，而不是商人，也不是外邦人，甚至也不是犹太人。

“优良”货币

路易九世在位末期大力进行货币改革，货币改革首先是经济发展和货币经济扩展的结果。我不准备在这里详述这些问题，以免远离国王其人。我想从心理、道德和思想方面着手，对这些措施进行一些分析，这些措施是从宗教观念出发净化国家纲领的一部分。包括国王、统治者和知识分子在内的法国人在13世纪中叶怎样理解今天我们所说的“经济”，我想把这个问题放在后面再谈，在那里，我将从总体上把圣路易的思想和行动作为“国王的第三种功能”[①] 论述。 246

国王的货币改革[②] 始于1262年，结束于1270年。一系列敕令确定了这次改革的主要内容。1262年敕令禁止制造假币，建立国王钱币在全国流通的垄断权，获准铸造钱币的领主所铸造的钱币，今后只能在他们各自的地域内流通。1262年至1265年之间颁布了两通敕令，禁止在法国国内使用英国钱币——英镑。其中一通现已不存的敕令大约颁布于1262—1265年间，要求包括教会人士在内的国王的臣民宣誓不使用英镑；另一通颁布于1265年的敕

① 请看本书原文第658页及以下多页。

② “国王的货币改革”甚至成了一个专用术语。虽然这些措施构成一个整体，但是，还不能说它们是“一个”自成一体的改革或者一种系统的货币计划。

令把 1266 年 8 月中旬定为英镑停止在法国流通的最后日期。1265 年的另一通敕令禁止仿造国王钱币，规定国王钱币继续享有在全国流通的特权；与此同时，鉴于“民众认为图尔造和巴黎造的国王钱币数量不敷所需”，敕令特许南特、昂热和勒芒等地区铸造地区性钱币。1266 年 7 月敕令（仅存残件）决定按照新的重量和贵金属含量标准重新在巴黎铸造辅币，同时发行一种图尔造的大锂。1266—1270 年间颁布的一通现已不存的敕令，规定铸造一种新的金币——埃居[①]。

从近代“经济”观点来看，这些改革措施具有三重意义。

在巴黎重新铸造的辅币实际上等于贬值，因为，新辅币的重量大于菲力普 · 奥古斯特时期的同类辅币，前者为 1.2881 克，后
247 者为 1.2237 克，但是，新辅币的含银成色比菲力普 · 奥古斯特时期的同类辅币低，前者为 0.4791 克，后者为 0.5009 克。这是对于至少从 12 世纪以来货币的持续恶化，即我们今天所说的通货膨胀的一种有意识的回应。出现这种情况的原因是，在货币经济进步的带动下，现金需求日益增长，此外，国王和有权铸币的领主铸造的钱币量也有所增加。货币量增多的原因既是经济需求的提高，

① 布朗夏尔：《圣路易的钱币改革》（L. Blanchard, *La Réforme monétaire de Saint Louis*），见《马赛自然科学、文学与艺术学院院刊》（*Mémoires de l'Académie des sciences, lettres et arts de Marseille*），1833 年；让 · 拉福里：《法国国王的钱币，从于格 · 卡佩到路易十二》（Jean Lafaurie, *Les Monnaies des rois de France. De Hugues Capet à Louis XII*），巴黎，巴塞尔，1951 年；富尼亚尔：《西方中世纪货币史》（E. Fournial, *Histoire monétaire de l'Occident médiéval*），巴黎，1970 年；马克 · 布洛赫：《欧洲货币简史》（Marc Bloch, *Esquisse d'une histoire monétaire de l'Europe*），巴黎，1954 年（遗著）。

也因为领主们力图从钱币铸造中获得更多的盈利[①]。在整个13世纪中，铸币税在国库收入中的份额不断提高[②]。之所以禁止仿造王国钱币，限制领主钱币的流通，部分地也是出于减少乃至消除通货膨胀的愿望。

另外两项措施在法国货币史上是一个划时代的标志。最为重要的是时隔五个世纪后重新铸造金币，从而回到了古代和中世纪早期的双金属钱币时代；由于使用金银两种金属铸造钱币，拉丁基督教世界得以进入由拜占庭和伊斯兰国家组成的狭小的经济与政治俱乐部。卡斯蒂利亚的阿尔封斯八世国王从1175年起铸造金币，西西里的最后几位诺曼人国王和意大利南部的腓特烈二世皇帝从1231年开始铸造金币，腓特烈的金币名叫奥古斯特；这些君主之所以铸造金币，都出于威望方面的考虑，而这些金币本身在经济上并无多大重要性。意大利大商埠的情况截然不同，它们先后在大型国际贸易和西方国家的国家税收中使用金币，来势凶猛而且持之以恒：吕克于1246年前不久开始使用金币，热那亚于1252年使用名叫热诺维诺的金币，佛罗伦萨从1253年开始使用名叫弗罗林的金币，威尼斯于1284年开始使用金币杜卡托。法国和英国这两个最大的西方国家主要出于国家声望的政治考虑，力图 248
加入这个强大的贸易和银行集团。亨利三世于1257年铸造了一种

① 关于通货膨胀，参阅托马斯·比松：《铸币权的保护——法国、加泰罗尼亚和阿拉贡的货币开发及其限制》（Thomas Bisson, *Conservation of Coinage. Monetary Exploitation and its Restraint in France, Catalonia and Aragon, c.1000–1225 A. D.*），牛津，1979年。

② 让·法维耶：《圣路易的财政》（Jean Favier,*Les finances de Saint Louis*），《七百周年》（*Septième centenaire*），前引书，第135页。

“金便士”，但未获成功，1270 年左右就停止铸造和流通；英国直到 1344 年才重新铸造名为弗罗林的新金币。圣路易于 1266 年开始发行金埃居，但也不成功。埃居在 13 世纪末让位给了多种其他金币，这些金币也表现平平，直到 1330 年才有起色。

巴黎铸造的辅币和金币埃居留存至今的数量极少，可见这两种钱币都不成功。与此相反，图尔造的大锂却不仅在法国大获成功，在国际市场上也颇受青睐，其盛势一直持续到 14 世纪，即使在货币大乱时期也依然如故。它恰好处在与大量需求相对应的货币短缺时期。

事情很清楚，圣路易的货币政策同他在经济和财政上的追求紧密地交织在一起，符合他的政治目标。被人们简单化地称作君主制国家与封建领主制的斗争，在货币问题上找到了难得的用武之地。圣路易重新拾起传统观念，把货币视为国王的工具和国家的垄断对象。面对大贵族和教会，他虽然仅仅满足于宣称国王的钱币高于领主的钱币，并准备废除领主的钱币，但是，他毕竟朝着这个方向走出了决定性的一步。国家货币的垄断地位开始确立。处于形成过程中的君主制国家再次受到三种力量的推动，其一是确立中的教会法；其二是与教会法有联系的正在复兴的罗马法；其三是公众舆论，如同托马斯·比松在谈及此前的情况时所指出，公众舆论很早就向政治权力提出了如下要求：随着越来越多的人越来越多地使用钱币，应该确保钱币的稳定和优良品质。“保存”货币成了人们的一种坚决而恳切的要求。如果国王是强而有力的，或者正在变得强而有力，那么，货币对于他就如法律一样，他必
249 然是其主要得益者，尤其因为货币所具有的能力正在创造一种至高无上的权力形象，而这权力形象日益体现在“圣上”身上，在

法国尤其如此。不久之后，制造假币被列为大逆罪之一，如同在古代那样，假币制造者被列为头等要犯。

国王的货币政策从属于他的司法权。国王在货币方面的行动范围包括以“好”币打击“坏”币，以“纯”辅币（圣路易的敕令中就是这样说的）打击“光秃的”、损毁的、假造的和成色不足的辅币。圣路易及其谋士们非常明白，确立“好”币的地位是价格形成的重要一环，而当时人们的普遍想法是价格应该“公正”。圣路易时代的教规学家和神学家都自诩是社会经济生活道德观念的理论家，而这种道德观念的三个要素便是“公正价格”、“公正薪酬”和“优良货币”。正因为如此，圣路易所采取的这些钱币措施都属于早已出现的术语“货币革新”范围，对于这些带有罗马和加洛林王朝思想印记的中世纪人来说，货币革新具有宗教的、神圣的乃至末世论的反响。货币改革是一件善举，甚至具有神圣性。铸币商尤其是金币铸造商人对此十分清楚，他们于是把佛罗伦萨的保护者圣约翰的头像铸在该城的金币弗罗林上面，把头上罩有灵光的基督头像铸在威尼斯的金币杜卡托的正面，把圣马可向跪在地上的总督授旗的画面铸在金币的背面。

圣路易对此心领神会。他把十字架、他自己的国王称谓和“为耶稣基督的名字祝福”的语句一起铸在图尔大锂上。金埃居则既颂扬基督的荣耀，也颂扬国王的荣耀。正面铸的是饰有卡佩王朝的象征百合花和“上帝圣授法国国王路易”语句，背面铸的是四角各有一朵百合花的带花饰的十字架以及下列庄严的语句：“基督得胜，基督治理，基督统治。”

一件意想不到的文书让我们看到了路易九世的货币政策十
分有趣的一面。我们总以为中世纪大学里的神学家们整天争论的 250

只是一些永恒的抽象问题。然而，巴黎大学在每年的圣诞节和复活节各有一次名为“随意提问”的辩论会，教师必须参加辩论。1265 年复活节那天，著名的教师吉拉尔·达贝维尔应该回答的是这样一个问题：国王在新近颁布的敕令中强令臣民以誓言保证在交易活动中不再使用英镑，他有这个权力吗？因为国王的臣民也是主教的下属，其中有些人还是教会人士；国王这样做是否对臣民们使用“暴力”？这个问题还被提交给教皇议处①。

这个改头换面后归神学院处理的时政热点问题，实际上是要求彻底审议国王在货币方面的权力。吉拉尔老师在回答中以三种权威为依据，肯定铸造钱币是国王的特权。第一种权威是《圣经》，耶稣在谈及铸有皇帝头像的银币时曾说：“该撒的物当归给该撒”（《马太福音》第 22 章第 21 节）；圣保罗也曾经说过：“在上有权柄的，人人当顺服他”（《罗马书》第 13 章第 21 节）；第二种权威是亚里士多德关于国王是公共财产的最高守护人的论断；第三种权威是教会法从罗马法借用的“公益”概念；公益观念首先出现在 1140 年的《格拉蒂安教令集》（C.7, q.l, c.35）中，接着教皇英诺森三世在 1203 年的“以虔敬之意”圣谕中予以表述，教皇在这通圣谕中对于法国国王不承认任何世俗上级这一点给予肯定；这位教皇还在写给阿拉贡国王的信中提到这个概念，在这封被收进教会法典《圣谕集》的信中，他承认阿拉贡国王拥有监督货币使之“优良和合格”的权利和义务。尽管吉拉尔接着又说：“恢复使

① 皮埃尔·米肖-康坦：《1265 年巴黎大学神学院关于国王货币政策的讨论》（Pierre Michaud-Quantin, *La politique monétaire royale à la Faculté de théologie de Paris en 1265*），见《中世纪》（*Moyen Age*），17，1962 年，第 137—151 页。

用英镑对所有人都有好处，因此，应该在适当的时候放弃此前已经采取的措施，这样做会有好处”，可是，他证实了国王在货币方
面的权力，这一点却更为重要。此外，大概由于大多数教会人士 251
和知识界人士的反对，路易九世虽然重申在法国境内抵制英镑的禁令，但取消了有关宣誓的规定。皮埃尔·米肖－康坦受到吉拉尔论据的启发，提出了一个值得注意的看法：“作为直接受业者，巴黎大学的教士们与他们的教授一样，完全不具备设计货币政策所需的必要知识。”与某些历史学家的说法相反，13 世纪的学者们不可能提出与当时的现实和问题相适应的经济理论。

国王和他身边的神职人员中难道就没有经济谋士吗？有的，那些富有的市民，特别是他们当中善于理财的大商人。在 1254 年和 1259 年，路易九世在南方各邑督区建立了咨询会议，为禁止当地在饥荒年头输出小麦和其他产品献计献策。咨询会议由“优良城市”的高级教士、大贵族、骑士和富有的市民组成。1265 年敕令在夏特勒颁布之前，国王征询了宣过誓的巴黎、奥尔良、桑斯和拉昂的富有市民的意见，被征询者的名字附在敕令后面①。经济问题，特别是货币问题是以后召开三级会议的起因。货币就这样把资产阶级引进了国家机器内部。资产阶级因而变成了印欧社会中第三功能的代表②。

---

① 《法国国王敕令集》，卷 I，第 94 页。

② 请看本书原文第 669 页。

争端平息者

基督教徒国王肩负公义与太平两大使命，这两大使命同时也
252 是两大理想，它们的实现能为国王及其臣民带来永恒的拯救[①]。在这里，路易九世的行动具有双重性。一方面，他努力在与国王有涉的事务中维护和平，以身作则，优先解决历史遗留的长时段重大争执。他想消除引起冲突的根由，即使不能永远太平，至少也要长期太平。在眼前与永恒之间，他为未来而努力。另一方面，中世纪的人都喜欢寻求仲裁，而路易九世享有崇高的威望，所以对立的各方都请他进行仲裁。路易的行动和声望超越国界，他成了基督教世界的仲裁人和争端平息者。

他签订了许多和约，多次进行仲裁，下面就是其中最重要、最具轰动效应的几个实例。

弗兰德尔遗产

弗兰德尔是王国中最大的采地之一，大概也是最富庶的采地之一，依据封建传统，子女中的排行最长者，即使是妇女也可以继承父辈的伯爵领地，但这与卡佩王朝唯有男性拥有继承权的传统相悖。可是在长达30年的时间里，玛格丽特的婚姻状况引起的混乱局面虽然时起时伏，却始终没有改观。我只想谈谈这种混乱

① 请看本书原文第647—651页。

局面中能够说明路易九世的那些事情[①]。

布汶的战败者、葡萄牙的费迪南伯爵死于1244年，遗孀让娜
无儿无女，把伯爵领地交给妹妹玛格丽特照管。玛格丽特嫁给了
埃诺邑督布沙尔·德·阿韦纳，然而，这是一桩无效的婚姻，因
为布沙尔早就准备做职业神职人员，而且已被任命为副助祭；经
让娜奔走，罗马教廷于1216年宣布这桩婚姻无效。玛格丽特和布 253
沙尔·德·阿韦纳不但没有立即分手，而且生了两个儿子。1223
年，玛格丽特第二次结婚，嫁给了纪尧姆·德·当皮埃，与他生
了三个儿子。阿韦纳家族和当皮埃家族于是发生争执，前者强调
他们拥有排行老大的继承权，后者则认为，尽管得到生母偏爱，
无效婚姻所生的儿子不拥有继承权。

争执双方多次请求路易九世对此事进行干预，请求有时来自这一方，有时来自那一方，有时则出于国王本人的主动，因为争端双方都是他的封臣，他不能对自己的主要采地漠不关心。1235年，路易为让娜和玛格丽特提出一项协议，主张将遗产的七分之二分给阿韦纳家族，七分之五分给当皮埃家族。这桩纠纷之所以特别复杂，是因为遗产涉及的土地一部分在法兰西王国境内（弗兰德尔伯爵领地），另一部分在神圣罗马帝国境内（包括属于帝国的弗兰德尔部分和那慕尔侯爵领地，那慕尔侯爵领地是1245年腓特烈皇帝赐给玛格丽特的，可是，君士坦丁堡拉丁帝国皇帝弗兰德尔的博杜安二世为借债而把它抵押给了法国国王）。腓特烈二世于1250年去世后无人继位，法国国王因此而得以自由处置，此外，

① 在里夏尔的《圣路易》中可以读到一些非常出色的记述，前引书，第329—337页。

他还想在各个帝位争夺者之间保持不偏不倚的姿态，这些帝位争夺者即使已被承认为罗马人的国王（尚未加冕为皇帝），也仅拥有有限的权力。

1246 年，作为十字军出征前稳定国内局势行动的一部分，路易九世和教皇特使夏多鲁的欧德，以埃诺归属阿韦纳家族、弗兰德尔归属当皮埃家族为基本条件，共同拟定了一份协议。玛格丽特承认其子纪尧姆·德·当皮埃的弗兰德尔伯爵头衔，这位伯爵后来随路易九世出征，1250 年与大贵族们一起返国，翌年在一件意外事故中丧生。玛格丽特承认纪尧姆的弟弟居伊为弗兰德尔伯爵领地的继承人，鉴于圣路易留在圣地未归，居伊遂于 1252 年向卡斯蒂利亚的布朗什依例表示臣服。可是，罗马宫廷最终却在 1249 年承认阿韦纳家族是合法继承人。

可是，伯爵夫人玛格丽特拒不承认让·德·阿韦纳的埃诺伯
254 爵头衔，只把 1249 年已经赠给他的那慕尔侯爵领地留给他。她还怂恿自己的两个儿子弗兰德尔伯爵当皮埃和他的弟弟以及许多法国大贵族，把她认为应归弗兰德尔伯爵领地所有的泽兰诸岛夺过来。瓦尔赫伦岛[①]登陆造成大乱，1253 年 7 月，罗马人国王的兄弟荷兰伯爵俘获了当皮埃兄弟和几位法国大贵族。伯爵夫人玛格丽特向路易九世的小弟弟安茹的查理求援，答应把埃诺送给他。查理接受伯爵夫人的条件，出兵占领了瓦朗谢讷和蒙斯；不过，他听从谋士们的规劝，避免与罗马人国王发生武装冲突，因为这位国王与法国国王保持着良好的关系。

从十字军东征归来的路易九世决定进行干预。他有三条过硬

① 瓦尔赫伦岛当年是泽兰诸岛中的一个，现已与大陆连成一片。——译者

的理由这样做：他的封臣弗兰德尔伯爵及其兄弟当了俘虏（荷兰伯爵释放了其他法国大贵族）；他的亲弟弟卷入了纠纷，他希望各方都能尊重1246年协议。由于对安茹的查理的轻率举动十分恼火，路易九世为进行干预所做的第一件事就是把他召来巴黎。

办事审慎的路易九世首先前往根特，向伯爵夫人玛格丽特表示支持，并向她说明自己的意图。鉴于伯爵夫人及其与阿韦纳所生的那几个儿子接受路易九世的仲裁，他重申1246年协议的主要精神，把埃诺判给阿韦纳家族，把弗兰德尔判给当皮埃家族；史家称此调解方案为“佩罗纳谅解”（1256年9月24日）。可是，埃诺此前已经给了路易的弟弟。法国国王为了说服自己的弟弟让出埃诺，同时又不让他丢脸，遂让伯爵夫人玛格丽特出高价赎买埃诺。此外，伯爵夫人还得向荷兰伯爵支付一笔数额巨大的赎金，用以换取当皮埃兄弟的释放；不过时隔不久，她依然在世的阿韦纳家的儿子埃诺伯爵博杜安就与她重归于好。和平重现在法兰西王国的东北边境。

圣路易在这个事件中所持态度独具特色。他既想维护法制与太平，又想维护王国的利益和他极为重视的家族关系。他在“佩罗纳谅解”中重申，对于阿韦纳和当皮埃两个家族，他不想因偏袒任何一方而损害另外一方，因为他们都是有着血缘关系的亲戚；事关自己的亲弟弟时，他同样体现了不偏不倚的公正精神和亲属感情。最后，他拒不干预那慕尔，积极支持将伯爵领地让予弗兰 255
德尔伯爵的解决方案（1263）。为了和平而放弃一件抵押品是完全值得的。可是，弗兰德尔的公众舆论依然反对法国国王，富有的市民们指责他是苛捐杂税的罪魁祸首。当他于1255年来到根特时，迎接他的是一片嘘声。在长期习惯于持反对态度的根特市民面前，国王的威望大打折扣。

与阿拉贡媾和：科贝尔和约（1258）

在阿拉贡王国和加泰罗尼亚的东北边，法国与西班牙之间没有比利牛斯山脉相隔。10世纪末，于格·卡佩没有响应基督教徒携手共同对抗穆斯林的呼吁；塔拉戈纳公会议规定该地区放弃法国国王年号，改用基督教纪年标记日期，从而默认法、西关系的日趋疏远；尽管如此，卡佩王朝在理论上却继承了加洛林王朝当年向西班牙推进中占有的这片土地。使用法国国王年号标记日期的习惯在下述伯爵区由来已久：巴塞罗那、鲁西永、孔福朗、贝萨卢、昂皮尔当、乌赫尔、赫罗纳、奥索纳。巴塞罗那伯爵于1262年成为阿拉贡国王，此后就不再向法国国王宣誓效忠。相反，巴塞罗那伯爵们在他们成为国王之前和之后，蚕食般侵入法国南部。

法国南部虽然是卡佩王朝的组成部分，却似乎随时准备分离出去，以便围绕着三个政治中心组成一个独立的实体，而这三个政治中心则显得拥有足够的实力把自己的主导地位强加于人，其一是以阿奎坦诸公爵为后盾的普瓦提埃；其二是以其诸伯爵为后盾的图鲁兹；其三是以其诸伯爵与国王为后盾的巴塞罗那。然而，建立一个南部国家的打算在比利牛斯山两侧都流产了。尽管如此，巴塞罗那诸伯爵依然声称对卡尔卡松子爵区拥有宗主权，因为特朗卡维尔家族曾向他们宣誓效忠；他们还声称对圣吉勒家族的图鲁兹伯爵的所有领地拥有宗主权。从阿拉贡国王尚是普罗旺斯伯
256 爵那时起，一直到12世纪末，巴塞罗那诸伯爵始终握有雷蒙·贝

朗热三世的妻子杜斯·德·萨拉的遗产中的一部分领地，其中有包括热沃当在内的中央高地的一部分以及萨拉和米约。进剿阿尔比异端分子的十字军使形势发生了根本性的变化，但阿拉贡人却并未因此而放弃自己的要求。西蒙·德·蒙福尔起初承认阿拉贡的皮埃尔二世对于卡尔卡松的宗主权，可是在 1213 年的米雷之战取胜后却认为，阿拉贡国王已经失去了他在法兰西王国中的所有权利和所有领地。两个王国之间的冲突主要围绕着米约、卡尔卡松和蒙彼利埃这三座城市展开。1237 年一度被阿拉贡人军事占领的米约，险些在 1234 年及 1240—1242 年间挑起一场法兰西—阿拉贡战争。路易九世为了保卫卡尔卡松，大大增强了这个城市的防御能力，在城外四周修筑了大量王家堡垒（佩尔佩丢斯、凯里比斯），并取得当地领主同意，派出王家卫队驻守。蒙彼利埃问题相当微妙。遗产继承人于 12 世纪末与阿拉贡国王结婚时带来了这个领地，可是，马格洛纳主教依然把它视为自己的封地，为了不受阿拉贡人的侵害，他于 1252 年要求法国国王对这块封地拥有宗主权。

当阿拉贡国王雅克一世再次提出对米约、福瓦伯爵区、热沃当和弗努耶德拥有所有权时，局势再度紧张。阿拉贡的王子们试图侵入卡尔卡松地区，雅克一世供养的行吟诗人们呼吁对法兰西国王开战。作为反击，博凯尔邑督区实行封锁，禁止运往蒙彼利埃和阿拉贡的货物过境。

但是，两位国王消除前嫌、重修和好的意愿占了上风。路易这样做既出于理念，也是为了在尚未完全纳入法兰西王国的南部更好地确立自己的权力。雅克一世这样做则另有所图，他把目光投向南方和从穆斯林手中收复失地的“复地运动”，投向西部和对西地中海地区的控制。“征服者”雅克一世于 1229—1235 年间拿下了巴利阿里，1238 年拿下了瓦朗斯，接着又拿下了阿尔西拉和贾蒂瓦。1255 年，两位国王指定了两位教会人士担任仲裁人，一位是法国人，另一位是加泰罗尼亚人，两位国王采纳了这两位仲裁人的建议。雅克一世的特使来到科贝尔，于 1258 年 5 月 11 日签署了和约，和约于同年 7 月 16 日在巴塞罗那获得批准。法国国
257 王停止向西班牙进军，阿拉贡国王则放弃对于卡尔卡松、佩尔佩丢斯、洛拉盖、拉泽斯、米内瓦、热沃当、米约和格里兹、图鲁兹、圣吉勒等伯爵领地的土地要求，此后又放弃了对于阿让奈和孔塔弗奈辛的要求。法国国王交出鲁西永和贝萨卢，换回弗努耶德。可是蒙彼利埃问题并未就此解决，路易九世在 1264 年再次强硬地重申对于该城的权利。在路易十四通过比利牛斯条约（1659）彻底解决之前，鲁西永始终是法兰西与西班牙交恶的祸根。

法英媾和：巴黎和约（1259）

路易九世为法兰西王国所完成的最大的和平事业是解决与英国的宿怨。英国在法国和加斯科尼的属地是对法兰西王国的统一和独立最严重的威胁。1154 年，安茹伯爵登基成为英国金雀花王朝的国王，是为亨利二世。于是在 12 世纪中叶的法兰西土地上，出现了一片广袤的领土，其幅员之大远远胜过卡佩王朝的领地。亨利二世在 1150 年成为诺曼底公爵，1151 年成为安茹、曼恩和都兰伯爵，1152 年娶艳名远扬的阿奎坦的阿里耶诺尔为妻。这位轻佻的女人曾是法国国王路易七世的王后，后来离婚。她与亨利二世结婚时带来了阿奎坦（包括普瓦图、利穆赞、佩里戈尔、凯

尔西、圣东日、吉耶纳[①]）和加斯科尼；尽管卡佩王朝声称加斯科尼属于法国，这块土地却始终独立于法兰西王国。1201 年，法国宫廷谴责英国国王无地王约翰背叛宗主，菲力普 · 奥古斯特据此宣布，法国国王与英国国王之间的宗主与封臣关系破裂。1204—1205 年间，菲力普 · 奥古斯特夺取了安茹、曼恩、都兰和诺曼底，将这些地方归入国王的领地，但在诺曼底实行特殊的制度。1246 年，路易九世在为其幼弟查理授予骑士身份时，将安茹和曼恩作为赏赐地赠送给他；路易九世原本想把安茹和曼恩作为赏赐地赠送给另一位年龄稍长的弟弟，但这位王子英年早逝了。1214 年， 258
英国国王亨利三世发动战争，企图收复法国西部他依然保持着权力的那片土地，英王战败后，两位国王于 1243 年 3 月 12 日签订停战协定，一致同意保持原状五年。十字军东征使原状得以继续保持。

1253 年和 1254 年，为镇压加斯科尼贵族的反叛，英王亨利三世在波尔多短期居留。事后回国之前，他想取道法兰西王国安茹的丰特弗罗隐修院、蓬蒂尼隐修院和夏特勒大教堂，丰特弗罗隐修院中安葬着他的先人，蓬蒂尼隐修院中安放着坎特伯雷大主教圣里什的遗骸，他与这位客死异乡的大主教曾因发生分歧而不和，夏特勒大教堂则是圣母玛利亚的祭坛。路易九世欣然允诺，并邀请亨利三世顺访巴黎。两位国王在巴黎与四位姊妹一起欢度 1254 年圣诞节，她们是已故普罗旺斯伯爵的两个女儿：法国王后玛格丽特和英国王后阿里耶诺尔，亨利三世的兄弟、康沃尔的理查的妻子桑希，路易九世的弟弟、安茹的查理的妻子贝阿特丽丝。浓

① 从 13 世纪起，吉耶纳用来指称英国在大陆上的所有属地，其中包括加斯科尼。

烈的亲情在两位国王之间油然而生，路易九世原本就想在制定政策时把家族关系放在考虑之中，此时这种愿望变得更加强烈。论亲戚关系，英国国王是他的连襟，他亲自把连襟送到布洛涅上船，不久还把埃及苏丹送给他的一头大象转赠英国国王[①]。

就在这一年，亨利三世提议续签停战协定，路易九世欣然同意。亨利三世的兄弟是卡斯蒂利亚国王阿尔封斯在帝位竞争中的对手，路易在1257年只给予阿尔封斯以不甚热情的支持。结果，康沃尔的理查当选为罗马人的国王，1257年5月17日与其妻桑希在亚琛加冕。但是，康沃尔的理查并未得到帝位，皇帝继续缺位。

1257年，温切斯特主教受亨利三世派遣，肩负双重使命前去会见路易九世，其一是让法国国王对英国在神圣罗马帝国中的政策放心，其二是建议正式签订和约，用以取代在两国之间维持脆
259 弱和平的停战协定。路易九世虽然善于媾和，却不能单凭一厢情愿就得到和平；在路易的基督教徒国王形象面前，亨利三世也要努力维护自己基督教徒国王的形象。但是，他依然试图保住先祖们在法兰西所拥有的土地，他坚持认为，他的父王无地王约翰不应对其祖宗的错误负责。两位国王显然都不乏达成和议的愿望，可是亨利三世被英国贵族捆住了手脚，因为，英国贵族为了进一步限制国王的权力，在1258年制定了“牛津条例”。双方的谈判旷日持久，十分艰难[②]。1258年5月28日，和约终于签订。依据当

---

① 据马修·帕利斯记述，这应是出现在英国的第一头大象。当时的一份文书上附有一幅图画，上面画着大象和驯象人以及用来爬上象背的梯子。

② 加弗里洛维奇:《法王路易九世和英王亨利三世的1259年巴黎和约研究》(M. Gavrilovitch, *Etude sur le traité de Paris de 1259 entre Louis IX, roi de France, et Henri III, roi d'Angleterre*)，巴黎，1899年。

时的规矩，两位国王的代表手按圣经起誓，在场监誓的是法国国王及其两个大儿子：14 岁的路易和 13 岁的菲力普。

英国国王永远放弃诺曼底、安茹、都兰、曼恩和普瓦图，但保留他在阿让奈和凯尔西的权利，并应得到他的兄弟康沃尔的理查和他的姊妹、莱斯特伯爵夫人阿里耶诺尔放弃他们在法国的一切权利的承诺。法国的城市繁荣而且驯服，让它们为出手大方的国王出钱易如反掌，手头拮据的英国国王因而可以从法国国王那里获得必需的款项，供养他那五百名骑士两年，此外，在阿让奈的归属最终确定前，他每年还能从那里得到一笔收入。此外，法国国王还把他在利摩日、卡奥尔和佩里格等教区的庄园交给英国国王，不过利摩日、卡奥尔和佩里格主教所拥有的土地，以及他赠送给他的弟弟普瓦提埃的阿尔封斯和安茹的查理的赏赐地不包括在内。他还答应英国国王，一旦普瓦提埃的阿尔封斯去世，位于夏朗德南部的圣东日部分土地也归英国国王所有。但是，法国国王在佩里戈尔保留邑督，并在那里英国城堡的对面建设新的城市。重要的是波尔多、巴荣纳和加斯科尼重新归属法国，英国国
王承认以法国国王封臣的身份拥有这些土地，就此而言，他也成 260
了法国贵族，应该向法国的卡佩王朝宣誓效忠。

1259 年 2 月 10 日，康沃尔的理查及其儿子批准了这份和约。同年 2 月 17 日，英国国王派员以国王的名义在威斯敏斯特批准和约。莱斯特伯爵西蒙 · 德 · 蒙福尔及其夫人阿里耶诺尔久久不愿签字，直到 1259 年 12 月 4 日才在最后时刻给予批准。应路易九世之邀，亨利三世于 11 月 14 日踏上欧洲大陆，随同前来的有他的妻子、次子爱德蒙和大批气势不凡的随从。11 月 25 日，路易九世亲往圣德尼迎接，请英王下榻在位于西岱岛上他自己的王宫中。

1259年12月4日，在王宫的花园里，当着英法两国的许多高级神职人员和贵族以及大批百姓的面，英国国王单膝跪地，双手放在法国国王手中，向法国国王宣誓效忠。宣誓仪式之前，法国宫廷总管、鲁昂大主教、方济各会士欧德·里戈庄严地高声朗读和约。

两位国王的谋士们都对条约议论纷纷。儒安维尔生动地记述了法国方面的反映：

> 经圣徒国王艰苦谈判，英国国王及其妻儿前来法国签署条约。法国国王御前会议的成员们激烈反对这份和约，他们对国王说道："陛下，由于英国国王违反封建臣属关系，您的祖先经由征战从他手中得到了那些土地，现在您要把其中的大部分还给英国国王，我们对您的这一意愿深表赞叹。因此我们觉得，如果您认为自己对您和您和您的祖先所得到的那些土地不拥有权利，那就应该全都归还给他；如果您认为自己对这些土地拥有权利，那么在我们看来，您还给他多少，您就损失多少。"
>
> 神圣的国王就此答道："诸位大人，我坚信，英国国王的先人们所丢失的土地，不多不少恰好是我在征战中获得的；但是，我把这些土地给他，并非因为我非给他和他的继承者们不
> 261 可，而是为了增进我的孩子们和他的孩子们之间的情谊，因为他们都是表兄弟。况且我觉得，我给他这些土地很值得，他以前不是我的人，他得了我的土地之后，就变成我的封臣了。"①

① 儒安维尔：《圣路易史》，前引书，第375页。请看本书原文第820页。

儒安维尔认为国王在理，他接着说：

> 他是世界上为自己的臣民和睦相处最尽心尽力的人，他尤其致力于与相邻的富人和王公保持良好关系[①]。

儒安维尔接着列举了圣路易在国内外平息的许多冲突，并直接引用圣路易趣味盎然的一些言语，以此结束了对这位和平事业热心人的颂扬：

> 国王与一些外国人取得了和解，御前会议中的某些成员认为国王此举不妥，说他不应该劝阻这些外国人动武，因为，他们若因打仗而变成穷汉，那就不可能像有钱时那样对国王发动攻击了。国王说他们讲得不对："如果邻国的君主知道我让他们打仗，他们就不能互相通气，而且会说：'国王让我们兵刃相向，是出于不良用心。'于是，他们就会因为怨恨我而迅速向我发动攻击，我不但很可能打败仗，而且还会招致上帝的憎恶，上帝说：'愿所有致力于和平的人幸福。'"
>
> 因此，经由国王调停终于达成和解的勃艮第人和洛林人十分爱戴他，对他言听计从，我亲眼见到他们来到兰斯王宫、巴黎和奥尔良，请求国王帮助解决一些讼案。

儒安维尔的这两页记述和他在其中所转述的国王言论，不仅

① 儒安维尔：《圣路易史》，前引书，第375页。请看本书原文第820页。

262 十分清晰地揭示了圣路易寻求和平的原由，而且表明了他的政策的总原则。王国的利益与基督教徒理想的实现紧紧交织在一起，而后者是前者的根基。他把土地还给英国国王，可是他却让英国国王成为他的封臣。在那个时代，破坏臣属关系是要受到惩罚的。1247 年，圣德尼的修道士普里马应晚年圣路易之请，用法文撰写了后来被称作《法兰西大编年史》的《诸王的故事》，普里马在书中强调了臣属关系对于加斯科尼的重要意义，当代史学家赞同他的如下看法："加斯科尼在 1259 年之前无论与法国国王或他们的王国，都没有臣属关系。"因此，无论在法律上和事实上，亨利三世都不是法国国王的"人"。1259 年 12 月 4 日，当亨利三世为了加斯科尼而向路易九世宣誓效忠时，"他做了前人未曾做过的事，把此前一直是独立的自由土地变成了采地。法兰西王国并未在加斯科尼止步，从此继续向比利牛斯山脉扩展"[1]。

另一个缘由在前面已经遇到，那便是圣路易的家族感情。此番与以前一样，他所援引的理由究竟出于某种政策的需要，而非家族原因，还是由家族原因所决定的呢？正如在圣路易研究中通常所遇到的那样，应该说两者兼而有之，我们很难把他的家族亲情与他的现实政治考虑区分开来。

圣路易是出于政治现实感而对敌人的仇恨有所畏惧吗？是由于宗教信仰而惧怕上帝的仇恨吗？他用后者遮掩前者，让人难以分辨。基督教徒的义务既加大了国王的利益，又为国王的利益服务。

---

① 皮埃尔·沙普莱：《1259 年巴黎条约》(Pierre Chaplais, *Le traité de Paris de* 1259)，《中世纪》，1955 年，第 121—137 页。

1259 年巴黎条约是否真的为法英在欧洲大陆上的对抗画上了句号呢？ 1271 年，普瓦提埃的阿尔封斯及其妻子让娜先后去世，没有留下后嗣。在这种情况下应作何种处理，1259 年条约有明确的规定；但是，法国国王慢条斯理，并未立即把阿让奈和圣东日南部归还给英国国王；这两块土地虽然终于在 1286 年归还给了英国国王，但按下葫芦浮起瓢，在边界条约上和两位君主的权利方面，都留下了一些含混不清的疑点。美男子菲力普和美男子查理四世分别于 1294 年和 1324 年挑起事端，以此为借口对吉耶纳实 263
行军事干预，并最终没收了这块采地。教皇对这两次事件都进行了调解，他轻而易举地就让法国国王将公爵领地归还给英国国王（1297 年和 1325 年）。可是，英国人不费吹灰之力就占领了公爵领地一事，令法国人觉得，有朝一日重新夺回英国在法国的属地也一定易如反掌。最严重的问题不在这里。亨利三世之后的英国国王们对于向法国国王宣誓效忠，越来越不那么心甘情愿。爱德华一世在 1274 年和 1286 年向法国国王宣誓效忠；爱德华二世以其父亲的名义在 1304 年向法国国王宣誓效忠，当他继位为王后，又于 1308 年向法国国王宣誓效忠；爱德华三世于 1325 年和 1329 年两次向法国国王宣誓效忠，第一次以父亲的名义，第二次以他本人的名义。最后这次宣誓效忠时，形势与以前有所不同。此时的法国国王已经不是卡佩王朝的直系后裔，而是出自支系的伐鲁瓦人菲力普六世。有地位的法国人宁愿接受菲力普六世，而不愿让年轻的英国国王爱德华三世成为法国国王；爱德华三世是美男子菲力普的外甥，因为，他的母亲——美男子菲力普的女儿伊萨贝尔——曾是爱德华二世的王后。伊萨贝尔试图让她的儿子成为法国国王，但未获成功，因为卡佩王朝的传统是由男性后裔继承王位。年轻的爱德华三世之所以于 1329 年来到亚眠向菲力普六世宣誓效忠，只是因为他懦弱得不敢拒绝。英国国王对于法国国王的臣属关系，至少由于三个原因而从此变得很成问题。首先，爱德华三世和美男子查理四世于 1327 年 3 月 31 日签订的协议，虽然被视为带来了“最终和平”，却并未在领土范围和法律地位方面最终解决吉耶纳问题。其次，法国的王室更迭在两位国王之间造成了新局势，英国国王认为自己应该成为法国国王。再次，英法两国君主制向着“近代”和“民族”国家的发展，使得一国国君依照封建制度臣属于另一国国君的状况令人难以接受，变得十分脆弱。路易九世为一劳永逸地解决英国在法国的存在问题而制定的条款，从此成为法英和睦相处的主要障碍。我之所以提及一系列远在圣路易身后发生的事件，原因在于通过这些事件，我们可以探索圣路易的思想和他对此后法国各种问题的发展以及各种事件
264 本身进程的影响。对于圣路易来说，1259 年的巴黎条约确实是他相辅相成的双重意图的一大成功，他借助当时最坚实的联系即封建臣属关系实现了英国与法国的和解，而法国国王在这种关系中明显地处于优势地位。难以预见的结构演变和事态发展后来把这个条约变成了战争工具，这场战争便是英法之间的百年战争。然而，圣路易既不是先知，也不是占卜师。

亚眠“调停”

圣路易多次进行仲裁，我只准备讲述其中令史学家们啧啧称奇的那一次，即为英国国王与他的贵族们所作的调停。英国贵族

为限制和控制王权所作的努力贯穿在整个 13 世纪中，其结果表现为 1215 年的大宪章和 1258 年的牛津条例。反对派的领导人是亨利三世的从兄莱斯特伯爵西蒙·德·蒙福尔。在教皇亚历山大四世（1254—1261）及其继任者乌尔班四世的帮助下，英国国王解除了遵守牛津条例的誓言，但贵族们拒不接受教皇的决定。1263 年 12 月，以亨利三世为一方，以英国贵族为另一方，双方都要求路易九世进行调停，并事先言明尊重他的仲裁。

路易九世于 1264 年 1 月在亚眠作出了总体上有利于英国国王的仲裁。他首先认可了教皇关于废除牛津条例的圣谕；接着宣布，国王应该享有他以前拥有的全部权力和不受限制的主权。但是，他同时又宣布，国王必须尊重“牛津条例制定以前的英格兰王国的王家特权、宪章、自由、敕令和习惯法”。

有人认为，亚眠“调停”不是真正意义上的仲裁，而是法国国王作出的裁决，其身份是英国国王的封君，因而也就是英国贵族的封君的封君。我们必须在封建制度框架之中，而不是以近代君主制观念去审视亚眠调停[1]。有人与此相反，他们认为路易九世 265
之所以拒绝英国贵族对于王权的限制，原因是他把国王视为一切权力的源泉。在我看来，路易九世的立场基于两个殊途同归的原则。其一是国王的职能必须受到尊重，这个职能只有在尊重法制的前提下才可受到限制。他这位法国国王通过他的特派员们发现，他的臣下在以他的名义行政时有违反法制的行为，他认为，这些

① 查尔斯·伍德:《亚眠调停与圣路易的王权理论》（Chares T. Wood, *The Mise of Amiens and Saint Louis' Theory of Kingship*），见《法国历史研究》（*French Historical Studies*），6，1969/1970 年，第 300—310 页。

行为应当得到纠正。但是，亨利三世不应受到任何违反法制的指责。其二是国王无需遵守“不良的习惯法”。应该说，作为一个封建国王，路易九世把受罗马法—教会法精神启示的国王最高权力与习惯法在传统精神中融为一体，他把牛津条例视为“不良习惯法”，呼吁英国国王应该遵守优良习惯法。他用以建立自己权威的基础，既不是他作为法国国王或作为英国国王以及英国贵族的封君所拥有的权威，而是当事者双方以尊重他的决定为条件，要求他进行仲裁时赋予他的权威。路易九世这位公正而且善于化干戈为玉帛的国王，依靠他可以利用的包括仲裁在内的一切法律手段，迫使双方接受他的权威，并让他们承认基督教徒国王的宗教和道德理想是他们的共同基础。

当然，时机确实也帮了他的忙。腓特烈二世去世之后，无人继位，帝位长期虚悬；英国国王的地位在本国成为争议的对象；西班牙国王因忙于“复地运动”对付穆斯林而无暇他顾。然而，路易九世所拥有的不仅仅是物质力量，他更拥有道德力量。他在基督教世界内外都极受尊敬。蒙古大汗旭烈兀称他为“基督教西方最杰出的国王”[①]。他不只是“西方基督教世界最伟大的国王”，他还是这个无处可寻的基督教世界的精神领袖，他在若干年头中曾给人以这个世界确实存在的虚幻印象，因为他在这个世界中处处受到尊敬，他是这个世界治国理想的化身。

266 善于化解争端的国王本想做得更好，把自己国内的战争与和平问题切切实实地彻底解决。1258 年 1 月颁布于圣日耳曼昂莱的一道谕令宣布，经御前会议讨论审议，国王严禁在王国境内进行

① 请看本书原文第 290 页及第 554—555 页。

战争、纵火和毁犁，违者将受到官员的惩处[①]。有人否认这通文书的意义，不承认传统赋予它的敕令性质[②]，他们认为，这通致国王的好友、勒皮主教吉·富尔古瓦的谕令，大概是应这位高级教士之请发出的[③]，它只是一项应时性措施，用以加强这位主教的权威，帮助他维持自己所辖范围的安定。也许是这样，路易九世及其继任者们后来确实一次又一次地作出努力，尽力消除法国境内的私人战争。但是，这件文书并不因此而逊色，它告诉我们，法国国王是如何"修理"君主制下的权力机构的。它揭示了法国君主制的梦想，那就是有一个执掌战争与和平的国王。路易九世希望有一个以天下太平为己任的国王，这位国王的职能之一便是判定什么是正义战争，什么是非正义战争。他的大臣们希望有一种王权，能够充分掌握最高权力之一，即决定战争与和平的权力。这两种希望实际上无法分开。

路易九世也曾试图确定哪些是破坏和平的行径。有关此事的文书已佚。菲力普三世颁布于1275年的一份文书曾提及此事[④]。路易九世尽力寻求的是永远不对此人或彼人诉诸武力的承诺，而不

---

① 《法国国王敕令集》，卷I，第84页。

② 雷蒙·卡泽勒：《从圣路易到查理五世时期的私人战争》（Raymond Cazelles, *La guerre privée, de Saint Louis à Charles V*），见《法国与外国法律史杂志》（*Revue historique de droit français et étranger*），1960年，第530—548页。

③ 费尔迪南·洛特、罗伯尔·法弗蒂埃：《法国中世纪政治制度史》（Ferdinand Lot et Robert Fawtier, *Histoire des institutions françaises au Moyen Age*），卷II，巴黎，1958年，第425—426页。

④ 《法国国王敕令集》，前引书，卷I，第344页；洛特、法弗蒂埃：《法国中世纪政治制度史》，前引书，第426页。

只是休战。一旦发誓永不诉诸武力，就不能食言。休战只是临时性的，而承诺（理论上）永不诉诸武力则是永久性的。高等法院
267 对于此类承诺的保障日益加强。

路易九世与卡佩王朝及王族的前途

在路易九世当政晚期，他的末世论意愿促使他不得不拿出最大的热情，去完成每一个君主都必须尽到的义务，那就是拯救自己、拯救王国，为此首先就要确保他的王朝和家族前途无虞。

死亡与出生

首先必须考虑丧葬。当路易九世于 1254 年返回法国时，两起丧事等着他，其一是 1250 年死于十字军中的小弟阿图瓦的罗伯尔的丧事，其二是 1252 年 12 月死在法国的母亲的丧事。

阿图瓦的罗伯尔于 1250 年 2 月 9 日在曼苏拉之役中战死，骑士狂热和轻率冒失是他丧命的原因。路易向来钟爱各位弟弟，阿图瓦之死令他十分伤心。不过，罗伯尔并未绝嗣，他有一个也叫罗伯尔的儿子[①]，路易九世于 1267 年授予他骑士身份。路易试图让

① 他还有一个女儿布朗什，1259 年嫁给香槟的蒂博五世的儿子亨利为妻，亨利的生母伊萨贝尔是路易九世的女儿。这桩婚姻增进了王族与香槟伯爵家族的关系。

教廷追认罗伯尔为殉教者，因为他死于十字军东征，但是教廷置之不理，这情形就如同路易本人死后一样，教廷虽然追认他为圣徒，但拒不追认他为殉教者。对于教廷来说，一方面，十字军开启了通向拯救之路，却并未开启通向殉教之路；另一方面，必须防止任何为一个王朝涂上神授色彩的倾向。

卡斯蒂利亚的布朗什之死使路易九世悲痛欲绝。儒安维尔和他的许多同代人都责备路易九世悲伤过度。路易一生经受了两次巨大的哀伤，一是其母去世，一是耶路撒冷陷落。不过，其母布朗什属于过去，依照她自己的意愿，她没有葬在圣德尼和鲁瓦尧 268
蒙王家墓地里，而是葬在摩比松的西都会隐修院中等待复活，这座隐修院是她创建的，因而鲁瓦尧蒙也属于她。

路易九世的长子、王储路易于 1260 年 1 月猝死，这对国王无疑是一个意外的严酷打击，后果极为严重。国王为王储之死深感沉痛，他以沉重的言辞亲自向他的主要谋臣、王宫总管欧德 · 里戈报丧，欧德 · 里戈这位鲁昂大主教在日记中记下了此事。英国国王刚在巴黎与包括年轻的王储在内的国王一家欢度圣诞节，此时正在返回的途中；噩耗传来，他立即调头返回巴黎，参加王储的丧礼。年轻的王子安葬在鲁瓦尧蒙，因为，国王决定把圣德尼辟为曾经加冕的国王和王后的墓地，鲁瓦尧蒙则用来安葬未曾登基的王族成员。这位王子不但拥有王储身份，他还曾在父王远征圣地期间以“长子”头衔行使国王助理的职责，代他管理国务，虽然这只是一个理论上的职务，却是明确无误的职务，所以，他的突然去世格外令人震惊。不但如此，编年史家们异口同声地称赞他才华横溢、精于治国之道，酷肖乃父。王位继承问题当时极受重视，上帝赋予贤君的最大恩惠便是让他有一个称心如意的继承人。圣路易显然从儿子之死中感受到了上帝的警示，他大概还没有资格为自己和他的臣民争取到拯救。他必须加倍努力，强化道德整饬。我们将会看到，他果然这样做了。

年轻的王储之死是一件触动每一个人的大事，人们争先恐后地向国王表示同情和慰藉。教皇亚历山大四世也亲自致函哀悼。国王的首席智囊、多明我会士博韦的樊尚特地撰写了一篇《悼诗》，这篇著作连同圣贝尔纳为其兄弟之死[①]所写的悼词，一并被研究传统“基督教慰藉”的史学家们奉为中世纪同类作品中不可
269 多得的精品。不过，路易九世还有儿子，尤其是次子菲力普，他比早逝的哥哥只小一岁，国王已经让他在为巴黎条约发誓等重要场合与哥哥一起露面。年轻的王储之死似乎不会引发王位继承危机。博韦的樊尚提醒国王，卡佩王朝经历过同样事件，但并未造成严重后果。

上帝赋予路易及其王后玛格丽特旺盛的生育能力，从基督教徒的君主传统来看，他们的子嗣堪称兴旺。国王夫妇一共生育了11个子女，大女儿布朗什生于1240年，死于1243年。接着是伊萨贝尔（生于1242年），路易（生于1244年，死于1260年），菲力普（生于1245年），出生于1248年的让只活了几天；在率领十字军东征和在圣地逗留期间，路易又得了三个孩子：生于1250年4月的男孩取名让－特里斯坦，此时其父因被俘而在羁押之中，这

---

① 彼特·冯·穆斯：《博韦的樊尚对路易九世的安慰函——试论慰藉的动机与分类史》（Peter von Moos, *Die Trostschrift des Vincenz von Beauvais für Ludwig IX. Vorstudiezzur Motiv und Gattungsgeschichte der consolatio*），见《中世纪年鉴》（*Mittellateinsches Jahrbuch*），4，1967年，第173—219页。

个名字令人想到囹圄之苦①；皮埃尔生于1251年，生于1253年年初的女儿也叫布朗什；回到法国后出生的两个儿子和一个女儿分别是玛格丽特（1254年年末或1255年年初）、罗伯尔（1256年出生）和阿涅斯（1260年出生）。路易九世的子女众多，加以他与其父路易八世不同，只将少量土地分给非长子的儿子，所以他享有崇高的声望和权力。1269年出征突尼斯前夕，路易九世解决了继位问题，分赠给儿子们少量土地，但为他们娶了拥有大量土地的妻子②。然而，经由他的儿子们代代相传，圣路易后来成了法国所有国王的先祖，每一个法国国王都可以说自己是“圣路易的后代”。当路易十六登上断头台时，为他送行的神甫也对他说：“你是圣路易的后代。”

小儿子们一个个顺利完婚，大儿子和女儿们也依据当时的习俗娶妻嫁夫，他们都低龄订亲，少年结婚，配偶都根据王族的政治需要选定③。

在13世纪，一个年轻贵族成为骑士后才算成人。所以为了不 270
折不扣地获得应有的身份，承担各自的职责，国王及其兄弟和儿子都必须是骑士，因此，授予骑士身份的仪礼对于王家青年具有特别重要的意义。路易九世因而对于这项庄严的仪礼给予非同寻常的关注。授予菲力普骑士身份的典礼尤其隆重，从此他就成了王储，以后又成了国王菲力普三世。这次授甲礼是在1267年6月5日圣灵降临节举行的。在基督教世界里，继传统的春节之后，圣

① 特里斯坦的原文为Tristan与法文的triste（悲苦）一词相当接近，故有此说。——译者

② 请看本书原文第737页。

③ 请看本书原文第737—738页。

灵降临节是君主和贵族的一个重要节日。那天的典礼在巴黎王宫的花园里举行，到场的达官贵人和平民百姓不计其数，同时被授予骑士身份的还有许多贵族青年。路易九世不久前决定再次率领十字军出征，许多人鉴于他的健康状况担心他出征凶多吉少；王子的骑士授甲礼因而格外引人注目，这位新骑士不但是王储，而且登基为王的日子也指日可待了。

妹妹与弟弟们

路易九世原本希望，如同一些大家族的子弟那样，他的孩子们中间能有人进入教会。他本想让让－特里斯坦成为多明我会士，让皮埃尔成为方济各会士，让布朗什进入她祖母在摩比松创办的西都会隐修院。父亲虽然威严，这三个孩子却都顶住了巨大的压力，其中尤以布朗什最为坚决。在信奉基督教的国王、领主乃至市民大家族中，通常是女儿忤逆父母的意愿，执意要进修道院，父母尤其是父亲则因这样一来就会丧失联姻带来的好处而竭力反对。布朗什提供了一个恰好与惯常行为相反的典型，芳龄不足11岁的她竟然向教皇乌尔班四世（我们不知道谁在其间牵线搭桥）求援，教皇特准她收回在父亲逼迫下违心地表示的愿望。即使在教皇看来，圣路易的宗教热情有时也有些过头。不过，幸好他并不强制子女们屈从他的意志。

相反，伊萨贝尔的行为显然让他十分高兴。他这位出生于1225年的妹妹尽管与他性别不同，职务也不同，生活道路却颇为
271 相似。她发愿终身守贞，起初许配给了拉马什伯爵的长子，后来

拒绝嫁给皇帝腓特烈二世的儿子霍亨施陶芬的康拉德。她生活在王宫里，衣着简朴，信仰虔诚。她在隆尚创建了一所圣克莱尔修道院，并于1263年进入这所修道院。她于1270年2月去世，时值路易九世率十字军东征前夕。国王带着十分虔诚的心情参加了妹妹的葬礼；教会后来将她列为可以在天堂享受真福的八品之一，但那已是1521年的事了。隆尚修道院也许是一所培育以伊萨贝尔的形象为中心的修道信仰中心，例如，大个子菲力普五世就于1322年来到这里，并死在这里。但是，与发生在中欧的情况不同，教会似乎曾阻止王家宗教继续发展，这种王家宗教是以被公认为幸福或圣洁的公主为中心的[①]。据儒安维尔记述，卡斯蒂利亚的布朗什对匈牙利（图林根）的伊丽莎白特别虔敬，在1241年路易九世为授予他的弟弟阿尔封斯骑士身份而在索谬尔举行的盛大宴会上，伊丽莎白的儿子曾侍奉卡斯蒂利亚的布朗什[②]。布朗什亲吻了这位年轻人的前额，因为她想，他那圣洁的母亲大概也曾亲吻过他的前额。伊萨贝尔异乎寻常的宗教虔诚直到16世纪才得到承认。

十字军东征结束后，路易九世还有两个弟弟，依据先父路易八世的意愿，他于1241年把普瓦图、圣东日和奥弗涅的一部分交给大弟弟阿尔封斯；1229年的巴黎条约结束了进剿阿尔比派的十字军，依照此条约的规定，阿尔封斯成了图鲁兹伯爵。他的妻子让娜是图鲁兹伯爵雷蒙三世的女儿，她的大部分遗产也归阿尔封斯所有。阿尔封斯体质孱弱，但他却两次参加十字军，为哥哥献计献策。他很少在自己的土地上居住，通常住在法兰西岛或巴黎，

① 请看本书原文第728—729页。

② 儒安维尔:《圣路易史》，第57页。

他在巴黎的卢浮堡近旁为自己建造了一座宫殿。然而，他却依靠一些优秀的邑督，依照王室领地的模式，把自己在法国南部和东部的广阔领地管理得井然有序，或许还为国王的行政管理提供了
272 某些榜样。1271 年，阿尔封斯和让娜相继去世，没有留下子嗣，依照王族赏赐地的继承规则，阿尔封斯的领地被兼并，重新成为国王领地，兼并进行得十分顺利[①]。除去手足亲情之外，大体相似的管理模式在很大程度促成了兼并的顺利进行。

二弟查理令全家头痛[②]。他于 1246 年获得了安茹－曼恩－都兰赏赐地，他的妻子贝阿特丽丝是普罗旺斯伯爵雷蒙 · 贝朗热的女儿，伯爵于 1245 年去世，普罗旺斯伯爵领地作为贝阿特丽丝所继承的遗产也归在查理名下；可是，法国王后玛格丽特是雷蒙 · 贝朗热的长女，她并未放弃对于普罗旺斯领地的要求。这样一来，查理所拥有的土地不但分成两部分，而且分属法兰西王国和神圣罗马帝国。这种形势助长了查理的野心，促使他轻举妄动，他与普罗旺斯的臣属关系不好，与马赛等城市尤其不融洽，这些城市里的人把他视为外邦人。在很长时间里，路易把查理留在宫中。路易滞留圣地时，查理自作主张，参与了埃诺事件。不过，路易九世最终回应教皇的呼吁，为查理接受了腓特烈二世在意大利的遗产，即意大利南部和西西里岛。1266 年 2 月的贝内旺之役和同年 8 月的塔利亚科佐之役胜利后，查理征服了自己的王国。于是，卡佩王朝开始统治意大利南部；查理的王国虽然独立于法兰西王

① 布塔里克:《圣路易和普瓦图的阿尔封斯》(Edgar Boutaric, *Saint Louis et Alphonse de Poitiers*)，前引书。

② 请看本书原文第 725—727 页。

国，但彼此友好相处。

从 1261 年起，被米海尔·巴列奥略八世和希腊人赶走的君士坦丁堡拉丁帝国皇帝，试图得到安茹的查理的支援，以便夺回君士坦丁堡。经过许多曲折之后，查理终于答应皇帝的要求，在教皇克莱门特四世的斡旋下，于 1267 年 5 月 27 日在维特尔博签订了一份条约。条约规定，查理对下列地区拥有宗主权：莫雷、爱琴海诸岛、爱皮鲁斯、科尔夫以及双方将要联手征服的土地中的三分之一。1270 年年初，查理把一部分部队派到莫雷。路易九世对于弟弟的这一举措并无好感，他的目标只有一个，那就是再次组织十字军。他觉得，君士坦丁堡事件可以通过双方妥协得到和平解决。机灵的米海尔·巴列奥略请求路易九世出面斡旋，并让 273
他觉得有望结束希腊基督教徒和拉丁基督教徒之间的分裂。查理敬重哥哥，尊重哥哥的权威，因而他无可选择，只能首先参加哥哥再次组织的十字军。

路易九世就这样在符合法兰西王国和基督教世界的原则和利益的条件下，妥善处理了家族事务。这些事务所涉及的不单是在世的人，还牵扯到和平、秩序以及与亡人的关系。乔治·杜比雄辩地指出，家族关系可以引发人们的回忆，只有精心保存王朝的历史，才能激发对于本家族的热情[①]。大家族中的生者与死者是在墓地相会的。

---

① 乔治·杜比：《族谱》（Georges Duby, *Le Lignage*），见诺拉主编的《史迹》第 2 卷《民族》（P. Nora (éd), *Les Lieux de mémoire*, t, II, La Nation），册 I，巴黎，1986 年，第 31—56 页。

圣路易与王族遗体

大约在 1263—1264 年间，也就是圣路易在位晚期，他完成了中世纪最大的王陵工程，对圣德尼王家墓地中的坟墓作了整修，包括 16 座 7 世纪至 12 世纪的国王和王后的坟墓，为每位死者做了雕像；此外还整修了他的祖父菲力普 · 奥古斯特（死于 1223 年）和父亲路易八世（死于 1226 年）的坟墓。与此同时，他作出决定，今后只让真正当过国王或王后的王族男女成员安葬在圣德尼。

这一雄心勃勃的计划所提出的问题，涉及的不仅是卡佩王朝的丧葬政策，只有把它放在长时段发展的背景中，我们才能看清它；从 11 世纪到 13 世纪，坟墓中的死者成了新的雕塑题材，这说明基督教对于亡人的态度发生了变化。透过这一基本现象，我们不难看出，在中世纪的基督教观念中，死者的遗体尤其是王族成员的遗体被赋予了新的意义。

问题的起因是在应该如何对待肉体这个问题上，基督教的认
274 识自相矛盾，态度含混不清[①]。一方面，肉体作为人的不良部分受到谴责：“你们若顺从肉体活着必要死，若靠着圣灵治死身体的恶

① 参阅《对话》（*Dialogus*）杂志第 1 期的文章：《肉体的谈话》（*I discorsi dei corpi*），1993 年；阿戈斯蒂诺 · 巴拉维奇尼 · 巴利亚尼：《教皇的躯体》（Agostino Paravicini Bagliani, *Il corpo del Papa*），都灵，1994 年。还可参阅贝尔泰里：《国王的遗体》（S. Bertelli, *Il corpo del re*），佛罗伦萨，1990 年；普谢尔：《中世纪时期的人体与外科医术》（M.-Ch. Pouchelle, *Corps et chirurgie à l'apogée du Moyen Age*），巴黎，1983 年；彼特 · 布劳恩：《弃绝肉欲——原始基督教的贞操、独身和禁欲》（Peter Brown, *Le Renoncement à la chair. Virginalité, célibat et continence dans le christianisme primitif*），法译本，1995 年。

行必要活着”（《圣经·新约·罗马书》第8章，第13节），在中世纪初期野蛮的摩尼教影响下，肉体变成了“灵魂的丑陋外衣”（教皇格列高里一世语）。可是，肉体却又被允准复活，圣徒的肉体以及经受炼狱之火净化后与圣徒会合的那些人的肉体，被允准获得永恒的荣耀。圣保罗就此肯定地说：“我们却是天上的国民，并且等候救主，就是主耶稣基督从天上降临。他要按着那能叫万有归服自己的大能，将我们这卑贱的肉体改变形状，和他自己荣耀的身体相似。”（《圣经·新约·腓立比书》，第3章，第20—21节）基督教徒的肉体无论是死还是活，凡是不甘心于卑贱的肉体，都在等候着变成荣耀的肉体。基督教的全部丧葬思想都在卑贱的肉体和荣耀的肉体之间打转，尽力设法从前者变为后者。

古人的丧葬思想则侧重于怀念死者[①]。这种思想在重要人物去世时表露得尤为清晰。在美索不达米亚，已故的王族成员与天和地一起继续维护着社会的秩序和繁荣，他们借助直立的雕像与上天保持联系，借助横向掩埋的遗骨与大地保持联系[②]。在希腊，对于英雄和其他光荣捐躯者的纪念，令人想到“与众不同的个人命运”和军事集团（在史诗时代是军队，在市民时代则是城邦）的团结一致[③]。那些具有神性的希腊君主之死，他们的丧葬极尽奢华

① 尼奥里、维尔南（编）：《死亡——古代社会中的死者》（*La mort, les morts dans les sociétés anciennes,*sous la direction de G. Gnolli et Jean-Pierre Vernant），牛津，巴黎，1982年。

② 维尔南为《死亡——古代社会中的死者》一书所作的导言，前引书，第10页；埃莱娜·卡森：《死亡在古代美索不达米亚的价值与意义》（Elena Cassin, *La mort: valeur et représentation en Mesopotamie ancienne*），同前书，第366页。

③ 出处同上，第5—15页；同书中的《壮丽的死与被蹂躏的遗体》（转下页）

275 之能事，这种排场与其说是为了削减“彼岸世界的痛苦”，毋宁说是为了继续“炫耀”①，以便借助人们对于死者的追忆，使死者所属的社会阶层即“显贵”的权力得以永远延续下去②。关于国王的雕像，有必要指出，在古代美索不达米亚，国王是“沟通与上天联系的中介，所以他的遗体不能平躺在墓穴中，而应如同宫殿或庙宇中的雕像那样直立着”，雕像是“化为雕像的死者本人”③。在希腊化时代，国王成为一种文化对象，他的坟墓成为一种祭坛④。可是，在大多数古代社会尤其是古希腊—罗马社会中，存在着一种难以自圆其说的现象：死者的遗体被视为极为可憎的东西⑤，不能

（接上页）（*La belle mort et le cadavre outragé*），第45—76页；同书中尼古拉·洛罗：《死在特洛伊城下，为雅典而倒下：从英雄的荣耀到城邦概念》（Nicole Loraux, *Mourir devant Troie,tomber pour Athène: de la gloire du héros à l'idée de la cité*），第2—43页；《雅典的创造》（*L'Invention de'Athènes*），见《古典城邦中的悼词史》（*Histoire de l'oraison funèbre dans la cité classique*），巴黎，海牙，1981年；巴黎，1994年再版。

① 保尔·韦纳：《面包与马戏场》（Paul Veyne, *Le Pain et la Cirque*），巴黎，1976年，第245—251页。

② 波利娜·施密特-潘特尔：《具有神性的希腊君主与死者的记忆》（Pauline Schmitt-Pantel, *Evergétisme et mémoire du mort*），见《死亡——古代社会中的死者》，前引书，第177—188页。

③ 卡森：《死亡在古代美索不达米亚的价值与意义》，前引文，第366页。

④ 埃尔温·帕诺夫斯基（Erwin Panofski）在他的《坟墓雕塑及其从古埃及到贝尔尼尼的变化》（*Tomb Sculpture, Its Changing from Ancient Egypt to Bernini*）中指出，阿尔忒弥斯离开了奄奄一息的希波吕托斯；阿波罗在阿尔刻斯提斯死前离开阿德墨托斯的住处，人们把提洛岛给了阿波罗。所有坟墓中的遗骸都被清除出来，送到另一个岛上。

⑤ 维尔南为《死亡——古代社会中的死者》一书所作的导言，第10页。

停放在市民生活区里，只能被抛弃在城邦之外；而豪门贵族的坟墓却被刻意沿郊区大道安放在人们常来常往的地方，以便即使不对死者崇拜，至少也可以时时想起他们。

随着基督教的出现，这一切都变了。卑贱的肉体与荣耀的肉体之分虽然是基督教徒对待死者的基本态度，然而在实际当中，基督教关于亡人的观念转变却产生于基督教独有的新事之一：圣徒崇拜[1]。圣徒崇拜基本上是对亡人的崇拜，它是基督教世界中仅存的亡人崇拜，同时又是与古代不信教者世界的决裂。圣徒的坟 276
墓成了吸引基督教徒的社区中心。圣徒的坟墓是神奇地治愈疾病的最佳地点，在教会看来，圣徒的遗骸具有向上帝说情的能力；而在大众心目中，圣徒的遗骸具有一种独特和立竿见影的魔力。与此同理，谁若能葬在圣徒的坟墓旁边，未来一生的拯救就有了保证。到了复活之日，这些幸运的人就能获得上帝特选的那些圣徒的帮助。彼特·布劳恩说得很对，圣徒的坟墓是“天地会合之处”；可是，对于古人特别是希腊人来说，死亡是人与神之间的一条巨大的分界线，当一个人行将死亡时，诸神应当离他而远去[2]。与圣徒坟墓的吸引力相联系的基督教丧葬思想的巨大转变，导致亡人的城市化（意大利人称之为“迁入城市”），亡人占有的空间挤进了活人占有的空间，公墓要尽可能挨近圣徒的坟墓，无论如

---

① 彼德·布劳恩：《圣徒崇拜及其在拉丁基督教中的发展和功能》（Peter Brown, *Le Culte des saints. Son esseor et sa fonction dans la chrétienté latine*），法译本，巴黎，1984年。

② 同上书，第3页。

何也要安排在靠近教堂的地方[①]。

坟墓所具有的纪念性质和个人特点被取消，这是基督教丧葬思想的第二个变化。埃尔温·帕诺夫斯基指出，基督教的丧葬艺术排除“追远”和“纪念”原则，强调灵魂不灭原则，基督教认为，坟墓应该预告复活，召唤永生[②]。菲力普·阿里耶斯强调指出，从5世纪前后开始，坟墓不再立碑题名，既没有死者姓名，也没有肖像。这是与古代丧葬思想的决裂，但不应过分夸大这一点。基督教的坟墓依然体现着一定程度的怀念思想。安放圣徒的纪念
277 性建筑物或此类建筑物中安放圣徒的那个部位，通常都叫作“纪念堂”。不过，基督教丧葬建筑物的主要功能确实是告诉生者：肉体是尘埃，而且应该重新变成尘埃。它不是提醒人们回忆过去曾在凡尘生活，而是提醒人们即将抵达终极。

一些名声显赫的人要求死后享受特殊待遇，尽管这种特殊待遇的规格低于而且有别于圣徒受到的待遇，在这类人中排在第一位的是有权势的人，他们自远古以来就与常人不同，他们是王族成员[③]。他们往往能挤进教堂这个区分神职人员与平信徒的重要地

---

① 让·居永在《从罗马基督教的坟碑看坟墓的售卖》（Jean Guyon, *La vente des tombes à travers l'épigraphie de la Rome chrétienne*）中写道：“一千年来城内不准造坟的禁令被撤销，此事是历史变动的一个真正的标志。”

② 帕诺夫斯基：《坟墓雕塑》（Erwin Panofski, *Tomb Sculpture*），前引书。

③ 另有一类与众不同的亡人是教皇，他们从中世纪早期开始就在坟墓和纪念性建筑方面享受特殊待遇，参阅让－夏尔·皮卡尔：《3—10世纪教皇墓址研究》（Jean-Charles Picard, *Etude sur l'emplacement des tombes des Papes du IIIe au Xe siècle*），见《考古与史学文集》（*Mélanges d'archéologie et d'histoire*），81，1969年，第735—782页。罗纳德·费纳坎在他的《神圣的遗体和污秽的肉体——中世纪晚期的社会思想和丧葬礼仪》（Ronald C. Finucane, *Sacred corpse, profane carrion: social ideals and death rituals in the later Middle Ages*，见若阿香·沃利主编：《死亡之镜——死亡的社会史研究》（Joachim Whaley, *Mirrors of Mortality. Studies in the Social* （转下页）

点。从中世纪早期起，国王就往往把某些教堂视为王家墓地或是王族的“先贤祠”，国王通常被安葬在教堂中的祭坛或附属于教堂的祭坛里。

在高卢，把教堂选作王家墓地的趋势早在墨洛温王朝初期就已显现[①]。改宗皈依基督教之前的法兰克人，为他们的首领举行的丧葬习俗与罗马人相当接近。例如，克洛维斯的父亲希尔代里克一世就被葬在图尔奈附近一条古老的大道边上。他的坟墓孤零零地远离城市，与基督教的崇拜性建筑物当然也毫不相干。克洛维斯骤然改变了这种习俗，从此以后，墨洛温王朝的历代国王都被安葬在基督教大教堂中，只是这些大教堂都地处郊外，几百年之后的圣德尼教堂也可算作此类大教堂。之所以作出这种选择，是否或多或少与国王和空间的关系有关？因为也就是说，当时并无 278
一个名副其实的首都，而城外的修道院却具有极大的吸引力[②]。

克洛维斯让后人把他安葬在他下令修建的圣徒教堂中，王后克洛蒂德死后也于544年被安葬在这座教堂中。这座教堂坐落在塞纳河左岸俯瞰巴黎的小丘上，当初克洛维斯修建这座教堂也许是为了安放圣热纳维耶夫的遗物，她很可能死于公元500年之后不久。

（接上页）*History of Death*），伦敦，1981年，第40—60页）一文中研究了中世纪对于四类死者的态度：国王、罪犯和叛徒、圣徒、异端分子和死在娘胎中的婴儿。

① 此处采用阿兰·埃尔兰德－勃兰登堡在《国王驾崩》（前引书）中的说法，本段从他的这部著作中受益甚多。

② 弗朗索瓦·阿托格（François Hartog）认为，斯基泰人由于游牧传统而将他们的国王安葬在国土边缘。见《希罗多德镜子》（*Le Miroir d'Hérodote*），巴黎，1980年，该书的第4章“国王的躯体——空间与权力”给人以许多启示。

希尔德贝是克洛维斯众多的儿子之一，是他攻克巴黎，把它并入王国的版图。按照他本人的意愿，他于558年被安葬在位于城外的圣文森－圣克鲁瓦修道院中。当初他下令修建这座教堂，既是为了安放他从西班牙带回来的圣物（特别是圣文森特的长袍），大概也是为了当作他本人和他的妻子的墓地。巴黎主教圣热尔曼也于576年被安葬在这座教堂中，后来这座教堂因他而改名为圣日耳曼岱普莱教堂。生前住在巴黎的墨洛温王朝国王以及他们的妻子儿女，大多安葬在圣文森－圣克鲁瓦修道院中；但是，这座修道院与圣徒教堂以及后来的圣热纳维耶夫教堂一样，并未接纳所有王族的遗体。因而，归根结底，名副其实的墨洛温王朝王家墓地并不存在。

后来的事实表明，墨洛温王朝的一位国王选择了一处与众不同的王家墓地一事，为将来造成了重大的后果。5世纪末，在传说安葬圣德尼、鲁斯蒂克和埃勒泰尔的地方，有一座修道院和一座教堂，圣热纳维耶夫对这座教堂颇为关心；圣德尼是巴黎第一任主教，于250年殉教，鲁斯蒂克和埃勒泰尔也殉教而死。以巴黎为驻地的墨洛温王朝的国王们与这座修道院的关系日益紧密，大约在565—570年之间，克洛泰一世的遗孀阿纳贡德也安葬在那里。但是，她那座前不久发现了一些稀世珍宝的坟墓，与另一些墓一样，竟然也是无名墓，看来当时并未将圣德尼确定为王家墓地。这种情况到了达戈贝尔一世时期有了变化，这位国王修建了教堂，死后于639年安葬在那里；在他病笃之时，他让人把他转移到圣
279 德尼，此举表明了他想把坟墓修建在那里的意愿。

加洛林王朝时期，圣德尼渐渐变成了新王朝的王家墓地。铁锤查理虽然从未获得国王称号，却是新王朝真正的开国元勋，他

把圣德尼选作王家墓地，死后于741年安葬在那里。这一选择可能出于对圣徒的虔敬，同时也似乎出于下述政治考虑：他亲手葬送了墨洛温王朝，把自己的子孙推上国王宝座，如今他想与这座以往忠于墨洛温王朝的修道院结缘，希望死后安葬在前朝国王近旁，但他不可能安葬在巴黎的圣文森教堂中。王家墓地的选择带有越来越浓的政治色彩，国王的安葬地点成了王朝的合法性和正统性的一个证明。事实上，铁锤查理的儿子矮子丕平之所以选中圣德尼，首先是为了755年请教皇艾蒂安二世在那里为他加冕，其次才是为了死后的安葬。他于768年安葬在圣德尼，他的遗孀于783年与他合葬，从而在死后重新组成为完整的国王夫妇，就像克洛维斯和克洛蒂德夫妇、达戈贝尔和南蒂德夫妇死后合葬一样。但是，丕平的儿子查理曼再次中断了王家在圣德尼安葬的传统，他把祖父和父亲完成统一的墨洛温王国变成了帝国，把亚琛选作新的首都和新的王家墓地。这一做法同样没有沿袭下去，查理曼的大多数后代都选择其他教堂作为各自的墓地。秃头查理与圣德尼修道院关系十分密切，被视为这座修道院的第二位创建者，他死后7年于884年安葬在圣德尼，王家的传统因而得以重新接续。

然而，圣德尼最终成为“王家公墓”是在新王朝即加洛林王朝建立之后。既取代旧王朝又延续旧王朝的愿望早就通过王家墓地的选择显现出来了。法兰克人的国王欧德在888年控制了圣德尼修道院，898年安葬在那里。他的侄子于格一世也于956年安葬在那里。不过，最终让圣德尼成为王家墓地的是于格一世的儿子于格二世；于格二世名叫于格·卡佩，原来的罗伯尔王朝从他开始改称卡佩王朝，卡佩王朝的国王起先是法兰克人的国王，后来

数百年中则是法国国王。直到路易十一在位的 15 世纪末，卡佩王朝只有两位国王死后没有安葬在圣德尼，其一是菲力普一世，他
280 于 1108 年安葬在弗勒里修道院（卢瓦河畔圣伯努瓦），其二是路易七世，他于 1180 年安葬在默伦附近他自己修建的巴尔博西都会隐修院。

这些曲折让我们了解到，王家的丧葬政策是在经历了许多犹豫之后才最终确定下来的，“王家公墓”的选择是一个漫长而变化多端的过程。王家墓地为法国君主们所提供的思想和政治工具，后来被路易九世充分利用，他把圣德尼变成了君主制不朽的圣地。

两件档案为我们提供了关于圣路易的圣德尼丧葬政策的情况。第一件名为《圣德尼年鉴》，这是这所修道院为自己编纂的官方编年史，其中写道：“1263 年。是年圣格列高里节开始迁移诸王遗体，他们是：欧德、于格 · 卡佩、罗伯尔及其妻子康斯坦丝、亨利、胖子路易、胖子路易的儿子菲力普、来自西班牙的康斯坦丝王后。1264 年。是年将下列诸王迁至右祭坛：达戈贝尔的儿子路易国王、铁锤查理国王、丕平的妻子贝尔特、丕平国王、秃头查理的妻子埃尔曼特鲁德王后、丕平的儿子卡洛曼国王、结巴路易的儿子卡洛曼国王、结巴路易的儿子路易国王。”另一件是南吉的纪尧姆编于 1300 年之后不久的《编年史》，他在 1267 年栏目下写道：“在法兰西的圣德尼，法兰西的圣徒国王路易和马蒂厄院长也将原来安葬在该修道院各处的法兰克诸王移走，属于查理曼后裔的国王和王后连同他们的雕像被安放在修道院右边，高于地面两尺半；属于于格 · 卡佩后裔的国王和王后则被安放在修道院左边。”两件档案所记载的日期不尽相同，但我们觉得这无关宏旨，《圣德尼年鉴》所记的 1263—1264 年，似乎应是南吉的纪尧姆所

记的 1267 年。圣路易在这次迁移过程中的作用，仅在南吉的纪尧姆的记述中被提及，这件档案同时提到了圣路易和旺多姆的马蒂厄院长所发挥的作用。国王与院长关系十分融洽，没有院长的同意肯定不行，但在我看来，关键是下决心，所以应该说，是圣路易的意愿促成了此事。

这是一个具有双重意义的政治决定。圣德尼王家墓地首先应该表明，法兰西王国开创以来的历朝国王都是一脉相承的，其间
只有一种区别，那就前有加洛林王朝，后有卡佩王朝。将两个王 281
朝的国王和王后分列左右两边，大概不只是为了对称，通过这种处理，墨洛温王朝与加洛林王朝在血统上的不延续性，就在有意无意之间被抹掉了，何况墨洛温王朝的国王少有安葬在圣德尼的。我们看到，这样一来，达戈贝尔与南蒂德这对国王夫妇成了例外，唯一安葬在圣德尼的墨洛温王朝的国王便是达戈贝尔的儿子克洛维斯二世，而这位国王在编年史中的名字，被不顾时代特征地写成了路易。正由于墨洛温王朝显得无足轻重，墨洛温王朝与加洛林王朝的更迭因而不被人注意，铁锤查理于是成了国王[①]。对于路易九世来说，最重要的是无论如何应该证实加洛林王朝与卡佩王朝之间一脉相承的关系。法兰西君主制的主要转承点就在这里，

① 《日耳曼编年史作者》（*Monumenta Germaniae Historica Scriptores*），第 134 卷中的《圣德尼年鉴》（*Annales de Saint-Denis*）中有三处差错：达戈贝尔的儿子的名字不是路易，而是克洛维斯二世；铁锤查理并未当过国王；矮子丕平的儿子、查理曼的兄弟卡洛曼没有葬在圣德尼，而是葬在兰斯的圣雷米。关于铁锤查理的差错也许是故意的，造成其余两处差错的原因，一是坟墓和遗体难以准确辨认，二是圣德尼的修道士们虽然都是历史记述专家，但他们的记述毕竟依然有其局限性。

法国国王们无一不竭力把自己说成是查理曼这位中世纪君主制思想中声望最高的人物的后代，他们都希望证明卡佩王朝的正统性，消除长期以来人们对卡佩王朝的创建者于格·卡佩的诽谤，但丁后来谈到贝尔纳·格奈所说的“以身为卡佩后代为荣”[①]时，语带鄙夷。

第二项决定是把圣德尼确定为严格意义上的王家墓地，只有当过国王，确切地说只有曾经加冕或者被认为曾经加冕的国王与王后，才有资格安葬在这个墓地中。被圣路易确定为应该入葬圣
282 德尼的共有 16 位国王或王后。

在右侧，由西向东从甬道到祭坛，依次排列着以下这几位国王：被视为国王的铁锤查理（死于 741 年）；克洛维斯二世（以虚拟的路易为名），他从 635 年起为王（在勃艮第和纳斯特里），657 年成为法兰克人的国王，当年去世；矮子丕平三世，751—768 年间的国王，他的妻子贝尔特（死于 783 年）；秃头查理的妻子埃尔曼特鲁德（死于 869 年）；查理曼的兄弟卡洛曼（其实他安葬在兰斯的圣雷米），从 768 年到 771 年，他是阿列曼尼亚、勃艮第和普罗旺斯的国王；879—882 年的国王路易三世；路易三世的兄弟卡洛曼，从 879 年到 882 年，他与路易三世同为国王，从 882 年到 884 年，他是唯一的法兰克人的国王。

在左侧，888—898 年的国王欧德和他的侄孙于格·卡佩（987—996 年的国王）；虔诚者罗伯尔起初与其父于格·卡佩同为国王，从 996 年到 1031 年单独担任国王；他的第三位妻子阿尔勒

① 贝尔纳·格奈：《历史与政治之间的族谱》，前引文。

的康斯坦丝（死于 1032 年）；亨利一世，从 1027 年起与另一人同为国王，1031—1060 年单独担任国王；他的孙子路易六世，从 1108 年到 1137 年与另一人同为国王；路易六世的儿子菲力普，从 1129 年到 1131 年与另一人同为国王；路易七世的妻子卡斯蒂利亚的康斯坦丝（死于 1160 年）。

为了使圣德尼成为唯有国王和王后才有资格进入的王家墓地，圣路易采取了必要的措施，他为与其母卡斯蒂利亚的布朗什共同创建的鲁瓦尧蒙墓地举行祝圣仪式，使之成为他所钟爱的宗教领地，专门安葬王族子弟。在鲁瓦尧蒙教堂祝圣之前，他已经把他死于 1233 年或 1234 年的小弟菲力普 · 达戈贝尔的遗体移葬在那里。接着，他又把女儿布朗什（1240—1243）、儿子让（1247—1248）以及死于 16 岁（1260）的长子安葬在那里。圣路易的惊人之举是 1270 年 8 月将他最疼爱的儿子让－特里斯坦安葬在鲁瓦尧蒙，而不是安葬在圣德尼。20 年前圣路易首次率领十字军出征时，让－特里斯坦出生于达米埃塔，他后来成为纳韦尔伯爵；他因患传染性痢疾而丧命时，圣路易在突尼斯城也感染此病，临死之时听到儿子死讯，立即下令将他葬在鲁瓦尧蒙，不久之后他自己也撒手人寰[①]。

令人吃惊的是随着圣路易的一系列措施，显现出一个精细而
宏大的计划。得到确认的不只是国王或王族，而是王朝，或者说 283
是虚构的王位的一脉相承，或者说，王冠始终代代相传。教会成

① 这条信息来自见证人皮埃尔 · 孔代（Pierre Condé）的一封信。见吕克 · 达什里：《随想或若干古代作者文集》（Luc d'Achery, *Spicilegium sive collectio veterum aliquot scriptorum*），新版，3 卷本，巴黎，1723 年，卷 III，第 667 页。

功地让君主接受了一夫一妻制[①]，因而王后也就与君主制联系在一起了。圣路易颁布的关于圣德尼墓地的诏令竭力突出丕平与贝尔特、罗伯尔与康斯坦丝这两对国王夫妇。君主制思想在圣路易在位期间获得了新的力量，得到了展示，并在理论表述中，特别是在由新的条例详加规定的加冕礼仪上[②]，竭力加以炫耀，与加冕礼仪同等重要的有庆祝上帝节的新礼仪（教皇乌尔班于1264年设立了上帝节，从此上帝比以往任何时候更是国王的楷模）以及葬礼和丧葬制度。死去的国王从此将能表明王国的绵延不绝。他们都是为了表明君主制和国家的永恒而应召为王的，而此时的国家尚处在只有通过国王才能表明其存在的那个阶段。

如果说有什么与以往不同，那就是圣路易不仅将已故国王们的遗体集中起来，而且赞颂他们、褒扬他们。他把他们从大教堂的地底下请出来，安放在离地面两尺半的高处。不但如此，他还为他们制作雕像，放在墓盖上，让大家都能看到他们。思想规划通过艺术规划得到了显示和强化。

---

① 参阅乔治·杜比：《骑士、妇女与教士——封建时代法国的婚姻制度》（Georges Duby, *Le Chevalier,la Femme et le Prêtre. Le marriage dans la France féodale*），巴黎，1981年。

② 条例是圣路易时期拟就的法国国王的礼仪手册，参阅理查德·杰克逊：《法国国王查理五世图书馆中的加冕条例手稿》（Richard A. Jackaon, *Les manuscrits des ordines de couronnement de la bibliothèque de Charles V, roi de France*），见《中世纪》，1976年，第67—88页，特别重要的是第73页，它纠正了佩尔西·埃内斯特·施拉姆在其《宗教礼仪手册研究之二——西法兰克和法兰西国王的加冕》（Percy Ernest Schramm, *Ordines-Studien II; Die Krönung bei den Westfranken und des Franzosen*）中的说法，见《文献研究档案》（*Archiv für Urkundenforschung*），XV，1938年。1250年前后的那份条例具有特殊意义，由于在这份文书有许多彩饰字母，因而被保存在巴黎国立图书馆的1246号拉丁手稿中。

艺术规划首先体现在空间。起初，如同通常在教堂中安葬伟
大人物那种方式，国王们被安葬在圣德尼祭坛（或称圣特里尼特
祭坛）和安放圣物（圣德尼、鲁斯蒂克和埃勒泰尔的遗骸和遗物）
的祭坛近旁的祭台深处。圣德尼修道院院长絮热在 1140—1144 年 284
间重修祭台时，将特里尼特祭坛向外移了一移，以免与王家墓地挨得太近。絮热在《路易六世传》中写道，1137 年安葬国王时，有人认为应该把秃头查理皇帝的坟墓移动一下[①]，他对此项建议大感惊诧，因为“法律和习俗都不准挖掘国王的遗体”。[②]一百年之后，对待国王遗体的态度发生了变化，君主制思想压过了对于已故国王遗体的尊敬。圣路易在位期间对祭坛作了改建，新建了一个非常宽大的耳堂。专家们对于这个耳堂的建筑年代各持己见，我觉得它极可能是用来安置国王坟墓的[③]。

把分属于三个王朝的16位国王和王后的遗体集中到一个地方，并依照一定的顺序安放，借以显示这三个王朝是一脉相承的，此举本身就是一项了不起的规划；圣路易不以此为满足，他还为安葬在这里的每一位国王和王后制作一个雕像，放在他们哀荣有加的墓盖上，这样一来就更加异乎寻常了。因此，有必要研究一下，死者卧像这个中世纪基督教所创造的重要角色，在王家丧葬思想

---

① 圣路易的王家墓地规划中竟然不包括秃头查理，确实令人震惊。

② “Quia nec fas nec consuetudo permittit reges exhospitari”，见瓦盖（H. Waquet）所编《胖子路易六世传》（*Vie de louis VI le Gros*），第 285 页。

③ 参阅阿兰 · 埃尔兰德－勃兰登堡：《国王驾崩》（前引书，第 81 页）中关于这个问题的讨论综述。《圣德尼年鉴》（前引书，第 721 页）指出，转移国王遗体四年前的 1259 年，圣德尼修道院的四位院长的遗体被移到耳堂的右侧廊道。

中究竟占有什么地位[①]。不过，为此我们不得不再次从头说起。

菲力普·阿里耶斯非常出色地分析了坟墓从古代到中世纪的演变。对于富有的家庭来说（因为，无论在中世纪还是在古代，那些讲究排场的丧葬仪礼只能是上层社会的事），坟墓是一种纪念物，一种纪念性建筑，除去死者的肖像，还应有碑铭，家财万贯
285 的人还应有雕像。基督教把坟墓变成了无名之物，肖像、碑铭和雕像统统消失了。石棺渐渐让位给铅棺，后来又被木棺取代。坟墓埋入地平面以下，基督教墓葬的典型标志物就是覆盖在墓穴上面的石板。从 11 世纪末期起，纪念性的坟墓再度出现，它标志着死者的身份重新得到尊重。这一变化是从 11 世纪到 13 世纪中叶基督教西方重大发展的一个方面。表面上的回归古代事实上只是一种手段，教士们借此显示的是强劲的更新趋势。最能说明问题的变化之一便是重新采用菲力普·阿里耶斯所说“常与遗体分离”的露出地面的坟墓。基督教对待遗体的态度模棱两可，在冷漠与礼貌性的尊重之间摇摆不定。遗体只是用来寄寓某种教诫的物件，而教诫则比遗体本身重要得多，但是，它却可以脱离遗体而独立存在。可是，正在日益壮大的基督教世界中的人们，却把越来越多的钱花在他们正在改造的今世世界。体现修道士精神的重要口

① 关于死者卧像，思想方面可参阅菲利普·阿里耶斯:《面对死亡的人》（Philippe Ariès, *L'Homme devant la mort*），巴黎 1977 年；形象方面可参阅帕诺夫斯基:《坟墓雕塑》（Erwin Panofski, *Tomb Sculpture*），前引书，第 55 页及以下多页；维利巴特·绍埃兰德:《1140—1270 年间法国的哥特式雕塑》（Willibald Sauerlander, *Gotische Skulptur in Frankreich,* 1140–1270），慕尼黑，1970 年（法译本，巴黎，1977 年），第 18—20 页；埃尔兰德－勃兰登堡:《国王驾崩》，前引书，第 109—117 页。

号“鄙夷今世”，在今世价值面前一步步退缩。在今世重新获得青睐之时，雕塑再度找到了通往形象表现和三维空间的道路。雕塑艺术于是出现了爆炸性的发展，生者和死者都纷纷雕像。直立的生者雕像走下立柱，横卧的死者雕像摆脱了石板的平庸乏味。

应该指出，解决的途径和方法有多种多样。立姿和坐姿的死者雕像虽然依旧较少，直立的和嵌入墙内的墓碑以及大型墓碑，却在墓葬方式中重新找回了直立姿势。石板在英国广泛使用。若弗鲁瓦五世（12世纪下半叶）以及圣路易葬在鲁瓦尧蒙的儿子让和女儿布朗什[①]的墓上都饰有釉板。

可是，最具特色的创造要数死者卧像。在这里需要特别提及埃尔温·帕诺夫斯基说过的中世纪西方的重大文化与思想区别之一。在南欧基督教世界中，在意大利和西班牙，大多采用竖式墓碑[②]和大型纪念性坟墓建筑，如有卧姿雕像，则都是死者的雕像， 286
雕像身上覆盖着带有许多皱褶的盖尸布，表明他们生前权力的标

① 让幼年夭亡，可是他的雕像左手却拿着一根权杖，这就让人莫名其妙。

② 也许因为意大利盛行竖式墓碑，因而菲力普三世的第一位妻子阿拉贡的伊萨贝尔在卡拉布里亚的科森札大教堂中的“遗体”（内脏）墓也采用竖式墓碑。圣路易的这位儿媳是在随十字军从突尼斯城返回法国的途中意外死亡的。菲力普三世和伊萨贝尔墓前的雕像可能是一位法国艺术家的作品，夫妻两人分别跪在圣母两侧，很难解释这是为什么。参阅埃米尔·贝尔托：《一位法国王后的坟墓》（Emile Bertaux, *Le tombeau d'une reine de France à Casenza en Calabre*），见《美术小报》（*Gazette des beauxarts*），1898年，第265—276页；马泰利：《在科森札大教堂中的伊萨贝尔王后之墓》（G. Martelli, *Il monumento funerario della regina Isabella nella catedrale di Cosenza*），见《卡拉布里亚名人录》（*Calabria nobilisima*），1950年，第9—22页；埃尔兰德-勃兰登堡：《圣路易之墓》（Erlande-Brandenburg, *Le tombeau de Saint Louis*），见《纪念物通报》（*Bulletin monumental*），126，1968年，第16—17页。

志物不拿在手中，而是放在身旁，他们没有任何手势，双眼紧闭或半闭。与此相反，北方哥特式的死者卧像虽然不能说栩栩如生，至少具有灵魂不灭的特色，他们都睁眼注视着永恒之光。埃尔温·帕诺夫斯基从这些死者卧像上看到了一种寻求平衡的愿望：一方面要体现今世价值的力量，激起人们对于这些权重势大的死者的记忆，另一方面又要让人们见到他们在灵魂不灭的背景中的形象；他就此写道："中世纪北方墓前的死者雕像尽管以表现'未来'或'事前'为其主要动机，但与基督教初期的死者雕像颇有不同之处，那就是前者不再回避表现今世价值。"[①]

从 11 世纪开始，借助中世纪的主教和国王这两个大权在握的人物形象，死者雕像所表现的主题有了新的发展。法国北方现存最古老的死者雕像，是 1163 年之前不久为圣日耳曼岱普莱教堂制作的希得贝尔的雕像。中世纪西方完成的第一批死者雕像，大概是 13 世纪初在丰特弗罗制作的金雀花王朝的国王们的雕像。中世纪的英国王室和法国王室不但在实力方面展开激烈竞争，而且在权力的工具与象征方面也互不示弱[②]；亨利三世与圣路易过从甚密，
287 因而，圣路易的圣德尼王家墓地规划，可能受到了丰特弗罗的这批雕像的启示。不过，圣路易的王家墓地规划的规模是前者无法比拟的。

菲力普·阿里耶斯提出了这样一个问题：死者雕像的模式与死者出殡之前供人瞻仰时的卧姿有什么联系？为了强调思想创新，

① 帕诺夫斯基：《坟墓雕像》（Erwin Panofski, *Tomb Sculpture*），前引书，第 16—17 页。

② 参阅马克·布洛赫的名著《国王神迹》（Marc Bloch, *Les Rois thaumaturges*），1924 年，巴黎，第 3 版，1983 年。

他认为，不是死者雕像模仿供人瞻仰时的死者卧姿，而是供人瞻仰时的死者卧姿模仿死者雕像所展示的姿态。我比较谨慎地认为，在 12 世纪中叶与 13 世纪中叶之间，在为重要人物举行的丧礼上，在表现英雄之死的文学作品和雕塑艺术中，人们习惯于用新的相同的姿势展示这些死去的名人，他们一律平躺，头枕软垫，双脚搁在象征死者生前权力的物件上面。据文献报道，菲力普·奥古斯特从他 1223 年 7 月 14 日死亡之日起，到安葬在圣德尼的次日止，他的遗体一直与权杖和王冠陈放在一起[①]。圣德尼王家墓地上的这些卧姿雕像，在文学或“真实”的死者谱系中占有什么地位呢？

首先，无论这些雕像能为死者带来多少褒扬，它们所扮演的毕竟只是一个基督教徒角色，只是一种被创造出来的物件。正如维利巴特·绍埃兰德所说，中世纪的死者雕像有别于古代雕像，前者无论是立姿或卧姿，“都不是崇拜的对象，谁也不会向它们祈祷或礼拜，它们仅仅是一种表现，是拯救史的形象化反映，也就是说，它们是形象，而不是雕像。”这是一种具有双重性的形象，首先，这是一种心理分析意义上的形象，是对原型的模拟，近似死者生前的原貌；其次，这是一种依据想象而创造的形象，它在被表现的死者和瞻仰者之间建立起某些联系，这些联系虽然不会

① 埃尔兰德－勃兰登堡：《国王驾崩》，前引书，第 15 页以及以下多页。参阅拉尔夫·吉耶塞上溯到中世纪的佳作：《国王永远不死——文艺复兴时代法国的王家葬礼》（Ralph E.Giesey, *Le roi ne meurt jamais. Les obsèques royales dans la France de la Renaissance*），1960 年，法译本，1987 年。关于这种思想产生的深层原因，参阅恩斯特·坎托洛维奇：《国王的两个身体》（Ernest H. Kantorowicz, *The King's Two Bodies*），普林斯顿，1957 年，法译本，巴黎，1989 年。

288 令人因死者的神圣而肃然起敬，却令人因死者曾经拥有的权力而肃然起敬。早期基督教曾经通过碑铭和仪礼表现对死亡的强烈愿望，如今这种愿望则通过死者雕像体现出来了。死者雕像是一块静卧的石头，雕刻家所完成的只是把当代人对于遗体转移的想法表现出来。我们知道，南吉的纪尧姆也说过："转移安息在各个不同地点的法国国王。"有些死者受到魔鬼的攻击，例如，安葬在修道院附属教堂祭坛里的达戈贝尔就曾受攻击，但是，安葬在王家墓地中的 16 位国王却绝不会遭此厄运，他们在复活之前始终生活在静谧之中。国王和王后的遗体不会受到地狱的威胁。

死者雕像所表现的都是死者盛年时的状态，为死者雕像的雕刻家都不考虑死者故去时的年龄。圣路易的两个孩子布朗什和让，分别在 3 岁和 1 岁时死亡，可是在鲁瓦尧蒙墓地上，他们的雕像都是大孩子的形象，几乎已是少年。雕像是理想化的作品，从来不表现老年的形象，通常只用两种年龄来表现死者，一种是即将成熟的少年，另一种是盛年；中世纪的人们认为，唯有盛年才真正具有实际价值。雕刻家可能觉得，把死者雕刻成 30 岁或 33 岁的样子，能令人想到耶稣基督的年龄。不过我觉得，盛年已经足以解释 13 世纪死者雕像的面容了。

哥特式雕像所表现的大多是正面人物的形象，诸如上帝、圣母、天使、圣经中的国王与王后等，王家的死者雕像虽然从细节上可以区分出三位艺术家的不同风格，但总体上与哥特式雕像基本相同，个个都安详而美丽。所以，想要从这些死者雕像的面容上发现死者的个体特征，也就是作者的写实意愿，那全然是徒劳，何况圣路易为他们造像是在他在位的末期，那时离死者们去世之日已经很久很久了。我与阿兰·埃尔兰德－勃兰登堡看法相同，为圣路易雕像的艺术家们也许在他在世时亲眼见到过他，至少他们可以向见过他的人打听他的长相，但是，圣路易的雕像所表现的绝对不是他的真实面容。当然，从圣路易的圣德尼王家墓地中的死者雕像上，已经可以看到重现死者面容特征的努力，但这尚不是我们所说的写实手法。死者雕像要表现的是王家的思想观念，而不是国王们所具有的特殊的相似之处。

圣德尼的死者雕像都睁着眼，睁眼注视着永恒，这一点颇有 289
些特别。絮热院长在谈及路易六世的葬礼时强调了圣路易的作用，强调了国王遗体靠近圣徒遗物的重要性，他同时指出人们正在等待复活："他在那里（圣特里尼特祭坛和圣物祭坛）等待着目睹未来复活的时刻，安葬他的遗体的地点离为殉教而死的圣徒越近，就越能得到圣徒的帮助，精神上离这些圣徒的精神也就越近。"这位博学的院长请出卢坎来帮忙，引用他的史诗《法萨罗》（第 4 章，第 393 节），但有所改动：

若能事先得知
世界将在何时毁灭
自己将长眠何处
那是何等幸福

总之，圣路易的圣德尼规划为他的王国和卡佩王朝获得了对于时间的绝对权力。从墨洛温王朝到路易九世时代的一脉相承在圣德尼得到了充分的证明，这样一来，过去就属于他的王国了。法国自从有了国王，权力就属于他们。这些国王和王后们先后生活在 6 个世纪，其中没有一人认识其余人中的大多数，如今他们的遗体既然被集中在一处，他们也就从此共处在一个永恒的现今了。

死者雕像安详地平躺着[①]，睁开的眼睛意味着等待和复活的希望，把他们与未来和前景联系起来。从死亡到最后审判，这是一段宁静的时光，前景令人放心，因为人们相信自己离最后审判越来越远了[②]；前景是永恒，这些活着的死者以他们挣开着的空洞的瞳孔，搜寻着未来的永恒，时刻准备把他们在地上享受的荣耀转
290 变成天上的荣耀[③]。

路易九世再度率领十字军出征

1267年，路易决定进行一次新的十字军东征。当年的圣母领报瞻礼日（3月25日），他在一次高级神职人员和大贵族的集会上宣布了这一决定。在1268年2月9日举行的另一次集会上，他进一步宣布将于1270年5月出发。作出决定大概是在1266年夏季，因为那年10月他就将此决定秘密通报了教皇。让·里夏尔把圣路

---

① 让-克洛德·施密特指出，图片提供的例证表明，只有保持直立姿态的死者才会进地狱：《自杀在中世纪》（Jean-Claude Schmitt, *Le Suicide au Moyen Age*），见《年鉴》，1975年，第13页。

② 参阅勒高夫：《炼狱的诞生》，前引书，第331页及以下多页。

③ 参阅伊丽莎白·布劳恩：《安葬和不安葬法国国王》（Elizabeth A. Brown, *Burying and unburying the kings of France*），见理查德·特莱克斯勒（编）：《群体中的人——中世纪和文艺复兴时代欧洲作为个性形成的社会行为》（Richard C. Trexler (éd), *Persons in Groups. Social Behavior as Identity Formation in Medieval and Renaissance Europe*），宾厄姆顿，1985年，第241—266页。

易的行动称为“向地中海和东方的回归”[1]，也就是说，是东地中海的政治和军事形势促使圣路易作出了这一决定。

首先，他的弟弟安茹的查理已在意大利南部和西西里立足。西西里将成为一个比塞浦路斯更近的行动基地，而且比过去在宗教狂腓特烈二世及其继承人的控制下更为可靠。

其次，圣路易最终放弃了与蒙古人结盟的企图。可是，旭烈兀大汗在他1262年致圣路易的一封信中明确地希望与圣路易结盟，共同对付穆斯林，并答应听凭基督教徒占领耶路撒冷和各个圣地。可是，蒙古人新近从穆斯林手中胜利地夺取了叙利亚，此事令人对他们在圣地的意图顿生疑窦。旭烈兀大汗在信中表示，基督教徒必须承认蒙古人的宗主身份，这就为拒绝与蒙古人结盟提供了理由或口实[2]。

再次，政治与军事形势日趋严峻。希腊人于1261年攻取了君士坦丁堡，拜占庭的拉丁帝国就此寿终正寝。通向地中海的陆路和东地中海的北部沿岸都已落入希腊人手中，因而全都变得很不
可靠。 291

最后，马穆鲁克人的苏丹巴伊巴尔斯在巴勒斯坦大获全胜，从拉丁人手中重新得到了圣地的一部分沿岸地区，这就意味着形势日趋严峻，穆斯林加快了对各个圣地的威胁。

如何理解圣路易把突尼斯选作十字军的第一个目的地呢？有

---

① 让·里夏尔：《圣路易》，前引书，第455页及以下多页。

② 让·里夏尔：《1262年在巴黎的蒙古使团》，前引文；梅维特：《波斯伊尔汗国的旭烈兀致法国国王路易九世的一封不为人知的信件》，前引文。

人常常提到，是他的弟弟安茹的查理对他的哥哥施加了压力，因为已是西西里国王的查理想要控制西西里海峡两岸以及由东地中海通往西地中海的通道。我觉得，与其说是查理的直接压力，不如说是可以方便地使用西西里这一点起了作用，因为查理的兴趣是在拜占庭帝国方面。在我看来，这支十字军既为了拯救和迫使穆斯林改宗，也为了土地征服，因此，突尼斯苏丹应该被当作首选的宗教目标；因为，到了 13 世纪 60 年代末，改宗的希望已经从东方的苏丹和埃米尔转到了突尼斯的主人身上。最后，正如人们所推测的那样，地理知识的匮乏也起了不容忽视的作用，圣路易和那时的法国人与他们的同时代人一样，都以为突尼斯比埃及近得多，可以用作以后攻击苏丹的陆上基地①。

十字军出征前的最后净化

早已确定的出发日期 1270 年临近之时，采取净化措施的号召也越来越频繁。

分别于 1268 年和 1269 年颁布的敕令再度禁止和弹压“粗俗的誓言”，即亵渎神明的污秽语言，国王对这种有辱神祇的大不敬行为十分敏感，因为，圣路易与同时代人一样，非常重视言论和越传越广的不利于君主制国家建设的亵渎君主的思想传播。国王

① 米歇尔 · 莫拉:《圣路易的突尼斯城“之行”——此事在十字军历史上的地位》(Michel Mollat, *Le 'passage' de Saint Louis à Tunis. Sa place dans l'histoire des croisades*), 见《经济与社会史杂志》(*Revue d'histoire économique et sociale*), 50, 1972 年，第 289—303 页。

明确规定，必须在“国王的土地上、领主的土地上以及各个城镇里”，也就是在全国范围里留心监视这种思想[①]。 292

1269年，一通敕令强制犹太人身上佩戴猩红色圆形毡片或布片，参加布道说教集会。佩戴这种侮辱性的标志是中世纪的一种习俗，这是以标志物表明身份的社会中典型的侮辱性标记，后来强迫某些人佩戴的黄星即起源于猩红色圆片。在1215年的拉特兰第四次公会议上，一个由犹太人改宗的多明我会士提出动议，决定采取这项措施，教皇要求基督教徒君主们予以推行，路易九世积极响应教皇的号召[②]。

1270年6月25日离出发仅有一星期，路易从艾格莫尔特致函在他外出期间代理朝政的“总管”圣德尼修道院院长旺多姆的马蒂厄和西蒙·德·奈尔，要他们严惩亵渎神明者、卖淫者、恶棍以及其他各类罪犯。

为十字军奔走呼号的说教活动进行得十分起劲[③]，反对十字军的情绪日渐高涨，使得这场说教活动更加必要[④]。就连儒安维尔也拒不参加十字军，他说，在上次十字军出征埃及期间，法国国王和纳瓦尔国王（香槟伯爵）的军官“把他的人搞垮搞穷了”，他若再次参加十字军，就会忤逆上帝的旨意，因为上帝交给他的使命

① 《法国国王敕令集》，卷I，第99—102页。

② 请看本书原文第807—808页。

③ 弗兰科·加尔蒂尼:《为十字军奔走呼号的方济各会士图尔奈的吉贝尔》（Franco Cardini, *Gilberto di Tournai: Un francescano predicatore della crociata*），见《方济各会研究》（*Studi francescani*），72,1975年，第31—48页。

④ 请看本书原文第158页和第160—161页。

是保护和“拯救人民”①。这就意味着基督教世界大大缩小了，上帝不再为海外服务，他只在信奉基督教的欧洲内部提供服务。圣地不再包括在基督教的范围之内，像圣路易那种把地中海视为基督教世界内海的人变得极为稀少了。支持十字军的诗人吕特伯夫虽然赞扬
293 圣路易的态度，却批评他醉心于托钵僧；他的诗作特别是《赞成与反对十字军之争》充分反映了这场震撼基督教世界的论战②。

为这次十字军出征所做的物质准备与上次出征埃及一样细致。财政准备主要依靠城市征收的“人头税”和教会人士的什一税。国王还通过圣殿骑士团借钱。国王的弟弟们，尤其是普瓦提埃的阿尔封斯，也认真地进行准备③。

外交准备比上次出征埃及时更不成功。教皇克莱门特四世于1268年11月29日去世，直到1271年也没有选出新教皇。出征突尼斯的十字军出发时，罗马教廷依然没有教皇。阿拉贡国王雅克一世自告奋勇于1269年率先出发，不过，他的目的地是阿卡。船队不幸遭遇风暴，他遂罢兵返回。高举十字架前进的只有英国国王的长子爱德华，可是，圣路易率军开拔三个月之后，他才在艾格莫尔特登船出发。

---

① 儒安维尔：《圣路易史》，前引书，第397—398页。

② 朱莉亚·巴斯坦、爱德蒙·法拉尔：《吕特伯夫有关十字军的11首诗》（Julia Bastin et Edmond Faral, *Onze poèmes de Rutebeuf concernant la croisade*），巴黎，1946年；让·迪富尔内：《吕特伯夫的厄运诗和十字军诗》（Jean Dufournet, Lutebeuf, *Poèmes de l'infortune et poèmes de la croisade*），巴黎，1979年。

③ 伊夫·多萨：《普瓦提埃的阿尔封斯与出征突尼斯城的十字军财政准备：出售森林（1268—1270）》（Yves Dossat, *Alphonse de Poitiers et la préparation financière de la croisade de Tunis: Les ventes de forêts* (1268–1270)），见《圣路易逝世七百周年》，前引书，第121—132页。

然而，出征突尼斯的十字军却是一个别出心裁地行事的大好机会。威尼斯人的条件令圣路易大伤脑筋，他于是转向热那亚人，主要依靠他们的船只组成船队，除了租借以外，他还建造了一些船只，这些新建的船只是他的私产。1248 年指挥船队的是两位热那亚人，此次圣路易则任命皮卡第人弗洛朗·德·韦雷纳为海军上将，这在法国历史上是第一次。不过，法国海上舰队是后来在美男子菲力普在位期间诞生的，那是为了在北海与英国人和弗兰德尔人作战。

在率领十字军出征突尼斯期间，圣路易为王权和政府在国内继续有效运转作出了努力，他为此制作了新的国玺，上面刻有“神授法国人的国王路易海外出征期间之玺”字样，背面雕有王冠图样；对于这个王冠的重要象征意义，里夏尔恰如其分地写 294
道：“在国王周围的法学家们的努力下，这个王冠图样体现着王冠所象征的重要意义。”[①] 与从前一样，圣路易希望在他出征之前把国内尽可能多的事安排好。他于 1270 年年初留下了遗嘱，其内容主要是遗赠给宗教机构的财产清单。他拟就了一份留给儿子菲力普和女儿伊萨贝尔的“训示”。如同 1248 年一样，他在出发前一年巡视了国王领地，将一些圣物分发给教会人士，其中有克莱蒙主教、鲁昂的多明我会士、第戎的一所修道院等等，这些教会人士则以为他祈祷平安作为回报。在他不常去的那些地方，他为平反冤假错案提供了机会。他走遍了皮卡第的哈姆、莫城、旺多姆、图尔等地。他于 3 月对他外出期间的政府组成做好了安排，把“王国行政的看管和保卫”连同特制的国玺统统托付给圣德尼修道院

① 里夏尔：《圣路易》，前引书，第 554 页。

院长旺多姆的马蒂厄和他最亲近的老臣西蒙·德·奈尔。如果说，圣路易没把权力托付给王后和高级教士令人不解，那么我和让·里夏尔都认为应该这样看："法国国王坚持把政府托付给最了解其运转的那些人，借以确保政府行为的连贯性；此事表明，国家观念在圣路易时代已经初步形成。"[①]他还把授予神职人员的薪俸、职位和特惠的权力托付给新任巴黎主教艾蒂安·唐皮耶，这些权力原本由国王行使，作出决定之前他通常都要征询他在巴黎的三位老师的意见，他们是分别代表圣母院教务会、布道会修道士和小兄弟会修道士的巴黎教堂总管、多明我会会长和方济各会会长。

此番开拔重现了1248年的情景。1270年3月14日，国王前往圣德尼领取朝圣杖和王家军旗，取走这两件东西就意味着王家军队开始作战。同月15日，他赤脚从王宫走到西岱岛上的巴黎圣
295 母院。他在万森古堡向王后玛格丽特告别，然后从那里出发。途中经过了许多宗教重地，诸如维勒讷夫－圣乔治、默伦、桑斯、奥塞尔、韦兹莱、克吕尼、马孔、维埃纳、博凯尔。国王及其三个儿子在艾格莫尔特与其他人员会合，其中包括他的女婿纳瓦尔的蒂博。在等候船只期间发生内讧，一边是加泰罗尼亚人和普罗旺斯人，另一边是法国人，造成近百人死亡。路易下令将对此应负责任的人统统处以绞刑。1270年7月1日，圣路易终于登上"蒙迪茹瓦"号。

众所周知，对于圣路易来说，"通往突尼斯之路"是一条十字架之路。当年的埃及噩梦再度重现，而且更糟。国王没有如人们预测的那样在西西里歇脚，而是在撒丁岛做了短暂逗留（直到最

① 里夏尔:《圣路易》，前引书，第553页。

后时刻才透露这一秘密）[①]；国王随后于7月7日在突尼斯城附近的古莱特登陆。登陆是成功的[②]，但是，人们很快就发现，规劝穆斯林的埃米尔改宗的希望将再次成为泡影，唯有路易不这么看，他不愿放弃初衷。地中海灾难再次降临在十字军的头上，痢疾、斑疹伤寒等传染病迅速蔓延。8月3日，路易的儿子让－特里斯坦病死，8月25日，路易本人也一命呜呼。

许多官方或半官方文献记述了路易之死，下面摘录的是目击者、路易的忏悔师博利厄的若弗鲁瓦的记述：

> (8月3日，他的儿子让－特里斯坦病死，大家虽然竭力
> 瞒着他，但还是瞒不住，他知道后悲痛欲绝），[③]时隔不久，上
> 帝愿意让他幸福地结束磨难，并将这些磨难的荣耀之果赐予
> 他，他高烧不退，卧床不起；鉴于病情日笃，他在神志清醒、 296
> 基督教徒的意识十分清晰、十分虔诚的状态中，接受了教堂
> 为他做的临终圣事。我们一边为他涂抹圣油，一边背诵圣诗，
> 他也跟着我们诵经，而且一一叫出圣徒的名字，虔诚地祈求
> 他们的允诺。当迹象表明他即将咽气时，他心中只想着上帝
> 的事和对基督教的颂扬。他奄奄一息之时，只能艰难地低声

① 在撒丁岛上的卡利亚里逗留时，圣路易口述了一个追加遗嘱，要求长子菲力普像父亲那样对待两位年轻的弟弟让－特里斯坦和皮埃尔；他还增加了留给皮埃尔的金额，要求菲力普留用他的臣仆。

② 路易九世在从迦太基寄回法国的信中讲述了登陆和攻占迦太基的经过。信中谈及十字军时提到了王储菲力普及其妻子。路易死后，菲力普成了“长子”，这个称号与王储无异。参阅吕克·达什里：《随想或若干古代作者文集》（Luc d'Achery, *Spicilegium sive collectio veterum aliquot scriptorum*），前引书，卷II，第549页。

③ “儿子的死令他这位慈祥的父亲肝肠寸断。”

> 喃喃而语，我们站在他的周围，把耳朵贴近他，这位心中只有上帝、名副其实的天主教徒说道：“为了对上帝的爱，你们应该努力在突尼斯城宣扬基督教，让它生根发芽。应该把能干的布道师派到那里去！”他指定一位方济各会士，此人以前曾经去过突尼斯城，认识突尼斯国王。这位名副其实的上帝信徒，这位至死不渝地热烈实践基督教的信徒，就这样在真正的宗教忏悔中结束了圣洁的一生。他的力气和声音越来越弱，可是只要他还能说话，他依然不停地祈求他所虔敬的圣徒的允诺，特别是他奉为王国主人的圣德尼。我们听见他喃喃地重复圣德尼祈祷文的最末几句：“圣徒啊，我们向你祈求，为了我们对你的爱，请你赐恩给我们，让我们鄙视今世幸福，不怕厄运。”这几句话他重复多次。他还多次重复使徒圣雅克的祈祷文：“愿你成为你的民众的圣化者和佑护者”[①]，而且多次念叨另外一些圣徒的名字。我们这位上帝的侍者在铺成十字形的灰床上，将他最后一口气还给了创世者；此时
> 297 恰是上帝的儿子为拯救全世界而在十字架上咽气的时刻[②]。

这位国王－基督徒就这样在永不磨灭的耶稣救世之死中闭上了眼睛。据传说，他在临死的前夜曾喃喃地说：“我要到耶路撒冷去了。”

① 据南吉的纪尧姆记述，路易还反复念叨以下这些话：“我将进入你的房舍，我将在你那圣洁的庙宇里向你礼拜，我将向你忏悔，哦，圣徒！”

② 此段文字译自博利厄的若弗鲁瓦的记述，见《高卢与法兰西历史学家文集》，前引书，卷 XX，第 23 页。读者可以在本书附录中读到菲力普三世就其父之死致法国高级神职人员的信件。

第五章

/

成为圣徒：从去世到封圣 298
(1270—1297)

国王遗体经受的磨难

国王路易九世就这样死在异教徒的土地上了。当然不能将他的遗骸留在远离基督教世界、远离他的法兰西王国的敌方土地上，必须将他运送回国。这就必须保存遗骸。从 9 世纪的秃头查理开始，当君主在远离王家墓地的地方晏驾，但不能或不愿就地安葬时，就采取适当措施保存遗骸。由于当时尚不掌握遗体保存技术，只能把遗体放在葡萄酒和水的混合液中加温，使肌肉和内脏与骨骼分离，以便保存珍贵的骨骼。

除了技术问题之外，还有一个政治问题，而且更为严重。西西里国王安茹的查理率领船队和军队在他的哥哥死后不久（有人说他恰好在国王咽气时下船，这大概只是一种传说而已）到达，面对毫无经验的小侄子菲力普三世，他想以军队的统帅自居。年轻的国王却毫不迟疑地明确表示，大权由他执掌，当然，跟随其父前来突尼斯的那些老臣大概帮他出了主意。他既无法很快将其父安葬在圣德尼，自己也无法在数月内到兰斯加冕。于是，他于8月27日当着随行的贵族和高级军官的面，举行了表示忠诚的宣誓仪式。9月12日，他发出两件文书，向旺多姆的马蒂厄和西
299 蒙·德·奈尔申明，他尊重父王托付给他们的权力。他给他们寄去了路易九世的遗嘱，并嘱咐他们继续使用先王留给他们的国玺，但应将其父的署名改为他的署名。事实上，公文改用菲力普三世的署名是从路易九世去世那天，即1270年8月25日开始的。这样，王权交接这个棘手的问题就依据路易九世的安排顺利解决了，这种交接方式保证了法兰西王国的连贯性，此后逐渐成为惯例。

于是，如何处理先王的遗骸成了安茹的查理与其侄子菲力普三世之间的一宗政治角逐。从各自不同的政治角度来看，他们不同的想法似乎都有道理。菲力普主张尽快将先王遗骸送回国内，可是，有关准备工作却不可能一蹴而就。查理主张将先王的遗骸安葬在他的西西里王国，主要理由似乎是这样处理比较方便；西西里岛很近，很快就能运到，况且他本人和他的继承者们都会精心照看先王的遗骸。其实，在这个冠冕堂皇的理由后面，他有自己的政治打算。当时已经听到传言，说路易九世有可能正式成为圣徒。他这个建立在西西里岛上的安茹王朝若能拥有一位圣徒的遗骸，这将为他带来多大的声望和实惠！据编年史记载，叔侄两位国王终于达成妥协，找到了一个“明智”的解决办法：将先王的肌肉和内脏交给西西里国王，骨殖则安葬在圣德尼的王家墓地中。大概是在高级神职人员和贵族们的支持下，侄子的态度起初十分强硬。他终于把最主要的东西争到了，因为骨殖有可能成为不折不扣的圣物。肉体由软硬两部分组成，肌肉和内脏软，骨殖硬，分别象征着权力的软和硬。心脏如何处理是个问题。据博利

厄的若弗鲁瓦等见证人的记述，菲力普三世答应让他的叔叔将其父的心脏带往蒙雷阿尔；较为可信的说法是菲力普带走了心脏，与骨殖一起安葬在圣德尼。我们知道，圣德尼的修道士们认为，心脏应该与骨殖一起安葬[1]；圣德尼墓地上一块17世纪制作的碑铭 300
也证实，他的心脏确实葬在墓中。路易·卡罗吕斯－巴雷就此写道："官兵们要求就将国王的'心脏'留在非洲，后来究竟如何就不清楚了"，[2]不过，在我看来，他对文献的诠释有些随心所欲。据另外一种同样不大可信的说法，圣路易的心脏被安葬在圣堂[3]。

鉴于一路颇多风险，菲力普同意不将其父遗体先行送回法国，而是由他本人率领军队护送回国，人们预感到已故国王将会被封为圣徒，所以对于他的军队来说，国王的遗体即使不能带来好运，至少也能佑护他们。

于是开始分解国王的遗体。几位见证人的记述基本相同，仅有若干细微差别。博利厄的若弗鲁瓦的记述是："他的遗体煮过之后，肉与骨便分离了。"[4]普里马的记述是："国王的内侍、臣仆和负责祭礼的那些人，将遗体肢解后，放到加水的葡萄酒中煮了很长时间，白生生的骨头于是显露出来，无需用力就把肉从骨头上

---

① 阿兰·埃尔兰德－勃兰登堡：《国王驾崩》，前引书，第96页。

② 路易·卡罗吕斯－巴雷：《为圣路易封圣而进行的调查——从格列高里十世到卜尼法斯八世以及1287年8月11日的教皇颂词"荣耀"》（Louis Carolus-Barré, *Les enquêtes pour la canonisation de Saint Louis de Grégoire X à Boniface VIII, et la Bulle Gloria, laus du 11 août 1287*），见《法国教会史杂志》（*Revue d'histoire de l'Eglise de France*），57，1971，第20页。

③ 请看本书原文第309页。

④ 博利厄的若弗鲁瓦：《生平》，第24页。

掰下来了。”[①]

经过几次小规模战斗和外交接触之后，基督教徒与突尼斯城的埃米尔于10月30日签署协议，十字军承诺立即撤离，所占土地由埃米尔收回；埃米尔则承诺支付一笔战争赔款，并准许基督教徒商人在突尼斯自由经商，基督教神甫有权在教堂中布道和祈祷。

返回法国

11月11日，基督教徒士兵们登船撤离，14日船队抵达西西
301 里岛的特拉帕尼港。国王和王后于15日登岸，但许多人仍留在船上。15日夜间突然狂风大作，大多数船只被毁。在路易九世和他的儿子让－特里斯坦两人的遗骸佑护下，菲力普率领队伍踏上了回国之路。让－特里斯坦的遗骸如同乃父一样，也经过水煮处理。他们的遗骸被安放在小棺材中，盛装路易九世的小棺材架在两根杠子上，由两匹马驮着；第三匹马驮的是路易九世的神甫皮埃尔·德·维尔贝昂的遗骸。在特拉帕尼停留时，又一位王家成员不幸去世，他便是路易九世的女婿、纳瓦尔国王香槟的蒂博。行列中于是又多了一具棺材。时隔不久，又多了一具棺材，因为法国的新王后、菲力普三世的妻子、年轻的阿拉贡的伊萨贝尔于1271年1月11日在卡拉布里亚渡过一条涨水的河流时坠马，早产一个死婴后于1月30日去世。

---

① 普里马的记述，见《高卢与法兰西历史学家文集》，前引书，卷XXIII，第87—88页。

年轻的国王和他的军队带着那几具棺材缓慢地向北边的意大利进发，经过了罗马和维特尔博，枢机主教们在那里尚未选出教皇，又经过了蒙特费亚斯科内、奥尔维耶托、佛罗伦萨、波洛尼亚、摩德纳、帕尔马、克雷莫纳、米兰和维切利，在蒙塞尼翻过阿尔卑斯山，到达苏萨，然后沿莫列纳河谷抵达里昂，再经过马孔、克吕尼、沙隆和特鲁瓦，终于在 1271 年 5 月 21 日那天回到巴黎。年轻的国王在半路上留下了两具棺材，那是他的叔叔普瓦提埃的阿尔封斯及其妻子让娜，他们在途经意大利时死去，安葬在萨沃纳大教堂里。路易九世的灵柩陈放在巴黎圣母院，5 月 22 日在巴黎的神职人员与圣德尼的修道士们激烈冲突中举行葬礼，那时距他去世已经将近 9 个月了。

走向封圣

已经去世和安葬的国王从此开始了他的继续生存时期。他的遗体已经多次显现圣迹。他的内脏在虔诚的西西里也多次显现圣迹，那是个民间奇迹极多的地方。两件圣迹后来得到教会的承认，另外两件圣迹也被教会接受。后两件发生在灵柩经过意大利北部的帕尔马和雷佐代米里时。此外还有一件圣迹发生在灵柩快要抵 302
达巴黎前的马恩河上博纳伊。不久以后，圣迹在圣德尼接连不断，越来越多。在一个圣徒的坟墓上出现圣迹不足为怪。

但是，将近一个世纪以来，在基督教世界中单凭名声已不能成为得到长期承认的圣徒。罗马教廷把权力牢牢地掌握在自己手中，借用让-克洛德·施密特的话说，教廷变成了“圣徒制造所”；

无论“制造”或拒绝“制造”一个圣徒，都要经历一个漫长的过程，这便是“封圣审批程序”。这是一个往往具有政治色彩的司法调查程序，因为罗马教廷是一个强大的政治实体，作出决定是它行使权力的一个工具。若想开始一个程序并获得圆满的结果，除了拥有良好的文件资料外，还要拥有良好的压力集团。为路易九世出力的压力集团有三个：声望、卡佩王室和法国教会。此外还应该加上路易九世生前大力支持因而交往较多的那几个修会：西都会、多明我会和方济各会。应该说这就很不少了，可是，路易九世死后 27 年才被封圣。之所以拖了这么久，是因为教皇一个接一个去世，每个教皇在位时间都很短（一位教皇去世后，往往不得不重新启动封圣审批程序，把很久前已经做过的事再做一遍），而且各个教皇对于此事的态度不同，有的很积极，有的不那么积极，于是有关文件就被束之高阁[①]。

第一位提出动议册封路易九世为圣徒的是教皇格列高里十世。这位新教皇原名泰巴多 · 维斯孔蒂 · 德 · 普莱桑斯，他是在教皇长期缺位之后于 1271 年 9 月 1 日当选的。当时他在圣地，并非枢机主教。抵达当时的教皇驻地维特尔博之后，他作为教皇所做的

---

① 参阅路易 · 卡罗吕斯－巴雷的佳作:《圣路易的封圣程序（1272—1297）》〔Louis Carolus-Barré, *Le Procès de canonisation de Saint Louis* (1272–1297)〕，罗马，1995 年，此书收集了所有可以用来重建封圣过程的文件。这些文件以往虽然已经出版，但是把它们集中起来，译成法文，再加以诠释，这就为使用者提供了很大帮助。还有一件应该添进去，那就是皮特 · 赖因汉、弗朗切斯科 · 埃尔南德斯（Peter Linehan et Francisco J. Hernandez）的《观察：新近发现的一件有关路易九世国王圣德的意见书》(*Anomadverto: a recently discovered consilium concerning the sancity of king Louis IX*)，见《马比雍杂志》(*Revue Mabillon*)，11 月号，系列 5，卷 66，第 83—105 页。

第一件事，就是在1272年3月4日给路易九世的忏悔师、多明我会士博利厄的若弗鲁瓦写了一封信，要求博利厄提供尽可能详尽的有关路易九世这位苦修国王的材料，新教皇对他十分敬佩，把 303
他视为"所有基督教徒君主名副其实的楷模"。格列高里十世这位教皇虽然被十字军弄得心神不宁，却折服于路易九世这位十字军国王。博利厄的若弗鲁瓦花了数周或数月时间撰写了一份共有52章的材料，讲述了路易九世的一生及其品行，他认为，这位已故国王具备被正式追封为圣徒的资格[①]。1274年5月7日至17日举行了基督教里昂第二次公会议，菲力普三世在会议之前的3月份拜见格列高里十世，教皇可能向他谈到了开始其父封圣审批程序的打算。但是，公会议耗尽了教皇的全部精力。翌年，压力集团开始行动。要求教皇尽快开始路易九世封圣审批程序的文件现存三份，一份是兰斯大主教和他的副主教们1275年6月呈递的，一份是桑斯大主教及其副主教们1275年7月递交的，一份是多明我会法兰西省省长1275年9月递交的。这件事几乎成了"全国"性的大事，而且声势越来越大。格列高里于是命令他的驻法国特使西蒙·德·布里枢机主教对已故国王进行秘密调查。这位特使是路易九世生前的谋士和总管，他的调查进行得十分迅速，迅速得招致责备，有人说，此事本应仔细慎重，不应草率从事。就在此时，格列高里十世去世了。

时间不到一年半，教皇换了三位。1277年年底，教皇尼古拉

① 这就是《法国国王圣路易生平和圣迹》（*Vita et Sancta convertio et miracula sancti Ludovici quondam regis Francorum*），前引书，第3—27页。请看本书原文第333—335页。

三世要求提供关于圣迹的资料；菲力普三世此前曾派出使团催促教皇，教皇回答说，尽管他本人对路易九世的圣徒品德深信不疑，但仍需要更能说明问题的资料。他令西蒙·德·布里进行补充调查，而且这次是公开调查，布里为自己配备了多名助手，其中包括圣德尼修道院长、一位多明我会的修道院长，一位方济各会的修道院长，以及另外两位教会人士。调查结果呈交教皇，教皇遂请两位枢机主教进行审查。可是，这位教皇于 1280 年 8 月 22 日去世了。西蒙·德·布里继任教皇，称马丁四世。他对加速封圣
304 程序起了决定作用。法国教会召开了一次代表大会，向教皇呈递了一份情真意切的请愿书。教皇回答这些高级神职人员说，要相信他的良好愿望，但事情要一件件不慌不忙地去做，越是这样，路易九世的封圣程序就越扎实可靠。1281 年 12 月 23 日，马丁四世委托鲁昂大主教、奥塞尔和斯波莱托主教对路易九世的生平、品行和圣迹进行最终调查。他让他们到圣德尼对人们所说发生在路易九世墓上的圣迹进行实地调查，他还为他们列出了一份询问见证人的提纲。调查工作从 1282 年 5 月开始，到 1283 年 3 月结束，就圣迹问题总共询问了 330 位目击者，这些目击者大多是穷人；就路易的生平询问了 38 位证人，这些人大多是达官显宦，其中包括路易的弟弟安茹的查理（他的证言是在那不勒斯提供的），路易的两个儿子：国王菲力普三世和阿朗松伯爵皮埃尔，路易远征突尼斯时的两位“摄政”：旺多姆的马蒂厄和西蒙·德·奈尔，以及一些骑士（包括后来为路易九世作传的儒安维尔）和教会人士，甚至还询问了三位慈善院的修女。

调查材料送到罗马，封圣审批程序有条不紊地进行着，教皇马丁四世却于 1285 年 3 月 28 日去世了。教皇洪诺留四世继位后

让枢机主教会议对若干圣迹进行了讨论，可是他也去世了，时间是1287年4月3日。尼古拉四世（1288—1292年在位）是个方济各会士，他下令组织一个新的调查组，由三位枢机主教组成（原来的三位成员都已去世），继续对圣迹进行深入细致的调查，可是，这位教皇去世时，此项调查尚未结束。教皇缺位历时一年半后，一位本笃会士意外地被当选为教皇，称塞莱斯坦五世，这位教皇即位数月后就发现自己难以担当如此重任，1294年自动卸任，回归修道院。但丁把塞莱斯坦的辞职称作“伟大的谢绝”，由于这个空前绝后的事件，路易九世的封圣程序又拖延了数月。

1294年12月24日，枢机主教本笃·卡埃塔尼当选为教皇，称卜尼法斯八世，这位教皇决心办完路易的封圣审批程序，事情于是终于出现转机。卜尼法斯八世在当选教皇之前曾是圣迹调查组成员，听取过安茹的查理国王的证言，对于路易九世的圣徒品德似乎深信不疑。然而，促使这位教皇下定决心的原因却是政治 305
上的考虑。他想与路易九世的孙子、法国国王美男子菲力普四世保持良好关系；可是数年后，这位国王却成了他的劲敌。

如同他的几位前任一样，卜尼法斯八世也住在奥尔维耶托，因为他担心大家族之间的争斗和下层民众的狂躁会把他逼到罗马去，致使他的安全无法得到保证；1297年8月4日，他在奥尔维耶托正式宣布册封路易九世为圣徒的决定。8月11日，他再度为路易九世布道，并颁布教皇颂词“荣耀”，庄严宣布路易九世为圣徒，并把他去世之日8月25日命名为一年一度的圣路易日。二百多年来许多人的终生努力和卡佩王朝的所有企盼终于有了圆满的结局。法国有了一位圣徒国王。

这位在守丧期间出生、在他乡异教徒的土地上死去的国王，终于进入了荣耀的行列。

1298年8月25日在圣德尼举行了庄重的授圣典礼，圣路易的遗骨被“提升”，安放在祭坛后面的一个盒子里。参加此次典礼的有圣路易的孙子、美男子菲力普四世和包括儒安维尔在内的众多封圣审批程序的见证人，此外还有许多高级神职人员、贵族、教会人士、骑士、市民和普通百姓，大教堂被挤得水泄不通。

遗骸的故事

我无意一一讲述从1297年至今有关圣路易的记忆和有关他的形象的历史，这将是包罗万象而且十分美丽的历史，借助它我们将会对另一个历史和记忆获得更多的了解，那便是法兰西民族的
306 历史[①]。但是，我还是想说一说圣路易遗骸奇特而有趣的遭遇。

---

① 这个题目至今尚未深入研究，下面是我所知道的有关著作。科莱特·博纳：《法兰西民族的诞生》（Colette Beaune, *Naissance de la nation France*），巴黎，1985年，第126—184页；阿兰·布罗：《1610—1630年圣路易的绝对王权主义教诲》（*Alain Boureau, Les enseignements absolutistes de Saint Louis, 1610–1630*），见《绝对王权主义与法兰西历史（研讨会文集）》（*La Monarchie absolutiste et l'histoire en France (Actes du colloque)*），巴黎，1986年，第79—97页；克里斯蒂安·阿玛维：《处理法国历史英雄的艺术与方法：从维金格特里克斯到法国大革命——民族神话散论》（Christian Amalvi, *De l'art et la manière d'accommoder les héros de l'histoire de France.De Vercingétorix à la Révolution. Essais de mythologie nationale*），巴黎，1988年；比松：《小学历史课本中的圣路易（从16世纪至今）》（J. Buisson, *La Représentation de Saint Louis dans les manuels d'histoire des écoles élémentaires du XVIe siècle à nos jours*），见《高等社会科学学院硕士论文》（未版）（*Mémoire de diplôme de L'E. H. E. S. S., inédit*），1990年，指导教师：费罗（M. Ferro）。

圣路易的遗骸于1298年8月25日安放在圣德尼主祭坛后面的盒子里面。依据当时的习惯，圣路易的继承者们都要把他的遗骸当作礼物，赠一块给某个教堂或某个人。美男子菲力普执行这项名副其实的遗骸政策时，几乎显现出某种病态，他主张把祖父的遗骸从圣德尼迁移到圣堂中去，以便把它更好地保存在扩建得富丽堂皇的王宫中。

在中世纪，圣路易的遗骸受到狂热的崇拜[①]。尽管很久以来，至少从11世纪末起，教会一直斥责“假”圣物，但是，“真”遗骸依然普遍受到人们的热烈崇敬，而且不分社会地位和文化水准。遗骸能治病，触摸盛装遗骸的盒子或掩埋遗骸的坟墓，有病的人就能痊愈。路易生前只能通过触摸治愈瘰疬患者，而现在从理论上说，只要能触摸他的遗骸，任何疾病都能治愈。他不仅具有治病魔力，而且具有其他神奇的能力。圣德尼作为这位国王显现圣迹的地方，其声望日隆本来是完全可以指望的，可是，美男子菲力普执意要将圣路易的遗骸移走，为的是替国王和他的私人教堂增色。法国的君主们从开始走向绝对王权主义那时起，就不让人民有机会接触圣路易的遗骸。教皇卜尼法斯八世始终希望与法国国王保持良好关系，他准许国王移走路易九世的遗骸，但要求将一只手臂或一根胫骨留在圣德尼修道院。可是，圣德尼的修道士们不愿善罢甘休，美男子菲力普不得不改变初衷。不过，他依然得到了部分满足。法国国王与卜尼法斯八世有过激烈冲突，这位教皇去世后，法国国王与新教皇克莱门特五世——也就是法国人

① 帕特里克·杰里：《盗窃圣物，中世纪中期的圣物盗窃》（Patrick J. Geary, *Furta Sacra. Thefts of Relics in the Central Middle Ages*），普林斯顿大学出版社，1978年。

贝特朗·德·戈的关系得到缓和。1305 年 11 月新教皇在里昂加冕，
307 美男子菲力普前去道贺时，新教皇同意将圣路易的头骨转移到圣堂，但下巴、牙齿和下颌仍应留在原处，让圣德尼的修道士们因此而得到慰藉。心脏也许就在这次转移到圣堂了。

伊丽莎白·布劳恩说得很有道理，许多民族都把头颅视为躯体的最重要部位，它是一个人的力量和身份所在，而下颌则是躯体第二重要部位。到了 15 世纪，通过玩弄字眼，迁移路易九世头骨一事得到了认可，人们认为，国王的头颅移到王宫里的圣堂非常合适，因为，圣堂本是“王国的头颅”。美男子菲力普于 1299 年向一位有名的巴黎银匠纪尧姆·朱利安定制了一只精致的盒子，用来盛装安放在圣堂中的头盖骨，此事充分说明他早已成竹在胸。1306 年举行了盛大的仪式，把圣路易的头骨从圣德尼转移到巴黎。巴黎圣母院也没有失望，它分到了圣徒国王的一根肋骨。

圣德尼的修道士们得到了一些补偿。1300 年，教皇卜尼法斯八世准许他们每年 8 月 25 日举行活动，隆重纪念圣路易的忌辰，届时美男子菲力普必定前去参加。1306 年，圣路易的头骨转移到圣堂之后，被圣德尼的修道士们视为死心塌地为圣路易效忠的奥塞尔主教皮埃尔·德·莫奈，突然于 5 月 29 日去世，美男子菲力普在狩猎中伤了一条腿，不能出席 8 月 25 日的纪念活动。圣德尼的教士们认为这是上帝对他们的惩罚，他们自己动手做了一个玲珑剔透的盒子，用来盛装圣路易头骨的剩余部分；1307 年 8 月 25 日为这只盒子举行了隆重的陈放礼，出席者中有美男子菲力普以及一大批高级神职人员和贵族。

然而，圣路易遗骸的瓜分至此并未终止，美男子菲力普及其继承者们后来又将圣路易的若干指骨赠送给了挪威国王哈孔·马

格努松，让他在卑尔根附近的蒂斯内斯岛为圣路易所建的教堂中供奉。此外，首批分得遗骸的还有巴黎圣母院的修道士们、巴黎和兰斯的多明我会士、鲁瓦尧蒙和蓬图瓦兹的修道院院长。1330—1340 年间，瑞典王后布朗什访问巴黎时获赠一个装有几块 308
圣路易遗骨的盒子，后来供奉在瓦斯特纳的圣布里吉特修道院。神圣罗马帝国皇帝查理四世 1378 年访问巴黎时，也获赠一些圣路易的遗骨，后来供奉在布拉格大教堂。1392 年，法国国王查理六世将剩下的圣路易遗骨装入一个新的遗骨盒时，请皮埃尔 · 戴里大师将一条肋骨转交教皇，将另外两根肋骨分别赠送给贝里公爵和勃艮第公爵，将一块遗骨赠送给参加纪念会的高级神职人员，由他们自己去分。1430 年左右，巴伐利亚公爵路易七世为他首都因戈尔施塔特的教堂讨到了一块圣路易遗骨。1568 年，为反对基督教新教，巴黎举行庄重的游行，圣路易的所有遗骨此时被全部集中到巴黎。1610 年 9 月，玛丽 · 德 · 梅迪奇获赠一块遗骨，后来她深感懊悔，遂趁路易十三加冕之际原物奉还。奥地利的安娜于 1616 年获赠一小块肋骨后犹感不足，翌年终于获赠一条完整的肋骨；后来她又请枢机主教吉斯出面说情，为巴黎和罗马的耶稣会士弄到了一条肋骨和一块臂骨。后来在发掘圣德尼的王家陵墓并销毁遗骸时发现，圣路易的墓穴空空如也，所有遗骸都在 1298 年装进一个遗骸盒子里去了[①]。这只遗骨盒大概就在此时被毁，剩

① 本笃会士普瓦里耶是国民公会纪念物委员会的成员，目睹了王家陵墓的发掘，事后他写了一份干巴巴的汇报：“1793 年 10 月 19 日星期六……。继续发掘位于大祭坛下的王家陵墓时，在路易八世坟墓旁边发现了死于 1270 年的圣路易的坟墓，遗骸已于 1297 年时被移走。附注：圣路易棺材的宽度和长度均小于其他棺材，历史学家们认为，原因在于他的肌肉被留在西西里，送到圣德尼（转下页）

下的遗骨也就在此时失散或被毁。

保留至今的圣路易的遗骸还有多少？包括圣德尼和王宫中的圣堂在内，如今仅剩一小块遗骸盒残片，保存在巴黎国立图书馆
309 的徽章部。保存在巴黎圣母院的下颌骨和肋骨，也没能逃脱被瓜分的命运；1926 年，巴黎大主教将一小块肋骨馈赠给了蒙特利尔的法兰西圣路易教堂。在圣德尼大教堂的半圆形圣母堂中，如今还陈列着圣路易的一块遗骨，但是，何时以及如何得到这块遗骨如今都成了谜。1941 年，圣德尼纪念协会定制了一个新遗骨盒，1956 年遗骨装入新盒时举行了隆重的仪式①。

19 世纪的学者们为圣路易心脏的下落伤透了脑筋。1843 年王宫中的圣堂施工时，在祭坛附近发现了一小块心脏，有人说这就是圣路易的心脏，当时几位有名的学者就此展开了激烈的争论②。我支持阿兰·埃尔兰德－勃兰登堡的看法，他写道："既没有任何碑铭，编年史上也无只字提及，如果说这是一份珍贵的遗骸，那么它也早已被遗忘得干干净净；所有这一切都足以说明，它不可

（接上页）的只是他的遗骨，因而所用棺材尺寸较小。"（阿兰·布罗：《国王的普通躯体》（Alain Boureau, *Le Simple Corps du roi*），巴黎，1988 年，第 86 页）

① 参阅伊丽莎白·布劳恩：《美男子菲力普与圣路易的遗骸》（Elizabeth A.R.Brown, *Philippe and the remains of Saint Louis*），见《美术小报》（*Gazette des beaux-arts*），1980/1981，第 175—182 页；《圣报》（*Acta Sanctorum*），8 月号，卷 V，第 536—537 页；罗伯尔·福尔茨：《中世纪西方的圣徒国王（6—13 世纪）》〔Robert Folz, *Les Saints Rois du Moyen Age en Occident* (*VIe-XIIIe siècles*)〕，布鲁塞尔，1984 年，第 179—180 页。

② 参阅奥古斯特·莫尔尼耶：《意大利战争（1494）以前的法国史资料》（Auguste Molnier, *Les Sources de l'histoire de France des origines aux guerres d'Italie* (1494)），卷 II，巴黎，1903 年，注 2542。

能是圣路易的心脏。”[①]他还说，圣德尼的圣路易墓碑在17世纪尚清晰可读，上面刻着“这里埋葬着法国国王的内脏”[②]，对于这段文字没有理由不予置信；鉴于内脏埋葬在西西里岛上的蒙雷阿尔，上面提到的菲力普三世下令与遗骨一起送回圣德尼的内脏只可能是心脏。1298年，心脏并未随遗骨一起放入遗骸盒，所以可以肯定，在法国大革命以前，心脏已经在墓中腐烂；1793年的毁墓人和普瓦里耶教士可能不够仔细，以致没有发现圣路易的墓穴中尚有些许遗骸。

圣路易内脏的结局令人吃惊。埋葬在西西里岛的蒙雷阿尔的圣路易内脏一直平安无事，1860年，波旁王朝的末代西西里国王弗朗索瓦二世被加里波第率领的红衫军赶走，在流亡途中随身带着珍贵的圣路易内脏，最终抵达罗马之前，先在加埃塔逗留了一 310
段时间。离开罗马后，他在奥地利帝国皇帝弗朗兰西斯－约瑟夫为他提供的一座古堡中住了一阵，旋即动身前往巴黎前，他把随身带来的圣路易内脏安放在这座古堡的小教堂中。在他写于1894年的遗嘱中，他把盛装圣路易内脏的遗骸盒留给红衣主教拉维热里和白袍神甫，让他们供奉在迦太基大教堂中。于是，圣路易的内脏回到了他死去的地方[③]。圣路易的遗体在1270年被肢解。教皇

① 阿兰·埃尔兰德－勃兰登堡：《国王驾崩》，前引书，第96页。

② 同上，注103。

③ 突尼斯流传着一些关于圣路易的传说，参阅德梅尔瑟曼：《突尼斯关于圣路易的传说》（A. Demeerseman, *La Légende tunusienne de Saint Louis*），突尼斯市，1986年。1990年，我在已经改作他用的迦太基教堂里见到一座墓，据碑文所述，圣路易的遗骸葬在此墓中。

卜尼法斯八世于 1299 年颁发圣谕，严禁这种被他指斥为野蛮和残忍的行为[①]。尊重躯体的观念此时开始抬头，人们认为纵然已死也应全尸。但是尤其在法国，人们对于国王和大人物的遗体却持另一种想法，而且有日益扩大之势，这是因为人们希望，为便于祭奠，应该为这些人物在不同地点多设几处墓地，诸如遗体墓、心脏墓、内脏墓等等。古代异教徒的传统在人们对于骷髅和大办丧礼的癖好中得到延续，在中世纪社会中，人们为了追求声望不能不顾及这种癖好，因而尊重全尸的观念一时不能得到普遍的认可，教会让上层社会接受这个观念的努力以失败告终。当圣路易的遗骸成为一种圣物时，君主制下养成的这种习俗起到了促进作用，推动着人们把他的遗骨分别珍藏在各地。

---

① 阿兰·埃尔兰德－勃兰登堡:《国王驾崩》，前引书，第 30 页；伊丽莎白·布劳恩:《死亡与遗体在中世纪：卜尼法斯关于肢解遗体的禁令》(Elizabeth A. R. Brown, *Death and human body in the Middle Ages: the legislation of Boniface VIII on the division of the corpse*)，见《旅行者》(*Viator*)，12，1981 年，第 221—227 页；巴拉维奇尼·巴利亚尼:《教皇的躯体》，前引书。

第二部分

国王何以长留人们记忆之中：圣路易存在过吗？

313 对圣路易的生与死有所了解之后，到了问一问我们自己能不能再进一步，设法弄明白他究竟是个什么样的人的时候了。我如同所有历史学家应该做的那样，仅仅依据他那个时代的原始文献讲述了他的一生。可是，出于个人利益或集体利益的原因，见证人的回忆具有不同程度的不可靠性；况且，历史学在 13 世纪尚处在蹒跚学步阶段，还谈不上追求“科学”，充其量只能力求真实；纵然如此，历史学终究有意无意地从属于局势，从属于撰写者所追求的目标，而他们为了撰写历史，在写作过程中难免求助于“编”和“造”。由于记述的对象是一位国王，而且是一位圣徒，是许多人都愿意奉为圣徒的一位国王，添油加醋的力度和程度必然异乎寻常。想要知道我们究竟能否弄清（圣）路易的本来面目，必须仔细研究关于他的回忆和记述是怎样形成和为何形成的。

我向读者建议的这项工作超出了史学职业圈中传统上所说的“资料考证”，它旨在弄明白，透过唯一真实的研究材料即文献，历史学家是否只能发现 13 世纪基督教世界中让路易青史留名的那些个人和群体的利益，以及当时达到这个目的手段，而不可能得
314 到其他收获。经过这样一番审视之后，圣路易是否能够真正为我们所认识？换言之，我们是否只能获知，那些既有理由又有足够的资料和知识将圣路易传之后世的人们，是怎样地既无愿望也无可能满足我们正当的心愿，让我们认识和理解圣路易这个人呢？他是他们所制造的模范国王和圣徒典范呢，还是实实在在地曾经生活在世上的一个国王和圣徒？为了继续寻找我们的圣路易，就得重新审视我们的工作。文献中的圣路易真实可靠吗？既然我们注视的唯一对象就是圣路易，我们不禁要问：圣路易存在过吗？

历史学家这个职业自中世纪以来获得了巨大的进步，作为一

个历史学家，我为理解圣路易作出了巨大的努力；尽管如此，这个圣路易依然是“我”的圣路易，对此我绝不讳言。这倒并不是说本书展示的是一个主观的形象。我不想在这里讨论历史真实性问题。但是我相信，历史学家这个职业是一个探求真实性的职业，它所使用的是“科学的”方法，也就是可证明和可检验的方法。不过，我还不至于那么天真和自负，以为“我”的圣路易就是“真”的圣路易。我在本书中自始至终都在努力提醒自己，在生产“我的圣路易”的过程中，要清醒地意识到自己的位置、知识结构和“个人习惯”，同时又不能因此而让读者感到厌烦。

本书的第二部分同样体现着我对于马克·布洛赫的一句名言的努力实践，他说：“一个自由的人所拥有的，历史学家全都没有。”①

现在应该尝试着回答一系列问题了。哪些文献在不经意之中把有关圣路易的材料告诉了我们？反之，哪些文献刻意要把圣路易的某种形象以及关于他的某种想法留给后代？在他的同时代人心目中，他身上有哪些不应忘却之处？有哪些值得大家永远铭记之处？哪些人制造了这位国王身后的巨大声望？他们自觉或不自觉地这样做的时候出于什么考虑？对于圣路易的记忆被纳入了什
么样的传说体系？想要了解一个第一流人物或者一个普通人，自 315
然会有一系列问题，在这些问题中我们想要知道而这些文献三缄其口的是哪些？我们今天对于圣路易的认识，哪些是人们大肆鼓噪的，哪些是人们避而不谈的？

---

① 马克·布洛赫：《封建社会》（Marc Bloch, *La Société féodale*），巴黎，新版，1968年，第16页。

第一章

/

317 官方文献中的国王

借助行政官员的见证了解君主和政府这种方法，长久以来始终被置于历史的后台，幽禁在历史科学的所谓“辅助”学科中，即编年学、古代文书学和印章学等。可是，这种方法毕竟是通过政治权力的常规行使，了解其实际情况的一条康庄大道，这样说绝非玩弄辞藻。书面记载，宫廷总管的使用，显示国王的至尊和意志，确立和使用这种显示的规则，档案——权力的主要基础之一——的保存等等，国王们与所有这一切的关系，便是国王们的个性特征和传记的一个组成部分。圣路易是通过这些行政活动显示其为人的，过去他曾经由这些行政活动而显示其存在，对于我们来说，现在他继续借助——至少是部分地借助——这些行政活动而继续显示其存在。在这些见证中，圣路易既不同于他的祖父菲力普·奥古斯特，也不同于他的孙子美男子菲力普[①]。

提供圣路易信息的第一批官方文献，都带有他本人的标记乃

① 在让－弗朗索瓦·勒马里涅及其弟子的努力下，法国史学在这方面（转下页）

至他的名字。如今重要的官方文件都由掌权者签署，甚至亲自起 318
草，不甚重要的官方文件则授权他人代签。可是 13 世纪不作兴签名，国王不在文件上签字，只盖印章[①]。国王是唯一的君主，国王的印章因而就是唯一能将全部权威赋予文书的物件。在一个时期中，王玺只有一个。由于制作王玺的模子是一件“费时、费钱又费力”（帕斯图罗语）的事情，所以有的新王继续使用先王的王玺，但即使这样，新王的名字也必然随着他掌权而出现在旧王玺上，而且除非国王在位时更名（这种情况极为罕见），否则这个名字就始终留在王玺上，直到死后才去掉。被称作“陛下之玺”的大印章上刻有正襟危坐的国王肖像，艺术史家们认为，这种姿态显示了唯有国王才拥有的那种神秘的最高权力；国王驾崩或因其他缘故不再使用“陛下之玺”时，立即予以销毁。圣路易率十字

（接上页）的研究大有进展。参阅让－弗朗索瓦·勒马里涅：《卡佩王朝初期的王国政府》（Jean-François Lemarignier, *Le Gouvernement royal aux premiers temps capétiens*），前引书；让－弗朗索瓦·勒马里涅：《中世纪的法国——政治制度与社会》（Jean-François Lemarignier, *La France médiévale. Institutions et société*），巴黎，1970 年；布纳泽尔：《12 世纪（1108—1180）的卡佩王朝政府——社会结构与政制变动》（E. Bournazel, *Le Gouvernement capétien au XIIe siècle, 1108–1180, Structures sociales et mutations institutionnelles*），巴黎，1975 年。关于拟人法带来的贡献，参阅《近代国家的创立——拟人法与国家的历史》（*Genèse de l'Etat moderne;prosopographie et l'histoire de l'Etat*）（圆桌会议，巴黎，1984 年），巴黎，1986 年。

① 米歇尔·帕斯图罗：《印章》（Michel Pastoureau, *Les Seaux*），蒂伦豪特，1981 年；布丽吉特·贝多斯·雷札克：《中世纪国王与封建主的权力标记与证章——印章的见证》（Brigittte Bedos Rezak, *Signes et insignes du pouvoir royal et seugneurial au Moyen Age, le témoignage des seaux*），见《学者协会第 105 届全国会议文集》，卡昂，1980 年（*Actes du 105e Congres national des sociétés savantes, Caen* 1980），见《史学委员会，文献学与历史学》（*Comité des travaux historiques, Philologie et histoire*），卷 I，1984 年，第 47—82 页；参阅本书插图 12 中圣路易的第二枚印章。

军出征时，特地制作了另一个王玺，供他不在时使用；这枚王玺代表远在国外的国王，表示王权的连续性，唯有得到国王授权的人才能使用。圣路易是这项措施的始作俑者。王玺由掌玺大臣负责保管，国王在国内巡幸时，掌玺大臣通常随行扈从；点烛官是一个地位不高却很重要的官员，无论国王走到哪里，他都紧随国王、掌玺大臣和王玺，寸步不离。

正是在圣路易在位时期，随着宫廷的文书增多，传递速度必须加快，于是在1250年前后出现了新的规定。出自宫廷的文书被分成等级，用不同的方式封缄。特许状和采用特许状形式的诏书都附有红绿两色的丝质细绳，以绿蜡封缄[①]。庄重性略逊的诏书附有双尾细绳，用黄蜡封缄。1250年前后出现了一种附有单尾细绳
319 的黄蜡封缄的诏书，这种比较便于递送的诏书成为古文书学中的一个特殊类别[②]，通常被称作“谕令”，因为此类传达国王决定的文书大多以“mandamus”开头。在圣路易在位末期，人们感到需要为文书加注少量说明性文字，这便是“玺外注”，古文书学则称之为“件外附注”。现存此类文书中最古老的一件上标明的日期是1269年12月30日，这是一封以单尾细绳封缄的文书，圣路易在文书中通知克莱蒙主教，一包圣物“已由夏特勒的纪尧姆教士”送去；这句话便是“件外附注”[③]。

国王的文书究竟出自何人之手？是机构正常运转的结果还是

① 加斯东·泰西耶：《法国王家古文书学》（Gaston Tessier, *La Diplomatique royale française*），巴黎，1962年，第237页及以下多页。

② 同上书，第244—246页。

③ 同上书，第246—247页。

经君主授意抑或君主亲自拟就？这一点显然很难确定。我们仅仅发现，国王文书上的发文日期表明，圣路易本人在发文地点，而从美男子菲力普开始就不是这样了[①]。由此推断，大体上可以肯定，圣路易至少知道这些文书的内容，因此我们可以依据这些文书考证他的行踪。

有一点可以肯定，那就是文书的数量在圣路易执政期间大为增加，他是一位留下了大量文书的国王。文书数量之所以大量增加，王国机构的发展是原因之一，但此事同时也反映出圣路易的某些观念，他认为国王有责任也有义务过问发生在王国境内的事务，文书作为国王旨意的正式表达方式，他对其效用深信不疑[②]。

在菲力普·奥古斯特时期，王国行政管理发生了由量变到质 320
变的飞跃。其原因是在倒霉的1194年战役中，法国国王的档案成了英国狮心王理查的战利品，此后法国王家档案的保管大有改善；此外也许还因为王室领地扩大之后，文书大量增加。菲力普·奥古斯特在位43年，现存原始文件701份；他的祖父路易六世在位29年，现存原始文件96份；他的父亲路易七世在位43年，现存原始文件197份。此外，现存菲力普·奥古斯特时期的各种性质的文件还有1900份，相当于其父留下的同类文件的两倍。应该指

① 纳塔利·德·维利:《高卢与法国历史学家文集》，前引书，XXVIII—XLIV页，第407—512页；加斯东·泰西耶:《法国王家古文书学》，前引书，第293页。

② 克兰希（M. Clanchy）对英国的情况作了出色的研究:《从记忆到书面记录（1066—1307）》(*From Memory to Written Record, 1066–1307*)，伦敦，1979年，1993年新版。

出，留存至今的文件仅仅是当年实有文件中的一小部分。在这方面，法国落后于教廷和英国，教廷的档案以其古和多著称，英国的档案保存得最好，不过，英国人此时依然将档案卷成筒形，使用不便。到了美男子菲力普继位后，法国才在这方面赶上教廷和英国，圣路易在位期间正处于追赶过程中。

亨利一世和路易的文书目录并未系统地出版，菲力普·奥古斯特和美男子菲力普的文件集则全部出版了。圣路易及其儿子菲力普三世时期的档案集至今仍付诸阙如。这些文书提供的主要是政府机构的有关情况，关于国王本人的情况涉及较少，我虽然不打算研究这些档案，但是，它们是圣路易名下而且盖有他的印章的官方文书，所以能够提供一些有关他的资料。

宫廷文书中的主要部分保存在以掌玺大臣盖兰的名字命名的一部文件集中，此人是菲力普·奥古斯特的主要辅臣，在圣路易继位后不久去世；他于1220年决定重编文件集，将已有的两部文件集加以整理和补充[①]。

登录在文件集中的文书具有编年史的价值，它们记录了机构
321 或个人的活动，在那时，这个机构或个人也就是掌玺大臣所领导的机构和他本人。盖兰的文件集分为17章，中间夹有一些留作补充的空页（由此证明，王国的行政机构并非只顾眼前），这部文件集一直使用到1276年，也就是说，圣路易在位期间一直使用这部文件集。圣路易率领十字军出征之前一年多，于1247年5月让人小心翼翼地誊抄了一个副本，供他出征时随身携带，由此不难看

① 这部文件集现存国家档案馆，编号为TJ26。依据乔治·泰西耶所下定义，文件集是“一种抄本，其中誊录了一个自然人或法人所发出、收到或被告知的文书。”

出这部文件集与国王个人之间的紧密关系。为了表明他的统治从未中断（这样做多少会损害他的远征国王的形象），1248—1255年间，他让人把他在埃及和圣地以及返回法国后最初数月中所作出的决定，都抄录在文件集中。这个集子收录了1270年的文件[①]，热拉尔·希弗里据此推测，圣路易在远征突尼斯城的第二次十字军行动中，随身带着这部新增补的文件集。在文件上增删或修改长期以来始终是当权者出于实用主义目的而采用的典型手法，希弗里在这部文件集中就发现了大量改动的证据，其中有“补充、修改和新增”，但从中看到最多的，还是为使王国的政策跟上结构发展而刚刚开始的一些尝试，例如，试图以估算采地的货币收入取代逐项罗列的骑士负担。圣路易在位期间，货币经济以不可阻挡的势头迅猛发展。可是，国王的努力并未全都获得成功，例如，对王国资源的清点就没有完成。由于新的清单没有列出来，不得不使用旧清单[②]。时代在加速发展，国王无法控制，他只能拼命追赶。

圣路易时期的文件集虽然有所改进，但总体上依然沿袭了菲力普·奥古斯特时期的老套套；除了这些文件集，还有一种被叫作“掌玺官档案”的盒子，里面保存着各种证书，从13世纪开始，盒子里的档案就被叫作“王家档案宝鉴”。圣路易在这方面颇有建树。弗莱特瓦尔之役后，菲力普·奥古斯特不再让王国档案随处流动，圣路易则将这些档案集中安放在一个神圣的处所，那就是

① 泰西耶：《法国王家古文书学》，前引书。

② 希弗里：《圣路易及其世纪》，前引书。

322 王宫中的圣堂里的圣器室上面。文书原件从此成为与金银器皿一样的珍宝。

“掌玺官档案”中保存着各种条约、效忠书、承诺书、清查和证实国王财产的票据、国王收到和发出的信件、各种抄件、以“归档”为名的各种回收并送交“掌玺官宝鉴”的文书、与重大政治事件（例如后来的圣路易）有关的文书、国王的收益等等；通过这些文书可以了解到国王与外国君主、本国的大封建主以及国王的封臣的关系①。

想要从这些文献中获得有关国王其人的信息，似乎不大容易②。

不过我们还是注意到，有几批文书分别涉及一个问题，这就告诉我们，文书是按问题分类的，换句话说，有人特地围绕着与圣路易关系特别密切的那些问题，把有关的文书收集在一起，这些问题包括以下几个方面：始终萦绕在圣路易脑际的圣地和第二次十字军出征的准备工作；他所进行的仲裁，尤其是他在英国国

① 窦莱：《王家档案宝鉴》，卷Ⅰ，巴黎，1863，第Ⅵ页。

② 不过仍可参阅罗伯尔－亨利·博捷：《古文书学考证——中世纪的文书控制和君主的心态》（Robert-Henri Bautier, *Critique diplomatique, commandement des actes et psychologie des souverains du Moyen Age*），见《碑铭与美文学院院报》，1978 年，第 8—22 页。埃利·贝尔热（Elie Berger）“依据《王家档案宝鉴》对圣路易的晚年”作了调查（见《王家档案宝鉴》卷Ⅳ，巴黎，1902 年）。人们本来指望贝尔热能借助档案对档案收集者进行一些研究（档案收集工作是在圣路易的生命和统治的最后 10 年（1261—1270）中完成的）；但是，尽管他一再提及《王家档案宝鉴》中的文书，却把重点放在以笼统的词语阐述圣路易随后 10 年的政策，尤其是他所说的圣路易的“外交政策”，而这种提法本身就犯了时代错误，他还企图以典型的 19 世纪末的实证主义史学方法评述圣路易的外交政策。

王和英国贵族之间的斡旋以及他在法国贵族之间的斡旋，这些调解工作表明，这位热心于平息纷争的国王很注意阐明自己的各项决定并征得他人的支持；他对家族的关心，尽管从一个普通人和一个君主的角度看，他对家族的态度颇有些怪异之处，但总起来说，家族在他心中占有重要地位。他对家族事务的关心和安排，似乎表明他预感到自己处在再次远行和死亡的前夕。他特别想在妥善处理私人利益与国家利益的前提下，解决好他的小儿小女的赏赐地问题。在道德和末世论主宰人们心灵的那个时代，他身上 323
体现出一种谨慎而认真地处理政务的态度，这种态度既带有卡佩王朝的色彩，也带有君主制的色彩。

但是，圣路易在保存王家文书方面的重大创举，首推从 1254 年开始整理成册的巴黎高等法院文书集。由于其中有一件文书以“从前的巴比伦人”开头，这个文书集在 14 世纪便被称作《从前集》，最初 7 集都以此命名。巴黎高等法院文书集起始于不平常的 1254 年，这一年圣路易从圣地返国途中，在普罗旺斯登岸后会见了方济各会士迪涅的于格，并与之长谈，于格提请国王注意自己肩负的主持公义的责任；启动道德秩序的 1254 年敕令也是在这一年颁布的；这一年还被人们称作“高等法院活动改善时期的开端”，高等法院从此最终从御前会议分离出来，成为专门的司法机构。

高等法院或多或少独立行使职权，但是国王几乎出席高等法院的每次会议；高等法院每年开三四次会，时间在圣灵降临节的第八天或节日终了的翌日、万圣节或冬季圣马丁日（11 月 11 日）、圣腊日和圣母诞辰。从圣地回来的圣路易意志坚定，在处事和制定政策时表现出一种不屈不挠的果敢精神，这些文书集正是这种意志和精神的产物。人们向高等法院（上诉法院）上诉，也就是向国王的司法裁决上诉，从此，国王的司法裁决高于封建领主或其他（例如城市）司法裁决这一点日益得到肯定。司法裁决中的书面程序此时也取得了决定性的进展，《从前集》显示了圣路易在司法方面的建树[①]，它是国王在君主制国家的这个新机构中的存
324 在和意志的书面记录。这个新机构必须具有连续性才能发挥其功能，被人比作高等法院"书记官"的让·德·蒙吕松是《从前集》的首任主编，他从1257年到1273年一直担任此职。文书集中有时出现"奉国王之命"字样，这大概表明国王有时亲自过问案件。虽然在大多数场合，国王任命的官员尤其是地方上的邑督可以以国王的名义作出决定；可是，在文书集中时常出现两种不同的按语，一种是"与御前会议有关"，另一种是"与国王有关"。例如，有一件关于1260年稽查情况的文书，记载着国王的内侍们向刚刚上任的科隆伯修道院长索要国王坐骑的情况，文书上写明送达高等法院的这份稽查情况报告"与御前会议有关"，而不是"与国王有关"，因为将会有人向国王汇报有关情况[②]。1260年，圣路易下令将文书原件送往王宫中的圣堂保管，此举充分说明他对这些档案的重视程度。由此还可看出，圣路易在某一时段中所关注的那些

---

① 阿蒂尔·伯尼奥（编）：《案例集——圣路易和大胆的菲力普在位期间的国王法庭登录册》（Arthur Beugnot (éd), *Olim ou registres des arrêts par la cour du roi sous les règnes de Saint Louis, Philippe le Hardi, etc.,*），卷Ⅰ，1254—1273年，巴黎，1839年；埃德加·布塔里克（编）：《巴黎高等法院文书集》（Edgar Boutaric (éd), *Actes du Parlement de Paris*），卷Ⅰ，1254—1299年，巴黎，1863年，尤以其中LXIV—LXVI页最为重要。

② 《案例集》（*Olims*），卷Ⅰ，第171页，注75。

事务的有关档案是如何建立起来的。比如，圣路易有时像是关注朗格多克事务，有时似乎对法兰西南方漠不关心，他于 1269 年下令将有关征服朗格多克的档案，特别是关于西蒙·德·蒙福尔以往的采地和权利的密封信件和文书归入高等法院的档案。

到了圣路易在位末期，文书源源不断地涌来，高等法院档案室已经无处安放。处于形成阶段的王国行政机构试图建立良好的秩序，却因文书过多而徒劳无功；例如，有些文书应该由高等法院保管，有些文件应该由掌玺大臣保管，但是，分拣工作往往做得不尽人意；高等法院的稽查结果与掌玺大臣主管的各类证书有时就混在一起。这样一来，圣路易就在文书档案的后面消失了。

1737 年的一场大火吞噬了巴黎审计院，大量审计资料和文书集毁于一旦，圣路易和法国其他国王的档案从此留下了一个巨大
的空白。整个圣路易在位期间的有关资料，如今仅存一些“颇有 325
价值”的残件，其中主要是记载在腊板上的王室账目，即国王的家庭开支，例如王室会计官让·萨拉森记在蜡板上的从 1256 年圣腊日到 1257 年万圣节，总计 638 天的王室日常开支账[①]。1231 年、1234 年、1238 年、1248 年和 1267 年的账目也保存下来了。前面我们谈到了 1234 年圣路易结婚时的开销数字[②]，也扼要地提及了十

① 《高卢与法国历史学家文集》，卷 XXI，第 284—392 页。王室的其余残存账目已由纳塔利·德·维利公布在《高卢与法国历史学家文集》，卷 XXI 和 XXII（1855 年和 1856 年）上。关于王室，参阅费尔迪南·洛特、罗伯尔·法弗蒂埃：《法国中世纪政治制度史》，前引书，卷 II 中的“王室”部分，第 66 页及以下多页。

② 请看本书原文第 136 页和第 201 页。

字军的开支。保存至今的还有部分有关附庸兵的支出①，尤其是关于1247年稽查活动的文书②。这样一来，档案就为我们提供了圣路易的一种形象，他写得很多（其实是他叫别人写得很多），保存的资料越来越多，可是账目却记得很少，有关他本人的数字记载不多。这也许是账目被烧所造成的结果，其实，在被人称作算术和计算世纪的13世纪中③，王国政府越来越重视记账。

由于进行了稽查，敕令变得极为重要。我想提醒读者，中世纪尚无敕令这个词语，在圣路易在位期间，这种类型的文书尚无确定的名称，作为具有法律效力的文书，其形式也尚未固定下来。敕令是一种具有立法和规范效用的文书，只有国王一人有权颁发。那时的敕令被叫作“谕令”、“条令”或“禁令”，有关钱币的敕令也被叫作“通告”、“安排”或“谕令”。这类文书很重要，其效力
326 不限于某一地区或某一部门，在王室领地内或王国的部分领土上普遍适用，在圣路易在位期间，其适用范围逐渐扩大到全国④。第一份效力及于全国的敕令是在圣路易未成年期间颁布的⑤。

现在还没有一种适用的法国国王敕令全集，所以我们只能求助于一种不完全但肯定是可靠的集子⑥。菲力普·奥古斯特只颁发

---

① 《高卢与法国历史学家文集》，卷XXIII。

② 圣路易进行的稽查已由利奥波德·德里勒公布，见《高卢与法国历史学家文集》，卷XXIV，1904年。

③ 关于计算术在13世纪的进步，参阅亚历山大·墨雷：《中世纪的理性与社会》（Alexander Murray, *Reason and Society in the Middle Ages*），牛津，1978年。

④ 关于敕令，请看本书原文第683—684页。

⑤ 请看本书原文第110页。

⑥ 应摄政王路易十五的要求，厄塞布·洛里埃于1723年出版了《法国国王敕令集》（前引书，1967年重印，法恩巴勒），此书舛误极多，应该另出（转下页）

了 6 通敕令，圣路易则颁发了 25 通敕令，其中不包括另外 8 项被视同为敕令的条令。这些具有最高权威的文书涉及处在扩张中的国王权力的各个关键领域以及困扰圣路易的诸多问题，属于前者的有朗格多克、钱币和城市，属于后者的有犹太人和放贷者、匡正民风等，此外还有私人战争、上帝的审判等同样属于国王管辖的问题。

这些文书的可靠性虽然受到质疑，有一点却十分明显，那就是在圣路易在位期间，国王的“立法权”获得了新的肯定（或者说自加洛林王朝以来重新找回了这种权力），尽管圣路易的立法观念多少有些模糊，决心却越来越大。从这个意义上说，圣路易有意成为卡佩王朝第一位立法者，而且果然如愿以偿。

此外，在旧制度时期的一些出版物中和一些外国资料馆中，
还可以找到圣路易的一些信件，例如，1250 年被俘后他从圣地寄 327

（接上页）新版。热拉尔·乔达南戈（Gérard Giordanengo）既为这个版本也为《420—1789 年法国大革命法国古代法律总汇》（*Recueil général des anciennes lois françaises depuis 420 jusqu'à la Révolution française de 1789*）（巴黎，1822—1823 年）辩护，理由是“(与当今中世纪专家相比)，此书编辑者的观点……更接近中世纪现实。”(《有关 11—13 世纪法国国王的立法权的近著和观点》（*Le pouvoir législatif du roi de France, XIe–XIIIe siècles: travaux récents et hypothèses de recherche*)），见《巴黎文献学院丛书》，卷 147,1989 年，第 285—286 页。我觉得，一个真正“科学”的新版，在尊重中世纪的行政实践和心态的前提下，将会提供一套更好的敕令集供历史学家使用。关于圣路易立法权的演变，参阅阿尔贝·里戈迪埃（编）:《13 世纪法国的国王立法权和国家建设》（Albert Rigaudière, *Législation royale et construction de l'Etat dans la France du XIIIe siècle*）见安德烈·古德隆、阿尔贝·里戈迪埃（编）:《立法权的再生和国家的产生》（André Goudron et Albert Rigaudière (éd), *Renaissance du pouvoir législatif et genèse de l'Etat*），蒙彼利埃，1988 年。

回法国给他的臣属们的那封信[①]，以及登陆后从迦太基寄给法兰西教会的那封信[②]。伦敦的公共资料馆保存着13封圣路易致亨利三世的信件[③]。

圣路易的王家官方文书大多是关于国事的集体记忆，比较"客观"，个人性质越来越淡薄，尽管有一些个人修改的痕迹，却依然给我们提供了国王的形象，这个形象虽然比较抽象，却日益经常地出现在他的国家和历史中。

① 请看本书原文第194页注2。

② 请看本书原文第295页注2。

③ 泰西耶：《法国王家古文书学》，前引书。

第二章

/

托钵僧圣徒列传中的国王： 328
革新基督教的国王

托钵僧是教会的一个新型组织，圣路易的一生与这个组织的最初 50 年关系密切。教会在 11 世纪中叶以后作出了巨大努力，为的是对西方社会的深刻变化作出反应。经济上的惊人发展是这种努力最引人注目的后果。随着圣路易积极推动的货币发行，惊人的经济发展达到了顶点；城市运动声势浩大，国王在其中发挥了重大作用，他一边监督“优良”城市的管理，一边强化巴黎作为首都的作用；罗马式和哥特式艺术风格大行其道，采用这两种风格建造的许多教堂，诸如圣堂、巴黎圣母院和亚眠大教堂，为圣路易崇拜上帝提供了良好的场所；心态和行为在新的价值平衡中出现了变化，今世和彼岸世界的关系有了新的调整，人们在更大程度上为今世所吸引，但对于彼岸世界的恐惧依旧相当强烈，物欲再度横流，人们重新呼唤甘于清贫，个人从共同生活的圈子中涌现出来。为回应这些挑战，教会从 11 世纪中叶到 12 世纪中叶进行了第一次改革。被称作格列高里（教皇格列高里七世，

1073—1085 年在位）改革的这次改革，进一步将神职人员和平信徒加以严格的区分，在性问题上，前者要严守童贞、贞节和独身，后者则要遵守一夫一妻制并尊重婚姻的不可破裂性；神权与俗权
329 也作了进一步的区分。13 世纪初进行了第二次改革。教会在本世纪大发横财并扩大其势力，它日益远离普通平信徒，在福音书与信徒之间设置障碍，而且没有能力将教徒群众认为受自上帝的话讲出来，这些现象遭到异端运动的激烈攻击；在异端运动的激励下，神职人员和平信徒都作出了相应的反应，不折不扣地重新回到福音书的精神上来，以身作则地崇尚谦卑和清贫，让上帝的声音达于每一个信徒。

托钵僧修会

1215 年的第四次拉特兰公会议禁止不依据现存规章创建新修会；现存规章主要有两项，其一是圣本笃的规章，其二是圣奥古斯丁的规章。在西班牙的在会教士多明我和意大利的平信徒方济各这两位杰出人物的号召下，分别创建了布道会和小兄弟会。顾名思义，布道会十分重视布道，而小兄弟会之所以以此为名，则是因为它十分推崇谦卑。布道会士通常叫作多明我会士（源自其创建者的名字），在法国则叫作雅各宾会士（源自圣雅克主持下的该会巴黎修道院），该会采用与普赖蒙特莱修会相似的在会教士规章，并于 1216 年和 1220 年制定了自己独有的条规，1226 年正式成为“规章”。小兄弟会士因腰际系带结的绳子而叫作科德利埃会

士[①]，也因其创建者的名字圣方济各而称作方济各会士。该会经教皇特准采用圣方济各制定的新规章；方济各当年对于是否要将他领导的教士团体改建为修会犹豫不定，遂于1221年制定了一套新规章，新规章经修改后于1223年被教廷接受。这两个修会谢绝一切财产和一切地产收入，完全依靠乞讨和布施维持生活，故而被称为托钵僧。方济各卒于圣路易登基为王的1226年，1228年被封为圣徒。多明我卒于1221年，1233年被封为圣徒。在教皇的压力之下，加尔默会士分期分批于1229年、1247年和1250年陆续成为托钵僧；1256年，教皇将若干隐修会合并组成了奥古斯丁会[②]。

托钵僧修会把修道院建造在人来人往的城市当中，而不是穷 330
乡僻壤，托钵僧修会的成员是兄弟而不是修道士；此外还有第二修会（女修会）和第三修会（平信徒修会）。这样一来，托钵僧修会就把整个社会都纳入它们的大网之中，这些修会自然也就成了教会对在11—13世纪的繁荣基础上形成的新社会实行基督教化的工具。特别值得一提的是，那些出于对经济繁荣、金钱扩散和物欲横流的反感而提倡恪守清贫的人，提出了一些伦理和宗教的解决方案，这些方案自相矛盾地为商人进行辩护，为某些金融活动的合理性进行论证，从而最终促进了资本主义的发展。被马克斯·韦伯[③]置于基督教新教标志下的那场关于金钱和宗教的大辩

① 在法文中，小绳子写作cordelière，读音科德里埃。——译者

② 1274年第二次里昂公会议只允许4个大托钵僧修会继续存在，它们是多明我会、方济各会、加尔默会和奥古斯丁会，其余均被解散，其中只有小口袋会规模较大，其余都是小修会。

③ 参阅马克斯·韦伯：《新教伦理与资本主义精神》（Max Weber, *L'Ethique protestante et l'esprit du capitalisme*），巴黎，1964年，1990年新版，第7—24页。

论，就是在托钵僧修会的理论与实践的推动下于13世纪爆发的。托钵僧所推崇并成功地灌输给某些人的，是对经济生活的道德化，尤其是对金钱使用的道德化[①]。担任圣路易主要谋士职务的那些托钵僧与圣路易本人一道，以圣路易为依托并在他的支持下，在法国人的心态上烙下一个特殊的标记：既从道德上论证金钱和商业的合理性，又对这种合理性不予信任，这种心态至今依然是法国人的特征之一。在大多数法国人的经济行为中，特别是在戴高乐和密特朗等20世纪最著名的法国领导人的经济行为中，我们看到的正是圣路易和托钵僧共同留下的这个标记[②]。

托钵僧修会尤其是多明我会和方济各会迅速获得成功。法国是它们最早建立组织的国家之一。方济各会首次建会地点是韦兹
331 莱，时间大概是1217年，1219年又在奥塞尔和巴黎建会；多明我会的行动早于方济各会（1206年建立了普鲁伊女修道院，1215年建立了图鲁兹修道院，1217年在巴黎建会）。然而，布道会和小兄弟会在法国大规模建会却是在1230—1260年间，这个时期恰是圣路易在位的主要时期[③]。到圣路易过世时，法国已有近两百所方济

① 莱斯特·里特尔：《中世纪欧洲的教徒贫困与盈利经济》（Lester K. Little, *Religious Poverty and the Profit Economy in the Medieval Europe*），伦敦，1978年：主要著作。

② 让·达尼埃尔：《一位总统的宗教：审视密特朗主义的冒险行为》（Jean Daniel, *Religions d'un Président: Regards sur les aventures du mitterandisme*），巴黎，1988年。

③ 理查·埃默里：《中世纪法国的托钵僧——1200—1550年间法国托钵僧修会名录》（Rivhard W. Emery, *The Friars in Medieval France. A Catalogue of French Medieval Couvents* (1200–1550)），纽约、伦敦，1963年；雅克·勒高夫：《托钵僧修会与中世纪法国的城市化》（Jacqus Le Goff, *Ordres mendiants et urbanisation dans la France médiévale*），见《年鉴》，1970年，第924—943页。

各会修道院，近百所多明我会修道院，布道会士选中的城市通常大于小兄弟会士立足的城市。

圣路易身边很早就有了托钵僧，他认识的第一位托钵僧大概是萨克斯的茹尔丹，此人是圣多明我的继承人，1222—1237年间布道会的总会长，他在巴黎逗留期间似乎与卡斯蒂利亚的布朗什建立了密切的关系。据说，布道会士在1226年圣方济各去世时，将他去世前一直使用的枕头送给了年轻的国王和他的母亲[①]。如果此事属实，肯定在这位后来十分热衷于圣物的年轻国王心中留下了深刻的记忆。

第一次率十字军出征之前，圣路易就显露了对于托钵僧的偏爱。他将最放心不下的两件要事托付给托钵僧，其一是圣堂和对安放在圣堂中三个特制盒子里的极其珍贵的圣物一年一度的崇拜活动，其中一个盒子委托给巴黎的一个多明我修道院，一个委托给方济各修道院，第三个则委托给巴黎的其他修会[②]；其二是为准备十字军出征而于1247年进行的稽查，圣路易把这项工作中的大 332

① 韦丁:《平民年鉴》(L.Wadding, *Annales Minorum*)，第3版，卡拉奇，1931年，卷II，第182页。

② 请看本书原文第746—750页。科莱特·博纳的推断似乎有些道理，他认为“圣路易与方济各会士的亲密关系纯系神话（我宁可说是夸大）”，“这个神话在13世纪下半叶产生于那不勒斯的安茹的查理宫廷里”，制造这个神话的目的是拉近圣路易与其侄孙路易的关系。这位方济各会士曾任图鲁兹主教，1317年被封为圣徒。1330年前后，与查理关系密切的乔托为佛罗伦萨圣克洛切教堂中的巴蒂小教堂所作了一幅画，画面上圣路易身穿长袍，手持方济各第三会会士的缠腰绳子，扶着他的侄孙。1547年，教皇保罗四世的一通圣谕正式确定圣路易为方济各会的第三会会士，1550年前后颁布的有关此事的谕令写道：“路易追随圣方济各，为的是请后者在苦行规章下对他进行指导。”（博纳:《法兰西民族的诞生》，前引书，第138—139页）

部分委托给托钵僧。托钵僧得以在许多大城市中修建修道院，也多亏圣路易的关照，方济各会在巴黎、鲁昂、雅法、贡比涅等地修建了修道院，多明我会在鲁昂、马孔、雅法、贡比涅、贝济耶、卡尔卡松和卡昂等地修建了修道院，此外，多明我会的巴黎圣雅克修道院、多明我会的鲁昂修道院都进行了扩建。圣路易 1254 年从圣地回来后，他最亲近的谋士和朋友就是鲁昂大主教、方济各会士欧德 · 里戈。

圣路易的忏悔师博利厄的若弗鲁瓦是一位多明我会士，据他说，圣路易曾认真地表示要加入多明我会，而之所以未能如愿，原因在于他无法在多明我会和方济各会之间作出选择。对此我不予置信。作为一个国王，他深知自己责任重大，作为一个虔诚的平信徒，他明白应该如何崇拜上帝，所以，他不可能抛弃上帝为他安排的位置，哪怕是为了选择另一个既能为他带来更多的荣誉又能减轻责任的位置。反之，我倒认为，他很可能希望自己的儿子能成为托钵僧，一个加入多明我会，另一个加入方济各会。

其实，圣路易和托钵僧的目标是一致的，方法也常常是一致的，他们借助权力致力于社会的宗教和道德改革，在大多数时间中，这种改革具有我们所说的政治改革的外貌。圣路易利用托钵僧为他进行稽查，托钵僧则往往直接插手某些事务，例如，在意大利那些缺乏君主制下强权的城市里，在那些需要由他们实行规章改革的城市里①，他们把王权引进这些城市，促使王权发挥作用并进行改革。

① 安德烈 · 沃谢：《1233 年前后伦巴第的和平运动》，前引文，第 138—139 页。

由于托钵僧还构思了一种新的模范圣徒[①]，教皇在圣路易的封
圣审批过程中让托钵僧扮演第一流的角色，便在情理之中了，何
况托钵僧此时已成了教皇最狂热的卫士；所以，有关圣路易封圣 333
前后的记述，首先就体现了托钵僧心目中的圣路易形象，他们不满足于在书面材料中对（封圣之前的）圣路易这位恩人表示感激，而且乘此机会通过圣路易宣扬他们自己的理想。他们笔下的这位圣徒简直就是一位当上了国王的托钵僧修道士。三位托钵僧修道士对于圣路易的传世形象具有与众不同的重要性，其中两位托钵僧修道士在圣路易封圣之前撰写了他的传记，为的是促使大家承认他是一位圣徒；另一位托钵僧修道士则利用圣路易封圣审批程序中的各种资料，写出了具有某种官方性质的《圣路易传》，而这些资料如今已佚。

博利厄的若弗鲁瓦

第一位为圣路易作传的人是多明我会士博利厄的若弗鲁瓦。用若弗鲁瓦自己的话说，他在“国王一生的最后20年中”，一直担任国王的忏悔师，他曾陪同国王前往突尼斯城，国王临终时他守护在侧。新教皇格列高里十世于1272年3月27日加冕，但在加冕之前的3月4日，他就要求若弗鲁瓦“尽快提供资料，陈述这位国王一生的行为举止，他的每一个行动以及他在宗教方面的

① 请看本书原文第835页及以下多页，尤其是第843页。

所作所为”。[1] 大概在 1272 年年底或 1273 年年初，若弗鲁瓦完成并送交教皇一部共有 52 节的关于圣路易的简述，题为《已故法国国王路易的一生及其虔诚的言行》[2]。这份材料既然是为了启动路
334 易九世的封圣程序而提供的，理所当然是一部简明扼要的圣徒传。若弗鲁瓦所叙述的是上帝屈尊“启示”的结果，是他本人对于已故国王身上值得怀念的那些东西的回忆。他撰写这份材料不仅奉教皇之命，也是出于对其上级的服从，这里指的当然首先就是多明我会的首领。由此可见，此事源于教皇和布道会。

这份颂扬材料（因为几乎全部都是颂扬）写得比较乱，不过，总的思路还是可以辨认的。路易被比作约西亚（从第 1 节至第 4 节，因而可以借助《圣经 · 旧约》中约西亚的母亲在第 4 节中颂扬卡斯蒂利亚的布朗什）。这份材料的主要部分（第 5 节至第 24 节）说的是他的优秀品行和宗教虔诚，其中第 12 节和第 14 节叙述他想退位去当托钵僧的心愿，以及让两个儿子也成为托钵僧，让女儿布朗什进入修院当修女的愿望；第 15 节复述被视为他的“遗嘱”的那份东西的主要内容，其实这是他留给太子的“训示”；另一节叙述了他前往拿撒勒朝圣的故事。下面这部分基本上按年份叙述：先是第一次十字军出征（从 25 节到 28 节详细记述了他获悉母亲死讯后的悲伤，若按年代排列，此处本来应该插入拿撒勒朝圣之行），接下去便是班师法国（第 31 节至第 36 节），第二次十字军出征的准备工作（第 37 节至第 41 节），十字军进抵突尼

① 参阅路易 · 卡罗吕斯－巴雷：《圣路易的封圣程序（1272—1297）》，前引书。

② 《高卢与法国历史学家文集》，前引书，卷 XX，第 3—27 页。

斯城、国王之死、遗骸的处理、遗骨在圣德尼安葬（第 42 节至第 50 节），末尾两节是结束部分，作者回到开篇处，将路易九世与约西亚进行了贴切的比较，最后直截了当地以“他有资格被列为圣徒”[①]终篇。

遵循圣徒“列传”的惯例，这份材料上也没有注明写作日期。若弗鲁瓦的这份材料兼有以题材为主线和大体以年代为主线的两部分，后面这一部分主要写了两个时期，其一是他担任圣路易的忏悔师的那些岁月，其二是第一次十字军出征和在圣地逗留后返回法国以后的那段日子，几乎所有传记作者都认为这是圣路易一生中的重大转折。把他的一生分成两段有助于将他比作约西亚， 335
因为据《圣经 · 旧约》所记，约西亚在位期间也被分成迥然有别的两个时期[②]。若弗鲁瓦的材料基本上是一份同时代人的见证，他出于争取让路易九世进入圣徒行列的愿望，把他描写为一个完全符合圣徒条件的典范。

这份材料仅在短短的第 4 节中提及作为国王的圣路易，以寥寥数笔记述了他对臣下的管理[③]。现在我们可以将若弗鲁瓦笔下的圣路易概括为：“这是一位非常虔诚的平信徒，他热爱托钵僧修会，热爱他的母亲，他先后两次参加十字军，在第一次出征中曾经被俘，在第二次出征中作为十分虔诚的基督教徒死去。”

---

① 《高卢与法国历史学家文集》，卷 XX 末尾刊出了圣路易留给儿子的“训示”法文译文。

② 请看本书原文第 394 页、第 396 页及以下多页。

③ 《他如何对待臣下》。

夏特勒的纪尧姆

就我们对圣路易的了解，出自托钵僧笔下的第二部路易圣徒传，是第一部此类传记的翻版。作者夏特勒的纪尧姆也是一位多明我会士，在第一次十字军出征中，他是圣路易身边的随军神甫，圣路易被俘期间他陪伴在侧，在穆斯林许可的范围内为路易提供宗教服务，以此对他进行安抚。回到法国5年半后，即1259年或1260年，他加入多明我会，但仍留在国王身边。在攻击突尼斯城的第二次十字军出征中，他为国王送终，并伴送遗骸经意大利回到法国，直至圣德尼。博利厄的若弗鲁瓦死后，他本想对前者所写的传记作些补充，但大概他不久之后也过世了，因为在1282年圣路易封圣程序的见证人名单中找不到他的名字，而以他过去历次重要场合中总是出现在国王左右的身份来判断，他是应该在场的。

336 他撰写的材料很短[①]，如同13世纪常见的圣徒传一样包括两部分，其一叫作“生平”，但这部分记述的通常是传主的美德，而不是他的生活经历；其二则用来讲述他的圣迹。由于他比博利厄的若弗鲁瓦多活了几年，他能告诉人们的圣迹也就多一些，这些圣迹或是出现在圣德尼的国王坟墓上，或是出现在其他地方；此外，他还想补正被若弗鲁瓦遗漏的若干圣迹。

他曾是圣路易身边的神甫，他目睹了王宫中圣堂的修建过程，

---

① 在第XX卷中，他的这份材料仅13页（第28—41页），而博利厄的若弗鲁瓦的材料则有23页。

当然更知道国王如何虔诚地遵行宗教仪规，他将这些都写进了材料。此外，他还回忆了远征埃及和在圣地时的情况，讲述了有关国王美德的若干轶事。与博利厄的若弗鲁瓦相比，夏特勒的纪尧姆较多地谈到了国王对于国事的处理，谈到了他为加强王权所作的努力，以及为了更好地服务于教会、公义和和平而作出的努力（尊重教会、支持审判异端、取消“恶”习、惩处酷吏、处置犹太人和放贷者、制止私人战争、禁止决斗，代之以取证和论理）。与若弗鲁瓦一样，纪尧姆也强调圣路易的谦卑、仁慈和种种“善举”，以及节俭和苦行。这份材料很像《王侯明鉴》[①]。

作为一个布道会士，他也像若弗鲁瓦那样着重谈到了路易偏爱托钵僧修会，乐于赐给托钵僧修道院某些特殊恩宠。纪尧姆的特殊贡献之一是他详尽地讲述了他亲眼目睹的国王之死，有些细节与他人的记述不尽相同。

国王晏驾之后，作者颂扬他是理想的基督教徒国王，是其他国王的楷模，是太阳王[②]。

然而，这份材料的最大特点是用 5 页篇幅（第 36—41 页）详尽地讲述了 17 件圣迹，件件经过认真的调查和考证。这些圣迹发生于 1271—1272 年间，是路易九世得以被册封为圣徒的仅有的事实依据。因为，他虽然一生品德高尚，但品德的价值来自日常的 337
行为举止，而作为一个普通人，他一生中的事迹并不能为他争得圣徒称号。

① 请看本书原文第 512 页及以下多页。

② 《高卢与法国历史学家文集》，XX 卷，前引书，第 37 页。

圣帕丢斯的纪尧姆

第三位为圣路易撰写圣徒传的人是方济各会士圣帕丢斯的纪尧姆，此人在王后玛格丽特去世前不久的1277年前后担任她的忏悔师，后来在1295年担任国王的女儿布朗什的忏悔师，此时布朗什的丈夫卡斯蒂利亚的费迪南已经去世。乍一看，这份材料纵然不是最乏味，至少也是最不可信的一份，因为作者没有见过圣路易，他撰写这份传记的时间大约是在路易九世死后的1303年，此时离圣路易去世已有30余年了。然而，与同时代人相比，圣路易的圣德何在？他何以令人久久难忘？对此提供最佳信息的，恰恰就是圣帕丢斯的纪尧姆所写的这份材料。看来他自始至终关注并充分利用了产生于封圣程序中的各种文书；这些文书大多失散，仅有少许残件留存至今，然而这些残件却表明，纪尧姆的记述与这些文书完全吻合[①]。这就等于说，他所描述的圣路易，与其说是

① 关于圣路易封圣程序的文件，仅在梵蒂冈档案馆中存有少量残件。这些残件已由亨利－弗朗索瓦·德拉博德刊印出版：《1282年为圣路易封圣而在圣德尼进行的调查残件》（Henri-François Delaborde, *Fragments de l'enquête faite à Saint-Denis en vue de la canonisation de Saint Louis*）见《巴黎和法兰西岛历史学会学报》（*Mémoire de la Société de l'histoire de Paris et de l'Ile de France*），卷XXIII，1896年，第1—71页：路易·卡罗吕斯－巴雷：《大主教彼德罗·科罗纳关于圣路易第二次圣迹的咨询》（Louis Carolus-Barré, *Consultation du cardinal Pietro Colonna sur le deuxième miracle de Saint Louis*），见《巴黎文献学院丛书》，卷118，1959年，第57—72页。安茹的查理关于此事的一份陈述抄件被发现并刊出在利昂：《安茹的查理于1282年为圣路易封圣所作的陈述》（P. E. Riant, 1282: *déposition de Charles d'Anjou pour la caonisation de Saint Louis*），见《法国史学会成立50周年纪念刊》（*Notices et documents publiés pour la Société de l'histoire de France à l'occasion de son cinquantième anniversaire*），巴黎，1884年，第155—176页。

一个已经成形的形象，毋宁说是一个正在形成中的形象。圣帕丢斯的纪尧姆遵照13世纪的惯例，把这份偶像化的传记写成两部分，前面是圣路易的生平，后面罗列了不可或缺的圣迹清单，这些圣迹均被封圣审批委员会视为依据[①]。

事实上，这位方济各会士并未使用330位见证人的全部证词，他所利用的仅仅是这些证词的一个摘要，这个摘要便是教廷批准的圣路易生平的官方文本，如今已佚。作者对这份摘要作了小范围的调整，一位没有留下姓名的译者则将拉丁文底本中的“生 338
平”和“圣迹”两部分都转译成法文，我们今天读到的就是这个译本[②]。“圣迹”数量多达65件，单独成册，于是圣路易的圣徒传中的生平与圣迹分量相等。很显然，圣路易去世之前并未显示任何圣迹，这一点符合自英诺森三世以来教会的愿望，所以，在有关去世之前的各种证言中，生平（即美德和虔诚）远远多于圣迹。尽管为圣路易撰写“生平”的那几位托钵僧对圣迹兴致甚浓，而且教廷此后对于“生平”给予了极大关注，然而我们有理由认为，去世之后的圣路易形象发生了从宗教和道德向魔法的转变。1270—1297年间撰写的“生平”把圣路易几乎描绘成一个圣迹制

① 关于圣迹，请看本书原文第844—853页。

② 圣帕丢斯的纪尧姆：《圣路易传》，巴黎，1899年。我在这里采用德拉博德的观点。在《再现圣路易的封圣审批程序》（Carolus-Barré, *Essai de reconstitution du procès*）（前引书）中，卡罗吕斯－巴雷以为他很好地利用了封圣过程中每一位证人的证言。尽管他的意图显示出机智和博学，引人入胜，但是我却始终不能认同他把圣帕丢斯的纪尧姆所写的“生平”拆得七零八落的做法，我为他破坏了它的整体性而深感遗憾；虽然我认为这部方济各会士撰写的传记中也有“在封圣过程中作证的那些人的创造”成分，但我觉得这是一份整体性较好的材料。

造专家了。

我们还得说说封圣程序中提供了证言的那些见证人，因为在圣帕丢斯的纪尧姆留给我们的圣路易形象中，采自这些见证人的成分多于采自他所读到和听到的其他证言。圣帕丢斯的纪尧姆笔下的圣路易形象，是在封圣程序中作证的那些人的集体创造，见证人共有38位，他们的证言仅与“生平”有关[①]。

纪尧姆引用证言时将证人分成不同的类别，这个做法非常有意思。首先是两位国王：其一是圣徒的儿子和嗣位者菲力普三世，其二是他的弟弟、西西里国王安茹的查理；接着是两位主教，其一是埃夫勒主教，其二是桑斯主教；然后是得宠于圣路易的三位修道院长，一是圣德尼修道院长，这位本笃会士在圣徒远征突尼
339 斯期间担任摄政，另外两位都是西都会士，即鲁瓦尧蒙的修道院长和沙阿里斯的修道院长；此后是九位贵族，领头的是圣路易的儿子阿朗松的皮埃尔、阿卡的约翰、奈尔的西蒙、尚勃里的皮埃尔、让·德·儒安维尔，阿卡的约翰是耶路撒冷国王的儿子、圣路易的表弟和法国的司酒官，奈尔的西蒙是圣徒国王远征突尼斯时的第二任摄政，尚勃里的皮埃尔是菲力普三世的王室总管，儒安维尔是香槟邑督、圣徒的挚友，后来为圣徒撰写了一部传记，名声很大。接下来是圣徒身边的两位神职人员和5位布道会士，一位西都会士，圣徒的7个仆役（其中有2个厨子、2个随从、3个修女）和一个医生。这些都是圣徒身边的人，其中24个平信徒可以分成3类，即圣徒国王的亲属、贵族和仆役，此外还有几位

① 圣帕丢斯的纪尧姆：《圣路易传》，第7—11页。

随从；神职人员共计 14 名，其中 2 个高级神职人员、3 个修道院院长、2 个御前会议成员、5 个布道会士和 3 个修女。

圣徒是一位平信徒，是一位国王，因而他身边的人大多是信徒和国王的亲属。不过必须指出，据我们所知，这些平信徒的心态和宗教虔诚与他们身边的神职人员相去不远，信仰上如此，宗教活动上也是如此。此外，在认定这位国王为圣徒的那些人当中，多明我会士比例特别高，占提供证言的教会人士的三分之一，撰写“生平”的那位教士则是方济各会士。3 个修女为他提供了证言，可是在他的家族成员中，却没有一位妇女被要求作证。

指出这些证人原籍何处、曾在何地生活也很有意思，我们可以由此知道国王的生活空间。这些人大多是在两次十字军出征期间结识国王的，除去王室成员，他们大多来自下列教区：埃夫勒、桑里斯、博韦、努瓦永、巴黎、沙隆、桑斯、鲁昂、兰斯、苏瓦松、贡比涅、夏特勒，两个王宫内侍来自布列塔尼的南特教区。不难看出，这位圣徒是法兰西岛及其周边地区的圣徒，也是十字军出征的沿途各地的圣徒。

圣帕丢斯的纪尧姆把从文献中获得的材料作了精心的梳理①。

① 德拉博德整理的版本刊出了圣帕丢斯的纪尧姆长达 155 页（XXIX—XXXII 页）的写作提纲。手稿上的各节题目大概是纪尧姆自己拟定的，下面是全部 20 节的题目：“第 1 节：孩童的圣食；第 2 节：成长中的最佳谈话；第 3 节：坚定的信仰；第 4 节：公正的期望；第 5 节：热烈的爱情；第 6 节：炽烈的景仰；第 7 节：学习圣经；第 8 节：祈求上帝；第 9 节：热爱亲人；第 10 节：热切关怀亲人；第 11 节：善举；第 12 节：严守谦卑；第 13 节：忍耐；第 14 节：苦行；第 15 节：心灵美；第 16 节：禁欲；第 17 节：司法公正；第 18 节：诚实；第 19 节：宽容；第 20 节：恒心。
他安详地死去，
从今世去往天上。”

340 “生平”由 3 节组成，按年代先后记述，是一份名副其实的传记。头两节讲述他的童年和少年时期，细节不多，由于路易与布朗什这对母子难以拆开，所以对他的母亲和他的受教育状况记述较多；第 3 节记述他病死的经过，这一节采用流传的说法，也说国王临终时喃喃自语：“哦，耶路撒冷！哦，耶路撒冷！”

接下来的 18 节谈的是圣路易的品行特征，其中包括三德（信、望、爱）和宗教虔诚的三种形式（崇拜、学经、祈祷），关怀他人的两种方式（爱怜、同情），善举（仁慈），他的五大美德（谦卑、忍耐、苦行、“心灵美”、节欲）和他作为国王的三大仁政（公义、善良、宽厚）以及他的最大特点：持之以恒。第 18 节一开头就讲述这位圣徒之死。

由此可见，圣徒传中所谓的圣路易“生平”，其实主要是讲述他的宗教虔诚和种种美德在平时的具体表现。这种“生平”实际上是一个文书品类，与我们所说的传记相去甚远。在一部圣徒传记中，纵然有些普通事件，也不会按照年代顺序来记述。圣徒传在每一节中都细致地讲述圣徒的日常行为，偶尔也讲述具有典型意义的轶事，用以说明他的言行一致。

例如，在第 8 节中讲述国王的祈祷习惯时，圣帕丢斯的纪尧姆写道：

> ……除了其他祷告以外，圣徒国王每天晚上还要下跪 50
> 341 次，每次都是先站直再跪下，每次跪下时都要慢悠悠地念一
> 句圣母经；做完这些之后，他什么也不喝[1]，便上床就寝[2]。

---

① 上层社会人士习惯于在上床之前喝一点酒，这叫“就寝酒”。

② 圣帕丢斯的纪尧姆：《圣路易传》，第 54—55 页。

另一则故事发生在沙阿里斯的西都会隐修院里：

> 和善的国王十分敬重圣洁的人。有一次他来到隶属于桑里斯教区的沙阿里斯的一座西都会教堂，他听说那里的修道士临死时都被安放在一块石头上清净身躯；和善的国王于是亲吻了这块石头，并且说道："啊，上帝！有多少圣洁的人在此处得到了清洗！"[①]

当然，圣帕丢斯的纪尧姆强调了圣徒对托钵僧修会怀有特殊的感情。他说，圣徒每次来到一个建有托钵僧修道院的城市，一定要向修道士们发放布施和食品[②]。他的慷慨大方也见于巴黎，那里有许多托钵僧，而国王也常去巴黎；此时国王的慷慨惠及范围更广，那些"没有修道院的"二流托钵僧修会也能得到他的布施。

在这份托钵僧笔下的圣徒传记中，还应该添加一份与他关系十分密切的材料，这便是圣帕丢斯的纪尧姆的一份布道辞。这份材料写于"生平"和"圣迹"完成之后，也就是说晚于 1303 年，其依据也是现已不存的那份在文献基础上整理的路易生平官方文本的"摘要"。纪尧姆原是王后玛格丽特的忏悔师，王后于 1295 年去世后，他在 1314—1315 年间担任王后的女儿布朗什的忏悔师，布朗什的丈夫卡斯蒂利亚的费迪南此时已经去世，而她本人则死于 1323 年。这篇布道辞对圣路易极尽颂扬之能事，完完全全是 13 342
世纪末和 14 世纪形成并流行的那种经院文体，连亨利－弗朗索

① 圣帕丢斯的纪尧姆：《圣路易传》，第 50 页。

② 同上书，第 83 页。关于圣路易慷慨布施的详情，将在本书第三部分谈及。

瓦·德拉博德这位博学的编辑也觉得“味如嚼蜡”，而我们知道，圣帕丢斯的纪尧姆的《圣路易传》也出自这位编辑之手[①]。德拉博德除刊出了这份材料的“头尾”之外，只刊出了其中他所说的“历史部分”。编辑者对全文所作介绍的原意，是对圣帕丢斯的纪尧姆的布道辞中的路易形象进行修正，然而，这样做的结果却使人无法对它的原貌有一个如实的了解。其实，圣帕丢斯的纪尧姆不可能设法满足 19 世纪和 20 世纪人们的好奇心，他撰写颂扬圣路易的布道辞是以某个“题目”为基础的，依据当时的规则，这个“题目”必须摘自圣经，视其是否与布道辞的颂扬的对象相贴切而选定。圣帕丢斯的纪尧姆的这篇布道辞所要颂扬的对象是圣路易，因而被选定的题目是摘自《圣经·马加比传上》第 2 章第 17 节中的一句话：“你是杰出而伟大的国王。”这就非常清楚，布道者的任务不是别的，就是用经院文体将这个题目展开，并把圣路易塞进这个框框中去。由于圣路易被誉为“出身高贵、口碑极佳、品德超人”，因而需要依据经院哲学将他的美德细分为若干类别，诸如“国王的自尊”、“真诚的道德行为”、“完美无缺的崇高”等，进而以这些优秀品德证明，把他的特征归纳为“国王、杰出、伟大”是完全正确的。

接着对这些品德进行再分解，引出诸如“权威”(《圣经》的另一些诗句)、“理性”(合理的论据)等等。例如，“国王的自尊”被分成四种美德，即“智慧的光辉”(《圣经·列王纪》中有“智

① 亨利－弗朗索瓦·德拉博德：《圣帕丢斯的纪尧姆的一件新作》(Henri-François Delaborde, *Une oeuvre nouvelle de Guillaume de Saint-Pathus*)，见《巴黎文献学院丛书》，63，1902，第 267—288 页。

慧的大卫王端坐御座”句）、“悲天悯人”（《圣经·以西结书》中有“我的仆从大卫将为王”句）、“禁欲的光泽”和“炽烈的信仰”，这些美德并非由权威人士指出，而是由实证向人们揭示的。 343

事实上，这份布道词是一份不折不扣的以说教形式写就的王侯明鉴。圣帕丢斯的纪尧姆的头脑中有一个理想的君王样板，他不是根据圣路易的生平（也就是美德的日常表现）来修正他的样板，而是根据样板来记述路易的生平[①]。布道词与王侯明鉴在圣路易身上相互交叠了，因为，13世纪道德家们的兴趣首先是向我们展示一位理想的基督教徒君王样板，然后再告诉我们，圣路易符合这个样板。在他们眼里，圣路易不是一个人，而是一个他们所需的样板。同时代人对于圣路易的记述像是一组条理清晰的文书，这些文章相互引用，彼此印证，因为它们的制造者都是神职人员，住在相同的生产场所（隐修院、修道院），依据相同的范文进行写作，“生平”“实录”“布道词”等等彼此呼应、相互配合。我们于是就陷进了大批格式化的材料之中，从中看到的圣路易是一个刻板的、一成不变的形象。

布道词提到的有关圣路易的轶事数量微乎其微，而且大多已写进了“生平”和“圣迹”，在“生平”中找不到相关文字的仅有四段[②]。

第一段讲述圣路易在家庭中与妻儿的亲密相处，据纪尧姆说，材料来源于王后玛格丽特。第二个故事也是王后提供的，说的是国王半夜起床做祷告，王后把上衣披在他肩上。第三个故事是圣

---

① 中世纪的神职人员利用这种文书品类，创造了一些他们认为应该传请后人的圣徒和名人的形象，我之所以对此多说几句，是因为我们可以从中了解其生产机制。

② 德拉博德：《圣帕丢斯的纪尧姆的一件新作》，前引文，第268页。

路易念完晨经之后继续做祷告，时间与晨经一样长。第四段描述他常常用来抽打自己而且喜欢送给别人的鞭子，圣帕丢斯的纪尧
344 姆的“生平”中确实没有这个内容，但与博利厄的若弗鲁瓦所写的“生平”中的一段基本相同[①]。

纪尧姆认为，圣路易是第一位真正体现国王和君主这两个词的确切含义的人，因为，国王应该是“正直治国的王”[②]，君主应该是“开先河的人”。圣路易“开了先河，因为依据长子继承制，他继承了王位”。

由此可见，布道词是一份为圣路易和法兰西王国量体裁衣后制作的“王侯明鉴”，它在形式上受制于经院文体，内容却并未受到经院文体的影响。国王身边的托钵僧并不熟悉这几位托钵僧大学者：亚历山大 · 德 · 哈尔斯、圣波拿文都拉、圣阿尔贝特、托马斯 · 阿奎那。圣路易是笃信宗教的圣徒，但并非托钵僧神学的圣徒，他是一位前经院哲学圣徒[③]。

---

① 请看本书原文第 758—759 页。

② 请看本书原文第 403 页。

③ 除了这三位托钵僧大学者，还应提到多明我会士托马斯 · 坎丁普雷，此人大约于 1232 年进入鲁汶的布道会修道院，1270—1272 年前后去世，与圣路易去世时间大体相同。1256—1263 年间他撰写了《蜜蜂宣示的普世幸福》（后来作了增添），这是“一部借喻蜜蜂而阐发道德实践的论著”，作者在书中多次提及他的同时代人法国国王路易九世，把他奉为美德的楷模。作者对于贵族和君主一般都比较苛刻，但对路易九世却充满敬意，他写道：“感谢天上的王，感谢拯救的君主耶稣基督，哦，教会！布道会士和小兄弟会士，以我们庄严的行动感谢上帝，感谢他此时此刻赐给我们一位这样的国王，他以铁腕统治他的国家，却为大家带来了和平、善良和谦卑的典范。”见托马斯 · 德 · 坎丁普雷：《蜜蜂宣示的普世幸福》（Thomas de Cantimpré, *Bonum universale de apibus*），科尔维内尔编（G. Colveme éd），杜埃，1617 年，第 588—590 页；法文本由卡罗吕斯－巴雷翻译，收入《圣路易的封圣程序》，前引书，第 247—248 页。

第三章

/

圣德尼的国王：一位王朝的和“国家”的国王 345

神职人员笔下的圣路易有两张面孔，一张是托钵僧勾勒的，他们强调的是他作为圣徒的那一面；另一张是本笃会圣德尼隐修院的修道士们勾勒的，他们强调的是他作为国王的那一面。对于前者来说，圣路易是一位圣徒国王，圣帕丢斯的纪尧姆曾把他当作布道辞的主题；对于后者来说，圣路易是一位国王圣徒，他的国王形象因他的圣徒形象而更加丰满。如果说，托钵僧这个压力集团所代表的是与圣路易同时诞生的一股新兴力量，那么，圣德尼这个纪念地则几乎与法国君主制同样悠久。它的创始人是首任巴黎主教德尼，此人在3世纪殉教。在修道院长伊杜安讲述于9世纪的传说中，这位德尼主教被人与雅典人德尼混为一谈，其实，雅典的德尼是古希腊雅典刑事法庭的法官，听了圣保罗的劝说后改宗皈依基督教。圣德尼修道院本来是一座教堂，中世纪的人们都说在这座教堂下面埋葬着圣德尼的遗体。安娜·隆巴尔-茹尔丹认为这个地方的历史十分悠久，她为此提出了一些颇具说服力的论据。当年高卢人为共同信仰而聚集时，这个地方便是中心地带，它位处从不列颠诸岛把锡运往意大利的那条大路上，中世纪早期就与当时叫作吕泰斯的那座高卢—罗马城市密不可分，吕泰斯后来成了巴黎，圣德尼便与巴黎一起成了法兰西两个不可分割的王都[1]。

346 三个人造就了圣德尼的荣耀，确立了它的“国家”纪念地地位，圣德尼后来延续、确定了这个地位并使之具有更加丰富的内涵[2]。第一位是墨洛温王朝的达戈贝尔，他在7世纪为把原来的教堂改造成一所本笃会的隐修院而进行了重建，他留下遗言，死后葬在那里，这座修道院从此开始扮演时断时续的墓地角色，到卡佩王朝时期变成了“王家墓地”。第二位是加洛林王朝的秃子查理，他重新拾起先辈铁锤查理和矮子丕平的传统，把这所隐修院装修得庄严肃穆；他死在阿尔卑斯山中，依据他生前的意愿，7年后的884年，他被安葬在圣德尼王家墓地。第三位是1122—1151年间的圣德尼修道院长絮热，他在重建教堂时采用了哥特式艺术风格，正是他使得圣德尼最终与卡佩王朝结下了不解之缘，他后来成为路易六世和路易七世的主要谋士，并把圣德尼修道院的旗帜变成了法国王家军队的军旗。絮热还让人修订了《查理曼史》，使之成为“西方最受欢迎的书籍之一”（科莱特·博纳语）。他还建立了一座图书馆。11世纪曾有人想把弗勒里（卢瓦河上的圣伯

---

① 王都（Caput regni）一词既指巴黎也指圣德尼；参阅安娜·隆巴尔–茹尔丹：《坟岗和圣德尼》，前引书（本书原文第233页注2）。

② 请看本书原文第71页和第273页等多处。

努瓦）变成卡佩王朝的纪念地[①]，可是，建成后的圣德尼图书馆却取弗勒里而代之，担起了提供历史资料的使命。圣德尼在12世纪夺走了弗勒里的美差，继续完成这项使命，而且干得很好[②]。

圣德尼的此项功能在菲力普·奥古斯特在位时期（1179—
1223年）有所加强，菲力普·奥古斯特把兰斯加冕典礼上使用的
王家徽章交给圣德尼修道院保管，修道士里戈尔在一部传记中把
菲力普·奥古斯特写成英雄，此人是一部历代法国国王传略的作
者，此书被用作圣德尼修道院的导游读物。在《菲力普·奥古斯
特传》中，里戈尔把菲力普·奥古斯特写成一位屡建奇勋的君主，
这位君主身边的大臣们在他死后试图利用这本著作实现他们的计
划，争取将他封为圣徒。可是，这项计划因教廷对菲力普·奥古
斯特的负面评价而搁浅；菲力普·奥古斯特不但犯了重婚罪，而 347
且置教皇的盛怒于不顾，拒不承认他的妻子丹麦的茵吉博尔格的
合法地位[③]。

---

① 贝尔纳·格奈：《总管府和修道院——流传至今的中世纪法国状况》（Bernard Guenée, *Chancelleries et monasteres. La mémoire de la France au Moyen Age*），见诺拉（编）：《史迹》（Nora (éd), *Les lieux de Mémoire*），卷II，册1，巴黎1986年，第15—21页；亚历山大·韦迪耶：《卢瓦河上的圣伯努瓦的历史资料和圣伯努瓦的圣迹》（Alexandre Verdier, *L'Historiographie à Saint Benoît-sur-Loire et les miracles de saint Benoît*），巴黎，1965年。

② 科莱特·博纳：《国王陵寝》（Colette Beaune, *Les sanctuaires royaux*），见诺拉所编前引书，卷II，册1，第58页及以下多页；加布里埃尔·斯皮格尔：《圣德尼的编年史传统》（Gabrielle M.Spiegel, *The Chronocal Tradition of Saint-Denis*）（论文摘要），布鲁克林，马萨诸塞州、莱顿，1978年；此书并未把圣德尼的历史资料手抄本中的复杂问题解析清楚。

③ 雅克·勒高夫：《关于菲力普·奥古斯特申请封圣的文献》，前引文，请看本书原文第38页注2。

圣路易很重视与圣德尼修道院保持紧密联系，这一点在他在位后期尤为突出，那时的院长是旺多姆的马蒂厄，圣路易率领十字军远征突尼斯之前，任命这个院长为两位摄政之一。我们在上一节中看到，圣路易改建了这个王家墓地，借以显示其父路易八世时实现的卡佩王朝的宏图大略。圣德尼为之作出了杰出贡献的这个宏图大略就是要让人确信，墨洛温王朝、加洛林王朝和卡佩王朝是一脉相承的，其中最重要的一点是证实卡佩王朝与查理曼之间存在着传承关系；法国历代王朝与德意志帝国一直争相把查理曼这位声名远扬的中心人物说成是自己的祖先。

普　里　马

在圣路易执政期间，若干用拉丁文写成的编年史记述了《1180 年以前的法兰克人史》以后的历史。国王路易推出一个重大举措，让圣德尼的修道士们依据这些拉丁文编年史，用法文编写一部法国列王纪。两个原因使得这个决定具有深远意义，首先，在创建一部准官方的法兰西历史过程中，这是一个决定性步骤，它把以往的各种编年史加以合理的取舍，并合为一集；其次，这是用法文写成的一部史书，是“国家”历史的雏形，在能够读到这部书的人当中，至少也有少量对历代国王的历史有兴趣的受过教育的平信徒，所以说它越出了神职人员的小圈子。

圣德尼修道院长把修史的任务交给了普里马修道士。这部迟至 1274 年才完成的著作，被隆重地呈交给圣路易的儿子菲力普三世，交书的场面后来被制作成一幅彩色细密画。

这部《列王纪》止于圣路易登基之前，然而它却带有强烈的 348
圣路易印记，而且对如何编撰出现了圣路易的法兰西历史产生了深远的影响，有鉴于此，我们不能不在这里谈谈它的作者普里马。

贝尔纳·格奈曾说，近代学人曾认为，普里马只是一位将拉丁文基督教文献译成法文的译员，1274 年呈交给菲力普三世的那份手稿不是他撰写的，而是他誊抄的。如今，包括贝尔纳·格奈在内，大家都认为普里马是圣德尼历史学派最优秀的史学家之一[①]，是一位“伟大的历史学家”[②]。当然，这是一位中世纪类型的历史学家，也就是说，他是一位资料整理者；在绝对尊重原意的前提下，他努力将收集到的资料中他认为重要的东西加以综合。普里马是一位“严肃”的历史学家，他利用了许多资料，凡是他认为有助于确立他心目中法国历史形象的材料，他都充分地加以利用。在他看来，法国史有几个重点，首先，从克洛维斯受洗到菲力普·奥古斯特，法国历史是一脉相承的；其次，加洛林王朝的荣耀闪现在此后的全部法国历史上；再次，上帝的恩宠在法兰西一贯得到充分的展示，比如，路易七世的几任妻子起初生下的都是女儿，菲力普·奥古斯特“奇迹”般的降生，弥补了父王久久没有子嗣的遗憾。与诸位国王一起出现的是法兰西，法兰西是“超越其他民族的贵夫人”，她不仅是与克洛维斯一起到来的基督教信仰的继承者，而且也是古老文化的继承者，因为“法国人的

① 贝尔纳·格奈：《成功的历史》（Bernard Guenèe, *Histoire du succès*），见阿弗里尔、古塞、格奈：《法国大编年史》（F. Avril, M.-Th.Gousset, B. Guenée, *Les Grandes Chroniques de France*），巴黎，1987 年，第 93 页。

② 贝尔纳·格奈：《总管府和修道院》，前引文（请看本书原文第 346 页注 2），第 25 页。

知识和骑士风尚都来自希腊和罗马”。此外，普里马还传播了法国的君主王朝起源于特鲁瓦的传说。1196 年以后，菲力普 · 奥古斯特对于自己婚姻的处理令普里马多少有些为难，不过很难看得出来。普里马是圣路易的意图实现者，他赋予《列王纪》以法国历史的整体性和爱国主义基调；他的法国史为法国的伟大奠定了基
349 础，圣路易后来则将法国的伟大推向新的高度，这一点似乎只有他能够做到[①]。

南吉的纪尧姆及其《圣路易传》

南吉的纪尧姆是一位大历史学家，他的著作是圣德尼的圣路易史料中的主要组成部分[②]。人们对他的评论模棱两可，有人一方

---

① 有人说，普里马用拉丁文撰写了一部 1250—1285 年的编年史，15 世纪让 · 德 · 维涅的法译本留存至今。我认为，此书的作者有待考证。参阅斯皮格尔：《圣德尼的编年史传统》，前引书，第 89—92 页。

② 拉屈纳 · 德 · 圣－帕莱：《回忆南吉的纪尧姆的生平和著作以及他的传人》（J.-B. La Curne de Saint-Palaye, *Mémoire sur la vie et les oeuvres de Guillaume de Nangis et de ses continuateurs*），见《碑铭与美文学院报》，8，1773 年，第 560—579 页；热罗：《关于南吉的纪尧姆及其传人》（H. Géraud, *De Guillaume de Nangis et de ses continuateurs*），见《巴黎文献学院丛书》，3，1841 年，第 17—46 页；利奥波德 · 德里勒：《关于南吉的纪尧姆的著作的回忆》（Léopold Delisle, *Mémoire sur les ouvrages de Guillaume de Nangis*），见《碑铭和美文学院院报》，27，第 2 部分，1873 年，第 287—372 页；德拉博德：《南吉的纪尧姆小记》（H. F. Delaborde, *Notes sur Guillaume de Nangis*），见《巴黎文献学院丛书》，44，1883 年，第 192—201 页；斯皮格尔：《圣德尼的编年史传统》，前引书，第 98—108 页。

面说他的“客观性无懈可击”，特别强调他不作评判、不进行褒贬这一点；但是，另一方面却又说，想要在他的著作中找到“有别于服从世俗和教会权力的另一种总体思想”，必定是徒劳无功，还说他“不加评论地记述了法国诸王的重大错误”[①]。我认为，必须区别两个南吉的纪尧姆，一个是为圣路易和勇夫菲力普三世作传的南吉的纪尧姆，另一个是《编年通史》的作者南吉的纪尧姆，圣路易时期在这部书中占有重要位置。两者的区别主要起因于不同类别文体的规则，这种规则在中世纪得到严格的遵守。

纪尧姆大概生于1250年前后，年轻时就进入圣德尼修道院，不知从何时开始担任这所修院的档案员，他就在这里撰写了《圣路易传》、《菲力普三世传》和《编年通史》。《圣路易传》的写作大约始于1285年，1297年圣路易封圣之前已经完成；《编年通史》则是12世纪初的编年史家西热贝尔·德·让布鲁著作的续篇。纪尧姆著作中的1113年以前部分没有任何特点，此后部分则显示了他独有的特色；他为圣路易作传时使用的是第二手材料，但是，这部传记却是有关菲力普三世和美男子菲力普四世执政的最初几 350
年的主要原始材料。他大概死于1300年。

① 热罗：《关于南吉的纪尧姆及其传人》，前引文，第46页，斯皮格尔在《圣德尼的编年史传统》中加以引用，第101页。

南吉的纪尧姆的《编年通史》

《编年通史》实际上是一部“客观”著作，它采用常见的那种“年表”形式，干巴巴地逐年罗列重要事件，书中没有叙述性的展开部分和主导思想，被作者判定为次要的事件都略而不提。例如，在《圣路易传》中，他详尽地记述了1231年的圣钉丢失事件，并对年轻的国王在这个事件中表现出来的宗教虔诚，以及国王身边的臣属对于这种表现的看法，发表了一些有分量的见解①。然而，《编年通史》虽然记述了《圣路易传》所涉及的年代，却只字未提这个事件，而是把《圣路易传》的内容归纳成一个简单的年表。《编年通史》中虽然出现了许多政权机构和人物，但圣路易依然占有重要位置；此书的结构显示了作者的某种历史观念。南吉的纪尧姆十分关注人物，尤其关注大人物，因为大人物即使不是历史的推动者（真正的推动者是上帝），至少是人类历史的主角。不过，这些人有时也以集体角色的面目出现。再则，纪尧姆有时也把重点放在某些事件的发生地。他对历史发生和记忆形成的那些地点所具有的重要性了然于胸。

下面列举两则实例，用以说明纪尧姆的这种历史—编年史观念和圣路易在其中所占有的地位。

351 纪尧姆用四个段落记述了发生在1229年的四个事件②。

① 请看本书原文第124—126页。

② 《南吉的纪尧姆的拉丁文编年史》（*Chronique latine de Guillaume de Nangis*）见《高卢与法国历史学家文集》，卷XX，第545—546页（在多努（M.Daunou）的版本中为一页半，第180—181页）。

第一段记述了布列塔尼伯爵的反叛和年轻的路易九世对反叛的弹压。他以“布列塔尼伯爵”开篇，随后立即请出法国国王：“布列塔尼伯爵为丢失贝莱纳古堡而深感不快，再度发起攻击，侵入法国国王路易的土地。”法国国王于是首次从挑衅者布列塔尼伯爵手中夺走土地。“国王无法容忍这种态度，重新集结军队……。”这一段以法王获胜结束：“在4年甚至更长的时间里，法国国王路易统治着他的王国，平安无事。”被说成“客观”、“不作评判”的纪尧姆，实际上通过叙事中的先后顺序和遣词造句对布列塔尼伯爵进行了谴责。为了表示伯爵侵犯了国王的土地这层意思，他选用了infestare这个词，而这个词的第一意义恰恰是贬义。伯爵是个坏蛋，他受到了惩罚，不仅战败了，而且“蒙耻”（“于是，布列塔尼伯爵皮埃尔蒙受耻辱”）。伯爵对国王的反叛不是一般封臣对封君的反叛，它所受到的谴责远比一般封臣的反叛更为严厉；应该说，受到谴责的是对国王的羞辱[①]。

南吉的纪尧姆写作的时候已是美男子菲力普执政初期，即圣路易去世20来年之后，他总想把法国国王写得更加强有力一些：“人们比以往任何时候更加感受到国王的存在。”[②]南吉的纪尧姆笔下的路易九世简直就是提前出现的美男子菲力普，这里说的不是他的性格（当时的编年史家已经觉得菲力普是个谜），而是他所掌握的权力。这就是说，继普里马之后，南吉的纪尧姆也把圣德尼的圣路易写成一位国王，我甚至要说，这是一位更具王气的国王。

---

① 贝尔纳·格奈非常正确地指出了这一点。

② 格奈：《总管府和修道院》，前引文，第25页（请看本书原文第346页注2）。

第二段题献给阿拉贡国王征服者雅克一世，长度不及前一段的一半，记述的是1229年。开篇写的是国王："阿拉贡国王……"
352 纪尧姆讲述了他对萨拉森人的征战，圣文森殉教的地方巴利阿里和瓦朗斯。这段文字提高了基督教的声望，因为文中所述实际上是基督教的编年史，圣路易在文中占有突出的地位，他因此而成了基督教世界最强大的君主。

第三段（仅3行）题献给基督教世界的另外两位大人物，一位是"匈牙利国王的女儿、图林根的朗格拉夫的妻子"圣伊丽莎白，另一位是"小兄弟会士"、帕多瓦的圣安东尼；那一年，这两个人声名大噪。纪尧姆把他的读者引入到了神圣的氛围之中。

第四段（14行）记述基督教世界的头等大事——十字军东征，圣路易后来也参与其事。主角是一个群体，即十字军官兵。纪尧姆对群众在历史上的作用也有所认识，他写道："一大群十字军。"接下来的是基督教世界的两位主要人物教皇和皇帝，皇帝并未在这里显示其重要性。十字军刚出发，腓特烈二世就"悄悄"撇下十字军，返回布林迪西；教皇于是将他革出教门。文中最后一位大人物是穆斯林苏丹。纪尧姆关心东方形势，依然保持着传统的基督教观念，他认为基督教世界既包括欧洲也包括圣地；关于这位苏丹，他只记述了他的死。

就有关圣路易的记述而言，1230年更显重要。

纪尧姆是以圣路易开始记述这一年的："法国国王路易。"国王建造了位于靠近瓦兹河畔博蒙的博韦主教区中的鲁瓦尧蒙修道院。纪尧姆以此展示了国王在他最令人难忘的活动中的形象，即教堂、隐修院和修道院的创建者和捐助人。众所周知，鲁瓦尧蒙在13世纪是国王最珍爱的隐修院，也是他聆听布道的地方。

第二段也只有3行，皇帝再次出现，他的形象继续遭到损害。“罗马帝国皇帝腓特烈向巴比伦苏丹派遣使臣，据说与他签订了引起基督教世界怀疑的友好条约。”[①]接下来的一段是有关路易生平十
分重要的记述（共37行，说实话，其中20行是纪尧姆死后别人 353
添加的）。

开始说的是一个地点，但不是无关紧要的地点，而是年轻国王的首都。事件的主角是巴黎的两类重要人物，即市民和创办不久的大学中的神职人员。

> 在大学师生和市民之间发生了一场纠纷，市民杀死了一个神职人员，大批神职人员于是离开巴黎，散布到世界各地[②]。

年方16的年轻国王立即出面了。

> 路易国王看到文学与哲学研究离巴黎而去，心中十分懊丧。人们通过高于其他科学的文学与哲学获得科学之宝[③]（科学之宝最初来自希腊和罗马，然后紧随雅典法官德尼带着骑士的头衔从罗马来到高卢）。在十分虔诚的国王眼里，“智慧和科学都是用以拯救的财富，”[④]他深怕这笔珍贵的财富会流

① 格奈：《总管府和修道院》，前引文，第181页。

② 这是欧洲历史上的第一次罢课。

③ 格奈：《总管府和修道院》，前引文，第182页。

④ 转引自《圣经·以赛亚书》，第33章第6节。（译文与通行的圣经中文本略有不同。——译者）

> 出法国，因为他不愿听到上帝对他说："你弃掉知识，我也必弃掉你，"[①] 于是命令上述神职人员返回巴黎。当这些师生回到巴黎时，国王立即要求曾对这些师生施暴的市民对他们作出赔偿。

接下去的一段文字是《编年通史》手稿所没有的，大概是后
354 来添加的，但博学的编者没能确定这段文字究竟是南吉的纪尧姆
自己抑或他的后人添加的。无论是谁添加的，这段文字对于认识
在圣德尼的氛围中培养起来的圣路易肯定大有裨益。

> 确实，倘若如此珍贵的用以拯救的宝物被人从法兰西抢走，历代法国国王的百合花徽章就会遭到严重损害。由于上帝和耶稣基督希望法国能比所有其他王国更加突出地以信仰、智慧和骑士制为标志，因而历代法国国王都把三叶百合花绘在徽章和旗帜上，似乎企图以此告诉全世界，在上帝的佑护下，信仰、智慧和骑士的英勇对于我国的贡献甚于他国。左右两侧的叶子代表智慧和骑士制，佑护并保卫着中间那片位于高处代表信仰的叶子。信仰由智慧管理和主宰，由骑士保护。只要这三种美德在法国的和平、力量和秩序中彼此紧紧相连，法国就能坚强地屹立。倘若这三种美德不复存在或者被迫放弃，法兰西王国必定会分裂，可悲地彻底崩溃[②]。

---

① 转引自《圣经·何西阿书》，第 4 章第 6 节。

② 格奈：《总管府和修道院》，前引文，第 183 页。

法国的“国家”史于12世纪渐渐出现，上面这段文字突出地
概述了这种“国家”史的历史哲学，其中交混着三个主题。第一
是科学和知识从雅典到罗马再到法国的转移。德国从权力的转移
中获益匪浅，而法国则接受了知识遗产。基督教把学者的声望和
武士的荣耀这一对不可分割的兄弟带到了法国。早在12世纪，受
到教会青睐的教士和骑士就在基督教世界中显示了法兰西王国的 355
杰出地位。特鲁瓦的一位基督教徒在他的骑士文学著作中以颂扬
的口气写道，法国的教士和骑士比任何其他地方更为出色。到了
13世纪，第三种权力即大学知识出现在巴黎这个最高科学即神学
的中心，它加强了体现在国王身上的俗权和以神甫为代表的神权。
神、俗、学三者并存的新架构体现了新的权力机制①。在圣路易执
政时期，这种价值体系在法国得到了最高的体现。圣路易提升了
神甫的权力和国王的权力以及知识分子的权力。他的母亲丝毫不
关心体现在知识分子身上的新权力，没能把大学师生留在巴黎，
路易九世却凭借年轻人的直觉促成了罢课和分裂的结束，否则，
大学就会死去。圣路易稳住了巴黎大学，也就是保住了法兰西王
国的优势。把百合花的象征意义提到极致，使之成为法国国王标
志物的也是圣路易，因而，依据时兴的比喻诠释法，我们可以把
百合花的三片叶子视为这三种权力的象征。宗教信仰的根子扎在
智慧与知识之中，这是符合当时的知识运动的，这个运动从圣安
塞姆到托马斯·阿奎那，从修道院知识中心到巴黎市中心这个经

① 格隆德曼：《神、俗、学——对13世纪科学的评估》（H. Grundmann, *Sacerdotium-Regnum-Studium. Zur Wertung der Wissenchaft im 13. Jahrhundert*）见《文化史档案》（*Archiv für Kulturgeschichte*），34，1951年。

院科学的熔炉，到处在致力于使宗教信仰变得清晰易懂。与这个伦理——社会三部曲相对应的是政治——思想三部曲，即同样是由圣路易所体现的和平、力量与秩序。这就是 12 世纪与 13 世纪之交圣德尼赋予圣路易的形象，至于编年史究竟出自南吉的纪尧姆之手或是圣德尼的某位后来者之手，则无关宏旨[①]。他是百合花国王，他保留了百合花的三片叶子，从而保住了百合花的整体性，这就是他的功绩；百合花的两片叶子分别代表神职人员和骑士、
356 信仰和力量，另一片叶子则代表科学。他是知识国王，而知识则构建了政治和社会体系[②]。

法国的实力之所以大大增强，圣德尼功不可没，因为是他从希腊把智慧和骑士制引入法兰西。由此我们便更能理解，圣德尼的修道士们何以在上世纪怒不可遏地反对他们的院长阿贝拉尔。阿贝拉尔等人致力于探求历史真理和科学真理，他们希望证明而且能够证明该院的创始人圣徒院长绝不是来自希腊的那位雅典法官；面对这种批判，这所隐修院想要帮助法国君主确立的是另一个体系，是一个将稳固的权力锁定在传统历史和象征性的想象中的体系[③]。阿贝拉尔大概没有意识到，他固执地为探求我们今天所理解的那种历史真实所付出的努力，从根本上破坏了这个体系。

---

① 我倾向于认定南吉的纪尧姆是其作者，因为《生平》包括这份编年史的全文，而这份《生平》则是根据一份被认为是纪尧姆的手稿刊印的（第 318—320 页）。

② 约翰 · 德 · 索尔兹伯里在 12 世纪写道："不识字的王只不过是一条头戴王冠的驴"，这种对于国王的新观念在路易九世身上得到了体现。

③ 参阅雅克 · 勒高夫：《君主制时期的法国 I. 中世纪》（Jacqus Le Goff, *La France monarchique I. Le Moyen Age*），见布尔吉耶和勒维尔（编）：《法国史》，前引书，第 83—85 页。

于是转到了和平、力量与秩序。如果说葛兰西的“有机知识”概念找到了一个合适的实施场所，那就是13世纪的基督教世界；使圣路易成为君主国国王的人，便是圣德尼修道士这批伟大的思想家。

南吉的纪尧姆这位圣德尼说客集团的成员，除了强调圣路易所扮演的历史角色外，自然也不会不着力记述圣路易与这所隐修院的特殊关系，正如同那些圣徒传的作者们一再强调圣路易对托钵僧修道士们的特殊恩宠一样。他记下了1231年“在法国国王路易及教会人士的建议下，法兰西亚[①]的圣德尼教堂在欧德·克莱芒的院长任上进行扩建；修道士们以往不敢进行此类工程，因为众所周知，上帝赐予这所教堂的题献具有神圣的性质”[②]。顺便还应指出，纪尧姆利用此事大作文章，他说上帝制造圣迹，不仅赐惠予旗鼓相当的兰斯圣雷米隐修院（他并未指名），也赐惠予圣德尼 357
隐修院。某些人指责南吉的纪尧姆缺乏最基本的历史观念，其实我们不应忘记他在处理传统与革新时所表现的辩证态度，尤其应该记住他对神授历史性的认识，这种历史性随着时间的推移日趋丰富。

我们在这里看到，圣德尼的修道士们如何利用托钵僧笔下的圣路易来塑造他们自己笔下的圣路易。

南吉的纪尧姆的《编年通史》中的圣路易是强大的法国的国王，如同此类著作通常所作的那样，他被深深地置于历史之中。

---

① 此处的法兰西亚即是如今的法兰西岛。

② 雅克·勒高夫：《君主制时期的法国 I. 中世纪》，第183页。

这部著作常常一字不改地移用圣路易《生平》中的某些内容，但许多细节却被删去，这些细节对于一部个人传记也许很重要，对于一部编年史则显得多余，因为编年史更应该抓住主线。尽管如此，书中却包含有一些被《生平》的作者舍弃的具体事实，诸如气候特点、象征性的征候、预兆和奇迹等等。例如在 1235 年那部分记下了一件大事："法国发生了大饥荒，阿奎坦的情况尤为严重，人们只得像牲畜那样吃田野里的草。一担小麦在普瓦图要卖 100 苏，这个地区的许多人或是饿死，或是染上流行病"（《编年通史》第 187 页）。同样，1266 年也有具体记述："8 月的一天清晨，法国出现了一颗彗星，光芒指向东方。"（《编年通史》第 230 页）发生在圣路易执政期间的这两个事件并未写进《生平》，由此可见，南吉的纪尧姆避免把圣路易与那些不可思议的事牵扯在一起，他写出了圣路易对宗教的笃信，但没把他渲染得神乎其神。

圣帕丢斯的纪尧姆的《圣路易传》

《圣路易传》成书于圣路易之前，内容与它的书名《生平与事迹》比较吻合。生平一词主要指圣徒的生平，偶尔也指作用与圣
358 徒相去不远的那些人物的生平，例如国王，如果这些人拥有官方或非官方的圣徒声誉，那就更是如此。这部"生平"的特点是写成于路易封圣之前，但作者从未见到过传主。作者说他仅仅参加过圣路易的遗骸运抵圣德尼和在那里安葬的仪式，当时他也许是一个青年修道士。事迹一词指的是英雄的"武功"，是故事。纪尧姆记述圣路易的事迹时，似乎是一位没有文学素养的修道士，事

实上这是过分谦卑所致；他还承认，他所依据的都是第二手材料。我们注意到，他不说自己是书中所记事实的目击者，也不说“我看到”之类的话，这一点与当时大多数传记作者恰好相反。究其原因，大概是他没有见过圣路易，当然也因为他希望自己是一个史学家，而不是一个回忆录作者。他的建树是收集、整理和诠释，为此他主要利用了两种资料，一是博利厄的若弗鲁瓦的《生平》，一是如今已佚的兰斯的吉隆所著路易九世的《生平》。检验对比表明，南吉的纪尧姆是忠实于若弗鲁瓦的《生平》的，由此我们可以推断，他也忠实于吉隆所著路易九世的《生平》，因而可以说他拯救了这份重要的材料。但是，贝尔纳·格奈曾指出，中世纪的编撰者基本上是以整理和诠释材料为己任的作者；此话很有道理。

纪尧姆把事件分成主要和次要两类，主要事件是路易九世的《生平》和《事迹》的主干，次要事件被他叫作“题外话”，仅仅是某些与主干有间接关系的部分。

他记下了许多细节，其中包括圣路易未成年时期的种种麻烦，历次军事行动详情（他笔下的圣路易是一个武士，圣路易的军队是王国的主要武装力量之一，他还着重指出，连鞑靼人都知道“法兰西人特别骁勇善战”），圣路易那几个可以继承王位的儿子的诞生（他懂得孩子取名的规律：长子沿用祖父的名字，幼子沿用曾祖父的名字，因此，圣路易的第一个儿子名叫路易，死于1260年；第二个儿子名叫菲力普，后来成为菲力普三世国王）。他还记述了十字军东征，对于远征突尼斯的那次十字军记述尤为详尽，因为其年代更为靠近。他对安茹的查理也着墨不少，查理那时已 359
是普罗旺斯伯爵以及那不勒斯和西西里国王。因为，颂扬法兰西人即使不是这位历史学家的唯一主要动机，至少也是主要动机之一。查理凭借其辉煌的政治和军事生涯，完全有资格在他的哥哥身边占有应得的一席之地。纪尧姆还让查理在1268年的塔利亚科佐战役之前鼓吹法兰西人的自豪感："生来就强大无比、英勇善战的法兰西老爷们、骑士们……"[①]

当然，历史的主人是上帝。当反叛的贵族们发现"上帝的手"与年轻的国王路易在一起时，他们立即偃旗息鼓；1239年，上帝终于将国王路易从敌手的阴谋中解救出来。路易当了穆斯林的俘虏后，只付了不大的一笔赎金就获释了，纪尧姆对此颇感惊异，但是他认为，这应该归功于上帝和国王本人，上帝制造了奇迹，国王则以其优秀的品德为导致这个结果作出了贡献。在这部冲突和战争占有重要地位的历史中，大人物的心理被解释为冲突和战争的主要原因。由于某个人物的高傲自负，和平和安宁遭到破坏[②]。在此类自负和"傲慢"（在国王的诸多封臣中，布列塔尼伯爵和拉马什伯爵最为忠心耿耿，但是前者"骄傲而自负"，后者则"浑身沾满令人作呕的傲气和自负"）的表现中，最糟糕的是针对国王的傲慢。纪尧姆总是把性格视为原因，他不太懂得用制约国王和封臣关系的那些规矩来判断是非。他不大熟悉法律术语，况且，限制王权的公法观念在13世纪下半叶才迅速发展。他似乎分辨不清什么是国王的权威（这是一种神秘和最高的圣洁性），什么是君主至高无上的权力。他总是从心理角度去评述圣路易，因而分不清圣路易的行动哪些出于个人感情，哪些出于政治考虑，当

① 雅克·勒高夫：《君主制时期的法国 I. 中世纪》，第433页。

② 《高卢与法国历史学家文集》，前引书，卷XX，第343页。

然，圣路易的考虑确实也并非总是一目了然。他也指出，圣路易
从第一次十字军归来后就变了。他发现，后悔莫及、心绪不宁的
国王不但开始过一种更加清苦的生活，而且强化了他的政权。他
并未发觉国王的真正悔恨促使他为了政治目的而加强政权。纪尧 360
姆提供了一个1254年大敕令的文本，这个大敕令确立了道德秩序：
“贵族、骑士和地位高下不等的所有其他人，都在国王路易主持公
道时的所作所为中看到、认出和听到了神的智慧，因而日甚一日
地惧怕他，因为他们见到和知道，国王是神圣和正直的人。在他
的王国里，从此谁也不敢反对他，若有人胆敢反叛，此人立即就
会身败名裂。”圣路易给法国和外国带来了和平（这是“争端平息
者路易时期”），上帝则因圣路易功绩卓著而让他的儿子菲力普三
世执政期间一直保持和平局面。“因此，与其他王国相比，路易时
期的法兰西国王犹如太阳熠熠生辉，泽被四方。”①

这便是圣德尼修道士笔下的圣徒路易，一位太阳王。或者说，太阳就是这位泽被四方的国王。国王显现在他的各种徽记上，刻在御玺上的是王冠，写在史书中的是王位。对于南吉的纪尧姆来说，圣路易从圣地回来后的巨变也提供了一个机会，使他得以把若弗鲁瓦所写的《生平》的主要内容插入他本人撰写的《事迹》中去，因为，圣路易的变化是他之所以是圣徒的证据。一位托钵僧国王出现在太阳王的影子下面，纪尧姆为他的传主不久以后的封圣作出了贡献。他讲述了圣路易的功绩，也讲述了他的最初几件圣迹。在通过法兰西诸王的历史提升法兰西的地位这件事上，

① 我觉得，把国王比作太阳似乎不是拉丁基督教用来赞誉国王的传统用语，应作进一步研究。请看本书原文第529页，第657页以及第336页注2。

圣德尼的修道士们利用了一切可以利用的手段。

我们在圣路易身上看到了一位能使基督教世界失去稳定的圣徒，他如同托钵僧那样，以宣扬贫穷、谦卑和和平（其实是末世
361 论的公义）来破坏社会稳定。在他身上还可以看到一位基督教徒国王，这便是圣德尼修道士们眼里的圣路易，这位国王通过将信仰、力量和秩序融为一体来促进基督教世界的稳定。这是一位有着两张脸的圣徒国王。但是，大学里的托钵僧师生找到了一种调和两张面孔的办法，避免把圣路易撕成两半。圣德尼的修道士们则把这位托钵僧国王锁定在王权和国家感情的轨道上。

在南吉的纪尧姆通过路易九世的形象勾勒出来的这个基督教君主国中，在路易执政初期出现了他的另外一些形象，而他最后的太阳王形象并没有抹掉这些早期形象，而是把它们吸纳了。因为在 13 世纪末期，国王并非绝对君主。封君和封臣彼此承担着义务，国王有义务保护臣属，臣属则有义务忠于国王。圣路易登上王位之初就“想到了臣属必须忠于主子的义务”，“这种忠诚要求主子对臣属回报以相同的帮助”[①]。那时他已经是一位“非常好、非常崇高的国王”，过着“圣洁”的生活，这正是上帝给予他和他的王国以“繁荣”的原因。他不以坏王公——例如那些反叛他的贵族——为榜样，甚至也不以皇帝腓特烈二世为榜样，这位皇帝即使不能算坏，也“不可靠”。但是，“魔鬼唆使的坏榜样”始终存在，“它们嫉妒好人”。

纪尧姆在他的《生平》和《编年史》中非常关心东方，这在

① 雅克 · 勒高夫：《君主制时期的法国 I. 中世纪》，第 315—317 页。

圣路易的一生中和他诸多的牵挂中，都是不应忘却的一个重要的方面。纪尧姆正是在东方发现了与好国王和圣路易完全相反的人，此人不是穆斯林苏丹，也不是萨拉森人或突厥人，而是极端主义十叶派即阿萨辛派的首领“山中老人”，圣路易在圣地时曾与这个派别进行过接触。这位受魔鬼唆使的首领“既坏又恶”，后来却因上帝亲自干预而变好了[①]。南吉的纪尧姆是否企图以此说明，圣路易与异教徒首领进行的外交接触是正确的？如果他的意图确实如 362
此，那么他又与国王在东方特别喜爱的中介人托钵僧相遇了。分别出自托钵僧和圣德尼修道士笔下的关于圣路易的两类著作，都十分重视圣路易投向东方的目光。

① 参阅这段记述，第 547—552 页。贝尔纳 · 刘易斯：《阿萨辛派——中世纪伊斯兰教的恐怖主义和政治》（Bernad Lewis, *Les Assasins. Terrorisme et politique dans l'Islam médiéval*），作者在书中指出，他虽然不掌握有关资料，但认为圣路易在圣地时确实曾与阿萨辛派有过联系（第 163 页及以下多页）。红胡子腓特烈的一位使臣在 1175 年给出了词源：Heyssessini，即“山上领主”（雅克 · 勒高夫：《君主制时期的法国 I. 中世纪》，第 37 页）。

第四章

/

363 《喻世录》中的国王

13 世纪尚无作为人的时间形式的历史，也没有作为文学种类的历史，更没有作为学科的历史，所以各种各样的故事和逸闻极多[①]。人们似乎很想知道这些故事。教会了解人们的这种心情，因而努力从事教育工作，并为此向从事教育的主要人员布道师们提供大量的历史故事。被布道师们塞进布道词中的那些劝人为善的故事，就是“喻世小故事”。

中世纪的《喻世录》是“被插在讲演（通常是布道词）中的真实小故事，借助真实的事例对听众进行规劝”。[②] 此类小故事竭

① 14 世纪的学者拉马什的阿尔贝 · 勒古瓦把他所收集的一部中世纪“喻世录”起名为“历史故事”（请看本书原文第 366—367 页及注 1）。

② 布雷蒙、雅克 · 勒高夫、让－克洛德 · 施密特：《喻世录》（Cl.Brémond, Jacques Le Goff et Jean-Claude Schmitt, *L'Exemplum*），蒂伦豪特，1982 年；韦尔特：《中世纪教育和宗教著作中的“喻世录”》（J.-Th.Welter, *L'Exemplum dans la littérature religieuse et didactique du Moyen Age*），图鲁兹，1927 年；雅克 · 柏辽兹、玛丽－安娜 · 波罗 · 德 · 博利厄：《中世纪的“喻世录”研究导论》（Jaques Berlioz et Marie-Anne Polo de Beaulieu, *Les Exempla médiévaux,Introduction à la recherche,suivie*（转下页）

力以其有趣和惊奇抓住听众。这是一种矫揉造作的文字，一种让人作为教益来接受的小故事。由于《喻世录》中的故事都以听众的拯救为目的，因而人们把中世纪的《喻世录》叫作“宣扬末世论的玩意儿。”①“《喻世录》把故事的现实感和趣味引入布道词中，打破了布道的一般模式，从而在公众和布道者之间建立了一种虚
假的默契。但是切莫上当，《喻世录》并不是与布道词格格不入的 364
一种独立存在的成分，它与布道词中的说教紧密配合，它虽然短暂地打断了布道词的连贯性，但却加强了布道词的思想功能，使之成为拥有权威的力量。”②《喻世录》或取材于民间故事，或借用民间故事的形式，所以通常与民间故事相似，讲的也是某个英雄的故事，有时也像寓言那样以动物为主角。古代的《喻世录》之所以具有吸引力，往往因为故事的主角恰恰是英雄，而英雄本身就是活生生的楷模，英雄说的话和做的事都具有楷模价值。基督教徒们把各种“楷模”与大多数古代其他文化形式一并收集起来时，为的就是把这些堪称楷模的人物比附基督教圣史上的大人物，例如最佳的楷模耶稣、圣母和《旧约》中许多人物。《喻世录》这类文学形式在中世纪渐渐与圣史分道扬镳，没能保存至今，而圣

（接上页）*des Tables critiques de l'index exemplorum de F. C. Tubach*），卡尔卡松，1992年；戴戈诺：《“喻世录”新研究》（*Nuovi studi sull'Exemplum. Rassengna*），见《意大利信札》（*Lettere italiane*），1994年，第459—497页。在布罗萨、柏辽兹和波罗·德·博利厄的主持下，1994年秋在圣克鲁举行了一次“中世纪‘喻世录’新探索”研讨会。

① 布雷蒙、雅克·勒高夫、让-克洛德·施密特：《喻世录》，前引书，第37页。

② 布雷蒙、雅克·勒高夫、让-克洛德·施密特：《喻世录》，前引书，第164页。

徒和圣经人物也不再出现在此类小故事中了。

中世纪的《喻世录》原本当然并非用来记述历史人物。首先，它面向所有基督教徒，倾向于讲述“普通”人的故事，也就是其行为和事迹没有超出常人的那些人，因而有人把《喻世录》看成是“日常生活的圣经”。其次，《喻世录》具有将故事客体化的倾向，也就是说，它把英雄的主体身份变成客体，变成一种借助故事进行说教的工具，而这种说教本身则变成了故事的主体。中世纪《喻世录》中的历史人物于是往往只是一个深陷在“布道的思想功能”的圈套之中，为利用他们的人所用，并借用他人名字的冒牌货。

365 然而，由于圣徒和大人物的《生平》往往被写成一系列富有启示性的小故事和奇迹（不过，奇迹是另一个独具特色的品种，与《喻世录》区别甚大），因而《喻世录》的收集者和布道师有时就会试图把《生平》中的某一段用作《喻世录》的素材。《生平》的传主声望越大，这种做法的诱惑力也就越大。在这种情况下，记述某一个无名基督教徒或任意一个人的《喻世录》，就会不知不觉地变成记述一个英雄或特定人物的《喻世录》；有人甚至可以把它叫作传记式的《喻世录》，这种《喻世录》以某个名人的《生平》作为原始材料，并原样照搬《生平》的结构，不过，其中的故事却是从历史人物的传记中移植过来的①。

还需指出，为了劝说基督教徒远离罪恶，《喻世录》常常讲述一些反面典型的故事，因而能为某些《喻世录》提供最佳实例的

---

① 雅克·勒高夫：《“喻世录”中的菲力普·奥古斯特》，前引文（请看本书原文第 38 页注 2），第 145—154 页。

历史人物是坏人。例如，因迫害天主教徒和教会而据说后来被推入地狱的坏国王西奥多里克或铁锤查理（此人被视为国王），都是《喻世录》的最佳主角。在13世纪，法国的国王们有时也被写成小故事的主角，这些故事四处流传，有时便被收入《喻世录》。菲力普·奥古斯特①似乎是第一个好坏难辨的国王，在这一点上谁也难以与他相比。

如果说，圣路易因其美德和富有教益的故事而是一位潜在的《喻世录》供稿者，那么，他却因为是圣徒而被怀疑是否能成为《喻世录》的主角，后来果然被正式宣布不宜作为实例收入《喻世录》。他既然已被认定为圣徒，自然就没有可以作为反面典型收入《喻世录》的劣迹了。由于被奉为圣徒，圣路易没有被收入《喻世录》，他仅仅出现在《生平》和有关圣迹的记述中。 366

《喻世录》中为数不多的见证

不过我们知道，还是有一些《喻世录》把圣路易当成了主角。在有些《喻世录》中，圣路易只出现在"在路易执政时期"，或是拿他作为故事确实可信的一个凭证，如果把这类《喻世录》剔除，那么应该说，真正把圣路易当作主角的《喻世录》为数并不多。尽管如此，这些《喻世录》通常都对我们非常有用，能够帮助我

---

① 玛丽－安娜·波罗·德·博利厄：《中世纪"喻世录"中的传记故事》（*Marie-Anne Polo de Beaulieu, L'anecdote biographique dans les exempla médiévaux*），见《历史资料》（*Sources. Travaux historiques*），3—4号，《传记》（*Biographie*），1985年，第13—22页。

们了解圣路易的形象和有关圣路易传说是如何形成的。

艾蒂安·德·波旁是一位多明我会士，他结束了在巴黎的学业后，便以里昂的布道会修道院作为自己的活动中心，他死于1261年[①]；他在1250年至1261年之间撰写了一部供布道师使用的著作，其中有两例《喻世录》。常见于《喻世录》小故事中的那些人物常常迅速地变得面目全非，甚至在他们还活着的时候就走样了；艾蒂安·德·波旁比圣路易死得早，他的著述揭示了这种神速的变化。这部《喻世录》说的是《圣灵的恩赐》，其中第五部分讲的是“神赐劝解”，而其中第一题则为“第三题”点名明了主题。第一题说的是一种力量，这种力量是对神赐判断能力的支持，人人可以借助神赐的判断能力选择美德，以便将自己引向拯救。这种力量需要各种帮助，其中包括上帝的爱所给予的布施。这是一则正面的《喻世录》，其主角是圣路易：

> 如今当朝的法国国王圣路易，有一天说了一句非常好的话，在场耳闻此话的一位教会人士后来重复了这句话。这位国王年龄尚小时的一天，大群穷人聚集在王宫的大院里等待国王布施。趁大家尚在酣睡之际，国王独自一人走出卧室，身边的一位侍从捧着一大把钱与他一起走出来，国王亲手把所有的钱分发给在场的人，看过去越穷的人分得越多，分完
> 367 钱以后，国王便回到屋里。一位正与王太后聊天的教会人士从窗台上目睹刚才那一幕，他迎上前来对国王说：“老爷，我

① 关于艾蒂安·德·波旁，以后可以参阅正在印制中的雅克·柏辽兹整理编辑的《各类布道资料研究》（*Tractatus de diversis materiis praedicabilius*）的前言。

> 刚才真真切切地看见了你干的坏事。”国王感到莫名其妙，遂回答道：“亲爱的兄弟，这些人都是我雇的，他们为我打击敌人，维护王国的和平。我还没有把该付给他们的钱全部付清呢。”①

这例《喻世录》说明了布施的价值。圣路易生前就以乐善好施著称，这则《喻世录》扩大了他的名望，同时也为关于这位国王从小就道德高尚和乐于施舍的说法提供了实证。不过，这则《喻世录》让这则既是道德箴言又是佳句的教诲出自一个年轻人之口，令人觉得不那么真实可信。圣路易在这里被当成一个众人心目中共有的形象。《喻世录》在这里使用了国王的形象，并用一个效果肯定极佳的小故事来加强这个形象。这样，它就把一个无比虔诚的国王形象留给了后人。它还有助于驳斥年幼的国王孱弱无能的说法，并沿用圣徒列传的习惯做法来树立一个不同于一般人的形象，把圣徒和伟人都说成从小就老成持重，与大人无异。圣路易没有童年，因为他是一个神童，小小年纪就跟成年人一样②。

艾蒂安·德·波旁的第二例《喻世录》说的是1244年国王染病那一段时间，以及他的十字军心愿：

---

① 艾蒂安·德·波旁：《历史故事》(*Anecdotes historiques*(《各类布道资料研究》)，拉马什的勒古瓦编（A.Lecoy de la Marche (éd)），巴黎，1877年，第433页；译文见于拉马什的勒古瓦：《祖先的精神——13世纪手稿中摘取的轶事和佳句》(A.Lecoy de la Marche, *L'Esprit de nos aïeux. Anecdotes et bons mots tirés des manuscrits du XIIIe siècle*)，巴黎，1888年，第95—96页。

② 请看本书原文第88页。

> 法国国王病入膏肓，医生们束手无策。国王让人把他放在灰床上，又把所有的人都叫来，对他们说："看，我是世界
> 368 上最高贵、最富有的老爷，我比任何人都更了不起，我的血统、财富和众多的朋友赋予我以统治他们的权力，可是，我无法从死神那里获得任何延缓，无法让疾病给予我任何喘息！我所拥有的这一切有什么用处呢？"在场的人听了这一席话都失声啜泣。可是，当人们以为国王必死无疑的时候，上帝把他救活了。国王重新站了起来，衷心感谢上帝。从此以后，他拿起了十字架[①]。

《喻世录》为论述《神赐的恐惧》的第一部分第七题作了说明，特别讲明了基督教徒害怕死亡的各种原因中的第九个原因，也就是害怕受重病的折磨。

作者抓住了一个历史事实，即圣路易的病和十字军心愿，由此展示了一个众人心目中的新形象，也就是强人和富人在死亡面前的无奈。圣路易的这番话，尤其是圣路易让人把他放在灰床上这个细节，不见于其他所有有关记述。拉马什的勒古瓦从中看到了属于"第一手材料"的"新细节"。不能说没有这种可能，不过我从中看到的却是作者收集到的或经他加工的材料，这样做符合《喻世录》不顾及事件真实性的思想逻辑，作者使用这个细节，为的是在不经意之间告诉大家，大人物们有这样一个习惯，即作为

① 拉丁文本见于勒古瓦版的《历史故事》(A.Lecoy, *Anecdotes historiques*)，第 63 页；法译文见于勒古瓦的《祖先的精神》前引书，第 97 页。

临终的一种苦行把临死的病人放在灰床上，同时也是为了利用一个古已有之的传统的普遍看法。我之所以对圣路易的这番话不予置信，并非仅仅由于这个看法的平庸乏味，更因为这番话所表达的思想和用词与圣路易惯常的想法和语言相去甚远。在这番话里，圣路易一再提到权力和财富，把死亡拟人化，却只字不提基督教，这些都令我觉得这番话是伪造的。圣路易患病和信教原本是众所
周知的平常事，一经作者渲染便为虚构的情节盖上了一层真实的 369
面纱。艾蒂安·德·波旁关心的不是圣路易是否“真的”说过这番话，而是他有可能说这样的话，只要这番话符合多明我会士的教化意愿和古典文化教养即可。与出现在前面的形象相比，这则《喻世录》中的圣路易没有什么新颖之处。这些故事只不过是过早僵化的未来的圣徒国王形象的副产品而已。

在图尔的一件13世纪手稿中，涉及国王的内容更少[①]。这份手稿中有许多记述圣路易的熟人和谋士、1228—1248年间任巴黎主教的奥弗涅的纪尧姆的《喻世录》，其中只有一件提及圣路易。此件记述的是国王的第一个女儿出生时的情景（当然就是1241年出生后夭折的那个布朗什）。

> 法国国王的妻子玛格丽特王后生了一个女儿，人们不敢禀报国王，于是请纪尧姆主教向国王禀报。纪尧姆前去晋见国王，向他禀报道：“陛下，我来向你报喜，给你带来了好消息，法国又多了一个国王；你得了一位公主，将来她出嫁时会让你又有一个王国；倘若你得的是王子，日后你就得分给

① 图尔市立图书馆手稿，件号205。

> 他一个伯爵区。”国王听了这番话非常高兴[①]。

这位主教把国王的女儿说成未来的福星，此话令人难以置信，他说王后生的若是王子，国王将不得不把一大片土地赐给儿子作领地，此话显然不对，因为此时出世的若是男孩，就应是国王的长子[②]，长子是国王死后的王位继承人，而不是从父王手中分得采地的领主，长子以下的王子们才是未来采地的领主。况且，路易七世很不幸，很长时间中只有女儿而没有儿子，姗姗来迟的菲力普·奥古斯特出生时简直被当成了奇迹。退一步说，即使圣路易
370 真的担心没有子嗣（后来他有 6 个儿子），他听到妻子生的是一个
女儿时，应该很不高兴才是；前去禀报的应该是一个受人尊敬的长者，说话时应该拐弯抹角，比较委婉才是。很显然，这是一则为了逗乐而杜撰的故事，它除了告诉我们法国君主制的王位继承传统外，更让我们知道，女性在传统社会中如何受歧视。圣路易在这则《喻世录》中仅仅是一个被借用的名字。

另一则在我看来更有趣的《喻世录》，似乎可以用来展示圣路易的公正：

> 国王圣路易有一个良好的习惯，每年的耶稣受难日那天，他都要从头到尾读一遍圣诗集。有一年，一位出身名门的人因多次犯案而被投进夏特莱监狱。到了耶稣受难日那天，国

① 拉马什的勒古瓦：《历史故事》，前引书，第 388 页注 1。

② 作者并未明说，但若不是长子，这则《喻世录》就没有什么意思了。

> 王退入小教堂，虔诚地沉浸在阅读中。可是，那个囚犯的父母和朋友在国王的儿子和弟弟们的陪同下，硬是一直找到小教堂来。见到来人后，国王就把手指按在他正在读的那段文字上，以便过后接着往下读。受托代表众人说话的那位贵胄对国王说："英明的圣上，今天是宽恕和赦免的日子。耶稣基督在这样的一个日子里拯救了我们，他在高高的十字架上宽恕了小偷，他临死时还在为刽子手祈祷。我们今天所有在这里的人都跪在您面前，英明的圣上，恭请您以耶稣基督为榜样，可怜可怜此刻正在夏特莱监狱中呻吟的那个贵族。"虔诚的国王和善地听完这番话，打算允准所请，宣布赦免令，他抬起按在圣诗集上的手指，无意中看到了下一行诗："一生中每天都能主持公义并作出公正判决的人是幸福的人。"他思索了一阵，没有正面回答，只让求情的人把巴黎行政长官请来，说完便接着读诗。求情者以为案犯肯定会获得宽恕和释放，遂立即派人去找巴黎行政长官。过了一会儿，这位长官就来 371
> 到国王跟前。国王让他把案犯所犯罪行一一道来，越详细越好。面对国王的旨意，这位长官不敢隐瞒，遵旨禀报了案犯一系列令人发指的罪行。听完之后，国王命令他依法行事，立即把案犯押赴刑场，就地正法，无需顾及今天是重要的纪念日[①]。

这则故事的真实性同样无法确证，《喻世录》这种著作大多都

① 拉马什的勒古瓦：《祖先的精神》，前引书，第98—100页。

是这样，或是真假参半的“听说”，或是干脆无中生有。然而这则小故事却证实了我们从其他资料中得到的信息，那就是严厉和仁慈在圣路易内心激烈冲突。这个冲突与《王侯明鉴》中的王家思想关系密切，它主张在宽容和严厉这两种态度之间保持平衡，圣路易身边的人和当时的舆论似乎也因这两种主张而分成两方。上面这则《喻世录》大概是主张宽容一方编造的。国王刚烈的禀性促使他严厉弹压，他的仁慈则源自他要把基督教宽厚精神付诸实施的愿望，这种精神从根本上说就是托钵僧的精神，不过它并未妨碍托钵僧们在异端审判法庭上充当无情的法官。《喻世录》也让我们看到了国王在遇到不严格遵守教规时的心态。在圣路易看来，这些教规并非神圣不可侵犯。道德方面若有紧急需要，礼仪方面的禁忌应该让路；死刑可以在耶稣受难日执行，星期五的守斋也可因宴请亨利三世而放弃[①]。

另外两则《喻世录》在我看来可以用来说明，13 世纪的主流思潮是如何煞有介事地利用圣路易生平的某些事件作文章的。第
372 一则说的是圣路易提升平信徒在宗教事务中的地位[②]：

> 一位学识渊博的神职人员向圣路易布道，他在布道词中讲了这样的话：“耶稣受难时刻到来时，所有使徒都离他而去，信仰在他们心中消失得无影无踪。唯有圣母始终保持着信仰，从耶稣受难的第一天直到他复活，一刻也不曾放弃。

---

① 请看本书原文第 637—638 页。

② 安德烈 · 沃谢：《中世纪的平信徒》，前引书；吉 · 罗布里雄：《11—15 世纪西方平信徒的宗教信仰》，前引书。

> 为纪念此事，人们在悔罪周诵晨经时把所有蜡烛先后熄灭，只留下一支，一直保存到复活节。”一位职位更高的神职人员听到此话后，站起来接着说道：“请你不要乱说书上没有写的事，事实上，使徒们只抛弃了耶稣的躯体，并没有抛弃他的心灵。”那位可怜的布道师看来只得收回刚才说的话，正在此时，国王站起来说话了：“他说的一点不错，圣徒的书里写得清清楚楚。去把圣奥古斯丁的书给我取来。”侍从赶忙把书找来，国王翻到圣奥古斯丁的《约翰福音注》，让人指给所有愿意看的人看。只见上面写着：“他们逃跑了，身子逃跑了，心也逃跑了。”[①] 那个插话的神职人员十分尴尬。

谁读了这段文字都能发现，圣路易乐于在信仰问题上发表自己的看法，这位国王对经书确实很有研究，造诣很深[②]。圣路易非常尊重神职人员和平信徒的职能和功用的区分，但是，他毫不犹豫地在宗教领域里抒发己见，直到平信徒不应突破的边界（他确实不同凡响，不过终究还是平信徒）。13 世纪的布道活动与弥撒是分离的，这就使得国王打断布道词成为可能。尽管无法证明这则
故事的真实性，但似乎不是不可能。这则《喻世录》旨在展示国 373
王在经书方面的渊博知识。

第二则《喻世录》好像来自意大利[③]：

---

① 拉马什的勒古瓦：《祖先的精神》，前引书，第 100—101 页。

② 请看本书原文第 754—757 页。

③ 此文的译者拉马什的勒古瓦介绍说：“圣路易与圣波拿文都拉的这段对话是后者本人记述的，我们引自费莱 · 达 · 法纳新近发现的一份意大利文手稿，（转下页）

> 有一天，国王向波拿文都拉教士问道："人若可以选择，应该选择根本不存在呢，还是为永远受罚而选择存在？"波拿文都拉回答道："陛下，这个问题涉及两点，一是对上帝的永久冒犯，否则，最高审判官不会判处永久受苦；二是无穷无尽的痛苦。谁也不会接受一种与上帝对立的状态，所以我觉得还是选择根本不存在为好。"于是，这位虔诚的上帝崇拜者和基督教徒国王转身朝着在场的人说道："那好，我听从波拿文都拉修道士的决定，我向你们保证，我宁愿一千次化为乌有，也不愿意在这个世界上永远活着，永远冒犯上帝，哪怕拥有至高无上的王权。"

这则来自方济各会的故事，首先是用来说明圣波拿文都拉拥有很高威望，其次也比较符合圣路易的思想和行为，在其他比较可信的记述中，我们已经对圣路易的这种思想和行为有所了解。这则故事显示了国王对托钵僧的尊敬，更显示了波拿文都拉对国王的吸引力，在这里，波拿文都拉既是一位神学家（"决定"一词令人想到大学老师的权威），又是一位布道师。这位杰出的方济各会士、巴黎大学的著名神学家，于 1257 年当选为该会的总会长，
374 他曾多次向国王及其家族成员布道[1]。我们在这里看到的，归根结底是圣路易不止一次表明的、儒安维尔也一再提及[2]的那个信念，即与其在深重的罪孽中生，毋宁选择死。

（接上页）他曾在为方济各会圣师的著作所撰写的导言中加以引用"（《祖先的精神》，前引书，第 102—103 页）。

① 请看本书原文第 749 页和第 756—757 页。

② 请看本书原文第 757 页。

我从一个集子中选取了两则《喻世录》，这个集子的年代略为超出了我为本书规定的范围。这是一个由多明我会士编成的集子，是供布道师使用的一批讲稿的一部分，这是一部手抄本，1326年成书于波伦亚[①]。

第一则就是集子中的第五十九则《喻世录》，题为“考虑不周的誓言”：

> 法国国王路易当政时期，一位著名主教从德国来到巴黎晋见国王，随身带来了他的两个年轻的侄子。有一天，主教忙着办自己的事，两个年轻人闲来无事打鸟玩，打着打着走进了一位贵族的果园。贵族在屋子里看见了这两位年轻人，问身边的人他们是谁；谁也不知道他们是谁，贵族就让人把他们吊死在树上。主教把这件事告诉国王；国王此时正与主教在一起，听说此事后非常恼火，手按福音书发誓要把那个贵族吊死。他在御前会议上讲了这件事，与会的大多数人劝他不要将他的誓言付诸实施，否则会在国内引起纠纷。国王召来许多学问渊博的平信徒会士征询意见，问他们他是否可以不兑现誓言。他们说，从国家的共同利益看，放弃兑现誓言是件好事。他们引经据典地说，希律没有兑现他要将约翰斩首的誓言，因为那个年轻女人（萨洛美）不理智也不公正[②]。因此，尽管这位主教为他两个屈死的侄子伸冤的要求完

---

① 赫兹施泰因编：《1326在波伦亚的罗马历史故事》（*Tractatus de diversis historiis Romanorum et quibusdam aliis verfangt in Bologna im Jahre* 1326, Herzstein (éd), *Erlanger Beiträge*），册XIV,1893年，参阅韦尔特：《喻世录》，前引书，第358页注54。

② 希律、约翰、萨洛美均系圣经人物，见《新约·马太福音》第14章。——译者

> 全正确，可是这样一来可能会在国内造成麻烦；国王不一定非要兑现考虑不周的誓言不可。虽然国王没有把他的意愿付
> 375 诸实施，可是他还是在字面上把他的誓言兑现了。他下令扒掉那位贵族的衣服，装进口袋，在绞刑架上吊了好几个小时；放下来之后，又让他按体重支付罚款，体重多少公斤，就罚多少弗罗林。不过，为了避免让人以为国王出于贪婪才这样处理，他下令把这笔罚款分成三份，一份给布道会（多明我会），我们用这笔钱修一栋宿舍，另外两份分别给小兄弟会（方济各会）和圣热尔曼（岱普莱）的修道士们，他们用这笔钱盖起了几所教堂[①]。

这个故事奇怪地令人想到古希老爷和在林子里打猎的三个弗兰德尔青年贵族的故事[②]。在那个故事里，圣路易对草菅人命的贵族同样毫不留情，同样遭到一部分人（主要是贵族）的激烈反对，同样不得不收回成命，作出妥协，让肇事者罚款了事。这则《喻世录》除去政治意义外，还提供了一个具有权威性的不兑现誓言的实例（其实圣路易讨厌起誓，在这一点上，这则《喻世录》与事实相悖）。这个故事说明了两点，一是在经院学者的推动下，诡辩术在圣路易时期有了重大发展，二是与耶稣受难日事件一样，是对不遵守表面神圣的传统规定（此处涉及对福音书的誓言）的认可。最值得注意的大概就是“共同利益”这个政治口号，它在圣路易在位期间变成了压倒一切的口号。最后，正如托钵僧压力

① 《罗马历史故事》，前引书，第 29—30 页。

② 请看本书原文第 240—242 页、第 646—647 页。

集团所指出，此事证明圣路易确实给予托钵僧修道士们特殊但不是独享的恩惠。我们在这里看到的，不只是一个受到国家利益和公众舆论左右的国王，而且还是一个托钵僧国王。

最后一则《喻世录》标题十分简单，就叫“圣路易”。不 376
过……

> 有一天，圣路易在（布道会修道院的）贵宾室里与几位修道士共同进餐时，让一位贵族小青年去看看其他修道士在食堂里做什么。小青年看毕回来时说：“他们都挺好，个个都专心致志地听经，眼睛盯着各自面前的食品。”国王却说：“他们不好。”过了一小时，国王让小青年再去看看，小青年看毕回来时说：“他们比刚才差劲，交头接耳地小声说话，也不像刚才那样专心听经”。国王却说：“他们比刚才好。”小青年奉国王之命第三次观察回来后说，他们乱成一团，大喊大叫，谁也听不清读经的声音。国王却说：“现在他们好极了。修道士们吃得开心才会高兴，若是吃得不好，谁也不会张嘴唱歌，就跟我们在耶稣受难日见到的那样。”①

圣路易在这则《喻世录》中的行为举止，除去与托钵僧的亲热比较可信外，其余都根本不可信。这种“修道士故事”很像中世纪早期的“本堂神甫轶事”，我们这位虔诚的国王崇尚俭朴，他若知道有人把这个故事归在他头上，他绝不会答应。对于《喻世录》这类著作中的人物，作者其实只是借用他们的名字，把故

---

①《罗马历史故事》，前引书，第27页。

事套在他们身上。前面我们已经谈到了几则真正传记性的《喻世录》，其中记述的故事彼此相近；而上面这则《喻世录》与前面那些截然相反，应该说是一个极端的例子。

尽管如此，《喻世录》毕竟还是对当时人们心目中那个僵化的圣路易形象提供了一些信息，当然是在无可奈何的情况下提供的，因为这并非此类著作的初衷，有时甚至在真实与公认的形象之间突出了他的某些特点。这是一种经过加工和简化的形象，为的是符合此类通过简短的故事劝诫人们扬善弃恶的著作的规律，符合那些通常很普通的布道师们并不很高的要求，也许还为了适应听众并不很高的要求。这是依照 13 世纪传媒的模式制作的可怜巴巴
377 的传媒产品。这些《喻世录》为有关圣路易的记述制造了一些格式化的说法，这些说法深深地扎根于 13 世纪的思想和心态之中。国王及其时代把他们的形象投射在《喻世录》所制造的那面镜子上了。

兰斯说书人的故事

讲完这些《喻世录》之后，我再来谈谈一部在中世纪鲜为人知的 13 世纪佚名著作，这便是兰斯说书人的那部书。它的诱人之处在于其性质和用途。这是一位流动演出的说书人记录下来的故事集。说书人走遍城乡，把欢乐送到观众面前，他们的观众主要是贵族，但也有市民，例如兰斯城的市民。这位兰斯说书人在说到兰斯市民与死于 1240 年的那位大主教布雷纳的亨利时，明显地站在市民一边。他是兰斯人，这部故事集写于 1260 年前后，这便

是我们对他的全部了解。此书讲述的是 1150 年以后的各种历史故事，其中尤以各种轶事和趣闻居多，有人把它比作《喻世录》，但是，实际上两者的相同之处仅在于故事都很短。此书明显地追求有益和有趣这两个目标，只是作者的才能平平（也许他说书的本领远在他人之上）。他的故事基本上按年代顺序排列，当中穿插许多寓言和轶事。他所收集的绝大多数是荒诞不经的无稽之谈，几近淫词，他力图制造讽刺效果，各种各样的谬误比比皆是，尤其是年代混乱，前后颠倒[①]。他尤其对法国和十字军感兴趣，不过，他的兴趣仅限于心态和文化消费方面。《喻世录》的作者们基本上使用拉丁文，而这位兰斯说书人在说书和写作中所使用的却是通俗语言，这种通俗语言与圣路易日常使用的语言比较接近。我在本书第一部分中讲述了圣路易一生的各个阶段，读说书人的这本书等于把所有这些事重温一遍，但是，他所讲述的既与当今史学研究的结果不符，也不能用作史学研究的原始材料，他所讲述的 378
是当时的“信息员”讲给公众听的关于圣路易的故事，其中掺杂着失实和成见，究其原因，也许是为了迎合听众的口味所致。

比方说，说书人依据当时传播的流言蜚语，说卡斯蒂利亚的布朗什和教皇特使罗曼·圣－安吉枢机主教关系暧昧，然而他并不以此为满足，还要添油加醋。他说，博韦主教指控她与教皇特使有染并已怀孕，她便光身子披着长外套来到一个贵族与主教的集会场所，博韦主教当然也在场，她跳上一张桌子，扔掉外套，

① 参阅纳塔利·德·维利编的《兰斯说书人》(Natalis de Wailly (éd), *Le Ménestrel de Reims*)。这位 19 世纪末多才多艺的编者写了一篇“本书简评”，把书中的主要谬误一一列出，长达数页。

赤身裸体地说："你们都来看，有人说我怀孕了"，说罢便"前后"转动身子让大家看个明白，很显然，"她确实没有怀孕"[①]。这位说书人或者说他的资料是对有关卡斯蒂利亚的布朗什的谣言的加工，这些谣言是贵族们为了攻击这位外来的"女人"和少年国王而泼在她身上的脏水[②]；他们为她编造的谎言类同大家都熟悉的那种玩意儿，例如当时十分走俏的戈蒂埃·德·宽西所写《圣母的圣迹》。这本书中说，一位修女（通常是一位女隐修道士）被指控身怀六甲，她便当众脱光衣服，以示清白。兰斯说书人在这里说的故事是根据谣言编造的，尽管他肯定了布朗什的操守，他却不仅在宁可信其有不可信其无的人群中传播，而且还编造了不堪入目的场景。不过，此事倒也证实了路易未成年时处境艰难，一个孩童国王，一个从外邦来的太后。路易的少年时代是在一个男性贵族歧视女性和排外的氛围中度过的。

兰斯说书人还说到了路易未成年时期的动乱，而且摆出一副同情"小孩儿"的样子。据他说，父王晏驾时少年国王已经 14 岁
379 了，这是王家和大多数封建主传统的成年年龄（但不妥），可他却始终管国王叫"小孩儿"。他粗线条地写了他的加冕礼和他年轻时的征战，然后写他的成婚大礼，接着笔锋一转，细说国王的家庭和太后的家庭，最后讲述国王夫妇的故事。

---

① 《罗马历史故事》，前引书，第 98 页。

② 兰斯说书人说："王后布朗什正在服丧期中……她的孩子尚小，她是一个孤孤单单的外来女子……"（第 174 页）。"巴黎的贵族们把王后设想成一个很坏的女人，他们常常聚在一起，扬言法国无人能够管他们；国王和他的弟弟年龄尚小，他们根本不把他们的母后放在眼里"（第 176 页）。

刚才说到，国王已经年届20。太后听取大臣们建言，决定让国王成亲。她选定普罗旺斯伯爵4位千金中的老大为王后。英王亨利娶老二为妻，如今登上德国王位的理查伯爵本是英王的兄弟，他娶了老三，法王的弟弟安茹伯爵娶了老四，并得到了普罗旺斯伯爵领地，因为依据当地习俗，若无男性继承人，最小的女儿就可得到全部遗产[①]……诸位，法国国王娶的这位小姐名叫玛格丽特，为人贤淑聪慧。她为国王生育了8个孩子，5男3女，长子名叫路易[②]，次子名叫菲力普，三子名叫皮埃尔，四子名叫让，五子名叫罗伯尔。大女儿名叫伊萨博，与纳瓦尔国王结为伉俪，二女儿名叫玛格丽特，下嫁布拉邦特公爵的儿子，小女儿名叫布朗什[③]。

对于喜欢打听名门望族的家庭琐事的听众来说，这些细节就把路易及太后与家庭的紧密联系交代清楚了。兰斯说书人没有提及那几个夭折的孩子：长女布朗什（1240—1244）、儿子让（1248年出生不久即死去，此时适值路易和玛格丽特随十字军远征前夕）、最小的女儿阿涅斯（生于1260）；也许因为他不知道，他把三子与四子颠倒了，其实，三子是让－特里斯坦，他于国王被俘的1250年生于达米埃塔，四子是皮埃尔，1251年出生于圣地。说书人对日期一般不大在意，但在事关王族时却比较认真，这说明，从13世纪开始，人们比较注意出生日期，首先受到注意的当然是

① 《罗马历史故事》，前引书，第182—183页。

② 此段写作时间大概在1260年以后，此时路易已死。

③ 由此可知，此文大概写于1261年或1260年年末。

380 大户人家的孩子。

打仗也是颇受听众欢迎的题材。当说书人说到圣路易与拉马什伯爵的冲突和他与英国国王的冲突时，他把路易说成刚毅勇敢却又小心谨慎。比如，路易获悉英王亨利抵达波尔多后，“他没有惊惶失措，率军前去迎战”。他镇静自若，周密准备，连拉马什伯爵也称赞国王“精明强干”。

兰斯说书人讲述的圣路易一生的第三段故事是十字军远征。他用一系列简短的小故事绘声绘色地加以叙述。比如提到圣路易的心愿时，他说：“过了一段时间，他得了大病，眼看就要死了，就在此时，他决定率领十字军远征，病情竟然日渐好转，他积极准备，派人为十字军大造舆论。许多大人物走进了十字军。”接下去，说书人列出了一大堆十字军将领的名字，这些都是应该让听众知道而听众也非常愿意知道的有名人物……“以及另外一些为法国所缺的重要将领，至今法国仍然没能填补这个空缺。”[①] 兰斯说书人支持反对组织十字军的意见，持这种意见的主要是贵族，他们被十字军弄得人财两空。

说到十字军的经费时，说书人的批评更加直率，与英国本笃会士马修·帕利斯遥相呼应，只不过两人看问题的角度不尽相同罢了。

> 但是，国王做了一件不会有任何好结果的事；他同意骑士们请求教皇特使作担保，延期三年向市民偿还借款。骑士们随后出发远征。但是，戈德弗鲁瓦·德·布永不这么干，他

① 《兰斯说书人》，第 189—190 页。

> 卖断了他的公爵领地，只带着他自己的财产前去远征，没有带走别人的任何财产。《圣经》上说，上帝永远不会享用掠夺得来的东西[①]，布永正是这样做的。

这里再次涉及13世纪的人特别是国王的一个大问题，圣路
易把这个问题解决了，但是招来了批评，而且让人看到，在战争 381
和其他特殊事件中，对于贵族来说，财政是个很难解决的大问题；对于国王的政府来说尤其如此，因为仅靠王室领地上的收入和封臣的贡赋，不足以支付这笔费用。圣路易无疑是第一位欠债的国王。当年戈德弗鲁瓦·德·布永以他对远征事业的热情，怀着一去不复返的决心，带着自己的全部财产踏上了前往圣地的征途为十字军效命；如今早已时过境迁了！儒安维尔随十字军出征时，甚至不愿回头看看他的庄园，唯恐因此而心软，可是这并不意味着他内心深处没有这个愿望[②]。参加十字军的骑士们出征时，心中记挂着留在他们身后的一切：家庭、庄园、故乡和收益，焦虑不安地盼望着早日归来。圣路易也是带着这种眷恋出征的，只不过他是国王而已。

---

① 《罗马历史故事》，前引书，第190页。关于马修·帕利斯，请看本书原文第432—450页。

② 儒安维尔:《圣路易史》，前引书，第69页。儒安维尔是个传统的贵族，他也试图像戈德弗鲁瓦·德·布永那样做，即使有可能活着回来；他没有借钱，但把自己的土地抵押出去了。“不光彩的钱我连一个也不想带走，所以我去了一趟洛林的麦斯，把我的许多土地抵押出去了。告诉你们，我离乡开赴圣地那天，并未带走一千锂地租，因为我母亲还住在那里。我是以第十名骑士和第三名方旗骑士的身份前往圣地的。”见儒安维尔:《圣路易史》，第65页。

接着出现了大批人群和一个宏大的场面："出发的准备就绪后，国王在巴黎圣母院领取了披肩和权杖，主教们高唱弥撒。国王率领王后、弟弟、众王子和他们的妻子，脱鞋赤脚出发上路，所有神职人员和巴黎市民哭哭啼啼地陪送他们到圣德尼。国王向众人告别，请他们返回巴黎，他流着热泪目送他们离去。"[①]在这里我们见到了十字军出征时激动人心的场面，见到了去耶路撒冷进行军事朝圣一事在人们心中引起的巨大震动。国王和他的家人走了，百姓留下来了。他的出征只不过是目睹一次隆重的告别仪式和长长的送行行列。征人们出发时泪如雨下，充满阳刚之气的中世纪原来也是一个哭哭啼啼的中世纪，圣路易是流泪的国王，我
382 们还将看到，他也是一个欲哭无泪的国王[②]。

在说书人的书中，还有令人感动的特写场景，比如说，母子挥泪话别：

> 王太后不顾国王的劝阻，整整陪了他三天。国王于是对她说："慈祥的母亲，听我的话，快回去吧。我把路易、菲力普和伊萨贝尔这三个孩子留在你身边，我把国家交给你治理；我相信你会把孩子看管好，会把国家治理好。"王太后哭着对儿子说："好儿子，你这一走，我怎能不伤心？我的心若不碎成两瓣，岂不成了铁石心肠了吗？因为你是天下最好的儿子。"话未说完，她就晕倒在地上，国王把她扶起来，流着泪向她告别；国王的弟弟们和他们的妻子也流着泪向王太后告

① 《兰斯说书人》，第190—191页。

② 请看本书原文第760页和米什莱的巨著第875—876页。

> 别。王太后再次晕倒，醒过来时说道："好儿子，我的心告诉我，我再也见不到你了。"她说的一点不错，她没能等到国王回来就过世了[①]。

我们不可能把这部用小故事编成的圣路易史全部复述一遍，所以，抵达艾格莫尔特、海上航行和在塞浦路斯逗留等故事就略而不述了。然而，这里要把一个看来是真实的故事讲一下，好几个人提到过这件事，但是，唯有说书人讲得最清楚[②]。故事发生在1249年春季，十字军离开塞浦路斯前往埃及之际。"国王要所有的人统统上船，大家遵命照办。他发给每条船的指挥官一件密封信，出港之前不得拆看。船队出港之后，指挥官们去掉封漆，把信拆开，这才知道国王命令他们直驶达米埃塔，于是下令水手们向达米埃塔进发。"[③] 383

这段故事让我们得知当时的战略核心机密。1270年圣路易再次对目的地秘而不宣。1249年时有两个方向可选作目的地，一是埃及，一是巴勒斯坦。1270年的悬念更大，预定在东边登陆，结果却选择了迦太基和突尼斯城为目的地。由此可以看出，航行在地中海上的圣路易处在间谍的包围之中；由此也证明，无论在战时还是在和平时期，保密是将领们的一个武器，这当然不是13世纪的发明。

---

① 《兰斯说书人》，第191—192页。

② 在本书第一部分中，我没有对说书人的故事给予足够的注意，因为我觉得靠不住。不过，关于13世纪人们的行为、心态和利害观，他却提供了一些相当有意思的材料。

③ 《兰斯说书人》，第192—193页。

接下来是有关登陆的描述。儒安维尔对此有过记述，兰斯说书人对此并不陌生。我们把这两人的记述作一番对比，一个记下了亲眼所见，一个将收集到的材料加以发挥，使之成为一个历史故事，不过，说书人这次的改编态度比较认真。

兰斯说书人说，达米埃塔是个难以靠岸的港口，穆斯林向企图靠岸的基督教徒船队施放大量箭矢，船队“不得不停止前进”。

> 国王发现船队停止靠岸后怒火中烧，并拢双脚，纵身跳入海中，身上依然是全副武装，脖子上挂着盾牌，手里握着剑。海水深及腰部，靠了上帝的佑护，他涉水到岸边。他冲进萨拉森人群中，英勇劈杀，目睹他奋勇杀敌的人无不赞叹不已。官兵们见国王身先士卒，于是也纷纷跳进大海，登上陆地，吼声震天地冲向敌群，杀死敌人不计其数；船上的官兵继续离船下海[①]。

儒安维尔也记述了登陆的情况，他显然更有才具。

> 国王听说圣德尼的旗帜在陆上，就不顾教皇特使的劝阻，大步从船的这头走向那头，因为他绝不能把圣德尼的旗帜丢失。他纵身跳进大海，海水淹到腋下。他径直走向岸上的士
> 384 兵，盾牌挂在胸前，头盔戴在头上，长矛握在手中。他登上陆地后远远看见了萨拉森人，随即询问那是什么人，有人告诉他，那便是萨拉森人，他一听，立即把长矛夹在腋下，把

① 《兰斯说书人》，第193—195页。

盾牌护在胸前；若不是随从拼命拉住，他早就冲进敌群了[①]。

儒安维尔是目击者，他的记述更详细、更准确，兰斯说书人则保留了他认为重要的那些情节。通过这两位平信徒的记述，我们看到的显然是一位骑士国王[②]。

接下来讲的是夺取达米埃塔的战斗和埃及战役中的主要事件，基本上也以马修·帕利斯的书作为蓝本。国王是英明的（尽管登陆时他很不冷静），但是十字军中也有疯子和坏蛋，那就是国王的弟弟阿图瓦伯爵罗伯尔。由于罗伯尔的过错，圣路易打了败仗，当了俘虏。说书人对于国王被俘一事轻描淡写，而且把他被囚禁的日子说成仅仅 10 天。国王在圣地的逗留、卡斯蒂利亚的布朗什患病和过世以及国王回国，都被浓缩成寥寥几句话。与马修·帕利斯一样，兰斯说书人比较详细地讲述了弗兰德尔事件，对于法英两国的和解讲得尤其详尽。他在这里突出了圣路易的性格特征——“良心”[③]，正是圣路易的良心令他的同时代人吃惊，而且在他的政治行动中起了重要作用。为了说明圣路易的这个性格特征，他借用了圣路易本人要求别人给予他的那个称呼“贤人”。[④]他就此写道：“我们把当朝国王叫作贤人，他出于良心自责，把先王菲力普征服的土地诺曼底还给了英国国王无地王约翰……。”[⑤]兰斯说书人接着把两件事混为一谈，一是亨利三世 1254 年的巴黎之行，

① 儒安维尔：《圣路易史》，前引书，第 89—91 页。

② 请看本书原文第 651—652 页。

③ 请看本书原文第 22 页注 1 和第 698 页及第 760—763 页。

④ 请看本书原文第 621—623 页及第 843 页。

⑤ 《兰斯说书人》，第 234—235 页。

二是1259年的巴黎协定。他把巴黎协定说成是1254年签订的，
385 并说圣路易对于自己正当权力的怀疑[①]，因协定的签订和与他妹夫亨利三世成为“朋友”而打消：“法国国王的良心重归安宁。”兰斯说书人还把英国国王1254年和1259年的两次巴黎之行误说成一次。“在法国王宫中，英国国王当众向法国国王行封臣的效忠礼”[②]不是1254年，而是1259年。说书人称赞圣路易对英国国王表示效忠的重视，他指出此事的重要性，并认为双方的协定“很好”。[③]

兰斯说书人在这里令人很感兴趣，因为他在谈到国王的良心时，不仅强调了一贯审慎的圣路易的一个心理特点，而且在他所关心的那些无关宏旨的问题之外，触及了一个在13世纪的价值观变化中十分重要的概念。舍尼神甫曾讲到过12—13世纪“良心的诞生”，[④]讲到过人们开启心扉，探索内心，进行内省，把道德生活内心化的意欲。1215年第四次拉特兰公会议规定，每个基督教徒每年至少作一次忏悔，忏悔之前应审视自己的良心，托钵僧把这种审视变成了自己的专长，并以此培养了自己的忠实会友。良心的觉醒不但改变了人们的行为和心态，而且正如我们在圣路易身上和1259年的法英协定中所看到的，变成了一种政治条件。兰斯说书人记述的关于圣路易的最后一个故事与他的长子之死有关。这位据说“天资聪慧、风度翩翩”的王子死于1260年，时年16岁。国王丧子之痛堪与丧母之痛相比：“母亲去世时他悲痛欲绝，

① 关于马修·帕利斯，请看本书原文第448页及以下多页。

② 《兰斯说书人》，第235页。

③ 同上。

④ 马利－多米尼克·舍尼：《中世纪文明中的良心觉醒》（*L'Eveil de la conscience dans la civilisation médiévale*），蒙特利尔、巴黎，1969年。

谁也无法让他节哀……他疼爱的儿子死后，他伤心得终日不语，
谁也无法让他开口说话。”[①]国王的朋友和谋士、方济各会士、兰斯 386
大主教欧德·里戈前来“看望和安慰”国王：“他引述了圣经上的许多话，讲述了约伯的忍耐。”这里我们遇到了圣路易的忍耐这个题目。马修·帕利斯把圣路易比作约伯，强调了他们的可比性及其全部意义[②]。大主教为了宽慰国王，“给他讲了一则《喻世录》中的故事：一个异教徒的花园里有一个山雀窝，一个农夫在窝里抓住了一只山雀，他对它说，他要把它吃掉。”[③]

说书人很高兴有机会取悦听众，把这个故事讲得非常详细。我们觉得有必要把它扼要地复述一下。山雀对农夫说，他若把它吃掉，也填不饱肚子，因为它小得很。如果他放了它，它就教给他三个忠告，将来肯定用得着。农夫相信了，于是把山雀放了；山雀给他的三个忠告是：“别把你拿在手里的东西扔在脚下；别以为亲耳听到的都是真的；别为得不到或无法重新得到的东西过分伤心。”农夫得到的忠告意思很明白，山雀是在讥笑他的贪婪和头脑简单。大主教讲的这个故事中引起国王注意的显然是第三个忠告；大主教说：“陛下，您很清楚，您的儿子不可能失而复得，您应该相信，他已经进入天堂，您应当为此感到欣慰。”有人说，国王认为大主教说的有道理，于是就不再难过，“把痛苦忘掉了。”[④]其实，圣路易和他的儿子之死在这个有趣和富有教益的故事中，

---

① 《兰斯说书人》，第 237 页。关于王子路易之死和圣路易的悲痛，请看本书原文第 268 页和第 737 页。

② 请看本书原文第 446 页。

③ 《兰斯说书人》，第 237 页及以下多页。

④ 《兰斯说书人》，第 239 页。

仅仅是一个由头，实际上，这个故事与人物的性格和故事的背景都不相吻合。

但是，这个实例告诉我们，在圣路易生活的时代，民间故事依然在上流阶级社会中有其一席之地，农夫眼中的好事，在国王眼中同样也可以是好事；小鸟不满足于只听方济各会士宣道，它们还要发表自己的意见，而且竟然能给王公们提供教益。这是一个乡间的、贵族的和农夫的中世纪。圣路易可以聆听一只山雀的教诲。

兰斯说书人由此给了我们关于圣路易的最后一个记忆。我们
387 看到，他所讲述的国王轶事与英国本笃会士马修·帕利斯所讲的没有什么不同，后来香槟领主大人儒安维尔所讲的也是这些。我们既然在探讨圣路易何以长留在人们的记忆中，那就没有必要考查这三个人对圣路易的记述孰先孰后。儒安维尔见过国王，也听过他说话，但他也收集了一些道听途说的故事。围绕着圣路易有许多传闻、故事和谣言，在13世纪基督教世界的文化领域里广泛流传。圣路易的形象既在这个哈哈镜里形成，也在这面哈哈镜里被歪曲。兰斯说书人笔下便是哈哈镜中的圣路易形象之一。

第五章

/

《圣经 · 旧约》中昭示的圣路易 388

如今我们所掌握的用以勾勒圣路易典型形象的材料，分量远远大于以前所掌握的材料。

罗马帝国在“蛮族”进入后于5世纪开始分崩离析，瓦解成许多各自为政的地盘，每个地盘各有其首领，这个首领便是王[①]。中世纪的君主制是一种历史形势造成的结果，它接受了古代王制的多种遗产。但从思想渊源来看，占主导地位的遗产是《圣经》，752年矮子丕平仿照扫罗和大卫接受了为王涂敷的圣油，从此圣经的主导地位更加显著。君主制的理想主要得自《圣经 · 旧约》的启示。中世纪基督教思想家在《圣经 · 旧约》中找到了单个的王的典范，也找到了“好王”理论。

唯一和真正的王是耶和华。地上的王应由他选定，忠于他并

① 马克 · 雷代莱:《拉丁文献中的王国——从西杜瓦纳 · 阿波里奈尔到塞维利亚的伊西多尔》(Marc Reydellet, *La Royauté dans la littérature latine, de Sidoine Apollinaire à Isidore de Séville*)，罗马，1981年。关于作为王侯明鉴的圣经，参阅本书下一章。

为他服务，做得极致时应是他的形象。敷油能使一个王成为合法，能赋予王以职能和权力。王的义务除了侍奉上帝外，还应对臣民负责，他应使法律得到遵守，保护他的臣民，更要维护公义与和平。在众多的王之中，最终必有一个王执掌管理世界的权力，他
389 便是弥赛亚。

这些便是《圣经·旧约》留传给西方中世纪诸王的特征。不过，王有好坏之分。在《圣经》中，坏王显然都是外来者、偶像崇拜者和犹太迫害者。臭名昭著的坏王有两个，一个是没有名字的埃及法老，另一个则是有名字的巴比伦王尼布甲尼撒。《圣经·旧约》中的犹太王也有好有坏。堪称模范的好王是始终忠于耶和华的大卫，不过他并非白璧无瑕。所罗门是好是坏难以断言。《圣经·旧约》虽然说他很好，但已经让人感到有一股反对他的势力[①]。可是在中世纪，“所罗门王被选作坏王的原型。”[②]这位建造了神庙的好王在传说中被比作亚历山大大王，变成了一个穷奢极欲、崇拜偶像和相信巫术的君主。所罗门曾制服恶魔，驱使它们去修建神庙，可是后来却因耽于肉欲而不能自拔，竟以与恶魔为伍而告终。据犹太教法典记载，一个名叫亚斯马提的恶魔对所罗门极尽冷嘲热讽之能事。所罗门在黑白两种法术之间摇摆不定，最终

① 朗格拉迈：《拥护还是反对所罗门？〈圣经·列王纪上〉I—II 章中所罗门的言论》（F. Langlamet, *Pour ou contre? La Rédaction pro-salomonienne de I Rois I–II*），见《圣经杂志》（*Revue biblique*），83，1976 年，第 321—379 页，第 481—528 页。

② 阿里埃·格拉布瓦：《托马斯·伯克特思想中的圣经国王理想》（Aryeh Grabois, *L'idéal de la royauté biblique dans la pensée de Thomas Becket*），见《托马斯·伯克特》（*Thomas Becket*）（1973 年 8 月 19—24 日在塞蒂耶尔举行的国际研讨会文集）（*Actes du Colloque international de Sedière*），福勒维尔出版（*Publiés par Foreville*），巴黎，1975 年，第 107 页。

变成了魔鬼的帮凶，他就是中世纪的浮士德[①]。

在中世纪的王侯明鉴和王家官方仪礼中，被作为模范引述的当然是大卫王。首先在东方，在451年的查尔西顿公会议上，东罗马帝国皇帝马西安被高声欢呼的人群称作“新大卫王”；在西方，大卫王的称呼于626—627年才被用在克洛泰二世身上[②]。但 390
是，正宗的王侯明鉴在加洛林王朝才有实质性的发展[③]。无论作为

---

① 亚历山大·西塞克:《两个“智者”在中世纪希腊神话中的相遇:“和平缔造者”所罗门和亚历山大大王》(Alexandre Cisek, *La rencontre de deux "sages": Salomon le "Pacifique" et Alexandre le Grand dans la légende hellénistique médiévale*) 见《中世纪西方的东方形象与标记》(*Images et signes de l'Orient dans l'Occident médiéval*),《塞内费昂斯》, 11期, 1982年, 第75—100页。参阅马克·布洛赫:《所罗门王的彼岸生活》(*La vie d'outre-tombe du roi Salomon*), 见《比利时哲学和历史杂志》(*Revue belge de philosophie et d'histoire*), 4, 1925年, 收入《史学文集》(*Mélanges historiques*), 卷II, 巴黎, 1963年, 第921—938页。不过, 13世纪曾有人为所罗门恢复名誉, 参阅菲力普·比克:《书籍的模棱两可——中世纪圣经注释中的君主、权力和民众》(Philippe Buc, *L'Ambiguïté du livre. Prince,pouvoir et peuple dans les commentaires de la Bible au Moyen Age*), 巴黎, 1994年, 第28—29页。

② 欧根·埃维希:《中世纪早期基督教的君主制思想》(Eugen Ewig, *Zum chritlichen Königsgedanken im Frühmittelater*), 见《君主政体及其精神与法律基础》(*Das Königstum. Seine geistigen und rechtlichen Grundlagen, Mainavrorträge*), 1954年,《学术报告与研究》(*Vorträge und Forschungen*), Th. Mayer 版, 卷III, 林道, 康斯坦茨, 1956年, 11页, 第21页; 弗兰蒂塞克·格劳斯:《墨洛温王朝的民众、统治者与圣徒》(Frantisek Graus, *Volk, Herrscher und Heiliger im Reich der Merowinger*), 布拉格, 1965年, 第344页注223。

③ 波恩:《加洛林王朝复兴的君王警示录》(L. K. Born, *The Specula Principis of the Carolimgian Renaissance*), 见《比利时哲学和历史杂志》(*Revue belge de philosophie et d'histoire*), 12, 1933年, 第583—612页; 安东:《加洛林王朝的王侯明鉴与君主制伦理》(H. H. Anton, *Fürstenspiegel und Herrscherethos in der Karolingerzeit*), 波恩, 1969年; 瓦尔特·乌尔曼:《加洛林王朝的复兴与王位观念》(Walter Ullmann, *The Carolingain Renaissance and the Idea of Kingship*), 伦敦, 1969年, 参阅本书下一章。

理想的典范或是作为以“新大卫王”面目出现的真正君主的激励者，大卫王都是最重要的比照对象[1]。查理曼从中得益匪浅[2]，他身边的人都习惯地称他为大卫王。不过，这种称呼似乎在虔诚者路易当朝时才开始扩展。在加冕典礼上敷油时，这个称呼意味着君主的第二次出生或第二次受洗。一般说来，把君主比作大卫王的做法，是把《圣经》尤其是《圣经·旧约》大量利用在中世纪政治思想中的结果[3]。这种态度常见于中世纪初期，尤以加洛林王朝期间为甚。下面我们将会看到，这种传统一直延续下去，在 13 世纪依然盛行。毫无疑问，大卫是《圣经》所记述的最成功的王。斯马拉杰在加洛林王朝最重要的王侯明鉴，即成书于 819—830 年间的《王道》中，把约书亚、希西家、约西亚视为基督教君主的典范[4]。斯马拉杰认为，这几位王具有以下各种美德：畏惧上帝、智慧、谨慎、俭朴、忍耐、公义、公正判案、仁慈、谦卑、热心

---

① 施泰格尔：《大卫王与先知——作为统治者具体榜样的大卫王与中世纪作家》(H. Steger, *David rex et propheta. König David als vorbildche Verkörperung des Herreschers und Dichters im Mittelalter*)，纽伦堡，1961 年。

② 坎托洛维茨：《赞颂国王：礼仪中的欢呼与中世纪的君主崇拜》(Ernest Kantolowicz, *Laudes regiae. A Study in Liturgical Acclamations and Medieval Ruler Worship*)，伯克利，洛杉矶，1946 年，第 53—54 页；罗伯尔·福尔茨：《查理曼的加冕礼》(Robert Folz, *Le couronnment impérial de Charlemagne*)，巴黎，1964 年，第 97—98 页，第 118—120 页。

③ 佩尔西·埃内斯特·施拉姆：《圣经旧约与新约在中世纪的国家准则和国家象征中的体现》(Percy Ernest Schramm, *Das Alte und das Neue Testament in der Staatslehre und der Staassymbolik des Mittelalters*)，见《意大利中世纪初期研究中心研究周》(*Settimane di studio del Centro italiano di studi sull'alto Medievo*)，10，斯波莱托，1963 年，第 229—255 页。

④ 《拉丁教父著作集》(*Patrologie latine*)，卷 102，栏 934 及以下多栏。

伸张正义、宽容、忠告。 391

中世纪的王能从《圣经·旧约》中找到的典范有时甚至并不是君主，而只是一位教长或一位先知。有一部德国编年史写到红胡子腓特烈于 1188 年参加十字军远征时，把他比作“又一位摩西”[①]。无独有偶，夏特勒的纪尧姆也把路易比作摩西：“上帝对摩西说：‘照着在山上你所见到的那个榜样去做吧’，上帝这样说等于告诉我们应该在这座高山上做些什么，也就是应该像这位国王那样尊贵与高尚，像他那样善良和卓越。”[②]

博利厄的若弗鲁瓦为了把路易置于教长之上，把他比作亚伯拉罕：“亚伯拉罕的公义心受到热烈颂扬，因为他曾奉上帝之命奉献了自己的独生子；那么，我们这位信徒国王难道不应得到上帝的器重吗？他无愧于永恒公义和最终褒奖，因为他曾带领弟弟们和全国的精锐部队，极端虔诚地甘冒死亡之险，事侍上帝，况且不是一次，而是两次；尤其在不幸的攻打突尼斯城的第二次十字军战争中，为了弘扬基督教信仰，他带领自己的儿子和所有军队出征，在那里毫无愧色地变成耶稣的圣饼，他像殉教者和上帝永不疲倦的战士那样，为上帝幸福地终结了自己的生命。”[③]若弗鲁瓦竟然把路易比作圣饼和殉教者，这就无异于说他是“超级亚伯拉

① 《特里尔人不间断的历史》(*Gesta Treverorum continuato*)，见《德国编年史学家》(*Monumento Germaniae historica Scriptores*)，卷 XXIV，莱比锡，1879 年，第 388—389 页；见 E.A.R. 布劳恩：《菲力普·奥古斯特宫廷的正统与先知观念》(Elizabeth A. R. Brown, *La notion de légitimité et la prophétie à la cour de Philippe Auguste*)，第 79 页，前引文。

② 夏特勒的纪尧姆：《生平与圣迹》(Guillaume de Chartres, *De Vitae et de Miraculis*)，第 30 页。

③ 博利厄的纪尧姆：《生平》(Geoffroy de Beaulieu, *Vita*)，第 3—4 页。

罕”。教皇卜尼法斯八世不同意这些言过其实之词，可是依然称路易为“超人”①。1297 年 8 月 11 日星期日，路易被封为圣徒，教皇卜尼法斯在当天发表的布道词中，把这位圣徒国王比作撒姆耳王，而撒姆耳一词的含义便是“服从上帝”。路易确实“服从上帝直至
392 生命终结”。②

大卫和所罗门

对于一位理想的国王或一位理想化的国王来说，主要的典范当然是《圣经》中的诸王。《虔诚者罗伯尔传》的作者是本笃会士弗勒里的埃尔戈，他撰写此书的时间大概是这位国王去世之后不久的 1031—1033 年间。他在书中提及大卫多达八次，而且在开篇时就说，“自圣徒王和先知”③大卫以来，没有任何一位国王有他那么多的美德，像他那样做了那么多的好事，这些话在结尾处又说了一遍。把《圣经》中的诸王与当代国王相比，这种做法在 12 世纪再度兴起。此时在英国、西班牙，特别是在法国，君主制正在确立和巩固，这种对比旨在借助圣史为君主制奠定牢固的基础。新兴的王家艺术即哥特式艺术风格为颂扬王位的荣耀，在绘画和

① 请看本书原文第 826 页。

② 《高卢与法国历史学家文集》，前引书，卷 XXIII，第 153 页。

③ 弗勒里的埃尔戈：《虔诚者罗伯尔传》（Helgaug de Fleury, *Vie de Robert le Pieux*），博捷和拉博里（R.-Bautier et G.Labory）编辑、整理、翻译和注释，巴黎，1965 年，跋以及第 58 页和第 138 页。

图像艺术中引进并发展了两个题材，一是国王的大门，一是耶西树。絮热这位法国中世纪君主制的思想家和鼓吹者，把这两个题材引进了雕塑和窗玻璃拼镶艺术之中，其实它们是君主制思想的两种不同表达。为了替君主制思想制造舆论，主张旧约与新约一致的象征主义者声称，《圣经·新约》中或当代世界上的每个人物或事件，都可以在《圣经·旧约》中找到对应的典范人物或事件。《圣经》中的诸王和王后纷纷前来为今天的国王和王后作证。在族系文化的价值和思想方法不可阻挡地确立时期，从耶西到大卫再从马利亚到耶稣这样一个血统关系，赋予了国王一种神圣的族系起源[①]。最后，王不再仅仅是上帝选择的和敷过油的，王就是上帝的形象：“王，上帝的形象。”王是地上的上帝[②]。

我们看到，所罗门这个好坏并无定论的榜样，在王的地位提升过程中经历了一些自相矛盾的巨变。

前面提到，12 世纪著名的坎特伯雷大主教托马斯·伯克特宣扬一种“圣经王理想”。[③] 伯克特在教会与英国国王亨利二世的冲 393
突中居于中心地位，亨利无法与大卫相比，因为大卫虽然除了功绩卓著外，在私生活中犯了奸淫和杀人大罪，但他并不冥顽不化，而是在先知拿单面前谦卑地认错。耶和华处死了大卫与拔示巴所生的儿子后，宽恕了大卫，还让大卫与拔示巴生了第二个儿子所罗门（《圣经·旧约·撒姆耳记上》第 12 章）。反之，伯克特却在

① 乔治·杜比：《族谱》，前引文，第 31—56 页。

② 威廉·贝格斯：《中世纪盛期和晚期的“王侯明鉴”》（Wilhelm Berges, *Die Fürstenspiegel des hohen und späten Mittelalters*），莱比锡，1938 年，第 24 页及以下多页。

③ 格拉布瓦：《托马斯·伯克特思想中的圣经国王理想》，前引文。

凶狠的所罗门身上看到了后来的亨利二世。与大卫正相反，所罗门穷奢极欲，后来成了偶像崇拜者，而且他毫无悔恨之意，耶和华对他进行惩罚，在他死后把以色列王国一分为二（《圣经 · 旧约 · 列王纪上》第 11 章）。亨利二世与教会的争执以及托马斯 · 伯克特被谋杀一事，最终导致英国神职人员将金雀花王朝的王族魔鬼化，把他们说成是魔鬼梅鲁希娜的后代。威尔士的杰拉尔德曾任亨利二世谋士，在他写于 1190—1217 年间的一部王侯明鉴中的《君王教诲》篇中，他把已故国王说得一无是处，拒不将他与大卫和奥古斯特相比，却在谈论他时一再提及希罗德和尼禄[①]。出于对英国王朝的敌对情绪，杰拉尔德起劲地赞扬法国王朝和当朝国王菲力普 · 奥古斯特以及他的儿子和王储、后来的路易八世。英国王朝与英国教会长期不和，加上罗马教廷利用托马斯 · 伯克特之死大做文章，致使不和变成了夙怨，法国王朝从中获得不小的渔利。法国王朝因服从上帝和教会，捞到了英国国王所丢失的从《圣经 · 旧约》中获得的威望。在 13 世纪的教堂门楣上和窗玻璃拼镶中，出现了大量以色列王和犹大王以及他们的王后的雕像和画像，还出现了众多以耶西树为题材的光彩夺目的油画，由于这些艺术宣传的推波助澜，法国王朝从《圣经》所传袭的预表象
394 征中获益甚多。法国君主在以《圣经 · 旧约》为基础的王朝思想领域中，还因两个王的形象有所改善而得益。形象有所改善的第一个王是所罗门。直到那时，所罗门在人们心目中依然褒贬不一，一方面他继续被魔鬼化；另一方面他仍然是神庙的建造者，是财

① 罗伯尔 · 巴特莱特：《威尔士的杰拉尔德（1146—1223）》（Robert Bartlett, *Gerald of Wales*, 1146–1223），牛津，1982 年第 712 页。

富和智慧的典范。所罗门的上述第二种形象在《论政治家或论宠臣无用》的影响下渐渐得到君王们的认同；这是一部体现新的理想君主观念的王侯明鉴，作者约翰·德·索尔兹伯里在书中描绘了一种新的国王形象，一个纵然不是知识分子国王，至少也应是有教养的国王[①]。《圣经·旧约》中的所罗门是一个有学问的王，于是，所罗门的形象就因新的国王评价标准而有所改善，与此同时，他的魔鬼化的形象并未消失，好坏两个形象同时并存。

形象得到改善的第二个王是约西亚。在《圣经》众多的王中，约西亚似乎并不经常被西方中世纪的国王们用作比照对象[②]。可是，圣路易好像对他有所偏爱，经常拿他与自己进行对比。

当然，圣路易的同时代人谈论他时，也经常提及圣经中最优秀的王大卫。例如，圣帕丢斯的纪尧姆的一份布道辞便是如此[③]。圣帕丢斯的纪尧姆指出的圣路易的四大美德（知识渊博、恻隐之

---

① 请看本书原文第406—407页。

② 不过，"在写于787年的'Admonito generalis'中，查理曼却把自己比作约西亚王，约西亚王企图让上帝托付给他的王国重新信奉真正的神教"（皮埃尔·里谢：《加洛林王朝》（Pierre Riché, *Les Carolingiens*），巴黎，1983年，第123页）。我希望多米尼克·阿里贝尔（Dominique Alibert）的论文《加洛林王朝及其形象——图像与思想》（*Les Carolingiens et leurs images. Iconographie et idéologie*）（巴黎第四大学，1994年）不久就能出版。我在这里所说的主要转引自我的文章《圣经中的王与中世纪的理想君主：圣路易与约西亚》（*Royauté biblique et idéal monarchique médiéval: Saint Louis et Josias*），见《从历史看犹太人——伯恩哈特·勃鲁门克朗茨文集》（*Les Juifs au regard de l'histoire.Mélanges Bernhard Blumenkkrenz*），巴黎，1985年，第157—168页。

③ 请看本书原文第342页。现在很难断定这篇布道词是在《圣路易传》之前或之后写成的。但有一点可以肯定，那就是布道词中的许多细节几乎肯定是从在罗马教廷起草的那份《生平》中摘取的。根据德拉博德公布的这份布道词的大纲来看，圣帕丢斯的纪尧姆至少两次指出，大卫是圣路易的榜样。

心、不近女色、信仰虔诚），前两种就是大卫王拥有的美德；《圣经 · 旧约 · 撒姆耳记下》第 23 章第 8 节写道“大卫坐在椅子上，是博学的王”，此外，《圣经 · 旧约 · 以西结书》第 34 章第 24 节
395 写道：“我的仆人必在他们中间作王。”在 8 月 25 日追思圣路易的宗教仪式上，第四段经文中也把圣路易与大卫相提并论，这段经文可能出自本笃会士之手，1297 年圣路易封圣后不久首次出现在圣日尔曼岱普莱教堂的一份手抄本上[①]。圣帕丢斯的纪尧姆关于圣路易的布道词，包含有把圣路易比作马加比的父亲玛他提亚的内容，因为它提到了安提奥库斯的使者向玛他提亚说的话：“你是杰出而伟大的王。”（《圣经 · 马加比书上》第 2 章第 17 节）更能说明问题的是，所罗门与大卫一起出现在法国诸王加冕典礼的一本教会礼仪册上，几乎可以肯定，这本教会礼仪册是路易九世当政时期编成的[②]。马克 · 布洛赫曾说：“我们通过大卫和所罗门的范例，把法国诸王的基督教徒性格复原。”[③]所以，在国王加冕典礼的教会礼仪册上总能看到这两个名字。据刚才提到的教会礼仪册记载，国王第二次宣誓后，在场的主教之一向上帝祈祷，请上帝如同看望摩西、约书亚、基甸和撒姆耳一样去看望国王；请上帝把撒在幸福的大卫和他的儿子所罗门身上的智慧的露珠，也撒在国

---

① 罗伯尔 · 福尔茨：《从路易九世纪念日礼仪文书看他的圣德》（Robert Folz, *La sainteté de Louis IX d'après les textes lithurgiques de sa fête*），见《法国教会史杂志》，57，1971 年，第 36 页。

② 泰奥多尔 · 戈德弗鲁瓦、德尼 · 戈德弗鲁瓦：《法国礼仪大全》（Theodore et Denis Godefroy, *Le Cérémonial français*），巴黎，1649 年，卷 I，第 17 页。礼仪手册供重要人物，诸如主教国王等祝圣或加冕时使用。

③ 马克 · 布洛赫：《国王神迹》，前引书，第 68 页。

王身上。随后，兰斯大主教为国王的双手敷油时，口中念叨着大卫和所罗门敷油时的情景。最后，在国王敷油后所念的祷告前词中，提到了大卫被赋予最高王权，也提到了上帝赐予所罗门的智慧与和平。人们向上帝祈祷，请他赋予国王以亚伯拉罕那样的忠诚，摩西那样的宽厚，撒姆耳那样的勇敢，大卫那样的谦卑，所罗门那样的智慧。

教皇卜尼法斯八世在 1297 年 8 月 25 日为路易九世封圣而发
表的布道词，是以“所罗门王的财宝与智慧，胜过天下的列王”
（《圣经·旧约·列王纪上》第 10 章第 23 节）为题的。或者说，教 396
皇作了小小的改动，没有直接提到所罗门的名字，也没有明白地说
出圣经所颂扬的财富和智慧，而是使用了另一句话，这句话用在新
圣徒身上比用在圣经王身上更加合适：“和平的王受到颂扬[①]”。

路易与约西亚

约西亚只在圣路易时代的一本王侯明鉴中匆匆露过一次面，此书的名字是《论贵胄子弟的教育》，这是多明我会士博韦的樊尚为一位名叫西蒙的教士写的，西蒙是国王的儿子菲力普的教师，这个菲力普就是后来的勇夫菲力普三世[②]。当这位以往不为社会所

① 《高卢与法国历史学家文集》，前引书，卷 XXIII，第 152 页（原话为：“所罗门王的财宝与智慧，胜过天下的列王”）。

② 博韦的樊尚：《论贵胄子弟的教育》（Vincent de Beauvais, *De eruditione filorum nobilium*），斯丹纳编（éd. A. Steiner），坎布里奇（马萨诸塞州），1938 年，1970 年纽约再版。

关注的王子越来越被人看好时，西蒙十分卖力地把儿童颂扬了一番，他说，由神选出的“最初几位也是最好的以色列王”都是儿童[①]。他为此举出《圣经》中的两个人作例子，一个是大卫（《圣经·旧约·撒姆耳记上》第16章第11节：“还有个小的”），另一个是约西亚；约西亚开始做王时年方8岁（《圣经·旧约·列王纪下》第22章第1节）[②]。博韦的樊尚在这里显然是想把12岁登基的路易九世与8岁的约西亚拉近，但是，他未曾考虑到，卡佩王朝实行的是长子继承制，因为王朝的这项政策在实际执行中比其理论更偏向男性。

约西亚还出现在圣路易封圣典礼的经文中。在第三篇经文（第三次晚课的第一受颂词）中，儿童这个话题又出现了：“圣路
397 易早在孩提时期就像约西亚那样全身心地寻找上帝。”[③]颂经的赞歌说，路易如同约西亚那样“用语言和行动向上帝表示热切的崇敬”[④]。圣徒列传作者们笔下圣路易的宗教虔诚，在这里与《圣经·旧约》所记述的约西亚的宗教虔诚毫无二致，《旧约·列王纪下》第23章第25节是这样说的：“在约西亚以前，没有王像他尽心、尽性、尽力地归向耶和华。”

---

① 请看本书原文第88页及以下多页关于儿童的论述。关于对儿童的称颂，参阅里歇和亚历山大：《童年在中世纪》（Pierre Riché et Danièle Alexandre-Bidon, *L'enfance au Moyen Age*），前引书，此书有点过分乐观。

② 博韦的樊尚：《论贵胄子弟的教育》，前引书，第87页。

③ 福尔茨：《从路易九世纪念日礼仪文书看他的圣德》（Robert Folz, *La sainteté de Louis IX d'après les textes lithurgiques de sa fête*），前引文，第34页注22。

④ 同上书，第38页。

不过，第一个把路易九世比作约西亚的人似乎是多明我会士博利厄的若弗鲁瓦，此人在路易九世一生的最后20年中担任他的忏悔师，而且是为他作传的第一人。教皇格列高里在1273—1275年间已经考虑将这位新近过世的法国国王封为圣徒，于是请若弗鲁瓦为他撰写一部传记[①]。若弗鲁瓦在篇首就说，为了颂扬路易九世，他要借用《圣经》中对约西亚王的颂扬。实际上他利用了《圣经·旧约》中的三个段落，一是《旧约·便西拉智训》第49章，一是《旧约·列王纪下》第22章，一是《旧约·历代志下》第34章。

《旧约·便西拉智训》第49章写道：

> 约西亚给人留下的记忆如同特制的香料那样芳香，如同品尝蜂蜜那样甜美，如同酒席宴前的音乐那样悦耳。他执行正确的政策，改造国家，消除偶像崇拜的恐怖。他完全忠实于主，在那个邪恶的世代里，加强了真正的宗教[②]。

《旧约·列王纪下》第22章与《旧约·历代志下》第34章 398
对于约西亚的记述，用词十分相近，博利厄的若弗鲁瓦把这些记述作了如下的概括：“约西亚年纪尚小时便开始寻找上帝，他在上帝的注视下做了正直和愉快的事，他沿着其父大卫的所有道路前进[③]。他既不偏左，也不偏右。其母名耶底大。他令人修复了圣殿

① 博利厄的若弗鲁瓦：《生平》，第3—26页。

② 耶路撒冷圣经译本。

③ 其实大卫是他的先祖。

和上帝的住所，在他之前，没有一个王像他那样尽心、尽性和尽力地把自己奉献给上帝，在他之后也没有那样的王。他是一只从未有过的羔羊，此后也没有任何一个王像他那样。”若弗鲁瓦最后说：“我要把所有这些都讲出来，用在我们光荣的国王身上。”

若弗鲁瓦从以上这些相似之处选取了三点，首先，约西亚的名字适用于路易，此外，这两人都过着一种非常圣洁、纯净的基督教徒生活。

众所周知，名字在中世纪非常重要，他是一个人的精髓和真谛。依据一种关于名字起源的似是而非的学问，每个名字都有深刻的含义。约西亚这个名字有四种不同解释：拯救者、激励者、焚香者和牺牲者，这四种含义对于路易九世都很合适。有谁比路易更加尽心竭力地终生致力于拯救基督教世界，提升和激励基督教信仰，从孩提时代起就为宗教虔诚而焚香礼拜，最终为十字军献出自己的生命？正如儒安维尔后来所说，圣路易是一位圣饼国王，他与耶稣基督一样，下午三点死在突尼斯城下。

其次，路易与约西亚一样纯洁和正直。他与约西亚一样，在如何做人这方面以父亲为榜样。依博利厄的若弗鲁瓦说，约西亚的父亲（其实确切地说是祖先）是大卫；而路易九世则确实是路易八世的亲生儿子；路易八世率领十字军剿灭阿尔比异端分子，也死在返回途中，或者更确切地说，比他的儿子更是死在十字军远征后返回途中，这就充分体现了他的信仰和正直。大卫和约西亚、路易八世和路易九世这两对父子，生活年代虽然不同，但颇
399 有相似之处，所以若弗鲁瓦就把他们拴在一起了。不但如此，路易九世还有两个父亲，一个是地上的父亲，他也是一个模范；另一个是象征性的父亲，在一则以往的故事中，他也是一个儿子的模范父

亲。此外，借助“他既不偏左，也不偏右”这句话，路易九世也符合塞维利亚赛的伊西多尔对于国王的定义：“正直治国的王。”

最后，最令人叹服的是若弗鲁瓦对《旧约·列王纪下》中一句话的发挥，这句话原本只说耶底大是约西亚的母亲，仅此而已。若弗鲁瓦却利用它竭力颂扬路易九世的母亲卡斯蒂利亚的布朗什，并由此把路易九世一家说成是神圣的王族家庭：父亲路易八世、母亲布朗什和儿子路易九世，这样一来，路易九世就更像耶稣了。

《生平》的其余部分与当时圣徒传的一般套路没有什么不同，把历史场景（若弗鲁瓦不时地把他的见闻掺入其中）和对国王美德的描述巧妙地融为一体。约西亚这个楷模基本上不露形迹，很少浮出水面；在以下场合中他被指名道姓地提及：苦行、忏悔、宗教立法、惩治出言不逊的人和亵渎神明者的措施、路易为在国内重树遵守宗教戒律之风所作的努力等等。他绝对无愧于约西亚这个名字，因为，如同约西亚，“他从心底消除了亵渎神明的罪恶念头，稳稳地把自己的心引向上帝，在罪恶时刻，他对神的崇敬愈加坚定。”博利厄的若弗鲁瓦是一位优秀的宣教师和作家，他在《生平》的结尾处再度谈论约西亚，并以开篇时的一段引语结束全书：“上帝教堂里的约西亚留给我们的记忆芳香扑鼻，如蜜一般甜，如优美旋律一般动听，除此以外难道还有别的吗？”路易九世不是“第二个”约西亚，不是“另一个”约西亚，而就是“我们的”那个约西亚。这是什么意思？这是说，路易九世不仅是当代的约西亚，而且是我们的约西亚，是那个能让我们重新激活“神圣历史”的约西亚。

博利厄的若弗鲁瓦的继承者夏特勒的纪尧姆也是多明我会士， 400
曾是国王身边的神甫，他在1297年国王封圣之后撰写的圣路易传记中，把圣路易与约西亚作了简要的比较。他把《圣经》中关于约西亚的记述压缩得更为紧凑，保留了涉及约西亚这个名字的故事，但是，他笔下关于约西亚的记述很快就消失在芳香和音乐之中。约西亚只是一个"回味无穷的记忆"。①

博利厄的若弗鲁瓦把圣路易在位的最后几年与约西亚的晚年相比，在我看来，这种比较的深远起因，归根结底正是若弗鲁瓦的这段文字。圣路易的传记和圣徒列传的作者们有一个共同点，他们都把圣路易的一生和治国分成两个阶段，1248 的十字军东征是这两个阶段的分界线。幼年时期的国王当然品德高尚，信仰虔诚，但是，也许除去热衷于已经过时的十字军冒险，他的一切都与常人无异。他与他那个阶层所有的人那样穿衣吃饭，有时开开玩笑。他热爱公义，创建了王家稽查官队伍，但很少立法。1254 年以后，他过着苦行僧般的生活，执意要他的臣民接受维护道德和宗教秩序的法律，他禁止赌博、卖淫和亵渎神明，他近乎病态地催促他的稽查官们，让他们成为驻在外地的国王特派员们的监督员和审判官。他要把导致第一次十字军溃败的罪恶从他本人和臣属的身上从根铲掉。他必须重树宗教的威望，以便纵然不能赢得第二次十字军远征的胜利，至少也能为基督教殉难。

关于约西亚，《圣经·旧约·列王纪下》第 22—23 章向我们讲述了些什么呢？在位最初的 18 年中，"约西亚行耶和华眼中看

① 夏特勒的纪尧姆：《生平与圣迹》（Guillaume de Chartres, *De Vitae et de Miraculis*），第 29 页。这些以香气作为比喻的修饰语，比人们想象的更为重要。让－皮埃尔·阿尔贝（Jean-Pierre Albert）指出，它们属于王家思想和基督教模式。参阅《香气的神圣性——基督教神话中的香料》（*Odeurs de la sainteté. La mythologie chrétinnne des armotes*），巴黎，1990 年。

为正的事，行他祖大卫一切所行的，不偏左右”。此外再也没有别
的了。接着，在他在位的第 18 年，他让人重建圣殿，在那里找到
了律法书即《申命记》。约西亚和他的人民排着队庄严地登上圣
殿。约西亚重结同盟，把残留在犹大王国中一切属于异教的东西
全都摧毁，其中包括耶和华殿中的圣妓住所。完成了宗教改革之 401
后，他在耶路撒冷为耶和华热烈地庆祝了一个非同寻常的逾越节。
后来，埃及王法老攻打约西亚的王国，把约西亚杀死在米吉多。
约西亚的遗体被运回耶路撒冷。

路易九世与约西亚这两位王和他们执政时期所发生事，相似之处颇多，难道还有人看不到吗？于是，中世纪基督教徒诸王与《圣经·旧约》诸王之间的传统对比有了新的意义。以往两位王之间的对比仅限于抽象的思想层面上，他们的相似之处仅仅在于都希望成为上帝所喜欢的那个王的化身，如今则远远不止这些了。从此以后，他们有了某些历史相同点。与其如同过去那样，只利用《圣经·旧约》中的最佳典范大卫王，今后莫如把圣路易比作另一个王，当然是个好王，从某种意义上说，这个王在位时的所作所为，简直就与圣路易这位法国国王后来的所作所为一模一样。

因此，在三个时间轨迹上，这两位王几乎难分彼此。一是历史的象征时间，在这个时间中，现实的历史仅仅是《圣经》所讲述的伟大过去的一个影像；二是末世论的时间，在这个时间中，每个君主都致力于把他的人民带到上帝那里去，获得永恒的拯救；三是历史时间，在这个时间中，历史的片断常常重复出现，两位王和他们在位期间的作为不再不可互换。它们之间必须有相像之处，犹如艺术之于世界，肖像之于被描绘的人，因为，圣路易想要从约西亚那里借鉴的，是一种历史的独特性和个别性，尽管他

的借鉴也许并不十分成功。但是，我们应该就此打住，圣路易和约西亚这两位王似乎并未成为历史上超越时间的象征。记忆的制造者们虽然求助于约西亚，但圣路易依然是一个某种抽象类型的人物，他充其量只不过是约西亚的副本，是约西亚的变形。

第六章

/

国王与《王侯明鉴》402

在最古老的社会组织中，历史学家常常可以看到一种等级制度，处在等级顶端的便是首领。我们把这种组织叫作君主制，把君主制的首领叫作“王”。这个首领——王起初不但具有神授的性质，而且集中了他个人所拥有的全部权力。几乎就在人们不得不接受这个首领——王的同时，人们就开始设法限制他的行动范围。首先是那些拥有军事权力或经济实力（在这种社会中，这两种力量往往结合在一起）的武士和富有的财主，他们千方百计攫取或分享王的权力。罗马人早早就废除了君主制，以名为“共和国”的寡头政治取而代之，而且不但仇视王，就连王这个称谓也长期遭到憎恨。

君主制在古代社会中的产生，似乎是从简单的记忆过渡到真正的历史观念和历史建设的标志；简单的记忆保存在零散的文书（碑铭、书板等）、神话（例如乌鲁克王吉迦美斯的神话等）和著名建筑物中；真正的历史起初虽然往往带着传统的传说性质，但借助一切都集中在王手中的那个体系和王位继承制度，却可以构建起一个以王为中心的具有整体性而且连续不断的历史框架，何况每个王朝各有其不同的王位继承原则，从而使得继承制度得到了加强。君主制同时提供了解释和叙述，而这两者恰恰是历史的两个相辅相成的方面。皮埃尔·吉贝尔从君主制和历史的同时产
403 生出发，围绕着扫罗、大卫和所罗门等最初几位王，为古代以色列作出了有力而巧妙的论证[①]。

与此相反，另有一些人则更加起劲地试图在宗教领域里控制王的权力，这便是教士们的关心之所在。7 世纪初期，博学的大主教塞维利亚的伊西多尔通过追溯拉丁文“王”的词源（rex 王，regere 领导，recto 正直），声称王应该“正直”地治国，而且应该让贵胄、官员和臣属都“正直”地行事。前面我们已经看到，圣路易也被要求按这个定义行事。国王不应该仅仅是一个独揽大权的人，他还应该是一个兼具所有美德的人。从 11 世纪到 12 世纪，有许多著作专门论述这个问题，这便是《王侯明鉴》。[②]

《王侯明鉴》是神职人员编撰的。不让王因其“神圣不可侵犯”的特性而使其职能具有神授的和神职的特性，这是《王侯明鉴》的这些作者们的首要目的。王只能是上帝指定的选民，是在犹太教—基督教的传统中接受教会加冕敷油的人（12 世纪西方制定的有关七项圣事的规定，把教会为王加冕排除在圣事清单之外）。某些神职人员在 12 世纪和 13 世纪曾作出努力，试图让王成

---

① 皮埃尔·吉贝尔:《历史诞生时的圣经》（Pierre Gibert, *La Bible à la naissance de l'histoire*），巴黎，1979 年。

② 关于《王侯明鉴》的先驱，参阅皮埃尔·阿多:《王侯明鉴》（Pierre Hadot, *Fürstenspiegel*），见《古代和基督教实用词典》（*Reallexikon für Antike und Christentum*），卷 VII，1972 年，栏 555—632。

为“上帝的形象”，然而，这种努力成效甚微。一些神职人员曾企图把王说成“祭司国王”，其圣经典范是《圣经 · 旧约 · 创世记》第 14 章第 18 节中的麦吉洗德，他是“撒冷王”，是“至高神的祭司”，尽管有人出于为皇帝效力的考虑而努力宣扬，可是，这种说法在《圣经》中找不到多大依据，无论在基督教教义或中世纪西方基督教思想中，都未引起多少反响。

从神甫们执意要把王排除在神职以外一事，我们不难看出，古代的犹太教教士和中世纪西方基督教会，都力图迫使王作出庄严的承诺，宣扬并捍卫正统的信仰，尤其要以其强大的实力服务于教会。这便是西方的王需要承诺的主要内容，而不久之后从加洛林王朝开始，王不仅要承诺，而且要为此发誓。限制王权就起 404
到了阻止王变成暴君，不让他向罪恶方面转化，不让他变成魔鬼的作用。因此，王就有了许多义务，首先是对上帝的义务，然后是对神甫和教会的义务，此外还有对臣属和民众的义务。

从早期东方君主制开始，神职人员就在他们的著作中表述了王的种种义务，这些义务包括遵守某些礼仪（如摩西律典所规定），尤其要奉行美德，包括个人美德和公共道德，而且要求越来越高。《圣经》是中世纪西方思想不容取舍的主要依据，我现在就来说说《圣经 · 旧约 · 申命记》第 17 章第 14—20 节中的伦理说教。在圣路易时代依然影响很大的这段文字中，虽然对王规定了一些禁忌，却以乐观的笔调描绘王位和王本人的形象。相反，在立王之时，即耶和华回答“要求他立王的百姓”时，《圣经 · 旧约》赋予王的形象却令人悲观。耶和华认为，王必定成为暴君，必定把希伯来人当作“他的仆人”（《圣经 · 撒姆耳记上》第 8 章第 14—29 节）。所以说，《圣经》中既有有利于君主制的论据，也有不利于君主制的论据。不过，《圣经》给出了一个原则，那就是君主制的优劣取决于王。所以，教育王，向他灌输为王的伦理道德，就成了教会最重要职能之一。

在 4 世纪，当一位君主成为基督教徒时，他必须准确地讲述教义。奥古斯丁特地把此事写在《上帝之城》的第 5 章第 24 节中，安东先生管它叫“第一本基督教徒君主通鉴”。希波主教奥古斯丁在书中着重指出，“和平、秩序和公义”是君主制的基础，依据罗马传统，这也是“幸福的皇帝”的基础；他还明确提出了一个基督教徒君主成为好君主所必须具备的美德。此后，在 6 世纪和 7 世纪之交，同样为君主制和王这个问题操心的教皇格列高里，特
405 别强调公义的重要性，把公义看成是君主制的理想，是王的主要美德。

加洛林王朝的明鉴

全然用来对王进行美德教育的著作出现于加洛林王朝时期。这些美德是与王的“职能”和“使命”不可分离的；一个王之所以是王，是因为他拥有这些美德，说得更确切些，只有拥有这些美德，才能被上帝选为王，才有资格接受落实上帝选择的宗教仪式的使命。上帝的选择虽然在绝大多数时候与王族内部的选择一致，有时却也会从一个王族转移到另一个王族，例如在 8 世纪中叶，王位就从墨洛温王族转移到加洛林王族。然而在法兰西，当然也在其他地方，王位渐渐变成世袭，继承者或是先王的长子，或是与先王血统最近的男子。816 年在兰斯，敷油和加冕这两个不

同的礼仪合二为一，变成了教会为虔诚者路易加冕的礼仪。我们甚至可以认为，中世纪教会为基督教徒国王加冕时使用的“教会礼仪册”是一种特殊的《王侯明鉴》，“教会礼仪册”由一些纯礼仪性的文书或其他文献组成，是完成礼仪所需的一种备忘录性质的小册子。中世纪的文化系统很重视《明鉴》的利用。地上的任何一个现实都只是在不同程度上对某种理想的反映，因而，与其说《明鉴》表明了从奥古斯丁以来就极为重要的征兆理论或反映理论，倒不如说，《明鉴》与此相反地表明，在《明鉴》中看到的形象，事实上恰恰是地上现实的理想形象。所有《明鉴》都是表明“真实”的工具，因而都会帮助我们看到中世纪虚构事物的深层。可是，《明鉴》往往抛弃它的哲学和神学功能，成为一种以实例来促进伦理道德规范的著作，在12世纪获得显著发展，进而在中世纪晚期广泛普及。这样一来，所有《明鉴》都成了《喻世录》。

9世纪加洛林王朝时期的《明鉴》作者大多是高级教士，他
们在书中向当代的国王们推荐《圣经·旧约》中的大卫、所罗门、 406
希西家、约西亚等堪称典范的王。他们尤为看重的是国王们最应具备的美德（首先是公义，其次是智慧、审慎、忍耐、仁慈、谦卑、对教义的热情、宽容、怜悯等等）。最后他们强调指出，国王对保护教会和神职人员负有不可推卸的责任。在加洛林王朝时期，教会的政治和思想作用就这样日益加强并最终确立。然而，也许兰斯大主教兴克马在某种程度上是个例外，除他以外，其余所有人撰写的《王侯明鉴》都是政治性论著[①]。

① 安东：《加洛林王朝的王侯明鉴与君主制》，前引书。米歇尔·鲁什（Michel Rouche）最近提出了这样一个问题：这些《明鉴》是否主要反映了（转下页）

索尔兹伯里的《论政治家》

12 世纪中叶索尔兹伯里的《论政治家》是一个转折，这是出版于 1159 年的第一部中世纪重要的政治学著作。作者是一位知识极为渊博的英国神职人员，在巴黎的一些学校里受过教育。索尔兹伯里曾在教廷担任要职，后来成为坎特伯雷大主教希奥博尔德的秘书，也是托马斯 · 伯克特的好友，有一段时间他投奔兰斯的一位密友本笃会士皮埃尔 · 德 · 塞尔，塞尔是有名的圣雷米隐修院院长（该院收藏着法国诸王加冕时使用的圣油瓶）；从 1176 年起，索尔兹伯里担任夏特勒主教，直到 1180 年去世。

《论政治家》对中世纪王权思想的贡献十分重大。约翰 · 德 · 索尔兹伯里在此书中利用了一本误传为普鲁塔克所作的小册子，实际上这本小册子很可能就是公元 400 年前后出现在罗马的那部《图拉真训示》。这本所谓的图拉真教育手册其实也是一种《王侯明鉴》，它第一次在基督教的西方（7 世纪）把政治社会比作人的躯体，把王比作头颅。但是，《论政治家》没有停留在《图拉真训示》的水平上，它提出了王应该聪慧、有学问的见解
407 （“一位无知的王只不过是一条头戴王冠的驴”），还为君主制思想打下了坚实的基础（约翰在英国宫廷和罗马教廷看到，君主制思

（接上页）它们的作者神职人员们的想法呢？参阅《王侯明鉴还是神职人员明鉴？》（*Miroir des princes ou Miroir du clergé?*），见《西方中世纪早期艺术和文学作品及其受众》（*Commitenti e produzione artistico-letteraria nell alto medioevo occidentale*），斯波莱托意大利早期中世纪研究中心，1992 年，第 341—367 页。我在这里提出的是问题的一个方面。

想在形成中的官僚体制中已经开始发挥作用)。约翰·德·索尔兹伯里是当时最有学问的人，也许是12世纪文艺复兴时期最优秀的人文主义代表。巴黎和夏特勒两地学校的“自然主义”在他身上留下了印记，他把社会看作一个完整的有机体，王是这个机体的头颅。他还在神学与哲学讨论中提出了暴君问题，在中世纪晚期和近代政治科学中(也在现实政治中)发挥了极大的作用。此外，他还以批判的眼光分析了处于形成过程中的宫廷现象，宫廷在12世纪到18世纪变得越来越大。《论政治家》(后来恢复)的副题是《或论宠臣无用》。[①]

13世纪的明鉴

由于《论政治家》的示范作用，在君主制向着国家形态和管理体制迅速发展的推动下，13世纪掀起了一股新的《王侯明鉴》热潮[②]。路易九世也许是为此用心最多的人，在他的间接推动和直接支持下编成了多种《王侯明鉴》和有助于编写《王侯明鉴》的《教会礼仪册》。

---

① 迪金森:《中世纪关于王的观念及约翰·德·索尔兹伯里所著〈论政治家〉对于其局限性的论述》(L.K.Dickinson, *The merdieval conception of Kingship and some of its limitations as developped in the 'Policraticus' of John of Salisbury*),《瞭望》,1926年，第308—337页。请看本书原文第394页。

② 波恩:《完美的君主：13世纪和14世纪的理想研究》(L.K.Born, *The Perfect Prince:a study on 13th and 14th century ideal*),《瞭望》,1828年，第470—504页。

408 正因为如此，有人就说圣路易有一个“政治科学院”，其核心是巴黎多明我会的圣雅克修道院，即通常所说的雅各宾修道院。我们对这些人并不陌生，他们就是为圣路易撰写圣徒传的那些托钵僧说客，其中以多明我会士居多。据说在圣路易的推动下，雅各宾修道院奉1254—1263年间担任多明我会总会长的罗芒的安贝尔之命，组成一个班子负责编写《王侯明鉴》，确切地说，这是一种内容广泛的政治论著，多明我会士博韦的樊尚编著的《论贵胄子弟的教育》也属于此类著作。博韦的樊尚也是多明我会士，当时任西都会的鲁瓦尧蒙隐修院的二品修道士，已经与国王常有往来，他把这本小册子的第一版献给王后玛格丽特，供她用以教育国王夫妇的次子即后来的菲力普三世[①]。这部论述的另一部分是《论君王的道德素养》，此书是博韦的樊尚离开鲁瓦尧蒙后在1260—1263年间写作的，他把这部书题献给路易九世和他的女婿、纳瓦尔国王和香槟伯爵蒂博。这部论著的第三部分是《论君主的教育》，此书的作者可能是博韦的樊尚或另一位有名的多明我会士纪尧姆·佩罗[②]，但后来被错误地归在托马斯·阿奎那的名下（这便是近代新版上作者署名为托马斯的原因）。

除了这三部多明我会士的著作以外，值得一提的还有《法老

① 博韦的樊尚在《论贵胄子弟的教育》中阐述的儿童教育观点与索尔兹伯里相似，不过，他的儿童观念显然较为积极。

② 关于博韦的樊尚及其著述活动，请看本书原文第592和第840页。罗伯特·施奈德新近出版了《论君主的道德素养》（*De morali principis institutione*）（收入《中世纪丛书·基督教文集》）（*Corpus Christianorum, Continuatio Medievalis*），蒂伦豪特，1995年。

的道德之梦或为王之道》和《国王与君主的教育》。前者很可能是
西都会士里摩日的约翰于1255—1260年间为纳瓦尔的蒂博所写，
后者则是一种《明鉴》，作者是方济各会士图尔奈的吉尔贝，大约
是在1259年专为圣路易写的；我对此书尤感兴趣。最后应该提到
的是圣路易为他的儿子菲力普（即后来的勇夫菲力普三世）所写 409
的《训示》，这是出自他本人笔下的名副其实的《王侯明鉴》。

图尔奈的吉尔贝的《国王与王子的教育》

我们对图尔奈的吉尔贝所知甚少。他在巴黎大学当过学生和老师，在同时代人眼里，他为方济各会在学问上争了光，除了论述教育和道德的著作外，他还为征召十字写过布道词；他很可能参加了圣路易远征埃及和圣地的那次十字军（1248—1254），《国王与王子的教育》一书可能是他与圣路易过从甚密产生的结果。

《国王与王子的教育》[①]由三封致圣路易的信组成，其中第三封信上注明写于1259年10月11日，即圣方济各节的第8天。这三封信论述了《图拉真训示》所说“君王不可或缺”的四个原则，其一是崇敬上帝，其二是自律，其三是奖惩权贵和官员，其四是保护臣属。

第一封信包括两部分。第一部分（4节）论述对上帝的崇敬，充分发挥了13世纪前期神职人员的知识与文化结构。吉尔贝借助

① 《国王与王子的教育》（*Education des rois et des princes*）由德波泰（De Porter）编印，见《比利时哲学家》（*Les philosophes belges*），卷IX，鲁汶，1914年。

正反两面的对立进行推理，从而达到论证的目的，他首先从正面阐述崇敬，然后从反面论述不崇敬；他同时参照两种文化体系，即基督教文化（尤其是《圣经 · 旧约》）和非基督教文化。他所使用的方法是传统的，即为他自己所要证实的命题提供大量的论据；
410 从非基督教方面采用的例证几乎与从《圣经》和《教父集》中采用的例证一样多[1]。12 世纪离“文艺复兴”已经不远了。

作者首先“借助《旧约》和《新约》中的实例”指出，“君主若不崇敬上帝，就会丢失统治权和王位”。接着，他“借助历史上非基督教君主的实例阐明这个道理”。不过，两者不尽相同：采自《圣经》的实例是永恒真理的见证，而采自非基督教方面的实例则仅仅是“历史的”见证。历史是不稳定和变幻莫测的领域，其象征便是运气论。第三节说到了与儿子一起惨死的扫罗以及死于非命的以拉、心利、拿答、约阿施和耶罗波阿等王[2]。与此相反，信奉基督教的皇帝君士坦丁和狄奥多西都崇敬上帝，前者在尼西亚公会议上谢绝在贵宾席上就座，后者服从圣安布罗斯的命令，为赎罪而耐心地当众服苦行。作者还列举了篡夺帝位者恺撒之死、提比略和克劳狄被毒杀、卡利古拉遭谋杀以及维特利乌斯、迦尔巴和奥托，尤其是自尼禄以后迫害基督教徒的罗马皇帝们悲惨的结局。因此，罗马帝国的历史只不过是一个又一个皇帝的暴死，无法避免的走向毁灭和消失的漫长过程，或者说是权力从一个皇帝向另一个皇帝的转移，这是神对不配当皇帝的人的惩罚。

① 这三种例证的绝对数分别为 45、41、12，它们的百分比则分别为 46%、42%、12%。

② 圣经人物，参阅《圣经 · 旧约》列王记及撒母耳记等。——译者

第一封信的第二部分共12节，谈的是国王本人的纪律。这部分内容在全部论述中构成了一篇独特的《王侯明鉴》，更具个人特点，而且以国王本人为中心。关于自律和国王使命的命题，看过去像是对于《圣经·旧约·申命记》第17章中类似《王侯明鉴》的内容所作的注释。图尔奈的吉贝尔遵循中世纪圣经注释专家的习惯，在这12节中所作的论述没有提供任何科学和历史基础。他为我所用地大量引用《圣经》，12世纪末年，里尔的阿兰把这种方法叫作“蜡做的鼻子”。 411

12条规定是这样的：“国王不得添加马匹”，“他不得再将其人民带往埃及”，“他不得拥有数个（或许多）妻子”，“他不得拥有大量金银财宝”，“他登基后必须熟读《申命记》并深入思考”，“他从神甫手中获得律法文本”，“他应学会畏惧上帝”，“他应遵奉律法条文”，“他的心不应使其自视高于其兄弟”，“他不应偏左或偏右”，“他应长寿”，“他应祈望永生”。这些规定都是对基督教的固有思想和当时人们普遍关心的问题的阐发。

“国王不得添加马匹”。这条规定变成了对狩猎的抨击。这项条文确实令人吃惊，主教和神职人员的狩猎活动以往曾遭谴责，国王的狩猎活动的无益和有害偶尔也被影射（9世纪的奥尔良的若纳斯和12世纪的约翰·德·索尔兹伯里的著作中曾谈到此类狩猎活动，这大概就是图尔奈的吉贝尔的资料来源），国王人本主义就在这种谴责和影射的基础上展开，国王人本主义认为，国王打猎是一种危险的活动。此外，掷骰子之类碰运气的游戏也受到传统的谴责，但主要不是出于宗教或道德的原因，而是由于社会价值体系的缘故。一切具有危险性的游戏，一切会让国王像是一个孩子的东西都应该避免。此外，中世纪的实际打猎情况与这种抨击截然相反。国王们力图把打猎变成他们独享的活动，他们围建了宽阔的猎场，把“森林”变成一种法律和地理概念，把打猎视为最佳的王家体育活动，并十分热衷于这项运动。没有任何一件文书证明圣路易曾经打猎，他是历史上唯一不曾打猎的法国国王，此事确实令人费解[1]。我们还知道，他憎恶赌博，有时对参与赌博的人大发雷霆，从圣地回来后还就此进行立法。

412 “国王不应拥有数个妻子。”这个规定绝非隐喻当时或前不久的事，但它给人的印象却并非无的放矢。图尔奈的吉贝尔实际上把矛头对准了卡佩王朝的国王们，包括菲力普·奥古斯特在内，在他之前的卡佩王朝历代国王的婚姻和爱情都事端频发，在离婚和纳妾问题上与教会发生冲突，甚至被教会视为乱伦（教会禁止四服乃至七服以内的姻亲结婚，而查理曼的婚姻则可能是现今意义上的乱伦）。这里所说的主要是一夫多妻，乔治·杜比曾指出，直到12世纪，教会才开始致力于推行一夫一妻和永不离婚的主张，借以抵制盛行于贵族中的多妻和休妻制[2]。

“他不得拥有大量金银财宝。”评述这项规定给我们提供了一个接触“经济领域”的机会。货币经济，或者说包括储存和倒腾在内的围绕着货币的实际操作，是权力机构和政府意识到货币这个特殊领域的途径之一。1259年，圣路易出台了一系列有关货币的决策，其中包括铸造大银币、重新铸造金币、制止贵族铸币等等，尽管这些措施之间并无直接联系[3]。

---

① 关于圣路易和打猎，请看本书原文第691—693页。

② 乔治·杜比：《骑士、妇女与教士》，前引书。

③ 请看本书原文第245—251页、第667—669页。

“他登基后必须熟读《申命记》并深入思考”。图尔奈的吉贝尔在这里重申并发挥了索尔兹伯里的格言：“一位无知的王只不过是一条头戴王冠的驴。”在圣路易的法国，在已经创办了大学的基督教世界里，一个国王不但应该天资聪慧，而且应该“学识渊博”，最好是个知识分子。

“他从神甫手中获得律法文本。”国王应该尊重、保护教会，听取教会的意见，他在加冕典礼上的誓言首先是为了让主教和神甫们满意的。随着王权增强，教会的控制自然受到削弱，这是合乎逻辑的必然结果。在法国，1259 年已是在国王与教会之间寻找平衡的时刻了。国王是上帝和教会的股肱，他为信仰提供保障，他本人就是虔诚的基督教信徒，但是他不让教会牵着鼻子走，尤其在非宗教事务中。在图尔奈的吉贝尔看来，高层权力范围中的罪恶首推骄 413
横。尽管人们一再被教导视金钱为粪土，但在诸多罪恶中，贪婪依然呈现出取代骄横的趋势；纵然如此，贪婪对于国王的危害仍然逊于骄横[①]。那时国王的花销还没有发展到无法承受的地步。

最后，在国王的精神和行动上，还有三件需要操心的事：1）他应该走得正，笔直向前，不偏向一边；2）他应有嗣子并长寿，嗣子和长寿是一个优良的政府维持稳定的保障；3）国王虽由神选定，此事已由涂敷圣油加以确认，但他不应以此为满足，有了善始，还应有善终，他应该确保自己和民众的拯救。君主向往的应是天堂。一个真正的国王应该是一个相信末世论的国王。国王的

① 莱斯特 · 里特尔：《骄横甚于贪婪：拉丁基督教国家中的社会变迁和罪恶》（Lester K. Little, *Pride goes before Avarice: Social Change and the Vices in Latin Christiandom*），见《美国历史评论》，LXXVI，1971 年。

这一职责日甚一日地萦绕在圣路易脑际。

第二封信论述权贵和官员的奖惩（近臣和国王的其他官员）。这封信也分成两部分，一是消极性条规，即君主应该对其臣属的恶劣倾向施加的惩处，二是积极性条规，即以国王名义行事者的责任。首先，国王应该训喻，臣属则应该完成作为国王左膀右臂的使命。其次，君主应该成为臣属的楷模。图尔奈的吉贝尔在这里借用了索尔兹伯里的比喻，他认为，国王应该如同一个人的头那样作用于四肢，他应该将正波散射到王国的整个身躯。不过，他也应该懂得回到自己身上，以便“在精神镜子中”观察社会的情状。他将能从中发现弊端的严重程度。吉贝尔其实很重视把被掩盖的东西揭示出来，特别是隐患。国王应该是弊端的调研员和审判官。

需要稽查和纠正的弊端首先是城市里的不良现象和人民的陋
414 俗。在城市化浪潮已经硕果累累的时刻，城市通常受到人们的称颂和钦羡，可是，吉贝尔却对城市化现象表现出悲观情绪。城市里的犯罪现象比其他地方更为严重。方济各会总会长圣波拿文都拉几乎在同一时刻也着重指出这一现象，并以此作为方济各会士应该在城市中扎根的理由，因为应该受到打击的罪恶在那里最多。君主也应该改革律法，律法有好有坏。图尔奈的吉贝尔鼓动君主们走上“拓扑”[①]之路，“拓扑”之路在14世纪蓬勃发展，在意大利更是如此，好政府和坏政府的对比鲜明，安布罗乔·罗朗采蒂

① “拓扑”（topos,topoi）数学术语，是研究几何形状在连续变形下保持不变性质的学科。近年被人文学者借用，其含义为“形式变而实质不变”“局部变而根基不变”等。——译者

在锡耶纳市政厅墙上画的一幅壁画就是以此为主题的。

第一部分的最后 11 节是关于国王身边最可恶的那些人的，也就是御前会议的成员们，或者说是王宫里的人。在这里我们不能把宫廷理解为这个词在 16 世纪才拥有的意义，即封建主的或礼仪性的意义。宫廷在当时只是一个封建君主的政府和行政机构，此时，有关中央集权和官僚体制国家机构的思想正处在形成过程中。图尔奈的吉贝尔在评述御前会议时，有时采用 13 世纪“道德化”的重要手段之一，即以动物作比。除了《圣经》和古代神甫以及不信教的作者，还出现了第四个参照物，那就是大自然。牲畜、树木和花草以及石块，都是人的美德和罪恶的预示和象征。位居前列的是变色龙、蜈蚣、蛇、有毒的动物和豹，这些动物都是阿谀和虚伪的化身。

第二封信的第二部分从正面阐述了对权贵和官员的奖惩。好名声的由来在中世纪是一个非常重要的因素，其中包括在司法方面。这种愿望促使君主注意公义和奖惩。公义在这里是主要对象。图尔奈的吉贝尔指出，公义应该对谁都一样，法官手中的剑应该为公义服务。一位公正的君主应该禁止非法的誓言，弹压公民和市民对神职人员和弱者的不公正行为（这是 13 世纪法国国王城市政策的关键之所在）。国王应该监督“省督”和邑督，必要时对他们进行惩处（圣路易为纠正其在各地的代表所犯的错误而下令进行的多次稽查，其意义即在于此）。最后，君主应该自我约束，避 415
免对穷人滥用国王的法律，要及时作出公正的处理，不让判决拖延数年而不执行。

图尔奈的吉贝尔的这部论著中的第三封信由 7 节组成，内容是君主应该如何对待臣属。吉贝尔认为，国王应该爱护和保护他们。为了讲清这个道理，他列举了自然界的许多实例，诸如爬虫、蜜蜂和水生哺乳动物（海豚和海豹）。母鸡是模范母亲，为了小鸡它可以牺牲自己。国王应以宽厚对待臣民（宽大和仁慈是13世纪对国王的主要伦理要求），因为，宽大不会削弱公义。对于他人受到的不公正对待，他应该比对自己受到的不公正更加痛恶。国王绝不会因善待人民而有任何损失。国王最坚固的堡垒是人民的爱戴。人民的爱戴是政治的最终目的——太平的保障。

图尔奈的吉贝尔的这部论著利用了许多历史和文化资料，这部著作的基石和很大一部分是由这些资料构成的，首先当然是《圣经》，特别是《圣经 · 旧约》，因为《圣经 · 旧约》在13世纪特别受人重视，此外还有经索尔兹伯里加工的《王侯明鉴》中的故事以及《图拉真训示》，以及基督教从民间文化中吸取的养料，尤其是经"12世纪的复兴"大大丰富了的东西。然而，这部著述的思想基础依然是那位被称作德尼的古希腊无名作家的等级制神学思想。这位古希腊作家大约生活在4世纪末或5世纪初，他的著述在9世纪被译成拉丁文，直到13世纪依然影响很大，体现在他的著述中的思想深深地渗透到中世纪早期的文化和政治神学中。他的著述在巴黎大学被广泛阅读和注释，他把天上的等级视为人间等级的模板，这种思想在神学和政治学对于君主制的解释中得到体现。图尔奈的吉贝尔在自己的著作中将天使作为最高参照物，这就表明，他确实把天上的等级视为人间等级的模板。

最后，《国王与王子的教育》以其权威和实例勾勒了王国的历
416 史。中世纪的君主国是由正反两个系列的历史模式构成的。其一是圣经系列，其二是古代系列特别是罗马帝国的历史，此后则是早期基督教。书中列举的圣路易之前的中世纪实例仅有一个。在

第一封信的第二部分第五节中，图尔奈的吉贝尔在对《申命记》的论述中谈到了“有文化”的国王，他一方面列举了大卫、希西家和约西亚，另一方面列举了君士坦丁、狄奥多、查士丁尼和利奥，他写道：“把始终虔诚、高贵、笃信基督和不可战胜的查理曼添加到他们的行列之中，他是你的先祖，人们为他祈祷永福。”这就有力地说明，查理曼这个形象具有多么大的力量，卡佩王朝为证明自己是查理曼的后裔而展开的一系列活动多么重要！所以说，查理曼是连接古代与现在的纽带。但是，除去题献和某些隐喻当时局势的语句之外，这个“现在”存在于这部论述中吗？《王侯明鉴》一般不属于史籍范围，而是另一类著作。13世纪初，威尔士的吉罗在他的《君王教诲》中对英国国王亨利三世及其儿子和继承人进行了诋毁，那是因为这部著作并非真正的《王侯明鉴》，而是一部攻击金雀花王朝的论战性著作。

图尔奈的吉贝尔的这部著作中有一节令人大为惊奇，这种文字不见于任何其他《王侯明鉴》，这便是第一封信第二部分的第二节。《申命记》中“他（王）也不可使百姓回埃及去”这句话，完全被比附为圣路易在埃及被俘一事；圣路易被俘与此书编撰仅隔10年，因而完全可以说是一个当代事件。内容并不有趣，虽然有前面所说的那个比附，但国王依然因其笃信基督教而受到热烈的颂扬，十字军的失败则被归咎于百姓的过失，尤其是法国军队的无能。路易被视为新的摩西，与摩西一样受了百姓的牵累，但他没能进入应许之地。基督若想解放圣地，他将亲自去做这件事。这篇文字却给人一种与十字军永远诀别的感觉。圣路易并没有听从它的劝告，只是把十字军的目标由埃及换成突尼斯城而已。不过在我看来，发生在当代的历史事件进入了《喻世录》领域，这

417 一点最为重要。在 13 世纪的各种《喻世录》中，写入当代即“我们的时代”的事例的趋势日益受到重视。从此以后，君主可以在《王侯明鉴》中看到自己的形象。

教会加冕礼，《王侯明鉴》

教会加冕典礼以其独有的方式成为一种记录君王的行动、战功和言论的《王侯明鉴》。我将在讨论圣路易的圣洁性时详细论述这个问题[①]。教会加冕礼上的礼仪旨在解决以下问题：每当改朝换代时为新王朝提供神授的依据；为它能继续得到上帝的保佑提供保障；依据一种既明晰又具有象征性的契约，教会保证支持国王，国王则保证给予教会人士以特殊身份；重现前朝的统治借以表明国家的稳定，表现在从上到下的所有社会等级的所有成员身上。为了切实有效，加冕典礼应该是一种极端保守的仪式，正因为它古老得过时才真正有效。创新绝不能多，而且应该强化固有的礼仪，并在同一方向上把它向前推进一步[②]。

① 请看本书原文第 829—832 页。

② 理查 · 杰克逊：《国王万岁——1634—1825 年法国国王加冕典礼史》（Richard A. Jackson, *Vivat rex. Histoire des sacres et couronnements en France*, 1634–1825），斯特拉斯堡，1984 年。他在这部杰作中强调指出法国国王加冕典礼中的各种创新之举。我则强调加冕典礼的保守性，并在《加冕城市兰斯》（*Reims, ville du sacre*）一文中指出，在启蒙思想和法国大革命的压力下，在以下三位国王的加冕问题上，反对创新的势力异常强大；他们是路易十六（1775）、查理十世（1825）、路易十八（本应在 1815—1824 年间加冕）。参阅诺拉（编）：《史迹》，前引书，卷 II，册 1，第 89—184 页。

查理五世是在14世纪（1364）加冕的，关于他之前的那些国王的加冕典礼，我们只掌握菲力普一世在1059年加冕时的一点点情况。《教会礼仪册》不仅仅为以后的加冕典礼提供规范和注意事项，而且也是以往加冕典礼的实录。《教会礼仪册》的编写年代通常很难判断，而且也不知道其中哪几本曾经在哪年的加冕典礼中实际使用过，因为，在兰斯存有大量《教会礼仪册》，神职人员和将要登基的新国王的近臣们可以从中任意选择。路易的加冕典礼上使用的是哪一种礼仪，我们不得而知，但有一点基本上可以肯定，那就是在他掌政期间，又产生了三本新的《教会礼仪册》。其中的一本叫作《兰斯教会礼仪册》，编成于他在位初期，另一本叫
作《卡佩王朝最新教会礼仪册》，编成于他在位末期，因为在伐卢 418
瓦人上台（1328）以前，没有再编写新的《教会礼仪册》；第三本就是我在后面将要谈到的《1250年教会礼仪册》[①]。法国的象征性国威在路易九世在位期间有所增长，路易九世本人十分重视加冕典礼，他曾嘱咐他的儿子和继承人，要他们“无愧于法国国王们加冕时涂敷的圣油”，[②]考虑到这一切，我们就不会对于在圣路易执政期间编写了三本《教会礼仪册》一事感到惊奇。《1250年教会礼仪册》是最有可能在圣路易在位期间编写的一本《教会礼仪册》，也是最令我们感兴趣的一本，在这本礼仪册中出现了国王的一个新徽记，即握在左手的“权节”，它后来一直是法国君主独享的徽记。不仅在君主制思想中，尤其在基督教君主制思想中，公义是

① 请看本书原文第584—585页。

② 大卫·奥克奈尔（编）的《圣路易言论集》，前引书，第187页。

国王的首要职能，这是一个植根于神圣之中的首要职能。人们在圣路易生前为他描绘的形象中，除了和平和体现在思想上和行动上的美德，最为看重的就是他的公义心。我们甚至可以认为，这就是他个人对于国王形象直接或间接的贡献，这种形象在加冕典礼上（以及王玺上）得到表现和传播，并记载在加冕时使用的《教会礼仪册》中以及《王侯明鉴》中。我们也可以认为，在他执政期间，法国国王加冕时使用的《教会礼仪册》比以往更多地反映了法国君主制的主要特征，在他在位期间，国王的宗教建设几乎达到了顶点[1]。

倘若《王侯明鉴》中与圣路易或多或少有关的材料只有这些，那么，这位圣徒国王的形象也许就消失在《王侯明鉴》毫无特色的记述之中了。

留给子女的训示

419　但是，圣路易是一个例外[2]，他亲自动笔撰写了一册《王侯明鉴》，这便是他留给儿子菲力普的训示；圣路易死后，菲力普在突尼斯城下继承王位，称菲力普三世。圣路易还留下了写给女儿伊萨贝尔即纳瓦尔王后的训示，围绕着这些文件有许多传说和疑点。有人说，这两份训示是国王临死时在迦太基口述的，这种说

① 请看本书原文第 833—834 页。

② 罗伯尔·福尔茨很贴切地把圣路易的训示与圣艾蒂安的训示作了比较，后者是 11 世纪初的匈牙利基督教徒国王，也是圣路易唯一的先例。

法听起来有点浪漫色彩，肯定是胡乱编造的不实之词。这份训示写成的年代据说是1267年，也就是决定组织第二次十字军之后不久，这又像是太早了些。如果把它的写作时间定在1270年，即远征突尼斯之前不久，也许就比较说得通了。还有人说，这两份训示并非笔录下来的路易九世的口述，从笔迹来看，似乎是他本人亲笔撰写的。这与平信徒尤其是平信徒大人物的习惯不符。但是，由于圣路易确实自己会写，而且这两份训示的口气显示出强烈的个人特色（圣路易告诉他的女儿，没有他的允许不得将训示向除了她的哥哥菲力普以外的别人展示），所以，我们可以相信他对女儿所说“这些训示是我亲手所写”，尽管他没有向儿子提出保密的要求，但我们不妨也可以把他写给儿子的训示看作他的亲笔。在菲力普作为一个公众人物出现的所有场合，伊萨贝尔始终是一个非公众人物。更重要的问题在于留存至今的这些文书的手稿，这些手稿既非路易亲笔所写，也不属于与这些文书成文时期相近的年代。这些文书附在夏特勒的纪尧姆、圣帕丢斯的纪尧姆和南吉的纪尧姆以及儒安维尔等人所写的圣路易生平当中。很显然，这两份训示曾用作封圣申请文件。美国中世纪史学家大卫·奥克奈尔依据拉丁文译本复原之前，附在儒安维尔的圣路易生平中的这两份训示一直被认为是最佳版本[①]。我们当然应该把奥克奈尔的复原本视为表达了圣路易思想的真本。要对经过改动的手稿进行研究显然不大容易，所以至今无人去做这项工作。不过，我们不妨

① 大卫·奥克奈尔（编）:《圣路易训示》，前引书；法文译文见于奥克奈尔（编）:《圣路易言论集》，前引书，第29—55页。

设想，不同的版本，特别是其中的添加部分表达了某些人的观点，
420 这些人或是认识圣路易，或是通过正当途径搜集了圣路易的言论；我们还可以设想，除了那些出于为这个或那个集团的利益（尤其是教会人士的利益）服务而作的改动以外，其他添加部分确实是圣路易的训示，例如他关于多多关心“优良城市”[①] 的叮嘱。

圣路易在训示中首先表明了他对家人的爱，这个主题在训示中多次呈现，他指出，爱恋之情应该存在于父母与子女之间。他说，他以“父亲般的友情”（第 1 段）“衷心”希望儿子得到“良好的教育”（第 22 段），他要求儿子“热爱和敬重”母亲，听取“她的教导”和“她的忠告”（第 21 段），他把一个父亲所能给予儿子的全部祝福都给予了菲力普（第 31 段）。这就是说，他的第一项训示所强调的是局限于父母与子女之间的亲情和敬重，在他看来，这是做人的第一要义。然而，这些叮咛其实是不言而喻的。真正的教导不在这里。人间的任何感情都不能超越对善的爱，也不能超越责任心。他写道：“不过要注意，不管出于对谁的爱，你都不能拒绝行善，也不能做不该做的事。”圣路易在这里大概想起了卡斯蒂利亚的布朗什对他说的话，她曾告诉他，她宁可看着自己的孩子死去，也不愿意见到他在犯罪；圣路易可能还想到了他自己对得了重病的儿子路易所说的一段话，据儒安维尔记述，这段话是这样的：“好孩子，我祈求上帝，让你能得到百姓的爱戴；我宁可让一个苏格兰人从苏格兰到这里来公正地统治我的百姓，也不愿你在众目睽睽之下治理不好这个国家。”[②]

① 请看本书原文第 664 页。

② 儒安维尔：《圣路易史》，前引书，第 11—13 页。

这就是说，在上帝的爱和来自上帝的价值面前，人间的任何关爱都应该一笔勾销。

但是，路易还是很珍视儿子对他的敬重和信任的，因为，最终促使他下决心为儿子写下这份训示的，还是由于“我多次听你说过，你将从我身上学到的东西比从任何别人身上学到的多得多”。神赐予他的能力首先通过他的言论发挥作用，因为他喜欢“教导”，而像他自己那样受到教导，对于一个未来的国王来说，
是极为重要的大事；在他的长子死后，教导另一个将要继承王位 421
的儿子就是一种无可比拟的满足了。菲力普是一个享有优惠条件的学生。但是，一个人如果不具备最主要的美德即信仰，那就没有任何价值可言，所以圣路易告诉菲力普：“要全心全意地用你的全部力量爱上帝”，伴随着对上帝的爱而来的是对罪恶的憎恶，因为罪恶首先是对上帝的冒犯。在个人关系超乎一切的封建时代，犯罪首先就是“惹恼”上帝，对于路易和他的母亲来说，有意犯下的不可宽恕之罪令人万分憎恶，因而圣路易提到此事时说了这样的话：“在你有意犯不可宽恕之罪之前，你应该有这样的思想准备……你能够承受被人肢解、用最惨烈的方法将你处死的痛苦。”其实他早已对儒安维尔说过：

> 国王说：“我想问你，你情愿得麻风病还是情愿犯不可宽恕之罪？”我从不撒谎，于是我对他说，我宁可犯几十次不可宽恕之罪，也不愿得麻风病。修道士们走开之后，他把我一人叫住，让我坐在他脚边，对我说：“昨天你是怎么对我说的？”我告诉他，我现在还是这样说。他于是对我说：“你说话欠周全，有点不正常；你应该知道，没有一个麻风病人比

> 犯了不可宽恕之罪的人更丑陋，因为，犯了不可宽恕之罪的灵魂就跟魔鬼一模一样，所以说，麻风病人不可能丑陋到那个程度。”
>
> 这倒是真的，人死的时候，麻风病也就治好了；可是，一个犯了不可宽恕之罪的人，死到临头时也不知道上帝是不是宽恕了他生前犯下的罪过，所以他就心惊胆战，只怕今后只要上帝仍在天堂，他的麻风病就永远好不了。国王接着对我说，我诚恳地奉劝你，为了你对上帝的爱，为了你对我的爱，你要永远记住，宁可让你的身躯染上麻风病或其他疾病，也千万不能让你的灵魂冒出犯不可宽恕之罪的念头。

信仰既然是个人忠诚于上帝的体现，因而有必要永远感谢上
422 帝，无论他让我们经受什么考验（迫害、患病和遭受其他痛苦），“因为你应该明白，上帝是为了你好”。还得想一想为什么会受到惩罚，原因在于非但对上帝“爱得太少，做得太少”，而且做了“许多与他的意愿相反的事”。路易在这里想到的依然是他自己，是十字军征战途中的种种考验。受着病痛煎熬的国王在思考，何以会遭遇这许多不幸，他找到了自身的不足之处，并力图加以改进。如果受到了上帝的恩赐（富裕、健康或其他），那就更应向他表达感激之情；想要免遭不幸，就不应犯错误；对于基督教徒尤其对于国王来说，千万不要犯封建主最可怕的罪，切莫陷入骄横的深渊。所有非正义战争中，最严重的是争夺上帝所赐之物的战争，“向上帝的恩赐开战”。

现在再来说说宗教仪礼活动。第一件要事是经常做忏悔（经常忏悔并不导致经常领圣体）。1215 年拉特兰公会议以后，以认

罪为主要内容的忏悔在基督教徒的宗教仪礼活动中占据了中心地
位，忏悔加强了教会对基督教社会的控制。因而，忏悔师的选择
十分重要，对国王来说尤其如此[①]。于是，国王的忏悔师便应运而
生，这是一批肩负重任的人物，在绝对王权主义时代，只要他们
有足够的勇气，就能代表一种罕见的权力，与至高无上的王权抗
衡。圣路易确信教育不仅必要而且有益，他嘱咐儿子要选择一位
“不仅虔诚而且有教养的”忏悔师。国王是比普通基督教徒更加虔
诚的信徒，为了不让忏悔形同虚设，他应该允许忏悔师如同诤友
那样直率地向他提出劝诫，绝不能大事化小，小事化了。“责备是
爱护”，基督教捡起了这句古代格言。遇到一个阿谀奉承和谨小
慎微的忏悔师，那是忏悔者的不幸。忏悔师除了宗教和官方职务
外，还应该是忏悔者的朋友，如同所有“诚挚”的朋友那样，对
忏悔者忠诚，听取他的忏悔，为他医治“心病”，让他恢复心理
健康，获得心境的平静。这里所展示的是语言所具有的那种近乎 423
神圣的观念[②]。面对一位忏悔师和一位诤友，忏悔者是可以将“隐
秘”和盘托出的。忏悔（及认罪）越来越频繁，此事纵然不是开
创了至少也是扩展了坦白隐秘的空间，但却未能冲破无法言表的
堡垒[③]:“但愿这是你能讲的事。”这样一来，在 13 世纪的基督教徒

① 格鲁普·德·拉比西耶:《忏悔神业》(Groupe de la Bussière, *Pratiques de la confession*)，巴黎，1983 年。

② 卡拉·卡萨格兰德、西尔瓦纳·维基奥:《言语罪——中世纪文化中对言语的惩戒和伦理》(Carla Casagrande, Silvana Vecchio, *Les Péchés de la langue. Discipline et éthique de la parole dans la culture médiévale*)，法译本，巴黎，1991 年。

③ 雅克·希福洛:《道出难以启齿之事》(*Dire l'indicible.Remarques sur la catégorie du nefandum du XIIe au XVe siècle*)，见《年鉴》，1990 年，第 289—324 页。

心里就有了一个隐藏秘密的空间，造成了一种既想坦白又无法言表的两难局面。

按重要性的顺序排列，忏悔之后就是望弥撒和做祷告了。经常望弥撒有好处。在参加这项宗教仪式的频率上，圣路易遇到了一个强劲的对手，那就是英国国王亨利三世。这位国王在参加1259年的巴黎协议谈判期间，开会时经常姗姗来迟，原因是他在途中只要遇到教堂，必定进去望弥撒[①]。他终于把圣路易惹恼了。在13世纪，教堂是一种社交场所，望弥撒的人常常不能专心致志。路易叮嘱他的儿子不要分心，他写道："到了教堂后，注意别浪费时间，不要与人闲谈。"无论口祷或心祷（用嘴或用心）都应该心思集中。似乎从13世纪起，高声祷告的习惯已经开始被低声默祷所取代[②]。祷告越是低声就越能占领人的内心空间[③]。可是有那么一段时间，基督教徒在望弥撒时心情处于高度紧张状态，这种情况往往出现在供献和举扬圣体时，路易写道："每当我们的主耶稣基督的躯体亲临弥撒时以及稍稍在此以前，你要格外专心致志地聆

---

① 从他下榻的馆舍到位于西岱岛南端的王宫路程很短，但是在13世纪，西岱岛上的教堂非常多。

② 塞恩格：《默祷及其对中世纪后期的写作和社会的影响》（P. Saenger, *Silent Reading: Its Impact on Later Medieval Script and Society*），见《旅行者》（*Viator*），13，1982年，第367—414页；塞恩格：《口祷与心祷》（Id., *Prier de boche et prier de coeur*），见罗杰·沙尔捷编：《印刷术的应用》（Roger Chartier (éd), *Les usages de l'imprimé*），巴黎，1987年，第191—227页。

③ 请看本书原文第766—774页以及尼古拉·贝里乌、雅克·柏辽兹和让·隆热尔（编）：《祷告在中世纪》（Nicolas Beriou,Jacques Berlioz et Jean Longere, *Prier au Moyen ge*），蒂恩豪特，1991年，高等学校中世纪学习与研究中心：《祷告在中世纪》（C.U.E.R.M.A., *La Prière au Moyen Age*），见《塞内费昂斯》，第10期，埃克斯昂普罗旺斯，1991年。

听祷文。”13 世纪是特别注意和看重躯体的年代，第一个受到重视 424
的躯体便是耶稣基督的躯体，圣饼就是耶稣躯体的化身[①]。13 世纪的人特别重视圣体，那时的宗教礼仪和弥撒的程式都发生了变化，一切都围绕着呈现在人们面前的有形圣体进行调整[②]。

宗教仪礼活动的三部曲：忏悔、弥撒和祷告，还需加上善举才告圆满。菲力普将来应该是个慈善家。正在经受病痛之苦的国王应该帮助“所有在他看来是正在受苦的人”，无论他们受的是肉体的痛苦还是精神的痛苦（“心痛或体痛”）。帮助可以体现在道义上，也可以体现在物质上，那便是施舍。国王应该布施，他过去这样做了，在他不久后口述的遗嘱中他再次布施。最需要帮助的是穷人。在那个世纪里，由于被称作小穷人的圣方济各和众多托钵僧的缘故，贫穷俨然是一种光彩，路易身边就不乏托钵僧，国王应该像圣路易那样做托钵僧国王，做一个并非象征性的也不是自觉自愿的穷人国王，而是真正的和身不由己的穷人国王。

国王叮嘱儿子要择善为友，对坏人要避而远之，对于善恶要爱憎分明，这些都符合中世纪那种基本上属于善恶二元论的心态；

① 阿戈斯蒂诺·巴拉维奇尼·巴利亚尼：《教皇的躯体》（Agostino Paravicini Bagliani, *Il corpo del Papa*），前引书。

② 让·克洛德·施密特：《文字与形象之间——圣多明我的祷告动作》（Jean-Claude Schmitt, *Entre le texte et l'image:les gestes de la prière de saint Dominique*），见《集团中的个人——中世纪和欧洲文艺复兴时期作为个性形成的行为》（*Persons in Groups. Behaviour as Identity Formation in Medieval and Renaissance Europe*），纽约，1985 年，第 195—214 页；施密特：《中世纪西方举止的准绳》（Jean-Claude Schmitt, *La Raison des gestes dans l'Occident médiéval*）巴黎，1990 年；米里·鲁宾：《基督的躯体——中世纪文化中的圣体崇拜》（Miri Rubin, *Corpus Christi, The Eucharist in Late Medieval Culture*），牛津，1991 年；皮埃尔·玛丽·吉：《历史上的宗教礼仪》（Pierre Marie Gy, *La Liturgie dans l'histoire*），巴黎，1990 年（尤以上帝节日部分最为重要）。

作了这些交代之后，国王再次回到言辞问题上来，这是他心中挥之不去的一件事[①]，他还谈及必须与“污言秽语”，也就是那些怂恿犯罪、诽谤他人和亵渎神明的语言作斗争的问题。圣路易对此十分认真，他叮嘱儿子，如果出言不逊的人不归国王的司法机构管辖，而是属于教会或领主管辖，那就应该提请有关司法机构的负责人予以追究，还应确定污言秽语是指向哪些圣徒的，遭到亵渎
425 的是谁。他们是上帝，是圣母，这一点也不奇怪，因为从 11 世纪以来，对马利亚的崇拜在西方迅猛发展，以至于圣父、圣子和圣灵的三位一体，几乎变成了包括圣母在内的四位一体了；不过，被亵渎的对象还包括诸位圣徒。圣路易在这里与在其他场合一样，他是一个多神论者，在宗教崇拜的某些方面，他是一个极端主义者，而在我们现在谈到的这个问题上，他是一位道德镇压的捍卫者。

接下来的文字主要是写给未来的国王的，它们在整个《训示》内部几乎单独组成了一部微型《王侯明鉴》。

第一项告诫是要对得起上帝的恩宠和选择，国王的职责便是这种恩赐和选择的体现，在法国尤其如此，因为教会在为国王加冕时，要往他身上涂敷神奇的圣油[②]。由此而来的这种“无处不在的恩宠”不仅体现在国王身上，还要“显现”在其他方面。依据

① 勒高夫:《圣路易与国王的言语》(Jacques Le Goff, *Saint Louis et la parole royale*), 见《时间的数量——纪念保尔·宗托尔》(*Le Nombre du temps.En Hommage à Paul Zumthor*)，巴黎，1988 年，第 127—136 页；请看本书原文第 596 页及以下多页。

② 圣路易没有明说，但他确实有这个意思，当他说到“法国国王加冕时涂敷的圣油”时，他显然想到了兰斯的圣油瓶，这个瓶子里的圣油是克洛维斯加冕时由圣灵神奇地送来的。这个圣瓶在加冕典礼的第一部分中的重要地位，是圣路易当朝时最终确定的。

圣路易国王的道德观念，仅仅存在是不够的，还应具有表象。国王应该是一个活生生的象征，他的臣民不但看得见，而且一目了然。国王的至高无上性有时表现在秘密和隐匿的记录册中，体现在缺位、御座虚设或御座前的帘子上。但是，圣路易的王位与新的理论和政治习俗相一致，它是一种让人看的王位，甚至是一种有意展示的王位[①]。

国王的首要品德是公义。路易坚持公义，而且着重指出，国王纵然面对自己的敌手也要坚持公义。他不应对他的大臣们施加影响，大臣们只应依据真理发表意见。在这里，理想和价值观都高踞任何个人之上，无论此人多么了不起，多么受人爱戴（第17段）。圣路易为加强王权作了不懈的努力，但他把王权维持在远离绝对王权主义的水平，而后来的法国国王最终都掉进了绝对王权主义的泥坑[②]。不但真理（以及用以尊重真理的法律）高于国王， 426
国王还应该接受他自己为了伸张公义而建立的那些机构的决定，其中包括他刚刚设立的高等法院中的“那些成员”的决定。

从1247年起，圣路易似乎被另一种挥之不去的念头缠身，那便是政治上的内疚，因为政治属于道德范畴。国王应该纠正对他的臣民所作的一切错误举措，尤其是不公正地据他人的“土地或金钱”为己有。这就是他认认真真地下令进行稽查的首要目的。

---

① 请看本书原文第699—701页。

② 雅克·克里嫩：《国王的帝国——13—15世纪法国政治思想和信仰》（Jacques Krynen, *L'Empire du roi. Idées et croyances politiques en France, XIIIe–XVe siècle*），巴黎，1993年。作者认为，法国中世纪的国王们虽然不是毫无顾忌地，至少是不停顿地走向绝对王权主义。

13世纪教会所关心的主要事项之一，是迫使商人、放贷者以及他们的继承人退赔非法所得和违禁的利益。许多小册子谈到了此类退赔，也谈到了出于退赔的意愿而留下的遗嘱，这些遗嘱表达了巧取豪夺者的内疚。归还土地这种基本财富很困难，也很少见到。圣路易深知，他嘱咐儿子的“归还”二字很难说出口，因为说了就要去做，而做比说更加难得多。他于是把这件事托付给家人去做，此事有儒安维尔亲耳所闻为证[①]。接着他说明了应该如何对待教会、神职人员和平信徒会士。

圣路易在表述应该如何对待神圣教会时，使用了他的祖父菲力普·奥古斯特曾经说过的一句话，这当中是否略带讥讽之意呢？因为儒安维尔告诉我们，圣路易有时确实也会揶揄几句。御前会议的一些成员向他指出，“神职人员给他编织了一些莫须有的罪名，他居然忍气吞声，这让大家觉得很奇怪”，菲力普·奥古斯特回答说，他心里很清楚，但是为了表明对上帝的感谢，他不愿意看到“教会和我之间掀起轩然大波”。路易是否还想到了菲力普·奥古斯特的另一个叮嘱，那是他在教训他的儿子也就是圣路易的父亲时表明的，他说，要权衡利弊，始终与教会人士保持良好关系[②]。在教会人士中，首先要爱护在会教士，即修道士和会士，然后才
427 是不在会教士。因为是在会教士给了“我们的上帝以最大的敬重和侍奉”。因此，当他们需要时，必须“诚心诚意地帮助他们”。

最后，国王在行使他所握有的某些教会权力时，应该谨慎和

① 儒安维尔：《圣路易史》，第18—19页；请看本书原文第860页。

② 请看本书原文第680页，第708页。

缜密，这里指的是将某些优惠授予教会的权力（在两次十字军远征中，他在授予某些优惠时十分谨慎）。他的公义心和对穷人的关爱告诉他：国王应把优惠仅仅给予“好人”，但不应把所有好处都给予同一些人，没有薪俸的教士应该优先获得实惠。有时候问题相当“棘手”，例如上面提及的归还问题便是如此。路易叮嘱他的儿子在这些问题上要听取正直的贤人们的意见。这也是基督教《王侯明鉴》的主要内容之一。国王应该征询和选择忠告，并认真听取。

作了这许多交代以后，圣路易最后叮嘱儿子，要“忠于罗马教会和教皇”，要“敬重教皇如同敬重你的神师一样”。至于应该如何对待宗教活动，前面已经有所涉及，下面还将再次谈到[①]。

圣路易的这些训示中最具特色的是关于战争与和平的那部分，这是一篇名副其实的关于正义战争与非正义战争的论文。战争与和平也是困扰12世纪和13世纪基督教世界和路易本人的诸多问题之一[②]。战争是彻头彻尾的坏事，因为战争必然造成“罪恶”，“可怜的人”几乎不可避免地会成为战争的牺牲品。有鉴于此，路易嘱咐儿子不要因袭当时的陋习，以蹂躏对手（他不但从不使用“敌人”一词，而且当他提及战争时总是把对手称作“坏蛋”，因为战争对于他来说只是一种惩罚行动）的土地迫使对手就范，因为遭罪最多的肯定是“可怜的人”，而应该“借助围困的手段夺取

① 参阅本原文第118—121页，第728—785页。

② 菲力普·孔塔米纳：《中世纪的战争》（Philippe Contamine, *La Guerre au Moyen Age*），巴黎，第3版，1992年（第10章：战争的法律、伦理和宗教方面），第419—447页；拉塞尔：《中世纪的正义战争》（H. Russell, *The Just War in the Middle Age*），牛津，1975年。

对手的财产、城市和城堡”。与此同时，还要注意保护教堂和穷
428 人，不让他们遭受祸害。宣战之前必须慎之又慎，听取意见（是否非开战不可），确信“理由完全正确”，对“坏蛋”的规劝已经仁至义尽，并已“给予警告”，最后，已经“充分听取意见”。非到万不得已时，国王不应诉诸战争。

紧接在对于战争的这些道德思考后面的，是路易对于和平的热烈追求，他主张平息现存的冲突，特别是与国王“土地”上的人和“国王的人”即封臣有关的那些冲突。不久前国王曾提供了有关他祖父的一些《喻世录》，他从中抽出一则与圣马丁有关的故事在这里再次讲述。圣马丁“从上帝那里获悉自己阳寿已尽时，随即前去调解神职人员与大主教的冲突，他觉得这样做是给自己安排善终”。[①] 路易强调说，这是“一个非常好的榜样”。

为公义而呼号不应只是反对战争和在战时的行动，在所谓的“和平”时期也应是这样。维护公义的事业需要特殊的关注，诸如监督国王的官员，清除王国境内的罪恶，合理管理国王的经费并节约开支。

国王应对他所任命的官员以及他的代表和臣仆负责，他应该设法让王室拥有好管家和好成员。这些人的职责既然是维护和伸张公义，他们就应该以身作则，廉洁奉公。清除罪恶主要针对他从圣地回来后追究的那些丑恶现象：“污辱上帝和圣母以及圣徒的污言秽语和其他劣迹、淫乱、赌博、酗酒和其他罪恶。”必须“把它们扫除干净”。至于“他的土地上的异端分子和其他坏分子”，

① 叙普利斯·塞韦尔：《圣马丁传》(Suplice Sévère, *Vie de saint Martin*)，XI，2，雅克·封丹编译（éd et Trad. Jacques Fontaine)，巴黎，卷 I，1967 年，第 336—339 页。

他肯定想到了卡奥尔人、伦巴第人和犹太人中的放贷者，这些人
也应该清洗，不过不是消灭他们，而是把他们赶走。主要的目的
是清除罪恶，净化社会，而不是肉体消灭。哪怕只是对上帝出言
不逊，同样也应受到严厉惩治。圣路易过去和现在都被指责为败
家子，把他祖父菲力普·奥古斯特积攒的财富全都挥霍光了，然
而就是这个圣路易却告诫他的儿子，每一个锝都要花在“刀刃” 429
上，都要征收得合理合法。他甚至要求菲力普“注意”节约，切
莫“随意花钱”、“乱征税赋”，“收得合理，用得适当”。

一句话就可概括圣路易的政治和道德纲领：“倾全力增进福祉。”这是他一贯的纲领，特别是1254年之后的纲领。

一个人尤其是一位国王，必得借助一些重要的机构和人方能行动，圣路易对于这些机构和人的看法，可以用若干观念和萦绕心头的想法加以概括。

首先是心脏与躯体既相辅相成又彼此对立的关系。我们多次看到这一点，它从两个方面引起我们的兴趣：一方面，它对于肉体给以某种关注，而我们知道，中世纪的人向来是鄙视肉体的；另一方面，它把精神与心脏联系起来，这不能不说是中世纪的一大进步。这就表明，血液被赋予了某种新的诱惑力，情感侵入了灵性。

其次是神职人员与平信徒之间传统的对立。这种对立有时显现出它与13世纪新思想相关的两个特征，一是对神职人员中的在会教士的偏爱，尤其是对托钵僧的偏爱超过一般修道士；二是平信徒也经常受到注意。我们前面已经说到，国王对多明我会士和方济各会士情有独钟，可是他却叮咛儿子，既要向“好”平信徒，也要向“好”在会教士征询意见。

在这个“新言语”世纪中，将言语的重要性凸显出来的是“嘴巴”与“思想”，但是，它们确实也表明了说与想之间的必然联系。言语并不具有自主性，它从属于思想，所以，说出来的话应该是发自内心，出于理性，并被忠实地诠译的思想[1]。

在聆听布道和完成“私下”的崇拜活动时，都使用“嘴巴”与“思想”，由此可见，在公众场合借助言语进行的宗教崇拜活动和私下的默祷是互为补充的。此事表明，在公开布道日趋盛行
430 的同时，私下进行崇拜活动的空间也已形成，而这正是13世纪的特征。

圣路易是个非常敬重家族祖先的人，这是一种贵族和门第思想，更是一种以王族和先王为荣的思想；因此在他看来，未来的国王不但应该特别关注教会人士和在会教士，还应关注另外两类人，其一是穷人，也就是受着痛苦熬煎的托钵僧，其二就是自己的祖先。

圣路易留给女儿伊萨贝尔的训示，基本上与留给儿子的训示相同，有的段落甚至一字不差地原样照搬。写给儿子的训示中属于《王侯明鉴》的内容，即谈论为君治国之道的那些文字，在写给女儿的训示中完全看不到了，但他同样告诫女儿，要信仰坚贞，憎恨罪恶，重视忏悔、弥撒和祷告，忍受痛苦，摒弃骄横，怜悯穷人和不幸者，择善为友。其中某些内容根据女性的特点作了一些变通。路易认为，无论是男是女，不管是儿子还是女儿，都应该接受良好的教育；他的这一想法是与时代精神吻合的。他对儿

① 雅克·勒高夫、施密特：《13世纪的新言语》，前引文，第257—280页。

子的叮嘱是不要随意花钱，他对女儿的嘱咐则是衣着装饰要从简：“服装和首饰都不必太多”，“不要把太多的工夫和心思花费在穿着和修饰上面”，“不要过分追求打扮，宁可过于俭朴，切莫奢华过头”。他还告诫女儿，女人生来就该顺从男人：“听从上帝的教诲，老老实实地听丈夫、父亲和母亲的话，要诚心诚意地照他们说的去做，这才是你对他们的爱，你对上帝的爱，上帝让我们这样做，所以只有这样做才对。”然而，正如他对菲力普所说的那样，他也告诉女儿，人间的感情再重也比不上实现上帝要求的公义和完成上帝交付的使命要紧，他说：“凡是违背上帝旨意的事，不管是谁说的，都不能去做。”在家从父母，出嫁从丈夫，这两从都应以不违背上帝的旨意和他所确定的价值观为限。

最后，女人对上帝的崇敬应该比男人对上帝的崇敬更加极端，
更加绝对。为了“让上帝高兴”，“珍藏你的心愿，永远不要抛弃”。 431
路易借用圣贝尔纳的话告诉伊萨贝尔要热爱上帝，他就此写道：“你热爱上帝的程度应是无以复加”；在这一点上，路易向伊萨贝尔说的甚至比向菲力普说的更多。

第七章

/

432 外国编年史家笔下的国王

13世纪的欧洲文化首先是基督教文化。集体意识和西方人的身份自我认定，都与对于基督教世界的归属感无法分清，对于在公共机构中工作和参与公众文化事业的人来说尤其如此。神职人员通常总是从基督教角度考虑问题，他们的视野所及是整个基督教世界，他们所撰写的编年史几乎都是各国通史①。圣路易是基督教世界的头号人物，而且他异乎寻常的宗教虔诚早就声名远扬，由于这两个原因，编年史家们绝不会忘掉他。与圣路易几乎同时代的两位主要非法国籍基督教徒编年史家，都撰写了有关他的著作，可是他们笔下的圣路易却判若两人。英国本笃会士马修·帕利斯的《大纪年》是一部名副其实的基督教世界编年史，国王路易虽然以一流人物的面貌出现，占据着应有的历史地位，但他与其他国王并无多少差异，只是比他们更加虔诚而已；马修从认识

① 参阅贝尔纳·格奈：《历史与历史文化在中世纪的西方》，前引书，第20—22页："空间与时间。"

这位国王的人那里听到了许多关于他的故事，但他本人却从来无缘与国王谋面。他笔下是传统的基督教氛围，站在舞台前沿的是教皇、皇帝、国王、权贵和北欧的封建社会。帕尔马的萨林本撰 433
写的《编年史》大不一样，他是一位经历了基督教新的宗教生活的方济各会士，他住过城市修道院，也曾云游四方，传经布道；他的这部著作与其说是基督教史，不如说更像私人日记或回忆录，记述的多半是他的所见所闻。他较多受到南欧文化特别是意大利文化和城市文化的熏陶，他对圣路易的记述不多，但他有过一次与圣路易会见的经历，有关这次会见的记述是 13 世纪仅见的对于圣路易栩栩如生的描写。

英国本笃会士马修 · 帕利斯

马修 · 帕利斯几乎是在圣奥尔本斯贵族修道院里度过他的一生的，这所修道院位于英格兰南部，是麦西亚国王奥发二世于 8 世纪创建的[①]。马修 · 帕利斯是在 1217 年进入这所修道院的，依照惯例，不足 15 岁的少年不得成为本笃会的初修修道士，由此推测，帕利斯大约出生在 1200 年前后。他一生很少走动，除了跟随英国国王亨利三世去过几次伦敦（在伦敦时一直住在威斯敏斯特隐修院），大概仅有一次奉命出国。那是 1247 年，教皇向挪威国王哈孔四世发去一份通谕，通知他将把马修派往卑尔根附近尼达霍尔

① 关于马修 · 帕利斯，参阅沃甘：《马修 · 帕利斯》（R. Vaughan, *Matthew Paris*），牛津，1958 年，第 2 版，1979 年。

姆岛上的圣贝内特霍尔姆隐修院，协助解决与卡奥尔放贷者发生的纠纷。马修同时也是路易九世的使者，替法国国王请求国王哈孔派兵与他一起随十字军出征。法国国王为什么以及如何把这项使命托付给一位英国本笃会士，我们至今不得而知。这是我们所知的马修与圣路易唯一的一次接触，而且很可能是间接接触。马修于 1248 年 6 月抵达卑尔根，大约在第二年离开挪威，也就是说，1259 年他已回到圣奥尔本斯。

434 被通称《编年史》的《大纪年》是马修的主要史学著作，但是，中世纪人比较感兴趣的却是他所著的历史故事《史花》和另外几部传记作品，其中包括《两位奥发国王传》以及用盎格鲁－萨克逊诗体写成的四位“英格兰”圣徒——圣奥尔本斯、忏悔师圣爱德华、曾任坎特伯雷大主教的圣托马斯·伯克特和圣埃德蒙·里奇——的传记；此外，他的《英格兰人史》和关于他那所隐修院的一些著作，也在一定程度上受到关注。马修·帕利斯的某些著作都以亲笔手稿形式保存下来了，其中一些手稿上还保留着他的亲笔插画，这可以说是马修著作的一个传统特点①。他的姓氏 Paris（即法文巴黎——译者）可能会引起一些疑问，这里应该加以说明。马修·帕利斯是一个地地道道的英国人，13 世纪以帕利斯为姓的英国人很多，这个姓氏既不说明他祖籍法国，也不表示他曾就读于巴黎大学，况且他从未进过任何大学。

圣奥本斯修道院的教士罗杰·温多弗曾写过一部编年史，圣路易出现于其中的《大纪年》其实是这部编年史的续编。在马修

① 詹姆斯：《马修·帕利斯的绘画》（M. R. James, *The Drawings of Matthew Paris*），见《沃尔波尔学会》（*Walpole Society*），14，1925—1926 年。

的《大纪年》中，1236 年以前部分基本上抄自罗杰 · 温多弗的编年史，1236 年以后部分才是马修本人所撰[①]。《大纪年》所记虽然是世界大事，但实际上是以圣奥本斯为中心，而圣奥本斯在当时则是一个信息收集地，来自基督教世界中的法国、英国，尤其是来自教廷和神圣罗马帝国的消息，都源源不断地传递到圣奥本斯来。马修对外来消息从不审查或核实，所以他的记述中失误之处甚多（例如，他盛赞费迪南三世，却误称这位国王的名字为阿尔封斯；不错，好几个卡斯蒂利亚国王都叫阿尔封斯，但费迪南三世不是），他所排列的大事年表可信度很低。他基本上是一个流言和传闻的收集者和传播者，我们不应指望从他的书中了解到各种事件和人物的历史真相，他提供给我们的是他那个时代流传在基督教世界中的各种故事。

马修当然知道自己是英国人，可是，尽管他好像曾与英国国
王亨利三世相当亲近，却并不喜欢这位国王，更讨厌国王的父亲 435
无地王约翰。他提及路易九世时总要在名字前面加上一个表示尊敬的修饰语，可是当他说到亨利三世时就只称他为“英国国王”。他不乏神职人员的那种优越感，但他是老式修道士，不喜欢托钵僧。他讨厌一切新事物，尤其憎恶新的税赋。因此，他对狂征暴敛日甚一日的教皇恨之入骨。他对当今世界及其前景十分悲观。每年年末，他都要一一列举当年发生的重大事件，就像如今的报刊那样；不过，他关注的主要是与天意有关的事件，诸如彗星、恶魔出现、水旱灾害、粮食歉收等等。他没有精确的历史观念，

① 罗杰 · 温多弗（Roger Wendover）的编年史也以《史花》（*Flores historiarum*）为名，但是，并非马修的同名著作。

把许多现象都看作上帝对人类罪恶的惩罚。有些人想把历史观念灌输给他，腓特烈二世皇帝就是其中之一；马修虽然把这位皇帝视为暴君，却很欣赏他的性格。马修常为铁腕人物所折服，甚至对某些东方君主表示钦佩，并不计较他们是穆斯林。他对东方人和西方人（他喜欢这样称呼）的异同有独特的看法，他承认某些穆斯林苏丹身上的优点，甚至认为东方人的某些品德高于西方基督教徒。圣路易在这点上与马修颇为相似，他有时也对自己的敌手东方人表示敬意，不过，他憎恶穆罕默德，所以对于穆斯林崇敬穆罕默德嗤之以鼻。马修不仅善于观察和记述，而且工于丹青，实属罕见。他是一个有闻必录的见证人，缺乏批判精神，看问题没有深度，而且往往带着旧眼光，事件无论大小都能在他这里得到反映，他在展现基督教世界的形象上显示了自己的才华。

他对圣路易及其母亲的看法似乎前后有所不同。1252 年卡斯蒂利亚的布朗什过世之前，路易和他的母亲密不可分，人们普遍认为，统治法国的不只是国王，而是国王与他的母亲。布朗什去世之后，马修·帕利斯开始称颂这位母后，尤其对她穿着修道士服在摩比松虔诚地咽下最后一口气赞不绝口；他就此写道：“布朗
436 什是崇高而伟大的，她身为女性，却不乏阳刚之气，她是又一位塞米拉米斯[①]，是世纪的福分，法国人为她的去世而深感悲痛。”[②]布朗什的一生几乎没有一天是安生日子，丈夫路易八世早早过世，国家大事落在她的肩上，儿子的健康状况令她担忧，然后是儿子的出征和被俘，二儿子阿图瓦伯爵罗伯尔在与穆斯林的战斗中临

① 传说中的亚述王之母、巴比伦的建造者。——译者

② 马修·帕利斯：《大纪年》，卷 V，第 354 页。

阵逃命，却依然不光彩地死去，三儿子阿尔封斯因不治之症而瘫痪，接着又传来消息说，大儿子路易国王决心留在圣地了却余生，用他的地上王国换取天上王国。一件接一件地讲述不幸和厄运，适当地加以渲染，称颂而不诋毁，这就是马修的典型手法。不过很难说他毫无用心，因为读者有时感到，他试图让人意识到，这一连串厄运是上帝对隐匿的罪恶施加的惩罚。他对圣路易的态度也是这样。

对于第一次十字军远征之前的圣路易，马修·帕利斯主要记述了三个方面：一是他未成年时和青年事代的政治和军事动乱；二是在收集圣物时表现出来的宗教虔诚；三是他与英国国王的关系。与记述圣路易的同时代法国人相比，马修在选材方面没有任何独到之处。他笔下的路易九世首先是一个体质和健康状况都很差的年轻人。1242 年的塔耶堡之役胜利后，法国军队中发生流行病，此时路易九世年方 28 岁，马修写道："国王确实年轻、稚嫩、脆弱。"[①] 寥寥数语就让人感到了基督教世界对于青年路易的看法，对于年轻国王的这种担心，我们在别处也已看到[②]。此时的路易成年不久，还是个小伙子。他的父亲路易八世死于 39 岁上，父亲早逝的阴影始终压在他心头："法国人深怕失去国王，就像先王路易当年在阿维尼翁猝然辞世那样。"[③] 子肖乃父，继承原则在国王身上

---

① 马修·帕利斯：《大纪年》，前引书，卷 IV，第 225 页。

② 请看本书原文第 88 页及以下多页。

③ 这是马修·帕利斯众多错误之一。我们在前面已经说过，路易八世在奥维涅的蒙庞谢尔去世，而不是战死在阿维尼翁围城之时。马修曾说路易八世是被香槟伯爵毒死的，他对此说并不存疑，如果此事属实，路易九世继位为（转下页）

437 得到顽强的体现，他们不但命运相似，其余一切也相似。上帝以及他所创造的大自然在这方面是同心协力的。

马修这部书中的1236年以前部分抄自罗杰·温多弗，他在这部分中把路易描写成母亲股掌之中的孩子，而他对母后卡斯蒂利亚的布朗什则毫无好感。他心甘情愿地当了法国贵族的传声筒，往布朗什身上大泼污水，声称母亲的劣迹进一步削弱了幼王的地位："大贵族们指控伯爵[①]犯下了反叛和大逆罪，据他们说，他与王后勾搭成奸，在阿维尼翁围城之际毒杀了国王路易。大贵族们多次表示要与伯爵进行一场司法决斗[②]，借以挫败伯爵，但是，代幼王掌管全部国事的王后却置若罔闻。大贵族们于是拒绝继续忠于国王和王后，断然发动战争，殃及全国。据说寡居的王后不守妇道，与伯爵和教皇特使有染，已被这两人的秽物所污；居然要大贵族们奉这种女人为主子，他们当然因无法容忍而怒不可遏。"[③]这就是罗杰·温多弗和马修·帕利斯对于圣路易幼年时期局势动乱的原因所作的并非不严肃的解释。

在布列塔尼问题上，他指责年轻的国王"不以公义为准绳，偏听一个女人（布朗什）的话，"[④]隐瞒英国国王拥有权利的事实真相。这两位英国编年史家都说，1236年发生了新的动乱，法国大

（接上页）王就根本不可能。可是，马修居然把自己讲过的故事忘得一干二净，以至于前后自相矛盾，致使这个错误更加令人吃惊。

① 此处指香槟的蒂博，即流言中布朗什的情夫。

② 决斗当时被视为"上帝的判决"。

③ 马修·帕利斯：《大纪年》，前引书，卷II，第196页。

④ 同上书，第325页。

贵族在这一年再次举行反叛："作为诸多王国的王国[①]，法兰西居
然让一个女人左右政局。"[②]据马修记述，在皇帝腓特烈二世召开 438
的沃库勒尔基督教国家君主会议上，法国国王"带了一个恶劣的头，令人震惊，他居然带着大队人马来参加一个和平会议"，而英国国王却为了给会议创造一种和谐的气氛，借故缺席，只派了他的兄弟康沃尔的理查和几个贵族，在约克大主教和伊利主教的率领下前来参加会议[③]。马修的态度从1239—1240年开始发生变化[④]，那一年，圣路易做了一件值得夸奖的事，他收集到了耶稣受难的十字架等圣物，特地建造了圣堂安放这些圣物。马修也赞赏他就鞑靼人[⑤]问题对母亲的答复[⑥]，高度赞扬他"高贵和深得嘉许的讲话，他的讲话不仅增强了法国贵族的勇气，也鼓励了周边各国居民。"[⑦]

涉及1242年的法英战争时，马修对两国国王的态度没有明显的偏向。可是对于1241年路易将其父路易八世指定赠与其弟阿尔封斯作为赏赐地的普瓦提埃交给后者时，马修强烈抗议，他认为这是法国国王对于英国王弟康沃尔的理查极大的不公，因为英国

---

① 拉丁文原文是这样的："regnum regnorum, scilicet Gallia"，这说明法兰西在基督教世界中享有很高的威望，Gallia此处指法国，而Francia当时习惯上指法兰西的心脏地区，即中世纪末期所说的"法兰西岛"。

② 马修·帕利斯：《大纪年》，前引书，卷II，第366页。

③ 同上书，第393页。

④ 也正是从此时开始，他的纪年史摆脱了对于罗杰·温多弗的著作的依赖。

⑤ 请看本书原文第149页。

⑥ 布朗什已在1241年成为"为上帝所爱的可尊敬的妇人"！

⑦ 马修·帕利斯：《大纪年》，前引书，卷IV，第112页。

人认为，这个伯爵区是法国枢密院和菲力普·奥古斯特以及后来的路易八世强行夺走的，理应归还给康沃尔的理查。那时的人说，法国国王“听从对英国怀有仇恨的那些人的意见”。[1]英王亨利三世后前来支援反叛法国国王的封臣于格·德·拉马什和图鲁兹的雷蒙，圣路易于是与亨利三世兵刃相见。圣路易扣押了英法边境
439 上的英国商人，扣留了他们的商品，马修对圣路易的这种做法极表愤慨。他认为，法国国王的这种强盗行径“极大地损害了法国古老的尊严，自古以来，法国总是为所有的难民和流亡者特别是争取和平者提供可靠的保护，伸出双臂保护他们，法兰西这个国名便是由此而来。”[2]这位英国修道士心里很明白，英国此时已是一个商业国，商人的地位举足轻重。

马修对圣路易的看法前后明显有别，这一变化实际上发生在法英开战之前，原因是马修所记述的两件事。据他说，法国国王承认了英国国王对法国境内的一些古老领地的所有权，并宣布有意将普瓦图和诺曼底的一大部分归还给英国国王[3]。这项承诺一再出现在《大纪年》中，宛如乐章中的主旋律，在他笔下，圣路易是“愿意捐弃前嫌和重修旧好的人”。此事是否属实？在那个时候，法国国王绝不可能有这种念头，几乎可以肯定，圣路易从未想到过把祖父菲力普·奥古斯特好不容易弄到手的诺曼底还给英

① 马修·帕利斯：《大纪年》，前引书，卷 IV，第 137 页。

② 同上书，第 198 页。France（法兰西）源自 Franc（自由）。

③ 同上书，第 203—204 页。

国国王。据马修 · 帕利斯记述，路易曾说，他的这一想法遭到了法国贵族的激烈反对；其实这是遁词而不是事实，是他用来掩饰自己真实意图的“诡诈”，他确实会玩弄这种把戏。可是，圣路易顶着部分贵族和近臣的公开反对，在 1259 年签订的协议中把英国国王在法国的领地归还给了他，只不过这些领地不是在诺曼底和普瓦图，而是在法国的西部和西南部地区[①]，此事确实令人十分费解。由此不难推测，马修把愿望当成了事实仅仅是原因之一，圣路易愿意归还英国在法国的旧有领地的和解态度，早在 1259 年之前已经广为人知。另外还应指出，路易很重视他与英国国王的亲戚关系，尽管他与亨利三世仅是连襟，也就是说他们的妻子是姊妹，可是他却说他们之间有血缘关系。1247 年率领十字军出征前夕，圣路易派出稽查员到各地稽查，以便据实退赔国王不应征收的赋税和不应占有的土地。此事也得到了马修 · 帕利斯的肯定和 440
夸奖，究其原因，他赞扬圣路易归还土地是出于他作为英国人的“爱国主义”，他赞扬圣路易的稽查，是因为他反对一切赋税，尤其是国王（作为封建主或“一国之主”）征收的赋税，而且他也反对国王的官员扩大其干预范围。

马修 · 帕利斯对于率领十字军出征后的圣路易再也没有烦言微辞，完完全全心悦诚服了。这位编年史家虽然绝不幻想大人物能够白璧无瑕，但他毕竟是一个满脑袋封建传统精神的人，所以他竭诚拥护十字军，他唯一的遗憾是教皇允准为十字军征收的费用过高，神职人员尤其不堪重负。作为另一种实例，他讲述了一个英国贵族为参加十字军而变卖土地和财产的故事。在他看来，

① 请看本书原文第 260—261 页，第 820—821 页。

为十字军而狂征暴敛最终导致了十字军的惨败；他写道："法国国王提供了一个负面的榜样，他为十字军而在全国各地大量征税，结果受到上帝的惩罚，这些税款丝毫没有为十字军带来好处。他的最终结果我们将在后面看到。"① 与此相反，马修对于圣路易出征之前在国内重建"优良"货币之举大加赞扬。英国国王也曾明令搜寻假币制造者，这些家伙不但添加铭文，用以损毁铸币的外圈，甚至破坏钱币的内圈。英国国王下令，只有重量合乎法定标准、圆形规整的钱币可以流通，他还处置了一些伪造钱币的犹太、卡奥尔和弗兰德尔商人。路易搬用英国国王的办法，而且更加严厉："法国国王也下令在全国查处此类罪犯，并将他们吊死在绞刑架上示众。"②

马修·帕利斯所记述的圣路易在1248年采取的这些措施，未见他人提及，但与我们所知圣路易在位末期的举措不谋而合，他曾大力整顿货币形势，采取措施打击放贷和货币投机。这里涉及
441 的又是这位国王在他执政期间的一贯思想，反映出圣路易早已形成的形象，他认为货币属于道德范畴，国王有义务保证流通的是"优良"货币，以倒腾货币为业的人都是令人憎恶的家伙，其中尤以犹太人和放贷者为最。

1248年，路易率领十字军从巴黎出发前往艾格莫尔特，发生在途中的一件事引起马修的注意，圣路易对待此事的态度受到了

---

① 马修·帕利斯：《大纪年》，前引书，卷V，第102页。关于圣路易为十字军而在法国征收的税款，参阅该书，卷V，第171—172页。

② 同上书，第16页。

他的赞扬。路易途经蓬蒂尼昂勃艮第时，到当地的一所西都会隐修院去参拜1246年被封为圣徒的原坎特伯雷大主教圣安德蒙·里奇（或阿宾东）的遗体。西都会会士们割下圣徒的一条手臂，要把它作为礼物赠送给法国国王；马修说这是为了讨好国王，他还令人不解地说，这也是为了防止今后更多的朝圣者前来打搅。本笃会士马修·帕利斯在这里以黑袍修道士的身份，诋毁他们的对手白袍修道士，他写道："我想说，蓬蒂尼的修道士们又给自己添上了一桩耻辱，给所有的西都会士添上了一桩耻辱。许多圣徒的遗体都妥善地保存在黑袍修道士的教堂里，一位如此受人景仰的圣徒遗体却安放在西都会的教堂里，许多人为此深感悲哀。啊，简直是胆大包天！上帝完好无损地保存下来的遗体[①]，有人居然敢把他截肢[②]。在十字军出征的路上，有人向虔诚的法国国王献上圣徒遗体的一部分，国王回答道：'祈求上帝允准，别让他们为了我而破坏上帝的精心保存。'啊，真是心中无神啊！上帝把它保存得完好无损、栩栩如生，修道士们自己也付出了巨大努力，为防止腐烂而涂敷香料，为改善遗体保存状况而涂油，遗体的皮肤终于重现土色。上帝以前常在这里显现圣迹，如今他生气了，此后极少再在这里显现圣迹。受人尊敬的西都会从此在贵族、高级教士 442
和神职人员的眼里失去了往日的光彩。不但西都会因此而名声扫

① 中世纪的人不但认为圣徒的遗体不会腐烂，能散发一种"神圣的气味"，而且认为这是辨认圣徒遗体的标准之一。

② 1297年路易被封为圣徒时，教皇卜尼法斯八世颁布圣谕，禁止肢解遗体。参阅伊丽莎白·布劳恩：《死亡与遗体在中世纪》，前引文；巴拉维奇尼·巴利亚尼：《教皇的躯体》，前引书。

地，对于整个基督教世界来说，这也是一个不祥之兆。”圣路易被封为圣徒后，他的遗体和遗骨被分解得七零八落[①]。与此相对照，马修刚才这段话就令人十分震惊；联想到13世纪末人们对遗体和生者的肉体的敬重与日俱增，我们似乎可以把马修的这段话看作具有超前性的言论；这段话的出色之处还在于它显现了这位本笃会士的心态，他始终不渝地在寻找历史的预兆，并且以他对圣路易的赞扬和对西都会士的谴责，成功地预告了十字军的失败……

从此以后，马修这位英国本笃会士只要提及路易国王，必定给他加上两个修饰语，其一便是“笃信基督教的”。马修·帕利斯承认，路易是基督教世界中最笃信宗教的国王，他之所以在这方面处于领先地位，原因在于兰斯加冕典礼上使用的圣油是第一位天主教徒国王克洛维斯受洗时使用的圣油。马修早就承认法国在基督教世界中的领先地位，也承认圣德尼在基督教世界中的优先地位，他谈到法国时使用的“王国的王国”[②]等用语便是明证。1243年的教皇选举困难重重，法国人对枢机主教们施加压力，让他们不要久拖不决，赶快选出新教皇。马修·帕利斯认为法国人“有权采取这种态度，这是圣克莱芒赋予圣德尼的权力，他让圣德尼管理所有西方人的教务”。[③]在十字军出征路上，路易在里昂会见教皇英诺森四世，马修以赞成的口气谈到了路易对教皇的责备，据他说，路易埋怨教皇对腓特烈二世皇帝毫不妥协，因为这种态度将会危及十字军的胜利前景。马修就此写道：“法兰西，法兰

① 请看本书原文第299—300页。

② 请看本书原文第437—438页。

③ 马修·帕利斯：《大纪年》，前引书，卷IV，第249页。

西[①]，请你像爱护眼珠一样爱护十字军，因为你自己和整个基督教世界的强盛都系在它的身上。”[②]

马修有一次把路易称作“伟大崇高的国王”，[③]尤其当他再次指出路易优于人间的其他国王时，把路易称作“战无不胜的查理 443
曼的继承者”，[④]这也许又是马修惯用的狡诈手法，以此暗示路易是不肖子孙，他的祖先屡战屡胜，而他却被人击败；不过这倒也表明，马修承认路易八世几经努力才争到的名分，即法国国王是查理曼的后裔[⑤]。马修竟然让一位苏丹用最美好的言辞颂扬路易，这可以说是他对路易的最高褒奖了。据马修记述，穆斯林将士们责怪苏丹不该准备以索取赎金为条件释放被俘的路易，苏丹的回答是：“弟兄们，你们应该知道，他是所有基督教徒国王中最高贵的一位……我不敢毒杀这样一个杰出的人物。”[⑥]路易是首屈一指的基督教徒，因为他既在基督教世界拥有法国国王的地位，又具备难能可贵的个人品质。

法国国王在马修眼里的形象虽然因十字军而焕然一新，但是，他对法国人的看法却因此而更加不好。他认为，法国人的毛病是骄傲、自吹自擂和自以为是，他们丝毫不以这些缺点为耻，从不

① 原文中的法兰西写作 Francia，此词渐渐取代 Gallia，用来指称整个法兰西。

② 马修 · 帕利斯：《大纪年》，前引书，卷 V，第 23 页。

③ 同上书，第 239 页。

④ 同上书，第 307 页。

⑤ 请看本书原文第 79—80 页。

⑥ 马修 · 帕利斯：《大纪年》，前引书，卷 V，第 202 页。

知道应该有所收敛。他们自以为不可一世，十字军却给了他们沉重一击[①]。

圣路易的小弟阿图瓦伯爵罗伯尔是丑陋的法国人的化身，他不知羞耻，还善于吹牛；据说，他不听哥哥的指挥，不顾后果地擅自领兵向萨拉森人发起攻击，结果一败涂地，导致十字军全面溃败。马修是这样描述他的："以法国人的那种肆无忌惮的方式信誓旦旦地大吹大擂。"[②]更糟的是十字军中的许多法国人一与穆斯林接触，基督教信仰就立即动摇。马修·帕利斯提到了许多十字军官兵投向敌人的实例，穆斯林的宽大政策促使更多十字军叛逃；马修在不经意间表露了对穆斯林优待俘虏政策的敬意。

> 在这十分危难的当口上，由于萨拉森人相当温和，许多基督教徒官兵（从上下文来看，主要是法国人）偷偷走出
> 444 营地和城市，加入了敌人的行列，并对我军进行了有效的抵抗。萨拉森人接纳了这些饥肠辘辘的十字军官兵，向他们表示祝贺，向他们提供饮食。不但如此，由于萨拉森人"宽宏大量"，[③]许多投奔过去的基督教徒被允许不放弃原有的宗教信仰[④]。

---

① 马修·帕利斯：《大纪年》，前引书，卷 V，第 247 页："上帝事实上很讨厌法国人在军事上的自我吹嘘。"

② 同上书，第 151 页。

③ 马修确实使用了"宽宏大量"（ex Sarrcenorum tolerantia）这个词。

④ 马修·帕利斯：《大纪年》，前引书，卷 V，第 106—107 页。

据他说，许多十字军官兵甚至还说："我们的宗教信仰管什么事？信徒的祈祷和教友的布施管什么事？穆罕默德的教规不是比耶稣基督的教规更好吗？"[①]

马修·帕利斯认为，十字军的溃败已不可避免，据他说，就在十字军日益临近溃败时，国内的法国人在1251年也出现了离心离德现象。在他十分关注的牧羊人事件[②]的打击下，从王后卡斯蒂利亚的布朗什开始，许许多多法国人都遭受巨大的心灵创伤，信仰发生动摇：

> 许多庄重而高尚的人士和明辨是非的高级神职人员都说，由于法国国王遭遇不幸，宗教信仰在法国开始动摇；从穆罕默德时代以来，基督教会从未发生过如此危险的瘟疫[③]。

这就是马修·帕利斯，他时而青眼，时而白眼。法国国王因率领十字军出征而日益受到他的赞赏和尊敬，可是，尽管他对路易极尽恭维之能事，这种虚情假意却掩饰不住路易受辱带给他的那种幸灾乐祸的快慰。

> 在任何史籍中都找不到法国国王被异教徒战败被俘的记载，他是绝无仅有的一位。即使其余官兵全都捐躯沙场，只

① 马修·帕利斯：《大纪年》，前引书，卷V，第108页。

② 请看本书原文第195—198页。

③ 马修·帕利斯：《大纪年》，前引书，卷V，第254页。

445 有他一人幸存并免遭羞辱，基督教徒们也有理由为此松一口气和免遭羞辱。正因为如此，《旧约·诗篇》中的大卫王为能获救而特地祈祷："愿上帝拯救我的主"，因为全军的命运都系于国王一身[①]。

国王的全部象征意义在这里得到了强调。对于马修来说，路易既然战败当了俘虏，他就失去了具有象征意义的光晕，从此他就是一位"没有荣耀的国王"。[②]法国也因他的倒霉而威信扫地："法国国王因在埃及被异教徒击败而蒙辱[③]，他的威望在本国的权贵和普通百姓中急遽下降……"我们不妨通过上面这段文字衡量一下，马修·帕利斯在多大程度上是严肃认真的。在许许多多事件中，他把十字军的溃败与战败后的路易将诺曼底和欧陆上的其他旧有领地归还英国国王一事相提并论。这位本笃会士编年史家生活在幻觉之中，他写进《大纪年》中的此类幻觉，多于严肃认真的信息。在他对败军之王的描述中，我们所看到的不仅仅是虚伪，还有他无法克服的明显的矛盾：路易本应因战败而丢脸，结果却反而提高了威望。为了自圆其说，他把想象当作事实（不过，圣路易大概确实感到受辱和负疚）来记述，而且不得不以对路易的赞颂抵消对他的诋毁。马修最终也没能弄明白，圣路易何以在战

---

① 马修·帕利斯：《大纪年》，前引书，卷V，第158页。

② 同上书，第358页。

③ 同上书，第280页。

败之后反而威望倍增，当然更解释不清楚。他从封建荣辱观角度来看待战败，却不能把模仿耶稣在十字架上受难视为新的美德。

“没有荣耀的国王”被俘之后便是一个“可悲的国王”了，有
人担心他会在悲痛中死去[①]。圣路易获释后驻在阿卡时，依然沉浸 446
在悲痛之中：“国王驻扎在阿卡，悲痛而屈辱，心头的痛楚难以言表，他对天发誓，绝不这样灰溜溜地返回亲爱的法国。”[②]因为他认为，他个人的屈辱也是整个基督教世界的屈辱。据马修记述，他对一位试图宽慰他的主教说：“如果耻辱和厄运仅由我独自承担，如果罪孽不会落在整个教会头上，我会以平静的心境承受这一切。可是，被我推入羞辱之中的是整个基督教世界啊！”[③]似乎他已经面临死亡，来日不多了，所以他无法摆脱悲痛。马修写道：“他虽然离死还很远，却过早地陷于极度痛苦之中，从此他脸上再也没有一丝笑容，而且听不进任何让他轻松一点的劝慰。”[④]从此以后，他的唯一美德便是忍受，也就是“默默地承受厄运”。[⑤]我们还记得，在返回巴黎途中路过耶尔时，国王那副悲伤得令人吃惊的样子[⑥]。

圣路易从此愈加对自己进行折磨，这是不争的事实，这也是

---

① 我们还记得，在他被俘期间出生的儿子被命名为让－特里斯坦，这个新生儿后来在他父亲去世数日之前死在突尼斯城下。

② 马修·帕利斯：《大纪年》，前引书，卷Ⅴ，第175页。

③ 同上书，第466页。

④ 同上书，第312页。

⑤ 同上书，第203页。

⑥ 请看本书原文第214—215页。

他后半生的基本特征，十字军出征把他的一生分割为前后迥异的两部分。但是，圣路易并非如马修·帕利斯所说从此摒弃一切欢悦，其实这只不过是马修的幻觉，不但儒安维尔的记述驳斥了马修的这种说法，连马修本人也不认为这是事实，他所记述的国王在1254—1259年间的情况便是明证。

在12世纪和13世纪之交的主流人物圣德尼的修道士和托钵僧的眼里，圣路易是一个介于两种形象之间的人，其一是一种象征预表的形象，也就是经过修正的《圣经·旧约》中的约西亚的新形象，其二是对十字架上受难的耶稣基督的成功模仿。在马修这位传统的英国本笃会士看来，圣路易是典型的中世纪早期的那种全心全意忠于上帝，却又被上帝压得透不过气来的人，也就是《圣经》中的约伯那样的人，他就此写道："真的可以把他看成第二个约伯。"①

马修终于发现，在遭受屈辱和精疲力竭的圣路易形象中还有
447 一点可以利用，那就是给他自己的国王再提供一个教训的机会。他应该把亨利三世视为自己的国王和英国人的国王，他对国王不但无可奈何，甚至还要阿谀奉承，他觉得自己与国王休戚相关，可又鄙视国王。英国国王也是个战败者，而且恰恰败在圣路易手下，但不是在十字军之战中，而是在收复英国国王的领地之战中。英国国王没有组织十字军的勇气和虔诚，他的治国手段和狂征暴敛，他的贵族和教士以及臣属，所有这一切都表明，他并不因不敢组织十字军而不是暴君。他是圣路易的对立面，圣路易的可敬

① 马修·帕利斯：《大纪年》，前引书，卷V，第331页。

可佩和值得仿效之处，他一概没有；当然圣路易也并非白璧无瑕，例如他贪婪地征收赋税就给十字军抹了黑，马修就此写道："上帝作为镜子为我们提供的法国国王这个范例，着实让我们害怕。他用从本国榨取的钱财喂肥了与我们为敌的萨拉森人，他的贪婪受到了战败的惩罚，他的战败使我们基督教徒蒙受无法抹去的耻辱。"[①]

回到国内的圣路易仅在三个方面继续让马修感到兴趣，那就是弗兰德尔事务、巴黎大学问题和法英关系的改善。

除了对付犹太人的措施外，马修·帕利斯只字不提圣路易从1254年开始施行的道德秩序政策。相反，在弗兰德尔事件和路易从圣地返回法国的主要原因上，他却花费了许多笔墨，因为这两件事都与英国人有关。他认为，弗兰德尔事件对法国构成了严重威胁[②]；而圣路易之所以返回法国，是因为前景即使不是绝望，至少也是十分黯淡，而促使他作出撤军决定的直接原因，则是母亲之死的噩耗；国内没有能够控制局势的强人，儿子年幼不能亲政，所以他别无选择，只能回国。马修在谈到法国王后玛格丽特时，他对女人的鄙视表露得淋漓尽致，他说："由于一个女人即弗兰德尔女伯爵的孤芳自赏，法国的王冠摇摇欲坠。"[③]

---

① 马修·帕利斯：《大纪年》，前引书，卷V，第239页；这里说的是他接受上帝惩罚的一个细节。在撤军返国的路上（请看本书原文第214—215页），试图劝慰路易的那位主教也举约伯为例，可是一点效果也没有，因为国王的心态与约伯不同，他的心态已经比较近代化了。

② 请看本书原文第252—255页。

③ 马修·帕利斯：《大纪年》，前引书，卷V，第433页。

巴黎大学在1255年发生了不在会教师和在会托钵僧教师之间
448 的争吵，国王路易站在托钵僧一边，甘愿作为教皇的股肱反对不在会教师的首领圣阿穆尔的纪尧姆[①]。可是，由于马修本人十分讨厌多明我会士和方济各会士以及支持这两个修会的教皇，他竟然违背事实，把支持不在会教师和巴黎大学的自治（“自由”）的意愿强加给路易国王，他写道：“尽管法国国王如同巴黎市民一样希望拯救巴黎大学师生的自由”，布道会会士却更会算计，他们把自己变成了教皇的奴仆[②]。

但是在马修·帕利斯看来，法英两位国王关系的改善更为重要[③]。这种改善在1254年初露端倪，带有若干象征色彩和感情色彩。亨利三世在那年移葬母亲的遗体，把她改葬在位于安茹的丰特弗罗修道院中的金雀花王朝王家墓地，他在蓬蒂尼向圣安德蒙·里奇的遗体低头鞠躬，而这位圣徒此时又有了神奇的代人祈祷的本事，而且治愈了英国国王的病。亨利三世希望穿过法国领土返回英国，路易忙不迭地表示许可，并且以他们是姻亲为由，邀请亨利三世到巴黎作客，参加普罗旺斯家四姊妹的聚会，她们是：法国王后玛格丽特、英国王后埃莱奥诺尔、英国王弟康沃尔的理查伯爵的妻子桑希、法国王弟安茹的查理的妻子贝阿特丽丝。为了趁此机会让阖家团聚，路易九世特地邀请他的岳母也来参加聚会，她便是四姊妹的母亲普罗旺斯女太伯爵。路易亲自前往夏特勒迎接亨利三世，见到他时立即迎上前去与他拥抱，不过这只

① 请看本书原文第593页。

② 马修·帕利斯：《大纪年》，前引书，卷V，第506—507页。

③ 请看本书原文第257页及以下多页。

是“礼节性的拥抱和客客气气的寒暄”。

两位国王抵达巴黎后游览了市容，多次被围在热情的人群之中（“蜂拥而来的人群排成长队，你挤我推，你打我，我打你，只
为了能在巴黎看英国国王一眼”[①]）；在13世纪中叶，君主都喜欢 449
招摇过市，炫耀自己。

路易九世请亨利三世自行选定下榻之处，或是位于市中心的王宫，或是位于菲力普·奥古斯特所建的城墙以外的圣殿骑士团宽敞驻地。在大批随从陪同下，英国国王带着大量马匹前往他选定的圣殿骑士团驻地下榻。法国国王陪同来客在巴黎游览了圣堂、格雷弗区和塞纳河上的桥，参观了用熟石膏建造的房子，这种房子有三个卧室、四套住宅甚至更多。数不清的男男女女趴在窗口，好奇地观望两位国王从街上走过[②]。

亨利三世在巴黎逗留了一周。某天晚上，他在圣殿骑士团宽敞的大厅里举行盛大宴会，宴会的规模堪称空前，无论在薛西斯的王宫里，或是在阿瑟王和查理曼的宫殿里，都不曾举行过如此辉煌的宴会[③]。应邀参加宴会的人均有严格的身份限制，一个个都是达官显宦和其他地位显赫的大人物，其中包括公爵、主教、男爵以及18位伯爵夫人和多位王后的姊妹。路易有意让亨利三世在主宾席上落座，但英国国王却一再推却：“不，不，国王陛下，您

① 马修·帕利斯：《大纪年》，前引书，卷V，第481页。

② 同上书，第478—479页。

③ 同上书，第479页。

坐在中间更得体、更合适，您现在是将来也是我的领主。”路易不得不领情，马修·帕利斯认为这样安排是妥当的：“坐在中间的是法国国王，他涂抹过来自天上的圣油，他兵力雄厚，强大无比，他是人间的王中之王。在他右侧就座的是英国国王，左侧是纳瓦尔国王。”[①] 宴会结束后，法国国王一再盛情邀请亨利三世在他的王宫里过夜，他似乎暂时忘掉了悲伤，以戏谑的口气模仿《圣经》中马太的话说道：“你暂且许我，我们理当这样‘谐谑’和‘尽
450 义’。”[②] 路易九世接着笑容满面地又说：“在我的王国中，我是领主和国王，我要所有的人都臣服于我。”英国国王表示赞同[③]。

两位国王利用这次机会进行了多次亲密的会谈。圣路易在会谈中再次肯定地告诉英国国王，他将归还后者在法国所拥有的包括诺曼底在内的领地，但是他也将法国贵族对于此事的强烈反对如实告诉英国国王。他对他的新朋友推心置腹地说，十字军之败

---

① 马修·帕利斯：《大纪年》，前引书，卷V，第480—481页。

② 《圣经·马太福音》中的这番话不是约翰说的，而是耶稣对约翰的回答，因为约翰想要耶稣为他施洗。原文是这样的：“你暂且许我，因为我们理当这样尽诸般的义。”（《圣经·马太福音》第三章第15节）。路易此时像是一个喜欢开玩笑的人，添加了“谐谑”一词，致使原本非常严肃的话，在这种场合中增添了几分轻松和诙谐。

③ 马修·帕利斯：《大纪年》，前引书，卷V，第481页。我在后面第三部分（本书原文第637—638页）中还要谈及这次宴会的更多细节。另外还进行过一次庆祝活动，有很多英国的大学师生前来参加。他们为此而停课，个个穿着节日盛装，手持花束，头上戴着花环，唱着歌，奏着各种乐器，走在队伍行列中。庆祝活动持续了两天一夜，整个巴黎为此张灯结彩。这是法国从未听说过的最热闹的庆祝活动。（马修·帕利斯：《大纪年》，前引书，卷V，第477页。）

曾使他沉浸在痛楚之中，不过痛楚已经过去，现在他已振作起来，“回到了自己的心里”，他还说，“上帝倘若赐给他恩宠，让整个世界都臣服在他脚下，他肯定会感到高兴，但相比之下，他更为自己因十字军之败而经受的痛苦和忍耐感到高兴。”[1]

从 1258 年起，法英双方的对话出现了严重障碍。圣路易似乎决心要让贵族们接受他把英国国王的领地如数归还的决策，可是英国这边却遇到了麻烦。马修 · 帕利斯大概在去世之前不久记述了 1259 年的法英谈判情况，据他说，西蒙 · 德 · 蒙福尔的妻子莱斯特伯爵夫人反对签订法英和平协议[2]。马修大概死在法英协议签订之前，否则他肯定会为英国国王重新获得在法国的某些领地而高兴，也会为路易九世拒不交出诺曼底而深感失望。无论路易九世对马修 · 帕利斯的印象是深还是浅，从根本上说，马修眼里的路易九世是一个值得向英国国王推荐的典范（总体上是正面典范，但在赋税政策这个重要问题上是负面典范）。马修 · 帕利斯并没有完整地记述圣路易的一生，他所选择的这些片断，他对路易九世为人的介绍以及他从历史故事中总结的教训，这一切所表明的是一位英国本笃会士的想法，而不是一个持论公允的历史学家的努力。他在讲述路易九世时，似乎总是更多地想到亨利三世。 451

① 马修 · 帕利斯：《大纪年》，前引书，卷 V，第 482 页。

② 同上书，第 745 页。

意大利方济各会士帕尔马的萨林本

方济各会士帕尔马的萨林本是一部用拉丁文写作的编年史的作者，此书留存至今的那部分所记述的事件始于1168年，止于他去世之前不久的1287年，他大概卒于1288年。这是一部通史类型的著作，但从1229年起记述的事件，大多发生在萨林本生活的时代，其中有些是他亲眼目睹，有些则是他所搜集的可靠传闻。他的记述涉及他所生活过的和游历过的所有地区，其中包括意大利北部和中部的许多城市，也包括他曾经两度游历过的法国城市。他的基本观点就是他所属的方济各会的观点①。

他于1221年出生在帕尔马一个富有的市民家庭，年轻时强烈地受到意大利北部公社政治—宗教改革运动的影响；这场在历史上被称作"阿里路亚"的运动，是在某些多明我会士和方济各会士的号召下于1233年掀起的，许多城市居民被卷入其中，可以看作是发生在中世纪的1968年"五月风暴"②。16岁那年，他决心投身小兄弟会，但遭到其父吉多·德·亚当的激烈反对。他以圣方济各为榜样，与父亲断然决裂，于1238年2月4日进入帕尔马的方济各会修道院。他属于13世纪上半叶的方济各会士，他们没有固定的住所，今天在这个修院，明天到另一个修院。他在法诺完成初修，先在吕克逗留了两年，又在锡耶纳逗留了两年，接着在

① 萨林本·德·亚当：《编年史》(Salimbene de Adam, *Chronica*)，新版，两卷本。

② 同上书，卷1，第99页及以下多页中记述的详情。参阅安德烈·沃谢：《1233年前后伦巴第的和平运动》(André Vauchez, *Une campagne de pacification en Lombardie autour de 1233*)，前引文。

比萨住了 4 年，1248 年被祝圣为神甫，翌年得到允准在热那亚布道。他曾两次访问法国，第一次在 1247—1248 年，第二次在 1249 年，逗留时间都不短。接着他先后到过热那亚、波伦亚、斐拉拉、雷佐等地，据他自己说，他还在法恩札住了 5 年，在伊莫拉住了 5 年，在艾米利亚住了 5 年；他卒于 1288 年。

他的出版人朱塞佩·斯卡利亚谈到他时说："他是一个意识 452
到自己价值的人，受吉伯林派影响很深，具有贵族倾向。"有两个原因使我们对他发生兴趣。首先，他在很长时间里是若阿香的精神弟子，据他自己说，直到鞭笞派于 1260 年兴起之前，他一直受若阿香的影响。他是鞭笞派的一分子，但他对这个派别心怀忧虑，终于促使他与当时在方济各会中为数甚多的卡拉布里亚修道院长的弟子分道扬镳。我觉得，他有助于我们更好地了解鞭笞派思想对于圣路易的吸引①。他与若阿香思想的积极宣扬者迪涅的于格关系极好，路易九世在从十字军返回的路上曾会见迪涅，试图请他同往巴黎而未获成功。萨林本分别于 1254 年在普

① 请看本书原文第 210—213 页。关于若阿香的思想，参见亨利·莫蒂：《若阿香·德·弗洛尔对精神表现的诠释》，前引文（本书原文第 63 页注 1）；韦斯特（编）：《若阿香·德·弗洛尔在基督教思想中的地位》（D. C. West, *Joachim of Fior in Christian Thought*），纽约，1975 年。关于 13 世纪的预言术，参见马乔里·里弗斯：《若阿香研究——预言在中世纪后期的影响》（Marjorie Revers, *The Influence of Prophecy in the Later Middle Ages. A study in Joachimism*），牛津，1969 年。关于千禧年思想，参阅贝恩哈特·托普费尔：《太平王国的到来》（Bernhard Topfer, *Das Kommende Reich des Friedens*），柏林，1964 年；恩斯特·本茨：《教会精神——方济各会改革中的教会思想和神学史》（Ernst Benz, *Ecclesia Spiritualis. Kirchenidee und Geschichtstheologie der Franziskanischen Reformation*），斯图加特，1934 年。勒高夫：《千禧年主义》，前引文（本书原文第 63 页注 1）。

罗万、1253 年在芒图曾与另一位若阿香思想的著名信奉者杰拉尔多 · 达 · 波尔格 · 圣多尼奥长谈。此人于 1254 年在巴黎出版了《若阿香 · 德 · 弗洛尔的永恒福音引论》，在巴黎圣母院前的广场上兜售，但遭到教皇和方济各会的禁止，作者本人则因此而被囚禁，不得读书、不得会见朋友、不得参加圣事。

我们对他感兴趣的第二个原因是萨林本曾两度见到路易国王。第一次是 1248 年在方济各会的桑斯总部，那时国王正准备率领十字军出征；第二次是 1271 年，那时国王的灵柩经过雷佐代米里，并在那里首次正式显现圣迹。萨林本关于 1248 年那次见到路易九世的描述是一件不寻常的史料，《编年史》中与路易有关的其他简短材料也勾勒了他的形象，这个形象与马修 · 帕利斯笔下的路易形象迥然有别，而且在时间上与封为圣徒的路易有一段距离。马修比路易年长 15 到 20 岁，他比路易早死 11 年，而萨林本却比路易年轻 7 岁，路易死后 18 年他才去世。

453 一个是本笃会士，另一个是方济各会士；一个是英国人，另一个是意大利人；一个至死无缘与路易谋面，另一个则有幸见到过他。马修生活在传统的封建社会中，在一个传统的修道院里从事写作；萨林本出身于沸腾的公社世界，奔走于一个又一个修道院之间；马修虽然偶尔提及巴黎大学，但他的编年史基本上不涉及当时的知识界；萨林本积极参与围绕着若阿香的思想进行的争论，这场争论甚至可以说构成了他这部著作的主线，而路易本人也曾与这场争论有过或多或少的联系。

萨林本虽然死在路易封圣之前十几年，可是他几乎从头到尾把这位法国国王叫作“圣徒路易”。威廉 · 乔丹说得很对，我们不应忘记，在 13 世纪，“圣徒”并非正式封圣的人才有资格使用的称号，也就是说，被人称作“圣徒”的人不一定是教会确定的崇拜对象；具有一定神德的人都可以被人冠以这个称谓，萨林本当然非常了解路易封圣审批程序的进展情况，他提前把圣徒的桂冠戴在了路易头上[①]。同样出于习惯，萨林本总是在路易的名字前面加上一个修饰语“口碑甚佳”，这个修饰语用于给人们留下了美好记忆的人。这是一个非常贴切的修饰语，它有助于提醒人们，在一个大人物的历史形象产生过程中，公众的记忆不是没有作用的。

出现在《编年史》中的路易正值他率领十字军出征之时。萨林本既然倾向吉伯林派，自然亲神圣罗马帝国皇帝胜于亲教皇。教皇英诺森四世困于与皇帝腓特烈二世的冲突，希望法国国王推迟十字军出征时间，以便助他一臂之力，逼迫皇帝就范；萨林本着重记述了路易对于教皇这个意图的顽强抵抗。1245 年，教皇在克吕尼会见法国国王并与之商谈[②]，路易拒绝因英诺森四世与腓特烈二世的冲突而推迟十字军的出征时间。萨林本在记述中突出了路易的信守诺言和他面对教皇的固执态度：“法国国王路易一再表示，他的计划不可更改，他要以坚强的决心和高度的虔诚把这个计划执行到底，率领十字军出征，尽快向圣地提供支援。”[③]

法国国王领兵抵达桑斯，并在那里稍事逗留，在此期间参加 454
了方济各会的省教务会议，然后继续向艾格莫尔特进发；这是一段令人难忘的故事。

萨林本来到法国已经数月，年前他住在奥塞尔地区，协同一

① 乔丹：《路易九世与十字军的挑战》(William C. Jordan, *Louis IX and the Challenge of the Crusade*)，前引书，第 182 页。

② 萨林本：《编年史》，卷 I，第 256 页。

③ 同上书，卷 I，第 304 页。

位同修会的教士为国王的十字军进行宣传，此时国王恰好也在桑斯。他亲眼见到法国国王在桑斯所做的一切；他确实是个善于观察和工于表述的高手，请看他的有关记述：

法国国王离开巴黎前来参加教务会议，当他快要到达修道院时，小兄弟会士们走出很远隆重地迎接他。巴黎一个著名讲坛的主持人兼鲁昂大主教、小兄弟会士里戈①，穿戴着大主教的礼服走出修道院，急匆匆地前去迎接国王，边寻边问："国王在哪里？"我紧紧跟着他，他头戴大主教的帽子，手里拿着教仗，独自一人，不知道该往哪里走；他因穿戴打扮而耽误时间，出来晚了一些，其他修道士都已走出院门等候在大路边了；他们脸朝着国王将要出现的方向，急切地盼望着他到来……②

国王终于出现了：

国王身材秀美挺拔，颀长而略瘦，相当匀称。他长着一张天使般的面庞，五官优美。他并没有带着国王的全副仪仗到小兄弟会的修道院来，而是一身朝圣者的打扮，搭链和手杖分别挂在两肩，就像是专门为国王设计的装束。他不骑马，徒步走来；他那三位都是伯爵的弟弟……跟在他后面，与他

① 这位里戈就是我在前面多次谈到的欧德·里戈（Eudes Rigaud），他是国王的谋士和朋友。

② 萨林本:《编年史》，卷 I，第 318 页。

> 一样的装束，与他一样的谦卑……。国王不在乎有没有贵族侍奉左右，他更喜欢有穷人为他祈求保佑与福祉……。与其说他是一位出征的骑士，毋宁说他是一位心灵虔诚的修道士。455
> 他走进教堂后就毕恭毕敬地跪在祭坛前面祈祷。当他跨出教堂的门槛时，我恰好就在他身边。有人以教堂司库的名义向他赠礼，这是一条活的白斑狗鱼，放进松木盆里就欢快地游起来，这种鱼在法国相当珍贵；意大利的托斯卡纳人把这种木盆叫作“比贡恰”，是用来供初生婴儿清洗和洗澡的。国王对赠送人和赠送人的代表都表示了谢忱。国王接着高声宣布，除了他要与之谈话的修道士，凡不是骑士者一律不得进入教务会议大厅。
>
> 当我们在教务会议大厅聚齐后，国王先作自我介绍，然后一一介绍他的弟弟们、王后、他的母亲以及所有陪同他的官员，接着他开始介绍他即将进行的远征大业；他虔诚地屈膝下跪，请修道士们为他祈求保佑和福祉。我身边的几位法国修道士出于宗教虔诚和同情心，呜呜地泣啜不止，难以自持……。[①]

接下来讲话的是陪同国王出征的教皇特使夏多鲁的欧德枢机主教，然后由方济各会会长帕尔马的约翰讲话，他高度赞扬路易国王的谦卑和仁慈，称他为修道士们的“国王、领主、父亲和恩人”，感谢他与修道士们进行了有意义的交谈。国王此次前来不是为了向他们要金要银（“依仗上帝的恩宠，他的钱柜装满了金

① 萨林本：《编年史》，卷Ⅰ，第319—320页。

银”——由此可见法国国王的富有名不虚传），而是请他们为他向上帝祈求保佑和福祉。他赞扬十字军和法国的方济各会士的十字军精神，他认为在这一点上，方济各会其他省的会士们比不上法国的方济各会士，他还决定要求所有修道士为法国国王和他的将领们做四场弥撒。国王万一不幸战死，修道士们还得多做弥撒。国王若是觉得修道士们的这些功课还不够，只要他提出要求，他们都会照着去做。路易十分满意，向会长表示感谢，并要求把他的讲话整理成书面稿，加盖方济各会的图章后交给他；此事后来
456 照办了。路易是个注重文书的人，他认为，正式的书面文稿是对讲话的补充，有了书面文稿，讲话才算最终完成[1]。

国王尽管十分俭朴，但为了庆贺此次聚会，他还是在食堂里设宴招待修道士们，并亲自陪同。餐桌上有樱桃和非常白的面包，法国人习惯于以葡萄酒佐餐，在他们的劝说下，其他迟疑不决的修道士也与他们一起喝葡萄酒。接着端上来的是牛奶煮蚕豆、鱼和虾、鳗鱼酱、杏仁汁和肉桂芥末拌米饭、浇汁烤鳗鱼、馅饼、奶酪和各种水果。不但菜肴丰盛，主人的招待也十分热情和殷勤。寻常素食的教士们此番大快朵颐；不管怎么说，这毕竟是国王请客[2]。

路易的虔诚和谦卑具有感染力，通常总会引起他人的仿效。我们已经见到了亨利三世在巴黎时的情景。这次在桑斯则是方济各会的会长帕尔马的约翰，他与国王的贵宾们保持一定的距离，不愿意与包括三位伯爵、一位枢机主教和一位大主教在内的大人

① 萨林本：《编年史》，卷Ⅰ，第320—321页。

② 同上书，第322页。我将在本书原文第636—637页中详述路易在桑斯的“美食”。

物一起在国王那张桌子上就座，宁可与地位最低的那些修道士一起坐在另外一张桌子旁[①]。在方济各会的韦兹莱修道院里，萨林本亲眼见到了相似的一幕，国王最小的弟弟普罗旺斯伯爵查理在教堂里做祷告，久久不能结束，国王耐心地等在门外；这令萨林本十分钦佩[②]。

生性好动的萨林本征得国王允准，跟随他一直到法国南方，因而有机会目睹国王宗教虔诚的种种表现。“他时常拐进小路，到小兄弟会的隐修道士和其他修道士的住处去看望他们，请他们为他祈祷。”[③]韦兹莱教堂没有铺地面，方济各会士们搬出一些凳子和木块请他们坐，可是，国王却就地坐在灰土地上，而且让他的弟 457
弟和修道士们也围着他坐在地上听他讲[④]。

萨林本在里昂与国王告别后，沿着罗纳河顺流而下到阿尔勒，搭海船抵达马赛，然后前往耶尔会见大名鼎鼎的方济各会士迪涅的于格，这位若阿香思想的热烈支持者虽是个肤色黝黑的小个子，却是“世界上最伟大的神职人员之一”，他声音洪亮而急促，善于布道传教，讲到天堂时眉飞色舞，讲到地狱时令听众毛骨悚然，如同风中芦苇那样浑身颤栗。也就是这位迪涅的于格，6 年之后圣路易率十字军返回巴黎途中，特地前去会见他，并试图与他携手共图大业，但于格却不愿俯就[⑤]。

萨林本也像其他编年史家一样，对于十字军远征的记述仅限

---

① 萨林本:《编年史》，卷 I，第 321—322 页。

② 同上书，第 323 页。

③ 同上书，第 322—323 页。

④ 同上书，第 323 页。

⑤ 请看本书原文第 210—213 页。

于一些重大事件和奇闻轶事，这也难怪，因为他们的资料来源基本上是相同的；不过他记述的那些奇闻轶事，对于后来编织圣路易的历史和传说颇有用处。他所记述的十字军远征中的大事主要有如下这些：攻占达米埃塔，阿图瓦的罗伯尔战败和死亡，此次战败既因法国人有罪，也由于罗伯尔的战术失误，因而编年史家们对于罗伯尔都没有好感；接下去是国王被俘，十字军在萨拉森人的沉重打击下以及传染病和饥饿的折磨下大量减员。路易获释后不得不返回达米埃塔，加固圣地的防御体系。《编年史》在这里记述的一个细节让儒安维尔很是感动。萨拉森人偷袭了一群正在恺撒城修筑防御工事的未带武器的法国官兵，把他们全部杀死。圣路易下令挖掘了一个大坑，并不顾劳累，不怕恶臭，亲手掩埋死者[1]。

萨林本虽然对战败并被俘的圣路易依然心存敬仰，但是对于十字军却颇有微辞。他指出，组织十字军远征并没有得到一致支持。他说，1248 年他住在普罗万时遇到两位方济各会士，这两人都是极端的若阿香派，其中一位名叫杰拉尔多·达·波尔格·圣多尼奥，一会儿我们就会讲到他。这两位方济各会士讥笑和揶揄正准备率领十字军出征的法国国王，预言他此举必定以失败告终。他们引用若阿香·德·弗洛尔为《圣经·耶利米书》注释时写下
458 的一段预言，声言“法国国王将被俘，法国人将战败，许多人将死于传染病。”[2]

① 萨林本：《编年史》，卷 I，第 486 页。请看本书原文第 883 页以及附录 II。

② 同上书，第 340 页。

萨林本与马修·帕利斯一样，也非常重视牧羊人事件[①]，而且也以末世论的观点来看待这个事件。他非常敌视闹事的牧羊人，因为作为神职人员，他对于这些肆无忌惮的乡巴佬，只有恐惧、蔑视和仇恨。但是他着重指出，这些牧羊人的愿望是替法国国王向萨拉森人报仇。他们的想法得到了许多法国人的理解和支持，这些法国人于是起而攻击托钵僧，责备他们因鼓吹带来巨大灾祸的十字军而犯下了大罪，托钵僧是导致许多人放弃信仰的罪魁祸首[②]。这是一个新的证据，说明在圣路易时代的法国已经出现了某种形式的不信教现象。路易九世把宗教虔诚传遍法国和整个基督教世界，可是就在宗教虔诚的外衣下面，涌动着一股不信教的暗流。路易九世在位末期初露端倪的经济和社会危机，也是宗教信仰危机，这是一种比异端思想和反对教皇等传统的拒绝合作更为深刻的宗教危机。大卫王的名言“疯子在心里说，上帝并不存在”也许符合当时刚刚露头的现实状况[③]。果真如此，那么路易就更是一位失败的国王了。但是，不信教和无神论时代此时尚未到来。

萨林本把牧羊人的急不可耐与路易的忍耐作了鲜明的对比[④]。可是，尽管国王经受了失败的考验，形象更加高大了，十字军却依然是一次惨败，在那个时代，获得了胜利就表明获得了上帝的

---

① 请看本书原文第195—198页。

② 萨林本:《编年史》，卷I，第645—646页。

③ 莱尔奈:《利用异端：13世纪的法国君主与不信教》(R. E. Lerner, *The Use of Hererodoxy:the French Monarchy and Unbelief in the XIIIth Century*)，见《法国历史研究》(*French Historical Studies*)，IV，1965年。莱尔奈在此书中认为13世纪存在着某些不信教现象，上述史实对他的看法无疑是一种支持；他还认为法国的卡佩王朝君主保护异端和不信教，我认为这种说法没有根据。请看本书原文第784页注1。

④ 萨林本:《编年史》，卷I，第646页。

首肯。路易的弟弟阿图瓦的查理应该为十字军的失败以及因此而令法国人蒙受的耻辱，担负部分责任。

后来的某一天，当上了西西里和那不勒斯国王的另一位查理，打败了腓特烈二世皇帝的后裔，从而洗刷了法国人的这个污点。1285年萨林本死前不久写道，他常常管这位查理叫“法国国王的
459 弟弟”或“国王路易的弟弟”，并且说：“这是一位非常出色的武将，他抹去了圣路易率领下的十字军令法国人蒙受的耻辱。”[①]

对于圣路易第一次出征后的那些岁月，也就是圣路易在位的后半期，萨林本几乎没有任何记述，那时他已经返回意大利了。但是，他两次提及[②]圣路易应教皇之请，把巴黎大学的在会教师圣阿穆尔的纪尧姆从法国驱逐出境[③]一事。纪尧姆激烈攻击各个托钵僧修会，说他真想把“他们赶出巴黎大学”。国王替托钵僧们向这位狂人实实在在地报了仇。萨林本用一页篇幅记述了远征突尼斯的那次十字军以及国王之死；他同马修·帕利斯一样，每次提到这位国王时，都要在他的名字前面冠以“笃信基督教的”修饰语。他对于选定突尼斯城为第一攻击目标作出了解释：“为了便于夺取圣地，路易和十字军的将领们打算首先拿下突尼斯王国，因为它位处大路中央，对十字军构成了不可忽视的障碍。”[④]有人曾推测，十字军之所以首选突尼斯为远征目标，是因为基督教徒方面缺乏地理知识，误算了从突尼斯到埃及和巴勒斯坦的距离；萨林本的这番话似乎为这种推测提供了论据。

---

① 萨林本：《编年史》，卷I，第821页。

② 同上书，第438页和第659页。

③ 据他记述，此事发生在教皇亚历山大四世在位期间（1253—1261）。

④ 萨林本：《编年史》，卷I，第702—703页。

萨林本教士终于又有了一次见到圣路易的机会，由此而成为圣路易逝世后的一个重大事件的见证人之一。1271 年 4 月，法国新国王菲力普陪伴“涂抹香料后安放在棺木中”[①]的先王遗骸返回法国途中，经过萨林本的故乡雷佐代米里和帕尔马。每到一地，圣路易的遗骸都显灵一次，拉开了此后在圣德尼墓地的一系列圣迹显现的序幕。路易的遗骸在雷佐治愈了一位权贵的腿，在帕尔马治好了一位姑娘手臂上多年未愈的溃疡[②]。圣路易真是教会的乖孩子，真如教皇英诺森三世在 13 世纪初所要求的，一直等到死后 460
才显现圣迹。萨林本是亲眼目睹圣迹的为数不多的见证人之一。在见到圣迹之前，他还目睹了这位国王生前的谦卑和虔诚。此后他积极参与这位国王的封圣程序，但未能见到其最终结果，因为他死后十来年，路易才终于被封为圣徒。

不过他对此事还是作了一些记述，据他说，后来成为教皇马丁四世的那位高级神职人员在对已故国王的圣迹进行实地调查后，从法国返回雷佐后曾告诉他，严格的核对和记录表明，由于上帝的关爱，路易显现了 74 次圣迹；所以萨林本希望已故国王能被封为圣徒。可是，正如我们知，萨林本死于 1285 年，因而没能实现他的愿望。萨林本与圣路易告别时怀抱着一个希望，这个希望在那时已经不那么不切实际了，那就是“完成封圣程序的很可能是另一位教皇。”[③]果然如此，这位教皇便是卜尼法斯八世，完成的时间是 1297 年。

---

① 棺木中其实只有遗骨。请看本书原文第 300—301 页。

② 萨林本:《编年史》，卷 I，第 707 页。

③ 同上书，第 865 页。

第八章

/

格式化记述中的圣路易，
461 圣路易存在过吗?

我们知道圣路易一生中的某些事件以及与他有关的一些人名和地名，但是，我们似乎并不知道他究竟是一个什么样的人。圣路易记忆的制造者把他化解在格式化记述之中，他们的论证需要这些格式化记述中的圣路易，他们要把国王塑造成一种典范，既是圣徒的典范，更是国王圣徒的典范，最终“舍弃”国王的身份，留下的是圣徒的典范。我们对圣路易的内心世界所知甚少，当代史学家试图对此作出解释，认为这是圣路易的个性使然，也就是说他讨厌将喜怒哀乐溢于言表，他的羞耻心和谨慎办事的作风使他如同雾中之花。艾蒂安·德拉吕埃勒就此写道:“国王一贯很少表露心迹，这令我们感到遗憾；我们虽然不能说不认识他，但是史学家们却总是把握不住他的内心世界和个性发展轨迹。”[1] 埃德

---

① 艾蒂安·德拉吕埃勒:《圣路易的十字军念头》(Etienne Delaruelle, *L'idée de croisade chez Saint Louis*) 见《教会文学通报》(*Bulletin de littérature ecclésiastique*), 1960 年，第 242 页。

蒙－勒内·拉邦德指出："对于这位在 1970 年被法国人纪念的人，'谨慎'在我看来就是他的基本特征；这大概符合他的禀性。"[①] 雅克·马多勒也说："他在'不事声张'中完成了最崇高、最困难的事业，因为他时时保持警觉，不让自己对于谦卑的追求损害国王的尊严。这种不事声张的原委不可能被揭示，我们对圣路易的内心世界知之甚少，除了无奈，我们不可能有所作为。"[②] 462

然而，我们会对此类随意发挥的心理诠释提出质疑。在探究一个历史人物的禀性或个性特征之前，一定要将同时代人所记述的此人的行为举止，与那个时代的伦理范畴和此人的传记作者们的观念进行一番对比。

用形成于 12 世纪的伦理规范术语来表述，与其把圣路易的性格特征说成是"谨慎"，毋宁说是懂得把握分寸和善于克制。12 世纪的贤人理想因"文艺复兴"而为公众所崇尚，它反对过激的尚武行为和"狂暴"，并为古代的西塞罗和塞涅卡的伦理思想披上了一层基督教思想的外衣。在 12 世纪上半叶，行为的分寸体现在圣维克托的于格为修道院初修生所确定的肢体和动作规范中，这种规范很快扩展到平信徒中间[③]。圣路易所追求的第一目标便是贤人[④]，他的外号可资证明。14 世纪初的法国人为三位已故国王起了

---

① 爱德蒙－勒内·拉邦德：《朝圣者圣路易》（Edmond-René Labande, *Saint Louis pélerin*），见《法国教会杂志》（*Revue d'histoire de l'Eglise de France*），57，1971，第 5—17 页。

② 雅克·马多勒：《法国国王圣路易》（Jacques Madaule, *Saint Louis, roide France*），巴黎，1943 年，第 23 页。

③ 参阅施密特：《中世纪西方举止的准绳》，前引书。

④ 请看本书原文第 621 页及以下多页。

外号，圣路易被称作贤人，其后的第一位菲力普被叫作勇夫，另一位菲力普被叫作美男子[①]。

其实，路易九世的内心世界和性格发展都没有逃出我们的掌握，他的忏悔师以及传记作者和圣徒传作者们都作了不同程度的揭示。我们从他们的记述中获知，路易九世依照托钵僧宣扬的理想努力追求谦卑、公义和克己忘我；他们指出了他的思想和行为所经历的一次巨变，并因此而将他的统治分为前后两个迥然有别
463 的阶段，十字军溃败之前是普通的宗教虔诚和正常的基督教徒治国阶段，十字军溃败之后则是苦行补赎和推行道德秩序阶段。这与约西亚在摩西五经发现前后判若两人十分相似[②]。路易只不过是依照他生活的那个世纪的理想行事而已。可是，雅克·马多勒敏锐地发现，国王的一生处在一个基本冲突之中，那就是托钵僧的基督教理想和君主的行为准则之间的矛盾，君主的行为准则是依据王族的传统制定的，不但与基督教无关，而且形成于基督教产生之前[③]。威廉·乔丹曾以其聪明和细致作出推测，认定路易九世

① 这份法国国王的族谱来自普瓦提埃伯爵手下的一个说书人编写的年表，大约成书于 1293—1297 年间；书中的年代和年龄不甚准确。书中写道："贤人路易在 13 岁 7 个月时加冕……。他在位 43 年后卒于迦太基，享年 58 岁。他在位时国泰民安；他热爱上帝和教会，人们管他叫圣徒"（《高卢与法国历史学家文集》，前引书，卷 XXVIII，第 146 页）。这份年表写成于路易封圣之前，它的价值在于它所讲和它所不讲的那些事件（路易在埃及战败和被俘都没有讲），同时，它也告诉我们，中世纪的神职人员对年表的使用仅限于计算人的年龄和事件（羁押和执政）的持续时间，并不记录确切的日期。

② 请看本书原文第 396—401 页。

③ 下面我们将要看到，路易在饭桌上找到了这两种准则之间的妥协。请看本书原文第 624 页及以下多页。

内心深感困惑，现在我们又遇到了这个问题。一方面，作为虔诚的信徒和注重伦理的人，路易受到了批评，另一方面，由于他的基督教徒和国王双重身份彼此不能完全相容，内心不免产生激烈冲突，却无法克服[①]。

乔丹这位美国历史学家批评那些为圣路易作传的同时代人大多缺乏批判精神，当然言之有理，正因为缺乏这种精神，他们才接受了圣徒传作者们笔下的那个理想的、无畏的圣路易形象。我在这里要对圣徒传作者们的手法逐一进行剖析，我将告诉读者，他们所塑造的那个完美的路易形象在文献中露出了哪些破绽。不过，我首先想要指出，威廉·乔丹所发现的那些矛盾虽然确实存在，但并非源于见证人对圣路易的个性特征的记述，而是从格式化记述中的圣路易形象归纳出来的。况且，乔丹本人好像也想到了这一点，他在谈到圣路易遭到批评时的感受时写道："我们不妨把这些（小故事）看作'拓扑'式的小笑话，这是为了塑造一个圣徒国王形象而随心所欲地表述的看法"。

作为一个统治者，圣路易居然能听取批评，这是他传统形象的一个组成部分，然而，这并不说明他因此就是圣徒。同样，雅克·马多勒所说的路易对他的善举"不事声张"，也缘于当时普通
人那种特别强烈的心态；比方说，那时出现了一些以贫穷为耻辱 464
的穷人，对于自己的窘境或慈善缄口不言，这不是某人的个人性格，而是普遍认可的社会伦理规范。圣方济各对自己身上与耶稣

① 威廉·乔丹：《人与行为：13世纪卡佩王朝诸王的形象与行为——以圣路易为例》（William C.Jordan, *Persona et gesta: the Image and Deeds of the Thirteenth Century Capetians. The Case of Saint Louis*），见《旅行者》（*Viator*），卷19，1988年，2，第209—218页。

一样的五处伤疤也秘而不宣，圣多明我与此相似，他也不事声张地做祈祷。

威廉·乔丹说得很对，每遇亲人亡故便五内皆裂并嚎啕大哭，这也是当时普通群众心目中的大人物形象的一部分，因为这说明他们富有人情味，珍惜亲情，而对于路易来说，这表现了他对家庭的热爱。丧事上的嚎啕大哭如果不是传记作者们和编年史家们的格式化手法，那就是当时大人物们表示悲伤的一种常规，我们很难确认嚎啕大哭是对亡人的真诚痛惜或是死亡引起的震撼。所以，对于带着重孝的圣路易无所顾忌地袒露亲人亡故给他带来的悲痛，我们也很难说清楚，究竟其中有多少属于当时君王必行的礼仪。《罗兰之歌》中的查理曼不也是动辄痛哭流涕的君主典范吗？

1252 年春天在圣地获悉母后过世的噩耗时，圣路易的悲痛在儒安维尔和其他近臣们看来有些过分，其实这正是与众不同的母子之间特殊感情的表现①。他的长子和继位者死在 1260 年，年仅 16 岁，圣路易因此而沉浸在巨大悲痛之中，这次是博韦的樊尚在他的一首诗中责备了国王②。其实，圣路易的巨大悲痛有两个原因，一是因王储死在当朝国王之前而必须在礼仪上有所表示，二是在他这个国王和父亲看来，儿子之死是上帝发怒的结果。这种极度悲伤以前也受到过责备，那是在 1131 年路易六世的长子、已经加冕为王的菲力普突然意外去世之时③。英国国王亨利二世因王储去

① 请看本书原文第 716—717 页。

② 请看本书原文第 268—269 页。

③ 絮热：《胖子路易四世传》（Suger, *Vie de Louis VI le Gros*），本书原文第 284 页注 2 引用，第 267 页。年方 15 岁的王储骑马在巴黎郊外漫步时，撞上一只四处游荡的猪，遂落马，因伤致死。

世而终日以泪洗面，皮埃尔·德·布鲁瓦也因此而责备国王[①]。圣
路易的小弟弟阿图瓦伯爵罗伯尔1250年在埃及战死，圣路易痛不 465
欲生，我们对此应该作何感想呢？对他的最后一桩家族丧事，即1270年2月妹妹伊萨贝尔之死，又该作何感想呢？随后，他的儿子让－特里斯坦死在突尼斯城，数日后他本人也撒手人寰。身着修女服的伊萨贝尔躺在她咽气的床上，床上铺着草，圣路易的情绪过于激动，颓然跪倒在地上[②]。我们是否认为，此事表明人们对遗体已经产生了一种毛骨悚然的恐惧感，而这种恐惧感预示着中世纪的悲秋即将到来呢？

这就是痛哭流涕的那两位国王路易九世和亨利三世，这就是夸张地显示悲痛的那两位国王。可是，路易的弟弟普罗旺斯伯爵、1266年以后的那不勒斯和西西里国王安茹的查理也是这样，虽然编年史家并不认为他是个多情善感的男子，况且他与路易几乎始终处于对立状态。国王作出决定，他本人留在圣地，他的弟弟普瓦提埃的阿尔封斯和安茹的查理立即返回法国辅佐母后理政；儒安维尔就此写道："当安茹伯爵获悉他必须登船返国后，心里十分难过，难过得令众人为之动情；然而他还是返回法国去了。"[③]1270年倒霉的十字军出征时，这位当上了西西里国王的安茹伯爵姗姗

① 皮埃尔·德·布鲁瓦：《书信集2》（Pierre de Blois, *Epistola* 2），见《拉丁教父著作集》，卷207。

② 参阅勒南·德·蒂伊蒙：《圣路易传》，前引书，卷V，第117页。关于圣路易与其妹伊萨贝尔的关系，参见乔丹：《路易九世与十字军的挑战》，前引书，第9—12页。

③ 儒安维尔：《圣路易史》，前引书，第243页。

来迟，当他抵达突尼斯城下时，路易已经驾崩。他在国王的帐篷里见到哥哥的遗体时，泪流满面地扑倒在死者脚下。这显然是一种超越其个人性格的典范行为。

在历史传说中被视为最能体现路易圣德的那些表现，其实在他某个同时代人或前辈人身上也常常可以见到。

比如说英国国王的宗教虔诚并不逊于圣路易，只不过表达方式有所不同而已，圣路易热衷于聆听布道，而亨利则更喜欢望
466 弥撒①。在1250年和解之前，两位国王在各个方面都彼此斗气争胜，在宗教虔诚方面是这样，在政治和战争方面也是如此。甚至在1250年以后，这种竞争依然如故。1259年亨利三世来到巴黎进行和谈，由于不得不在王宫里等候亨利前来与会，而且一等再等，路易不是掩饰不住脸上的怒气吗？下榻在西岱岛上的亨利前往会场时，不是一路上见到教堂就进去，而且凡有弥撒必参加吗？1271年在圣德尼安葬路易的遗骸，送葬行列意在向公众表明，法国国王是圣徒，然而当送葬队伍经过时，一个英国人却高声叫嚷，声言他们的国王也不见得不是圣徒。

路易在埃及战败被俘后致函臣民，如实通报战况，此事让人觉得是路易的首创，他敢于直面事实，向臣民报忧，并表示忏悔，由此开创了信赖与信心之间的一种新型关系；其实当他这样作的时候，难道不曾想到英国的狮心王理查在他之前也曾致函臣民？当然，英国国王是为了向臣民报告胜利，他在1198年的日索尔之

① 莱斯特·里特尔：《圣路易与会士的交往》，前引文（本书原文第62页注5），第5页。

役中打败了菲力普·奥古斯特[①]。

圣路易形象的渊源应该到卡佩王朝的传统中去寻找才是。

埃尔戈修道士曾勾勒过虔诚者罗伯尔的形象，这个形象可以说是一个典范的雏形，后来在圣路易身上得到了完美的体现。埃尔戈是弗勒里隐修院（卢瓦河畔圣伯努瓦）的本笃会士，这所隐修院竭尽全力使自己成为卡佩王朝最初几位国王的历史编撰和思想意识中心，并在宣传方面发挥作用，就像 12 世纪以后的圣德尼那样。埃尔戈撰写了《虔诚者罗伯尔传》[②]，时间大约在罗伯尔过世那年（1031）和 1041 年之间。借用罗伯尔－亨利·博捷的话说，这是一部歌功颂德的著作，“简直就是圣徒传”，作者希望借助此书让公众承认，于格·卡佩的嗣王具有圣徒的灵性。这部奉献给上帝和圣埃尼昂的传记，看来像是一首赞歌，竭力颂扬“体现慈善、谦卑和仁慈的事业，若不从事此类事业，谁也不能进入天
堂”，在这方面，“非常宽厚、非常虔诚的法国国王罗伯尔……表 467
现出众，光彩熠熠，自从特别虔诚的大卫王以来，无人能与之媲美”。埃尔戈描述了罗伯尔的外貌和精神，不厌其详地讲述他的种种善举，他的谦卑和虔诚，他对圣物的敬重和对祈祷的热衷。接着他一一列举了国王和王族出资修建的修道院以及他们给予许多教堂的捐助，他还记述了国王的众多圣迹，总之，他笔下的罗伯尔国王简直就是又一位大卫王。

---

① 迪比：《中世纪——从于格·卡佩到圣女贞德（987—1460）》(Georges Duby, *Histoire de France, t. I, Le Moyen Age de Hugues Capet à Jeanne d'Arc* (987–1460))，前引书，第 260 页。请看本书原文第 194 页注 1。

② 埃尔戈：《虔诚者罗伯尔传》，前引书（本书原文第 392 页注 1）。

倘若不考虑国王的体态和外貌特征，暂且把众多（经由委员会审核）的圣迹放在一边，再把大卫换成约西亚，那么，我们在埃尔戈的书中看到的，基本上也就是博利厄的若弗鲁瓦和圣帕丢斯的纪尧姆所写的圣路易传。若弗鲁瓦和纪尧姆给路易披上了托钵僧的外衣，而埃尔戈赋予罗伯尔的则是一副本笃会士的外貌，这就是两位国王的唯一区别。

下面就是埃尔戈这位 12 世纪弗勒里修道院的修道士，为虔诚者罗伯尔所写的传记中最能说明问题的段落：

> 那地方病人很多，麻风病人尤其多，上帝派来的这个人并未因害怕而转身离去，因为他在《圣经》中读到，以凡人面貌出现的耶稣基督不止一次地受到麻风病人的款待。他满怀期望，快步走向他们走去，迈进他们的家门，亲手把钱交给他们，亲吻他们的手，不断喃喃地称颂上帝，还把上帝说过的话告诉他们："记住，你们都是尘埃，将来仍是尘埃。"他还以怜悯之心和对上帝的爱帮助另外一些人，万能的上帝无论在哪里，都能做成大事。不但如此，神还赋予这个完人
> 468 以美德，让他能为人治病，病人的疮口经他那双虔诚的手触摸，经他划十字，痛苦立即无影无踪[①]。

当我们阅读前面这段文字时，难道没有立即不由自主地想到圣路易？只有一点不同，古人把国王说成用手一摸就能包治百病，

① 弗勒里的埃尔戈：《虔诚者罗伯尔传》，前引书，第 127—129 页。

而在10世纪和13世纪之间，国王用手一摸就能治愈的病只有瘰疬一种[①]。

《虔诚者罗伯尔传》中的下面这段文字，若把其中的大卫王换成约西亚，岂不又让我们以为传主就是圣路易吗？

> ……肯定地说，自从大卫王以来，世间再也没有一位国王能与他相比，他圣洁的美德、他的谦卑、他的仁爱、虔诚和慈悲，都无与伦比，他的美德超乎一切之上，若不具备这种美德，谁也休想见到上帝，由于上帝永远在他白璧无瑕的心中，所以他从来不曾离开上帝的教诲一步[②]。

弗勒里的埃尔戈试图通过自己的努力让虔诚者罗伯尔成为圣徒，但未获成功；这是卡佩王朝第一位争取封圣失败的国王。罗伯尔之后100年，路易九世之前100年，又出现了一位路易九世的先例，这便是他的曾祖父路易七世。我们所看到的有关这位国王的资料，比埃尔戈用于为罗伯尔作传的资料更为可靠；这些资料所描述的路易七世首先是一个虔诚的信徒，不是平信徒的那种虔诚，而是神职人员的那种虔诚。他的妻子阿奎坦的阿里耶诺尔对此颇多怨言："我嫁的不是一个普通人，而是一个修道士。"就

---

① 马克·布洛赫：《国王神迹》(Marc Bloch, *Les Rois thaumaturges*)，前引书。雅克·勒高夫：《国王的奇迹》(Jacqus Le Goff, *Le miracle royal*)，见《马克·布洛赫诞生百周年纪念巴黎学术讨论会文集》(*Actes de colloque de Paris pour le centenaire de la naissance de Marc Bloch*)，巴黎，1986年。

② 弗勒里的埃尔戈：《虔诚者罗伯尔传》，前引书，第138—139页。

像圣路易那样，路易七世也曾受英国国王亨利二世之邀充当仲裁，而且前后有两次。第一次是调解英国国王与他的儿子和坎特伯雷大主教托马斯·伯克特之间的冲突，第二次解决国王与大主教的矛盾。两次调解都劳而无功，但是，原因并非路易七世的政治威
469 望未能转变成圣徒的道德声望。而是没有妙笔生花的传记作者为他写传，没有能干的说客为他向教会说项，把他捧上祭坛。宗教虔诚是他与妻子阿里耶诺尔分手的原因之一，这个女人后来改嫁英国国王亨利二世；可是，他的这份宗教虔诚的影响似乎依然不够大；他为英国人所作的调解更多地被看成是一种政治谋略，而且与阿里耶诺尔改嫁所引发的两国国王之间的敌对情绪有关。

要说圣路易的祖父菲力普·奥古斯特是他的第二位先例，读者也许会更加吃惊，但这是事实。菲力普·奥古斯特是一位尚武的国王，13 世纪的人不称他为奥古斯特，把他叫作征服者菲力普[①]；这是一位花天酒地、迷恋女色的国王；他在很长世间里被教会视为犯了重婚罪，而且由于拒不对他的第二任合法妻子丹麦的茵吉博尔格履行丈夫的义务而被绝罚；他还动辄大发雷霆。然而，菲力普·奥古斯特死后却留下了一份名副其实的“圣德文献”，他生前的大臣们希望充分加以利用[②]。记载在这份文献中的菲力普·奥古斯特一生，奇迹不胜枚举。他的父亲路易七世的前两位妻子只生女儿，不生儿子，第三位妻子婚后 5 年也不见子嗣，直

① 由于“扩大”了国王管辖区，菲力普二世确实很早就被称作奥古斯特，但是他在整个 13 世纪都以“征服者”闻名于世，到了 14 世纪，人们才习惯于叫他为菲力普·奥古斯特。

② 勒高夫:《关于菲力普·奥古斯特申请封圣的文献》，前引文。

到1165年才有了他这个儿子，此时路易七世45岁，在当时已被视为高龄。王后怀孕期间，路易七世梦见一个男性继承人，把盛在黄金圣餐杯中的人血给他的贵族们喝，这情景如同鹈鹕喂养幼雏和基督王将自己的血给他的封臣们喝一模一样。据菲力普七世的第一位传记作者里戈尔记述，他在征战中显现了三件奇迹：他推迟了庄稼成熟的季节，在大旱季节让地下冒出水来，用投枪在卢瓦尔河上找到了一处可以涉水而过的神奇的浅水区。据他的第二位传记作者记述，他因两次见到圣徒而得福。第一次是在望弥撒时见到了年幼的耶稣基督，当时神甫正在高举圣饼，在场的所有人中唯有他看见了浑身上下光彩夺目的基督。第二次见到上帝为他带来了“神秘美德”的荣誉。那是在1190年8月，他率领军队乘船前去参加十字军，在从热那亚驶向西西里途中遭遇风暴时，
他看见上帝从天而降前来看望他们，宽慰他的同伴们。人们把他 470
在布汶之役中取得的胜利归功于神助，国王在此役中的表现犹如基督一般。在他1223年去世前夕，一颗彗星出现在天空，预告他即将过世。圣德尼在为一位意大利骑士治病时，将他对菲力普七世即将去世的预测告诉了他。这位意大利骑士把这个消息转告给了教皇。

我们知道，菲力普·奥古斯特没有成为圣徒，他的婚姻行为和由此而引起的与教会的纠葛，把他通向圣徒的道路堵死了。为他奔走的那些人竭力鼓吹他那些可疑的圣迹，这也许是他们的失策，因为教会不喜欢平信徒身怀魔力，从此以后，生活和作风方面的圣德比圣迹更为重要，一个人在宗教信仰和道德上是否完善，不再取决于是否显现过圣迹。然而，菲力普·奥古斯特的传记作者们丝毫不曾忽略他个性中的这一方面，也正是在这一点上，菲

力普·奥古斯特把虔诚者罗伯尔与路易九世连接起来了。他不打猎，不比武，他是“傲慢人的驯服者、教会的卫护者、穷苦人的养育者”，他向穷人施舍衣服，他在王府中设立了一个布施站①，把王家的小教堂变成了宣扬国王宗教虔诚的重要场所；他积极参与赈灾活动，1195年在巴黎救助流行病人和水灾灾民，亲自走在赎罪队伍中间，分发葡萄酒。他命令邑督们主持公义，指派稽查员对邑督们进行监督。他厌恶亵渎神明的脏话，并予以严厉惩罚。卡佩王朝的历代国王长久以来不懈努力，要把法国国王塑造成为理想的基督教徒国王、圣徒国王，圣路易难道不像是这种苦心经营的结果吗？圣路易难道不是获得成功的虔诚者罗伯尔或菲力普·奥古斯特吗？

他难道不是在重复更古老的典范吗？在卡佩王朝成功地实现
471 了与加洛林王朝的承袭关系（回归查理曼族系）之时，圣路易难道不就是一个新的查理曼吗？巴黎的吉勒是年轻的太子路易的儿子，在他1021年献给他的父亲一部《王侯明鉴》中，也把查理曼奉为楷模，这部书难道不是连接查理曼与圣路易的一根纽带吗②？

① 罗伯尔-亨利·博捷：《国王对病人的布施——王国内的布施站和收容所：从菲力普·奥古斯特到查理七世时期的济贫院研究》(Robert-Henri Bauttier, *Les aumônes du roi aux maladeries, maison-Dieu et pauvres établissements du royaume. Contribution à l'étude du réseau . . . de Philippe Auguste à Charles VII*)，见《学者协会第97届全国大会文集》(*Actes du 97e congrès national des sociétés savantes*)，南特，1972年；载《文献和历史通报》(*Bulletin philologique et historique*)，巴黎，1979年，第37—105页。

② 科尔克（编）：《加洛林诸王》(M. M. Colker, *The Karolinus of Egidius Parisiensis*)，见《传统》(*Traditio*)，34，1973年，第99—325页；安德烈·刘易斯：《王朝结构与卡佩王位权力：巴黎的吉勒的一种看法》(*Dynastic structures and Capetian throne-right: one view of Giles of Paris*) 见《传统》，33，1977年。

从吃相这个具有典型意义的细节来看，坐在餐桌旁的圣路易不就是又一位正在进餐的查理曼吗[①]？

难道他不是更深地锁定在基督时代中的“新的君士坦丁”吗？有一件文书就是这样称呼他的。难道他不是新教规下的约西亚[②]吗？依据旧约与新约一致的象征主义原则（这个原则把历史上和《圣经·新约》中的人物都说成是《圣经·旧约》人物的翻版），圣徒传的作者们这样称呼他，教皇卜尼法斯八世在为他封圣的诏书中这样称呼他。因为正如卡罗琳·拜努姆所说，自12世纪以来，所谓个性，无非是从不同类型的模子中依据相似原则复制出来的那些形象[③]。

个人只能通过“集体辨认”和某个范畴得以存在和实现。圣路易是“基督教徒国王。”[④]一个人的特征只能通过他与某位榜样的相似程度得到确认。说某人是圣徒，那就是说他“像上帝”。《圣经·创世记》说，人是依照上帝的模样造出来的；然而，人已经堕落，若想变成“上帝的形象”，必须能模仿上帝和成为圣徒，或者能达到国王那种完善程度，因为国王来到人间的使命之一便是

① 请看本书原文第639—641页。

② 请看本书原文第396—401页。

③ 卡罗琳·拜努姆：《12世纪发现个人了吗？》（Caroline Bynum, *Did the Twelve Century discover the individual?*）见《教会史评论》（*Journal of Ecclesiastical History*），31，1980年；收入《作为母亲的耶稣——中世纪早期精神状态研究》（*Jesus as Mother. Studies in the Spirituality of th High Middle Ages*），伯克利，1982年，第82—109页。关于13世纪的个人，请看本书原文第499页及以下多页。

④ 关于基督教徒国王榜样，请看本书原文第402—431页对于“王侯明鉴”的论述和本书第三部分。

成为上帝的形象[①]。

至于上帝借助圣路易的遗骸显现的圣迹，无论是在送葬行列
472 当中或是当人们在圣德尼触摸坟墓时，都是一些常见的普通的奇迹。圣路易能治病，当时任何一个圣徒也都能治病[②]。

这么说来，传记作者和圣徒传作者们所创造的圣路易这个人，只是一种理想的形象、一种世界上并不存在的如同综合画像之类的模型而已，难道不是这样吗？那么我们要问：圣路易存在过吗？

① 威廉·贝格斯：《中世纪盛期和晚期的“王侯明鉴”》，前引书。

② 参见圣路易的圣迹，本书原文第844—857页。

第九章

/

儒安维尔笔下“真实的”路易 473

路易九世被封为圣徒，卜尼法斯八世在他的诏书和两份布道词中为圣路易勾勒了定型的官方形象，圣徒国王的传记和他确凿无误的圣迹都写进书里了，这些书的作者中既有圣徒传的作者，他们亲眼见过圣路易本人或者向他的亲人搜集了材料，也有圣帕丢斯的纪尧姆，他利用了封圣程序中目击者的证词。当这一切都做完时，一位 80 岁老人开始口述一部叫作“圣路易国王善行和圣言录”的书。这部书虽然没有改变一切，却彻底改变了我们接近“真实”的圣路易其人的可能性。

据香槟邑督让·儒安维尔老爷本人说，他是应纳瓦尔王后之请为圣路易作传的。纳瓦尔王后名叫让娜，是路易九世的孙子美男子菲力普的妻子，她在聘请儒安维尔为圣路易作传之后不久，就于 1305 年 4 月 2 日过世。儒安维尔在 1309 年完成写作，题献给让娜的儿子路易；路易身兼纳瓦尔国王和香槟及布里伯爵，后来成为法国国王（1314—1316 年在位），人称顽夫路易十世。儒安维尔生于 1224 年，比圣路易小 10 岁，开始口述圣路易传记时已是年逾八旬的老翁。

与众不同的见证人

他这位见证人的与众不同之处有二。一是他亲眼见到过圣路
474 易。在十字军远征埃及的大部分期间里，他是圣路易最亲近的谋士之一，此外在巴黎的王宫中，他在许多时候也是国王的亲信。对于圣路易一生中的其他时期，他向一些了解详情的见证人搜集了有关材料，比如向圣路易的儿子皮埃尔搜集有关攻打突尼斯城的那次十字军以及国王之死的情况，因为，国王临终时这位阿朗松伯爵曾守候在病床边。1282 年为路易封圣进行调查时，皮埃尔是被询问的见证人之一；圣路易极端厌恶撒谎这一点就是出自皮埃尔之口，这种高尚品德曾让许多同时代人颇感震惊。据皮埃尔说，尽管欺骗异教徒在当时即使不被视为美德，至少也不是罪过，但路易在被俘期间却拒绝对萨拉森人言而无信。教皇卜尼法斯八世在圣路易的封圣典礼上提到了这一特别崇高的品德，1298 年 8 月 25 日在圣德尼为新圣徒举行遗体提升礼时，诵读布道词的那位多明我会士当着国王美男子菲力普的面，也提到了这一特别崇高的品德。儒安维尔当时也在场，布道师提到他的名字时，向全体与会者作了介绍。对于儒安维尔来说，这是不动声色的报复，因为，他虽然是圣路易生前的密友，可是，圣路易的儿子勇夫菲力普三世和孙子美男子菲力普四世都对他毫无敬意可言。

二是儒安维尔是个平信徒。也许他的宗教信仰十分虔诚，但毕竟是平信徒。因此之故，他不像那些撰写圣徒传的托钵僧那样，

专写国王的宗教活动；他还写了圣路易的武将和骑士生活，而没有他，我们今天就不可能知道圣路易的这些方面。他甚至用了整整两大部分的篇幅专门记述圣路易这两方面的情况。他写道：“本书第二部分记述他的英勇善战和赫赫战功。”圣路易 1242 年在塔耶堡与英国人作战时，双方陷入混战，圣路易不是站在一旁观战，而是“与官兵一起出生入死”。1249—1250 年在埃及作战时的圣路易尤为英勇，儒安维尔亲眼目睹他在双方短兵相接时左冲右突，成他为从未见过的最“优秀的骑士”[①]。

因此，对于圣路易能以平信徒的身份被封为圣徒这件看来有些出奇的事，儒安维尔特别能够理解，他认为，圣路易虽然是个平信徒，却是一个平信徒中的圣徒。他就此写道：“当今的平信徒中没有一个人像他那样，从登基的第一天起直到生命最后一刻，始终生活在极度圣洁之中。”平信徒的地位在 13 世纪得到提升， 475
圣徒的封号通常只授予在会信徒和神职人员，然而在 13 世纪，平信徒也能获得圣徒封号，这正是 13 世纪异乎寻常的功绩[②]。

儒安维尔的全部记述都独具特色。由一位平信徒为一位圣徒作传，这是第一次，却是事出有因。贵族中某些成员受教育程度较高，已经可以从事写作了，儒安维尔当然是一位受过专门教育的平信徒。米歇尔·赞克敏锐地指出，透过儒安维尔笔下圣路易为弟弟阿图瓦的罗伯尔之死而痛哭的场景，不难发现一个世纪以

---

① 请看本书原文第 191—192 页。

② 安德烈·沃谢：《中世纪的平信徒》，前引书（本书原文第 62 页注 3）；罗布里雄：《11—15 世纪西方平信徒的宗教信仰》，前引书（本书原文第 62 页注 3）。

前圣贝尔纳为其兄弟之死而哭时说的那些伤心话[①]。然而，儒安维尔没有遵守此类著作的常规，没有在传略之后记述圣迹。

儒安维尔这位十分虔诚的平信徒，到底还是记述了几件他并未目睹的圣迹，但只用寥寥几句话一笔带过："他的遗骨被精心保存在盒子中，带回法国，埋在圣德尼；安葬在他事先选定的墓地，此后上帝为他在那里多次显现圣迹，用以表彰他的功绩。"即使在那些必须求助于他人见闻的地方，儒安维尔依然首先讲述他的亲眼所见。他之所以要用并非亲见的路易之死来结束全书，那是因为在基督教徒的一生中，死意味着圆满，死是最终获得或失去永恒生活的关键时刻，死是在活了一辈子以后，在最后一幕中展示自己在人世间究竟扮演了什么角色的时刻。路易之死尤为重要，因为他的死证实了他出生时的预兆，这一点我们在前面已经谈及[②]。国王之死因而是一个命运的终结，他的死最终证明他对耶稣的模仿是成功的："在十字架问题上，他也模仿上帝；上帝在十字架上受难，他也一样，因为他死在突尼斯城下时，是在十字军中"，而且是在下午三点，"正是圣子[③]为拯救世界而在十字架上咽气的时刻"。

① 米歇尔·赞克：《儒安维尔做梦而不哭》（M. Zink, *Joinville ne pleure pas mais il rêve*），见《诗刊》（*Poétique*），33，1978 年，第 34 页。

② 请看本书原文第 34 页。

③ 圣子即耶稣。基督教教义认为，圣父、圣子和圣灵三位一体。——译者

真实可信的见证人

但是，儒安维尔的这部书实在太特别，所以在通过它认识圣 476
路易之前，必须先弄清几个问题。首先，作为这部书主要部分的有关十字军的内容，是在事发半个世纪之后记述的，这就有一个回忆是否可信的问题。我们不应忘记，书面记载在中世纪社会中非常罕见，人们的记忆力却比我们现在这个书写社会更强、更长、更准确。雅克·蒙弗兰和米歇尔·佩雷的文献学和语言学研究证实，儒安维尔可能在正式撰写圣路易的传记之前（大概是在圣路易死后不久）就写下了一些回忆，此后对于圣路易的回忆就成了他的生存和生活的中心内容。退而言之，在1282年为封圣而进行的调查中，儒安维尔肯定陈述了圣路易的某些特点，用以证明他具有圣徒品质。这些回忆可说是《圣路易史》成书过程中的一个阶段①，而且由于国王给儒安维尔留下的印象深刻而生动，所以他的回忆具有栩栩如生的特色。恰如米歇尔·赞克所指出，儒安维尔的回忆感情色彩较浓，其中有许多感人至深的场面和与之相连

① 路易·卡罗吕斯-巴雷曾引用圣帕丢斯的纪尧姆的《圣路易传》的一些段落，据他说，这些段落抄录了儒安维尔在封圣程序中所作的证言，他还将这些段落与儒安维尔本人著作中的相关段落进行了对比（见路易·卡罗吕斯-巴雷的《圣路易的封圣程序》，前引书，第78—87页，又见他对让·儒安维尔的介绍。巴雷称儒安维尔出生于1225年，而不是1224年。据他推算，儒安维尔的生日是5月1日，这说明他之所以把儒安维尔的出生年说成1225年，不是因为采用现代纪年方法记述中世纪的年代。通常的做法是在遇到中世纪纪年中的1月和2月时，就应前推一年，因为那时3月是新年的开始。第152—158页）。

的情感。这本书以儒安维尔与国王初次见面开卷，那是 1241 年国王在索谬尔为他的弟弟阿尔封斯获得骑士身份而举行的宴会上，宫廷的全体人员都在场，儒安维尔是个 17 岁的翩翩少年。儒安维尔对这场宴会记忆犹新，在书中作了精彩的描述[①]。不过，他对国
477 王的回忆主要是围绕十字军发生的事件，那是儒安维尔一生极为重要的时刻，首先因为对于大多数参加过十字军的人来说，那都是一生中无法忘怀的一次经历；其次因为儒安维尔与国王的关系是在那时热络起来的。十字军远征还曾令儒安维尔顾此失彼，左右为难，一边是上帝和国王，一边是自己的家庭、土地和古堡。一个封建贵族内心的激烈矛盾在这里表现得淋漓尽致。“那天，我从儒安维尔出发”……，这段文字广为人知：

> 舍米农院长把披风和教仗交给我之后，我就从儒安维尔步行出发了，上身穿着衬衣，下身没穿短套裤，在离开十字军回到家园之前，再也没有见到我的古堡。我就这样走到布莱库尔，又到了圣—乌尔班和其他一些藏有圣物的地方。在去往布莱库尔和圣—乌尔班的路上，我不敢回头朝儒安维尔望一眼，唯恐自己会因留在身后的美丽古堡和两个孩子而心碎[②]。

儒安维尔的回忆生动而清新，既像一幅画，又像一首歌。

圣路易的舰队停泊在塞浦路斯，准备驶向埃及；儒安维尔是

---

① 儒安维尔：《圣路易史》，第 69 页。请看本书原文第 138—139 页。

② 同上书，第 54—57 页。

这样描述的：

> 星期六那天，国王乘坐的那艘船扬帆起航，所有船只跟着起锚出港，场面非常壮观，目光所及的海面全都被船帆所覆盖，大小船只大约共计一百六十条左右①。

穆斯林向十字军发射希腊火硝的情景也出现在他笔下：

> 希腊火硝发射器的前部有葡萄酒桶那么粗，射出的火球
> 拖着尾巴，像是一支投枪，飞过来时犹如雷鸣一般，样子就 478
> 像是在天上飞的一条巨龙。火球发出耀眼的光亮，把天空照
> 得如同白昼②。

说到在埃及与萨拉森人作战的圣路易时，儒安维尔称赞圣路易是他从未见到过的“最杰出的骑士”。③

儒安维尔对服饰颜色的观察特别敏锐。他对圣路易色彩鲜艳的服饰总是描写得十分精细。第一次在索谬尔见到国王时：“国王穿着一件蓝缎子上装，外罩另一件上衣和一件白鼬皮衬里、朱红缎子做面的大氅，头戴一顶不大相称的棉帽，因为他还是一个年轻小伙子。”④此时适值第一次十字军失败回国之后提倡服饰简朴时

---

① 儒安维尔：《圣路易史》，第 82—83 页。

② 同上书，第 112—113 页。

③ 同上书，第 124—127 页。

④ 同上书，第 54—55 页。请看本书原文第 139 页。

期[1]。儒安维尔曾两次梦见圣路易；第一次在梦中见到他时，他正准备率领第二次十字军远征，此时他穿着色彩鲜艳的衣服：“我记得，几位穿着教会制服的高级教士为他披上一件朱红色的兰斯哔叽无袖长袍。”衣服的颜色在这里具有深刻的象征意义，就像路易七世在梦见他即将出生的儿子（即后来的菲力普·奥古斯特）时见到的血和黄金一样：

> 梦见国王后，我请来了那位学识渊博的纪尧姆神甫，把梦中所见告诉他。他对我说：“大人，你看吧，国王明天就要出征了。”我问他为什么这样想，他说他在梦中所见与我一样，朱红色哔叽无袖长袍表示十字架，因为十字架是上帝胸侧、双手和双脚的血染红的。“至于长袍用兰斯的哔叽做成，那是表示十字军不会有很大成效；上帝如果让你活下去，你
> 479 就能看到这个结果。”[2]

是传记还是自传？

可是，当我们阅读儒安维尔的书时，不禁会冒出这样一个疑问：无论有意或无意，这部传记的传主究竟是谁，是圣路易还是儒安维尔本人？它究竟是一部传记还是一部自传？他在正式撰写圣路易的传记之前已经写了一些回忆录，圣路易在文中似乎并非

① 请看本书原文第 215 页。

② 《圣路易史》，第 396—399 页。

主角，考虑到回忆录的写作时间，这并非不可理解。有人认为，他应王后让娜之邀正式撰写的圣路易传记，依然如同那些回忆录，保持着某些自传特征。但是，迄今没有任何权威的论据支持这一说法。儒安维尔书中所记述的虽然大部分是他本人的见闻，但是依据王后的要求，此书的名字却是《圣路易国王善行和圣言录》；因此，儒安维尔本人频繁地出现在记述中就显得不大正常，这一点不能不看到。米歇尔·佩雷说：“若按照当今的习惯对儒安维尔的书进行分段，那么，在75%的段落中都能见到他”，佩雷还指出：“他特别突出国王与他的关系，有时甚至俨然把自己放在故事中心，致使国王相形逊色；我们简直无法确切地知道，他是否确是他所记述的某个事件的目击者，当他把国王与他称作‘我们’时，国王与他究竟各自处于什么地位[1]。”

与身为神职人员的传记作者不同，儒安维尔用法文写作，书中的国王说的是他在生活中实际使用的语言，也就是说是法语。因此，不管儒安维尔是忠实地转述了国王的原话，或是记述了他确信是国王所说或以为是（听说）国王所说，反正我们只能通过儒安维尔的转述才能听到国王的“真实”言语；当然，圣路易留 480
给子女的《示子》与《示女》是规范化的文字，因而属不在此例。

[1] 米歇尔·佩雷：《永无末日》（*A la fin de sa vie ne fuz je mie*），见《人文科学杂志》（*Revue des sciences humaines*），183，1981—1983年，第17—37页。我要向米歇尔·佩雷和克里斯蒂亚娜·马尔谢罗－尼齐亚（Christiane Marchello-Nizia）致谢，他们分别在我主持的社会科学高等学院研习班上作了题为“讲述者在儒安维尔所著《圣路易史》中的地位”（*Le statut du narrateur dans l'Histoire de Saint Louis de Joinville*）和“儒安维尔所著《圣路易史》的叙述形式和决定性策略”（*Formes verbales et stratégie décisive dans l'histoire de Saint Louis de Joinville*）的宝贵发言。

米歇尔·赞克对这种自传和传记相混的情况作了精辟的分析，他认为，原因首先在于儒安维尔是“第一位用法文以第一人称记述自己的人”；[①]这是时代的标志，因为13世纪是“从抒情诗向个性诗的过渡时期”。在儒安维尔的这部书中，自传和对“他人”的记述纠缠在一起，无法分开。圣路易显得有些怪，好像时刻准备与另一个人组成“连体”双胞胎，时而与他母亲组合，时而与企图与他合二为一的儒安维尔组合。

儒安维尔似乎从一开始就对这种不分“我”和“我们”的新型写作方法颇为得意：

> “我”，让·儒安维尔老爷，香槟邑督，我以上帝的名义让人写下[②]我们的圣徒国王路易的一生，其中包“我”陪同他在海外朝圣的六年之中以及“我们”返国后的所见所闻。在“我”向诸位讲述他的丰功伟绩之前，“我”先说一说他的圣言和有益的训喻[③]……

既然我们试图从镜子中寻找圣路易，这位邑督所想象的圣路易，不正是最令人迷惑的圣路易吗？不正是他为了制造一种幻觉而巧妙地装扮过的圣路易吗？既为了读者也为了他自己，他力图把这个幻觉变成事实。“儒安维尔把自己的往事和他对国王的回顾

① 米歇尔·赞克：《圣路易时代前后文学中的主体性》（Michel Zink, *La Subjectivité littéraire.Autour du siècle de Saint Louis*），巴黎，1985年，第219页。参阅他的那篇出色的文章：《儒安维尔做梦而不哭》，前引文。

② 即口述，当时包括教士在内的大多数“作家”都是这样写作的。

③ 儒安维尔：《圣路易史》，第10—11页。

以及对自己的回顾搅和在一起……。他笔下的国王形象来自他本人的情感，这就令人产生这样的疑惑：这个国王也许就是他本人；在此书的许多段落中可以明显地看到，国王和他本人的音容笑貌 481
都是通过他们两人亲密无间的谈话显现出来的；全书从头到尾基本上都这样。"①

国王与儒安维尔的密不可分是否会带来另一个幻觉，即写作中的主观意识和情感造成的那种幻觉？儒安维尔笔下的圣路易似乎近在眼前，我们能与儒安维尔一同看见他，听他说话，甚至能够触摸到他；可是，这个圣路易会不会是邑督先生的激情制造出来的呢？也许就是如此，"儒安维尔爱戴国王"，他所记述的"真实"细节既是国王的"画像"，此外更有他给予国王的爱。因此，在真实的国王与我们所知道的国王之间，儒安维尔筑起了一道幕障。

儒安维尔笔下有血有肉的圣路易

无论如何，儒安维尔的记述把我们带到真实故事的中心，让我们见到了儒安维尔所熟悉的那个"真实"的圣路易，而不是按照当时的文化塑造的理想模式。这位邑督满怀敬爱之情所记述的具体事迹，纵然在一定程度上被美化或变了形，依然不失为"真实"细节。

儒安维尔不满足于见到和听到路易国王，他还寸步不离国王

① 米歇尔·赞克:《圣路易时代前后文学中的主体性》，前引书，第 220 页和第 226 页。

左右。国王本人似乎也有同样的需要，他希望儒安维尔时刻在他身边。我们在这里又看到了对耶稣的模仿，他的弟子们总是围在耶稣周围。但是，我们有必要再读读儒安维尔的那些记述，它们既不摘自某本《王侯明鉴》或尺牍，也非抄自某一种手册，甚至不是对于《圣经·新约》的模仿。如果说，路易国王自觉或不自觉地把耶稣当作自己模仿的对象，儒安维尔却并未把《福音书》当作他写作的范本。他想要说的来自他自己的经历和对于见闻的回忆。倘若他想在书中再现他朋友的音容笑貌，那么，他如果撒谎，哪怕是文学上的那种虚构，也会毁了他的初衷。因为，这位邑督不是为他人而写，不是为已故王后或她的儿子而写。他是为自己而写。

他呈现在我们面前的究竟是个什么样的圣路易呢？首先是一
482 个被人就近观察和亲自接触过的圣路易。

就近观察的第一幕在巴黎王宫中上演，出场的演员有国王、国王的儿子菲力普即后来的菲力普三世、国王的女婿香槟的蒂博、纳瓦尔国王以及儒安维尔：

> 然后，国王陛下招呼他的儿子菲力普殿下（即当今国王的父亲）和国王蒂博。国王在小教堂门口坐下后，把手放在地上，转身对他们说："坐下，坐在我身边，免得让别人听见。"他们回答道："陛下，我们不敢坐得靠你这么近。"国王于是对我说："邑督，你坐在这里。"我遵命照办，紧挨着国王坐了下来，连我的袍子都碰到他的袍子了。[1]

---

① 儒安维尔：《圣路易史》，第20—21页。

第二幕在阿卡上演，场面比较庄重肃穆，因而意义也就更大些。那天国王召集他的谋士们进行商讨，看看他是留在圣地还是返回法国为好。除了儒安维尔，会上几乎再无别人劝他留在圣地。国王在饭桌上没有同他说一句话，他以为国王生他的气了。

> 国王诵读饭后经时，我走到离国王床头不远处凹陷在墙上的那扇带栅栏的窗边，我把手臂伸出栅栏……。我站在那里时，国王走过来靠在我的肩上，把两只手放在我的头上。我以为是内穆尔的菲力普殿下，由于我向国王提出的建议，那天他可没有少折磨我；我对他说：“菲力普殿下，别再折磨我了。”我不经意地回过头来时，国王的手滑落在我脸上，这时我才发现原来是国王，他的手指上带着一颗祖母绿[①]。

对于这些亲昵的接触，米歇尔·赞克提出了一种颇具诱惑力的弗洛伊德式的假设；他认为，有幸在某些场合“触摸”国王， 483
既体现了儒安维尔对国王的爱，也是这种爱的证明[②]。

路易让儒安维尔分享的这种触摸需求，究竟是个性特征还是触摸在其中具有特殊功能的一种普遍行为，我们很难判断。但我们不妨作一番推测，在十字架上受难和复活以后的耶稣让多马触摸他胸侧的伤疤，此事对中世纪的男女触动很大，尤其因为耶稣受难的形象那时几乎时时萦绕在人们脑际。从更为广泛的角度看，

① 儒安维尔：《圣路易史》，第234—237页。

② 米歇尔·赞克：《儒安维尔做梦而不哭》，前引文，第42—44页。

那时的人们正在为内心感情寻找物质证明以及有形的和触摸得到的迹象，期待超自然的力量能变成看得见的有形物质，因而，触摸很可能具有一种特殊价值。各种圣迹尤其是通过触摸治愈疾病的圣迹，时有所闻，很能说明问题。圣路易生前通过触摸治愈了瘰疬病人；他死后不久，凡是在意大利触摸了装敛他遗骨的灵柩，在圣德尼触摸了埋葬他坟墓，无论是病人还是残疾人，都被治愈或得到康复。我认为无需再作其他假设，儒安维尔肯定是在寻找机会与国王作身体接触，因为他此时已经预感到，日后路易必将成为圣徒。因此，他所触摸的就是一种活的圣物。无论如何，他在撰写《圣路易史》时对此十分明白，从事情发生到撰写传记，已经过去了很长时间，结果证明他的预感是完全正确的；他的著作将会因写进了这个情节而更具吸引力。

发生在圣地的一件小事以开玩笑的方式（这是不好意思时常用的方式），揭示了这位邑督的隐秘，一种羞答答地坦白的方式。有一天，路易在阿卡附近扎营，一队前往耶路撒冷朝圣的亚美尼亚基督教徒途经此地时，向簇拥着他们的萨拉森人缴付贡品：

> 我朝营帐里的国王走去，他斜依木柱坐在沙地上，底下没有垫地毯，除了沙子再没有别的东西。我对他说：“陛下，
> 484 外面有一大队到耶路撒冷去的亚美尼亚人，他们请我帮忙，让他们看一眼神圣的国王，但我现在还不想亲吻您的圣骨。”[①]

儒安维尔是向我们提供这个细节的独一无二的人。我们通过

① 儒安维尔：《圣路易史》，第308—311页。

这个细节知道了国王的一个习惯，而这个通常不被圣徒传的作者们注意的习惯，非常具体地揭示了国王的性格：他喜欢席地而坐。

前面已经谈到了一个事例[①]。下面是另外一些事例：前来向国王告状或求情要求获得公正的人越来越多，国王通常都交给臣僚们去处理。可是，他有时却也喜欢为臣僚们“解围”，亲自帮助他们接待来访者，或是把来访者分发给助手去处理，或是亲自作出决断。

> 他从教堂回来时，派人把我们找来，他自己坐在床上，让我们围着坐在他身边，问我们是否有他不下令便派不出去的人；我们一一向他禀报，他下令立即把那些人叫来……[②]

有名的万森树林橡树下的场景也与此相似：

> 夏天，他常常在望过弥撒后，到万森树林里去小坐一会儿，他靠在一颗橡树上，让我们围着他坐在旁边。有事向他禀报的人可以直接与他对话，侍卫官和其他侍从都不得阻拦……[③]

---

① 请看本书原文第456页。

② 儒安维尔:《圣路易史》，第35—36页。

③ 同上书，第34—35页。记述这类场面的目的当然是强化对比，向国王本人告状相当方便，而向司法机关申冤的阻碍却越来越多，这种情况在路易九世在位时已经出现，到美男子菲力普在位时期更加严重，而儒安维尔撰写此书时适值美男子菲力普在位期间。儒安维尔年轻时见到的是由国王本人直接治理的理想的君主制模式，他把这种模式与当代的官僚君主制模式对立起来；在他晚年和他的回忆中，他表示很不喜欢官僚君主制的运作方式，在他看来，国王已被推到后面去了。

485 传之久远的万森树林中的故事，也发生在巴黎王宫的花园中，儒安维尔在这里又发现了他特别关注的对象——国王的服饰。

> 在夏天我数次见到他在巴黎的花园里处理公务。他穿着羽纱上衣和粗毛呢无袖外套，脖子上围着黑色塔夫绸巾，头发梳理得整整齐齐，没有任何头饰，只有一顶白色孔雀帽。他叫人把地毯在地上铺开，让我们围着他坐成一圈，有事向他禀报的人围着他站在四周。他把他们一一打发走，就像在万森树林中的情况一模一样①。

让臣属们围着他席地而坐这种俭朴的作风，也许更可能是他的一种喜好；儒安维尔是唯一向我们提供这一信息的人。历史学家会觉得这种现象极为罕见，说不定是虚假的（耶稣与他的使徒们在一起时，不也采取这种姿态吗？），可是，当他们以历史学家的眼光作了认真的考证后，最终还是相信儒安维尔并未撒谎，他所记述的是“真实”的圣路易。他们甚至想对自己说：“儒安维尔没有信口胡说，他说的确是事实，圣路易确实就是那样的……”儒安维尔的读者也有同感。正由于儒安维尔竭力搜索枯肠，想要从自己的记忆中找到他所见到的那个真实的圣路易，既不撒谎也不为他涂脂抹粉，所以，这位邑督不会对他自己做手脚，也不会对国王做手脚。

据他记述，路易常常粗暴地对待他，有时还拿他寻开心（他该有多高兴！）。路易喜欢善意地教训和讥笑儒安维尔，这位多少

① 儒安维尔：《圣路易史》，第34—35页。

有些天真的邑督战战兢兢地唯恐惹得国王不高兴，倒不是为了捞
什么便宜，而是怕伤害了他与国王的亲密关系。据他自己记述，
他与国王的另一个熟人在国王身边是相映成趣的一对，此人便是
索尔邦的罗伯尔修道士，他创建了专供巴黎穷苦学生攻读神学的
索尔邦学院，这所学院便是后来的巴黎大学。他们是分不开的一 486
对，对国王充满柔情和狂热的爱戴把他们连在一起，同样又是对
国王的爱戴使他们成为对头，满怀妒忌地争夺国王的器重和友情，
互不相让。路易狡黠地玩弄两人的妒忌心，故意朝三暮四，以挑
逗他们争宠为乐。

儒安维尔与圣路易的亲密关系有时表现为附庸风雅的交谈，傻乎乎的邑督唯恐失去国王的宠爱，常常听不出国王对他的奚落。不过，也许这是儒安维尔巧妙的自我奚落，故意装出一副轻信的模样，从国王的言语中获得满足。在是非正误全由国王裁决的逗人发笑的经院哲学争论中，我们看到了一位狡黠、喜欢挖苦和总是拿儒安维尔开玩笑的国王。儒安维尔是个动辄大喜大悲的人，当国王悄悄对他说实际上自己同意他的看法时，他立即欣喜若狂；当国王当众宣布罗伯尔有理时，他马上垂头丧气。有一次，国王语带讥讽地夸奖他，他却受宠若惊地信以为真：“有一次，国王叫我并对我说：‘我不敢同你这样思维敏捷的人谈论有关上帝的问题……’。”①

通过儒安维尔的记述，我们看到的圣路易是一位延揽各方人才的国王，有高级教士和贵族等封建制度下的宫廷不可或缺的传统的成员和谋士，也有依照他的心愿选用的或由他自己挑选出来

① 儒安维尔:《圣路易史》，第14—15页。

的地位较低的官员。这些心腹谋士的存在预示着宠臣将在下一个阶段出现，在那个阶段中，法国国王进一步把出身于卡佩王朝传统政治的那些名副其实的封建臣属撇在一边。路易以奚落和玩笑把这些封建臣属治得服服帖帖。

儒安维尔让我们看到的路易，在某种程度可以说是一位新派国王，喜欢与他的臣下说笑逗乐的令人备感亲切的国王[①]。但是，他同时又是一位懂得如何摆脱严肃虔诚的国王，那些圣徒传的作者们却总是把他描绘成一副严肃虔诚的面孔；他还是一位注重人
487 情的国王，他甘冒风险而不抛弃自己的亲人。他乘坐的船只在塞浦路斯遇险将要沉没时，有人催他赶紧离船，他不是坦率地说："没有一个人像我这样爱惜自己的生命"[②]吗？

13 世纪的基督教徒暗自思忖的话，圣路易敢于高声说出来；那时的基督教徒虽然依然是基督教徒，但是他们却已经把人世间的价值看得重于天上的价值，在他们看来，人活一辈子是值得的，为彼岸世界中的永恒拯救所作的准备，不应仅限于消极性的苦行和蔑视世界等，还应包括有节制地享受人间生活[③]。

---

① 泰特洛克：《中世纪的笑声》(J. S. P. Tatlock, *Medieval Laughter*)，见《瞭望》，21，1946 年，第 290—294 页，英国国王亨利二世被称作"亲切的国王"。

② 儒安维尔：《圣路易史》，第 8—9 页，第 344—345 页。

③ 参阅雅克 · 勒高夫：《从天上到人间：12—13 世纪基督教西方价值观的变化》(Jacqus Le Goff, *Du ciel sur la terre: la mutation des valeurs du XIIe au XIIIe siècle dans l'Occident chrétien*)，见《奥德修斯——人在历史中：当今人类史》(*Odyssus, Man in History. Anthropology History Today*)，莫斯科，1991 年俄文版，第 25—47 页。

国王笑了

儒安维尔不但让我们看见圣路易笑了，有时还是放声大笑[①]。儒安维尔说他现在还不想亲吻国王的圣骨[②]，国王听了这句俏皮话畅怀大笑。儒安维尔写道：“他长时间地开怀大笑。”[③]

儒安维尔被俘后，带在身边的所有财物都丢失了。圣路易接受他的建议，决定留在圣地；儒安维尔请求国王拨款两千锂，以敷他和他的3个骑士留在圣地8个月之需，直到1251年复活节。国王如数拨给。儒安维尔知道国王不喜欢有人向他要这要那，于是在快到复活节时要了一个诡计。

> 国王忙着加固恺撒城，我到营帐里去见他。他正在营帐里与教皇特使谈话，见我进去，立即站起来把我拉到一边，对我说：“你知道，我只留你到复活节，你告诉我，我若留你 488
> 在圣地一年，该给你拨款多少。”我对他说，除了他已经给我的以外，我不再要；但是我想与他达成另一个协议。
>
> 我说：“有人向您提出请求，您就发火。现在我想与您约定，在这一年当中，我向您提出要求时，您不发火；您若拒

---

① 安德蒙－勒内·拉邦德对此也作了记述，参见《圣路易国王的若干性格特点》（Edmond-René Labande, *Quelques traits de caractère du roi Saint Louis*），见《神灵史杂志》（*Revue d'histoire de spiritualité*），50，1974年，第143—146页。请看本书原文第203页。

② 请看本书原文第484页。

③ 儒安维尔：《圣路易史》，第310页。

> 绝我的要求，我也不生气。”他听了我的话放声大笑，说是接受我的条件，要我留在圣地。他拉着我的手从教皇特使面前走过，对着他的谋士们把我们的约定说了一遍，他们听了都很高兴，因为我是全军最富有的人了。[①]

国王再次放声大笑：“他听后，哈哈大笑。”[②]有一天，国王因儒安维尔的一个要求而发火，儒安维尔提醒他别忘了约定，他又哈哈大笑[③]。另一次在高等法院，高级教士们请国王参加他们的会议并讲话，国王觉得他们的要求不近情理，不予答应。

> 我们在审判大厅等他，他与高级教士们谈完话后就过来与我们说话，笑着向我们讲了他与他们之间的麻烦。他讲了他与兰斯大主教、夏特勒主教和沙隆主教的对话，说他们不对，还讥笑他们[④]。

儒安维尔的部分目击证实了圣徒传作者们记述。从总体上看，他们笔下的圣路易基本上是相同的。他对罪孽的憎恶是一样的（“没有一个麻风病人比犯了不可宽恕之罪的人更丑陋”），对穷人的爱是一样的，他曾让儒安维尔像他自己那样，在复活节前的星
489 期四那天替穷人洗脚。他要求儒安维尔保持坚定的信仰，抵御魔

① 儒安维尔：《圣路易史》，第 275 页。

② 同上书，第 274—275 页。

③ 同上书，第 278—279 页。

④ 同上书，第 370—373 页。

鬼的诱惑，他甚至希望国人像他一样，连提都不提魔鬼[①]。他要所有的人在任何时候都遵守公义。他常常让主教们难堪，拒不下令让他的官员没收被不公正地革除教籍的那些人的财产。在他被俘期间，他不失尊严，信守承诺，即使在穆斯林面前也是如此。他是一个非常热爱和平的人：“这是一个为他的臣民谋求和平最尽心竭力的人……”，他还竭尽全力为他人进行调解，例如他曾在勃艮第人和洛林人之间进行斡旋，他们爱戴他，请求他进行调解。

他的仁慈泽被所有的人。

> 国王的襟怀宽阔，处处体现仁慈之心，他无论走到哪里都要把布施赠与贫困的教堂、麻风病院、医院、贫穷的男女乡绅。每天他都向大批穷人施粥，这还不算在他房间里吃饭的那些人；我多次看见他亲自给他们端酒切面包[②]。

儒安维尔还说，国王关心民间疾苦，派遣稽查员到各地进行调查，纠正邑督们搞的冤假错案，对他们进行监督；他还改组了巴黎的行政管理机构。不过，这些并非儒安维尔的亲身经历，而是他从一部编年史中引用的材料。此外，路易国王还扶持了一些修会，尤其是托钵僧修会。

① “我从来没有听他说过魔鬼这两个字，只有他在书中读到时，或是当书里的圣徒讲到时，他才不得已说出魔鬼这两个字。”（儒安维尔：《圣路易史》，第378—379页）。

② 儒安维尔：《圣路易史》，第380—381页。

国王的缺点

490 然而，这并非全部。不但那些具体而生动的记述仅见于他的笔下，敢于记述国王缺点的也只有他一人。这种不为尊者讳的精神来自内心深处的两个意愿，在他的回忆中我们可以看到这两个意愿是相互交叉的。第一个意愿是一定要说“实话”。他在写到他与国王的关系时不无自豪地说:“我从不向他撒谎……”他也不愿向故去的国王撒谎。第二个意愿我们已在前面看到，那就是在他的著作中既谈国王也谈他自己；这是一部讲述他们两人和他们特殊友谊的著作，他们的友谊是建立在彼此了解和坦率的基础之上的。儒安维尔没有那种理想的完美无缺的圣徒观念，他认为，即使是一个伟大的圣徒，也不可能是个完人。

他对路易的责备有哪些呢？首先，路易自称要做个贤人国王，但在他看来，路易没有始终像贤人国王那样把握好尺度。路易若是贤人国王，那就不应是不懂得自制的假好汉，即使在军事行动中，也应始终不失理智。可是当他将要抵达埃及时，他是怎么做的呢？他头脑发热，纵身跳入海中，见到萨拉森人时，不假思索地就要冲上去搏斗[①]。

儒安维尔没有公然责备国王，但是，他的沉默就是对于国王暴躁和易怒的脾气无言的指责。他仅仅记述了狂怒的国王，可是这种记述本身就是不言而喻的批评。

---

① 儒安维尔:《圣路易史》，第89—91页。请看本书原文第383—384页。

路易获释之后，在从埃及去往阿卡的途中，向儒安维尔倾吐了肺腑之言。

> 他向我抱怨说，安茹伯爵与他同船，但从不过来陪伴他。有一天，他问安茹伯爵在做什么，有人告诉他，伯爵正在和内穆尔的戈蒂埃老爷玩骰子。他不顾病魔缠身，摇摇晃晃地找到安茹伯爵，把骰子和桌子一股脑儿扔进大海；他大发雷霆，斥责弟弟不该小小年纪就玩骰子[①]。

国王大发雷霆是有道理的，他憎恨弟弟把苦修置之脑后而沉溺于赌博，这是值得称颂的，但同时却也表明他不善于控制自己，
而且有些过火。 491

儒安维尔尤其觉得，圣路易获悉母亲去世的噩耗时，实在伤心得太失态。我们在前面已经说到，中世纪的普通男人、武士乃至国王，在某些场合当众哭泣不算为过，但是应该适可而止[②]。

国王对某些罪行深恶痛绝，有时处置失当，致使有时公义变成了不公正。主持公义几乎成了他的癖好和病态，以至在处置诸如亵渎神明之类的罪行时，他的严厉近乎残酷。不错，他自己也愿意接受同样的处置，他曾说：“只要污言秽语在我的王国从此绝迹，我愿意接受烧红的铁块烙印。”很难不把他的这番表示视为虚伪，因为他心里明白，这种可能性实际上并不存在[③]。

---

① 儒安维尔：《圣路易史》，第220—221页。

② 同上书，第331页。请看本书原文第716页。

③ 儒安维尔也对污言秽语深恶痛绝，但他没那么极端；他说：“谁在儒安维尔公馆里说脏话，谁就挨一记耳光或巴掌。”

十字军从海上返回法国途中，儒安维尔见到了国王另一次不宽容的表现。

> 我们在海上望见一个名叫班泰雷利亚的岛屿，岛上的萨拉森人居民受西西里国王和突尼斯国王的双重统治。王后请国王派三条小船到岛上去弄些水果来给孩子吃，国王表示允准。他命令指挥官做好准备，等国王乘坐的大船在班泰雷利亚岛前驶过时，他和他的士兵就来见他。三条小船从一个港口靠上该岛，可是当国王的大船经过时，没有听到一点关于三条小船的消息。
>
> 水手们开始交头接耳低声嘀咕。国王把他们叫来，问他们可能发生了什么情况，他们回答说，萨拉森人可能扣留了三条小船和船上的人。“不过，陛下，我们建议您别再等他们，因为您现在处于西西里王国和突尼斯王国之间，而这两
> 492 个王国都不爱戴您；您若让我们继续夜航，我们就能驶离海峡，您就能脱离险境”。国王说：“我不相信你们真的让我撒手不管，不尽一切可能把落入萨拉森人手中的官兵营救回来。我命令你们调转船头，向他们所在的方向驶去。”王后听到消息后心里很难过，她说：“唉，都是我不好，弄成这个样子。”国王的大船和其他船只正在调头时，我们看见三条小船从岛屿那边驶过来了。小船靠上国王的大船时，国王询问小船上的水手究竟是怎么回事。水手们回答说，他们不想那么干，可是小船上的几个巴黎来的市民子弟非要这么干不可，其中有六个人闯进果园去吃水果。水手们找不到他们，但又不愿抛下他们，所以就耽误了时间。国王立即下令把这六个人放

> 进小艇，这六个人急得高声叫嚷：“陛下，看在上帝分上，把我们所有的财产都没收吧，千万别把我们扔在坏蛋和强盗待的地方，否则就会一辈子挨骂的。”王后和我们大家拼命向国王求情，可是国王谁的话也不听。这六个人一直留在小艇上，直到我们靠上陆地。他们的处境十分危险，海况不好时大浪飞过他们的头顶，他们怕被风浪卷进大海，谁也不敢站起来。

无论如何，儒安维尔毕竟不便公然指责国王；于是他就此写道：

> 他当然有权这样处置。这些人因贪嘴而给大家带来了麻烦，致使我们延误了八天时间，因为国王下令所有船只调转船头[①]。

可是，国王有时候似乎忘掉了他为自己和他的臣属制定的清 493
廉守则。在普罗旺斯登陆后，国王在耶尔等候返回法国所需的马匹。克吕尼修道院院长送来两匹好马，献给国王和王后当坐骑。第二天，院长来见国王时提了出一些请求，国王“长时间地认真听他陈述”。儒安维尔问国王：“我想问您一声，您这么认真而耐心地听取克吕尼院长的陈述，是否因为昨天他送给您两匹马？”国王想了一想，点头称是。儒安维尔于是教训了国王一次。

> “陛下，我劝您回到法国之后要提醒您的臣属，凡是有求

① 儒安维尔：《圣路易史》，第353—355页。

> 于您的人送的东西，他们绝对不能收，请您相信，倘若他们收下礼物，就会心甘情愿地认真听送礼者的话，就像您与克吕尼院长一样”。国王立即召集所有近臣，向他们转述我刚才的话；他们说我给国王上了一堂好课[①]。

这个故事虽然不是编造的，但是，儒安维尔多半进行了加工；他有时甚至可以教训国王，这说明他与国王的友谊非同寻常，他为此而扬扬得意，而且在颂扬路易的同时也表扬了自己。这是一个极佳的事例，它表明谁也不是至善至美的，它让我们看到了儒安维尔与那个也有缺点的国王之间的关系；这个国王形象看来更接近“真实”。在几个星期之后发布的 1254 年诏令中我们看到，儒安维尔的规劝发生了后续效应。喜欢吹毛求疵的人甚至可以反过来这样想：儒安维尔也许是受了这通诏令的启示之后，才想到要去规劝国王，为自己脸上贴金，而不是相反。我觉得这样等于彻底否定儒安维尔的所作所为，在我看来，儒安维尔可能添油加醋为自己争一点好名声，但他不至于无中生有地胡乱编造谎言。

在儒安维尔这位邑督眼里，更为严重的是国王对王后的冷漠。儒安维尔对王后玛格丽特的敬重和爱戴丝毫不亚于他对国王的敬
494 重和爱戴，与此相反，他似乎心里没有王太后。他觉得，国王对待儿媳妇的态度令人感到厌恶[②]。路易对卡斯蒂利亚的布朗什的绝对服从态度，明显地为儒安维尔所反对。他希望路易在母亲面前

① 儒安维尔：《圣路易史》，第 358—361 页。

② 请看本书原文第 705—742 页。那里以圣路易本人的视角，对他与其家庭成员的关系作了更加深入的探讨。

也像在别人面前那样毫不含糊，例如家庭其他成员、高级神职人员、周围的大臣以及贵族等等。儒安维尔也许有些妒忌国王对母亲的态度，不过，这种妒忌反而使他更加心明眼亮。

受儒安维尔敬重的王后在十字军危难时刻的表现令人钦佩，那时她的小儿子让-特里斯坦刚刚出生。她堪称女中豪杰，打算在不得已时宁可叫忠于她的骑士砍下她的脑袋，也绝不做萨拉森人的俘虏①。那位可怕而又可恶的婆婆去世的噩耗传来时她很难过，这表明她具有不计前嫌的崇高品格②。不过她对儒安维尔说，她哭的不是母后之死，而是国王的伤心。虔诚的王后玛格丽特也没有忘记感谢上帝拯救了国王的船队；船队在回国途中突遇风暴，亏得上帝才幸免于难。她采纳儒安维尔的建议，让人在巴黎做了一只银船作为还愿物，叫儒安维尔送到圣尼古拉迪波尔教堂，圣尼古拉是海上旅行者的保护神，而这座教堂则是朝拜这位圣徒的地方③。

1253年，王后在圣地第三次分娩生下一个女儿，以祖母的名字为名，也叫布朗什。国王夫妇的第一个女儿也叫这个名字，她生于1240年，低龄夭折。国王获释后，玛格丽特前往西顿去与国王会合。儒安维尔前去迎接王后。

> 我回到国王那里时，国王问我王后和孩子们身体可好，我回答说很好。他对我说：“你在我面前站起来时，我就知道

① 儒安维尔:《圣路易史》，第216—219页。

② 同上书，第330—333页。

③ 同上书，第347页。

> 你是去迎接王后；所以我推迟了布道时间，等你回来。”我在国王身边已经整整五年了，所以我要告诉你们，据我所知，他一直没有跟我以及其他人谈起王后和他的孩子们；我觉得对自己的妻子儿女漠不关心并非好事[①]。

面对这种态度，儒安维尔这次不能再沉默了，他批评国王，认为国王没有任何托辞可找。王后拖着怀孕的身子到处筹措赎金，用以交换国王和他的军队以及他的孩子，其中有三个是在海外出
495 生的。可是国王竟然在五年之中没有一次说到他的这位妻子，这是一个什么样的怪人，一个让人无法理解的圣徒！

在丈夫面前显得有些不自在的王后也是这样想的。这大概是儒安维尔所透露的圣路易最令人困惑和担忧的隐情。

在那次海上风暴中，王后来到国王大船上的房间里，她被要求赶紧走开，因为船有可能沉没，而且躺在这间房内的只有王室总管吉勒·勒布伦和儒安维尔。儒安维尔问王后是谁领她来的。王后回答说“她来与国王说话，劝他向上帝或圣徒许愿，答应要对他们进行朝拜，只有这样上帝才会解救我们”。儒安维尔就是在这时劝她许愿，将来要对圣尼古拉德瓦朗热维尔（圣尼古拉迪波尔）进行朝拜的。可是，王后不想参与此事，她说：“邑督，我真的很愿意去朝拜，可是，国王特别‘各色’，他要是知道我不经他同意就许了愿，日后他肯定绝对不会让我去的。”[②]“各色”，这是什么意思？这个词并不好懂。纳塔利·德·维利把它译作古怪。当

① 儒安维尔：《圣路易史》，第326—327页。

② 同上书，第346—347页。

我们说一个孩子“各色”，那是说他不安稳，不知道他会干出什么事来。《玫瑰传奇》说，女人是“各色”和“变化不定”的。看来需要对这个修饰语下一番工夫，琢磨一下究竟是什么意思。从儒安维尔记述的王后身上，肯定能发现一个奇特的圣路易……[①] 496

儒安维尔的一个梦

在儒安维尔的记述中，他与国王的关系结束在一个令人吃惊的事情上，那就是对一个梦的解释。

这是儒安维尔第二次梦见国王，第一次梦见他是在他第二次十字军出发前夜，那个梦带有血红的颜色[②]。

> 我到巴黎去。3月圣母节前一天晚上到了那里，找不到王后，也找不到任何别人，无人能告诉我国王为什么派我到巴黎来。上帝有灵，念晨经的时候我竟然睡着了。睡梦中我被告知，我应跪在祭坛前晋见国王，几个穿教堂制服的高级教士给国王穿上了朱红色的兰斯哔叽无袖长袍。

儒安维尔第二次梦见国王时，一切都结束了。圣路易已经去世，而且被正式封为圣徒；儒安维尔在听证会上作了证。他的证

① 请看本书原文第731—732页。

② 儒安维尔:《圣路易史》，第397—399页。请看本书原文第478页。

言被采信了，1298 年在圣德尼举行的庄严仪式上，布道人向国王美男子菲力普和全体与会者介绍了当时也在场的儒安维尔，此时他已是 74 岁高龄的老人了。

可是，儒安维尔是个不幸的人。首先他有内疚，他没有跟随国王到突尼斯去，他粗暴地拒绝再次陪伴国王。他对国王说，上次他参加十字军陪同国王在海外征战时，法国国王和纳瓦尔国王的官员“劫掠了他的人，把他们搞得一贫如洗”，这次他想留在国内“帮助和保护他的百姓”。这无疑是批评国王，因为国王不顾自己的百姓“受苦受难”，断然把他们丢弃不管；批评虽然是间接的，但并不因此而含糊和不严厉。可是现在儒安维尔却有些后悔了。国王是否曾经怨恨他的背弃和不忠？国王去世时是否已经不再
497 把他视为朋友了？儒安维尔这一生如果说有什么意义，那就是他与国王的友情；可是如今他还有什么呢？如果他已经失去了国王的友谊，而且是永远失去，那么，他将会变成一个什么样的人呢？

他的不幸还在于当朝国王即路易的孙子不喜欢他，不敬重他；这位国王刚刚分赠完毕他那圣徒祖父的遗骨，可是儒安维尔什么也没有得到，国王把他忘掉了。心里存有国王的圣物，这就足够了吗？在那个时代的基督教徒看来，任何超自然的东西都应该有其物质依托，儒安维尔的圣徒朋友应该留给他一个看得见摸得着的纪念品。

接踵而来的是从天上来的信使，他带来了彼岸世界的信息，也就是梦。

> 下面我想说说有关圣徒国王的一些让我感到光彩的事，都是我在睡梦中所见。也就是说，梦中我好像在儒安维尔村

> 我的小教堂前面遇见了他。他显得兴高采烈，情绪非常好。我也非常高兴能在自己的古堡中接待国王。我对他说：“陛下，您离开教堂后，请到舍维永村我的房舍里下榻。”国王笑着回答道：“儒安维尔大人，请你相信我，我并不打算立即离开这里。”
>
> 醒来之后我就考虑，要是让国王下榻在我的小教堂里，上帝和国王本人可能都高兴，于是我就这样办了。我为国王修建了一个祭台，为了他，也为了上帝。我们可以在那里永远为他唱颂歌，为此还设立了一项长久性的年金。我把这些全都讲给路易国王听，他是与先王同名的当朝国王。我觉得，他若能得到一些真的圣路易遗骸，并且把它安放在儒安维尔村的那个名叫圣洛朗的小教堂里，从而使到圣路易的祭台来朝拜的人更加虔诚，我想，上帝和圣路易都会很愿意[①]。 498

儒安维尔也许还期待着新王顽夫路易十世赠给他一些真圣物。不过，最重要的他已经有了。圣路易高高兴兴地出现在儒安维尔村，在儒安维尔家里，在他的古堡中，圣路易对他说：“我并不打算立即离开这里”；这说明，他们之间的友谊并没有终结，即使国王曾经恨他，现在也已经原谅他了，他们的友谊将要续写新篇。

建造这个祭台之后，圣路易就永远留在儒安维尔家里，留在他家的小教堂里了，而且他将完完全全地拥有圣路易，因为他为崇拜圣路易设立了一笔永久性的年金。圣路易将永远留在这个古

① 儒安维尔：《圣路易史》，第411—413页。

堡，留在这个象征着他的地方。这位邑督没有告诉我们的是他还想做一件事：由于没有圣路易的圣物，他要建造一个雕像放在祭台上面或旁边，借以弥补没有圣物的缺憾。国王的形象将是他的化身、他那永远有灵魂附着的雕像[①]。儒安维尔的见证就这样结束在想象中的纪念物上。

① 关于“形象”对于中世纪人的意义，参阅怀斯：《中世纪的形象：产生与发展（6—15世纪）》（J. Wirth, *L'image médiévale. Naissance et développement (VIe–XVe siècle)*），巴黎，1989年；让-克洛德·施密特：《历史学家与今日形象》（Jean-Claude Schimitt, *L'historien et les images aujourd'hui*），见《索阿萨》（*Xoana*），1，1993年，第131—137页。

第十章

/

典范与普通人之间的圣路易 499

审视了前面那些关于圣路易的种种记述之后，我们如果想要接近圣路易这个人，是否应该摒弃带有偶像化倾向的那些格式化记述中的圣路易形象，以及经他周围神职人员和官员们加工的材料，独独重视那份与众不同、至少揭示了圣路易“真实”面貌的材料，即儒安维尔的记述呢？

事情并非如此简单。我们应该想一想，圣徒国王作为其中一分子的那个社会，传记作者们和封圣程序中的证人们的心态工具，时代的感受性及其记忆方式，这一切是否不因人（包括处在社会最高层的人）而异？或者反过来想一想，对于个人特征的看法是否就是用来观察、定义和诠释自己和他人尤其是传记英雄和“生平”的一种模式？

历史与个人

历史学家有一种令人不快的习惯，他们在历史的许多阶段中都会发现个人的出现或确立。这种情况一再重复，致使人们对在
500 历史上寻找个人出现的努力投以不信任的目光。然而，这却是一个实实在在的问题，需要作许多精细的研究。且让我们先从来自生活经验和常识的两三个命题入手。

如同长时段中的许多历史现象，个人的确立不是沿着一条唯一和恒定的直线发展的。在一个特定的社会中，与一个时代相吻合、与我们的个人观念相吻合的东西各不相同[①]。仅就西方文明中的个人而言，诸如古希腊哲学中苏格拉底的个人、拥有个人灵魂的基督教徒、文艺复兴时期受品德激励的人、卢梭笔下的或浪漫主义的英雄等等，不但都是不同类型的个人，而且都不是属于同一个概念的个人；更为重要的是，他们与各自所属社会之间的关系也是各不相同的。古代城邦、奥古斯丁的上帝城、拉伯雷的泰莱姆修道院、托马斯·摩尔的乌托邦、加尔文的日内瓦、王港、耶稣会等实际存在或空想的社会，各自都有一种个人样式，每种个人样式都是特殊的、与众不同的。

---

① 韦伯在《13 世纪的人》（E. H. Weber, *La Personne humaine au XIIIe siècle*）（巴黎，1991 年，第 496 页注 6）中也谈到了“被‘人’这个概念搅浑的历史”。我把这个概念撇在一边，因为我觉得它在中世纪是禁锢在哲学和神学领域中的。有人试图让神学家世界中的一些观念越出其局限，使之进入公共心态范围；我们应该抗拒这种想法。我认为，一般地说，12 世纪的经院神学无法说明当时绝大多数平信徒乃至神职人员的心态工具。唯一得到广泛传播的大概是托马斯·阿奎那的政治思想和某些“合理”的思想形式。

然而在西方社会中，直到近代才真正谈得上个人和个人主义；个人和个人主义是经历了一个漫长的、多方面的而且往往是暗中的准备之后才出现的现象；美国宪法和法国大革命可以说是这种现象得到显现的一个里程碑。但是，围绕着不同的个人概念，有史以来大概始终存在着长短不一、强弱不等或持久或短暂的个人主义高潮，随之而来的是低潮乃至回潮。如果说有一种断断续续和形式多样的历史，那便是个人的地位和概念的历史。

但是，我们也注意到某些专门用于固定个人记忆的历史产品 501
系列，毋庸置疑，它们具有特殊意义，显示得更加明晰，这就是自传，或曰自我画像。有几位并非无足轻重的历史学家不久前声称，圣路易所生活的时代以及稍早于此的时代是历史上个人凸显的若干时刻之一。

英国教会法和教会制度史专家瓦尔特·乌尔曼在他的《中世纪的社会与个人》中认为，在中世纪，作为臣民的个人概念向个人—公民概念的转变是从中世纪中期开始的，但这个转变直到 18 世纪末才彻底完成。在中世纪基督教社会中，个人不可能出现，因为那时存在着两种基本观念的制约，一是法律高于一切的观念，一是社会如同人体的观念。那时不存在少数服从多数的规则，无法给予每个个人以平等的价值；恰恰相反，那时少数最“健康”，少数“最优秀”，少数可以把自己强加给不那么“好”的人。个人仅仅是一个臣民。瓦尔特·乌尔曼着重指出，因此在我们今天看来，中世纪的历史著作除去其他特点以外，不具有个人特征也是其重要特征之一[①]。

① 瓦尔特·乌尔曼:《中世纪的个人与社会》(Walter Ullmann, *The Individual and Society in the Middle Ages*)，巴尔的摩，1966 年，第 45 页。

从 12 世纪到 13 世纪的转折

另一个观念来自圣保罗，12 世纪它被约翰·德·索尔兹伯里再度激活。这是一个把社会视同人体的观念，依据这个观念，社会的成员犹如人体的器官，都应服从大脑（或心脏），个人溶化在他所属的那些集体之中：等级、身份、教区、行会以及不久以后逐渐形成的国家。

然而，瓦尔特·乌尔曼认为，是法律至上连同其他进化因素，
502 促成了个人—臣民向个人—公民的转化。在他看来，封建制度的核心是“封君和封臣之间的个人和人身合同”。[①] 他认为，把法律至上与尊重个人结合起来的最佳表述，就是英国贵族强加给英国国王的 1215 年《大宪章》第 39 条：“凡自由民除经其贵族依法判决或遵照内国法之规定外，不得加以扣留、监禁、没收其财产、褫夺其法律保护，或加以放逐、伤害、搜索或逮捕。”我觉得这种解释值得商榷；因为我们应该看到，西方基督教国家向民主的漫长和缓慢的发展，基本上经由两条不同途径。英国式途径建立在由法国式内国法和贵族判决来保护个人权力的基础之上，法国式途径则经由对人人在国家的法律面前平等的肯定，而国家法律的制定和实施则由君主制国家时期的国王来确保。圣路易对古希案件正是这样处理的[②]。“封建”制度既可以被视为对于保护个人的鼓

① 瓦尔特·乌尔曼：《中世纪的个人与社会》，第 73 页。

② 请看本书原文第 240—243 页；第 646—647 页。

励（以英国为例），也可以被视为保护个人的障碍（以法国为例），等级制度在法国受到重点保护，而在等级制度中，平等仅存在于上层特权阶级内部。每一种制度都会蜕化，而蜕化发生在中世纪；在英国，蜕化成了特权阶级的统治，在法国，蜕化成了国家暴政。法国在美男子菲力普执政时已是国家暴政，也许早在菲力普三世时就已这样，至少有一些贵族在路易九世的某些文书中，就已读出了国家暴政的气息。

让我们回到瓦尔特·乌尔曼的概念上来。他认为，个人观念
在西方中世纪的出现还有第三条途径，那便是他所说的“人道主
义”途径。这条途径是人的纷繁复杂但意义深远的各种思想、心
态和行为汇合的结果。他在这里说的既是哲学和神学为亚里士多
德主义所作的准备，也是通俗拉丁语文学的形成、视觉艺术中
“自然主义”的发展、但丁的思想、帕多瓦的马西利奥的政治哲学
以及巴尔托洛·迪·萨索费拉托的法学思想。这些似乎已是圣路 503
易时代以后的事，不过从另一方面看，圣路易在位时期恰恰正是
乌尔曼所说所那个时代的中期，他认为，从个人—臣民到个人—
公民的转变，在那个时代发生了决定性的进展。他写道：“历史科
学终于承认，欧洲的12世纪与13世纪之交，是未来的宪制发展
埋下种子和个人开始显现的时代。”[①] 乡土文学表明，心态和感情的
逆转也发生在此时，而个人则是这个逆转的中心。“在中世纪早期，
文学的中心命题是‘别忘了，你会死的’，而到了12世纪末之后，
则是‘记住，你是活着的人’。原来那种逆来顺受和在永恒中逃避

① 瓦尔特·乌尔曼：《中世纪的个人与社会》，前引书，第69页。

今世的情绪，被‘生活的欢乐’[1]所取代了，这是一种乐观主义的召唤，它号召人们运用个人的能力，充分享受今世生活的欢乐。”[2]请大家想一想圣路易那句令人吃惊的话：“没有一个人像我这样爱惜自己的生命”[3]，他显然也受到了“人世间的价值重于天上的价值”[4]这种看法的影响。圣路易游荡于被赋予价值和个人化的今世生活与天上的圣徒集体生活之间。

英国历史学家科林·莫里斯走得更远。他虽然也认为古希腊和古罗马大概是个人观念的发源地之一，并指出个人观念起源于基督教，但他却把真正“个人的发现”归功于中世纪，而且以此作为他这部著作的书名[5]。他的第二个特点是把个人开始出现的时间提前到 11 世纪中叶，也就是说，在他的研究范围 1050—1200 年之中。不过，他认为 12 世纪是关键时期；他指出，当时没有一
504 个词能表达个人这个意义，individuum、individualis 和 singularis 等词都是严格限止在逻辑学中使用的术语；他还强调“寻找自我”，也就是人们所说的基督教苏格拉底主义。圣贝尔纳的朋友本笃会士圣－蒂埃里的纪尧姆（1085—1148）在他的《肉体与灵魂的本

① “生活的欢乐”在乌尔曼的书中是用法文写的。

② 瓦尔特·乌尔曼：《中世纪的个人与社会》，前引书，第 109 页。

③ 请看本书原文第 487 页。

④ 请看本书原文第 487 页。

⑤ 科林·莫里斯：《个人的发现（1050—1200）》(Colin Morris, *The Discovery of Individual*, 1050-1200)，伦敦，1972 年。莫里斯为补充此书而撰写了文章《12 世纪宗教中的个人主义：进一步的思考》(Colin Morris, *Individualism in XIIth century religion: some further reflexions*)，见《教会史评论》，31，1980 年，第 195—206 页。参阅阿隆·古列维奇：《个人在中世纪的诞生》(Aaron Gourevitch, *La Naissace de l'individu au Moyen Age*)，法文本，巴黎，1995 年。

质》中，赋予个人以双重根源。他在此书中写道："阿波罗的回答在希腊人中任人皆知：'人，好好认识你自己'。"所罗门或者耶稣基督在《圣经·雅歌》中说过相似的话："你若不知道你在何处，出来吧"（《圣经·雅歌》第1章第7节。）这种基督教苏格拉底主义给予阿贝拉尔和圣贝尔纳的启示截然不同。寻找自我在日趋频繁的私下口头忏悔中继续着，这种忏悔的目的不是惩罚客观存在的过失，而是试图揭示犯罪者的意图。受到圣奥古斯丁的《忏悔录》的启示，自传在雷根斯堡的一位修道士圣埃默朗的奥特洛（卒于1070年前后）笔下诞生，在法国北部的本笃会士诺让的吉贝尔（卒于1123年前后）笔下继续发展。奥特洛寻找"内心的人"，而吉贝尔则遇到了"内心的奥秘"[①]。

这个我在寻找另一些"我"。12世纪是歌颂友谊的世纪。英国西都会士里弗克斯的阿尔弗莱德重新发现了西塞罗的《友谊论》，并且在1150—1165年间撰写了为给他带来巨大荣誉的《精神友谊》一书。他不但声称"上帝是友谊"，而且说友谊是真正的爱。神圣的爱、世俗的爱，犹如12世纪注释最多的圣经篇章《雅歌》中包含的那些说不清、道不明的东西一样。圣贝尔纳和圣埃默朗的纪尧姆都颂扬上帝的爱。纪尧姆说，你所寻找的人如果不在你的爱

① 格奥尔格·米什：《自传史》（Georg Misch, *Geschichte der Autobiographie*），第2版，4卷本，8册，法兰克福，1949—1969年；怀因斯特劳勃：《个人的价值——自传中的自我与环境》（K. J. Weinstraub, *The Value of the Individual. Self and Circumstance in Autobiography*），芝加哥，1982年（第2版）；斯韦尔·巴杰：《阿贝拉尔的自传与中世纪的个人主义》（Sverre Bagge, *The Autobiography of Abelard and Medieval Individualism*），见《中世纪史》，19，1993年，第327—350页。斯韦尔对"欧洲文明中的个人主义"进行了研究。

之中，那就在你自己身上，他不满足于见到上帝，他还要“触及”
505 上帝，甚至要“全部进入上帝体内直至心脏”[1]。我们在前面已经读到，圣贝尔纳为他的兄弟嚎啕大哭，圣路易为他的母亲、儿子、弟弟妹妹也嚎啕大哭。在圣路易宗教虔诚的深处，他与儒安维尔之间存在着一种个人与个人的情与爱，这种个人之间的情与爱到了 14 世纪，就是蒙田和拉伯埃希之间的那种关系；“因为是他，所以是我”，在这里我们看到了“内心人”的魅力。

最后，新型的个人对新的宗教途径进行了探索，其中包括对十字架上耶稣基督的崇拜、末世说、神秘论神学等。受难的耶稣、新的耶路撒冷、通过人的友谊和爱情寻找上帝，这就是圣路易的宗教。

俄国中世纪专家阿隆·古列维奇也持个人出现在 13 世纪说。他在《中世纪的文化范畴》一书中指出，个人在中世纪几乎完全淹没在由个人组成的集体之中；在那个“单个是无法表述的”时代，只有全部才是重要的，部分是无足轻重的；论述了这些之后，他以“寻找人格”作为最后一章的标题结束全书[2]。

在他看来，中世纪的人们试图肯定的，与其说是“个人”，毋宁说是“人格”。“人”（persona）在古罗马起初是指一种戏剧面具，后来变成法律领域中的人格概念。可是，封建制度在长时期中成了个人独立的羁绊。在人们思想中，个人被包括在普遍和同类之中，而在社会现实中，个人听命于个人所属的那个集体。转折终

① 克洛蒂奥·莱奥纳尔蒂（Claudio Leonardi）为圣埃默朗的纪尧姆的《金书》意大利文译本（*La lettera d'Oro*）所作的导言，佛罗伦萨，1983 年，第 25 页。

② 1972 年版；法译本，巴黎，1983 年。

于在13世纪出现，人们看到了“一些征候，这些征候表明，人要求得到承认的意愿与日俱增”[①]。

古列维奇接着走得更远了，他不但认为法人产生于中世纪，而且完全意义上的个人也产生于中世纪。他借助一些彼岸世界游记肯定了这样一种假设：被理解为“灵魂命运”的个人传记和临 506
终个人审判时最终完成的人的概念，早在13世纪就出现在基督教教义中[②]。

“我”

这些观念受到了委婉的批评。美国历史学家卡罗琳·拜努姆建议首先把个人（individual）与自我（self）区分开来；前面已经说到，用以表达个人的词中世纪一个也没有；相对于自我的词则有灵魂（anima）、自己（seipsum）、内心人（homo interior）等[③]。

---

① 关于我对“人”的看法，请看本书原文第500页注1。

② 阿隆·古列维奇：《中世纪的个人良心与彼岸世界的形象》（Aaron J. Gurevic, *Conscience individuelle et image de l'au-delà au Moyen Age*），《年鉴》，1982年，第255—275页；此文以 *Perception of the Individual and the Hereafter in the Middle Ages* 为题被收入《中世纪历史人类学》（*Historical Anthropology of the Middle Ages*），Polity出版社，1992年。我将在本书原文第512页评述此文。

③ 卡罗琳·拜努姆：《12世纪发现个人了吗？》，前引文。关于12—13世纪个人的出现，参阅约翰·班顿：《中世纪法国的自我与社会——修道院院长诺让的吉贝尔的回忆录》（John Benton, *Self and Society in Middle France. The Memoirs of Abbot Guibert of Nogent*），纽约，1970年；《中世纪西欧的个人主义和一致性》（*Individualism and Conformity in Medieval Western Europe*），见巴纳尼、弗里奥尼（编）：《伊斯兰经典中的个人与一致性》（A. Banani et S. Vryonis (éd), *Individualism and Conformity in* （转下页）

拜努姆认为，中世纪不认识作为唯一的和可以与集体分离（和已经分离）的个人，即使进入12世纪后也依然如此；12世纪和13世纪找到或重新发现的是内心人，即“我”；不过，这个“我”离开他所属的集体就不复存在。这两个世纪的新颖之处在于以集体的众多性取代或遮盖了陈旧的单一、二合一或三合一的社会观念。在教会、基督教、耶稣基督神秘的躯体、强大而贫穷的神职人员
507 和平信徒、富民和小民以及新近产生的三级体系，诸如三个等级（教士、武士和劳动者）或大、中、小等[①]旧有观念以外，在教会内部和平信徒中出现了一些新的社会类型和社会职业类型，在教会内部有修道士、修道院长、在会教士以及各种等级的神职[②]；平

（接上页）*Classical Islam*)，威斯巴登，1977年，第148—158页；约翰·班顿：《自我意识与“人格”概念》(John Benton, *Consciousness of Self and Perceptions of 'Personality'*)，见比松（编）《中世纪法国的文化、权力和人格》(Th. Bisson (éd), *Culture, Power and Personality in Middle France*)，伦敦，1991年，第327—356页；还可参阅彼特·布劳恩那篇颇具启发性的文章《社会与超自然：中世纪的一个变化》(Peter Brown, *Society and Supernatural: a Medieval Change*)，见《代达罗斯》(*Daedalus*)，104，1975年；另有两部文学史著作也可参考：彼特·德隆克：《中世纪诗歌中的个人特性》(Peter Dronke, *Poetic Individuality in the Middle Ages*)，牛津，1970年；汉宁格：《12世纪骑士文学中的个人》(R. W. Hanning, *The Individual in the Twelfth Century Romance*)，纽黑文，1977年。1994年9月在科隆大学的托马斯学院举行了一次学术研讨会，主题为“中世纪的个人与个人特征”(*Individuum und Individualität im Mittelalter*)。

① 雅克·勒高夫：《圣方济各和13世纪他的传记作者使用的社会类别词汇》(Jacqus Le Goff, *Le vocabulaire des catégories sociales chez saint François d'Assise et ses biographes au XIIIe siècle*)，见《等级与阶级——社会史学术研讨会》(*Ordres et classes.Colloque d'histoire sociale*)，1967年，圣克鲁；巴黎、海牙，1973年，第93—123页。

② 12世纪有一篇无名氏所写的关于神职的文章《教会中的各种等级》(*Libellus de diversis ordinibus quae sunt in ecclesia*)。

信徒则以“等级”划分，13世纪的布道师依据平信徒的不同职业和社会身份（例如寡妇、已婚者、青年、法官、商人、手工艺者、农民、穷人、麻风病人、朝圣者等），分别为他们编写专用的布道书。这些等级将依据随社会发展而出现的类型或样板确定。《厄运史》据说是阿贝拉尔的自传，无论它是真品或是13世纪的伪作，都不妨碍它事实上是“一类人即‘哲人’的兴衰史”。圣方济各曾被视为“叛逆世界的人”，后来却变成了“世界的典范”。

最后应该提出这样一个问题：圣路易是否意识到他的“我”。马塞尔·默斯对“自我意识”和个人观念的区分，在这里显得很贴切。

如果圣路易确有“自我意识”，那么他是否作为一个“个人”思考呢？这种可能性实在太小了[①]。

因此，由于没有确定的个人概念，想要寻找卡罗琳·拜努姆不曾谈论的圣路易的个人，大概只能是一个幻想。我们所能触及的圣路易，只可能是以下两个中的一个：一个是13世纪末教会眼里的模范圣徒国王，一个是托钵僧、圣德尼和一位虔诚的骑士眼里的模范国王。

让-克洛德·施密特持更加否定的看法。他追根溯源，认为
所谓的“发现个人”，其实是历史学的一个“虚构”，它来自雅各 508
布·布可哈特和奥托·冯·吉尔克在19世纪末开创的日耳曼传统；据此，他不认为在中世纪就有当今意义上的那种含混不清的个人概念；他认为个人概念很晚才出现，而且，这种个人概念是在各种矛盾的紧张关系中自行形成的，因为，这种概念“不但没有首

① 请看本书原文第22页。

先激励个人意识，反而趋向于取消神界（主体在神界是神的形象）和人间（主体在人间分担人类的命运）的主体”。然而，从 11 世纪开始，宗奉圣奥古斯丁学说的中世纪教士们，却经历了基督教个人矛盾始料未及的逆转：“‘我’的取消恰恰意味着个人意识的深化。”

在我看来，这种观念可以用来解释威廉·乔丹在圣路易身上发现的内心紧张，我觉得圣路易并没有痛苦地忍受，而是和谐地克服了这种内心紧张。凭借他对上帝的信仰，圣路易将他的个人弱点转化为为个人权力，在他的行动中将道德和政治融为一体。在他的个性特征形成过程中，他努力使个人与他心目中的神意相符合。

最后，让－克洛德·施密特认为，还应该寻找与尚未显露的个人产生过程相对应的东西，不但如卡罗琳·拜努姆那样到精神史中去探索，而且应该依据相互交汇的各种途径去寻找，各种途径的交汇在 12 世纪就开始了，其中包括自传的发展、道德生活的内心化以及智力技术的改变，这种改变促使“权威”让步给“理性”、感情和精神的变动，尤其是那些在爱情和死亡领域中比较敏感的变动[①]。

---

① 让－克洛德·施密特：《个人的发现是历史学的虚构吗？》(Jean-Claude Schimitt, *La "découverte de l'individu":une fiction historiographique?*）见曼加尔、巴罗（编）：《制造、面貌和伪装——虚构及虚构在心理学中的位置》(P. Mengal et F. Praot (éd), *La Fabrique, la Figure et la Feinte. Fictions et statut des fictions en psychologie*)，巴黎，1984 年，第 213—236 页；施密特的主要参考书是雅各布·布克哈特：《意大利文艺复兴时期的文化（1860）》(Jacob Burckhardt, *La civilisation en Italie au temps de la Renaissance* (1860))，第 2 部分：“个人的发展”；奥托·冯·吉尔克：《德国的合作社》(Otto von Gierke, *Deutsche Genossenschaftrecht* (1891))，法译本（转下页）

以圣路易为例

详尽地了解了历史学家们的各种观点之后，我现在可以谈一 509
谈圣路易的个人问题了，这个个人是从许许多多资料中显现出来的，而当初制作这些资料的目的恰恰是要把圣路易的个人淹没在众多的典范和格式化记述之中。从这些传记作家笔下我们似乎读到了圣路易的自传，从圣路易的内心世界中我们似乎看到了一个人，从他的言谈言语中我们似乎看到了能表达个人理性的圣路易个人，从他富有情感的行为和面对死亡的态度中，我们似乎看到了一个与众不同的基督教徒国王，我觉得，这不是一个虚构的或幻想的国王，而是一个可以在历史现实中接近的国王。

但是，如果说 13 世纪的个人概念确实不同于法国大革命以后的个人概念；如果说 17 世纪以后确立的“我”，确实是被视同于内心人的那个“我”，也就是被寻找犯罪者的意图和个人忏悔实践所激活的那个“我”，如果说个人确实不存在于他所属的那个集体以外，或者说，个人确实仅存在于他的“我”与集体之间的永恒而辩证的关系之中，那么，同样确实的是：这个“我”的声音越来越大，13 世纪的个人呈现出一种混合状态，即“我”与内心人

(接上页)《中世纪政治理论》(*Les Théories politiques au Moyen Age*)，巴黎，1914 年；路易·迪蒙：《试论个人主义——近代意识形态的人类学看法》(Louis Dumont, *Essai sur l'individualisme. Une perspective anthropologique sur l'idéologie moderne*)，巴黎，1983 年；查理·拉丁：《人制造的世界：认识力和社会(400—1200)》(Charles M. Radding, *A World made by Men: Cognition and Society* (400–1200))，查佩尔希尔，1985 年。

以及近代意义上的个人三者混合的状态。

圣路易是一个比他的前人更“个人”的圣徒国王[①]。方济各会士图尔奈的吉贝尔在他题献给圣路易的《王侯明鉴》中，描述了《圣经·申命记》中那种不具个性特征的理想国王，其中有一段记述了路易在埃及被俘期间的生活，这是一段有个性的关于历史事实的记述。同属于此类文体的《喻世录》把一些趣事逸闻塞在布道词中，在13世纪大受欢迎，圣路易也很喜欢读；此类文体的一个共同倾向是注重发生在“我们的时代”的“真实”的当今事件，而不是僵化为典范或格式化记述中的那种楷模；布道者或资料来
510 源可以理直气壮地说：这是“我所见”、“我所闻”，而不是“我在书上读到的”[②]。儒安维尔笔下的圣路易正是这种“我所见”和“我所闻”。他承认引用了他人的记述，例如，关于路易的父亲之死就是依据罗伯尔·克莱蒙的记述改写的，儒安维尔本人并未在场；此外他还承认从一本不为我们所知的法文书中获得了一些资料。

> 我要告诉大家，我所记述的圣徒国王，大部分是我的所见所闻，另外一部分是我从一本法文书中读到的，我把这些也写进了本书。我这样做是为了提醒读者，书中我亲眼所见和亲耳所闻部分绝对可信；其他部分我不敢保证其真实性，

① 请看本书原文第835页及以下多页。罗伯尔·福尔茨对圣路易的《训示》和11世纪匈牙利的圣徒国王艾蒂安在《中世纪西方的圣徒国王》（前引书）中写给儿子的那篇训示作了对比，精辟地分析了它们的异同。

② 布莱蒙、勒高夫、施密特：《“喻世录”》，前引书。请看本书原文第363—387页“《喻世录》中的国王”。

因为不是我亲眼所见，亲耳所闻[①]。

他所记述的圣路易就像是一位当代圣徒[②]，尽管个性、身份和经历都各不相同，有时却让人觉得近在身旁。

我们可以从圣方济各身上看到个人与典范的斗争。我们已经看到，他死后不久就有人记述了他的一生；在这些记述和另外一些自发性见证的基础上，有人为他勾勒了另一个形象，这个形象舍弃了所有个人特征，一味寻找与典范相似的东西[③]。托马斯·德·塞拉诺于1229年撰写了第一部圣方济各传记《生平第一稿》，此时这位圣徒过世才3年；1246年他又撰写了《生平第二稿》，这一稿是为了适应该修会的发展需要，展现一个符合典范的圣方济各而改写的；我们若将这两稿比较一下，个人与典范的斗争就一目了然。《生平第一稿》把他描绘成“一个与众不同的人” 511
（参见该书第I章第57节第19行）；《生平第二稿》却说他“在一切事情上避免与众不同”（参见该书第II章第14节第4行）。方济各会日甚一日地感到自己对教会的依赖，终于屈从教会的旨意，修改圣方济各的形象，让他符合传统的典范形象。圣路易受到的也是这种压力，不过幸亏有儒安维尔的记述，我们还能见到一个有缺点的圣路易。个人的勃勃生机击碎了穿着典范外衣的理想国

① 儒安维尔：《圣路易史》，第413页。

② 圣方济各卒于1226年，年轻的路易恰好在那年登基。圣方济各于1228年被封为圣徒，比路易早64年。

③ 弗朗西·德·比尔：《托马斯·德·塞拉诺对于圣方济各皈依的记述》（Francis de Beer, *La Conversion de saint François selon Thomas de Celano*），巴黎，1963年，第240—243页尤为重要。

王的和谐。这是因为，时代已经允许近代意义上的个人粉墨登场和蹒跚学步了。

有一些文献和表述方式令我觉得，那些认为个人不可能在13世纪露头的说法值得商榷。这些文献是用方言撰写的资料，在这些资料中不仅可以见到一般意义上的我（moi），而且可以见到作为主语的我（je），主体性在文献中的这种发展，其实是普遍主体性的一种标志。儒安维尔记述自己和圣路易的这部著作也属于此类文献[①]。这些文献也是新的司法文书。圣路易当政期间，新刑事诉讼法开始取代旧刑事诉讼法。旧刑事诉讼法的原则是民不告官不究，罪犯若无人控告就免予追究；新的检察程序规定，教会或世俗的主管法官应该设法对疑犯提起有效的指控。最有效的证据就是“供词”，为此必要时不惜诉诸刑讯逼供。教会对于审讯异端极为关注，在辨明异端和非异端的前提下，既不愿放过一个异端分子，又不想冤枉一个无辜，从而推动了把每一个疑犯和被告作为个案处理的做法。司法概念日益倾向于将私与公区分开来。正如图尔奈的吉贝尔在他题献给国王的《王侯明鉴》中所指出的那样，对国王也应该实行公与私的基本区别。私从属于每一个人，是个人的属性，至少是某些个人，例如那些权力最大的个人[②]。还应提及遗嘱的重新出现，遗嘱使得每个立遗嘱人都成为名副其实的个人。

---

① 米歇尔·赞克：《圣路易时代前后文学中的主体性》，前引书。

② 保罗·乌利亚克、让－路易·加杋尼加：《从公元一千年到拿破仑民法典之间的法国私法史》（Paul Ourliac et Jean-Louis Gazzaniga, *Histoire du droit français de l'an mil au Code civil*），巴黎，1985年。

彼岸世界的地理重划，改变了人们的死亡观念和与此有关的宗教活动，这种变化极大地促进了个人得到肯定。从此以后，每当一个人临终之时，上帝都要决定死者是否需要先去炼狱度过一 512
个过渡阶段。炼狱是彼岸世界里的一个新地方，从那时起人们给了它一块地盘，因为它将始终存在，直到末日来临；上帝再也不能等到最后审判之后才将死者送进地狱或天堂，而是要马上就决定灵魂在何处逗留，有时或许只是临时逗留。从今以后，每个个人咽气之际，即死亡之时，就是获得永久拯救或被永久惩罚的决定性时刻[①]。不过，我不完全同意阿隆·古列维奇的意见，因为他认为，对炼狱的信仰割断了个人与一切集体的联系[②]。灵魂在炼狱中逗留时间的长短，取决于死者的亲属通过祈祷、弥撒和布施等方式对死者的支援程度。这样一来，死者与生者之间产生了新的联系，除去血缘家庭之外，修会、教友会等非血缘的宗教家庭的重要性随之大大增加。个人与个人所属的集体之间建立起了新的平衡。圣路易的一生就是在这种新平衡中度过的。

良　　心

最能说明“我”（包括一般意义上的“我”和作为主语的

---

① 勒高夫:《炼狱的产生》，前引书。

② 阿隆·古列维奇:《中世纪的个人良心与彼岸世界的形象》，前引文。我在《年鉴》1982 年号上建议他不要说得这么绝对。

“我”）的觉醒具有什么特征的一个词，便是“良心”[①]。良心审问和良心案例在13世纪变成了一种意味深长的现象。人们指出，13世纪和14世纪的法国国王们在国务活动中，在派遣稽查员考察民情时，都十分关注倾听自己的良心，他们希望自己能问心无愧，因为只有这样，才能保证他们自己和他们的臣民得到拯救。个人与
513 集体在这里再次相遇。圣路易在所有这些法国国王中是最有良心的一位。

个人对于典范的压力，个人对于托马斯·德·塞拉诺在谈到圣方济各时所说的“模具”的压力，同样也施加在圣徒传作者们身上，他们有时会在这种压力下退缩，无论他们亲眼见到过路易国王，或是仅仅听到过国王的近臣们谈论国王。国王的忏悔师博利厄的若弗鲁瓦当然见到过国王，他不但是国王的亲信，而且是国王“内心人”的倾诉对象之一；王后的忏悔师圣帕丢斯的纪尧姆没有见到过国王，但他接触过有关文件以及其中关于国王的证词。

即使在若弗鲁瓦和纪尧姆笔下，圣路易也并非始终呈现一副典范的面孔。首先，圣徒也要与自己斗，与魔鬼斗；今世的人纵然是国王也不会完美无缺，不能总是把他理想化。况且，这些见

---

① 马利－多米尼克·舍尼：《中世纪文明中的良心觉醒》，前引书；约瑟夫·斯特雷耶：《国王的良心》（Joseph R. Strayer, *La conscience du roi*），见《奥本纳文集》（*Mélanges R. Aubenas*），蒙彼利埃，1874年；伊丽莎白·布劳恩：《13世纪和14世纪的税制与死亡率：良心、政权与法国国王》（Elisabeth Brown, *Taxation and Morality in the XIIIth and XIVth centuries:conscience and political power and the kings of France*），见《法国历史研究》，8，1973年，第1—28页。

证人不可能完全摆脱国王留给他们的直接印象，他们的亲身经历迫使他们有时会描绘出一个真实的国王，而不是典型的、理想的国王。

下面是一个实例，从中可以看到国王对于诱惑的抵御。路易严格遵守教会在夫妇和性关系方面的戒律，但有时他依然不得不进行抗争。在圣徒列传中，国王都不受肉欲诱惑，几乎无一例外，从格里高利的《圣本笃传》起，一种僵化的英雄形象就出现在圣徒列传中，不受肉欲诱惑的圣徒在荨麻燃起的烈火中打滚，以此扑灭心中的欲火。但是在博利厄的若弗鲁瓦笔下，这种格式化记述却反映出一种面对现实的态度。“在不得同房的日子里，有时他因事去看王后，与妻子一起待一会儿，彼此难免有肢体接触；由于人性脆弱，这时他就感到肉体躁动，于是他站起来，在房间里来回踱步，直到心境恢复平静。”[①]谁会怀疑在房间里来回踱步的路易不是如实的写照呢？

若弗鲁瓦有时因路易虔诚过头而责备他。路易养成了修道士 514
那种在夜间进行崇拜活动的习惯。他经常半夜起床去听晨经，然后在床脚做一阵祷告，这是一种很好的私下个人祷告。可是，早上他依然一早就起床去做晨祷。“半夜起来做功课对他的身体尤其是大脑会造成巨大损害，他最终接受［身边］那些有心人的规劝和恳求，把诵晨经的时间推迟一小时，这样一来，他就可以接着立即做晨祷、望弥撒和颂日课经了。”[②]

圣路易在圣诞节前的四星期、封斋期和四个圣母瞻礼日期间

① 若弗鲁瓦:《生平》，前引书，第7页。

② 同上书，第13页。

穿著苦衣[①]，若弗鲁瓦就此也提出过规劝。他写道："他的忏悔师（也就是他本人，即若弗鲁瓦）对他说，这种表现与他的身份不相称，与其如此，不如多给穷人一些布施，加速为他的臣民争得公义。"[②]他的斋戒也有问题，除了星期五全斋戒和星期三的部分斋戒（忌肉类和油脂）之外，他还要在星期一增加一次斋戒，"但是考虑到他的身体虚弱，在[周围]有心人的规劝下他终于放弃了这个打算。"[③]

之所以有真实感，有时并非因为摆脱了典范的羁绊，而是因为某一个具体的细节，这种细节似乎不可能编造，也不可能从别处移植，只有亲历的人才写得出来。

若弗鲁瓦有时插入一个只有他一人知道的细节，这种细节非常具体地写出了国王的个人行为，哪怕作者这样做的目的在于赋予国王一种模式化的形象。例如："他对他的忏悔师总是毕恭毕敬；有时候他已经端坐在忏悔师面前准备忏悔，此时如果忏悔师想要站起来把门关好或打开，他就会抢先站起来，并且告诉忏悔师，门应该由他去关或开……。"[④]

据圣帕丢斯的纪尧姆记述，国王习惯于用"您"称呼所有的人，包括仆役在内[⑤]。依据传统，国王应以"你"称呼他人，但这样一来，他与之对话的人也就淹没在人群之中，显不出他们的尊

① 用质地粗糙的毛织品制作的外衣，光身穿着，有不适感；是教徒表示虔诚的一种自虐行为。——译者

② 若弗鲁瓦：《生平》，前引书，第10页。

③ 同上。

④ 同上书，第6页。

⑤ 圣帕丢斯的纪尧姆：《圣路易传》，第19页。

贵了；他放弃以“你”称呼他人的传统，说明他注意个人尊严， 515
因为礼节性的“您”对人更显尊重。

讲法语的国王

在我们读到的部分传记资料中，圣路易讲的是法文，这就使我们有一种他近在身旁，甚至能听见他在说话的感觉。

法文取得决定性的发展确实是在路易九世在位期间，那时用法文拟就的文书数量大增。路易大量派遣稽查员的1247年，民众向国王递交的第一批陈情书还是用拉丁文书写的，但到了圣路易在位末期，陈情书就全都以法文书写了。据南吉的纪尧姆记述，1270年国王留给他的儿子和女儿的《训示》，就是用法文书写的①。国王曾向普里马院长索取圣德尼编年史，他要的也是法文本。他在临终之时讲的虽然又是父辈的语言即拉丁文，但是他一生之中却大大提升了他母亲的语言即法语②；他在圣德尼的墓地上显现了一个圣迹，圣迹中的那个人来自勃艮第，可是他说的却是法兰西岛的法语③。圣路易是第一位操法语的法国国王④。

---

① 南吉的纪尧姆：《圣路易传》，第456页。

② 让·巴塔尼：《中世纪法语苦涩的分娩》（Jean Batany, *L'amère maternité du français médiéval*），《法语》（*Langue française*），54期，1982年5月，第37页。

③ 与他相似的是王后玛格丽特，她在1270年之前用拉丁文写信，此后则用法文写信。参阅热拉尔·希弗里：《普罗旺斯的玛格丽特》（Gérard Sivery, *Marguerite de Provence*），前引书。

④ 大卫·奥克奈尔（编）：《圣路易言论集》（Davis O'Connell, *Les Propos de Saint Louis*），前引书。

国王的肖像

个人究竟从何时开始受到关注？画像的历史为我们对此作出判断提供了一个决定性的依据。圣路易生活在人们开始关注个人以前的时代①。

516 罗兰·莱契前不久说②，现实主义是一部法规。在他看来，“现

① 以下是我参阅过的有关圣徒画像的著作。加斯东·勒布勒东：《试论圣路易的画像》（Gaston Le Breton,*Essai iconographique de Saint Louis*），巴黎，1880年；奥古斯特·隆尼翁：《巴黎有关圣路易画像的文献》（Auguste Longnon, *Documents parisiens sur l'iconographie de Saint Louis*），巴黎，1882年；埃米尔·马勒：《14世纪初法国绘画中的圣路易生平》（Emile Male, *La vie de Saint Louis dans l'art français au commencement du XIV siècle*），见《贝尔托文集》（*Mélanges Bertaux*），巴黎，1924年，第193—204页；埃米尔·凡默；《圣路易的真实画像》（Emile Van Moe, *Un vrai portrait de Saint Louis*），巴黎，1940年；奥札：《圣路易画像总汇试论》（P.M. Auzas, *Essai d'un répertoire iconographique de Saint Louis*），见《圣路易逝世七百周年》（*Septième centenaire*），前引书，第3—65页。下面是我所读到的最有价值的两篇文章。梅尔蒂斯·帕森·利里什：《一幅早期圣路易画像》（Meredith Parsons Lilich, *An Early Image of Saint Louis*），见《美术杂志》（*Gazette des beauxarts*），1970—1971年，第251—256页；埃尔兰德-勃兰登堡：《圣路易之墓》（Erlande-Brandenburg, *Le tombeau de Saint Louis*），前引文。

② 罗兰·莱契：《雕塑中的肖像和现实原则：美男子菲力普与国王的形象》（Roland Recht, *Le Portrait et le principe de réalite dans la sculpture: Philippe le Bel et l'image royale*），见《1300年前后的欧洲艺术》（*Europaische Kunst um* 1300），第25届维也纳国际艺术史大会，1984年，6，第189—201页；在此书中还有其他关于肖像的文章可供参考。莱契的主要依据是一部年代久远但非常出色的著作，西贝特：《13世纪德文原始资料中的人——心灵状态与心灵发展研究：关于思想观点与思想变化研究》（F. Siebert, *Der Mensch um Dreizehnhundert im Spiegel deutscher Quellen.Studien über Geisteschaltung und Geistesentwicklung (Historische Studien CCVI)*），见《历史研究》CCVI，柏林，1931年；此书对于研究个人在13世纪的诞生具有（转下页）

实原则”是用来表述关注“真实”世界和“真实”人的最佳术语；他把这个原则界定为“艺术世界对于真实世界的关注”。他正确地指出，这个原则“必然是一个个人化的原则”，他已经在“13世纪前后的”雕塑中发现了这种现象。丧葬雕塑是特别适合于观察这个原则的场所；大约在1320—1330年间就开始出现“肖像的诱惑”，这种诱惑是13世纪相貌学研究带来的结果。对于相貌的关注据说受到了亚里士多德的一部论著的启示，也受到了霍亨施陶芬王朝腓特烈二世宫廷学者米歇尔·斯各特的一部著作的启示，这虽然是一部关于星象的著作，但包含有一些关于相面术的内容，而相面术则是个人相貌研究的一个组成部分。随着经院哲学的发展，相面术研究在13世纪后半叶日渐得到重视，例如圣阿尔贝特的《动物论》和据说是托马斯·阿奎那所作的《相面术》，都提到

（接上页）重要意义。关于肖像史初期的研究，参阅皮埃尔·弗朗卡斯泰尔、加里娜·弗朗卡斯泰尔：《肖像——绘画中的五千年人道主义》（Pierre et Galienne Francastel, *Le Portrait, Cinquante siècles d'humanisme en peinture*），巴黎，1969年；恩里科·卡斯泰努沃弗：《意大利绘画中的肖像与社会》（Enrico Castenuovo, *Portrait et société dans la peinture italienne*），巴黎，1993年；让-巴蒂斯塔·吉亚尔：《肖像的虚幻》（Jean-Baptiste Giard, *L'illusion du Portrait*），见《国立图书馆通报》（*Bulletin de la Bibliothèque nationale*），1978年，第29—34页；佩尔西·埃内斯特·施拉姆：《德意志皇帝与国王的成长时期——751—1152》(Percy Ernst Schrramm, *Die deutschen Kaiser und Königen in Bilden ihrer Zeit, 751–1152*），2卷本，莱比锡、柏林，1928年；格哈德·拉德奈尔：《从英诺森二世到本笃十一世的中世纪教皇画像》（Gehard B.Ladner, *Papstbildnisse des Altertums und des Mittelalters Bd II. Von Innocenz II zu Benedikt XI*），卷2，梵蒂冈城，1970年；让-克洛德·博纳：《中世纪（9—12世纪）的自我形象》（Jean-Claude Bonne, *L'image de soi au Moyen Age (IXe–XIIe siècle)*）：《拉本·摩尔与圣维克托的戈德弗鲁瓦》（*Raban Maur et Godefroy de Saint-Victor*），见姜蒂里、莫莱尔、齐埃里·维亚（编）：《肖像与回忆》（Br. Gentili, Ph. Morel, Cl. Cieri Via (éd), *Il ritratto e la memoria*），1993年，第37—60页。

517 了相面术。但是，丧葬雕塑中的肖像依然是理想化的肖像，这一点在圣德尼的死者卧姿雕像上就可以看到；在圣路易和他的宠臣旺多姆的马蒂厄院长的推动下，1263—1264 年间对王家墓地进行了改建，这些死者卧姿雕像大概就是那时完成的[①]。

据说有一些古老的圣路易画像，有的甚至出自与他同时代的画家之手，我们能够从这些肖像上看出一点圣路易的真实面貌吗？

研究了圣路易的画像资料以后，我得出了与阿兰·埃尔兰德-勃兰登堡相同的结论："我们没有见到任何一幅真正的圣路易肖像。"有一幅用以说教的圣经彩绘，据说是 1235 年前后在巴黎画成的，那时圣路易大约 20 岁；画面上正襟危坐的路易国王长着一张毫无特点的标准脸。这件资料非常令人感兴趣，因为几乎在同一高度上画了两个平行的框框，里面分别是卡斯蒂利亚的布朗什和路易九世。我觉得，这幅画把他们两人的异乎寻常的组合表现得淋漓尽致[②]。两人都头带王冠坐在御座上，乍一看就给人一个两人以同等地位共同治国的印象。可是，仔细观察一下就发现问题了，圣路易坐在真正的御座上，而他的母亲却坐在一把专供高官使用的类似"达戈贝尔王座"的椅子上。把他们的御座与镌刻在法国国王的御玺上的御座相对照，布朗什的御座与历代法国国王的御座大体一致，而路易的御座则显然比较"摩登"。母后的双脚隐藏在裙子的皱褶后面，国王的双脚却清晰可见，放在象征王权的红地毯上。布朗什穿着白鼬皮作衬里的长袍，两手空空。路易九世右手拿着端部饰有百合花的权杖，权杖是王权的标志物，而

① 请看本书原文第 273 页及以下多页。

② 请看本书原文第 128 页，第 713—714 页。

百合花则是法国国王特有的标志；左手拿着一个小球，这是一个缩小的标志物，象征着类似皇帝的至高无上的权力[①]。这就是路易与他的母亲这两位异乎寻常的掌权者的关系。在平起平坐的表面下，两人的权力显然是不相等的，年轻的国王事实上单独握有属 518
于国王的全部最高权力。法兰西王国并没有双头政权。如果说这幅画是写实的，那么它同时也是符合制度的，它显示了国王的职能和实际存在于国王及其母亲之间的关系。

另一幅画的性质全然不同，这是一幅用羽毛和水彩画成的线条画，大约是 17 世纪的一位巴黎画家为普罗旺斯人法布里·德·佩莱斯所作的一幅临摹作品，出现在画面上的是巴黎的圣堂中 14 世纪初期某幅油画的局部。巴黎的那些油画大概也取材于一套关于圣路易生平的壁画，这套壁画是奉圣路易的女儿布朗什之命，于 1304—1320 年间画在鲁希纳的科德里埃（圣克莱尔会）教堂里的；让圣帕丢斯的纪尧姆撰写圣路易传记的也是这位布朗什[②]。出现在画面上的是圣路易的头部，他可能正在为穷人洗脚。这幅画是应布朗什之请而作，赠送给托钵僧修女们的礼物；考虑

---

① 这幅彩画见于纽约的皮彭·摩根图书馆的手抄本 240 号第 8 页上。

② 参见法国档案总局 1960 年 5—8 月在圣堂举办的“圣路易展”展品目录第 117 号。吉勒·康斯塔布尔（Giles Constable）在两篇文章中研究了中世纪胡子的象征意义，其一是他为比夏尔·贝勒沃的《胡子颂》（Buchard de Bellevaux, *Apologia de barbis*）所写的长篇导言，见于让（编）:《基督教大全：中世纪篇》（R. B. C. Huygens, *Corpus Christianorum, Contonuatio Mediaevalis*），卷 62，蒂恩豪特，1985 年；其二是《历史上的胡子——象征、时髦和感觉》（*Bears in Hostory: Symbols, Modes, Perceptions*（俄文本）），见《俄罗斯科学院学报》（*Ulysse. Revue de l'Accadémie russe des sciences*），1994 年，第 165—181 页。参见本书插图 8 以及插图 7 和 15 中的有胡子的圣路易。

到喜欢绘画作品的布朗什亲眼见过父亲，而且此画完成于著名人物的写真肖像开始出现之时，所以，画面上的圣路易大概与以谦卑姿态出现、不修边幅、胡子拉碴的圣路易真实面貌相去不远，此时他刚从第一次十字军归来。

我觉得从这两幅古画上，可以清楚地看到圣路易在为真正的个人肖像开辟道路的那些画像中的地位。佩莱斯的那幅画表现了罗兰·莱契所指出的13世纪与14世纪之交出现的“肖像的诱惑”。彩绘圣经中的圣路易保持着国王传统画像的特征，此画虽然画出了当时王权奇特而真实的情况，但依然是一幅僵化的、象征性的
519 理想化的画像①。

早在中世纪末期就有人认为，厄尔省的曼纳维尔教堂中的一座雕像的原型是圣路易；这座雕像大约完成于14世纪初年②。现在已经可以肯定，这座雕像的原型不是圣路易，而是他的孙子美男子菲力普。此事一点也不奇怪，因为这座教堂位于马里尼的昂盖朗的采地中，而这位昂盖朗当时是美男子菲力普手下的一位权倾一时的大臣。然而，从这个误会中不难看出，人们早就认为，个人肖像在在圣路易生活的时代已经开始出现了。之所以把菲力普的雕像误认为是圣路易的雕像，原因之一是圣路易与美男子菲力

① 罗兰·莱契：《肖像和雕塑中的现实原则》(Roland Recht, *Le Portrait et le principe de réalité dans la sculpture*) 190页指出了1300年画像的特点：“当时对国王画像有两种截然不同的观念，一种是遵循理想化的一般原则的回顾性肖像；另一种倾向于将逼真的观察表现在画中。”

② 保尔·德尚：《关于曼纳维尔（厄尔省）的圣路易雕像》(Paul Deschamps, *A propos de la statue de Saint Louis à Mainnneville (Eure)*)，见《纪念物通报》(*Bulletin monumental*)，1969年，第35—40页。

普一样，他们都以卡佩王朝最后几位直系国王所独有的美貌著称于世。他们的美貌大概有助于理想化的雕像比较容易地向写实的雕像转变。14世纪初安放在圣德尼墓地上的圣路易雕像是一座象征性的雕像，蓄胡的国王穿着一件饰有百合花的大氅，手里拿着耶稣受难十字架上的三颗钉子和一个双横十字架，这个十字架也许是依照圣堂中的圣物、即耶稣受难十字架原物制作的。这个雕像集中表现了法国国王的象征物以及对耶稣受难、十字架和圣物的虔敬[①]。

阿兰·埃尔兰德-勃兰登堡指出，我们没有见到过任何一幅真正的圣路易肖像，“也没有任何一个编年史家向我们描述过圣路易的真实相貌”。一部在路易封圣后不久编写的既供修道士阅读，又供布道师使用的圣路易传记，对圣路易的体态特征作了非常有趣的描述[②]。

> 他比一般人高出一头，身材长得匀称秀美，他的头好像 520
> 为了蕴藏智慧而长成圆形，他那平静而安详的脸有一种外在的天使气质，他那鸽子般的眼睛闪烁着优雅的光芒，他的面孔既白又亮，他那过早染霜的头发（和胡子）显示着他内心的成熟乃至老者可敬的智慧。称颂这一切也许是多余的，因

① 乔治亚·索默尔·怀特：《圣路易之墓》（Georgia Sommers Wright, *The Tomb of Saint Louis*），见《华伯和科托研究所通报》（*Journal of the Warburg and Courtauld Institute*），XXXIV，1971年，第35—40页。

② 《既供阅读亦供布道的圣路易传》（*Beati Ludovici vita, partim ad lectiones, partim ad sermonem parata*），见《高卢与法国历史学家文集》，卷XXIII，第167—176页。

> 为这只不过是他的外表而已。他身上的圣徒特质使他具有许多内在的优秀品质，应该受到尊敬的也正是这些品质。正是这些品质使我们更加爱戴我们的国王，只要一想到国王的外貌，我们就从心底感到高兴。

这就是国王去世和封圣之后不久固定下来的容貌。这是一种理想化的形象，是 12 世纪以后建立在外表和内心两者协调基础之上的传统的国王形象。但是儒安维尔和帕尔马的萨林本依据自己对圣路易印象所作的记述表明，这个形象中也有一些真实的成分，比如，儒安维尔对圣路易身材的描述、帕尔马的萨林本对圣路易天使般脸庞的描述，都与上面这段引文相似。白而亮的面孔确实是他在位时期后半段的真实写照，那时他一心要苦行悔罪。还有一点更体现出时代特征，那就是国王脸上焕发的欢乐；这说明他是一位方济各会士国王，他的笑脸所传达的不是痛苦的信息，而是欢乐的信息。

肯定地说，典范与真实在路易身上相互交混，他的外貌就是第一证明。让我们简单地归纳一下。我们之所以有可能接近“真实的”圣路易，首先因为，他的母亲和老师们早就希望在他身上看到理想的基督教徒国王，希望他能展示他在为此而进行的努力中所取得的不容否定的成就；其实，他本人也有这种愿望，他身边的教士加强了这种愿望，他的同时代人对他形象的描述，进一步加强了这种愿望。圣徒列传作家笔下的理想国王就是他。但从某种意义上说，他与路易 · 马林所说的 17 世纪绝对王权制下的理想国王不尽相同，马林认为，“国王的肖像，那就是国王”。《王侯明鉴》和圣徒传不但没有以其格式化记述损害路易的个性特征，

反而勾勒出了一个希望成为这些格式化记述活化身的圣路易。这
便是圣路易与众不同之处，因而也是他的传记与众不同之处。这 521
种情况在包括圣徒在内的大人物中极为罕见。从中世纪初年到 12 世纪，我们没有见到具有个人特征的历史先导者，他们的个性或是湮没在无声之中，或是被人们强加给他们的典范所吞噬。圣路易的熟人儒安维尔所作的《圣路易史》，为国王客观而特殊的架构增添了一些故事细节，这些细节为国王找回了一些不可能出现在他人身上的特征。我们所读到的文献，无论是圣徒列传作者提供的资料或是“写实”的资料，无论出于对国王的赞赏或是出于对他的某些批评和保留，都为我们提供了足够的材料，使我们得以感到甚至知道，国王本人通常由于不加节制和道德狂热或个人秉性的缘故，在何种程度上脱离了他的典范。他的某些同时代人或是由于常在他身边而看到，或从耳闻中获知，他也有“缺点”，他生前也受到过他们的批评；这些“缺点”和批评让我们看到了圣路易的第三维。在他生前以及在他生活的时代，他是一个有争议的人物，这就使得他作为一个普通人显得更加“真实”了。圣路易确有其人，我们可以在文献中见到他。他的形象之所以具有某种真实感，就是因为他生活在个人已经引起普遍关注的年代。为建造和达到“内心人”，为了借助适当的言语或动作[①]，通过对灵魂和心灵活动采取适当的态度，以使人的外部表现与内心相吻合，基督教自古以来进行了不懈的努力；作为这种努力的结果，人们越来越把人们所看到的人视为人的真实表现。以往总是根据家族

① 施密特:《中世纪西方举止的准绳》，前引书。

先祖、社会地位和职业、职能来认识个人，此时却已转向根据分析表象来认识个人了。每个人的名字已经作为辨认个人的一种手段了，“写真的”画像快要出现了。圣路易是中世纪的人们试图表现其真实的个人体态和面貌特征的第一位法国国王，是人们竭力
522 要为之绘制出“非常像”的画像的第一位法国国王。他所生活的依旧是借助御玺等权力标志物和象征工具来辨识国王的时代。法国国王的笔迹、签字和写实的画像等，要到14世纪才出现。然而，早在圣路易时代，国王的特征已经开始显露在外表了。两个彼此矛盾的运动似乎同时朝着相反的方向发展，一是快速和广泛传播的国王特殊形象提高了人们对国王其人的关注，一是国家和一种注重王位而轻视国王个人的政治制度的产生，延缓了国王的个人形象的出现。借用坎托洛维茨的话来说，通过国王的政治躯体和人身躯体之间的紧张关系，我们虽然或多或少地可以看到国王的一些特点，却无法让这些特点全部显现[①]。

① 恩斯特·坎托洛维奇：《国王的两个身体》，前引书。

SAINT LOUIS

Jacques Le Goff

圣路易

下卷

〔法〕雅克·勒高夫 著

许明龙 译

商务印书馆

创于1897 The Commercial Press

第三部分

圣路易，独一无二的理想国王

现在需要把既是典范又是独一无二的圣路易有关材料重新加以组织，把圣路易与理想的基督教徒国王和历史上的国王结合起来，进而认识真实存在过的圣路易，而不是他的典范。为此，有时就不得不重新审视已经利用过的材料。

从外部到内部

我知道资料在多大程度上是可信的，在这个前提下，我将努力从圣路易与世界的关系中和他所生活的社会中，经由他的生活和活动来接近他。

我首先应加以考察的是与时间和空间相关联的圣路易，时间和空间是他所经历的具有客观性的东西，是由他的选择和行动所经受过的并且留下了标记的东西。接着，我将在物质现实、文化和社会组织以及他本人的行为和梦想这样一个网络中对他进行考察。然后，我将通过绘画和文字作品，通过他曾阅读或起草的文书，通过因他而产生的那些文书，当然也包括并非因他而产生的那些文书对他进行考察。此后我将把他放在舞台上，让他充分展示自己，用语言、行动、自发的和深思熟虑的行动来表现自己，让他通过对当时的交流密码的使用、语言的词汇和体态的词汇以及食品的密码来表现自己。在主要章节中，我将努力在国王的三
526 项职能中对他进行考察，在不同于我们当今社会的那个智力、社会和政治组织中，国王的三项职能是：神授的司法职能、打仗职能、为民造福即经济职能。

我还将努力把一些综合性命题集中起来，以便对历史学家和

读者所关注的那些问题作出回答；有人试图把13世纪概括为从“封建”君主制演变为“近代”国家的时期，而历史学家和读者则认为，圣路易就生活在这个时期。

接着，我还要跟随心智和主导道德的变动，深入探讨人物内心；当时存在着一种倾向，那就是日益强调内在重于外在，更精确地说，是试图让外在从属于内在，把外在看作真实内在的外部表现。这当然就是圣路易的宗教观，他的宗教观介于他的信仰与他对拒绝这种信仰的人所采取的态度之间，拒绝这种信仰的人包括异端分子、犹太人、穆斯林等，对于这些人，我将在后面进行探讨。

然后，我还要面对他的家庭成员并对照基督教——当然也是王族——的家庭模式，对血缘家庭中的圣路易进行考察，他的家庭包括妻子、子女、母亲、弟弟和妹妹，也包括他所属的那个王朝以及他光荣的先祖。在进行这些考察之后，就可以弄清楚这样一个问题：是什么使圣路易成为一个圣徒，是什么促使人们承认和宣布他为圣徒；此外，我们还能从他身上发现，他使用了什么方式，方能集若干并非不可分离的集体人物于一身，也就是说，他何以既是神授国王、不在会的修道士国王、身怀魔力的国王，又是凭借个人品德和善举才成为的圣徒国王。

最后，我将审视是什么促使我们触摸到了这个人物的内心，是什么让我们看到了这个人物留给他的同时代人和后代的形象；这是一个身心俱受煎熬的国王形象，这位国王虽然未被承认为殉教者，却终于成了一个基督—国王。

第一章

/

527 # 空间与时间中的圣路易

圣路易的世界

一个基督教徒能否得到拯救首先在于他对于空间与时间的管理。“旅途之人”在自己的今世朝圣之旅中，知道如何沿着与自己的身份相适应的物质的和精神的道路，如何在途中选择合适的歇脚处和住宿点吗？王国是一片领土，国王懂得如何合理使用他这片土地的空间吗？

圣路易与空间

让我们从圣路易所经历的 13 世纪的空间开始。让我们努力从交混在一起的物质现实、意识、经历和想象中分辨出一些东西；这些东西超越“旅途之人”的基督教概念，能让圣路易与空间发生关系，使他既作为个人也作为国王去思想和行动，这些东西包

括他的住所、他的“土地”、国王领地、他的王国和他所属的整个
世界，其中包括基督教世界和基督教以外的世界。在基督教世界
范围内，最让他操心的是以下这些事：保卫他的土地（这里所说
的土地不只是独一无二的领土，更是所有的权力），从他的土地上
取得所有合法和必不可少的利益，让民众享有公义与和平，在他
的土地上播撒善举。因此，在他那个时代，人们对边界越来越重
视[①]，因为边界是权力的行使范围。圣路易常常到边界以内的边缘 528
地方去，例如他与教皇会晤的克吕尼，1262 年为儿子菲力普的婚
事而前去的克莱蒙。他在边界之内走动时，尽管有时路途遥远，
大多还是借用陆路或河流，极少走海路。走遍边界之内这个空间
的原因多种多样，其中有前往巴黎以外的住地、朝圣和会见大人
物等；第二次十字军出征途中，他于 1248 年在里昂会见了教皇英
诺森四世；他还曾三度会见英国国王：1254 年在夏特勒，1259 年
在阿布维尔，1263 年在海滨布洛涅；原定 1243 年 6 月在勒皮与阿
拉贡国王雅克一世的会见，大概没有实现。桑斯是圣路易一生中
最重要的迎宾地点，1234 年在这里迎来了王后玛格丽特，1239 年
在这里迎来了耶稣基督的荆冠。为了给某位亲近的人授予骑士身
份，他也要旅行：1237 年前往贡比涅为弟弟罗伯尔授予骑士身份，

---

① 见布尔吉耶和勒维尔（编）:《法国史》(A. Burguière et J. Revel (éd), *Histoire de France*)，前引书，卷 1，巴黎，1989 年。戈蒂埃-达尔谢:《一个文化史问题：中世纪对于空间的看法和表述》(Gautier Dalché, *Un probème d'histoire culturel: perception et représentation de l'espace au Moyem Age*) 见《中世纪》(*Le moyen Age*) 特刊：《空间在中世纪》(*Espace au Moyen Age*)，18 期，1990 年，第 7 页；作者在此文中提出了饶有兴趣的见解，参阅夏尔 · 伊古内:《关于中世纪的空间》(Charles Higounet, *A propos de l'espace au Moyen Age*)，见《法兰西亚的媒介——卡尔 · 菲迪南 · 维尔纳文集》(*Media in Francia. Mélanges Karl Ferdinand Werner*)，1988 年。

1239年前往默伦为君士坦丁堡的拉丁王国国王博杜安二世授予骑士身份，1241年前往索缪尔为弟弟阿尔封斯授予骑士身份，1246年前往默伦为弟弟查理授予骑士身份[①]。他还因为充当仲裁人而旅行，1256年曾为此前去佩罗纳，1264年曾为此前去亚眠。他偶尔还为军事征战或处理某些事务而外出，例如，在他执政前期曾前往法国东部打仗，1255年9月曾为实地了解弗兰德尔和埃诺问题而前往根特。

圣路易有时巡视法兰西岛或邻近省份（诺曼底、贝里），在巡视中纠正冤假错案。在这些巡视中，圣路易俨然是一位超级稽查员，也就是他本人1247年以后派往国王领地的那些稽查员的首领。

529 这些巡视同时也具有慈善性质，圣路易通常在巡视过程中散发一些布施；我觉得还应把这些巡视称作“自我宣扬”的旅行。国王向公众亮相，而那时王位正处在加倍炫耀[②]和秘而不宣的十字路口。这是显示王权的两个极端，一端是招摇过市，另一端是蛰居深宫。古代东方的皇帝上朝时隐匿在帘子后面，后期罗马帝国皇帝和拜占庭皇帝也是这样，但喜欢在马戏场当众炫耀。到了圣路易时代，国王越来越多地在民众面前亮相，国家却依然不露面。一方面是光芒四射的权力（圣路易是个太阳王），另一方面则是神秘莫测的权力；在路易九世在位期间，这两个权力合二为一了。国王既然变成了国家，太阳王自然就既露面又隐匿。这就是凡尔赛的安排。后来的太阳王只在宫中露面[③]，而圣路易却喜欢亮相，

① 他在巴黎授予儿子和王位继承人菲力普骑士身份，时间是1267年，地点是王宫花园。

② 请看本书原文第699—701页。

③ 此处指法国国王路易十四（1643—1715年在位）。——译者

为了使权力和公义个人化，他常常打开巴黎王宫花园和万森树林的大门，这当中既有仁慈、谦卑等因素，也有政治上作秀的成分。可是，他也喜欢深藏在被他净化的宫中[1]，他的谦卑的另一面促使他不事张扬地发善心、做好事[2]。

当路易走出基督教世界，无论是真的走出基督教世界，例如当他随十字军远征时，或者仅仅在思想上和幻梦中走出基督教世界，他往往就此遁入想象空间之中。这个空间是东方，是圣地，是中世纪任凭想象驰骋的最佳空间[3]，是基督教徒想象中的最美好地方，因为那时候西方基督教徒对于那个地区的知识相当贫乏。

圣路易对空间的认识如何？他是一位没有地图的国王。在他生活的那个时代前后有了一些实际用处很小的地图，路易九世也许从未见到过其中任何一幅。据说在他 1270 年前往突尼斯时搭乘的船上有一幅海图，如果此说属实，那也定然是一幅十分粗陋的 530
海图[4]。他的书本空间知识来自《圣经》和他身边的神职人员，尤其是那位博学多才的多明我会士博韦的樊尚[5]。

关于他自己的王国[6]，他可以足不出户地依赖身边各部门神职

① 请看本书原文第 734—744 页。

② 雅克 · 马多勒：《法国国王圣路易》（Jacques Madaule, *Saint Louis de France*），前引书，第 23 页。

③ 雅克 · 勒高夫：《中世纪的西方和印度洋：梦一般的地平线》（Jacqus Le Goff, *L'Occident médiéval et l'océan Indien: un horizon onique*），见《地中海与印度洋》（*Mediterraneo e Occeano Indiano*），佛罗伦萨，1970 年，第 243—263 页，收入《另一个中世纪》（*Pour un autre Moyen Age*），第 280—298 页。

④ 参阅戈蒂埃-达尔谢：《西方文明中的人与海洋》（Gautier-Dalché, *Uomo e il mare nella civilità occidentale*），请看本书原文第 541 页注 1。

⑤ 请看本书原文第 587—588 页。

⑥ 罗伯尔 · 法弗蒂埃：《14 世纪初的法国国王如何想象他的国土？》（转下页）

人员和教会人士以及在会教士的知识，他们从属于各种旅行者网络，而且能从御前会议中的平信徒官员和原籍各不相同的随从那里得到许多有益的信息。

让我们先看一幅地图，了解一下圣路易如何在地图所表明的那些地方居住和走动。

首府巴黎

从 11 世纪起，巴黎就是国王和御前会议的常驻地，12 世纪和路易九世在位时期更是如此。御前会议原来是一个流动的封建司法机构，后来渐渐变成为固定的政府管理机构。巴黎于是成为王国的首府①。但是，圣德尼也被叫作首府②，因为国王出发作战之前要到圣德尼去取军旗，率领十字军远征之前要到那里去取朝圣标志；国王每年还要到圣德尼去缴付四个金币，小心翼翼地把它们安放在祭坛上，在各次加冕大典之间，圣德尼珍藏着王权的象征物；国王的先祖们也安息在圣德尼等待复活。

这样，王国就有两个首府，即巴黎和圣德尼；连接这两个地

（接上页）（Robert Fawtier, *Comment le roi de France, au début du XIVe siècle, pouvaitil se représenter son royaume?*），见《马丁文集》（*Mélanges P. E. Martin*），日内瓦，1961 年，第 65—77 页。

① 关于巴黎变成首都的经过，参阅安娜·隆巴尔-茹尔丹：《坟岗和圣德尼》（Anne Lombard-Jourdan, *Montjoie et Saint-Denis*），前引书。博捷：《巴黎何时和如何变成首都？》（Robert-Henri Bautier, *Quand et comment Paris devient capitale*），前引文。

② 关于巴黎和圣德尼，参阅隆巴尔-茹尔丹：《坟岗和圣德尼》，前引书。

方的道路是真正的御道，御道两旁很快就出现了许多“坟岗”①。兰
斯、巴黎和圣德尼变成了王国空间中的神圣三角，国王在兰斯大 531
教堂里举行的加冕礼上接受王权，在巴黎的王宫里行使王权，在
圣德尼的“国王墓地”和“国家”修道院里放弃王权。

国王在巴黎通常居住在西岱岛上的王宫里（其原址位于现今的法院大厦），在加洛林王朝时代，这里原来是伯爵的住宅，虔诚者罗伯尔在11世纪初将它收回后进行改建，并在那里新建了一座敬献给圣尼古拉的小教堂②。一个世纪以后，路易四世续建了一座塔楼，王宫于是变成了一个不折不扣的堡垒，国王从此无需寸步不离卢浮堡，在巴黎并未受到威胁的13世纪尤其如此；菲力普·奥古斯特起初为巴黎修建了围墙，后来在13世纪初在围墙外建造了卢浮堡。王宫里有一个花园，菲力普·奥古斯特为它修了一圈围墙；圣路易在位期间在这个花园里举行了多次重要活动，

① 安娜·隆巴尔-茹尔丹的《坟岗和圣德尼平原上的坟岗》（*Montjoie et Montjoie dans la plaine Saint-Denis*）见《巴黎与法兰西岛》（*Paris et l'Ile-de-France*），25，1974年，第141—181页；罗伯特·勃瑞纳：《圣德尼的坟岗》（Robert Branner, *The Montjoie of Saint-Denis*），见《献给鲁道夫·维特考维尔的文集》（*Essays presented to Rudolf Wittkower*），卷I，牛津，1967年，第13—16页；前者比后者写得好。最初的“坟岗”（意为“保护本乡”）是指被认为安葬着一位神的坟墓，后来渐渐被基督教会改变成了监管该地的那位神的坟墓。“坟岗”是沿着从巴黎到圣德尼沿路的一些小型纪念性建筑，包括一个底座，一个饰有百合花的高十字架以及三个国王的雕像。这些“坟岗”建于13世纪。后来法国骑士们在作战时高喊着“坟岗和圣德尼”冲向敌阵。

② 让·盖鲁：《1417年以前的西岱岛上的王宫》（Jean Guérout, *Le palais de la Cité, des originesà 1417*），见《巴黎和法兰西岛历史与考古学会联合会学报》（*Fédération des sociétés historiques et archéologiques de Paris et de l'Ile-de-France. Mémoires*），1949年，1950年和1951年，卷I，II，III。

其中有1259年12月4日英国国王亨利三世向法国国王行效忠礼的仪式，1267年6月5日圣灵降临节那天为未来的国王勇夫菲力普三世授予骑士身份的仪式。圣路易对王宫只进行了一项重要的改建，那就是在圣尼古拉小教堂的原址上修建了圣堂，用来安放他重金购得的耶稣基督受难的十字架等圣物[①]，这件圣物因具有神奇般的力量而保护了国王、王族和王国，它还成了国王为表明个人的虔诚而经常膜拜的对象。

他在圣堂旁边修建了一座体量略小的三层建筑，底层的地面与圣堂的地面相平，二层和三层则低于圣堂的上层。底层和第二层分别用作圣堂的上层和下层的圣器室，第三层辟为档案室，这
532 个档案室因其性质而被叫作“王家档案室”，整座楼也因此而被称作王家档案馆，而且被学术界一直沿用至今。经由一条支撑在圣堂墙垛上的旋梯可以到达王家档案室，这条专用通道为国王独享档案提供了保证。从这里可以看到，王国的司法和行政历史资料既有固定不变的存放处，又与君主个人的神圣性相连。与档案室设在同一座楼里的是图书馆，其主要部分是在远征埃及的十字军返回后完成的；圣路易在这次远征中看到的埃米尔的宗教图书馆，给了他清楚强烈的印象。圣路易的图书馆也是以收藏宗教图书为主，他常常将一些书籍借给亲朋好友。圣路易死后，藏书散失较多，除依照他的遗嘱送掉部分藏书外，他的继承人们也陆续送掉了一部分。

然而，圣路易依然是个居无定所的国王，他所拥有的许多住所可以分成三类：一类是王宫，一类是王家修道院，一类是有义

---

① 请看本书原文第146—147页及以下多页，第575—576页。

务向他提供住所的封建主所拥有的宅邸和教堂[1]。

圣路易的住所和巡游地

如何考证圣路易何时住在何处呢？

我所利用的有关资料收集于19世纪，可信度难以确保。首先
因为中世纪的文献缺乏系统性，其次因为历史学家不拥有考证这
些文献的手段。不过，在圣路易在位期间产生的那些文献上，有
的盖着御玺，有的明确地记录了国王某日在某地发出的上谕，从
而表明国王某日在某地。在圣路易执政期间，政府依然随国王个
人的流动而流动，这从行政管理上看已经与时代的要求不相吻合
了，可是这一点对关注国王本人的人来说，倒颇有用处。鉴于迄 533
今尚无一部新近编印的科学的圣路易文书集[2]，我们只得利用19世
纪学者们收集在《高卢与法兰西历史学家文集》中的文件[3]。

---

① 卡里查德·布鲁赫尔：《牧草税、房舍税、国王劳役》（Carlrichard Bruhl, *Fodrum, Gistum, Servitium Regis*），科隆，格拉茨，1968年，2卷本。

② 在已版的中世纪国王文书中，1223年菲力普·奥古斯特去世到1285年美男子菲力普登基之间空缺。

③ 在《高卢与法兰西历史学家文集》（*Recueil des historiens des Gaules et de la France*）卷XXI中有以下内容：1）在“国王的驻留和游动”中有“路易九世的驻留和游动”；2）“国王的驻留和游动补遗”中的大部分（第498—499页）与路易九世有关；3）另一份“国王的驻留和游动补遗”（L—LI页）中的大部分也与路易九世有关；4）“路易九世1254—1269年间下榻处”，第397—403页。在卷XXII（XXV—XXXVI页）中，有一份1234年2—5月和1239年5—10月的“与国王的驻留和游动有关的账目摘要”，这份摘要中的地名与卷XX中提到的地名部分重复。参阅本书插图3。

从这部书中可以大致看出，圣路易最经常居住的地方是法兰西岛。除巴黎西岱岛上的王宫外，国王最常居住的是以下三个地方：巴黎东边的万森（书中提到 60 次[①]）；巴黎西边的圣日耳曼昂莱（书中提到 50 次）；巴黎西北边的蓬图瓦兹（书中提到 48 次）。尽管国王似乎对万森情有独钟，但实际上那时的万森是个很不起眼的小地方。国王有时好像下榻在万森树林中格拉蒙会的修道院里。这个地方通常被称作“万森树林”，圣路易似乎不曾在那里打猎（他也不曾在别处打猎[②]），但他喜欢到那里去小住，一则也许因为离巴黎很近，而且房舍比较简朴，一则因为附近有水路相通，每逢到国内巡游，无论出发和返回，万森都相当方便。1239 年到桑斯去迎接荆冠返回时，万森是国王抵达巴黎前的最后一个停留点。1270 年第二次十字军出征也是从万森出发的，这是他一生中
534 最后一次旅行；他与王后作一生中最后一次告别也在这里[③]。

圣日耳曼昂莱有一座比较大的“宫殿”，圣路易于 1238 年在那里建造了一座小教堂，建筑师大概与负责改建圣德尼的是同一位，这座小教堂比菲力普·奥古斯特修建的那座大一些，也更漂亮一些[④]。圣日耳曼昂莱离塞纳河很近，它在巴黎西边所起的作用，

① 菲力普·奥古斯特以后，国王在万森居住的次数大大增加，一方面因为国王阅卷批文的工作量此时大量增加，另一方面因为国王特别喜欢这个地方。据我们所知，菲力普·奥古斯特在万森总共只签署了 6 份文书。

② 请看本书原文第 691—693 页。

③ 参阅让·沙普洛：《万森古堡》（Jean Chapelot, *Le Château de Vincennes*），巴黎，1994 年。沙普洛正在万森指导考古发掘，他还与伊丽莎白·拉鲁（Elisabeth Lalu）于 1994 年共同组织了一次研讨会，我们对此次研讨会的文集翘首以待。

④ 罗伯尔·布拉奈认为，这座小教堂是“短型”建筑的决定性标志，支持这种“短型”建筑的人就是菲力普·奥古斯特。

与万森在巴黎东边和东南边所起的作用一样。

蓬图瓦兹的“王宫”对圣路易具有特殊的吸引力，因为那里有西都会的摩比松隐修院，这座隐修院是他奉母亲之命修建的，他和母亲都常去那里；王太后1252年临终之前居住在摩比松隐修院里。蓬图瓦兹也拥有舟楫之便。

圣路易到法兰西岛的那些住所去时，尽可能乘船前往，这一点从他的旅行记录上看得很清楚。例如，1239年5月15日，“乘船从默伦抵达巴黎”；6月18日，“乘船从巴黎抵达奥特伊，前往圣日耳曼”；6月30日，“乘船从蓬图瓦兹到芒特”；7月5日，“乘船从韦尔农到吕埃”，等等。这位“旅行家”国王当然也是一位“骑手”，不过只要能乘船，他总是乘船旅行。法兰西岛水道纵横，适宜于小吨位船只通行，所以，圣路易基本上是个水上旅行家。乘船旅行便于做祷告……

我把圣路易或长或短的驻留地按河流加以归类。沿塞纳河的那些地方可以算作一组；从巴黎溯流而上，万森可以视为桥头堡，此后便是科尔贝（19次）、默伦（35次）、枫丹白露（22次）等地的王家离宫。沿塞纳河顺流而下则有下列登船点：奥特伊（9次）、讷伊（7次）、芒特王家驻地（4次）、韦尔农（16次）。更为重要的大概是瓦兹河沿岸这一组，这不但是墨洛温王朝和加洛林王朝诸王的传统的巡游地，而且那里有他建造的两座西都会修道院吸引着他，一座是摩比松男修道院，另一座是鲁瓦尧蒙女修道 535
院；这两座修道院都在瓦兹河上的阿尼埃尔附近，这里既是圣路易和他的家人修身养性的地方，也是他的子女们的最后归宿之地。沿着瓦兹河溯流而上，首先是瓦兹河与塞纳河交汇处的孔夫朗（8次），然后是往返必经之地蓬图瓦兹（与摩比松一起共48次）和瓦兹河上的博蒙（7 次）、瓦兹河上的阿尼埃尔（29 次）、鲁瓦尧蒙（19 次）、桑里斯（11 次），桑里斯早在克洛维斯时代就是国王驻地，于格·卡佩 987 年在这里当选为王；最后是从瓦兹河稍稍向东的诺奈特河上的贡比涅（23 次），贡比涅对于圣路易的吸引力不仅在于那里有墨洛温王朝和加洛林王朝祖传的“宫殿”，而且因为那里有一座他资助建造的多明我会修道院，他喜欢到这所修道院去望弥撒、听布道。他在贡比涅、蓬图瓦兹和韦尔农各修建了一所济贫医院。

此外，在那条短短的连接巴黎的“御道[①]”尽头，当然还有圣德尼（11 次）。

法兰西岛的国王

法兰西亚（Francia）这个词的含义在圣路易在位期间逐渐扩大，最终不但指法兰西岛[②]，而且指整个法兰西王国。尽管如此，圣路易却首先是法兰西岛的国王，在这个地区里，从巴黎到奥尔良那条卡佩王朝的古道，已经因年久失修而逐渐破败。虽然圣路易在埃唐普有 8 次逗留的记载，但实际上他很少到奥尔良和弗勒里（卢瓦河畔圣伯努瓦）去。埃唐普建有王家古堡，1165 年他的先祖路易七世就是在那里获悉，被称为“神奇幼童”的菲力普（奥

① 参阅安娜·隆巴尔-茹尔丹:《坟岗和圣德尼》，前引书。

② 众所周知，法兰西岛一词迟至 15 世纪才出现，而这个地区成为一个行政区划则是 16 世纪初的事。

古斯特）出生了。当然，圣路易也去过法兰西岛以外的其他地区，或是为了炫耀王威，或是为了进行稽查，或是为了慈善事业；例如，他曾到过加蒂奈平原（蒙塔日、洛里斯）和贝里（布尔日），更去过诺曼底这个享有特权的美丽省份，自从菲力普·奥古斯特把它夺回来之后，法国人为保卫它而与英国人在军事上和心理上进行的斗争从未间断。圣路易在各地的巡游，就是圣帕丢斯的纪 536
尧姆所说的“在王国中的许多地方”巡视[①]。

巡视王国

从十字军回来后，圣路易觉得有必要恢复荒废了多年的“巡视王国”活动[②]。众所周知，因十字军的败绩而心绪不宁的国王在1254年下半年展开了一连串狂热的活动。他在朗格多克邑督区逗留了很长一段时间，9月回到巴黎后接着又去王国的东北部巡视，他当然到了苏瓦松，与当年在博凯尔离他而去的儒安维尔重逢，给他带来了极大的愉悦；他也许还去了图尔奈和韦尔万。11月他到了奥尔良，在通往丰特弗罗的大路上会见了正在祭扫金雀花王朝墓地的英国国王亨利三世。接着他来到蓬蒂尼昂勃艮第的西都会隐修院，面对昂德蒙·里什的遗体祈祷，此人在他的逼迫下逃亡他乡，此时已被封为圣徒。在返回巴黎途中，路易为解决纳瓦

---

① 圣帕丢斯的纪尧姆:《圣路易传》(Guillaume de Saint-Pathus, *Vie de Saint Louis*)，前引书，第90页。

② 参阅“国王进行稽查”，本书原文第90页。

尔国王的继位问题而主持了一次高等法院会议，因为纳瓦尔国王香槟的蒂博四世已于1253年12月在庞珀吕纳过世。也许就在此时，路易颁布了有名的1254年12月的“大敕令”。接着他前往夏特勒，从那里陪伴英国国王亨利三世到巴黎，然后两位国王如同一家人一样一起过圣诞节。

率领十字军出征和班师

率领十字军登船出征和下船返国时，国王常常离开连接港口的大路，前去参观一些朝圣地[①]。

十字军也是一种朝圣活动，路易沿路完成了一系列有关十字军的规章所要求的礼仪活动。1248年6月12日那天他在圣德尼，
537 教皇特使夏多鲁的欧德把权杖和披风交给他，他把军旗高高举起[②]，向王国军队发出出发的信号。返回巴黎后，他到圣母院望弥撒，穿着朝圣的服装，随着信徒的行列赤脚步行到圣安东隐修院祈祷，接着又到科尔贝古堡向母亲道别。

他来到桑斯，向正在那里举行的方济各会的教务大会致意，帕尔马的萨林本教士在那里见到了他。他瞻仰了位于大路东边和西边的许多教堂，为向圣马利亚-马德琳祈祷，特地在韦兹莱作了

---

① 请看本书原文第184页及以下多页，第214页。

② 菲力普·孔塔米纳：《14世纪和15世纪圣德尼的旗帜——宗教和王家的象征物研究》(Philippe Contanime, *L'oriflamme de Saint-Denis aux XIVe et XVe siècles. Etudes de symbolique religieuse et royale*)，《东部年鉴》(*Annales de l'Est*)，1973年，第179—244页。

停留。在里昂，他会见了教皇英诺森四世。罗纳河当时是王国和帝国的界河，路易乘船沿河而下时在罗什德格隆出了点事，他以朝圣者的身份不但拒不向领主缴付过路费，而且拿下并捣毁了城堡；据马修·帕里斯记述，他在阿维尼翁遇到了麻烦，遭到该城居民的袭击。他终于抵达艾格莫尔特，在那里接见了他的封臣图鲁兹伯爵雷蒙七世，8 月 25 日登船。

班师途中，路易不愿意通过他人的国土，一定要在他特地修建的艾格莫尔特港下船；但是最终他不得不在他的弟弟普罗旺斯伯爵查理的领地上下船，这里已是帝国的土地。他于 7 月 3 日抵达耶尔盐滩，在当地的方济各会修道院中拜访了著名的修道士迪涅的于格，然后来到博恺尔王国[①]。在这里他顺便向马利亚-马德莱娜进行了朝拜，这是朝拜马利亚-马德莱娜的两个地点之一，另一个是圣博姆的韦兹莱。这个地方给陪同国王进行朝拜的儒安维尔留下了深刻印象，他写道："国王经由普罗旺斯伯爵领地来到一个名叫埃克斯昂普罗旺斯的小城，据说马德莱娜的遗体安葬在这里。我们来到一个高高的石拱下面，有人说，马德莱娜在这里苦修了17年。"[②]对南方各邑督区官员的所作所为进行了一些了解后，路易经由奥弗涅北上，瞻仰了勒皮（圣母马利亚）和布里尤德（圣儒 538
略）的朝圣大祭坛，然后经过伊苏瓦尔、克莱蒙、圣普尔坎、卢瓦河畔圣伯努瓦，于 9 月 15 日回到万森。返回巴黎之前，他特地去了一趟圣德尼，把军旗送回原处，然后于 9 月 7 日回到巴黎。

1270 年再度完成了这一整套礼仪。3 月 14 日拜谒圣德尼，6

---

① 请看本书原文第 184 页。

② 儒安维尔：《圣路易史》（Joinville, *Histoire de Saint Louis*），前引书，第 365 页。

月 15 日赤脚从西岱岛列队行进到圣母院，接着前往万森向王后道别（这是一次名副其实的诀别），然后再次踏上前往桑斯、韦兹莱、克吕尼、里昂、罗纳河之路。在艾格莫尔特候船期间，他在圣灵降临节那天向圣吉勒朝圣，这是他的最后一次朝圣活动。

这就是说，圣路易虽然去过诺曼底和贝里，1254 年还在朗格多克的几个邑督区稍事逗留，但是总起来说，他很少巡视南方，他没有进行过在中世纪后期和文艺复兴时代变得十分常见的那种视察旅行和炫耀王威的旅行，也没有对法国南方进行专访。近代国家的国王此类具有政治性质的旅行，始于美男子在位的 1303—1304 年间[①]。

朝圣者国王

圣路易往往利用到各地巡视的机会，到一些朝圣地进行宗教崇拜活动。然而，朝圣有时却是他进行旅行的唯一目的[②]。

在 13 世纪，对于圣母的崇拜迅速扩展；对于国王们来说，圣母是她儿子耶稣的最高中介人，又是他们的王国和臣民以及他们本人的最大援助者，所以国王们对圣母的崇拜特别虔诚[③]。圣路易多次前往夏特勒圣母院、塞城圣母院和贝尔奈的拉库蒂尔圣母院

① 让·法维耶：《美男子菲力普》（Jean Favier, *Philippe le Bel*），巴黎，1978 年，第 335 页及以下多页。

② 参阅拉邦德的佳作：《朝圣者圣路易》（Labande, *Sant Louis pélerin*），前引文。

③ 卡斯蒂利亚国王阿尔封斯十世是圣路易的同时代人，他以圣母崇拜者自居，作《圣马利亚之歌》（*Cantigas de Santa Maria*）献给圣母。

进行祈祷。

1244 年 5 月 2 日，圣路易与他的母亲和三位弟弟在罗卡马 539
杜尔朝拜圣母祭坛，这大概是他所有朝圣活动中最值得一提的一次[①]。这当然是一次家庭朝圣，不过也是一次国王朝圣，因为，倡议进行这次朝圣活动的是英国国王亨利三世，他曾两度前去罗卡马杜尔，其中一次是在圣阿马迪尔的遗体被发现以后。卡斯蒂利亚的布朗什的父亲阿尔封斯八世国王（1158—1214）也到那里去过。阿尔封斯·迪普隆的论断很深刻："国王头上有一圈魔力灵光，当他与人群相聚时能随他移动，不但如此，凡是他朝圣过的地方，都因此而变得与众不同。"[②]他认为，这是一种赎罪朝圣，目的是争取圣母的保护；这也是一种以行动争取恩宠的朝圣，目的是在塔耶堡之役和第一个儿子出生之后为国王治病。阿尔封斯·迪普隆还指出，圣路易如同别的朝圣者一样，应该对这个朝圣地的灵性有所感悟（正如他后来对圣博姆岩洞的灵性有所感悟一样），岩石意味着地平经圈，岩石下的平台意味着母性，因为这里曾是一位处女母亲、一位黑色母亲的藏身之处，这就再次令人想到了东方。这也是一次为数不多的政治朝圣，它表明了法国国王寻求"南北平衡"的意愿。

---

① 感谢马利-克莱尔·加诺为我收集了有关这次朝圣活动的资料。雅克·朱耶：《圣路易在罗卡马杜尔》（Jacques Juillet, *Saint Louisà Rocamadour*），见《洛特省文学、科学和艺术研究会会刊》（*Bulletin de la Société des études littéraires, scientifiques et artistiques du Lot*），卷 92，1971 年，第 19—30 页。

② 阿尔封斯·迪普隆：《论教会加冕——十字军和朝圣、形象与语言》（Alphonse Dupront, *Du sacré. Croisades et pélerinages. Images et languages*），巴黎，1987 年，第 317—318 页。

圣路易于1256年3月前去圣米歇尔山朝拜大天使，那时，大天使还不是法国国王和法兰西王国的保护神，但他已经耸立在海上，面对着险象环生的大海和尚未与法国缔结和约的英国人。圣米歇尔山显示了上苍主宰人世的绝对优势，这种神圣性在基督教中得到充分的肯定，但是，圣路易却以另一种人世间的神圣性对之进行修正，这便是谦卑的神圣性。

如果不是参加十字军到东方去，圣路易就不会走出基督教世界的法兰西王国，因为这是他的空间。除非别人把战争强加在他
540 的头上，例如他年轻时的那些大封臣和英国国王，否则他不会与他人作战。他的祖父菲力普·奥古斯特采取决定性步骤，开始摆脱神圣罗马帝国，逐步实现独立，这个进程在他在位期间得到了加强；他把帝国的事务视为与他无涉的外国事务，不想卷入其中。

13世纪的基督教徒一生中需要到三个地方去朝圣，其中有两个是在基督教世界里面，那就是罗马和圣雅克·德·孔波斯特拉。路易没有到那两个地方去过，而且似乎从未想过要去，原因可能是当时的罗马并非安详之地，教皇先是在意大利南部与腓特烈二世冲突，后来又与曼弗雷德发生纠葛。但是，圣路易不去朝拜圣徒陵墓，还有深层原因。对于教会人士来说，罗马是“国内”旅游点，可是路易是个平信徒，不是教会人士；他尊敬教廷和“罗马的圣徒”，但他认为，各人有自己的住所。再者，罗马是神圣罗马帝国皇帝的城市，法国国王虽然尊敬皇帝，却无需向他表示臣服。平信徒君主为数甚多，让罗马这块土地听凭其中的皇帝独占，这已经是对他的尊重，无需再向他作任何彼此地位有别的表示。

路易对于孔波斯特拉的冷淡更加令人吃惊。他的朋友儒安维尔到那里去过，并且为此感到自豪和荣耀。据某些文献记载，圣

路易临终想到了圣雅各（圣雅克·德·孔波斯特拉是圣雅各的纪念地。——译者），即使这是事实，圣路易也似乎并不特别崇敬这位圣徒。

他格外崇敬的三位圣徒是圣德尼、圣母和耶稣基督。圣德尼是他的王国和他的王朝的圣徒，从巴黎的王宫出发前去朝拜圣德尼，路程很近；朝拜圣母的地方几乎到处都有，其中几个著名的朝圣地就在法国境内；余下的是耶稣基督，要朝拜耶稣基督就非去耶路撒冷不可。所以，耶路撒冷既是圣路易的热望之所在，也是他的巨大痛苦之所在。他后来终于到了耶路撒冷城下，但无法把它解救出来，于是他听从了贵族们的建议。贵族们说，笃信基督教的国王不能满足于远远望见耶路撒冷，不能承认异教徒对这座圣城拥有全权，不能为了前往圣城而向异教徒申请通行证。腓特烈二世没能征服和拥抱耶路撒冷，因而也没有亲眼看到耶路撒冷，他当然可以用金钱向穆斯林购买这座圣城。可是，他在临死之前想到的是一个什么样的耶路撒冷呢？是一座天上的圣城还是地上的圣城？这个大疑团便是导致十字军运动的根源。

对于圣路易来说，基督教世界就是罗马基督教的欧洲加上圣 541
地。十字军不是征服，而是收复。这种精神空间观念与地理相悖，
基督教发源地在东方，而它的大本营却在西方，这种地理上的距
离似乎并不要紧。圣地与基督教世界是一个不可分割的整体。圣
路易的使命就是再造圣地与基督教世界的统一。

然而，在这个分离的基督教世界正当中，有一个充满艰险的空间，那就是大海。

圣路易与大海

从1248年到1254年，大海几乎天天出现在圣路易的活动中和脑海里[①]，他在海上航行了好几个星期，他的许多重要决定都是在海上作出的，在一次新的海上旅行之后，他于1270年死在海边。这个大海当然就是地中海。

前面已经提到，圣路易在海上可没有少遇到风暴和“海上奇遇”[②]。那时人们所说的“海上奇遇”，就是后来人们所说的“海上运气”，这种表述后来被普遍接受。从“海上奇遇”到“海上运气”的变化中，我们不难看到人们心态的转变，前一种表述显示了到海上去冒险的骑士精神，后一种表述则说明，人们已经对海上贸易能够带来的盈利和“运气”中所包含的风险有了更加清晰的认识。

对于中世纪人来说，海上的种种磨难是对圣徒们的宗教热情特有的考验，圣徒列传作者们依据他们的“拓扑”，也就是格式化写作套路，总要让十字军饱尝海上风险，因为他们是为了拯救而踏上最艰险的朝圣之路的英雄，这条朝圣之路经由海上“通道”，把人们带到“海外”这两个字表达得十分确切的那些地方去。1297年8月6日在奥尔维耶托举行了圣路易的封圣典礼，教皇卜

---

① 参阅雅克·勒高夫：《圣路易与大海》（Jacques Le Goff, *Saint Louis et la mer*），见《西方文明中的人与大海：从奥德修斯到哥伦布》（*L'Uomo e il mare nella civiltà occidentale: da Ulisse a Cristoforo Colombo*），热那亚，1992年，第13—24页；又见《圣路易与地中海》第一部分第2章，前引文，第169—173页。

② 请看本书原文第173页。

尼法斯八世在封圣典礼上发表的布道词中，把海上的种种艰险视 542
为对圣路易圣徒品德的考验之一，他说："为了上帝，他不惜将自己的躯体和生命置于海上风险之中。"

其次，大海是圣路易获得个人经验和集体经验的场所。在海上，他是一个四处飘泊的流浪者，由此而可能给一个规规矩矩的基督教徒带来的种种骚扰，他都遇到了，而且竭尽全力加以补救。他征得教会方面的同意，在他的船上设置了一个祝过圣的祭台，安放了一些圣饼，船上的人可以在那里望弥撒和领圣体。在船上，做祷告的时间一般都能得到保证，如同往常那样，国王做祷告时有许多教会人士和儒安维尔这样的在会平信徒贵族老爷陪同。对国王的另一种骚扰来自水手，这是一些蛮横无理的家伙和什么都敢干的败类。大多数人在中世纪生活在陆地上，水手是令他们担忧的一个陌生人群；水手犹如海上游民，时而弃舟登陆，在航行途中经过的港口住上一段时间，他们是外来者，通常都是行为不端的人。据博利厄的若弗鲁瓦记述，圣路易在船上见到水手们不敬上帝的行为后，深感惊诧和悲哀[①]。他命令水手们参加圣事，与大家一起祷告，让旅行生活变得有条不紊，这些尚未完全开化的野人虽然嘟嘟囔囔，却也只得遵命。圣路易对这些水手作出的反应，原因不仅是他少见多怪，这些社会边缘人物在教会心目中的负面形象也起了作用。圣路易年轻时的一个同时代人雅克·德·维特利是一位著名的布道师，他也去了圣地。他的一份专门以水手和海员为对象的布道词（确切地说是一份布道词范本），

① 《高卢与法兰西历史学家文集》，前引书，卷XX，第14—15页。

选取《圣经·诗篇》第106篇为主题，其中谈到了大海的危险，
543 也谈到了大海的奇妙。大海是这个“世纪”的大海，也就是说是人类社会的大海，是整个人世的大海。大海是黑暗和危险的，是多重的、多样的和多通道的①。

雅克·德·维特利熟悉海员的语言，有时也使用一些粗俗的言辞。他列举了海员和水手们的劣迹和犯罪行为。夸大其词是他那些布道词的共有特征，不过他让人看到的景象确实一片漆黑。圣路易对水手们的看法就是在这类文字的影响下形成的。

水手们干些什么？他们把朝圣者扔在孤岛上，劫走他们的财产，让他们活活饿死；更有甚者，他们把朝圣者出卖给萨拉森人当奴隶，或是把朝圣者和商人乘坐的船弄翻，让这些毫无海上经验的人自寻活路，他们自己则爬上小艇，带着财物和商品扬长而去。此外还有一些坏人故意制造翻船事故，乘机抢劫落水者；这里指的是一件真实的圣保罗翻船事故，此事在中世纪的基督教世界里几乎变成了一个具有传奇色彩的故事。水手们在港口的恶劣行径同样让人惴惴不安；他们整天泡在酒店和妓院里，把在海上挣到的钱全都花在这些肮脏的寻欢作乐的场所。由此可见，国王在海上既面临物质危险，也面临精神危险。

对于圣路易来说，大海归根结底是一个具有宗教性和象征性的空间。大海多次出现在《圣经》中，那是一幅可怖的图景，它

① 需要区别下海和上海、内海与外海。下海就是地狱，其苦无比；上海就是人间，它如同娼妓，是罪恶和危险的储罐。一段非常有趣的描述一一列举了大海的种种危险和大风加剧这些危险的情景。雅克·德·维特利强调海峡的重要性，海峡是两个海相会之处，是非常危险的地方；与此相反的另一个危险是无风，船只因此而在原地停留，无法继续前进。

来自最初的混沌深渊。在《圣经 · 创世记》中，上帝创造了世界之后，就出现了犹如混沌世界的大海，魔鬼、恶魔和死人居住在大海里，并在大海里活动，他们将要打碎羁绊，与上帝作对，与人作对。大地渐渐开化了，太海依旧停留在野蛮状态。《圣经 · 约伯记》也讲述了创世的故事，只是与《圣经 · 创世记》略有不同。《圣经 · 约伯记》也提到了生活在大海里的恶魔，它们有时冒出海面，把人吓得半死。列维坦就是这样的一个恶魔。与许多怪兽对峙的但以理所看到的大多是海兽。这些海兽在《圣经 · 启示录》
中再次出现："我又看见一个兽从海中上来，有十角七头，在十角 544
上戴着十个冠冕，七头上有亵渎的名号。"大海的可怕形象还出现在《圣经 · 新约》的另一处，太巴列湖在那里被视为大海，湖上的风暴被认为与海上的风暴相似，因而是海上风暴的象征[①]。

圣路易在别人向他讲述或诵读的圣徒列传中，常常听到对大海的恐惧、无处不在的风暴和翻船事故，在著名的《金色传说》中也讲到过这些，此书的编者是一位与圣路易几乎同时代的热那亚人，名叫雅各布 · 达 · 瓦拉采。马德莱娜、圣莫里斯、圣克莱芒等人都是拯救过翻船的圣徒。

这是充满恐惧的世界，但是在中世纪，这更是动荡不安的世界；在这个世界上，用以象征教会的习用图像就是圣彼得的大船。有权有势的人如果没有卷入"运气轮"，也将被大海颠来倒去。圣路易实际乘坐的那条大船是同一象征的另一种体现，它被巨浪抛

① 这是一则广为人知的故事。风暴骤起，威胁着彼得和他的水手同伴们乘坐的小船，基督正在这条船上睡觉。彼得和他的同伴非常害怕，高声叫喊："救命啊，上帝，我们要死了。"耶稣平息了风暴，与《圣经 · 旧约》中的耶和华平息风暴一模一样。

上抛下，饱尝大海的艰险。

然而，这也是耶稣制伏巨浪并在水上行走的世界，而圣彼得则因没有信仰而险些淹死。大海归根结底是不必害怕的，因为世界末日到来之时，上帝会首先把它摧毁，以便在末日审判前把安宁带给人们。“海也不再有了”(《圣经·启示录》第21章第1节)，“不再有死亡”(《圣经·启示录》第21章第4节)。因为，大海就是死亡。“到那日，耶和华必杀住在大海的龙”(《圣经·以赛亚书》第27章第1节)。

然而，大海同时也是十字军的空间，是苦行赎罪和经受考验的空间，它同时还是愿望和希冀的空间，人们希冀在迢迢水路的尽头找到准备改宗的穆斯林君王，这正是圣路易挥之不去的期待。对于穆斯林君王改宗的幻想是以埃及为目标的那次十字军的起因，
545 也是以突尼斯为目标的那次十字军的起因。

圣经和基督教传说中有不少关于大海的正面形象，圣路易对此并非全然无知。依据基督教承袭自古代的传说，大海的第一个美好形象是一个美轮美奂的世界，尤其是那些小岛和黄金时代遗存下来的充满幸福的孤岛，以及富庶的岛屿等等，不论它们是圣布兰丹[①]曾航行过的北海中的岛屿，或是大西洋中的岛屿，或是地中海上的岛屿。儒安维尔记述了圣路易海上航行中有关岛屿的两个有趣的小故事[②]。第一个故事说，圣路易的船在一个小岛停靠时，一群下船去摘水果的年轻人迟迟不回；另一个故事更有意思，说的是圣路易、儒安维尔以及几个贵族老爷一起下船登上一个小岛，

① 6世纪的爱尔兰僧人，传说中的航海英雄。——译者

② 请看本书原文第209—210页，第491—492页。

岛上遍地是鲜花、绿草和树木，还有一个埋葬着一些遗骸的古老的隐修院，这所隐修院的景象并未让这几位基督教徒觉得身处异教徒的黄金时代，他们倒是觉得看到了深藏在大自然之中、隐匿在与世隔绝的孤岛上令人神往的最古老的隐修院，这也许就是原始基督教的形象。大海还是出现奇迹的空间，儒安维尔曾经讲述过一件奇迹，那就是圣路易的一位不慎落水的同伴被救的故事[①]。

但是，对于圣路易来说，大海主要是他选定的道路，是他为了到东方去而想要控制的道路。

圣路易的东方

对于圣路易来说，真实的东方首先是塞浦路斯，它是拉丁基督教世界矗立在地中海中心的一个平台，而地中海则是东方的、拜占庭的和穆斯林的世界；塞浦路斯也是与地中海沿岸各国通商的一个转盘，是基督教徒商人和十字军的前进基地。这个岛屿历经沧桑之后成为一个王国，由法国的吕希尼昂家族治理，这个家族与神圣罗马帝国皇帝的臣属关系已于 1247 年被教皇废除。许多 546
原籍法国的贵族定居在岛上，圣路易觉得，这个岛屿仿佛是法国的一小部分。不错，基督教徒在东方也可以如同在自己家里一样。

圣路易在前往埃及时对东方有多少了解呢？回到西方的十字军提供了一些关于东方的记述，其中既有书面的也有口头的，但以口头讲述居多；借用阿里耶·格拉博伊斯的用语，这些记述使

① 儒安维尔:《圣路易史》，前引书，第 357 页。

原来的“神圣地理学”变成了“巴勒斯坦志”[1]。来自圣经和古代基督教的知识虽然变成了当时的新知识，但是，新知识也仅限于对基督教巴勒斯坦的了解；人们对这个地区的描述确实比较正确了，然而人们关心的却依然只是与基督教有关的地点和纪念物。不过，基于劝说穆斯林居民改宗基督教的前景，欧洲人对他们有了更多的了解，这当然又是托钵僧修会推动的结果。多明我会士和方济各会士甚至学习“萨拉森语”，即阿拉伯语（圣路易曾求助于一位会说阿拉伯语的托钵僧）。在 13 世纪，关于十字军的想法和十字军的实际状况都在发生变化，在朝着和平方式的方向发展；圣方济各似乎推动了这种发展，他从圣地回来后提出了被人们称作“精神十字军”[2]的口号。圣路易处在传统的军事十字军和新的精神十字军的交汇点上[3]。

国王及其身边的谋士们在地理方面依然非常无知，我们在谈及远征突尼斯的十字军时已经说到了这一点。穆罕默德·塔尔比在论述 1270 年的十字军时写道：“圣路易为十字军确定的路
547 线产生于一系列的错误，其中包括地理知识方面的错误，例如对距离估算不正确，以及战略上、生态上、政治上、外交上和

① 阿里耶·格拉博伊斯：《从“神圣地理学”到“巴勒斯坦志”》（Aryeh Grabois, *From 'Holy Geography' to 'Palestinography'*），见《教堂》（*Cathedra*），3（1984），第 43—66 页（希伯来文）；《13 世纪前往巴勒斯坦朝圣的基督教徒所见的伊斯兰教和穆斯林》（Aryeh Grabois, *Islam and Muslims as seen by Christian pilgrams in Palestine in the XIIIth century*），前引文。

② 凡·奥特罗伊：《圣方济各及其东方之旅》（F. Van Ortroy, *Saint François d'Assise et son voyage en Oreint*），前引文。

③ 请看本书原文第 778—780 页。

人方面的错误。”[①]

萨拉森人、贝都因人和阿萨辛派

基督教徒终于把萨拉森人与贝都因人和阿萨辛派区分开来了，这也算是13世纪基督教徒对穆斯林认识上的一大进步，“萨拉森人”是穆斯林的统称，也是直到那时对穆斯林的唯一称呼，此后继续被使用。圣路易具体地分清“萨拉森人”、“贝都因人”和“阿萨辛派”，是在到了巴勒斯坦以后。在这一点上，儒安维尔为我们提供了非常珍贵的信息。

在圣路易和儒安维尔眼里，凡是穆斯林，凡是遵守穆罕默德教规的人，都是萨拉森人（儒安维尔也把他们叫作突厥人），但他们并不因此而不是“不信教的人”；另一方面，与他们对垒的那些敌国首领的臣民即逊尼派，也被他们叫作萨拉森人[②]。逊尼派在中东的重新崛起得益于库尔德人撒拉丁，他在1171年结束了开罗的什叶派法蒂玛王朝。

1250年基督教徒与萨拉森人在埃及打了一仗，圣路易和儒安维尔就是在这次战斗中近距离认识了贝都因人。战斗结束后，大批贝都因人涌来劫掠萨拉森人的军营。儒安维尔也许因为比国王

---

① 穆罕默德·塔尔比:《圣路易在突尼斯》（Mohamed Talbi, *Saint Louisà Tunis*），见《十字军》（*Les Croisades*），巴黎，1988年，第78页。

② 关于穆斯林分裂为逊尼派和什叶派的由来，参阅希舍姆·贾义特:《大分歧——伊斯兰教创始以来的宗教与政治》（Hichem Djaït, *La Grande Discorde. Religion et politique dasn l'Islam des origines*），巴黎，1989年。

更好奇，也许因为想借此机会为自己和国王多提供一些具体情况，对这些有别于萨拉森人而且比萨拉森人更粗野的劫掠者，作了详尽的描述。

这些劫掠者都是游动的牧民，除了剑再无其他武器，他们专门欺负老弱残疾，不是真正的战士。他们都是宿命论者，相信死亡是事前安排好的，不以上帝意志为转移，所以他们不怕死。他们看不起法兰克人和法兰克人的盔甲，骂自己的孩子时说："孬种，怕死鬼，就跟那些全身盔甲的法兰克人一样。"他们确实令人害怕，
548 因为他们相信阿里，不相信穆罕默德（他们都是什叶派），而阿里是个相信灵魂能转世的野蛮人。正因为如此，国王与儒安维尔大概都一样，对贝都因人极为厌恶。这些黑头发、黑胡子的贝都因人，头上盘着一条长长的头巾，"丑陋而可憎"。他们听命于"山中老人"即阿萨辛派的头领，所以更具威胁性[①]。

经过与"山中老人"手下的阿萨辛派的接触，以往习惯于把穆斯林统统叫作"萨拉森人"的基督教徒们，对于这些部落的区别终于有了真切的了解[②]。

阿萨辛派是从一群拥护阿里的穆斯林中分出来的一个支派，这群穆斯林早在7世纪下半叶就组成了一个以伊斯玛仪为名的派别，长期秘密活动。他们等待着藏匿已久且不为人所知的伊玛目早日归来。在伊斯玛仪派的教理中有一些思想与基督教的千禧年主义非常相似。藏而不露的伊玛目终于在909年重新出现，并宣

---

① 儒安维尔：《圣路易史》，前引书，第136—141页。

② 刘易斯：《阿萨辛派》（Bernad Lewis, *Les Assasins*），前引书（本书原文第361页注2）。

布自己为北非的哈里发，尊号为马赫迪；他在埃及的开罗创立了法蒂玛王朝。到了 11 世纪，法蒂玛帝国开始衰落，突厥人的塞尔柱帝国却促使逊尼派东山再起。塞尔柱帝国中许许多多心怀不满的人加入伊斯玛仪派，“天才的革命家”哈桑 · 本 · 萨巴则对伊斯玛仪派进行了改组。哈桑 · 本 · 萨巴出生于伊朗境内什叶派的主要根据地之一库姆，1090 年占领阿勒布兹山中的阿拉穆特营寨，在那里定居下来，直到 1124 年去世[①]。

哈桑 · 本 · 萨巴在阿拉穆特创立了“忠诚派”，许诺一丝不苟地执行伊玛目的命令。伊玛目想要确立安拉和正义的统治，为此曾下令暗杀那些被视为不公正的和具有危险性的人。

叙利亚的伊斯玛仪派组织起来了，他们与各个拉丁王国基督教徒的关系比较多样，有时甚至结成同盟，但基督教徒首领却也
有倒在伊斯玛仪派的打击之下的。耶路撒冷国王康拉德 · 蒙费拉 549
侯爵是伊斯玛仪派的最大受害者，1192 年 4 月 28 日他在蒂尔被伊斯玛仪派暗杀。撒拉丁是伊斯玛仪派的大敌，他逃过了他们的谋害，1176 年后他选定一个特制的木楼作为住所，一支卫队时刻守卫在他身边，不许任何人接近。

有人把东方以外的基督教地区中发生的某些谋杀事件归咎于阿萨辛派。例如有传言说，受狮心王理查保护的那位香槟的亨利觊觎康拉德 · 蒙费拉的王位，狮心王遂向企图谋杀康拉德的杀手们提供了武器，康拉德被杀后，香槟的亨利果然如愿地当上了国王。还有人说，阿萨辛派于是悄悄潜入西方，试图谋杀狮心王理查。数年之后，同样的传言再次出现，不过，这次谋杀对象变成

① 刘易斯:《阿萨辛派》，前引书，第 63 页。

了菲力普·奥古斯特。据说圣路易也曾经是阿萨辛派的谋杀对象。在《圣路易传》的1236年有关章节中，南吉的纪尧姆写道："妒忌好人是魔鬼的本性，他看到路易国王不但具有圣洁品质而且善于治国，于是着手准备谋杀国王，这真是闻所未闻，而且几乎无法避免；这个家伙就是见不得天日的阴谋分子。""山中老人"受了魔鬼的蒙蔽，暗中开始筹划谋杀法国国王路易。

"山中老人"是个非常恶毒的坏国王，他住在昂蒂奥什与大马士革相邻之处的山顶上，以坚固的堡垒为家。他多次派人不动声色地杀害了多位基督教徒和附近萨拉森人的君王，所以基督教徒和萨拉森人都很怕他。他在自己的宫中养育着一批本地少年，让他们学习各种语言，要他们誓死听命于他，而他则保证他们能进入天堂。他派出一批人员带着谋杀法国国王的命令前往法国。

> 幸亏上帝知道如何让他的打算压过君王的打算，他促使"山中老人"改变了主意，把计划中的谋杀改为和解。"山中老人"派出第二批人员赶在第一批人员之前抵达法国，并通知法国国王。

事情果然如此，第二批人员抵达法国后把第一批人员抓起来交给法国国王。据说路易很高兴，向两批人员赠送了许多礼物，
550 还向"山中老人"赠送了王家礼品，表示和解与友好[①]。

这则传说表明，阿萨辛人的形象存在于13世纪末和14世纪

---

① 南吉的纪尧姆：《路易九世起居录》（Guillaume de Nangis, *Gesta Ludovici IX*），第324页。

初的西方[1]，究其原委，可能是因为圣路易确实曾在阿卡接见过受叙利亚伊斯玛仪派的首领“山中老人”派遣的一个使团，此事在传诵过程中被添油加醋地美化了。

我觉得有必要把儒安维尔对路易会见这个使团的记述择要转述。

> 国王驻留在阿卡时，“山中老人”派人前来晋见。国王望完弥撒，便令他们前来见面。国王让来人坐下，坐在前面的是一位衣着华丽、配备齐全的埃米尔，坐在后面的是一位青年贵族，他也配备齐全，手持三把刀，其中一把刀插在另一把刀的刀把里；埃米尔如果遭国王拒绝，这位贵族就要把这三把刀献给国王，以示挑战。手持三把刀的那个人后面，还站着另一个人，他手臂上缠着一块“布格朗”[2]，国王如果拒绝

① 卒于1185年的蒂尔的纪尧姆提到过阿萨辛人。奉圣路易的派遣出使亚洲的多明我会士纪尧姆·卢布鲁克在他的游记中也提到了阿萨辛人，不过，谈论他们最多的是1300年前后，也就是南吉的纪尧姆和儒安维尔撰书的时候。马可波罗也曾说到阿萨辛人；伐鲁瓦的菲力普曾试图组织新的十字军，德国神甫布罗卡杜斯为此撰写了一部关于阿萨辛人的书供他参考，同时也提请他注意防范。马修·帕里斯说，有人在1245年把带毒的胡椒运往西方，企图大批毒杀基督教徒，但他并没有明确地指控阿萨辛人，只是笼统地说这是萨拉森人干的。发生了几次食物中毒事件后，带毒的胡椒终于被发现，于是派人在公共场所高声喊叫，提请注意防范。由于基督教徒商人将他们储存的大量无毒胡椒运往各地销售，所以并未发生胡椒短缺现象（IV，第490页）。但丁在《神曲·地狱》篇中简短地提到了“无耻的杀人犯”。从圣路易时代起，阿萨辛这个词就以“职业杀手”的含义在欧洲广为流传。

② 布格朗是一种涂有胶水的坚硬粗织物，因产地布哈拉而得名。

551 “山中老人”的请求，他就要用这块布把国王裹起来[①]。

埃米尔向国王呈递国书后，要求国王像德国皇帝、匈牙利国王和巴比伦苏丹那样向“山中老人”缴纳年贡，这样，“山中老人”就可以让国王活下去。使者不但隐晦地以死相威胁，而且还要求路易下令取消“山中老人”向圣殿骑士团和医院骑士团缴纳的年贡；因为“山中老人”很清楚，他要是杀了这两个修会的会长，必定会有同样苛求的人来替代他们。国王让埃米尔当着两位会长的面，把他转达的要求重复一遍。两位会长用“萨拉森语”让埃米尔翌日到医院骑士团去见他们。第二天，两位会长对埃米尔说，倘若不是因为与国王的声誉有关，早就把来者扔到大海里去了，但因为来者是官方使臣，所以才没有这样干。两位会长还让使者两个星期以后带着“山中老人”敬献国王的礼物再来，借此让国王忘却他所受到的狂妄威胁。

两个星期后，“山中老人”的使者来到阿卡，带来了“山中老人”的一件衬衣。使者以“山中老人”的名义告诉国王，衬衣比任何别的衣服更贴身，“山中老人”借此表示，希望国王比任何受他敬爱的人离他更近。他还送来了一只纯金戒指，上面刻有他本人的名字。他还要求国王娶他的女儿为妻，因为他希望从此以后与国王成为一家人。

在众多有趣的礼物中，除了一头做工精细的水晶象和一只水晶长颈鹿外，还有各色水晶苹果和棋子等玩具；这些东

① 儒安维尔:《圣路易史》，第247页。

西都饰有琥珀花，精细的金片把琥珀花与水晶体连接在一起。当使者打开盒子时，香气充溢整个房间，原来这些东西其香无比。

国王让使者带给“山中老人”许多礼物，其中有猩红色的呢绒、银马嚼子和金杯。国王还派遣会说萨拉森语的修道士布列塔尼的伊夫，随同使者去会见“山中老人”[①]。

伊夫回来后向国王禀报，他没能说服“山中老人”。儒安维尔 552
依据伊夫的描述，详细地记述了“山中老人”[②]。圣路易及其身边的人对中东地区穆斯林的多样性有了进一步的了解，他们如同其他基督教徒一样，对穆斯林怀着厌恶和钦佩兼而有之的感情。尽管穆斯林执行的是恐怖的使命，但是，这些誓死忠于“山中老人”的恐怖分子却是英雄，因为他们体现着封建制度下基督教徒们高度评价的品质：信仰和忠诚。东方，令人厌恶，又令人着迷。

对蒙古人的幻想

圣路易在巴勒斯坦逗留期间，在恺撒城接见了另一个亚洲使团，这个使团来自更加遥远的“鞑靼”，也就是蒙古。国王与基督教世界都抱有劝说蒙古大汗皈依基督教的希望，至少希望他能与

① 儒安维尔：《圣路易史》，第251页。

② 同上书，第251—255页。

基督教徒携手抗击穆斯林，以往这些希望全都落空了[①]，这次接见是不是这些希望的具体体现呢？

基督教世界中最先对蒙古人感到好奇的是教廷，教皇英诺森四世为寻找大汗于1245年派出了三个使团。两个使团从圣地出发，其中一个由后来成为圣路易的好友的多明我会士安德烈·德·隆如莫率领，另一个由多明我会士阿斯林·德·克莱蒙纳率领，协助他的是法国多明我会士西蒙·德·圣康坦；第三个使团经由波希米亚、波兰、基辅和伏尔加河下游，为首的是约翰·柏朗嘉宾，随同他的是波兰人伯努瓦[②]。

柏朗嘉宾见到了贵由大汗，并且参加了他的继位大典。另两个使团则会见了重要的蒙古首领。三个使团带回来的是同一个回答，据柏朗嘉宾记述，大汗的回答是这样的："你本人以诸王的名义前来向我致敬，表示愿意为我服务。"

圣路易知道大汗的回答，也知道关于这几位使者出使的故事。
553 1248年年初，他接见了柏朗嘉宾。博韦的樊尚在他的《史鉴》中大段摘录了西蒙·德·圣康坦和柏朗嘉宾的东行纪。

圣路易在塞浦路斯逗留期间，意外地见到了"鞑靼大王"的使者，使者带来了"许多美好和诚挚的言语"，并告诉他"大王已为协助他征服圣地和从萨拉森人手中解救耶路撒冷做好准备"。[③]圣路易喜出望外，连忙派遣两名会说阿拉伯语（他估计蒙古人熟悉阿拉伯语的程度超过拉丁语）的布道师前去晋见贵由大汗，两

① 关于蒙古人与基督教世界的关系，请看本书原文第43—49页。

② 让·里夏尔：《教廷与中世纪的东方传教团（13—14世纪）》（Jean Richard, *La papauté et les missions d'Orient au Moyen Age (XIIIe–XIVe siècles)*），前引书。

③ 儒安维尔：《圣路易史》，第75页。

位布道师随身带去了两顶用作小教堂的帐篷，帐篷用猩红色呢绒制成，价值连城；此外还带去了一些“画像”，用以显示基督教的主要崇拜对象。

安德烈·德·隆如莫于1251年回到恺撒城，向圣路易述职。蒙古人让他带来的是同样的回答。

> 我们要告诉你：你若不能与我们和好，你就不得安宁。约翰神甫以及这个那个国王（他们开列了许多名字）与我们作对；我们让他们全都尝到了利剑的味道。所以，每年你都应向我们送金送银，把我们当朋友对待，否则，我们就让你和你的人统统完蛋，就像刚才提到的那些人一样。

圣路易从中得出的结论十分悲观：“你们应该知道，国王为派遣使团而深感后悔。”[①]

然而，圣路易并未因此而与蒙古人断绝往来。1249年传来消息，一位重要的大汗、成吉思汗的后裔撒里答已经受洗皈依基督教。圣路易立即将他的一个臣属作为新的使者派出，这位方济各
会士名叫纪尧姆·卢布鲁克，是个生活在圣地的弗兰德尔人。圣 554
路易担心再次碰钉子，没有给予卢布鲁克使者的正式头衔。但是，卢布鲁克带去了法国国王的一封贺信，信中表示卢布鲁克将听从撒里答的差遣。卢布鲁克会见了撒里答，后者其实仅仅在名义上

---

① 儒安维尔：《圣路易史》，第259—271页。不过，安德烈·德·隆如莫还是带回来了一些令人感兴趣的信息，儒安维尔转述了一部分。从这些信息中看到，蒙古人颇为他们无中生有的历史感到荣耀，把杀死传说人物约翰神甫和波斯皇帝视为极大的光荣。

皈依基督教；撒里答把卢布鲁克引见给当时驻在蒙古首府哈拉和林的蒙哥大汗。与此前几个使团相比，卢布鲁克并未获得更多成果，他于1255年回到塞浦路斯，此时圣路易已经返回法国。卢布鲁克于是把他的行纪寄送圣路易，这是一部杰作，是所有同类行纪中最佳的一部[①]。

基督教徒与蒙古人之间的关系在1260年年初本来可以出现一次转机。驻扎在阿卡的基督教徒日益受到穆斯林的挤压，遂于1260年向新近继位的大汗旭烈兀派出使者，要求与他和好相处，并请他提供援助。旭烈兀释放了被羁押的基督教徒，答应不干预基督教徒的和平生活，并协助他们恢复耶路撒冷王国。

旭烈兀给"路易国王和王公、公爵、伯爵、侯爵以及法兰西王国的所有其余臣属"写了一封信，让人译成拉丁文后，派遣一个匈牙利人为使臣，送交圣路易[②]。圣路易于狗年（1262）4月10日在雷扎耶湖畔的马拉伽收到此信时，并不知道旭烈兀释放基督教徒等表示友好的举措。

旭烈兀在信中重申他对整个世界拥有主权，再次夸耀了他和先王对敢于抵抗的部落所取得的胜利；然后，这位自诩为"背信弃义民族的摧毁者、基督教友善和热情的维护者"的大汗，强调了他对他的帝国境内和他作战时到过的那些地区的基督教徒的友

① 克洛德·凯普勒、勒奈·凯普勒（Claude et René Kappler）翻译并注释的《蒙古帝国旅行记》，是一个非常好的版本。请看本书原文第48页注1。

② 让·里夏尔:《圣路易》(Jean Richard, *Saint Louis*)，前引书，第509页。此信已由梅维特发表在《波斯伊尔汗国的旭烈兀致法国国王路易九世的一封不为人知的信件》(P. Meyvaer, *An unknown letter of Hülegü il Khan of Persia, to King Louis IX of France*)中，前引文（本书原文第49页注1）。

善态度，他向法国国王宣布，他将释放被征服地区内所有被俘后沦为奴隶的基督教徒。安德烈·隆如莫带到哈拉和林的帐篷大受赞赏，但是，蒙古人不了解基督教世界的隶属关系，以为教皇是唯一的最高领袖。后来他们才明白，教皇只是宗教领袖，他们的 555
朋友法国国王才是基督教世界最强大的国王。旭烈兀从马穆鲁克手中夺下阿莱普和大马士革后，试图在埃及对他们发起攻击，将他们彻底消灭。为此他需要船只，可是他没有。他向法国国王求援，而后者此时大概已经获悉旭烈兀答应基督教徒恢复耶路撒冷王国的许诺。

路易和御前会议成员们很感为难，他们只能考虑旭烈兀信中的开场白，至于他声称拥有的主权，即使只是说说而已，法国国王也不能接受。路易于是对使者表示谢意后，请他前去罗马；教皇与这位使者商谈了数年，没有任何结果。

圣路易放过了一次机遇，蒙古人的空间于是再次对他关闭了。

虚幻而神奇的东方

尽管圣路易在埃及和巴勒斯坦学到了一些实实在在的具体地理知识，他却并未因此而完全抛弃神秘而充满想象的地理观念，基督教徒心目中的东方就是建立在这种地理观念上的。要知道臆想的东方在基督教徒头脑里有多么顽固，没有任何别的东西能比得上儒安维尔对尼罗河的描述。

在希腊人、古罗马人和拜占庭人之后，圣路易和儒安维尔亲眼所见以及他们在下埃及从目击者那里听到的尼罗河是什么样的呢？

> 首先应该说一说来自埃及和人间天堂的那条大河。这条河不同于所有其他河流；大河通常越到下游，汇入主流的小溪小河越多，可是这条河却不是这样，它在径直流到埃及之前，竟然没有一条小河汇入主流，此后才有散布在埃及的七条支流。
>
> 圣雷米过后，七条支流覆盖平原，水退以后。农夫们翻
> 556 耕各自的土地，他们用无轮犁把小麦、大麦、枯茗、水稻翻入土中，这些事干得顺顺当当，谁也不会想到要作什么改进。这场洪水若非上帝旨意，那就不知来自何方；若是不发洪水，那就什么都没有了，因为这地方从来不下雨，灼热的太阳能把一切都烧焦。河水总是非常混浊，想喝河水的人晚间才到河边把水汲来，把四个杏子或蚕豆挤碎扔到水里，第二天，水就可以喝了，而且水里什么都不缺[①]。

尼罗河上游的地理状况简直不可思议。

> 在进入埃及之前的那段尼罗河上，人们习惯于在晚间撒网，次日清晨从网里捞起生姜、大黄、芦荟和番荔枝，这些东西都可以拿到当地市场上去出售。有人说，这些东西来自人间天堂。生长在天堂里的果树被大风吹倒，就像树林里的干枝被风刮断一样；商人把从干枝上落入河中的东西卖给我们。河水的质地非常奇怪，我们把水装进当地出产的白色陶钵，把它吊在营帐里，尽管烈日当空，钵中的水却冷得犹如

① 儒安维尔：《圣路易史》，第103—105页。

> 山泉。据当地传说，巴比伦苏丹多次企图弄清尼罗河究竟来
> 自何处，他为此派出人员，带着一种经两次烘烤的面包，这
> 些人靠这种面包充饥，直到返回苏丹身边。他们说，他们溯
> 流而上，来到一个陡峭得根本无法攀登的山崖下，河水就是
> 从这个山崖上坠落下来的。他们还说，崖顶上好像长满树木，
> 狮子、蛇、大象等各种珍奇的野兽从河岸高处看着他们。他 557
> 们继续向上游走去[①]。

这是一段掺杂着多种成分的文字，我们从中可以看到许多东西，除了既与天堂河流信仰相关，又与圣经地理相关的神话外，还有对于传说（“有人说”）的合理怀疑、实验（用特制的陶钵把河水吊起来）和科学探测，这些都是穆斯林和基督教国家的首领们共同关注的问题。巴比伦苏丹曾派遣一支探测队对河源进行科学考察。由此可以看出，圣路易生活在一个转折时期，来自神话传说的知识与通过实验获得知识的愿望并存。人们对尼罗河的看法依然具有神奇和科学的特征，依据这种看法，大自然与神话之间和埃及与天堂之间，既没有矛盾也没有阻隔，只要溯流而上，就能从前者过渡到后者。也许有一个地方或者说有一个自然现象起到了两个世界之间的边界和阻隔的作用，那便是瀑布，“一个陡峭得根本无法攀登的山崖下，河水就是从这个山崖上坠落下来的”[②]。

---

① 儒安维尔：《圣路易史》，第 105 页。

② 勒高夫：《中世纪的神奇科学》（Jacques Le Goff, *Le Merveilleux scientifique au Moyen Age*），贝吉耶（编）：《宗教狂热与科学》（J.-F. Bergier éd, *Zwischen Wahn Glaube und Wissenschaft*），苏黎世，1988 年，第 87—113 页。

13 世纪的基督教徒获取地理知识的最佳地点就是圣地，因为这里是来自各地的基督教徒的约会之处。

圣路易在恺撒城会见了一个挪威贵族，于是他的视野一下子就扩展到了“白夜”之国。

> 让我们回到正题上来。国王正在加固恺撒城时，营帐里
> 来了一位名叫阿莱纳尔·德·瑟南甘的老爷，他说他曾乘船
> 去过位于西方世界尽头的挪威；在他朝国王驻地驶来的途中，
> 他绕过了西班牙，穿过了摩洛哥海峡；经历了许多艰险才抵
> 达我们这里。国王挽留这个第十位骑士多住些日子。他又向
> 558 我们讲述了挪威的情况，说那里夏季的夜特别短，每夜都看
> 见太阳落下又升起。

也是在恺撒城，来了一个名叫菲力普·德·图希的人，他为君士坦丁堡的拉丁皇帝做事，与国王沾亲带故。这位皇帝与逃亡在尼西亚的东正教徒希腊皇帝结盟，前去攻打不信教的库曼人[①]，这个突厥部落当时对匈牙利构成了威胁。菲力普·德·图希向圣路易述说了库曼人的一些野蛮习俗，例如，以血和切成碎片的狗用作誓盟的信物，富有的骑士死后以坐姿安葬，与他同葬一穴的有一匹活马和一个活人以及大量金银器物。

这样，圣路易头脑中的空间日益扩大，但始终令他既恐惧又

① 阿拉伯和东方文献中称他们为奇普恰克人，俄罗斯人则称他们为波洛伏齐人。鲍罗丁的歌剧《伊戈尔王子》有一场波洛伏齐舞。参阅儒安维尔：《圣路易史》，第 273 页。

向往。多亏了上帝，世界才能如此多姿多彩，这也许是上帝的有意安排，至少他不反对这种安排。圣路易慢慢地认识到了世界的多样性，但是，他是从他自己的角度出发来认识这种多样性的，那就是要让各个不同的民族都皈依基督教。因此，圣路易的空间是一个改宗皈依基督教的空间。

到了晚年，在他希望各民族皈依基督教的远大抱负中，又增添了非洲，也就是以前被他忽略的北非。

夏特勒的纪尧姆对此说得很清楚："他敦促他的臣属们，为在非洲地区传播和扩大基督教信仰多动动脑筋。"[①]把基督教信仰传播到非洲去，错误地估计了从突尼斯到埃及的距离，这就是导致圣路易第二次十字军远征的主要原因。

这就是圣路易的空间观念，他的空间片面而零碎；但是，在他看来，基督教和上帝的最高权威应该及于全世界各地，这种普世性就把他那个片面而零碎的空间连接成一个整体了。我们将会看到，在圣路易的时间经验中，信仰的吸引力更大。

圣路易的时间

在圣路易时代，由于时间被分割得零零碎碎，估算时间的方
法多种多样，所以计时非常粗略。最早的机械计时器要到 13 世纪 559
末才出现。人们往往不知道包括大人物在内的生日，当然也就无

① 夏特勒的纪尧姆：《生平与圣迹》(Guillaume de Chartres, *De Vitae et de Miraculis*)，第 36 页。

从得知确切的年龄。王公贵族们的姓氏很少加用序号，所以常常弄不清他们究竟是谁。圣路易生前并不叫路易九世。在圣路易委托普里马编撰的编年史中，历代法国国王才第一次有了系统的序号，但此书编成于 1275 年，路易九世已于不久前故去。那时人们主要利用众多圣徒的纪念日来表示日期，而不是准确的某月某日。圣路易就这样生活在多种不确定的时间中。

善于利用时间

圣路易国王善于利用他那个王国中的土地空间。在 13 世纪，一个基督教徒的一生和一个国王的在位时间是交织在一起的，作为一个基督教徒和国王，圣路易善于利用时间吗？时间呈现出多种面貌，性质各不相同：一种是日常的时间，也就是昼夜不规则地交替的时间，钟声按着规定的节奏敲响，直到午夜，试图把基督教秩序强加给人们；一种是周而复始的时间，历法规定了一年中应进行哪些礼拜活动，基督教徒们按照历法逐一纪念救世主的圣诞、复活、升天和圣灵降临，一直延续到等待降临节的到来；一种是人生中逐年直线前进的时间，这是以创世纪为开端的那条道路上一个短暂的段落，创世纪之后便是这种时间的第二个开端，那就是耶稣的道成肉身，然后，无法逃避地来到末日，经过最后审判的严格筛选，离开人世，走向永恒的天堂或是永恒的地狱；一种是末世论的等待和惧怕、期望和惊骇的时间，这种时间对于一个国王尤为可怕，因为他不但自己应该无愧于神的佑护，而且还要设法让他的大多数臣民处于拯救状态；在一个没有统一的时间和计时方法的社会和时代里，时间是多种多样的（美男子菲力普的孙子及其以后的国王们才逐渐享有机械计时器，如同竭力让国家控制货币那样，他们也竭力让国家控制这种能更好地掌握时间的工具，为此他们强行作出规定，王宫里的计时钟是这种新的计时系统的基准）；还有一种自然时间，在乡村里是随季节变化的 560
田间劳作，在城镇中是市政当局或商人在上下班时敲响的钟；此外还有在美好的季节里出征和长年累月征战的十字军时间、国王进行司法审判的时间、向上帝祈祷和致意的时间、进餐、闲暇以及与家人和亲朋聊天的时间、消息报到国王面前所需的长短不一的时间；我们都知道，远在圣地的圣路易数月后才得知母亲已经去世的噩耗……

高度一致和长短不一的蜡烛也是时间的计算单位，为基督教徒报时的是教堂的钟声。在修道院和古堡里，向人们报告时间的是日晷。圣路易与他的同时代人一样，他的时间与自然现象和日常经验密切相关。因此，国王学会了很强的时间忍耐性；骑着马颠簸跋涉在路况极差的漫漫长路上，在漫长的冬日里苦苦困守在因无风而无法继续前进的船上；无奈地久久等待着姗姗来迟的消息；这一切他都能忍受。

等待母亲去世的噩耗得到证实，圣路易大概觉得，这是他一生中在痛苦中度过的最长的时间。

他本人一生中发生的某些事件以其持续之久而令他的同时代人感到吃惊。首先是他的在位时间长达48年。圣帕丢斯的纪尧姆在《圣路易传》开卷处就提到了这一点：“宽厚的圣路易长期执掌国事。”高寿而无罪孽只能使他口碑更好，他的圣德是长时间的圣德。另一段长时间就是他在圣地度过的日子。儒安维尔因为在圣地始终与圣路易在一起，所以对这段时间之长深有体会："我在圣地整整六年……。"[①]

周而复始的宗教礼拜时间

圣路易习用的时间是宗教礼拜历法上的时间，他把以年为单
561 位的周期和以天为单位的周期结合起来。圣帕丢斯的纪尧姆在那
部传记中讲述国王"狂热的宗教虔诚"时，对此有所记述。

> 圣徒国王与他的一位神甫总是在规定的时间诵日课经，有时稍稍早于规定时间，但他尽可能不提前（这种严格遵守礼拜时间的做法令人想到像修道院）。他要求他的神甫和神职人员们，所有日课经必须在规定的时间诵唱，不得提前，或尽可能不提前，每当他们诵唱时，他总是十分虔诚地聆听……圣徒国王崇拜上帝的习惯是这样的：圣洁的国王子夜起床，让人叫醒神职人员和神甫，他们每夜当着国王的面进入小经堂，然后在伴奏下高声依次诵唱晨经和圣母经，在这段时间里，圣徒国王在同一教堂里与他的一位神甫一起低声诵读晨经。晨经诵毕，神甫们如果愿意，就可以回去睡觉。刚过一小会儿，国王再让人把他们叫回来做晨祷，这段间相隔很短，神甫们有时尚未入睡就被叫回来了。神甫们在小经堂里就着伴奏高声诵唱晨祷经和圣母晨祷经，圣徒国王与他

① 儒安维尔：《圣路易史》，第65页。

的一位神甫一起诵读。到了冬季，晨祷在日出之前进行，复活节过后，日出之前或是起床之后不久就诵晨经……每天晨祷唱毕，圣洁的国王就为死者望第一次弥撒，这次弥撒通常没有音乐，但是，遇到周年纪念日和他的某位亲朋和熟人故去时，他会让人和着伴奏唱弥撒。每星期一，圣徒国王让人和着伴奏高唱天使弥撒，每星期三唱圣母马利亚弥撒，每星期四唱圣灵弥撒，每星期五唱十字架弥撒，每星期六唱圣母弥撒。除这些弥撒外，他还让人每天和着伴奏高唱当天的弥撒。在斋戒期间，他每天望三次弥撒，其中一次在中午或接近中午时分……。

到了开饭时间，他在进餐前先到小经堂去，他的神甫们 562
在他前面念日课经第三时和圣母午经；不过，他通常与一位神甫一起低声诵这些经……。他每天都听有音乐的晚祷，并与一位神甫一起低声吟唱。晚饭后，神甫们进入小经堂就着日间圣母音乐高唱晚课。国王在祈祷室里常常在别人唱晚祷时跪在地上祈祷。每天上帝之母晚祷做完后，神甫们在这里唱圣母赞歌中的叠句，非常庄严，而且带有伴奏，有时唱“伟哉天后”，有时唱另一首。然后，国王回到卧室后，他的神甫给他送来祝过圣的水，他一边把水撒在卧室里，一边念念有词地说：“往我身上洒”，接着又念祷词。到了就寝时间，圣徒国王与神甫一起逐一念晚祷经。[①]

① 圣帕丢斯的纪尧姆：《圣路易传》(Guillaume de Saint-Pathus, *Vie de Saint Louis*)，第33—35页。

这份修道院式的礼拜功课表，有两点特别引人注目，一是对死者的关爱，一是对圣母的崇敬。圣路易这份规定得死死的时间表简直就是为修道士安排的，不过，它也多次被打乱。主要有四种干扰导致时间安排发生变化，而圣路易则尽一切可能把变化降到最低程度。

第一种经常发生的情况是马上旅行。传记作家尤其是圣帕丢斯的纪尧姆详细地记录了圣路易马上旅行的时间，他们大概对此颇感吃惊。国王除了缩减崇拜时间和弥撒次数外，还让神职人员陪同他在马上进行崇拜活动，若干神职人员围着他唱圣诗，他和他的神甫和另一位教士则低声祷告[①]。

563 对崇拜活动的第二种干扰是患病。圣路易一旦生病，只要病情允许，就在床上做祷告和其他崇拜活动。

另一种妨碍崇拜活动的情况是驻地没有教堂。遇到这种情况时，圣路易就把自己的卧室权当教堂。不过，这种情况很少发生，因为“王国境内处处都有教堂”。

最后还有一个极为特殊的情况，那就是他在埃及被穆斯林俘获后，唯一与他作陪的基督教徒就是他的厨子。他依然尽一切可能坚持崇拜活动，看守他的穆斯林大受感动，设法为他弄来一本在战场上捡到的日课经。

国王十分重视那些特殊的时间，诸如悲痛或欢乐的时刻、受到限制的时刻等，也就是应该苦行拯救的时间和应该欢庆的时间。

这当然就是斋戒期。

① 参阅本书插图10。

> 一年到头，他星期五斋戒，星期三忌肉。他本想星期一也不吃肉，但被劝阻了。在四个圣母瞻礼日前夜，他只进食面包和水，耶稣受难日和万圣节以及一年中某些其他重要日子前夜也都如此。斋期和降临节期间的星期五，他忌鱼忌水果；不过，经他的忏悔师同意，在此期间偶尔也吃一种鱼和一种水果①。

我们也知道，他在整个降临节和斋期，他不与任何女性同房，每星期的某些日子、重大节日和若干领圣体日子的前夜，他也不近女色。托钵僧的宗教虔诚受到神学和教规良心论的强烈影响，他们为自己制定了一份行为纪律日历。路易本是一个爱说爱笑的人，可是基督教历来规定不苟言笑，尽管当时已经有所松动②，可
毕竟没有根本改观，路易只得在这两者之间寻找一个折中点；他 564
的忏悔师向他建议，不到星期五不笑。

可是，对于每一个重大节日，路易却主张都要按照礼仪搞得隆重而庄严；装饰、蜡烛、唱歌、请主教光临等等，一样也不能马虎；这样一来，礼仪时间就拖得很长，因而招来一些微辞③。

他为安放在圣堂中的圣物确定了一些庄严的纪念日，例如，8 月 11 日荆冠节，9 月 30 日是其他圣物节。每到这些节日，人们手

---

① 博利厄的若弗鲁瓦：《生平》（Geoffroy de Beaulieu, *Vita*），第 10—11 页。圣路易非常喜欢肥鱼和新鲜水果。参见本书原文第 631—632 页中讲述的故事。

② 参阅勒高夫：《笑在中世纪》（Jacques Le Goff, *Rire au Moyen Age*），见《历史研究中心手册》（*Cahiers du Centre de recherches historiques*），1989 年 4 月，第 3 期，第 1—14 页。

③ 圣帕丢斯的纪尧姆的《圣路易传》第 37 页上写道："礼仪拖得那么长，让人心烦。"

捧这些珍贵的圣物和安放圣物的盒子，列队游行，队伍中有肩披丝绸袍子、引吭高歌的教士，还有大贵族和大批普通老百姓，当然还有国王本人。圣路易总想亲自组织和安排节日活动。复活节同样大事庆祝[①]。

圣帕丢斯的纪尧姆记述了 9 月 29 日庆祝圣米歇尔日、10 月 19 日纪念法国和王朝的鼻祖圣德尼的盛况，他还讲述了有一年到鲁瓦尧蒙过圣米歇尔日的情况。10 月 19 日那天，他在长子的陪同下，把四个作为赋税的金币安放在圣徒的祭坛上，献给王国的圣徒老爷。

复活节前的星期四是为穷人洗脚的日子，圣路易非常重视这个关怀民众的礼仪，当然这个礼仪反过来也强化了他的仁慈形象[②]。

圣路易不但过宗教节日，也过重大的世俗节日，尽管王家和贵族确有这种传统，但圣路易的格外关注也是重要原因。宗教节日是某些世俗传统的延续，但这些世俗传统已被原始野性尚未退尽的武士阶级用一种基督教形式加以包装。正因为如此，1254 年，圣路易夫妇与英国国王夫妇两个连襟和两个姊妹的会见，被安排在圣诞节。圣路易的弟弟罗伯尔和查理的骑士授甲礼、王子和王储菲力普的骑士授甲礼、菲力普与阿拉贡的伊萨贝尔的婚礼都安
565 排在圣灵降临节举行，阿尔封斯的婚礼安排在 6 月 24 日举行，这天是圣约翰节，民间庆祝活动丰富多彩。圣路易充分利用了取之

① 夏特勒的纪尧姆：《生平与圣迹》(Guillaume de Chartres, *De Vitae et de Miraculis*)，第 24 页。

② 圣帕丢斯的纪尧姆：《圣路易传》，第 42—44 页。

不竭的基督教历法所蕴藏的多样性。

但是，除了重大节日以及因旅行和患病不得不有所改变外，圣路易的日程时间在绝大多数情况下，是依据宗教礼仪和他本人的健康状况安排的。

> 国事安排得有条不紊，他每天都听带唱的日课经和不带唱的追思祷文，如果有时间，他还要望日间弥撒或带唱的圣徒弥撒。每天饭后他上床休息，在卧室里与他的神甫单独为亡人念经，然后听晚课经。晚上他还要听晚祷……。[①]

圣路易似乎没有遵守通常为国王制定的工作日时间安排。只有当国王身边有了一个正规的办事机构，只有当国王的各项正规任务正常运转起来后，国王才有可能确定他的非宗教时间安排。克里斯蒂娜·德·皮桑在14世纪下半叶第一次介绍了国王工作日，并详细描述了查理五世的工作日。为圣路易作传的那些平信徒会士所强调的，大概确实依然是他那种修道士式的时间安排，世俗任务是硬塞进这份时间安排表中的。这样一来，维护公义这个确实非常神圣的责任，在国王和他身边大臣们的工作日中就始终占有它应有的地位。

我们在前面已经看到，迪涅的于格曾规劝圣路易关注维护公
义这项日常性的责任[②]。但是，圣路易也关注着长时段历史中的 566
时间。

① 儒安维尔：《圣路易史》，第33页。

② 请看本书原文第212—213页。

圣路易与历史时间

圣路易在12世纪的两件主要历史事件中扮演了重要角色。他命令多明我会士博韦的樊尚[①]编撰一部历史百科全书《史鉴》；他托付圣德尼修道士普里马以保存在圣德尼或在那里草拟的拉丁文编年史为素材，用法文编写历代法国国王的传记《罗曼[②]历代国王史》。圣路易在世时没有见到此书，普里马完成此书后于1275年献给了圣路易的儿子菲力普三世。

普里马的这部书止于菲力普·奥古斯特去世那年即1233年。另一些编年史家在他死后继续在圣德尼或别处编写“罗曼史”；在圣路易封圣后，这些著作中新添的有关圣路易的部分，以其他素材作为依据，最主要是南吉的纪尧姆所提供的材料，所以没有任何新意。

但是，普里马奉圣路易之命编写的编年史所反映的历史时间观念，大体上就是圣路易在世和在位时遵循的历史时间观念[③]。

这部编年史的第一个特点是几乎具有近代意义的历史性，它是在研究史料的基础上写成的。普里马就此写道：“本书将根据圣

① 请看本书原文第587—588页。

② “罗曼”一词在这里指用罗曼语即法语写成的文献。

③ 贝尔纳·格奈：《历史与历史文化在中世纪的西方》(Bernard Guenée, *Histoire et culture historique dans l'Occident médiéval*)，前引书；诺拉主编的《史迹》(Nora, *Les lieux de Mémoire*)，第2卷《民族》，册I，巴黎，1986年，第189—214页；加布里埃尔·斯皮格尔：《圣德尼的编年史传统》(Gabrielle M. Spiegel, *The Chronocal Tradition of Saint-Denis*)，前引书。关于普里马，请看本书原文第347—349页。

德尼隐修院编年史的文字和编排写成，圣德尼的编年史中记述了历代国王的正史和事迹；因为我们应该从这部编年史中了解并探寻历史原貌，如果在其他修道院中能够找到有价值的素材，我们将依据文字所表述的真相予以补充。”贝尔纳·戈奈认为，普里马在他较为“科学”的历史探索中，并没有求助于上帝的超自然力 567
量。当然，他与先前的编年史家一样，相信“历代法国国王都得到了神祇的保佑”。但是，絮热和里戈喋喋不休地强调上帝和魔鬼的干预，这一点让他十分难堪。他在借用他们的记述时删去了一些词句，诸如“上帝的手与他在一起”、“魔鬼给了他方便”、“受了魔鬼的蛊惑”等等。不过，普里马认为，历史首先是“一堂道德大课”（贝尔纳·戈奈语），他还乘机强调“任何一位君王都应效仿”这个或那个历史人物。因此，历史如果是有文字依据和真实的，那么，历史时间就应该是一种能提供教益和榜样的时间。这种看法对于圣路易很合适。历史著作与布道词和王侯明鉴一样，是有益于君王的东西，它让往日的历史为教育君王服务，并指导他们的行动。

另一方面，普里马的《罗曼历代国王史》是一部记述国王的史书，更确切地说是一部王朝史。为历代法国国王作了断代处理的正是普里马，是他把历代国王分为三个王朝，即他所说的“朝代”；因为，他曾说过，他的编年史也是历代法国国王的“族谱”。法国历代国王的世系恰如圣德尼王家修道院中那幅彩绘玻璃窗上的耶西树[①]（这幅画的第一位策划者是絮热）所显示的那样。这棵

① 耶西是大卫的父亲，他共有 8 个儿子。在中世纪，他的后裔繁衍状况常被画成一棵树的各个分支。因此，耶西树实际上就是族系表。——译者

耶西树分三个层次：墨洛温王朝、加洛林王朝和卡佩王朝。在王朝的接续当中有一个不正常之处，那便是于格·卡佩这个“篡位者”。必须把新的耶西树与原有的耶西树嫁接在一起。有一个人在法国的王朝世系树上占有中心地位，他就是法兰西的重新缔造者查理曼。由于菲力普·奥古斯特与一位真正的查理曼后裔结婚，法国王朝终于“返回查理曼族系”，从而为证实卡佩王朝是与法国历代国王一脉相承的正宗继承人提供了确凿无疑的法理依据。十分关注国王和王朝时间的圣路易生活在这种特殊和基本的历史时间中，而普里马则指明了这种时间基本结构。

最后，圣德尼的历史编撰活动以及国王与王朝时间的发明，为普里马在《罗曼历代国王史》中区分三个王朝提供了依据，而这部书则开创了在修道院和君主密切协作下产生的一种新时间，这就是法国时间。圣路易是有了普里马的法国时间之后被写入史
568 书的第一人，所以，他被浸泡在一种全国性的时间中。由于下令让普里马撰写这部史书的是圣路易本人，要求确定法国时间的当然也就是他，因此，这种全国性时间是用法文书写的。

博韦的樊尚所写的《史鉴》是一种世界通史，或者说是一种以圣经为依据的历史，以创世纪为开篇，然后是一系列的帝国和皇帝。从路易七世尤其是从菲力普·奥古斯特开始，他才关注法国历史；他虽然指出了卡佩王朝与查理曼的传承关系，但是对于1244年以后的法国历史却写得不甚确切。在博韦的樊尚看来，圣路易是一位圣洁和贤明的国王，像大卫王一样敷过圣油，像所罗门王一样富有智慧，樊尚于是把他说成是“知识转移”的终点，把科学和“艺术”从雅典和罗马移到了巴黎。在樊尚眼里，体现在圣路易身上的是支持“神职人员”的“骑士”形象，而这种骑

士正是半个多世纪以前特鲁瓦的克雷蒂安在他的诗篇中表明的伦理和社会理想。

塞尔日·吕希尼昂[①]非常恰当地指出，在圣徒传作者们的笔下，圣路易身上汇集了两种不同的历史时间，两种不同谱系的时间，其一是他本人所属的以亚当、夏娃为开端的“人的谱系”，其二是“法兰西亚”谱系，这是一个起始于特鲁瓦的谱系，他的先人和他本人以及他的继承者都对这个谱系负有责任。正如路易在普瓦西出生和受洗一样，这个谱系始于克洛维斯。当然还可以往前追溯，因为在圣路易看来，作为非常虔诚的基督教徒，法国国王显然不仅对法国人的族系负有特殊的责任，而且对世界末日来临时都将成为基督教徒的全人类族系也负有责任，基督教徒族系的使命是将自亚当和夏娃以来的所有男女汇集在一起。

可是从另一个观点来看，法国国王应该以负责的态度既将自己铭刻在人世时间中，也铭刻在末世论的时间中。

人控制着人世时间，将它分割为过去、现在和未来，这就意 569
味着记忆、关注和预测。作为教育家，博韦的樊尚已把这些写进了供圣路易的儿子菲力普使用的《论贵胄子弟的教育》[②]中。国王尤其应该保持对于过去的记忆，主持编撰历史，他还应在现今发

---

① 塞尔日·吕希尼昂:《圣路易时代人的时间：史鉴与法国大编年史》(Serge Lusignan, *Le temps de l'homme au temps de Saint Louis: Le Speculum historiale et les Grandes Chroniques de France*)，见塞尔日·吕希尼昂等编著:《博韦的樊尚——中世纪一部百科全书的意图及其被接受状况》(sous la direction de Serges Lusignan, Monique Paulmier-Foucart et Alain Nadeau, *Vincent de Beauvais. Intentions et réceptions d'une oeuvre encyclopédique au Moyen Age*)，圣洛朗、巴黎，1990 年，第 495—505 页。

② 参阅《论贵胄子弟的教育》(*De eruditione filorum nobilium*)，第 XL 章和第 XVI 章，斯泰纳 (Steiner) 版，第 159—166 页，第 166—172 页。

挥作用，预见并筹划未来。圣路易在《训示》中交待给儿子的就是这样一个计划。

可是，这种人世时间也登录在以上帝为开端和终结的历史中。人走出天堂之后，就应把现今用于取得返回天堂的资格。在人世度过的时间是苦行、经受考验和耐心等待的时间，应该使这段时间成为拯救的时间。法国国王有利用这段时间的特殊义务。他的特鲁瓦历史渊源使他得到了许诺，将来必将拥有煊赫的地位，因此，他由于宗教出身和加冕时涂抹的圣油而具有拯救他人的能力，首先是拯救他的臣民的能力（“你应无愧于法国国王加冕时接受的圣油”）。依照末世论，他的使命就是引导他的百姓获得拯救，因而他有责任清除百姓身上的一切污秽（“尽心竭力把罪恶从你的土地上清除掉，诸如卑劣的誓言、人身伤害、赌博、泡酒店等等”）。这项末世论政策也显现在他在位期间：他从东方回来后发生了巨大转变，从那时起，他把自己掌握的现时与未来最终结合起来了，未来通向永恒的幸福、永久的拯救和重新找回的天堂（“但愿经历了必有一死的人生后，我们能在他那里找到永恒的生命，能在那里见到他，爱他，永不休止地赞颂他”）。这就是1254年12月“大赦令”展示的前景。

克劳德·卡普勒提出了这样一个推测：墨洛温王朝赋予法国国王一项末世论使命，这项使命的最深刻的含义表现在“笃信基督教的”这个修饰语中，博韦的樊尚可能依据上溯墨洛温王朝的传统，在圣路易身上看到了世界末日的国王；路易九世是那个能
570 把时间与空间、东方与西方综合起来的国王吗？是那个能开启历史的最后阶段，并把它引向终结的国王吗？我不敢走得这样远。总而言之，我认为，在圣路易个人的人世生命历程中，他曾想把

人间历史（也就是历史学应该保存其记忆的历史，即保存在圣德尼和修道院图书馆中的历史）的时间锚固在神祇的时间中，即从创世纪到最后审判直至永恒，但是在那个最后时刻到来之前，却不应该把人世历史的时间化解在神祇的时间中[①]。

① 参阅克劳德·凯普勒的著作，见《博韦的樊尚》（*Vincent de Beauvais*），前引书（本书原文第568页注1），第238页。

第二章

/

571 # 图像与言语

在一位13世纪的国王周围环境中，图像与言语举足轻重。言语主要是用嘴讲的话。下面我们将会听到圣路易讲话。不过，由于书面记载在13世纪取得了巨大进展，我们当然也十分重视文献。

13世纪是法国的第一个“伟大的世纪”，这一百年中，在基督教世界尤其是在圣路易统治下的法国，艺术和图像领域格外繁荣兴盛，文学、哲学和神学领域也呈现一片欣欣向荣的景象。在这个伟大的文学与艺术勃兴时刻，出现了许许多多影响深远的人和事，诸如哥特式大教堂连同教堂的彩绘玻璃窗、风格焕然一新的微型彩画、巴黎大学的经院神学、歌颂阿瑟王的散文故事、1240年的《圣瓶纪》（圣路易是年26岁）、《列那狐的故事》和《玫瑰传奇》、法国第一位抒情诗人吕特伯夫（他在诗篇中谈到了他并不喜欢的国王）[①] 等等。圣路易与这些人和事以及这些思想运动有什么关系？正如历史已经尝试过的那样，我们也难以抵挡巨大的诱

① 请看本书原文第593页和第822—823页。

惑，试图把法国文化与创造的伟大时刻，与中世纪法国最伟大的国王、上述光辉业绩的同时代人圣路易联系起来。

一个国王，尤其是中世纪的国王，应该通过鼓励和赞助文化艺术活动取悦上帝，宣扬上帝的威望。如果说，在人身上和社会上越来越重要的东西，就是藏在心中、头脑中和灵魂中的东西，那么，让它显现出来就至关重要，不但要显现在封建价值体系中， 572
而且要显现于正在建设中的近代君主制国家体系中。在这个标志物井然有序的社会中，纪念性建筑物和各种作品都是非常优秀的标志物。圣路易希望看到并推动了这种表现及其深刻含义吗？抑或恰恰相反，他只是无可奈何地面对现实呢？

一位身处音乐之中的国王

我必须首先为本章中几乎完全没有音乐而表示遗憾，我的无知和我的研究缺少有深度的综合和分析，是造成这一状况的原因[①]。然而，没有音乐就谈不上文明，何况13世纪是一个伟大的音乐世纪。尤其在巴黎，随着哥特式大教堂的建成而于1165年诞生的巴黎圣母院复调学派继续发展，而著名音乐家莱奥南则为这个学派争得了巨大的声誉，他最有名的学生佩罗坦大概生活在圣

① 相当多的音乐家和学者在识别和解读中世纪乐谱方面取得了很大进展。我将要提到的是马塞尔·佩雷斯领导的管风琴小组，这个小组设在圣路易留下了许多回忆的鲁瓦尧蒙。参阅马克·埃弗里斯特：《13世纪法国的复调音乐》（Kark Evrist, *Polyphonic Music in XIIIth Century France. Aspscts of Sources and Distribution*），纽约，伦敦，1989年。

路易时代。法兰西岛在12世纪与13世纪之交变成了一个巨大的音乐中心[①]，与此同时，哥特式艺术诞生在巴黎，巴黎成了卡佩王朝的首都，这些事发生在同一时间非常有意思。从某种意义上说，音乐是王家艺术。佩罗坦是管风琴演奏家、作曲家和行进歌队指挥家，这种在行进中歌唱的多声部歌队打破了“格里高利”传统。与14世纪的“新艺术”相比，这个复调阶段被叫作“旧艺术”；然而，“旧艺术”实际上是一种创新的艺术。

年轻的圣路易就处在这样一个音乐环境中，他与音乐的关系虽然谈不上很多，却并不因此而不真、不紧、不深。

国王每天都让他的神甫们和教士们在望弥撒和诵日课经时唱
573 歌，国王给予他的唱经班以很高的地位[②]，唱经班日夜在他身边，
外出旅行时也是如此：

> 圣徒国王午夜起床，让人叫来教士和神甫，他们每夜当着国王的面进入小经堂，在音乐伴奏下依次高声诵唱晨经和圣母经……即使在他骑马外出时，他也照样让他们高声诵日课经，让神甫们在马上和着音乐伴奏唱歌[③]。

---

① 雅克·沙耶：《中世纪音乐史》(Jacques Chailley, *Histoire musicale du Moyen Age*)，第3版，1984年(第11章和第13章)。

② 克洛迪娜·比约：《圣路易的圣堂》(Claudine Billot, *Les saintes chapelles de Saint Louis*)，见《中世纪的卡佩王朝与万森树林》(*Les Capétiens et Vincennes au Moyen Age*)，待出版。

③ 圣帕丢斯的纪尧姆：《圣路易传》，第33页。

圣堂雄伟壮观，足以提供一位中世纪国王的威望所需的神圣的音乐氛围。路易比任何别的君王更把创造音乐氛围放在心上。在他看来，音乐既是向上帝的祈祷和致意，也是增进个人宗教感情和使国王职能变得愉悦的一种陪衬；作为国王和普通人，他的一生是在音乐中度过的。他听神甫们唱诗，但他自己只用言语祈祷，从来不唱。

可是，国王不大喜欢非宗教歌曲，也不愿意听别人在他身边唱歌。为了鼓励身边的人只唱宗教歌曲，他偶尔也与他们一起唱[①]。

> 他不唱世俗歌曲，也不允许他身边的人唱。有一次，他年轻时的一位马厩总管在唱这种歌，圣路易让他不要再唱，并告诉他，圣母颂歌和“万福马利亚”很好，应该会唱。国王有时同这位马厩总管一起唱（这些宗教歌曲）[②]。 574

路易似乎没有长期供养说书人，但他有时却不得不听这种非宗教音乐，尤其当贵族们让说书人特地为他表演的时候。1234 年，一些说书人被请来为在桑斯举行的国王婚礼助兴，于是，说书人出现在国王的账册上。在一些不甚正式的场合，国王有时也听这些人唱：“当富人供养的说书人在饭后唱起老调子时，国王等着他

① 罗伯特·勃瑞纳：《圣堂与 13 世纪的国王唱经班》（Robert Branner, *The Saint-Chapelle and the Capella Regis in the XIIIth Century*），《起居录》（Gesta），10/1，1971 年，第 19—22 页。

② 圣帕丢斯的纪尧姆：《圣路易传》，第 19 页。

们唱毕之后，才起身去诵饭后经……”①

是一种宫廷风格的建筑艺术吗？

圣路易不但是音乐国王，他还生活在纪念物和图像中间。热情奔放的格调对于圣路易和哥特式艺术确实具有难以抵挡的诱惑力和吸引力。有一点是确定无疑的，那就是圣路易生活和行动的年代恰是许多大教堂拔地而起的年代，一些大教堂已经建成，一些大教堂即将建成，一些大教堂尚未完工或正在大规模改建。

圣路易1254年与英国国王亨利三世的见面地点夏特勒大教堂，1260年才最终建成。1264年1月他在亚眠大教堂进行有名的“亚眠调停”时，大教堂的上部和祭坛顶部尚未竣工；巴黎圣母院在1245年前后已基本建成，但它的左右两个耳堂从1250年起又大大加长了。圣德尼隐修院是上世纪的首批哥特式建筑中的佼佼者，但它的内部从1231年开始进行彻底的改建，到了1262—1263年，它的中间主堂部分改建成为王家墓地（圣路易本人参与了改建事宜）。国王的加冕地兰斯大教堂，在他登基前就开始修建，直到他死后才全部建成。也就是说在圣路易整个在位期间，这项建筑工程一直在进行。

许多教堂都是由路易资助建成的，有的则是依据他的安排修建的。但不知道他是否参与过教堂的设计，他的美学爱好是什么，我们也一无所知。12世纪初，圣德尼隐修院院长、路易六世和年

① 儒安维尔：《圣路易史》，第369页。

轻的路易七世的权臣絮热为某种风格和某种建筑思想提供了启示，575
但路易九世在这方面毫无作为。布尔日大主教吉勒·高罗纳后来曾说，每当圣路易想要兴建一个建筑物时，他先与朋友、谋士和官员们交换意见，这些人与他一起确定方案，并帮助他把方案进一步具体化。高罗纳的话可信吗？如果确是这样，这些人应该把他们商量的结果告诉其他人，诸如画图设计的建筑师、实施方案的助手、土地征用人、资金管理人和施工负责人等[1]。

儒安维尔写道："如同作家用金色和蓝色装饰自己的书一样，国王用漂亮的修道院以及大量济贫院装饰自己的王国，其中有布道会的修道院，还有科德里埃会以及其他修会的修道院[2]。"这段话虽然含有赞扬之意，但既泛又淡。然而，杰出的艺术史专家罗伯特·勃瑞纳在他的一部"倾向性极强"的著作中指出，巴黎的建筑艺术在圣路易在位期间"成为一种特别优秀的艺术"，而且带有圣路易及其近臣们的明显标记，因而被他称为"宫廷风格"。这种建筑艺术风格是在1254年圣路易十字军远征回来后迅速发展的，但是此前已经在圣路易常驻的法兰西岛的一群建筑中形成，其中包括鲁瓦尧蒙的西都会隐修院和圣德尼修道院，特别是圣堂。这种风格体现了法兰西王国的威望和富有。英国人马修·帕里斯把法国国王视为"人世众国王的国王，因为他涂敷了天上的圣油，也因为他拥有强大的军事优势"。[3] 巴黎之所以变成了一个艺术之都，既是由于正在兴建的圣母院，也由于那里有许多华丽的画室、

① 罗伯特·勃瑞纳：《圣路易与哥特式建筑中的宫廷风格》（Robert Branner, *Saint Louis and the Court Style in Gothic Architecture*），伦敦，1965年。

② 儒安维尔：《圣路易史》，第407页。

③ 马修·帕里斯：《大纪年》（Matthieu Paris, *Chronica majora*），第480页。

装饰着彩画的手抄本、象牙工艺品、刺绣、挂毯、珠宝、宗教礼仪用品、玉雕、仿古宝石等。

除了公用建筑外，国王还推动了另外三类建筑的发展。一是
576 军用建筑，例如在艾格莫尔特和圣地的雅法；二是民用建筑，例如图尔的王家古堡（仅从文献上得知，未见实物）；宗教建筑更是有了长足的发展。王家建筑似乎并不是在某一个人的主持下完成的，圣路易使用了多名建筑师。他很可能仅仅为这些建筑提供资助，实际施工是由被资助者自行负责的，例如鲁瓦尧蒙的西都会隐修院院长、圣德尼的本笃会修道院院长。但是，圣路易在鲁瓦尧蒙就像在自己家里一样，他带着弟弟和大儿子去搬运石块，象征性地帮助修道士们修建修道院。圣德尼是最重要的王家隐修院，圣堂不仅仅是圣路易的私人教堂，还是他最重要的收藏品耶稣受难十字架的安放地，是他的宗教虔诚最炽烈、最深刻的地点。可以肯定，国王即使不曾亲自指导建筑师，他也至少告诉过他们，一定要让这座建筑物成为杰作和精品。1248 年十字军开拔前夕，这座刚刚竣工的隐修院果然以其超凡的风貌出现在人们面前[①]。1254 年英国国王亨利三世访问巴黎时，圣德尼成为这位不寻常的游客最重要的艺术参观点[②]。

不管圣路易在多大程度上影响了这座建筑物的风格，可以肯定的是，他的形象和谐地与这座建筑物所构成的氛围一起发展。正如罗伯特 · 勃瑞纳所说，这是一种“优美和趣味高雅的”艺术；同时也是一种苦行主义的艺术，“它极度轻巧，显现了虚对于实的

① 请看本书原文第 146—148 页。

② 请看本书原文第 258 页，第 448—449 页。

绝对胜利，它犹如一具剔除了所有无用部分的骷髅，它是对于平面几何实质的一种思考，应用了直线、环形、拱形和方形，应该说这是一种没有多少创新的艺术风格，但是，它却把古典哥特式建筑艺术中的潜在倾向提到了一个异乎寻常的高度，13 世纪初以来的古典哥特式建筑，明显地把表面效果的协调与建筑物体量的分解结合起来，使之成为一个整体，从窗户的底线开始，自由地沿着窗洞、窗台板、立柱、大门和门洞拱心石向上展开……虽然细部十分精致，却不失纪念性大建筑物的宏伟气度。”[①] 这种外表就是圣路易本人的外表，“一种适度的气派”。艺术史家们为这种艺 577
术起的名字是辐射型哥特式，这个名字与圣路易的个性似乎也很吻合。

借助图像进行教育

我终于没能抵御诱惑，还是用美学与道德相结合的术语来谈论圣路易与哥特式建筑的关系。当我们只看到建筑物的外表和形式时，我们能够避免受到诱惑吗？要知道，想要仅仅通过外表和形式去探索集体创造与个人特殊感觉之间的关系，恐怕是徒劳的。那么我们能否不借助于文献而超越这种环境概念呢？

多纳 · 塞德勒试图对一些图片资料作出解释，与其说圣路易在这些图片中是被描绘的对象，莫如说他是这些图片的作者。她

① 罗伯特 · 勃瑞纳：《圣路易与哥特式建筑中的宫廷风格》，前引书，第 12 页。

无法证实国王确实是这些图片的策划者，她只能依靠想象，设想国王与建筑师皮埃尔·蒙特勒挽着胳膊，边散步边讨论圣母院南耳堂面墙的艺术处理，犹如当年亚历山大大帝与阿佩勒斯以及后来的西班牙国王菲力普四世与贝拉斯克斯那样，然而她知道，这只是一个梦[①]。不过，由于她在这些画片中找到了启发过圣路易的行为和政治的原则，又因为她知道，圣路易与那时的其他教士和君王一样，相信画片有助于进行宗教教育，有时甚至能表明政治态度，所以她试图探明圣路易如何让画片为他的政治服务。我们不妨把这些画片看成是形象化的王侯明鉴。

塞德勒此前已经对1244—1250年间完成的兰斯大教堂西侧外墙背面的雕像作出了很好的解释，她写道："基督的洗礼在这里被
578 当作克洛维斯的洗礼和国王涂敷圣油的样本。这就是给国王上的一堂关于'王道'的课，王道可以是好的，也可以是坏的。希律在这里是坏国王的化身，他拒不听取施洗约翰的忠告，被恶魔般的希罗底引诱。以大卫王为一边，以麦基洗德（他在这里以神甫面目而不再以国王神甫面目出现）和亚伯兰[②]为另一边，他们在这里表现了教会与国王之间应该保持的正常关系。骑士领圣体的

---

① 多纳·L.塞德勒：《国王是描绘对象和作者——路易九世的艺术和政治》（Donna L.Sadler, *The King as Subject, the King as Author. Art and politics of Louis IX*），1990年。（感谢多纳·塞德勒为我提供这篇佳作）塞德勒新近发表了另一篇论文，文中论及国王与维尔纳夫大主教区圣母院中雕塑的关系，圣路易曾去那里收集耶稣受难时的圣物。此文名为《在维尔纳夫大主教区的雕塑群中寻找路易九世》（*Courting Louis IX in the Sculptural Program of Villeneuve-l'Archevêque*），见《权威》（Majestas），2，1994年，第3—16页。

② 希律、施洗约翰、希罗底、麦基洗德、亚伯兰，均为圣经人物，参阅《圣经·马太福音》第14章。——译者

场景在这里显示的是在骑士内部宗教如何将权利赋予战士们，而骑士们的首领是国王，精神鼓舞者是教会。”[①]

塞德勒再次提及此事是为了强调圣路易十分看重王族族系[②]。以大卫王为始祖、经由圣母下传的基督族系，显示在教堂大门上；絮热让人以耶西树为题在圣德尼作画。基督曾说：“你们如果是亚伯兰的孩子，就去完成亚伯兰的事业。”因此，麦基洗德为亚伯兰祝福和施洗约翰的预言是垂直并列的。就此而言，施洗约翰不仅是预言基督的先知，而且是麦基洗德的后裔和亚伯兰的继承人。希律则是坏族系的化身。

还有一个实例。从路易七世起，法国国王就被视为“末日国王”，从加冕之日起他就与基督共同为王，直到最后审判时臻于辉煌的顶点。兰斯大教堂的北耳堂大门上饰有“不寻常的最后审判：选民与受罚者分离时，国王端坐在天上，他的‘密友’引导着一列受罚者走向地狱中的炉子”。

北边内侧大门通向安放圣瓶的祭坛，路易去“触摸”瘰疬病人时也从这里经过，画在这扇门上的为患者治疗躯体和心灵病痛的场面，可能是向人们暗示，涂敷圣油使国王获得了魔力。 579

圣堂里的彩绘玻璃窗显然是要表明，法国国王在从创世纪经由约伯、基督和获得基督受难十字架的圣路易，直到赎罪这个连

---

① 勒高夫：《加冕城市兰斯》（Jacques Le Goff, *Reims, ville du sacre*），前引文（本书原文第 417 页注 2），第 127 页。根据塞德勒在多伦多研讨会上所作的关于中世纪和文艺复兴时期的国王加冕问题的讲演，此文未收入研讨会文集出版：《加冕典礼——中世纪和早期近代君主制礼仪》（*Coronations, Medieval and Early Modern Monarchic Ritual*），加州大学出版社，1990 年。

② 请看本书原文第 741 页。

续不断的过程中，占有什么样的地位。这些彩绘玻璃窗上的大卫，令人想到路易、以斯帖和卡斯蒂利亚的布朗什[①]。

最后，1262—1263 年间圣德尼王家墓地的改建，“充分体现了路易九世通过墨洛温王朝和加洛林王朝的继承者卡佩王朝，来展示人世基督教王国的强烈愿望”[②]。这种推测很巧妙，似乎很有道理，但是没有任何书面材料能予以证实。

图画书籍

圣路易与绘画也就是彩绘手抄本有什么关系？这个问题更加难以回答。为此不但需要知道这些彩画是不是奉路易之命制作的，是否符合国王的指示或意图，而且还要确定这些彩画是否能有助于我们对国王的了解。我们甚至无法首先回答这样一个问题：收藏彩绘手抄本是否为了让自己身处众多圣像的环境之中，或者说，国王是否常常翻阅这些彩绘手抄本，更确切地说，国王是否见到过这些彩画？我们只能以假设圣路易确实仔细地看过这些彩绘手抄本为前提，下面我就来谈一谈这些彩画。

国王拥有一个兼具私人和公共性质的图书馆，并且可以将它传给后代的时刻尚未到来。查理五世登上王位后法国才出现这种图书馆，作为君主制国家机构的一个组成部分，它深得圣路易后

① 弗朗索瓦·佩罗（François Perrot）在让-米歇尔·勒尼奥的《圣堂》（J.-M Leniaud, *La Sainte-Chapelle*）中对圣堂中的彩绘玻璃窗作出了新的解释（前引书，本书原文第 147 页注 1）。

② 请看本书原文第 273—289 页。

代的喜爱。不过，路易九世拥有一些藏书。在十字军远征中，穆斯林埃米尔的图书馆给他留下了深刻的印象，回国后他建立了一个图书馆，收藏最重要的基督教书籍，尤其是教父们的著作，他 580
把书借给身边的人，也借给他想要抬举的那些客人，或者他认为需要接受更可靠的特殊宗教训练的那些人①。不过，这些书籍中大概没有图画。

国王收藏着一些珍贵的彩绘手抄本。长久以来，平信徒中的一些大人物也有此类藏书，而且逐年增多。所谓善本是指这样一些书籍：抄写在优质羊皮纸上、书法优美、装帧讲究、色调丰富、红色标题、以彩色大写字母或各种小装饰作为段落开头、配有许多彩色插图的书籍。13世纪的法国国王十分注重拥有这类书籍，因为它们能为国王带来声望，尤其当这些书籍因其优良品质而被视为具有皇帝特征时，尤为如此。从菲力普·奥古斯特到美男子菲力普，法国国王一直试图获得皇帝头衔②，在这些年代里，拥有这些配有丰富彩绘的书籍，既有艺术价值，也有政治意义。

平信徒最感兴趣而且能够拥有的书籍，除了全套《圣经》外，就是旧约中的《诗篇》，这也是学童或贵族子弟的启蒙读本。最显

① 请看本书原文第755页。君特·哈泽洛夫:《旧约诗篇图解》(Günter Haseloff, *Die Psalterillustration*)，见《一百年：英国、法国和荷兰的绘图手稿史研究》13，(*Jahrhundert. Studien zur Geschichte der Buchmalerei in England, Frankreich und den Niederlanden*)，佛罗伦萨，1938年；维克托·勒罗凯:《法国公共图书馆中的拉丁文圣诗手抄本》(Victor Leroquais, *Les Psautiers manuscrits latinsdes bibliothèques publiques de France*)，2卷本，附画册，马孔，1940—1941年。

② 参阅雅克·克里嫩:《国王的帝国——13—15世纪法国政治思想和信仰》(Jacques Krynen, *L'Empire du roi. Idées et croyances politiques en France, XIIIe–XVe siècle*)，前引书（本书原文第425页注3）。

赫或最富有的成年人每人必备一本《诗篇》，依各自的虔诚程度定
期阅读。名门豪族的女子可以拥有甚至可以定制《诗篇》。有一位
高贵的妇女便是如此，据考证此人就是卡斯蒂利亚的布朗什。菲
力普·奥古斯特的第二任妻子丹麦的茵吉博尔格也曾拥有《诗
581 篇》，此人在婚礼次日就被丈夫抛弃，幽禁在一所隐修院里[1]。在
圣母崇拜日益盛行的13世纪，日课经渐渐取代了《诗篇》的地位，
成为上层妇女的宗教崇拜必备书。第一本配有丰富彩画的必备宗
教读物，大概就是圣路易为其女儿伊萨贝尔1258年与香槟伯爵纳
瓦尔国王蒂博结婚准备的日课经[2]。

据我们所知，圣路易有一本《诗篇》，有人认为此书曾归他母亲所有；此外他还有两本专门为他制作的《诗篇》。

茵吉博尔格的那本《诗篇》是法国北方的一所修道院工场制作的。卡斯蒂利亚的布朗什执政时期，《诗篇》制作向巴黎工场转移。到了圣路易亲政期间，巴黎成了欧洲彩画书籍的制作中心[3]。卡斯蒂利亚的布朗什的《诗篇》[4]包括一份日历，日历上附有24个圆形装饰画，标明每月农事和黄道十二宫。全书共有24幅金色打

---

① 弗洛伦斯·德希勒：《茵吉博尔格的“诗篇”》（Florens Deuchler, *Der Ingeborg Psalter*），柏林，1967年；弗朗索瓦·阿夫里尔：《茵吉博尔格的“诗篇”》（François Avril, *Der Ingeborg Psalter*），见《纪念物通报》（*Bulletin momumental*），1969年，第58—60页；路易·格罗德茨基：《茵吉博尔格王后的圣诗集及其问题》（Louis Grodecki, *Le psautier de la reine Ingeburg et ses problèmes*），前引文。

② 这个手抄本现存牛津（Fitzwilliam 3000），名为《伊萨贝尔诗篇》，因为此书尚非名副其实的日课经。

③ 罗伯特·勃瑞纳：《圣路易在位期间的巴黎彩绘手抄本》（Robert Branner, *Manuscript Painting in Paris during the Reign of Saint Louis. A Study of Styles*），前引书（本书原文第70页注1）。

④ 现存巴黎阿森纳尔图书馆，手抄本1186号。

底的整页彩画，其中17幅都由两个交叠的圆形装饰画组成，因此，实际上共有37幅小彩画[①]。第一幅彩画非常漂亮，画面上展现的是一位天文学家，他手持一个星盘，站在一个书记员和一个历法推算家之间。画册中的其他彩画内容丰富而多样，从不听话的天使堕落和夏娃犯下原罪到复活和最后审判，各种场景都可找到。这些彩画出色地展现了人们对基督教历史时间的理解和想象[②]。此外，《诗篇》正文的起首处装饰着10幅金色打底的彩画，其内容大多是王家偏爱的大卫王的故事。

圣路易不是手抄本收集家，他不偏爱任何画家和工场[③]。第一
本标有他名字的《诗篇》大概就是他的识字课本[④]。书上有一条15 582
世纪的注解是这样写的："这本《诗篇》原为法国国王圣路易老爷所有，他幼年时曾学习此书。"此书是13世纪初的英国制品，圣路易的父亲尚未即位时已经得到了这本书。除了一份日历外，书中还有23幅整页彩画，内容有创世纪和原罪、亚伯和该隐的供献、亚伯被杀、诺亚方舟、亚伯兰和参孙的故事以及从天神报喜到圣灵降临的基督一生。与卡斯蒂利亚的布朗什的那本《诗篇》相比，圣路易的这本缺少了末世论的一些内容，诸如不听话的天使堕落、伪基督和最后审判等。

---

① 维克托·勒罗凯：《法国公共图书馆中的拉丁文圣诗手抄本》（Victor Leroquais, *Les Psautiers manuscrits latinsdes bibliothèques publiques de France*），前引书，卷II，第16页。

② 请看本书原文第559页及以下多页。

③ 罗伯特·勃瑞纳：《圣路易和13世纪巴黎彩画》（*Saint Louis et l'enluminure parisienne au XIIIe siècle*），见《圣路易逝世七百周年》（*Septième centenaire de la mort de Saint Louis*），（1970年在鲁瓦尧蒙举行的研讨会文集）巴黎，1976年，第69—84页。

④ 莱顿大学图书馆，手抄本Ms. BPL号（76A）。

最著名的第二本《诗篇》上写着："此书原为圣路易所有。"日历上记载着四位王室成员的忌日：菲力普·奥古斯特（1223 年 7 月 14 日）、路易八世（1226 年 11 月 8 日）、阿图瓦的罗伯尔（1250 年 2 月 9 日）和卡斯蒂利亚的布朗什（1252 年 11 月 27 日）①。这个手抄本中除日历外还有 78 幅整页彩画，堪称 13 世纪巴黎彩绘手抄本中的精品，彩画上附有一个解释性图例。画中的建筑物"忠实地再现了圣堂的连拱廊、优美的柱子轮廓、圆花窗，这些肯定不但体现了建筑师皮埃尔·蒙特勒伊的意图，而且从中还可能发现国王参与教堂建设的踪迹"。② 这个手抄本是为圣堂特制的。

画面所表现的内容全部选自《圣经·旧约》，从亚伯和该隐供
583 献到扫罗敷油。这些彩画的主导思想是：国王在加冕典礼上涂敷圣油标志着他已接受了上帝托付的使命。

这个手抄本中战斗场景很多。纽约的皮彭·摩根图书馆藏有（M638）一册《圣经·旧约》手抄本，成书年代大概是 1240 年，即圣路易第一次率十字军远征前夕；哈尔维·斯塔尔对这个手抄本上的彩画作了研究后着重指出，书中有许多战斗场景。他

---

① 这再次表明圣路易对于王族成员忌日的重视。

② 参阅在圣堂举行的《圣路易》展览会的展品目录（1960 年 5—8 月），第 95 页。哈尔维·斯塔尔正在撰写的全面研究这本《诗篇》的专著即将完成，我们以极大的兴趣等待着它的问世。此外尚可参阅阿瑟·哈斯洛夫：《圣路易的"诗篇"》（Arthur Haseloff, *Les Psautiers de Saint Louis*），见《法国古董协会学报》（*Mémoires de la Société des antiquaires de France*），卷 I，59，1898 年，第 18—42 页；奥蒙：《圣路易的"诗篇"》（H. Omont, *Le Psautier de Saint Louis*），格拉茨，1972 年；威廉·乔丹：《圣路易的"诗篇"，78 幅整页彩绘套画》（William C. Jordan, *The Psalter of Saint Louis. The Program of the 78 full pages illustration*），《早期中世纪学报》（*Acta. The High Middle Ages*），7，1980 年，第 65—91 页。1972 年在格拉茨出版了圣路易《诗篇》的影印本。

认为，书中的插图“标志着《旧约》插图史上的一个重要变化”。在13世纪之前，插图表现的是“《圣经》正文和《旧约》与《新约》中互不抵触的内容”。从这个手抄本开始，《旧约》变成了一种“历史”，“即一种叙事性的长篇连续历史故事，细节翔实而精彩，情节一步步展开，表面上并没有宣扬基督或旧约和新约一致论。”①

绘画中出现的这一转折是在13世纪的文化和精神基本发展中出现的，圣路易置身于这个发展之中。这是叙事日益发展并取得胜利的结果。以《旧约》人物和基督的生平为蓝本的个人传记，在历史学和文学艺术创作中渐渐成为最重要的形式。热拉尔·德·弗拉谢奉多明我会总会长之命，1256年在巴黎撰写了该会若干会士的传记②。托钵僧在这件事上依然发挥了前驱作用。传统的圣徒列传传主的生平已经被超越，人的一生是一个连续不断的故事，这种思想已经被人们普遍接受。圣路易把自己在世的日子视为一个人一生的故事，他的同时代人也从这个角度来认识他。这种方兴未艾的新型人物传记观念，恰好最深刻地说明了何以会产生圣路易传记。

另一方面，我们在圣路易拥有的那本《诗篇》中看到的大量 584
的战斗场面和对武器装备的如实描写（刀剑、铠甲和大型作战器

① 哈尔维·斯塔尔：《圣路易在位期间“旧约”的插图》（Harvey Stakl, *Old Testament Illustratiom during the reign of St. Louis: The Morgan picture book and the new biblical cycle*），见《第24届艺术史国际大会文集》（*Atti del XXIV Congresso Internazionale di storia dell'Arte*（1979）），波洛尼亚，1982年，第85—86页。

② 热拉尔·德·弗拉谢：《1203年至1254年布道会会士传略及该会简史》（*Vitae Fratrum ordinis Praedicatorum necnon Cronica ordinis ab anno MCCIII usque ad MCCLIV*），鲁汶，1896年。

械），令我们想到，《旧约》中提及的战斗已被具体化为壮观的战斗场景了。出现这种发展的原因，大概是因为人们甚至在十字军东征以前就对于基督教徒与萨拉森人之间的斗争颇感兴趣，这种兴趣显然对十字军起到了推波助澜的作用；事实上，基督教徒与萨拉森人的矛盾当时尚处于形成和发展过程中，仅存在于少数人之间，影响并不很大，人们若对这场斗争不感兴趣，十字军就不会如此深得人心。由此可见，绘画环境的作用不可小视。

我们还可以从这个角度来审视另一件显然不是圣路易定制的手抄本，几乎可以肯定，圣路易从未见到过这个手抄本。这是一本完成于1250年的供法国国王加冕时使用的礼仪手册，通称《1250年教会礼仪册》。插图是此书的一大特征，18幅画图表现了加冕典礼的全过程。此书大概是为兰斯大主教的副手编写的，这位马恩河上沙隆的主教是加冕典礼上教会方面的主要工作人员①。

这套记述加冕典礼的图画故事将下列内容置于突出位置：法国国王涂敷圣油的神秘性、独一无二性的圣瓶、国王的标志物、加冕典礼对于法国国王所表明的不可替代的过渡性、法国大贵族的荣誉地位、圣路易的政策和13世纪神权与王权关系的特征，即

---

① 让-克洛德·博纳和我在1985年多伦多的一次研讨会上发言，对这些彩画作了介绍和评论；会议文集已由亚诺斯·巴克（Janos Bak）编成《加冕典礼手册——中世纪和早期近代君主制礼仪》（前引书）一书出版。参阅书中勒高夫的文章：《圣路易年代的一个加冕程序册》（Jacques Le Goff, *A Coronation Program for the Age of Saint Louis*），第46—57页；让-克洛德·博纳：《手抄本“1250年教会礼仪册”及其彩绘》（Jean-Claude Bonne, *The manuscript of the Ordo of 1250 and its illuminations*），第58—71页。我们将与埃里克·帕拉佐合作，出版此书礼仪部分的全文和插图并加注释。参阅本书插图13和14。

教会与国王之间微妙的平衡[①]。 585

这些彩画没有说明它们所记述的究竟是哪一位国王的加冕典礼，所有出现在画面上的人物，包括国王在内，都不是历史上实有的人。但是，这些彩画确认并传播了圣路易希望赋予国王的形象，即神授国王的形象，尽管这种方法的效果很有限。国王加冕的场景此前从未被绘成画，此后则迟至查理五世的1364年教会礼仪册才再次被绘成画，在这部礼仪历书上还出现了一幅写实性的圣路易的后代查理五世的肖像画。这些彩画再次显示了艺术与政治的关系。更确切地说，这些彩画表明，圣路易极大地加强了法国君主的神授性质及其表现[②]，甚至可以说，他大大地加强了“国王宗教”。

国王与他的知识分子们

圣路易也生活在一个特殊的知识氛围中。13世纪是巴黎大学的艺术和神学院系蓬勃发展的重大时刻。由于新的托钵僧修会的出现，知识在13世纪获得更新，其中两个修会尤为重要，一个是

---

① 参阅菲力普·比克:《书籍的模棱两可》(Philippe Buc, *L'Ambiguïté du livre*)(前引书)。比克在书中所指出的“道德化的圣经”可能是在上述氛围中产生的；他在这里所说的“道德化的圣经”，指的是那部附有注释和插图的圣经，这部圣经大约制作于13世纪最后25年中，据说是献给圣路易的。如今这部圣经一分为三，分别收藏在巴黎（国立图书馆，拉丁文抄件11560）、牛津（Bodleian 270B）和伦敦（大英博物馆，Harley1526和1527）。这些彩画中的某些画面大概依据13世纪注释家的解释，向圣路易提出了一些关于圣经中国王影响的建议。

② 请看本书原文第833页。

多明我会（因为该会的修道院设在通往孔波斯特拉的朝圣路上，所以被人叫作“雅各宾会”），创始人圣多明我（卒于 1221 年）为该会指明了学习之路；另一个是方济各会或科德里埃会，该会最后被高等神学研究所取代，而圣方济各（卒于 1226 年，当年圣路易即位为王）起初曾长期对神学研究持怀疑态度。

对于所谓的“圣路易世纪”有许多传说和经不起推敲的说法，关于圣路易与声望卓著的巴黎大学以及在该校任教的大知识分子们的亲密关系，也有一些不着边际的传闻。如果对于这些传言不予轻信的话，那就应该承认，圣路易只与两位有名的大师、但并非当时的第一流学者过从较密，一位是巴黎的修道院司铎罗伯尔·德·索尔邦，另一位是多明我会士博韦的樊尚。

586 罗伯尔·德·索尔邦 1201 年生于阿登，1274 年卒于巴黎，他的著作至今尚未全部出版，也无人对他的著作进行过全面研究[①]。布道词在他的全部著作中肯定占有很大分量，这也正是用以取悦圣路易的东西，因为他酷爱聆听布道。我们认识这位司铎，而且觉得对他很熟悉，因为儒安维尔在《圣路易史》的好几个段落中以他惯有的生动语言谈到过他。儒安维尔和索尔邦在同一段时间

---

① 帕莱蒙·格洛里厄：《索尔邦大学的起源》（Palemon Glorieux, *Aux origines de la Sorbonne*），卷 I，《罗伯尔·德·索尔邦》，巴黎，1966 年；妮科尔·贝里乌：《罗伯尔·德·索尔邦》（Nicole Bériou, *Robert de Sorbon*），见《神学词典》（*Dictionnaire de spiritualité*），13，巴黎，1988 年，第 816—824 栏；《正直而口碑甚佳的罗伯尔·德·索尔邦》（*Robert de Sorbon. Le Prud'homme et le béguin*），见《碑铭与美文学院院报》（*Comptes rendus de l'Académie des inscriptions et belles-lettres*），4—6 月号，1994 年，第 469—510 页；加布里埃尔：《罗伯尔·德·索尔邦在巴黎大学》（A. L. Gabriel, *Robert de Sorbon at the University of Paris*），见《美国教会评论》（*The American Ecclesiastical Review*），卷 134，1956 年，第 73—86 页。

里都是圣路易的好友。从儒安维尔的著作中似乎可以看到，他们两人是典型的难分难舍却又截然不同的一对，一个是教士，一个是平信徒，一个老，一个少，俩人永远争吵不休，始终相互妒忌，在路易面前争宠，国王既是他们的圣徒和国王，又是他们的真正朋友，相互敬重和彼此关爱的感情将他们连接在一起。圣路易听任他们争吵不休，让他们猜疑谁是国王最宠信的人，并以此为乐，但不知是否全然出于善意。

作为骑士、贵族、邑督，儒安维尔毫无顾忌地提醒罗伯尔·德·索尔邦，莫忘自己寒微的农民出身。他竟然当着国王的面说："你这个卑微的农夫的儿子……"，他还指责索尔邦出身寒微，衣着却十分考究。罗伯尔·德·索尔邦是借助学问爬上社会高层的典型；大学教师可以利用自己的教士身份从中获益，得到丰厚的报酬，谁若精于此道，就能从刚刚诞生的大学获得名利双收的硕果。他大概受到当地一位教会人士的赏识，在这位教会人士的帮助下开始学业，接着靠奖学金就读于巴黎大学。他永远不会忘记自己艰难的少年时代和总起来说还算是格外幸运的节节上升。他创建了一所学校，供文科教师和攻读神学的学生就读；学校以他的名字为名，随着学校日益扩大，索尔邦成了整个神学院和整个巴黎大学的名字。罗伯尔在历史上几乎与他的国王朋友一样有名。他是索尔邦大学的创建人。可是，他能走到这一步，靠 587
的是他的好友国王的支持，因为实际上这所大学是圣路易与他共同创建的。这两个人是一对令人称奇的朋友。

罗伯尔在巴黎先后取得文学和神学学位后，在康布雷担任司铎，1258年来到巴黎担任同一职务。他在巴黎大学教授神学；从一份也许有些夸张的记载看，他是巴黎大学的名师之一，与托马斯·阿奎那、波拿文都拉和阿布维尔的热拉尔齐名。后世抹煞了他在教师岗位上的出色成就，把他贬得很低很低。他所创建的巴黎大学名声越来越大，而他本人的名声却几乎完全被淹没了。

据说他曾担任圣路易的忏悔师，这也许可以用来解释为何他与国王关系密切，并可能对国王产生过影响①。他写过一些短小的著作，其中有几本手册，据妮科尔·贝里乌称，这些手册是一些“良心检验范本”。他显然对圣路易很有用，是一个可以帮助国王获得拯救的人，这对国王比对大学里的高级神职人员更重要。况且，这位善良的司铎“对于某些神职人员醉心于研究星象和形而上学或思辨神学的精微奥秘十分恼火”。他对当时的师生们十分敬重的亚里士多德很有兴趣，可是他经常引用的却是塞涅卡和加图②。他是12世纪文艺复兴的一个迟到的产物和学生，他偏爱教士守则，尤其喜欢慈善事业。虽然他不是神职人员，但他对托钵僧以及他们的苦行精神和谦卑态度很表同情，对于他们任何时候都赤脚布道十分敬佩。

他对圣路易有一定的诱惑力，这丝毫不令人吃惊；圣路易对他保持着一定的距离，就像对儒安维尔一样，这种距离并非产生于圣路易的居高临下，而是出于一种幽默感③。

---

① 请看本书原文第384—385页和第698页。

② 塞涅卡、加图，古罗马著名学者。——译者

③ 罗伯尔在他的宗教里并非始终温柔。他的文集的出版者费利克斯·尚邦（索尔邦大学的图书馆员）1902年谈到他编辑的罗伯尔《论良心》一书时，对此书作了这样的简介：“此书论述的主题是最后审判，作者把最后审判比作大学里的考试，校长就是上帝，陪考官就是众天使，只是天堂里的考试比大学里的考试要求更高，只要一个问题答不出，立即就被取消资格，也就是立即被打入地狱，而且永远不得解救，不像考试那样还能下次再来。因此，事先熟读要（转下页）

可是，与圣路易最接近的“知识分子”还是多明我会士博韦的樊尚[①]。大概是应圣路易的要求，樊尚一边与他对话，一边在他的监督下从事科学和知识事业。樊尚于1190年出生在博韦，菲力 588
普·奥古斯特在位末期他在巴黎求学，他加入多明我会的时间大概是在多明我会士搬进圣雅克修道院的1218年之后不久。他很可能参与了1225年博韦布道会修道院的创建，并担任该院副院长。拉迪弗斯可能是在博韦教区中新建的西都会隐修院的首批院长之一，这个修道院是圣路易创建的，他经常前来访问；樊尚就是经由拉迪弗斯的介绍，大约在1243—1245年间与圣路易首次会见的。1246年，樊尚被召到鲁瓦尧蒙担任教员。

博韦的樊尚：为国王服务的百科全书专家

如果国王并未要求樊尚编撰一部百科全书，那是因为对他已经着手编撰的百科全书颇感兴趣。令圣路易着迷的是贤人所需的

（接上页）考的书极端重要，这就是那本关于良心的书。”罗伯尔不知道有炼狱，但圣路易知道而且相信。（罗伯尔·德·索尔邦：《良心论》（*De conscienta*），巴黎，1902年，尚邦版。）

① 塞尔吉·吕希尼昂：《折射和衍射》（Serge Lusignan, *Réfraction et diffraction*），为博韦的樊尚的《大通鉴》（*Speculum maius*）所作的序言，蒙特利尔，巴黎，1979年；博韦的樊尚：前引书（本书原文第568页注1）。由波米埃-富卡尔（M. Paulmier-Foucart）推动并由施奈德（J. Schneider）领导的设在南锡的研究小组作了许多工作，出版了专辑《顶尖》（*Spicae*）。南锡中世纪资料研究小组会同鲁瓦尧蒙基金会和蒙特利尔大学于1995年6月在鲁瓦尧蒙联合召开了一次圆桌会议，研讨“布道师、多明我会士博韦的樊尚及其知识环境”（*Vincent de Beauvais, frère Prêcheur: un Dominicain et son milieu intellectuel*）。

那种集各种知识于大成的书籍，而不是高深的神学专著，诸如他那个时代的著名大学教师亚历山大·德·哈尔斯、奥维涅的纪尧姆、圣阿尔贝特或托马斯·阿奎那的作品，尽管奥维涅的纪尧姆不但是巴黎主教（1228—1249年在职），而且是他的谋士和朋友。13世纪不只是一个神学世纪，一个创新的神学世纪，而且是一个
589 伟大的百科全书世纪，只是在程度上稍逊于神学而已[①]，因为它收集了前两个世纪中，尤其是热气腾腾且富有创造性的12世纪中产生的无数事实和思想[②]，因为它试图依据自己的精神收集、分类并整理新的知识。13世纪是一个整理和分类的世纪，这种现象出现在所有领域：科学、技术、知识、社会、政治、宗教等等，总之，这是一个建立大学秩序、行会、司法规范、主教会议规则、谕令、药方、百科知识和综合知识的世纪。在这里，圣路易再次表明他是这个时代的人，因为他也执着追求秩序。公义与太平[③]就是秩序的原则和功能。此外，他在自己的见闻和亲身经历中发现，在知识领域中，在与异端分子、犹太人和穆斯林等对话者或反对者的交往中，基督教徒常常处于困难境地。百科全书应该是国王和基督教徒在论战中的知识和思想武库。

博韦的樊尚只是一个普通知识分子（须知13世纪只能在多明

---

① 勒高夫：《13世纪为何是一个伟大的百科全书世纪？》（Jacques Le Goff, *Pourquoi le XIIIe siècle est-it un grand siècle encyclopédique?*）见皮科奈主编：《中世纪的百科全书主义》（a cura di Picone: *L'encyclopedismo medievale*），拉文纳，1994年，第23—40页。

② 关于12世纪和人们所说的12世纪的文艺复兴的书目汗牛充栋，我要特别推荐的是舍尼神甫的《12世纪的神学》（Marie-Dominique Chenu, *La Théologie du XIIe siècle*），前引书，巴黎，1957年。

③ 请看本书原文第644—651页。

我会士中找得到“大知识分子”），他深受西都会的影响，尤其在历史学方面，埃里南·德·弗鲁瓦德蒙的编年史对他来说简直就是范本和史料。他打算依据两个计划编撰一部《大通鉴》[1]，全书分为三大部分：自然通鉴、科学通鉴和历史通鉴。这是一部涉及所有知识领域的无所不包的著作，樊尚不但得到了两个班子的协助，圣路易还专门帮助他建立了一个资料库，此书因而更加包罗万象； 590
一个班子由鲁瓦尧蒙的西都会士组成，另一个班子由巴黎圣雅克修道院的多明我会士组成[2]。

《大通鉴》屡经博韦的樊尚亲自修改，人们认为，其中多次修改是经圣路易提示或应圣路易的要求而对《历史通鉴》所作的修改，因为圣路易非常重视历史，希望卡佩王朝在书中写得好上加好[3]。

不过，圣路易可能曾在鲁瓦尧蒙当过博韦的樊尚的学生。国王的长子于1260年去世时，博韦的樊尚曾为国王撰写了《告慰词》，樊尚在此文开卷处写道：“我在鲁瓦尧蒙修道院执教时，您谦恭地听我讲述上帝的神谕。”[4] 圣帕丢斯的纪尧姆也说起过此事：“一位神学教师在鲁瓦尧蒙隐修院讲授诗篇，国王也在那里；召唤

① 关于“鉴”（speculum）的含义，参阅埃纳尔·马尔·荣松：《12世纪和13世纪的书名“鉴”的含义以及博韦的樊尚对此字的使用》（Einar Mar Jonsson, *Le sens du titre Speculumaux XIIe et XIIIe siècles et son utilisation par Vincent de Beauvais*），见《布道师、多明我会士博韦的樊尚》，前引书，第11—32页。

② 组成写作班子撰写书稿在13世纪的多明我会士中十分流行，参阅伊夫·孔加尔：《关于13世纪圣阿尔贝特和布道会士的写作班子》（*In dulcedine societatis quaerere veritatem, Notes sur le travail en équipe chez S. Albert et chez les Prêcheurs au XIIIe siècle*），见梅耶、吉梅尔曼（编）：《渊博的大学者圣阿尔贝特》（G. Meyer et A. Zimmerman (éd), *Albertus Magnus Doctor Universalis*, 1280–1980），美因茨，1980年。

③ 参阅本书插图15中的圣路易画像，取自一部《史鉴》（*Speculum historiale*）的扉页。

④ 塞尔吉·吕希尼昂为《大通鉴》（*Speculum mius*）所作的序言，前引书，第57页。

修道士们上课听讲的钟声敲响时，他有时也前去听课，如同普通修道士那样坐在教师脚边认真听讲，圣徒国王多次这样做。”[①]

体现在博韦的樊尚身上的文化是12世纪的一个神职人员的文化，从属于12世纪的文艺复兴，在这一点上与圣路易相同。塞尔吉·吕希尼昂从逻辑角度指出了这一点[②]，而雅克琳娜·阿梅斯则从哲学角度指出了这一点[③]。经过对《科学通鉴》深入细致的研究，
591 阿梅斯在结语中指出，在实用哲学的第一部分伦理学中，亚里士多德“只不过是诸多材料中的一种，我们甚至注意到，他是被引用最少的作者之一”。樊尚与圣路易一样，他们都属于13世纪的前亚里士多德阶段。更确切地说：“从哲学角度来看，博韦的樊尚并不属于当时的学术潮流。对于他来说，道德不是一个哲学分支，而是‘艺术’的一个分支，是12世纪知识领域的一个组成成分……与其说樊尚是13世纪巴黎大学的一个学者，莫如说他是12世纪学派的一个弟子。”[④]尤为令人吃惊的是，尽管当时的历史知识出现了巨大变化，取得了辉煌的成就，可是他却与圣路易一样，对此格格不入。“在《通鉴》的各个发展阶段中，看不出在哲学上

① 圣帕丢斯的纪尧姆:《圣路易传》，前引书，第79页。

② 参阅吕希尼昂的博士论文:《博韦的樊尚的科学通鉴中的逻辑研究:“自然通鉴”卷III》(Serges Lusignan, *Le 'Specelum doctrinal', livre III. Etudes de la logique dans le Miroir des sciences de Vincent de Beauvais*)，蒙特利尔大学，1971年。

③ 阿梅斯:《博韦的樊尚著作中的亚里士多德文献——关于伦理学》(J. Hamesse, *Le dossier Aristote dans l'oeuvre de Vincent de Beauvais. A propos de l'Ethique*)，见第197—218页。

④ 同上书，第213—215页。

有任何变化，尽管当时出现在巴黎大学的现实是如火如荼，博韦的樊尚却并不依据现实状况修改他的著作。”[①]

博韦的樊尚还发表了一些论文和简短的著作，其中有一些是题献给圣路易或他的近臣们的。圣路易的长子 1260 年去世时，樊尚依照传统式样撰写了《亡友告慰词》[②]。我在前面讲到了题献给国王及其女婿纳瓦尔的蒂博的《论君王的道德素养》和献给王后马格丽特的《论贵胄子弟的教育》[③]。我在这里要指出，有些历史学家认为，这两篇王侯明鉴是准备以后纳入一部大型著作中的文章，这部大型著作将成一种《政治通鉴》，使《大通鉴》与《王位通论》相匹配，从而成为 13 世纪法国诸王的一部大型明鉴。据说樊尚曾在《论贵胄子弟的教育》序言中宣布了他这项后来并未实现的计划，他表示，出于对“我们无上崇高的国王”的敬爱，打算撰写“一部关于君主现状、宫廷和王室、国家行政和王国管理的通论”。

这项宏大的计划是否在圣路易的授意或指示下提出来的？无 592
人知晓。然而，博韦的樊尚似乎能力有所不逮，没有完成这部鸿篇巨制[④]。博韦的樊尚在1259年前不久离开鲁瓦尧蒙，回到巴黎的圣雅克修道院，因此他得以继续与国王交往；他卒于 1264 年。

---

① 阿梅斯：《博韦的樊尚著作中的亚里士多德文献——关于伦理学》，前引书，第 216 页。

② 请看本书原文第 268 页以及彼特 · 冯 · 穆斯：《博韦的樊尚对路易九世的安慰函》（Peter von Moos, *Die Trostschrift des Vincenz von Beauvais für Ludwig IX*），前引文（本书原文第 268 页注 1）。

③ 请看本书原文第 408 页。

④ 罗伯特 · 施奈德对此进行了出色的研究，他认为，这部计划中的巨著不是一部真正综合性的政治学说论著，而是一部由四篇篇幅相似的论文组成的著作，限于时间，博韦的樊尚只完成了其中的两篇，即上面提及的《论君王（转下页）

新所罗门王

圣路易如同博韦的樊尚一样，也不知道13世纪“巴黎大学中如火如荼的现实”①。据说圣路易曾宴请托马斯·阿奎那②，我几乎可

（接上页）的道德素养》和《论贵胄子弟的教育》。这部著作如果全部完成，也不可能是一种总汇性质的著作，而只能符合编撰者原则；然而，这部著作倘若真的完成了，那么，博韦的樊尚无论如何总算有了一部个人著作，而且可以在这部著作中“达到学者和思想家的成熟”。我觉得施奈德多少有些溢美。其实，博韦的樊尚将会在这部著作中继续忠于西都会士埃里南·德·弗鲁瓦德蒙（这一点可以从已完成部分中看到）；在博韦的樊尚的启示下，埃里南·德·弗鲁瓦德蒙完成了《历史通鉴》中的“论王位设置”（以“君主的良好统治”为题）。“通论”即使完成，也是一部过时的著作，因为那时已经有了两部中世纪中期优秀的政治论著：约翰·德·索尔兹伯里的《论政治家》（1159）和埃蒂吉奥·科罗纳的《论君主的统治》（1280年为未来的美男子菲力普而作）。罗伯特·施奈德：《博韦的樊尚：君主地位通论的历史与内容的重建》（Robert Schnider, Vincent de Beauvais, *Opus universalis de statu principi: A reconstruction of its history and contents*），见《布道师、多明我会士博韦的樊尚》（*Vincent de Beauvais*），前引书，第285—299页。米歇尔·塞内拉尔：《统治的艺术——从中世纪的统治到政府观念》（Michel Senellart, *Les Arts de gouverner. Du regimen mediéval au concept de gouvernement*），巴黎，1995年；在此书第147页中，作者再次提到了我对圣路易的一项推测。我认为，圣路易曾计划“创建一所科学院，其使命是创立一种广泛的政治理论”。《理想国王画像》（*Portrait du roi idéal*），见《历史》（*L'Histoire*），81期，1985年9月，第72—73页。

① 马丽-克里斯蒂娜·迪谢纳：《1254年前后卡佩王朝对于〈历史通鉴〉的修改》（Marie-Christine Duchenne, *Autour de 1254, une révision capétienne du 'Speculum historiale'*），见《布道师、多明我会士博韦的樊尚》（*Vincent de Beauvais*），前引书，第141—166页。

② 勒南·德·蒂伊蒙（Le Nain de Tillemont, *Vie de Saint Louis*，卷V，第337页）因无法举证书面史料而不得不声称：“听说有一次在国王的饭桌上，圣托马斯好一阵子不声不响，突然大声叫喊道：‘我说服了摩尼教徒’，圣路易连声说好。”

以肯定这是无中生有的神话。他固然宴请过圣波拿文都拉，但那 593
是为了请他宣讲具有传教性质的布道词[①]。也许还应该在这里说一说13世纪的另一位重要教士夏多鲁的欧德，此人曾任巴黎教会总管和神学教师，1244年被教皇英诺森四世任命为枢机主教。他作为教皇特使被派往法国协助法国国王准备十字军东征，与圣路易频繁接触，并陪同圣路易前往埃及，后来他向教皇提交了有关此次十字军的报告。欧德的著述至今尚不甚为人所知，不过他已经成为重要的研究对象。他好像主要是一位有名的布道师，这就使我们再次回到与圣路易关系重大的一个领域中来，那就是布道词问题。

我曾推测，不顾母亲最初的一再坚持，年轻的国王在1229—1231年的动乱中，毅然推动了王室与巴黎大学的和解，这是他对国事的最初干预之一。如果我的推测不错，那就可以认为，他之所以这样做，大概因为他十分明白，对于一个基督教徒国王来说，在自己的首都拥有巴黎大学这个知识和威望的源泉会带来多少好处。后来他对巴黎大学的两次重要干预，证实了他对巴黎大学的关注，这是他的政治考虑的一部分。

第一次干预发生于不在会教师与托钵僧教师发生争吵之时[②]。国王下令执行教皇亚历山大四世要求采取的措施，因为他的同情在托

---

① 布道词的出版被纳入了良好的工作计划。我要特别提一下妮科尔·贝里乌出版的13世纪著作《拉努尔夫·德·拉乌博洛尼耶尔的布道》(Nicole Bériou, *La prédication de Ranulphe de la Houblonnière. Sermons aux clercs et aux simples gensà Paris*),(前引书，见本书原文第61页注2)和大卫·达弗莱的《修道士们的说教》(David L. d'Avray, *The preaching of the Friars*)(前引书，见本书原文第61页注2)。

② 请看本书原文第447—448页。

钵僧一边，更因为这是一桩教会事务，他只能以握有权力的平信徒身份进行干预，也因为不在会教师的领头人圣阿穆尔的纪尧姆被放逐后，恢复秩序应是情理中的事；圣路易十分关注巴黎大学尽快恢复秩序，而圣阿穆尔的纪尧姆不是圣路易的臣下，他是帝国的人。圣路易因此招致一些教师的敌视，例如阿布维尔的热拉尔，此人是圣路易在位末期巴黎大学最有名的神学专家之一，此外还有圣阿穆
594 尔的纪尧姆的一些弟子和支持者，例如诗人吕特伯夫[①]。

熟人罗伯尔·德·索尔邦创建一所学校是圣路易出面干预的第二件事。他把自己在拉丁区主要是库珀-戈尔街上的几所房产送给索尔邦，并答应资助几个学生的日常所需。圣路易的这一举动当然表明了他对神学的重视，而神学正是巴黎大学的名牌课程，但是，此事首先是一桩善举，是慈善事业中的一次捐赠，是对朋友的一次慷慨解囊[②]。

他的知识分子就是罗伯尔·德·索尔邦和博韦的樊尚，他们算不得平庸，却也并非当时最杰出的知识分子。圣路易对高深的神学和哲学思考不感兴趣。他希望学到并愿意推广的知识是有用的知识，是有助于拯救的知识。因此，有三种知识得到他的特别关注，这就是布道词、神学论著和教育论著。这三种知识虽然在中世纪的文化和心态中具有巨大重要性，但从知识和文学上看都不具备什么重要性。何况，神职人员拥有他们自己的知识活动，

---

① 赞克（编）:《吕特伯夫全集》中的《圣阿穆尔的纪尧姆大师与纪尧姆大师的申诉》（M. Zink (éd), *Rutebeuf, Oeuvres complètes, Le Dit Maître Guillaume de Saint-Amour et La Complainte de Maître Guillaume*），卷 I，巴黎，1989 年，第 137—157 页。

② 帕莱蒙·格洛里厄:《索尔邦大学的起源》，前引书，卷 II，巴黎，1965 年。

他们根本不承认圣路易所进行的任何属于理性的知识活动[①]。所罗门王是一位智者，不是一位知识分子。圣路易也是这样，他是一位新所罗门王。

① 参阅菲力普·比克:《书籍的模棱两可》，前引书，第176页及以下多页。

第三章

/

595 # 言与行：贤人国王

国王的言语

13 世纪是这样一个世纪，各种机构和团体乃至个人越来越重视书面记载，在口述基础上形成的记忆逐渐让位给书面文献[①]。书面文献渐渐变成了一种治理国家的工具。从菲力普·奥古斯特开始，国王们精心保存档案，在这一百年里，卷宗一天比一天厚重[②]。作为一种新的权力，以大学为代表的知识界也在日复一日地生产着越来越多的书面文献。学生们做笔记，书商和大学里的

① 麦克尔·克兰希：《从记忆到书面记录》（M. Clanchy, *From Memory to Written Record*），前引书。关于与书写有关的文化实践的进步及其后果，参阅布里安·斯托克：《读写能力的诸多影响：11 世纪和 12 世纪的书面语言和诠释模式》（Brian Stock, *The Implications of Literacy: Written Language and Models of Interpretation in the XIth and XIIth Centuries*），普林斯顿，1983 年。

② 约翰·鲍德温：《菲力普·奥古斯特的政府》（J. W. Baldwin, *The Government of Philippe Auguste*），前引书（本书原文第 64 页注 3）。

抄写员们通过大量抄写手稿[①]来复制课本，使书籍大量增多。商人们开始做书写生意[②]。习惯法也参照罗马法和教会法采用书面 596
形式[③]。

不过，13世纪同时也是言语复兴世纪，是一个新的言语世纪[④]。在各个托钵僧修会的推动下，布道活动较前更为发展，神的言语因而再度引起人们关注[⑤]。1215年的第四届拉特兰公会议决定强制推行忏悔制度后，窃窃私语般的忏悔日益发展；祈祷和诵经

---

① 让·德斯特雷：《13世纪和14世纪大学中的手稿抄写》（Jean Destrez, *La Pecia dans les manuscrits universitaires des XIIIe et XIVe siècles*），巴黎，1935年。此书虽已年代久远，却不失为先驱之作。

② 请参阅亨利·皮莱纳的经典之作：《中世纪商人的教育状况》（*L'Instruction des marchands au Moyen Age*），见《年鉴》（*Annales E. S. C..*），1929年，第13—28页；阿曼多·萨波里：《意大利中世纪商人的文化》（Armando Sapori, *La cultura del mercante medievale italiano*）见《经济史杂志》（*Rivista di storia economica*），卷II，1937年，第89—125页，转载于《经济史研究》（*Studi di storia economica*），卷XIII—XIV，第1期，佛罗伦萨，1985年，第53—93页。

③ 法国在13世纪产生了四部习惯法：（1258年前）韦芒杜瓦邑督皮埃尔·方丹的《向友人建言》（Pierre Fontaines, *Le Conseilà un ami*）、《习惯法与程序法》（*Jostice et Plait*）、（1255—1260年间）《圣路易条例》（*Etablis sements de Saint Louis*）、（1273年前）菲力普·德·博马努瓦的《博韦希斯习惯法》（Philippe de Beaumanoir, *Coutumiers de Beauvaisis*）。参阅保罗·乌利亚克、让-路易·加札尼加：《从公元一千年到拿破仑民法典之间的法国私法史》（Paul Ourliac et Jean-Louis Gazzaniga, *Histoire du droit privé de l'an mil au Code civil*），前引书（本书原文第511页注2），第99页及以下多页。

④ 雅克·勒高夫、让-克洛德·施密特：《13世纪的新言语》（Jacques Le Goff et Jean-Claude Schmitt, *Au XIIIe siècle: une parole nouvelle*），前引文。从哲学和语言学角度研究这个问题的著作是伊雷娜·罗西耶：《言语即行动——13世纪的语法和语义》（Irène Rosier, *La Parole comme acte. Sur la grammaire et la sémantique au XIIIe siècle*），巴黎，1994年。

⑤ 大卫·达弗莱：《修道士们的说教》（David L. d'Avray, *The preaching of the Friars*），前引书。

当时都还不是默祷[1]。所以说，言语的使用空间日益扩大，从托钵僧的教堂到城市，从高等法院到刚刚问世的剧场，人们到处都在使用言语。此外，言语在文学中也争得了一席之地。保尔·宗托尔把13世纪看成“言语胜利的”世纪[2]，他把“说”定义为“劝解抒情诗”，认为说是“阐发式或讨论式的言语”，他把“唱”定义为“欢庆抒情诗”，并认为，“说”与“唱”是相互关联又彼此相对的。

国王言语

在这个“普遍的言语运动[3]”中，国王的言语当然也随之涌现出来。中世纪基督教徒国王所继承的两个主要传统中，使用言语是国王职能的一个特征，更确切地说是国王职能中的一项义
597 务。在印欧体系中，希腊语动词Krainen（执行）所表示的国王

---

① 塞恩格：《默诵及其对中世纪后期的写作和社会的影响》（P. Saenger, *Silent Reading: Its Impact on Later Medieval Script and Society*），前引文（本书原文第423页注4）。

② 保尔·宗托尔：《试论中世纪的诗歌》（Paul Zumthor, *Essai de poétique médiévale*），巴黎，1972年。第405—428页。宗托尔再次发挥了先锋作用，他在此书中认为，新的言语被纳入到“一个言语世界当中，而这个言语世界则往往以不甚紧密的方式凝聚在若干起源于教士的类型周围，它在所谓的‘抒情诗’中发现了一个组织原则：依据诗人使用的‘我’或‘你’，大体上可以辨识诗人与公众”。

③ 同上书，第419页；雅克·勒高夫：《圣路易与国王的言语》（Jacques Le Goff, *Saint Louis et la parole royale*），前引文（本书原文第424页注3）。

权威“来自动作，上帝借助动作赋予非言语的行为以存在。”[1]国王的权威“能使言语变成行动”[2]《圣经》中的马萨国王利慕伊勒淋漓尽致地阐明了国王言语的有效性和责任，他复述了母亲对他的教诲：

> 你当为哑巴开口，
> 为一切孤独的申冤。
> 你当开口按公义判断，
> 为困苦和贫乏的辨屈。
>
> 《圣经·旧约·箴言》第31章第8、9节

卡佩王朝诸王所继承的正是罗马皇帝们的理想化形象，这种形象是苏埃托尼乌斯[3]传下来的，更是4世纪《皇帝列传》的作者奥里乌斯·维克托传下来的，苏埃托尼乌斯依据《皇帝列传》摘编的《皇帝列传简编》在中世纪广为人知，经常被引用。书中的罗马皇帝佩提那克斯非常平易近人，与他的近臣们保持着良好的关系，经常同桌进餐，一起聊天和散步，他的这种待人接物态度必然表现为经常交谈、互访和同游，彼此的关系十分亲密。弗勒里的埃尔戈把这些细节全部抄录在他为虔诚者罗伯尔所作的传记

① 埃米尔·邦弗尼斯特：《印欧体制中的词汇》（Emile Benveniste, *Le Vocabulaire des institutins indo-européennes*），卷II，巴黎，1969年，第42页。

② 同上书，第35页。

③ 苏埃托尼乌斯，古罗马传记作家。——译者

中（大约在1033年前后[1]）；在圣德尼的里戈尔于12世纪末撰写的《菲力普·奥古斯特传》中，菲力普·奥古斯特的形象更加僵化，不过作者说他“谈话风趣[2]”。由此可见，这是一种传统的人物模式，圣路易将使之臻于完善。

圣路易讲话

第一位真正在法兰西历史中讲话的国王是圣路易。当然这里
598 说的不是“收集古老言语的残片，不是收集那个已经窒息的声音，人们只听到对那个已经窒息声音的描述，而听不到它的回声。”[3]然而，圣路易的言谈言语却让他的传记作者和圣徒列传的作者十分着迷，所以他们在书中常常直接引用圣路易的话。在这些作者笔下，圣路易所说的话大概符合圣徒言语的传统规范。可是在13世纪末，圣方济各这位非常个性化的圣徒深刻地影响了人们对于圣德的理解，以至在封圣程序中审查圣徒一生时，着重调查的不是

---

① 弗勒里的埃尔戈：《虔诚者罗伯尔传》（Helgaug de Fleury, *Vie de Robert le Pieux*），前引书（本书原文第392页注1），第60页。

② 亨利-弗朗索瓦·德拉博德（编）：《菲力普·奥古斯特的历史学家里戈尔和布列塔尼人纪尧姆著作集》（Henri-François Delaborde (éd), *Oeuvres de Rigord et de Guillaume le Breton, historiens de Philippe Auguste*），巴黎，卷I，1882年，第31页。

③ 塞尔吉里尼：《中世纪的言语，话、词和文》（B. Cerquiglini, *La Parole médiévale. Discours, syntaxe, texte*），巴黎，1981年，第247页。关于史料所载圣路易操法语的重要意义，请看本书原文第515页。关于13世纪的圣徒与他所操语言的关系的深入研究，参阅巴尔戴里：《弗朗切斯科的“言语”和欧洲新语言》（I. Barldelli, *La 'Parola' di Francesco e le nuove lingue d'Europa*），罗马，1986年，第13—35页。

他有过多少圣迹[①]，而是设法了解真实的他[②]，即“真实的圣徒”。尤为重要的是，以国王使用的语言口述《圣路易史》的平信徒儒安维尔，在国王生前曾尽一切可能接近他；他在遗作中声称，早在撰写《圣路易史》的14世纪之前，也就是在圣路易去世后不久，他就记下了国王生前说过的话，因此，读者完全可以放心，他只是“喝”圣路易说过的话而已，写在书中的基本上是圣路易说过的原话[③]。据儒安维记述，王后纳瓦尔的让娜是这样嘱咐的：“写一本书，记述我们的好国王圣路易圣洁的言语和善良的行为。”这样一来，我们就可以名正言顺地依据夏尔-维克托·朗格鲁瓦早就提出过的老主意，收集到“圣路易的原话”，因为我们认为，13世

---

① 传说发生在圣路易身上的圣迹都是他死后出现的，而且都是传统的“普通”圣迹。参阅萨拉赫·什纳弗、奥迪勒·雷东：《圣路易的圣迹》(Sarah Chennaf et Odile Redon, *Les miracles de Saint Louis*)，见雅克·热利、奥迪勒·勒东(编)：《奇迹——躯体的镜子》(Jacques Geliset Odile Redon (éd), *Les Miracles, miroirs des corps*)，巴黎，1983年，第53—85页；雅克·勒高夫：《教会的圣徒和民众的圣徒：圣路易去世和封圣之间出现的官方圣迹》(Jacques Le Goff, *Saint de l'Eglise et Saint du peuple: les miracles de Saint Louis entre sa mort et sa canonisation*)，见《曼德鲁文集》(Histoire sociale, *sensibilité collective et mentalité. Mélanges R. Manderou*)，巴黎，1985年，第169—180页。请看本书原文第835—837页。

② 关于13世纪圣性观念的演化，参阅安德烈·沃谢：《西方中世纪最后数百年中的圣德》(André Vauchez, *La Sainteté en Occident aux derniers siècles du Moyen Age*)，前引书(本书原文第38页注2)。关于13世纪末“现实原则”的建设，参阅罗兰·莱契：《肖像和雕塑中的现实原则》(Roland Recht, *Le Portrait et le principe de réalité dans la sculpture*)，前引文(本书原文第516页注1)。

③ 关于儒安维尔与圣路易的关系，参阅米歇尔·赞克：《儒安维尔做梦而不哭》(M. Zink, *Joinville ne pleure pas mais il rêve*)，前引文；赞克：《圣路易时代前后文学中的主体性》(Michel Zink, *La Subjectivité littéraire. Autour du siècle de Saint Louis*)，前引书第219—239页(“儒安维尔摇摆于圣徒传和自传之间及其原因——情感是写作的动力”)。

599 纪（或 14 世纪初）的一部文集“能让我们接近……已经永远消失的圣路易的声音……大体上能反映出他说话的方式”[①]。这部集子的编撰者大卫·奥克奈尔还依据原件整理了圣路易留给子女的《训示》，使其恢复原貌[②]。

这就是说，圣路易的国王言语依然从属于一种传统，他还使用了他的祖父菲力普·奥古斯特的某些言语。不过，圣路易的言语深深地烙上了 13 世纪的印记，从而印证了马克·布洛赫的论述，他曾指出，与其说人像他们的父辈，莫如说更像他们所处的时代。

在这个注重教育和道德的世纪里，圣路易的言语基本上是伦理道德和教诲。这是一个布道时代，国王周围有许多布道师，尤其是多明我会士和方济各会士，国王的言语也是说教的言语。在“喻世录”盛行的那个年代里，国王的言语借助“喻世录”即穿插在布道词中的各种小故事进行说教。国王的言语符合新的虔诚模式，以祈祷尤其以忏悔作为表达的手段。国王的言语又是司法言语，因为国王通过言语亲自行使国王的最高职责——维护公义，或将这一职责交由训练有素并接受监督的代表去完成。国王的理想除去公义便是太平，所以国王的言语又是息事宁人的言语，通过国王的仲裁来表示。国王的言语是温和的，这很正常，因为他十分注意分寸，他要以贤人国王的宽厚理想取代武夫的无度理想。但是，国王的言语同时也是对于污言秽语、咒骂和亵渎神圣的压制。

---

① 大卫·奥克奈尔（编）:《圣路易言论集》(Davis O'Connell, *Les Propos de Saint Louis*)（法文版），前引书，第 30 页。

② 同上书。

日常言语

直接听取国王言语的人，主要是为数不多的熟人和经常与国王对话的人，这些人应国王之邀前来回答国王的提问，不过，路易在这些人中间保持着说话的主动权。国王的谈话既是这个人群的中心，也是这个人群聚集的理由和职能，这个人群在国家治理中发挥着某种作用，而历史学家们却对此视而不见。与御前会议这个封建制度下君主的谋士机构截然有别，这个人群存在于国王的私人空间和公共空间之间。儒安维尔的记述使我们对这个人群 600
有了相当程度的了解，这是一个成分不一的人群。读了儒安维尔的《圣路易史》就知道，这个人群的组成可分为三个时期，即两次十字军东征期间和这两次十字军之间的1254—1270年间；儒安维尔在两次十字军期间时刻陪伴在国王身边。这个人群中有儒安维尔和罗伯尔·德·索尔邦这对形影不离的伙伴，有路易的女婿纳瓦尔国王蒂博二世，在圣路易的最后年头里还有他的儿子菲力普，也就是后来的菲力普三世，此外还有他最偏爱的托钵僧修道士。儒安维尔说到这个人群时，用的是“我们”。他写道：

> 我们在他那里（宫中）时没有外人，他就坐在床脚边；在场的多明我会士和方济各会士与他说起一本大概是他喜欢的书时，他说：“别给我念书，饭后抬杠比读任何书都好。”[①]

---

① 儒安维尔：《圣路易史》，第3468—3469页。请看本书原文第744页。

“抬杠”是指随意而不连贯的闲谈，国王使用这个词的意思是“谁想说什么就说什么”。

圣帕丢斯的纪尧姆把这个人群称之为“与国王作长时间谈话的体面而值得信赖的人”。[①]淡话这个词贴切地显示了他们之间的亲密关系。每当儒安维尔提到国王与他单独交谈时，受宠若惊的神态跃然纸上：

> 有一次他把我叫去并对我说：“你的悟性很好，所以我不敢同你单独谈论涉及上帝的事情；为此我还叫来了这两位会士，因为我有一个问题要问你。”这个问题便是“邑督，上帝究竟是什么？”我对他说：“陛下，上帝是好得无法再好的东西。”他又问道：“你的回答很好，因为你的回答就写在我拿着的这本书里。”
>
> 他接着又说：“我倒是要问问你，你更愿意得麻风病还是
> 601 犯不可宽恕之罪？”我从未在他面前撒过谎，我的回答是宁可犯三十次不可宽恕之罪，也不愿意得麻风病。其他修道士离去后，他让我单独留下，让我坐在他脚边，对我说：“你刚才怎么这么说呢？”我对他说，现在我还是这么说。他说：“你真是一个说话没遮拦的冒失鬼……”[②]

还有一个更可以讲体己话的人群，那就是国王的孩子们。儒

---

① 圣帕丢斯的纪尧姆：《圣路易传》，第123页。

② 儒安维尔：《圣路易史》，第14—15页。

安维尔这样描述他们："国王上床之前总要叫人把孩子们领到他跟前，给他们讲那些英明善良的国王和皇帝的故事，让他们以这些帝王为榜样。"①

教诲言语

儒安维尔把有关教育和道德的言语称作"教诲"。国王的言语与他周围的托钵僧修道士②使用的言语比较接近，这是一种教诲和宣道的言语。不管他的忏悔师博利厄的若弗鲁瓦是怎么说的，我不相信国王曾经认真地考虑过要当多明我会士和方济各会士。可是，在学习被托钵僧锤炼得更加亲切和简洁的言语方面，国王可以说已经达到了一个平信徒所能达到的最高程度。他是一个平信徒，但是作为国王，他毕竟是一个与众不同的平信徒，无论如何，这种身份总是有些特殊，他利用这种身份把国王的言语提高到与那些新布道者的言语接近的高度，这些布道者都是借助言语进行说教的人。

儒安维尔说："我把我所听到的国王圣洁的言语和教诲统统告诉你们。"③让我们看看国王是如何贸然闯进教义和神学领域的："圣洁的国王竭尽全力通过他的言语，让我坚信上帝赐给我们的基

① 儒安维尔：《圣路易史》，第380—381页。

② 莱斯特·里特尔：《圣路易与会士的交往》（Lester K. Little, *Saint Louis' Involment with the Friars*），前引文。

③ 儒安维尔：《圣路易史》，第10—11页。

督教……”[①] 在十字军横渡大海时和返回法国途中，国王同样没有
602 放弃对于教诲言语的热情，儒安维尔记述道：“下面我说一说我们
从海外回来时他在海上向我们说的一番话。”[②]

他对教诲的癖好在晚年终于得到了满足，他口述（也许是亲笔写下）了给他儿子菲力普和女儿伊萨贝尔的《训示》。“亲爱的儿子，记住我的教诲……”，这句话出现在他给菲力普的《训示》中多达十次。“亲爱的女儿，记住我的教诲……”，在他给伊萨贝尔的《训示》中，这句话的出现频率稍低，他对女儿彬彬有礼，用“您”称呼她，但对她说话比较直截了当，常常以命令的口气教训她，诸如“听我说”、“听着”、“你要热爱”、“当心”、“听话”等等[③]。

经院哲学当时正在巴黎大学里大行其道，作为这样一个时代的国王，圣路易采用了大学教师们的某些新方法，他在这方面做到了一个非神职人员和在知识水平方面不想逞强[④] 的人所能做到的最大限度。前面已经提到，他怂恿身边的人互相“抬杠”，这也许是在模仿大学里的自由辩论。他喜欢仿照大学里的一种练习，挑逗儒安维尔和罗伯尔·德·索尔邦争论，自己则以“老师”身份为争论作总结：“当我们辩论了相当一段时间后，他宣布结果

① 儒安维尔：《圣路易史》（Joinville, *Histoire de Saint Louis*），第 24—25 页。

② 同上书，第 22—23 页。

③ 参阅大卫·奥克奈尔（编）：《圣路易言论集》（Davis O'Connell, *Les Propos de Saint Louis*），前引书，第 183—194 页。这是原稿的译文，原稿是他在巴黎国立图书馆里找到的，编号为 12814 和 25462。

④ 参阅前一章。

并说……”[①]

在当时新出现的众多宣教方式中，圣路易特别喜欢使用其中的一种，那就是前面多次提到的“喻世录”[②]。圣路易常常在谈话中插入一些“喻世录”中的故事，有时候干脆就是对他祖父菲力普·奥古斯特的回忆。国王的言语此时就是王朝记忆的言语：“我的先祖菲力普国王告诉我，赏赐身边的人应该根据功劳大小而有所不同，他还对我说，该赏赐的时候要痛快，该拒绝的时候也要狠心，绝不 603
能优柔寡断，否则就无法管好自己的土地。”他进而从中归纳出应该遵守的道德是“我之所以教给你这些道理，是因为如今的人一个比一个贪婪，很少有人关心自己的拯救和灵魂，也不在乎肉体的荣耀，只要能从别人身上得到便宜，就不管有理无理。”[③]

言语治国

言语国王也就是借助言语治理国家的国王，圣路易在王侯明鉴的激励下，借助言语完成两项最高的国王职能：公义与太平。

在有名的国王亲自裁决审讯（后来被叫作御审）中，维护公义的国王亲自主持审讯并亲自宣布结果；据儒安维尔记述，这种审

---

① 儒安维尔：《圣路易史》，第16—19页。

② 布莱蒙、雅克·勒高夫、让-克洛德·施密特：《“喻世录”》；让-克洛德·施密特：《中世纪布道故事——宣扬典范》(Jean-Claude Schmitt, *Prêcher d'exemples. Récits de prédication du Moyen Age*)，巴黎，1985年；请看本书原文第363页及以下多页，第509页。

③ 儒安维尔：《圣路易史》，第364—365页。

讯有时在王宫中进行，有时在万森树林中进行；在万森树林进行的审讯更加广为人知，在这种场合，国王通常倚着一棵橡树端坐在树下，让别人主持审讯："他亲自发问……。他对他们说……。"[1]必要时他会重复奉命主持审讯的主审官的话："当他发现控方或辩方的言语不妥时，他就亲自开口进行修正。"[2]

息事宁人的国王借助言语进行仲裁。他的言语不仅恢复了国内和平，而且恢复了基督教世界的和平。有人责怪他不让外国人自相残杀，因而丧失了渔翁得利的机会，他引述上帝的话说："让我们为所有息事宁人者祝福。"[3]

信仰言语

圣路易还是一个推行托钵僧的新宗教崇拜方式的国王。他是一个热衷于祈祷的国王，是既高声祈祷也默默祈祷和"心嘴并用"的
604 国王[4]。无论是在驻地或在途中，他都不忘祈祷："即使骑在马上行进时，他也照样让他的神甫们在马上边唱边大声念日课经"[5]。他叮嘱儿子不忘做祷告："要聚精会神地做祷告，用嘴或者用心"，[6]他还嘱咐儿子要同熟人们交谈（"宝贝儿子，经常与好人们在一起，不

① 儒安维尔：《圣路易史》，第 34—35 页。

② 同上书，第 34—35 页。

③ 同上书，第 376—377 页。

④ 关于圣路易的祈祷，请看本书原文第 766—774 页。

⑤ 儒安维尔：《圣路易史》，第 33 页。

⑥ 大卫·奥克奈尔（编）：《圣路易言论集》，前引书，第 186 页。

管他是神职人员或是平信徒……常常与好人交谈”），常在公共场合或单独听布道（“经常在布道会上或单独地听人讲我们的上帝”）[1]。

忏悔言语是信徒与神甫之间嘴对耳朵的一种言语。1215 年的第四次拉特兰公会议规定，基督教徒每年必须至少忏悔一次。圣路易总是非常认真和虔诚地做忏悔，因而博得他的忏悔师博利厄的若弗鲁瓦的赞扬，不但如此，圣路易还殷殷地叮嘱子女“你若心中有事，而且是可以告诉别人的事，你就告诉你的忏悔师，或者告诉你信得过的不会到处乱说的人，这样你就能得到内心的平静。”[2]

他的言语基本上是实话，因为他对谎言深恶痛绝，甚至在沦为萨拉森人的战俘后，他也不对他们撒谎。后来在为他申请封圣的过程中，人们对此给予盛赞，教皇为他的封圣而发布的诏书中也褒扬了他的这一优秀品质。

由于酷爱讲实话，他对假话恨之入骨，致使他在 1254 年从圣地回来之后严厉惩罚“言语罪”[3]。他本人非常注意不说脏话，不使用亵渎神明和任何与魔鬼相关的字眼。儒安维尔说：“我从未从他嘴里听到魔鬼这两个字”，“我想，上帝不喜欢这个到处都听得到
的名字。”[4] 圣路易甚至借助暴力来对付亵渎神明的言行： 605

① 大卫·奥克奈尔（编）：《圣路易言论集》（Davis O'Connell, *Les Propos de Saint Louis*），前引书，第 187 页。

② 同上书，第 187 页，第 193 页。

③ 卡拉·卡萨格兰德、西尔瓦纳·维基奥：《言语罪——中世纪文化中对言语的惩戒和伦理》（Carla Casagrande, Silvana Vecchio, *Les Péchés de la langue*），前引书（本书原文第 423 页注 1）。

④ 儒安维尔：《圣路易史》，第 12—13 页，再次出现在第 378—379 页。

> 国王对上帝和圣母的热爱无以复加，凡是亵渎上帝或圣母的污言秽语，他一律予以严厉惩治。有一次，他下令把一个恺撒城的（亵渎神明的）金匠剥掉外衣，只穿短裤和衬衣，然后吊在一架梯子上，脖子上挂满了猪下水，几乎要堵住他的鼻孔。我还听说，从海外归来后，他曾下令烧掉一个亵渎神明的巴黎人的鼻子和下颌，不过我并未亲眼看到。圣徒国王曾说："在我的王国里如果从此再也听不到亵渎神明的脏话，即使让人给我烙个火印也心甘情愿。"①

圣路易到了晚年对"脏话"愈加憎恶。教皇克莱芒四世赞同他的这种态度，但劝他稍微宽厚一点，对亵渎神明者不要处以断肢和死刑。圣路易在去世前一年，发布1269年敕令，规定对亵渎神明者处以罚款、捆绑在耻辱柱上示众或鞭打②。

至少有一段记述谈到了圣路易的声音，而不是他的言语③。告诉我们此事的依然是儒安维尔，他写道："他说拿别人的财物不好，'因为将来归还很困难，且不说别的，单是说出这个还（rendre）字就很费劲，这个字里的两个r像魔鬼的钉耙一样刮得喉咙痛④，

① 儒安维尔：《圣路易史》，第378—379页。儒安维尔还说："我侍奉国王的22年中从未听他借上帝、圣母和圣徒发誓；当他想要强调肯定时，他就是说：'真的，确实是这样'，或者说：'不错，真的是这样'。"关于圣路易惩处亵渎神明的巴黎人一事，请看本书原文第239页；关于恺撒城的金匠，请看本书原文第646页。

② 让·里夏尔：《圣路易》，前引书，第286—287页。

③ 关于"言语"和"声音"的区别，参阅保尔·宗托尔的两部佳作：《口头诗歌引论》（*Introduction a la poesie orale*），巴黎，1983年；《中世纪文明中的诗歌和声音》（*La Poésie et la Voix dans la civilisation médiévale*），巴黎，1984年。

④ r在法语中是个小舌颤音，通过气流使软腭下垂部分连续颤动。——译者

而且总是把想归还他人财物的人往后拽。’”[①] 这个记述让我们知道了圣路易言语的基本特征。他是我们迄今所听到的第一位讲通俗语即法语的法国国王。 606

余下需要说一说的是国王言语的两个特点。其一是它具有当代的特征，其二则相反地表明，圣路易的言语从属于巨大的中世纪传统。

圣路易的言语还有另一个新特点：它摒弃了早期中世纪国王言语中那种常见的套话。圣路易努力使用简明的言语，而他的传记作者们和圣徒列传作者们也都努力如实反映他的这一特点，这个特点既符合托钵僧精神，也符合承袭自 12 世纪人文主义把握分寸的理想。儒安维尔用一句非常贴切的话概括了这一特点："他的言语很有节制。"[②]

最后的言语

在生命的最后时刻，圣路易的言语却又回归传统的言语，这也是他的圣徒列传作者们所记述的言语。在他们笔下，圣路易在临终时说到了各种各样的事，圣帕丢斯的纪尧姆的记述与这些作者所讲述的圣路易临终和去世时的所有故事大体相符。

首先，圣路易在弥留时已经不会说话了。"咽气之前，他整

① 儒安维尔：《圣路易史》，第 18—19 页。请看本书原文第 426 页，第 860 页。

② 圣帕丢斯的纪尧姆：《圣路易史》，第 154—155 页。

整四天没有开口说话”，只能用动作表达意思。这是魔鬼的最后一击，目的是阻止国王在临终时做最后的忏悔。但是，这并不能妨碍国王作内心忏悔。去世前夜，国王恢复了说话能力，喃喃地说道：“哦，耶路撒冷！哦，耶路撒冷！”一边说，一边划十字。临终那一刻，他首先说了基督教徒国王都要说的那番套话，把他的人民托付给上帝，不过他根据当时他的军队驻在圣地这一形势，对这番话作了小小的调整，他说道：“慈善的上帝，请您可怜可怜滞留在这里的人们，把他们带回家去，别让他们落入敌手，别让他们被迫不承认您那神圣的名字。”

最后几句话是这样的：“圣父，我把我的灵魂交给你保管”，
607 但是，“仁慈的国王是用拉丁语说的这句话”①。圣路易在踏进死亡之门时放弃了母语，重新操起了神圣的语言——父辈的语言。

温和的举止

众所周知，在一个社会里，举止是一种语言。如同所有的语言，举止也由意识形态和政治诉求加以规范和控制。据迄今调查所知，基督教会似乎曾花费许多精力，设法让不信教者的举止体系消失在基督教特别讨厌的戏剧中，抑制在最可怕的举止即魔鬼附身中。动作是异教徒和撒旦偏爱的表现手段，时刻都会转向邪恶一边，因为邪恶与肉体有着过多的紧密联系，而肉体则是“灵魂令人憎恶的外衣”，所以，自中世纪初以来，动作在教会眼中就

① 儒安维尔：《圣路易史》，第12—13页。

与梦幻一样危险和可疑。古代文献中常见的动作（gestus）一词，尤其是gesticulatio一词渐渐消失、被禁或是获得了技术含义或部分新的含义，特别是在音乐中；音乐是基督教利用人的躯体，使之屈服于灵魂，并以此造就新人的领域[①]。自5世纪的基督教修辞学家马蒂亚努斯·卡佩拉以来，只有当动作是礼仪的一个组成部分时，它才被视为“和谐”和合法的。

12世纪以后，控制渐渐取代镇压。镇压最早出现在修道院的规章中。动作不见于早期中世纪的修道院习俗和规章。动作在《论新制度》中占有重要地位，这是圣维克托的于格写于12世纪上半叶的一部书，是同类著作中的第一部。这些动作是纪律的组成部 608
分，不但修道院的初修学员必须遵照执行，而且在作了某些适当的改动后，也被当作社会上的神职人员和平信徒的行动规范[②]。

从12世纪中叶到13世纪中叶，什么是正常的动作、合法动作与非法动作之间的界限，都由规范作出了规定，这些规定规范了新的社会，这个新的社会是在公元一千年以来基督教西方的变动和发展中产生的；这些规定包括由新的修会和教会法确立的神职人员规范、适用于全社会的王国法规以及世俗社会中的精英必须遵守的礼节规范。从此以后，尽管动作始终必须接受审查，尽

---

① 关于动作在封建制度中的作用，参阅施密特：《中世纪西方举止的准绳》（Jean-Claude Schmitt, *La Raison des gestes dans l'Occident médiéval*）；雅克·勒高夫：《封臣的象征性礼仪》（Jacqus Le Goff, *Le rituel symbolique de la vassalité*），斯波莱托，1976年；编入《另一个中世纪》（*Pour un autre Moyen Age*），前引书，第349—420页。

② 圣维克托的于格：《论新制度》（Hugues de Saint-Victor, *De institutione novitorium*），见《拉丁教父著作集》（*Patrologie latine*），卷176，栏925—952，第XII章《论动作控制》（*De discipila servenda in gestu*）；第XVII章《论餐桌上的规矩——首先是举止和动作的规矩》（*De disciplina in mensa et primo in habitu et gestu*）。

管对于人的肉体始终存有不信任感，但是，大体上形成于 12 世纪的基督教人道主义，要求基督教徒在今世和将来获得永恒拯救之后，都应以“肉体和灵魂”实现自我。由此可见，动作不仅具有伦理意义，也是末世论的一种体现。

在 13 世纪，圣路易处于这些规章网络的中心。新的托钵僧修会在圣维克托开辟的道路上确立了良好的动作体系；圣波拿文都拉的《新规则》、罗芒的安贝尔以在会教士为榜样规范自己的《礼拜仪规》、图尔奈的吉尔贝的《向社会各等级的布道词》都对此作出了贡献[1]。国王以在会教士为榜样规范自己的动作。我们将会看到，在圣徒列传的作者们笔下，他被描述得最为精确的动作，就是他在宗教崇拜活动中的动作。那位多明我会士神甫夏特勒的纪尧姆指出，圣路易的习惯、行为和动作，不但是一位国王的举止，而且是一位在会教士的举止[2]。

609 作为一个国王，圣路易的动作是与《王侯明鉴》一脉相承的，他的动作在加冕和在具有治病魔力的国王动作中臻于顶点。用来说明他的动作的两个基本词汇是“划十字”（因为国王替人治病时要划十字）和“触摸”（因为治病需要通过触摸[3]）。

---

① 圣波拿文都拉：《新规则》（*Regula novitorum*），见《全集》（*Opera omnia*），卷 XII，巴黎，1968 年，第 313—325 页；《礼拜仪规》（*De officiis ordinis*），参阅卷 V：《论初修士导师之职》（*De officio magistri noviciorum*），见罗芒的安贝尔：《著作集》（*Opera*），贝尔捷编，罗马，1888 年，卷 II，第 213 页及以下多页；图尔奈的吉贝尔：《对社会各等级的布道词》（*Sermons ad status*），里昂，1511 年；《对处女和少女的布道词》（*Ad virgines et puellas sermo primus*），第 CXLVI 页。

② 参阅《高卢与法兰西历史学家文集》，卷 XX，第 29 页；参阅本书本部分第四章。

③ 关于法国国王治愈瘰疬的动作，参阅马克·布洛赫：《国王神迹》（转下页）

总之，圣路易的动作是最伟大的平信徒的动作，在这里，他是恪守形成于13世纪的礼节的楷模。炫耀武功的君主变成了文质彬彬的君子。

何处寻觅圣路易的动作？

现在，让我们再次审视这样一个问题：我们能否真正了解真实的圣路易。人们曾对了解摄影时代乃至电影时代以前的真实动作表示怀疑，图像曾被视为了解动作的最佳资料。其实人们忘掉了这样一个事实，那就是，美术或简单的图画都要服从于一种特殊的规则，而这种被人们称为现实主义的规则迟至中世纪才出现。况且有必要提醒，我们对于圣路易这样的历史人物不掌握任何当时的形象资料。坐落在鲁希纳街的圣克莱尔会堂中和圣堂中的壁画均绘制于14世纪初年，这些画也许依据某些见证人的描述，保存了国王的一些形态和特点，可惜这些壁画全都损毁不存了[①]。因此，我们只能从当时表现圣路易的一些绘画特别是微型彩画中寻找他的形象。这种考虑促使亨利·马丁一度对中世纪微型彩画中的“国王形态”发生兴趣，尤其对那个可能是中世纪国王

（接上页）（Marc Bloch, *Les Rois thaumaturges*），前引书，尤其是第90页及以下多页。博利厄的若弗鲁瓦：《生平》，第XXXV章，第20页。事实上，虔诚者罗贝尔已经划十字了。参阅圣帕丢斯的纪尧姆：《圣路易传》，第99页，第142页。

① 亨利·马丁（Henri Martin）就是这样想的。参见他的文章《国王的形态——微型彩画的教益》（*Les enseignements des miniatures. Attitude royale*），见《美术小报》（*Gazette des beaux-arts*），1913年，第174页。

610 具有代表性的动作颇感兴趣，那就是两腿交叉的坐姿，这是表示君主至高无上和发怒的姿态。这一姿态以示意图形式出现在维拉尔·德·奥诺库尔的画集中，这是一部圣路易时代的画册，其总体价值无可估量。另一件十分珍贵的资料显示了一些“真实的”动作，做这些动作的人大概不是于1226年加冕的圣路易，而是他的儿子，即于1271年依照其父在位期间确立的模式加冕的菲力普三世；正如我们所见，这是一些微型彩画[①]，它们是为兰斯的教会礼仪历书所作的插图，文字和插图都可能作于1250年前不久。可是，它所表现的动作对国王来说一生只有一次，那就是他在加冕典礼上的动作，加冕典礼是具有代表性的主要王室仪礼，当然也是一种特殊的仪礼[②]。

此外，我们没有别的办法，只能在书面文件中寻找圣路易的动作。这里的问题是，传记作者们如何选择这些动作，他们如何记述这些动作，包括对某个动作的一笔带过和对一系列动作的详尽描述。对此必须首先注意两点。

第一点，为圣路易撰写传记的人，不但或多或少都是歌功颂德者，无一例外，而且确切地说，他们大多数都是圣徒列传作者。在他们的著作中，圣路易的动作不仅被奉为典范，被誉为配得上最高级的模范基督教徒，而且在描述他的动作时总是侧重于宗教动作。圣徒列传作者们的这种用心，有时会使体现在圣路易身上的各种身份在动作方面出现某些不协调现象，我们知道，他是一个平信徒，但是他大概希望成为神职人员和在会教士，他应该成

① 请看本书原文第584页。

② 请看本书原文第829—832页。

为也愿意成为国王，而国王的职能使他纵然不是盛气凌人，至少也常常以“至尊”自居，他更希望成为圣徒，成为一个怀抱着13世纪圣徒的各种理想的圣徒，其中首先是谦卑。博利厄的若弗鲁瓦告诉我们，谦卑使得圣路易做出了一些与国王的尊严不相称的动作。 611

国王在西都会的克莱尔沃隐修院逗留时，星期六那天他要“参与洗脚……，出于谦卑的考虑，他多次要脱掉大氅，双膝跪地，把双手伸向上帝仆人们的脚，谦恭地要为他们洗脚，可是那里有一些他不甚熟悉的权贵人物，在他们的规劝下，他放弃了完成这个谦卑义务的念头。”[①]

平信徒的身份使得儒安维尔具有一个突出的优点，那就是他在观察和记述圣路易时不像神职人员那样充满宗教感情；更由于他口述回忆录的第一稿时，圣路易去世不久，离封圣尚早，所以他所记述的圣路易不只是一个圣徒，也是他所熟悉的体现在圣路易身上的多种身份。例如他记述了作为国王的圣路易，这是一个肩负多种基本职能的封建国王，他既是骑士、领主以及在御前会议上与大臣们讨论问题的君主，也是司法官和和平倡导者，当然此外他也是儒安维尔的一位私人朋友。儒安维尔是两种动作彼此不相容的见证人，一种是骑士和武夫的骁勇和暴烈的动作，另一种是善于思考和弛张有度的君子的动作。当圣路易在埃及登岸时，他禁不起武功的诱惑，忘掉了聪慧。正如我们所看到的，他的动作受到了与他在一起的“君子”们的非议[②]。

---

① 博利厄的若弗鲁瓦：《生平》，前引书，第6页。

② 儒安维尔：《圣路易史》，第89—91页。请看本书原文第384页。

第二点是依据当时的资料和规范条例，将各种动作划分为不同的类别。我将动作分为三类，而为这些动作——也就是圣路易的动作——作出界定，并非事先就有明确的依据。

第一类是包含在日常行为中不言而喻的动作，传记作者们不但没有加以描述，甚至不曾提及。例如，进餐、睡眠、下令、骑马等。然而，与这些行为相关的所有动作都极为重要。首先，传记作者们经常提到这些动作，这就表明，虽然并无详尽的统计，但从总体上说，这些动作无论在数量上或质量上，都具有某种代表性。这些行为要求他做某些动作，国王的职责也迫使他不得不做某些动作，而他的宗教理想却又往往矛盾地要求他做另一些动作，所以说，所有这些行为向圣路易提出了一些问题。进餐和睡
612 眠意味着对肉体提出的一种约束，在这种约束中，他的苦行理想经常与他的身份所要求的奢华的饮食习惯和平信徒的睡眠习惯，特别是一个头戴王冠的平信徒的睡眠习惯不相容[①]。当圣路易下达命令的对象是他所特别敬重的教会人士时，事情就变得相当棘手[②]。骑马出巡扰乱了国王用于宗教崇拜活动的正常时间安排，而他的宗教崇拜活动似乎要求他像修道士那样深居简出，把一切都安排得井井有条[③]。我与乔丹的看法不同，我认为圣路易轻松地解决了这些困难，尽管曾经有过一些麻烦。

① 关于圣路易的饮食习惯与这些习惯所引起的麻烦，请看本书原文第 624 页及以下页。

② 关于圣路易向神职人员表示敬意的手势，参阅圣帕丢斯的纪尧姆的《圣路易传》，第 50—51 页，第 53—54 页。

③ 关于骑马出行对圣路易的宗教崇拜活动的干扰，参阅圣帕丢斯的纪尧姆的《圣路易传》，第 34—35 页，参阅本书原文第 562 页，第 617 页，第 771 页。

第二类是被动的动作。在中世纪西方这样一个高度等级化的世界里，一个人的社会地位和伦理品质主要是通过两种动作之间的平衡来显现的，其中之一是此人用来表明自己并将其意志强加于他人的动作，另一种则是此人所接受的他人的动作[①]。不过我敢说，圣路易在他生活中的两个方面表现了积极的被动。首先在他的青年时代。儿童在中世纪价值体系中几乎是没有价值的，只有尽快走出童年，才可以算得上是一个人。依据这种观念，儿童仅仅由于服从和听话而存在。尽管母亲一点也不温柔[②]，老师毫不犹豫地对他进行体罚[③]，但圣路易完全任由母亲和老师对他进行塑造；另一个方面是圣路易对上帝的态度，他虔诚地参加各种宗教崇拜活动，竭力寻求为宗教信仰献身[④]。

---

① 极端的例子是死后进入炼狱的那些人，他们不能创建业绩，被投入赎罪和净化的苦刑，他们的动作都是被动的。参阅勒高夫：《炼狱中的动作》（Jacques Le Goff, *Les gestes du purgatoire*），见《献给莫里斯 · 冈迪亚克的文集》（*Mélanges offertsà Maurice de Gandillac*），巴黎，1985 年，第 457—464 页。

② 传记作者们恣意地记述道，卡斯蒂利亚的布朗什曾公开扬言，宁可儿子死去，也不愿他犯下不可宽恕之罪（参阅圣帕丢斯的纪尧姆：《圣路易传》（Guillaume de Saint-Pathus, *Vie de Saint Louis*），第 13 页）；将来他的儿子如果不是好国王，宁可让一个苏格兰人来治理她的国家（参阅儒安维尔：《圣路易史》，Corbett 版，第 86—87 页）。

③ “前面提到的那位老师有时因不守纪律而打他。”（圣帕丢斯的纪尧姆：《圣路易传》，第 18 页。）

④ 例如，圣帕丢斯的纪尧姆的《圣路易传》中提到：“我们的主接受了他的虔诚和躯体”（第 39 页）；儒安维尔认为，圣路易在第一次十字军远征中的行为已经相当于殉教（“我陪侍他长达六年之久，我觉得，不把他列为殉教者是不公正的，他在十字军朝圣活动中受尽苦难。”）（科贝特版第 84 页）。夏特勒的纪尧姆则有如下记述：“战斗结束、跑步到达终点、治国事业光荣完成之后，国王应该因其所受苦难到天国去接受奖赏，获得殉教者无可比拟的桂冠。”（转下页）

613　我认为有必要从圣路易身上辨识的第三类动作是负面动作。在中世纪乃至在13世纪，13世纪似乎更坚定地把施展才华的可能性给予人们，这个世纪可以被视为两种基督教之间的一块绿洲，一种是轻视今世的早期中世纪的基督教，另一种是中世纪末期怀有恐惧心理的基督教；即使是在13世纪，基督教徒要获得灵魂的拯救，既要有所不为，即抵制——哪怕只是消极被动的抵制——撒旦的引诱，也要有所为，即积极主动的行动。圣路易其实并没有做过传记作家们提及的一些动作。例如，圣帕丢斯的纪尧姆写道："他避免参与不合适的游戏，不让自己惹上任何不光彩和丑陋的事。他不以言语或行动羞辱任何人，也绝不蔑视和斥责任何人，对于那些有时让他发怒的人，他总是和善地对待他们……他不唱大家都唱的那些歌，也不容忍属于他身边的人唱这类歌……"[①]

在圣路易的各种传记中，描述他的动作最多的是儒安维尔的《圣路易史》[②]和圣帕丢斯的纪尧姆的《圣路易传》。有些人曾接近国王，并以各种头衔成为国王身边的熟人，他们在为国王撰写的传记中有许多具体的形象和回忆，但是，在圣帕丢斯的纪尧姆的书中，这些东西都没有。不过，圣帕丢斯的纪尧姆的《圣路易传》既是在圣路易身边的人员提供的资料基础上，又是在圣路易封圣

（接上页）(《生平与圣迹》(Guillaume de Chartres, *De Vitae et de Miraculis*)，第36页。)

① 参阅圣帕丢斯的纪尧姆:《圣路易传》，第18—19页。

② 我在本书第一部分第9章中讨论了儒安维尔笔下的圣路易形象。参阅萨拉特利:《儒安维尔笔下的一位国王》(Maureen Durlay Salattery: *Joinville's Portrait of a King*)(蒙特利尔大学中世纪研究所博士论文，1971年)，我曾参阅此文。

过程中产生的材料基础上写成的，也许由于这个缘故，此书是最完整的规范化的圣路易传记和最佳的《王侯明鉴》。 614

一位圣徒国王的动作

王后玛格丽特的忏悔师在他的引言中宣称，他在自己的著作中记述封圣过程中的证言时，没有按照提供顺序的“时间顺序”，也就是提供证言的先后顺序；他所依据的是所记述事实的“尊卑顺序”，即“最合适的连接顺序”，也就是说在“童年”和“成长”这两章之后，插进了一节依据题材的等级顺序安排的关于道德的陈述；从童年到成长是一生中不甚重要的时间，其价值仅在于为成年作准备。我们可以在这段时间中发现一位圣徒国王的各种动作，从最重要的动作到最外露的动作。首先是与神三德有关的动作（第三章至第五章）：“坚贞的信仰”、“正直的期盼”、“炽热的爱”，这些标题说明这是一些表明信、望、爱即神三德的动作。其次是一些表明宗教虔诚的动作：“狂热的虔诚”、“研读圣经”、“虔诚地向上帝祈祷”（第六章至第八章），这就令人想到崇拜、研读圣经和祈祷等大动作。接着是与道德有关的动作，例如：“热爱亲人”，对于圣路易而言，除了对母亲卡斯蒂利亚的布朗什的依恋，以及对妻子普罗旺斯的玛格丽特除了纯粹夫妇关系似乎不多的殷勤之外，还有一些意味着父亲和兄长的动作，诸如“同情”、“善举”（即慈善行动）、“深邃的谦卑”、“强大的忍耐力”、“执著的苦行”、“良心的美丽”、“禁欲的神圣”（第九章至第十六章），然后是与国王的道德有关的动作：“公正司法”、“简朴正直”、“宽厚容忍”（第十七章至第十九章）。最后，他一生的最大价值和圣德的延续性以及他的一生的顶点，就是他死在十字军中，这无疑可与殉教媲美：“他长期的坚持和幸福的逝世。”

特殊的荣誉：圣徒之死的动作

圣帕丢斯的纪尧姆在第20章和最后一章中记述了圣路易在突
615 尼斯城下死去时的动作，这是一位国王和基督教徒临终的动作。

他已经病了三星期左右；虽然病情从一开始就相当严重，可是他在病床上依然与他的一位神甫一起作早课和其他各个时间的功课。不但如此，在弥撒时间里和各个时段的所有诵经时间里，他都在帐篷里高声歌唱，每天在他的帐篷里作一次低声的弥撒。当圣徒国王的病情开始恶化后，他亲自下令把十字架安放在床前他能看到的地方，他经常双手合掌，深情地把目光投向十字架；每天早晨进餐之前，他让人把十字架捧过来，让他十分虔诚和崇敬地亲吻。他常常向他的创造者上帝报告自己的病情，轻轻地念诵主祷文、“上帝怜我”和信经。自从圣徒国王染疾卧床，从此一病不起以后，他每天都喃喃地念诵诗篇和祈祷，他常常擦拭眼睛，常常颂扬上帝，为他祝福。他在病中时常向布道会士博利厄的若弗鲁瓦作忏悔。此外，圣徒国王在病中还要求瞻仰象征耶稣基督身躯的圣饼，并多次如愿得到。在一次瞻仰圣饼时，那个为他送圣饼来的人一走进他的房间，他就不顾病体虚弱，立即下床跪在地上，侍奉他的仆役马上把大衣披在他身上。圣徒国王跪在地上，口中念念有词，良久之后，他双膝着地，十分虔诚地接过圣饼。

他无力独自回到床上，只得让仆役们帮他上床。圣徒国王要求为他涂敷临终圣油，人们在他失去说话能力之前为他涂敷了圣油。

在最后的四天中，他一句话也没有说，但是他依然神志清醒，他时而把并拢的双手举向天上，时而击打自己的前胸，从他所作的手势来看，他依然认人；他依旧能进食，尽管吃得不多，喝得也很少。他像常人那样用手势表示要或不要。 616

> 他的病情日趋恶化，说话的声音极其低弱，可是当别人念诵诗篇时，善良的国王也翕动他的嘴唇。
>
> 国王去世之前的那个星期日，博利厄的若弗鲁瓦修道士送来了耶稣基督的圣体，当他走进国王的卧室时，他发现国王双手合拢跪在床边的地上[①]……。

这就是一个病人的动作，他祈祷、诵经，用脸部表情、眼神和手势替代动作。这就是一个病魔缠身的基督教徒的动作，当他见到圣饼时，他立即不顾虚弱的病体下床迎接。这就是一个即将去世者的动作，他已无法说话，只得用手势来替代语言。路易在临终之时用尚能做的所有动作表示他的宗教信仰。

表示宗教信仰的动作

在基督教体系中，动作应是一个人内心活动和道德的表露和

① 圣帕丢斯的纪尧姆：《圣路易传》，第153—155页。

延续。可是，圣路易无法将这种表露“保存在心中”，他非要“以某种方式表露出来[1]”不可。动作就是示意，依据奥古斯丁的解释，也就是象征。所以，我们应该把动作当作中世纪大象征体系中的主要成分来理解。

首先必须与国王去世时的空间联系起来理解这些动作。这里的动作分为两大部分。正如我们所看到的，国王或是在宫中、在“行宫”，或是在途中，或是骑在马上。当路易在宫中时，他在宗教崇拜活动中以在会教士为榜样，他或是在小经堂里，或是在卧室里做各个时段的功课（“他回到卧室”，“当善良的国王回房的时
617 间已到”）。他在宗教崇拜活动中最具代表性的动作就是下跪，他在做功课时从不采取坐姿（除非坐在地上）（“当他在教堂或小经堂里时，他总是站着或是跪在地上，有时他靠着前面的长凳坐在地上，除了铺在地上的地毯外，臀下没有任何坐垫”）。在这种情况下，由于动作也取决于人文环境，例如对话者或观众等，国王从来不是独自一人，他的御前神甫们此时都在他身边，即“在他面前”。他在进行此类宗教崇拜活动时，总有双重身份的神职人员陪同，他总是“与一位御前神甫一起”完成宗教崇拜动作。当他骑马外出时，他总是尽可能寻找一个固定场所，以便尽可能圆满地完成宗教崇拜动作。

除去上面这两种情况外，还有第三种情况。路易九世体质孱弱，苦行僧的生活丝毫没有改善他的健康状况。当“国王患病”、“国王卧床”时，他的卧室就变成了小经堂。宗教崇拜动作减少

① 我在这里提到的仅限于《圣路易传》的 20 章中最长的那一章，即第 6 章中提到的动作。这一章的主要内容是路易九世的宗教虔诚。德拉博德版的《圣路易传》除去引言 13 页外，共有 183 页，第 6 章占 20 页。

到最低程度，仅以语言表达，而当“他虚弱得连讲话都十分困难时”，他的御前神甫就代他进行宗教崇拜活动，“他身边还有另一位神职人员，此人能替他念诵诗篇”。[①]

他的其他宗教崇拜活动包括聆听布道、领圣体、礼拜十字架和圣物、敬重神职人员等。他喜欢聆听布道，由此产生了两类动作，其一是为谦卑地聆听布道而“席地而坐”，出于同样的谦卑精神，“他有时竟然为了前去聆听布道而赤脚步行四分之一法里[②]”。做领圣体的动作的机会不多，因为国王每年只在下列这六个日子里领圣体：复活节、圣灵降临节、圣母升天节、万圣节、圣诞节和圣母节瞻礼日，这些日子都举行“特别重大的宗教崇拜活动”。“领圣体之前，他要洗手净口，脱掉大氅和帽子”；来到教堂的祭坛时，“他不是用脚而是用跪在地上的膝盖走到祭台前面
去，到了祭台前面，他双手合拢，唉声叹气地自己念祈求恕罪的 618
忏悔经”。[③]

他对十字架的崇拜在耶稣受难日表现得最为突出，这一天他要走遍所在地附近的各个教堂。他赤着脚到那些教堂去听弥撒，接着前去敬仰十字架，为此他脱去外衣和帽子，光着头用膝盖走向十字架，来到十字架跟前时，他低头“亲吻”十字架，最后，“在他亲吻十字架的时候，他的身体前倾，摆成十字架形状，人们

① 圣帕丢斯的纪尧姆：《圣路易传》（Guillaume de Saint-Pathus, *Vie de Saint Louis*），第 32—52 页。

② 同上书，第 38—39 页。

③ 同上书，第 39 页。

相信，此时他大概泪流满面”。[①]

他在崇拜圣物时另有一套动作，包括列队护送圣物和将圣物扛在肩上：“善良的国王走在队列中，与主教们一起将前面提到的圣物扛在肩上。”在这种场合中，国王不是当着他的御前神甫和少数几个神职人员的面，而是当着全巴黎的神职人员和老百姓的面[②]完成崇拜动作。这是公众做的那些崇拜动作。最后，面对神职人员，尤其是修道士们，国王有意以他的行为来强调某些价值：通过空间位置来表现的等级、敬仰的默念、模仿基督。

国王让他的御前神甫们坐在“一张与国王的餐桌一样甚至更高的餐桌上”进餐，在“贤人”面前，“圣徒国王起身迎接[③]”。路易“非常亲切地频繁走访教堂和其他宗教场所”即各类修道院。他怀着激情视察修道士们的生活起居和各种动作，尤其是沙阿里斯的西都会修道士。星期六的晚课完毕以后修道士们洗脚时，国王“虔诚地注视修道士们所做之事”。国王陪同修道院长到宿舍门口，看他为每一位回宿舍就寝的修道士洒水祝福：“虔诚地注视着他们所做之事。”[④]他模仿修道士们的动作，“像那些修道士一样让修道院长朝他身上洒水祝福，他低头走出小房间返回自己的下榻

---

① 圣帕丢斯的纪尧姆：《圣路易传》，第40页。参阅本书插图11。

② 同上书，第42页。

③ 同上书，第50页。

④ 同上书，第51页。

之处”。①

圣帕丢斯的纪尧姆之所以不厌其烦地记述这些细碎的动作， 619
为的是要说明，圣路易尽管是个平信徒，却竭力要求自己向修道士和神职人员的行为靠拢。动作是一个基督教徒的状况、地位和价值的判断标志。正如凭借动作可以辨识异端分子一样②，通过动作也能辨认虔诚的平信徒和圣徒。

典范和个人特征

13 世纪末，动作除了能表明某人是榜样之外，是否还可以表明一个人的个性呢？传记作者们向我们展示的仅仅是一个模范国王和圣徒的动作呢，抑或也让我们得以接近圣路易的个性特征呢？

毫无疑问，传记作者们尽力体现在圣路易身上的是典范，然而不止于此。依据卜尼法斯八世的说法，圣路易在同时代人的眼

① 圣帕丢斯的纪尧姆：《圣路易传》，第 51 页。

② 关于异端分子的动作，参阅让-克洛德·施密特的《*Gestus, gesticulatio*——中世纪关于动作的拉丁词汇研究》（Jean-Claude Schmitt, *Gestus, gesticulatio. Contrbutionà l'étude du vocabulaire latin médiéval des geste*）见《中世纪拉丁语词汇及其与中世纪文明研究现状的关系》（*La lexicolographie du latin médiéval et ses rapports avec les recherches actuelles sur la civilisation du Moyen Age*），巴黎，1981 年，第 386 页和注 45；勒华拉杜里：《蒙塔尤——1294—1324 年奥克西坦尼地区的一个村庄》（Emmanuel Le Roy Ladurie: *Montaillou, village occitan de 1294à 1324*），巴黎，1975 年，第 200—219 页。

里不只是一个人，而且是一个超人[①]；这个说法虽然不像有些人所说的那样耸人听闻，但毕竟还是相当令人吃惊的。这是否意味着
620 圣路易的个人特征未被注意呢？据圣帕丢斯的纪尧姆记述，儒安维尔用比较传统的方式表达了同样的想法："一个人竟能如此和谐、如此完美，他从未在任何人身上见到。"[②]

我觉得在人们的记述中，圣路易与穷人在一起时的动作似乎是要与他们同处一个层次，因而显得更加"真实"。例如，他给盲人赐食时便是如此：

> 这些穷人中若有失明者或半失明者，宽厚的国王就把盆子递给他，教他如何把手放到盆子里面。不但如此，每当半失明者或视力不佳者吃鱼时，宽厚的国王总要细心地亲手把鱼刺剔掉，然后沾上调料，送进他们嘴里[③]。

---

① 参阅《高卢与法兰西历史学家文集》，卷 XXIII，第 149 页，第 153 页。人们至今依然认为教皇的这些话在中世纪是独一无二的。确实，施密特提醒我注意雅克·德·弗拉吉讷在《金色传说》（*Légende dorée*）中谈及奥塞尔的日耳曼（Germain d'Auxerre）时说了这样的话："超人是全能的，因为他生来如此。"在公元五世纪里昂的康斯坦斯所作的圣奥塞尔的传记中，并无这样的话。称完成了某种类别的圣迹的圣徒为"超人"，似乎是中世纪中期的圣徒列传作者们的用语。不过，但丁在谈到 12 世纪的神秘人物理查·圣维克托时使用的词语与此相近，他说当他仔细观察时发现，此人"仅仅是一个人"（《神曲·天堂》X，V，第 132 页），这个说法实际上将超人的范围扩大到了圣徒以外。贝甘修道士告诉我，这个用语在法语文献中见于对圣方济各和小兄弟会的修道士们的称呼。

② 圣帕丢斯的纪尧姆：《圣路易传》，第 133 页。

③ 同上书，第 79—80 页。

我特别觉得，传记作者们所追忆和记述的圣路易的动作，令我们不仅得以接近他符合典范和榜样的这一方面，也让我们看到了他在历史上的个性特征。我之所以确信有可能通过动作接近“真实的”圣路易，至少有三条理由。

第一，他的传记作者中的那些认识他并曾接近过他的人，力图让读者和听众相信，他们的的确确曾是国王身边的人，甚至还是他的朋友，这是一位伟大的国王、一个非凡的人、一位圣徒，作为他身边的人或朋友，他们感到荣耀和自豪；因此，他们想要通过讲述自己的所见所闻，证明自己的这种感情确实有其坚实的基础。13世纪末“写实主义”美术兴起和肖像即将诞生之时，见证人的记述正是人们所期待的证明。儒安维尔尤其具有这种勃勃雄心。儒安维尔回忆说，有一天，他站在王宫教堂的窗口，圣路易从他身后靠过来，倚在他的肩膀上，双手搭在他的头上，他以为是内穆尔的菲力普，于是喊道：“菲力普大人，别来打扰我”，国 621
王的一只手此时滑到了他的脸上，他看到了这只手上的一颗祖母绿，这才知道原来是国王。我们从这件轶事中所看到的，当然是路易的动作十分平易近人[①]。

传记作者们一再描述圣路易席地而坐与他身边的人聊天，他还在万森树林中的行宫或巴黎的王宫花园中席地而坐审理案件、聆听布道，因而我们不但知道了国王符合教皇卜尼法斯八世所强调的[②]表示谦卑的常规动作，而且由此熟悉了作为一个普通人的圣

① 儒安维尔：《圣路易史》，科贝特版，第172页。请注意赞克对这个故事的解释，他说：“圣路易做梦而不哭。”参阅前引文。

② 参阅《高卢和法兰西历史学家文集》，卷XXIII，第149页。

路易的习惯动作和姿势。

圣路易的个性特征是否在他力求自己的动作符合模范基督教徒的要求这样一种意愿中得到了充分的体现呢？在埃及和巴勒斯坦，他到处都说要以身作则，用自己的行动宣扬教义。传记作者们所记述的圣路易竭力使自己的动作符合模范基督教徒的要求这一点，不正好反映了这样一个事实，那就是圣路易的个性特征不就体现在努力将自己的理想表现为动作这个事实中吗？历史上的国王与别人对他的描绘不正好彼此吻合吗？

贤人国王

无论是言语或动作，圣路易都试图体现贤人理想，这是他心目中的人的最高理想，而在13世纪，原有的勇猛和风雅理想，已为贤人理想所吸收和驯服，逐渐被取而代之。

在中世纪，当权贵们尤其是国王们的名字前面尚无冠以序数的习惯时，人们往往给他们起一个外号。普瓦提埃伯爵属下的一位说书人所作的一份1293—1297年的年录，记有路易（九世）和
622 他的儿子菲力普（三世）以及他的孙子菲力普（四世）的年表，在这份年表中，这三位国王分别被称作贤人路易、勇夫菲力普、美男子菲力普[①]。

① 这份年表中的部分内容见于巴黎国立图书馆手抄本4961号，并公布在《高卢和法兰西历史学家文集》中，卷XXIII，第146页。

一个贤人必须具备审慎、智慧、宽和等特点。为说明什么是贤明，儒安维尔记述了一个勇猛但不贤明的骑士，此人便是勃艮第伯爵于格[①]，据他说，这并非他本人的看法，而是菲力普·奥古斯特对于格的评价："从他身上可以看到英勇和贤明的区别。"

腓特烈二世皇帝1224年在里昂向教皇英诺森四世建议，授予圣路易以"贤人"称号："他准备向法国国王表示信服，因为他是一位贤人。"[②]可是，国王本人也提出了授予他这个称号的要求。据儒安维尔记述，圣路易曾私下向罗贝尔·德·索尔邦这样说："罗贝尔师傅，我希望得到贤人称号，一旦得到，我就将其余一切都留给你，因为，贤人这个称号非同一般，实在了不得，一说出这个称号，嘴里就容不下其他东西了。"[③]

贤明一词包容了"骑士精神"和"神职人员精神"，延续了基督教的特鲁瓦理想，甚至体现了力量与智慧。贤明标志着道德价值观在12世纪与13世纪之交的演变。这个词用来表示一个人"拥有道德权威"，"品德极佳"；布鲁克认为，此词可以理解为"极有价值的人"和"极为善良的人"，与中世纪的"好人"概念相去不远。这个词用来指称一个依据"宗教内涵所包容的道德价值观"规范自己行为的人。也可以说是一个正直的人，堪与《圣经·旧

---

① 儒安维尔：《圣路易史》，第115—116页，第200页。贤人一词渐渐取代了此前常用的智者一词，关于贤人一词的含义及其演变，参阅布鲁克：《中世纪（12—13世纪）智者与智慧》[Brucker, *Sage et sagesse au Moyen Age (XIIe-XIIIe siècles)*]，日内瓦，1987年，多处，参阅S.V.索引中的有关条目。

② 《兰斯说书人》(*Le Ménestrel de Reims*)，第126页。

③ 儒安维尔：《圣路易史》，第16—19页。

623 约》中所记的耶稣基督下到地狱边缘时所解救的那些人媲美[①]。

从武士角度来看，贤人有别于“勇夫”，贤人为勇气辅以智慧和仁爱之心。从神职人员角度来看，贤人有别于故作“狂热”姿态的假虔诚者。罗贝尔·德·索尔邦尽管被儒安维尔称作“贤人”，却在国王面前反对儒安维尔，为狂热信徒辩护，国王问儒安维尔：“邑督，说说你的理由，为什么贤人胜过狂热信徒。”[②]圣路易以宣扬贤人结束了这场讨论。由此可知，介于好战与虔信之间的是贤人国王。不过，贤明并非温水一杯，贤明也要争斗与智慧。

由此可见，圣路易把平信徒的一种理想置于高于一切的地位。我们而且知道，他并未始终忠于这个理想。原因也许有多种，例如在埃及登陆时，促使他再次把一切审慎置之脑后的也许是骑士的“盛怒”，也许因为他易怒的性格令他对他身边的人和对话者勃然大怒。他自己知道这一点。不过总起来说，圣路易除了偶尔突然发火，还是成功地做到了克制；在他看来，不温不火就是良好行为的尺度。他把这个尺度以令人瞩目的方式表现在他的衣着上。

有一次，儒安维尔与罗贝尔·德·索尔邦再度在国王面前就衣着问题进行友好的争吵，圣路易对两人的意见作出裁决：“正如邑督所说，你们应该衣着体面而整洁，这样，女人们就会更加喜

① 儒安维尔在他的主祷文中谈到了参孙从狮子口中夺下来的蜂房时说：“上帝从地狱中解救出来的圣徒和贤人都被标以甜蜜而且有用的蜂房。”（儒安维尔：《圣路易史》，第 427 页。）

② 儒安维尔：《圣路易史》，第 217 页。感谢尼科尔·贝里乌（Nicole Bériou）向我提供了未版的罗贝尔·德·索尔邦的誓言的一个文本，以及他对此文本的精辟的评语：“罗贝尔·德·索尔邦既是贤人，也是狂热信徒。”（请看本书原文第 586 页注 1）

欢你们，你们的人也会因此而更加颂扬你们。正如一位智者所说，人们的衣着与装束应该达到这样的程度，让本世纪的贤人看了不觉得过分，同时让本世纪的年轻人看了不觉得不够。”①国王就座进餐时，这个尺度和这种贤明把握得如何呢？传记作者们和编年史家们谈及这个问题时往往很啰唆，总之，这是一个观察国王良好行为的大好机会。

饭桌上的圣路易：国王排场和粗茶淡饭之间 624

饭桌上的圣路易也出色地显示了他那堪称典范的抵御诱惑的毅力②。在13世纪，一个基督教徒国王的一日三餐需要遵守多种礼仪，最重要的有两种。第一种是所有基督教徒都必须遵守的规矩，那就是在某些日子里（主要是星期五）或某些时期（主要是斋期）停止进食或不吃肉和某些其他食品。第二种是为权贵们制定的规矩。食品与衣着都是身份社会地位的标志，因此，权贵们必须通过炫耀食品的精美来显示自己的社会地位。就国王而言，其地位在食品方面表现为某些禁忌，其中包括某些仅供国王享用和禁止

① 儒安维尔：《圣路易史》，第20—23页。有人说，菲力普·奥古斯特和路易八世也具有衣着朴素这一特点。可见这是关于国王们的又一种格式化的记述（参阅勒南·德·蒂伊蒙：《圣路易传》，卷III，第178—179页）。

② 勒高夫：《圣路易在餐桌上：国王排场与粗茶淡饭之间》（*Saint Louisà table: entre Commensalitéroyale et humilité alimentaire*），见《餐桌上的社交——不同年龄层的排场与好客程度》（*La Sociabilit éà table. Commensalité et Convivialitéà travers les âges*），1990年鲁昂研讨会文集，鲁昂，1992年，第132—144页。

国王食用的食品（但对基督教徒国王不施行此类禁忌），或是表现为某些礼仪。在有些君主制国家里，国王必须独自进餐（欧洲绝对王权主义国王和教皇便是如此）；在大多数其他国家中则恰恰相反，国王进餐时要以特殊的餐饮礼仪显示国王的身份和地位，一种办法是借助进餐的地点、餐桌上的座位、餐具、菜肴唱名等礼仪，使国王高踞于同桌进餐者之上，甚至使他处于同桌进餐者之外；另一种办法是通过众多或选定的陪客来显示国王的身份和地位。这些规矩中有一些是必须遵行的礼仪，绝大多数则属于一般习俗和名声，属于荣誉。

依据宗教礼仪和世俗礼仪，在某些日子里必须有丰盛的饮食，例如重大的宗教节日、重大的骑士节日（举行骑士授甲礼的日子）、重大的封建集会上的宴请（尤其是圣灵降临节）、为权贵举行的盛大宴会等等。

625 但是就圣路易而言，除去那些一般性礼仪，还有另外一些礼仪。神职人员的饮食习惯（“习惯法”的规定）比在俗人员的饮食习惯更为严厉，尤其是修道院里的人员，托钵僧修道士们在某种程度上也包括在内，因为他们也奉行修道院清苦的生活规矩，尽管在程度上稍逊一筹。然而，圣路易努力要求自己向修道士和托钵僧看齐，在饮食方面执行与他们相近的规矩。为弘扬苦行精神，他为自己作出规定，在生活上一定要比普通平信徒有更多、更严格的限制。我们看到，他对自己的夫妻生活确有一些限制。

然而，另一方面，路易又想让自己的行为符合一个模范平信徒的标准，这就是贤明，他对此以热烈的言辞大加颂扬。贤明的一个重要标志是纪律和温和、节制、智慧，在一切事物上都讲究分寸。他在饮食上奉行的是我所说的贤明，这与修道士或其他在教人士的饮食纪律不可混为一谈。

他从十字军东征归来之后，随着年龄增长，如同在其他方面一样，他在饮食方面更加自觉地遵行某些规矩，竭力模仿耶稣基督。他更多地在饭桌上侍奉穷人、病人和麻风病患者进餐；更为重要的一点是，他在每次进餐之前都要为穷人、修道士或托钵僧洗脚，希望以此重演最后的晚餐那一幕。

很明显，倘若这些模范的饮食行为可以并存于同一个人身上，从而形成不同的行为等级，或依据不同的时刻或时机分别选用，那么，某些冲突就难以避免了。国王究竟应该大宴宾客还是粗茶淡饭呢？

我将当时人们对于国王进餐的描述全都收集在一起。让我们依据可信性的大小——即从圣徒传作者的材料到编年史作者的材料——依次翻阅一下这些材料。 626

宽　　和

博利厄的若弗鲁瓦是我要请出的第一位见证人。这位多明我会士是国王“最后将近二十年间”的忏悔师，他的那部《生平》大概是在1272—1273年间编写的。这是以他的回忆为基础，依照当时的圣徒传模式编写的一部记述圣路易生活习惯的著作，此书深深地打上了托钵僧宗教虔诚的印记，而且是带着国王将被封圣的希望编写的。

> 他养成了星期五不进食、星期三不吃肉和肥腻食品的习惯，全年如此，没有例外。但由于他体质孱弱，在身边人员的劝说下，有一天他终于放弃了这个习惯。此外，他在四个圣母瞻礼日前夕只吃面包和喝水。同样，在耶稣受难日和万圣节前夕以及一年中某些重要的戒斋日，他也只吃面包和喝水。他在斋期和圣安德烈节前夕不吃鱼，星期五不吃水果。不过，经他的忏悔师同意，他可以在那一天吃一种鱼和一种水果。他听人说过，有一位在会教士不吃任何水果，只有一种情况例外，那就是每年有人第一次送他时鲜水果时，他要尝鲜，以此表示对上帝的感激之情，在其余时间里，他任何水果都不吃。圣徒国王将此事告知他的忏悔师，感叹自己没有勇气攀登如此完善的高度，然而，他却因此而有了反其道而行之的想法，也就是说，每年当他第一次收到时鲜水果时，他先不尝鲜，而是将它供献给上帝，然后才吃掉，这样做良心上就没有任何不安了。我相信他在以后的年头里始终坚持
> 627 这样做。我记不起来曾经有人像他那样往葡萄酒中掺这么多水[①]。

我们在这里遇到的是戒斋和禁食中的一种相当极端的做法。只有星期五完全不进食；四个圣母瞻礼日则不完全戒斋，只吃面包和喝水，这是崇敬圣母的标志；在耶稣受难日、万圣节前夕和某些其他重大戒斋日也是如此。此外，他不吃某些高质量的食品，例如星期三不吃肉类、油腻食物，星期一不吃肉，封斋期和圣诞

① 译自博利厄的若弗鲁瓦的《生平》，第10—11页。

节前四星期中的星期五不吃鱼和水果。另一种过分的做法则意味着饮食上的苦行主义，并关系到戒斋和禁食的规律性：戒斋和禁食有时候不允许有例外，有时候却又仅仅“偶尔为之”。圣路易虽然本意要在饮食方面施行严格的苦行主义，但事实上却执行得很宽松，星期一不再禁肉，斋期中的星期五和圣诞节前四星期中不再完全不吃水果，改为只吃一种鱼和一种水果。

有三种因素促成了圣路易在饮食方面的苦行主义（相对）宽松，一是他的身体不好（“体质孱弱”），二是忏悔师和近臣们的劝说以及他本人的愿望，其实他不想以饮食方面极为严格的苦行主义而获得声誉（他不愿与全年只吃一次水果的教会人士一争高下），他还想在禁食方面体现他的贤人宽和精神；三是他对自己的口味有所迁就。据说他在一年之中只有一天不吃水果，恰好与教会人士的规定相反（不排除具有某种讽刺意义的可能性），此事说明，国王为自己制定规矩时，照顾了喜爱水果这一点；传记作者们乃至圣徒列传作者们都不隐讳他喜欢吃水果这一事实。他们大概希望让我们看到，圣路易不但不是一个不食人间烟火的人（除去水果，他还喜欢吃白斑狗鱼等味美的鱼），甚至还有情欲；他对自己的喜好和情欲的抑制因而更值得赞扬。圣徒就是一个奋力搏击的运动员。就在葡萄酒中大量掺水而言，圣路易堪称运动员中的冠军。他在饮食方面追随的楷模自然是修道士，而他的忏悔师和近臣们之所以一再劝他在饮食方面不必过于严格要求，除了出于对他的健康的关心外，也因为他们希望他在饮食方面不失国王 628
的尊严。在这里，贵族与王家的模式与修道士模式显然有互不相容之处。

通过博利厄的若弗鲁瓦对圣路易的饮食习惯的记述，我们不难看出穷人模式和富人模式在饮食方面的对立，这里主要指的是肉类、油腥类、鱼类、水果和葡萄酒。除去戒斋期中完全禁食之外，自愿受穷的标志便是把水与面包当作唯一的食品。

谦卑与苦行

我的第二位见证人是圣帕丢斯的纪尧姆，这位方济各会士是王后玛格丽特的忏悔师，在 1297 年圣路易封圣之后，他受命撰写一部圣路易的官方传记《生平》，其实也就是一部圣徒传。我们使用的圣帕丢斯的纪尧姆撰写这部传记，是出版于 13 世纪末年的法文译本[①]。

据纪尧姆记述，路易喜欢与“可敬重的人物”和教会人士一起进餐，以便在餐桌上听他们讲述上帝的教导，用以弥补他听不到修道士“进餐”教诲的缺憾。纪尧姆指出，每当国王来到韦尔农的济贫院时，他总要当着儿子们的面给穷人送水端饭，为的是培养和教育他们的慈爱。他为此让人事前准备好“适合这些病人食用的肉或鱼”[②]。

这样一来，饭桌就不只是进餐的地方了，它还是他为自己的拯救作出努力的场所和机会。饭桌是关心肉体（为他提供营养）和获得愉悦（食品和进餐带来的愉悦：聊天、娱乐）的场所，愉

① 请看本书原文第 337 页及以下多页。

② 圣帕丢斯的纪尧姆：《圣路易传》，第 64 页。从这里可以看出圣路易在饮食方面对于穷人健康（肉体和灵魂两方面的健康）的关心。

悦可能导致不良行为，诸如暴饮暴食、消化不良和醉酒、吹牛和口吐秽语，如果进餐时男女混杂，还可能出现有伤风化的事（这就是饕餮和淫秽兼而有之）。因此，餐桌应该也可以是借助有教益的言谈和为穷人送饭布菜进行修身养性教育的工具。圣路易在这里是以保育员的身份出现的，是以迪梅齐所说的国王的第三种功能的身份出现的。 629

这种想法将在谈及"怜悯"（慈善）事业的第 11 章中充分展开。在那里可以看到国王为穷人端菜送饭的日程安排。

> ［第一，每逢］星期三、星期五、斋期中的星期六和圣安德烈节前夕，他在自己的寝宫或藏衣库里招待 13 个穷人，他亲自为他们端菜送饭，把一盆汤、两盘鱼或其他食物端到他们面前，并亲自切开两个面包送到他们面前，国王寝宫的仆役们接着切开其余面包，送到前来进餐的穷人面前，需要多少就切多少。此外，仁慈的国王还在每个穷人面前放两个面包，让他们饭后带走。

前面提到的那个穷苦盲人的故事[1]就发生在这里。国王不仅端水送饭，还分发布施：

> 在他们开始进餐之前，他向每个穷人赠送 12 个巴黎铸造的锝，那些在他看来更需要钱的穷人，获赠的数额略多些；

① 请看本书原文第 620 页。

> 见到带孩子的妇女，他就多送一些[①]。
>
> ……仁慈的国王通常让人预备三盆汤，他亲自动手掰碎面包放进汤盆里，然后把汤盆送到前来进餐的穷人面前。他常常让人把最可怜的穷人找来接受他的招待，与其他穷人相比，他招待这些穷人的次数更多，也更加诚心诚意。圣徒国王向这10个穷人每人赠送12锝[②]。

在他常去的鲁瓦尧蒙西都会隐修院，他也这样做。他有时就
630 在食堂里与修道士们同桌进餐。他走进食堂后，常常与值日修道士一起为在这里进餐的约100位本院修道士和40位外来修道士服务：

> 他来到厨房的窗户底下，端起盛满食物（肉）的盆子……盆子若是太烫，他就脱下无袖长袍垫在盆子底下，因而有时就会把汤水撒在长袍上。修道院长提醒他，这样会弄脏他的长袍，仁慈的国王回答说："不要紧，我还有长袍"，说完他又穿行在饭桌之间，有时把葡萄酒倒进修道士们的杯中，有时就着修道士们的杯子亲自尝一口；酒若是不错，他就夸上几句，若是发酸或是有异味，就让人换成好酒[③]……

---

① 圣帕丢斯的纪尧姆：《圣路易传》，第79—80页。

② 同上书，第81页。他在海外也不忘给穷人赐食。

③ 同上书，第85—86页。他在贡比涅的多明我会修道院里也是这样，他走进自己的厨房为修道士们点菜，然后进入修道士们的食堂，与修道士们一起享用从他的私人厨房端上来的饭菜。

韦尔农有一位女修道士竟然拒不食用不是国王亲手端来的饭菜。圣路易于是“来到她的床前，亲手把面包一块块送进她的嘴里”。[①]

记述国王的“基督谦卑”的第12章再次谈及到饭桌上的情况，我们见到了国王为穷人和病人在餐桌上服务的更多实例。他与穷人乃至麻风病人在同一个盆里用手取食[②]；跪在一个麻风病人面前，亲手为他喂梨，血和脓从病人的鼻孔流出来，滴落在国王手上[③]。

在沙阿里斯，人们为国王准备的食物比修道士们的食物好，
国王遂把银制的盆子端到一个修道士面前，与他交换盆子，自己 631
食用修道士的木盆里较差的食物[④]。

从十字军东征回来后，国王的谦卑有增无已[⑤]，这一点也体现在国王进餐时更加简朴的衣着上（他常穿的那件大氅不适合进餐时穿着，因而给他换了一件外衣）。从1254年起，他不再穿松鼠皮或灰色的北方灰色小松鼠皮里的衣服，改穿兔皮或小羊皮里的

① 圣帕丢斯的纪尧姆：《圣路易传》，第98—99页。

② 同上书，第105页。书中强调指出，国王觉得自己这样做就像是一个“真正的谦卑者”，他吃这个穷人吃剩的食物，因为在他看来，这个穷人就是“耶稣基督”。

③ 同上书，第107页。

④ 同上书，第109页。

⑤ 圣路易在埃及被穆斯林俘获羁押的一个月中，饮食仍保持一定水平。唯一没有染病的那个仆役伊桑巴，为病中的国王做饭，用从苏丹宫中送来的面粉和肉制作一种特殊的肉面包。

衣服，有时他为了进餐而穿一件白色小羊皮里的衣服，这也或多或少算是奢侈品了[①]。

第14章着重说的是“一丝不苟的苦行”，尤其自他从圣地回来之后更加引人瞩目：

> 尽管仁慈的国王很喜欢吃大鱼，可是他常常把端上桌来的最大的鱼放在（一边），让人给他上小鱼。有时他让人把为他准备的大鱼捣碎，造成他已食用过的假象；实际上，他不但没有吃这些大鱼，连小鱼也不曾吃一口，他只喝了几勺汤，而把这些鱼作为布施（他让人把鱼当做布施分发）。别人则以为他这样做是因为他忌食鱼类。从海外回来以后，尽管他很爱吃大白斑狗鱼和其他美味的鱼类，仆役们也买了许多做好后送到他面前，可是他一口也不吃，全部当作布施送走，自己只吃小鱼。常有这样的事：仆役给他端上烤肉或其他佳肴和美味浆汁时，他偏偏要在浆汁里掺一些白水，故意破坏浆汁的鲜味。侍候他的仆役问道：“陛下，您这是在倒自己的胃
> 632 口”，他回答道：“你别管，我喜欢这样。”人们猜想，他之所以这样做，为的是控制自己的胃口。他常吃味道“很差”的劣质汤，换个别人，连尝都不会尝，因为味道实在太差。仁慈的国王吃的菜都很粗，比如豌豆之类。每当端上来一碗好汤或一个好菜，他总要加上一瓢凉水，把美味冲掉。时令刚

① 圣帕丢斯的纪尧姆：《圣路易传》，第111页。参阅儒安维尔：《圣路易史》，第337—369页。请看本书原文第215页。

到的新鲜鳗鱼端上来时，仁慈的国王一点也不吃，或是让人送给穷人，或是让人送去当布施……这样一来，这些菜肴身价大降，原本价值 40 苏或 4 锂，如今只能卖到 5 苏左右。国王对于新上市的水果也是这样，尽管他很想食用。他对所有时鲜食品都是这样，而他这样做正如人们猜想的那样，是为了折磨自己，是为了破坏自己对这些食物的喜好。

他在饮食方面的贤明堪称名副其实的餐桌上的苦行，直到 1254 年之后，他依然在食用面包和葡萄酒方面实行这种苦行主义：

他已养成习惯，从不吃得过饱，喝得过多。在他健康状况良好时，次日吃的面包绝不会比头天多。他的饭桌上有一只金杯[①]和一只玻璃杯，玻璃杯内侧画有一条杠杠，仆役为他倒酒时不能超过这条杠杠，杠杠以上改倒白水，以至于杯中只有四分之一是酒，其余四分之三是水。纵然如此，他还从来不喝烈性葡萄酒，只饮平和的葡萄酒。酒与水兑好后，他有时就着玻璃杯饮，有时把酒水混合物倒进金杯后饮用。掺 633
了这许多白水以后，葡萄酒几乎完全没有酒味了。

饮食方面的苦行在斋期登峰造极：

① 这只金杯后来成了遗存的国王圣物之一。在路易十世的遗物清单上写着："路易九世的金杯，但从未喝过酒的。"（据德拉博德编《圣路易传》(Delaborde: *Vie de Saint Louis*)，第 120 页，注 1）

每年斋期他都戒斋；此外，他从圣安德烈节前夕起也戒斋，只吃斋期可以吃的菜肴。在教会建议戒斋的那些日子，他也统统戒斋，这些日子是四季节和圣教的其他戒斋日子，即圣母的四个瞻礼日、耶稣受难日和耶稣诞生日，在耶稣受难日和耶稣诞生日，他只进面包和水。但是，在只吃面包和只喝水的日子里，他依然照常在餐桌上进餐，骑士中若有人愿意与他一起戒斋，他就与他们一起吃面包喝水。斋期中的星期五他不吃鱼，其他日子里的星期五，仁慈的国王也常常不吃鱼。圣诞节前四天若遇到星期五，他就不吃任何鱼。除此以外，虽然他十分喜爱水果，但全年每逢星期五他都不吃水果。斋期中的星期三和星期一，他比正常的进食量少吃许多。每逢星期五他就往葡萄酒里大量掺水，以至于与其说是酒，不如说是水。尽管仁慈的国王不喜欢啤酒，因为他一喝啤酒就上脸，可是在斋期中他却常常为了抑制食欲而喝啤酒。仁慈的国王在前往海外之前和回国以后，每逢星期五就戒斋，每年只有一天例外，那就是如果圣诞节恰好是星期五，鉴于这个节日的重要性，他破例要吃一些肉。每逢星期一、星期三和星期六，他都要戒斋。仁慈的国王率领第一次十字军远征海外时，在圣灵降临节前十五天就开始戒斋，从此一直坚
634 持，直到去世也没有废弃。端上桌的菜肴他并不都吃，大家觉得他是在奉行苦行主义，当然也是为了上帝①。

① 圣帕丢斯的纪尧姆：《圣路易传》，第119—122页。

这就是说，路易在饮食方面对自己极为苛求，他所奉行的原则是就低不就高（比如不吃大鱼而吃小鱼）、有意破坏食品的美味（例如往酱汁、汤和葡萄酒里掺水）、忌用稀罕食品（七腮鳗鱼和时鲜水果等）、节制饮食、限制食量（例如面包和水）、定期戒斋。由于国王使用金杯饮用劣质饮料，致使金杯的性质发生了变化。出于在饮食方面对自己的苛求，他放弃了原本十分喜欢的美食之乐，相反却强迫自己使用不喜欢的食品，例如啤酒。他在饮食方面的行为与他对待生活的态度是一致的：尽管用他自己的话说，他十分“热爱生活”，但是他勇于迎战风险；在夫妻生活方面，他压抑自己的热切要求，近乎苛刻地奉行教会关于夫妻之间性生活的规定。

圣路易既想走中庸之道，又对宗教虔诚和道德极度向往，在两者之间作出的取舍，便促使他在饮食方面严格奉行苦行主义，不过，由于体质不佳和当一个适度贤人的理想以及毕竟应该保持身份的意愿等原因，他对苛刻的饮食规定在一定程度上作了宽松处理。

儒安维尔：自制

我请出的第三位见证人是儒安维尔。他想把圣路易描写成一个符合 13 世纪理想圣徒的形象，但是，他远非最真诚和最写实的传记作家，也不是最接近国王、在情感上最崇敬国王的传记作家，他也不像神职人员那样满脑子都是老一套的虔诚行为。

儒安维尔在开卷处就在国王诸多优良品质中突出他的简朴：

> 635 他的饮食十分简朴，我一生之中从未见他点菜，而对于许许多多富人来说，这却是极为普通的一件事。厨师为他准备什么，仆役端上来什么，他就吃什么……他依据葡萄酒的品质掺入适量的水。他在塞浦路斯曾问我，为什么不在葡萄酒中掺水，我回答说原因在于医生。医生说我头大胃凉，不会喝醉。国王说医生骗人，因为，如果我在年轻时不学会，到了老年才想喝掺水酒，那时就会离不开酒，就会把胃喝坏，身体永远不会强壮。再者，如果我在晚年饮用纯葡萄酒，就会每晚都喝醉；一个能征善战的人成了醉鬼，岂不太丢丑了[①]。

因此，可以归结为三点：第一，圣路易在饮食方面很有节制，甚至可以说他在吃喝方面追求平淡无奇，在饮食上不为外界所动；第二，他饮用掺水葡萄酒和谴责醉酒；第三，他对饮食的看法包括饮料在内[②]。

我们记得，儒安维尔第一次向我们介绍圣路易就在饭桌上，这个场面对他来说是永远难忘的。那是 1241 年，国王的弟弟普瓦提埃的阿尔封斯刚刚获得骑士身份，时年 27 岁的国王在索缪尔把宫廷的全体成员召集在一起，会后大宴宾客。儒安维尔作为司职切肉的官员出席宴会[③]。

---

① 儒安维尔：《圣路易史》，第 13 页。

② 据儒安维尔记述，在十字军中，“大贵族们本应好好珍惜自己的财产，以便用在适当的时候和适当的地方，可是，他们却不计后果地大吃大喝”，与国王的行为恰成鲜明对照。（儒安维尔：《圣路易史》，第 95 页。）

③ 请看本书原文第 138—139 页。

我们不清楚路易在那次宴会上究竟吃了些什么，但可以想见，既然是一次非同寻常的王家盛筵，菜肴肯定十分丰盛。

可是，事后儒安维尔突出地记述的却是圣路易极为简单的菜
肴，他写道："每天他都赐食给一大批穷人，此外还有许多人在他 636
的卧室里进食；我多次亲眼见到，国王亲自为他们切面包，端水
给他们喝。"[①]

儒安维尔指出，国王在饮食上的节制在1254年变成名副其实的苦行了[②]。不过，他并未忘却自己的身份和责任。他欣然同意聆听"富人"的乡村乐手的演奏，并且令人满意地尽他的地主之谊："外来的富人与他一同进餐时，他每次都照例陪同。"[③]

儒安维尔的这些记述十分珍贵。因为，如果说路易成了一个饮食上的苦行者，他在与食品本身无涉的各个方面，依然在饭桌上保持自己的身份，也就是说，他继续在进餐时听音乐，在饭桌上进行社交活动。

国王的义务

以下两位见证人不是圣徒传作者，而是两位编年史作者，而且都是外国神职人员。

---

① 儒安维尔：《圣路易史》（Joinville, *Histoire de Saint Louis*），第381页。

② 同上书，第367—369页。请看本书原文第215页。

③ 同上书，第369页。请看本书原文第574页。

年轻的那位名叫帕尔马的萨林本，是一位意大利方济各会士。1248 年 6 月在桑斯举行方济各会的教务大会[①]，国王率领十字军出征路过该地，萨林本站在欢迎者的队伍中；这是我们第一次认识此人。他着重记述了向国王敬献白斑狗鱼一事[②]。

这条鱼纯粹是一件礼物，我们并没有见到国王吃这条鱼，尽管我们知道国王爱吃白斑狗鱼。这则记述为这次虔诚的宗教重地之游增添了一桩美食轶事，因为国王是无法避开盛大宴请的。为了欢迎国王及其随从的到来，方济各会士们喜出望外，毫不迟疑地大盘套小盆，大摆宴席：

> 那天，国王承担一切花销，与托钵僧们一起进餐；国王的三位弟弟、罗马教廷枢机主教、教廷总代表、鲁昂大主教里戈会士、教会法国省省长、院监、教务参议和教务专
> 637 员，教务会议的全体与会者以及借宿在该修道院里的所有托钵僧全都在座。会长注意到，一起进餐的有国王和一大批高贵的客人……尽管被邀在国王身边落座，但是他不愿招摇过市……情愿表现出上帝言传身教的礼貌和谦卑……。托钵僧帕尔马的约翰与一群地位较低的人同坐一桌，这一桌人因他在座而大为增光，他也以此为许多人做出了榜样……[③]

在餐桌上做出谦卑榜样的其实不是圣路易，而是教廷总代表

---

① 萨林本 · 德 · 亚当:《编年史》(Salimbene de Adam, *Chronica*)，卷 I，第 318 页。

② 同上书，第 319 页。

③ 同上书，第 321—322 页。

帕尔马的约翰，应该说，这位若阿香主义者是个“极左分子”。且看菜单：

> 我们先吃了些虾，然后吃了些很白的面包和不愧是王家御膳的葡萄酒，量很大，品质也极佳。不少人依据法国人的习惯，死乞白赖地请那些不想喝酒的人也与他们一起喝。接着端上来的是撒了一层肉桂皮末的杏仁汁煮新鲜蚕豆，然后是加了美味调料的烤鳗鱼，［放在柳条小篮子里的］面饼和奶酪，以及许多水果。上菜的服务人员很有礼貌，招待很周到[1]。

这个菜单既以其质量体现了节日的丰盛，同时又照顾到了方济各会粗茶淡饭的规矩（不上肉菜）。圣路易什么都吃，吃了很多吗？萨林本没有具体说，但是在他的记述中，圣路易这次与其说展现了他在饮食方面的节制，莫如说他在参加一次王家宴会。

下面出场的是我的最后一位见证人——编年史家、英国本笃会士马修·帕里斯。

1254 年年末，英国国王亨利三世应法国国王之邀请访问巴黎，
帕里斯对这次访问相当了解。此次访问的高潮是圣路易为英王举 638
行的国宴：

> 同一天，法国国王陛下如约宴请英国国王陛下，宴会在

① 萨林本·德·亚当：《编年史》，第 322 页。请看本书原文第 456 页。

上面所说的老神庙中的国王大厅里举行，两位国王的许多近臣都应邀赴宴，几乎所有厅堂都挤满了客人。大门口没有门卫和侍童把门，前来赴宴者随便出入；菜肴十分丰盛，以致唯一的缺点便是过于丰盛……无论是亚哈随鲁[①]时代，或是阿瑟时代和查理曼时代，以往从未有过如此高贵和辉煌、宾客如此众多的宴会。精美的菜肴一道又一道，花样繁多，变化无穷，各种饮料美不胜收，服务热情周到，客人们彬彬有礼，众多的礼品令人目不暇接……座次是这样安排的：法国国王陛下是世界的王中之王，他坐在正中央的主宾位，他的右边是英国国王陛下，他的左边是纳瓦尔国王陛下……公爵们按照各自爵位和身份依次落座，25 位其他客人围着一张稍高的桌子就座，与公爵们混在一起；另有 12 位主教，虽然有人认为他们的地位高于公爵，但他们却被安排与男爵们坐在一起。有名的骑士多得难以胜数。公爵夫人共有 18 位，其中有三位是上面提到的两位王后的姊妹，她们是康沃尔伯爵夫人、普罗旺斯的安茹伯爵夫人和她们的母亲贝阿特丽丝伯爵夫人，这三位伯爵夫人都有王后之尊。尽管那一天是鱼日[②]，菜肴却很丰盛。盛宴之后，英国国王陛下在位于巴黎市中心的法国王宫过夜[③]。

上述场面发生在 1254 年 11 月，据其他传记作者记述，国王

① 圣经人物，曾大设筵席，参阅《旧约 · 以斯帖记》第 1 章。——译者

② Ad piscem:《清淡之日》。

③ 马修 · 帕里斯:《大纪年》，卷 V，第 480—481 页。

此时因十字军惨遭败绩而十分沮丧，开始在饮食上实行日益严格的苦行主义。恰恰在这种时刻，他却举行了盛大的宴会，把理应 639
节食的日子变成了一个饕餮的日子。此次宴会尽显王家的阔气，人们出于政治目的而频频碰杯，圣路易虽然懂得自制（马修·帕里斯对此只字未提），从宴会大厅走出来时却也是笑容满面，不停地戏谑逗趣。

路易懂得在需要显示自己地位的饭桌上不失身份，他也知道要在饭桌上显示王家的气派，其中包括丰盛的食品和王家的排场。

在这个问题上，我与威廉·乔丹的看法不尽相同。他认为，圣路易十分痛苦地处在两难之中，一方面他想在饮食方面实行苦行主义，另一方面他的国王职能要求他盛筵款待宾客；一方面他想以修道院的清苦生活为典范，另一方面，传统和公众舆论强烈要求他显示出王者的超级贵族风范。这是两种显现在外部的模式，路易如果愿意，原本可以把它们隐匿在内心深处，也可以不去经历这两种模式的冲突。如果说，圣路易在饭桌上有受虐狂倾向，我却不认为他在饭桌上表露出了精神分裂症患者的某些举止。同样的事例很多，例如，他能调和许多彼此对立的东西：骑士与冲突平息者，战与和，尊重教会，教会人士和神职人员与抗拒主教和教皇，稽查国王官员们的滥用职权行为和建设中央集权的君主制，伦理和政治等等，他在行动中和良心上，把他饭桌上的伦理道德与完成国王在饭桌上的义务这两件事不偏不倚地兼顾了。然而，他的某些同时代人和某些臣下，却如同他的谋士和学习榜样托钵僧那样，把他的这种做法看作虚伪，并加以谴责。

国王的一个榜样

上面这些资料留给我们的印象是，我们有可能比较真实地了解到圣路易在饭桌上的真实面貌，然而，至少另有一份资料却将他归入到集体、规范和格式化的记述中去。巴黎的吉勒于 1200 年前后献给路易王子一份名为“加洛林”的《王侯明鉴》，这位王子不是别人，就是圣路易的父亲菲力普·奥古斯特的长子和王储，在这份资料中，吉勒向年轻的王子建议，把查理曼当作自己的榜
640 样。对于饭桌上的查理曼，他是这样描述的：

无论因为饥肠辘辘或是佳肴诱人
他都无动于衷
他始终生活在简朴之中
除非因某种需要，王宫里摆满佳肴美味
他才打一次牙祭
纵然如此，他也只许上四样菜
他在饭桌上喜欢吃烤肉
边说这是他最喜欢的佳肴
边让人把野味串起来烤
即使如此，他也绝不贪食，只是尝一尝而已
每餐喝酒从不超过四次[1]。

---

① 《巴黎的艾京哈特所著“查理曼传”》（*The Karolinus of Egudius Parisienisis*），M.L.Colker 版，见《传统》（*Traditio*），29，1973 年，第 290 页（第 VI 章，第 11—20 行）。

在这些诗句后面，我们确实可以看到艾京哈特写于 9 世纪的《查理曼传》。

> 他的饮食相当自我克制，尤其是饮酒。他非常讨厌喝醉酒的人，他不但自己从不喝醉，也不许他的家人喝醉，不管是谁，谁喝醉他就讨厌谁。对于他来说，忌吃某些食物的困难更大，他抱怨戒斋损害健康。他极少参加宴会，除非是重大节日，但也只是坐在一大群人之中。午饭除去烤肉之外，通常只有四样菜，猎人们习惯于将野味串起来放在火上烤，这是他最喜欢的食品。他总是一边进餐，一边听人唱歌或读书……他喝得很少，无论是葡萄酒或其他饮料，每顿饭很少超过三次。夏天每顿饭后他吃一个水果，只喝一次酒，然后像夜间就寝那样脱去衣服，午睡两三个小时[1]。

把烤肉换成鱼，往葡萄酒酒里掺些水，饭桌上的查理曼就是 641
一个活脱脱的圣路易。从 13 世纪初起，卡佩王朝的国王们力图实现他们的梦想，把他们是查理曼后裔这个说法变成不容置辩的事实，为此他们的举止也就必须与他一样。饭桌上的圣路易，其实无非是以餐桌上的查理曼为模仿对象的卡佩王朝国王而略加夸张而已。由此可见，当我们试图通过一个人的特殊行为捕捉个性，并自以为已经成功时，事实上却往往难以摆脱集体、典范和格式化的记述。圣路易吃了吗？

---

① 艾京哈特：《查理曼大帝传》（Eginhard, *Vita Carolin Imperatori*），克劳蒂奥·来奥纳迪（Claudio Leonardi）版，24，第 100 页。

第四章

/

642 肩负三项职能的国王

三项职能

近 30 年以来，几位中世纪专家认为，乔治 · 迪梅齐关于在印欧社会中存在着一种基于三项基本职能的一般性思想组织原则，这种一般性原则可以应用于西方中世纪社会[①]。从 10 世纪以来（早

① 乔治 · 迪梅齐:《印欧人的三合一意识》(Georges Dumezil, *L'Idéologie tripartite des Indo-Européens*)，布鲁塞尔，1958 年。最后一点:“关于三个等级”(*A propso des trois ordres*)，见《名扬遐迩的阿波罗及其他短文：25 篇神话故事》(*Apollon sonore et autres essais: vingt-cinq esquisses de mythologie*)，巴黎，1982 年，第 205—209 页；让 · 巴塔尼:《从“三项职能”到“三个等级”》(Jean Batany, *Des "trois fonctions" aux "trois états"*)，见《年鉴》，1963 年，第 933—938 页；勒高夫:《西方中世纪文明》(Jacqus Le Goff, *La civilisation de l'Occident médiéval*)，前引书（本书原文第 205 页注 2 ），第 290—295 页；勒高夫:《关于 9—12 世纪基督教社会中的三合一社会、君主制意识和经济复兴》(Jacques Le Goff, *Note sur société tripartite, idéologie monarchique et renouveau économique dans la Chrétienté du IXe au XIIe siècle*)，1956 年，收入《试谈另一个中世纪》(*Pour un autre Moyen Age*)，前引书，第 80—90 页。关于三项职能思想，参阅米歇尔 · 罗什:《从东方到西方——三项职能 (转下页)

在9世纪，盎格鲁-萨克逊王阿尔弗雷德在他所译的博提乌斯所著《哲学的慰藉》中），在拉丁基督教思想中已经出现了三项职能的意识，而在这种意识的传播过程中，爱尔兰依据不同途径并在至今有待澄清的条件下，可能发挥了重要作用。在1027年前后阿达尔贝隆·德·拉翁主教献给卡佩王朝国王虔诚者罗贝尔的那首著名诗篇中，这种意识得到了肯定。在拉翁主教看来，社会由三部分人组成，一部分人祈祷，一部分人作战，一部分人耕作[①]。 643

乔治·杜比指出，在11世纪和12世纪西方社会的大部分知识结构和制度结构中，可以辨认出这个组织原则，而且，这个原则直到17世纪依然存活，例如，在政治理论家鲁瓦索身上就能看到，而且一直延续到法国大革命的初始阶段，从某种意义上说，法国大革命代表着这个原则的胜利和终结[②]。

（接上页）分离的起源及其在10世纪末被基督教欧洲接受的原因》(Michel Roche, *De l'Orientà l'Occident. Les origines de la tripartition fonctionnelle et les causes de son adoption par l'Europe chrétienneà la fin du Xe siècle*)，见《10世纪的西方与东方》(*Occident et Orient au Xe siècle*)，巴黎，1979年，第321—355页；奥托·格哈德·厄克斯勒：《中世纪早期和盛期社会现实概述——对知识史的贡献》(Otto Gerhard Oexl, *Deutungsschemata der sozialen Wirklichkeit im frühen und hohen Mittelalter. Ein Beitrag zur Geschichte des Wissens*)，见弗兰梯塞克·格劳斯（编）：《中世纪心态》(Frantisek Graus (éd), *Mentalitäten im Mittlalter*)，西格马林根，1987年，第65—117页。

① 阿达贝隆·德·拉昂：《献给罗贝尔国王的诗篇》(Adalberon de Laon: *Poème au roi Robert*)，引言，克劳德·加洛齐（Claude Carozzi）编译，巴黎，1979年。

② 乔治·杜比：《三个等级或封建主义的想象》(Georges Duby, *Les trois ordres ou l'imaginaire du féodalisme*)，巴黎，1974年；勒高夫：《印度与欧洲的三个职能——历史学家与封建主义欧洲》(Jacques Le Goff, *Les trois fonctions Indo-Européennes, l'historien et l'Europe féodale*)，见《年鉴》，1979年，第1184—1215页。

肩负三项职能的基督教徒国王

我觉得，这个模型对于理解体现在圣路易身上的王权的性质和形象提供了一些帮助。在这里需要提醒一下，中世纪基督教思想将三项职能赋予王权的重大特征在于，与古印度和初始的罗马不同，在基督教思想里，国王不同于诸神，他们的特征不是三项职能中的某一项，例如，或是立法者，或是武士，或是繁荣的保障者，国王不是这样，他集三项职能于一身[①]。

三项职能思想如何传播，这是一个相当复杂的问题，我们不想探究其诸多细节，但需要指出，这种思想在中世纪的西方受到限制。首先，它受到存在于西方具有竞争力的其他先验图式的限制，这些先验图式往往是二元的（神职人员和平信徒、权贵和穷人等等）、三元的（男子中的童男、禁欲者和有配偶者，女子中的处女、禁欲者和有配偶者）甚至是三元以上的（将整个世界划分为各种“等级”，国王与主教排在皇帝与教皇之后，列在等级链的顶部；这种把社会职业分成多种类别的做法在 13 世纪非常流行）；但是，正如乔治·迪梅齐所指出的那样，这种思想同时也受到以下事实的限制，那就是，对于基督教的主要经典《圣经》来说，三项职能思想是格格不入的。中世纪的神职人员竭力试图将三项
644 职能思想引入到《圣经》中去，进程固然缓慢，然而，到了 12 世

① 参阅勒高夫：《关于三合一社会》（Jacques Le Goff, *Note sur société tripartite*），前引文，见本书原文第 642 页注 1；达尼埃尔·迪比松：《印度与欧洲的国王及三项职能的综合》（Daniel Dubuisson, *Le roi indo-européen et la synthèse des trois fonctions*），见《年鉴》，1978 年，第 21—34 页。

纪，人们竟然已经把挪亚的三个儿子闪、含和雅弗分别视为三项职能的化身，或者说把分别承担这三项职能的社会人群视为这三项职能的化身，他们是神职人员、武士和农奴，其中第三类人隶属于前两类。

13 世纪末，三个等级的先验图式始终存在于神职人员对当时社会的关注之中，只是明确程度和清晰程度大小不等而已，教皇卜尼法斯八世在 1297 年为圣路易封圣的文告中也提到了三个等级。文告希望全体法国人分享路易国王封圣的欢乐，说他是一位“出自高贵的法兰西王族”的“极其伟大和具有极其优秀品德的君主[①]”；文告号召全体法国人团结起来，其中首先是在全体法国人当中体现第三个职能的劳动大众——“极为虔诚的法兰西民众”，其次是（代表第一个职能的）“高级教士和全体神职人员”，然后是属于第二职能的“高官、豪强、贵族和骑士”。这不是这个先验图式的习惯顺序，第三职能在这里被扩大为全体人民，然而，这依然属于同一个分类模型。

第一职能：主持公义和维护和平的神授国王

基督教社会的第一职能反映在一些价值和角色中，作为一个神授国王，圣路易在最高程度上体现着这些价值和角色，并且实践着这些价值和角色[②]。

---

① 《卜尼法斯八世》（*Boniface VIII*），第 159 页。

② 关于教会加冕礼，请看本书原文第 829—834 页。

第一个神授属性就是公义[①]。

圣帕丢斯的纪尧姆在他撰写的传记的前言中说，国王“从未辱骂任何人，从未对任何人施加暴力，他始终以至尊的身份维护着公义”。这个说法十分贴切。他所维护的公义是至高无上的，一则由于公义在道德上的完美，二则由于实施公义的人拥有最高司法权威。

645 卜尼法斯八世在他的奥尔维耶托布道词中讲到了这一点：“他的公义无比巨大，这一点不仅体现在一些事例中，而且是有目共睹的。他几乎不知疲倦地坐在地毯上听取讼案，每当涉及穷人和孤儿的讼案时，他总要让他们得到公道。”[②]教皇在封圣文告中，一开头就赞扬圣路易是“一位公正的法官、一位值得赞扬的惩恶扬善者”[③]。在行使奖惩职能时，国王的形象就是人间的上帝，是永恒的最佳惩恶扬善者。

不过，这个评价也得到了许多当时见证人的支持。1254 年从十字军出征回来途径耶尔时，方济各会士的若阿香分子迪涅的于格给圣路易留下了极其深刻的印象[④]，他“在布道时告诫国王，应该依照人民的意愿行动；他在他结束布道之前说……他在信教者和不信教者的书中看到，任何一个王国，任何一个领地，如果不是由于断案不公，绝不会平白无故地丢失，绝不会落入另一个领

① 参阅路德维格·比松的佳作：《路易九世——圣徒与法》（Ludwig Buisson, *Ludwig IX, der Heilige und das Recht*），第 III 章《君王与法律》（*Der Köing und die iustitia*），弗里堡，1954 年，第 87—130 页。

② 《卜尼法斯八世》，第 149 页。

③ 同上书，第 154 页。

④ 请看本书原文第 210—213 页。

主或国王之手。”国王既然要回法国去，那么，“国王应该时刻牢记，为人民主持公义，珍藏上帝的爱，别让上帝向他讨回法兰西王国和它的生命。”①

国王不仅在法国、巴黎和万森主持公义，他还在海外主持公义。儒安维尔记述了“国王在恺撒城和巴勒斯坦时所作的若干惩处和判决。”②

路易也实行宽容政策，当然这也是模仿上帝。在一个法院的公众接待日里来了一位妇女，她站在王宫的台阶上当面诅咒国王，她说：“真倒霉，让你当上了国王，没有把你赶出王国去，真是奇了怪了。”国王的卫士们想要打她一顿，把她轰走，可是路易却不让他们碰她，也不许把她撵走。他认真听了她的话后回答她说：“不错，你说得很对，我不配当国王。要是上帝愿意，要是有人善于治理国家，最好让这个人来当国王。”他下令让他的一位内侍官 646
给那个女人一些钱，“据说给了 40 苏。”③

据圣帕丢斯的纪尧姆记述，有人从王宫里偷走了几个银盆和另一些器皿。路易非但没有惩处窃贼，反而给了一些钱，然后遣送到海外去④。宽大和流放，这就是圣路易的公义的两张面孔，也就是国王的公义。

他在判案时有时非常严厉，甚至残酷。他严厉处置亵渎神明

① 儒安维尔：《圣路易史》，第 363 页。

② 同上书，第 277—283 页。

③ 圣帕丢斯的纪尧姆：《圣路易传》，第 118—119 页。请看本书原文第 823 页。

④ 同上书，第 151—152 页。

的人。他在恺撒城曾毫不留情地将一个亵渎神明的银匠绑在耻辱柱上示众。他在巴黎让人把一个亵渎神明的市民的“鼻子和嘴唇烧掉”[1]。然而，招致微辞最多的案例是他对昂盖朗·德·古希的处置。此人未经审讯就把在他的领地中的林子里迷路的三个青年贵族绞死，罪名是私自进入他的领地打猎；但事实上这三位贵族既没有枪支，也没带猎犬。让我们回忆一下路易对此事的反应和处置。他在御前会议上下令逮捕昂盖朗以及他的骑士和卫士，并且拒绝了昂盖朗提出的进行司法“战斗”的请求。参加御前会议的贵族们要求释放昂盖朗，路易冷冷地加以回绝，站起身来拂袖而去，让与会的贵族们一个个“目瞪口呆，不知所措”。最后在谋士们的劝说下，国王虽然释放了昂盖朗，但依然处以重罚，责令昂盖朗支付一万二千巴黎锂，并遣送到阿卡去保卫圣地；交出吊死三个青年贵族的那个林子，修建三座小教堂为三位被害人祈祷；此外，他还被剥夺在树林和粮食生产方面的所有高等司法权利。

圣路易之所以如此严厉处置此案，不仅仅因为三位屈死者之一的叔叔是个修道院院长，而且为此曾向他叫冤，也不仅仅因为他有心以审判取代司法“决斗”，而是因为他执意要表明，法律对任何人都一样，达官贵族也不能免受法律处置。鉴于唯有国王的司法能够让人遵守这个原则，所以他决心通过对昂盖朗的处置，
647 加强国王的司法行为，让大小贵族们知道厉害。在御前会议上，路易让布列塔尼伯爵红发鬼约翰一世碰了一鼻子灰，此人否认国王有权在“涉及贵族的人身、遗产和名誉”等事务中对贵族进行稽查。贵族们确实不傻。圣路易的司法不再是因人而异的司法了。

① 关于此事的前因后果，请看本书原文第 239 页，第 605 页。

路易虽然作出了一些让步，但是这件案子依然掀起了轩然大波[①]。

不过，如果认为路易怀有扫除社会不平等的意图，那就犯了不顾及时代的错误，事实上，他像所有中世纪人那样，也不乏等级观念。只是在他看来，罪恶面前人人平等。他事实上认为，公义始终是末日论的一个遥远的将来，它让人们看到了选民与罪人在永恒中彼此平等的前景[②]。在这方面，圣路易早就具备了聆听若阿香主义者迪涅的于格的条件。也许他早就具备了接受更加激进看法的条件。千禧年思想孕育了中世纪以及此后的最“革命的[③]”思想和脉动。但是，由于圣路易的精神朝向永恒，他的双脚始终没有离开大地。

和　平

圣路易承担的第二项神授国王职能便是紧随在公义后面的和平[④]。

在路易的加冕誓言中，公义与和平是紧密相连的[⑤]。公义应该

---

① 圣帕丢斯的纪尧姆:《圣路易传》，第 135 页及以下多页。请看本书原文第 240—243 页，我在那里讲述了关于这个影响深远的案子的不同说法。

② 关于 13 世纪等级观念与平等思想的交锋，参阅菲力普 · 比克:《书籍的模棱两可》，前引书，第 131 页。

③ 勒高夫:《千禧年主义》(*Millénarisme*)，前引文（本书原文第 63 页注 1）。

④ 参阅比松:《路易九世》(Ludwig Buisson, *Ludwig IX*)，前引书，第 183—248 页。

⑤ 请看本书原文第 831 页和比松的《路易九世》，前引书，第 131 页。

重建和平，和平的愿望令人追求公义。卜尼法斯八世也曾说过这样的话："公义与和平相辅相成，他在主持公义方面做得极好，因而他的王国始终享受着和平。"[①]

> 在好战的中世纪世界中，路易惧怕战争，因为战争必然
> 648 带来非公义和罪恶。他在《示儿》中写道："亲爱的孩子，听我的话，尽一切可能避免与任何基督教徒开战。若是有人做了对不起你的事，多尝试几种途径，设法维护你的权利，不得已时才开战，要知道，这样做是为了不让战争带来更多的罪恶……。宣战之前多征询意见，一定要做到师出有名，而且要事先通告做了坏事的对方，忍无可忍时才兴兵出征。"[②]

他是那个时代伟大的"冲突平息者"。首先他是本国伟大的"冲突平息者"。他在《示儿》中接着说道：

> 亲爱的孩子，听我说，尽你的一切可能，不让战争和争斗发生在你的土地上或你的属下之间，设法把它们压下去；这是上帝非常喜欢的事[③]。

然而，他也是王国境外尤其是近邻诸国的"冲突平息者"，之所以如此，似乎是为了在法国边境上创建一个和平区。圣帕丢斯

---

① 《卜尼法斯八世》，第 149 页。

② 大卫・奥克奈尔（编）：《训示》（O'Connell, *Enseignements*），第 189 页。

③ 同上。

的纪尧姆在谈论国王对他的嗣子之爱的那章中，提到了缺少稳定和事故频发的东部边界：

> 当他听说国外有些贵族将要开战的消息时，为了制止战争，他不惜工本，派人送去庄严的信件。巴尔伯爵与鲁森堡伯爵亨利老爷对垒时，他是这么干的，洛林公爵与巴尔伯爵发生冲突时，他也是这么干的。由此看来，他不但想要培养嗣子，而且想要把他改造好[①]。

正如我们所看到的，儒安维尔也记述了一些路易执行息事宁人政策的突出事例。冲突平息者这几个字一再出现在那几页中[②]。 649

我们知道，这项政策并未得到国王谋士们的一致赞同，这些谋士以封建传统中的权术反对路易的理想主义，可是，权术非但不能扑灭战火，反而起到了挑拨作用，这些谋士们于是从中渔利。儒安维尔支持国王的政策，他着重指出，国王的绥靖政策也为他带来了好处[③]。他几乎总能得到双份奖励，一是上帝高兴，一是至少有一个人乃至若干人欠下了他的人情。这就是他为“天上的价值下降人间”而做贡献的方法，在我看来，“天上的价值下降人间”恰恰是12世纪与13世纪之交的特征[④]。

---

① 圣帕丢斯的纪尧姆：《圣路易传》，第73—74页。

② 儒安维尔：《圣路易史》（Joinville, *Histoire de Saint Louis*），第375—377页。

③ 同上书，第377—379页。

④ 勒高夫：《从天上到地上：价值观的变化》（Jacques Le Goff, *Du ciel sur la terre: la mutation des valeurs*），前引书（本书原文第487页注2）。参阅我对所谓（转下页）

圣路易执行这项和平政策，主要是在法兰西王国和他本人的国王职能遇到严重问题时。他正是在这一点上表明了，为了和平而作出的让步怎样才能既是虔诚的宗教行为，又是机智的政治举动。1258 年与阿拉贡人媾和以及 1259 年末与英国人媾和，都是如此[①]。

两种价值体系的冲突在这里十分明显，一种价值体系受到新的宗教观念的启示，而且源自基督教久远的根基，另一种价值体系则继承自封建传统。路易将这两者结合起来，这在中世纪法国历史上几乎是独一无二的。

此举产生了十分难得的良好结果，为法兰西王国带来了一个相当长的和平时期。南吉的纪尧姆在他的《路易九世起居录》中辟出长长的一章专门记述此事，并把它视为圣徒国王以“和平之王所罗门为榜样”建立的主要功勋之一。他认为，上帝恩准圣路易，让法兰西王国自他 1254 年从圣地回来后，就一直保持和平，直到他于 1270 年去世。路易延长了上帝的恩赐，使他的儿子和继承人菲力普三世受益匪浅，至少“在他遵照圣徒国王的良好处置
650 统治法国期间”，国内始终保持和平，也就是说，和平一直维持到攻击阿拉贡人的战争（1284—1285）爆发；教皇虚伪地把这场战事称作“十字军”，此前他在攻击腓特烈二世时也是这样干的[②]。

（接上页）“世俗化”的批判，世俗化其实是天和地在人间事务中的合作。关于等级和从属关系，中世纪中叶在一个不平等的结构内部从平均主义的实践中得到了不少好处。关于封建领主—封臣，参阅勒高夫：《封臣的象征性礼仪》，前引文（本书原文第 607 页注 1）。

① 请看本书原文第 255—264 页。

② 南吉的纪尧姆：《路易九世起居录》（*Gsta Ludwig IX*），第 400 页。

卜尼法斯八世重新捡起他在1297年8月11日的第二次奥尔维耶托布道词中的话题，赋予和平和和平国王这两个词以全部末日论的含义，他对所罗门王的称呼是和平王，他也将这个称呼赋予圣路易。此事引自《圣经·旧约》，列王记上第10章第23节中写道："光荣啊，所罗门王！"[①]

> 人们称他（圣路易）为"缔造和平"的和平王，以此表明他在人们心目中拥有一切优秀品质和美德。他要求自己以和为贵，对别人也是这样，其中不但包括他的臣下，也包括外国人在内。他要求自己以和为贵，而且确实争取到了内心的和平、世俗的和平，并由此达到了永恒的和平。他的同时代人亲眼看到他如何在他的王国中维护和平。这个和平并非没有公义的和平。正因为他对自己、对上帝、对嗣子都是公正的，所以他才拥有和平[②]。

由此可见，问题不仅仅是在人间享有安宁和没有战争，而且涉及末日论的根本和平，这种和平等于在人世间就开始了天堂里的和平。这就如同公义一样，是一个圣徒的职能。

路易的威望和他"冲突平息者"的声誉名闻遐迩，1244—1245年里昂公会议期间，剑拔弩张决心与教皇英诺森四世一分高

① 通行《圣经》译本中无此话。——译者

② 《卜尼法斯八世》，第152—153页。伊夫·萨西耶：《路易七世》（Yves Sassier, *Louis VII*），第347页，前引书（见本书原文第88页注1）。作者将圣路易的曾祖父也称作"和平王"，不过，几代国王共同拥有的这个称呼只是到了圣路易才有了明显的末日论意义。

下的腓特烈二世皇帝，建议法兰西国王出面进行调停，信誓旦旦地声称一定按路易的安排行事，因为路易是一位“贤人”①。圣路易因此而以调停者闻名于基督教世界。

然而，成功并不始终伴随着他。当他受邀为英国国王与反叛的贵族进行调停时，他偏听偏信，认为理在英国国王一边。他与英国国王有着亲属关系，不甚了解英国的社会和政治结构以及英
651 国历史，他确信国王的职能具有无可辩驳的优势，这一切导致他的决断于事无补，战乱依旧；而他自己也第一次因偏袒一方而受到指责②。

第二职能：武士国王

圣路易惧怕战争及其非公义性，他认为战争是罪恶的渊薮。不过，也有例外，例如，他对与异教徒的交战就不这样看，否则就无法解释何以会有十字军。在他看来，击退撕毁效忠誓言、背信弃义地扯起造反旗帜的基督教徒王侯，也不是非公义的战争，否则就无法解释何以在即位之初的1242年，他挥兵痛击英国国王及其法国盟友，在奥克语地区剿灭其父路易八世消灭阿尔比异端分子及其保护者的光荣战争留下的残余分子。当他投入自认为符合公义的战争时，他毫无内疚。他如同先祖一样挥戈上阵，英勇

---

① 《兰斯说书人》，第126页。

② 伍德：《亚眠调停与圣路易的王权理论》（Chares T. Wood. *The Mise of Amiens and Saint Louis' Theory of Kingship*），前引文（本书原文第265页注1）。

善战。他是一位骑士国王，一位执行第二职能的国王。

编年史家们记述了国王的许多战争，却很少谈及战争中的国王。他的传记作者和圣徒列传作者大多是神职人员，而且大多是向往和平、厌恶战争的托钵僧，他们因而也避而不谈国王在战争中的表现。

儒安维尔是平信徒和骑士，在十字军东征和驻扎圣地时，他始终随侍国王左右，所以唯有他较多地谈及国王打仗这一方面，记述了国王的“英勇”和“果敢”。在塔耶堡之役[①]中，英国人与法国人“展开大规模的激烈对抗”，“国王见此情景立即亲自投入战斗[②]”。尤其在曼苏拉战役中，前线尚在搏斗之时，儒安维尔就描绘了国王具有象征性的形象，为我们展现了堪称楷模的骑士国
王圣路易的英姿[③]。 652

路易完成了他作为国王的军事义务，我们甚至推想他在战斗中表现出了封建骑士的激情。他也许并未从中获得愉悦，但是，我们却不能因此而断言他并不因此而颇为得意。

他承担起了武士国王的职能，而且是在13世纪最高水平战争所涉及的各个方面承担这个职能的[④]。每次出征之前，尤其是那两次十字军远征，他都要仔细周到地准备好后勤保障。出征埃及时，他带去了大量大型作战器械，尤其是被称为“猫堡”的那种

---

① 请看本书原文第153—154页。

② 儒安维尔：《圣路易史》，第59页。

③ 请看本书原文第191—192页。

④ 参阅菲力普·孔塔米纳：《中世纪的战争》（Philippe Contamine, *La Guerre au Moyen Age*），前引书（本书原文第427页）。

装备[①]。什么地方发生战争或存在发生战争的危险，他就在什么地方维修或新建堡垒等防御工事。他在圣地逗留的主要目的之一也就是加固赛达、蒂尔、阿卡、沙泰勒、恺撒城和雅法的防御工事。即使在法国，他在努力寻求和平的同时，也没有放松战争准备。马修·帕里斯两次提到 1257 年他在诺曼底大修堡垒一事[②]。

1229 年 11 月，他在苏瓦松被授予骑士身份，这是前往加冕地兰斯途中的一个城市，那年他 12 岁。每逢王室成员中的男青年被授予骑士身份，他总要隆重地庆祝一番。贵族们喜欢把自己的大事安排在圣灵降临节这个传统的宗教节日里办；1237 年 6 月 7 日圣灵降临节那天，路易的弟弟阿图瓦的罗贝尔被授予骑士身份，隆重的仪式在贡比涅的一座宫殿里举行；据说那天有两千多位骑士到场，同时被路易授予骑士身份的还有许多贵族青年。圣约翰日本来是不信教者的一个神圣的日子，基督教徒贵族们却把它收归己有。1241 年的圣约翰日是 6 月 24 日，当天在索谬尔为国王的二弟普瓦提埃的阿尔封斯举行隆重的授甲礼[③]。国王的三弟安茹的查理被授予骑士身份是在 1246 年，举行仪式的日子也选在圣灵降临节那天，地点在默伦。这三位弟弟真正成为骑士是在他们年满 20 之时，这时国王将父王路易八世生前许诺的赏赐地交给他们，他们则向王兄宣誓效忠。最后被庄严地授予骑士身份的是国王的儿子和继位者菲力普，时间是 1267 年 6 月 5 日，依然是圣灵降临

① 请看本书原文第 190—191 页。

② 马修·帕里斯：《大纪年》，卷 V，第 626 页，第 636 页。

③ 儒安维尔：《圣路易史》。请看本书原文第 138—139 页。

节那天，地点在巴黎的西岱岛上的王家花园中，同时被授予骑士 653
身份的还有许多贵族青年。很显然，圣路易确是一位来自骑士家庭的骑士国王，一位来自武士家庭的武士国王。

圣路易与国王的第三职能

乔治·迪梅齐指出，第三项职能最难准确表述，这项职能包括许多方面，变化多端，有时实在让人说不清。执行国王的第三项职能，即执行“物质财富生产”职能时的圣路易，最让人看不准，说不清。之所以如此，是因为在中世纪的基督教西方世界，这项职能似乎隐而不露，唯有以下两种情况例外：一是当它与不可思议的神奇事物相关时，二是当它指农民、工匠和没有技能的粗工时，他们是最重要的财富的生产者，但受制于人，即“卖力气吃饭的人”也就是阿达尔贝隆·德·拉翁先验图式中的苦工。

国王在完成第三职能过程中的效能日趋衰弱。尽管人们在加冕典礼上祈求上帝，保佑在新国王治理下国家兴旺发达，但我们注意到，国王在经济领域中的魔力几乎已经完全消失。查理曼是位杰出的农耕专家；达戈贝尔在他所到之处鼓励农耕，屡获丰收；为了争取给菲力普·奥古斯特封圣，他去世前不久曾收集了许多材料，据这些文献记载，在他执政初年曾出现过三桩与第三职能有关的奇迹[1]。

---

① 勒高夫：《关于菲力普·奥古斯特封圣的文献》(Jacqus Le Goff, *Le dossier de sainteté de Philippe Auguste*)，前引文（本书原文第 38 页注 2）。

到了圣路易时代情形就完全不同了。在官方奇迹大全所记载的 60 桩奇迹中，只有一件不起眼的小奇迹与农耕有关：一位卫士的遗孀在巴黎的三个酒窖被水淹了，国王把水排净，使酒窖干燥，寡妇认为这是国王的超自然力量使然。国王的外貌英俊，当然常常受到称颂，因为这也是第三项职能的一个方面，他的同时代人
654 赞美国王的美貌时虽然使用了许多描述容貌的陈词滥调，但依然能让我们从中看到一些真实情况[①]。前面我们已经谈到，方济各会士帕尔马的萨林本于 1248 年在桑斯见到国王时为他“不事雕饰”的面容大感震惊[②]。人们在这里想要强调的是这样一个事实，即依据中世纪内外一致的观念，体形和面貌之美是心灵和灵魂之美的外部表现。卜尼法斯八世也提到了这一点，他说：“对于凝视过其面容的人而言，他一生的圣洁是显而易见的。正如圣经所说：‘他风度翩翩’。”[③]我们也注意到，大约成书于他封圣以后一部礼仪性的《传记》，对他的美貌作了详细的描述[④]。

尽管圣路易的先祖和其他基督教徒君主都在物质方面做了不少好事，但圣路易在这方面却更上一层楼。他是一位大慈善家，他或是直接或是通过神职人员和在会教士，向穷人提供大量食品和布施。他亲自为修道士、托钵僧、病人和穷人端水送饭，他是

① 传记作家们对圣路易的美貌谈论得很多，《高卢和法兰西历史学家文集》卷 XXIII 在第 1025 页上专门为圣路易的美貌列了一条索引：“Qua forma fuerit Ludovicus IX”。

② 请看本书原文第 454—455 页。

③ 卜尼法斯 1297 年在路易封圣典礼上发表的谕令，见《卜尼法斯八世》，第 149 页。

④ 《高卢和法兰西历史学家文集》，卷 XXIII，第 173 页。

一位慷慨大度地供养穷人的国王，他甚至在遗嘱中专门为此作了安排。第三项职能的三个特点集中体现在他身上：君主和贵族的道德特征——慷慨、盛行于13世纪的慈善事业的中心环节——布施、在哥特式艺术恶性膨胀的13世纪大兴土木，尤其是兴建宗教建筑[1]。

在13世纪，捐款这种善举已经相当普遍，捐献者既有王公贵族也有市民，市民此时已经通过托钵僧所提倡的新的“慈善事业”跻身上层社会，并得到了当时日渐广泛使用的货币的支持。 655

卜尼法斯八世在1297年8月6日的奥尔维耶托布道词中说道：“就慈善事业而言，路易国王一生的圣德特别表现在对穷人的布施、济贫院和教堂的修建以及其他各种慈善事业上，这些善举的数量不胜枚举。”[2]教皇还说，如果想对他的布施作一个大略的数量估计，不妨以他开创的多种新的善举之一为例。他每次决定“进入”巴黎时，都要向在会教士和托钵僧提供一笔额外布施[3]。圣帕丢斯的纪尧姆辟出长长的一章专门记述圣路易的各种善举，他还指出，圣路易在国内的巡行大多是为了在乡间散发布施[4]。儒安维尔对此也有所述及：“国王在布施方面十分慷慨大度，在国内无论走到哪里，他都向穷人、教堂、病人收容所、济贫院、医院

---

① 请看本书原文第574页及以下多页。

② 《卜尼法斯八世》，第149页。关于中世纪的穷人和济贫事业，参阅莫拉：《中世纪的贫民》(Mollat, *Les pauvres au Moyen Age*)，巴黎，1978年；《贫穷史研究》(*Etudes sur l'histoire de la pauvreté*)，卷2，巴黎，1974年。

③ 同上书，第150页。

④ 圣帕丢斯的纪尧姆：《圣路易传》，章XI，第79—90页，特别是第89页。

以及男女乡绅发放布施。”[①] 他还用一章的篇幅讲述“国王慷慨布施”，其中谈到，圣路易修建了一批救济所、教堂和修道院，其中包括可接纳三百位盲人的巴黎“三百人收容院”[②]。圣路易并不满足于大量增加布施的数额，他还仿照英国国王的做法，于 1260 年发布文告，为国王的布施制定规章，并任命一位布施总管，全面负责他的祖父菲力普·奥古斯特于 1190 年前后决定采取的措施。路易把他先辈的捐赠管理起来，总额约达 2119 巴黎锂、63 谬伊小麦（一谬伊巴黎约等于 1500 升），68000 条鲱鱼，布施总管和各地的邑督负责这些布施的分发。这份文告的一个抄件存放于济贫院，供必要时查阅之用。这个文件规定了国王慈善事业的一些
656 细节，“规定非常具体细致，充分体现了其既慷慨又审慎甚至有些过于烦琐的精神”。[③] 此外，在圣路易执政期间，布施署被并入御厅，于是，御厅这个机构就变成了一个兼管第一职能与第三职能的机构，既处理行政和宗教事务，也负责某些经济、财政和赈济穷人事宜[④]。

在 1270 年 2 月拟就的遗嘱中，圣路易阐明了他的慷慨与慈善的几大原则。他将所有动产和王室领地中树林的收入分作三项用途，补偿王家官员敲诈受害者的损失、奖励国王下属官员和支

---

① 儒安维尔：《圣路易史》，第 381 页。

② 同上书，第 391—395 页。

③ 博捷：《国王对病人的布施》（Robert-Henri Bauttier, *Les aumônes du roi aux maladeries*），前引文（本书原文第 470 页注 1），第 44 页。

④ 格札维埃·德·拉塞莱：《13—14 世纪的国王布施署》（Xavier de la Selle, *L'Aumônerie du roi aux XIIIe-XIVe siècles*），见《卡佩王朝与中世纪的万森》（*Les Capétiens et Vincennes au Moyen Age*）研讨会论文，未版。关于御厅，请看本书原文第 742—744 页。

付各种捐赠，受赠者的名单一长串，其中包括济贫院和宗教修会（首先是各个托钵僧修会），各个修会把赠款用于救济贫民和修建教堂。作为回报，受惠者应该为他和他的家庭以及他的王国祈祷。支付上述补偿和捐赠后如果还有余款，他的继承人应该用于“为上帝争光和维护王国统一”。[①]

不过，圣路易并不像人们所说的那样大手大脚，在这一点上，他认同关于经济、积攒行为的新价值观，正如他以贤人的智慧削减自己的匹夫之勇一样，他属于算计得更加准确、更加有节制的那类人，亚历山大·墨雷曾指出，这种倾向是一个新社会的特征，这个新社会在公共和私人行为中开始依据比率的双重意义即“计算与理性”进行计算[②]。圣路易在他的《示儿》中这样说：

> 亲爱的儿子，听我说，你要牢记，每一个锝的征收都要
> 名正言顺，每一个锝都要用在刀刃上。我希望你时刻牢记， 657
> 切忌挥霍浪费和狂征暴敛，每一个锝都要征得有理，花得
> 恰当……。

然而对于圣路易来说，在第三项职能中名列第一的是神奇治病。法国国王以通过触摸治愈瘰疬病的名声，对他放弃第三项职

① 安德烈·迪歇纳：《法兰西著作家史》（André Duchesne, *Hisrtoriae Francorum sciptores*），巴黎，卷 V,1649 年，第 438—440 页。又见于后来的《王家档案宝鉴》（*Layettes du Trésor des chartes*）卷 IV,1902 年，5638 号。遗嘱执行人是巴黎主教和埃夫勒主教以及圣德尼修道院和昔瓦尧蒙修道院及其院长。

② 参阅亚历山大·墨雷：《中世纪的理性与社会》（Alexander Murray, *Reason and Society in the Middle Ages*），前引书（本书原文第 325 页注 5）。

能中神奇农夫的职能是一种弥补[①]。

神奇治病本来属于第一项职能，即国王具有神授性，可是我觉得，由于圣路易在健康、治疗、慈善等方面进行了大量活动，这项职能逐渐向第三项职能靠拢。在他的同时代人眼里，身怀魔力的国王让位给了为民造福的国王。治病是一项善举。在13世纪，病人和穷人是一回事，圣路易对他们不加区别。

依我看，在为圣路易撰写传记的圣徒列传作者们笔下，太阳王这个命题仅仅初露端倪。这个命题也许来自希腊国王和罗马皇帝的传统，或许还经由拜占庭王朝传承，在向西方基督教徒完美无缺的国王发展历程中，太阳王的职能渐渐从神授向为民造福转变。

圣路易国王的阳光照亮了臣民，为他们带来了温暖[②]。

以现代人的眼光来看，与繁荣和社会的物质生产相联系的第三职能，其首要特征是经济。所以，我们现在应该审视一下圣路易如何处理经济问题。他在这方面的作为不甚清晰。

圣路易与经济

在13世纪的法国国王心目中，经济是什么东西？他对经济的认识是什么？他如何关注经济？他能对经济采取什么措施？经济能
658 在什么程度上帮助我们认识和理解一个人？进行这项研究绝非易事，尤其因为据我所知，并无先例可以借鉴。不但如此，这项研究

---

① 请看本书原文第832页。

② 请看本书原文第360页，第529页。

之难还有一个根本性的原因，那就是在13世纪的西方，无论作为一个物质存在或是作为一个心态类别，我们今天所说的经济都不是一个专门领域。研究以往的经济有一个非常重要的问题，而历史学家和经济学家们却很少提及这个问题。在经济学家中，卡尔·波兰伊[①]以其“隐性经济”观念为我提供了一些帮助，所谓隐性经济，指的是一种不以经济所特有的面貌出现的经济，它始终被包嵌在一个总体之中，既没有自主性质，也没有自主表现，甚至没有自己的名字，而且也没有赋予这个总体以重要或特殊的色彩。

尽管如此，我依然尝试着理清圣路易与经济的关系，首先努力弄清楚他如何看待我们今天所说的经济，当然，他的看法通常都很零碎；其次，我想弄清楚，是哪些思想工具和非经济观念为他提供了“经济”领域中的思考、解读依据和行动范围。就经济与圣路易的关系而言，经济是被包嵌在行政和财政之中的；就圣路易的经济思考而言，经济存在于宗教、道德和政治理论之中。

经济与行政

圣路易既没有经济意识和经济政策，也没有自觉的经济行为，

① 吕塞特·瓦朗西:《经济人类学与历史学：卡尔·波兰伊的著作》(Lucette Valensi, *Anthropologie économique et histoire: l'oeuvre de Karl Polanyi*)，见《年鉴》，1974年，第1311—1319页；汉弗莱:《历史学、经济学与人类学》(S. C. Humpherey, *History, Economics and Anthropology. The work of Karl Polanyi*)，见《史学与理论》(*History and theory*)，1969年，卷8，第165—212页。

他怎么可能有呢？我与某些历史学家的意见相反，我不认为在 13 世纪存在着一种教会经济理论。只不过有那么几个经院哲学家，其中最著名的便是托马斯·阿奎那，另外还有一些宗奉这些经院哲学家学说的托钵僧，他们在贸易和借贷等问题上，主要在应放
659 贷者要求而编写的论述“还债”（《论还债》）中阐述了若干神学或道德原则，而这些原则在我们今天所说的经济领域中产生过某些影响，如此而已。国王的确在不少重要的行政部门中遇到了经济问题，但他为解决这些经济问题而采用的是一些非经济方法。我不准备详细地论述这个问题，以免离圣路易这个人物太远；我只想就以下五个包括经济—财政因素在内的国王行政问题略作阐述，它们是：领地管理、对城市特别是对巴黎的态度、战争和十字军的财政支持、反对放贷的斗争、货币。

在 13 世纪，领地上的收入依然是国王的主要经济来源。国王“靠自己过日子”。国王的收入基本上来自农业，路易是一位以土地为生的国王。这里所说的土地包括森林在内，留存至今的 1234 年、1238 年和 1248 年的账册显示，森林为国王带来的收入约为其领地收入的四分之一[①]。在菲力普·奥古斯特在位时期，王室领地的面积翻了两番，路易因此而拥有丰厚的遗产。王室领地没有专门的经济管理。邑督和他们的顶头上司领地总管同时领有司法权、财政权、军事权和行政管理权。他们是国王委派的管家，彼此没有具体分工。

菲力普·奥古斯特在位时期建立了某种财政和行政管理秩

① 菲力普·孔塔米纳等：《中世纪经济》（Philippe Contamine et alii, *L'Economie médiévale*），巴黎，1993 年，第 222 页。

序[①]，路易在此基础上又有所发展。1238 年制定了新的开支分类，从此将开支区分为“封建”性质的开支、属于国王公共权威的开支和国王官员们的薪俸；封建性的开支被称作“采地与布施”，“封建”一词在这里含有“赏赐”的意思，可以是一块土地，也可以是一笔年金即“采地补偿金”；“采地补偿金”开始得到推广，因为国王不愿看到直属领地日益化整为零，况且此时为满足贵族日益增长的需求，货币流通日益加速，而路易国王拥有大量现金。儒 660
安维尔在圣地时也是“采地补偿金”的领取者之一。为扩大王室领地而收购采地的费用也列入“封建”性开支，1240 年收购马孔奈便是如此。属于国王公共权威的支出称作“工程费”，包括建筑物和道路基础工程的兴建和维修（当时由公共机构负责修建和管理大路），笼统地说，也就是今天所说的“装备”或“公共工程”费用。最后，国王的官员们的薪俸列在“捐赠”项下。

各领地总管和邑督 1248 年耶稣升天节那天提交的账目，被认为交代得最为清楚，因而长期被当作样板。路易九世雇用的官员们对设在坦普尔宫的王家金库的监督十分有效，这个金库的作用因而被削减到仅限于管理账册。

如果说在开支方面的整顿极其有限，那么在收入方面更加谈不上有什么变化。

国王的农奴可以单独或集体为自己赎买解放，这是国王的一项额外收入，此事同时也表明某些农民阶层渐趋富足，这个现象

---

① 鲍德温:《菲力普 · 奥古斯特的政府》，前引书（本书原文第 64 页注 3）；热拉尔 · 希弗里:《圣路易时代法兰西王国的经济》（Gérard Sivery, *L'Economie du royaume de France au siècle de Saint Louis*），里尔，1984 年。

对于奴役劳动的社会意义和道德意义的衰退具有一定的作用。人们通常认为，圣路易执政期间是法国农民生活条件的改善时期[①]。国王于1246年解放了维勒讷夫–勒鲁瓦的农奴，1263年解放了蒂埃、阿尔克伊山口、格罗谢、奥利、帕莱、伊西、默东、弗勒里、维勒讷夫–圣乔治和瓦朗东的农奴。王室领地是否为各个采地作出了解放农奴的榜样呢？从某些领主的做法来看[②]，我们有理由这样认为。

有人说，“圣路易对王国经济的关注首先着眼于税收”。[③]国王对于税收的重视当然不应否定，但是，必须指出的是，在他的头脑中，纳税与其说是国王与臣民的关系问题，莫如说首先是道德
661 和司法问题，尽管在13世纪，某些《圣经》注释家对于国王是否有权征税提出疑问，路易对此却绝无半点怀疑。不过他认为，只有合理和适度的赋税才是应该征收的[④]。

整顿王室领地的画龙点睛之笔是在十字军出征前夕，也就是1247年派遣国王稽查员执行特殊使命之举。然而，此举的初衷并不具有经济性质。其目的在于重建秩序，恢复公义，偿还不正当的敲诈所得，惩治贪官污吏，通过这些措施在十字军出征之前把社会秩序整顿好。但是，在这项兼具敦化风尚和追求物质利益双

---

① 居伊·富尔坎：《中世纪末期巴黎地区的农村》(Guy Fourquin, *Les Campagnes de la région parisienneà la fin du Moyen Age*)，巴黎，1964年。

② 马克·布洛赫：《国王与农奴——卡佩王朝史的一页》(Marc Bloch, *Rois et serfs. Un chapitre d'histoire capétienne*)，巴黎，1964年。

③ 希弗里：《圣路易时代法兰西王国的经济》，前引书，第33页。

④ 菲力普·比克：《书籍的模棱两可》，前引书，第239及以下多页。

重特点的行动中，圣路易并没有吃亏。他确实支付了赔偿，但同时他也有所收获，既有道德上的收获，也不乏物质上的收获。

总起来看，圣路易力图在王室领地、诸侯采地和整个王国中获得最大限度的收入，其中包括封建性收入和国王自己的收入，但是他没有开征新的税费。他不愧是菲力普·奥古斯特的孙子，托马斯·比松把菲力普·奥古斯特看作第一位名副其实的法国国王[①]，因为他依仗王权的增长更充分地行使他的封建特权。因此，圣路易严格地享用他的“住宿权”（依据此项权利，封臣必须为他提供住处），一丝不苟地征收贡赋，即封臣们应该支付的王子们的骑士费用，分文不差地征收商品流通的包税定额，即过路费和商品运输税。不过，他所追求的首先是对他的政治权威的尊重，其次才是经济权利所带来的实惠。我们注意到，在弗兰德尔和一些大采地中，“国王重新掌握被封建主长期篡夺的非经济制约手段，却没有收回经济权利”。[②]

进一步从总体上看，他虽然以宗教和道德的名义相当关注国王的物质利益，然而他却同样以这些原则的名义激烈反对教会在世俗社会中致富。在这个问题上，路易是传统的继承者，正如我
们所见，这个传统在13世纪托钵僧手中发扬光大，而在他身边有 662
着许多托钵僧。他对于国王在主教土地上的权利寸步不让，这一点早在13世纪30年代与博韦主教和兰斯大主教的冲突中就表露

① 托马斯·比松：《阿拉贡、加泰罗尼亚和法兰西的封建君主制问题》（Thomas N. Bisson, *The Problem of Feudal Monarchy Aragon, Catalonia and France*），前引文（本书原文第65页注1）。

② 希弗里：《圣路易时代法兰西王国的经济》，第32页。

得十分明显[①]，这种态度而且是与谴责教会的贪婪相联系的。当问题涉及罗马教廷时，路易更加容易冲动，1247 年他向教廷提出“抗议”就是一例[②]。

国王与他的优良城市

在 13 世纪的法国，城市依然是一种处于上升状态的力量，从经济角度看，商业和市场迅速繁荣，手工业日益发展，金钱的能量越来越大；从社会角度看，市民的重要性与日俱增；从政治角度看，市政委员会羽毛逐渐丰满；在文化领域里，抄本及其插图已经从乡间修道士的誊抄过渡到城市作坊制作，在包括神职人员和市民在内的社会团体的倡导下，诗歌和戏剧重现繁荣景象；在军事领域里，城市民兵同样可以发挥重要作用，这一点在布汶得到了印证。

面对城市的兴起，圣路易治理下的中央政府采取了一种相机行事的政策[③]。国王对于城市事务的干预日渐增多，一些敕令规定了市政当局的活动范围[④]。当时的趋势是将城市置于国王控制之下。正如威廉·乔丹所说，国王政府“在城镇行政管理方面持续地表

---

① 请看本书原文第 118 页及以下多页。

② 请看本书原文第 783—784 页。

③ 夏尔·珀蒂-迪塔伊：《法国公社的特征及其从初始到 18 世纪的发展》（Charles Petit-Dutaillis, *Les communes françaises. Caractères et évolution des origines au XIIIe siècle*），巴黎，1947 年。施奈德：《圣路易时期法兰西王国的城市》（Jean Schneider, *Les villes du royaume de France au temps de Saint Louis*），前引文（本书原文第 228 页注 1）。

④ 阿蒂尔·吉里：《法国国王与城市关系文献集》（Arthur Giry (éd), *Documents sur les relations de la Royauté avec les villes en France*），前引书（本书原文第 231 页注 1），第 85—88 页。

现出强烈兴趣”。[①] 这里如同别处一样，国王的主要考虑依然是宗 663
教和伦理，其目的是要实现秩序和公义。管理城镇的富人们靠剥夺贫民致富，路易及其谋士们对此十分恼火。菲力普·德·博马努瓦邑督揭露了富人对于城市下层民众的不平等和不公正[②]，此文如今已经成为经典文献。然而。在这个问题上，国王的利益依然与他对于道德的关注纠缠在一起。

在路易在位时期，国王为控制城市采取了两个重要的新举措。第一个举措涉及巴黎。当时在基督教世界里，没有任何一个城市的人口超过 10 万，唯独巴黎的居民已经超过 20 万，成了一个巨大的人口怪物。正当巴黎被确定为王国的首府之时，新近迁入城市的农民以及日益增多的乞丐和社会边缘人物，加上那些在王国政府眼里跟着学生学坏（斗殴、赌博和嫖妓）的年轻人，把巴黎搞得一团糟，致使圣路易最不能容忍的无序与犯罪两大弊端日趋严重[③]。

圣路易赋予巴黎以特殊地位，这个特殊地位以不同形式留存至今。1261 年，国王着手改革巴黎行政长官制度，几乎把维持秩序的全权交给新的巴黎行政长官。这里的秩序一词含义相当宽泛，而这位行政长官则相当于今天的“警察总监”。国王把这项重要职

---

① 威廉·乔丹:《1247—1270 年间法国的城镇行政管理》（William C. Jordan, *Communal administration in France,1257–1270, problems discovered and solutions imposed*），前引文（本书原文第 228 页注 1）。

② 菲力普·德·博马努瓦:《博韦希斯习惯法》（Philippe de Beaumanoir, *Coutumes du Beauvaisis*），萨尔蒙（编）（A. Salmon éd），卷 II，1970 年再版，第 266—270 页。

③ 阿里耶·塞尔佩:《路易九世时期的巴黎国王行政管理》（Arié Serper, *L'administration royale de Paris au temps de Louis IX*），前引文（本书原文第 233 页注 3）。

务交给铁腕人物艾蒂安·布瓦洛。此人接受的使命主要有三项目标：维护秩序、促进繁荣、增加国库的财政收入，使之与城市及其居民中的富裕阶层的致富程度成正比。由此不难看出，这项表面上涉及治安和税收的使命，实际上却有它纯“经济”的一面。

不同行业的行会活动是巴黎生活中一个特别重要的方面，自
664 然也就是巴黎行政长官职务中的一个突出的重点。国王去世前一年，即1269年，艾蒂安·布瓦洛编写了一本书，用以阐明他的行动并积累资料，此书后来享有很高声誉。根据此书第一部分的内容，人们把这部书定名为《职业规章大全》[①]，此书汇集了经过普查的巴黎101个行会的章程。此举充分表明，规章制度固然是各个行会自行制定的，王国政府却是以职业秩序的最高保障者的身份出现的，必要时它可以过问一切。这部文献是我们了解13世纪巴黎经济生活的主要资料来源，它实际上是一部治安文件集，不能推而广之将它应用于对法国所有城市的考察。

此书的第二部分是王国政府在巴黎征收的各种捐税的清单，历史学家们向来很少谈及这份以“税费汇总”为名的清单。列入清单的主要是过路费和各类杂税等两个主要税种，一种是人人都要缴纳的普通税，诸如人头税、通行费、过路费等，另一种是专门商业税，诸如注册税、商品运输税等。如果说《职业规章大全》的第一部分的对象主要是手工业，那么，第二部分的主要对象便是商业。

然而，王国政府操心的不只是巴黎，在路圣易在位期间，它

---

① 莱皮纳斯、博纳尔多（编）:《艾蒂安·布瓦洛的〈职业全书〉》（R. de Lespinasse et F. Bonnardot (éd), *Le Livre des metiers d'Etienne de Boileau, R. de Lespinasse et F. Bonnardot (éd)*），巴黎，1879年。

鼓励组成一个大城市网络，这就是人们所说的“优良城市”，这些城市既可借助坚固的城墙，在必要时担当起抵御敌人的进攻和容留难民的职责，又可借助其经济活动成为推动繁荣的核心。“优良”一词在这里应读作“坚固而富庶”。对于国王来说，城市是为王国政府服务的财富储存库。圣路易在他的《示儿》中告诫儿子说：“必要时你可借助优良城市的力量和财富进行防卫①。”

在法国中世纪城市史上，圣路易在位时期作为“真正意义上承前启后的关键时期而引人瞩目”。② 圣路易在制定重大决策时，除了征询大贵族的意见外，也听取城市代表的声音，而在此之前， 665
在封建咨询会议中受到咨询的只有大贵族③。

圣路易对待城市的态度让人觉得，他大概或多或少或已经有了一些经济头脑。城市变成了第三项职能的具体体现。

战争和十字军的财政支持

圣路易在位期间是中世纪一个战事较少的时期，教皇卜尼法斯八世在为圣路易封圣的文告中也指出了这一点。这个时期仅有的军事行动都是圣路易在执政初期进行的“封建”征战，其中包

---

① 纳塔利·德·维里（编）：《儒安维尔与对儿子的训示》（*Joinville et les Enseignementsà son fils*），巴黎，1872 年，第 26—28 页，第 52 页。

② 阿尔贝·里戈迪埃：《中世纪的城市治理》（*Gouverner la ville au Moyen Age*），巴黎，1993 年，第 7—8 页。

③ 同上书，第 60 页。参阅书中第 53—112 页：“什么是中世纪法国的优良城市？”

括1241—1242年与英国人的冲突，1240年和1242年在朗格多克的征剿，两次十字军东征，尤其是1248—1254年的那次十字军东征。从1254年到1270年没有战事，法兰西王国生活在和平之中。

从卡斯蒂利亚的布朗什病故到1253年路易九世领军回国之前，这期间的王国政权有所削弱，致使驻扎在圣地的路易及其军队后勤供应发生困难，然而在此之前，供应十字军和维持政权的庞大支出，并未让王国政府债台高筑。各个城市和神职人员承担了大部分财政支持，在坦普尔王家金库和御前会议主持下，资金定期从巴黎运到埃及和巴勒斯坦，没有出现困难。

十字军东征完全是一个宗教行动，可是，它也许是促使圣路易及其政府改善财政技术的最重要因素（但不能过分夸大）[①]，想到这里不免令人啼笑皆非。

放　贷

反对放贷的斗争[②]（确切地说，放贷一词应该像它在13世纪那
666 样写作复数）与对付犹太人的措施密切相关。从1230年（默伦敕令）到1269年，圣路易或由他本人或以他的名义采取了一系列针

---

① 安德烈·萨尤：《第七次十字军时期圣路易的国库文书集》（Andre Sayous, *Les mandats de Saiont Louis sur son Trésor pendant la septième croisade*），前引文。

② 关于放贷的书目极为丰富，其中以加布里埃尔·勒布拉为《天主教神学辞典》（Gabriel Le Bras, *Dictionnaire de théologie catholique*）所写的有关条目最为重要（卷XV,1950年，栏2336—2372）。参阅拙著《钱袋与永生——中世纪的经济与宗教》（Jacques Le Goff, *La Bourse et la vie. Economie et religion au Moyen Age*），巴黎，1986年。

对犹太放贷者的措施[①]。圣路易为反放贷而制定的法律可以从大量有关放贷的文书和论述中探知一二。

放贷历来受到谴责，在此基础上，这个时期一方面确定了反对放贷和放贷者的主要举措，另一方面拟就了一些文书，提出了与放贷作斗争的最有效的理论和实践。这些文书都是公会议文件，包括 1179 年第三次拉特兰公会议、下令归还贷款的 1215 年第四次拉特兰公会议、1274 年的第二次里昂公会议；此外还有许多教皇手谕，诸如教皇乌尔班三世（1187）手谕、以“关于放贷”为名的包含 29 章内容的格里高利九世手谕，以及一些从神学方面进行论述的文章，例如，13 世纪初年罗伯尔 · 库尔松的《论放贷》，奥塞尔的纪尧姆的《简论》中有关放贷的论述（该书的第 XXVI 章），托马斯 · 阿奎那在《神学简论》中的有关论述（该书 IIa，IIae，p.78），圣路易的挚友博韦的樊尚所作的《学鉴》的第十章；圣路易死后则有吉勒 · 德 · 莱西纳所作的《论放贷》，此书堪称论述放贷最全面的著作，作者在 1276 年至 1285 年间曾师从托马斯 · 阿奎那。许多《喻世录》描述了放贷者的下场，他们通常被投入地狱，被送进炼狱的为数极少，但意味深长。与此同时，教会法学者编写了一些“从宽处理意见”，将在日益增多的金融往来中收取利息行为视为合法，并主张与其禁止“适度”放贷，莫如“限制利率”。

只有教会法庭有权处置基督教徒放贷者，而犹太人放贷者和外邦放贷者（意大利的伦巴第人和卡奥尔人）都是王国政府世俗法的惩治对象。13 世纪的一个重要现象是基督教徒放贷者激增，

---

① 请看本书原文第 796 页及以下多页。

然而，公众与政府的矛头（圣路易的敕令）却仅仅指向不归教会
667 裁决的犹太人和外邦人中的放贷者。其实，这远不是一项经济措施（国王没收犹太人放出的贷款，废除基督教徒对犹太人放贷者的债务），而是一种罗织罪名指控犹太人的措施。在1258年敕令的前言中，圣路易斥责犹太人的放贷行为“搞穷了我的王国”。在从宗教、思想和政治上排斥犹太人的总体行动中，这份敕令是具有经济性质的一个组成部分[①]。对于基督教徒和犹太人向外来族群的放贷行为，以往采取宽容的态度；可是到了圣路易时代，说法虽然依旧，实际做法却颠倒过来了，外来族群和基督徒之间的放贷行为更容易得到容忍。事实上，这是一种针对犹太人的保护基督教徒的措施；放贷虽然受到谴责，但仅仅被视为劣迹，而不是罪行，这就便证明，经济因素不是采取这项措施的主要考虑。

1247年，有人向圣路易建议没收犹太人的放贷所得，用作十字军的经费，但是，圣路易不愿让肮脏的钱财玷污极端神圣的事业。

---

① 请看本书原文第796页及以下多页。两份主要文献分别来自《旧约·申命记》和《新约·路加福音》；前者是这样的：“你借给你兄弟的，或是钱财，或是粮食……都不可收利。借给外邦人可以取利。”（第23章第19—29节）后者是这样的：“要借给人不指望偿还。”（第6章第34—35节）本杰明·尼尔森在他的杰作《放贷思想——从部族手足情谊到天下一家》（Benjamin N. Nelson, *The idea of Usury. From Tribal Brotherhood to Universal Otherhood*）中，把人们对于放贷的态度放在从“部族手足情谊”到“天下一家”这样一个演变过程当中。圣路易于1268年谈到了“外族放贷者”，受到弹压的正是这些外族放贷者。放贷问题被置于基督教世界内部的接纳与排斥的总体过程中加以考虑。参阅：罗贝特·摩尔：《宗教迫害性社会的形成》（Robert I. Moore, *The Formation of a Persecuting Society*），前引书（本书原文第56页注2），关于圣路易的货币措施，参阅本书原文第248—251页。

货　币

我们知道，圣路易在执政末期，即 1262—1270 年间发布了一系列关于货币的敕令[①]，规定了这样一些主要措施：禁止英镑在法国流通，禁止伪造国王的钱币，垄断国王的货币在全国的流通， 668
而各地领主的货币只准在各自的领地中流通，恢复铸造金币埃居（在 15 世纪之前只铸造了少量此类金币），铸造大型银币（大图尔铸银币）。采取这些措施显然有以下这些经济和政治考虑：与通货膨胀斗争、保证国内商业交往中的货币需求、推进涉及大量高值商品的大范围商业发展（但并非金币，金币适用于意大利商业城市，而大型银币则与法国在这个市场中的地位相当），在君主制国家的建设中争得国王对于钱币的垄断；但是，之所以采取这些措施，也有道德和宗教方面的原因，因为这些措施本身也是保障公正的措施，"在圣路易看来，大型钱币有助于保障商业交往中的公正"。[②] 我们始终不应忘记塞维利亚的伊西多尔对于货币所下的定义：他说"货币"一词（moneta）源于"警示"（monere），"因为货币能起到提醒大家防备有人在金属及其重量上做手脚的作用"。铸造大型钱币是反对"坏"钱币的斗争（所谓"坏钱币"是指伪造的钱币和仿造的钱币），同时也是为了创造一种"良好"钱币，即"安全而合法钱币"而做出的努力。

---

① 请看本书原文第 248—251 页。

② 罗贝尔·福尔茨：《中世纪西方的圣徒国王（6—13 世纪）》[Robert Folz, *Les Saints Rois du Moyen Age en Occident (VIe–XIIIe siècles)*]（本书原文第 309 页注 1）。

圣路易的这项措施引起了领主和教会人士的极度不安。1265年，巴黎大学神学院大师阿布维尔的热拉尔不得不就下列问题表明看法："国王在新近的敕令中强行要求臣下宣誓不再使用英镑，他是否有这种权力？因为他的臣下同时也是主教的下属，其中有人还是教会人士。"这是一种借口，其目的是处理钱币问题和检验共同利益观念[①]。可是，由于缺乏实用的知识手段，辩论不了了之。神学家们固然不掌握这种知识手段，国王其实更是如此！于是他只好求助于从业者，召集了一些大大小小的会议，在会上要求内
669 行的市民帮他出主意。由于国王在货币方面是个外行，致使经济为市民在政治上的崛起和参与国王的政策制定提供了条件。还必须指出，货币除了道德意义外，还有象征意义，这就是"货币保护"和"货币复兴"，托马斯·比松曾指出，货币具有吉祥性质，而钱币复兴则是在耶稣的标志下进行的。圣路易下令铸造的埃居正面左侧是百合花，百合花右侧刻着"神授法兰西国王路易"字样，背面是一个十字架和"基督是胜利者，基督君临天下，基督主宰一切"字样[②]。

---

① 皮埃尔·米肖-康坦：《1265年巴黎大学神学院关于国王货币政策的讨论》（Pierre Michaud-Quantin, *La politique monétaire royaleà la Faculté de théologie de Paris en* 1265），前引文。

② 托马斯·比松：《铸币权的保护，法国、加泰罗尼亚和阿拉贡的货币开发及其限制》（Thomas Bisson, *Conservation of Coinage. Monetary Exploitation and its Restraint in France, Catalonia and Aragon*），前引文（本书原文第247页注1）。

拯救与必要性

第三职能的观念范畴与意识范畴很难发现，因为直接属于政权和政府的文献极少表明这些范畴。

在圣路易的敕令中即使不是根本没有，至少也是极难找到对于颁发文书和规章的原委的说明，这种说明通常把原委讲得清清楚楚（即使某些术语需要解读）。我只发现了两种表述，其一是“希望有助于我们的拯救”，这句话不仅表明宗教在国王的行政中占有优先地位，而且表明国王本人的拯救以何种方式受到牵连（在加冕典礼上，国王在上帝、神职人员和人民面前许下承诺，要“公正地”治理国家，这就等于以他本人的拯救作为他行动的抵押品）；其二是“为了公众利益”，关于这一点将在下面评述。究竟是什么东西为国王在包括经济领域在内的各个方面的行动提供了启示，这似乎需要从某些司法文献、行政公文、道德论述中去探究。国王在这些方面的某些决定，来自他所拥有的权力的至高无上性，来自作为他的权力基础的那些最高原则，来自唯有国王才拥有的权力。

例如，圣路易之所以可以对货币进行立法，原因就不仅仅是 670
他的最高权力，不仅仅在于他拥有立法和决策的权力，而是他所拥有的无法明确界定的至尊，而这正是君主的神圣性质之所在。人们对于圣路易的“陛下”称呼，不用在口头上，仅见诸书面。

我们还见到，为圣路易的行动提供法理依据的还有公义，这是国王的两大品德和两大职能——和平与公义——之一。

但是，围绕着经济采取的各种措施都与另外一些目的有关。城市、领地经营、住宿权、反对放贷的斗争以及为“优良”货币而采取的措施等等，都属于较低层次的不太明确的原则，从这些原则中涌现出三个概念：有用性、必要性[1]和适用性。这三个概念无一例外地表明，人是物质和肉体的奴隶。

这里涉及的无疑是百姓或臣民的一种福祉形式，即“人民所需”，恰如教皇英诺森三世1199年在谈及“坏货币”时对阿拉贡国王皮埃尔所说。可是，这里涉及的不是灵魂的福祉，而是王国的物质存在。这个口号在14世纪的城市法规中不可或缺[2]，其根源来自13世纪创立国王立法权学说的法学家以及圣经诠释家。城市权力的行使必须是为了公众的有用性、必要性和适用性，即“为了共同利益”。这个口号适用于囊括种种物质利益的各种情况。

人们通常进一步明确指出，这里说的是“肉体之必需”或“肉体的福祉”（与《圣经》所说“无人憎恨自己的肉体”相似）。
671 这里说的是与“肉体的东西”有关的物品，也就是机械工艺的产品，首先是农业和与生存有关的自然要求。

这些财富即使没有导致蔑视肉体（财富其实从属于肉体），至少也导致对肉体的评价极低。况且，这些自然财富都或多或少地受到“肉体脆弱性”的威胁。货币尤其如此。可是，凡是有经济的地方，国王与他的臣属都面临着陷入贪婪与欺诈这两大罪恶的危险。总之，圣路易似乎并不像托马斯·阿奎那继亚里士多德之

---

① 关于作为政治原则的必要性，参阅菲力普·比克：《书籍的模棱两可》，第260—271页。

② 阿尔贝·里戈迪埃：《13世纪和14世纪法国南部城市中的城市法规和国家立法》（*Réglementation urbaine et législation d'Etat dans les villes du Midi français aux XIIIe et XIVe siècles*）见《中世纪的城市治理》，前引书，第113—159页。

后那样，把这些财富视为“公共财富”；属于更高层次的“公共财富”观念，很晚才进入法国君主制的国家机构，大概是在1280年罗马的吉勒将他的《统治的起源》题献给尚未登基的美男子菲力普之后。路易并不蔑视肉体，但认为肉体是属于低层次的东西，我们称作经济的东西虽然与他有关，但处于较低层次，而且受着罪恶的威胁。

由此可见，圣路易与经济没有自觉的关系，无论就他个人而言，或是以他的名义治理国家的那些人而言，他似乎是一个不干预主义者。然而，相继发布于1254年7月和8月的两件敕令，规定在博凯尔、卡尔卡松和尼姆等邑督区建立名副其实的参议会，以便在各地区发生粮荒时，协同邑督作出禁止输出小麦和其他商品的决定。1259年，博凯尔和尼姆的邑督召开会议，讨论禁止向阿拉贡方向输出小麦的可能性。这些措施具有重大的社会和政治意义。在这些会议中，除了贵族、高级教士、法官、领主代理人和邑督之外，也有行政长官和具有广泛代表性的优良城市的代表们出席。市民决定性地作为来自第三职能的居民坐在国王的官员旁边，并以此身份进入国王的行政管理会议。不久之后，他们就成了第三等级的精英，直到1789年。

余下要做的是为路易在经济发展中的所作所为作出评估，因为我们已经依据与13世纪的法国和整个基督教世界有关的文献，
隐约地看到了这种经济发展。我们所见到的一切都让我们觉得， 672
路易执政时期正处在10—13世纪经济发展的末期，而被称作14世纪危机的逆转形势，则肇始于1260年前后，即路易执政末期[①]。

① 巴黎劳动者的最初冲突出现于13世纪50年代。布隆尼斯拉夫·格（转下页）

圣路易最后所采取的一些措施（尤其是在货币领域里），部分地标志着这场危机的到来。可是，圣路易及其同时代人对此浑然无知。

从长时段的经济局势来看，基本现象似乎是这样一种形势：圣路易处于10—13世纪大发展的顶峰和一场大危机初期之间，另一个现象在我看来则极为重要，那就是市场经济取得了进展，而圣路易的好友和谋士即各个托钵僧修会，则泛泛地满足于对这种进展进行道德化并加以阻挠，实际上则是在宗教和道德外衣的掩盖下，对市场自主运转的肯定①。

第三职能逐渐弱化（慈善事业除外）了，它表现在以下几方面：路易从王国数百年的积累、菲力普·奥古斯特的遗产、各个城市和神职人员的财富中获得了大量钱财，他漠视整个物质现实，与绝大部分贵族一样，他从思想上看不起这些物质现实（包括机械工艺在内的“经济事业”都是卑贱的，都被归入低等），罗马法重新崛起，由于缺少一种合适的观念工具，加上其他原因，托马斯·阿奎那的神学思想加剧了这种贬低物质现实的趋势。所有这一切使得圣路易除了进行某些干预之外，基本上实行了经济上的放任主义，而那些干预其实都是无关紧要的，它们只发生在道德与国王的声誉可能受到损害的地方与时候。

（接上页）特梅克（Bronislaw Getemek）指出，如今可以辨识的最初的冲突发生在缩绒师傅与小工之间。参阅《13—14世纪巴黎手工业中的工资劳动者》（*Le Salariat dans l'artisanat parisien aux XIIIe et XIVe siècles*），巴黎，海牙，1968年，第102页。

① 约翰·鲍德温正确地指出，经院哲学家们的“正确价格”不是别的东西，其实就是市场价格。参阅《中世纪的正确价格理论——罗马法学家、教会法学家和12—13世纪神学家》（John Baldwin, *The Medieval Theories of the Just Price. Romanists, Canonists, and Theologians in the XIIth and XIIIth Centuries*），费城，1959年。

圣路易与经济擦肩而过[①]。他本人并未参与当时那场牵扯到经济问题的大辩论，我们也没有在他的精神与行动中看到这场论证的反响，尽管这场论证的反响在巴黎大学和忏悔师们的手册中，或是在宗教团体尤其是方济各会中都可看到，这是一场围绕着劳动价值并为商业与商人正名的大辩论。同样，他也没有介入 13 世纪关于金钱的那场大辩论，在那场大辩论中，圣方济各认为金钱是恶魔，而经院哲学家们则认为，从获得金钱的意图及对金钱的使用来看，金钱是值得重视的东西。如何使金钱驯化和道德化？圣路易似乎对这个问题没有兴趣[②]。路易在不经意间适应了他并未发现的机制，而事实上他的王国却从中得益，变得繁荣富足，国库充溢。他心头十分平静，他那些有利于贫民的行动让他心满意足，对于犹太放贷者的弹压，使他得以避免面对更加棘手的问题。在这个问题上，他依然是托钵僧的弟子，他们在理论和实践上提出了妥协，而妥协则为此后资本主义的兴起提供了方便[③]。 673

我觉得应该对一个自相矛盾的说法作一个结论。圣路易是一位满脑袋非物质价值观的国王，可是从 13 世纪末开始，他留在法国人想象中和记忆里的，却不只是品德和圣迹，他更是一位为他

---

① 热拉尔·希弗里在前引《圣路易时代法兰西王国的经济》（Gérard Sivery, *L'Economie du royaume de France au siècle de Saint Louis*）一书中提出了这样一个假设：圣路易时代的法国出现了两种速度的经济，一种是受到饥馑威胁的脆弱的传统速度，另一种是“新”经济，通过“周期”对大量交换和城市的活力作出反应的速度。他认为圣路易发现了这种新经济。亨利·迪波瓦正确地批评了希弗里的假设，见《历史评论》（*Revue historique*），109，1985 年，第 472—473 页。

② 图尔奈的吉尔贝却在字里行间有些言外之意。

③ 参阅勒高夫：《钱袋与永生——中世纪的经济与宗教》，前引书。

的王国带来繁荣的国王，人们甚至在他身后把那个时代称作圣路易时代。这正是“圣路易陛下时代”的含义，人们常常以惋惜的心情谈起“圣路易时代”，因为这是一个没有货币波动的时代，一个没有大饥馑的时代，一个没有生活指数上升的时代。为人们所追忆、让人们难以忘怀的圣路易，是一位造就经济繁荣的圣路易。在相当大的程度上，他是一位想象中的人。

第五章

/

圣路易是一位封建国王还是近代国王？ 674

我在本书中多次提到，在中世纪法国王朝历史上，圣路易是一种国王类型的代表。法国的王朝走过的是一条横亘着许多小径的道路，后来的历史学家们认为这是一条始终贯通的大道，那么，圣路易自觉或不自觉地给这条大道打上了什么印记呢？圣路易国王虽然是本书的中心人物，现在我却想暂时把他放在一边，不谈其人，也不议论他的心灵。不过，圣路易是一位个人特点非常鲜明的国王，我无法完全摆脱他。稍稍了解一点法国历史的读者，禁不住会想起早在小学里就接受的两个思想：中世纪的核心是封建制度（本书讲述的主要是 13 世纪），因此，圣路易当然是一位封建国王。可是，13 世纪同时也是近代国家诞生的时代。他的祖父菲力普 · 奥古斯特几乎已经是一位拥有国家机构的君主，而他的孙子美男子菲力普则更是如此。那么，圣路易是一位近代国王吗？一些历史学家强调第一点，认为 13 世纪的法国君主制是一种不折不扣的封建君主

制[①]。另外一些历史学家比较重视近代国家的建设过程，一段时间以来，欧洲和北美史学家们就欧洲近代国家产生所进行的集体研
675 究，取得了出色的成果[②]，令史学家们甚感欣慰。在他们看来，圣路易更接近美男子菲力普。我打算把分散在本书各章中的零星资料集中起来，借此说明圣路易所处的政治环境的特点。当然，他目睹并为之做出过贡献的运动并不是一个直线运动，它并没有依照神的意志或理性的目标发展，而神的意志和理性的目标其实是一回事。正如人们所说，与不是封建便是近代这种略嫌简单的提法相比，现实复杂得多，这一点应该再次提醒。哲学家、社会学家和政治学家的一个巨大功绩是迫使史学家们“思索”历史。然而，他们往往诱导史学家们违背历史在结构与时间上的复杂性，把问题看得过于简单乃至简单化。不错，历史科学与其他科学一样，通过抽象化向前发展，然而史学的抽象是厚重和犹豫的。圣路易不但是在这种史学抽象中被研究的，而且还对这种抽象提供了素材。在本书结尾处，也就是说，几乎在我对圣路易的内心和对王权中心的探索接近终点时，我才谈到神圣性，它是圣路易

① 比松就持这种观点，参阅他的《阿拉贡、加泰罗尼亚和法兰西的封建君主制问题》，前引书，本书原文第 661 页注 2。

② 让-菲力普·热内（编）:《近代国家的产生、小结与前瞻》(Jean-Philippe Genet (éd), *Etat moderne: genèse, bilan et perspectives*)，巴黎，1990 年。雅克·克里嫩的佳作《国王的帝国——13—15 世纪法国政治思想和信仰》(前引书) 把法国走向绝对王权主义的步伐说得略嫌过快，对阻碍这一过程的力量估价不足。阿尔贝·里戈迪埃对此作了出色的补正:《中世纪法国的政权与政制——从封建时代到国家时代》(Albert Rigaudière, *Pouvoirs et institutions dans la France médiévale. Des temps féodaux aux temps de l'Etat*)，卷 II，巴黎，1994 年。

所代表的这种类型王权的基础，圣路易为神圣性增添了圣徒的特征。

封建制与近代国家

无论在 13 世纪的法国，还是在法国中世纪史的著作中，圣路易在位执政的这些年头都占有特殊地位。人们常常把这段时间称作中世纪法国的黄金时代，但是很少有人把它与我刚才提及的那两个过程联系起来考虑。这两个过程便是封建制的巩固和近代国家的诞生，这是大多数欧洲国家的特征。

国王其人、围绕在他在位期间的宗教气氛以及他那个时代的文明光辉，把这半个世纪法国历史的基础建筑掩盖了。新近的研究表明，从 1260 年起，在经济领域、社会阶级和知识生活等领域
里，出现了一些预示 14 世纪大危机的征候[①]，只是在这种情况下， 676
他头顶上令人炫目的繁荣发达的灵光才开始出现暗淡的迹象。可是，法国近代史学家与 14 世纪初的法国人一样，对“美好的圣路易陛下时代”怀有深深的眷恋之情。

因此，为了说明体现在圣路易身上的那种法国君主制类型的特点，必须首先修正我在本章开篇处提出的那个与历史编纂学相关的问题，在封建国王和近代国王之间并无清晰可见的历史对立。从封建制向近代国家的演变在 13 世纪经历了一个中间性的“封建

① 这是杜比在他的巨著《中世纪（987—1460）》（Georges Duby, *Le Moyen Age* (987–1460)）中的立场，见安德烈 · 布尔吉耶、雅克 · 勒维尔编《法国史》，前引书（本书原文第 68 页注 1）。

君主制”基本阶段，圣路易在这个基本阶段中处于中心地位。

封建制度和君主制虽然分属迥然有别的两种理论中的两种逻辑，它们之间却不但不相互对立，反而在历史现实中相辅相成。圣路易在位期间农奴制的消减和货币经济的发展，非但没有削弱封建制，反而使之更加强大，那些成为他的“优良城市”的各个
677 城市也都是这种封建制的组成部分，而圣路易则是体现这种奇特融合的最优秀法国国王[①]。

在他在位期间，封建君主制以决定性的方式继续进行着改变为近代君主制国家的改造[②]。

---

① 某些美国中世纪专家近日指出，圣路易并没有首先依靠封建制作为支撑，然后以国家君主制战胜封建制，恰恰相反，他首先加强王权，然后依仗王权利用封建制，使之为强化王权服务。参阅托马斯·比松：《阿拉贡、加泰罗尼亚和法兰西的封建君主制问题》，前引文；鲍德温：《菲力普·奥古斯特的政府》（前引书）。这两位学者都认为，决定性的时刻发生在菲力普·奥古斯特在位期间，比松把菲力普·奥古斯特视为“法国的第一位封建君主”。夏尔·珀蒂-迪塔伊在他的《法国与英国的封建君主制》（Charles Petit-Dutaillis, *La Monarchie féodale en France et en Angleterre*）（前引书）中已经认定圣路易在位期间是“法国君主制的黄金时期”，只是他并未对此论断提出足够的证据。两位德国史学家科勒尔和托普费尔（H. Koller, Topfer）在《法兰克王国历史概要》（*Frankreich, ein histoischer Abriss*，柏林，1985 年）中重申“圣路易为继续加强君主制作出了重大贡献”的论断，但并未进一步阐发。里夏尔以“封建王权结构的改变”作为他的《圣路易》（*Saint Louis*）（前引书）的一章的标题。罗杰·费杜在他的《中世纪的国家》（Roger Fédou, *L'Etat au Moyen Age*，巴黎，1971 年，第 64 页）中谈及卡佩诸王的“封建政策”时写道：“他的成功的秘诀之一是充分利用封建权力资源，借以准备以损害主要封臣为条件的征服，或为这种征服正名。”

② 请参阅勒高夫《中世纪》（*Le Moyen Age*），见安德烈·布尔吉耶、雅克·勒维尔编《法国史》，前引书。

国王对于封建制度的利用

国王作为封建臣属制度的金字塔塔尖所拥有的宗主权，在圣路易在位期间最接近于罗马法法学家和近代史学家们所称的“至高无上的权力”。国王大量增加直接隶属于他的领主数量。正因为如此，儒安维尔原来仅是国王的封臣的封臣，而且失去了原来属于他的一切，可是在十字军东征期间，他却从国王那里获得了一份定期补贴（采地年金或采地补偿金），于是他变成了效忠于国王的封臣。唯有国王不能成为任何人的封臣。1260 年左右编写的《律法书》中“国王的职能”一章中规定：“国王不从属于任何人。”宗主权和至尊权的概念与实际趋于一致的情形，在圣路易时代所使用的一个词上得到了证实，这个词便是“赐予采地的君主”，这个词当时被当作宗主的同义词使用。国王的两种称呼证明封建制与君主制是彼此相混的。一方面，国王被称作“老爷”“阁下”“大人”“君主”；另一方面，他又被称作“殿下”“陛下”。“陛下”最能表明至高无上的权力。

在那时的社会中，书写日趋普及，文书的分量也随之与日渐增，但是，言语和动作的分量以及象征的价值依旧很大，国王本人也使用封建制的词语和礼仪。据儒安维尔记述，圣路易率领十字军出征之前，要求巴黎的所有贵族发誓，“万一他在外出时发生不测，他们将继续信赖和忠于他的孩子们”。发誓、信赖和效忠连同采地都是封建关系的基础。 678

圣路易在位期间制定的“礼仪大全”，对教会加冕典礼上的礼仪作了描述或规范，收入这个集子中的还有骑士授甲礼以及王徽授予仪式和世俗加冕典礼上的礼仪，骑士授甲礼标志着进入封建等级序列，而王徽和王冠则标志着获得王权。

除去来自领地的收入外，路易不得不始终求助于封臣的贡赋[①]，他想方设法获得尽可能多的封建贡赋，但是，依然通行的某些规矩和人们的心态却构成了障碍。他于是对自己的封臣施加压力，迫使他们允许他向他们的封臣——封臣的封臣——征收贡赋，而照规矩他是不能向封臣的封臣索取任何东西的。他本应遵照习俗行事，但是每当涉及习俗时，他总是严格地要求封建贡赋。他尽可能对宽免特权施加限制，一点一点销蚀先王们确立的那些宽免特权。大多数城市都在他的封臣的领地内，所以他对城市相当苛求。诚如博马努瓦的菲力普邑督在他的《博韦希斯习惯法》[②]中所说，圣路易越来越多地依仗王权发布"有利于共同利益的敕令"，以便确保他的主要财政来源即封建贡赋，按理说，他的封臣和他的封臣的封臣都应执行这些敕令，但是实际上，他却很难对付这匹不听话的封建劣马。总之，面对封臣的贡赋收缴缓慢这个难题，他显得无能为力。他的儿子菲力普三世于 1270 年即位时，不仅要为自己向封臣催索 1267 年的骑士授甲礼贡赋，而且要为他的姐姐伊萨贝尔催索 1255 年的结婚贡赋。

作为一位国王，他的封臣中不但有强大的领主，甚至还有国王，对于这些封臣他都拥有封君权；当他出面制止战乱时，他经

① 让-玛利·奥古斯丁：《圣路易和美男子菲力普征收的封臣贡赋》（Jean-Marie Augustin, *L'aide féodale levée par Saint Louis et Philippe le Bel*），见《法学史学会学报》（*Mémoires de la Société pour l'histoire du droit*），6，37，1980 年，第 59—81 页。

② 萨尔蒙编：《博韦希斯习惯法》（A. Salmond (éd), *Coutumes de Beauvaisis*），卷 II，1900 年，第 1499 期。

常灵巧地使用作为一个封君所拥有的这种主宰权。这正是 1259 年他在与英国国王签订的巴黎协定中经过力争而获得的好处，也正是在这种观念的驱使下，他在 1260 年的亚眠调停中充当仲裁，为亨利和他的贵族们的冲突进行调解。夏尔·伍德对此一目了然，他写道:“这无疑是一个先例，他借此告诉自己雄心勃勃的继承者们，怎样把封君的地位变成一种工具，进而使国王在处理纠纷时 679
所拥有的权限大大增强。”[①]我们看到，正是在这个领域里，国王的司法权在圣路易在位期间有了决定性的发展，上诉程序使得直接请求国王作出裁决的讼案大量增加。

从更加普遍的情况看，由于送交国王亲自处理的“案件”成倍增加，国王谋士们的集会次数从1250年起大大增多[②]。这些“高等法院”无法在国王及其谋士们缺席的情况下审理案件。审理时间越拖越长，这类组织机构的官僚主义性质也就日益加剧，于是在不久之后，高等法院的成员们就分为若干部门。在圣路易在位末期，高等法院主要处理城市事务和货币问题。1262 年，圣路易对“优良城市”的运转进行改造。一年一度的新市长选举于 10 月 29 日举行，11 月 18 日，三位当选者（国王将在其中挑选一人为下一任市长）和司库以及卸任的市长一同来到巴黎，列席“高等法院”的会议（王国的中央集权正在加强）。

重大的决定都在国王亲自主持的会议上作出，至少是在这种

① 伍德:《亚眠调停与圣路易的王权理论》，前引文。

② 托马斯·比松:《1250—1314 年国王高等法院的咨询功能》(Thomas Buisson, *Consultative Functions in the King's Parlements* (1250–1314))，见《瞭望》(*Speculum*)，卷 XLIV，1969 年，第 353—373 页。

会议上宣布，会议组成人员中的大多数是高级教士和不在会平信徒中的大人物，其中有些人是国王经常征询意见的心腹谋士。一些比较特殊的决定都在这种新型的“高等法院”会议上作出。

前面提到，昂盖朗·德·古希事件被提交“高等法院”处理，“在这种情况下，很难夸大圣路易的个人作用。”①

在此转变时期，圣路易再次将政府机构的演变与他的个人思想结合起来，而这些演变大部分已经超越他本人的思想。

路易周围有一群人数不多的熟人，这些人的社会面貌都很
680 杂，其中既包括蒂博王子、香槟伯爵和他的女婿纳瓦尔国王等人，还包括罗贝尔·索尔邦院长和儒安维尔所说的“围在他身边的我们”。②确切地说，这是一些“近臣”，是路易喜欢不时与之讨论和说笑的一群人，他通过他们传递他有关宗教和道德的意见，观察他们对于筹划中的决定的反应。这群人是他的熟人，也是他的封建随从③。

圣路易之所以能稳坐封建制度的顶端，那是因为与他的祖父菲力普·奥古斯特相比，他是一位更有实力的国王，而王国的特点和权力以及它的财富和军事实力，则都是他比祖父更加强大的原因。当然，他与教会建立了亲密的同盟也是原因之一。

---

① 托马斯·比松：《1250—1314年国王高等法院的咨询功能》(Thomas Buisson, *Consultative Functions in the King's Parlements* (1250-1314))，见《瞭望》，卷XLIV，1969年，第361页。

② 关于此话在基督教学研究中的意义，请看本书原文第744页，第599—601页。

③ 圣帕丢斯的纪尧姆：《圣路易传》，第71页：“圣徒国王就这样组成了他那能干的随从。”请看本书原文第742—744页。

国王与教会的大联盟

自卡佩王朝初建以来，宫廷与教会的联盟长期是它的力量源泉之一，圣路易以其虔诚和宗教行为，把这个联盟带到了最佳状态，尽管他有时抗拒教会和教皇某些过激的做法，特别在革除教门和收税等方面。圣路易这样做既出于他的信念，也有政治上的考虑。

有人告诉圣路易，他的祖父菲力普·奥古斯特临终之时嘱咐儿子即后来的路易八世说："你要像我那样为上帝和教会争光。我从中获益匪浅，你将会获得更多好处。"圣路易根据一位御前会议成员的回忆，在他的《示儿》中告诉儿子说，菲力普·奥古斯特曾在御前会议上说过这样的话："我情愿自己吃亏，也不愿意与教会发生争执。"[1] 接着他说道："我之所以提醒你这一点，是让你不要轻信他人诋毁教会人士的言辞。你应该尊重他们，保护他们， 681
让他们能在平静的气氛中为上帝服务。"

教会是封建制度中举足轻重的组成部分，在格里高利进行改革之后，教会不再受在俗贵族的控制，尽管如此，由于教会的社会地位和它所拥有的财富，更由于它是封建秩序下意识形态的诠释者，因而它依然是封建秩序的获益者之一。

路易九世在加冕典礼上宣誓时是一个 12 岁的孩子，对誓词一知半解[2]；成人之后的他虽然不喜欢这份誓词，却自认为负有兑现誓词的义务，而君主与教会的相互支持则是兑现誓词的基础。君

---

① 请看本书原文第 39—40 页，第 708 页。

② 请看本书原文第 831 页，第 98—99 页。

主与教会以各自的方式代表上帝。国王的职责直接来自上帝，而且是与生俱来的，他是上帝在他王国中的代表和“形象”，可是，他只有通过教会的中介才能获得这份恩宠，而教会的代表则是那位替他涂抹圣油并为他加冕的高级教士。教会使他一劳永逸地成为国王，他则承诺保护教会。他将能从教会的致圣能力中获益，成为教会的左膀右臂。自克洛维斯受洗以来，国王与教会的这种联盟在长时段中一直是王国的基石，对于这一点，圣路易刻骨铭心，永世不忘。

圣路易与教会结盟和对教会的尊重，并不妨碍他在世俗和司法事务中反对主教们的意图[①]，况且他在年轻时就这样做了；他与教会结盟和对教会的尊重也不妨碍他强烈抗议教皇对法国教会采取的举措[②]。在他认为不公正的事情上，他并不充当教会的帮手[③]。他一丝不苟地行使国王在宗教事务方面的权力，在行使属于他的教士优惠授予权时，他总是严格执行道德原则，而教皇却由于未能始终遵守这些道德原则而受到他的指责。

682 圣路易对于这些权力很在意，在《示儿》中他对儿子说：

> 亲爱的孩子，你听我说，你为教会分发的布施，一定要根据贤人的建议交给好人，我觉得，最好交给那些没有任何教会薪俸的人，而不要交给那些已经有了教会薪俸的人。你

① 请看本书原文第118页及以下多页。

② 杰拉尔德·肯佩尔：《圣路易的抗议》（Gerard Campell, *The Protest of Saint Louis*），前引文（本书原文第168页注2）。

③ 参阅他就教会随意而徒劳地将一些信徒革除教门一事提出的批评（本书原文第782—785页）。

要是仔细找一找，一定能找到很多没有任何教会薪俸的人，他们会把你的馈赠使用得更好[①]。

博利厄的若弗鲁瓦也赞扬圣路易向僧侣发放布施时的做法，他选择名声非常良好的对象，征询贤人们的意见，诸如巴黎教会的总管和托钵僧们，注意不让有人得双份，而且只有当他确信的确需要发放布施时，才发放等等[②]。

地方行政管理与立法权

菲力普·奥古斯特雄心勃勃，把王室领地面积翻了两番[③]，他还为王室领地建立了一套较好的管理制度，尤其在财务方面。他的大多数封臣也都仿照国王的做法，在13世纪努力借助较好的财务技术，利用领主权力[④]的良好运转，改善各自的封建管理的效率，或者说改善各自领地的效益，这正是马克·布洛赫所说的第二个封建时代的特征[⑤]。从王国的行政管理中获得最大利益的是圣

① 奥克奈尔（编）:《训示》(O'Connell, *Enseignements*)，第189页。

② 博利厄的若弗鲁瓦:《生平》，第12页。

③ 奥古斯特这个名字的主要含义是“扩大者”。

④ 乔治·杜比:《11和12世纪马孔地区的社会》(Georges Duby, *La Société aux XIe et XIIe siècles dans la région maconnaise*)，巴黎，1953年;《西方中世纪农村经济和乡间生活》(*L'Economie rurale et la vie des campagnes dans l'Occident médiéval*)，两卷本，巴黎，1962年。

⑤ 马克·布洛赫:《封建社会》(Marc Bloch, *La Socieété féodale*)，前引书（本书原文第314页注1)。

路易。他派出稽查员，了解国王的代表们以及各地邑督的政绩，随时纠正他们的错误。之所以要派遣稽查员，目的就是更好地管理他的王国，使之更为有效，更能为民众所接受，结果果然如此。
683 有人正确地指出，“君主能巧妙地尊重地方习俗，争取贵族的支持，这是他们所派遣的官员们获得成功的原因，这一点在圣路易身上看得尤其明显。”①

可是，唯有国王有权采取的那些措施，都采用了特殊文件的形式。

人们把国王以他的最高权威发布决定的这些文件统称为敕令，但有时也把它们叫作上谕，或者干脆简单地称为御札。这些名称大体上相当于我们今天所说的国王的“立法权”。路易九世的先王们很少发布敕令，他们的立法权大体上仅在王室领地上有效；路易九世在位期间，敕令首次大量增多。有人作了统计，圣路易发布过25件敕令，菲力普·奥古斯特发布过6件敕令，此外他还发布过8件通告，18世纪的厄塞布·德·洛里埃在编辑这些文件时写道：“人们没敢把它们当作他的敕令。”

可是，这些敕令有时具有较大的局限性，有的行使范围很窄，有的涉及的人员很少。行使范围很窄的原因是某些新近归于国王管辖的地区拥有某些特权，菲力普·奥古斯特从英国人手中夺来的诺曼底就是这种情况的典型。1246年5月在奥尔良发布的一件敕令涉及安茹和曼恩习惯法中的典赁与赎买问题，此时适值安茹的查理将要获得他的赏赐地之际。可以看到，某些文件涉及习惯

① 让·施奈德：《圣路易时期法兰西王国的城市》，前引文。

上名副其实的“封建”领域，可是国王在进行干预的同时，却予以尊重。比如1235年5月的一份敕令对“采地的遗产贡赋和赎金”作了规定，并确定了领主应该获得的那部分“成果”（每年可从可耕地和葡萄园获得一次收益，每五年可从养鱼塘和养兔林获得一次收益，每七年可从树林获得一次收益）。这些规定中的某些条款取消了一些“坏习惯法”，而这正是民众对于“封建”制度的基本要求。圣路易继续尊重优秀的领主在各自领地内拥有的权力，正如都兰-安茹的习惯法所说：“男爵拥有所有司法权”，也就是说，
男爵拥有一切公共权力，“国王未经男爵同意不得在他的土地上召 684
集民众”。

凡是仅涉及一类人的敕令，都以犹太人为主要对象[①]。

1230年12月在默伦发布的敕令，重申菲力普·奥古斯特针对犹太人和他们的放贷所采取的措施，这是第一件在整个王国范围内有效的敕令，在王权历史上这是一个不应遗忘的日子。这些敕令除涉及犹太人外，也有一些涉及圣路易时刻不能忘怀的事情，那便是他认为在那个时代特别需要借助王权进行干预并且只有他才可能干预的那些事情。

第一类是战争与和平问题。国王应该是唯一有权发动和终止战争的主人，而且只能在一切和平努力都归于无效之后，才可以听任战争爆发。1245年、1257年和1260年三件敕令的主要内容都跟战争与和平有关。这三件敕令形成了后来所说的“国王四十天”，也就是说，每当武装冲突即将发生时，国王有权命令冲突双方休战40天；这三个敕令并禁止私人之间的战争和“上帝裁决”，

---

① 请看本书原文第739页及以下多页。

即挑战或“武力作证”，以“证人的证据”取代“司法决斗”。

第二类是货币问题（1262 年和 1265 年敕令）。出于公正的考虑，货币应该是“优良”而“强大”的，国王应该拥有货币垄断权，只应让国王的货币在王国范围内流通[①]。

圣路易认为最重要的敕令，都是以道德（针对卖淫、亵渎神明、恶劣行径、罪恶行为等）和公义（针对国王派遣的官员和优良城市的官员勒索、不公正、滥用职权等）为对象的敕令。1254 年的“大敕令”、1256 年的“王国统一”敕令便是如此，1279 年 6 月 25 日在艾格莫尔特写给国王出征突尼斯时担任摄政的圣德尼修道院长旺多姆的马蒂厄和尼尔·德·西蒙的信件，都属于这一类。

在这许多文件中，有一件被视同敕令的文件特别值得注意。
685 那就是圣路易于 1248 年 6 月在科贝尔写给母亲的几封信，他在信中委托母亲代替他治理国家，也就是我们通常所说的请她摄政。这些信件明确了他的母亲受托行使的王权是什么性质，有哪些内容。

首先是处理王国事务的全权，其中有些是下属呈交她处理的事务，有的是她主动决定处理的事。

> 在我因率领十字军出征而缺位期间，我将处理王国事务的权力移交给我的王太后母亲，她拥有全权在她认为必要时接受请求或主动处理王国事务[②]。

---

① 关于圣路易的钱币改造，请看本书原文第 245—251 页，第 667—669 页。

② 弗朗索瓦·奥利维耶-马丁：《摄政研究》（François Olivier-Martin, *Etudes sur Les régences*），前引文（本书原文第 83 页注 1）。

圣路易同时赋予母亲全权“撤销她认为应该撤销的一切[①]”。卡斯蒂利亚的布朗什因而拥有全权处理王国的所有事务，包括处理在法律上称作遗产法定占有事务，此外，她还拥有撤销法令的全权。撤销是非常重要的一种权力，不仅因为在法律上撤销是一种应予特别注明的权力，而且中世纪人普遍认为，撤销是一项特别严重的措施，按照常理，现有的法律应该持续有效。拥有撤销法律的全权虽然近乎获得了为所欲为的权力，但实际上这种权力必须是为了做好事而行使的，应该符合某种客观标准，即“公众利益”的标准，也就是古希腊确定的、基督教教义再次重申的标准，至于是否好事，大概只能由国王本人判断。

正如我们在前面已经指出的那样，路易九世似乎把最高权力交给了替他摄政的母后，允许她依据她本人的判断处理一切事务（他的原话是“她觉得该做的事”，这就意味着全权），接着他又说“她认为符合善良标准的事”，以此作为交付全权的一个小小的 686
修正。此处涉及的与其说是个人权力的行使，不如说是对于一种行政体制和政府体制的承认，主宰这种体制的观念是公众福祉或公众利益。这个观念是三种东西的聚合：经过重新解释的习惯法、适应新情况的罗马法、由当时的经院神学家们重新审订的古代伦理道德观念。这种公共福祉观念以其道德和宗教内涵博得了圣路易的欢心[②]。

---

① 弗朗索瓦 · 奥利维耶-马丁:《摄政研究》，前引文。

② 阿尔贝 · 里戈迪埃:《从 13 世纪的三部习惯法看“君主不受法律制约”和“君主所愿即为法”》（*Princeps legibus solutus est* (*Dig., I, 3, 31*) *et "Quod principi placuit legis habtet vigorum"* (*Dig, I, 4, 1*) *à travers trois coutumiers du XIIIe siècle*），见《纪念（转下页）

托付给女摄政王的另一个权力，是统辖所有替国王效力的官员，包括任命、调动和免职的权力；为国王效力当然也包括为这个王国效力，也就是我们今天所说的为国家效力。

> 她有权在她认为应该采取措施时指定邑督，任命城堡主和堡垒主以及所有为我服务和为王国服务的官员，或者免去他们的职务[①]。

最后，他还委托她行使法国国王所拥有的干预教会事务的权力：

> 她有权填补出缺的神职和教会的有俸职位，接受主教和修道院长的效忠，恢复他们应得的薪俸（主教和修道院空缺
> 687 时，他们的薪俸由国王领取），代我准予教士大会和修道院选举（主教和修道院长）[②]。

（**接上页**）杰拉尔·布尔维》（*Hommagesà Gérard Boulvert*），尼斯，1987 年，第 438—439 页。这个文件从习惯法汲取了“一个人群可以依据该人群的习惯集体享用财富”的思想，然而，这种思想的价值在王国的臣民层次上是抽象和普遍的。这个文件从罗马法汲取的是公众利益思想，但已经对这种思想进行了改造，使之适应基督教的君主制社会。最后，这个文件还汲取了亚里士多德的共同利益观念，但采用的却是 13 世纪的经院神学家们（尤其是托马斯·阿奎那）所给予的形式，他们依据圣奥古斯丁的《上帝城》中表述的思想，对亚里士多德的这种观念进行了改造。

① 弗朗索瓦·奥利维耶-马丁:《摄政研究》（François Olivier-Martin, *Etudes sur Les régences*），前引文。

② 同上。

由此可见，圣路易所确定和行使的是一种绝对专断的权力，不过，这种权力与福祉相连，与对人员品质的特殊关注相连，这些人员是隶属于国王的两类人，一类是新的官员，他们是把职权扩展到整个王国的国王的直接代表，另一类是传统的官员，他们拥有教会的各种尊号和头衔，圣路易仔细地依据道德标准，向他们行使国王的权力。

许多大封建主在他们的诸侯国内或领地上所采取的措施，都以国王在他自己领地上所采取的措施为榜样，有时或许比国王先走一步，这种情况在国王的弟弟们身上表现得特别明显，其中尤以普瓦提埃的阿尔封斯为甚。其结果是促成了整个王国范围内封建权力结构和行政结构的统一。事实上，在圣路易在位时期，王室直属领地显然已经变成了一个模子，整个王国就是在这个模子中铸造出来的。

圣路易与法

就法治而言，圣路易在位时期的重大事件不是罗马法的传播。罗马法的传播范围比较窄，仅限于法国南部奥克语地区，罗马法在这些地区的传播有助于国王权力的渗透。南方新建的图鲁兹大学所进行的反对异端的斗争，虽以失败告终，在法学教育方面却获得了成功。在奥尔良大学开始担当起培养法学家的任务之前，法学家首先是在南方特别是在图鲁兹大学中开始成长的。在美男子菲力普执政时，这些法学家成了王国政府的重要人物。在法国北方，奥尔良大学规模不大，巴黎大学不讲授罗马法，某些人认

688 为，这是教皇洪诺留三世答应菲力普·奥古斯特所提要求的结果。菲力普·奥古斯特要求不在他的首都讲授罗马法，因为罗马法在那时基本上被依然视为皇帝的法律体系，而此时的法国国王正在想方设法摆脱高踞头上的皇帝。另有一些人则认为，原因在于教廷，因为教廷希望保障神学在巴黎的首要地位，不希望法学与之一争高下[①]。

正如我们所见到，许多地方性习惯法变成了书面法，诸如诺曼底的“大习惯法”、韦尔芒杜瓦邑督皮埃尔·方丹的“致友人的建议”、供奥尔良奈使用的“律法书”、图鲁兹和安茹的“圣路易上谕集”、博马努瓦在圣路易死后不久完成的著名的“博韦希斯习惯法”等等，这才是圣路易执政时期法治方面的重大事件。封建制度下特有的习惯法虽然从口头法变成了书面法，但依然是封建法律，而且在变成书面法的过程中得到了加强。

以纯而又纯的封建传统改革和废除“坏法律”，正是圣路易派遣的稽查员们的主要使命之一。

国王接到的上诉案件越来越多，他有时煞有介事地在万森树林的大橡树下象征性地亲自审理，而通常则由国王的谋士们进行审理，此事有助于王权的加强和王国法制的统一。当然，领主的司法制度并没有因此而被另一个等级的司法制度所取代，只不过是将宗主一君主的相关权力，强制性地置于封臣的相关权力之上而已。圣路易去世后不久，他的弟弟安茹的查理要求尊重习惯法，

---

① 这是雅克·克里嫩的推论。雅克·维尔热也不认为菲力普·奥古斯特在这方面进行过干预。参阅他的《从学校到大学——机构转变》(Jacqus Verger, *Des Ecolesà l'Uiversité, La Mutation institutionnelle*)(本书原文第 52 页注 2)。

他的儿子菲力普三世的律师在与叔父的律师对簿公堂时曾说，问题在于必须承认“王国习惯法”高于各个采地和各个封建诸侯国的习惯法。这个演变并未完全实现。

罗马法造诣很深的雅克·雷韦尼是奥尔良大学享有盛誉的教
师，也是王权的坚定支持者[①]，他认为应该首先热爱“自己的祖 689
国”，即人们所在的封建主领地，然后才热爱“共同的祖国”，即法兰西王国。

一个封建和市民社会

圣路易时期的法兰西王国依然建立在农村经济的基础之上。农民仍占全国人口 90% 以上。诚然，圣路易加速解放农奴，指示各地官员优先照顾弱者的利益和保护农民。可是，这一切并没有改变建立在剥削农奴基础上的生产方式，也没有改善农民的社会地位。经济发展连同货币经济以及领主剥削方式的扩展，改变了农民负担的形式，以货币交付的杂税和年贡超过了徭役与实物捐税，封建地租变了，农民负担中货币所占比重的增大虽然加大了农民群众彼此之间的社会差异，却反而在总体上起到了加强领主制度的作用。此时正是领主制的黄金时代。

在贵族方面，我们惊奇地看到，国王的司法机构在许多讼案中对贵族乃至男爵进行了惩罚。在圣路易时代，昂盖朗·德·古

① 玛格丽特·布莱-索泰尔:《雅克·雷维尼的至尊权观念》(Marguerite Boulet-Sautel, *Le concept de souveraineté chez Jacques de Révigny*)，前引文。

希案件在伯爵们中间引起的震动几乎尽人皆知。可是我们应该看到，这些案件全部都是贵族与贵族的纠纷，充其量也不过是骑士反对男爵而已。圣路易身边没有市民。不错，他身边有农家子弟罗贝尔·索尔邦这样一些出身低微的神职人员，也有儒安维尔这样地位不高的骑士，但是这类个别现象不能掩盖基本事实，那就是圣路易身边的大多数近臣是高级教士和大贵族。圣路易始终关注贵族，甚至与大贵族休戚相关。他尤其关心贫穷潦倒的贵族和因十字军或货币经济发展而破产的贵族，这些贵族成了一个“穷得无脸见人”的特殊群体，作为托钵僧的弟子，圣路易对他们表现出格外的关怀。他以各种办法帮助他们，或是让他们成为他的
690 封臣，让他们定期领取年金，其额度大体相当于“采地补偿金”，或是把他们吸收到正在日益扩大的国王行政机构中来；居伊·富尔坎认为，在圣路易在位期间，“一大批”这类贵族进入了国王的行政机构。不过，笔者对于是否有这批因十字军而产生的“国家贵族”持保留态度[①]。我们既不应把圣路易统治下的法国社会过于向前推，也不应将它过于往后拉。圣路易用以对抗武士的在俗贤人理想，归根结底依然是一种贵族的理想，而与贤人对立的却同时有市民和农民。

圣路易不是市民的国王。况且，城市并非如某些史学家所想象的那样是反封建的组织。我们在前面已经看到，城市经济存在于封建生产方式内部。正如我们在前面所说的那样，城市如同“集体领主”那样思考和行动，在这里根本扯不上什么前资本主义。

① 居伊·富尔坎：《中世纪末期巴黎地区的农村》，前引书（本书原文第 660 页注 1）。

在圣路易的法国，工匠采地也并不少。不错，出现了一些不容忽视的发展，增值和利润的观念在一些人头脑里日益巩固，久而久之，商人开始利用时间通过放贷获利，大学教师则开始出售科学；而在过去，时间和科学都属于上帝。可是，圣路易厌恶放贷者，不管放贷者是犹太人或是基督教徒，而且不管有人怎么说，他对知识分子不无戒心。笔者鉴于当时的经济、城市社会和商人状况，更倾向于同意何塞·路易斯·罗梅洛的意见，认为此时的社会是一种封建—市民社会[①]。

圣路易是一个忍受痛苦和谦卑的国王，是贫民的朋友，是一个托钵僧国王，仅仅在以下意义上可以说他是一位新型国王：上帝即耶稣在 13 世纪也变成了一位钉在十字架上的国王，一位受难的国王[②]。领主纵然变得谦卑了，但他们毕竟并没有变成平民。对于圣路易来说，爱怜贫民和弱者（“弱势群体”[③]）虽然事关公义，但更是一项慈善事业。

圣路易既不是现代意义上的改革派，更不是革命者。他符合出现于加洛林王朝而为 12 世纪的复兴以及依照 13 世纪托钵僧精神修改的《君主明鉴》。他仍然是，或者说他变成了一位从封建制 691
度的最大利用中获益的封建国王。另一方面，他又是一个充满幻想的国王。教皇卜尼法斯八世在封圣文告中称他为和平王，也就是说，这位前不久去世的国王，是试图将臣民领向彼岸世界从而

① 何塞·路易斯·罗梅洛：《封建社会中的资产阶级革命》（José Luis Romero, *La revolución burguesa en el mundo feudal*），布宜诺斯艾里斯，1969 年。

② 请看本书原文第 858 页及以下多页。

③ 圣帕丢斯的纪尧姆：《圣路易传》，第 79 页。

获得拯救的国王，而不是追求今世幸福的国王；尽管后人将他在位时期誉为今世的和平与繁荣时期，其实追求今世幸福的思想在13世纪并不存在。当然，在他执政期间，天上的价值下降至人间的巨大运动逐渐加速[①]，但这些价值依然是宗教价值；如果说，曾经主宰假德尼斯那个天堂[②]（那里有许多大大小小的天使）的封建模式下降到了人间，那只是为了更加牢固地扎根在人间。

圣路易不行猎

从克洛维斯到路易八世，历代法国国王都程度不同地酷爱行猎。为满足国王行猎之需，创建了许多国王的森林，在这些森林的中心或邻近地段建造了许多国王行宫，这些行宫当然首先是法国国王的行宫。法兰西岛起初是一个宽阔的王家猎场。圣路易把“万森树林”主要用于憩息和审案，可是，当初菲力普·奥古斯特辟出这块地方却主要是为了行猎。那时的国王想要树立自己的形象，确保自己的特权，最佳途径莫过于行猎[③]。

任何文书和文献都不曾留下有关圣路易行猎的任何记载，他大概从未行猎[④]。

---

① 请看本书原文第487页注2引述的拙文。

② 假德尼斯（Prseudo-Denys），近代人对一位公元5—6世纪希腊匿名作家的称呼，他的基督教著述深受新柏拉图思想的影响。——译者

③ 路易十一世获悉父王查理七世驾崩噩耗后，立即外出行猎。

④ 必须指出，这种说法虽然可能非常接近事实，但毕竟只是一种推测。笔者也不曾读到任何一件资料声称或表明他从未行猎。反之，倒是有一些目击（转下页）

他这样做，确切地说，他不行猎一事再次表明他是一个与 692
众不同的平信徒。他不行猎这一点使他与主教们接近了，因为从第四次公会议以后，历次公会议都禁止主教行猎，而行猎不但是贵族的一种娱乐，更是世俗贵族的一种身份标志。此外，在许许多多的传说中，打猎者尤其是行猎的君主都被赋予负面形象（以建造巴别塔向耶和华挑战的暴君宁录不也是一个热衷于打猎的人吗？)。在《圣经》中，“猎取鸟兽消遣取乐的”那些部落的君主“全都不见了，下到地狱去了”(《巴录书》第3章第16—20节)，据说出自哲罗姆[①]之手的一篇文献写道：“我从未见到过任何一位行猎的圣徒。”[②]9世纪加洛林王朝《王侯明鉴》的主要作者之一奥尔良的若纳斯主教，专门为“为了打猎和宠爱猎犬而冷落了穷人事业的人”写了一段(《论世俗教育》第2章第XXIII节)（这似乎让人觉得是特地为殷勤服务于穷人的圣路易所写)。[③]

（接上页）者说，从未见到他参与“赌博之类的游戏”，也不曾见他参与“任何不光彩的嬉戏”（圣帕丢斯的纪尧姆:《圣路易传》，第133页)。

① 哲罗姆，又称圣哲罗姆，公元4—5世纪的教父和教会学者。——译者

② 参见菲力普·比克:《书籍的模棱两可》，前引书，第113页。此书中有一件非常有价值的关于打猎的文献，打猎是显示权力的一种思想工具。关于中世纪的打猎，参见阿兰·盖罗（Alain Guerreau）的文章“打猎”（*Chasse*)，此文即将发表在勒高夫和施密特主编的《中世纪西方文明诸特征》(*Les caractères originaux de la civilisation de l'Occident médiéval*)中。关于拜占庭的打猎情况，参阅埃弗利娜·帕特拉让:《行猎与元首》(Evelyne Patlgean, *De la Chasse et du souverain*)，见《纪念亚历山大·卡兹丹——顿巴丹栎树林文集》(Homo Byzantinus. *Papers in Honor of Alexander Kazhedan, Dumbarton Oaks Papers*)，46号，1992年，第257—263页。书中把国王的行猎视为尚武行为，就像古代那样，可以用来顶替战争中的胜利。

③ 奥尔良的若纳斯的这篇文章见于米涅的《拉丁教父著作集》，卷106，栏215—228。

12世纪初的教会法大学者夏特勒的伊夫在他的《教规集》中收集了一大批声讨打猎的文献，除去历次公会议禁止主教、司铎、副祭行猎的教会法之外，还有一些教会圣师谴责所有狩猎活动的文献，不管行猎者具有什么身份。圣奥古斯丁公开声称，给予打猎者的馈赠与给予蹩脚演员或妓女的馈赠一样恶劣，他写道："给予打猎者的馈赠实际上并非赠给一个人，而是赠给一种非常恶劣的活动，因为，如果打猎者仅仅是一个人，就不会给予他以任何馈赠，所以，馈赠所褒奖的其实是他的恶劣行径，而不是他的本
693 性。"奥古斯丁还曾说过这样的话："看见狩猎者便兴高采烈的人不得好报！但愿他们能悔悟，否则当他们［在最后审判时］见到救世主时，他们一定会痛心得无地自容。"圣哲罗姆曾提到，以扫是个喜欢打猎的人，因为他是个罪人，是个负罪的人，他说："《圣经》中没有一位圣徒是狩猎者，只有成为圣徒的渔人。"圣彼得与他的同伴应耶稣之召成了渔人，而不是杀人的猎人。圣安布罗斯对那些一早起来，不去教堂祈祷而叫仆人准备网子，牵出猎狗，然后走遍灌木丛和树林子的人，进行了严厉的谴责[①]。

国王体系

有一种政治理论确定了圣路易王国的性质，与圣路易直接有关的两份文献则揭示了这种理论的某些成分。一件是教皇格里高

---

① 夏特勒的伊夫：《教规集》，见米涅：《拉丁教父著作集》，卷16/1，栏808—810。

利九世 1229 年 11 月 26 日致路易九世和卡斯蒂利亚的布朗什的信[①]。教皇在信中指出，国王的两个主要属性是强权与仁慈，强权赋予国王以惩治的权力，仁慈则派生出怜悯和宽恕的权力，在这两个主要属性之间，国王应该紧紧把握智慧，以免强权转化为骄横，仁慈蜕化为“纵容”。我们看到，智慧是人们所称颂的圣路易特有的美德，他因而被誉为新所罗门王。有了这三个属性就可以把国王的其他能力组合起来，这些能力其实也是基督一国王的属性，诸如强权（它使罗马法术语进入国王体系）、权威（这也是一种古老的罗马观念，13 世纪的基督教徒国王正在把它重新纳入基督教的神学思想[②]）、积极的而非负面的恐惧，等等。基督教徒国 694

① 此信由德尼弗勒和夏特兰（Denifle et Chatelain）刊布在《巴黎大学文集》（*Chartularium Universitatis Parisiensis*），71 号，卷 I，第 128—129 页上。格隆德曼在他的文章《神、俗、学——对 13 世纪科学的评估》（H. Grundmann, *Sacerdotium-Regnum-Studium. Zur Wertung der Wissenschaft im 13.Jahrhundert*）（前引文，见本书原文第 355 页注 1）中引用，比克在他的《书籍的模棱两可》（前引书，第 178 页及以下多页）中也加以引用和评论，笔者采用的正是比克的论点。参阅比克的另一篇文章:《1150—1350 年的王权与圣经注释》（*Pouvoir royal et commentaires de la Bible* (1150—1350)），见《年鉴》，1989 年，第 691—713 页。

② 权威这个主题在 13 世纪的艺术和文学中也有突出的体现，尽管是以想象为特征的艺术所特有的方式体现的。参阅阿兰 · 拉布拉:《武功歌中的宫殿和花园建筑：论武功歌的国王主题》（Alain Labré, *L'Architecture des palais et jardins dans les chansons de gestes. Essai sur le thème du roi en majesté*），巴黎，日内瓦，1987 年。关于 12—13 世纪文学中的国王，参阅多米尼克 · 布泰:《查理曼与阿瑟王或想象的王》（Alain Boutet, *Charlemgne et Arthur ou le roi imaginaire*），巴黎，1993 年。关于神学-法学视角下的“权威”，参阅雅克 · 希福洛和雅纳 · 托马斯:《关于中世纪的大逆罪》（Jacques Chiffoleau et Yann Thomas, *Sur le crime de majesté médiévale*），见《地中海现代国家的诞生》（*Genèse de l'Etat moderne en Méditerranée*），罗马，1993 年，第 183—213 页。

王的至高无上性于是就这样逐渐形成了。作为中介的“智慧”随后也出现了，它在基督身上意味着真理。基督教徒国王于是成了上帝和耶稣的形象，这样一来，他就拥有了依据真理思考和行动的潜在可能性。与此同理，恐惧与强权相通，在封建一基督教体系中具有非常复杂的内涵的荣誉一词则与智慧相通。最后，国王的仁慈也就是基督的仁慈。这无疑是说，基督教徒国王身上具有圣徒的某种潜质。不过，这种职能上的圣德不同于圣路易所具有的个人的圣德[①]。最后，爱与仁慈相联，这正是圣路易对他人所显现的恻隐心和怜悯心的基础。他爱他的臣属，官方舆论竭力把他奉为首屈一指的典范，让他的臣属在他生前和身后以爱回报他。

另一件文献是博韦的樊尚所著《论道德原则教育》，这是在圣路易的授意之下写成的一部著作，是《王侯明鉴》和政治学的混合物[②]。从“具有三位一体形象”的国王角度来看，国王是上帝的形象这个命题在这部著作中所采用的形式很有意思。第一方面是国王的强权。当国王避免“眷恋统治”，避免成为暴君，并且时刻想着圣奥古斯丁的教诲时，当他的出身表明他是合法的继承人时，这种强权，或者说这种王权是合法的。圣奥古斯丁是这样说的：
695 “庞大的帝国就是庞大的盗匪集团[③]。”樊尚还提醒说，圣路易是查理曼的后裔，卡佩王朝的国祚延绵（从于格卡佩登位到圣路易

① 请看本书原文第835页及以下多页。

② 罗伯特·施奈德在1987年的格罗宁根大学的一次会议上对这份文献进行了精辟的分析，承蒙他的好意把他发言的主要内容告诉了我。他写道：“三位一体的国王形象就是博韦的樊尚所著《论道德原则教育》中的权力、智慧和仁慈。”笔者此处采用他的看法。

③ 圣奥古斯丁：《大帝国都是大强盗》（*Magna regna, magna latrocinia*）。

的父王路易八世，卡佩王朝已经延续了236年之久），是它得到上苍青睐的明证。第二方面是君主的智慧。这种智慧表现为国王对其性格行为的主宰能力，这种主宰能力一方面应该表现在对整个社会的良好管理中，同时也应该表现在他出主意、提建议以及接受他人的意见和建议的能力上，此外还应该表现在对自己的家族和王国财政的良好管理上，表现在不得不面对战争与和平时的决断能力上，表现在他从宗教经典和世俗读物中所受的教育程度上。在这里，我们又见到了一个世纪之前约翰·德·索尔兹伯里提出的命题：“一位无知的王只不过是一条头戴王冠的驴”，无论在格里高利九世的信中，或是传记作家们所描述和颂扬的圣路易的实际行动中，智慧都被置于中心地位。最后，樊尚描述了国王三位一体的第三个组成成分，即仁慈。他坚持认为，国王必须保卫仁慈，反对诽谤和阿谀，这是君主制体系中的政治道德的大课题。

在13世纪，除去罗马法专家，还得依靠教会法学者。把国王职能的性质概括为尊严，这个观念是从教会人士那里来的。尊严这个词本来指的是神职人员，而他们的尊严是独立于担任神职的个人的，后来这个词被用于各种世俗职务。这个词对于卡佩王朝非常重要，因为它关系到通过王朝的继承人使尊严永存。这符合君主和近臣们尽量缩短新王嗣位前的缺位时间的愿望。可是，法律上有一句俗话：“尊严永远不死。”可是，王朝的实际做法是长子自动嗣位，这一点在加冕的教会礼仪册中已经得到肯定，掌 696
玺大臣公署也已表明，依据这一实际做法，先王晏驾之日，便是新王嗣位之时，这就使得在圣路易掌政期间，尊严已失去了它的主要用处，在更能表达至尊权全部含义的陛下面前，尊严已不复存在。

王权的界限

另外一些有利于法国国王最高权力的说法也在传播。

首先是教皇英诺森三世在1205年的“令人尊敬”圣谕中，对法国国王作出了让步，同意“国王不承认任何世俗上司”。据某些法学史家和政治理论家研究[①]，一般地说，罗马史专家为确立国王的最高权力而做出的贡献多于教会法学者。众所周知的典型说法是：“君主不受法律制约”，“君主所愿即为法”[②]。

但是，正如人们所指出，“君主所愿”这个说法用在13世纪的国王身上，绝不意味着赋予他仅凭一人意愿即可随意行动的可能性，恰恰相反，它限定在严格的法律范围之内。我们看到，圣路易为促成其母再度摄政而求助于这个说法时，将实现这个心愿说成是做好事[③]。懂得如何听取谏议，不违反业已阐明的原则，避免独断专行，这正是“君主智慧”的美德之一[④]。

同样，国王也被“置于法律之下”，并不因为他“高踞法律之

---

① 拉尔弗·杰赛：《法国国王王朝权力的法理基础》(Ralph E. Giesey, *The Justic Basis of Dynastic Right to the French Throne*)，巴尔的摩，1961年，第7页。参阅厄奈斯特·坎托洛维茨：《国王的两个身体》(Ernest H. Kantorowicz, *The King's Two Bodies*)，前引书。

② 莫希·奥诺里：《近代国家观念的宗教法典》(S. Mochy Onory, *Fonti canonistiche dell'idea moderna dello stato*)，米兰，1951年。

③ 里戈迪埃：《从13世纪的三部习惯法看“君主不受法律制约”和“君主所愿即为法”》，前引文(本书原文第686页注1)。

④ 请看本书原文第324页。

上”而真的“不受法律制约”，“因为，国王既是法律之父，又是法律之子，他的这种地位迫使他不能践踏法律”[①]。 697

雅克·德·雷韦尼是圣路易朝末年在奥尔良执教的法学教授，他虽然支持王权，却依然为它设置了两个主要界限。就外部而言，王权依然受皇帝的制约，或者说至少受帝国的制约，其实这两种说法并无多大区别。“有人说法兰西享有对于帝国的豁免权，从法律上说这是不可能的。因此法兰西受帝国的制约。”[②]就内部而言，有人说“正如罗马是共同的祖国一样，王国也是共同的祖国，因为它是头颅”，然而，我们看到，雷韦尼却认为：“封臣的义务是保卫他们自己的祖国，即他们所效忠的男爵领地，而不是保卫共同的祖国，即国王。”[③]对国王忠心耿耿的儒安维尔拒不随从国王前去突尼斯时也是这样说的，他要尽自己的首要义务，管理因他外出而遭受重大损失的香槟领地。

由此可见，“‘君主所愿即为法’这句话的实际意义在13世纪看来相当有限。大家知道而且也接受这句话，但是在很大程度

---

① 里戈迪埃：《从13世纪的三部习惯法看“君主不受法律制约”和“君主所愿即为法”》，前引文（本书原文第696页注3）。

② 玛格丽特·布莱-索泰尔：《雅克·雷维尼的至尊权观念》，前引文，第25页。参阅同一作者的《让·德·布拉诺与圣路易时代的王权观念》（*Jean de Blanot et la conception du pouvoir royal au temps de Saint Louis*），见《圣路易逝世七百周年》（*Septième centenaire*），前引书，第57—68页。

③ 玛格丽特·布莱-索泰尔：《雅克·雷维尼的至尊权观念》，前引文，第23页。请看本书原文第688—689页。

上只不过说说而已”[①]。圣路易远非绝对君主，因为有三个条件使他无法成为一个绝对君主。先于一切的是他必须服从上帝，博马努瓦曾说，无论是君主或是臣下，每个人都毫无例外地“应该把依照上帝的指示行事放在超乎一切的重要地位”。[②]笔者与夏尔·珀蒂-迪泰伊持相同观点，认为对于圣路易来说，“主要的义务……
698 是指引他的臣民登天，保证他们的灵魂得到拯救”。[③]不过，笔者与里戈迪埃都认为，珀蒂·迪泰伊多少有些过分，他竟然把谋求公共福祉说成仅仅是次要义务。对于圣路易来说，“公共福祉只能是扑灭罪恶，驱除魔鬼”。对于圣路易来说，以末世论观点看，公共福祉是永不枯竭的，即使末世论观点是基本观点，依然如此。“公共福祉”也是在越来越技术性的领域里建立今世良好政府运转机制的指导原则，在这些领域里，与建设近代君主国家相关的国王的行动，应该在新的形式下进行，摆在首位的是司法、财政和货币，这些事物尚未从宗教和伦理观念中解放出来，而圣奥古斯丁的《上帝之城》始终是这种观念的最高参照系。中世纪的人们在思考这一点时，秉持一种天与地的逻辑关系，而我们在其中所

---

① 里戈迪埃:《从13世纪的三部习惯法看“君主不受法律制约”和“君主所愿即为法”》，前引文（本书原文第696页注3），前引文（本书原文第686页注1），第441页。

② 菲力普·德·波马努瓦:《博韦希斯习惯法》，前引书，第XLIX章，1515节。参见上一条注中里戈迪埃的文章，第449页和注70。

③ 夏尔·珀蒂·迪泰伊:《圣路易时代共同利益的确立》（*L'Etablissement pour le commun profit au temps de Saint Louis*），见《西班牙法律史年鉴》（*Annuario de Historia del Derecho español*），1933年，第199—201页。

看到的却只有不相容性和分离的必要性。政治“世俗化”虽然极具诱惑力，我却认为这是一种脱离时代特征的看法[①]。

反之，我与约瑟夫·斯特雷耶及其弟子伊丽莎白·布朗等人的看法相同[②]，他们指出，对于包括圣路易及其继承者们在内的基督教徒国王而言，王权都受到一种态度即良心的制约，这便是绝对王权的第三种限制，对此应该予以重视[③]。第三种限制存在于对良心的审视之中，它与忏悔这种新的宗教活动密切相关，而忏悔则是连接上帝意志和行使国王最高权力之间的中介。法国国王之所以在税收和货币的立法与行动方面显得特别优柔寡断、小心翼翼乃至自相矛盾，部分地正是第三种限制在起作用的缘故。圣路易扪心自问之后，便在绝对王权主义发展的途中上打住了；绝对 699
王权主义只是在很久之后才终于在法国确立[④]。

---

① 约瑟夫·斯特雷耶：《13世纪法国和英国社会的世俗化》(Joseph Trayer, *The Laicization of French and English Society in the Thirteenth Century*), 1940年；这个观点被《中世纪的国家管理与历史透视》(*Medieval Statecraft and the Perspectives of History*) 引用，普林斯顿，1971年，第251—265页。乔治·拉格拉德：《中世纪衰微时期世俗意识的诞生》(Georges Lagrade, *La Naissance de l'esprit laïque au déclin du Moyen Age*), 第3版，鲁汶，巴黎，1956—1970年；此书是一部给人以深刻印象的著作，但在我看来，作者所支持的某些观点值得商榷。

② 伊丽莎白·布朗：《13和14世纪的税收与伦理：良心、政治权力和法国诸王》(Elizabeth, A. R. Brown, *Taxation and Morality in the XIIth and XIVth Centuries: Conscience and Political Power and the Kings of France*)，见《法国历史研究》, VIII,1973年，第1—28页；里茨主编的《欧洲早期中世纪的良心和决疑法》(E. Lites (éd), *Conscience and Casuistry in Early Medieval Europe*) 加以引用，剑桥。巴黎，1988年。

③ 请看本书原文第384—385页，第512—513页，第760—763页。

④ 如果克里嫩作了精心研究的“绝对王权主义”在圣路易执政时期继续其进程的话，那么它只是在他之后才加快了速度。

圣路易在臣民面前的表现

圣路易对于自己这个圣徒国王的面目，究竟是遮盖还是“曝光”呢？我们看到，他选择了后者[①]。他比他的先王们更多地使用个人“作秀”，不过，他是裹着谦卑的外衣“曝光”的，时而在信徒们列队行进的行列里，时而在向各地穷人布施的巡游中。1248 年在十字军出征途中，他沿着尘土飞扬的大路，赤脚走向桑斯，到方济各会的教务大会上去会见帕尔马的萨林本。这个自找苦吃的谦卑形象，除了使他的国王形象更加光彩照人以外，没有任何负面效果[②]。

圣帕丢斯的纪尧姆留下的两件文献，让我们看到了圣路易在谦卑的虔诚气氛中出现在人群中间的情形，他的做法很难说没有一点故意炫耀的用心。

第一件说的是 1262 年有组织的公众列队前往桑里斯的情景，圣路易在那里修建了一座教堂，用来安放从阿戈纳的圣莫里斯教堂迁移过来的圣莫里斯团的 24 位圣徒遗体。他将这些遗体分别安放在若干大盒子里，上面盖着丝巾，为此邀集了许多主教和修道院长，到场的还有许多伯爵和“大批民众”。“他让桑里斯镇的所有神职人员秩序井然地列队行进”，并让人们抬着盛有圣徒遗体的大盒子“列队穿过全镇”，一直走到国王住所的小教堂前，这些遗体临时停放在那里，等待圣莫里斯教堂建成。“圣徒国王亲自与他的女婿纳瓦尔国王蒂博肩扛最后一个大盒子，其他大盒子则由男

① 请看本书原文第 529 页。

② 请看本书原文第 454—455 页。

爵和骑士扛着走在他的前面……当遗体到达教堂时，圣徒国王下
令庄严地高唱弥撒，并让人向聚集在那里的民众宣道。”[①]路易当着 700
公众的面，在圣徒遗体面前十分谦卑，他给神职人员、贵族和民众留下了一个圣徒遗体处理者和保护者的形象，而实际上第一个从中受惠的便是他。

第二件文献描述了国王骑在马上向穷人进行布施的情景：“国王骑马巡视全国时，穷人纷纷向他涌来，他下令给每人1锝，当他见到赤贫者时，下令给其中一人5苏，给另一人10苏，甚至给另外一人20苏……”[②]

从圣地回来后，“他在巡视自己的土地时，每天亲手伺候两个穷人，送给每人两个面包和12锝”。当食物匮乏或价格很高时，他也会分发一些钱财和食品，以此来完成国王养活百姓的使命。“他有时说，‘走，看看某某乡的穷人去，给他们弄点吃的’。”[③]

耶稣受难日是国王充分展示自己乐善好施的大好日子：

> 每逢耶稣受难日，圣徒国王都要到一些教堂去，向前来见他的穷人分发小钱，他命令卫士们不得阻挡穷人靠近他。这样一来，穷人们便争先恐后地涌过来，险些把国王挤倒。他不慌不忙地对付着，向他乞求布施的穷人实在太多，把他

---

① 圣帕丢斯的纪尧姆：《圣路易传》(Guillaume de Saint-Pathus, *Vie de Saint Louis*)，第45—46页。

② 同上书，第89页。

③ 同上书，第89—91页。

> 挤来挤去，有时甚至踩他的脚，但是他依然不许他身边的侍从和其他官员推搡穷人们[①]……

圣路易出巡既是为关怀穷人，也是为了“显示”国王的风采。在王宫里，尤其是在万森或巴黎的王宫里，他总是把深居简出和
701 招摇过市结合得很好。我们在后面将会看到，他的“府第”几乎变成了他与随从们的“神圣之家”，他的圣堂变成了安放基督受难圣物的私人收藏室，这些圣物运抵巴黎后，先是陈列在圣堂里，然后珍藏在他的私人小经堂里，由他独自供奉。在特殊的日子里，以隆重的仪礼将圣物迎出，供奉在王宫花园里，让前来要求国王主持公义或参加王家盛大节日的民众瞻仰。

圣路易精明吗？

卡佩王朝诸王在封建制度和宗教的掩盖下，推动了君主制国家的形成和发展，此话用在圣路易身上尤其恰如其分。在他执政期间，国家在神德的掩盖下逐渐形成。这是时代的标志还是马基雅维里主义的君王论的体现（当然，马基雅维里主义当时并不存在）？[②]

---

① 圣帕丢斯的纪尧姆：《圣路易传》，第117—118页，参阅该书结尾处第816页，我觉得作者在那里对圣路易的关键行为作了深层的剖析。

② 雅克·克里嫩思考了中世纪政治是否可能存在着马基雅维里主义的问题［参阅《国王的帝国——13—15世纪法国政治思想和信仰》，前引书］。

圣路易的行为中有一些令人十分吃惊和与众不同的特点，致使人们不禁要问，他是否有什么“奥秘”。圣路易服从宗教和道德的要求，声称没有任何东西可以超越上帝和宗教的利益，与此同时，他却从未停止对于王权和法兰西利益的追求。伏尔泰对他的认识堪称入木三分。[①] 弗斯泰尔·德·古朗治也对他有十分透彻的理解，他写道:“他的机灵在于他公正。”[②]

在扮演“非常虔诚的基督教徒”国王这一点上，他比先王们做得更好，他把“非常虔诚”这个修饰语变成了法国国王固有的属性，从而使法国国王在这一点上高出其他基督教徒国王一头。英国人马修·帕里斯把法国国王称作“人世间最崇高和最称职的国王”，[③] 圣路易以自己的行动证明这个说法正确无误。

1259 年 12 月 4 日英国国王在巴黎西岱岛上法国王宫中向法国国王表示效忠，一是法国国王政治上的巨大胜利，一是基督 702
教徒之间的和解，怎么可能把这个举动所包含的双重意义区别清楚呢?

1247 年圣路易派遣稽查员收集民众对于国王委派的官员滥用职权和判案不公的抱怨和愤懑，国王主持公道的形象由此确立并深入人心。国王的邑督指控在城镇中执政的市民所执行的税收政策把税收的主要负担转嫁给普通百姓，王权也就悄悄地渗透进“优良城市”的管理中去了。

---

① 参阅本书正文前的题语。

② 弗斯泰尔·德·古朗治:《供皇后汲取的教训》(N.. D. Fustel de Coulanges, *Leçonsà l'impératrice*)，科伦布，1970 年，第 176 页 (《圣路易与国王的威望》(*Saint Louis et le prestige du roi*))。

③ 马修·帕里斯:《大纪年》，卷 V，第 307 页。

为了明显的宗教或道德原因而主持公义或维护和平，同时也就增进了王权和君主的声望，加强了正在建设过程中的国家。

儒安维尔记述了圣路易在万森树林的一株橡树下审案的场景，让我们听一听儒安维尔是如何说的：

> 夏天，他望过弥撒后常到万森树林去，他自己坐在一株橡树下面，让我们围坐在他四周。所有前来向他禀报的人都不会受到侍卫官和其他官员的阻拦。国王亲口问道："谁有什么事吗？"有事的人于是便站了起来。国王说道："你们都不必开口，我会让人把你们一一打发走的。"然后，国王就让人把皮埃尔·德·方丹大人和若弗鲁瓦·德·维莱特大人找来，对他们当中的一人说："把这件事给我处置好。"[①]

他在巴黎王家花园里也是这样处理的：

> 他让人在地上铺好地毯，叫我们统统围着他坐下。有事要向他禀报的人都站在四周围。他一一把他们打发走，就像我在前面说过的发生在万森树林中的情形一样[②]。

儒安维尔撰写圣路易的传记时，距离这些事情发生的时间已
703 有 40 年了，他不喜欢当今国王美男子菲力普（这位国王在他祖父驾崩时只有两岁），也不喜欢由法学家和我们今天所说的官僚们治

① 儒安维尔：《圣路易史》，第 35 页。参阅本书插图 4。

② 同上。

理的政府，相反却津津乐道于圣路易的平易近人和他亲自处理司法案件的做法[①]。圣路易虽然亲自听取申诉者的陈述，但是他却让他周围的专家们处理这些申诉，由他们裁处和判决。这些专家包括皮埃尔·德·方丹，若弗鲁瓦·德·维莱特，前者是享有盛誉的法学家，后者是享有盛名的邑督。表面上是圣路易在亲自审案，其实是在确立国王的司法大权，通过向国王上诉，在他在位期间实现了政治和行政管理的巨大进步，即以国王司法抑制领主、封臣等地方或私人司法权。孟德斯鸠就此写道："圣路易建立了控告裁判不公无需决斗的惯例，这个改变是一种革命。"[②]日益增多的讼案要求越来越多的司法专家；比较重大的案件则越来越多地向作为法院运转的宫廷提起上诉。圣路易依然是个没有固定住所的国王，可是，他处理司法案件却有了固定的地点[③]。

有人这样写道："提交宫廷处理的案件日益增多，原因似乎是圣路易的道德影响。"[④]此说尚需斟酌。事实上并不存在两个相对独立的运动，一个是国王司法机构的大发展和完善，另一个是圣路易对于道德问题的关注。圣路易也没有什么精明之处，如果说他

---

① 感谢贝尔纳·格奈提醒我注意这个贴切的看法。

② 《论法的精神》，第 37 章，第 29 节。"fausser sans combattre" 意为若不服领主的裁决，可以直接向国王提起上诉，不必如以前那样首先要求进行司法决斗，"fausser" 在这里的实际意义是 "redresser（纠正）"。我们应该记得，是圣路易废除了作为取证手段的司法决斗。

③ 费尔迪南·洛特、罗贝尔·法弗蒂埃：《法国中世纪政治制度史》（Ferdinand Lot et Robert Fawtier, *Histoire des institutions françaises au Moyen Age*），前引书，第 332—333 页。

④ 费尔迪南·洛特、罗贝尔·法弗蒂埃：《法国中世纪政治制度史》，前引书，第 333 页。

在政治上有所算计的话，那也与他的宗教目的难以分开。圣路易既是基督教的司法专家，又是国王司法制度的建设者，因为对于他来说，国王的司法制度无非是他道德行为的工具而已。圣路易
704 的“奥秘”也许就是不把政治与伦理分开。

力量即在于此，连十字军也是如此。他把十字军征战拖得很长很长，超出了它的历史时期，然而，即使是在它开始显得过时的时候，它依然享有盛誉。十字军虽然令圣路易两度惨遭败绩，却使他的形象趋于丰满，并且为法兰西王国增添了光彩。在最终变成纯粹的空想之前，十字军依然是英勇的行动。阿瑟王的冒险行为与时代精神已经不再吻合，因而它只能以阿瑟王之死告终。同样，圣路易的十字军也已经不再符合他那个时代的共同心态，所以它也同样只能以一个人壮烈辞世而告终，那便是圣路易之死。

第六章

/

圣路易在家庭中 705

任何人都不是孤独一人生活着，在中世纪尤其如此，相对于社会底层而言，生活在社会金字塔顶尖的那些人，更加生活在家庭和亲属的包围之中。他们那个由直系亲属和有血缘关系的远亲所组成的大家族，同时也是一个彼此联姻的家族，其中地位较高的人比其他人负有更大的责任，他们应该确保家族繁衍，组织互助，尽一切可能保持自己的门第，扩大族系。这样一个家族的头领，如果同时甚至首先应该保证其“王家地位”，那么他的任务就更加重大了，这个亲属网也就更大了。因为这样一个家族显然与众不同，它必定高于其他家族。这就是王朝，也就是以前人们所说的一个“朝代”，一个神圣的族系。圣路易对于这个家族成员的爱，闪烁着这种神圣的灵光[①]。

① 参阅刘易斯的佳作《王族血缘》（A. W. Lewis, *Le sang royal*），前引书，第4章“王朝感情的发展”。

父　亲

爱，首先是向上对父母的爱。我们不知道圣路易对于他的父亲有什么说法。在 1230 年就犹太人放贷者发布的默伦敕令中，我们读到过这类格式化的套话："忆及圣明的父王和列祖列宗"，敕令
706 出自国王总管府，并非年轻的国王亲笔所写。路易九世以后各位国王的敕令上只提"列祖列宗"，而不再提及"父王"了。路易八世只做了 3 年国王，来不及发布很多敕令，只是到了圣路易在位期间，敕令数量才大大增加。经常提及路易八世的是教会，教会这样做，除了感激他对阿尔比异端分子的军事围剿，可能还有言外之意，那就是不动声色地指责圣路易对弹压异端缺乏热情。

传统政治思想历来相信历代国王是"龙生龙，凤生凤"，13 世纪末的许多文献也一味重复这类陈词滥调。因此，圣路易被说成是"继承了其父的美德、虔诚和信仰"[①]。他的父王故去时，他年方 12 岁，所以，他大概对父王知之不多，贵族的孩子 7 岁之前通常生活在妇人中间，那时他能见到的男子大多是教会人士，况且路易八世经常外出作战，不在宫中。路易八世基本上是个武夫，如果说圣路易后来勇敢地扮演了骑士和军事首领的角色，那么他喜欢交往的却并非武夫，而是贤人。

① 《高卢与法兰西历史学家文集》，卷 XXIII，第 168 页。关于路易八世，参阅希弗里：《狮子王路易八世》(Gérard Sivery, *Louis VIIIle Lion*)，巴黎，1959 年。作者为传主勾勒了一幅正面画像，书中专门谈论罗马的吉勒所著《加洛林》，题为"留给王子路易的一份政治纲领"，第 29—52 页。

祖　父

可是，他想起祖父菲力普·奥古斯特时却满怀敬意，其实祖父故去时他才9岁。圣路易是第一位生前见到过祖父的法国国王。圣路易是在祖父战功显赫的鼎盛时期见到他的，那年他49岁，因布汶之役而名声大噪，他在这次战役中身先士卒，冲锋陷阵，险些命丧沙场。在中世纪，50岁就是老人了。可是菲力普·奥古斯特在50岁上虽然自己不再披挂，而让他的王储儿子出征，但是他还能打猎。阿涅斯·德·梅朗于1201年死去后，他与教会重归于好，还在1213年让他的第二任合法妻子丹麦的茵吉博尔格走出修 707
道院，重获自由。

教皇英诺森三世宣布菲力普·奥古斯特与阿涅斯·德·梅朗所生子女为合法子女，其中包括他的儿子菲力普·于佩尔。布汶之役后，他把布洛涅伯爵领地赐给了这个儿子。卡斯蒂利亚的布朗什（与路易）在菲力普·于佩尔身上下了工夫，成功地促使他没有参加路易九世年幼时实力雄厚的封臣们发动的叛乱[①]。

菲力普·奥古斯特在1209年有了一个私生子之后，就不再寻花问柳了。他凭借一时之勇，壮着胆子给这个私生子起名为皮埃尔·查尔洛。在卡佩王朝的历史上，这是第一次为一位王子起这样荣耀的名字，因为这个名字与查理曼的名字非常相似。菲力普·奥古斯特的第一任妻子埃诺的伊萨贝尔生下的儿子，就是后来的路易八世，这是卡佩王朝第一位真正出自查理曼直系的国王，

① 请看本书原文第100—101页。

不过血统是从母系延续而来的。圣路易所见到的祖父，是一位正襟危坐、老态日显、喜欢与小孙子说闲话的祖父。1218 年他 12 岁，哥哥菲力普病死，于是他成了法国未来的国王。

然而，一位是菲力普 · 奥古斯特，另一位是后来的圣路易，我们能想象得出另外两个比他们更加截然不同的人吗？一位是一生戎马倥偬的征服者，酷爱行猎，懂得享受，迷恋女色，暴躁易怒；另一位则热爱和平，即使在不得已而动武时，也时刻不放弃对和平的执著追求，他不行猎，不饕餮，不好色（只亲近自己的妻子），自制力强，信仰虔诚，刻意苦行。可是，幼年的路易却因祖父对自己的关注而深感自豪，祖父的威望以及体现国王威严的方式给他留下了深刻印象，他细细咀嚼祖父的教诲，牢牢记在心上，直至他生命的最后一刻。在他执政时期，常有人提起菲力
708 普 · 奥古斯特的往事[1]，圣路易本人也时时讲述祖父的故事。人们常常向他的亲属和仆役一再念叨他的祖父生前说过的话，这些话在他看来句句都是至理名言[2]。

对于他来说，菲力普 · 奥古斯特也是一个参照系，一个必要时可以用作挡箭牌的权威。

在恩盖朗 · 德 · 古希事件中，他让大家不要忘记，他的祖父曾因一个贵族犯了杀人罪而没收了他的城堡，并将他投入卢浮堡监狱[3]。他在《示儿》中唯一引述的人就是菲力普 · 奥古斯

① 勒高夫:《〈喻世录〉中的菲力普 · 奥古斯特》(Jacqus Le Goff, *Philippe Auguste dans les exempla*)，见罗贝尔-亨利 · 博蒂埃（编）:《菲力普 · 奥古斯特时期的法国》(Robert-Henri Bautier, *La France de Philippe Auguste*)，前引书，第 145—156 页。

② 请看本书原文第 38—39 页。

③ 圣帕丢斯的纪尧姆:《圣路易传》，第 137—138 页。

特。路易告诉儿子菲力普要尊重教会，即使教会给他造成损害，也不能因此而不尊重。他回忆祖父的话说，为了上帝赐予的恩宠，宁可承受教会可能造成的损失，也不能“让我与教会之间出现不和。”[①] 这两件事表明，他试图展示自己政策的两个遭人非议的侧面，其一是严格执法，其二是对教会中人的（有限度的）宽容。

对于圣路易来说，菲力普·奥古斯特显然是法国国王近在眼前的典范，而国王则是王国的执政者。祖父驾崩之后极备哀荣，躺在灵车上的遗体覆盖着金色织物，手中握着权杖，头上戴着王冠，从巴黎运送到圣德尼[②]，圣路易是否目睹了这一场面？可能性不大。可是，铭刻在他记忆中的祖父是一位威严的国王。他见过祖父的音容笑貌，听过祖父的教诲，与祖父有过亲密的接触，这些经历留给了他什么呢？那就是他亲眼目睹了他所继承的这个王朝是如何代代相传的。这是13世纪一个重要的政治现象，也是他本人在作出政治决策时最热切的关注点之一。家族的感情始终与政治意识纠缠在一起。

---

① 圣帕丢斯的纪尧姆：《圣路易传》，第67—68页；参阅本书第一部分第一章第一节中儒安维尔讲述的细节以及本书原文680页。

② 菲力普·穆斯凯斯：《韵文纪年》（Philippe Mouskès, *Chronique rimée*），卷II，第431—432页，第23861—23884行，埃尔兰德-勃兰登堡在《国王驾崩》（Alain Erlande-Brandenburg, *Le Roi est mort*）中引用，前引书，第18页。参阅本书第一部分第一章。

母　　亲

查理曼以来形成的惯例是依据《圣经·新约》和《圣经·旧约》的对应一致关系，让法国国王成为新的以色列国王和犹大国王。对于受过教育的同时代人来说，圣路易是新的大卫王和新的
709 所罗门王，更是一位新的约西亚[①]。博利厄的若弗鲁瓦在圣路易去世不久后撰写的《圣路易传》中谈论卡斯蒂利亚的布朗什时，就是从这个比附出发的[②]。路易与约西亚的一个共同点就是两人都有一个非常出色的母亲。

> 此外，不应不提及约西亚的母亲，她名叫耶底大，意思是“上帝关爱的人”或“上帝喜见的人”。这层意思非常适合我们国王那位十分杰出的母亲布朗什王太后。她确实为上帝所关爱，为上帝所喜见，她对大家有用，让大家欢悦[③]。

传记作者们认为，国王路易的美德得益于母亲之处甚多。若是没有这位母亲，他的为人，他的一生和他对国家的治理都可能是另外一个样子。我们本来以为人们会如实地称颂布朗什的建树，可是，她之所以被称颂却仅仅因为她像一个男人，而且培养了一

① 请看本书原文第394—395页。

② 埃利·贝尔热:《卡斯蒂利亚的布朗什史》(Elie Berger, *Histoire de Blanche de Castille*)，巴黎，1895年；雷吉纳·佩尔努:《布朗什王后》(Régine Pernoud, *La Reine Blanche*)，前引书。

③ 博利厄的若弗鲁瓦:《生平》，第4页。

个男人即他的儿子。女人和孩子在中世纪是没有价值的，只有成年男子才有价值可言。中世纪属于男性[①]……

> 在这位十分虔诚的母亲圣洁的教育和十分有益的教诲下，我们的路易在他的孩童本性中显现了良好的素质，令人对他充满美好的期望，他一天天长大，变成了一个成熟的男子；如同一棵优良的树上结出的硕果那样，他探寻上帝，做上帝乐见的好事，以全身心和全部力量朝向上帝[②]。

一个孩童变成一个好基督教徒的所有条件他都具备了，不可
或缺的善良天性他有了，良好的教育他也有了。没有先天与后天 710
的结合，便不可能结出硕果，这是《王侯明鉴》阐明的理论，路易身边的教士们的启示者约翰·德·索尔兹伯里在《论政治家》中是这样说的，博韦的樊尚在题献给路易的妻子的《论贵胄子弟的教育》中也是这样说的。

但是，卡斯蒂利亚的布朗什在她的儿子12岁上登极为王之后，显示出了更多的美德。

> 他登上王位时只有12岁左右，他的母亲在行使、维护和保卫王国的各种权力时所表现的力量、热忱、妥善的处置和非凡的气度，国王身边的大臣们有目共睹。初登王位的国王

① 乔治·杜比：《中世纪属于男性》(Georges Duby, *Mâle Moyen Age*)，巴黎，1968年，1990年新版。

② 博利厄的若弗鲁瓦：《生平》，第4页。

> 面对着众多强大的对手，然而，由于他心底无私，母亲具有远见卓识（她一贯显示出完美的男子气质[①]，使她自然而然地具有男子的精神面貌和男子的胸襟），制造事端的家伙们一个个无地自容，先后低头认错，国王的正义终于获得胜利。

布朗什的舐犊之情是一个基督教徒母亲对儿子的爱，一则小故事说明了这一点，布朗什本人经由他儿子之口也谈到了这一点；而据历史学家们记述，路易八世对儿子不重言教。

> 有一件事不应略而不提。一位信徒听了误传，说国王婚
> 前就纳妾，而且不时与她们苟且，王太后明明知道，却假装
> 蒙在鼓里。这个信徒信以为真，十分吃惊，因而指责王太后。
> 王太后谦和地为儿子和她自己辟谣，她讲的那番话实在值得
> 赞颂。她说，她爱自己的儿子胜过世界上任何人；有一次儿
> 711 子病危，有人说，他只要与别的女人苟且一次就能痊愈。王
> 太后宁可看着儿子病死，也不愿意让他冒犯上帝，哪怕就做
> 这一件坏事[②]。

教皇卜尼法斯八世在他为圣路易封圣而发布的文告中，证实了布朗什确实是一位重视品德教育的非凡的母亲，圣帕丢斯的纪尧姆在他以封圣文献为基础写成的《圣路易传》中，也证实了王太后的这个重要作用。教皇说道：

---

① 此处意为“男子般的女子”，既有震慑力又善于征战的女人。

② 博利厄的若弗鲁瓦：《生平》，第4—5页。

> 他12岁那年丧父，在母亲法国王后布朗什的呵护和指点下执政。布朗什念念不忘上帝托付的使命，尽心竭力点拨儿子，不知疲倦地对他进行培育，使他有能力承担治理国家的重任，让他知道，国家期待着他的英明治理[①]。

不要把侍奉上帝和为国家服务看作两件互不相关的事，服从上帝的旨意和维护王国的利益，是他唯一和同一的责任，这两件事并行不悖，应该齐头并进，宗教虔诚和治国技巧实为一体。这就是布朗什要求儿子永远不能忘记，并切实付诸行动的最根本的教导[②]。

圣帕丢斯的纪尧姆也有相似的回忆：

> 他的母亲是令人尊敬的布朗什王太后，先王晏驾后，她以宗教精神培育12岁登极为王的儿子；她以妇人之心和须眉之勇牢牢地控制着王国，坚定而机智，坚强而正直，她以先见之明挫败对手的多次挑衅，捍卫了王国的各项权力[③]。

儿子常常忆起母亲的教导，据纪尧姆记述圣路易的回忆，他
的母亲宁可听到他死去的噩耗，也不愿得知他做了罪孽深重的事。 712

布朗什生于1188年，是卡斯蒂利亚国王阿尔封斯八世和英格兰的阿里耶诺尔的女儿。1200年她12岁时嫁给菲力普·奥古

① 《卜尼法斯八世》，第155页。

② 请看本书原文第701—704页。

③ 圣帕丢斯的纪尧姆：《圣路易传》，第13页。

斯特的长子和继承人路易，这桩婚事原来被寄予促成法国国王和英国国王言归于好的厚望，结果却是一场空。布朗什为路易生了十一二个子女，其中三四个低龄夭折；长子菲力普死于1218年，终年9岁，让死于1232年，终年13岁，菲力普·达戈贝尔也死于1232年，终年7岁。存活下来的罗贝尔、阿尔封斯、伊萨贝尔和查理，都在路易之后出生。

为这些子女起的名字符合卡佩王朝的取名规矩。长子的名字菲力普是祖父的名字，路易是父亲的名字，罗贝尔是卡佩王朝的先祖罗贝尔人和第二位国王虔诚者罗贝尔的名字，阿尔封斯是外祖父的名字，取这个名字是为了向外祖父表示敬意，菲力普·达戈贝尔这个名字取自祖父的名字和一位墨洛温王朝国王的名字（圣路易为这位国王重修了坟墓）；查理这个名字使查理曼终于成为卡佩王朝的先祖。唯一的女儿伊萨贝尔用的是祖父菲力普·奥古斯特的第一任妻子、父亲路易八世的生母埃诺的伊萨贝尔的名字。

路易八世盛年驾崩，布朗什遂成为12岁小王即后来的圣路易的监护人和王国的摄政。据当时人说，路易八世病笃之时大概并未指定王后摄政，有人揣测，王后摄政是国王御前会议选择的结果。这个御前会议的成员大多是老王菲力普·奥古斯特的旧臣，路易八世临终时他们都在场，至于他们那时是否已经发现王后的才能，那倒不一定，不过，她很快就显示了自己卓越的治国才能[①]。

---

① 参阅本书第一部分第一章。我在这里表露的对卡斯蒂利亚的布朗什的看法，再现了我在前文（本书原文第99页及以下多页）中依据时间顺序讲述过的各种事件的看法。

她受命于危难之时。若干实力雄厚的封臣蠢蠢欲动，年幼的
儿子面临威胁。她是个来自外邦的女人，而在中世纪，尤其是在
法国，王后是个外邦人并非好事。早在 11 世纪，虔诚者罗贝尔的
第三任妻子、图鲁兹伯爵的女儿阿尔勒（或称普罗旺斯）的康斯
坦丝，就因为她是来自南方奥克语地区的公主，而在宫廷中遭到 713
操奥依语的来自法兰西岛的官员们的敌视。

布朗什确确实实是卡斯蒂利亚人，不但因为她在那里出生，还由于她的外貌。她的长相究竟如何，我们并不清楚，但肯定具有卡斯蒂利亚人的特征，也就是说，她的头发乌黑[①]。她的宗教信仰大概也十分虔诚、炽热乃至狂热。她把自己的宗教热情传给儿子（虽然卡佩王朝本来就有宗教虔诚的传统，特别是先王路易七世宗教虔诚的声名远扬），她还把自己的宗教虔诚传给了侄子、卡斯蒂利亚国王费迪南三世。这位国王向来以其圣德闻名，但直到 17 世纪才终于被封为圣徒。

她面临着许多艰难的任务，其中包括把儿子培养成尽善尽美的国王（她一心指望他成为一个圣徒，至少应该是个理想的基督教徒国王[②]），她顶住大封臣们的反叛，抗拒英国人为收回丢失给菲力普·奥古斯特的属地而发出的挑衅，她还要在没有菲力普·奥古斯特的众谋士辅佐的情况下治理好法国；除去这许多任务，她还不得不面对最恶毒的流言蜚语。有人说她是香槟伯爵蒂

---

① 希弗里：《普罗旺斯的玛格丽特》（Gérard Sivery, *Marguerite de Provence*），前引书，第 125 页。

② 关于母亲对培养儿子宗教信仰的作用，参阅让·德吕莫（编）：《我母亲的宗教——妇女在宗教传递中的作用》（*La Religion de ma mère. Le rôle des femmes dans la transformission de la foi*），巴黎，1992 年。

博四世的情妇，还有人说她是教廷特使罗曼·德·圣–安吉（罗曼·弗兰吉帕尼）的情妇。

她凭借自己的魄力、勇气和不容置疑的作风顶住压力，取得了胜利。有时她过于自信，以致在1229—1231年的巴黎大学学潮中，险些因自己的一意孤行而失去这所大学。双方对峙了相当长的一段时间后，在教廷特使（也许还有她的儿子）的一再坚持下，她才终于作出让步。

在这些艰难的年头里，母子之间建立了亲且深的关系。路易八世晏驾不久，她乘着摇摇晃晃的马车，领着儿子一路颠簸来到兰斯加冕；14世纪初的一幅微型彩绘为我们保留下了这个场面[①]。路易忘不掉他与母亲躲在蒙莱里古堡中的情景，他们惊恐万状，
714 直到大批巴黎民众找到古堡来，把他们陪送到首都；一路上老百姓争先恐后地向他们涌来，令他们大受鼓舞[②]。生死与共的经历在母子间生发出无法割舍的感情，而这种感情又强化了布朗什孜孜不倦地教育儿子的效果，也使得儿子后来乐于将治理国家的重任托付给母亲。

由此而在法国历史上留下了一段绝无仅有的奇特现象，一位国王与其母亲互敬互爱，母亲在儿子成年之后依然握有大权。这种异乎寻常的局面甚至可以称作二王共治[③]。当然，路易年满20岁，尤其是结婚之后拥有全权，有效地治理着法国，然而，他母亲的名字并未消失，仍然出现在大量官方文书中。1226年到1252

---

① 请看本书原文第95—96页。

② 儒安维尔:《圣路易史》，第43页。

③ 我在本书第一部分（原文第128页）中谈到了此事在法国历史上的地位，而在本书原文第517—518页中，我借助一幅微型彩绘对此事进行了评论。

年间治理法国的实际上是“国王路易和王太后布朗什”。在这里我依然认为，路易不经意地把当好国王和完成国王职能这两件事协调起来了。因为，他不仅仅负有责任，同时也享有权威，尽管他尊重并热爱母亲，允许她与他共为君主。母子二人个性都很强，都对公众的福祉充满热忱。圣路易对母亲满怀敬爱之情，十分重视她的建言，真诚感激母亲为他和王国所作的一切，所以，接受与母亲共同治国对他来说不存在任何困难。布朗什也十分钟爱自己的这个儿子，对他充满信任和赞赏，她也十分明白，国王才是君主和一国之首，所以，她无论在表面上或实际上都不会滥用儿子让她分享的权力。这是一对令人惊异的理想搭档，我们不曾发现两人之间任何不和的迹象，此事确实令人啧啧称奇。或许在对待朝三暮四的图鲁兹伯爵雷蒙七世态度上，布朗什比她的儿子更宽容些？其实也不见得。

母子间的激烈冲突只发生过一次，那就是路易决定率领十字军出征之时，结果是布朗什让步了。此事发生在1244年[①]。国王重
病缠身，已经不会说话，生命危在旦夕；一天，他突然醒了过来，715
立即就许愿要组织十字军出征。臣下赶忙向布朗什报告。

> 母后听说他开口说话了，不禁喜极而泣。可是当国王亲自告诉她，他决定组织十字军出征时，她伤心得如同听到他的死讯一样[②]。

① 请看本书原文第161页。

② 儒安维尔：《圣路易史》，第63页。

布朗什为什么伤心到这步田地？让她十分揪心的原因有两个。第一个原因很简单，她自己也毫不讳言，那就是她对儿子的母爱，她还能见到心爱的儿子吗？她确实没能再见到他。这种预感是十分正常的，她那年 56 岁，已经接近朝不保夕的年龄了，而国王又是一个体弱多病的人[①]，他经受得了鞍马劳顿吗？事情永远是这样，政治上的谋划总是与感情纠缠在一起。十字军远征是否与“君主的责任和为拯救王国而承担的使命彼此相容？”布朗什之所以放心不下，不只因为她想起了路易年幼时遭遇的来自封臣方面的困难，更因为她觉得，王国的行政管理日趋复杂，应该把国内和平和王国的繁荣置于军事征战和征服之前，君主制国家建设过程中这个阶段的种种特点都要求国王留在国内。凭着直觉和治理国家的经验，她比路易更懂得那个时代政治结构的演变。

说什么都没有用，路易决心组织十字军出征，谁也无法劝阻。由此可见，当路易下定决心做一件事时，是他说了算。为了在良心上不觉得有负于国王的职责，他找到了一个为自己开脱的理由，那就是他的母亲布朗什。她坚强能干，一直参与国事，请她再度担任摄政，他就可以放心地出征而无后顾之忧了。

共同治理国家的母子二人于是在路易出征前夕出席了一次隆重的仪式。1248 年 4 月 26 日，那是个星期日，恰好是加西摩多节，
716 圣路易与母亲一起主持圣堂落成典礼，这是母子二人第一次也是最后一次在圣堂一起参加大型活动。

布朗什于 1252 年 11 月 27 日去世，数月后的 1253 年春天，圣路易在西顿得悉噩耗。路易对母亲的哀悼以其悲痛之深和规格

---

① 请看本书原文第 858 页及以下多页：“受难的国王，基督国王。”

之高令人震惊，几乎所有的人都因此而对路易深表敬佩，但与此同时，也有人觉得他做得过分而表示反对。儒安维尔就是其中之一，他忘却了往日对国王的钦佩和尊敬，觉得国王向来善于把握分寸，从未如此失态。丧事给同时代人留下了极深的印象，人们到处传诵。就笔者所知，儒安维尔的记述最为生动：

> 国王驻留赛达时传来了他的母亲去世的消息，他悲痛欲绝，整整两天没有说一句话。两天以后，他派了一个内侍来找我，我走进他的卧房，只见他独自待在那里。他一见到我就张开双臂[①]对我说："啊，邑督，我的母亲去世了。"我说："陛下，我不感到意外，因为她已经老了，我倒是为您而震惊，您是一位贤能的男人，却伤心得这副模样。您肯定知道，一位贤哲曾说过，男人不管有多大悲伤，只能深藏在心底而不能见诸面容，否则就会让仇者快，亲者痛。"他让人为母亲在海外做了许多功课，然后派人将一个装满祈祷书的口袋送回法国，让法国的教堂为她祈祷[②]。

如果儒安维尔没有写下他对圣路易的回忆，我们心目中的卡斯蒂利亚的布朗什，大概只是一位能干和虔诚的女人，十分钟爱自己的丈夫和子女，特别是国王路易，正如我在前面引用过的圣路易的传记作者们所描述的那样，她终其一生每时每刻都在追求

① 弗朗索瓦·加尼耶（François Garnier）在他的《中世纪的形象语言及其意义和象征》（*Le Language de l'image au Moyen Age. Signification et symbolique*）中认为，张开双臂意味着"感情异常激动"，巴黎，1982 年，第 223 页。

② 儒安维尔：《圣路易史》，第 331 页。

717 善，都在做善事。可是，且听儒安维尔是如何讲的。

> 太后布朗什对王后玛格丽特极为冷酷，以至于除了夜间国王与王后共寝之外，布朗什甚至不愿在其他时间里看到儿子与王后在一起。国王和王后最喜欢的住所在蓬图瓦兹，因为那里的国王卧室在王后卧室的上层……国王夫妇在上下层之间安置了一架螺旋形梯子，他们约定，内侍见到太后向国王卧室走来时，立即使劲敲门，国王马上快步回到自己的卧室，以便让太后看见他在那里；王后玛格丽特的内侍也照此办理，让太后见到她在自己的卧室里[①]。

布朗什颐指气使，把典型的婆媳关系推到极致。儒安维尔对此也颇感震惊，但是，他在讲述这个悲喜剧时有意无意地保持了某种幽默。

诸如此类的故事还有不少：

> 有一次，一个孩子刚刚夭折，王后因伤心过度而得了重病，国王前来探望妻子。太后布朗什来到他们身边，对国王说："你跟我走，这里没你的事。"玛格丽特王后见太后把国王叫走，高声说道："你不管我是死是活，都不让我见到夫君。"说完就不省人事，在场的人都以为她死了。国王听说后立即回到她身边。王后好不容易才醒过来[②]。

---

① 儒安维尔：《圣路易史》，第 333 页。

② 同上。

有些人以避而不见应付厉害的母亲，圣路易的做法不见得比这些人高明多少。幸好稍后在妻子临产的痛苦时刻，他胆子稍微 718
大了些，不过那时他的母亲已经不在了。布朗什在前面这则故事中的表现，说明她是一个讨人嫌的恶婆子。圣路易并非完人，卡斯蒂利亚的布朗什则相去更远。

弟弟和弟媳

说完了圣路易的祖先，我们接着说他的同辈即他的兄弟姊妹，而不是他的后代即他的孩子们。

幼年夭亡的哥哥们是否对圣路易有所影响，我们不得而知。他们在历史上没有留下什么踪迹，他们对于圣路易的唯一影响就是使他成为实际上的长子，并且使遗产有所增加或有所变化。

存活的弟弟起先有三个，后来又死了一个，余下的两个是罗贝尔和阿尔封斯。大弟弟罗贝尔生于 1216 年，1250 年在埃及的曼苏拉战役中阵亡。二弟阿尔封斯生于 1220 年，1271 年远征突尼斯返国途中死于意大利；三弟查理生于 1226 年（1227 年更可靠），1266 年成为那不勒斯和西西里国王，1282 年西西里人举行亲阿拉贡人的“晚课[①]”起义，查理因此而丢失西西里，1285 年去世。

这三位弟弟不应该分开说，首先因为他们同属一个王子集团，依据父亲在世时的决定，他们都在王室领地中分得了一份特殊的

① 1282 年 3 月 30 日复活节，西西里人发动反对法国人的起义，持续一个月，每天以晚课第一下钟声为号，集合行动。——译者

领地即赏赐地[1]。圣路易虽然尊重父亲的决定，但把它作为自己的决定付诸实施。当弟弟们年满 20 时，他为他们授予骑士身份，把赏赐地交到他们手上：“赏赐地看来更像家庭遗产，而不是国王的赐予。”[2] 然而，紧接着就应该添上一句话：“但是赏赐地拥有者的
719 家长并未忘记他是国王。”他一丝不苟地重申拥有赏赐地的条件，赏赐地拥有者死后若没有后裔继承，赏赐地就重新归入王室领地。此事后来果然发生在阿尔封斯身上[3]。

14 世纪末，查理四世的叔父们贪得无厌，试图损害与上个世纪相比前进了一大步的君主制国家，赏赐地政策险些导致王国分解。但是需要指出，经路易八世加以完善的赏赐地政策当时并未成为肢解王国的工具；相反，这项政策有效地消解了兄弟间和父子间的冲突，而这种冲突曾使英格兰分崩离析。这项政策所反映的是这样一种传统观念：王室领地是国王家庭的私有土地，国王死后每个儿子都可继承一份。可是，附属于限制性条文中的一种实际做法却阻止王国化整为零，维护国王的权力和权威[4]。赏赐地是圣路易与弟弟们和睦相处的物质和心理基础，而此外的一切则

---

① 关于赏赐地，参阅刘易斯：《王族血缘》，前引书。请参阅我为《世界百科全书》撰写的条目“赏赐地”，本书原文第 78 页注 1 已引用。

② 刘易斯：《王族血缘》，前引书，第 213 页。

③ 1252 年，圣路易的叔父的女儿冉娜死后无人继承，普瓦提埃的阿尔封斯和安茹的查理一致要求以侄子名分分得这份土地的三分之一；但是，一直拖到 1258 年，这份土地的归属才终于有了结果：一个法院在征询“贤人们”的意见后，把这份土地全部判给了国王。

④ 我在这里采用的是刘易斯在《王族血缘》中所阐明的观点，前引书，第 299 页及以下多页。

总是由既机灵又善良的路易包办了。

兄弟们比较融洽，并非以路易为一方，以所有弟弟为另一方；路易尽管一枝独秀，但他依然是他们当中的一员。说平等，其实又不平等，这就是中世纪封建社会的一种结构[①]。这个王子集团的真实情况在若干重要场合得到了展现。1259 年条约规定，路易的弟弟们无需因从英国国王手中获得土地而向他称臣。十字军在埃及战败后，路易淹留圣地，阿尔封斯和查理则返回法国，并正式接手摄政。“在卡佩王朝历史上，这是首次由弟弟承担此项重任”（刘易斯语）。后来菲力普三世在父王驾崩时照此办理。那是在迦
太基，面对着父王和弟弟让 · 特里斯坦以及另外许多人的遗体，720
菲力普三世指定时年 19 岁的弟弟皮埃尔在他本人去世而王储尚未成年时担任摄政。单凭服饰就可以区分王子集团中的不同成员，年幼的弟弟们大都头戴王冠或一种类似王冠的帽子，而所有王子都佩戴卡佩王朝的象征百合花。

王室中的妇女也享受这种殊荣，因为路易喜欢在某些场合下让全体王室成员一起亮相。家族、血亲和权力集团的成员在这种场合全都混在一起，这让路易感到高兴。

由于这个缘故，两次十字军在他看来也是一种家族的征战活动。1248 年他与三位弟弟以及王后一起出发，王后随行的原因是国王此时尚年轻（34 岁），况且王朝的延续尚未确保。玛格丽特在东方度过的 6 年中生了两子一女，他们是让 · 特里斯坦（1250）、皮埃尔（1251）和布朗什（1253）。

---

① 我想在阐述领主与封臣的关系时讲清这一点。参阅勒高夫：《封臣的象征性礼仪》，前引文（本书原文第 607 页注 1），第 349—420 页。

1270年随同他出征的有阿尔封斯夫妇和他自己的三个儿子：王太子菲力普、让·特里斯坦和皮埃尔。他的弟弟、那不勒斯国王安茹的查理稍后与他会合。他去世前三个月即1270年7月25日从迦太基发出的一封信中说，他的儿媳妇，“我的长子菲力普”的妻子也随军来到前线[①]。

弟弟们年满20岁就举行骑士授甲礼，同时这也是成年的标志，从此他们就正式拥有自己的赏赐地了，路易相当重视这项仪式，何况，为几位弟弟举行此类仪式，都在他从十字军归来之后性情大变之前。

路易的弟弟们此后开始炫耀自己的王子身份，这个身份后来干脆变成了头衔：“法国王子”，有时竟然简称为“法兰西之子”，因为在14世纪只有国王的儿子有资格自称“法兰西的……”[②]。我不认为在路易执政时期已经出现了“国王近亲”这个头衔。不过，
721 “法国王子”这个称呼是个重要标志，它表明王朝意识和“国家”意识在那时都已增强。这种意识甚至在“法国王弟”这个称呼中也有所显露。圣路易本人以巨大的政治技巧玩弄这个头衔。前面我们已经看到，他曾经当面拒绝教皇让他的弟弟罗贝尔登上皇帝御座的建议[③]。

兄弟之间本来就存在着同宗同族和同一王朝后裔的情谊，路易又在这份情谊之上添加了一份手足之情，这份手足之情看来挺热烈，而且不是单向的。安茹的查理在为路易封圣的申请书中夸

---

① 吕克·达什里：《随想或若干古代作者文集》（L. d'Achery, *Spicilegium*），卷II，4，*Miscellanea, Epistularum*, LXXXVII号，第549页。

② 刘易斯：《王族血缘》，前引书，第235—238页。

③ 请看本书原文第152页。

耀了他的哥哥："神圣的树根长出了神圣的树枝，不但有神圣的国王，还有光荣的殉教者阿图瓦伯爵和自愿殉教的普瓦提埃伯爵。"[①]

四兄弟的母亲一向视婚外性关系为最严重的罪恶，在她的严格教育下，他们对婚姻的绝对忠贞尽人皆知。安茹的查理曾发誓说，据他所知，罗贝尔和阿尔封斯都从未犯过这类严重过失，他本人在这方面也口碑甚佳[②]。

不过，弟弟们各不相同，相去甚远，他们与路易的关系也大不一样。

一起长大的罗贝尔与哥哥最亲，他与路易只差两岁，既是弟弟，也是伙伴。罗贝尔是一位出色的骑士，他的骑士活动也许颇受路易赞赏，不过他本人倒是在迷恋的同时比较矜持，因为这毕竟是一项非理性的活动，而且相对于他的年纪而言，多少有些不合适。罗贝尔是个具有实力的王子，父亲指定阿图瓦为他的赏赐地，圣路易在他被授予骑士身份后兑现了父亲的遗嘱。在获得骑士身份的同时，罗贝尔与布拉邦的玛蒂尔德结婚，这桩婚事使他成了腓特烈二世皇帝的表妹夫，并因此而同时成了后来的布拉邦公爵、图林根伯爵和巴伐里亚公爵的妹夫。他从此成了"帝国土地上大名鼎鼎的人物"。[③] 圣路易还把用其他土地与他们的母亲交 722

① 利昂：《安茹的查理于 1282 年为圣路易所作的申诉》(P. E. Riant,1282:*déposition de Charles d'Anjou pour la canonisation de Saint Louis*)，前引文 (本书原文第 337 页注 1)，第 175 页。教会从未承认罗贝尔和阿尔封斯是殉教者；前者在曼苏拉战役中阵亡，后者在十字军征战突尼斯回国途中病死在意大利。

② 刘易斯的《王族血缘》提供了一些有关参考资料，前引书，第 341 页注 98。

③ 里夏尔：《圣路易》，前引书，第 135 页。

换得来的埃丹、朗斯和巴波姆赠给他，此外，圣路易还把罗贝尔的出生地普瓦西领地给了他。但是，路易不愿介入与帝国方面有关的事务。我们看到，他的一只眼盯着西面和法国与英国的关系，另一只眼盯着地中海。罗贝尔生前名声并不始终很好。马修·帕里斯对圣路易比较客气，对罗贝尔却毫不留情。他指责罗贝尔在十字军中行为不轨，对十字军中的其他骑士尤其是英国骑士趾高气扬，在战场上贪生怕死，结果他并非在战斗中阵亡，而是在逃跑时被杀①。

不管怎么说，罗贝尔不守纪律，轻举妄动，不管时机是否成熟就贸然对穆斯林发动攻击，以致一败涂地。

然而，路易一点也听不进去，他一直到死始终认为罗贝尔是战死的殉教者（前面已经提到，他认为另一位弟弟查理也是殉教者），并曾要求教廷正式承认，但未能遂愿。

阿尔封斯是圣路易的二弟，他继承的遗产最丰厚。依据路易八世的遗愿，他在被授予骑士身份的 1241 年，获得了普瓦图和奥弗涅这两块从阿尔比异端分子手中夺得的土地。1229 年他与图鲁兹伯爵雷蒙七世的女儿让娜订婚。雷蒙七世于 1249 年去世，卡斯蒂利亚的布朗什和阿尔封斯的代表们，不费吹灰之力就为他拿

① 马修·帕里斯:《大纪年》，卷 V，第 280 页。在英法两国激烈的意识形态冲突中，马修·帕里斯推出英国王族的一位年轻骑士用以反衬罗贝尔。此人便是索尔兹伯里伯爵威廉·隆盖佩，他捐躯沙场，是个名副其实的英雄。马修·帕里斯认为，应该被视为真正殉教者的不是罗贝尔，而是这位伟大的英国圣徒。尤其因为还有圣埃德蒙·里什（或称圣埃德蒙·达宾东（d'Abingdon））这位英国大圣徒的帮助。1233 年埃德蒙任坎特伯雷大主教，1240 年来到法国，下榻蓬蒂尼的西都会隐修院，大概准备由此前往罗马，同年去世。他被视为在“流亡”中去世的“殉教者”，1246 年被封为圣徒。

到了朗格多克的大片原属其岳父的土地，从此他成为“法兰西王国最大的封君”。[①] 阿尔封斯也被穆斯林俘获，圣路易为争取他早日获释而不遗余力，支付赎金后，阿尔封斯在他哥哥获释后不久 723
也被释放。1251 年，为主持国务和管理土地，他与弟弟查理一同返回法国。可是回到国内不久，他就得了瘫症。虽然得到了当时最好的治疗，而且还延聘了一位著名的犹太人终生为他诊治，然而，只有部分肢体恢复了功能；终其一生，他始终是个病人，经常住在巴黎，更多的时间则在巴黎郊区度过。他在卢浮堡近旁修建了一所府邸，起初被称作“豪宅”（l’hote riche），久而久之因谐音而被称作“奥地利府”（l’Autriche）。他虽然身残，却仍然把他的土地管理得十分出色。有些人甚至把他视为优秀经营者，连国王在管理自己的领地和王国时，也仿效他的做法。不过，这个印象可能来自留存下来的有关阿尔封斯领地的大量文献，一方面由于法国南方有注重文书的传统，另一方面则因为王国的账目在 18 世纪的一场大火中全部化为灰烬。从这些文献来看，阿尔封斯手下有许多懂行的官员，分别为他管理钱币的铸造和流通，为他理财和公正地执掌司法，维护他的权威，使“三个等级”之间不发生重大冲突，促进经济发展，推进在法国南方根底深厚的罗马法系。阿尔封斯是一位忠于哥哥而没有煊赫经历的王子，他悄无声息地推进了将南方纳入法国的过程，既借助于同化，更着力于同步发展[②]。吕特伯夫写了一首题为《普瓦提埃伯爵悲歌》的诗赞扬阿尔

① 里夏尔：《圣路易》，前引书，第 138 页。

② 埃德加・布塔里克：《圣路易与普瓦提埃的阿尔封斯》（Edgar Boutaric, *Saint Louis et Alphonse de Poitiers*），前引书。

封斯。人们读这首诗时会以为赞颂的对象是圣路易，因为在诸位弟弟中，阿尔封斯实在是独一无二的榜样[1]。“他维护了自己土地上的和平……，他热爱宗教团体，他是骑士的一面镜子……，他怜悯穷人，慷慨解囊……他执法公正……，他一生受着病痛的折磨，但他的灵魂却因此而更加健康。”这首诗还不止一次地把他与他的
724 哥哥相提并论，尽管这是一篇颂扬亡人的悼文，不乏陈词滥调，却似乎较为真实地描绘了阿尔封斯的形象。

他不顾自己的健康状况（他的嫂嫂王后玛格丽特在给他的信中询问他的健康状况），跟随圣路易的十字军前往突尼斯。长久以来，他对十字军怀有一种个人的狂热，回到意大利时，他试图组织一支新的十字军，并向热那亚人购买了一批船只。他在萨沃纳的利古里亚卧床不起，在他哥哥去世一年之后病故（1271 年 8 月 21 日）。他的妻子在他病故后不久也随他而去。他们没有生养孩子。无论依据有关赏赐地的规定，或是执行 1229 年巴黎条约，他们生前拥有的土地都应直接退还给国王。由于阿尔封斯没有后嗣，加上其他原因，圣路易把法国南部的奥克语地区纳入了法兰西版图。

圣路易对于南方究竟是一种什么感情，我们不大清楚。我们在前面看到，他很关心直属于他的博凯尔和贝济耶两个邑督区的行政事务，修建并开发了法国唯一的地中海口岸艾格莫尔特港口。他在征询学成于奥尔良大学的法学家之前，首先征询既通晓罗马法也熟悉习惯法的南方法学家的意见，他亲自粗暴地镇压或听凭

[1] 吕特伯夫全集（Rutebeuf, *Oeuvres complètes*），版本前已注明，卷 II，巴黎，1990 年，第 391—399 页。

他人镇压了一些反叛，例如 1240 年图鲁兹的雷蒙 · 特朗卡维尔。他挫败了图鲁兹伯爵雷蒙七世时而投向英国人、时而勾结纯洁派异端的背信弃义行为。他放手让弟弟阿尔封斯治理南方，并不要求他照搬适用于法国北部的模式。他没有采取措施扼杀奥克语地区的文化，这种文化在政治上从未成过气候，只是自生自灭而已。他的祖父和他的父亲在这个地区执行的政策相当粗暴，尤其是他的父亲充当教会的帮凶，倡议并领导一支十字军，向北方的好战之徒敞开大门。压轴戏是蒙塞居尔的陷落，国王的一位邑督指挥了这场恶斗，并以活活烧死纯洁派异端分子的火刑结束了这次镇压（1244）。这次残暴的军事行动矛头所指不只是操奥克语的民众，还包括反叛者和纯洁派异端分子。

审视这些文献时需要最大程度的严谨和客观，既要排除以历
史眼光来看带有时代谬误的奥克人的神话，也要摒弃雅各宾党人 725
的激情，对于他们来说，为了统一和加强中央集权，什么罪恶都情有可原。

圣路易虽然谈不上是为法国南方带来福祉的君主，却也不是自觉或不自觉地在南方大肆杀戮的刽子手[①]。

查理是路易最小的弟弟，比他年幼十二三岁。查理最不安分，但不乏才能。与其说他是法国的历史人物，毋宁说他是意大利的

① 达尼埃尔 · 博尔泽、勒内 · 波塔尔、雅克 · 塞尔巴：《路易九世与奥克西坦尼》（Daniel Bordeix, René Pautal, Jacques Serbat, *Louis IX (alias Saint Louis) et l'Occotanie*），皮尼昂，1976 年；这是一部典型的全力为奥克西坦尼辩解的著作。雅克 · 马多勒：《阿尔比悲剧与法国的统一》（Jacques Madaule, *Le Drame albigeois et l'unité française*），巴黎，1973 年；这是一部同情奥克西坦尼人的著作，但作者尽力追求客观性。

历史人物。南吉的纪尧姆在他的《圣路易传》中写到 1264 年时，辟出大量篇幅记述查理，那时他已经是西西里国王。我不打算在这方面步纪尧姆的后尘。

查理出生在其父驾崩前后，很可能是在其父死后不久。路易对这位弟弟既宽容又恼火，原因大概是他的行为不太检点，但他毕竟是最小的弟弟。我之所以提到这一点，倒不是因为有些文献表露了这种“心理”推测，而是因为在 13 世纪的王族中，人际关系往往与王朝的战略纠缠在一起。1240 年查理 19 岁那年，普罗旺斯伯爵刚刚去世，阿拉贡国王想为儿子娶伯爵的小女儿为妻，阿拉贡人于是进入普罗旺斯。查理被派往里昂会见大主教萨瓦的菲力普，为的是与大主教一起，率领一支小部队击退阿拉贡人的骚扰。不久前圣路易在公会议举行期间拜见教皇时，可能见到过这位菲力普大主教。大主教是普罗旺斯伯爵的从兄，而伯爵则是圣路易的岳父。阿拉贡人向后撤退，查理与普罗旺斯伯爵的小女儿订立婚约，1246 年结婚。看上这位贝阿特丽丝公主的人很多，她是查理的哥哥圣路易的妻子、王后玛格丽特的妹妹。查理在结婚那年获得了安茹和曼恩两个赏赐地，而且还因这桩婚事而成了普罗旺斯伯爵。

阿尔封斯获得岳父的遗产没有遇到多大麻烦，安茹的查理却没那么容易。他不得不对付领主们和城市的反叛，在他随哥哥出
726 征十字军期间，反叛的声势越来越大，待他回到法国时，花费了很大精力才把这场反叛压下去。为此他于 1251 年分别在阿尔勒和阿维尼昂设立伯爵分区，1256 年在塔拉斯贡设立伯爵分区，最后于 1257 年在马赛设立伯爵分区，那时马赛的反叛尚未弹压下去。

德意志皇帝、那不勒斯和西西里国王腓特烈二世死后，意大

利南部的历史非常复杂[①]。腓特烈二世皇帝的私生子曼弗雷德攫取了其父的意大利遗产，但先后几任教皇都自认为有权处置西西里，打算选定一位基督教徒王子取代曼弗雷德。安茹的查理有望成为候选人。路易起初不愿放走弟弟，但当教皇再次提出这一建议时，他改变初衷，于 1263 年 5 月接受了这一建议。查理出于政治和道德的考虑，早就等着哥哥的这一决定，他痛快地告诉教皇，他接受推荐。1265 年 6 月 28 日，教皇在罗马把西西里王冠交给查理。

路易于是准备打一场战争，但他竭尽全力把它往后推，直至一切和平手段都归于无效，非打不可时才动手。他认为，这场战争并非好事，因为它将成为罪恶的渊薮。他指出，教皇的决定符合封建法，因为他是西西里王国的宗主。曼弗雷德不但攻击教廷，而且与穆斯林结盟，这就进一步证明，向他发动攻击具有十字军的性质。路易在开战之前给了曼弗雷德最后一次机会，他被告知，鉴于拜占庭皇帝占领了君士坦丁堡，赶走了拉丁皇帝，如果他同意与拉丁皇帝一起攻击拜占庭皇帝，就可以免遭打击。路易显然想到了西西里与基督教世界其余地区结盟的好处，这样就可把西西里变成一个向君士坦丁堡圣地进军的行动基地。曼弗雷德拒绝了。

路易于是向弟弟打开绿灯。安茹的查理只在贝内旺打了一仗，就于 1266 年 2 月 26 日拿到了他的王国，曼弗雷德战死。但是，腓特烈二世的孙子、康拉德的儿子康拉丁虽然年方 15 岁，却领兵南下意大利，1268 年 8 月 22 日在塔利亚科佐与查理接火，结果战 727
败。法国人在那不勒斯的安茹王朝由此发端。

① 基本情况可参阅里夏尔的《圣路易》，前引书，第 455 页及以下多页。

查理很快又与其兄并肩作战，因为他参加了1270年向突尼斯进发的那次倒霉的十字军行动[①]。有人推测说，是查理鼓动其兄在突尼斯登陆。我不这样认为，因为查理久有问鼎皇帝宝座的意愿，一直想的是攻下被希腊人从拉丁人手中夺走的君士坦丁堡。我甚至认为，路易早就想要再次组织十字军，因而很可能是路易怂恿弟弟夺下那不勒斯和西西里王国，以便把这个王国变成十字军登陆的基地。

查理参加十字军当然是为了支持哥哥。他领兵来到十字军时，哥哥刚刚咽气。他哭倒在哥哥遗体旁，然后擦干眼泪，振作精神，担当起领军任务，他决定后退，并与穆斯林进行谈判，以求体面地撤兵。他希望他的侄子即新的法国国王菲力普三世把哥哥的遗骸送他一些，菲力普三世只送给他一些内脏。他把这些内脏带回位于帕尔马近旁的蒙雷阿尔教堂。

前面由于着重谈论圣路易，所以直到1282年我们才再次提到查理。他在那年提出了为路易封圣的申请。

他有时让路易生气。路易在埃及获释后，搭船向阿卡进发。在六天航行途中，路易在儒安维尔面前指责弟弟，正如前面已经记述的，他为弟弟刚刚获释就玩骰子而大怒[②]。查理还惹恼过路易一次，那就是十分重要却又搞得一团糟的弗兰德尔王位继承事件[③]。

总之，查理是一个惹是生非的弟弟。

---

① 请看本书原文第290—291页。

② 儒安维尔：《圣路易史》，第221页。请看本书原文第490页。

③ 请看本书原文第252—255页。有关细节请读里夏尔：《圣路易》，前引书，第329页及以下多页。

妹　妹

路易只有一个妹妹，那就是生于1223年的伊萨贝尔，她可不
像查理那样惹事。依据赏赐地分配惯例，王族女性不分土地只分 728
钱。她在宫中过着缺乏光彩、不很富裕的日子，她爱哥哥，除去国王的奢华之外，像他一样生活；她与王后嫂嫂相处甚好。有人曾想把众多国王女儿的命运加在她的头上，也把她当作政治和外交的筹码。可是，她最终却与路易未成年时的主要对手拉马什伯爵吕希尼昂的棕发鬼于格的儿子订婚。婚事久拖不决。20岁那年她有了好运。腓特烈二世皇帝想让她做他的儿媳，嫁给他的儿子康拉德。她已年长，不愿结婚，遂谢绝了这桩婚事。圣路易也不勉强她。她也许想当一辈子姑娘，生活在自家人中间，虔诚于宗教，过苦行僧的日子。她的国王哥哥喜欢她，非常爱她。1245年，她陪同哥哥和母亲卡斯蒂利亚的布朗什以及弟弟罗贝尔，同去克吕尼晋见教皇英诺森四世。这就是说，要去的如果是神圣的地方，要会见的如果是与宗教有关的要人，她不反对参加这类家庭旅行，何况路易十分希望全家出动。地方非常有名，人物德高望重，虽然她明白，教廷的排场并非为了她，但她依然给予尊重。据圣路易的传记记述，卡斯蒂利亚的布朗什对她与对她的兄弟们一样关爱，因此她受到了良好的宗教教育。西西里国王安茹的查理在这些兄弟姊妹中寿命最长，他在1282年曾说，他们兄弟姊妹都是圣徒，伊萨贝尔也在内。她在国王哥哥修建教堂和修道院的计划中发挥了作用，并为她在隆尚建起了一所圣克莱尔女修道院（时称圣达米安圣母院），1259年落成。1263年她进入这所修道院，但

并未出家。她属于13世纪那类典型的虔诚女信徒，常常在托钵僧典范的庇护下过近似修女的生活，但依然是平信徒，既在世俗社会中，又不在世俗社会中[①]。她于1269年死在隆尚，恰好是圣路易
729 第二次十字军出征前夕，这也是国王最后的几件伤心事之一。教会追认她为真福信徒，但那是迟至14世纪的事了[②]。她就这样默默无闻地生活在她哥哥身边，我们无法把她与他分开。

在这幅田园式的王家画卷中，虽然有一只患病的羔羊或一个错误的音符，但是，至少缺少一个不谐和音。

妻　子

我们知道，路易于1234年与普罗旺斯的玛格丽特结婚，他的弟弟安茹的查理于1246年娶玛格丽特的小妹贝阿特丽丝为妻。她们的父亲普罗旺斯伯爵雷蒙·贝朗热五世有四个女儿，却没有儿子。姊妹四人先后都当上了王后。玛格丽特是大姐，生于1221年，1234年与法国国王结婚，卒于25年后的1259年。二姐埃莱奥诺尔生于1223年，1236年嫁给了英国国王亨利三世，卒于1291年。

① 安德烈·沃谢：《8—12世纪西方中世纪的宗教精神》(André Vauchez, *La Spiritualité au Moyen Age, VIIIe–XIIe siècle*)，新版，巴黎，1994年。《基督教妇女》(*Le christianisme au féminin*)，第158—168页。

② 关于围绕着西方公主的王家宗教的失败，参阅本书第一部分第271页。与此相反，在中欧，尤其是在匈牙利，参阅戈巴尔·克兰尼采：《君主的圣德-匈牙利王朝的圣德与中世纪欧洲的圣德》(Gobar Klaniczay, *La sainteté des souverains. La sainteté dynastique et la sainteté en Europe médiévale*)，论文，待发表。

老三桑希生于 1228 年，1243 年与亨利三世的弟弟康沃尔的理查结婚，理查于 1257 年在一次有争议的选举中成为“罗马人的国王”，但最终没能当上皇帝。我们大概都还记得，小妹贝阿特丽丝与其母同名，生于 1231 年，1246 年嫁给圣路易的弟弟安茹的查理；用热拉尔·希弗里的话说，这桩婚姻是“中世纪联姻战略的杰作之一”。贝阿特丽丝卒于 1267 年。

1257 年的一个夜晚，法国国王为英国国王亨利三世正式访问法国而在巴黎的坦普尔宫举行宴会，出席宴会的四姐妹和她们的母亲普罗旺斯伯爵太夫人萨瓦的贝阿特丽丝都应邀出席，马修·帕里斯兴奋地记述了这次难得的聚会[①]。伯爵太夫人是基督教世界的岳母，她的容貌似乎足以与她的四个女儿媲美。不过，此时桑希还没有当上“罗马人的王后”，贝阿特丽丝也离成为西西里
王国的王后尚早。圣路易对这次盛宴十分满意。他喜欢家庭聚会， 730
普罗旺斯伯爵家的四姐妹与她们的母亲在他这里相聚，更使他格外兴奋；一边是四姐妹，一边是他们三兄弟；更有意思的是一边是英国王室，一边是法国王室，而且两个王室各娶了四姐妹中的两个。

这桩联姻杰作使得因婚姻关系而形成的亲戚关系，具有更加重大的意义，这一点尤其让圣路易感到高兴。他从中看到了基督教世界中的大家族，尤其是王族之间的相互支持有了某种保证，在他看来，这种保证对于国内和平以及联手对付异教徒都是必需的。他认为，他与英国国王尽管有不少分歧，但友谊毕竟应该压倒分歧，现在他们既然已是连襟，友谊当然也就落在实处了。

① 请看本书原文第 449 页。

1259年签订了英法和解的巴黎协定后，他曾指出，这个协定带来的硕果之一，便是恢复了亨利三世和这两家亲戚之间的和睦和情谊，“因为，我们的妻子是姊妹，我们的孩子都是姨表兄弟姊妹，他们之间和睦相处自然十分重要。”[①]

圣路易的妻子、法国王后玛格丽特是最高层次上把法国人、英国人和普罗旺斯人连接起来的这条链子上特别重要的一环，她似乎完全融入到两家人的相聚之中，为能与母亲和妹妹们见面十分开心（见到英国王后埃莱奥诺尔令她格外高兴，她们之间常有书信往来），为与自己的丈夫、法国国王在一起而感到幸福。她的格外高兴事出有因。两年前她从东方回来，终于摆脱了梦魇般的婆母卡斯蒂利亚的布朗什，太后不在了，不但再也没有人时刻想着把她从丈夫身边赶走，而且她从此成了完全意义上的法国王后，而在此之前，“卡斯蒂利亚人”王太后是事实上的法国王后。玛格丽特过去之所以没有在国王身边取得与她的身份、教育、性格和能力相称的位置，主要原因就是那位令她不寒而栗的婆母[②]。

731 然而，圣路易对待妻子的态度令人沮丧。用不着我多嘴，儒安维尔已经说得很清楚了。不错，儒安维尔不但敬佩国王，而且热爱国王[③]。可是，他在憎恶不公正这一点上与圣路易一样，有时甚至有过之而无不及。然而，国王对待王后是不公正的。我们从儒安维尔的记述中看到，十字军归国途中在海上航行时，圣路易

① 儒安维尔：《圣路易史》，第39页。

② 关于玛格丽特王后，参阅希弗里：《普罗旺斯的玛格丽特》（Gérard Sivery, *Marguerite de Provence*），前引书。

③ 米歇尔·赞克：《儒安维尔做梦而不哭》，前引文；请看本书原文第481页。

有两次以不公正的态度对待玛格丽特王后[①]。

玛格丽特对儒安维尔讲述的国王如何对待她的故事，让我们得到了国王对待其妻态度的两个信息[②]。首先，她说他“乖僻”，这是一个用于孩子的形容词，意思是“性情不稳定、不可信”。我倒是更愿意把这个词解释为“国王喜怒无常，难以预料。”王后说的另一些话等于是对此所加的注脚。她如果提议去朝圣而事先并未与国王谈及此事，他肯定不让她去。这是国王对待妻子态度的另一面，说明他是个专断的丈夫，时而大喜，时而大怒，没有规律可循。总之，他或是不闻不问，或是不合时宜地横加干涉。

许多见证人都说国王待人十分和善，如何解释国王对待妻子的态度，这种态度与见证人的说法能相彼此相容吗？首先应该指出，王后私下对儒安维尔说的这些话，并不意味着她没有真诚地夸耀过她的丈夫是个好人。由此大概可以得出这样的结论：对于13世纪的男女而言，圣德与日常家庭生活无涉，圣德仅仅指宗教虔诚和仁慈怜悯，以及憎恶谎言、严守贞操、绝不亵渎神明和不吐秽言等等。

在我看来，事情似乎并非到此为止。在这两个信息中，国王对待妻子和婴儿这两类人的态度，在某种程度上似乎相当冷漠。

路易好像不大关心年纪很小的孩子，这一点与他对家人中年龄较大者的关怀适成明显的反差。这里指的是1250年至1253年出生在圣地的三个孩子。也许等到他们长大后就会得到父亲的关怀，对于儿童时期耶稣的虔敬此时尚未普及。只是当他察觉到儒 732

① 请看本书原文第491—495页。

② 儒安维尔：《圣路易史》，第347页。

安维尔不满的目光紧紧盯在他脸上时，他才想到问一下妻子和孩子们的健康状况，却依然不去看望他们。

圣路易不关心王后，在日常生活中对她甚至有些专横，倒不是因为她是个女人。他虽然处在“男性的中世纪”时代，却不是一个特别蔑视妇女的人。原因倒也不是妻子不讨他喜欢，其实正相反，正如我们所知，他的妻子对他还是很有吸引力的，他们夫妇一共生育了11胎，单以传宗接代和生理需要似不足以对此作出解释。玛格丽特受过良好的教育，她的宗教虔诚完全符合对王后的要求，即便是在这个宗教气氛过头的家庭里。除了经过国王同意用于她的萨瓦娘家的一些开支，她并不大手大脚花钱。看来路易对她恪尽王后和妻子的责任是满意的，尤其是王太后谢世以后。但是，还有一些事，我在这里作一点推测。

圣路易对于族系十分热衷，甚至可以说有些狂热。当然，王后为延续族系做出了不可或缺的贡献，她做得慷慨大度。可是，她本人不属于这个族系，而圣路易感到，只有在这个族系内部才能充分展示彼此关爱的感情，他尚未熟悉父亲，父亲就去世了，余下的是母亲、兄弟和妹妹。妻子通常难以引发同样强烈的亲情。

然而，圣路易并非不关心妻子，比如，他习惯于夜半起床念经，但“在他与妻子一起的日子里”，这项宗教活动就免了①。他在《示儿》中专门写了一段这样的话：“亲爱的儿子，听我说，你要爱你的母亲，为她争光；牢记她的教诲，照她的教导去做，听从她

① 圣帕丢斯的纪尧姆：《圣路易传》，第34页。

的劝告。”[1]儒安维尔提请圣路易注意时，也许他正以全部精力关注十字军，对新近遭受的溃败进行反思。可是在这种时刻，妻子难道不正是一种安慰和支持吗？玛格丽特愿意这样做，而且一贯是 733
这样做的，然而圣路易察觉了吗？

史学家们揭示的几件“事”，也许为国王夫妇的关系蒙上了一层乌云。但我不相信有这么严重。据说，玛格丽特出于对妹妹埃莱奥诺尔的挚爱，在王宫里搞了一个“英国”小圈子，这种说法不大可信，除非卡斯蒂利亚的布朗什出于激怒儿子的意愿，故意让儿媳这样做。

还有很晚才在梵蒂冈的档案里发现的一件奇怪的文书。应国王之请，教皇乌尔班四世于1263年6月6日撤销了国王之子、王位继承人菲力普向其母宣示的一项庄严誓言。在这项誓言中，菲力普向母后玛格丽特许诺，他接受她的监护直至30岁，在此期间不听取任何反对她的建言，不与安茹的查理结成任何联盟，凡是不利于她的流言都如实向她禀报，以上这些承诺将不向外人宣示[2]。

文书看来不是伪造的。是什么原因促使玛格丽特要求儿子作出这样的承诺呢？因为菲力普在她眼里非常懦弱，需要她事无巨细地加以指点吗？菲力普的父亲于1268年为他延聘家庭教师时，似乎也有类似想法，只是后来证明这个主意并不高明。她要在政治上扮演一个丈夫不让她扮演的角色吗？退一步说，她是否想效

---

① 奥克奈尔（编）:《训示》，第188页。

② 希弗里:《普罗旺斯的玛格丽特》，前引书，第210页。

仿刻薄的婆母，让儿子做一个言听计从的驯服工具，就像婆母对待她的儿子那样？

无论如何，此事很可能在促成圣路易作出一个惊人的决定时，起到了某种作用。圣路易准备率领十字军出征前夕，拒不授命玛格丽特代他摄政。我同意让·里夏尔对于主要原因的分析，他认为，到了圣路易时代，“国家已经有了新的含义”，国王愿意把代理国务的职责委托给两位与此关系最密切的人，那就是圣德尼修道院院长旺多姆的马蒂厄和奈尔的西蒙·德·克莱蒙，这两人能够更好地保持政策的延续性。

734 现在我要把普罗旺斯的玛格丽特放在一边，说一说儒安维尔记述的另一个美丽的传说，那是关于玛格丽特对她丈夫的爱。

卡斯蒂利亚的布朗什的死讯宣布后，儒安维尔找到玛格丽特，发现她在哭泣。他颇感意外，于是问她：“你最讨厌的人死了，你怎么这样伤心？”玛格丽特的回答是：“我不是为王太后而哭，而是因为国王太伤心而哭。”①

子　女

生儿育女不是婚姻的唯一目的，可是，对于国王来说，有无孩子尤其是男孩就是一件大事。路易喜欢床笫之事是毋庸置疑的，有传说为证：他竟然大白天也到妻子卧室去找她，惹得卡斯蒂利亚的布朗什大为恼火。南吉的纪尧姆的记述更加清楚，他说，

① 儒安维尔：《圣路易史》，第333页。

路易与王后玛格丽特约定，在夫妻生活方面遵守当时教会规定的“拥抱时间”，[1] 即在下列日子里不得同房：圣诞节前的四星期和整个封斋期，一周中的某几天，重大节日前夕和当天，领圣体前后数天。别的资料也有类似的记述；这样做既是对教会的尊重，也是一种生育控制措施。生育控制是文明道德必经之路。可是，国王与任何男人一样，不易控制自己的肉欲，他也许比常人更难一些。我们发现，他经常受到欲火的煎熬。

> 在那些不准同房的日子里，出于某种原因，他会偶尔到妻子的卧室去过夜，由于人性脆弱，身边的妻子常使他内心躁动，他不得不下床在室内来回踱步，直到把肉欲压下去[2]。 735

性欲旺盛却受某些规定限制，结果便是生育了 11 个子女。路易八世和卡斯蒂利亚的布朗什生育了 9 个子女，这只是我们所知道的，其实在此之前他们已有过出生即死或没活多久的孩子，大概是 3 个。到了圣路易时代，国王的子女记载得比较精确些了，即使是出生即死或没活多久。医术有所进展，特别是接生术和婴儿护理术，所以，路易与玛格丽特的孩子存活率，高于路易八世与卡斯蒂利亚的布朗什的孩子。

路易与玛格丽特于 1234 年结婚，那年玛格丽特只有 13 岁。

---

① 让-路易 · 弗朗德兰：《拥抱时间——6—11 世纪西方性道德的起源》（Jean-Louis Flanrin, *Un temps d'embrasser. Aux origines de la moralr sexuelle occidentale VIe–XIe siècles*），巴黎，1983 年。

② 南吉的纪尧姆：《路易九世的武功》（Guillaume de Nagis, *Gesta Ludovici IX*），第 402 页。

婚后6年，夫妇于1240年生下了人们所知的第一个孩子布朗什。王后此前是否有过生育或小产？有可能，但可能性不大，国王身边的人由于迟迟不见王后生育，曾因此而怀疑她不能生育。

勒南·德·蒂伊蒙转述了迪歇纳的《圣蒂博传》有关内容：

> 那时有人已经在谈论离婚了，他倘若真的离婚，对整个王国来说肯定是一种羞耻，而且会造成损害。人们于是纷纷求助于一些虔诚的人物，请他们祈求仁慈的上帝保佑，圣蒂博就是其中之一……他是西都会的沃德塞尔奈隐修院里的人……，那时已经当上了院长。王后的痛苦深深触动了这位圣洁的僧人，他说还得耐心等待，希望上帝施恩，遂人所愿。他做了祈祷，并获得了满意结果。王后终于受孕，同年（1240年）7月11日顺利分娩，全国为此松了一口气……。我们注
> 736 意到，王后和她的儿子勇夫菲力普非常崇敬圣蒂博，多次拜谒他的坟墓[①]。

没有一位传记作者证实确有此事，但法国国王第一个孩子出生的“奇迹”却尽人皆知。

据另一个传说记述，国王因王后生的是女儿而非儿子而十分恼火，但巴黎主教奥塞尔的纪尧姆一句妙语就把国王劝乐了[②]。

---

① 圣蒂博卒于1247年。勒南·德·蒂伊蒙：《圣路易传》，前引书，卷II，第393—394页。迪歇纳：《法兰西著作家史》，前引书，卷I，巴黎，1636年，第406页。

② 请看本书原文第369页。

这个传说即使是真的，也不能因此而断言圣路易是个“重男轻女的国王”。在一个依据传统只有长男可以继承王位（一个世纪之后才由查理五世以诏书正式肯定）的王朝中，等待儿子的降生显然是国王十分揪心的事。编年史告诉我们，1244 年，“盼望已久”的儿子路易终于出生时，他的喜悦和宽慰之情难以言表。

玛格丽特的多产最终赢得同时代人的敬佩：“王国的珍宝应该归功于玛格丽特王后。”

圣路易的子女们出生在他在位期间的三个阶段，即十字军出征之前，十字军出征期间之中和十字军败归之后。从 1240 年王后 19 岁到 1260 年 39 岁，正是她的生育盛期，在此期间她一直没有停止生育。孩子的性别为 6 男 5 女，较之圣路易那一代，比例更为平衡。

孩子们的名字都是依据王朝的传统起的，大多数孩子的名字来源于卡佩王朝，少数来源于联姻的家族，其中来自祖母家族的名字比来自母亲家族的名字多。王朝的延续由此从名字上得到了体现。长子取了祖父的名字路易，次子取了曾祖父的名字菲力普，以下两个儿子的名字来自卡斯蒂利亚，一个叫让，另一个在让后面加上了特里斯坦，成为让-特里斯坦，之所以添上特里斯坦，是因为他出生在一个随时准备放弃的被围困的城市里，溃败就在旦 737
夕，境况岌岌可危，而他的父亲此时已经当了俘虏。卡佩王朝值得纪念的事情很多很多。路易六世众多的儿子当中有一个叫库特奈的皮埃尔，前面已经提到，菲力普·奥古斯特的私生子一人用了两个好名字：皮埃尔-查尔洛。阿涅丝令人想起源远流长的卡斯蒂利亚先祖。布朗什这个丢了又捡回来的名字显然就是祖母的名字；卡斯蒂利亚的布朗什死后出生的玛格丽特，用的是母亲的名字。至于罗贝尔这个名字，那是最典型不过的卡佩王朝的名字了。

长子路易16岁上死去时，圣路易感受到的是作为父亲和国主的双重悲痛①。另外一男一女两个孩子也低龄夭亡②。圣路易为其余孩子在人世间安排了什么命运呢？他们的命运取决于王朝和王国为他们提供的条件。有三样东西能保证他们的命运，那就是土地、婚姻和金钱。

第二次十字军出征前夕的1269年，路易把赏赐地分发给儿子们③。在为王位提供保证和权力方面，他比父亲做得更好，当然，他有条件这样做。起初他只分给了他们一些面积不大的伯爵领地，让-特里斯坦得到的是伐鲁瓦，皮埃尔得到的是阿朗松和佩尔士，罗贝尔得到的是克莱蒙昂博韦希斯。不过，他为他们娶了豪门望族的女子为妻，带来了可观的遗产，长子路易因此而得到了纳韦尔，次子菲力普得到了布鲁瓦，三子让得到了波旁领地。皮埃尔和罗贝尔直到圣路易死后的1272年才完婚。除了皮埃尔，他们自己的领地与妻子带来的土地都不相邻，这是出于避免形成一整块面积过大的领地的考虑。路易尚未结婚就死了。1258年为化解阿拉贡和法国的争端而签订的科贝尔条约有个附件，写明将阿拉贡国王的女儿伊萨贝尔许配给菲力普。这桩政治色彩十分浓重的婚配到了1262年才完成，地点是在克莱蒙昂奥弗涅，时间是在圣灵降临节。马赛人此时再度反叛王弟普罗旺斯伯爵安茹的查理，圣
738 路易利用这桩婚事迫使阿拉贡国王雅克一世答应不支持马赛的反

① 参阅本书第一部分。

② 同上。

③ 此处采用刘易斯的说法，参阅《王族血缘》，前引书，第222—224页。

叛者。

女儿们因没有得到赏赐地而获得了钱财，她们的嫁资都很丰厚。伊萨贝尔于 1255 年与香槟伯爵和纳瓦尔国王蒂博五世结婚。这位女婿是个熟人，对圣路易充满敬意，事事处处以他为榜样，圣路易也把他当作儿子一样看待。吕特伯夫写了献给他的《纳瓦尔国王悲歌》①。伊萨贝尔和蒂博在出征突尼斯的那次十字军返回时，于 1271 年去世。布朗什于 1269 年嫁给了卡斯蒂利亚国王贤人阿尔封斯十世的王子费迪南，她死于 1275 年。1279 年玛格丽特与布拉邦公爵让一世结婚；阿涅丝于 1279 年与勃艮第公爵罗贝尔二世结婚。路易去世之前经受的又一次沉重打击，是他的儿子让-特里斯坦之死，在圣路易第一次十字军出征的危难时刻，让-特里斯坦出生在军中，这次他是在迦太基死于斑疹伤寒的第一批基督教徒军人之一，恰是风华正茂的 20 岁。人们本想对已经卧病的圣路易封锁这个消息，但他还是知道了。他对这个出生于艰难时刻的儿子似乎格外疼爱。博利厄的若弗鲁瓦写道："这位虔诚的父亲听到儿子噩耗时，五内皆裂。"②

圣路易对孩子们的最大关注，莫过于给他们以良好的宗教和道德教育，他曾希望孩子中有人加入修会，本想让让-特里斯坦和皮埃尔成为托钵僧修道士，分别加入多明我会和方济各会，但是这两个儿子都不愿意，他也没有勉强他们。即使是在会的神职人员也不大相信圣路易有让儿子加入修会的意愿。大概是应圣路

① 吕特伯夫：《全集》（Rutebeuf, *Oeuvres complètes*），版本见前引所注，卷 II，第 381—390 页。

② 博利厄的若弗鲁瓦：《生平》，第 23 页。

易的女儿布朗什的忏悔师提出的要求，教皇乌尔班四世在1261—1264年间给予卡斯蒂利亚的布朗什一种特权：如果其父非要她发愿的话，她可以无需终生当修女[1]。

大多数为圣路易撰写传记的人都记述了他强制要求子女们参加崇拜活动的情况。南吉的纪尧姆写道：

> 上帝保佑，国王夫妇子女很多。他们虔诚的父亲严格地以基督教徒的要求教育和管理他们。他让孩子们从即将成年
> 739 时起就天天望弥撒[2]，念早经，并唱各个时段的日课经，还让他们与他一起听布道。他要求每个孩子都会唱圣母日课经，每天晚饭后与他一起在教堂里唱七时经。后来，大家每天都高唱专门颂扬圣母的歌。七时经唱毕后，他领孩子们回到他的卧房，一位神甫在床四周和室内洒水祝福后，孩子围着他坐下。他总要给孩子们讲些教育他们增强信仰的话，然后才让他们离去。

儒安维尔记述了一些细节。

> 他在就寝之前把所有的孩子都叫来，给他们讲贤明帝王的故事，要他们仿效这些帝王。他也给孩子们讲那些因极尽奢华和贪婪之能事而丧国的昏庸暴戾的君主们的故事，他说："我给你们讲这些故事，是让你们不要像他们那样做，免得惹

① 参阅本书第一部分，原文第270页。

② 这就再次证明，他对成年的孩子是关心的。

> 恼上帝，对你们发怒。”[①]耶稣受难日那天，他让孩子们都戴上用玫瑰或其他花卉做成的花冠，象征救世主受难那天被凶残地扣在头上的那顶神圣的荆冠，主耶稣用来装饰他的王国的正是这顶荆冠[②]。

在这里我们看到，路易与孩子们相处时兴味盎然。他晚年时每年都要在圣德尼让他的王储、因哥哥死去而变成“长子”的菲力普，向圣德尼行封臣礼，圣德尼是王朝和王位的佑护神，这项仪式的内容是在圣德尼节（10 月 9 日）将四个金徽章放在圣徒殉 740
教者的祭坛上。

在留给长子菲力普的《示儿》和留给女儿、纳瓦尔王后伊萨贝尔的《示女》中，圣路易既展现了父亲对子女的关爱，也说明他十分清楚父亲的责任。据同时代人记述，这两份家训不是口述，而是圣路易的亲笔。这是一件异乎寻常的事，它既说明圣路易对此极端重视，又表明这两份家训具有父亲与子女之间体己话的性质。事实上，首先这是他钟爱儿子和女儿的一个举动，在不带感情色彩的枯燥语言的后面，透出的是一片真挚的爱。

《示儿》的开篇是这样写的：“我把为父的心意与情谊给予亲爱的长子菲力普。”全文共 34 节，其中 17 节以“亲爱的儿子”开始。“心”字反复出现：“我真心实意地希望”、“你对穷人怀有怜悯之心”、“如果你心中不快”。正文包括两部分，第一部分是写给作为普通人的儿子的，第二部分则是写给作为未来国王的儿子的。

---

① 儒安维尔：《圣路易史》，第 381 页。

② 此处暗喻收藏在圣堂的圣物荆冠。

在第一部分中，他强调了信仰、忍耐、经常忏悔、虔敬教会、爱怜穷人和受苦人、与好人为伴、聆听布道、不听坏话。在第二部分中，他要求儿子不要辜负加冕时涂抹的圣油、要主持公义、制止纷争、尊敬教会人士、避免战争、选任贤能、惩治污言秽语和肢体犯罪以及赌博、追捕异端、不事奢华等等。

“亲爱的儿子，我把一个父亲能给予儿子的祝愿全都给予你”，他还祈求上帝佑护儿子。这封信显示了两种愿望。一是国王家庭的和睦和互爱。前面已经提到，他嘱咐孩子们要爱自己的母亲，为她争光，听从她的劝告。对长子他也这样嘱咐：“爱你的弟弟们，要永远祝愿他们善良，祝愿他们上进，你要替父亲教导他们学好……。”13世纪的基督教尤其是方济各会，无论在教会团体中或在血亲家庭中，总是喜欢把父母和兄弟的作用融为一体。圣方济各
741 就依据这一点，从众多的修道士中辨认出谁是同一个母亲的儿子①。

另一个愿望是为亡人祈祷。圣路易深深地热爱自己所属的王朝，他重视现在，也重视未来和过去。孩子们属于未来，应该通过对他们的关怀确保族系的兴旺发达。但是，就感情而言，王朝对于他来说主要是亡人。

于是他对儿子说：“尽力让你的灵魂和先祖们的灵魂得到安宁。万一你听说先祖们曾有归还之举，立即设法了解是否还有什么东西尚未归还，你若是找到这些东西，马上就还，以便让你的灵魂和先祖们的灵魂得到拯救。”他要求儿子们把他当作第一亡人

---

① 卡罗琳娜·拜努姆：《作为母亲的耶稣》（Caroline Bynum, *Jesus as Mother*），前引书（本书原文第471页注4）；勒高夫：《圣方济各使用的社会类别词汇和13世纪为他作传的作者们》（Jacqus Le Goff, *Le vocabulaire des catégories sociales chez saint François d'Assise et ses biographes au XIIIe siècle*），前引文（本书原文第507页注1）。

向上帝祈祷："亲爱的儿子，上帝如果让我先你而死，你要让法兰西王国的宗教修会帮助我，让他们为我望弥撒、诵经，为我的灵魂祈祷。"亡人和先祖是族系最重要的成员，他们是父辈，是族系的渊源和延续，他们为拯救而最受威胁，而灵魂的拯救应该不再是个人的事了，因为，亡人已经不能再建功立业了。他们的灵魂是否能够得到拯救，取决于后裔对他们的追忆和热情。所以，最应该得到爱的是亡人。这也就是圣德尼王家坟地的重建在圣路易的业绩中占有中心地位的原因。

写给伊萨贝尔的信以一段充满父女彼此关爱的言语开头：

> 向至亲至爱的女儿、纳瓦尔王后致以父亲的问候和情谊。
>
> 亲爱的女儿，我相信，你更加离不开我，你爱我甚于爱任何他人，所以我要亲笔给你写下几句嘱咐[①]。

这封信的内容与写给菲力普的信中的第一部分十分相似，只
是稍短，而且因收信人是女性而作了必要的改动。圣路易在信中 742
说，伊萨贝尔只应使用完全忠实可靠的女侍，应该听丈夫和父母的话，在衣着上要避免任何奢华。当然，伊萨贝尔还应为自己的灵魂获得拯救而祈祷。

前辈和祖先的忌日十分重要，在最庄重的日子里，圣路易让人在小经堂的祭坛上点燃 12 根蜡烛，"每逢父亲、母亲和所有应予祭祀的先王的忌日，他都这样做。"[②] 除了这些重要的忌日之外，

① 奥克奈尔（编）:《训示》，第 191 页。

② 圣帕丢斯的纪尧姆:《圣路易传》，第 36 页。

他还为所有亡人“每天依照巴黎教会的惯例，与一位宫廷神甫一起诵经”。[①] 圣路易简直就是一个亡人国王。

圣路易去世后，他的《示儿》与《示女》就不再是活人的教诲，而是立即变成了亡人的遗言，作为遗言对为之而写的儿子发生作用。

圣路易去世后，菲力普成了菲力普三世，他通过多明我会士博利厄的若弗鲁瓦和夏特勒的纪尧姆以及方济各会士蒙斯的约翰，向法国教会的所有成员报丧，尽管通篇都是格式化的文字，但是，其中却有一段却令人感到，他失去的是一位德高望重、给人以信心和力量、无限慈爱的父亲，他不仅给人以政治和道德方面的教诲，而且满怀父爱：“有这样一位父亲无疑是极大的荣耀，可是，失去这位父亲巨大而慈祥的慰藉、他那睿智的谈话、效果显著的忠告和帮助，肯定也是无法弥补的损失。”这些司空见惯的言语也许出自某个谋士之口，然而它们却真实地反映了圣路易留给儿子的印象[②]。

随从与身边的人

743 圣路易的家庭成员首先属于王族，然后才属于自己的家庭。不过，他眼里的家庭范围比较大。马修 · 帕里斯指出，他“通常

① 圣帕丢斯的纪尧姆：《圣路易传》，第 37 页。

② 参阅迪歇纳：《法兰西著作家史》，前引书，卷 V,1649 年，第 440—441 页。

习惯于关注所有有血缘关系的人”。[1]

国王身边的家庭成员甚多，有些人其实并非国王的亲属，而在国王的“府邸[2]”旁边还有许多贵族或非贵族家庭，为国王本人及其家人的物质生活提供服务。这就是他的随从。这是一个古老的人群，他们是居住在某位大人物家里的自由人，这位大人物则是他们的顾客，如今这批人正在变成一个屋顶下的共居者。圣帕丢斯的纪尧姆对此讲得十分清楚：“他（路易）与随从一起在卧房里时，常常说一些简单而又谨慎的话，他还把良言益语编成富有启发性的故事，讲给那些人听”，这些人显然就是为他服务的人和贤人[3]。还有：

> 圣徒国王非常喜欢让正直和公正的人与他相伴，拒绝与坏人和已知的罪人谈天。他最讨厌的就是坏蛋和说脏话的人。他要他的随从个个都是极端纯洁的人，其中如果竟然有人卑劣地咒骂上帝和圣母玛利亚，他马上叫人把他们请出府邸……。倘若他得知府邸中有人犯下不可饶恕的罪行，他就把此人逐出宫廷大臣和随从的行列[4]……。

① 马修·帕里斯：《大纪年》，卷V，第436页。

② 国王的府邸在圣路易在位期间作了重大改造。参阅伊丽莎白·拉卢（Elisabeth Lalou）发表在1994年《卡佩王朝万森研讨会文集》（*Actes du colloque de Vincennes sur les Capétiens*），待版。

③ 圣帕丢斯的纪尧姆：《圣路易传》，第124页。

④ 同上书，第130页。

我们在这里发现，圣路易令人费解。一方面，他的随从是与国王相当亲近的一群非常有道德的人；另一方面，这又是一个残留至今的过时的团体，它正在变成一个亲信集团。国王遇有重大政治事务，总不忘听取这些人的意见，而在司法事务中，这些人又成了高等法院的成员。本来应该由一群人管的事，他却毫不犹豫地去征询另一群人的看法。表面上是一场富有启发性的闲
744 谈，实际上国王却在听取他从自己喜欢的人当中挑选的那些亲信的建言，以此或多或少平衡一下御前会议这个封建机构的作用，在尚未形成的国家中，御前会议正在变成一个国家机构，而在这个国家机构中，他就没有那么大的自由去选人、说话和作决定了。

尚不止这些。出于明显的宗教和道德原因，在其成员可以与他直接接触的这两个人群中，如若有人可能损坏其纯洁性，他就把他们驱逐出去。这样一来，国王身边就形成了一个经过净化的纯洁而神圣的空间。一个神圣化的国家空间就这样经由迂回的道路建立起来了，国王便是这个国家的中心和太阳。国王与他的亲信在神圣的王宫中组成为一个神圣的家族。由于历史原因和国王的工于心计，一个过时的机构与一个近代国家就这样汇合了。不但如此，如果从另一个角度来看圣路易，人们在谈论国王的亲信时，就会像儒安维尔那样说："他身边的我们。"[①] 这就等于借用福音书上用来指称耶稣圣徒的称谓，而这个称谓是在 13 世纪刚刚被

---

① 儒安维尔：《圣路易史》，第 33 页。请看本书原文第 600 页。

基督教圣徒圣方济各的第一批同伴中的某些人重新使用的[①]。圣路易在下午三点死在迦太基之前，已经是一个基督一国王了。这是首批“国家奥秘”之一。[②]

① 拉乌尔·芒塞里:《我们曾与他一起》(Raoul Manselli, *Nos qui cumeo fuimus ...*)，见《关于法国问题》(*Contributo alla questione francescana*)，罗马，1980年。

② 坎托洛维茨:《国家奥秘》(Ernest H. Kantorowicz, *Mysteries of State*)，1955年；法文译本题为《国家奥秘——绝对王权主义观念及其起源》(*Mystères de l'Etat. Un concept absolutiste et ses origines médiévales*)，见《为祖国而死》(*Mourir pour la patrie*)，巴黎，1984年。

第七章

/

745 圣路易的宗教信仰

圣路易的宗教信仰首先是宗教崇拜活动，整个白天乃至夜间都定时完成各种动作和各种礼仪，而且经常一再重复。然而，圣路易的宗教又是一种信仰、一种虔诚，这种信仰和虔诚随着他那个时代的宗教崇拜活动的发展，日甚一日地深入人的内心，并反过来成为一个人精神生活的动力[①]。

由于为圣路易作传的人很多，我们对于圣路易的宗教崇拜活动有较多的了解，但是我们不能忘记，这些人都是圣徒列传作者，其中大多数是在 1297 年圣路易被封为圣徒后为他撰写传记的，其他作者则是为了争取他被封为圣徒而为他作传的。即使他们不同程度地夸大了事实，他们的意图毕竟促使他们首先要突出主题。况且，在这些作者生活的年代里，在教会和公众眼里，断定一个人是否圣徒的首要标准虽然依旧是在此人身上出现的圣迹，但是，

① 参阅勒高夫、雷蒙（编）:《法国宗教史》(Jacques Le Goff et René Rémond, *Histoire de la France religieuse*)，前引书。

人们已经越来越重视此人的品德和日常行为（在这里，日常行为的含义是精确而狭窄的，或者可以说是“言论”[①]）。在传记作者们笔下，路易九世的宗教崇拜活动不只是一个圣徒的宗教崇拜活动，而是一个与众不同的圣徒的宗教崇拜活动，也就是说，是一个平信徒国王的宗教崇拜活动（而当时几乎只有僧侣、主教和其他神职人员才有可能被封为圣徒）。他的宗教虔诚是一个主要通过行使国王的 746
职能寻求个人拯救的平信徒的宗教虔诚。路易九世心里十分明白，平信徒与神职人员之间存在着严格的区别，但他试图充分利用自己在平信徒中占有的优越地位，尽可能达到神职人员的虔诚程度。尤其突出的一点是，他认为自己最重大的职责是为臣民的拯救而祈祷，而不只是为自己的拯救而祈祷，这两件事因而几乎完全融为一体。他的祈祷是一位跪在地上进行祈祷的国王的祈祷。

圣路易的宗教崇拜活动囊括所有崇拜活动领域，诸如各种礼仪、忏悔、虔敬圣物、敬重教会（仅限于世俗方面）、苦行、行善和禁欲等等。

西都会的典范和托钵僧的典范

修道士尤其是西都会士的精神状态，对圣路易产生的吸引力不容忽视。西都会是 12 世纪修道制度改革最重要的代表，在整个 13 世纪始终生气勃勃；它在连接 13 世纪以前的僧侣世界与托钵僧世界中所起的作用，比人们通常所说的更为重要。路易与西都

① 请看本书原文从第 835 页开始的“圣路易的圣德”，特别是第 854—855 页。

会和托钵僧修会都交往甚密，对它们的热忱难分上下；前者以修道士的远离尘世深深地吸引他，后者则以它在城市中的社会交往令他神往。两者相辅相成，路易借此得以使自己臻于完善。不过，他的心灵和灵魂得以充分展示的地方，也就是他最喜欢去的地方，是鲁瓦尧蒙，是西都会的修道院，那是最接近自然的去处。

可是，有人强调指出，他因偏爱与托钵僧交往而影响了自己的接触面。无论他的公共活动和他的“政策”，托钵僧都起到了决定性的影响[1]。

两个最大的托钵僧修会即方济各会（或称小兄弟会）和多明我会（或称布道会），都与圣路易同龄。它们在1250年之前就已基本上建起了各自的修道院网，多明我会的修道院建在“大”城市中，方济各会的修道院则建在小城市里。路易欢迎并钟爱托钵
747 僧的修道院这个新生事物，不仅支持它们，而且经常亲往巡视。托钵僧在很短的时间里大获成功，在基督教世界里实属罕见。托钵僧与以往的僧侣不同，他们生活在城市中，与平信徒以及普通百姓杂居在一起，大力传播经他们深刻改革的宗教活动，诸如忏悔、相信炼狱存在、宣道等。他们所宣扬的教义家喻户晓，深入人心，乃至影响到家庭与个人的关系。他们身体力行，在一个新的社会中奉行贫穷、谦卑和怜悯等原始基督教的基本道德规范。

他们自己并无财产，却成了募捐的能手，在路易等富有的平信徒的帮助下，他们陆续修建了一些修道院。修道院一个比一个宏伟壮观，这与托钵僧修会的两位创建者——西班牙人圣多明我

① 参阅莱斯特·里特尔:《圣路易与会士的交往》，前引文。我在此处采用他的看法。

和意大利人圣方济各——的初衷背道而驰。这些竭力主张贫穷的传道士因而变成了理财专家，而理财正是那个世纪的重要问题之一；他们力图对作为资本主义萌芽的商业和借贷业中的一些新的做法加以道德规范，而并不谴责其中最主要的一些做法。他们主张以言传身教说服男女信徒，拯救自己的灵魂；但是，他们的顶头上司教廷于13世纪30年代撇开各地的主教，将镇压异端的宗教裁判法庭交到了他们手中，他们在完成这项任务时冷酷的程度虽有差异，尽管并非都像多明我会士罗伯尔（外号布戈尔）那样残忍，但总起来说却是人人热情满腔，个个全力以赴。罗伯尔原是异端分子，他的外号布戈尔的意思是保加利亚人；从一些异端分子的名字可以看出，某些异端源于东方，布戈尔这个外号就是此类名字之一。此人改宗之后加入布道会，成了一位布道会士；13世纪30年代末期，他以改宗者的凶狠在法兰西王国尤其是在弗兰德尔地区进行残酷镇压。弗兰德尔地区的经济繁荣推动了各种商业活动，当上了宗教裁判法官的罗伯尔很快就把这些商业活动诬称放贷，进而严加弹压，致使火刑场遍布弗兰德尔。手中的权力很快就使他飘飘然起来，他不分善恶，滥施刑罚，竟然把一些清白无辜和头脑简单的人也处以火刑。借用马修·帕里斯的话说，他变成了人见人怕的“恶魔”。教皇获悉后，将他解除职务，接着又将他永远监禁。可是，在他疯狂地大开杀戒时，却从圣路易那里得到了他所希望得到的一切支持，而圣路易在完成他的世俗义务时，丝毫不比布戈尔逊色。若非马修·帕里斯的记述，后人也
许无法得知此事[1]。 748

① 马修·帕里斯:《大纪年》，卷III，第520页。

尽管圣方济各不置可否，托钵僧修道士们依然认为，只有学富五车才能完成使徒的使命。因此，在托钵僧的努力下，创设了一些中等和高等教育机构[①]，不仅有托钵僧进入大学，甚至有托钵僧在大学任教，因而引起尖锐冲突，不过，总起来看，他们在教育上的创新，得到了大学生们的认可（托马斯·阿奎那在巴黎取得的成就便是一例）。因此，作为13世纪基督教世界的神学大本营，巴黎对他们产生了巨大的吸引力。圣路易因此而拥有一批学识渊博的僧侣。不过正如我们所看到的，这些僧侣对于圣路易的吸引力，在于他们的宗教虔诚、社会问题知识和布道时的口才。

圣路易的忏悔师几乎全都是托钵僧，其中最孚盛名的是多明我会士博利厄的若弗鲁瓦，此人在圣路易死后不久撰写了他的《生平》，价值很高。方济各会士让·德·蒙斯是圣路易的忏悔师中另一个留下了姓名的人[②]。圣路易愿意有一个忏悔师始终随侍身边，从圣地返回途中，他任命了两位忏悔师，一位是方济各会士，一位是多明我会士。

托钵僧作为圣路易的得力辅臣发挥了很大作用。圣堂神甫纪尧姆·德·纪尧姆是个多明我会士，曾随同圣路易远征突尼斯。前往君士坦丁堡进行购买耶稣受难圣物的谈判，并将圣物护送到巴黎的，也是多明我会士。圣路易下令，每年为托钵僧举行三次宗教仪式，一次由巴黎的多明我会士主持，一次由方济各会士主持，另一次则由在巴黎拥有修道院的其他修会主持。

---

① 《13—14世纪托钵僧修会的学校》（*Le scuole degli ordini mendicanti (secoli XIII–XIV)*），见《中世纪修行研究中心会议》（*Convegno del Centro di studi sulla spiritualità medievale*），17（1976年），图德蒂纳科学院，托蒂，1978年。

② 有人推测，罗伯尔·德·索尔邦也曾是圣路易的忏悔师。请看本书原文第587页。

圣路易特别喜爱聆听布道，他要求托钵僧专门为他和他的家 749
人以及亲朋在圣堂中讲道。对耶尔修道院的方济各会士迪涅的于格的邀请，虽然没有被接受，圣路易却成功地邀请到了巴黎大学教师、方济各会士圣波拿文都拉，此人是当时最孚盛名的布道师之一，从 1257 年开始担任多明我会的总会长。从 1257 年到 1269 年，圣波拿文都拉在巴黎总共作了 116 场宣道讲演，圣路易聆听了其中的 19 场[①]。

与圣路易关系最为密切的托钵僧恐怕就是欧德 · 里戈了，此人是巴黎大学的神学教师，1248 年当上了鲁昂大主教，鲁昂是诺曼底的首府，而诺曼底拥有特殊地位，在法兰西王国中举足轻重；欧德 · 里戈成为大主教后，依然保留托钵僧身份。这位责任性极强的宗教首领巡视各地教区的记录至今仍保存完好[②]，它成了了解 13 世纪中叶乡村神职人员和宗教生活的唯一文字材料。路易除了在教会内部事务方面向他求助外，还请他给予其他帮助；例如，1261 年圣灵降临节请他到圣堂布道；1262 年国王前往鲁瓦尧蒙修道院过圣母升天节时，由欧德 · 里戈主持弥撒；1255 年他主持了圣路易的女儿伊萨贝尔与纳瓦尔国王香槟的蒂博的婚礼；1258 年 11 月 8 日在圣德尼主持了圣路易的父亲路易八世忌辰弥撒。1259

① 雅克–吉 · 布热洛尔:《圣波拿文都拉与圣路易国王》(Jacques-Guy Bougerol, *Sain Bonaventure et le roi Saint Louis*)，见《圣波拿文都拉：1274—1974》(*San Bonaventura,1274–1974*)，卷 II，格罗塔费拉塔，1973 年，第 469—493 页。

② 欧德 · 里戈:《大主教巡视录》(Eudes Rigaud, *Registrum visitationum archiepiscopi rothomagensis*)，泰奥多兹 · 博南（Theodose Bonnin）编，鲁昂，1852 年；苏里文新编:《鲁昂的欧德巡视录》(J. F. Sullivan, *The Register of Eudes of Rouen*), 1964 年。欧德 · 里戈在大主教任上于 1274 年去世。圣路易未能为他争取到枢机主教的职位。

年他不顾病后尚未复元，前往枫丹白露探视卧病的国王；国王的儿子路易死后，欧德·里戈于1260年1月前来宽慰国王。国王也将一些政治使命交给他去完成。从1258年起，欧德·里戈经常在王宫和设在巴黎宫中的高等法院里办公。1259年与英国签订的巴黎条约也是由他代表国王谈判的。

自1247年开始，圣路易为进行行政改革和纠正司法不公，向全国各地派遣了一批稽查员，这些稽查员中有许多人是托钵僧。在有据可查的31个稽查员中，8人是多明我会士，7人是方济各会士。

我们还记得，圣路易使用的教材大多是托钵僧的作品，其中
750 包括多明我会士博韦的樊尚编写的《百科大全》和方济各会士图尔奈的吉尔贝编写的《王侯明鉴》等。从1254年到1257年，巴黎大学的不在会教师与托钵僧教师之间的争端达于顶点，教廷作出了有利于托钵僧的裁决，国王全力表示支持。此后，教皇亚历山大四世下令，解除不在会教师的首领圣阿穆尔的纪尧姆的一切职务，停发他所领取的一切俸禄，禁止他教书和布道，并将他逐出法国；圣路易一丝不苟地执行了这一处罚决定中属于世俗国王权力范围内的部分。

此外，一则不怀好意的流言称，圣路易原本有意放弃王位去当托钵僧，后来打消了这个念头，原因是难以在多明我会和方济各会之间作出选择，而并非王后马格丽特的激烈反对；看来这是一则无中生有的传闻①。不过，他倒是曾经希望自己的儿子分别加入多明我会和方济各会，儿子们拒不听命，他也就此作罢。

①　请看本书原文第331—332页。

有一点肯定是真实可信的，那就是在某些人群乃至许多臣民心目中，国王不仅受托钵僧的摆布[①]，而且他本人就是一个坐在王座上的出家僧人。有一则虽不甚可信却真实地表达了这种看法的传言说，当一位骑士责备他听任人们胡言乱语，他的作为与其说是一个国王，毋宁说更像是一个出家的僧人时，他的回答是这样的：

> 不必理会那些笨蛋的胡说八道。我要把我有时独自逗留在内室时发生的事情告诉你。我听到有人叫我“路易修道士”，还有人骂我，这些人以为我根本听不见。于是我就想，是不是应该把叫我和骂我的人处置掉，可是我立即意识到，我若能凭着对于上帝的爱不予追究，这对我来说岂不是好事一桩。说真的，我并不为发生了这样的事而感到遗憾[②]。

圣路易的信仰 751

在圣路易宗教观念的深处有一种信仰，一种不可动摇的信仰，这种信仰首先是对上帝的热爱。他在《示儿》中对菲力普说：“亲

---

① 请看本书原文第 823 页。

② 库尔顿在他 1907 年出版于伦敦的《从圣弗朗西斯到但丁》（G. G. Coulton, *From Saint Francis to Dante*）第 405 页上提及这则逸闻，但未说明出处。莱斯特 · 里特尔在《圣路易与会士的交往》一文第 21 页上引用了库尔顿的记述。

爱的儿子，我要告诉你的第一件事，就是要全心全意、竭尽一切地去爱上帝，任何人舍此都将一事无成。”①

路易所热爱并深信不疑的上帝首先是圣子，这是他的宗教观念的中心。他的信仰就是“对耶稣基督的信仰”。②这种信仰同时也是对于传统和对于教会的教诲的信仰：

> 圣徒国王竭尽全力通过语言来表明他的基督教徒信仰。他说，我们应该坚定地相信信条，不管发生了什么事情，无论死亡或残疾，我们绝对无意以语言或行动放弃信仰③。

还有：

> 国王说，信仰首先是相信，即使我们确信无疑的基础仅仅是一种说法。说到这儿，他问我父亲叫什么名字。我告诉他说，我的父亲名叫西蒙。他问我怎么知道父亲的名字是西蒙。我回答说，这是母亲告诉我的，我深信不疑，认为肯定是这样的。他说，“那么，你应该坚定地相信所有信条，因为你在周日信经中听到人们所唱的，就有圣徒们的见证。”④

---

① 奥克奈尔（编）:《圣路易训示》，第185—186页。

② 参阅圣帕丢斯的纪尧姆:《圣路易传》，第23—25页。

③ 儒安维尔:《圣路易史》，第23页。

④ 同上书，第25页。

必须捍卫这种信仰，抵制怀疑，抵制敌人和魔鬼的诱惑，以向往天堂来增强这种信仰。人在临死时最容易遭受魔鬼的攻击，所以，这种宗教观念就越来越把注意力集中于临终时刻，进而在 752
14和15世纪形成为对“死亡艺术[①]”的崇敬；圣路易的宗教观念就属于这一种。

他说：“魔鬼十分狡猾，趁我们即将咽气之时竭尽全力破坏我们的信仰，试图让我们在对信仰抱有某种疑虑的状态下死去；因为他知道，他无法剥夺人们所完成的善举，与此同时他也很明白，临终还念念不忘真教的人，他永远也不可能争取到了。”[②]

还有：

因此，我们应该提高警觉，防备这种圈套；当敌人对我们施加诱惑时，我们应该这样回答他：“滚开，我不会上你的当，我不会放弃对所有信条的坚定信仰。即使你叫人截去我的四肢，我依然要带着这种信仰活着或死去。”说话的人就这样以其人之道，还治其人之身，战胜了敌人[③]。

---

① 阿尔贝托·特南蒂：《从15世纪的艺术看生与死》（Alberto Tenenti, *La vie et la morta travers l'art du XVe siècle*），巴黎，1953年；让·德吕默：《恐惧在西方（14—18世纪）》（Jean Delumeau, *La Peur en Occident (XIVe–XVIIIe siècles)*），前引文（见本书原文第63页注4）。

② 儒安维尔：《圣路易史》，第23页。

③ 同上。

路易把西蒙·德·蒙福尔就他的信仰所作的陈述告诉儒安维尔，路易显然把蒙福尔的信仰视为自己的信仰。

> 圣徒国王告诉我，西蒙·德·蒙福尔伯爵以国王的名义占有阿尔比分子的活动地区时，几个阿尔比分子找到他，请他前去瞻仰已经在教士手中变成肉和血的圣饼。蒙福尔答道："还是你们自己去看吧，因为你们不相信。教会教导我们，酒和饼确确实实是血和肉，我深信不疑。你们是否知道，我由于遵循教会的教导对此深信不疑而在今世得到了什么吗？我将会在天上得到一串花环，比天使们头上的花环更漂亮，天
> 753 使们亲眼看见上帝，却没有相信上帝的福分。"[①]

这就是他所说的信仰，这种信仰还能保证"在今世获得荣耀，死后进入天堂"。[②]

萨拉森人俘获圣路易后，强迫他宣读不为基督教信仰所容的誓言，否则就要对他施加酷刑；他的信仰在这个时刻得到了最坚定、最勇敢的展示。他对萨拉森人说道："你们可以杀死我的肉体，但你们永远得不到我的灵魂。"在他看来，"没有任何事情比脱离对耶稣基督的信仰更糟糕了。"[③]

无论是肉体或心理遭受的痛苦或是军事上的灾祸，一般都被视为上帝对我们的考验而默默接受了，上帝之所以要考验我们，

---

① 儒安维尔：《圣路易史》，第27页。

② 同上书，第25页。

③ 圣帕丟斯的纪尧姆：《圣路易传》，第23—24页；南吉的纪尧姆：《路易九世起居录》，第381页。

是要我们改邪归正、消除罪孽。路易完全接受基督教关于痛苦的教义，认为痛苦是上帝行使的惩罚，旨在为懂得如何对待痛苦的人带来幸福。

逃脱了沉船海难之后，他对儒安维尔说，大难特别是重病其实都是警告，为的是让我们考虑自己的灵魂拯救：“他（上帝）通过警告唤醒我们，要我们看清自己的毛病，去除令他不悦的东西。”这也就是他对十字军溃败所作的最终解释。

在他的信仰中，上帝是领主，他是这位领主的封臣。他的信仰同时也是信守加冕典礼上的效忠誓言，誓言不是通过手势而是通过心灵表达的，誓言同时也就使国王成了独一无二的特殊封臣，既是上帝的使者，又是上帝的形象。“敬爱的主啊，我把我的心灵向您高高托起，我信赖您。”

最后，他的信仰也是一种信赖。如果说，对上帝的敬畏和对魔鬼的恐惧对于他的灵魂拯救都是必不可少的，那么，圣路易的上帝却不是一位怒气冲冲的上帝。他的宗教观念不是恐惧的宗教观念。他曾当着儒安维尔的面复述巴黎大主教奥弗涅的纪尧姆的话：“任何人的罪孽都不可能深重得让上帝无法宽恕”，[①] 看来，他肯定把他这位他年轻时的谋士和亲信的话当作自己的话了。 754

宗教知识

路易既非知识分子，也不是神学家，但他用心学习宗教知识。

① 儒安维尔：《圣路易史》，第 45 页。

他阅读圣经和圣徒经，与身边的人讨论教义，遇见有学问的教士时，总要向他们求教。有人对此作了精辟的描述："就 13 世纪的各个文化类别而言，路易是一位了不起的教士。这句话的意思并非说他是教会里的神职人员，而是指他的文化水准……他是一位具有良好文化素养的教士，一位传统类型的教士，与法国的多明我会士比较相似，而不是圣阿尔贝特和托马斯·阿奎那等外国知识分子类型的教士。"①

路易对宗教知识的渴求令他的同时代人大感惊异。圣帕丢斯的纪尧姆把《生平》的第 7 章标为"学习圣经"，专写圣路易的学习：

> 圣徒国王路易认为，不应把时间耗费在无聊的琐事和对今世别出心裁的追求上；应该把时间花在有意义和有分量的事情上，下工夫阅读圣经；他有一部圣经注释本，还有奥古斯丁和其他圣徒的原著以及另外一些关于圣经的著作。他不但自己阅读，还经常让人在晚饭后就寝前为他朗读……。在他睡午觉的日子里，如果在午睡与晚祷之间他没有重要事务需要处理，他就召来一些教士和老实人，与他们聊天，谈上帝，谈圣徒，谈他们的事迹，谈圣经故事和先哲们的生平。宫廷神甫在小经堂里主持的晚课结束后，路易回到卧室，点燃三尺高的蜡烛，阅读圣经或其他经典……直到蜡烛燃尽。如果能够请到德高望重的人，无论此人是教会人士或是平信

① 吉和勒高夫：《圣路易和圣事仪规》（P. M. Gy et J. Le Goff, *Saint Louis et la pratique sacramentalle*），见《济贫院》（*La Maison-Dieu*），197，1994 年，第 118—120 页。

> 徒，他总是非常乐意地请来共同进餐，仿照修道院的修道士 755
> 们进餐时念经的模式，在餐桌上谈论上帝[①]。

有时他还前往鲁瓦尧蒙与僧人并肩而坐，一起做功课。

> ……他像僧人一样坐在老师脚下，全神贯注地听他讲经。他多次到贡比涅布道会修道士学校去听经，在老师面前席地而坐，专心致志地听讲。坐在高凳上的修道士们要与他一同坐在地上，他不应允。在贡比涅布道会士的食堂里，他登上讲经台，站在讲经的教士身边[②]。

关于这个问题的记述也出现在博利厄的若弗鲁瓦的《生平》中，而且更加翔实：圣路易在海外时听说，一位萨拉森苏丹派人四出收集各类可供萨拉森哲学家使用的书籍，自己出资雇人誊抄，收藏在图书馆中。这样一来，知识分子们就可以利用这些为他们所需的书籍了。

> 虔诚的国王意识到，异教徒首领居然比基督教徒国王更聪明，他们捍卫谬误的劲头，居然比基督教徒捍卫真教的劲头还大；由此他产生了一个念头：一旦回到法国，他要自己出资，雇人誊抄各个隐修院图书馆中所有与圣经有关的好

---

① 圣帕丢斯的纪尧姆：《圣路易传》，第52—53页。

② 同上书，第53页。

> 书和真书，供他自己和文人以及僧人朋友阅读，这对他们自己和他们的亲朋好友都有好处。回到法国后，他将这个打算付诸实施，修建了一个适用的密室收藏手抄本，这便是圣堂中的珍宝室。室内珍藏着奥古斯丁、安布罗斯、哲罗姆和格
> 756 里高利以及其他正统大学者的大部分著作。闲暇时他常去研读，也允许别人前去研读……。他觉得，与其购买古书，不如誊抄已有的这些圣书，使之增加复本，提供给更多的人阅读[①]。

他在遗嘱中把收藏在他的（巴黎）图书馆中的这些书，赠给（巴黎）小兄弟会一些，"赠给（巴黎）布道会一些，其余全部赠给他所创建的鲁瓦尧蒙隐修院的西都会僧侣。"[②]所以，直到查理五世临朝时才有国王图书馆，此后便代代相传，一直传到专制王朝覆灭时由国王图书馆变成国家图书馆。不过，圣路易并未把珍贵的彩绘手抄本送人，当然，彩绘手抄本为数甚少[③]。最后还有一点需要明确指出：圣路易是一位使用法语的国王。

> 他在不懂拉丁文的亲朋面前研读这些书籍时，细细读，慢慢理解，然后准确地翻译成法语，讲给他们听[④]。

---

① 博利厄的若弗鲁瓦：《生平》，第 15 页。

② 同上。

③ 请看本书原文第 580—582 页。

④ 博利厄的若弗鲁瓦：《生平》，第 15 页。

他所阅读的书籍始终与他的信仰紧密相关："他不喜欢（大学）教士们的著作，只阅读被证明真正出自圣徒之手的著作。"[①]

圣路易愿意向高僧们学习基督教教义的缘故即在于此。下面是他与前来布道的波拿文都拉的一段对话：

> 总会长波拿文都拉修道士传来话说，法兰西国王路易老
> 爷问他：人能否作出选择，比如，与其永远在地狱受罪，不
> 如干脆不存在？波拿文都拉答道："陛下，这个问题涉及两个
> 方面，一是对上帝永无休止的冒犯，上帝是公正的审判者， 757
> 除了罚入地狱，他不使用其他永久性惩戒；二是永无了结的
> 痛苦；任何人都不应选择处于永无休止地冒犯上帝的状态。
> 因此，与其成为上帝的敌人，不如选择不存在为好。"非常
> 虔诚、永远忠于上帝、笃信基督教的国王向助手们说道："我
> 赞同波拿文都拉修道士的意见，我向你们保证，我宁可化为
> 乌有，根本不存在，也不愿意像现在这样，一面永无休止地
> 冒犯创造了我的上帝，一面永远活在这个世界上，并且永远
> 为王。"[②]

还有一次，他手捧圣书，像往常那样突然心血来潮地提出一个关于宗教信仰的问题，这次被问的不是僧侣，而是他的亲信之一儒安维尔："邑督，上帝是什么？"儒安维尔答道："陛下，任何

---

① 请看本书原文第587页。

② 参阅雅克-吉·布热洛尔：《圣波拿文都拉与圣路易国王》，前引文。

美好的事物都无法与之相比。”据我们所知，儒安维尔的回答令路易十分满意[①]。

虔敬与苦行

路易对他所阅读的圣书和他所聆听的教会教诲深信不疑，他怀着对上帝的热爱，出于对罪孽及其后果的认识，向上帝祈祷，自愿受苦。他一想到不可宽恕的罪，就浑身难受，何况母亲曾反复向他灌输过这种思想。所以，他向儒安维尔提出了另一个问题：“我问你，若是在患麻风病或犯不可宽恕的罪之中两者择一，你选哪个？”儒安维尔答道：“我宁愿犯三十次不可宽恕之罪，也不愿意染上麻风病。”圣路易什么也没说，因为有别人在场。第二天，他对儒安维尔说：“你昨天说的是一派胡言，简直就是疯子，你应
758 该知道，麻风病再丑陋，也比不上不可宽恕之罪，因为，犯有不可宽恕之罪的灵魂与魔鬼无异。”[②]

猛药才能治重病，“刻板的苦行”，也就是一丝不苟地坚持苦行的原因即在于此。圣帕丢斯的纪尧姆在《圣路易传》第 14 章中记述的便是路易的苦行。苦行首先是拒绝享乐，因此要节制食欲和性欲[③]。他的忏悔师博利厄的若弗鲁瓦在《生平》中记述了路易

① 儒安维尔：《圣路易史》，第 85 页。请看本书原文第 600 页。

② 同上书，第 15—17 页。请看本书原文第 600—601 页。

③ 关于他的节食，请看本书原文第 624 页以及以下多页。

严谨的生活作风，此书的第 5 章和第 11 章专门记述路易的节食和节欲，第 5 章题为“他的生活纯净而无瑕”，第 11 章题为“婚姻生活中的纯贞与节欲”。他最喜爱的苦行是禁食，禁食是所有苦行中最能同时触及肉体和精神的手段，能将从肉体上获得的东西给予灵魂。他的禁食实在有些过分，据他的忏悔师说，就连星期一他也只吃面包和水，以至于他身边的人不得不加以劝阻，“他向侍从们的劝告让步了。”[①]

禁食并非他的唯一苦行。僧人谋士们对于他的禁食虽然钦佩，却并不赞成。他们认为，一个平信徒和国王，尤其是一个病病殃殃的人，无需像修道士那样用苦行折磨自己，但是他们无法彻底说服他，他们所能做到的只是让他略为减轻一些对自己的肉体折磨，包括鞭笞自己和穿着苦衣。

在路易生活的时代，苦行大行其道，在公开场合集体鞭笞自己的行为犹如传染病，一阵一阵地在基督教世界流传。1260 年更是如此，那年正是持千禧年观点的若阿香分子苦苦等待的世界末日[②]。圣路易比较审慎，他只在私下鞭笞自己。每次忏悔完毕后，他从忏悔师手中接过鞭子，鞭子由五条可折叠的小铁链拧成，平时放在一个象牙盒子里。他把这个盒子如同钱包一样时时挂在腰带上，但不让别人看见。他还把另一些鞭子分送给自己的儿子和挚友，鼓励他们参与鞭笞。鞭笞的轻重取决于忏悔师的性情，据博利厄的若弗鲁瓦记述，路易的儿子和挚友当中，有人下手太狠，

---

① 博利厄的若弗鲁瓦：《生平》，第 10 页。

② 拉乌尔 · 芒塞里：《1260 年是若阿香年吗？》（*L'anno 1260 fu anno gioachimistico?*），见《鞭笞派运动七百周年》（*Il movimento dei Disciplinati nel settimo centenario del suo inizio*），前引文，本书原文第 63 页注 2。

759 以致打伤了细皮嫩肉的国王。如果忏悔师（若弗鲁瓦暗示此人便是他自己）试图让国王免受皮肉之苦，国王就会叫忏悔师打得狠些，一旦达到他所期望的程度时，他就用手势示意[①]。

圣诞节前四星期的第一天、斋期和一年中的所有星期五，路易都光身子穿苦衣。他的忏悔师（博利厄的若弗鲁瓦）肯定不止一次地告诉他，这种苦行不适用于国王，应该代之以向穷人布施和迅速处理诉讼案件。圣路易最终表示屈从，但仍然坚持在整个斋期中系一根宽大的粗呢腰带。在圣诞节前四个星期的第一天和斋期中的每个星期五，他都让忏悔师悄悄地向穷人发放布施，每人 40 巴黎苏。得到教会应允的替代办法日益增多，这仅是替代苦行的办法之一。教会神职人员利用货币经济的扩展，改善了自己的财务状况[②]，圣路易也参与了教会财产的积累。后来路德的反叛和宗教改革的突发，都与此事有着重大的因果关系。他坚持苦行并非因为苦中有乐，而是因为在他看来，苦行意味着一种努力和一种弃绝，而苦行的价值也正在于此。路易不是一个没有脾气的人，他有七情六欲，他喜欢美食，眷恋生活，爱逗趣，喜欢笑。为此，他决定每逢星期五禁笑："每逢星期五，圣徒国王就尽量不笑，即使偶尔忍俊不禁，也是立即戛然而止"。[③]

路易对上帝的崇敬绝不仅限于这些举动。他的传记作者们都

---

① 博利厄的若弗鲁瓦:《生平》，第 10 页。

② 关于炼狱，参阅雅克 · 希福洛:《彼岸世界的财务——中世纪末期阿维尼翁地区的人、死亡与宗教》(Jacques Chiffoleau, *La Comptabilité de l'au-delà. Les hommes, la mort et la religion de la région d'Avignon la fin du Moyen Age*)，罗马，1980 年。

③ 圣帕丢斯的纪尧姆:《圣路易传》，第 123 页。

着重指出，他十分重视倾听自己的良知，重视良知的质量和灵敏度[①]。圣帕丢斯的纪尧姆认为，“这是良知的诱人之处”，“与心灵的 760
所有其他优秀品质相比，纯净的良知更能愉悦上帝的目光，圣洁的国王圣路易以其无与伦比的纯净令上帝的目光十分愉悦”。[②]

可是在另一方面，圣路易非常失望，因为他没有获得上帝的恩惠，竟然不拥有流泪的天赋。流泪是罪人的悔恨已被上帝接受的标志，流泪在带有君主印记的传统精神中是痛悔的表示。米什莱在阅读13世纪的各种传记时，为“圣路易不拥有流泪的天赋”而惊奇。但是，“有时候主也会准许他在祈祷时稍稍流几滴眼泪，当他感到泪水缓缓地从脸颊流到嘴边时，他不但感到十分欣慰，而且还要美滋滋地品尝泪水的滋味。”[③]路易在他对上帝的崇敬中需要这种感官的享受，尤其是来自内心深处的感官享受。

良　　知

这就是说，圣路易对上帝的崇敬处在两种精神风格的交汇点上，一种是传统的君主风格，它绽放在痛悔与泪水中；另一种则

① 马修·帕里斯也承认这一点（见《大纪年》，卷IV，第646页）。对于英国人和法国人对诺曼底各自拥有的权利，圣路易是非常敏感的，但他在这个问题上表现出了良知：“可是，由于这些理由未能满足法兰西国王老爷纯净的良知，这个可疑的问题于是交由诺曼底的主教们去裁决。”

② 圣帕丢斯的纪尧姆：《圣路易传》，第123页。

③ 博利厄的若弗鲁瓦：《生平》，第14页。请看本书原文第875—877页上的这段文字以及米什莱的评论。

与新的罪恶观念相联系，这种观念依据罪人的意图来判断罪恶，而罪人的意图则以良知和对良知的审视为中心。圣路易不流泪大概与一种个人敏感性有关，但同时也与精神的这种变化不无关系。良知促使泪水干涸。

这种良知在路易身上孕育了许多品德，首先是谦卑；谦卑是他最基本的品德，而且几乎是方济各会士那样的谦卑，我们在他身上已经无数次看到了谦卑的具体表现，而他自己则为在某些教会人士身上看不到谦卑而惊异。比如，1246 年他在克吕尼会见了教皇英诺森四世，但他没能说服教皇与腓特烈二世和解，以便为
761 组织第二次十字军而实现基督教世界的团结。

> 教皇老爷傲慢地表示拒绝，法兰西国王老爷在盛怒之下拂袖而去，由于在这个自诩是上帝仆役的人身上看不到丝毫谦卑的踪影，他十分恼怒[①]。

再就是忍耐，忍耐也是路易这个既是国王又是普通人的基本特征；他把目光永远投向基督一凡人，他是一位受难的国王，心甘情愿地以受难的耶稣和十字架上的基督为榜样[②]。他的传记作者们和圣徒列传作者们异口同声地赞扬他具有忍耐这个美德[③]。英国人马修·帕里斯是一位具有较大独立性的纪年史家，让我们听一听他是如何说的："笃信基督教的法兰西国王留驻阿卡，默默地

① 马修·帕里斯：《大纪年》，卷 IV，第 524 页。

② 参阅本书最后一章："受难的国王，基督国王。"

③ 圣帕丢斯的纪尧姆的《圣路易传》的第 13 章的主题是忍耐。

忍受着这个厄运。”[①] 路易在与英国国王友好地进行交谈时对他说：“至于我自己，至于我心底所愿，我喜爱上帝恩赐给我的忍耐，甚于全世界臣服在我脚下。”[②]

他的同时代人谈到他的良知时，较多地提到了他的光明磊落和对真理的热烈追求。儒安维尔记述的一则逸闻可资佐证：

> 圣路易的光明磊落充分体现在他对雷诺·德·特里的接待上。这位先生为路易带来了一封信，信中附有一纸捐赠文书，将达马丹昂戈埃尔伯爵领地赠与不久前去世的布洛涅伯爵夫人的继承人。盖在信上的国王印玺已经破碎，只剩下国王的两条残缺不全的腿和脚下的小凳子。国王让我们看过破碎的印玺之后，询问我们该如何处理。
>
> 我们一致认为，他完全不必执行信中所说的赠与，没有一人持不同意见。他于是叫他的侍从长让·萨拉森把信拿给他看。他手持书信对在场的人说道：“诸位请看，这是我前往海外之前使用的印玺，看得很清楚，破碎部分与整个印玺是
> 吻合的。因此，我的良知不允许我扣留这份伯爵领地。”接着 762
> 他召来雷诺·德·特里先生，并对他说：“我把伯爵领地交付给你。”[③]

① 马修·帕里斯：《大纪年》，前引书，卷V，第203页。

② 同上书，第203页。

③ 儒安维尔的记述。见于奥克奈尔（编）的《圣路易言论集》，前引书，第116—117页。

圣路易的光明磊落在他对待穆斯林的态度中表现得最为淋漓尽致。他的同时代人习惯地认为，在与异教徒的交往中不必遵守基督教徒之间的道德规范，圣路易的做法极大地使他们受到震动，以致教皇卜尼法斯八世在1297年6月6日为路易封圣而发布的谕令中也提及此事[①]。作为目击者的儒安维尔当然不会不在《圣路易史》中记述此事[②]，不过，在此之前他已经在为路易封圣的申请书中提及此事，而圣帕丢斯的纪尧姆则在撰写《圣路易史》时使用了这件文书。我所依据的是圣帕丢斯的纪尧姆的记述。为释放被俘的圣路易和法国官兵，穆斯林索价二十万锂，法方支付了三万锂后，圣路易被萨拉森人释放，但他承诺在余额付清之前，绝不离开停泊在达米埃塔海面的战船。这只是一个口头承诺，并无文书可据。圣路易身边的大贵族们因而劝他不必信守，可以启碇返航。他对他们说，穆斯林虽然背弃诺言，在达米埃塔杀戮了许多基督教徒战俘，但他却不能不信守承诺。过了一些时候，臣下向国王禀报，赎金已全部付清。

> 但是，圣徒国王的骑士内穆尔的菲力普大人对国王说：“赎金已经全部付清，但我们骗了萨拉森人一万锂。”国王听了此话勃然大怒，他说：“听着，我要把二十万赎金一文不差地全部付清，我是向他们这样许诺的，我要不折不扣地信守
> 763 诺言。”香槟邑督[③]踩了一下菲力普的脚，向他递了一个眼色，

① 《卜尼法斯八世》，第150页。

② 儒安维尔：《圣路易史》，第211页。

③ 此人就是非常熟悉国王的儒安维尔，他了解国王的脾气，他想，国王这次可能会让内穆尔的菲力普和那些欺骗穆斯林的人十分难堪。

然后对国王说道："陛下，你以为菲力普大人说得都是真话？他是在开玩笑。"邑督的这句话提醒了菲力普，使他想到了圣徒国王对弄虚作假的痛恶，于是对国王说："陛下，邑督大人说得对，我刚才是闹着玩，说说笑话，为的是听听你怎么回答。"圣徒国王答道："别指望我会夸奖你的玩笑和你对我的试探，记住，一定要把赎金全部付清。"[①]

圣事活动

圣路易非常重视包括国王在内的平信徒的宗教生活中的礼仪，以及教会与他们之间必不可少的中介，也就是神甫。12 世纪以来，特别是自从圣—维克托的于格的《圣事仪规》发表以后，有关圣事的神学理论固定在七件圣事的范围内。路易认为，教会的不可或缺莫过于它管理圣事的职能[②]。

圣路易对待圣事的态度非常符合吉神甫下列有关 13 世纪圣事活动所说的话："有两件圣事任何人都不可不做，一是洗礼，二是忏悔，如果犯了不可宽恕之罪的话。"[③]我们在前面已经看到，圣路

① 圣帕丢斯的纪尧姆：《圣路易传》，第 127—128 页。

② 雅克-吉 · 布热洛尔：《圣波拿文都拉与圣路易国王》，前引文。

③ 同上书，第 112 页。

易不但十分重视自己的洗礼，而且非常热心于促使非基督教徒受洗。洗礼是进入基督教社会的标志，是名副其实的出生，也就是宗教意义上的出生，它是不可或缺的基本条件，舍此便不能指望灵魂得到拯救和去往天堂。出生地往往也就是受洗的地方，但是，无论出生地和受洗地是否同一地方，受洗的地方才是真正的出生地。正因为如此，由于圣路易是在普瓦西受洗的，所以他执拗地自称普瓦西的路易。

圣路易对忏悔给以极大的关注，因为忏悔可以消除不可宽恕
764 之罪，可以重建受洗时的纯净条件。13 世纪是忏悔盛行的世纪。1215 年的第四次拉特兰公会议规定，所有基督教徒必须每年忏悔一次；这一年恰是路易出生后的第二年。圣路易觉得，一年忏悔一次太少，在两次忏悔之间犯下的不可宽恕之罪太重，太危险。比较安全的间隔是一周，一周之中以星期五最为合适，因为这一天是专门用于悔罪的日子。可是，国王担心在两个星期五之间会犯下不可宽恕之罪，尤其在夜间，因为人在夜间最容易受到诱惑，夜间也是魔鬼肆虐的最佳时刻。因此，必须有两位忏悔师在他的卧室近旁日夜轮班，以便随时聆听他的忏悔。

读者可能感到奇怪，在路易的圣事活动中，领圣体似乎不甚重要。不过我们知道，从 12 世纪起，重点移到了使罪人有资格领圣体的条件上，也就是忏悔和悔恨上：“领圣体之前需要摸摸自己的良心。”①

这就是说，路易不常领圣体。圣帕丢斯的纪尧姆写道：

---

① 雅克-吉·布热洛尔：《圣波拿文都拉与圣路易国王》，第 112—113 页。

> 厚道的圣路易对崇拜上帝躯体的圣事非常热衷，每年至少在下列日子里领圣体六次：复活节、圣灵降临节、圣母升天节、万圣节、圣诞节和圣母行洁净礼日[①]。

通过这段文字，我们也知道了他所崇拜的对象在他心目中的地位：基督（每年三次），圣母（每年两次），圣徒（每年一次）。

但是，路易每次领圣体时，都伴以受到推崇的其他“尊严条件”和谦卑。他以领圣体向基督表示崇拜时，除了事先忏悔之外，还要戒斋、禁欲和祈祷。他在领圣体时的举止给人留下十分深刻的印象： 765

> 他以极其虔诚的举止前去迎接他的拯救者，事前洗净手和嘴，摘下风兜和帽子。当他走进教堂的祭坛时，他不是用脚走，而是跪在地上用膝盖挪到祭台跟前。挪到祭台前面后，他便开始念悔罪经[②]。

13 世纪盛行圣体崇拜，教皇乌尔班四世在 1264 年创立了圣体瞻礼日，崇拜的对象是基督的躯体。到了那一天，人们抬着华盖下的圣饼结队游行。华盖从此成为一种具有神圣性质的物件，其用途不久之后就扩展到世俗君主的一些礼仪中[③]。在13世纪，圣体

① 圣帕丢斯的纪尧姆：《圣路易传》，第 39 页。

② 同上。

③ 参阅米里·鲁宾：《基督的躯体——中世纪晚期文化中的圣体崇拜》（Miri Rubin, *Corpus Christi, The Eucharist in Late Medieval Culture*），前引书（本书原文第 424 页注 2）。

和圣迹与日俱增。

至于其他圣事，路易当然不拒绝婚礼圣事①。他以最虔诚的态度处理自己的婚礼圣事，不仅插入一场弥撒，还严格遵守“多比三夜②”，不过，中世纪的婚礼不如“后来那样重要”。③

临终敷圣油也是如此。如果病人神志依然清醒，最要紧的就是忏悔，其次则是祈祷和表示谦卑的动作，如将病人从床上移到地铺上，让他换上隐修道士的服装，圣路易因其国王身份也许不能这样做。卡斯蒂利亚的布朗什死在摩比松，她身上穿的就是西都会士的服装。然而，圣路易传记的作者们不约而同地指出，他在迦太基临终时接受了涂敷圣油的圣事④。

766

圣路易与祈祷

崇敬上帝首先是对上帝的热爱，其次是通过教会和教士传授的经文，在上帝与祈祷者之间建立起直接联系，而当祈祷者是百姓的首领和国王时，这种联系就更加重要了。所以，祈祷⑤在崇敬

---

① 请看本书原文第 133—135 页。

② 参阅本书原文第 135 页。——译者

③ 雅克-吉·布热洛尔：《圣波拿文都拉与圣路易国王》，前引文，第 112 页。

④ 圣帕丢斯的纪尧姆：《圣路易传》，第 39 页。

⑤ 参阅《中世纪的祈祷》(*La prière au Moyen Age*)，见《塞内费昂斯》(*Senefiance*)，10 期，埃克斯昂普罗旺斯，1991 年。我在此处使用了我的论文《圣路易与祈祷》(*Saint Louis et la prière*)，该文首先在皮埃尔-马利·吉神甫主持的(转下页)

上帝的各种活动中居于中心地位。

提及圣路易祈祷活动的主要著作有两部：他的忏悔师博利厄的若弗鲁瓦的《生平》和圣帕丢斯的纪尧姆的《圣路易传》。在圣路易的其他传记中，特别是在儒安维尔的《圣路易史》中，很难找到关于祈祷的记述，在教皇的封圣诏书和卜尼法斯八世为路易封圣而发表的两次布道演说中，也极少提到圣路易的祈祷。仅有的两次见于教皇卜尼法斯八世的封圣诏书中，他强调指出，第一次十字军返回之后，圣路易变得更加虔诚。在整个斋期、圣诞节前四星期的第一天、节日前夕和四季节，“他禁食并祈祷”①。教皇特别谈到，圣路易的祷告时间往往很长，给人以似乎要长久地祈祷的印象，不过，在教廷看来，这对于成为一个圣徒并不重要。卜尼法斯还提到了这位国王临终时的祈祷，在教皇看来，他的祈祷使他得到了善终：“他以虔诚的祈祷把自己的灵魂托付给上帝，他一字不差地这样说：‘圣父，我把我的灵魂交给你’，他幸福地到基督那里去了。”②路易以习惯的方式进行祈祷，但他不是机械地背 767
诵，而是赋予每一个字以真实和深刻的含义。

我们不妨依据这些记述，比较一下做祷告的国王与他在《训示》中对儿子的嘱咐。他告诉儿子，在教堂里望弥撒时，应该“用

（接上页）巴黎高等师范学校研习班上发表，然后刊载在纪念我的老师米歇尔 · 莫拉 · 迪 . 茹尔当（Michel Mollat du Jourdan）的文集《5—18 世纪的地平线——海员与心灵历程》（*Horizons, marins, itinéraires spirituels*（*Ve–XVIIIe siècles*））上，卷 1，《心态与社会》（*Mentalités et sociétés*），亨利 · 迪布瓦、让-克洛德 · 奥凯、安德烈 · 沃谢（Henri Dubois, Jean-Claude Hocquet, André Vauchez）合编，巴黎，1987 年，第 85—94 页。

① 《卜尼法斯八世》，第 158 页。

② 同上书，第 159 页。

嘴和思想表达”。口中念念有词地进行祈祷时，心中要对每一个字进行思考[①]。从主持弥撒的神甫为面饼和葡萄酒祝圣之时起，随着领圣体时刻的来临，祷告应该越发虔敬。据儒安维尔记述，路易曾对儿子说：“望弥撒时，每当祝圣完毕，就要更加用心和嘴祈祷上帝。”他在另一处还叮嘱儿子：“心要自觉地跟随祈祷和赦罪走。”出自内心的激情与遵守规定的礼仪，这两者之间的界线很难划清，国王对上帝的崇拜恰恰停留在这条模糊不清的界线上。

儒安维尔只有两次谈及国王的祈祷。第一次在他的母亲去世数月后得悉噩耗时。我们知道，那次他因悲痛而失态。他对母亲去世迅速作出反应，其中包括向法国送回“一个书包，里面装有交给教会的祈祷书，请教会为他的母亲祈祷”。[②]

儒安维尔第二次提及路易的祈祷，是在记述他临终情形时，他的依据来自一位目击者的陈述，此人便是路易的儿子阿朗松伯爵皮埃尔。

> ……死亡来临时，他祈求圣徒们特别是圣雅各前来帮助，嘴里念着祈祷文：“主啊，让你的子民变得圣洁，恳求你成为他们的佑护者吧。”接着，他召来了法兰西的圣德尼老爷，嘴里念着祈祷文：“主啊，把我们变成鄙视今世奢华的人吧，这
> 768 样我们就不会惧怕任何厄运。”[③]

① 奥克奈尔（编）：《圣路易言论集》，前引书，第186页。

② 儒安维尔：《圣路易史》，第331页。

③ 同上书，第407页。

圣路易传记的作者们对他的各种祈祷方式作了详尽的记述，尤其是博利厄的若弗鲁瓦和圣帕丟斯的纪尧姆。

若弗鲁瓦在记述圣路易望弥撒和听布道等崇拜活动时，对他的祈祷方式作了仔细的描述[①]。他每天聆听的祈祷经都是正典日课经和圣母日课经，他喜欢伴着歌声听经。外出旅行时他也听经，而且与他的宫廷神甫一起低声念经。包括庄严的节日在内，每天他都与宫廷神甫一起念九条经，这是一些经文片断，选自日课经和圣经以及早期教父的著作。他几乎每天都望两次弥撒，而且往往每天三次甚至四次。一些贵族在私下议论，责怪他花在望弥撒和听布道上面的时间太多，他听到这类议论后回答说，他要是花两倍的时间去玩骰子、逛林子或打猎，这些人肯定没有任何微词[②]。他习惯于在子夜时分起床，与宫廷神甫和教士们一起到小经堂去唱晨经，然后回到床前做祷告。这样，主若是启示他做什么崇拜活动，他就不必担心被不速之客打搅了。只要经堂里的晨经还在进行，他就不结束他的祈祷。但是，因为有时有紧急事务需要处理，他不愿意为了晨祷而起得太早，况且守夜已经严重地损害了他的健康，特别是脑子。他最终听从亲友的劝告和恳求，凌晨一点起床念晨经，这样就可以在稍事休息之后，依次参加晨祷、

① 博利厄的若弗鲁瓦：《生平》，第 13—14 页。我在这里再次使用我在本书原文第 561—562 页中已经使用过的材料，前面那次是围绕着圣路易对时间的利用，这次则是围绕着祈祷。我们可以在这里得到有关祈祷的补充资料。与此同时，我对圣路易祈祷动作的描述，要比在本书原文第 616—619 页中更加深入。

② 众所周知，1254 年和 1256 年的敕令要求官员们严禁赌博等恶习，王室领地内如此，整个王国境内亦然。请看本书原文第 218—219 页。关于圣路易不打猎，请看本书原文第 691—693 页。

弥撒和其他功课。在大家唱日课经的时候，他不愿因与人谈话而
769 受干扰，除非有紧急要事；即使因情况紧急而不得不与人谈话，他的祈祷也仅仅稍停片刻。他常常住在某个隐修院或修道院里，而不是自己的城堡里，在这种时候，他的祈祷习惯也依然如故。

他在重大节日的纪念活动中非常专注。他特别喜欢听祭礼上唱的歌，所以他在为小经堂增加教士的同时，也增加了小经堂唱经班的人数。他格外关爱唱经班的孩子们，这些孩子大多是穷学生，唱经班后来成了一个名副其实的唱经训练班。

圣路易把情感倾注于祈祷之中，希望祈祷能使他感动得满面泪水，顺着脸颊流到嘴里。

每当他巡视修会或其他宗教团体时，他总是要求教士们为他以及健在和亡故的家人祈祷。当他跪在大厅里向教士们提出这个要求时，在场的人无不为国王的谦卑而热泪盈眶。除了他本人和他家人以外，他也请求教士们为他的友好、仆役和已故朋友做祷告和弥撒，这说明，他对这个由他身边的臣属所组成的“人为”家庭，与对自己的血亲家庭一样忠诚和关爱。祷告是血与心的联系。

据圣帕丢斯的纪尧姆在“虔诚地向上帝祈祷”这一章中的记述，祈祷与善举构成了圣路易崇敬活动中不可分割的两个部分。祈祷就是“将心灵呈现在上帝面前”，就是“获得上帝的注视、劝慰和帮助，借以完成善举”。

除非患病，否则每晚做完晚课后，国王都要在自己的小经堂或是存衣室里，与宫廷神甫一起祈祷。宫廷神甫离去后，他在小经堂、存衣室或床前继续祈祷。他在祈祷时始终保持弯腰朝向地面、双肘支撑在板凳上的姿势。祈祷的时间如此之长，以致等在

室外的仆役（内室侍从）失去了耐心。他每晚下跪五十次，跪下时默默念着“万福马利亚”，然后站起来，如此一遍又一遍。那时的人有一种习惯，上床之前喝一口葡萄酒，但圣路易与众不同，他没有喝“上床酒”的习惯。第一次十字军出征之前，他总是在 770
晨经之后就寝，冬季也不例外。回来之后改为晨经之后起床，天亮之前念完晨经，然后在祭台前或床前单独做祷告。做祷告时弯腰低头太厉害，视力和身体都受到损害，以至于无法靠自己的力量回到床上。

据圣帕丢斯的纪尧姆的记述，他无数次请求别人为他代祷。当他巡视隐修院或修道院时，他常常跪在修道士们面前，请他们代祷。他每年都要向西都会士们写一封有关此事的信。每位修道士每年都要为他望三次弥撒，一次是圣灵弥撒，一次是圣十字弥撒，另一次则是圣母弥撒。他还写信给女儿布朗什，要她在他死后为他代祷。在留给儿女的《训示》中，他也要求他们为他代祷。出征突尼斯之前，他巡视了巴黎的各个修道院，每到一处，他都当着随从、骑士和其他助手的面，跪在修道士们面前，请修道士们为他代祷。

纪尧姆还记述了几例特殊的祈祷和代祷请求。穆斯林军营中盛传，圣路易在埃及获释时，曾让人为他念圣十字经、日课经、圣灵经、亡者经“以及他所知道的其他经文”。在西顿，他把“赤脚穿羊毛衬衣”的基督教徒召来，让他们听主教讲道，为的是请上帝明示国王，他究竟应该留在圣地还是返回法国。大凡遇到难题要与他的大臣们商议，他就让修道院的修道士们诵经，恳求上帝将良策明示国王。这就是说，圣路易每次作出重要决定之前，身边都有一批祈祷者为他向上帝祈求成功的奥秘。

他兼用公祷和私祷、口祷和默祷（“低声祷告或用心祷告”），但以高声口祷为主，即使独自祈祷也是如此。我们知道，“默祷[①]”
771 是在圣路易时代才逐渐兴起的。他力求对公祷与私祷都不偏废，常与宫廷神甫和小经堂的神职人员一起祈祷，但更喜欢独自祈祷。

他的祈祷从形式上看是一种王家祈祷。与其他大人物和贵族的小教堂相比，他的小经堂里人更多，建筑更壮观，他有时在小经堂里与神职人员一起祈祷，有时独自祈祷。当他独自祈祷时，他的身份不仅是在13世纪中确立的个人[②]，而且是一个孤独的首领。

公祷大多出现在庄严的节日之类盛大的场合；他以国王身份出现在这类场合里，对唱歌给予异乎寻常的关注，因为在他看来，歌是祈祷的自然延续，是祈祷的神秘外罩。

路易几乎无处不祈祷，无时不祈祷，无论在陆地上还是在大海上，在室内还是在马上，独自一人还是在公共场合，白天还是夜晚，时时处处他都可以祈祷。可是，他无论如何也不可能持续祈祷而不中断。一天当中他喜欢在清晨和傍晚祈祷。不过，节日和发生重大险情等特殊日子也会中断他的祈祷。圣路易的祈祷既有日常的，也有特殊的，既有惯常的，也有特别庄重的。不过，他所喜欢的还是日常的、经常的和持续时间较长的。据传记作者们的记述，他身边的人常对他的长时间祈祷很不耐烦，这些作者企图以此表明，国王就是与众不同，他高踞他人之上，以他祈祷

① 参阅塞恩格：《默祷及其对中世纪后期的写作和社会的影响》（P. Saenger, *Silent Reading: Its Impact on Later Medieval Scipt and Society*），前引文（本书原文第423页注4）；塞恩格：《中世纪的阅读方式》（P. Saenger, *Manières de lire médiévales*），见《法国出版史》（*Histoire de l'édition française*），卷I，巴黎，1982年，第130—141页。

② 关于12—13世纪个人的确立，请看本书原文第499—501页。

之长而有别于他人。他的祈祷是一位圣徒的祈祷。

圣徒列传的作者们，尤其是圣帕丢斯的纪尧姆，都对圣路易祈祷时的动作作了描述。在那个时代，人们再度关注动作，教会也试图对动作进行规范，路易这个懂得适中和讲究分寸的人，却常常显得过头。频繁的崇拜活动、经常下跪、大幅度累人的动作、造成视力减退的过度弯腰，所有这一切都超出了祈祷的常规[①]。可 772
是，没有一位圣徒不超出常规。

在重大的节日（特别是复活节）里，国王忘情地参加热闹的祈祷，欢快的歌声对他也不无魅力，然而，祈祷对于他来说，主要是一种赎罪行为。

他向谁祈祷？向上帝（在他心目中主要是圣子，即基督）、圣灵和圣母马利亚祈祷，13 世纪的圣母马利亚似乎变成了三位一体中的第四位。

十字军战败后，他于 1254 年返回法国，愧疚压得他抬不起头来，这次惨败令整个基督教世界感到羞辱。“人们为圣灵高唱弥撒，以此祈求至高无上的主给国王以慰藉。”圣母是沟通凡人与她的儿子耶稣的中介，向来受到率领臣民寻求她佑护的君王们的高度崇敬；圣路易对圣母当然也是崇敬有加，虔诚地向她祈祷，他还特地朝拜圣母祭坛，让教士们每天诵读圣母经。在留给儿子的《训示》中，路易谆谆告诫儿子，要制止“一切对上帝和圣母不敬的言行”，并叮嘱他祈求上帝“以他的仁慈和祈祷，以他的母亲马利

① 参阅施密特：《中世纪西方举止的准绳》，前引书（本书原文第 424 页注 2），特别是该书的第 8 章“从祈祷到出神”。

亚的品德保佑他”[①]。

为谁祈祷？为他自己。祈祷是一种手段，目的首先是自己的拯救，但同时也是他人的拯救，路易是一位家族观念极强的国王，他念念不忘自己的祖先、父亲和祖父菲力普·奥古斯特、他最亲爱的母亲、他的兄弟姊妹、他的孩子们（王后属于另一个家族），所以，路易的祈祷实际上也是为了整个王朝。

国王对他的仆役和身边的人怀有友情和感激，这些人通过祈祷以他们宗教信仰和末世论思想结成了“人为”的亲属关系，而国王便是这些“人为”亲属的中心。他十分清楚自己对人民（如同他在十字军东征时称呼士兵那样，他把臣民称作“伙计”）所负

773 的责任，所以，他把为王国和人民祈祷视为要求最严的职责之一。一个基督教徒好国王一定是为人民祈祷的国王。

圣路易为之祈祷和请人代祷最多的也许是亡人。路易是一个源远流长的王朝的继承者，一个雄心勃勃地要为先王修建墓地的国王[②]；在他生活的时代，炼狱的存在已渐渐获得人们的相信，而进入炼狱的亡人则需要生者为其频繁地祈祷[③]；路易继承了贵族和修道士为亡人祈祷的传统[④]，而且自从克吕尼修会创建以来，许多

---

① 奥克奈尔（编）：《训示》，第190—191页。

② 雅克·勒高夫：《圣路易与先王遗体》（Jacqus Le Goff, *Saint Louis et les corps royaux*），见《思考的年代》（*Le Temps de la réflexion*），III，1982年。圣路易在《训示》中多次告诫儿子，设法为先祖们的灵魂寻求解脱（第18章）。

③ 勒高夫：《炼狱的诞生》（Jacques Le Goff, *La Naissansse du Purgatoire*），前引书（本书原文第38页注2）。

④ 这方面的参考书很多，我只介绍几种探讨性的著作。尼古拉·于格巴尔：《悼亡文献》（Nicolas Huyghebaert, *Les Documents nécrologiques*），见《西方中世纪史料中的新约和旧约一致论》（*Typologie des sources du Moyen Age occidental*），（转下页）

修会都有一批已故的支持者需要为之祈祷；因此，虽然当时人们已经相当重视为亡人做功课了[①]，但与圣路易心目中亡人的地位相比，却相去甚远[②]。

（接上页）册4，蒂伦豪特，1972年；卡尔·施密特，约阿希姆·沃拉什：《中世纪见证中生者与死者的关系》（Karl Schimidt et Joachim Wollasch, *Die Germeinschaft der Lebenden und Verstorbenen in Zeugnissen des Mittelalters*），见《早期中世纪研究》（*Frühmittelalterliche Studien*），卷I，1967年，第365—405页；勒迈特：《从新视角看法国的亡人登记册》（J.-L. Lemaître, *Les obituares français, Perspective nouvelle*），见《法国教会史杂志》，卷LXIV,1978年，第69—81页；卡尔·施密特，约阿希姆·沃拉什：《回忆录——中世纪宗教礼仪观念的宗教见证著作》（Karl Schimidt et Joachim Wollasch, *Memoria. Das geistliche Zeugniswerk des liturgischen Gedenkens im Mittelalter*），慕尼黑，1984年；奥托·格尔哈特、约阿希姆·沃拉什：《中世纪回忆录与传说回忆》（Otto Gerhard Oexle, *Memoria und Memorialüberlieferung im früheren Mittelalter*），见《早期中世纪研究》（*Frühmittelalterliche Studien*），卷X，1976年，第70—95页。米歇尔·洛韦尔的论文《纪念先祖、关爱亡人——中世纪（11—12世纪）西方崇敬亡人的功能与习俗》（Michel Lauwers, *La Mémoire des ancêtres, le souci des morts. Fonction et usage du culte des morts dans l'Occident médiéval (diocèse de Liège, XIe–XIIe siècles)*）尚未发表，巴黎，1992年。关于圣路易与亡人，请看本书原文第741—742页。

① 《祈祷在中世纪——具体方法与经验》（*Prier au Moyen Age, Pratiques et expériences (Ve–XVe siècle)*），布莱普尔斯，1991年。

② 吉神甫告诉我，圣路易的祈祷方式与13世纪的多明我会相近，但有两点不同。其一是他更重视为亡人祈祷，其二是他喜欢长时间祈祷（尤其在私祷时），而多明我会会规却规定，祈祷是圣事，应该“简短”（在会规开篇处两次强调）。参阅罗歇·克雷滕：《雷蒙·德·珀纳富起草的布道兄弟会规章》（Roger Penafort, *Les Constitutions des frères prêcheurs dans la rédaction de S. Raymond de Penafirt*），见《布道兄弟会档案》（*Archivum Fratrum Praedicatorum*），189，1948年，第30页。要想详细了解圣路易的祈祷方式，应该查阅法国国王弥撒经中的固定部分（现存有14—15世纪的一种手抄本，巴黎国立图书馆，cod.lat.1435）。参阅让·迪弗拉纳：《巴黎国立图书馆藏非修会教堂中的弥撒经中的固定部分手抄本》（Jean Dufrasne, *Les Ordinaires manuscrits des églises séculières conservésà la Bibliothèque nationale de Paris*），巴黎，天主教学院，高等仪礼研究所，打字稿，第125—134页。

774 毫无疑问，人们之所以祈祷，是为了通过这种谦卑的方式保证自己和他人的拯救，但同时也为了给自己的善举锦上添花。祈祷结束之后，祈祷者与上帝和上帝慈祥的目光就建立了直接联系，同时也表达了祈祷人为自己和为他人向上帝的求助。帝国王在祈祷时服从于神职人员在加冕之日明确托付给他的使命，那就是成为沟通上帝与他的臣民之间的中介。

不在公众场合进行崇拜活动和做好事是当时的风气，在这种风气推动下，路易喜欢私祷。以穷为耻的心态在某些穷人中呈现上升之势，布施之类的善举因而以悄悄进行为妥。

依据当时的虔敬规则特别是托钵僧的谦卑规则所提倡的做法，路易不但不让人知道他的善举，而且想方设法遮掩他的节食，但与此同时，他却不能完全抑制自己炫耀善举的欲望。我们若想为他在中世纪的崇拜习惯中找到一个确切的位置，那么不妨简要地说，他既对生活具有某种程度的“哥特式”的热爱，又显示了“招摇过市”式的苦行开始抬头时的某些特征。

最后我们不应忘记，由于路易与西都会士和托钵僧们过从甚密，而这些修道士在13世纪往往依然坚持西都会的崇拜活动和崇拜精神，因而路易在祈祷活动中似乎找到了一种途径，一个平信徒可以经由这条途径在行为、身份和取悦上帝的机会等方面，最大程度地缩短与教会人士的差距。从这个意义上说，他的祈祷首先是一种隐修士的祈祷。他的祈祷因而成为他整个国王形象中的一个组成部分，使得博利厄的若弗鲁瓦等同时代人觉得，路易曾经萌生过参加托钵僧修会的念头，而且并非一时心血来潮。他的另一位传记作者夏特勒的纪尧姆写道：“他的举止、行为和动作表明，他不仅仅是一位国王，而且是一位教会人士。”[①]

对圣徒的崇拜 775

圣母固然是人与上帝之间的最佳中介，上帝身边却还有别的说情者，这便是圣徒。在路易的想象中，天上有一个依照人世间的封建君主制模式运转的管理机构，圣徒是这个管理机构中的成员；他把圣徒视为既在人世间也在天上实现政教合一的助手，更确切地说，政教合一既应在天上也在人世间实现。路易的这个想法也是 13 世纪的权贵和富人们的想法。在奥古斯丁的模式中，人世间应该尽力模仿天上的模式行事。但在路易时代，人世与天上的对比关系虽然依然存在，但与奥古斯丁模式相比，却发生了颠倒，那时不再是“人世间如同天上”，而是“天上如同人世间”。人世间的金钱和彼岸世界的永生，商人们一样也不愿放弃，想要兼而有之[②]。权贵在今世应该“体面”，在天上应该“荣耀”。

路易把实现这个计划的办法告诉目瞪口呆的儒安维尔：“你想不想知道，如何在今世拥有体面，而在将来讨人喜欢，并获得上帝的恩宠和荣耀？”办法就是求助于圣徒：

> 圣徒国王要求儒安维尔骑士在圣徒们的庄严节日里也到

① 《高卢和法兰西历史学家文集》，卷 XX，第 29 页。

② 勒高夫:《钱袋与永生——中世纪的经济与宗教》，前引书。

> 教堂去，向他们致敬；他说，圣徒们在天堂里就像人世间的国王谋士。有求于国王的人一定想找国王身边的人、能向国王提出请求而且肯定能得到恩准的人、国王愿意倾听的人。一旦找到这样一个人，他就会请他向国王替他提出请求。所以，天上的圣徒也就是这种人，他们是上帝的亲信和熟人，肯定可以向上帝提出请求，上帝也肯定会倾听他们的请求。
> 776 因此，你应该在他们的节日里到教堂去，向他们致敬，请他们替你向上帝祈祷[①]。

路易是否曾经想过，他若成为圣徒，就可以继续扮演他以国王身份在人世间扮演的角色，即成为上帝与臣民沟通的中介？他是否想过，一个国王的最佳归宿就是成为圣徒，继续承担永恒的职能？

时刻萦绕在圣路易脑际的崇拜活动

我把时刻萦绕在他脑际的崇拜活动分成四类：聆听布道、崇拜圣物、乐善好施和兴建宗教场所。

前面我已经谈到了他聆听布道的癖好（他自己不也常常以业余布道师自诩吗？），我在这里只讲一个小故事，用以展示他对聆听布道的着迷程度：

① 圣帕丢斯的纪尧姆：《圣路易传》，第 72—73 页。

> 他频繁地聆听布道，并把他觉得好的布道词牢牢记在心里，时不时原汁原味地复述给别人听。在从十字军返回途中的十个星期中，他下令每周在他的船上布道三次。当大海风平浪静，水手们可以暂时脱离岗位时，虔诚的国王就让人专门为他们布道，考虑到这些人平时很少有机会聆听上帝的声音，他就让人为他们讲宣信条、良好的习惯以及避免犯罪等等……。[①]

路易对于圣物的崇敬几乎达到了拜物教的程度。他当然把获
得耶稣受难的圣物，视为他当朝年代中最辉煌的成就，为了收藏
圣物，他不但专门修建了圣堂，而且规定每年为圣物举行三次崇
拜仪式。他还得到了圣莫里斯的圣骨，为安放圣骨特地在桑里斯
修建了一个教堂，并利用这个时机组织了一次盛大的圣徒遗体大 777
游行[②]。

他的第三件挥之不去的心事是行善。我们在前面已经看到，他的善举主要采用两种方式，其一是伺候穷人吃饭，其二是照看病人和发放布施，布施有时悄悄发放，有时当众发放，有时甚至大事声张。当他为发放布施而到各地巡行时，穷人们常常向着他蜂拥而来[③]。圣路易认为，信仰必须伴以善举。圣帕丢斯的纪尧姆就此写道："对于全能的上帝来说，这两件事相辅相成，祈祷必须

---

① 博利厄的若弗鲁瓦：《生平》，第 14 页。

② 请看本书原文第 699 页。

③ 圣帕丢斯的纪尧姆：《圣路易传》，第 89 页。

伴以善举，善举必须伴以祈祷。”[①] 由于托钵僧大力提倡，行善在13世纪成为虔敬活动中的一个重要组成部分，对在俗的富人和权贵来说尤其如此。圣帕丢斯的纪尧姆所撰写的《生平》中篇幅较长的第11章标题就叫“善举”。圣路易的善举包括以下这些方面：帮助病人，特别是“弱视者”和盲人，为这些人在巴黎修建了一所可容三百人的收容院，命名为“三百人”收容院；向衣不遮体者发放衣服，向食不果腹者发放食品，向穷人发放布施，为居无定所者搭建房屋，向十字军的遗孀提供资助，释放异教徒战俘，关注瘰疬患者，在圣地掩埋死者，在贡比涅和沙阿里斯的西都会隐修院的济贫院慰问临终的病人等等。

儒安维尔亲眼看到了这一切。

> 国王非常慷慨地发放布施，无论走到哪里，都要向贫困的教堂、瘰疬病人收容所、济贫院和医院、贫穷的乡绅和他们的配偶发放布施。他每天都要向一大群穷人分发食物，此外还有一批人到他的卧房去就餐，我不止一次看到他亲自为他们切面包，送饮料[②]。

778 除了这些善举之外，他还修建了一些宗教场所。国王们都喜欢大兴土木，留下一些勾起人们回忆的纪念物（某些共和制的国家元首也是这样，而且至今依然如此），圣路易则把这种癖好推到

① 圣帕丢斯的纪尧姆：《圣路易传》，第54页。

② 儒安维尔：《圣路易史》，第381页。

了极致。他下令修建的宫殿或城堡等非宗教建筑并不多，但是，他在这些建筑物里面都修建了小教堂，例如在圣日耳曼昂莱，在巴黎西岱岛上的宫殿里。对于他为大兴土木而花费无度，他的传记作者们褒贬参半，他们为新建的宗教建筑开列了一张清单，其中有些是圣路易在世时下令修建的，有些是在他死后用他在遗嘱中留下的馈赠修建的，而馈赠正是这份遗嘱的主要内容[①]。儒安维尔一一罗列了这些宗教建筑，它们包括鲁瓦尧蒙的西都会隐修院、利斯和摩比松的西都会女修院、应母亲的要求建在巴黎近郊的圣安托万修道院（位于今日的圣安托万郊区）、布道兄弟会和科德里埃会的若干修道院、蓬图瓦兹和韦尔农的济贫院、巴黎盲人收容所、应妹妹伊萨贝尔的要求修建的圣克鲁的科德里埃隐修院。为了满足挥之不去的虔敬心愿，贤人国王竟然把自己立下的凡事有度和切忌铺张的规矩置之脑后。他曾经表示，他宁愿做一个贤人，而不愿做一个哗众取宠的人，也不愿意做一个心胸狭窄和不知节制的人。然而，他却常常像一个虔诚过度的平信徒那样行事，令人觉得他这个国王其实是一个没穿僧衣的僧侣。

在十字军中的崇拜活动

我们还得再次简要地谈谈十字军中的圣路易，因为，即使我们不像让·里夏尔尤其是威廉·乔丹那样，认为十字军在圣路易的一生和他的治国生涯中，处于向四周辐射的中心地位，十字军

---

① 请看本书原文第 656 页。

毕竟是圣路易一生中的重要宗教经历，况且，十字军在 13 世纪中叶是基督教徒的一次重大虔敬活动。既然圣路易所做的一切，似乎都以追求基督教徒的完美为目标，那么我们不妨问一声，他真的是“理想的十字军战士[①]”吗？

779 在同时代人、他的后代和当代历史学家的眼里，以“理想的十字军战士”来衡量，圣路易是这种臆想人物的最佳化身之一。

首先，他在“海外朝圣”之前作了准备，在这一点上，他比其他十字军首领做得更多更好。如同其他骑士征战那样，十字军是一种宗教讨伐行动，需要事先作好伦理道德和礼仪净化的准备[②]。圣路易的传记作者们都指出，他的态度从首次十字军后开始发生变化，不再在衣着和饮食上追求奢华。这种变化出现在从圣地返回法国之后，他此后的生活可以说就是长期的苦行和为一种新的和“最终的”生活作准备的过程，这种情况一直延续到第二次十字军东征，乃至他去世之时。确切地说，这种变化是从他依据教皇诏书所颁布的十字军法规，拿起十字架的那天开始的。

在 1248 年和 1269 至 1270 年间，他在法兰西岛、韦克辛的奥尔良奈等法兰西王国的中心地区的巡视，便是为十字军出征所作的准备。路易对于他的今世王国的关注，向来是与他的宗教目标密不可分的，所以，这才有了 1247 年的大批稽查员派往全国各地一事，1254 年敕令发布后，他又追派了一批新的稽查员，旨在彻底根除王国官员滥用职权的弊端。

---

① 勒高夫：《圣路易是理想的十字军战士吗？》（Jacqus Le Goff, *Saint Louis, croisé idéal?*），前引文。

② 乔丹对此有着十分清晰的认识。见《路易九世与十字军的挑战》（William C. Jordan, *Louis IX and the Challenge of the Crusade*），前引书，第 105 页以及以下多页。

下列活动其实也是为十字军东征所作准备的一部分：为了向受难的基督和圣地上的历史的（神圣的）耶稣进行崇拜，他设法获得了基督受难时的圣物，并把圣物极其隆重地迎到维勒讷夫-拉什维克，然后亲自光着脚随同大批人群护送到万森，经由桑斯送到巴黎王宫，接着为安放圣物特地修建了圣堂；圣堂于 1248 年 4 月 5 日落成启用，此时恰是十字军出征前夕[1]。此事同样表明，崇拜活动是主要的准备工作。

路易几乎实现了 13 世纪的十字军战士的所有目标，这大概也是他被视为理想的十字军战士的原因之一。这些目标包括征服、传播福音、苦行。他拒不接受腓特烈二世探寻的外交途径，排除了教皇英诺森四世不久前确定的新的传教途径，断然于 1248 年率 780
领十字军出征，"这是古典模式的十字军"。[2] 正如儒安维尔驻在埃及时亲眼所见的那样，路易是一个英勇的十字军战士，全副武装、光彩照人，是"他从未见过的最英俊的骑士"。不过，路易同时也是一个醉心于传播基督教的狂热分子，他在 1248 年和 1270 年的最高目标分别是拯救埃及苏丹和突尼斯苏丹的灵魂。

但是，说起来也许令人费解，从另一方面看，路易之所以被视为"理想的十字军战士"，恰恰因为他所率领的十字军已经不合时宜，并且遭遇了一个十字军战士所能遭遇的两件最大厄运：被俘和死亡。在一个将十字架上受难的基督视为人世间至高无上胜

① 请看本书原文第 144—147 页。

② 保尔·阿尔芳德里、阿尔封斯·迪普隆：《基督教与十字军思想》（Paul Alphandéry et Alphonse Dupront, *La Chrétienté et l'idée de croisade*），前引书，1995 年新版，第 425 页。请看《11—13 世纪的"基督民兵"与十字军》（*'Militia Christi' e Crociata nei secoli XI–XIII*），门多拉，1989 年，米兰，1992 年。

利的社会中，路易的惨败和由此给他带来的痛苦都给他套上了一圈光环，与胜利的光环相比，有过之而无不及。尽管教会不承认他是十字军殉教者，在儒安维尔等同时代人眼里，他所遭受的苦难也已经把这顶桂冠戴在他的头上了，而在他的忏悔师博利厄的若弗鲁瓦看来，这些苦难使他具有堪与基督媲美的为拯救而牺牲的殉难者性质。在我看来，这个“众望所归”的光环与其说是套在十字军殉难者的头上，毋宁说是套在受难国王的头上，然而即便如此，也无伤大雅。

对于后人来说，他是最后一个伟大的十字军战士，十字军东征的历史就此终结。他的征战之于十字军就如同“阿瑟王之死”之于伟大的浪漫和艳情的骑士时代一样，他是英雄时代的最后一缕光辉，是一位了不起的英雄，然而这位英雄却是令人悲哀的，并且几乎可以说是心甘情愿地死去的。作为一个落后于时代的十字军战士，圣路易具有双重的伟大：在真实的却已经死亡的历史和将要到来的想象中的历史交接点上，他既结束了英雄冒险时代，又开启了怀旧的空想时代。

第八章

/

冲突与批评 781

对于路易来说，包罗万象的宗教并不局限于花样繁多的崇拜活动，在他面前还有教会。他尊重教会，支持它并在信仰领域里为它服务，可是，在世俗事务、司法领域和罗马教廷的某些意图方面，他却经常与教会发生冲突。其次，他参与了针对异端分子、穆斯林和犹太人等基督教的敌人的斗争，异端分子在法兰西王国境内数量既多，活动又积极，穆斯林是他在两次十字军出征中直接面对的敌人，而对于法国境内为数甚多的犹太人，他交替使用弹压和保护政策。最后，虔诚的国王虽然并未面对真正的反对，却遭到不少人的批评，其中不少与对上帝的崇敬行为有关。

圣路易与教会

一种承诺和一种近似癖好的眷恋，把圣路易与教会紧紧地联在一起[①]。

承诺指的是国王在加冕典礼上作出的支持教会、保护教会、782 执行教会本身无法执行的使用暴力或执行极刑等多种命令。这是国王的世俗权力。“敬重和保护”是他的义务与承诺的核心。他对儿子谆谆叮咛：“尽心尽力保护领地内所有的人，尤其是教会的人，谨防有人对教会的人员和财产进行侵犯或施行暴力……。你要敬重和保护他们，让他们能平平安安地侍奉上帝。”[②]

此外，神职人员对他有一种难以名状的魅力，特别是僧人和修道士，也就是“在会教士”。儒安维尔说得很清楚：“国王钟爱所有侍奉上帝和身着在会教士服装的人。”[③]他格外喜欢新修会，特别是小托钵僧修会，这些修会的修道士们衣衫褴褛，蓬头垢面，矫揉造作地摆出一副贫穷和谦卑的样子，而且深受千禧年主义的影响，这种惹人非议的衣着和与众不同的崇拜活动令教会深感忧虑。路易去世 4 年之后，在 1274 年第二次里昂公会议上，教会取缔粗布袍兄弟会、白袍兄弟会和圣十字兄弟会等小托钵僧修会。比较正统的加尔默会和奥斯定会被允许继续存在，路易为加默尔会在夏朗东附近的塞纳河边修建了一所房屋，为奥斯定会向一位富人买下了坐落在蒙马特尔门外的一个谷仓及其附属设施。

然而，路易对教会并非俯首帖耳。他告诉儿子，应以祖父菲力普·奥古斯特为榜样，对教会不能有求必应；此举说明，他既对教会惟我独尊的意愿有着清醒的认识，又懂得在处理与教会的

---

① 孔加尔（Y. Congar）神甫在《圣路易治下的教会和国家》（*L'Eglise et l'Etat sous le règne de Saint Louis*）一文中对圣路易与教会的关系作了出色的阐述。

② 奥克奈尔（编）:《训示》，第 188 页。

③ 儒安维尔:《圣路易史》，第 395—397 页。

关系时要采取务实的态度[①]。他不能容忍神职人员践踏国王和国家的正当权力，这一点在他年轻时已经有所显示，那时他处理了几位擅权的主教[②]。他毫不犹豫地提醒教会，注意革除影响其效力的一些恶习，例如，随意对教徒处以逐出教门的惩罚，就会产生无法对任何人施加影响的后果。儒安维尔记述了国王与一些主教的一次相当热烈的会见，这次会见是在高等法院的一次会议期间进行的，当时高等法院正在讨论平信徒领主和主教间的争端，特别 783
是儒安维尔本人与沙隆主教之间的龃龉。会议结束后，这些人要求国王单独与他们谈谈。国王事后把谈话情况告诉了儒安维尔和家人（“我们在审判庭外间等候国王”），他说，主教们声色俱厉地指责他这位国王虽拥有世俗权力，却拒不帮助他们执行逐出教门的惩罚，惩罚是不顾某些平信徒领主的反对而强行宣布的。国王“笑着”说，他非但毫不退让，反而嘲笑他们。他充分尊重行为检点、不把手伸得太长的教会人士，与此同时，他谴责那些超越教会权限、权欲熏心的教会人士。教会内外都有不少人批评教会日益富有，贪婪地攫取今世的财产和虚名，路易对此亦有同感。我们知道，他曾两度正式向教皇建言，希望选任优秀的枢机主教和真正在会的高级神职人员。

他对教会首脑机关相当苛刻，不但批评教皇和教廷，有时甚至加以抵制。他认为，教皇应该以身作则，成为谦卑和慈爱的典范，可是实际上教皇却傲气十足，权欲熏心，从不妥协。英诺森四世便

① 奥克奈尔（编）:《训示》，第 188 页。请看本书原文第 680 页。

② 请看本书原文第 118 页及以下多页。

是这样一位教皇，上述毛病在他与腓特烈二世的争斗中暴露无遗。1246 年路易在克吕尼会见教皇时，双方言辞激烈[①]。1247 年，路易支持法国高级神职人员意见，向教皇发去了一份照会，抗议教皇在与法国教会的关系中所采取的态度，从而把他与教皇的对立推到了顶点[②]。国王在这份照会中用激烈的言辞向教皇提出了两项指责，第一是指控教皇对法国教会贪婪地进行勒索，向法国神职人员征收的
784 捐税不符合基督教的原则，致使法国教会的财政状况陷入窘境；第二涉及某些职位的任命权。教皇擅自取代国王，把大部分贵族头衔和主教的授予权保留在自己手中，而这些人则要求依照原定的授予权行事；教皇喜欢任用不住在教堂里的外人，帮助穷人的资金和国王出资的紧急资助，都没有依照资助者的初衷发放。

多位杰出的历史学家认为，路易的这种态度表明了“社会生活的世俗秩序成形过程”[③]的发展。我认为，“世俗化”这个术语用

---

① 请看本书原文第 167—168 页和第 760 页。有关此次会见的主要著作是埃利·贝尔热的《圣路易与英诺森四世》(Elie Berger, *Saint Louis et Innocent IV*)，前引书。

② 在马修·帕里斯的著作中保存了这份文件。帕里斯是生活在英国的本笃会士，而英国与教廷的矛盾比法国更深，所以，出自他笔下的这份文件可能比原来的口气更加强硬。肯佩尔神甫在《圣路易的抗议》(Gerard Campell, *The Protest of Saint Louis*)一文（前引文）中对这份文件进行了出色的研究，称它为“放肆”的文件。

③ 孔加尔：《圣路易治下的教会和国家》(*L'Eglise et l'Etat sous le règne de Saint Louis*)，前引文，第 271 页。约瑟夫·斯特雷耶在《13 世纪法国和英国社会的世俗化》(Joseph Trayer, *The Laicization of French and English Society in the Thirteenth Century*)（前引文，见本书原文第 698 页注 2）一文（第 76—86 页），是他阐述这一看法的主要著作。这一理论在乔治·拉格拉德的《中世纪衰微时期世俗意识的诞生》(Georges Lagrade, *La Naissance de l'esprit laïque au déclin du Moyen Age*)（前引书，见本书原文第 698 页注 2）中得到了进一步发挥；我觉得，此书将关于中世纪政治机构和政治思想的思考引向错误的道路。莱尔奈在他那篇令人（转下页）

在这里很不贴切，因为，我在这里所看到的，无非是神圣性从教会转移到国家，是君主制的国家以国王职务的名义，将教会的部分世俗权力攫为已有。如同君主在他的王国中争取某种帝制类型的权力一样，他也为自己和他的神职人员，要求在教会的世俗领域获得一种独立的权力。我觉得，称之为法国教会自主论可能比 785
较合适。有人说圣路易曾经颁布组建“国家”教会的“国事诏书”，其实这只是一种误传而已，实无其事；不过，通过国王与本国神职人员在世俗领域里的协作，进而为法国的教会争取某种程度自主的思想，似乎确实已经隐约地出现在圣路易的头脑中了。

圣路易与异端分子

在圣路易的头脑中，国王是宗教信仰的捍卫者，也是教会的世俗权力行使者，其实这也是他的先祖们的观念。在这种观念指

（接上页）称奇的文章《利用异端：13 世纪的法国君主与不信教》（R. E. Lerner, *The Use of Hererodoxy: the French Monarchy and Unbelief in the XIIIth Century*），前引文，见本书原文第 458 页注 4 中认为，13 世纪的卡佩王朝“对于反教和异端运动采取了容忍政策”，他的主要论据是菲力普 · 奥古斯特对待巴黎大学的异端分子阿莫里 · 德 · 拜纳和犹太人的态度，以及 1251 年卡斯蒂利亚的布朗什处理牧羊人运动的态度（请看本书原文第 195—199 页）。莱尔奈对圣路易的看法，主要依据是他对逐出教门处罚的抵制和 1247 年发给教皇的那份抗议照会。如果说，在圣路易的态度后面可以看出“一个与教会的统揽一切的意愿向背、支持国家行使权力的新秩序的发展”，我却看不出在这项政策和对于“异端”或“不信教”的容忍之间有任何关联。我倒是觉得，这篇文章的主要基础是对于 13 世纪来说已经过时的观念。

导下，他积极参与反对敌视宗教信仰者的斗争，其中主要有三类人：异端分子、异教徒和犹太人。

对阿尔比派的围剿虽然给了南方的异端分子以致命一击，但是，纯洁派及其同伙依然为数众多，尤其是在朗格多克、普罗旺斯和伦巴第。随着贵族和市民对纯洁派的日趋冷淡以及异端组织的教义和教规普遍受到诘难，加之宗教裁判所大肆镇压，纯洁派信徒在1230年以后越来越少，渐渐销声匿迹。

圣路易与教会一样，把异端分子视为真正的基督教信仰的死敌。异端分子是曾经认识和信仰过基督教，而后又予以否认的一批人，他们是叛教者，是变节分子，是不忠于上帝的家伙。

普里马在他的《编年史》中指出，圣路易把追捕异端分子当作头等大事来做：“每当高级教士或宗教裁判所的法官传来有关异端分子的消息时，他立即放下一切事务，赶紧前去处理。”[1]

此外，为执行已被收进法国国王加冕礼仪册的一份1215年第四次拉特兰公会议文件，圣路易承诺追捕异端分子，在对付异端分子时充当教会的得力助手。他在《训示》中对儿子说道：“尽一
786 切力量在你的土地上追捕异端分子，同时要尽可能听取贤人们的有益建言，务必把他们从你的土地上彻底清除。”[2]圣帕丢斯的纪尧姆也谈到了圣路易的这个嘱咐，但文字略有差异：“在你的权力许可的范围内，把异端分子和其他坏人从你的王国赶走，征询贤人们的意见，他们会告诉你怎么办，一定要让你的土地干干净净。”[3]

---

① 普里马，见《高卢和法兰西历史学家文集》，卷XXIII，第68页。

② 奥克奈尔（编）：《训示》，第190页。

③ 圣帕丢斯的纪尧姆：《圣路易传》，第26页。

这个文件为历史学家提供了好几件信息，并提出了一个问题。最重要的一点是证实了圣路易在驱赶异端分子时净化国土的决心。他在这一点上固然与时代精神相吻合，不过，他对不洁净的厌恶大概远甚于许多人。在 11 世纪到 13 世纪中取得了长足发展的基督教世界，要守护取得的成果，保住得到的身份，捍卫自身的纯洁性。它把任何异见都视为威胁，把任何破坏这种一致与和谐的东西都视为污秽。罗伯特 · 摩尔对异见的诞生以及随之而来的迫害性社会的形成作了论述[①]，一切脱离现有正统思想的东西都被抛到社会边缘，被排斥乃至被消灭。

在为路易封圣的诏书中，卜尼法斯八世清晰地阐明了这种把异端当作污秽和疾病的观念：

> 他对沾染了混乱思想的人深恶痛绝，采取有效手段将这种病毒逐出国门，通过细心的预防措施，防止王国受到感染，从而使基督教信徒免受这些人的污秽传染；他排除这些不良因素，让真正的信仰光芒四射[②]。

这封诏书还让我们得知，在路易看来，国王在异端性质的断 787
定和应对措施的抉择上，应该听取专家们的意见。所谓专家，首

---

① 罗伯特 · 摩尔：《（10—12 世纪）宗教迫害社会的形成》（Robert I. Moore, *The Formation of a Persecuting Society (11th–13th century)*），前引书（本书原文第 56 页注 2）。

② 罗伯特 · 摩尔：《异端病毒》（*Heresey as disease*），见卢尔多、韦赫尔斯特编：《中世纪（11—13 世纪）的异端观念》（W. Loourdeaux et D. Verhelst (éd), *The Concept of Heresey in the Middle Ages*），鲁汶、海牙，1976 年；《卜尼法斯八世》，第 258 页。

先当然是宗教裁判所法官，尤其是身为托钵僧的宗教裁判所法官，其次便是幡然悔悟的异端分子。改邪归正的异端分子由于熟悉异端及其信徒而格外为路易所信任。路易之所以在最终发现保加利亚人罗伯尔是个恶魔之前一直重用他，原因大概即在于此[①]；马修·帕里斯指责路易此事做得不妥。

另一个问题涉及路易所说的“坏人”。谁是他所说的“坏人”？他曾把“世界上的恶棍和坏蛋”与异端分子相提并论，那么，哪些人是“恶棍和坏蛋”呢？是犹太人、放贷者吗？或者换个角度去想，是妓女、犯罪分子吗？我们只能作这样的推测：他没有把异端分子看作自成一体的人群。

圣路易的过人之处大概就是他想以驱逐而不是用杀戮来清除异端分子，尽管他也执行宗教裁判所关于判处火刑的决定[②]。

这种处罚办法与他另一次众所周知的讲话，是否精神一致呢？据儒安维尔记述，路易曾就克吕尼隐修院神职人员与犹太人之间的一场“大争论”发表意见，以把谴责对象扩大至所有“诽谤基督教”的人结束了这场争论。

> 国王又说：“所以你们听我说，谁若不是很棒的神职人员，就不应与他们（犹太人）争论。但是，一个平信徒如果听到有人诽谤基督教，就应该操起利剑捍卫基督教，用尽全力刺进（对手的）腹部。”[③]

---

① 请看本书原文第747—748页。

② 儒安维尔：《圣路易史》，第29—31页。

③ 同上。

也许根本不应该到并不存在的地方去寻找一致性。与所有的 788
人一样，路易也会作出自相矛盾的反应。也许应该将人们试图赶走的异端分子，与公开攻击基督教的人区别开来。也许儒安维尔比路易更好斗，他借用国王的嘴说出了自己的想法。

无论如何，圣路易对待异端分子的态度表明，在面对他所认为的基督教的敌人时，他的行为准则有三条：首先他认为，这些人玷污了王国，王国应该把他们清除掉；其次，对付这些“坏人”的办法只有两个：帮助他们改变信仰或是把他们赶走，至少理论上是这样；非正统的基督教徒都很可怕，他们比正统基督教徒更具辩才，至少比平信徒能言善辩，所以应该避免与他们辩论。

圣路易与穆斯林

圣路易在穆斯林问题上的原则毫不含混，实际行为则比较复杂。他把在埃及、巴勒斯坦和突尼斯与之打交道的穆斯林统统叫作萨拉森人，这个称呼虽然基本上是一种民族称呼，但包含某些宗教成分。在我们所见到的所有文献中，他对穆斯林的唯一宗教称呼是“异教徒”①。西方基督教通常把穆斯林视为不信教者，但是，圣路易如何称呼穆斯林，我们是在他到达埃及之后才知道的。看来，他很清楚穆斯林有他们自己的宗教，所以他没有把他们混

① 他也称他们为“黑暗之子”（据博利厄的若弗鲁瓦记述，圣路易曾在一次讲话中使用这个称呼），用以与基督教徒的称呼“光明之子”形成鲜明对比。见《生平》，第 310 页。

同于不信教者，不过在他看来，不信教者与异教徒差别不大。他所了解的穆罕默德和可兰经只不过是污秽和巫术而已。在与苏丹的一次谈话中，他把穆罕默德比作“怂恿和纵容许多坏事①”的“巫师”，并说他曾把可兰经当作“充斥污秽”的东西加以审视。
789 这就决定了他对待穆斯林的简单态度。应该避免与基督教徒作战，但与穆斯林的战争不但是允许的，而且是被要求的，这就是教会所确定并加以鼓吹的十字军。再则，十字军不是一场征服性的侵略战争，而是取得原本就属于基督教世界的那片土地的一种手段，因而，十字军是为收复失地而战。基督教徒在西班牙收回了萨拉森人从他们手中非法掠走的土地，十字军同样想要从东方的萨拉森人手中夺回圣地，何况，圣地更是属于基督教徒的土地，因为它是基督教的摇篮，是耶稣生活过的地方，是他的遗体安息的地方，是他在受难日下午惨死在十字架上和复活日早晨再生的地方。

可是，他在被俘后与苏丹谈话时说，他远征埃及另有目的；请看下面马修·帕里斯记述的这次令人吃惊的谈话。

> 停战确认之后的一天，法国国王老爷与巴比伦苏丹终于有机会进行一场企盼已久的谈话，他们通过译员交换了各自的想法。苏丹平静而轻松地问国王：“国王老爷身体可好？”
>
> 国王神色沮丧地回答道：“马马虎虎。”
>
> 苏丹又问：“为什么不说很好呢？你心情沮丧的原因是什么？”
>
> 国王回答说：“因为我没有得到我最想得到的东西，为了它，

① 马修·帕里斯：《大纪年》，卷V，第310页。

我撇下了可爱的王国和亲爱的母亲，甘冒大海和战争的风险。”

苏丹颇感吃惊，想要知道路易国王最想得到的是什么东西，于是问道：“国王老爷，你朝思暮想的究竟是什么东西？”

国王说：“你的灵魂，是魔鬼想要推入深渊的你的灵魂。 790
但是，幸亏有耶稣基督在，他希望所有的灵魂都能得到拯救，所以撒旦永远不可能为得到你这个美好的猎物而沾沾自喜。全知的上帝明白一切，如果这个有形世界统统属于我，我一定将它全部交出去，以此作为交换，让所有灵魂都得到拯救。”

苏丹回答道：“善良的国王，你说得真好，你们不避艰险前来朝圣，原来是为了这个目的。我们东方人都以为，你们基督教徒之所以热切地想要战胜和征服我们，是出于攫取土地的贪婪之心，而不是想要拯救我们的灵魂。”

国王说道：“上帝可以作证，我若能够为上帝争取到你和所有异教徒的灵魂，让它们得到荣耀，我绝无半点返回我的法兰西王国的意愿。”

听了这番话之后，苏丹说道：“我们希望能依照极度宽容的穆罕默德的法则，将来有朝一日享受到更多的欢乐。”

国王迅即说道：“正因为如此，我不禁要为一向小心谨慎的你们感到惊奇，你们怎么居然会相信怂恿和纵容恶行的穆罕默德。说实话，我读过他的可兰经，里面尽是垃圾和污秽；然而，古代贤哲包括不信教的古代贤哲在内，无一不认为诚实是人生的首善。”①

① 奥克奈尔（编）：《圣路易言论集》，前引书，第81—82页。

马修·帕里斯为我们描绘的是一幅抒情画卷。苏丹听了路易的话，感动得低声饮泣；路易觉得苏丹已经有了改宗的意向，非常激动地宣布，他将不返回法兰西，有生之年一直留在圣地，在这里努力为上帝争取灵魂，法国则交给母亲治理。然而，数日以后苏丹被人暗杀，路易的计划遂成为泡影。

对于这段显然经过美化处理的记述，我们作何感想呢？这是一个战俘希望与狱卒和解的心声吗？也许是这样。可是，路易向
791 来机智而真诚，他的话一贯反映出规劝他人皈依基督教的强烈愿望。这种动机与军事行动的性质并不矛盾，因为军事行动的目的就是为规劝异教徒皈依基督教而开始与之交往，当然也不排除在埃及沿海地带落脚生根的意愿（占领这片土地的唯一目的是保证基督教圣地的安全，第二次十字军东征突尼斯也出于同一目的，因为，由于地理知识贫乏，路易可能把突尼斯当作进入圣地的大门了。既然如此，从文献所记载的国王带去了一些农具一事，就可以推知他也许确有落脚生根的意愿）。尤其因为我们知道，关于突尼斯苏丹准备皈依基督教的传闻，正是促使路易对突尼斯进行十字军远征的原因之一。

马修·帕里斯的记述虽不真实，却深深植根于一种真实而生动的想象之中，不单路易有这种想象，13 世纪的许许多多基督教徒都有这种想象，这便是改宗的幻想促成的规劝他人改宗的热情[①]。隐藏在这个幻想后面的是另一个更大的幻想，那便是圣路易和 13 世纪关于世界和平的幻想，这个和平当然是囊括所有土地和

① 本杰明·凯达尔：《十字军与传教团》（Benjamin Z. Kedar, *Crusade and Mission*），前引书。

所有民族的整个基督教世界的和平。圣路易偏偏处于这个十字军征战的中心，他是一个“和平国王”，是今世和平——永久和平实现之前的末日论和平——的缔造者。13 世纪是千禧年思想主宰的世纪，而清除了异端骚扰的千禧年思想则对圣路易产生了轻微的影响，我们不应忘记，他曾经满怀激情地聆听若阿香主义者、方济各会士迪涅的于格的宣道。

笃信基督教的国王对萨拉森人的看法，在他逗留在埃及、突尼斯和圣地期间有所变化。在此期间的所见所闻、被俘囚禁以及后来留驻巴勒斯坦期间的众多谈话，使他改变了萨拉森人是不信教者的想法，虽然他没有改变对穆罕默德、可兰经和穆斯林信仰的看法，却至少承认，他的某些敌人确有宗教信仰；不但如此，他们甚至还给了他某些启示，在圣堂中开设一个宗教图书室便是一例。他也影响了一些穆斯林领袖，他们或是曾经遇到他，或是曾经听到了关于他的议论。马修 · 帕里斯笔下苏丹所说的那些显然经过修饰的话， 792
也许正是钦佩之情的真实流露。马修 · 帕里斯笔下的路易称萨拉森人“小心谨慎”，这肯定反映了路易对对话者兼狱卒的尊敬，但是，受他尊敬的人竟然信仰一个巫师创立和传播的教义，这不能不使他越发感到遗憾。我们知道，在 12 世纪，叙利亚和巴勒斯坦的穆斯林和基督教徒有时相互敬重，把对方视为可敬的战士、骑士或猎手[1]。1250 年，一个基督教徒国王和一个穆斯林苏丹，在埃及把对方作为教徒和普通人彼此敬重，为什么不可以呢？

我们还是回过头来看看更加可靠的文字资料和史实。两个文

---

[1] 安德烈 · 米盖尔的《面对十字军的叙利亚王子乌萨玛》(André Miquel, *Ousama, Prince syrien face aux croisés*)，前引书（本书原文第 205 页注 1）。

件提供的佐证表明，圣路易在一定程度上的宽松，以及他的规劝异教徒改宗的政策，并非仅仅是空想，而是确有其事。

提供第一个文件的人是圣帕丢斯的纪尧姆。

> 国王圣路易的仁慈宽厚有口皆碑，他在海外时下令不许杀害萨拉森人的妇孺，他要求部下把这些妇女和孩子带回来，让他们接受洗礼。此外，他还下令尽可能避免杀死萨拉森人，活捉他们并把他们囚禁起来[①]。

我们的时代不大可能接受这种强制性的改宗。但是在那个时代，取代强制改宗的最常用办法，除了杀戮便无其他，这样我们就不难理解，为什么圣帕丢斯的纪尧姆会把圣路易称作“仁慈宽厚”的国王。

提供第二个文件的人是博利厄的若弗鲁瓦。

> 793 他滞留圣地时，许多萨拉森人前来找他改宗基督教，他满怀喜悦地接待他们，让人为他们施洗，耐心地向他们讲解基督教教义，并且由他个人承担他们的一切花销。后来他又把他们带回法国，为他们本人和家人解决终生的生计问题。他还让人赎买了一些奴隶，其中有许多萨拉森人，让人为他们施洗，替他们解决谋生问题[②]。

---

① 圣帕丢斯的纪尧姆：《圣路易传》，第151页。

② 博利厄的若弗鲁瓦：《生平》，第16—17页。

13世纪的雇佣兵故事令人称奇。应该说明的是，当时在叙利亚和巴勒斯坦，也有许多基督教徒改宗伊斯兰教。所以说，十字军的历史十分复杂，远非仅仅只是基督教徒和穆斯林之间的军事冲突。

圣路易与犹太人

对于圣路易来说，犹太人问题更加棘手[①]。首先是人数，圣路易时代的法国有许多犹太人。热拉尔·纳翁对这个问题进行了仔细的研究后作出推断，与早在13世纪就已经为人所接受，此后又被现代史学家重申的看法相反，那时法国的犹太人虽然居住很分散，但总数比集中居住在城镇的西班牙犹太人还多。据相当接近实际的估计，西班牙犹太人大约为5万人，因而，分散在法国各地的犹太人应该在5万至10万人之间。在稽查中发现，在156个地方有“涉及犹太人或来自犹太人的申诉”。一项比较细致的研究
表明，犹太人分散在整个王国领土上，大多居住在城市里，但是， 794

① 从总体上论述这个问题的著作是玛格丽特·瓦德-拉巴杰的《圣路易与犹太人》(Margaret Wade-Labarge, *Saint Louis et les Juifs*)，见《圣路易时代》(*Le Siècle de Saint Louis*)，巴黎，1970年，第267—275页；简明扼要地论述这个问题的著作有雅克·马多勒的《圣路易与犹太人》(Jacques Madaule, *Saint Louis et les Juifs*)，见《方舟》(*Arche*)，1970年11—12月号，第58—61页；伯恩哈特·勃鲁曼克兰茨:《路易九世或圣路易与犹太人》(Brernhard Blumenkranz, *Louis IX ou Saint Louis et les Juifs*)，见《犹太人档案》(*Archives juives*)，10，1973—1974年，第18—21页。参阅梅纳什:《国王、教会和犹太人》，(S.Menache, *The King, the Church and the Jews*)，见《中世纪史杂志》(*Journal of Medieval History*)，13，1987年，第223—236页。

住在村镇里的也有[①]。

巴黎有一个比较大的犹太人社会。当时巴黎的人口大约为 15 万人（在基督教世界各城市中遥遥领先），据认真估计，犹太人约占百分之三到四[②]，即 4500 至 7500 人，其中集中居住在西岱岛上的约占总数的 20%。因此，国王从他的王宫一眼望去，就会觉得犹太人即使尚未遍布他的王国，至少在他的首府已经密度很高了。

在路易在位期间，犹太人大量增多的趋势相当显著，这是国王的行政管理政策使然。热拉尔·纳翁认为，应该考虑"存在于 13 世纪法国的一种犹太情感的地理分布"。不过更为明显的是，路易在位初期存在于南方犹太人与北方犹太人之间的历史隔阂，已

---

① 热拉尔·纳翁:《路易九世时期法国犹太人的地理分布》(Gérard Nahon, *Une géographie des Juifs dans la France de Louis IX* (1226–1270))，见《第五届世界犹太人研究大会》(*The Fifth World Congress of Jewish Studies*)，卷 II，耶路撒冷，1972 年，第 127—132 页（附图一幅）。文中写道:"全国的 96 个地方有犹太人居住。其中 23 个在图尔邑督区，13 个在博凯尔邑督区，11 个在奥弗涅邑督区，10 个在普瓦图-利穆赞邑督区，9 个在韦尔芒杜瓦，9 个在巴黎特区，6 个在卡尔卡松邑督区，5 个在圣东日邑督区，3 个在卡宴邑督区，3 个在科唐坦邑督区，1 个在阿让奈和凯尔西邑督区。犹太人究竟居住在城市里还是乡村里或是镇子里？据实有人口数字来看，1000 人以下的地方 22 个，5000 人以下的地方 37 个，5000 人以上的 40 个，也就是说，犹太人中的 22% 居住在村子里，27% 居住在镇子里，40% 居住在城市里。但是，在犹太人拥有顾客但并非他们居住地的 51 个地方中，36 个是村子，13 个是镇子，城市仅占 2 个。70% 没有犹太人的地方是村子，77% 有犹太人的地方是镇子或城市。虽然有若干犹太农村，但城市化的趋势十分明显。犹太人居住地往往是行政管理机构所在地。"

② 米歇尔·罗布兰:《巴黎的犹太人》(Michel Roblin, *Les Juifs de Paris*)，1952 年；威廉·乔丹:《从菲力普·奥古斯特到卡佩王朝晚期的法兰西王国与犹太人》(William C. Jordan, *The French Monarchy and the Jews. From Philip Augustus to the Last Capetians*)，费城，1989 年，第 9 页。

经呈现逐渐消失趋势①。

圣路易也知道，希伯来人的宗教不同于基督教的异端，也有别于穆斯林人当作宗教的那种东西。犹太人与基督教徒共同拥有 795
《旧约全书》。犹太教尽管不是一种正确的宗教，但确实是一种宗教。旧的教义已经被新的福音教义所取代，但犹太人依然信奉旧的教义，不承认耶稣，因此而犯下了大罪。尽管如此，基督教毕竟出自犹太教。中世纪有一类人令基督教徒十分尴尬，犹太人为他们提供了最令人厌恶的榜样，他们既在基督教内，同时又在基督教外。说他们在基督教内，是因为他们生活于基督教世界里，生活在法兰西王国中，而且他们曾经与基督教徒拥有共同的宗教信仰。说他们在基督教外，是因为他们不信仰真正的宗教即基督教，拥有相互支持的特殊人群组织（尽管法国的犹太人不如西班牙犹太人那样组织严密），信奉特殊宗教，使用不同的历法，实行割礼，忌食猪肉，建造特殊的宗教和学校建筑，拥有自己的犹太教教士。有人把犹太教教会和基督教教会分别比作谬误和真理，应该说这是一种既形象又富有内涵的比喻。

最后，令国王尴尬的还有第三件事。如同基督教世界所有世俗和宗教领袖一样，路易国王也负有彼此矛盾的双重职责，一方面，他应该镇压犹太人因信仰错误而造成的越轨行为；另一方面，他有责任如同保护妇孺和外邦人那样保护犹太人。据夏特勒的纪尧姆记述，路易“以基督教徒身份”宣称，也就是以一个对所有的人都给予关注的人宣称，“各位主教负责与他们管辖的基督教徒

① 纳翁:《路易九世时期法国的犹太人地理分布》，前引文，第132页。

有关的事务。我则对犹太人臣民做我应该做的事”。[①] 但是，在这里他想要表明的是，惩处不端行为的权力归属于他，正如主教们有权惩处基督教徒的罪过一样。他像是一个负责犹太人的“教外主教”。

796 从深层意义上来看，圣路易的态度也是13世纪基督教世界犹太人政策的一个组成部分。在13世纪中，主政者推行迫害和排斥政策，为清除基督教世界中的污秽而大肆清洗[②]。基督教徒将犹太人忌食猪肉一事调过头来攻击犹太人，暗示犹太人与猪十分接近[③]；路易对待犹太人的态度与此不无关系，他一心一意追求纯洁和净化，对于这类把犹太人比作猪的指控十分敏感。

对犹太人的其他一些指控，包括新的和旧的，一般地说在犹太人周围造成了一种他们犯下了亵渎神明和反基督罪行的氛围。第一项指控声称，是犹太人杀死了耶稣，因而他们是弑圣者。作为一个狂热地信奉耶稣的基督教徒，圣路易相信这种说法。中世纪的人们把年代撇在一边，确信耶稣死于集体杀害，把犹太人看

---

① 夏特勒的纪尧姆：《生平与圣迹》(Guillaume de Chartres, *De Vitae et de Miraculis*)，第34页。阿里耶·格拉博伊斯的著作引起了我对路易这个讲话的注意，但我觉得，他的诠释似乎过于有利于圣路易了。他的保护实际上是行使一种惩罚权，“打是疼，骂是爱”这句谚语用在这里不合适，因为他根本不爱犹太人。

② 请看摩尔的著作，前引书(本书原文第786页注3)。

③ 克洛迪娜·法布尔-瓦萨：《奇异的牲畜——犹太人、基督教徒和猪》(Claudine Fabre-Vassas, *La Bête singulière. Les Juifs, les chrétiens et le cochon*)，巴黎，1994年。参阅诺埃尔·库莱：《不可接触的犹太人与忌食》(Noel Coulet, *Juif intouchable et interdits alimentaires*)，见《中世纪文学与文明中的被排斥者和排斥体系》(*Exclus et systèmes d'exclusion dans la littérature et la civilisation mediévales*)，艾克斯昂普罗旺斯，巴黎，1978年；此书主要讲述15世纪和16世纪。

作杀死耶稣的凶手[①]。此后在12世纪又有新的说法，指控犹太人是杀害基督教徒儿童的惯犯[②]。从崇敬圣体的13世纪开始，指控进一步扩大，犹太人又被说成是圣饼亵渎者，因而是不折不扣的弑圣者，因为基督教徒相信耶稣的肉体变成了圣饼，耶稣确实存在于圣饼之中。

在对待犹太人的态度上。圣路易是教会及其先驱的继承者。第四次拉特兰公会议在教会法第67、68和69条中表示，“希望阻止基督教徒受犹太人非人道的对待”，要求被视为放贷者的犹太人将（过高的）利息归还给借债的基督教徒，否则就禁止基督教徒与这些犹太人做生意。圣路易强迫犹太人在胸前和后背佩戴黄色或红色的圆形标志，禁止犹太人在耶稣受难日外出，不准他们 797
担任公职。他甚至宣布，应该把犹太人作为“终身农奴”看待。王公和领主们仅仅部分地执行了这些措施。1210年前后，菲力普·奥古斯特为犹太人限定了在王室领地上向基督教徒借贷者收取的利率，这样一来，却在某种程度上使得犹太人的放贷活动合法化了。“放贷”的法定利率为每锂本金每周利息两锊，即43.3%左右。这项规定于1218年扩大到诺曼底。路易八世于在位初期的1223年颁布一道敕令，规定向犹太人借贷的款项应在三年之内付息还本[③]。犹太人的利润，包括教会法所规定的正当利润，就这样被剥夺了。这项法规其实是与经济发展背道而驰的，因为其后果

① 保罗·鲁赛:《封建时代的历史概念》（Paul Rousset, *La conception de l'histoireà l'époque féodale*），见前引文（本书原文第145页注2）。

② 纳翁正确地指出，这曾是罗马人对基督教徒的指控。

③ 朗格穆尔:《我们的犹太人与卡佩王朝的立法开端》（G.Langmur, *Judei nostri and the Beginning of Capetian Legislation*），《传统》（*Traditio*），XVI，1960年。

是把犹太人赶出“崇高”的借贷市场，即以土地为抵押的借贷市场，这种抵押借贷与某些宗教机构向地主提供现金的抵押借贷相同，后者被称作“农业信贷出现之前的农业信贷”。事实上，由于13世纪物价持续上涨而领主的土地收入固定不变，领主的贷款需求非常迫切[①]。贷款通常或是用于经济投资，或是用于维持较高的生活水准（当时的犹太人既没有存款的银行，也不进行资金转移），之所以要限制犹太人放贷，原因之一也许是为了满足基督教徒商人日益增长的要求，他们似乎正在以凶猛之势闯进此类金融市场。第四次拉特兰公会议宣布保护基督教徒，“打击在极短时间中吸干了基督教徒财富的寡廉鲜耻的犹太人”，实际上不也是为了保护面
798 对竞争者的基督教徒商人吗？在经济扩张需要信贷时期，这种保护无疑是灾难性的，而在路易在位后半期中的经济发展势头消减时期，这种保护变得更加有害。

犹太人被排除在此类高层次信贷以外之后，不得不转向以细软或家畜作抵押的低额消费性信贷（稽查结果表明，在69%的能以数字表明的借贷中，本金金额低于5锂，即仅为100苏，而在13世纪，10苏大体上是一到两个月的收入总额）。这种“法规促成的衰退”（勃鲁曼克兰茨语）迫使大多数犹太人放贷者成为“小债主”，“主要与不宽裕阶层做生意”。由于“他们经常与小市民群众接触，民众就夸大他们的作用，把他们称作‘最精明的债主’”，

---

① 我在这里借用的是热拉尔·纳翁的观点：《13世纪法国的借贷与犹太人》（Gérard Nahon, *Le crédit et les Juifs dans la France du XIIIe siècle*），见《年鉴》，1969年，第1121—1449页。参阅阿里耶·格拉博伊斯的《圣路易时期巴黎的犹太人信贷》（Aryeh Grabois, *Du crédit juifà Paris au temps de Saint Louis*），《犹太研究杂志》（*Revue des études juives*），CXXIX，1970年。

他们因此而成为“民众怨恨的靶子”。[①]

可是，法兰西王国（如同其他国家）对犹太人实行的政策，却与限制犹太人放贷的意愿相反。这项旨在为自己捞取最大财政利益的政策，通过对金融活动随意征税或干脆没收放贷者的房舍等部分财产，对犹太人的放贷活动实行抽取。这种税收叫作“抽份”，菲力普·奥古斯特曾在1210年征收，路易八世曾在1224年、1225年和1226年征收[②]。卡佩王朝抑制犹太人放贷活动，致使财政来源之一渐趋枯竭。

卡佩王朝在一定程度上执行了教会的建议，路易继续并增强了祖父和父亲的抉择，因而可以说，卡佩王朝对待犹太人“放贷”的态度表明，它的政策从经济观点来看缺乏条理。热拉尔·纳翁说得好：“犹太人的信贷活动与经济扩展发生在同一时期，而当它呈现衰落景象时，恰是13世纪末经济衰退初露端倪之际。当教会 799
的教义终于成为法国人信仰的一部分时，与经济扩展相联系的反向压力逐渐减弱。”[③]

夏特勒的纪尧姆描述了圣路易对犹太人的看法和行动：

---

① 阿里耶·格拉博伊斯：《圣路易时期巴黎犹太人的放贷》（Aryeh Grabois, *Du crédit juifà Paris au temps de Saint Louis*），前引文，第7—8页。

② 参阅乔丹的《从菲力普·奥古斯特到卡佩王朝晚期的法兰西王国与犹太人》（William C. Jordan, *The French Monarchy and the Jews. From Philip Augustus to the Last Capetians*），前引书，请查阅该书的索引词条“captiones”。

③ 纳翁：《13世纪法国的借贷与犹太人》，前引文，第142页。此文重申了较为常见的雷蒙德·鲁佛的意见（《银行业务史新解》（Raymond Roover, *New Interpretations of the History of Banking*），见《世界史手册》（*Cahiers d'histoire mondiale*），1954年，第38—76页），他认为，教会对于借贷的主张对于银行史所产生的影响，比人们想象的更大。

> 他极端厌恶为上帝和人们所不齿的犹太人，甚至不愿意看见他们，他希望犹太人的财产不会给他带来任何好处；他宣布：不截留犹太人的任何不义之财，不允许他们放贷，他们应该像在别的地方那样，靠手艺和正当的商业谋生。多位谋士试图说服他改变看法，他们说，老百姓要活下去就不能没有借贷，正如土地不能不让耕种，手艺不能不让要，商业不能不让做一样。他们说，犹太人已经注定要在地狱里受苦了，不如让他们继续做坏事，否则一些基督教徒就会趁机以更厉害的高利贷来压榨老百姓。圣路易以天主教徒的身份答道："放贷的基督教徒和他们的高利贷活动，似乎应该由高级教士教会去处理。至于犹太人，他们由我来管，因为他们是臣服于我的奴仆，我不允许他们用放贷来压榨基督教徒，不能让他们在我保护不到的地方从事放贷活动，以防他们的毒汁毁了我的土地。高级教士应该对各自管辖的基督教徒采取适当措施，而我则会对我应该管的犹太人采取适当措施。他
> 800 们应该放弃放贷活动，否则就必须离开我的土地，以免他们的污秽糟蹋我的土地。"[①]

我们在前面引述了路易的话[②]，他说他对犹太人负责。但是我们注意到，他所说的保护义务基本上是镇压权。他说他不愿从犹太人的财产中获得任何好处，文献上的白纸黑字表明他言不由衷

① 夏特勒的纪尧姆:《生平与圣迹》(Guillaume de Chartres, *De Vitae et de Miraculis*)，第 34 页，热拉尔 · 纳翁翻译；见《13 世纪法国的借贷与犹太人》，前引文，第 30—31 页。

② 请看本书原文第 795 页。

（纵然他本人确有此意，他的属下也没有遵照他的旨意行事，也许因为他再次遭到比较讲实际的谋士们的反对）。他终于压抑不住对犹太人肮脏行径的厌恶，因为那些污秽糟蹋了“他的”土地。于是实施了一项净化和驱赶计划，为此他利用了犹太人在中世纪基督教世界中的象征，那便是蝎子[①]。因为，“毒汁”是蝎子射出来的，在这份文件中，路易两次把糟蹋“他的”土地的毒汁归咎于犹太人。

1215 年的拉特兰公会议确定了犹太人在基督教世界和法兰西王国的法律地位：他们都是“终身农奴”。这种身份并未进入君主制国家，而是进入了封建君主制。路易于是如同在这种情况下通常所作的那样行事，他承认在他看来是合法的或者他不得不尊重的领主权力，然后侵犯这些权力，并在时机来到时以国王权威取而代之。他甚至利用教会法规确立自己在处理犹太人方面的权威。1230 年敕令（这道敕令所表达的大概是他的母亲和他的谋士们的意思，因为那年他只有 16 岁，尚未执掌治国大权）是第一道适用于全国的敕令，它所反映的是国王与大封建领主们之间的妥协，因为其中第 2 条规定“任何人不准扣留属于他人领地的犹太人，无论在什么地方找到‘自己的’犹太人，无论该犹太人在他人领地乃至在另外一个王国逗留了多久，主人都可以将他当成自己的农奴”。可是，第 5 条巧妙地将国王权威在王国境内的确立，与要求贵族提供封建贡赋结合起来，从而使国王的权威得到尊重：“如 801

① 路易吉·奥里杰玛：《从古希腊拉丁时代到文艺复兴时代的西方传统中蝎子的黄道标记》（Luigi Aurigemma, *Le signe du scorpion dans les traditions occidentales de l'Antiquité gréco-latineà la Renaissance*），巴黎，1976 年。

果有的贵族不愿意保存这件敕令，我们将强制他保存，其他贵族也会倾全力帮助我们。”这个颁布于1230年的默伦敕令，是漫长的国王未成年期间政策的组成部分，它是由下列人员副署的：拉马什伯爵、王室总管蒙福尔伯爵、圣保罗伯爵、利穆赞子爵、勃艮第公爵、法国司酒官、巴尔勒迪克伯爵、昂盖朗·德·古希、阿尚博·德·波旁、居伊·德·唐皮埃尔、让·德·奈尔、维尔吉的纪尧姆。菲力普·奥古斯特也曾执行这项政策。在13世纪初期，“至少在老百姓头脑中，已经开始把农奴等同于犹太人了”[①]。1200年以后，菲力普·奥古斯特与夏蒂荣的戈谢、香槟伯爵蒂博[②]等一批封建领主签订协议，规定相互归还居住在各自领地上的犹太人[③]。但是，借助教会法规发挥强有力的推动作用的，还是第四次拉特兰公会议。菲力普·奥古斯特于1218年制定了“他管辖下的犹太人”法规[④]。

路易继续就归还被他视为农奴的犹太人，与一些大领主签订协议[⑤]。

---

① 施瓦兹弗赫什：《12和13世纪法国犹太人状况》（S. Schwarzfuchs, *De la condition des Juifs en France aux XIIe et XIIIe siècles*）见《莫里斯·里贝尔纪年集》（*Memorial Maurice Liber*），CXXV，1966年，第223页；朗格穆尔：《1200年前后犹太人在法国法律中的地位变化》（G. Langmuir, *Tanquam servi, The Change in Jewish Status in French Law about 1200*），见《法国历史上的犹太人》（*Les Juifs dans l'histoire de France*），第一届海法国际研讨会，莱顿，1980年。

② 《法国国王敕令集》（*Ordonnances des rois de Farnce*），卷I，第26页。

③ 《王家档案宝鉴》，卷IV，922号，第350页。

④ 《法国国王敕令集》，卷I，第197页。

⑤ 这些文献都由热拉尔·纳翁翻译并编为《圣路易关于犹太人的敕令集》（Gérard Nahon, *Les Ordonnances de Saint Louis sur les Juifs*），发表在《新手册》（*Les Nouveaux Cahiers*），23号，1970年，第26—29页上。

正如威廉·乔丹所指出，1230年默伦敕令中的“视同自己的农奴”这句话，几乎等于把犹太人与逃亡农奴相提并论。不过，两者的相似性仅此而已，因为农奴可以赎身，或者因在另一个领地居住一段时间而被视为获得解放。犹太人则可以和应该迅即递 802
解、移交。正如第四次拉特兰公会议明确指出的，犹太人是“终身农奴”。国王对犹太人任意征税或没收财产，就这样以法规形式固定下来了，犹太人于是成了“可以任意压榨的人”。[①]

有关犹太人的法规再次与经济和社会发展背道而驰。在基督教世界特别是在法国，农奴解放在13世纪加速进行，但犹太人的奴役化此时却在变本加厉，他们在法国社会中日益成为贱民和被排斥的人；从那时起，他们已经生活在法定的犹太人区里。

除了这些先例和这种氛围外，圣路易身边的人还对他的态度施加了影响和压力。卡斯蒂利亚的布朗什显然非常敌视犹太人，许多托钵僧修道士也是这样。此外还有一些改宗基督教的犹太人（他们大多成为多明我会士）怂恿圣路易，就像保加利亚人罗伯尔那样，要他粗暴地对待他们往日的教友。

因此，圣路易穷凶极恶地对待犹太人。夏特勒的纪尧姆在前面提及的文献开头处写道：“他极端厌恶为上帝和人们所不齿的犹太人，甚至不愿意看见他们。”他继续并强化由他的祖父和父亲开始的反犹太的律法制定工作，他颁布的敕令中有相当一部分是针对犹太人的[②]。

① 乔丹：《从菲力普·奥古斯特到卡佩王朝晚期的法兰西王国与犹太人》（William C. Jordan, *The French Monarchy and the Jews. From Philip Augustus to the Last Capetians*），前引书，第133页。

② 纳翁：《圣路易关于犹太人的敕令集》（Gérard Nahon, *Les Ordonnances de*（转下页）

第一件是前面已经提及的1230年默伦敕令。除了前面谈到的两个条款外，另有三个条款禁止犹太人放贷，规定向犹太人借钱的债务人必须分三次在万圣节后的三个节日里归还贷款，犹太人不得收取任何利息。“本金以外的任何款项”都被界定为利息。

1234年敕令规定，基督教徒债务人可以取得向犹太人所借金额的三分之一，禁止拘留未向犹太人还债的基督教徒，犹太人不
803 得接受任何未在可信的证人面前申报的抵押，违者的本金将被没收，并将受到国王法律的追究，各地的邑督受命执行以上措施。

1254年12月的改革敕令中有两条涉及犹太人。第32条规定，犹太人应停止“吃利息、耍巫术和使用希伯来文字[①]”，销毁塔木德[②]和“其他含有亵渎神明内容的书籍”。违反以上规定者将被驱逐出境。所有犹太人“应该靠双手劳动或其他活计谋生，不得放债取息”。第33条禁止贵族和国王官员帮助犹太人收回债权，再次禁止贵族在自己的土地上容留属于他人领地的犹太人，并要求禁止他们“从事放贷”。敕令重申，“本金以外的任何款项”均为利息。

这件敕令中有关放贷的规定，起初并未得到切实执行。不但由于某些贵族担心因此而失去犹太人在自己土地上发放的贷款，更由于某些邑督对于执行国王禁止“犹太人放贷”的决定缺乏热情。1254年重申并强化这些措施，而且更加严格地加以执行。1254年敕令因而被视为法国国王反犹太人放贷的第三阶段。在鼓

（接上页）*Saint Louis sur les Juifs*），前引文，其中包括译自拉丁文和希伯来文的文件。请看本书原文第799页。

① 希伯来文字被认为是巫术符号。

② 请看本书原文第804页及以下多页。

励基于不动产的大额信贷和限制（尤其是从 1230 年默伦敕令开始）犹太人从事抵押贷款等银行业务之后，第三阶段使得犹太人的任何放贷活动都不可能合法进行[①]。威廉·乔丹进行了细致的研究后指出，国王赢得了皮卡第地区反对犹太人放贷的斗争[②]，乔丹认为，整个法国北方大体上也大概是这样[③]。在法国南部，普瓦提埃的阿 804
尔封斯反对犹太人放贷的措施，比他哥哥的更为严厉，但执行情况不得而知[④]。不过，纳博奈的犹太人因组织严密而进行了较好的抵制[⑤]。

国王对犹太人的打击，除了制止他们放贷外，还焚毁他们的经典塔木德。13 世纪前半叶出现了一股思潮，不再认为犹太人的圣书是《圣经·旧约》，而是塔木德。塔木德的字面意义是口授律

---

① 纳翁：《13 世纪法国的借贷与犹太人》，前引文。

② 威廉·乔丹：《13 世纪中叶法国犹太人与基督教徒的关系—在皮卡第进行的一项未公布的调查》（William C. Jordan *Jewish-Christian Relations in Mid-Thirteenth Century France: An unpublished Enquete from Picardie*），见《犹太研究杂志》（*Revure des études juives*），138，1979 年，第 47—54 页。

③ 乔丹：《从菲力普·奥古斯特到卡佩王朝晚期的法兰西王国与犹太人》（William C. Jordan, *The French Monarchy and the Jews. From Philip Augustus to the Last Capetians*），前引书，第 161—162 页。

④ 富尼耶、盖班：《普瓦提埃的阿尔封斯的行政调查》（P. Fournier et P. Guebin, *Enquêtes administrtives d'Alphonse de Poitiers*），巴黎，1959 年；朱瑟兰：《1268—1269 年间有关普瓦提埃的阿尔封斯的反犹财政文献》（M. Jurselin, *Documents financiers concernant les mesures prises par Alphonse de Poitiers contre les Juifs (1268–1269)*），见《巴黎文献学院丛书》（*Bibliothèque de l'Ecole des Chartes*），68，1907 年，第 130—149 页。

⑤ 乔丹：《从菲力普·奥古斯特到卡佩王朝晚期的法兰西王国与犹太人》，前引书，第 130—141 页。

法，是一部圣经评注集子，也就是“书面”律法，成书于公元 200 年到 6 世纪之间。居住在巴比伦的犹太人所编的此书，称为巴比伦塔木德，5 世纪末开始成书[①]。焚毁塔木德的命令大约是在塔木德新版开始流传后发出的，至少也是听了托钵僧特别是多明我会士对塔木德的内容介绍后发出的，他们介绍了塔木德的某些版本，特别是巴比伦版本[②]。

焚书的始作俑者是一个改宗基督教的犹太人拉罗谢尔的尼古拉·多南，他直接致函教皇，请教皇不要像他的前辈们那样对塔木德表现出不可饶恕的宽容，先前那几位教皇认为，塔木德是圣

---

① 参阅阿丹·斯坦纳尔茨：《塔木德入门》(Adin Steinaltz, *Introduction au Talmud*)，巴黎，1994 年。

② 伊冯娜·弗里德曼的论文：《从尊敬的皮埃尔到尼古拉·多南（1144—1244）对塔木德的攻击》(Yvonne Friedman, *Les attaques contre le Talmud* (1144–1244), *de Pierre le Vénérableà Nicolas Donin*)，1994 年 5 月 2—3 日在巴黎举行的题为“1244 年在巴黎焚烧塔木德”国际研讨会上宣读；我参加了这次会议，并在这里使用了会议论文的部分内容，这些论文将在日后出版。论述 1240 年在巴黎“审判”塔术德的主要著作有吉尔贝·达昂的《1240 年争论不休的拉希》(Gilbert Dahan, *Rashi sujet de la controverse de* 1240)，见《犹太档案》(*Archives juives*)，14，1978 年，第 43—54 页；勒布：《1240 年关于塔木德的论争》(I. Loeb, *La controverse de* 1240 *sur le Talmud*)，见《犹太研究杂志》(*Revure des études juives*)，1880—1881，卷 I, II，III；雷姆邦：《塔木德与教皇关于 1240 年审判塔木德的思考》(J. Rembaum, *The Talmud and the Popes: Reflection on the Talmud Trials of the* 1240)，《旅行者》(*Viator*)，13，第 203—221 页；罗森塔尔：《被审判的塔术德》(J. Rosenthal, *The Talmud on Trial*)，见《犹太季刊》(*Jewish Quarterly Review*)，新系列，47，1956—1957，第 58—76 页，第 145—169 页；阿尔贝托·坦科：《1240 年塔木德在巴黎被焚》(Alberto Temko, *The Burning of the Talmud in Paris, Date*:1240)，《评论》(*Commentary*)，20，1955 年，第 228—239 页。早在一个世纪以前的 1144 年，尊敬的克吕尼修道院院长皮埃尔就激烈攻击塔木德，但他并不知道此书后来的新版本，所以，不能说他是“焚毁塔木德的罪魁祸首”。

书的一部分，可以让犹太人正当地使用。多南再次提出了当时已 805
经开始流传的那些对塔木德的指控，某些基督教徒认为塔木德已经取圣经而代之，可是此书充斥着对神明的亵渎，尤其对耶稣和他的母亲多有不敬之语。路易对这些看来有根有据的说法，不可能无动于衷[①]。

1239 年，教皇格里高利九世向基督教世界的所有君主发出一封传阅信函，要求他们在各自的领地内将“导致犹太人背信弃义且不知悔改”的塔木德全部收缴。卡斯蒂利亚的布朗什和路易九世迫不及待地遵命照办。1240 年 3 月 3 日，塔木德被收缴，同年 6 月 12 日举行了对塔木德的“审判”，有人把这个事件称为犹太人与基督教徒就塔木德进行的“论争”，也有人把它叫作对塔木德的“宗教裁判”。卡斯蒂利亚的布朗什、圣路易和他们的谋士们，看来并不打算就此与犹太人展开论唇枪舌剑的辩论。教皇于 1233 年确定的宗教裁判程序此时大概尚未就绪；事实上这是一场类似宗教裁判的诉讼，在场的有一些以介乎被告和辩护人之间的身份出现的犹太学者，其中最为著名的是巴黎的犹太教教士耶希尔。主审官是尼古拉 · 多南，在回答有关亵渎耶稣的指控时，耶希尔回答说，塔木德提到的耶稣不是新约全书中的耶稣；他指出，那

① 尼古拉 · 多南其人和他的动机至今不甚了了，众说纷纭。有人认为，他不是一个改宗的犹太人，而是一个犹太异端分子，至少最初是异端分子。据说，他曾试图如同某些基督教徒那样抗议塔木德对圣经的损毁，例如，12 世纪巴黎主教皮埃尔 · 隆巴尔的《格言注释》在基督教大学中大行其道，从而对直接阅读圣经造成了损害，13 世纪的方济各会士、伟大的学者罗吉尔 · 培根愤而对此提出抗议。有人甚至推测，尼古拉 · 多南与巴黎的某些多明我会士有关系，这些多明我会士主张摒弃经院学派的诠释和注解，还圣经以本来面目。

时有多位耶稣，犹如当今法国有许多路易但不都是法国国王一样。这个说法颇具讽刺意味，因为在当时的法国，名叫路易的人很少，除了卡佩王朝的王室成员外，通常便是改宗的犹太人，他们在受洗时，作为教父的国王，依据惯例把自己的名字路易给了他们。
806 关于对基督教徒的攻击，耶希尔回答说，在备受指控的塔木德中，基督教徒这个字连一次也没有出现，实际上此书的攻击对象仅仅是不信教者而已。塔木德在“审判”中被判焚毁。曾辅佐国王和王太后但不赞成焚毁塔木德的桑斯大主教戈蒂埃 · 科尔尼，意外地于翌年即 1241 年去世，反犹基督教徒把他的死看成上帝的惩罚。国王于是让人把装了满满 22 车的塔木德手抄本当众焚毁。接替格里高利九世成为教皇的英诺森四世更加敌视犹太人，他为 1242 年的焚书向路易发出一封祝贺信，信中以恫吓的口吻要求路易把残留的塔木德全部焚毁。于是有了 1244 年的巴黎第二次焚书；此后又陆续焚书多次。

然而，大概因为来自各方面的干预，也由于教会的犹太政策通常总是交替使用怂恿迫害和号召保护，所以教皇在 1247 年命令圣路易和为准备十字军东征而派驻巴黎的教皇特使夏多鲁的欧德，将幸存的塔木德交还给犹太人，供他们进行宗教活动之用。可是，夏特鲁的欧德恳请教皇让他继续销毁幸存的塔木德。巴黎主教奥弗涅的纪尧姆大概受了多明我会士科隆的亨利的影响，于 1248 年 5 月 15 日当众发表谴责塔木德的演讲①。

---

① 我在这里采用安德烈 · 蒂利耶的观点，他的观点见于他在 1994 年 5 月巴黎研讨会上宣读的论文《13 世纪中叶巴黎大学教师对塔木德的谴责及其原因与政治和思想后果》（André Tuilier, *La condamnation du Talmud par les Maîtres universitaires parisiens au milieu du XIIIe siècle, ses causes et ses conés quences politiques et idéologiques*）（未版）。

圣阿尔贝特等当时一些著名的大学教师赞成这些措施；当时并不存在宽容思想，只能看到一些在机会主义启示下的比较自由主义的做法。我们知道，路易在1254年的敕令中再次号召销毁塔木德。

在这里，我们不难想象，国王官员、教会和相当多的托钵僧 807
的共同行动效果甚佳。在整个法国，中世纪版本的塔木德仅幸存一本。此事带来了意外后果，一批犹太教教士离开法国前往巴勒斯坦，并在阿卡创建了塔木德学院[①]。

路易还采取了另外一些反犹措施，其中有些承袭自先辈，有些则是他的创造。

十字军出征前夕，他为增强财政实力而下令强征犹太人的财产。在他的驱赶政策中，排除犹太人的意识更加强烈、更加顽固。1253年他从圣地发回命令，把犹太人从法兰西王国驱赶出去；在1254年的敕令中以威胁口吻再次重申这项命令；1256年又颁发新的驱赶命令。这项命令虽然迟至14世纪才真正执行，可是，为驱赶犹太人进行先期准备的却是圣路易[②]。

在多明我会士、改宗的犹太人保罗·克雷蒂安的压力乃至讹诈下，路易下令在整个王国范围内执行第四次拉特兰公会议的决定，在此以前，菲力普·奥古斯特、路易八世都不愿执行这项决定，圣路易本人几乎在他的整个在位期间也不愿意执行。1269年，圣路易下令，所有犹太人必须佩戴圆形标志，颜色为猩红而非黄

---

① 阿里耶·格拉博伊斯:《焚毁塔木德的后果之一——阿卡学院的创建》(Aryeh Grabois, *Une conséquence du brûlement du Talmud: la fondation de l'école talmudique d'Acre*), 1994年5月巴黎研讨会的论文(请看本书原文第806页注1)。

② 犹太人于1236年被布列塔尼伯爵逐出该地。

色。下面就是这份不光彩的文件：

> 法兰西国王致各地邑督、伯爵、行政长官和所有臣属，诸位好。鉴于犹太人应与基督教徒有所区别，兹依据布道会保罗·克雷蒂安修道士所奏，命尔等下令犹太人不分男女，必须佩戴标志。标志为圆形猩红色毡片或粗呢，缝于上衣上
> 808 部胸前和背后，藉此识别犹太人，标志宽度为四指，圆周内可容一球。今后若发现不佩戴此标志之犹太人，该犹太人的上衣即归告发者所有，该犹太人还应缴付最高不超过10锂的罚金；罚金记入账册，充作宗教崇拜活动之用[①]。

国王认为，他有责任为这些迫害性措施匹配一项在他看来属于积极性的措施，那就是规劝犹太人改宗。他为此采取了一些以说服为表而以强制为实的措施，例如，强令犹太人聆听基督教神职人员的布道。他的传记作者竭力吹捧他迫使犹太人改宗的热忱和成果。为了充分展示他对此举的重视程度，他常常亲自充当改宗者的教父。下面是圣帕丢斯的纪尧姆记述的一个实例：

> 圣徒国王把一个犹太女人以及她的三个儿子和一个女儿带到瓦兹河畔博蒙，这个女人和她的子女受洗时，圣徒国王和他的母后及兄弟把洗礼盆高高举起[②]。

---

① 译文见于纳翁：《圣路易关于犹太人的敕令集》（Gérard Nahon, *Les Ordonnances de Saint Louis sur les Juifs*），前引文。

② 圣帕丢斯的纪尧姆：《圣路易传》，第20页。

这次洗礼大概在1243年举行。这个犹太女人被授予教名布朗什，她的一个儿子被授予国王的名字路易。为了引诱这些犹太人改宗，答应给他们发放一笔补贴。我们在所掌握的账册残件中找到了这种做法的线索。例如，1239年5月18日：“付给暂住在巴黎收容所的犹太女人40苏，证人为布道神甫。戈内斯一个新近改宗的女人，40苏，证人为圣德尼的蒂博。”

瓦兹河畔博蒙的这个名叫布朗什的犹太女人，好不容易才从 809
鲁昂大主教欧德·里戈手中拿到了教皇委托大主教发给她的生活补贴。

改宗的犹太人大概相当多。1260年的一件敕令把这些改宗犹太人的司法问题交由“优良城市”的市长们去处理[①]。纳翁认为，圣路易在位时期“犹太人地位衰微”不但表现在经济上，同时也表现在宗教方面，而且早在1253年实行大规模规劝犹太人改宗政策之前就已经开始……改宗带来的经济上的好处不容忽视……在北部和西部，犹太人改宗的尤其多。[②]

犹太人对这些迫害有什么反应？纳尔邦犹太教教士梅厄·本·西蒙于1245年至1260年间向圣路易提出的抗议，是我们所掌握的最完整的材料。

西蒙首先告诉国王，犹太人的信贷对于国王本人和他的基督教徒臣属有何功效，接着他一一罗列了国王采取的7项极不公正的反犹措施。

---

① 纳翁：《圣路易关于犹太人的敕令集》，前引文，第28页。

② 纳翁：《路易九世时期法国犹太人的地理分布》，前引文，第131页。

> 国王老爷改变主意，针对他所管辖的犹太人颁布了一些（律法）和裁决，按照天经地义的真理来看，这些律法和裁决都是不公正的。第一，它不准犹太人从一个领主的领地迁往另一个领主的领地。第二，他废除了我们的债权，拿走了我们的钱，致使我们的穷人既不能养活自己，更无法养活子女，许多人因此而死于饥饿。第三，他没有取消任何一个税项，继续向犹太人收税；他既然拿走了犹太人的钱财，本应下令停止向犹太人收任何税……这还不算，他又让他的贵族们下令赖账，他甚至命令邑督们让基督教徒不要归还欠犹太人的
> 810 本金和利息。第五，犹太人如果欠基督教徒的账，就应逼他全部还清。第六，不准我们发放任何有息贷款，哪怕是律法和先祖所允许的，这样一来，由于无法在你们那里找到谋生手段，我们的穷人就断了活路。第七，他没收了我们中的富人在他领地上的房舍，他还说“且让他们就住在价值 40 到 50 锂的小屋子里吧”。可是，如果一家之主有两三个继承人，这所小屋子就住不下他们的后代。上帝为亚当和夏娃创造了世界，不就是为了让他们多多繁衍后代吗？

接着，他列举了这些措施所带来的 35 个可悲的后果，其中包括国王所犯以犹太人的肉体和精神损失为代价的罪，以及他对律法的践踏。我在这里只列举其中两个后果：“第 25 个后果是导致国王臣民中的恶棍以各种方式欺压犹太人；第 26 个后果是致使有些人向犹太人啐吐沫吐痰。”他着重谈了犹太家庭日趋贫困，无力抚养众多子女，以及犹太青年由于经济原因而被迫晚婚等现象。

这段文字很巧妙，它写出了能够触动国王并使他回心转意的

一切，其中有他的利益、他的宗教虔诚、他追求公正与和平的愿望、他对罪恶和地狱的恐惧等等：“小心你的肉体和灵魂，别让它们因这些措施造成的严重罪恶而在今生和彼岸世界受到严厉的惩罚。”①

我们不知道圣路易是否读过西蒙的这份抗议书。但我们知道，他晚年时加剧了反犹措施，那时正是他的第二次十字军出征前夜，他觉得净化王国是十字军获胜的必要条件。

我们应该就圣路易对待犹太人的态度作何概括？有人作了许多令人感动的努力，否认他对犹太人采取了强硬态度，这样一来，就无异于肯定他体现了宽容和四海之内皆兄弟的精神，可是，这种精神在13世纪实际上是不存在的。当时处在他那样地位的人都 811
是那样想和那样做的，而他只不过由于国王的责任心稍胜一筹而已，是否因此就可以不苛求于他呢？他确实比当时某些教皇、高级教士、君主和封建领主更加反犹，这一点不容否认。那么他的反犹态度是否因此而从未缓和过呢？

不可否认，比他更加反犹的人对他起了推动作用，诸如某几位教皇、大多数身边的托钵僧谋士、巴黎知识分子的态度，特别是某些改宗犹太人的歇斯底里等等。更进一步来看，比他更加反犹的传记作者是否过分渲染了他的反犹情结呢？至少有一件事表明确实如此。我们知道，他在《训示》中对儿子说：“努力清除罪恶，特别是不可饶恕的罪恶和不光彩的誓言，竭尽全力摧毁和消除异端势力。”他的忏悔师博利厄的若弗鲁瓦对他的话作了修改，

① 纳翁：《圣路易关于犹太人的敕令集》，前引文，第32—33页。

修改后的这段话被收入封圣文书之中。圣路易说的是“竭尽全力摧毁和消除异端势力”，经若弗鲁瓦改动后的同一句话却变成了“要极端蔑视犹太人和各种各样反对基督教的人”。①

同样，阿里耶·格拉博伊斯认为，儒安维尔所记述的圣路易要求基督教徒“把利剑插入犹太人的腹部②”这句话，同样被儒安维尔添油加醋了，儒安维尔撰写此书时，适值1306年菲力普大肆驱赶犹太人之际。话又说回来，尽管圣路易的反犹态度被人添油加醋，我觉得，他毕竟还是十分仇视犹太人的。况且，由于儒安维尔不喜欢美男子菲力普，他也许为把孙子说成与其圣徒祖父迥然相异而沾沾自喜呢③。

812 热拉尔·纳翁认为，当时人们对犹太人的想法足以解释圣路易对待犹太人的态度，他写道：“圣路易以其犹太人政策而成为信奉基督教百姓的圣徒，依据符合教会所承认的标准，他的政策恰恰符合圣德概念，而我们在这里所讨论的也正是圣德概念。”④我不同意纳翁的看法。试想，卜尼法斯在他的封圣诏书和两份布道辞中，为什么缄口不提圣路易对待犹太人的态度呢？圣路易对待犹

① 纳翁：《圣路易关于犹太人的敕令集》，前引文，第25页。

② 一个骑士和一个教士正在谈论他们与犹太人的争论，路易对他们说道（本书原文第787页）：“所以你们听我说，谁若不是很棒的神职人员，就不应与他们（犹太人）争论。但是，一个平信徒如果听到有人诽谤基督教，就应该操起利剑捍卫基督教，用力刺进（对手的）腹部。”（儒安维尔：《圣路易史》（Joinville, *Histoire de Saint Louis*），第31页。）

③ 阿里耶·格拉博伊斯（Aryeh Grabois）宣读的论文。

④ 纳翁：《圣路易关于犹太人的敕令集》，前引文，第25页。

太人的态度纵然没有妨碍他被封为圣徒，至少也没有为他封圣增加有利的理由。

圣路易唯一的担心是犯罪和做不成一个好基督教徒，这就使他通常在不经意间协调了自己的宗教信仰和政策。面对犹太人，他始终举棋不定，其原因我在前面开始讨论犹太人问题时已经谈到。犹太教是真正的宗教，他终于认识到塔木德是圣经的不良替代品。他虽然觉得自己有弹压犹太人不圣洁性的义务，却也认为自己有义务保护他们，因为基督教会只能对基督教徒承担惩罚和保护的双重责任，而犹太人则不归基督教会管辖。这就是他犹豫、踌躇和朝令夕改的原因。有关措施往往三令五申仍不能切实执行，除了确有困难以外，他本人并不急于推行而且不想走得太远，这也不无关系。在划定放贷的界线上，他与教会一样疑虑重重[①]。此外，与放贷问题和捍卫基督教律法问题有牵扯的并非只是犹太人。他虽然为基督教徒的放贷活动网开一面，但最终还是不许伦巴第人（意大利人）和卡奥尔人从事放贷活动，他们都是外邦人，因而在净化王国时受到牵连。从 1268 年 9 月到 1269 年，国王将这些人驱逐出境，并下令债务人向他们归还欠款，但利息除外[②]。这些措施之所以相当严厉，部分原因大概是为了镇慑犹太人，促使他们改宗。当代人把犹太人在虚伪的劝说下被强制改宗一事，看作国王对犹太人的宽宏大量。直到他在位晚期，圣路易才屈服于 813
压力，强迫犹太人佩戴特殊标记。

① 请看勒高夫的《钱袋与永生》，前引书（本书原文第 665 页注 4）。

② 关于我对所有这些措施的看法，请看本书原文第 219—220 页。

不知在什么情况下，圣路易于1257年对他的措施所造成的对犹太人的掠夺作了轻微的修正。他任命他所信任的奥尔良主教、博纳瓦尔院长和普瓦西代理主教等三位教会人士为特派员，负责纠正十字军出征前和1253—1254年驱赶犹太人期间过度掠夺的偏差。特派员们除了督促归还欠犹太人的债务外，还要监督继续归还被夺取的犹太人财产，因为国王“确认他无意保留这些财产”。他赋予特派员们以全权，出售依法没收的“房舍、债券和其他不动产”，但他“要求把犹太教堂以及教堂中的家具和器皿归还给犹太人，没有这些家具和器皿，犹太教堂就无法正常使用。”①人们认为，这些犹太教堂是为数不多的13世纪初之前就已建成的旧教堂，因为13世纪初菲力普·奥古斯特在位时期的教会法，禁止犹太人修建新的犹太教堂。这项归还原物的命令表明，圣路易有心遵照基督教在宗教问题上对待犹太人的宽容传统。与不被承认的异端和伊斯兰教不同，犹太教始终是得到承认的宗教。

他在位期间发生过一次屠杀犹太人事件，路易下令逮捕已被查明的应对此事负责的罪犯。1236年9月5日，教皇格里高利九世致函圣法国国王，要求他保护犹太人；我们是通过这封信才得知那次屠杀的。凶手是安茹和普瓦图的一群下层民众，他们声称屠杀犹太人是为即将出征的十字军作准备。邑督们设法找到参与屠杀犹太人的基督教徒，把这些自称“十字军”的人抓起来，处
814 以罚款②。

① 纳翁：《圣路易关于犹太人的敕令集》（Gérard Nahon, *Les Ordonnances de Saint Louis sur les Juifs*），前引文，第28页。

② 同上书，第23页。有些犹太人自行组织起来进行抵抗，从而免遭屠戮。

除此以外，我们未曾听说其他针对犹太人的宗教礼仪性的屠杀。

如何归纳圣路易对待犹太人的态度和政策的特点呢？如今我们使用两个术语：反犹主义（antijudaïsme）和排犹主义（antisémitisme）。前者专指宗教问题；但无论宗教在犹太社会中以及在圣路易的行为中具有何等重要性，这个术语都不足以表达这种重要性。与此有关的问题总体上已经超出了严格意义上的宗教范畴，对犹太人的厌恶和排斥他们的愿望，已远远不能解释对犹太人的宗教敌视。可是，"反犹主义"既无效又过时①。圣路易的态度与思想中没有一丝一毫的种族主义。种族主义的心态和感情迟至16世纪才由所谓科学的种族主义理论煽动起来。我们从圣路易所作所为中所看到的，仅仅是"反对犹太人"而已。可是，这种观念和做法，这种反犹太人的政策，却为以后的排犹主义准备了温床。在西方和法国基督教徒的排犹主义道路上，圣路易无疑是一个里程碑。

批评与抵制

我们在文献中读到的，大多是圣路易身边的下属、他的臣民和整个基督教世界乃至穆斯林对手对他的敬重和赞誉，不过，这些文献也表露了一些对他的批评乃至抵制，多数来自各个社会阶

---

① 朗格穆尔：《作为排犹主义必要准备的反犹主义》（G. Langmuir, *Anti-Judaism as the Necessary Preparation of Anti-Semitism*），见《旅行者》（*Viator*），2，1971年，第383—390页。

层、国内的男女以及某些外邦人，但也有一些来自他身边的人。有些人批评他的个人行为，有些人批评他的各项政策。然而，大多数人所批评的是他的宗教政策，其中包括他的崇拜活动、他的和平与公义实践。

责备他对王后和孩子冷漠无情，在所有批评中占有特殊位置。尽管这种责备仅仅来自儒安维尔一人，可是要知道，儒安维尔不
815 但是目击者，而且从总体上看是一个替圣路易说好话的人[①]。

他身边的人（神职人员、仆役和家人）觉得他的宗教崇拜活动太过头，致使有时让人难以忍受。比如说，他天不亮就轻手轻脚地起床到教堂去，弄得他的卫士们乱作一团，来不及穿好衣服跟随他到教堂去：

> 他经常悄悄起床，穿好衣服和鞋子，一大早就走进教堂，在他房间里过夜的其他人此时还在床上，来不及穿鞋，只好光脚跑在他后面[②]。

他前去鲁瓦尧蒙亲自搬运石料，帮助修道士们建造修道院时，要求弟弟们也像他一样干，他们很不乐意[③]。

他不管人家是否愿意，让船员们跟他一起做功课，让身边的人聆听没完没了的布道，让随从围坐在他身边给他讲道；我们没

① 请看本书原文第 494—495 页，第 730—733 页。

② 圣帕丢斯的纪尧姆：《圣路易传》，第 37—38 页。

③ 同上书，第 71 页。

有读到有关这些人有何反应的记述，不过不难想象，国王不管他们自己的意愿如何，强行为他们拯救灵魂，他们的心情恐怕不仅仅是感谢。

比如说，贴身卫士们只能边听布道边吃饭，不能到小酒铺里去喝两盅，他们又会作何感想呢？

> 为了让卫士们自觉地聆听布道，国王命令他们在饭厅里就餐；可是，这些卫士没有在饭厅就餐的习惯，因为他们在外面进餐可以领取一份补贴。圣徒国王让他们从此以后在饭厅就餐，并答应照发补贴[①]。

强制性的宗教崇拜活动，并且还有补贴……国王在贡比涅望
弥撒时，正在聆听布道，有人却溜出教堂到对面的小酒铺去了， 816
圣路易便让卫士硬把他们叫回来；他们又会作何感想呢？

小酒铺在13世纪已经成为男人们消遣、社交和交流信息的重要场所，圣路易却把它与窑子相提并论。他曾想彻底禁绝娼妓，但他的谋士们（其中大多是神职人员）劝他不必白费力气，因为教会很明白，肉体很脆弱，既然有了原罪，再度堕落就难以避免。

他身边的神职人员也反对他过火的宗教崇拜活动和个人苦行。戒斋、鞭笞、无休止地参加崇拜活动，甚至在夜里也不例外，这些都是中世纪早期的僧侣、隐修道士和苦行僧特有的做法，而此时的基督教已经不再如此苛求了，所以对于此时的基督教徒尤其

① 圣帕丢斯的纪尧姆：《圣路易传》，第39页。

是平信徒来说，这些做法已经不合时宜了。

不错，他是一个平信徒，但是，他更是一位国王。圣路易心中挥之不去的楷模是基督。鉴于无法完成唯有神明或神甫才能完成的动作，他只得退而求其次。于是我们看到，他非常热衷于一种能体现基督那种谦卑的行为，那便是为穷人和僧侣洗脚，尤其在复活节前的那一周[1]。有一次在耶稣受难日那天，卫士试图阻挡朝他蜂拥而来的大批穷人时，“他却说，不应阻挡他们，因为耶稣在这一天为了我们受的苦，远远超过今天我为他受的苦”。不难看出，圣路易对耶稣心驰神往，他要模仿受难的耶稣[2]。

他问儒安维尔是否也在耶稣受难日替他的穷人洗脚，儒安维尔大声回答说，上帝不答应。圣路易对这位忠实陪臣的回答深感失望。只要有可能，他每逢星期六都要偷偷跪在地上为穷人洗脚，不过为了免受指责，他只替三个老年穷人洗脚，洗完之后还要吻一下，接着再替他们洗手，洗完后也要吻一下；有时他还要送一些钱给他们，亲自伺候他们进餐[3]。

817 据说，他也曾试图替某些僧侣洗脚，因为，既替真穷人洗了脚，又替自愿受穷的僧侣洗了脚，这样一来，他的谦卑就功德圆满了。

圣帕丢斯的纪尧姆和博利厄的若弗鲁瓦对此都有记述，但有两点不同。在他们的记述中，圣路易替僧侣洗脚的地点是一所西都会隐修院，那里的修道士有在星期六互相洗脚的习惯。在若弗

① 请看本书原文第 564 页。

② 请看本书原文第 700 页。参阅本书最后一章：“受难的国王，基督国王。”

③ 博利厄的若弗鲁瓦：《生平》，第 6 页。

鲁瓦笔下，圣路易曾在克莱伏替僧侣洗脚。那天是星期六，圣路易来到隐修院参加礼拜，并为僧侣洗脚。可是，陪同他的一些有身份的平信徒向他表示，这样做不合适；可能由于这些人并非他的亲信，所以更加看不惯。路易于是作罢[①]。据圣帕丢斯的纪尧姆记述，此事发生在鲁瓦尧蒙，劝说国王作罢的是隐修院院长。“国王对院长说：‘我替修道士洗脚挺好吧。’院长答道：‘您还是别受这个罪为好。’国王问：‘为什么？’院长说：‘免得有人议论。’圣徒国王问道：‘他们会怎么说？’院长回答说，有人说好，有人说坏。圣徒国王于是听从院长的劝告，放弃了替修道士洗脚的打算。”[②]

无论事实究竟如何，有一点非常清楚，那就是在不同的传说中，有身份的平信徒和在会教士都反对国王的这种自谦行为。原因很复杂，首先，国王在西都会隐修院里是个客人，其次，洗脚与国王的尊严不相容。圣路易想的是将自己的形象塑造成他心目中的耶稣，确切地说是受难的耶稣；可是，对于他的臣属们来说，他的形象是，而且越来越应该是至高无上的上帝，是雕刻在教堂大门上的圣父或基督。在谦卑的基督和至高无上的上帝之间，圣路易岂不是难以两全吗？他在这里再次承担着体现两种形象的使命。

除了谦卑失度，圣路易还受到在慈善事业上花费过多的批评。818
人们指责他过度布施，在宗教建筑上开销过多。可是，他不理会

① 博利厄的若弗鲁瓦：《生平》，第6页。

② 圣帕丢斯的纪尧姆：《圣路易传》，第109—110页。

这些指责，为自己的做法辩解，而且继续我行我素。

请看南吉的纪尧姆的如下记述：

> 他知道有些自己人在背后嘀嘀咕咕，对他大度的布施颇有微词，于是他对他们说，与其时不时地把钱花在寻欢作乐上，莫如弃绝浅薄无聊的虚荣，为敬爱上帝而多多布施。用于宗教事业的大量开支，将会抵消并赎回他不得不时常用于上流社会社交的大量开支。

纪尧姆接着还说，这很好地体现了圣路易在宗教慈善和国王威严之间保持平衡的策略。

> 不过，无论在国王威严和王家日常支出方面，或是在骑士和贵族聚会议事方面，其实他出手阔绰，丝毫无损于国王的尊严；他在家里的饮食起居同样是一副帝王气派，与他的先王们长期以来的做法相比，甚至有过之而无不及①。

对于他所憎恨的行为，他有时显得过于严厉，例如残忍地惩治亵渎神明者，在这一点上，他也受到指责②。

听到亲信们责备他用于建造巴黎的方济各会和多明我会的修道院的开支过大时，他大叫起来：

① 南吉的纪尧姆：《路易九世起居录》，第 406 页。

② 请看本书原文第 239 页，第 604—606 页，第 646 页。

> 上帝啊，我觉得，为这些优秀的修道士花钱实在太值了，他们从世界各地来到这几所巴黎修道院研究教义，结业
> 之后返回世界各地，为了对上帝的敬爱和人们的拯救而传播 819
> 教义[①]。

有时，他以身负上帝托付的向神职人员和穷人广施慈爱和慷慨之责，回答人们对他的责备：

> 当一些谋士责备圣徒国王把过多的经费用在修建宗教建筑和发放布施时，他回答道："闭嘴，我所有的一切都是上帝给予的。我的开销十分合理，不可能把钱花得更合理了。"[②]

政治批评

上面这段引文标志着从一个基本上属于私人和个人的范畴，向另一个公共和政治范畴的转移。

我们在前面已经看到，英国本笃会士马修·帕里斯虽然在许多方面非常欣赏圣路易，但是，他笔下的这位法国国王却并非始终拥有一个美好的形象[③]。值得注意的是，其中一些批评不仅在英

① 博利厄的若弗鲁瓦：《生平》，第 11 页。

② 圣帕丢斯的纪尧姆：《圣路易传》，第 88—89 页。

③ 请看本书原文第 433 页及以下多页。

国的圣奥尔本斯隐修院可以听到，在另一些地方乃至法国也可以听到。

第一项批评是不该把政权托付给一个女人。马修·帕里斯指责年轻的国王在1235年拒绝承认英国在法国西部领土上拥有的权利。罪魁祸首是卡斯蒂利亚的布朗什，路易九世的过错则是服从其母而不服从公义。“法国国王对（英国国王的）这些权利装聋作哑，视而不见，宁愿听从一个妇人的建议，不遵守公义规则，却把对复仇之神的敬畏忘得一干二净。”[①]所以，马修·帕里斯赞同大封建主1236年的造反，他写道：“眼看王国之王国即法兰西沦于一
820 个妇人统治之下，他们极为愤慨。”[②]1242年亨利三世与路易九世决裂，法国国王采取了一个措施，宣布经济处于战时状态，这种做法后来被各个君主国所仿效；马修对于这个措施非常气愤。

> 法国国王以最无礼的方式野蛮地逮捕在法国经商的英国人，没收他们的财物，为历史悠久的法国尊严抹了黑。法国向来具有为所有逃亡者和流亡者提供庇护和安全并公开保护他们的传统，这也正是法语中法兰西这个名字的由来[③]。

马修·帕里斯一度十分崇拜卡斯蒂利亚的布朗什（1241年蒙古人入侵时，他称她为“法兰西国王的母亲布朗什王太后，为上帝所钟爱的可尊敬的老妇人”），可是，他在十字军出征期间

① 马修·帕里斯：《大纪年》，卷III，第325页。

② 同上书，卷III，第336页。

③ 同上书，卷IV，第198页（法兰西一词来自franc，意为自由）。

猛烈攻击圣路易，指责他不该征得教皇同意，让教会承担十字军的费用，致使教会被沉重的财政负担压垮。神职人员们敢怒而不敢言……

在法国国内，对国王的政策有三点批评。

第一点批评来自他的某些谋士，他们不同意他息事宁人、维护和平的政策。他们无法接受国王充当封建主之间地方性战争和颇具威胁性的“全国性”战争的和事佬，尤其不满意与英国签订的巴黎协定。在他们看来，法国国王既然在战场上取得了胜利，就应该强迫对手接受自己的条件；与英国的妥协表明了法国的软弱[①]。

第二点批评来自封建领主，他们反对国王限制贵族权力，致使他们在自己领地上丧失了独立性，不能充分施展全部权威。国王对昂盖朗·德·古希事件的处理就是一例[②]。有一首歌唱出了希 821
望“继续主宰自己领地的那些人”对路易的怨恨；歌集编者认为，这首歌产生于路易九世在位末期。

> 法国乡亲们，看你们一个个目瞪口呆的样子！我要对所有出生在自己领地上的人说，上帝有眼，你们不再是自由之身了，有人把你们拖到远离自由的地方了，因为稽查官为你们定了罪。有人狠狠地骗了你们一把，把你们出卖了，再也不会有人帮助和保护你们了。可爱的法兰西，从今以后再也不能这样称呼你了，如今你是奴隶之乡，懦夫的土地，你是任凭无数暴徒恣意欺凌的可悲者的国度。

---

① 请看本书原文第 260—261 页。

② 请看本书原文第 240—243 页，第 646—647 页。

> 据我所知，尽管有人假借上帝的名义，但是我们落到今天这步田地，其实并非上帝的旨意。忠诚，你这个可怜的家伙，再也没有人理睬你了。你是国王的朋友，所以你坚强有力，顶天立地，可是你身边的支持者寥寥无几了。除了国王，我只看见一个，此人完全落入神职人员的股掌之中，再也不能助你一臂之力了。他们把仁慈和罪恶一股脑儿搅成了一团。
>
> 请别以为我说这些是为了攻击我的领主；上帝可以为我作证，我是担心他会丢失灵魂，况且我希望自己依然是我的领地的主人。他若知道这些，就会迅即作出明断；他那崇高的心灵容不得半点不公。所以，我急切地希望他能得到报告，了解一切。这样，窥视着他的魔鬼就会对他无可奈何。我若不向我的领主提出忠告，那就对不起我的宗教信仰。

上面这篇文字中不乏向君主陈情的老套子：国王没有过失，事情都坏在他的谋士们身上。这首歌的作者以子之矛攻子之盾，狡猾地用国王的个人伦理观念批评国王。他十分关注自己的拯救，非常
822 关心公义，号召善良的人们向他献言，他因践踏公义和听信谗言，即将落入魔鬼的股掌之中。难道还能对路易说什么更难听的话吗？

最惊人的攻击莫过于指责路易违背公义，这是指他用稽查取代了古老的尊重封建特权的法律程序。歌曲作者无所顾忌地谈论背叛，怀念往日美好的“封建”时光。他竟然唱道：“可爱的法兰西，从今以后再也不能这样称呼你了，如今你是奴隶之乡，懦夫的土地，你是任凭无数暴徒恣意欺凌的可悲者的国度。”

值得注意的是，这篇言辞激烈的檄文却采用了歌曲的形式。由此可以想见，持这种观点的人大概缺乏直接手段，既不能用暴

力也无法通过法律与国王的决定对抗。不过，政治歌曲在 13 世纪相当流行，人们以此作为扶植公众舆论的工具，美男子菲力普登极以后，公众舆论就有充分的展示了。在此之前，一些个人对于国王官员所作所为的怨言，实际上是人们对中央集权不满的比较准确和日常性的反映[①]。

第三点批评似乎相当普遍，主要来自人们所说的“小老百姓”阶层。路易被批评为过多依赖神职人员，不但在个人行为方面，而且在制定政策方面，国王对他们几乎言听计从。对于这些神职人员尤其是方济各会士和多明我会士等托钵僧的看法，获得普遍的赞同[②]。托钵僧们热衷于探知人们的内心世界，侵入他人家庭和私宅去了解私生活，收集遗嘱；他们提倡安贫乐道，却变成了理财专家；许多人对他们十分反感。托钵僧的形象就是伪君子，就是《玫瑰传奇》中的那个伪善者。如果说，让 · 德 · 默恩[③]和吕特伯夫（他曾经把批评矛头直指圣路易与托钵僧异乎寻常的亲密关
系[④]）所代表的是人数不多的知识阶层，那么有一个文献表明，在 823
与托钵僧的关系问题上，圣路易的反对者远不只是知识分子，而且往往言辞相当激烈。

① 热拉尔 · 希弗里:《法兰西王国中的不满与圣路易的稽查》(Gérard Sivery, *Le mécontentement dans le Royaume de France et les enquêtes de Saint Louis*)，见《历史评论》(*Revue historique*)，545，1983 年，第 3—24 页。

② 关于圣路易与托钵僧的关系，请看本书原文第 328—344 页以及前引里特尔的文章:《圣路易与会士的交往》(Lester K. Little, *Saint Louis'Involment with the Friars*)。

③ 默恩是长篇叙事诗《玫瑰传奇》的整理者。——译注

④ 吕特伯夫的批评相当激烈。让 · 迪富尔内在他的《吕特伯夫与托钵僧》(Jean Dufournet, *Rutebeuf et le moines mendiants*) 一文中逐一罗列了吕特伯夫对圣路易不满。见《中世纪文献》(*Neuphilologische Mitteilungen*)。

“你仅仅是会士们的国王”

我们应该还记得圣帕丢斯的纪尧姆讲述的那个故事[①]。在一个召开御前会议的日子里，一个名叫萨雷特的妇女站在王宫的楼梯脚下辱骂国王，她说她感到非常奇怪，怎么没人把他赶下王座。她为什么要辱骂国王呢？“你仅仅是小兄弟会和布道会修道士以及神甫和教士们的国王！”[②]

圣路易非但不让他的卫士把萨雷特逐出王宫，甚至不让他们碰她，他还对萨雷特说，她说得对，他不配当国王，换个人当国王肯定比他强，接着他又让宫廷总管送给萨雷特一些钱。圣帕丢斯的纪尧姆这位方济各会士把这件事记下来晓示后人，为的是褒扬圣路易。

然而，他的记述留下了后患。我们由此获悉，圣路易时代有一个反对神职人员的女人，并非人人都对圣路易敬佩得五体投地，他的宗教虔诚也未给所有的人留下好印象。

另一则以上层贵族社会为背景的故事不满足于批评国王，进而通过漫画式的形象讥笑国王的过于虔诚。盖尔德尔伯爵奥托二世（1229—1272）娶了一位法国女子，她便是蓬蒂厄伯爵西蒙·德·达马丹的女儿菲莉帕。这位伯爵派出一位特使前去巴黎，

① 我在前面已经提及此事，并把它作为国王具有宽容精神的例证。请看本书原文第118—119页。

② 圣帕丢斯的纪尧姆:《圣路易传》，第118—119页。

大概是处理一桩诉讼。特使返回后，奥托·盖尔德尔向他询问法
国国王的情况。特使说，有一个不在会布道师指控多明我会士犯 824
下了不可饶恕之罪，因为他们“一味劝说国王时时处处都要谦卑”。接着，特使又拿国王的“歪脖子”开玩笑，他说：“我见到了这位假装虔诚的可怜国王，他头上戴的竟然是一顶背在肩上的风帽。”记述这则故事的是多明我会士托马斯·德·坎丁普雷，他不但不就此事讥笑国王，反而加以赞扬，而且还借助一件圣迹替国王报了仇。据他说，国王在世之时，这位拿国王开玩笑、丑化国王形象的特使得了“歪脖子”怪病，至死未能治愈[①]。圣路易与其同时代人的分歧，往往听来只是一些笑谈而已，其实，这些分歧的根源在于心态和感情的深刻变化，从某种意义上说，这很像是一种交叉移位。圣路易虽然遵守“封建”社会的基本规则，可是，他所参照的关于公义与和平的价值观却冲破了封建习俗，把国王的职能向着近代国家方向推进了一步。与此相同，他借助封建观念推动君主制国家的做法，没有获得充分的理解。当他像一个修道士国王那样行事，似乎把一部分王权交给了神职人员时，公众舆论（或者说是公众舆论的雏形）难以跟上。王冠正在变成一种世俗圣物。

民众对十字军的态度不尽相同。一部分人与圣路易一样眷恋耶路撒冷，而且这个耶路撒冷再也不是单靠武力就能夺回来了，圣路易已经作了尝试。儒安维尔对香槟的关注远远超过对圣地的

---

① 卡罗吕斯-巴雷：《路易的封圣程序》（Louis Carolus-Barré, *Le Procès de canonisation de Saint Louis*），前引书，第 248 页。关于托马斯·坎丁普雷与圣路易，请看本书原文第 344 页注 3。

热情，他这样的人在法国肯定并非独一无二。视角的变动与政治观念（究竟是欧洲基督教世界抑或欧洲-东方基督教世界？）的变化相连，视角虽然变动了，我们却并没有远离这个简单的问题：圣路易是封建国王还是近代国王？不过，我们现在可以用另外一种方式提出这个问题，因为如果我们愿意使用这些政治观念，就
825 可以说，十字军是封建制度的最高阶段。圣路易以他两次十字军的惨败，在他自己不知道和不愿意的情况下，给了经典的封建制度致命一击。

第九章

/

圣路易是神圣的国王、身怀魔力的国王和圣徒国王 826

圣路易是一个具有特殊威望的人物[1]。这种特殊威望在它可以界定的范围内，对于接近过圣路易的人来说，来自他身体四周的光晕，而对于依靠传闻认识他的人来说，则来自传说中他的非凡品格。他的同时代人除了称他为圣徒以外，再没有更好的称呼可以用来表述他的特殊威望。不过，他是一个与众不同的圣徒，他完全可以与圣方济各并驾齐驱，差异仅在于圣方济各是神职人员，而圣路易是平信徒和国王。在封圣诏书中，卜尼法斯八世试图用“超人”来表达圣路易所具有的这种特殊威望。

这种特殊威望不仅是一种非理性的本能，包含着一些特异的、专属某些人的和王朝的特征，它还包含着一个神圣的和身怀魔力

① 这种特殊威望部分地有别于韦伯的特殊威望主宰观念，因为，圣路易的特殊威望并非单单来自他本人，而是基于国王职能的客观威望，也基于《王侯明鉴》所确定的基督教原则；依据这些原则，个人的巨大影响是有界限的，它既靠神明也靠教士的典范。

的国王所拥有的能力，以及个人的优点和为教会当局正式封圣所承认的圣德。

827 重要的是将法国国王共有的特点与圣路易独具的特点区分开来。

法国国王的神圣性

为了让通常以含糊的方式去感知的那个领域变得清晰一些，就需要辨别以下这些身份：祝过圣的人，信徒，神职担任者，身怀魔力的人。所有这些身份合在一起，组成为一个彼此连接的体系，这个体系就是中世纪法国王权及其具体表现的特征。从 987 年于格·卡佩登上王位到 1297 年路易封圣，终于建成了这个体系[①]，在这个体系漫长的建设过程中，为加强王权和提升王权在人们心目中的地位，卡佩王朝的历代国王不断努力，既有成功也有失败。

教会加冕礼的价值

一个卡佩王朝国王的神授性和宗教性，主要表现在教会加冕的礼仪之中。另外一个重要来源是王家传记和纪年史，诸如弗勒里的埃尔戈编写的《虔诚者罗伯尔传》、絮热编写的《胖子路易六

---

① 参阅马克·布洛赫的《国王神迹》（请看本书原文第 286 页注 2），这部名著提出了中世纪王权的所有近代问题。

世传》、圣德尼的里戈和布列塔尼人纪尧姆编写的有关菲力普·奥古斯特的事迹、各种传记和圣徒传记，以及有关圣路易的圣迹集等等。13 世纪的《王侯明鉴》对于卡佩王朝的这位神授国王的形象增色甚少。留存至今的关于卡佩王朝历代国王的教会加冕礼的记述极为稀少，最重要的是关于菲力普一世 1095 年教会加冕礼的记述；但是，这份记述十分简短，因为编写它的目的是为了证明，兰斯教堂对西法兰克国王的教会加冕和世俗加冕拥有不容他人分享的权利。

圣路易在位期间很可能定下了三种王家礼仪，一是他在位初期定下的兰斯礼仪，一是他在位末期定下的“卡佩王朝的最后礼 828
仪”，在这两者之间便是我所说的 1250 年礼仪，与之相配的有若干价值无可估量的微型彩绘，呈现在画面上的是教会加冕礼的结构、过程和高潮时刻[①]。

祝过圣的人[②]。祝圣通常意味着与超自然力量建立起了一种联系（祝圣是一种使被祝圣者变成神圣的仪式），祝过圣的人分享这种超自然力量，对于一个基督教社会来说，祝圣意味着与上帝

① 此处指巴黎国立图书馆收藏的拉丁文手抄本 1246 号。我与让-克洛德·博纳把它的成文年代断定为 1250 年前后，理查·杰克逊和弗朗索瓦·阿弗里尔也表示同意。请看本书原文第 584 页和收在前引巴克主编的《加冕典礼手册》中的拙文《圣路易时代的加冕典礼程序：1250 年礼仪》（*A coronation program for the Age of Saint Louis: The Ordo of* 1250），第 46—57 页，以及让-克洛德·博纳的文章：《1250 年礼仪手及其阐释》（*The Manuscript of the Ordo of* 1250 *and its Illumination*），同上，第 58—71 页。博纳和我准备把这份“礼仪”加注出版。

② 阿尔封斯·迪普隆：《论教会加冕、十字军和朝圣、形象与语言》（Alphonse Dupront, *Du sacré. Croisades et pélerinages. Images et languages*），前引书（本书原文第 539 页注 2）。

建立了直接联系。世俗加冕礼标志着权力的授予（“上帝加冕的国王”），教会加冕礼则更进一步，它通过“涂敷圣油礼”输入超自然的力量，权力象征物的交付则意味着被赋予者可以使用这些权力。

信徒。在一个只区分世俗与宗教，却少有公民意识的社会中，信徒的确切含义很难说清楚，它所表示的是与祝过圣的今世人的正常活动有关的一切，活动的主要保证是教会。因此，君主的信徒职能主要在于允许、帮助和方便教会的作用和行动。在教会加冕礼上，君主的信徒职能在国王誓言的承诺之中得到表达。它浓缩在“世俗权”概念之中。

神职担任者。神职担任者指的是国王被赋予教会人士的特点和职能这件事。教会加冕礼意味着君主兼具主教、司铎和执事身份。不过，严格的戒律禁止国王成为“神甫国王”或以这种身份出现。

身怀魔力的人。身怀魔力的人与巫师相去不远，这个称谓表示承认，法国国王在某些庄严场合或特定的日子里（诸如节日、
829 隐修院等神圣的场所）具有通过触摸患者治愈疑难病症（瘰疬、淋巴结核等“国王病”，即国王能够治愈的病）的能力①。据圣路易的同时代人记述，他除了触摸患者外，还虔诚地为患者划十字，不过，有证据表明，为患者划十字的是他的先王们②。

---

① 瘰疬是中世纪对某些淋巴结肿大并发炎溃烂等皮肤病的称呼。

② 勒高夫：《国王的圣迹》（Jacques Le Goff, *Le miracle royal*），请看本书原文第832页。

国王加冕

这就是说，涂敷圣油在加冕典礼中至关重要。兰斯大主教把圣油涂敷在国王的头上、胸部、两肩之间、肩上、双臂连接处，稍后还要为双手涂敷圣油。国王全身所有产生力量的部位都要涂敷圣油，圣油并非平常之物，它是圣迹，是圣灵交给兰斯主教雷米，用来为克洛维行洗礼的。每当需要使用圣油时，大主教从珍藏圣油的圣瓶中取出一些，圣瓶保存在圣-雷米隐修院，加冕前夕由该院院长送到兰斯大教堂。

国王被赋予超自然力量后，从此就成了被认可的上帝与百姓之间的中介，神祇的佑护和启示都通过他那涂敷过圣油的身躯传递。直到生命终了，他始终是连接上帝和百姓的纽带，他为王国和民众提供保障，使之获得神的帮助，不仅在现世得到保护，而且在彼岸世界得到拯救。

国王在加冕典礼上被授予特殊标志，这种标志把上帝与百姓之间被认可的中介身份赋予国王。

敷礼之前的第一阶段是国王装束授予仪式[①]。圣德尼修道院院长把国王的一部分装束送来，放在祭坛上，他把这些物件交给国王时，也就把凡人所不具备的神性传递给了国王；由于这些物件事先放在教堂中的最具神性的祭坛上，这就使得传递给国王的神

① 需与骑士授甲礼分清。前面提及未成年的圣路易在兰斯加冕之前，在苏瓦松被授予骑士身份。请看里夏尔：《圣路易的骑士授甲礼》（Jean Richard, *L'adoubement de Saint Louis*），前引文（本书原文第 97 页注 1）。

性有所增强。通过特定的仪式，国王才能从世袭君主转变为神授
830 君权的君主，这个仪式的第一部分就是“告别”。在一个相当复杂的仪式中，国王丢弃他身上的旧外衣，从内廷总管手中接过一双饰有百合花的鞋子，从勃艮第公爵手中接过金马刺，从大主教手中接过剑和鞘；这些东西先放置在祭坛上，然后一样一样拿下来。这把使国王拥有教会世俗权的剑，从此由国王的侍卫长佩戴，不用剑鞘[①]。

涂敷圣油后进入第二阶段，授予真正的国王标志物[②]。内廷总管把橘红色长袍交给国王，橘红色本是以色列大教长所穿袍子的颜色，后来变成了法国国王长袍的颜色。法国国王曾以蓝色为王权和加冕的颜色（蓝色也是圣母的颜色，随着菘蓝的大量使用，蓝色又变成了最时髦的颜色）。国王的长袍上缀着一些百合花饰，长袍外面罩一件披风。接着，大主教为国王戴上指环，并把权杖交到国王的右手，把权节交到国王的左手；指环是王国权威和基督教信仰的标志，也许还是上帝与其子民亲密关系的标志；权杖是神明授权的标志，而权节则取代以往的笞杖，首次交到国王手中。

需要特别指出的是长袍上的百合花金饰，百合花正在变成国

---

① 请看勒高夫：《加冕城市兰斯》（Jacques Le Goff, *Reims, ville du sacre*），前引文（本书原文第 417 页注 2），特别是文中的第 118—122 页。

② 埃尔韦 · 皮诺托：《法国国王圣路易九世加冕服饰及其象征性的政治背景》（Hervé Pinateau, *La tenue de sacre de Saint Louis IX, roi de France. Son arrière-plan symbolique*），见《旅程》（*Itinéraires*），162，第 120—166 页，收入《王朝研究二十五年》（*Vingtcinq ans d'études dynastiques*），巴黎，1982 年，第 447—504 页；皮诺托：《卡佩王朝直系国王的王权标志物》（Hervé Pinateau, *Les insignes du pouvoir des Capétiens directs*），见《旅程》，323，1988 年 5 月，第 40—53 页。

王标志物中最能表示神明授权的象征，新近的研究表明，百合花还象征太阳[①]。圣路易是太阳王，他之前的菲力普·奥古斯特和路易八世很可能也已经是太阳王了。

第三阶段是真正的加冕，加冕又分为两个步骤，首先把王冠戴在国王头上，然后请国王在高高的御座上落座；王冠是古希腊和帝国时期古老的圣徒冠冕“粗陋”的变种，御座是俯视天下的普世权力的象征。

大主教替国王戴上王冠时，12位大臣在一旁协助，相传这是 831
查理曼留下的遗风，当年他加冕时曾有6位主教和6位在俗大贵族在一旁协助，以此表示教会贵族和在俗贵族对于加冕的认可。

国王在加冕典礼上宣读的誓词充分表明了他的信徒身份。

依据1250年兰斯加冕礼仪手册，国王需要宣读四项誓词：

第一，承诺保护教会的人员和财产；

第二，承诺维护和平与公义（和平与公义含有丰富的宗教乃至末世论意义），并如同上帝那样充分展示仁慈（这是1215年第四次拉特兰公会议后添加的承诺，目的在于打击异端）；

第三，承诺捍卫神圣的天主教，做各地教会和教会人员的监护人和保卫者，遵循先祖们的公义传统，保卫上帝交给他的王国；

第四，戴上王冠正式就职后，国王还要当着上帝、神职人员和民众的面，宣读最后一项誓言。

一般地说，加冕典礼上宣读的这些誓词中，国王与教会达成协议，教会不仅为自己说话，也为它自任代表的人民说话。从

---

① 安娜·隆巴尔-茹尔当:《法兰西王国的天国标志百合花与神矛》（Anna Lombard-Jourdan, *Fleurs de lys et oriflamme. Signes célestes du royaume de France*），巴黎，1991年。

1250 年加冕礼仪手册的封面彩绘可以看出，神职人员与国王之间的初始高下之分得到充分的尊重，因为，祝圣者当然高于被祝圣者；可是，加冕典礼结束时，国王的地位就高于神职人员了。国王戴上王冠、登上御座后，大主教要给予他一个和平（大概也是致敬）之吻，此吻也许是一种象征，意味着敷过圣油、戴上了王冠的国王变成了与凡人不同的“圣人”了，因而他的地位也就提高了。

关于神职问题，有必要指出，卡佩王朝的国王没有成为“神甫国王”，大概也不曾获得“神甫国王”的身份。加冕过程中和加冕典礼以后，他始终是一个平信徒。卡佩王朝国王的加冕典礼在教堂的神坛或神坛前部举行，非神职人员不得进入这些地方，国王死后也埋藏在这里，这样一来，卡佩王朝的国王就拥有了神职
832 中的某些次要成分。

在整个教会加冕仪式过程中，国王时而站在副祭旁边，时而站在神甫旁边（他的大氅像祭袍那样搭在左臂上），时而站在一位主教旁边[①]，如同这位主教一样在前额上涂敷圣油[②]。在随后的弥撒中，国王像神甫一样既领圣饼也喝圣酒。不过在他一生中仅此一回，以后只能领圣饼而不能喝圣酒。

最后，他还身怀魔力，也就是为人治病的特异功能，不过，他能治的只有瘰疬一种。古代对于国王以魔力治病的具体记述曾

---

① 在本书原文第 795 页引用的一个文献中，路易的样子像是犹太人的“教外主教”，不过，这几个字未说出来。

② 丕平在 8 世纪加冕时，礼仪中就有涂敷圣油这一项，这项礼仪在 9 世纪被引入主教祝圣礼仪中。这就是说，主教祝圣时的敷礼是对国王加冕时敷礼的模仿，而不是加冕时的敷礼模仿主教祝圣使时的敷礼。

发生过变化，但我们不知道这种变化发生于何时以及为什么会发生变化。据 7 世纪的塞维利亚的伊西多尔记载，国王能够医治的疾病是黄疸病，据此前的圣热罗姆记载则是麻风病。卡佩王朝诸王能医治的是瘰疬。马克·布洛赫大概过高估计了某些文献的价值，他在这些文献中发现，国王能奇迹般地通过触摸患者治愈瘰疬；他所确定的卡佩王朝国王作为一项制度奇迹般治愈瘰疬的年代，大概太早了。菲力普一世触摸过病人，后来由于他犯罪而丧失了为人治病的魔力。路易六世触摸过瘰疬病人，但我们不知道他触摸过多少次。没有任何一件文献可以证明，路易七世菲力普·奥古斯特和路易八世曾经触摸过病人。我认为，国王通过触摸治疗患者，是从圣路易开始才成为经常性的活动，这样说比较谨慎①。

从圣路易到路易十四，历代国王都是在科尔贝尼的圣-马库尔触摸患者，为他们治病的②。

① 我曾试图在以往的一项研究中指出这一点。雅克·勒高夫:《国王的圣迹》，前引文（本书原文第 468 页注 1）。勒高夫:《中世纪国王的疾病：从患者到治疗者》（Jacqus Le Goff, *Le mal royal au Moyen Age: du roi malade au roi guérisseur*），见《中世纪》（*Mediaevistik*），I，1988 年，第 101—109 页。弗雷德·巴尔罗:《国王的疾病》（Fred Barlow, *The King's Evil*），见《英国历史研究》（*English Historical Review*），1980 年，第 3—27 页。巴尔罗在此文中使用了一些相互印证的材料，试图证明国王通过触摸治病一事，在英国仅在亨利三世时代才变成一种制度。

② 路易能治病的名声在基督教世纪传播甚广，居住在锡耶纳附近蒙塔桑蒂的一位瘰疬患者朗弗朗吉诺，于 1258 年前往法国请求国王为他"触摸"（参阅奥迪勒·雷东发表在《中世纪考古》（*Archeologia medievale*）上的文章，XIV，1987 年，第 390—393 页）。

833 教会加冕典礼的规矩

圣路易在位末期，赋予王权以神圣性的仪式已经形成为相对固定的规矩。

两位主教一早来到国王卧室，把国王叫醒，由此开始了加冕典礼前的第一项礼仪。在加冕典礼上，教会通过涂敷圣油，将依据世袭制传统以长子身份继承王位的国王，变成一个王权神授的国王，国王则应宣读包含有若干承诺的誓词作为交换。在兰斯加冕典礼仪规中，宣誓、敷油、交付国王标志物，戴王冠和登御座，这两个最重要的时刻是连接在一起的[①]。接着，国王就要首次施展魔力，借助触摸为患者治病。国王的魔力来自敷礼，敷礼上涂敷在国王前额的，是一种神奇的具有创造力的圣油，国王被涂敷圣油后，就获得了借助触摸患者治愈瘰疬的能力。

此外，兰斯加冕典礼上聚集了对于王家来说最重要的三个宗教机构的首脑：圣-雷米修道院、兰斯大教堂和圣德尼修道院。圣-雷米修道院保管着圣油瓶，代表它前来参加典礼的是它的院长；加冕典礼在兰斯大教堂举行，这座教堂的大主教是加冕典礼的主持人[②]；圣德尼修道院保存着国王的标志物，代表它前来参加典礼的是它的院长。每位国王加冕后所行使的神授权力和宗教权力，都在圣德尼得到最后归宿，因为他们驾崩后都安息在圣德尼大教堂里。

---

① 需为御座发表一通专用演说。

② 大主教缺位时，通常由苏瓦松主教替代。

在圣路易时期，“王家宗教”的建设达到其顶峰。

从最初开始，尤其是自10世纪末富尔拉制定加冕礼仪以来，法国国王加冕时向来采用欧洲通用的加冕礼仪，法国国王的新加冕礼仪如今从中分了出来，自成一体。法国国王的誓词中有一段是从皇帝加冕誓词中借用的，这段誓词按理说只有皇帝宣读才有 834
效。施拉姆认为，原因是忘了把这段誓词删除。我以为，原因在于法国国王借此抬高自己的身份，虽然他还不能自称“法兰西王国皇帝”，至少可以如同英诺森三世答应菲力普·奥古斯特的那样，声称“在自己的王国中不承认任何上司[①]”。

新礼仪把圣油瓶置于加冕典礼的中心，这就等于宣布法国国王高于基督教世界的所有其余国王，因为，唯有法国国王才能在敷礼中使用珍藏在圣油瓶中的神奇圣油，所以，他是“基督教世界的国王”。此外，圣路易触摸瘰疬患者使之痊愈的魔力更加真实可信，因为他肯定是第一位把治病魔力作为一种经常性制度行使的国王。

新礼仪还开创了新的国王标志物——司法权杖。其实，在君主制思想尤其是在基督教的君主制思想中，司法始终是与和平一样重要的国王的职能之一，这是一个牢牢地固定在神授权力之中的职能[②]。

新的加冕礼仪随着圣路易确定下来了，我们还应记住，与之相呼应的是他在圣德尼重建王家墓地，使之成为卡佩王朝乃至法

① 这正是雅克·克里嫩在《国王的帝国》(Jacques Krynen, *L'Empire du roi. Idées et croyances politiques en France, XIIIe-XVe siècle*)(本书原文第425页注3)中所说的“国王的帝国”建设过程中的一个里程碑。

② 请看本书原文第644—647页。

兰西王国最佳的祝过圣的王家墓地。这是一个专门埋葬经过教会加冕和世俗加冕的国王与王后的墓地，这个墓地证实，三个王朝是一脉相承的，最早的祖先可以追溯到始祖查理曼之前的墨洛温王朝。历代国王墓地的安排和墓盖板上的死者卧像表明，法兰西王国与过去、现在和未来都有着神圣的紧密联系，与过去的联系表现在由历代国王和王后所组成的族系中，与现在的紧密联系表现在如下事实中：它在同一时期中汇集了历代君主的遗骸和容貌，与未来的紧密联系则体现在下面这一点上：墓盖板上的死者卧像
835 都注视着未来。

圣路易的圣德

圣路易这位圣徒固然可以与先前的或当代的各种圣徒典范相比，但他毕竟具有与众不同的独特性。他糅合了许多不同的类型，而且与中世纪圣徒道德观念的变化密切相关[①]，他这位圣徒是13世纪圣徒各种要素的最高体现。

圣路易这位圣徒的独特性首先来自他的个人主体。他的国王职能使他在尚未出现封圣前景之前，就能凭借在世时无意之中积聚的条件，估计到有可能被封为圣徒。马修·帕里斯和帕尔马的萨林本的纪年史，把圣路易展示在读者面前，并强调了他身上一些属于某个类型圣徒的特征，而此时离他封圣还有很长一段时

① 安德烈·沃谢：《西方中世纪最后数百年中的圣德》（André Vauchez, *La Sainteté en Occident aux derniers siècles du Moyen Age*），前引书。

间。马修·帕里斯颂扬圣路易的纯洁心灵，这一点既体现在他派遣稽查员一事上，也体现在他与英国国王关系的处理上。帕尔马的萨林本勾勒了圣路易作为一个朝圣者和苦行僧所走过的道路，留下了一帧令人过目不忘的画像。他所发布的留存至今的文献，显示了一位君主的良苦用心和各种决断，在他看来，最要紧的是做一个基督教徒国王。深入研究他在位时发布的各种敕令的内容和动机之后（不仅是1254年的“道德秩序”大敕令，还包括所有国王谕令），就能大致看出这个国王的心态结构，他的精神和行动将会使他成为圣徒，他以自己的政治权力和政治行动，把建设君主制国家与实现基督教政治，以不可分割的方式连接起来。

在他去世（1270年）以后和封圣（1297年）之间出现的那
些具有圣徒列传性质的文献，以极其丰富的资料准确地告诉我们，
中世纪的人们为什么和如何为一个人的封圣作准备。文献向我们
展示，一个人是如何一步步地被人们公认为圣徒的。圣路易的忏
悔师、多明我会士博利厄的《生平》就是此类文献中的一种。他 836
所塑造的形象符合国王身边的人对他的印象，符合王族成员光宗
耀祖的愿望，也符合各个托钵僧修会的观念，或许还符合念念不
忘十字军的教皇格里高利十世颂扬圣徒的政策。教会桑斯省的高
级教士们致枢机主教团的信函，也是此类文献之一，这封写于
1275年的信要求将已故国王册封为圣徒，它是法国教会中部分具
有特殊代表性的人物，为国王被封为圣徒而评功摆好的一个名副
其实的纲领。其实，路易九世的儿子和王位继承人已经先行一步
了，这位新登基的国王菲力普三世给法国全体神职人员写了一封
信。这是一件罕见的文献，它以刚刚即位的国王名义勾勒了一幅

模范国王的形象，这位模范国王实现了基督教徒国王的理想，不但如此，他的继承者还肯定，他已经被送进“永恒王国和无限荣耀”之中。

我们知道，除了若干残篇之外，圣路易封圣过程中产生的文件已经丢失。可是，王后马格丽特的忏悔师、方济各会士圣帕丢斯的纪尧姆却收藏着一些文件，并利用这些文件撰写了《生平与圣迹》。这些文件是在若干阶段中分批积攒起来的，从中可以看出，路易刚刚去世，他的圣徒形象就开始被塑造，圣徒国王一生中各种事件的具体细节被一层层剥去，逐渐变成了一个几乎与历史绝缘的理想化的宗教形象。这些文件还提供了路易之所以是圣徒的第二类条件，那就是他的圣迹。这方面的记载与“生平”事迹的记载形成十分明显的对比。

反之，教皇卜尼法斯八世的封圣诏书和在封圣典礼上发表的布道辞，却没有受到应有的重视，其实，这些文件把教皇和教廷对路易之所以成为圣徒的看法传达给了我们。这个看法与表露在其他文献中的看法，虽然不是相去甚远，有时却不尽相同，与尚未完全摆脱时代错误的现代历史学家们所描绘的形象也略有不同。比方说，教皇的文书对于路易死在十字军中一事三缄其口，实际上是以沉默否认他是殉教者。可是，热心为路易封圣奔走的那些法国人，却积极要求承认他是个殉教者（儒安维尔后来也提出过这个要求），况且，当路易的弟弟阿图瓦的罗伯尔及其战友于1250
837 年在曼苏拉战役中阵亡时，路易也曾希望能他们被承认为殉教者。此外，正如人们所做的那样，应该考虑到封圣之后不久产生的那些礼仪性文件。比如，其中之一把圣路易称作“圣徒国王的典范”，并且声称，历史学家应该把圣路易当作圣徒国王的一种典型。研究既然已经开始，也许有可能扩大和深化[①]。

应该把路易写给儿子和女儿的《训示》纳入研究范围。这件文献虽是国王留给继承人的一种“明鉴”，但首先是供他自己使用的，它粗略地勾勒出了一个圣徒国王的自画像。福尔茨指出，与传说中匈牙利的艾蒂安为教育儿子而写的《道德教育手册》相比，这份文件的特点非常明显。匈牙利的艾蒂安国王虽然也被封圣，但他是 11 世纪改宗不久的一位处于边缘的基督教徒，圣路易则是 13 世纪的一位笃信基督教的圣徒国王，他身处基督教世界的中心，继承了本王朝悠久的虔诚传统；将这两位圣徒国王加以比较，就可以掂量出他们各自所走过的道路。不但如此，还应该把这些文件放到圣路易的全部言论中去加以考察。这样一来，我们就在圣路易身上看到了一个“新言语”的世纪，即一个圣徒国王言语的世纪。

全部文献中还有一部与众不同的著作，那就是平信徒儒安维尔所写的那部含混不清、似是而非的圣徒传记《圣路易传》。

一位平信徒圣徒

如果我们现在想要说清楚，为什么圣路易是一位圣徒，那就必须指出，在他的同时代人眼里，圣路易的最大独特性就在于，他是一个中世纪极为罕见的平信徒圣徒[②]。经过格里高利的改革，

① 罗伯尔·福尔茨：《从路易九世纪念日礼仪文书看他的圣德》(Robert Folz, *La sainteté de Louis IX d'après les textes liturgiques de sa fête*)，前引文。

② 沃谢：《中世纪的平信徒》(André Vauchez, *Les Laïcs au Moyen Age*)，前引书。

平信徒与神职人员区分得格外清楚，而圣路易便是此次改革之后出现的平信徒圣徒国王。此前的圣徒国王虽然也是平信徒，但是，他们都是具有某种神职性质的平信徒。正如我们所看到的，13 世纪法国国王的神授特点不但依然保留着，甚至可以说有所增强，
838 而且得到了教会和公众舆论的承认，尽管教会对此并非毫无保留，而所谓的公众舆论也只是我们今天的称呼，那时其实并不存在真正的公众舆论。尽管如此，他毕竟与以往的皇帝以及以皇帝为榜样的那些国王不同，他们在某种程度上是"神甫国王"，然而，13 世纪的法国国王不再是"神甫国王"了。儒安维尔也是平信徒，他着重指出了圣路易是一位平信徒圣徒国王这个特点。

圣路易这位圣徒的平信徒特点，鲜明地体现在三个方面：性行为、战争和政治。

格里高利改革以后，性行为成了区分神职人员和平信徒的基本标志。因此，为圣路易作传的圣徒列传作者们，特别是他的忏悔师们，竭力强调圣路易在夫妇的性生活中无懈可击，而实际上夫妇间的性生活，恰恰是平信徒之所以是平信徒的重要因素。尽管夫妇同房本来是既正常又合法的事情，然而，圣路易与王后马格丽特（教会认为，婚姻和夫妇的性生活都应基于双方自愿的原则）都遵守"拥抱时间[①]"，即在某些特定的日子里不行房事，不但如此，他们还额外为自己规定了一些不同房的日子。路易是处理夫妇性生活的冠军和英雄。这是他的圣德的一个方面。他曾提

① 让-路易·弗朗德兰：《拥抱时间——6—11 世纪西方性道德的起源》[Jean-Louis Flanrin, *Un temps d'embrasser. Aux origines de la morale sexuelle occidentale (VIe–XIe siècles)*]，前引书（本书原文第 734 页注 2）。

到德意志皇帝亨利二世体现在这方面的圣德。有人指出，死于1024年的亨利二世“完全符合格里高利改革以前的神授王权的国王形象”。可是，他去世一个世纪以后，就不可能被册封为圣徒了，因为他“绝对不符合格里高利改革后的条件，格里高利改革摒弃了神授王权的传统，要求国王成为神权的仆役”。班贝格①的神职人员们只得在亨利二世去世百余年之后，虚构了他与卢森堡的屈内冈德虽为夫妇却不同房的故事。教皇犹金三世于是于1146年宣布这位皇帝被奉为圣徒，主要理由是“他至死保持着绝对童贞”。改革精神使亨利二世的传记改头换面，但是，这位皇帝假想的童贞却没有成为路易九世处理性行为的戒律②。圣路易符合平信徒的夫妇性生活的正确模式，对于13世纪的一位国王来说，他负 839
有传宗接代、使王朝得以延续的责任。

路易还是一位圣徒骑士和圣徒战士。单凭教会人士撰写的圣徒传记，很难承认在他一生中竟然还有这种风采。是儒安维尔告诉我们，他是一位优秀骑士和战士。路易遵循基督教对于战争必须是正义的和合法的两大规则。讨伐异教徒的圣战就是符合这两条规则的战争。尽管教会始终没有承认路易是一个殉教者，但他依然是为数不多的死于十字军征战的圣徒之一。让·里夏尔和威廉·切斯特·乔丹深入研究了十字军对于圣路易的巨大诱惑，可是他们也许并未完全把他视为十字军圣徒③。当对手是基督教徒君

---

① 班贝格（Bamberg），德国城市，13世纪的德国宗教重地。——译者

② 罗伯尔·福尔茨：《中世纪（6—13世纪）西方的圣徒国王》[Robert Folz, *Les Saints Rois du Moyen Age en Occident (VIe–XIIIe siècles)*]，前引书。

③ 勒高夫：《圣路易是理想的十字军战士吗？》(Jacqus Le Goff, *Saint Louis, croisé idéal?*)，前引文。

主时，符合规则的做法是绝不主动进攻，力争合理地和平解决。圣路易在这方面同样堪称典范。他总是息事宁人，为此甚至不惜承受身边大臣们的指责；在处理与阿拉贡国王特别是与英国国王的争端中，他就遭到了这种指责。但是，他懂得如何既维护法兰西王国的利益，又使自己成为一个和平圣徒；正如他本人指出的那样，他借助表示效忠的办法使英国与法国言归于好。

在政治方面，他希望成为一个理想的基督教徒国王。因此，为了从思想角度理解他的圣德，不但需要着重研读他的《训示》，了解他在位期间编写的五部《王侯明鉴》也十分重要，特别是方济各会士图尔奈的吉尔贝 1260 年编写的《国王与君主的教育》①；这些《王侯明鉴》是应他的要求，为他本人或身边的大臣编写的。在这方面，把新近被重新归入《王侯明鉴》类别中的同时代（1260 年前后）瑞典人的著作《国王明鉴》，与之进行一番比较，也许很有意思②。艾纳尔·马尔·扬森的分析相当出色，我同意他的大多
840 数看法，但是，我不同意“《王侯明鉴》在这个时期没有发展”的

① 请看本书原文第 409—417 页。除了上述五部《王侯明鉴》，还可以加上多明我会士纪尧姆·佩罗 1265 年前后编写的《论君王的教育》（Guillaume Perraut, *De eruditio principum*），尽管此书也许对圣路易及其对国家的治理并未起到什么作用；托马斯·阿奎那为塞浦路斯国王编写的《论君主治国》（Thomas d'Aquin, *De regimine principum*）也不妨归入其中，但显然更加困难；此书的编写始于 1265 年左右，最终由卢卡的托勒密（Ptolomtéede Lucques）于 1304 年增补完成。我在下页将要谈及《论君主的道德原则》（*De morali principis institutione*）。

② 斯维尔·贝奇:《国王明鉴的政治思想》（Sverre Bagge, *The Political Thought of the King's Mirror*），欧登塞大学出版社，1987 年；艾纳尔·马尔·扬森:《国王明鉴在西方文学中的地位》（Ainar Mar Jonsson, *La situation du Speculum regale dans la littérature occidentale*），日耳曼研究（*Etudes germaniques*），1987 年 11—12 月，第 391—408 页。

看法，也不同意他关于“从它们问世之日起，就在多样性之中存在着一种统一性，所以应该把这种统一性放到长时段中去考察”的看法。据我观察，在加洛林诸王的《王侯明鉴》与1160年到1260年间的《王侯明鉴》之间，君主的理想发生了决定性的变化。1160年和1260年都是近似年份，在这期间出现了约翰·德·索尔兹伯里所著引人注目的《论政治家》(1159)，尤其是书中的“图拉真训示”，这篇文章被错误地说成是普鲁塔克所作，或是成文于400年前后，由约翰·德·索尔兹伯里整理而成。新的转折随着托马斯·阿奎那和罗马的吉勒出现于1260年以后，但是，这些《王侯明鉴》显然受到了亚里士多德的影响，都是曾经启示过路易及其身边大臣们的那种政治思想出现以后的作品。如果说，圣路易治理国家的政治圣德及其对待臣民的态度，曾经受到《王侯明鉴》的影响，那就应该说，他的圣德带有12世纪复兴的标记，其中包括社会组织理论，这种理论把国王视为政治团体的首领。

论述政治的巨著《政论》本应在“有关生活的诚实和灵魂的拯救”方面确定君主及其谋士和官员的行为规范，据说，此书中只有“论道德原则教育”和“论贵胄子弟教育”两篇是樊尚撰写的①。

---

① 这些细节采自施奈德1987年1月23日在格罗宁根大学举行的研讨会上发表的论文(本书原文第694页注2已经引用)，论文的题目为《三位一体的国王形象：博韦的樊尚所著〈论君主的道德原则〉中的权力、智慧和仁慈》(Robert Schneider, *Rex imagotrinitatis: Power, Wisdom et Goodness in the De morali principis institutione of Vinvenr de Beauvais*)。罗伯特·施奈德让我阅读他这篇未版的论文以及本书原文第841页注1引用的文章，对此我深表感激。请看本书原文第408页和第592页注1。关于博韦的樊尚所著《政论》(*Opus politicum*)，请看本书原文第591—592页。

博韦的樊尚提到了加洛林王朝《王侯明鉴》的其他作者，提到了约翰·德·索尔兹伯里的《论政治家》，也提到了被他收入《编年史》中的西都会会士埃里南·德·弗鲁瓦德蒙所著《论国王的确立》[①]，但是，除了其他《王侯明鉴》以外，这里也许还涉及
841 一个与13世纪意义上的理想国王和圣徒国王共同有关的范畴。樊尚在书中还把查理曼推崇为国王的典范，而这部著作与把王朝的渊源上溯到查理曼的努力，实际上是密切相关的，我们已经看到，这个问题对于菲力普·奥古斯特、路易八世和路易九世都非常重要[②]。

确切地说，我觉得这里涉及的问题是“三位一体的国王形象”，也就是“上帝的形象”问题的另一个提法，这种三种职能的结构有别于印欧的三种功能性，但彼此并非没有联系[③]。

樊尚认为，国王拥有一种表现为权力、智慧和善良三种属性的品德，他依据一种悲观主义的王权起源理论，把“权力”看作该隐和宁录[④]那样的篡夺，这也就是让·德·默恩在《玫瑰传奇》

---

① 博韦的樊尚倘若没有把此文收进他的《史鉴》(*Speculum historiale*)二十九卷中，此文也许早就失传了。

② 请看本书原文第402—417页：“国王与《王侯明鉴》。”罗伯特·施奈德：《博韦的樊尚论执政正统性与卡佩王朝：〈论君主的道德原则〉的论据》(Robert Schnider, *Vincent of Beauvais on political legitimacy and the Capetian Dynasty: The Argument of the De morali principis institutione*)，第22届国际中世纪研讨会上宣读的论文《卡佩王朝的一千年》(*The Capetian Millenium*)，卡拉马祖，1987年5月8日。

③ 关于“上帝的形象”，请看本书原文第403—404页，关于三种功能，请看本书第三部分第四章，原文第642—673页。尽管国王是“上帝的形象”观念不太为《王侯明鉴》的作者们所接受，但是，神学家却把它看成基本观念，在普通人的心态中大概也是如此。

④ 该隐和宁录，圣经人物。——译者

中所阐述的理论。不过，他又为权力的正当性作了辩解，理由是原罪即“自然堕落”把罪恶带进了社会，因而必须加以镇压。然而，“正确”行使权力的国王能够和应该以品德的第二种属性即智慧来控制权力，从而避免将权力变成暴戾。智慧包括善于处理战争，善于选择朋友、谋士和官员，接受良好的教会和世俗教育。国王的三合一品德还包括善良这个属性，因为，国王应该“比他统治下的所有人都更加善良”。要做到这一点，国王应该弃绝妒忌、恭维和谄媚。这种品德能使“好”国王逐渐变成圣徒国王。

在圣路易身上，个人及其理想的榜样已在历史上融为一体，所以，正如我们所见到的，研究“真正的”圣路易，也就是研究他心目中那些具备圣德的榜样。 842

为圣路易提供圣徒榜样的人

第一个榜样是个圣经人物。我们已经看到，圣路易是个新的约西亚[①]。博利厄的若弗鲁瓦曾说，他与约西亚一样，“是一位空前绝后的国王，在他之前没有别的国王像他那样全心全意地把自己的全部力量奉献给上帝，在他之后，再也没有出现过可以与他相比的国王”。如同约西亚那样，圣路易在他在位的第一阶段十分虔诚，但在第二阶段，也就是十字军以后，在他身上出现了名副其实的转变。约西亚在修复神庙时发现了律法书《申命记》，在此基础上，他重新与上帝建立起了联系，在耶路撒冷为耶和华举行了

① 请看本书原文第 396—401 页。

一次异乎寻常的复活节庆典，最后他在米吉多与法老作战时被杀。据《圣经》所记，一个国王就这样从虔诚过渡到圣德。

第二个榜样是卡佩王朝的国王们提供的。早在 11 世纪，弗勒里的埃尔戈就试图为虔诚者罗伯尔争得圣徒的名分，为此他列举了于格·卡佩的儿子虔诚者罗伯尔处世为人的某些方面，在我们看来，圣路易与虔诚者罗伯尔在宗教虔诚方面有着惊人的相似之处[①]。更加令人惊奇的是，菲力普·奥古斯特死后，他生前身边的大臣们也曾试图为他争得圣徒名分，为此而列举的菲力普·奥古斯特的种种仁慈之举，竟然与人们为圣路易封圣而列举的圣德更加相似，证人也更多[②]。

虔诚者罗伯尔和菲力普·奥古斯特没有为卡佩王朝争到的圣徒名分，圣路易争到了。他是整个王朝的圣徒，他的封圣有着无可否认的政治因素；到了 1297 年，卜尼法斯八世还想引诱圣路易的孙子美男子菲力普，结果反而成了他的死对头。

最后，以往的圣徒国王也都是圣路易的榜样[③]。但是，相对于中世纪早期那些忍受苦难的国王和 11—12 世纪那些没有圣衔的
843 国王而言，体现在圣路易身上的，与其说是传承，莫如说是断裂；那些没有圣衔的国王在世时，经历了百姓改宗时期，见到了修道

① 请看本书原文第 466—468 页。

② 参阅约翰·鲍德温：《菲力普·奥古斯特的政府》，前引书（本书原文第 64 页注 3），第 491—495 页；勒高夫：《关于菲力普·奥古斯特圣性的文献》（Jacqus Le Goff, *Le dossier de sainteté de Philippe Auguste*），前引文。

③ 请看福尔茨的杰作：《中世纪（6—13 世纪）西方的圣徒国王》（Robert Folz, *Les Saints Rois du Moyen Age en Occident (VIe–XIIIe siècles)*），前引书。

士典范，确信王权神授的观念。有人说国王的圣德存在于一个长时段中，我们应该不受这种错误的观点影响。圣路易的圣德与他的先王们的圣德不同。

圣路易的圣德带有典型的13世纪的双重标记。他是一位托钵僧修会的圣徒，托钵僧们一步不离地跟在他身边，不断地启示他，熏陶他，致使他的某些对手和圣徒传记作者都说，他曾经有过当托钵僧的念头。这样做当然是毫无用处的，因为，这牵扯到那些修会是否接受在俗的第三修会，然而，纵然如此，国王的职能和尊严也无法与他归属于某个修会相容。阿兰·布罗非常真切地看到，深受托钵僧影响的圣路易，他的圣德其实是“私人虔诚的公众面貌[①]”。

与他同时代的第二个榜样就是贤人，贤人兼具谦恭与理智、勇气与克制，可以达到神职人员的最高境界。圣路易是一个圣徒贤人，笃信基督教和谦恭的英雄，是中世纪的波利耶克特[②]。

想要说明圣路易的圣德，还需补充上面已经提到的两项调查。第一项与13世纪法国国王的性质和职能有关。必须在路易九世身上区分出作为个人的圣徒国王，和作为职能和集体的基督教徒国王。圣路易成为圣徒的原因并不在于他是一位国王，因为他是作为一个普通人成为圣徒的，他能否成为圣徒仅仅取决于教皇的决定，而与他是否国王无关。还需要对游说者的性质、成分和行动

---

① 阿兰·布罗：《圣路易》（Alain Boureau, *Saint Louis*），见《基督教圣徒史》（*Histoire des saintes et de la sainteté chrétienne*），卷IV，伏谢主编：《福音更新时期（1054—1274）》（A. Vauchez, *Au temps du renouveau évangélique (1054–1274)*），巴黎，1986年，第196—205页。

② 请看本书原文第621—625页。

做一番分析，是他们把圣路易塑造为圣徒，并使之获得承认。游说者中有以格里高利十世为首的不合时代精神的十字军支持者，有卡佩王朝的后裔，特别是圣路易的孙子美男子菲力普，有法国的教会，尤其是教会桑斯省的高级教士提交枢机主教团的请愿信，还有罗马教廷中的法国教会人士，当然还有托钵僧修会；不过，
844 民众也应计算在支持者行列中。圣路易是一位法国圣徒，是一位托钵圣徒，是一位“民众”圣徒，同时也是被公共舆论自动承认的圣徒。

第二项调查内容是他的圣迹。

圣路易的圣迹

研究了圣路易的圣迹之后，我们发现，他是一个相当传统的圣徒。他的圣迹主要是治病圣迹，或者说是躯体圣迹。但是，这种以魔力治病的圣德只是在圣路易死后才得到表现，因为依据教皇英诺森三世的规定，为了防备假预言家玩弄子虚乌有的圣迹，为了防备假圣徒生前伪造圣迹，他只承认死后得到证实的圣迹[①]。在这个问题上，路易是一个相当正统的圣徒，一个对教会的规定毕恭毕敬的圣徒。有必要对他的圣迹仔细考察一番[②]。

---

① 沃谢在《西方中世纪最后数百年中的圣德》（André Vauchez, *La Sainteté en Occident aux derniers siècles du Moyen Age*）中指出，这种观念是在13世纪缓慢且不完整地形成的。

② 我在这里引用前面已经提及的拙著《教会的圣徒和民众的圣徒：圣路易去世和封圣之间（1270—1297）出现的官方圣迹》（Jacques Le Goff, （转下页）

对于基督教徒来说，能否成为圣徒，要看他一生的处世为人以及是否显示过圣迹。圣路易封圣以及封圣前后，都有关于他的圣迹的报告；审视他的这些圣迹，为的是弄清两个问题，他的圣迹对于他的封圣起了多大作用？他的处世为人和品德与他的圣迹孰重孰轻？他的圣迹是否有其与众不同之处？

记载在官方记录中圣迹共 65 次，从中我们可以确定每次圣迹发生的时间、地点和受惠者以及圣迹的性质。

第一个重要的事实是他的所有圣迹都发生在他去世之后，他
的多种传记中常常提到这一点。博利厄的若弗鲁瓦指出，他的圣 845
迹出现在他的遗骨在圣德尼安葬以后："圣徒的遗骨安葬后，圣迹接连不断；上帝迅即让他的（新）圣徒成为圣迹的受惠者[1]"。夏特勒的纪尧姆把已故国王比作"新的太阳在东方升起"，并说"太阳下山后"，即国王死后，"以他的圣迹继续照耀四方"[2]。教皇卜尼法斯在他 1297 年 8 月 11 日封圣诏书中说，基督让圣徒国王死后，"他（生前）以大量丰功伟绩造福于民，死后继续以大量圣迹泽被民众"[3]。

（接上页）*Saint de l'Eglise et Saint du peuple: les miracles de Saint Louis entre sa mort et sa canonisation*）。请看萨拉赫·什纳弗、奥迪勒·雷东：《圣路易的圣迹》（Sarah Chennaf et Odile Redon, *Les miracles de Saint Louis*），前引书（本书原文第 598 页注 2），这是一篇从一个略为不同的角度，即肉体历史（这也是我的研究对象，特别是在本书第三部分第十章和最后一章中）进行研究的非常出色的文章。

① 《高卢和法兰西历史学家文集》，卷 XX，第 25 页。

② 夏特勒的纪尧姆：《生平与圣迹》（Guillaume de Chartres, *De Vitae et de Miraculis*），见《高卢和法兰西历史学家文集》，卷 XX，第 28 页。

③ 《卜尼法斯八世》，见《高卢和法兰西历史学家文集》，卷 XXIII，第 28 页。

因此，路易九世的圣德符合教皇英诺森三世在一个世纪之前提出的要求。应该把圣德的两种表现区分开来，其一是生前的品德，其二是死后才出现的圣迹。在此之前，教会对于公众舆论所传发生在圣徒生前的圣迹勉强地予以承认，显现圣迹的人也就因此而自然而然地被承认为圣徒。但是，教皇和教廷此后借助封圣审批程序掌握了封圣大权。从此，圣徒必须具有相当正统的形象，必须符合教会的总体发展趋势，而此时的教会正在竭尽全力铲除此前被容忍甚至被接纳的“民间”宗教，在封圣审批过程中仔细把关，绝不让生前与巫师难以分清的人被封为圣徒①。这项政策只
846 承认圣徒死后发生的圣迹，结果使得此后的圣迹几乎全都发生在圣徒坟墓近旁，因为在基督教的古老传说中，圣迹大多发生在坟墓近旁。

发生在圣路易生前的圣迹，被人提出来的只有一例，圣路易并非制造圣迹的人（或称神明的工具），而是圣迹的受惠者。卜尼法斯八世希望为路易生前制造一种圣德和圣迹的气氛，尤其在他认为最有价值的在埃及被俘囚禁期间，据他报告，在此期间发生了一桩圣迹。有一天，国王在一间僻静的房间里祈祷时，为手头

① 英诺森三世的立场表明，在为洪姆邦封圣而发表的诏书（1199 年 1 月 12 日）中，他说道：“依据真理的证明，一个灵魂想要在胜利教会中成为圣徒，唯有持之以恒、永不懈怠才行，因为俗话说‘坚持到最后的人将得到拯救’。尽管如此，在战斗教会中，想成为圣徒的人必须具备两个条件，其一是品德优良，并且确有实际表现，也就是说一生做过许多善事；其二是死后有圣迹显现。”英诺森的诏书由哈根奈德和海达切编辑出版在题为《英诺森三世登录册》（O. Hageneder et A. Haidacher, *Das Register Innocenz*, III, I，格拉茨，科隆，1964 年，第 761—764 页）一书中；上述引文见于沃谢：《西方中世纪最后数百年中的圣德》（André Vauchez, *La Sainteté en Occident aux derniers siècles du Moyen Age*），前引书，第 42—43 页。

没有日课经文而懊恼，身边的一位神职人员于是安慰他；就在此时，国王突然发现身边出现了一本日课经文，原来这是上帝制造圣迹，让人给他送来的[①]。

例外的圣迹仅此一桩，其余圣迹都发生在他死后，不过，他死后的圣迹数量骤增。最早的圣迹发生在圣路易的遗体从突尼斯运回巴黎的途中和圣德尼。让·德·维尼埃记述了两件发生在西西里的圣迹，我们在前面也已经提到，当时应他的弟弟安茹的查理的要求，正将他的心脏和内脏从遗体上分割开来，送交查理的蒙雷阿尔修道院收藏。据官方记载，运送国王的遗骨途经意大利北部时，分别在帕尔马和拉焦代米里发生了两件圣迹（圣帕丢斯记述的第 64 号和第 65 号圣迹）。另一件圣迹发在国王遗骸进入巴黎时（第 44 号圣迹）。圣帕丢斯的记述相当生动：

> 1271 年春，国王菲力普三世亲自从突尼斯护送来的先王遗骸即将到达，巴黎市民涌上街头迎接护送国王遗骸的队伍，挤在最前面的是织绒工（据圣帕丢斯的纪尧姆估计约有三百余人），他们要当面向新国王申诉，因为当局为他们选定的位于博杜瓦耶门附近的那个工场场址不合适。当他们守候在克里斯托（现名克雷泰伊）外的博奈尔榆树（现名马恩河上博奈伊）时，遇到一位自称来自勃艮第的妇女和她的儿子。这个孩子大概只有 8 岁，左耳下面长着一个鹅蛋大小的瘤子。847
> 为了替儿子治病，这位母亲朝拜过许多圣徒的神殿（尤其是

① 《高卢和法兰西历史学家文集》，卷 XXIII，第 150 页。

圣埃鲁瓦德费里耶尔），还向许多医生求治过，但都无能为力。运送国王遗骸的队伍到来时，这个女人走上前去，向牵引两匹驮着国王遗骸匣子的马夫求情。队伍于是停了下来，在场的人全都就地跪下，以便让孩子能用瘤子去碰一下那个匣子。马夫中的一位轻轻将孩子抱起，让他耳根的肿块碰到装有国王遗骸的匣子。肿块立即破裂，大量“污秽”从破口溢出，流到孩子的胸前和衣服上，孩子没有丝毫表情。所有在场的人为圣迹高呼，颂扬仁慈的已故圣路易王，不少人流下激动的泪水。一位在场的主教说，这不是圣路易遗骸运送途中发生的第一件圣迹[①]。

当然，出现圣迹的主要地点是圣德尼的坟墓近旁。圣路易是一位圣德尼的圣徒。

大批病人、身体虚弱的人、残疾人和乞丐纷纷来到国王的坟墓旁边，触摸坟墓，躺在墓顶（那时墓盖板上尚未雕刻“国王卧像”），情景非常令人感动。人们刮坟上的石头，把刮下的石粉吞下；这种举动说明，从墨洛温王朝图尔的格里高利以来，人们的信仰和习俗并无多大变化。

圣帕丢斯记述的64件圣迹中，有53人是在圣德尼治愈的。此外，5个因行动不便无法前往圣德尼的患者许愿说，如果圣路易治愈他们的病，他们一定前去圣德尼，绝不食言。另有两件圣迹发生在沙阿里斯和巴黎，起作用的是圣路易的遗物（生前使用过

---

① 圣帕丢斯的纪尧姆：《圣路易的圣迹》（Guillaume de Saint-Pathus, *Les miracles de Saint Louis*），第171—174页。

的一件大氅和一顶帽子）。在国王坟前点了一支蜡烛后，一个断了气的孩子（第 19 号圣迹）活了过来。在另一例中，仅仅念叨几声国王路易，疾病就治愈了（第 62 号圣迹），此人就是艾格莫尔特的城堡主，他从圣德尼返回时险些溺死在索恩河中。除了上述这些圣迹外，还有两件发生在意大利，一件发生在巴黎城门口。

尽管绝大多数圣迹都发生在圣德尼（占总数的五分之四强）， 848
大多书传记作者们却说圣迹发生在圣德尼或“其他地方”[①]；原因也许是牵就十分看重圣迹的人，因为 13 世纪许多十分重视圣迹的人，都倾向于不希望圣迹发生在同一地点[②]。除了两个意大利人（第 64 号和第 65 号圣迹）、艾格莫尔特的城堡主（第 61 号和第 62 号圣迹）、在巴黎城门口等候国王遗骸到来的那个来自勃艮第的孩子（第 56 号圣迹），以及从里昂跟随运送国王遗骸的队伍直到巴黎的那位原籍汝拉的年轻雇工（第 55 号圣迹）以外，被圣迹治愈的病人主要来自三个地方：圣德尼、巴黎、法兰西岛（直到诺曼底和阿图瓦边缘）[③]。

除了一件例外（第 66 号圣迹：巴黎的 3 个食品仓库排干积水

---

① 例如，夏特勒的纪尧姆写道：“……圣迹发生在墓地和其他地方”（见收入《高卢和法兰西历史学家文集》卷 XX 的《生平和圣迹》第 22 页）。

② 这种倾向就是把圣迹发生的地点说成圣徒生前经常活动或他的遗物安放地点以外的地方。参阅沃谢：《西方中世纪最后数百年中的圣德》（André Vauchez, *La Sainteté en Occident aux derniers siècles du Moyen Age*），前引书，第 519—525 页：“从墓地到形象：祈求保佑的地点。”

③ 12 人是圣德尼居民，25 人是巴黎居民，20 人是法兰西岛及其附近地区居民，2 人来自较远地区，1 人是阿拉斯教区的埃尼耶尔骑士，1 人是来自普瓦提埃教区的维埃纳地区的鲁尔附近的朗通的猪倌。

事件），其余所有圣迹都是治病或救人，被救的有残疾和病人，也有面临死亡威胁或即将溺死的人，不过，被救的病人远远多于遇险的人。被圣迹拯救者的性别和年龄相对均衡，23 个男子，20 个女人，11 个男性儿童或少年，9 个女性儿童或少年。绝大多数被圣迹拯救者（65 人中的 50 人）家境清寒或极为贫困，其余被救者中 7 人为教会人士（1 个教士，2 个神甫，2 个西都会士，2 个巴黎上帝女儿会女修道士，1 个打杂的女修道士），3 人为市民，5 人为贵族（1 个城堡主，3 个骑士，1 位小姐）。有人常说，这些被圣迹拯救者都是靠卖力气度日或是陷于贫困乃至以乞讨为生的人。
849 甚至还有人说，这些人由于得救而摆脱了贫苦的境况[①]。

我们在这里看到了圣迹的社会功能，它给弱者以希望，在某种程度上发挥了与当今社会保险和彩票相同的作用。

我们已经说过，几乎所有的圣迹都有益于受惠者的健康。

法国国王（包括圣徒与非圣徒）历来以在世时有责任治愈淋巴结病著称于世，是否应该将此排除在圣迹之外呢？应该，也不

---

① 下面是几个实例。1276 年的一个夜里，住在萨里斯（靠近克雷西昂布里）的木匠杰汉的妻子杰汉娜突然腿脚瘫痪。一个月后，“由于她穷和无人帮助，连丈夫也不愿供她吃喝”，遂被送到巴黎济贫院。过了一段时间，她想回家，于是在丈夫搀扶下拄着双拐回到了自己的家，可是，丈夫依然不愿意供养她。她只得吃力地（拄着拐）到巴黎的圣-梅里教堂去乞讨。听说圣路易的坟墓上出现圣迹之后，她就决定到圣德尼去，靠自己的力量勉强度日。她“靠纺线竟然赚到了 3 个苏”，于是就仗着这点钱作路费，在她的女儿陪伴下，拄着拐杖艰难地来到圣德尼。她在圣路易的坟上点燃了“一支与她的身材一样高的蜡烛”。过了四天，她自我感觉好了许多，9 天以后，她“不拿棍，不拄拐，不靠任何人搀扶”地回到巴黎。从此以后，她身体健康，“干起活来就像换了一个人似的”。（圣帕丢斯的纪尧姆：《圣路易的圣迹》，前引书，第 131—134 页）。

应该。之所以不应该，是因为法国国王的治病魔力与他们的宗教身份、基督教价值观以及他们的处世为人无关，这种魔力被认为是他们作为普通人所特有的一种本领。博利厄的若弗鲁瓦辟出一章篇幅，专门讲述圣路易治愈瘰疬患者的事迹；其他传记作者或是根本不提此事，或是三言两语一笔带过[①]。不过，圣路易生前作为法国国王所具有的治愈瘰疬的特殊魔力，他死后作为待选圣徒 850
所具有的圣迹创造力，这两者之间似乎应该存在着某种联系。被官方记录在案的一件圣迹（第 69 号圣迹）中，一位妇女发挥了重要作用，此人便是国王食品仓库管理员的遗孀，名叫默伦的埃默莉娜。“她信誓旦旦地说，仁慈的国王的遗骨从海外运送到法国后，在护送队伍途经的大道上和城市里，许多瘰疬患者赶来亲吻遗骨匣子，大家都说这些病人很快就痊愈了”。[②]我们不妨据此推测，由于国王生前就拥有能治瘰疬的名声，所以当运送他遗骨的队伍经过时，自然会吸引许多患者。他能以魔力治病的名声，从生前延续到死后，这对于人们确信他死后拥有创造圣迹的能力即圣德，肯定有一定的作用；尽管如我们所见，他的遗骸所经之处出现的圣迹，都是公众祈求上帝的结果，然而这些圣迹却都表明，他的

---

① 博利厄的若弗鲁瓦:《生平》，第 XXXV 章，“触摸病人时，他还要划十字”（在《高卢和法兰西历史学家文集》，卷 XX，第 20 页中共占 8 行）。由于此事发生在圣路易生前，所以圣帕丢斯的纪尧姆在《圣路易传》中两次述及此事。他写道:“每天早晨，国王望弥撒完毕后回到卧室，让人把瘰疬患者叫来，替他们触摸。”（德拉博德版，第 99 页）他还写道:“仁慈的国王习惯于在望弥撒之后触摸瘰疬患者。”（同上，第 142 页）

② 圣帕丢斯的纪尧姆:《圣路易的圣迹》，第 188 页。

遗骸确是圣物。他能治愈瘰疬这一事实造就了从身怀魔力的路易九世到圣路易的变化。

不过，传记作者们强调指出，圣路易死后出现的圣迹不但既大又多，并且不止一类。卜尼法斯八世在他的封圣诏书中也指出，圣路易的“圣迹具有多样性”[①]。路易九世生前身怀魔力的名声仅限于能治愈瘰疬，死后的圣路易却很快就被普遍承认为大圣徒之一，其魔力不限于在某个特定的神殿里显现某一类圣迹，而是可以替人向上帝求情，治愈多种疾病；况且，圣迹发生的地点不限于他的坟上，也在“其他”地方。罗马教廷登录的圣迹，确是一份 13 世纪被正式承认的“巨大”的圣迹清单。

圣帕丢斯的纪尧姆对于这些圣迹有两份不同的记载，其一在
851 他的一份布道辞中，其二在《圣路易传》的“圣迹”章节中。

记载在布道辞中被圣路易治愈的病人共有 60 例，分类如下：

精神错乱	3 例
四肢干燥	2 例
溺死	2 例
痉挛	6 例
驼背	2 例
瘸子	5 例
盲人重见光明	3 例
高烧不退	3 例
隔三日烧	3 例

① 《卜尼法斯八世》，见《高卢和法兰西历史学家文集》，卷 XXIII，第 159 页。

肛瘘	3 例
白内障（？）[①]	1 例
哑巴说话	2 例
瘫痪	16 例
眼和颈部脓肿	2 例
瘰疬	1 例
聋人复聪	1 例
肿瘤[②]	3 例
死而复活	2 例

《圣路易传》的“圣迹”章节中开列的圣迹共 65 例[③]，与上面这份清单相比，差异不算很大。圣帕丢斯的纪尧姆就另外一份清单作了如下记述：

> 他帮助患痉挛的人伸直四肢，有些患者直不起腰，脸 852
> 部几乎贴到地面，他帮助他们恢复健康，直起腰来，脸部向着正前方；他还帮助驼子、痛风患者、肛瘘病人以及四肢干燥或精神错乱的病人、持续高烧和隔三日烧的病人……，一些瘫痪病人和久病不愈的患者接受他的帮助后，完全恢

① 德拉博德认为，此处所指并非白内障，而是另一种疾病。但他的论据似乎并不充分。见德拉博德：《圣帕丢斯的纪尧姆的一件新作》（Henri-François Delaborde, *Une oeuvre nouvelle de Guillaume de Saint-Pathus*），前引文，第 277 页。

② 原文使用罗马数字，参阅德拉博德：《圣帕丢斯的纪尧姆的一件新作》，前引文，第 277 页注 3 和注 4。

③ 由于某些病例难以确定病名，加之清单中提到的瘫痪很难区分类别，所以，我没能确定布道辞未列入的 5 例究竟是什么病症。

复了健康，他还使盲人复明，聋人复聪，跛子疾行，死者复生[①]……。

某些历史学家认为[②]，“痉挛”病人在13世纪被圣迹治愈者的比重略有下降；如果把痉挛、驼背、跛子以及被称作瘫子（有些似乎是癫痫患者，比如一种被称作圣罗病的疾病其实就是癫痫，另一些人得的似乎是帕金森氏病）的病人，总之，凡是行动有障碍者都算作“痉挛”病人，那么，这类病人在被圣路易的圣迹治愈的患者中，所占比重就相当大。被圣路易治愈的典型病人，大多是这样一些人：他（或她）失去了大、小腿或脚的功能，拄着拐杖艰难地来到圣德尼，回去时都丢掉了拐杖。疾病被治愈是有目共睹的事实。原来被病痛折磨得无法自食其力，不得不能依赖他人或家人、医院或慈善机构的人，如今重新获得了人的本能和潜质，能够直立行走、独立生活和工作劳动。

853 与病痛消失相比，更为重要的是圣迹让患者重新找回了做人的尊严。

被圣迹治愈的还有另一类比较重要的患者，他们的病痛或是使患者变得外貌丑陋，或是使患者变得污秽不堪，诸如肛瘘、脓

① 圣帕丢斯的纪尧姆：《圣路易的圣迹》，前引书，第1—2页。

② 皮埃尔-安德烈·西加尔：《12世纪的疾病、朝圣和治疗——圣吉布里安在兰斯的圣迹》（Pierre-André Sigal, *Maladies, pèlerinage et guérison au XIIe siècle. Les mairacles de Saint-Gibrienà Reims*），见《年鉴》，24，1969年，第1—27页；沃谢：《西方中世纪最后数百年中的圣德》（Vauchez, *La Sainteté en Occident aux derniers siècles du Moyen Age*），前引书，第549—552页。

肿、淋巴结、疮、化脓、恶臭、肿胀、穿孔等等，他们就是皮埃罗·坎波莱希所说的14—18世纪中大量存在于意大利的那类患者[①]。圣迹虽然没能给他们以美丽和光彩照人的容貌，却把躯体的完善和清洁还给了他们，使他们得以与周围的人正常交往。

总之，圣路易的圣迹中没有任何奇特之处，他所完成的只不过是13世纪末期人们对于一位伟大圣徒的期待，无论他是平信徒还是教职人员，是国王还是修道士。他的圣迹表明，他是一位与其他圣徒并无二致的圣徒，与我们前面提到的另一位圣徒，即他的侄子图鲁兹的圣路易一模一样[②]。

圣迹与生平

对于前来圣德尼的圣路易墓地祈求圣迹的事件，我不打算说得太多。我只想说，圣迹往往出现在九日祈祷之中或之后，而九日祈祷则是中世纪早期在圣徒坟墓上求梦这种古老习俗的延续；向某些神殿中无能的圣徒朝圣，往往无功而返。于是，人们转而前去祈求圣路易，而且，往往会出现圣迹，因为圣路易的魔力显然比那些无能的圣徒高出一筹；有一次（第39号圣迹），圣迹在

① 皮埃罗·坎波莱希：《野蛮的面包》（Piero Camporesi, *Il Pane selvaggio*），1980年，法文译本，巴黎，1981年。

② 雅克·保罗：《14世纪初马赛的圣迹与民间宗教心态》（Jacques Paul, *Miracles et mentalité religieuse populaireà Marseille au début du XIVe siècle*），见《13—14世纪中叶朗格多克的民间宗教》（*La Religion populaire en Languedoc du XIIIe siècleà la moitié du XIVe siècle*），《芳若手册》，11，图鲁兹，第61—90页。

第二次祈求完了时才出现。二度祈求之所以获得成功，原因在于那个祈求圣迹的女人事先忏悔了自己的罪孽。这里就产生了这样一个问题：在圣路易的圣迹中，新成分和旧传统各占多大比重。发生圣迹的氛围似乎依然是过去“迷信”行为的氛围。有两件圣迹不是出现在圣路易的墓上，而是经由圣路易生前使用过的物品
854 发生的。沙阿里斯的一位西都会修道士浑身难受，从头到背和腰痛得厉害，他穿上圣路易生前赐给隐修院的长袍后，疼痛就消失了（第12号圣迹）。巴黎的3个食品仓库进水被淹，人们找来了一顶饰有孔雀毛的帽子；圣路易生前曾带过这顶帽子，后来把它送给了一个宫廷马厩官，而这位马厩官的遗孀正是被水浸泡的食品仓库的主人；这顶帽子被浸泡在水里后，食品仓库里的大水立刻退得一干二净（第44号圣迹）。多名朝圣者亲自或托人前去圣德尼，在圣路易的墓上点燃一支与自己身高相等的蜡烛，作为接受魔力的替代物；还有一个圣迹受惠者让人把一条蜡制的大腿送到圣德尼大教堂去，作为他的腿病被治愈的还愿物（第55号圣迹）。

某些圣迹出现在一些生前见过圣路易的人的幻觉之中，因为他们在幻觉中又见到了圣路易①；例如，曾以医生身份随同国王远征突尼斯的巴黎修道士和“学问家”迪德大师（第38号圣迹）、托利尼本堂神甫拉尼的杰汉（第50号圣迹）。拉尼的杰汉在梦中见到的圣路易，身上穿着他生前常穿的衣服。据夏特勒的纪尧姆记述，一个巴黎女人（她的丈夫是国王的好友）梦见了国王，国王身边还有另

① 我们还记得儒安维尔的一个有名的梦，已故的圣路易在梦中要求儒安维尔在他自己城堡中的小教堂里为他立一尊雕像。参阅米歇尔·赞克：《儒安维尔做梦而不哭》，前引文。需要指出的是，在圣路易去世后的若干年里，他的家人梦见他好像是一种“拓扑”。

一个人，此人浑身上下熠熠生辉，好像是在国王的巴黎小经堂里朝祭坛上放供物。这是一个典型的宣告圣徒去世的噩梦，而路易九世和他的儿子让-特里斯坦的死讯此时尚未传到巴黎。

关于传统的想象中的这类圣迹和圣德，我想指出一点，那就是依据前面的某些记述，在若干实例中，必须在前往圣德尼祈求圣迹之前真诚地忏悔自己的罪孽，否则就难以得到圣迹（例如，那位妇女第二次前去祈求圣迹时才遂了心愿）。这不仅表明宗教生活中出现了某些“进步”，而且告诉我们，人们那时为了得到圣迹，需要事先进行必要的准备；在 13 世纪的基督教生活中，忏悔的重要性日益增大。

从更大的范围来看，如果把撰写于 1270 年与 14 世纪初之
间的各种圣路易传记重读一遍，我们就会得出这样一个印象：作 855
者们更为看重的是圣徒一生的处世为人，而不是他死后出现的圣迹[①]。他们着墨最多的是圣徒生前的所作所为，国王之所以成为圣

① 新近发现的一件文书证实了这一点。这件文书大约于 1297 年头几个月在罗马编写，内容是托莱多大主教贡萨罗·佩雷斯就卜尼法斯八世关于圣路易的圣迹所提问题的答复（圣路易的圣迹在他封圣审批程序中（尤其是 1282 年）已经收集，请看本书原文第 304—305 页）。贡萨罗·佩雷斯在圣路易身上发现了自英诺森三世以来教会认为圣徒必须具备的两个美德，一是“行为崇高”，二是“坚持行善”。托莱多大主教具有很高的文化素养，他的论据之一来自亚里士多德的《尼可玛可斯伦理学》；他拥有的是此书 1279 年维特尔博手抄本，因而当然是圣路易去世后完成的手抄本。谈及第三个美德，即“确凿无误的圣迹”时，他只是轻描淡写地说，路易九世显然也有圣迹，此外别无具体内容。他以这种说法回避对圣迹的真伪表明态度，可见他对此不予重视。我非常感谢皮特·赖因汉、弗朗切斯科·埃尔南德斯，他们重新发现并出版了这件重要文书，并为之作了注释。[《观察：新近发现的一件有关路易九世国王的意见书》（*Anomadverto: a recently discovered consilium concerning the sancity of king Louis IX*），前引书。]

徒，主要是他的品德和功德使然。卜尼法斯八世在他的1297年8月6日布道辞中说，他的前任尼古拉三世（1277—1280年在位）曾说过，“他很了解这位圣徒的生平，只要有一两件圣迹就可以册封他为圣徒”，“可是，他尚未封圣就去世了。”[①] 他的一生当中当然也有一些相当传统的东西（有时甚至是畸形或过时的东西，诸如崇拜圣物、狂热于十字军等）。不过我觉得，从主要方面来看，应该说他的一生还是一个13世纪新的宗教虔诚者的一生，在他所生活的时代中，以圣贝尔纳和圣方济各以及他们所代表和铸造的思潮所留下的影响，造就了一种新的精神，一种新的宗教乞丐方式，那就是极度谦卑、崇拜圣体、平信徒模仿神职人员的虔诚、多为慈善事业作贡献。

是否应该将圣路易的圣德分成两部分，即一部分是属于现代的处世为人方式，另一部分是属于传统的圣迹呢？他的处世为人是否体现了他的人格和特点以及他传递给历史的信息？他的圣迹是否使他的形象在典范、格式化以及“深刻的”13世纪后面变得
856 模糊不清了？他的一生是否既体现了神职人员们“知识渊博”和“进步”的心态，又打上了“民众”和“传统”心态驱使下出现的那些圣迹的印记呢？

我们还是谨慎一些为好。圣路易是一个集新型与传统于一身的人，是一个国王和圣徒。圣迹与他一生的为人，既被纳入悠久的传统之中，又体现了新的心态。至于神职人员们，他们与其他人一样相信圣迹。在13世纪末期，相信圣迹是人们共有心态的一

① 《卜尼法斯八世》，见《高卢和法兰西历史学家文集》，卷XXIII，第151页。

部分[1]。就连教皇尼古拉三世也不相信仅有圣德而无圣迹就能成为圣徒。

圣　物

除了研究圣路易的圣迹，还应研究圣路易的遗骸。依据古老的传统，圣路易的遗骸被分葬两处。为了满足圣路易的弟弟那不勒斯国王查理的愿望，圣路易的内脏被安葬在西西里的蒙雷阿尔；依据卡佩王朝和法兰西王国的传统，他的儿子菲力普三世下令，把父王的遗骨安葬在圣德尼的坟墓中。同样是依据古老的传统，圣路易的遗骨被分成许多份，分别供奉在不同地点，以便让各地民众得以分享他的圣德。但是，把他的遗骨从突尼斯运送到圣德尼，费时数月，他死后不久就立即出现一系列圣迹，此事似乎证明，民众认为已故国王是位圣徒确实有理，这就与传统不大吻合。留在蒙雷阿尔的圣路易内脏，19 世纪跟随那不勒斯的波旁王朝国王流亡到了奥地利，随后由他们留传给迦太基的法国白人神甫，
进而返回到圣徒国王去世的地方[2]。此事也与传统不符。 857

① 沃谢：《西方中世纪最后数百年中的圣德》，前引书，第 615—622 页：“圣徒传记心态与共有心态。”

② 请看本书原文第 309—310 页。我在这里想再次提及死于 1259 年的马修 · 帕里斯的惊人记述。据他说，有一次在蓬蒂尼隐修院，有人把一位圣徒的部分遗骸献给圣路易，圣路易勃然大怒。

最后一位圣徒国王

归根结底，圣路易是一个介乎传统与现代之间的圣徒，他的圣德已经不同于中世纪早期的圣德，但又并非完全倒向中世纪晚期的个人圣德、仁慈和神秘的圣德。他应该算作最后一位圣徒国王，因为生活在大体同一时期的卡斯蒂利亚的费迪南三世虽然也是圣徒国王，却是在很久很久以后的 1671 年才被册封的。他还是 13 世纪独一无二的圣徒国王，是公元 1000 年以来基督教大发展所开创的新型社会的圣徒国王。在他以后，尊奉亚里士多德教诲的国王握有绝对权力，他们已经不可能再获得圣徒的名分，因为圣徒名分无法与国家神圣化相容。从今以后，有资格被册封为圣徒的君主只剩下教皇了。

第十章

/

受苦的国王，基督国王 858

与莎士比亚笔下的理查二世国王相比，中世纪背景下的圣路易，也许更是一位“痛苦的国王”。但是，他这个受苦国王的形象却给他的同时代人出了不少大难题。受苦是不是一种价值，它能不能获得一种正面形象，是否如同亚当劳作那样有助于拯救？亚当因犯罪被上帝处罚劳作，可是从 11 世纪到 13 世纪，人们的观念已经发生转变，劳作不再是处罚，而是功德。炼狱产生于 12 世纪末；寄生在肉体中的灵魂在炼狱中所受的痛苦，使这些灵魂从惩罚状态转变为净化状态。不过，国王也可以受苦吗？圣路易与中世纪早期盎格鲁-撒克森国王大不相同，福尔茨借用一句俄语把他们称为“受苦的国王”，而在斯拉夫和俄国具有拜占庭背景的圣徒列传中，这些国王都大获成功①这些殉教者国王都有着悲剧性

---

① 罗伯尔·福尔茨:《三位英国“受苦受难”的圣徒国王：代拉的奥斯维乌、东盎格里亚的伊瑟贝特、殉教者爱德华》(Robert Folz, *Trois saints rois "souffre-passion" en Angleterre: Oswiu de Deira, Ethelbert d'Est-Angelis, Edouard le Martyr*)，见《铭文与美文学院院报》(*Comptes-rendus de l'Académie des inscriptions et belles-lettres*)，(转下页)

的遭遇，他们所受的苦，只是在他们死后才为他们增添光彩。圣
859 路易是个每天都在受苦的人，他的受苦是结构性的、无可奈何的，又是自愿的，无可奈何是因为他有病，自愿是因为他禁欲苦行。他头上的受苦者光环是在一生中缓慢地积聚起来的，他为十字军殉道而死，恰恰为一位新型受苦的国王打上了一个传统的印记，因为在西方，撇开殉教者不说，受苦已经变成了一种能带来价值的事，连国王也能因受苦而提高声誉。受苦不再取决于上帝是否赐予，它已是神的赐予和人的努力的共生物。但是，由于国王永远是一个高踞他人之上的人物，所以，受苦的国王是一个伟大的受苦者和伟大的国王。

在儒安维尔的记述中，圣路易出生那一天就预示他将度过

（接上页）1980 年，第 36—49 页。福尔茨的《中世纪（6—13 世纪）西方的圣徒国王》[Robert Folz, *Les Saints Rois du Moyen Age en Occident (VIe–XIIIe siècles)*] 中包括圣路易。我在不少问题上与这位大学者的观点不同。不错，“从 4 世纪到 13 世纪，随着王权日趋巩固，圣徒国王的类型也发生了变化”，尽管我不认为这两个现象之间有着紧密联系。“头戴王冠的殉教者逐渐被因其行使权力的方式而被尊为圣者的国王所取代”（第 21 页）。他说：“我们惊奇地看到，首批被视为圣徒的国王完全不具备国王的‘品德’，也就是在人们的推测中，他们的某些非教徒先王们所拥有的，用以取得胜利或成功的品德。”但是，我觉得，他并未把这个重要论断交代清楚。胜利依然是国王形象的重要属性，可是，胜利的内容已经随着基督教改变了；对于基督教来说，殉道就是最辉煌的胜利。圣路易封圣时处于主导地位的依旧是这种观念。“受苦受难”的国王与圣路易截然不同，这是一种时代的差异，它标志着与传统的决裂；然而，福尔茨强调的却是延续性。圣路易受的是日常身心之苦，是以极大的热忱忍受甚至自找的苦，而不是外部强加的突如其来的苦。这种苦变成了一种价值，直到最后才与基督受难汇合。这是一种接受人生条件的人所受的苦，它不是对权力的侵害，而是权力的一部分，它提高了而不是削弱了威望。所以说，发生了改变的是受苦概念，而不是王权概念。此外还有对待肉体的态度问题。

凄凉阴郁的一生，他与痛苦的某些基本关系，在他出生时已经表明[1]。

首先，这是一种个人的痛苦，是十字架、朝圣和十字军的痛苦，这将是一条布满艰难和痛苦的道路，沿着这条路将能最终与十字架上的基督汇合。其次，这也是一种集体的痛苦，是国王及其一大群臣民和同伴共同承受的痛苦与死亡。最后，这是一种回报很高的痛苦，因为，人在今世受的苦将会在彼岸世界引向天堂
的欢乐。在地上度过的痛苦日子，就是将来在永恒中幸福的日子。 860

肉体的价值

圣路易与他的肉体的关系比较复杂。他将基督教关于肉体的教义与他个人的健康、牵挂和同情心掺和在一起。在他生活的时代，基督教告诫人们，既要鄙视肉体，因为依据人的高尚甚至神圣的原则，鄙视肉体是与重视灵魂相辅相成的，又要在一定程度上爱护肉体，因为在最后审判时，肉体将会复活。他在折磨肉体时明显地感受到物质和精神的欢愉，他心甘情愿地严格仿照修道士们的方式生活，祈祷时采取令人难受的姿势，禁食、穿着粗毛内衣、鞭打自己等，他觉得自己自找苦吃的程度已经与他们相去不远了。他不但具有强烈的谦卑和苦行的愿望，并且还喜欢席地

① 儒安维尔：《圣路易史》，第 40—41 页。引文见于本书原文第一部分第 34—35 页。《中世纪》（*Moyen Age*）杂志出过一期专刊，主题是“对受苦的巧妙利用”，谈的是中世纪各种形式的受苦，对人颇有启发。见该刊 27 号，1994 年秋季。

而坐，睡在很难受的床上。他还喜欢触摸。他通过肉体处理心理和道德生活。他觉得“贤人”这个词念起来非常舒服，因为“贤人”确切地表达了他理想中的人。反之，由于他念念不忘负有偿还义务，因而每当他念“还”字时，喉咙总有一种被刮的感觉，很不舒服，他觉得“还”（rendre）字中的字母 r 是“魔鬼的耙子[①]”。我们还记得，当上帝赐给他以泪水时，他欣喜若狂，泪水顺着脸颊流到嘴角，他尝了一尝，然后全部咽下肚子[②]。

在他写给儿女的《训示》中，他特别强调“身体健康”是神明的赐予，对疾病要有耐心，对“肉体受苦”的人要表现出慈爱

861 之心。菲力普应该防止犯“肉体之罪”。[③]

路易不放纵肉欲，不好女色，憎恶卖淫；但是，他在尽丈夫之道时却从无不快之感。关于他面对女色的逸闻流传至今的仅有一件。据记载，有一次，他遇到一个有意勾引他的女子，他当着目击者的面教训了那个女子一顿，他说她很漂亮，可是，如同鲜花总会凋谢一样，美女也会人老珠黄，任凭怎样涂脂抹粉，美貌再也不能复归，何况美貌原本就是无用之物；相反，灵魂之美能取悦于上帝，保障获得永恒的拯救[④]。

---

① 国王派遣的稽查员们的主要任务之一是收集民众对于敲诈勒索的申诉，然后以国王的名义偿还。由放贷者或放贷者的继承人进行偿还并表示后悔，是他获得拯救的基本条件。在信贷活动和教会有关信贷的教义中，13 世纪的大量“归还”协议是最令人感兴趣的东西。圣路易在他留给儿子的《训示》中，非常重视他的偿还义务。请看儒安维尔：《圣路易史》（Joinville, *Histoire de Saint Louis*），第 19 页。

② 博利厄的若弗鲁瓦：《生平》，第 14 页。

③ 请看本书原文第 740 页。

④ 夏特勒的纪尧姆：《生平与圣迹》（Guillaume de Chartres, *De Vitae et de*（转下页）

一个女人怂恿奸夫杀死了自己的丈夫，圣路易对此毫不容情。这个女人如实招供，并表示悔恨，王后和一些贵夫人以及托钵僧修道士纷纷请求国王给予宽恕。国王征询他忠实的谋士西蒙·德·奈尔，此人与国王一样，认为国王的公义和公众的正义不能打折扣。国王听从他的意见，下令将那个女人在蓬图瓦兹处 862
以火刑[①]。

（接上页）*Miraculis*），第33页。“有一次在高等法院里，一个打扮得妖里妖气的女人在诉讼完了后，与一些人一同走进国王的房间，搔首弄姿，吸引国王的注意。这是一个误人的世纪，人们看重无聊的人体之美，依据这种不正确的审美观，这个女人的容貌出色，被视为绝代佳人。一心一意忠于上帝的国王想与她不拘礼节地谈谈她的拯救问题，遂叫来了当时也在场的［博利厄］的若弗鲁瓦修道士，国王对他说：‘我希望你跟我在一起，听听我对这位想要与我单独谈话的女士说些什么。’处理完毕其他事情后，只剩下那个女人和若弗鲁瓦修道士，国王说道：‘女士，我只想提醒一件有关你拯救的事。听人说，你过去是一个美人，可是你要知道，那已经是过去的事了。你想想，长得好看是徒然的，容貌没有什么用处，就像鲜花一样瞬即凋零，不可能持久。无论你如何费心劳神，豆蔻年华终究是一去不复返了。你应该关心的是另一种美，不是躯体之美，而是灵魂之美。有了灵魂之美，你就能取悦于我们的造物主，为你当年娇艳美貌时所犯的过错赎罪。’那个女人顺从地记取了国王的这番话，从此更弦易辙，变得谦卑而诚实。”圣路易离女人其实既远又近，关于这一点，请看雅克·达拉伦：《有关方济各的传说中所记述的女子》（Jacques Dalarun, *Francesco: un Passagio. Donna e donne negli scritti nelle leggende di Francesco d'Assisi*），罗马，1994年。男子应该规避的风骚女子，属于在修道士中间讲述的那种类型。

① 圣帕丢斯的纪尧姆：《圣路易传》（Guillaume de Saint-Pathus, *Vie de Saint Louis*），第142—143页。“据说。蓬图瓦兹上流社会的一个妇人与一个男子有染，她让这个男子杀死了自己的丈夫，并让他把尸体抛进一个私人茅厕。国王下令将这个妇人逮捕，审讯时，妇人供认不讳。鉴于那个妇人真心悔恨，法国王后和普瓦提埃伯爵夫人（王后的嫂嫂、国王的弟弟阿尔封斯之妻）以及一些贵夫人、托钵僧修遭士、小兄弟会士和布道会士纷纷向国王求情，免那个妇人一死。尽管如此，圣徒国王一定要依法处置。妇人的亲朋好友、王后和上面提到（转下页）

一桩强奸案

又有一次，一个妇人前来向国王喊冤，说是有一名男子强行进入她家，把她奸污了。国王让西蒙·德·奈尔以及御前会议的其他一些成员查清此案。该男子虽然承认奸污了那个妇人，但说那个妇人是个“疯女人”即妓女。国王下令绞死那名男子，一些宫廷成员请求国王减刑，因为那名男子是国王随从中的一员。但是，国王不为所动，命令西蒙·德·奈尔执行命令，结果那名男子被绞死[①]。

对于肉体之链的另一端，也就是与那些非但不懂得赎清原罪，并且继续犯罪的男女恰好相反的那些洁净无瑕的肉体，路易敬惜有加，因为，基督的复活和拯救就来自这种洁净无瑕的肉体。

他在《训示》中将圣饼称作最崇高的肉体，即“我们的主耶稣基督的肉体”，嘱咐菲力普“在望弥撒时和此前一小段时间中[②]”要格外崇拜敬礼。

然而，路易对自己的肉体并非毫不关爱。他虽然自愿让肉体经受种种磨难，可是一旦患病，他却要求医生予以科学的治疗。

（接上页）的那些人再次向国王请求，如果非将妇人处死不可，希望不要在蓬图瓦兹执行死刑。国王征询高贵和贤明的老爷西蒙·德·奈尔的意见，西蒙老爷回答说，以公开行刑为宜。圣徒国王于是下令将妇人绑赴蓬图瓦兹，在那里的城堡行刑。结果妇人在众目睽睽之下被处以火刑。”

① 圣帕丢斯的纪尧姆:《圣路易传》，第 144 页。

② 奥克奈尔（编）《训示》，第 186 页。

他认为，国王应该有自己的医生，基督教徒应该避免任何不啻是自杀的行为。863

我们认识几位圣路易的医生，其中两位医生出现在一些特殊文书中，他们一男一女。国王的这些文书于 1250 年 8 月从阿卡发出，那时他已获释，刚刚离开埃及前去圣地。这些文书规定，桑斯的行政长官应该给一位名叫埃尔桑德的女医生发放年金，每天 12 锝，直到她去世，因为她曾精心救治过国王。这位女医生大概拥有大学教师头衔，因为她在文书里被称为女老师。既然她从海外返回法国后可以领取这份年金，由此可以推断，她大概曾在驻埃及的十字军中替国王治病，她的几位兄弟也在十字军中服役。圣路易将留在圣地，而许多法国军人将返回法国，这位女医生也准备随同法国军人回到桑斯或法国的其他地区[①]。

另一位医生被称为“国王老爷的医生”，他是意大利人，原籍大概是克雷莫纳，名叫皮埃尔 · 隆巴尔，卒于 1247 年，西都会弗鲁瓦蒙隐修院的登录册上记载着他在遗嘱中写明的遗赠。他生前置有房产，其中一部分由圣热纳维耶夫修道院和圣维克托修道院分别继承。皮埃尔-隆巴尔是夏特勒的教士，死后安葬在该地的大教堂中[②]。

路易九世还有一位医生也是神职人员，此人便是桑里斯和圣康坦的修道士、杜埃的罗伯尔师傅。他卒于 1258 年，身后留下了 1500 锂，捐给了索尔邦的罗伯尔募集的大学基金。作为回报，巴黎

---

① 乔治 · 多梅:《13 世纪的一个女医生》(Georges Daumet, *Une femme-médecin au XIIIe siècle*)，见《历史研究杂志》(*Revue des etudes historiques*)，1918 年，第 69—71 页。

② 亨利 · 斯坦因:《圣路易的医生皮埃尔 · 隆巴尔》(Henri Stein, *Pierre Lombard, médecin de Saint Louis*)，见《巴黎文献学院丛书》(*Bibliothèque de l'Ecole des Chartes*)，100，1939 年，第 63—71 页。

的许多单位每年为他举办生日纪念，索尔邦大学当然是其中之一。

路易认为袒露自身的肉体是极大的羞辱，一旦发生此类事件，他就心烦意乱。圣帕丢斯的纪尧姆谈到过此事。

> 一个已婚男子的全部羞耻心，在他身上都能看到。骑士皮埃尔·拉翁先生曾任他的内侍，与他住在一起长达 18 年左右，其中有 15 年如同贵族老爷的侍从那样，天天为他脱鞋，
> 864 帮他上床，睡在他的脚下。他见到过圣徒国王的脚和手，替国王洗脚时偶尔看见过腿肚，替国王放血时见到过他的手臂，大腿有病时也见到过大腿，但除此之外，他从未看见过国王其他部位的肉（皮肤）。国王起床时不要任何人伺候，他自己穿衣，自己穿袜穿鞋；他的内侍们只负责把他的衣服和鞋袜放在床边，余下的一切都由他自己一人做[①]。

圣路易懂得，只有在今世全身心地关注自己的拯救，才能在彼岸世界获得拯救，况且他是个疾病缠身的国王，自然对此十分清楚。

疾病缠身的国王

圣路易是个受苦的国王，首先就因为他饱受肉体之苦[②]。他经

---

① 圣帕丢斯的纪尧姆：《圣路易传》，第 132—133 页。

② 我在这里将要引用一些前面已经引用过的有关他的身体和病痛的文献，有的是在按年代叙述时引用的，有的是从另一个角度引用的。

常患病，既有定期发作的病痛（右腿反复患丹毒，常患隔日发烧的疟疾），也有不时发生的传染病（1242 年对英作战和在埃及时感染的痢疾，第一次十字军东征时的坏血病，第二次十字军东征时夺走他生命的斑疹伤寒[1]）。

1242 年与英国人及其盟军在普瓦图和圣东日作战完毕，路易九世回来时得了病。1244 年在蓬图瓦兹时旧病复发（有一天甚至被误认为已经死亡），就在此时，他许下了如果病愈就组织十字军远征的诺言。 865

卜尼法斯八世在他的封圣诏书[2]中提及此事："他在 30 岁那年被突如其来的疾病缠身。"圣帕丢斯的纪尧姆和儒安维尔也谈到过此事，圣路易所患大概是疟疾。圣帕丢斯的纪尧姆写道："有一次

---

① 奥古斯特·布拉谢博士的旧作：《法国历代国王病理学》（Auguste Brachet, *Pathologie des rois de France*），巴黎，1903 年。此书收集了许多有关圣路易的病理和疾病分类资料。作者试图证明，路易九世曾经患过的癫痫症和查理六世的疯病都起因于遗传，为此他从自于格·卡佩以来的所有卡佩王朝的国王身上去寻找疯病基因和其他生理缺陷。尽管这种观点难以令人信服，但此书不失为一部佳作。他的上述观点见于本书附录 I，第 899—900 页。关于疾病与圣德的关系，参阅特鲁勃：《圣徒与疾病（历史文集）》（C. L. B. Trub, *Heilig und Krankheit (Bochumer historische Schriften)*, 19），斯图加特，1978 年。请看克洛德·戈瓦尔：《法国历代国王的疾病》（Claude Gauvart, *Les maladies des rois de France*），见《历史》（*L'Histoire*），《疾病也有历史》（*Les maladies ont une histoire*）专号，74 期，1984 年，第 93—95 页。据纪年史家和传记作家报道，路易六世曾患腹泻，菲力普一世（1060—1108 年在位）和路易六世（1108—1137 年在位）晚年都患有多汗症，其实这是误诊，他们患的是肥胖症，菲力普·奥古斯特和狮心王理查在 1191 年十字军中也患过肥胖症；据他们的报道，圣路易的父亲路易七世（1223—1226 年在位）的身体孱弱。但是，这些疾病都被视为弱点和缺陷，而圣路易的疾病却被当作优点和圣德。

② 《卜尼法斯八世》，第 155 页。

在蓬图瓦兹，他病得很厉害”[①]，他在另一处说得稍微详细些：“仁慈的国王年轻时曾在蓬图瓦兹患病，染上了双重隔日发烧病（疟疾？）……，他病得实在不轻，竟然以为治愈无望了。”[②]儒安维尔当时不在国王身边，所以记错了地点，把蓬图瓦兹说成是巴黎：“依据上帝的旨意，国王在巴黎突然患病，病情十分严重，人们以为他已经死去。”[③]

这些作者也记述了圣路易在埃及十字军中所受肉体之苦，纪尧姆写道：

> 仁慈的国王第一次出征（十字军）被萨拉森人俘获后，病得十分厉害，牙齿松动，浑身看不见血色；他还得了严重的痢疾，瘦得只剩一张皮，脊椎高高鼓起，尖得像刀子。他虚弱得不能动弹，吃喝拉撒都要他身边的人伺候……。

儒安维尔记述的一个细节真实感很强。

> 身边的人向他提出建议（搭船从曼苏拉前去达米埃塔），
> 866 因为他体质虚弱，身患多种疾病；他患有双重隔日发烧病和
> 严重的痢疾，嘴和腿患有军队病（坏血病），以至于上床前不
> 得不把裤子剪开，并且多次在夜里昏死过去……[④]。

① 圣帕丢斯的纪尧姆：《圣路易传》（Guillaume de Saint-Pathus, *Vie de Saint Louis*），第71页。

② 同上书，第21页。

③ 儒安维尔：《圣路易史》，第60页。

④ 同上书，第6页。

圣帕丢斯的纪尧姆告诉我们，他时不时地受到右腿病痛的折磨：

> 有一种病每年都要折腾仁慈的国王两三次，甚至四次，常常把他折磨得非常狼狈。当这种病发作时，他听不懂甚至听不见别人说的话，既不能吃又不能睡……。病发后，往往两三天里单靠自己的力气下不了床。病情稍轻时，右腿的腿肚和脚踝之间出现肿胀，变得血红，整个白天都是又肿又红，到晚间方才有所好转。红肿慢慢消退，三四天后右腿恢复常态，仁慈的国王彻底痊愈[①]。

在病痛面前，他与所有的人一模一样：“他口吐怨言，还哼哼叽叽。”1254 年至 1260 年间以及 1259 年在枫丹白露，圣路易“生过一场大病”，儒安维尔记述了此事[②]，卜尼法斯八世也曾提及。病中的国王以为自己行将就木，下令把鲁昂大主教欧德 · 里戈召到病床边[③]。

最后，第二次十字军出征前夕，路易极度虚弱，儒安维尔勃然大怒，责怪他身边的人不该让他领军出征。儒安维尔来到巴黎看望国王时，竟然不得不把他搂在怀里。 867

> 他的身体虚弱到这步田地，既不能坐车，又不能骑马，

① 圣帕丢斯的纪尧姆：《圣路易传》，第 116 页。

② 儒安维尔：《圣路易史》，第 10 页。

③ 欧德 · 里戈，见《高卢与法兰西历史学家文集》，卷 XXI，第 581 页。

> 却还要让他领军出征，岂不是天大的罪过。我在奥塞尔伯爵府与他告别，但他实在半点力气也没有，我提出要帮他，他也不反对，于是我就把他从那里一直抱到科德利埃修道院[①]。

这件事深深铭刻在儒安维尔的记忆中，上面这段记述简直就是古老的“圣母马利亚怀抱基督遗体”的场景，不久以后，以此为题材的一幅画果然获得好评。这个画面显然受到基督国王的启示，它同时也反映了儒安维尔当时那种自己俨然是圣母的幻觉。

善于忍受的国王

圣路易之所以能将他所受的痛苦变成功德，原因就在于他能忍受。当他成了萨拉森人的战俘并且患了“军队病”后，他对痛苦的回答是忍受和祈祷。当时随同他的仆役几乎全都病倒了，身边只剩下一个名叫伊桑贝尔的厨子，圣帕丢斯的纪尧姆记述了这位厨子的亲眼所见：

> 他从未见到国王因处境恶劣而发怒或愤懑，连小声嘀咕都没有听见过。国王以最大的忍耐和宽厚默默承受病痛和那些人的敌视，始终不间断地祷告[②]。

---

① 儒安维尔:《圣路易史》，第 400 页。

② 圣帕丢斯的纪尧姆:《圣路易传》，第 113 页。

卜尼法斯八世在封圣诏书中对这种忍受精神作出了回应[1]，诏书中写道："国王那时忍受着（？）腹泻和其他疾病。"不过，文中的拉丁文 patiens 一词意义有些含糊，既可以解读为"耐心忍受"，也可以解读为"受……之苦"，所以我在此词后面加了个问号。 868

路易不以忍受痛苦为满足，他还要将痛苦予以升华：

> 他完完全全沉浸在信仰之中，没有一星半点杂念，敌视和疾病越是折磨他，他对上帝越是深信不疑，越要显示自己完美无缺的信仰[2]。

在《训示》中，他把迫害、疾病和痛苦等量齐观。他嘱咐儿女们不但要忍受迫害、疾病和痛苦，而且还要感谢，因为他们能够从中得到功德[3]。在这些文书中，圣路易还使用了一个表明他的感情生活观的特有用语"心病"，不言而喻，与之相对应的当然就是"体病"。因为，在他看来，相对于灵魂和躯体、精神和躯体这两对概念而言，心比体更为重要。从心的重要性的提升中，我们

① 《卜尼法斯八世》，第 156 页。

② 夏特勒的纪尧姆：《生平和圣迹》，第 36 页。

③ 他对儿子说："主倘若降迫害、疾病和痛苦于你，你要宽厚地承受，并要为此而感激主，对他表示谢忱，因为你应该懂得，他这样做是为你好。"（奥克奈尔（编）：《圣路易言论集》，前引书，第 186 页。）他又对女儿说："亲爱的女儿，你若遭受苦难、疾病或其他不幸……，宽厚地承受这一切，为此而感激主。要学会因此而对主表示谢忱，因为你要相信，主是为了你好才让你遭受苦难、疾病和不幸的。"（奥克奈尔（编）：《圣路易言论集》，前引书，第 186 页）

不难看到，这是感情和词汇的一个转折[①]。

在我们所掌握的文献中，圣路易只有一次提到炼狱，那就
是巡视鲁瓦尧蒙修道院时与一位麻风病人的谈话，他说，此病是
“今世的炼狱[②]”。圣路易在这一点上是保守派，他显然赞同格里高
利一世陈旧的观点（不过，托马斯·阿奎那也不排除这种可能性），
869 依据这种观点，人人都可以在今世经受“炼狱之苦”。圣路易在这
里表明了他对疾病的基本观点，在他看来，疾病是借助功德从涤
罪进入到净化、从苦行惩罚过渡到拯救的一个机会，这种功德在
今世就可获得，无需到彼岸世界去寻找[③]。

圣路易虽然是个疾病缠身、忍受痛苦和将肉体之苦转变为功德的国王，可是，他却并不因此而是一位“愁眉不展”的国王。儒安维尔告诉我们，在星期五等某些日子里，出于宗教原因，圣路易总是满脸愁容，但是在其他日子里，他所显露的却总是他那欢快的本性：“当国王兴高采烈时。”[④]这也许是方济各会修炼精神的一个特点。

自愿受苦：苦行和自罚的国王

圣路易虽然深受托钵僧修会新型修炼精神的影响，身上却也

---

① 他对儿子说：“你若犯了心病，那就告诉忏悔师。”（奥克奈尔（编）：《圣路易言论集》，第193页）

② “此外，仁慈的国王还安慰病人，让他好好忍受病痛，这是今世的炼狱；与其将来经受其他痛苦，不如今世生这种病。”（圣帕丢斯的纪尧姆：《圣路易传》，第95页）

③ 请看勒高夫：《炼狱的诞生》，前引书。

④ 儒安维尔：《圣路易史》，前引书，第16页。

带有鲁瓦尧蒙的西都会所传递的传统君主的标记，所以他并不放弃传统的苦行和自我折磨。这种态度既源于他那略带受虐狂色彩的个人性格，同时也受当时某些平信徒过度自罚风气的影响[①]。

我们还记得，国王请他的忏悔师鞭打他，他也鞭打自己；他总穿着粗毛内衣，睡在没有草垫也没有丝绸的棉褥子上面，戒斋时间多于教会的规定。第一次十字军失败之后，他的苦行自赎行为比以往有过之而无不及。

圣帕丢斯的纪尧姆详细地记述了这些苦行。

> 第一次从海外归来以后，他睡在木板床上，再也不使用草垫或羽绒垫，而且他走到哪里，就把木床带到那里。木板
> 上面没有丝绸，只铺一块棉垫和一块毛毯，他就这样睡觉， 870
> 再也没有别的铺盖……。从海外归来以后，每逢耶稣受难日、斋期、星期一、星期三和星期五，他总是贴身穿粗毛衬衣[②]。他做这些事时总是尽可能避开别人，连他的内侍也不让知道，以至于只有一个人了解他的苦行内情。他有三根连在一起的绳子，长度约达一法尺半，每根绳子上各有四五个结，一年中的每星期五和斋期中的每星期一、三、五，他用目光搜寻

① 参阅米尔斯曼:《13 世纪苦行修会文献》(*Dossier de l'ordre de la pénitence au XIIIe siècle*)，弗里堡，1961 年；米尔斯曼:《13 世纪的自鞭和苦行信徒》(G. G. Meersseman, *Disciplinati e penitenti nel Duecento*)，见《鞭笞派运动七百周年》(*Il movimento dei Disciplinati nel settimo centenario del suo inizio*)，前引书（本书原文第 63 页注 2），第 43—72 页；伊达 · 马格里:《苦行赎罪的人们》(Ida Magli, *Gli uomini della penitenza*)，米兰，1977 年。

② 圣路易死后，他生前使用的自笞鞭子和粗毛衬衣保存在默伦附近的利斯修道院中。

> 卧室的各个角落，看看是否有人，然后关上门，单独与布道会士博利厄的若弗鲁瓦长时间地待在室内。留在室外的内侍们自以为是地告诉别人，国王正在室内向若弗鲁瓦忏悔，其实，若弗鲁瓦正在用刚才提到的那根绳子抽打仁慈的国王[①]。

熟悉内情的忏悔师博利厄的若弗鲁瓦证实确有此事，他曾试图劝说国王适可而止。

卜尼法斯八世在他的封圣诏书中谈及这些苦行时，只提到粗毛内衣、戒斋和便携式无草垫木床[②]。

亲人之死：家族和王朝的痛楚

对于这位“勇于受苦”的人来说，丧事也是一种经受痛苦和学会超越痛苦的考验。他最看重的是家族，确切地说是王族，也就是母亲，尤其是弟弟和孩子。正如儒安维尔曾经责备他的那样，
871 他对自己妻子的关爱好像不那么热切，不过，据他的忏悔师们记述，他倒是从来不对她说假话。这位来自普罗旺斯的王后玛格丽特既是妻子，更是饱受连续生育之苦的母亲。国王经受了多位亲人去世的痛楚，弟弟阿图瓦的罗伯尔1250年在埃及战死，1252年母亲卡斯蒂利亚的布朗什去世时，他尚在巴勒斯坦。1260年王储

① 圣帕丢斯的纪尧姆：《圣路易传》，第122—123页。

② 《卜尼法斯八世》，第158页。

路易在十六岁上夭折；另一个儿子让-特里斯坦 1250 年生于达米埃塔，此时恰是曼苏拉溃败和国王被俘之时，之所以为儿子取名特里斯坦，就因为当时局势十分凄惨，这个儿子后来死在突尼斯，数天以后，圣路易也客死异乡。我们应该重温那些记述家人去世时圣路易痛楚万分的文献。

据儒安维尔记述，阿图瓦的罗伯尔死去时，难以抑制痛楚的圣路易尚有一些"忍耐"的表现："当国王说到应该为上帝赐予他的一切而感谢上帝时，大滴热泪夺眶而出。"[①] 这位王弟于 1250 年去世时，国王在阿卡写了一封给臣民的报丧信，信中交织着痛苦和对上帝的服从，此外还流露出一点高兴，因为他期望死者能以十字军殉教者的身份进入天堂[②]。

母亲卡斯蒂利亚的布朗什死后数月，噩耗传来，国王沉浸在巨大的悲痛之中，他那痛不欲生的样子实在有些过头，让儒安维尔觉得非责备他不可[③]。

当时在国王身边担任忏悔师的若弗鲁瓦，以比较有分寸而不是夸大其词的口气谈到国王对上帝旨意的顺从，但他并不讳言国王的啜泣和泪水、放声悲号和低声叹息；据他说，国王"悲痛过

① 儒安维尔：《圣路易史》，第 134 页。

② "我在那里也失去了弟弟阿图瓦伯爵，他英勇善战，值得我们永远记在心上。提起这件伤心事，我心里十分痛苦，虽然我本来应该为此而高兴，因为我相信并且希望，他既然已经获得殉教者的称号，就能进入天堂，在那里他将得到殉教者应得的奖赏。"（奥克奈尔（编）：《圣路易言论集》，第 165 页。）

③ 儒安维尔：《圣路易史》，第 330 页。请看本书原文第 716 页。

度[1]”，无法按照规矩作祷告。

872 让-特里斯坦的死讯被封锁了几天，当圣路易终于得悉噩耗时，这位自己也已不久人世的国王悲痛欲绝，“这位慈爱的父亲五内皆裂”。

十字军溃败的痛苦

圣路易这位受苦的国王，也为他的军队（他把官兵叫作“我的人”）、人民和整个基督教世界受苦。十字军出征埃及惨遭败绩，令他痛楚万分沮丧，对于他来说，这是痛苦的又一个来源。

萨拉森人的希腊火硝落在法国军队头上的声音，圣路易在帐篷里听得一清二楚，儒安维尔亲眼见到国王那种撕心裂肺的痛苦。他说，国王一边痛哭一边祈祷，“我们的国王每当听到希腊火硝掷过来时，立即从床上坐起来，向上帝伸出双臂，啜泣着说道：‘主啊，我的上帝，保佑保佑我的人吧！’”[2]

返回法国后，1254年他在英国国王亨利三世面前忆及他在海外遭受的痛苦：“国王，我的朋友，为了对上帝的敬爱，我的身心在朝圣路上受了多大痛苦，实在难以向你诉说。”[3]马修·帕里斯还记述了1254年圣路易返抵法国时的悲痛和“垂头丧气”的神情：

---

① 博利厄的若弗鲁瓦：《生平》，第17页。

② 儒安维尔：《圣路易史》，第114页。

③ 马修·帕里斯：《大纪年》，卷VIII，第89页；奥克奈尔（编）：《圣路易言论集》，前引书，第139页。

> ……法国国王从内心到脸上沮丧尽现，他不愿意接受任何宽慰，无论是乐曲还是玩笑或安慰，都无法逗他笑，无法让他开心。行经他的故乡和他的王国时，百姓们涌上来向他致敬，向他呈献礼品，承认他是他们的合法君主，可是，这一切都无济于事，国王始终满脸懊丧，连声叹气，两眼死死盯着地面，心里想着自己的被俘令整个基督教世界蒙受耻辱。 873

一位主教前去安慰国王，国王回答道：

> “倘若蒙受耻辱和苦难的只是我一个人，如果我的罪过不会让整个教会分担，我就会挺起腰杆承受自己的痛苦。可是，我的不幸在于整个基督教世界都因我的过错而蒙受羞辱。”
>
> 大家于是为圣灵高唱弥撒，试图以此让国王接受高于一切的主给予他的安慰。感谢上帝降恩，从此以后，国王就接受宽慰和忠告了。①

从此以后，路易渐渐恢复常态，重新担当起国王的责任和使命，从失败和痛苦中感悟到苦行的必要性，采取多种形式，更加坚定和有力地继续完成基督教王国的建设任务。

① 马修·帕里斯：《大纪年》，卷 VIII，第 64—65 页；请看奥克奈尔（编）：《圣路易言论集》，前引书，第 102 页。我在前面第一部分中已经引用了这段记述的全文，请看本书原文第 214—215 页。

战俘的痛苦

圣路易经受了战败、被俘和死亡，这是他那个时代的人尤其是一个首领和武士所能经受的三种最大的痛苦。这三大痛苦他都经受了，是在征战中，但不是在沙场上。自从第一批殉教者被囚禁以来，基督教一贯把被俘视为重大考验。13 世纪初创建了一个具有军事性质的修会，专门从事将被穆斯林俘获的基督教徒赎回的活动，这个修会起名为赎救会，它的成员就叫赎救会士。这是一项蒙羞的使命，可是，圣路易竟然也能从中找到机会，令自己和他的国王职能以及人民和整个基督教世界的形象高大起来。

874 儒安维尔回忆这些不幸的遭遇（国王战败和被俘）时，语调相当哀婉："听到国王和我们在埃及受到的严重迫害。"①

国王在 1250 年致函他的臣民时，被俘的基督教徒战俘刚刚获释，他在信中轻描淡写地谈到了自己和大部分官兵被俘的痛苦："我从圣地赶来援救，为我们被俘官兵的苦难深感痛心。"②

他在这封信中为他与萨拉森人签订的停战协定作了辩解，理由是羁押中的被俘官兵安全难保。

> ……我认为，对于整个基督世界来说，与其和余下的基督教徒一起继续控制这座城市（达米埃塔），莫如通过停战协

① 儒安维尔：《圣路易史》，第 216 页。

② 奥克奈尔（编）：《圣路易言论集》，前引书，第 171 页。

> 议使我和被俘官兵获释，否则，我和其余被俘官兵将在羁押期间面临各种危险[1]……。

可是，被俘期间遭受的痛苦经过宗教诠释之后，变成了美德和威望。圣帕丢斯的纪尧姆认为，是上帝出于仁慈和创造“奇迹”乃至圣迹的愿望，把圣路易交给了异教徒。他写道：“仁慈的天父想要显示神圣的奇迹，将圣路易国王交到了不忠的萨拉森人手中……。”[2]

国王的“忍受”能力在被押期间得到了最充分的体现。目击者夏特勒的纪尧姆就此写道：“我不应该闭口不谈国王在埃及被异教徒俘获后的表现，在整个囚禁期间，他惯常的崇拜活动和对上帝的颂扬从未间断。”国王依照巴黎的习惯每天和一位懂得阿拉伯文的神甫以及夏特勒的纪尧姆一起诵经，使用的是他自己小经堂的经文和萨拉森人作为礼物送给他的祈祷书。纪尧姆对此作了详尽的记述。[3]

在1297年8月6日的布道辞中，卜尼法斯八世提到了这个有助于提高圣路易圣德名望的事迹。他说，圣路易把自己的宗教热 875
忱，发展到了“与基督十字架和天主教的敌人搏斗的高度，即使在他本人和他的妻子以及他的弟弟被囚期间也不稍减”。教皇在封

① 奥克奈尔（编）：《圣路易言论集》，前引书，第169页。

② 圣帕丢斯的纪尧姆：《圣路易传》，第23页。

③ 夏特勒的纪尧姆：《生平和奇迹》，第30页。

圣诏书中指出，圣路易在囹圄中“耐心和谦恭地承受了许多屈辱和羞耻，施暴的那些家伙人品低劣，因而这种屈辱和羞耻更加难以忍受”。[①]

不准流泪的痛苦

就原意而言的宗教有许多外在标志，这就是上帝恩赐给难免犯罪的人的种种表情，在各种表情中有一种深得圣路易的偏爱，那就是流泪。圣路易在一生中不断恳求上帝“赐予多多的泪水”。流泪表明，上帝承认罪人的苦行自赎有效，于是让净化之水喷涌而出。在圣路易的各种传记里，他几乎从头哭到尾。

然而，他常常想哭而哭不出来。他的心“冷酷而倔强”。从他的忏悔师博利厄的若弗鲁瓦的记述中看到，他在遭受苦难时没有眼泪。秉笔直书的历史学家米什莱也读过纪尧姆的记述，他懂得
876 “不准圣路易流泪[②]”的痛苦。在米什莱生活的时代，人们重新发现

---

① 《卜尼法斯八世》，第 149—150 页，第 156 页。

② 米什莱和罗兰 · 巴尔塔（Michelet et Roland Barthes）都是伟大的历史学家和善于分析生活所需的心理学家，他们完全感受到了圣路易这个极为深刻和残酷的特征。米什莱在 1833 年版的《法国史》（*Histoire de France*）第 II 卷第 IV 章第 VII 节（维亚拉内（编）:《米什莱全集》（éd P. Viallaneix, *Oeuvres complètes*）卷 IV,1974 年，第 586 页）中引用了博利厄的若弗鲁瓦的有关记述，若弗鲁瓦的原作系用拉丁文写成，圣帕丢斯的纪尧姆将有关段落译成古法文。在著名的《法国史》1869 年序言中，米什莱写道:“圣路易没有得到他所恳求的赏赐，我却得到了，那就是流泪。”米什莱似乎对圣路易没有眼泪颇有兴趣，罗兰 · 巴尔塔就此评论道:“眼泪是另一种孕育介质，眼泪是恩赐之物，圣路易向上帝祈求（转下页）

了 18 世纪末期表示品德的泪水来自何处，接着又重新发现了内心深处秘不示人的泪水源泉，这种交织着痛苦和喜悦的泪水，是艺术创造的源泉；作为那个时代的浪漫派，米什莱介绍了博利厄的若弗鲁瓦在路易封圣后所写的一件文书，我把这个原本用古法文写成的文献，改写为现代法文：“仁慈的国王热切地期待上帝奇迹般赐给他泪水，他一再告诉忏悔师他没有泪水；他私下宽厚谦恭地对忏悔师说，别人在诵经时说：‘敬爱的主，请你赐给我们涌泉般的泪水’，而他则虔诚地说：‘敬爱的主，我不敢奢望涌泉般的泪水，只求你赐给我几滴泪水，浇灌我那干涸的心田。’他有时悄悄告诉忏悔师，在他祈祷时，有几次上帝真的赐给他一些泪水，当他感到泪水缓缓流到嘴边时，他心满意足地用他的心和嘴品尝这些泪水。”①

把摘录下来的几段儒安维尔的记述汇集到一处后，米什莱觉

（接上页）眼泪，但并未获得。米什莱自己也曾拥有导致哭泣的能力，但那只是从眼睛溢出流到嘴边和面部的水和盐，而不是发自肺腑、意味深长的泪水。因为，泪水是扩散精力的液体介质，大家都知道，眼泪是名副其实的孕育力，而不是别的东西。”（《米什莱谈自己》（*Michelet sur lui-même*），巴黎 1965 年，第 157 页）米什莱认为，泪水是哥特式盛行的中世纪的一个特征，他写道：“一滴泪水，只要把一滴泪水撒在哥特式教堂底部，便可令人想起这座教堂。”（《法国史》（*Histoire de France*）1869 年版序言，《米什莱全集》（*Oeuvres complètes*）1974 年版，卷 IV，第 167 页）这种看法在《激情是中世纪艺术的原则》（*La passion comme principe d'art au Moyen Age*）得到进一步发展：“这就是中世纪的全部奥秘，永不枯竭的泪水的秘密及其深刻的特性。珍贵的泪水如同清澈的传说和优美的诗篇那样流淌，高高地向着天空堆积起来，结晶成为硕大无朋的教堂，一心要向主所在的地方攀登！”（前引版本，第 593 页）

① 请看本书原文第 760 页。这段文字引自前注所引米什莱的著作（1974 年版，卷 IV，第 586 页）。

得，圣路易甚至可能由于对信仰产生怀疑而感到痛苦[①]。但是我认
877 为，这些连米什莱自己也认为“轻微”的征候，只能说是圣路易
担心自己的拯救，而不是怀疑自己的信仰。

他人的痛苦：慈善事业

理解了痛苦的含义之后，圣路易开始虔敬痛苦，不但虔敬自己的痛苦，也虔敬他人的痛苦，于是有了他服侍病人、穷人、麻风病患者，建造医院等行动。虔敬的对象不限于肉体的痛苦，也包括心灵或灵魂的痛苦。

圣路易尽心竭力地执行13世纪以系统方式出现的新型的仁慈准则，也就是“慈善事业”准则，圣帕丢斯的纪尧姆对此有所记述。

> 他对邻人充满慈爱，给予经常和合乎道德的同情。他的善举多种多样：提供住宿、饮食和衣着，亲自看望、宽慰、帮助穷人和病人，赎回战俘，掩埋死者，慷慨和合乎道德地帮助大家[②]。

此类善举不可能不为人知，同时代人深受感动，留存至今的

---

① 维亚拉内（编）:《米什莱全集》(*Oeuvres completes*)，1974年版，第590—593页。

② 圣帕丢斯的纪尧姆:《圣路易传》，第104页。

相关文献依然很多。据圣帕丢斯的纪尧姆记述，他每次前去鲁瓦尧蒙时，都要视日子不同，分别向修道院里的所有病人发放肉或鱼，不论他们是僧人或修道士，对住在修道院的医院里的外邦人格外优待[1]。他的善举受惠者扩大到了不被喜爱的外邦人。

在用国王的资助建造的韦尔农救济院里，他还“向病人和穷人捐助床和其他必需品”。这所救济院启用时，他和与他十分亲近的女婿、纳瓦尔国王蒂博一起，举行了一个类似“祝圣”的第一位病人入住仪式： 878

> 贡比涅救济院落成时，圣徒国王和前来协助的前纳瓦尔国王，也就是他的女婿和我的领主蒂博，一同把第一个穷人患者抬到（床上），此人从未来过这所新建的救济院[2]。

在巴黎为“贫苦盲人”创建的“三百人收容院”，圣帕丢斯的纪尧姆[3]和博利厄的若弗鲁瓦[4]在各自的著作中都作了介绍。

夏特勒的纪尧姆着重记述了国王给予临终病人的关怀，这些病人大概是传染病患者。

① 圣帕丢斯的纪尧姆:《圣路易传》，第86页。

② 同上书，第99页。

③ 同上书，第86页。

④ 博利厄的若弗鲁瓦:《生平》，第11页。

> 尽管大多数人好心劝阻，国王依然满怀仁慈之心，置危险于不顾，主动前去探望在临终之苦中挣扎的病人；他好言安慰他们关心拯救，向他们提出必要的劝告①。

在他生命终结之前写下的《训示》中，他嘱咐孩子们要同情一切心灵和肉体的痛苦。他对儿子说："亲爱的儿子，你听我说，对穷人和所有你认为心灵或肉体有病的人，都要有怜悯之心。"②他对女儿说："凡是你所认识的心灵或肉体有病的人，你都要以恻隐之心对待他们。"③

圣帕丢斯的纪尧姆收集在《圣路易传》的资料最多，④我仅从其中选用几则。总起来说，"仁慈的圣徒国王路易对于身处困境的
879 人，始终表现出亲切的关爱和同情"。纪尧姆着重记述了他在第一次十字军征战时的表现，"十字军中有许多穷人和各种病人，患肾病、牙病和其他病的官兵人数很多。"为了妥善处理这些人，国王下令搬出全部非急需的给养，腾空船只，安置"穷人和病人，总数多达一千"。当他自己也不幸染病时，他依然"要与人民分担不幸和危险"，"出于爱心和仁慈，他情愿自己承受一切苦难，也要

① 夏特勒的纪尧姆：《生平和圣迹》，第52页。

② 奥克奈尔（编）：《圣路易言论集》，前引书，第186—187页。

③ 同上书，第193页。

④ 圣帕丢斯的纪尧姆：《圣路易传》，第59—111页。第9章："他对邻人的爱"，第10章："他对邻人的同情"，第11章："他的善举"，第12章："他的谦恭。"

保护与他在一起的民众”，“他的慈爱无以复加，绝不独自一人上船接受治疗”[①]。

圣帕丢斯的纪尧姆笔下最精彩的一段是圣路易探望鲁瓦尧蒙修道院里的病人。这位圣徒列传作者着力记述的是，国王想方设法与患者肢体接触，他的态度就像医生一样，伺候最可怕的病人吃喝，他对一位患有麻风病的修道士无微不至的关怀，尤其令人感动。

> 他亲自走进修道院的医务所，探望患病的修道士。他宽慰他们，逐个询问所患疾病，为其中的一些人号脉并触摸太阳穴，即使他们满身是汗，他也毫不在意。他叫来随行的医生，让他们当着他的面检验病人的尿样……。他让人从御膳房送来适合病人食用的饭菜。
>
> 探望重病号时，他尤为殷勤细心，甚至触摸他们的手和患处。病情越严重的患者，例如患有脓肿或其他病的人，国王越要触摸他们。
>
> 一位名叫莱热的修道士是个麻风病患者，单独住在一间病房里，他满身污秽不堪，两只眼睛烂得什么也看不见，鼻
> 子已经烂掉，裂开的嘴唇淌着浓水，血红的眼眶就像两个空 880
> 洞，实在“丑”不忍睹。

国王跪在他面前，把肉撕成小块，塞进他嘴里。国王还问他

① 圣帕丢斯的纪尧姆：《圣路易传》，第74—75页。

是否喜欢母鸡和山鹑，在得到肯定的回答后，下令从御膳房取来给他吃。这位麻风病人希望菜肴咸一些，圣路易就在肉块上撒些盐；可是，当盐粒进入他那裂开的嘴唇时，一股“毒”水顺着脸颊流到下巴。病人很不高兴，国王赶紧把肉按进一把盐里，让咸味进到肉里，然后把肉取出，抖掉肉上的盐粒后再喂给他吃。国王常去探望这位麻风病人，并对他的骑士说：“去看看我们的病人”，可是，这几位骑士让修道院院长或副院长陪同国王进去，他们自己却留在外面①。

在另一个济贫院里，圣路易亲自为住院病人服务，对他们的服务细致周到。不过，他有时也喜欢招摇过市地当众垂范，谦卑地向心灵和尊严都受到损害的病人表示敬意。由此可见，国王的访贫问苦既是宗教举动，更是政治举动。

有一年的耶稣受难日，住在贡比涅城堡的圣路易赤脚巡视该城的各座教堂，在街上遇到一个麻风病人。他踩着冰凉的泥水穿过大街，来到麻风病人面前，给了一份布施，还吻了病人的手。亲眼看到这个场面的人你一言我一语地彼此说道：“看见国王做什么了吧，他吻了麻风病人的手。”②

卜尼法斯八世在1297年8月6日的布道辞中提及路易的这个举动，接着在封圣诏书中再次提及此事，这都毫不足奇。教皇在布道辞是这样说的：

① 圣帕丢斯的纪尧姆：《圣路易传》，第93—96页。

② 同上书，第107—108页。

> 作为诚心诚意为这位麻风病人治病的医生，国王经常探望他，并谦恭地伺候他，细心地为他擦拭溃疡处的脓水，亲自为他张罗饮食。国王通常是在济贫院和麻风病院里做这类事的[①]。

卜尼法斯在诏书中逐一列举了“国王亲自到各个修道院和医 881
院对病人和患者的探视”，其中包括鲁瓦尧蒙的一位麻风病患者，此人“因病情恶化而又脏又臭，虽然尚未断气，却已被与其他病人隔离”；国王还去贡比涅探视过一位溃疡病人[②]。

与麻风病一样可怕的罪恶

圣路易之所以始终受痛苦的煎熬，深层原因是他的犯罪感，他觉得，自己的罪恶犹如麻风病，宁可肉体死亡也不愿犯这种罪。唯有自愿受苦，才能赎罪。

对不可饶恕之罪的这种憎恶，是卡斯蒂利亚的布朗什灌输给儿子的。她曾慷慨激昂地说，她宁可儿子死去，也绝不愿意看到他与自己妻子以外的任何一个女子有染[③]。她这样说的时候，显然把基督教徒严格的道德规范与一个母亲不容他人分享的对儿子的爱混在一起了。路易没有忘记母亲的教诲：“他记得，母亲多次告

① 《卜尼法斯八世》，第150页。

② 同上书，第151页。

③ 博利厄的若弗鲁瓦：《生平》，第4—5页。

诉他，与其让他犯下不可饶恕之罪，莫若让他去死。”[①]

圣路易用另一种方式向儒安维尔提出了同一个问题。在犯不可饶恕之罪和患麻风病之间，他作什么选择？儒安维尔是一条汉子、一个虔诚但普普通通的基督教徒，他回答说，他宁可犯 30 次不可饶恕之罪，也不愿染上麻风病。听了此话，国王说道：

> 你应该知道，没有一种麻风病比不可饶恕之罪更可怕……。人死的时候，肉体上的麻风病就治愈了，但是，人若是犯了不可饶恕之罪，死的时候就不知道在世时的悔恨是否足以换取上帝的宽恕，对此一点把握也没有。因此，他始终战战兢兢，深怕只要上帝还在天堂，就永远赎不清像麻风
> 882 病一样可怕的罪。所以，我请你宁可生各种各样的病，不管是麻风病或别的什么病，千万别让你的灵魂犯不可饶恕之罪……[②]。

路易又把这番教诲传给儿子：

> ……你应该下定决心，不管发生什么事，永远不犯不可饶恕之罪；倘若你明知故犯，那就应该允许别人截去你的四肢，用最残忍的方式将你处死[③]。

① 儒安维尔：《圣路易史》，第 42 页。

② 同上。

③ 奥克奈尔（编）：《圣路易言论集》，前引书，第 186 页。

将灵魂犯罪比作肉体患麻风病，是应用一种形象化的象征手法，令人产生一种道德犯罪感，如果说，这种手法的应用犹如一条长长的链子，是在长时间里形成的，那么，圣路易便是这条链子上的重要一环。

十字架上受难的基督提供的典范

面对罪恶，这种痛苦引发了对基督的特殊崇拜，基督以其在十字架上的受难，赋予犯有原罪的人以获得拯救的可能；这种痛苦也引发了对十字架的崇拜，因为十字架是受难和赎罪的工具。

为圣路易提供伟大典范的，当然是受苦的基督，是受难的基督，是十字架上的基督[①]。13 世纪的国王是头戴王冠的十字架上的基督。这是新型君主的最佳形象。

圣路易在一些庄严的场合提到过十字架上的基督。1246 年他在克吕尼向教皇英诺森四世说："难道人们没有从圣经中获知，基督蒙受巨大羞辱，直至被钉在十字架上吗？"[②] 在 1250 年 8 月致臣

① 关于这个形象和崇拜的起源，请看塞皮埃尔的佳作：《上帝受苦的形象——十字架上基督的起源》（M.-Ch. Sepière *L'Image d'un Dieu souffrant. Aux origines du crucifix*），巴黎，1994 年。11—13 世纪之间出现了对受难基督和十字架上基督的崇拜，研究这个问题的著作数量很多。我请读者参阅加里耶纳 · 弗朗卡斯泰尔：《王位之权——4—12 世纪基督教艺术中的首要问题》（Galienne Francastel, *Droit au trône. Un problème de préminence dans l'art chrétien du IVe au XIIe siècle*），巴黎，1973 年，第 VIII 章："受苦的基督和胜利的圣母。" 关于圣路易，请看圣帕丢斯的纪尧姆所转述的表明心迹的言论。（本书原文第 816 页）

② 马修 · 帕里斯：《大纪年》，卷 VI，第 202 页；奥克奈尔（编）：《圣（转下页）

民的信中，他写道："我恳请你们大家服务于曾在十字架上为你们
883 服务的人，为了你们的拯救而播撒他的血……。"[①]

圣路易得到基督受难时的荆冠后，在圣堂中修建了供奉荆冠的圣龛，甚至想把王宫中的小经堂奉献给受苦的神明。

有一件事让人觉得不可理解：据儒安维尔记述，一位异教徒以讥讽的口吻对圣路易说，圣路易为基督教徒们受了苦。事实是圣路易在埃及被俘期间，一个年迈的穆斯林对被俘的基督教徒说："你们不应该由于替他作战、受伤、被俘而心怀不满，他也为你们做了同样的事……。"[②]

殉道：临终与咽气

路易对于死亡的态度，我们已经在他的弟弟阿图瓦的罗伯尔去世时有所了解，他始终把死在十字军中视为殉道。早在1241年，他与母亲谈及侵入基督教世界的鞑靼人时曾说："不是我们把他们赶走，就是他们把我们打败，那时我们就会以基督的忏悔师或殉教者的神甫身份去找上帝。"[③]

（接上页）路易言论集》，前引书，第91页。

① 奥克奈尔（编）:《圣路易言论集》（Davis O'Connell, *Les Propos de Saint Louis*），前引书，第171页。

② 儒安维尔:《圣路易史》，第430页。

③ 马修·帕里斯:《大纪年》，卷V，第147页；在奥克奈尔（编）的《圣路易言论集》第147页中，圣路易的这段话略有不同："不是我们把鞑靼人赶回老家……就是他们把我们全都送上天。"

1250年至1254年间他滞留在圣地，有一次，他前往西顿搜寻战死在萨拉森人手下的基督教徒遗体，以便掩埋。他对同行者说：

> 去把这些殉教者掩埋掉……。他们承受了死亡之苦，我们当然应该承受这个（尸体的恶臭和安葬的劳累）。不要见了
> 尸体唯恐避之不及，他们都是殉教者，都已去了天堂①。 884

博利厄的若弗鲁瓦在圣路易去世不久就开始撰写他的传记，他把圣路易写成一位自愿殉难的国王。

> 在孱弱的体质许可的情况下，他每天向上帝表明自己坚持苦行，除此以外，在第二次十字军海外远征中，他把自己当作至善至美的芳香四溢的祭品供献给上帝……，他在那里（突尼斯）以自己的业绩成为基督的圣体，在上帝的怀中幸福地耗尽了自己的生命，既是殉教者，又是上帝的英雄②。

从他的第一批传记开始，他的患病、弥留和死亡都是不可或缺的题材，都是不可避免的颂扬无畏精神的篇章，其间充斥着大量有关好基督教徒之死的陈词滥调。博利厄的若弗鲁瓦着重指出，圣路易经受了种种考验之后，上帝赐给了他一个圆满的结局。病情日益恶化时，他在“精神纯净和神智清醒”的情况下虔诚地接

① 圣帕丢斯的纪尧姆:《圣路易传》，第101页。

② 博利厄的若弗鲁瓦:《生平》，第3—4页。

受了临终圣事。生命之火即将熄灭时，他只想到上帝和赞美基督教信仰。他念念不忘地要向突尼斯国王派遣一位多明我会布道师。眼看着他的力气消耗殆尽，声音越来越弱，他依然不停地祈求他所特别敬重的那几位圣徒给他以帮助，其中有“王国的特殊主人”圣德尼，还有圣雅克和其他许多圣徒。“在最后一刻，他让人把他的双臂交叉成十字，移到一张铺灰的床上，接着便咽下了最后一口气。上帝之子为了全人类的拯救而在十字架上咽气也在这一时刻。”[①]在卜尼法斯八世的封圣诏书和其他一些文书中，都提到了圣路易安详地死去的情形（“他幸福地到基督那里去了”），但是，一
885 切把他比作基督的说法（双臂交叉成十字、下午三时正咽气）都遭到摒弃[②]。

当时并不在突尼斯的儒安维尔（他为此感到后悔），依据收集到的传闻写道：圣路易咽气时“恰好是上帝之子为拯救世界而在十字架上死去的时刻[③]”。

路易虽被封为圣徒，却并未被承认为殉教者，儒安维尔对此强烈不满。他认为，圣徒归圣徒，不承认他是殉教者就是对他不公正。

> 他为朝觐十字架而历尽艰辛，他为崇高的十字架事业而追随上帝，所以我觉得，不把他算作殉教者行列中的一员是一件憾事。如果说，上帝死在十字架上，那么圣路易也是如

---

① 博利厄的若弗鲁瓦:《生平》，第 23 页。

② 《卜尼法斯八世》，第 159 页。

③ 儒安维尔:《圣路易史》，第 406 页。

此。因为，他在突尼斯死去，与在十字架上死去并无不同[①]。

圣路易其人其事概括地揭示了拉丁基督教在13世纪的演变。肉体和肉体经受的痛苦比以前受重视，施加于“受苦的身心”的善举，在“慈善事业”体系中有了系统化的发展，受苦被认为有助于赎罪，无处不在的泪水胜过了传统的悔限，受难的基督和基督受难的十字架受到虔诚的敬仰，临终时刻被赋予更多意义；所有这些将痛苦荣耀化的做法使人们向受苦之人的形象，头戴荆冠、身穿红袍、缓步走向十字架的基督形象靠近，而圣路易正是这种人的先驱之一。

然而，他在痛苦升华史中所起的作用不限于此。我们说他是圣徒，因为在施惠于穷人和病人的善举中，在对十字架上受难的基督的敬爱和模仿中，他是一个接受痛苦甚至期待痛苦的圣徒，是一个以苦行自赎和自我奉献的圣徒，是双重意义上的不在圣会的方济各。如果说，累累伤疤是圣方济各的苦行自赎行为的结果，那么，圣路易自授痛苦的道路，则结束于耶稣咽气那个悲惨而荣耀的时刻。

对十字架上受难的基督和十字架的虔诚崇敬，引导圣路易也
走上了自我奉献之路。他经历了十字军这个最大的苦行，他经受 886
了疾病、战败和囹圄之苦，终于在第二次十字军远征时为信仰而殉道。作为一个自我神圣化的国王（这也正是圣徒国王在不同社

① 儒安维尔:《圣路易史》，第4页。

会中的多种面貌之一[①]），他是一个圣体—国王；就像耶稣那样，经过长时间的弥留之后，他终于获得恩赐，撒手人寰。

这位圣徒终于因受苦而成为一位国王的典范。他借助受苦使王位免受种种灾难。在他的同时代人看来，为他带来荣耀的远非胜利和财富，而是他在患病、囚禁、战败和服丧时的行为和举止。在人们的记忆中，他是一位国王—基督，这种紧密地融政治责任心和宗教感情为一体的非同寻常的记忆，把痛苦变成了个人拯救和政治成功的工具。圣路易是一位把亡灵引向彼岸世界的国王，是一位末世论国王，他在痛苦——首先是肉体痛苦——的基础上建造了一种思想意识和一种政治实践。

---

① 吕克·德·休什：《国王的神圣躯体》（Luc de Heusch, *The Sacrifical Body of the King*），见费赫尔（编）：《人体史片断》（*Fragments for History of the Human Body*），ed，M.Feher，卷 III，纽约，1989 年，第 387—394 页。

结 束 语 887

在一部以一个历史大人物为中心的著作中，想要首先逃脱隐情是非常困难的。在以往的10年中，我陪伴着圣路易度过了许多或长或短的时刻，我与他究竟是一种什么关系？这种关系是如何演变的？我当然不会自视过高，以至于想写一部《圣路易与我》。我以为，历史学家有权甚至有义务融入写作题材当中，其中包括历史人物题材。但是，当他涉及科学时，哪怕是历史学这种相当特殊并且需要进行许多推测的科学，他应当置身于他的研究对象之外。历史学家不是裁判。尽管如此，在历史传记写作中，历史学家如何建立和如何展开他与他笔下的人物之间的联系，依然是历史传记写作的一种魅力和主要风险之一。是什么促使我产生记述圣路易一生的念头，是什么影响了我观察、展现和诠释他的方法，这些不应由我自己来说，他人将会努力对这个问题作出回答。然而，我应该将我在接触圣路易时的感受告诉读者。历史学家与传主的关系不同于他与其他历史问题的关系。与其说我是从一个人出发的，毋宁说我是从一个问题出发的。这个问题就是为什么和如何撰写历史传记。我不但回答了这个问题，而且阐明了选择

圣路易作为传主的所有职业上原因。可是，与一个人共处10年而不担任何风险，这是办不到的，即使这是一个早在七百年前作古
888 的人物，尤其当我们想到，有依据和有节制的想象对于历史学家的工作是必要的。因此，我对圣路易的认识越来越深刻，我似乎能看到他的面容，听到他的言谈，并且在不被人看见并与他保持一定距离的地方，我变成了又一个索尔邦的罗伯尔，又一个儒安维尔。这种位移是我所作努力的一部分，它被置于我所考虑的这个问题的中心位置：我们能够接近作为一个普通人的圣路易吗？我的调查研究渐渐为我带来了肯定的回答，这使我有了更多主体感和亲近感。

一开始，无论就时间距离和社会地位而言，我都离他很远很远。尽管我拥有历史学家的优越性，如何接近一个圣徒和一位国王终究是个问题。此后通过接触文献并对这些文件的产生过程进行分析，我觉得与他的距离逐渐缩短。我并未梦见过他，但如同儒安维尔一样，我也觉得我本来是可以梦见他的。我日甚一日地感受到这个人物的吸引力和魅力。我觉得自己已经懂得，何以许多人曾希冀见到他的面容，听到他的言谈，乃至伸手就能摸到他。除了卡佩王朝的先王们精心培育的职务威望以外，他还具有一种神赐的个人魅力，这种魅力使得一位国王无需王冠和其他王权标志就能令人受到震慑，而这位国王就是那个身材颀长、清癯而漂亮，长着一双鸽子般的眼睛的国王，就是帕尔马的萨林本修道士所见到的那位打着赤脚沿着尘土飞扬的大道来到桑斯的国王。这是远非仅仅以其外貌给人以深刻印象的一个人物，这是韦伯关于神赐魅力理论的最具吸引力的例证之一，这是权力的一种类型和一种类别的出色的化身；他既有实现一种理想君主的意愿，又有

兼具深刻的理想主义和惊人的现实主义的才具；他在胜利和失败中同样体现了伟大，他使表面彼此难以相容的政治和宗教和谐相处；他是一个追求和平的武士；他是一个国家的建设者，时刻关注着他的代表们的行为；他不失身份地着迷于贫穷，他醉心于公义，却又维护极不平等的等级制度；在他那里，个人意愿和上帝恩赐，顺乎自然和出于偶然都是相互结合的，否则，命运就无从谈起。

后来，我对他更加熟悉，似乎能听见他在笑，在逗趣，在戏 889
弄朋友，以最低程度的矫揉造作做一些简单的动作，如席地而坐。他尽力抑制自己的本性流露：热烈的情爱、怒火或冲动、对于美味的鱼和新鲜的水果等佳肴的喜爱、开怀大笑的需要（纵然是在星期五）、海阔天空地聊天的乐趣等等；我相信自己已经懂得，他为这一切付出了许多许多。藏在封圣诏书中的“超人”后面的，是一个普通的人。时间的距离和历史学家的鲁莽使我忘乎所以，对这位国王的敬佩和情谊油然而生。不管他是否认同，我自认为已是他的挚友之一，我开始对他产生了唯有亲人才有的那种情感，既讨厌他又喜欢他。讨厌他的情绪主要当然是来自一个20世纪人的感情，根本反对他那种苦行主义的理想和自找苦吃的——尤其是自笞——的行为，因一丝不苟地遵从教规而采取的毫不宽容的态度，对犹太人的偏执，把他自己的宗教崇拜活动强加给身边的人的意愿，把一种日益严格和盲目的道德秩序，不可阻遏地推向前进的做法（儒安维尔从十字军远征返回后，是否抵制过每日朝见国王的惯例？），他那越来越狭隘的道德主义，他那越来越像布道词的日常言论，他那越来越不近人情的受苦有益论，他那时常显现的对妻儿的冷漠无情，遭到儒安维尔的痛斥，这种冷漠无情的原因是，他对宗教的反复思考和对理想的追求，胜过对人间生活的眷恋，当然，他毕竟不可能不食人间烟火。所以，他还是常常痛哭流涕。

不过我承认，他的诱人魅力依旧存在。

我觉得，我还应该尝试着回答两个老问题，其一是大人物的历史作用，其二是英雄在传统与现代之间的位置。从大人物理论角度或从大人物比较史角度研究圣路易的任务，我把它留给别人。我自己只想阐述一下是什么总体条件和机遇，使圣路易得以在他的时代和以后长时间中被公认为一个异乎寻常的人物。他兼领了两个主要领域中最高地位，在世俗世界里他是国王，在宗教世界
890 里他是圣徒。作为国王，他继承大统，充分享受王朝的威望，别无他求[①]。重建圣德尼的王家墓地，推动《法国大纪年》的核心部分《诸王纪事》的编撰，这两件事表明，路易依仗的是三个王朝的延续性和前两个王朝具有标志性的君主克洛维斯和查理曼的威望。路易十分看重“先驱者”和祖先们的遗产，一再提到他的近亲先祖中最出色的国王——他的祖父菲力普·奥古斯特；他的父亲在位时间很短，与他的关系令人费解地比较疏远，不过，父亲制服了最可怕的异端势力纯洁派，口碑甚佳。

他还利用了三种特殊遗产。第一种是政治遗产：他属于一个由教会授予神权的王朝。教会授权的具体动作便是为国王涂敷神奇的油膏，国王受敷之后就成了“笃信基督教的国王”，不仅从此高于基督教世界的其他君主，而且身怀魔力。

第二种是经济遗产：他拥有可观的收入，因为祖父菲力

① 参见刘易斯：《王族血缘》，前引书。

普·奥古斯特为国王金库积累了大量财富，也由于整个法兰西王国（特别是王室领地）高度繁荣，法兰西岛地区、皮卡第、诺曼底、朗格多克都是经济格外发展的地区。

第三种是“国家”遗产：1229 年之前，南方地区与法兰西王国之间只存在一种理论上的相当疏远的关系；1229 年之后，它开始与王国的北方地区直接或间接地融为一体。路易是法兰西王国的历史上第一位统领全国的名副其实的国王。1248 年的十字军之前他对南部的关注，似乎仅仅出于将南方稳定在王国版图内的考虑，他平服了 1240 年雷蒙·特朗卡维尔的叛乱，恢复了博凯尔和卡尔卡松两个邑督区的稳定。1242 年英国人战败后，与英国人结盟的雷蒙七世也随之溃败，1243 年签署的洛里斯和约促使国王拥有的对于图鲁兹伯爵的领宗主权恢复正常（不过，凭借卡斯蒂利亚的布朗什的保护，图鲁兹伯爵似乎受到了照顾）。猖獗一时的纯洁派终于销声匿迹，尽管促成此事的主要是教会、宗教裁判所和 891
纯洁派的内讧，然而毕竟加速了太平年月的回归。13 世纪的第二个 25 年中，法国南方显然在政治和文化两个方面都输给北方了。“法国北方人”在此事当中是进击者，但无论如何评说他们的粗暴，南方人的无能毕竟是不争的事实，无论在 13 世纪与 14 世纪之交阿尔比分子被剿灭和奥克语文化奄奄一息之前，在与军事贵族息息相关的行吟诗人文化黄金时期之后，都未能建立起一个奥克西坦国家。19 世纪和 20 世纪奥克西坦再度崛起时，带有明显的追忆和敌意的标记，这是完全合乎情理的；追忆的是当年在北方人面前的失败，敌意则针对当年北方对南方的征讨，而法兰西王国和卡佩王朝都曾从此次征讨中获益。诚然，曾经发生过分偏袒一方过激行动，这与时代精神不相吻合，不过，中世纪法国的南方与北方毕竟在客观上显著地接近了①。

路易之所以成为超乎一般之上的伟大历史人物，除了他是个好国王，更因为他以功德争得了圣徒头衔，此外还应归功于那几个热心主张为路易封圣的人。我们看到，路易的圣德受到托钵僧修会的强烈影响，在中世纪格式化的圣徒传记中显示了某些新的特色，不过，其余却都是毫无新意的古老传统。格里高利改革以后，圣徒国王越来越少，在这支人数稀少的队伍中，圣路易是与以往的典范断然决裂的标志，由于他是此类圣徒国王的第一位和最后一位，所以他是一个独一无二的典范，这一点显然有助于为他的形象增辉，而且至今依然如此。

被封为圣徒一事为路易带来的另一个好处是他成了一种文学样式中的英雄，这种文学样式竭力如实记述他的一生，既赞扬他的优点和品德，也不讳言他的种种缺点和不足。圣路易不是第一
892 位身后有官方传记的卡佩王朝国王，他之前的虔诚者罗伯尔、路易六世以及他的祖父菲力普·奥古斯特，都有这种赞誉性传记。圣路易是由一个对他相当熟悉的平信徒撰写传记的第一位国王。

① 达尼埃尔·博尔泽、勒内·波塔尔、雅克·塞尔巴：《路易九世与奥克西坦尼》(Daniel Bordeix, René Pautal, Jacques Serbat, *Louis IX (alias Saint Louis) et l'Occotanie*)（本书原文第 725 页注 1），前引书。这本小册子严厉谴责路易九世的奥克西坦南方政策，但对时代特征似欠考虑。雅克·马多勒的《阿尔比悲剧与法国的统一》(Jacques Madaule, *Le Drame abligeois et l'unité française*)（本书原文第 725 页注 1）承认国王的行政管理机构在南方确有过激行为，并把整个王国的治理视为与南方的做法相似，但是，此书作者认为，“尽管有这个毛病，路易九世的治理从总体上看是相当不错的。路易九世为南方带来了自罗马入侵以来很少有过的和平年月，为这个地区治愈了持续将近 30 年之久的宗教和政治战争造成的创伤。可惜，不久之后和平又丧失了”。

儒安维尔帮了他很大的忙，如果没有儒安维尔，他就不可能自15世纪以来拥有一个栩栩如生的形象。与查理曼之于艾京哈特、路易六世之于絮热、拿破仑之于拉卡斯相比，圣路易也许更有赖于儒安维尔，他简直就是儒安维尔创造出来的。不过，笔者经过调查研究后发觉，儒安维尔心目中的样板人物与他笔下的圣路易相当接近。

圣路易的运气还在于儒安维尔不用拉丁文，而是用法文撰写他的传记；由于他相当熟悉他的偶像和朋友的言语，所以他常在书中让圣路易以第一人称说话。那时，以“我”自称的通常是作者，圣路易是以第一人称出现在一部传记中的身份很高、权威很大的第一人①。

保存在碑刻中的古代君主们的言论，往往固定在官方格式中；而记录在书中的上古时期和中世纪的大人物，则总是语言干瘪，千篇一律。如果把这些忽略不计，那么，圣路易就是有史以来第一位用日常言语说话的西方大人物。

从长时段来看，圣路易生活的年代正是法兰西王国的一个光辉灿烂的文明时期，他虽然没有为此作出多少贡献，却从中受惠不浅；哥特式艺术蓬蓬勃勃，巴黎大学声名远扬，法语威望骤起。在人们的记忆中，他与灿烂而简朴、像他本人一样光彩夺目的圣堂紧紧相连。

圣路易的运气经久不衰。制度、社会和人们的心态一变再变，他经历了这许多历史记忆的巨变，却没有遭受多大损害。从他去

① 赞克:《圣路易时代前后文学中的主体性》，前引书。

世一直到法国大革命，他始终是法国君主制精髓无可比拟的化身。他的后裔，无论是否曾经君临天下，无论是以长子、幼子或是女性的身份成为他的后裔，无论源于卡佩、伐鲁瓦或波旁王朝，鉴于强大的“血缘”思想意识，只要他们的血管里有一滴圣路易的
893 血（品德高尚和血缘纯正的国王的血必然是纯而又纯的），所有这些男女君主王公，统统都是优于其他精英的超级精英。据说，路易十六走上断头台时，陪同他的神甫对他说：“圣路易的子孙，上天吧！”此话或许不是神甫所说，而是有人相当妥帖地让路易十六在临死之前所说。圣路易作为一位笃信基督教的国王，尤其在大革命和第一帝国以后，深受天主教界和保守（如果不称之为反革命）势力的敬仰，他曾对抗共和制和进步的世俗思想，但是，他也曾体现了各个新阶层所鼓吹的理想，即宽和、尤其是公正与和平。通过拉维斯的《法国史》和学校教材，第三共和国依据儒安维尔的一段记述，为他塑造了一个神话人物的形象，那便是在万森树林的一棵橡树下审案的圣路易。今天，他已与整个基督教世界化为一体，这就使他成为欧洲思想的拥护者们共同膜拜的对象。

史学研究和史学新趋势阶段性地引发的修正，对他竟然毫发无损。较之以往，即使人们更加肯定地获知，13 世纪的光辉在当时男男女女的生活中留下了一大片阴影，然而，人们既没有发现也没有查获圣路易时代存在着被掩盖的另一面。饥馑有所消减，慈善事业显然大有进展。圣路易在两次十字军远征中和在圣地的长期逗留中置法国于不顾，因而削弱了法国的说法，经不起认真的检验。我相信，我在前面已经证明了这一点。

就连他的失败也丰富了他的形象。这些失败使他更加人性化，并把他置于祸福交替的国家历史的长河中，而这种祸福交替的历

史，则有助于集体意识把灾祸整合到历史特性之中。

对于20世纪末的法国人来说，他对宗教裁判的支持，他对
待犹太人的态度，他在十字军远征中的作用，他在基督教徒与穆
斯林关系中的作用，这些都是依然存在的阴影区。所有这些问题
都属于一个源自12世纪而成型于13世纪的梦魇，那就是建立一
个基督教世界整体的意愿，这既是一个天然的整体，又是一个神
秘的整体，所有可能玷污、腐蚀、削弱和分解这个整体的东西都
应该遭到排斥，首当其冲的是异端势力和犹太人，同性恋排在第
二位，麻风病人虽然也在被排斥之列，但地位有些模棱两可，穆 894
斯林则难以说清，因为，西班牙人的复地运动获得成功之后，伊
斯兰教在基督教世界内部已经不复存在。可是，圣地和耶路撒冷
难道不属于基督教世界吗？难道不是基督教世界的中心和心脏吗？
圣路易是那个惧怕不纯洁的社会产物，但是，与表面现象相反，
他在这个社会中扮演了一个温和的角色，与此同时，他还受到其
他思潮的制约：经院哲学中的宽和决疑论，托钵僧修会关于以言
传身教作为衡量尺度的教诲。

不过，我是从长时段角度进行观察的，所以，我不同意圣路易在这些领域中只是以一个当时人的身份行事的看法。首先，个人可能在不同程度上参与了以往的行动方式，另外，在长时段的各种现象中掂量过去的分量也是正常的。

我们看到，就宗教裁判所而言，他与当时的所有统治者一样，也没有抵制教皇的要求，从而使自己成了教会世俗权的行使者，并执行了宗教裁判所的裁决所规定的各种举措。但是，正如让·里夏尔所指出，为他撰写圣徒传记的作者全都对他镇压异端的特殊热情保持缄默，其实他们自己大概也很想这样做。他开始

狂热地反对异端时，受了保加利亚人罗伯尔的欺骗，后来试图把镇压行动限制在一定范围之内。他的目标是促使异端分子回归基督教正统，就像迷途的羔羊返回羊圈一样，最终实现所有基督教徒的和解。

他的犹太人政策也以此为目标。每一个犹太人受洗都给他带来巨大的喜悦，他甚至多次为改宗的犹太人担任教父。他对犹太人的敌意是一种宗教感情，他没有受到种族主义病毒的感染，因为中世纪尚无种族概念，不但如此，他甚至没有把犹太人视为一个“民族”，“民族”这个词的含义今天大体上相当于人种。不错，犹太人在他看来是一伙可憎的外邦人，极端不讲信义是他们的本性。对犹太人究竟应该镇压还是保护，他拿不定主意。

就十字军远征作出承诺后，他终于参加了西方基督教世界对
895 伊斯兰教徒的攻击，此事留下了长久的记忆。可是，两次十字军的失败却使他成为一个虔诚的英雄，这是一个人们所说的西方前殖民主义的英雄，而不是对穆斯林战而胜之的劲敌。在十字军这件事上，他同样抱有规劝穆斯林改宗的幻想。

胜利也好，失败也好，他都循着老路走，没有创新。他走得更远些的希望，继续推动在他之前就已出现的运动，那就是争取公义与和平，推进有助于加强王权和统一国家的机制与措施，促进心态转变，实现限制暴力和转移宗教崇拜重心的愿望。圣物崇拜和苦行赎罪虽然依旧是此时的基本宗教崇拜活动，但是，重心却已经渐渐转移到谦卑、仿效基督、热心慈善事业等方面，这种“托钵僧修会”的宗教崇拜虔诚并非“现代宗教崇拜”，而是对10—13世纪期间基督教大发展的挑战作出的回应。他还推进了社会控制技术，为中世纪与文艺复兴时期之间的深刻变化，为人与

“权威、真理和信仰”的关系的深刻变化作出了贡献①。

他属于那种可以被看作“黄金时代伟人”的伟人类型。这类伟人促成了人们的物质、精神和政治的征服，在相当长的一段时间里取得长足的发展，而他们自己则被他们所处时代所烘托。启蒙时代的人们喜欢把以往的岁月分割为若干冠以人名的时代，诸如伯里克利时代、奥古斯特时代、路易十四时代等等；圣路易也可以成为与这些时代媲美的一个时代的象征性人物。何况确实有人称“圣路易时代”。也许，称他为一个时代的象征，比称他为一个时代的开创者更为妥帖。他的同时代人都觉得，他是他们那个时代的主宰者；历史表明，看一看汇聚在他身上的所有象征就能发现，他们的感觉是真切的。

可是，尽管打上了他那个时代的政治结构和价值观的标记，体现在他身上的理想终究是植根于过去的理想，而不是植根于未来的理想。圣路易是基督教世界的理想国王，这个基督教世界是
由《旧约全书》和 12 世纪的复兴所确定的罗马帝国的欧洲和圣地。896
圣路易之后再也没有率领十字军的国王，再也没有圣徒国王，再也没有不在墓盖板上显示真容的国王了。圣路易以后的国王是法治、政治和经济国王，是法学家国王、亚里士多德国王和危机国王。圣路易是一个政治理想的国王，这种政治理想在另一个时代来临之际寿终正寝了。

作为基督教世界的神圣象征，圣路易没有能与之抗衡的对手。19 世纪特别是 20 世纪推出了一位能与他匹敌的伟人，那就是腓

① 雅克 · 希福洛:《宗教和中世纪制度史》(*Pour une histoire de la religion et des institutions médiévales*)，见《历史手册》(*Cahiers d'histoire*)，1991 年，第 3—21 页。

特烈二世皇帝。尽管真实的历史其实更加复杂得多，但是，在历史学家们的眼里，腓特烈二世是一个近代意义上的君主，好也是他，坏也是他；对于这位近代意义上的君主来说，公正本身并不是目的，它只是为真正目的服务的一种手段，而真正目的则是所谓的理性，其实是在以国家利益的名义下进行的一切正义或非正义的事业；他致力于在西西里建立一个以国家垄断和完善的关税体系为支撑的"封闭的商业国家"；据说他对穆斯林和犹太人实行了宽容政策，有人说，这个国家是多民族、多文化和多宗教国家的一个雏形；据说他是"科学知识分子"的先驱之一，或许还是一个不信教者，一个集暴君和开明君主于一身的皇帝。尽管厄奈斯特·坎托洛维茨的前纳粹德意志意识形态与时代精神极不相宜，但他对腓特烈二世的了解更多，在他看来，腓特烈二世在怀古的梦想中扭身朝向往日的帝国，为赋予它以新的生命而作最后努力的就是他，但是，在他的时代，他却被视为一个反基督的人物："腓特烈二世是最后一位被奉为神明并在众多星辰中占有一席的皇帝。"①在今天的史学家眼里，最后一位被奉为神明的皇帝和最后一位被封为圣徒的国王，不管他们在这个或那个领域里提前准备了些什么，他们都是在一统天下的梦想中眷恋往昔的人，一统天下对于腓特烈来说，是古代那种普天之下莫非王土的帝国，而对于圣路易来说，则是他所理解的圣奥古斯丁所说的清一色的基督教世界。他们在幻梦正酣时戛然而止，梦幻则随着他们逝去而消失。纵然他们曾以某种思想或行动预示过未来，未来终究是他们死后

---

① 坎托洛维茨：《腓特烈二世皇帝》（Ernest H. Kantorowicz, *L'Empereur Frédéric II*），前引书。

才开始的。

即将到来的近代化不是没有迹象可寻的，首先，旧的价值观已经发生危机，基督教世界和法国圣路易在位时期完成的业绩已 897
经开始动摇；随之而来的是开始出现经济和社会危机，圣路易在位末期的首批劳动冲突和首批货币操纵事件，以及其他预示性征兆都是现代化即将到来的先兆[①]。这些征兆包括让·德·默恩在《玫瑰传奇》中的咄咄逼人的自然主义所体现的攻击，攻击的对象是经院哲学中理性与信仰的平起平坐；这些征兆还包括吕特伯夫对托钵僧修会的凶狠攻击，最后还包括十字军的惨败。圣路易在位末期的人们并没有意识到，在这个漫长的上升阶段中已经出现转折。13世纪和13世纪之交，他们察觉到危机出现并日趋严重，这时，他们越发觉得圣路易其人和他在位时期是那么灿烂和美好，那么令人眷恋。由于圣路易的建树，他在位期间出现了一个黄金时代的神话逐渐生发，这个神话部分反映了事实，部分则是美化回忆的结果。面对当前的困难，人们在“圣路易老爷的（美好）时代中”找到了慰藉。圣路易之所以成为一个伟人，最后还有一个原因，那就是他是一个被人们怀念的国王。不过，怀念一个往日的君主，而用来装扮这位君主的威望却是现今人们所无法接受的，这种怀念难道不也是一个“拓扑”吗？不也是历史感情的陈陈相因吗？归根结底，圣路易存在过吗？

① 请看本书原文第671—673页。

附录一

899 圣路易的“体质状况”（奥古斯特·布拉谢大夫提供）（1894）

奥古斯特·布拉谢[①]是个古怪的人物，1844年生于图尔，1898年死于肺结核。他一生靠清贫的职业维持生计，曾担任国立图书馆（当时是帝国图书馆）目录室的低级职员和欧仁妮皇后的学习辅导员。他仅在巴黎文献学院短暂求学，是一位基本上自学成才的罗马文献专家。他在“语言史的基础上”编撰出版了一部《法文文法》，自1867年来多次重印。他是希波克拉底著作的出版者、学识渊博的实证主义文献学家里特雷的高足，1880年后，他凭借丰富的医学、文献和史学知识，着手编写中世纪末期之前的法国历代国王精神病理学；此书于1896年首次出版后未能广泛流

① 科莱特·里博古、玛丽-克莱尔·加诺（Colette Ribraucourt et Marie-Claire Gasnault）对奥古斯特·布拉谢颇有研究，我从她们的研究中获益匪浅，特致谢忱。关于布拉谢，可参阅保罗·梅耶尔（Paul Meyer）发表在《罗马化地区》（*Romania*）卷27上的布拉谢传略，1898年，第517—519页；罗曼·达马尔（Roman d'Amar）为《法国传记辞典》（*Dictionnaire de biographie française*）撰写的词条“布拉谢（奥古斯特）”，卷VII,1956年，第128栏。

传。我们所利用的版本是他的遗孀、娘家姓考尔夫的安娜·布拉谢 1903 年替亡夫出版的[①]。

由于受遗传理论的束缚，布拉谢一直试图结合卡佩王朝诸王对圣路易进行研究，这个王朝的查理六世是个疯子，路易十一则是癫痫症患者。他毕竟是个具有实证主义思想的医生，所以他并未把圣路易的一切行为都归结为生理现象。比方他曾写道：“路易九世的生殖功能正常。国王的禁欲……是宗教禁忌，绝非生理原因所致”。他收集了当年资料中所有与圣路易的身体和健康状况有关的文献，堪称独一无二，这一点令人惊奇，不过，当我们想到他曾是文献学院的学生，应用的是博学方法时，也就不觉得惊奇了。

关于圣路易的神经系统，布拉谢认为他患有“嗅觉麻痹症”，因为他在西顿附近的一个战场上闻不到尸体的恶臭。但是，他之所以没有捂鼻子，是不是为了表示对死者的尊重呢？

据说，他在床边做完祈祷后，眼前一片模糊，神智不清，竟
然问身边的人：“我在哪里？”这是不是作者圣帕丢斯的纪尧姆为 900
了强调圣路易的祈祷非常频繁，因而在文字上有意夸张呢？

圣路易右腿周期性地疼痛，并伴有红肿，布拉谢诊断为传染性的复发性丹毒；据他推断，这是圣路易患有疟疾的症候，事实是否如此呢？圣路易大概是在普瓦图和圣东日与英国人作战时染上此病的。他起誓要进行十字军远征之前突然陷入深度昏迷，大

① 有关圣路易的内容在该版的第 353—408 页上。此书的前言谈的是“历史诊断学方法论”，这是一个当时尚无人问津的专题，奥古斯特·布拉谢始终是一位学界先驱。

概也是此病作祟。深谙此门学问的布拉谢称此病为“癫痫经常引发的混合型伤寒性疟疾”，我们有必要使用这种专门术语吗？

国王在远征埃及的十字军中，与大部分官兵都患了同样的病，此病并不罕见，就是“疟疾复发、痢疾……坏血病”。

从十字军回来后，国王再度生病。由于有关资料不够精确，更因为“在巴勒斯坦染上的传染病呈恶化状态”，布拉谢因而没能确定国王此次患的是什么病。据儒安维尔记述，十字军出发前往突尼斯时，圣路易已经无力上马。

他最后死于“痢疾、恶性高烧、军营伤寒症”。

圣路易临终之时失去语言能力，布拉谢大夫就此评论道：“或许这是一种疾病性失语现象，系接受终敷后的过于激动所引起，但是，在见到圣物时心情激动的刺激下，他又恢复了语言功能。是否如此？”

因此，尽管布拉谢试图证明，遗传是路易九世的重要病因，但是，这位诚实而尊重事实的医生，却没能使圣路易成为卡佩和伐鲁瓦王朝病理学链子上的一环。然而，他收集了一份非常珍贵的有关圣路易的身体自然状况的材料。

附录二

路易九世从圣地致臣民函（1250） 901

法国国王路易承上帝保佑，向亲爱和忠诚的高级教士、贵族、武士、公民、市民以及能读到此信的王国境内所有居民致意：

为了上帝之名的荣耀与光荣，为了继续全力进行十字军远征，我觉得有必要向大家报告，攻陷达米埃塔（我们的主耶稣基督以其不可言喻的仁慈，将此城奇迹般地交到基督教徒手中；据我的谋士说，你们大概已经获悉）后，我们于 11 月 20 日从此城开拔。我们的陆军和海军集结后，向集结和驻扎在俗称马苏尔地方的萨拉森人军队推进。我们在行进途中顶住了敌人的袭击，使他们经常遭受重大损失。有一天，若干埃及军队前来攻击我军，结果全部被我军歼灭。我们在途中获悉，开罗苏丹已经一命呜呼；他在临终时派人去见留驻在东方省的儿子，并要求所有主要军官发誓忠于他的儿子；他把指挥权交给了一个名叫法赫尔丁的埃米尔。当我们抵达刚才提到的地方时，发现这些消息都确凿可信。我们于圣诞节前的星期三抵达那里，但无法接近萨拉森人，因为敌我两军之间隔着一条名叫塔尼斯的河流，这条小河在这里从尼罗河分流出来。我们在两条河之间安营扎寨，营盘从尼罗河延伸到那条小河。我们在那里与萨拉森人打了几仗，好几个萨拉森人饮剑毙命，更多的溺死在河中。塔尼斯河水深岸高，无法涉水而过，我们于是抛土修筑堤道，以便让我们的军队渡过河去。我们这样干了好几天，艰难和危险很多，开支也极大。萨拉森人竭力阻止我们施工，竖起了一些装置对付我们；他们用石块和希腊火硝摧毁我们竖在堤道上的木塔。我们对于修好这条堤道几乎已经不抱希望时，一个萨拉森变节分子告诉我们，有一段河水很浅，可以
902 涉水而过。圣灰日前的星期一那天，我召集全体贵族和高级军官，决定第二天即斋期开始前的第三天一大早，除留下少量官兵守卫军营外，全军从那个浅水河段渡河。翌日，部队以战斗队形开赴指定地点，由于河水比原先了解的深且险，所以我们虽然渡河成功，却冒了很大风险。马匹不得不泅水而过，攀上对岸也颇费周折，因为河岸很高，河滩泥泞。过河之后，我们来到萨拉森人在我们的堤道对面竖立装置的地方。前卫部队奋勇向敌人进击，顾不得分辨男女老少，杀死了大批敌人，其中包括萨拉森人的一个首领和若干埃米尔。部队接着分散行动，我们的几个士兵冲过敌营，到达一个名叫马苏尔的村子，把一路上遇到的敌人全部杀死。但是，萨拉森人发现我们有些轻敌，于是重整旗鼓，向我军压了过去，把我军团团围住后，拼力厮杀。他们杀死了我们的许多贵族和武士，其中既有神职人员也有平信徒。过去和现在我都为这些官兵的死深感悲痛。我那英勇无畏的弟弟、值得我们永远怀念的阿图瓦伯爵也阵亡在那里。提起这件伤心事，我心里十分痛苦，虽然我本来应该为此而高兴，因为我相信并且希望，他既然已经获得殉教者的称号，就能进入天堂，在那里他将得到殉教者应得的奖赏。那天，萨拉森人从四面八方向我们进攻，箭如雨下，我

们一直坚持到晚上九时，可是我们完全没有弩手的支援。我们的
兵员和马匹遭受重大伤亡，在上帝佑护下，我们终于守住了阵地，
并在阵地上重新集结，当天就把营地移到萨拉森人竖立的装置近
旁。我与所剩无几的官兵在一起，大家一起修建了一座浮桥，好
让对面的部队渡过河来与我们汇合。第二天，少量官兵渡过河来，
在我们近旁扎营。萨拉森人的装置被我们摧毁后。我军就可以安
全地利用浮桥自由往来于两岸。星期五那天，堕落的子弟们从各
个方面集中他们的兵力，企图将基督教徒军队彻底消灭，他们人
多势众，贼胆包天，向我们的阵地蜂拥而来。双方短兵相接，战
斗十分惨烈，据说在这个地区从未见到过如此激烈的搏杀。上帝
保佑，我们顶住了敌人的多面进攻，并将他们击退，在我们的打
击下，他们成群倒下。几天之后，苏丹的儿子从东方省来到马苏
尔。埃及人见了他，就像见到自己的主人一样兴高采烈。他的到
来为他们鼓了劲，而我们这边则不知道上帝给予我们什么惩罚，
反正一切都与我们的愿望背道而驰。军营里发生传染病，一批官
兵和马匹染病死去。没有失去同伴和无需照看患者的人很少很少，
基督教徒军队迅速减员。我们的一些官兵因饥饿而死，因为敌人
的兵船和海岛切断了通道，在达米埃塔装上军粮的我军船只，无 903
法驶抵战地；敌人进而夺走我军船只，接着又先后拦截了我军两
支粮草运输队，杀死了许多船员和其他人员。由于粮草供应完全
断绝，惊恐和绝望情绪蔓延，加上兵员锐减，我们被迫放弃阵地，
撤回达米埃塔。这也许正是上帝的意愿。但是，道路并非人自己
所能选择，而是引导者和主宰一切者依据其意志所定。当我们在
途中行进时，即 4 月 5 日，萨拉森人向基督教徒军队发动猛烈攻
击，由于我的罪孽，而且经上帝许可，我落入敌人手中。我和我

的两个亲爱的弟弟普瓦提埃伯爵和安茹伯爵以及随同我们从陆路撤退的官兵，统统被敌人俘获，其间敌人还杀害了我们的许多官兵，基督教徒的鲜血染红土地。大部分沿河而下的官兵也当了俘虏或被杀害。运送他们的船只连同船上的病号大多被放火烧死。被俘数日后，苏丹派人向我建议停战，他软硬兼施，强烈要求我们毫不迟延地把达米埃塔和存留在该地的一切归还给他，并赔偿自我军开进达米埃塔后他的一切损失和开支。经过多次谈判，我们达成了十年为期的停战协议，其条件如下：

苏丹释放我和下列被俘人员，听凭我们去往愿去的地方：自从我们抵达达米埃塔以来被萨拉森人俘获的官兵，自从当今苏丹的前辈卡迈勒苏丹与皇帝订立停战协定后被俘的所有其他基督教徒，不论他们是哪国人。基督教徒保留他们到达时在耶路撒冷王国中拥有的土地，不受干扰。我们则必须归还达米埃塔，支付 80 万萨拉森金币，用以赎回我们的被俘人员，赔偿刚才提及的他们的损失和开支（我们已经支付了 40 万），释放基督教徒军队来到埃及以后在那里俘获的所有萨拉森人，以及自从皇帝和苏丹订立停战协定以来被我们在耶路撒冷王国俘获的所有人员。我们的所有动产和留在达米埃塔的动产，在我们离开之后由苏丹看管和保护，有机会时运回基督教徒国家。所有患病的基督教徒和留在达米埃塔出售财物的基督教徒，都将获得同样的安全，在他们愿意的时候，都可以经由陆路或海路离去，不受任何阻挠和禁止。苏丹保证向所有愿意从陆路离开的人发放通行证，直至他们抵达基督教徒国家。

与苏丹签订的这份停战协定，前不久由双方发誓后正式生效。苏丹正准备率领军队向达米埃塔进发，以便完成协议规定的条件时，上帝施加惩罚，若干萨拉森武士（肯定与大多数官兵订有默契）突然向正准备离开饭桌的苏丹发难，将他打成重伤。苏丹忍着剧痛走出帐篷，打算逃离此地。但是，在所有埃米尔和许多其 904
他萨拉森人的众目睽睽之下，他被乱剑刺死。事发之后，好几个萨拉森人怒气未消，手持刀剑冲进我的帐篷，似乎想要（我们之中好几个人也担心）杀死我和在场的所有基督教徒。然而，神明的宽容驱散了他们的怒气，他们仅仅催促我们赶紧执行停战条件，言语和行为都充满可怕的威胁。上帝是仁慈之父，他倾听仆役们的呻吟，为处于困境的人带来慰藉；出于上帝的旨意，我再次发誓，肯定了不久前与苏丹达成的停战协议。他们依据他们的律法，先是全体一起，然后逐一发誓，遵守停战条件。双方确定了释放战俘和移交达米埃塔城的时间。与苏丹达成放弃这座城市的协议并非易事，而与这些埃米尔重新协商更不容易。根据来自达米埃塔的我方人员提供的该城真实状况判断，保留这座城市已没有任何希望，再则，我们的贵族和其他人员也持同样意见。我认为，对于基督教世界来说，与其以基督教徒残存兵力继续控制这座城市，不如以停战换取我和其他战俘的释放；何况我和所有战俘都处于极度险恶的境遇之中。因而，埃米尔们在规定的日子里收复了达米埃塔城后，就释放我和其他战俘，其中包括我的两个弟弟、弗兰德尔伯爵当皮埃尔的纪尧姆、布列塔尼伯爵皮埃尔·摩克莱尔、苏瓦松伯爵让·德奈以及法兰西王国、耶路撒冷王国和塞浦路斯王国的一些贵族和武士。此时我坚信，他们将会释放所有的基督教徒，并依据协议内容信守誓言。

我们办妥这些事后就离开埃及，留下了一些人员接收萨拉森人将要释放的我方人员，守护由于船只不足而无法随我运回的物资。抵达此地后，我派遣了一些船只和特派员前往埃及，负责运回被释放的人员（因为这些人员的释放是我们最为牵挂的事情）和遗留在那里的物资，诸如装置、武器、帐篷、一部分马匹以及其他物品。但是，埃米尔把我们的特派员扣留在开罗很长时间，而且只向他们移交了滞留在埃及的 12000 名战俘中的 400 名，有些战俘为了获释甚至被迫交钱。至于物资，埃米尔则什么也不愿移交。最卑鄙的还在后面：面对我们的特派员和从此地返回那里的忠诚可靠的前被俘人员，他们把利剑举过头顶，强迫从战俘中挑选的一批青年，当众宣布弃绝天主教，改信穆罕默德的宗教；有几个怯懦分子居然听命照办了。但是，其余人员犹如勇敢的竞技者，对自己的宗教信仰坚贞不移，不顾敌人的威胁和毒打，决心守住自己的信仰，毫不动摇；他们终于被害而成为殉教者。我们确信，他们的鲜血将替信奉基督教的人民向上帝呼吁；他们在那里殉难也许比他们活着的贡献更大。穆斯林还杀死了好几个留在达米埃塔的基督教徒病号。虽然我们严格履行了，并且准备继
905 续履行与他们达成的协议，但是，我们对于他们将要释放基督教徒被俘人员，归还属于我们的东西，都没有任何把握。实现停战和我获释后，我满怀信心地以为，基督教徒占领下的海外土地将处于和平状态，直至停战协议期满，所以我当时不但希望也打算返回法国，而且已经为此进行准备。可是，正如我刚才所说，我们看得非常清楚，埃米尔公然践踏停战协议，视自己的誓言为儿戏，肆无忌惮地戏弄我和整个基督教世界。我于是召集法国贵族、圣殿骑士团、医院骑士团和条顿会的骑士们以及耶路撒冷王国的贵族，听取他们对于接下去我们应该如何行动的意见。绝大多数到场的人坚信，如果我们此时离开此地，放弃这块即将失去的土

地，那么我们就将把自己完全暴露在萨拉森人面前，尤其因为这块土地眼下已经变得十分贫困和虚弱，而且这样一来，如今仍在敌人手中的被俘基督教徒也就没有任何获释的希望了。相反，如果我们留在此地，时间也许会给我们带来某些好处，诸如战俘获释、保住耶路撒冷王国的城堡和堡垒，以及有益于基督教世界的其他实惠，尤其因为阿莱普苏丹与开罗的统治者之间出现了裂痕。阿莱普苏丹集结军队后，夺取了大马士革和若干属于开罗君主的城堡。据说，他将到开罗去为被埃米尔杀死的那位苏丹报仇，如果可能，他还会设法成为那块土地的主人。考虑到这些情况，同时出于对圣地的贫穷和苦难的怜悯，尽管我们中的一些人劝我不要在此长期逗留，但是，既然我们是为了支援圣地而来，而且为被俘人员的痛苦而难过，所以我宁可推迟返国的日期，在叙利亚滞留一段时间，也不能完全放弃基督的事业，让我们的被俘人员经受巨大的危险。不过，我已决定让我亲爱的弟弟普瓦提埃伯爵和安茹伯爵立即返回法国，慰藉我亲爱的母亲和全国人民。鉴于每个以基督教徒为名的人，都应该为我们所进行的事业表现出高度热忱，尤其是我，因为我出身于上帝为征服圣地而特意选定的人民，而圣地对于你们来说就是自己的私产；因此，我呼吁你们大家都来为基督服务，他为了我们大家死在十字架上，为我们的拯救而播撒他的鲜血。因为，这个罪恶的民族不但亵渎神明，当着基督教徒人民的面向造物主啐吐沫，而且还用棍子敲打十字架，往十字架上吐痰，带着对基督教的仇恨把十字架踩在脚下。基督的战士们，拿出你们的勇气来！武装起来，准备为上述侮辱和冒犯报仇。学习你们的父兄吧，他们已经为你们作出了榜样，以他们的出色表现胜过了其他民族。我已经先于你们侍奉上帝，现在该是你们与我携手并进的时候了。无论你们将会遇到什么情况，上帝都会奖赏你们，福音家族之父对于在日落之时前来葡萄园劳作的所有工人，将如同日出之时来到葡萄园的工人一样，一视同仁地给予奖励。在我逗留此地期间，亲自前来或派遣人员前来圣地的人，除了此前已经许诺十字军战士的赎罪卷以外，还将得到上帝和民众的嘉许。赶紧作好准备吧！凡是受上帝的启示，打算亲自或派遣援兵前来的人，应作好 4 月或 5 月出发的准备。因来不及准备而无法随第一批出发的人，至少应该作好在圣约翰节出发的准备。我们这一行动的性质要求庄严隆重，延误将造成严重后果。至于你们，高级教士和基督的信徒们，请以你们向上帝的祈祷帮助我，请在你们权力所及的一切地方下令，叫大家都来祈祷，让神明的宽容赐予我因罪孽而不能获得的福分。

耶稣降生 1250 年 8 月于阿卡[①]。

① 译自奥克奈尔（编）:《圣路易言论集》(Davis O'Connell, *Les Propos de Saint Louis*), 前引书，第 163—172 页。

参考书目

LISTE DES TITRES ABRÉGÉS DES SOURCES CITÉES DANS LES NOTES

Boniface VIII	Voir *Documents sur la canonisation*
Enseignements (D. O'Connell éd.)	Voir *Enseignements de Saint Louis*
Geoffroy de Beaulieu, *Vita*	Voir *Biographies et hagiographies*
Guillaume de Chartres, *De Vita et de Miraculis*	Voir *Biographies et hagiographies*
Guillaume de Nangis, *Chronicon*	Voir *Chroniques*
Guillaume de Nangis, *Gesta Ludovici IX*	Voir *Biographies et hagiographies*
Guillaume de Saint-Pathus, *Les Miracles de Saint Louis*	Voir *Biographies et hagiographies*
Guillaume de Saint-Pathus, *Vie de Saint Louis*	Voir *Biographies et hagiographies*
Joinville, *Histoire de Saint Louis*	Voir *Biographies et hagiographies*
Layettes du Trésor des chartes	Voir *Actes et documents administratifs et législatifs*
Le Nain de Tillemont, *Vie de Saint Louis*	Voir *Biographies et ouvrages généraux*
Matthieu Paris, *Chronica majora*	Voir *Chroniques*
Ordonnances des rois de France	Voir *Actes et documents administratifs et législatifs*
Salimbene de Adam, *Cronica*	Voir *Chroniques*

N.B. Toutes les traductions de biographes que je donne dans ce livre, excepté Joinville, et sauf avis contraire, sont miennes.

SOURCES

Actes et documents administratifs et législatifs

Il n'y a pas d'édition des Actes de Saint Louis, pas plus que de ceux de Louis VIII et de Philippe III, ce qui crée un hiatus pour la plus grande partie du XIIIe siècle royal français, entre 1223 et 1285.

Le registre de chancellerie de frère Guérin (mort en 1227), principal conseiller de Philippe Auguste, évêque de Senlis, garde des sceaux sous Louis VIII et au début de la minorité de Saint Louis, est conservé aux Archives nationales (JJ26). Il a servi jusqu'en 1276. Saint Louis en a emmené une copie en Égypte, conservée à la Bibliothèque nationale (Ms. latin 9778) et a peut-être emporté le registre à Tunis en 1270.

Les chartes et d'autres actes ont été publiés dans les *Layettes du Trésor des chartes :* t. II (1223-1246), A. TEULET (éd.), Paris, 1866 ; t. III (1246-1262), J. DE LABORDE (éd.), Paris, 1875 ; t. IV (1262-1270), Élie BERGER (éd.), Paris, 1902.

Les actes du Parlement, à partir de 1254, ont été publiés dans les *Olim ou registres des arrêts rendus par la cour du roi sous les règnes de Saint Louis, Philippe le Hardi, etc.*, Arthur BEUGNOT (éd.), t. I, *1254-1273*, Paris, 1839. Edgar BOUTARIC en a donné une analyse dans *Actes du Parlement de Paris*, t. I, *1254-1299*, Paris, 1863.

Il ne reste que des épaves des comptes royaux détruits dans l'incendie de la Chambre des comptes en 1737 Elles ont été publiées (comptes de l'Hôtel en 1231, 1234, 1238, 1248, 1267, décimes levées sur le clergé pour la croisade, récapitulation des dépenses de la croisade de 1248, service d'ost, listes de croisés) par Natalis de WAILLY dans le *Recueil des historiens des Gaules et de la France*, t. XXI, Paris, 1855, et t. XXII, Paris, 1865. Les enquêtes ordonnées par Saint Louis ont été publiées par Léopold DELISLE dans le même *Recueil*, t. XXIV, Paris, 1904.

Des listes de voyages et séjours de Saint Louis *(Itinera et Mansiones)* ont été également publiées dans le tome XXII de ce *Recueil*.

Les ordonnances ont été publiées de façon peu satisfaisante par Eusèbe de LAURIÈRE dans *Ordonnances des rois de France de la troisième race*, t. I, Paris, 1723. Ce volume doit être complété par l'ouvrage, également sujet à caution, de JOURDAN, DECRUSY et ISAMBERT, *Recueil général des anciennes lois françaises...*, Paris, 1822-1833.

Biographies et hagiographies

GEOFFROY DE BEAULIEU, *Vita et sancta conversatio piae memoriae Ludovici quondam regis Francorum*, dans *Recueil des historiens des Gaules et de la France*, t. XX, pp. 3-27.

GUILLAUME DE CHARTRES, *De Vita et Actibus Inclytae Recordationis Regis Francorum Ludovici et de Miraculis quae ad ejus Sanctitatis Declarationem Contingerunt*, *ibid.*, pp. 27-41.

GUILLAUME DE SAINT-PATHUS, *Vie de Saint Louis* (conservée dans sa version française), éd. H.-F. Delaborde, Paris, 1899.

La Vie et les Miracles de Monseigneur Saint Louis, éd. Percival B. Fay, Paris, 1931.

Delaborde, Henri-François, « Une œuvre nouvelle de Guillaume de Saint-Pathus » (un sermon sur Saint Louis), *Bibliothèque de l'École des chartes*, 63, 1902, pp. 263-288.

Guillaume de Nangis, *Gesta Ludovici IX ;* versions latine et française dans *Recueil des historiens des Gaules et de la France*, t. XX, éd. Cl. Fr. Daunou et J. Naudet, Paris, 1840, pp. 312-465.

Jean de Joinville, *Histoire de Saint Louis*, éd. Natalis de Wailly (je cite l'édition avec traduction en français moderne de 1874). N. L. Corbett a publié en 1977 à Sherbrooke (Canada) un texte de Joinville reconstruit pour approcher l'original à partir d'un seul manuscrit du XIVe siècle : *La Vie de Saint Louis. Le témoignage de Jehan, seigneur de Joinville*, Naamon éd. Des extraits de l'œuvre en français moderne ont été présentés par A. Duby, *Saint Louis par Joinville*, Paris, 1963. Une traduction moderne de Joinville (partielle) a été publiée dans *Historiens et Chroniqueurs du Moyen Âge*, Paris, 1963, pp. 195-366. Une nouvelle édition et traduction par Jacques Monfrin, avec Introduction, vient d'être publiée (Joinville, *Vie de Saint Louis*, Paris, 1995). Je n'ai pu la consulter.

Chroniques

Philippe Mouskès : *Chronique rimée de Philippe Mouskès*, éd. F. de Reiffenberg, 2 vol., Bruxelles, 1836-1838.

Matthieu Paris, *Chronica majora*, éd. Henry R. Luard, 7 vol., Londres, 1872-1883.

Salimbene de Adam (de Parme), *Cronica*, éd. G. de Scalia, 2 vol., Bari, 1966.

Primat, dans *Les Grandes Chroniques de France*, J. Viard (éd.), t. I, Paris, 1920. Traduction en français de la Chronique latine de Primat par Jean de Vignay (première moitié du XIVe siècle) dans *Recueil des historiens des Gaules et de la France*, t. XXIII, pp. 1-106.

Guillaume de Nangis, *Chronicon*, H. Géraud (éd.), 2 vol., Paris, 1843-1844, et *Recueil des historiens des Gaules et de la France*, t. XX, pp. 544-586, et t. XXI, pp. 103-123.

Le Ménestrel de Reims, *Récits d'un ménestrel de Reims au XIIIe siècle*, Natalis de Wailly (éd.), 1876.

Enseignements de Saint Louis

Le texte primitif des *Enseignements* de Saint Louis à son fils et à sa fille a été publié par :

Delaborde, Henri-François, « Le texte primitif des enseignements de Saint Louis à son fils », *Bibliothèque de l'École des chartes*, LXXIII, 1912. Et dans un essai de reconstitution de la version originale par :

O'Connell, David, *The Teachings of Saint Louis. A Critical Text*, Chapel Hill, 1972. Voir la traduction française dans *Les Propos de Saint Louis* (préfacés par Jacques Le Goff), Paris, 1974.

Documents divers

Leur provenance est signalée à l'endroit où ils sont cités. Ils proviennent de :
DUCHESNE, André, *Historiae Francorum Scriptores*, t. V, Paris, 1649.
MARTÈNE, E., et DURAND, U., *Thesaurus novus anecdotorum*, t. I, Paris, 1717.
D'ACHERY, Luc, *Spicilegium sive collectio veterum aliquot scriptorum*, nouv. éd., 3 vol., Paris, 1723.

Documents sur la canonisation

Un essai de *Reconstitution* remarquable (même si le principe peut être contesté) *du procès de canonisation de Saint Louis (1272-1297)* par Louis CAROLUS-BARRÉ (publication posthume mise au point par H. PLATELLE) vient d'être édité par l'École française de Rome, Rome, 1995 : les textes utilisés par Guillaume de Saint-Pathus sont présentés en traduction.
Les deux sermons et la bulle de canonisation de BONIFACE VIII (août 1297) ont été publiés dans le *Recueil des historiens des Gaules et de la France*, t. XXIII, pp. 148-160.
Comte P. E. RIANT, « Déposition de Charles d'Anjou pour la canonisation de Saint Louis », dans *Notices et documents publiés par la Société de l'histoire de France à l'occasion de son cinquantième anniversaire*, Paris, 1884, pp. 155-176.
DELABORDE, Henri-François, « Fragments de l'enquête faite à Saint-Denis en 1282 en vue de la canonisation de Saint Louis », *Mémoires de la Société de l'Histoire de Paris et de l'Île-de-France*, t. XXIII, 1896, pp. 1-71.
Un miroir des princes offert à Saint Louis :
GILBERT DE TOURNAI, *Eruditio regum et principum (1259)*, A. de POORTER (éd.), dans *Les Philosophes belges*, Louvain, t. IX, 1914.
Anthologie de sources traduites :
O'CONNELL, David, *Les Propos de Saint Louis* (avec une introduction de J. Le Goff), Paris, 1974.

Littérature

RUTEBEUF, *Œuvres complètes*, Michel Zink (éd.), 2 vol., Paris, 1990.
DUFOURNET, Jean, *Rutebeuf. Poèmes de l'infortune et poèmes de la croisade*, Paris, 1979.
MOOS, Peter von, « Die Trotschrift des Vincenz von Beauvais für Ludwig IX. Vorstudie zur Motiv und Gattungsgeschichte der *consolatio* », *Mittellateinisches Jahrbuch*, 4, 1967, pp. 173-219 (présentation et édition de la « consolation » écrite par Vincent de Beauvais pour Saint Louis à l'occasion de la mort de son fils aîné en 1260).

Art

BRANNER, Robert, « Saint Louis et l'enluminure parisienne au XIIIe siècle », dans *Septième centenaire de la mort de Saint Louis (Actes des colloques de Royaumont et de Paris, mai 1970)*, Paris, 1976, pp. 69-84. — *The Manuscript Painting in Paris during the Reign of Saint Louis. A Study of Styles*,

University of California Press, 1977.
Le Psautier de Saint Louis, Graz, Akademische Druck-und-Verlagsanstalt, 1972 (fac-similé).
LENIAUD, Jean-Michel, et PERROT, Françoise, *La Sainte-Chapelle*, Paris, 1991.

Chansons

PARIS, Gaston, « La chanson composée à Acre », *Romania*, 22, 1893.
Adrien LEROUX DE LINCY a publié la chanson « Gent de France, mult estes esbahie », *Bibliothèque de l'École des chartes*, I, 1840.
MEYER, W. a publié la chanson sur la prise de croix par Saint Louis en 1244 « Wie Ludwig IX der Heilige das Kreuz nahm », dans *Nachrichten der königlichen Gesellschaft der Wissenschaften zu Göttingen*, 1907, pp. 246-257.

Expositions (Catalogues)

Au temps de Saint Louis, Musée de Melun, 1970 (dactylographie).
Saint Louis à la Sainte-Chapelle, Direction générale des Archives de France, Paris, mai-août 1960.
La France de Saint Louis, Paris, Salle des gens d'armes du palais, octobre 1970-janvier 1971.
Le Mariage de Saint Louis à Sens en 1234, Musée de Sens, 1984.

POUR ÉCLAIRER L'ENVIRONNEMENT DE SAINT LOUIS

ALPHANDÉRY, Paul, DUPRONT, Alphonse, *La Chrétienté et l'idée de croisade*, 2 vol., Paris, 1954-1959, nouv. éd. (avec une postface de M. Balard), Paris, 1995.
BARBEY, J., *Être roi. Le roi et son gouvernement en France de Clovis à Louis VI*, Paris, 1992.
BARLOW, Fred, « The King's Evil », *English Historical Review*, 1980, pp. 3-27.
BEAUNE, Colette, *Naissance de la nation France*, Paris, 1985.
BERGES, Wilhelm, *Die Fürstenspiegel des hohen und späten Mittelalters*, Leipzig, 1938.
BLOCH, Marc, *Les Rois thaumaturges [Strasbourg, 1924]*, 3e éd., Paris, 1983 (avec une préface de J. Le Goff).
BOGYAY, Th. von, BAK, J., SILAGI, G., *Die heiligen Könige*, Graz, 1976.
BOURIN-DERRUAU, M., *Temps d'équilibre, temps de rupture*, Paris, 1990.
BUC, Philippe, *L'Ambiguïté du livre. Prince, pouvoir et peuple dans les commentaires de la Bible au Moyen Âge*, Paris, 1994.
BULST, N., GENET, J.-P. (éd.), *La Ville, la bourgeoisie et la genèse de l'État moderne (XIIe-XVIIe siècles)*, Paris, 1988.

BURNS, R. I., « Christian Islamic Confrontation in the West : The Thirteenth Century Dream of Conversion », *The American Historical Review*, 76, 1971, pp. 1386-1434.

CAZELLES, Raymond, *Paris de la fin du règne de Philippe Auguste à la mort de Charles V (1223-1380)*, dans *Nouvelle histoire de Paris*, Paris, t. III, 1972.

CONTAMINE, Philippe (éd.), *L'État et les aristocraties (France, Angleterre, Écosse, XIIe-XVIIe siècles)*, Paris, 1989.

— et alii, *L'Économie médiévale*, Paris, 1993.

— *La Guerre au Moyen Âge*, Paris, 3e éd., 1992.

Comprendre le XIIIe siècle, sous la direction de Pierre GUICHARD et Danièle ALEXANDRE-BIDON, Lyon, 1995 (non consulté).

Culture et idéologie dans la genèse de l'État moderne, Rome, 1985.

Droits savants et pratiques françaises du pouvoir (XIe-XVe siècles) (sous la direction de Jacques Krynen et d'Albert Rigaudière), Presses universitaires de Bordeaux, 1992.

DUBY, Georges, *Le Temps des cathédrales. L'art et la société (980-1420)*, Genève, 1962 (illustré) ; nouv. éd., Paris, 1976.

DUBY, Georges, MANDROU, Robert, *Histoire de la civilisation française*, t. I, Paris, 1967.

DUGGAN, A. J. (éd.), *Kings and Kingship in Mediéval Europe*, Londres, King's College, 1993.

DURCHHARDT, H., JACKSON, R.A., STURDY, D. (éd.), *European Monarchy*, Stuttgart, 1992.

ERLANDE-BRANDENBURG, Alain, *Le roi est mort. Étude sur les funérailles, les sépultures et les tombeaux des rois de France jusqu'à la fin du XIIIe siècle*, Paris, 1975.

FARAL, Edmond, *La Vie quotidienne au temps de Saint Louis*, Paris, 1942.

FAWTIER, Robert, *Les Capétiens et la France. Leur rôle dans sa construction*, Paris, 1942.

FOLZ, Robert, *Les Saints Rois du Moyen Âge en Occident (Ve-XIIIe siècles)*, Bruxelles, 1984.

FOSSIER, R., *La Société médiévale*, Paris, 1991.

— et alii, *Le Moyen Âge* : t. II, *L'Éveil de l'Europe (950-1250)* ; t. III, *Le Temps des crises (1250-1520)*, Paris, 1990.

GENET, Jean-Philippe (éd.), *État moderne. Genèse : bilan et perspectives*, Paris, 1990.

— et VINCENT, B. (éd.), *État et Église dans la genèse de l'État moderne*, Madrid, 1986.

GÉNICOT, Léopold, *Le XIIIe siècle européen*, Paris, 1968.

GORSKI, K., « Le Roi-Saint, un problème d'idéologie féodale », *Annales. E.S.C.*, 1969.

GUENÉE, Bernard, *Histoire et culture historique dans l'Occident médiéval*, Paris, 1980 ; nouv. éd., 1991.

— « La fierté d'être capétien, en France, au Moyen Âge », *Annales. E.S.C.*, 1978, pp. 450-477 ; repris dans *Politique et histoire au Moyen Âge*, Paris, 1981, pp. 341-368.

— « État et nation au Moyen Âge », *Revue historique*, t. 237, 1967, pp. 17-30.

GUÉROUT, Jean, « Le palais de la Cité à Paris des origines à 1417. Essai topographique et archéologique », dans *Paris et Île-de-France. Mémoires de la Fédération des sociétés historiques et archéologiques de Paris et de l'Île-de-France*, t. I, 1949, pp. 57-212 ; t. II, 1950, pp. 21-204 ; t. III, 1951, pp. 7-101.

Histoire de la France urbaine, sous la direction de Georges DUBY ; t. II. *La Ville médiévale*, sous la direction de J. LE GOFF, Paris, 1980.

Histoire de la France rurale, sous la direction de Georges DUBY, t. I, *Des origines à 1340*, Paris, 1975.

Histoire de la France, sous la direction d'André BURGUIÈRE et Jacques REVEL ; t. II, *L'État et les pouvoirs*, sous la direction de J. LE GOFF, Paris, 1989.

Histoire de la France religieuse, sous la direction de Jacques LE GOFF et René RÉMOND ; t. I, *Des dieux de la Gaule à la papauté d'Avignon*, sous la direction de J. LE GOFF, Paris, 1988.

JORDAN, William Ch., *The French Monarchy and the Jews from Philip Augustus to the Last Capetians*, Philadelphie, University of Pennsylvania Press, 1989.

KANTOROWICZ, Ernst H., *The King's Two Bodies. A Study in Medieval Theology*, Princeton, 1957 ; trad. fr., *Les Deux Corps du roi*, Paris, 1989.

KRYNEN, Jacques, *L'Empire du roi. Idées et croyances politiques en France, XIIIe-XVe siècles*, Paris, 1993.

LAFAURIE, J., *Les Monnaies des rois de France. De Hugues Capet à Louis XII*, Paris et Bâle, 1951.

LECOY DE LA MARCHE, Albert, *La France sous Saint Louis et sous Philippe le Hardi*, Paris, 1893.

LE GOFF, Jacques, « Le roi enfant dans l'idéologie monarchique de l'Occident médiéval », dans *Historicité de l'enfance et de la jeunesse* (Congrès international d'Athènes, 1984), Athènes, 1986, pp. 231-250.

— « Portrait du roi idéal », *L'Histoire*, n° 81, septembre 1985, pp. 70-76.

— « Reims, ville du sacre », dans P. NORA (éd.), *Les Lieux de mémoire*, t. II, *La Nation*, vol. 1, Paris, 1986, pp. 89-184.

— « La genèse du miracle royal », dans *Marc Bloch aujourd'hui. Histoire comparée et sciences sociales*, textes réunis et présentés par H. ATSMA et A. BURGUIÈRE, Paris, 1990, pp. 147-158.

LEMARIGNIER, Jean-François, *La France médiévale. Institutions et sociétés*, Paris, 1970 ; rééd., 1991.

Le Siècle de Saint Louis, Paris, 1970.

LEWIS, Andrew W., *Royal Succession in Capetien France : Studies on Familial Order and the State*, Cambridge, Mass., 1981 ; trad. fr., *Le Sang royal. La famille capétienne et l'État. France, X^e-XIVe siècles*, Paris, 1986.

LORCIN, Marie-Thérèse, *La France au XIIIe siècle*, Paris, 1975.

LOT, Ferdinand, et FAWTIER, Robert (éd.), *Histoire des institutions françaises au Moyen Âge*, t. II : *Les Institutions royales*, Paris, 1958.

MC GOVERN, J.F., « The Rise of the New Economic Attitudes. Economic Humanism, Economic Nationalism during the Later Middle Ages and the Renaissance, A.D. 1200-1550 », *Traditio*, XXVI, 1970, pp. 217-253.

MIROT, L., *Manuel de géographie historique de la France*, 2 vol., Paris, 1948-1950.

NORA, Pierre (éd.), *Les Lieux de mémoire*, t. II, *La Nation*, Paris, 1986.
PANGE, J. de, *Le Roi très chrétien*, Paris, 1949.
PAUL, Jacques, *Histoire intellectuelle de l'Occident médiéval*, 2 vol., Paris, 1973.
PETIT-DUTAILLIS, Charles, *La Monarchie féodale en France et en Angleterre, xe-xiiie siècles*, Paris, 1933 ; nouv. éd., 1971.
RIGAUDIÈRE, Albert, *Pouvoirs et institutions dans la France médiévale*, t. II, *Des temps féodaux aux temps de l'État*, Paris, 1994.
— *Gouverner la ville au Moyen Âge*, Paris, 1993.
— et GOURON, André (éd.), *Renaissance du pouvoir législatif et genèse de l'État*. Montpellier, 1987.
SCHRAMM, Percy Ernst, *Der König von Frankreich. Das Wesen der Monarchie vom 9. bis zum 16. Jahrhundert*, 2 vol., Weimar, 1939 ; nouv. éd. 1960.
SPIEGEL, Gabrielle M., *The Chronicle Tradition of Saint-Denis : A Survey*, Brookline, Mass., et Leyde, 1978.
STRAYER, Joseph R., *Medieval Statecraft and the Perspectives of History*, Princeton, 1971, trad. fr., *Les Origines médiévales de l'État moderne*, Paris, 1979.
— « France : the Holy Land, the Chosen people and the most Christian King », dans *Action and Conviction in Early Modern Europe*, Princeton, 1969, pp. 3-16.
TESSIER, Gaston, *La Diplomatique royale française*, Paris, 1962.
TÖPFER, B., « Staatliche Zentralisation im regionalen und im national-staatlichen Rahmen in Frankreich vom 13 bis zum 15 Jahrhundert », *Jahrbuch für Geschichte des Feudalismus*, 11, 1987, pp. 159-173.
VAUCHEZ, André, *La Sainteté en Occident aux derniers siècles du Moyen Âge*, Rome, 1981.
ZINK, Michel, *La Subjectivité littéraire. Autour du siècle de Saint Louis*, Paris, 1985.

BIOGRAPHIES ET OUVRAGES GÉNÉRAUX SUR SAINT LOUIS

Les ouvrages les plus importants

La Vie de Saint Louis, roi de France, rédigée par Louis Sébastien LE NAIN DE TILLEMONT (mort en 1698), publiée par J. de Gaulle, 6 vol., Paris, Société de l'Histoire de France, 1847-1851, reste fondamentale par l'utilisation de sources aujourd'hui disparues et par l'ampleur de la conception.

Les biographies marquantes de Saint Louis sont :

JORDAN, William Ch., *Louis IX and the Challenge of the Crusade. A Study in Rulership*, Princeton, 1979.
LANGLOIS, Charles Victor, *Saint Louis, Philippe le Bel : les derniers Capétiens directs (1226-1328)*, t. III/2 de l'*Histoire de France depuis les origines jusqu'à la Révolution*, d'Ernest LAVISSE, Paris, 1901 ; rééd., Paris, 1978.
RICHARD, Jean, *Saint Louis, roi d'une France féodale, soutien de la Terre sainte*,

Paris, 1983 ; rééd. Paris, 1986.

Une excellente synthèse sommaire récente :
SAINT-DENIS, Alain, *Le Siècle de Saint Louis*, Paris, 1994.

Le Siècle de Saint Louis, R. Pernoud (éd.), Paris, 1970.
Septième centenaire de la mort de Saint Louis. Actes des colloques de Royaumont et de Paris (21-27 mai 1970), publiés par Louis CAROLUS-BARRÉ, Paris, 1976.
WALLON, Henri-Alexandre, *Saint Louis et son temps*, 2 vol., Paris, 1875.

D'une abondante production

BAILLY, *Saint Louis*, Paris, 1949
BENOUVILLE, G. de, *Saint Louis ou le printemps de la France*, Paris, 1970.
BEER, J. de, *Saint Louis*, 1984.
BORDEAUX, H., *Un précurseur. Vie, mort et survie de Saint Louis, roi de France*, Paris, 1949.
BOULENGER, Jacques Romain, *La Vie de Saint Louis*, Paris, 1929.
CRISTIANI, Mgr, *Saint Louis, roi de France*, Paris, 1959.
EVANS, J., *The History of Saint Louis*, Oxford, 1938.
EYDOUX, Henri-Paul, *Saint Louis et son temps*, Paris, 1971.
FAURE, F., *Histoire de Saint Louis*, 2 vol., Paris, 1966.
GOYAU, G., *Saint Louis*, Paris, 1928.
GUTH, P., *Saint Louis*, Paris, 1960.
KLEIN, C., *Saint Louis, un roi au pied du pauvre*, Paris, 1970
LABARGE, M. W., *Saint Louis*, Londres, 1968 (en anglais).
LECOY DE LA MARCHE, Albert, *Saint Louis, son gouvernement et sa politique*, Paris, 1889.
LEVIS-MIREPOIX, duc de, *Saint Louis, roi de France*, Paris, 1970 (avec une préface de G. Walter : « Saint Louis, fou du Christ »).
LEVRON, J. P., *Saint Louis ou l'apogée du Moyen Âge*, Paris, 1969.
MADAULE, Jacques, *Saint Louis de France*, Paris, 1943.
MOUSSET, J., *Saint Louis*, Paris, 1950.
OLIVIER-MARTIN, F., *Saint Louis*, dans *Hommes d'État*, t. II, Paris, 1937, pp. 131-212.
PERNOUD, Régine, *Un chef d'État. Saint Louis, roi de France*, Paris, 1960.
SERTILLANGES, P., *Saint Louis*, Paris, 1918.
SIVERY, Gérard, *Saint Louis et son siècle*, Paris, 1983.

Études particulières

AUGUSTIN, Jean-Marie, « L'aide féodale levée par Saint Louis et Philippe le Bel », *Mémoires de la Société pour l'histoire du droit et des anciens pays bourguignons, comtois et romands*, fasc. 38, 1981, pp. 59-81.
BABELON, Jean-Pierre, « Saint Louis dans son palais de Paris », dans *Le Siècle de Saint Louis, op. cit. supra*, pp. 45-56.
— « La monnaie de Saint Louis », *ibid.*, pp. 83-92.

BASTIN, Julia, « Quelques propos de Rutebeuf sur le roi Louis IX », *Bulletin de l'Académie royale de langue et littérature française*, 1960, 38, I, pp. 5-14.
BAUTIER, Robert-Henri, « Les aumônes du roi aux maladreries, maisons-Dieu et pauvres établissements du royaume. Contribution à l'étude du réseau hospitalier et de la fossilisation de l'administration royale de Philippe Auguste à Charles VII », *Actes du 97ᵉ Congrès national des sociétés savantes (Nantes, 1972)*, dans *Bulletin philologique et historique*, 1975, pp. 37-105.
BEAUNE, Colette, « La légende de Jean Tristan, fils de Saint Louis », *Mélanges de l'École française de Rome. Moyen Âge, Temps modernes*, 98, 1986/1, pp. 143-160.
BEMONT, Charles, « La campagne de Poitou, 1242-1243. Taillebourg et Saintes », *Annales du Midi*, V, 1893, pp. 289-314.
BERGER, Élie, *Histoire de Blanche de Castille*, Paris, 1895.
— *Saint Louis et Innocent IV. Étude sur les rapports de la France et du Saint Siège*, Paris, 1893.
BISSON, Thomas N., « Consultative Functions in the King's Parlements (1250-1314) », *Speculum*, XLIV, 1969, pp. 353-373.
BOUGEROL, Jacques-Guy, « Saint Bonaventure et le roi Saint Louis », dans *San Bonaventura (1274-1974)*, t. II, Grottaferrata, 1973, pp. 469-493.
BOULET-SAUTEL, Marguerite, « Le concept de souveraineté chez Jacques de Révigny », dans *Actes du congrès sur l'ancienne université d'Orléans (XIIIᵉ-XVIIIᵉ siècles)*, Orléans, 1982, pp. 17-27.
— « Jean de Blanot et la conception du pouvoir royal au temps de Louis IX », dans *Septième centenaire (op. cit. supra)*, pp. 57-68.
BOUREAU, Alain, « Saint Louis », dans *Histoire des saints et de la sainteté*, A. VAUCHEZ (éd.), t. VI, *Au temps du renouveau évangélique*, Paris, 1986, pp. 196-205.
BOUTARIC, Edgar, *Saint Louis et Alphonse de Poitiers. Étude sur la réunion des provinces du Midi et de l'Ouest à la Couronne et sur les origines de la centralisation administrative*, Paris, 1870.
BRACHET, Auguste [A. Brachet, né Korff éd.], *Pathologie mentale des rois de France*, Paris, 1903.
BRANNER, Robert, *The Manuscript Painting in Paris during the Reign of St Louis. A Study of Styles*, University of California Press, 1977.
— *Saint Louis and the Court Style in Gothic Architecture*, Londres, 1965.
BROWN, Elizabeth A.R., « Philippe le Bel and the Remains of Saint Louis », *Gazette des Beaux Arts*, 1980-1981, pp. 175-182.
— « Burying and Unburying the Kings of France », dans *Persons in Groups. Social Behavior as Identity Formation in Medieval and Renaissance Europe*, R. C. TREXLER (éd.), Binghampton, 1985, pp. 241-266.
— « The Chapels and Cult of Saint Louis at Saint Denis », *Mediaevalia*, 10, 1984, pp. 279-331.
— « Taxation and Morality in the XIIIᵗʰ and XIVᵗʰ centuries : conscience and political power and the Kings of France », *French Historical Studies*, VIII/1, printemps 1973, pp. 1-28.
BUC, Philippe, « David's adultery with Bathsheba and the healing powers the Capetian kings », *Viator*, 23, 1993, pp. 101-120.
BUISSON, Ludwig, *König Ludwig IX der Heilige und das Recht*, Fribourg, 1955.

— « Saint Louis. Justice et Amour de Dieu », *Francia*, 6, 1978, pp. 127-149.

— « Saint Louis et l'Aquitaine (1259-1270) », dans *Actes de l'Académie nationale des sciences, belles-lettres et arts de Bordeaux*, 4e série, t. XXVI, Bordeaux, 1972, pp. 15-33, repris dans *Lebendiges Mittelalter*, Cologne, Böhlau, 1988, pp. 251-269.

Cahen, Claude, « Saint Louis et l'Islam », *Journal asiatique*, t. 258, 1970, pp. 3-12.

Campbell, Gerard J., « The Attitude of the Monarchy Towards the Use of Ecclesiastical Censures in the Reign of Saint Louis », *Speculum*, 35, 1960, pp. 535-555.

Carolus-Barré, Louis, « La grande ordonnance de 1254 sur la réforme de l'administration et la police du royaume », dans *Septième centenaire (op. cit. supra)*, pp. 85-96.

— « Les enquêtes pour la canonisation de Saint Louis, de Grégoire X à Boniface VIII, et la bulle *Gloria, laus* du 12 août 1287 », *Revue d'histoire de l'Église de France*, 57, 1971.

— « Saint Louis et la translation des corps saints », *Études d'histoire du droit canonique dédiées à M. G. Le Bras*, t. II, Paris, 1965.

— « Saint Louis dans l'histoire et la légende », *Annuaire-bulletin de la Société de l'histoire de France*, 1970-1971.

— « Le prince héritier Louis et l'intérim du pouvoir royal de la mort de Blanche (novembre 1252) au retour du roi (juillet 1254) », *Comptes rendus de l'Académie des inscriptions et belles-lettres*, 1970.

Cazelles, Raymond, « Une exigence de l'opinion depuis Saint Louis : la réformation du royaume », *Annuaire-bulletin de la Société de l'histoire de France*, 469, 1963, pp. 91-99.

— « La réglementation royale de la guerre privée, de Saint Louis à Charles V », *Revue historique de droit français et étranger*, 1960, pp. 530-548.

Chaplais, Pierre, « Le traité de Paris de 1259 et l'inféodation de la Gascogne allodiale », *Le Moyen Âge*, 1955, pp. 121-137.

Chennaf, Sarah, et Redon, Odile, « Les miracles de Saint Louis », dans Gelis, Jacques, et Redon, Odile (éd.), *Les Miracles, miroirs des corps*, Paris, 1983, pp. 53-85.

Cole, P., d'Avray, D. L. et Riley-Smith, J., « Application of Theology to current *Affairs* : Memorial Sermons on the Dead of Mansurah and on Innocent IV », *The Bulletin of Historical Research*, 63, n° 152, 1990, pp. 227-247.

Congar, Yves, « L'Église et l'État sous le règne de Saint Louis », dans *Septième centenaire (op. cit. supra)*, pp. 257-271.

Coornaert, E., « Les corporations au temps de Saint Louis », *Revue historique*, 1936.

Delaborde, Henri-François, « Joinville et le conseil tenu à Acre en 1250 », *Romania*, 23, 1894.

— « Instructions d'un ambassadeur envoyé par Saint Louis à Alexandre IV à l'occasion du traité de Paris (1258) », *Bibliothèque de l'École des chartes*, 1888, pp. 530-534.

Delaruelle, Étienne, « Saint Louis devant les Cathares », *Septième centenaire (op. cit. supra)*, pp. 273-280.

— « L'idée de croisade chez Saint Louis », *Bulletin de littérature ecclésiastique*, 1960, puis réédité dans *L'Idée de croisade au Moyen Âge*, Turin, 1980

DIMIER, Louis, *Saint Louis et Cîteaux*, Paris, 1954.

DUFEIL, M.M., « Le roi Louis dans la Querelle des mendiants et des Séculiers (université de Paris, 1254-1270) », dans *Septième centenaire (op. cit. supra)*, pp. 281-289.

ERLANDE-BRANDENBURG, Alain, « Le tombeau de Saint Louis », *Bulletin monumental*, 126, 1968, pp. 7-30.

FAVIER, Jean, « Les finances de Saint Louis », dans *Septième centenaire (op. cit. supra)*, pp. 133-140.

FAWTIER, Robert, « Saint Louis et Frédéric II », dans *Convegno internazionale di Studi Federiciani*, Palerme, 1950.

FIETIER, Roland, « Le choix des baillis et sénéchaux aux XIIIe et XIVe siècles (1250-1350) », *Mémoires de la Société pour l'histoire du droit et des institutions des anciens pays bourguignons, comtois et romands*, 29e fasc., 1968-1969, pp. 255-274.

FOLZ, Robert, « La sainteté de Louis IX d'après les textes liturgiques de sa fête », *Revue d'histoire de l'Église de France*, 57, 1971, pp. 30-45.

FRANÇOIS, M., « Initiatives de Saint Louis en matière administrative : les enquêtes royales », dans *Le Siècle de Saint Louis (op. cit. supra)*, pp. 210-214.

GAVRILOVITCH, *Étude sur le traité de Paris de 1259 entre Louis IX, roi de France, et Henri III, roi d'Angleterre*, Paris, 1899.

GIESEY, Ralph E., « The Juristic Basis of Dynastic Right to the French Throne », *Transactions of the American Philosophical Society*, New Series, vol. 51, part 5, Philadelphie, 1961.

GIORDANENGO, Gérard, « Le pouvoir législatif du roi de France (XIe-XIIIe siècles) : travaux récents et hypothèses de recherche », *Bibliothèque de l'École des chartes*, t. 147, 1989, pp. 283-310.

GRABOIS, Aryeh, « Du crédit juif à Paris au temps de Saint Louis », *Revue des études juives*, 1970, pp. 5-22.

GRIFFITHS, Q., « New Men among the Lay Counsellors of Saint Louis Parlement », *Medieval Studies*, 32-33, 1970, 1971, pp. 234-272.

GUILHIERMOZ, P., « Les sources manuscrites de l'histoire monétaire de Saint Louis », *Le Moyen Âge*, 34, 1923.

— « Saint Louis, les gages de batailles et la procédure civile », *Bibliothèque de l'École des chartes*, 48, 1887, pp. 11-20.

HALLAM, E.M., « Philip the Fair and the Cult of Saint Louis. Religion and National Identity », *Studies in Church History*, 18, 1982, pp. 201-214.

HASELOFF, Arthur, « Les Psautiers de Saint Louis », *Mémoires de la Société des antiquaires de France*, 59, 1898, pp. 18-42.

JORDAN, William Chester, « *Persona* et *gesta* : the Image and Deeds of the Thirteenth Century Capetians. 2. The Case of Saint Louis », *Viator*, 19, 1988, 2, pp. 209-218.

— « Supplying Aigues-Mortes for the Crusade of 1248 : the Problem of Restructuring Trade », dans *Order and Innovation (Mélanges J. Strayer)*, Princeton, 1976.

— « Communal Administration in France 1257-1270. Problems discovered and Solutions imposed », *Revue belge de philologie et d'histoire*, 59, 1981, pp. 292-313.

— « The psalter of St Louis. The Program of the seventy-eight full page illustrations », *Acta : the High Middle Ages*, 7, 1980, pp. 65-91.

LABANDE, Edmond-René, « Saint Louis pèlerin », *Revue d'histoire de l'Église de France*, 57, 1971.

— « Quelques traits de caractère du roi Saint Louis », *Revue d'histoire de la spiritualité*, 50, 1974/2, pp. 135-146.

LABARGE, M.W., « Saint Louis et les juifs », dans *Le Siècle de Saint Louis (op. cit. supra)*, pp. 267-274.

LANGLOIS, Ch. V., « Doléances recueillies par les enquêteurs de Saint Louis », *Revue historique*, t. 92, 1906.

LECOY DE LA MARCHE, Albert, « Saint Louis, sa famille et sa cour d'après les anecdotes contemporaines », *Revue des questions historiques*, t. XXII, 1877, pp. 465-484.

LE GOFF, Jacques, « La sainteté de Saint Louis. Sa place dans la typologie et l'évolution chronologique des rois saints », dans *Les Fonctions des saints dans le monde occidental (IIIe-XIIIe siècles)* (Colloque de l'École française de Rome, 1988), Rome, 1991, pp. 285-293.

— « Saint Louis a-t-il existé ? », *L'Histoire*, n° 40, décembre 1981.

— « Saint Louis et les corps royaux », *Le Temps de la réflexion*, Paris, 1982 pp. 255-284.

— « Saint Louis et la parole royale », dans *Le Nombre du temps. En hommage à Paul Zumthor*, Paris, 1988, pp. 127-136.

— « Les gestes de Saint Louis », *Mélanges Jacques Stiennon*, 1982, pp. 445-459.

— « Royauté biblique et idéal monarchique médiéval. Saint Louis et Josias », dans *Les Juifs au regard de l'histoire. Mélanges Bernhard Blumenkranz*, 1985, pp. 157-168.

— « Saint de l'Église et saint du peuple. Les miracles officiels de Saint Louis entre sa mort et sa canonisation (1270-1297) », dans *Histoire sociale, sensibilités collectives et mentalités. Mélanges Robert Mandrou*, 1985, pp. 169-180.

— « Saint Louis et la prière », *Horizons marins, itinéraires spirituels (Ve-XVIIIe siècles)*, vol. I, *Mentalités et sociétés* (Études réunies par Henri DUBOIS, Jean-Claude HOCQUET, André VAUCHEZ), *Mélanges Michel Mollat*, Paris, 1987, pp. 85-94.

— « Un roi souffrant : Saint Louis », dans *La Souffrance au Moyen Âge (France, XIIe-XVe siècles)*, Les Cahiers de Varsovie, 1988, pp. 127-136.

— « Saint Louis and the Mediterranean », *Mediterranean Historical Review*, 5/1, 1990, pp. 21-43.

— « Saint Louis, croisé idéal ? », *Notre histoire*, n° 20, février 1986, pp. 42 et s.

— « Saint Louis et la pratique sacramentelle » (dialogue avec Pierre Marie GY), *La Maison-Dieu*, 197, 1994/1, pp. 99-124.

— « Ludwig IX der Heilige und der Ursprung der feudalen Monarchie in Frankreich », *Jahrbuch für Geschichte des Feudalismus*, 14, 1990, pp. 107-114.

— « Saint Louis et la mer », dans *L'uomo e il mare nella civiltà occidentale : da Ulisse a Cristoforo Colombo (colloque de Gênes, 1992)*, Gênes, 1992, pp. 11-24.

— « Saint Louis à table : entre commensalité royale et humilité alimentaire », dans *La Sociabilité à table. Commensalité et convivialité à travers les âges (colloque de Rouen, 1990)*, Rouen, 1992, pp. 132-144.

LERNER, Robert E., « The uses of Heterodoxy, the French Monarchy and Unbelief in the XIIIth century », *French Historical Studies*, IV, 1965, pp. 189-202.

LINEHAN, Peter, et HERNANDEZ, Francisco, « *Animadverto* : a recently discovered *consilium* concerning the sanctity of King Louis IX », *Revue Mabillon*, nouv. série 5 (t. 66), 1994, pp. 83-105.

LITTLE, Lester K., « Saint Louis'Involvement with the Friars », *Church History*, XXXIII/2, juin 1964, pp. 125-148.

LONGNON, Auguste N., *Documents parisiens sur l'iconographie de Saint Louis*, 1882.

MICHAUD-QUANTIN, Pierre, « La politique monétaire royale à la faculté de théologie de Paris en 1265 », *Le Moyen Âge*, 17, 1962, pp. 137-151.

MICHEL, R., *L'Administration royale dans la sénéchaussée de Beaucaire au temps de Saint Louis*, Paris, 1910.

MOLLARET, H.H., et BROSSOLET, J., « Sur la mort de Saint Louis », *La Presse médicale*, vol. 74, n° 55, 25 décembre 1966, pp. 2913-2916.

MOLLAT, Michel, « Le "passage" de Saint Louis à Tunis. Sa place dans l'histoire des croisades », *Revue d'histoire économique et sociale*, 50, 1972, pp. 289-303.

MONFRIN, Jacques, « Joinville et la prise de Damiette (1249) », *Comptes rendus de l'Académie des inscriptions et belles-lettres*, 1976, pp. 268-285.

— « Joinville et la mer », *Études offertes à Félix Lecoy*, Paris, 1973, pp. 445-468.

MUSSET, Lucien, « Saint Louis et la Normandie », *Annales de Basse-Normandie*, 1972, pp. 8-18.

NAHON, Gérard, « Les ordonnances de Saint Louis et les juifs », *Les Nouveaux Cahiers*, 23, 1970.

— « Une géographie des Juifs dans la France de Louis IX (1226-1270) », dans *The Fifth World Congress of Jewish Studies*, vol. II, Jérusalem, 1972, pp. 127-132.

— « Le crédit et les juifs dans la France du XIIIe siècle », *Annales. E.S.C.*, 1964, pp. 1121-1148.

PARENT, M., « Les assemblées royales en France au temps de Saint Louis », dans *Positions des thèses de l'École des chartes*, 1939, pp. 155-161.

PELICIER, P., « Deux lettres relatives à Louis IX » [démêlés entre l'évêque et les bourgeois de Châlons], *Bulletin du Comité des travaux historiques. Histoire et Philologie*, 1892, pp. 229-231.

PERNOUD, Régine, *La Reine Blanche*, Paris, 1972.

PETIT, E., « Saint Louis en Bourgogne et principalement dans les contrées de l'Yonne », *Bulletin de la Société des sciences historiques et naturelles de l'Yonne,* 1893, pp. 576-591.

PINOTEAU, Hervé, « La tenue du sacre de saint Louis IX roi de France, son arrière-plan symbolique et la *renovatio regni Juda* », *Itinéraires,* 1972, n° 162, pp. 120-166.

— et LE GALLO, C., *Héraldique de Saint Louis et de ses compagnons,* Paris, 1966.

POGNON, E., « Les arbitrages de Saint Louis », dans *Le Siècle de Saint Louis (op. cit. supra),* pp. 221-226.

PONTAL, Odette, « Le différend entre Louis IX et les évêques de Beauvais et ses incidences sur les conciles (1232-1248) », *Bibliothèque de l'École des chartes,* 123, 1965.

RICHARD, Jean, « La politique orientale de Saint Louis. La croisade de 1248 », dans *Septième centenaire (op. cit. supra),* pp. 197-208.

— « La fondation d'une église latine en Orient par Saint Louis : Damiette », *Bibliothèque de l'École des chartes,* 120, 1962, repris dans *Orient et Occident au Moyen Âge,* Londres, 1976.

— « Sur les pas de Plancarpin et de Rubrouck. La lettre de Saint Louis à Sartaq », *Journal des savants,* 1977.

— « Une ambassade mongole à Paris en 1262 », *Journal des savants,* 1979.

— « L'adoubement de Saint Louis », *Journal des savants,* 1988, pp. 207-217.

SABLOU, J., « Saint Louis et le problème de la fondation d'Aigues-Mortes » dans *Hommages à André Dupont,* Montpellier, 1974, pp. 256-265.

SADLER, Donna L., « The King as Subject, the King as Author : Art and Politics of Louis IX », dans H. DURCHHARDT, R. A. JACKSON, D. STURDY (éd.), *European Monarchy (op. cit. supra),* pp. 53-68.

SAYOUS, André, « Les mandats de Saint Louis sur son trésor pendant la septième croisade », dans *Revue historique,* 167, 1931.

SCHNEIDER, Jean, « Les villes du royaume de France au temps de Saint Louis », *Comptes rendus de l'Académie des inscriptions et belles-lettres,* 1971.

SERPER, Arié, « L'administration royale de Paris au temps de Louis IX », *Francia,* 7, 1979, pp. 123-139.

SIVERY, Gérard, « L'équipe gouvernementale, Blanche de Castille et la succession de Louis VIII cn 1226 », *L'Information historique,* 1979, pp. 203-211.

— *Marguerite de Provence. Une reine au temps des cathédrales,* Paris, 1987.

— *L'Économie du royaume de France au siècle de Saint Louis,* Lille, 1984 (voir le compte rendu d'H. DUBOIS, *Revue historique,* 109, 1985/1, pp. 472-473).

— *Les Capétiens et l'argent au siècle de Saint Louis,* Paris, 1995 (non consulté).

SLATTERY, M., *Myth, Man and Sovereign Saint. King Louis IX in Jean de Joinville's Sources,* New York, Berne, Francfort, 1985.

SOMMERS WRIGHT, Georgia, « The Tomb of Saint Louis », *Journal of the Warburg and Courtauld Institute,* XXXIV, 1971, pp. 65-82.

STAHL, Harvey, « Old Testament Illustration during the Reign of St. Louis : The Morgan Picture Book and the New Biblical Cycles », dans *Il Medio*

Oriente e l'Occidente nell'arte del XIII secolo. Atti del XXIV congresso internazionale di storia dell'arte, H. Belting, éd., Bologne, pp. 79-93.

Stein, Henri, « Pierre Lombard, médecin de Saint Louis », *Bibliothèque de l'École des chartes*, 1939, pp. 63-71.

Strayer, Joseph, « The Crusades of Louis IX », dans K. M. Setton (éd.), *History of the Crusades*, vol. II, Londres, 1962, pp. 487-521.

– *The Administration of Normandy under Saint Louis*, 1932.

— « La conscience du roi. Les enquêtes de 1258-1262 dans la sénéchaussée de Carcassonne-Béziers », dans *Mélanges Roger Aubenas*, Montpellier, 1974.

Tardif, J., « Le procès d'Enguerran de Coucy », dans *Bibliothèque de l'École des chartes*, 1918.

Tuilier, André, « La révolte des pastoureaux et la querelle entre l'université de Paris et les ordres Mendiants », dans *Actes du 99e congrès national des sociétés savantes*, Besançon, 1974, Section de philologie et d'histoire, I, 1977, pp. 353-367.

— « La fondation de la Sorbonne, les querelles universitaires et la politique du temps », dans *Mélanges de la Bibliothèque de la Sorbonne*, 3, 1982, pp. 7-43.

Uitti, K. D., « Nouvelle et structure hagiographique : le récit historiographique nouveau de Jean de Joinville », dans *Mittelalterbilder aus neuer Perspektive*, E. Ruhe, R. Rehrens (éd.), Munich, 1985, pp. 380-391.

Wood, Charles T., « The mise of Amiens and Saint Louis' Theory in Kingship », *French Historical Studies*, 6, 1969/1970, pp. 300-310.

— *The French Apanages and the Capetian Monarchy, 1224-1328*, Cambridge, Mass., 1966.

— « Regnum Francie : A Problem in Capetian Administrative Usage », *Traditio*, 23, 1967, pp. 117-147.

Zink, Michel, « Joinville ne pleure pas, mais il rêve », *Poétique*, 33, février 1978, pp. 28-45.

Jerzy Prsiak a écrit un intéressant *Ludwik Swiety. Portret hagiograficzny idealnegi wladcy* (Saint Louis. Portrait hagiographique du souverain idéal), en polonais, non publié, thèse de magistère de l'université de Varsovie, 1994, sous la direction de H. Samsonowicz.

年　表

1200 年 5 月 23 日　圣路易的父母路易八世与卡斯蒂利亚的布朗什结婚。

1214 年 4 月 25 日　圣马克日，未来的路易九世在普瓦西出生（或受洗？）。

7 月 27 日星期日　其祖父菲力普 · 奥古斯特取得布汶战役胜利。

1223 年 7 月 14 日　菲力普 · 奥古斯特去世。

1226 年 11 月 8 日　路易八世去世后路易成为国王；卡斯蒂利亚的布朗什受托监护其子并监理国务。

1227—1234 年　贵族造反。

1229 年　与图鲁兹伯爵订立“莫城－巴黎条约”。对阿尔比异端分子的进剿结束。

1229—1231 年　巴黎大学罢课。

1231—1232 年　圣钉失踪和再现。

1233 年　教廷首次在法国任命宗教裁判法官。

1234 年 4 月 25 日　路易被认为已经成年。

5 月 27 日　与普罗旺斯的马格丽特在桑斯结婚。

1235 年 10 月 19 日　鲁瓦尧蒙的西都会隐修院祝圣典礼，路易在场。

1237 年 6 月 7 日　路易为其弟阿图瓦的罗伯尔在贡比涅举行骑士授

甲礼。

1239年8月11—18日　路易迎接基督受难时的圣物。路易获得马孔伯爵领地，将此领地并入王家领地。路易的叔叔菲力普·于佩尔去世。

1240—1241—1242年　贝齐埃尔子爵雷蒙·特朗卡维尔造反失败。

1240年　就塔木德问题与犹太人发生争执，路易及卡斯蒂利亚的布朗什在场。

1241年3—4月　蒙古人蹂躏中欧。

圣约翰日　路易在索谬尔为授予其弟普瓦提埃的阿尔封斯骑士身份举行盛大庆典。

1242年　焚毁塔木德。

7月21—22日　路易在塔耶堡和桑特战胜英国国王亨利三世。

1242—1243年　图鲁兹的雷蒙七世以及南方多名领主造反失败；尼姆-博凯尔和贝齐埃-卡尔卡松等邑督区获得巩固。

1244年　再次焚毁塔木德。

蒙塞居尔失陷，宗教裁判所在法国日趋增多。

8月23日　穆斯林攻陷耶路撒冷。

10月17日　巴勒斯坦的基督教徒在加沙附近的拉夫比被穆斯林击败。

12月　路易患病，许愿进行十字军远征。

1245年11月　路易在克吕尼会见教皇英诺森四世。

1246年5月27日　小弟安茹的查理获得骑士身份。

1247年　路易派遣稽查员查处各地国王官员的渎职行为。

1248年4月26日　王宫内的圣堂落成启用。

6月12日　路易离开巴黎开始十字军远征。

8月28日　路易从艾格莫尔特起航前往海外。

9月18日　路易在尼科西亚会见从中亚返回的多明我会士安德

烈·德·隆如莫，接见两位蒙古使臣。

1249 年 1 月　安德烈·德·隆如莫和路易派遣的使团带着丰厚的礼品离开塞浦路斯，往见蒙古大汗。

5 月　路易抵达埃及，在此逗留至 1250 年 5 月 8 日。

攻陷达米埃塔。

1250 年 4 月 5 日　在曼苏拉战败，阿图瓦的罗伯尔战死；路易被穆斯林俘获。

5 月 6 日　交付赎金后路易获释。

巴黎各行业开始出现动乱。

1250—1251 年 5 月至 6 月　路易移驻阿卡。

1251 年春季　安德烈·德·隆如莫返抵恺撒城。

1252—1253 年 5 月至 6 月　路易移驻雅法。

1252 年 11 月　卡斯蒂利亚的布朗什去世。

1253 年冬末　方济各会士纪尧姆·德·卢布鲁克携路易信函离开圣地，往见蒙古王公撒里答。

1253—1254 年 6 月至 7 月　路易移驻西顿。

冬季　纪尧姆·德·卢布鲁克逗留在哈拉和林的蒙古大汗蒙哥宫中。

1254 年 4 月 25 日　路易在阿卡登船回国。

7 月 17 日　路易在耶尔岛的盐滩上岸，与方济各会士迪涅的于格见面并畅谈。

9 月 7 日　路易回到巴黎。

12 月　发布“大敕令”，1254 年至 1270 年的王国改革由此拉开序幕，这便是“道德秩序”。

巴黎高等法院首批登录册，即《案例集》。

1255 年　路易的女儿伊萨贝尔与纳瓦尔国王、香槟伯爵蒂博五世结婚。

6月29日　纪尧姆·德·卢布鲁克回到尼科西亚。

9月24日　路易颁布“佩罗纳谕令”，解决弗兰德尔王位继承问题。

1257年　路易的密友罗伯尔·德·索尔邦教士为12位贫苦学生创建巴黎大学神学院。

1258年　艾蒂安·布瓦洛任巴黎市政长官，奉命整顿巴黎秩序，主持起草“行业全书”。

5月11日　与阿拉贡国王签订科贝尔条约。

5月28日　在坦普尔宫为与英国国王亨利三世订立的巴黎协议宣誓（1259年12月批准）。

1259年　审讯昂盖朗·德·古希。

方济各会士图尔奈的吉贝尔向路易进献《王侯明鉴》。

1260年1月　路易的长子和王储路易去世。

1262年　王储菲力普在克莱蒙与阿拉贡的伊萨贝尔结婚。

1263—1266年　颁布有关货币的敕令。

1264年1月24日　路易为调停英王与其贵族之间的矛盾而提出的亚眠建议未获成功。

路易儿子的家庭教师、饱学之士多明我会士博韦的樊尚去世。

1265年2月27日　苏丹巴伊巴尔斯攻陷恺撒城。

安茹的查理成为那不勒斯和西西里国王。

1267年3月24日　路易再度率领十字军出征。

圣灵降临节　巴黎王宫为王储菲力普成为骑士而举行盛大庆典。

1268年3月7日　苏丹巴伊巴尔斯攻陷雅法。

1269年　颁布惩罚亵渎神明的敕令；强迫犹太人佩戴特殊标志。

1270年2月23日　路易的妹妹伊萨贝尔去世。

7月1日　路易在艾格莫尔特登舟。

8月25日　路易在突尼斯城下去世，遗体分成数块，放在葡萄酒中熬煮，直至肉与骨分离。

1271 年 5 月 22 日　路易九世的遗骸安葬于圣德尼。

1272—1273 年　博利厄的若弗鲁瓦撰写《圣路易传》。

1278 年、1282 年教皇为路易封圣进行调查。

1285 年向教皇洪诺留四世呈递调查报告。

1297 年 8 月 6 日　教皇卜尼法斯八世在奥尔维耶托颁布诏书，册封路易为圣徒。

1298 年 8 月 25 日　挖掘并“提升”圣路易的灵柩；修道士让·德·萨姆瓦布道，美男子菲力普和许多高级教士及贵族在场（1282 年为路易封圣提供证言的儒安维尔也在场）。

1302—1303 年　圣帕丢斯的纪尧姆撰写官方的《圣路易传》。

1308 年 5 月 17 日　美男子菲力普将圣路易的遗骸作为圣物，分赠给达官贵人和教堂。

1309 年　儒安维尔将他撰写的《圣路易史》呈交未来的路易十世。

人名索引

（索引页码为原书页码，即本书边码）

地名索引

（索引页码为原书页码，即本书边码）

主题词索引

（索引页码为原书页码，即本书边码）

译　后　记

1999年1月29日晚间，法国驻华大使馆文化专员戴鹤白先生当着商务印书馆狄玉明先生的面，将《圣路易》的法文原本交到我手上。从那一刻起，到2001年3月28日我将译文初稿送交狄玉明先生，其间整整过去了两年又两个月。这两年间，我虽然也做了一些别的事情，但是，大部分时间却是伴随着圣路易度过的。由陌生而相识，由相识而熟悉，我与他进行着跨越时空的对话，到我译完此书时，圣路易几乎已经成了我神交多年的老友了，我仿佛时时能够看到和听到他的言谈举止、音容笑貌。

我虽然学过法文，也做过法国历史研究工作，但翻译此书仍感相当吃力。除了翻译中常见的困难外，书中有关中世纪封建制度和基督教的论述，尤其令我望而生畏。整个翻译过程就是一个学习过程，向书本学习，向各方面的专家学习。这部书的翻译使我更加理解了“活到老，学到老”这句话。反躬自问，我的工作态度是认真的。举个例子，为了译好有关巴黎圣堂建筑结构的一段描述，我特地抄录了书中的这段文字（书本太厚，携带不便），前去圣堂仔细参观了整整一个上午。纵然如此，有些困难依然无法克服。比如，作者在书中指出，在圣路易生活的年代，法兰西尚未形成为作为一个政治实体的国家。按理说，没有国家就不应该有国王，也就是说，圣路易以及他的多位先王，都只是“王”，而不是“国王”。法文中的Roi一词，既指“王”，也指“国王”，而中文的“王”和“国王”两词的含义却并不完全重合。严格地说，圣路易是“法兰西王”，而不是“法国国王”。然而，如果把Roi译作“王”，不仅不符合习惯，行文也多不便。斟酌再三，还是依照约定俗成的原则，照旧译作“国王”。于是，当法兰西尚不是一个国家的时候，便已经有了“国王”。这样的处理，虽有悖于“理”，却合乎“情”。这也许就是两种语言的不同所造成的难以避免的尴尬。此外，书中有许多与基督教有关的词汇和术语，如何翻译也是一个难题。多年以来，在基督教人士和信徒中，早已形成了一些相对固定的词汇和术语，而这些词汇和术语对于一般读者来说，往往难免感到生疏和费解。例如，confession一词如果译作“忏悔”，对谁来说都很好理解，而如果按照教会的习惯，把它译作“告解”或“办神工”，恐怕就没有多少读者能懂了。我当面请勒高夫先生就两种译法作出选择，他毫不犹豫地让我顾及读者大众，不要为了显示“专业”而采用普通读者可能感到生僻的词汇和术语。我遵照作者的意见尽可能这样做了，实在难以做到时，则采用加注的办法予以弥补。

总而言之，从主观上说，我抱着对读者负责，对作者负责，对学术负责的态度，尽心竭力想把这部名著译好。然而，毕竟由于功力不逮，错误和缺陷依然在所难免，所以，敬请专家和读者不吝指教。

2000年仲秋，勒高夫先生在寓所热情地接待了我，就我在翻译过程中遇到的一些问题，给予了详尽和耐心的解答。在我的请求下，先生不仅欣然允诺，答应为中文版撰写一篇序言，而且不耻下问，就序言的内容谦虚地听取我的意见。2001 年初春，先生不顾手术后尚未完全康复，就抱病挥毫，写就了中文版序言。此外，勒高夫先生还以书面回答了我提出的数十个问题，并将书中大部分拉丁文的书名和短语译成法文，解决了我的一大难题。

上海光启出版社的沈保义先生早年涉教，从事教会工作数十年，对于天主教的教义和仪规耳熟能详，加之精通法文，是我在遇到有关宗教问题的困难时想到的第一位请教对象，他的细心解答令我获益良多。

北京大学的郭华榕教授是我四十余年前的法国史启蒙老师，至今依然热心点拨学生。我在翻译中遇到难题时，多次贸然打扰，他总是有问必答，给了我很多实质性的帮助。

中国社会科学院世界历史研究所的萧辉英和邸文同志，热心细致地帮我翻译和校改德文书名、地名和人名，郭方和赵文洪同志就 12 世纪文艺复兴问题接受我的咨询，以明晰的答复解除了我的疑虑。

法国驻华大使馆的戴鹤白先生为我提供了许多方便。

商务印书馆的狄玉明先生和张稷女士在编辑审稿中，给了我热忱的帮助和鼓励。

我真诚地向以上这些良师益友表示深深的谢意。

最后，我要感谢老伴洪敏文给予我的精神支持和“后勤保障”，我的任何成果都有她的一半功劳。

许明龙

2001 年 4 月

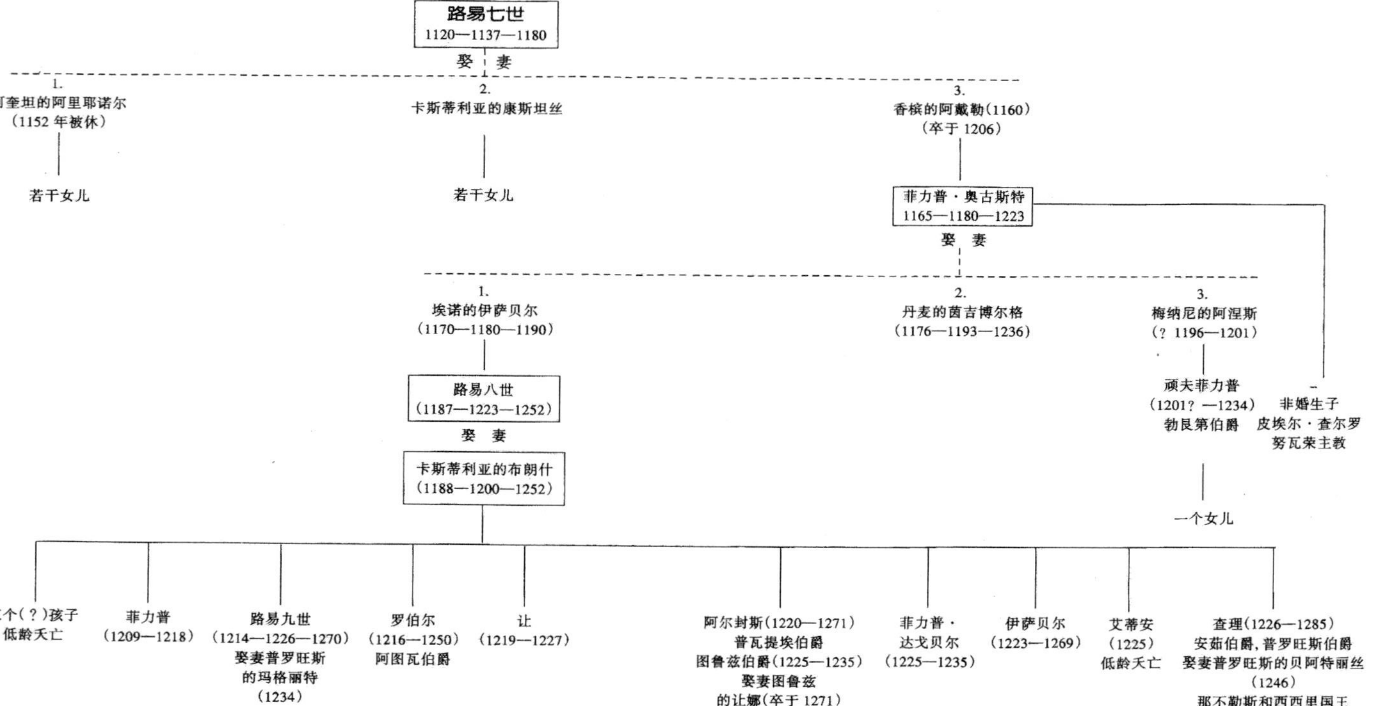

路易七世
1120—1137—1180
娶 妻
1.
阿奎坦的阿里耶诺尔
（1152 年被休）
若干女儿
2.
卡斯蒂利亚的康斯坦丝
若干女儿
3.
香槟的阿戴勒（1160）
（卒于 1206）
菲力普 · 奥古斯特
1165—1180—1223
娶 妻
1.
埃诺的伊萨贝尔
（1170—1180—1190）
2.
丹麦的茵吉博尔格
（1176—1193—1236）
3.
梅纳尼的阿涅斯
（？ 1196—1201）
顽夫菲力普
（1201？—1234）
勃艮第伯爵
一个女儿
非婚生子
皮埃尔 · 查尔罗
努瓦荣主教
路易八世
（1187—1223—1252）
娶 妻
卡斯蒂利亚的布朗什
（1188—1200—1252）
三个（？）孩子
低龄夭亡
菲力普
（1209—1218）
路易九世
（1214—1226—1270）
娶妻普罗旺斯
的玛格丽特
（1234）
罗伯尔
（1216—1250）
阿图瓦伯爵
让
（1219—1227）
阿尔封斯（1220—1271）
普瓦提埃伯爵
图鲁兹伯爵（1225—1235）
娶妻图鲁兹
的让娜（卒于 1271）
无子嗣
菲力普 ·
达戈贝尔
（1225—1235）
伊萨贝尔
（1223—1269）
艾蒂安
（1225）
低龄夭亡
查理（1226—1285）
安茹伯爵，普罗旺斯伯爵
娶妻普罗旺斯的贝阿特丽丝
（1246）
那不勒斯和西西里国王
（1265）

路易七世

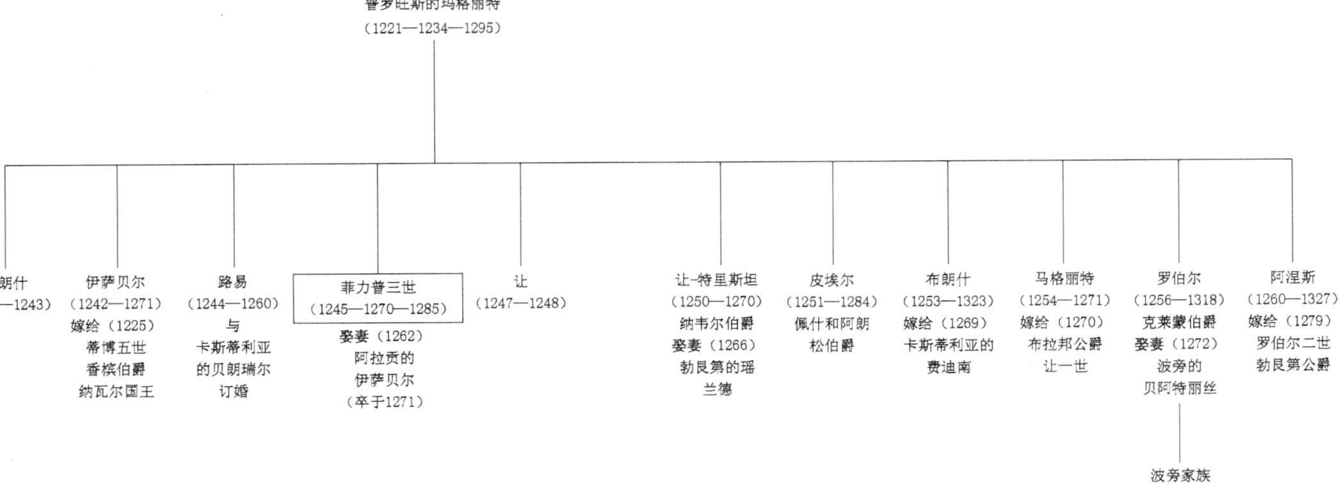

路易九世
（1214—1226—1270）
娶　妻
普罗旺斯的玛格丽特
（1221—1234—1295）
布朗什
（1240—1243）
伊萨贝尔
（1242—1271）
嫁给（1225）
蒂博五世
香槟伯爵
纳瓦尔国王
路易
（1244—1260）
与
卡斯蒂利亚
的贝朗瑞尔
订婚
菲力普三世
（1245—1270—1285）
娶妻（1262）
阿拉贡的
伊萨贝尔
（卒于1271）
让
（1247—1248）
让-特里斯坦
（1250—1270）
纳韦尔伯爵
娶妻（1266）
勃艮第的瑶
兰德
皮埃尔
（1251—1284）
佩什和阿朗
松伯爵
布朗什
（1253—1323）
嫁给（1269）
卡斯蒂利亚的
费迪南
马格丽特
（1254—1271）
嫁给（1270）
布拉邦公爵
让一世
罗伯尔
（1256—1318）
克莱蒙伯爵
娶妻（1272）
波旁的
贝阿特丽丝
波旁家族
阿涅斯
（1260—1327）
嫁给（1279）
罗伯尔二世
勃艮第公爵

路易九世

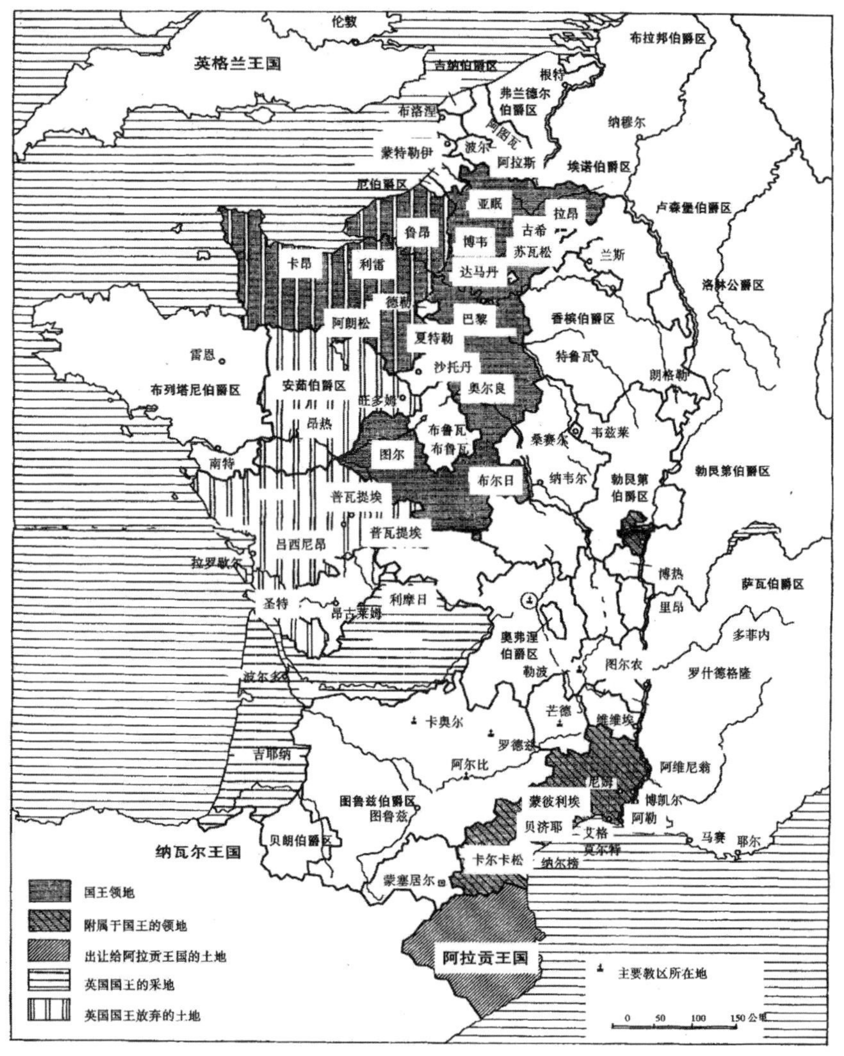

图 1　路易在位末期的法兰西王国

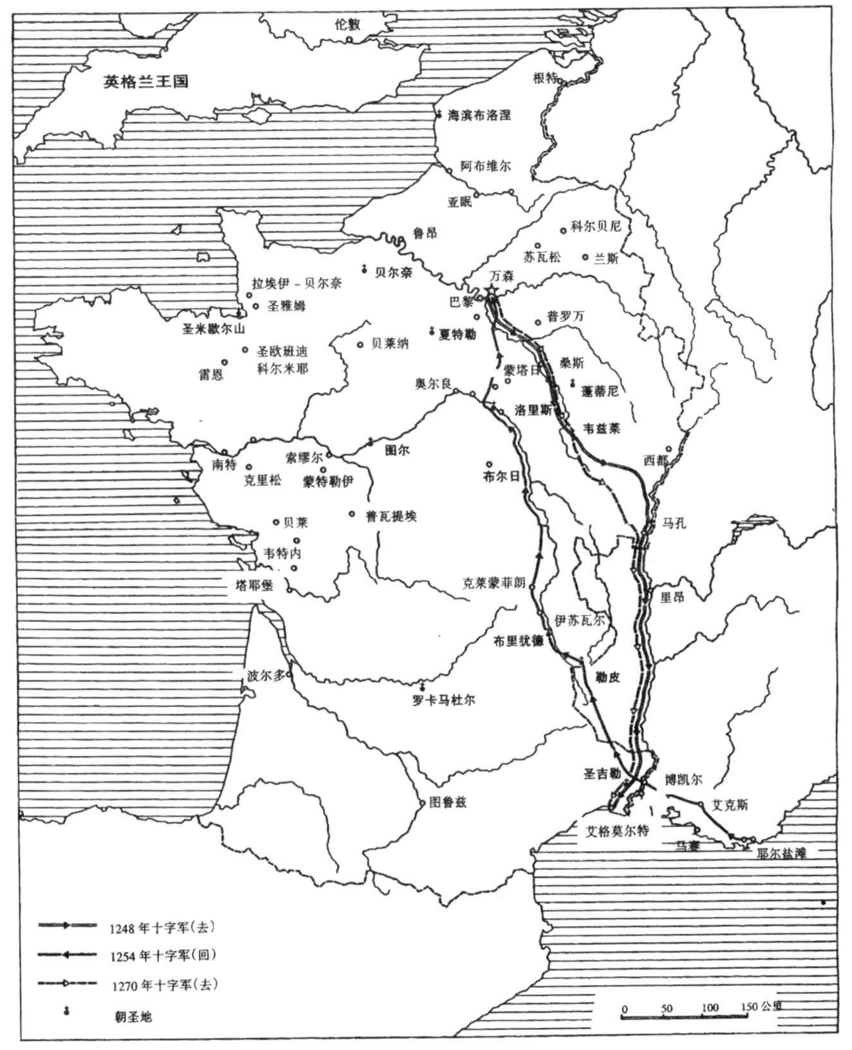
伦敦
英格兰王国
根特
海滨布洛涅
阿布维尔
亚眠
鲁昂
科尔贝尼
苏瓦松
兰斯
贝尔奈
拉埃伊－贝尔奈
万森
巴黎
圣雅姆
圣米歇尔山
普罗万
夏特勒
贝莱纳
圣欧班迪
科尔米耶
雷恩
桑斯
蒙塔日
蓬蒂尼
奥尔良
洛里斯
韦兹莱
图尔
索缪尔
南特
克里松
蒙特勒伊
布尔日
西都
普瓦提埃
贝莱
马孔
韦特内
塔耶堡
克莱蒙菲朗
里昂
伊苏瓦尔
布里犹德
波尔多
勒皮
罗卡马杜尔
圣吉勒
博凯尔
艾克斯
图鲁兹
艾格莫尔特
马赛
耶尔盐滩
1248 年十字军(去)
1254 年十字军(回)
1270 年十字军(去)
朝圣地
0 50 100 150 公里

图 2　路易九世的法兰西

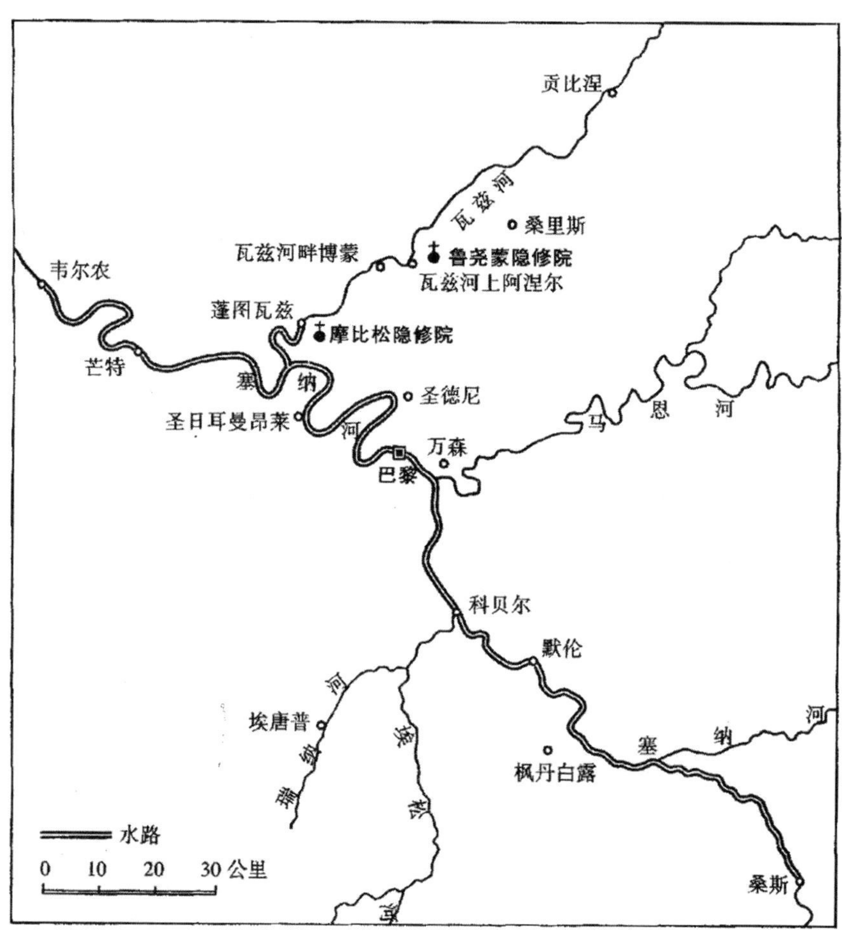
贡比涅
瓦兹河
桑里斯
瓦兹河畔博蒙
鲁尧蒙隐修院
瓦兹河上阿涅尔
韦尔农
蓬图瓦兹
摩比松隐修院
芒特
塞纳河
圣德尼
圣日耳曼昂莱
马恩河
万森
巴黎
科贝尔
默伦
埃唐普
瑞纳河
埃松河
枫丹白露
塞纳河
桑斯
水路
0 10 20 30 公里

图 3　路易九世的住地

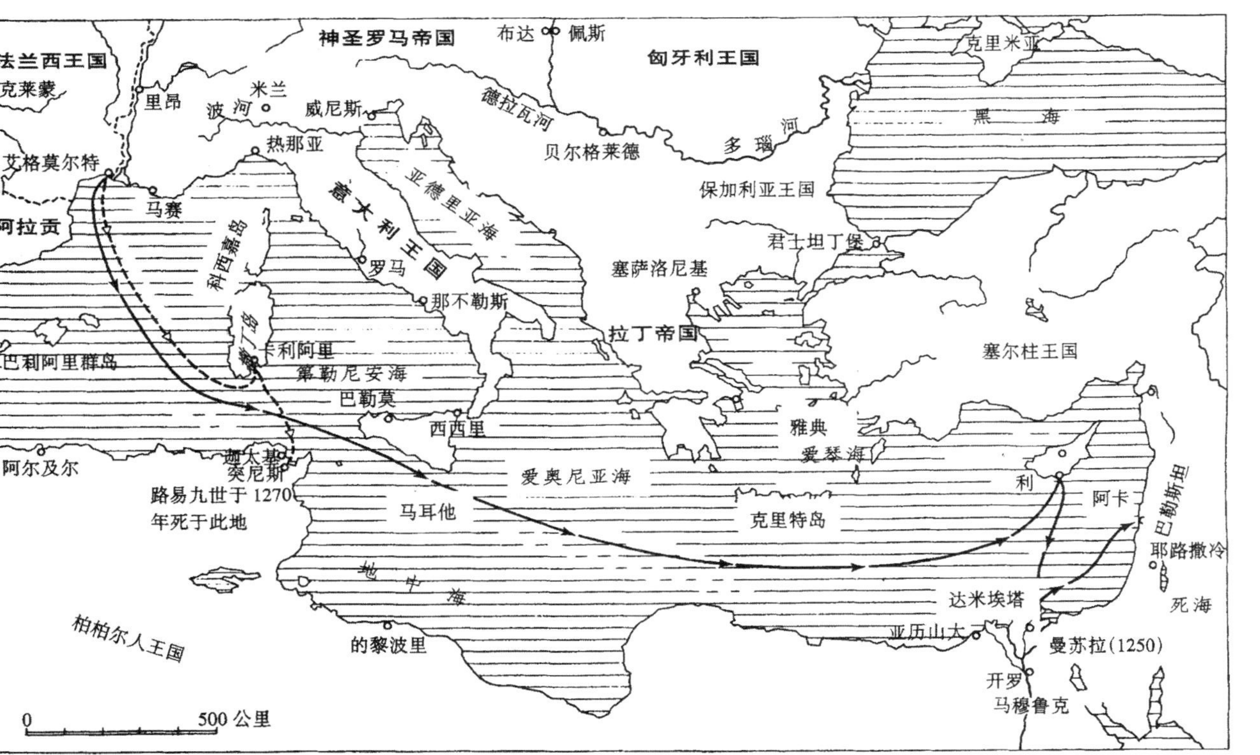

法兰西王国
克莱蒙
神圣罗马帝国
布达
佩斯
匈牙利王国
克里米亚
里昂
米兰
波河
威尼斯
德拉瓦河
黑海
热那亚
贝尔格莱德
多瑙河
艾格莫尔特
马赛
亚德里亚海
保加利亚王国
阿拉贡
意大利王国
科西嘉岛
罗马
君士坦丁堡
塞萨洛尼基
那不勒斯
拉丁帝国
塞尔柱王国
巴利阿里群岛
卡利阿里
第勒尼安海
巴勒莫
西西里
雅典
爱琴海
迦太基
突尼斯
阿尔及尔
爱奥尼亚海
利
阿卡
巴勒斯坦
路易九世于1270
年死于此地
马耳他
克里特岛
耶路撒冷
地中海
达米埃塔
死海
柏柏尔人王国
的黎波里
亚历山大
曼苏拉(1250)
开罗
马穆鲁克
0
500公里

图 4　路易九世的地中海

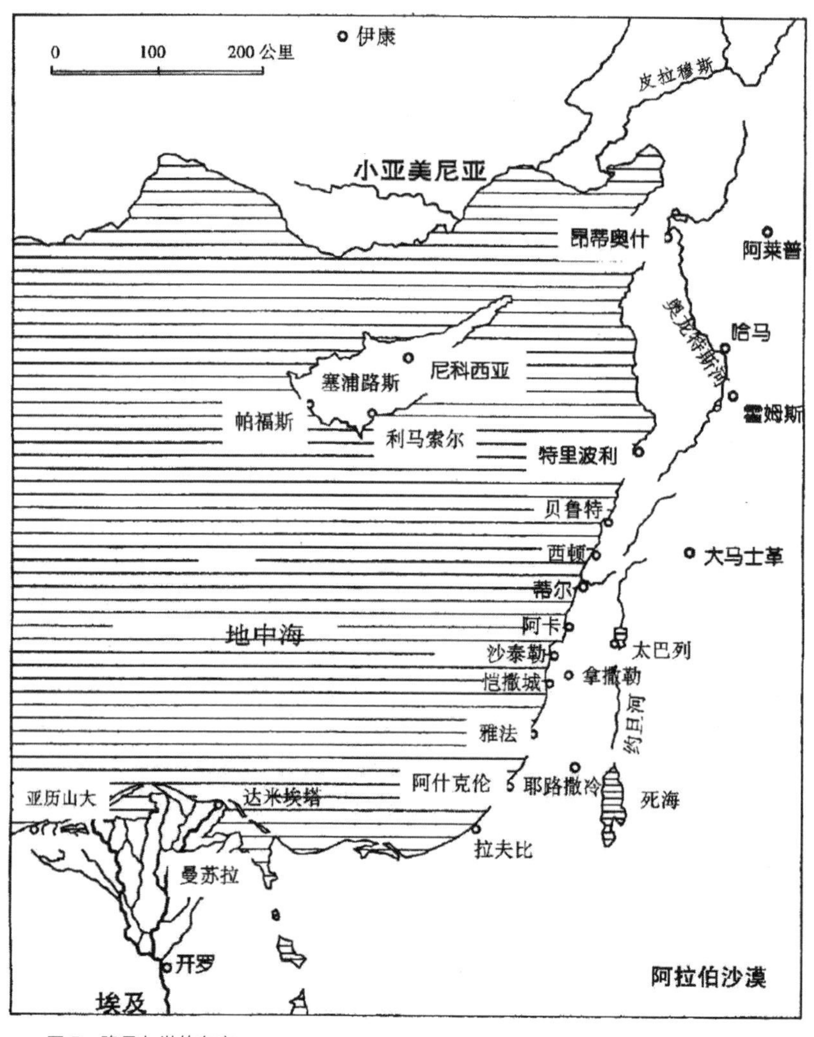

0
100
200 公里
伊康
皮拉穆斯
小亚美尼亚
昂蒂奥什
阿莱普
奥龙特斯河
哈马
塞浦路斯
尼科西亚
霍姆斯
帕福斯
利马索尔
特里波利
贝鲁特
西顿
大马士革
蒂尔
阿卡
地中海
太巴列
沙泰勒
拿撒勒
恺撒城
约旦河
雅法
阿什克伦
耶路撒冷
死海
亚历山大
达米埃塔
拉夫比
曼苏拉
开罗
埃及
阿拉伯沙漠

图 5　路易九世的东方

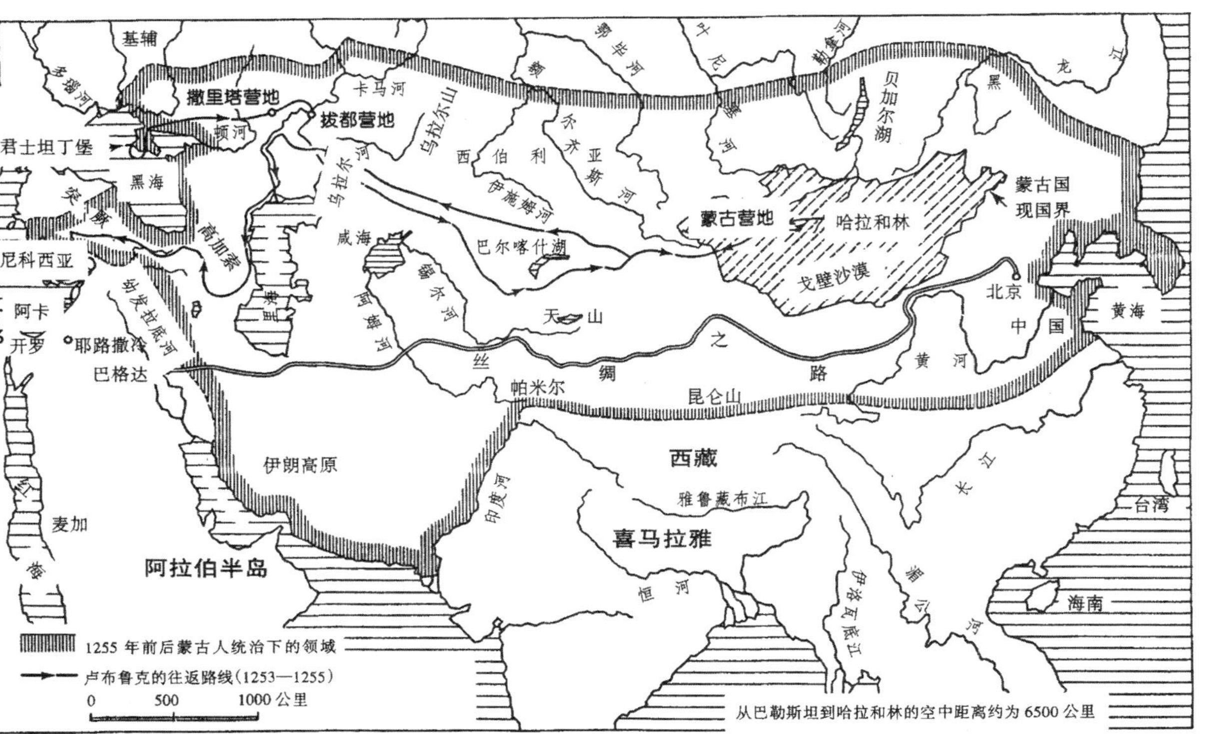

图 6　路易九世时期蒙古人的疆域

图书在版编目（CIP）数据

圣路易 /（法）雅克 · 勒高夫著；许明龙译 . — 北京：商务印书馆，2023
ISBN 978－7－100－21563－3

Ⅰ . ①圣…　Ⅱ . ①雅…　②许…　Ⅲ . ①路易九世（Louis Ⅸ 1214－1270）—传记　Ⅳ . ① K835.657=322

中国版本图书馆 CIP 数据核字（2022）第 150336 号

圣 路 易

（全两卷）

〔法〕雅克·勒高夫　著
许明龙　译

商 务 印 书 馆 出 版
（北京王府井大街 36 号　邮政编码 100710）
商 务 印 书 馆 发 行
北 京 通 州 皇 家 印 刷 厂 印 刷
ISBN 978－7－100－21563－3

2023 年 5 月第 1 版　　开本 880 × 1230　1/32
2023 年 5 月北京第 1 次印刷　　印张 37　插页 7

定价：188.00 元